COMPARATIVE PSYCHOLOGY
Evolution and Development of Behavior
MAURICIO R. PAPINI

パピーニの比較心理学

行動の進化と発達

M.R. パピーニ 著　　比較心理学研究会 訳

編集委員／石田雅人・川合伸幸・児玉典子・山下博志

北大路書房

COMPARATIVE PSYCHOLOGY
Evolution and Development of Behavior
by
MAURICIO R. PAPINI

Authorized translation from the English language edition,
entitled COMPARATIVE PSYCHOLOGY: EVOLUTION AND
DEVELOPMENT OF BEHAVIOR 1st Edition
ISBN: 0130804290 by Mauricio R. Papini,
published by Pearson Education, Inc, publishing as Prentice Hall,
Copyright © 2002 by Pearson Education, Inc. All rights reserved
No part of this book may be reproduced or transmitted in any form or
by any means, electronic or mechanical, including photocopying,
recording or by any information storage retrieval system, without
permission from Pearson Education, Inc,
Japanese language edition published by arrangement with Pearson
Education, Inc through The English Agency (Japan) Ltd
Translation copyright © (2005) by Kitaohji Shobo

訳者まえがき

　本書は，2002年にPrentice Hall社から出版された *Comparative Psychology：Evolution and Development of Behavior* の全訳である。とにかく大著である。翻訳に実質2年半を費やした。これだけ網羅的に調べ上げ，理路整然とした構成に仕上げた著者Papini氏の力量には驚くしかない。米国では好評のテキストであると聞いている（当のPapini氏の略歴は巻末の原著者紹介で紹介しましたのでそちらをご覧ください）。

　この大著の構想はずいぶん以前からPapini氏から聞いていた。氏に出会ったのは，石田がハワイ大学に在外研究員として滞在し始めた1989年であり，もう十数年来の親しい友人でもある。そのころにはすでに執筆計画が秘められていたことが想像される。

　本書のねらいはずばり，「進化論に根ざした行動科学パラダイム構築の試み」である。同様の書名を冠したこれまでの著書と異なるのは，比較心理学という題名のもと，伝統的に扱ってきた領域をカバーしながら，進化理論をスケルトンとして，遺伝学，神経科学，発生生物学，生物地理学，人類学の知見を1冊に組み込んだことである。そして上記すべての内容を，N. Tinbergenによる「行動研究における因果性の4レベル」に対応させた構成に仕立てたことである。それゆえ，学習・認知・発達を専攻する学生・研究者にとどまらず，行動科学一般に関心を持つ広範囲の皆様におすすめしたい書物である。

　翻訳者は比較心理学研究会である。1991年に中京大学において日本動物心理学会が開催された際，たまたまポスター発表会場に，大阪大学の南徹弘氏と石田が居合わせたのが研究会の発端である。重箱の隅つつきもそれなりに意義深いが，もっと時間的に長いスパンで（地質学的年代で），進化論を踏まえての動物心理学の話をしようではないかということになった。以来，活発なときとメンバーが多忙なときで開催頻度に波があるが，研究会自体は続いている。

　この研究会のメンバーを中心に翻訳者を依頼し，14の章を分担した。本書が扱う内容は必ずしも心理学者が得意とする分野にかぎられなかったので，各章ごとに副担当者を配して，丹念な翻訳を心がけた。本文以外にも，グロッサリー（用語解説）や，人名索引，種名索引，事項索引が付帯しており，さながら「比較心理学百科」のごとき書物なので，各章での訳出語間はもちろん，索引類に記載している用語とも合わせて全体的な統一を図る必要があり，そのために多くの時間を費やした。

　翻訳メンバー9人のうち，児玉典子，川合伸幸，山下博志の各氏と石田は編集委員として，時には合宿をしながら翻訳文の調整を担当した。山下氏は，卓越した英語力をもって自身担当以外の数章を読み返し，結果的に多くの点において飛躍的な改善がなされた。児玉・川合両氏は，翻訳文の詳細な検討はもちろんのこと，専門用語の正確な訳出と巻末の索引作りに奔走した。最終的に，石田が本書のすべてにわたりつぶさに検討し，石田の判断によって用語や記載方法の統一を図った箇所が少なからずある。それらが許容できる範囲の勘違いに収まっていることを祈っている。

　奮闘の甲斐があり，原著の誤記もいくつか発見して可能なかぎり修正を施し，それこそ，「比較心理学テキスト」と，「比較心理学辞典」の性格を併せ持つ，総合書の趣となった。正確な訳出に努めたつもりであるが，問題があればご教示いた

だけると幸いである。

　なお，本書製作にあたり，原著中に掲載されている，すべての図・写真などについてそのすべての権利者に本書での掲載の許諾依頼を行なった。どうしても連絡をとれなかった場合を除き，すべての権利者から快諾を得ることができた。記して，謝意を表したい。

　末尾となったが，本書が出版されるに当たり，学術文化の発展に寄与するものであればという度量を持って刊行を引き受けていただいた北大路書房社長の小森公明氏，具体的な出版上の観点から適切なアドバイスをくださった編集部の関一明氏，そして，訳者としては加わらなかったが，今回の翻訳書刊行を強く後押ししていただいた大阪大学の南徹弘氏に深く感謝いたします。

　　　　　2005年7月25日　訳者を代表して
　　　　　　　　　　　　　　　　　石田雅人

日本語版に寄せて

本の著者であれば誰にとっても，自らの著作に対して忌憚のない意見を述べてくれることほど喜ばしいことはない。本書の英語版が出版されて以来，多くの友人や教え子から意見やコメントをいただき，著者冥利に尽きると思っている。一方で，私が最も感激したことは，自分の著作が日本の友人たちによって翻訳され，出版されることを知ったときである。実はこのような感慨を持つことには明確な理由がある。日本は世界の中でも最も古くから比較心理学の研究が行なわれ，実績が認められてきた国の1つだからである。それだからこそ，書物という形で日本の研究者や学生諸氏に自分の仕事が知られることを光栄に思わざるを得ない。日本では，20世紀初頭における増田惟茂氏以来の科学的研究の伝統があると聞いている。日本動物心理学会は1933年に創設され，1936年には黒田亮氏により「動物心理」が発刊された。それを受けて1944年には「動物心理学年報」が刊行され，1990年に「動物心理学研究」へと名称変更され，現在に至っている。また，霊長類を扱った行動研究では，京都大学の今西錦司氏と彼の後継者たちにより，1940年代にはすでに確固たる足場が築かれている。このような日本の比較心理学研究の長い歴史にあって，私の著書の日本語版がその1ページに連なることを心から願う次第である。

私は1997年に日本学術振興会の招聘研究員として，およそ3ヶ月間日本に滞在することができた。この間，ホスト研究者である石田雅人氏と私は，共通の関心を実現するべく，さまざまな計画を実施し，かつ日本中を訪問して回った。多くの大学と研究所を訪れる機会に恵まれ，各所で研究者と交流を持った。彼らの研究成果や研究計画を教えてもらうとともに，世界に知れわたる日本人のホスピタリティの恩恵に浴することができた。もちろん私はいずこの場所でも話題提供をした。訪れたところは，広島大学，金沢大学，関西学院大学，名古屋大学，大阪大学，大阪教育大学，筑波大学であるが，どこにおいてもさまざまな年齢層の研究者による，行動研究の飽くなき興味と，多くの学生諸氏から未来への研究に対する躍動を感じ取ることができた。本書が日本の比較心理学を担う若い世代の興味を喚起し，研究者育成の一助となれば幸いである。

原著英語版の序文で述べたように，本書は心理学の専攻生を念頭において書かれたものである。比較心理学は常に自然科学と社会科学の橋渡し役となってきた。心理学の専攻生は，心理学の伝統的な領域である学習，記憶，情動，社会的行動に理解を深めるだけではなく，同時に，神経系の機能や脳による体制化の原理についての知識をもち，かつ現代の進化論の全般にわたる知識を習得し，それを人間の進化への理解にもつなげていく必要がある。本書は，これらの知識をもとに，比較心理学が行動に関する統一的な考え方を持つべきだという私の信念の反映として書かれたものである。

比較心理学の解説書は，単に動物行動の説明にとどまるものであってはならない。確かに行動は本書の中心部を構成しているが，本書はさらに，比較心理学の主要部分としての動物行動を対象とした伝統的な解説書の枠を越える内容に踏み込んでいる。それは特に本書が，進化の理論，人間の進化，脳の進化の内容まで含むことからわかっていただけると思う。同じくらいの重みをもって記述したのが行動の個体発達の側面や，進化と個体発達との関連性，そして学習と認知領域における

比較研究に関する諸問題である。学習と認知の分野は，すでに19世紀において比較心理学という学問を成立せしめた領域であることは周知のとおりである。

　最後に，今回の企画に携わった南徹弘氏，石田雅人氏，藤健一氏，児玉典子氏，山下博志氏，坂田省吾氏，川合伸幸氏，大芝宣昭氏，中野良彦氏，北口勝也氏に感謝いたしたい。特に私の研究仲間であり，友人である石田雅人氏には特別の思いがある。彼の尽力なくしては私の著書の日本語版は実現しなかったであろう。記して謝意を表したい。

2005年　テキサス州，フォートワースにて
マウリシオ R. パピーニ

原著版 序

　どのような学問でも2つの大きな目的をもっている。1つは，その領域で新しい知識を育むための独創的な研究を後押しすること。もう1つは，その研究自体とこの領域を含むさらに広い領域を発展させる源となることである。比較心理学と動物行動学の教師として，私はこれらの領域を専攻する学部生や大学院生とともに，上の2つの目標をいつも念頭においてきた。さらに，比較心理学の研究について私が経験する感動を学生に伝える努力もしてきた。自分がブエノスアイレス大学で学部生であったころに研究者を志向したのは，まさに教授からそのような感動が伝えられた経験をもったからである。同時に，ヒトやヒト以外の行動や心理を理解するためにも，心理学専攻生には進化科学をしっかりと学ばせるように日々奮闘してきた。ただ，私のこのような試みを実現する上で適当なテキストのないことが長年の悩みであった。というのは，動物行動のテキストには進化の原理についての詳しい記述がなかったからである。動物行動に関する本はもともと生物学を専攻する学生を想定したものだが，心理学専攻生とは異なり，彼らは進化についてはあらゆる場面で学ぶ機会が保障されている。テキストを執筆することになったのはこのギャップを埋めようとしたためである。

　このような事情から，この本は動物行動に関する典型的なテキストブックとは少し違ったものになった。まず，本書は，比較心理学や動物行動学を専攻する学部生向けに書かれたものであり，結果的に他の動物行動学の本よりも，進化論，ヒトの進化，脳の進化について多くのスペースを割き，広く全般にわたって知識を提供するものになった。第2に，行動発達とか，学習，認知などの比較心理学の中心となる問題についてもれなく盛り込んでいる。このテキストを通して，学生諸氏が進化の一般的原理に関する理解を深め，発展させ，それを特に行動研究に役立ててくれることを希望している。心理学そのものに対して，比較心理学が貢献できる主なことは，心理学という視点に立って，進化の考え方を学生にしっかりと伝えることであるというのが私の考え方である。

　加えて，この著作を通して，1つの研究分野としての比較心理学の独自性がいっそう高まることを願っている。私は心理学や社会科学を専攻する学生に，どのようにすれば難解な進化論が分かってもらえるかについて，その方法を比較心理学者に提供する努力をしてきた。心理学は今日ますます神経科学，分子生物学，遺伝学などの生物科学の発展に負うところが大である。科学の発達に伴う最新の情報は，行動や心理についてのわれわれの理解を飛躍的に増大させてきた。しかしながら，新世代の心理学徒がこのような知識を吸収する際には，あくまで心理学が行動の学であるという視点を見失わずに，生物科学のさまざまな原理を取り込む思考の枠組みを持つ必要がある。その時こそ比較心理学者が枠組みを設定するための手助けができるのであり，そのようなことを通して心理学全般に対してだけではなく，比較心理学分野自体の発展のためにも貢献できる良い機会である。

　本書は長年私が教えてきた経験をベースとして構成されている。もっとも，そこに至るまでは教えるたびに中身を変更し，話す順番を変えてきた。構想段階では，どちらかといえばオーソドックスとはかけ離れた本の構成を考えていたので，とりわけ同僚や学生からの率直な反応を待っていた。結果的に彼らが親切にくれた意見や助言に従い，

本の中身と構成に大幅な変更を加えたので，最終的には随分良いものができたと思っている。

　私は原稿作成時点で，1つまたは複数の章を読んでいただいた次のかたがたに記して感謝いたしたい。Marifran Arias, Jeff Bitterman, Aaron Blaisdell, Daniela Brunner, Mike Domjan, Francisco Fernández Serra, Gary Greenberg, Douglas Grimsley, Jerry Hirsch, Geoffrey Hall, Anita Hartmann, Jennifer Higa, John Horner, Masato Ishida, H. Wayne Ludvigson, Euan M. Macphail, Roger Mellgren, Rubén N. Muzio, Jesse E. Purdy, Duane Rumbaugh, Pablo Tubaro そして Jeannette P. Ward である。Francisco Fernández Serra は，第1章に出てくる Gómez Pereira の研究を紹介してくれた。一方，Jim Chambers と彼の協力者仲間のおかげで，古代ローマ学の文献から第5章で紹介する古代カルタゴにおける人身御供の物語を題材にして議論を進めることができた。また，原稿作成段階で手助けをしてくれた大学院生・学部生の Ixchel Alvarez, Bambi Bonilla, Dawn Hansen, Dawn McVicar, Des Robinson, Steven Stout と Cindy Weldon に感謝したい。多くの学生諸氏が私の授業の組み立て方に意見を言ってくれた。それらの意見を取り入れたことから，彼らは著書へも間接的に貢献をしてくれたと思っている。本に掲載する写真や図版に関しても，私の依頼に好意をもって受け止めていただいた多くの研究者に謝意を表する。特に Michael Domjan, Irit Gazit, Francisco González-Lima, Karen Hissmann, Tetsuro Matsuzawa, Rubén Muzio, Katharine Rankin, Duane Rumbaugh, William Smotherman, Josef Terkel, Keiichiro Tsuji, Pablo Tubaro, Jeannette Ward, Masataka Watanabe, Emily Weiss そして Shuhai Xiao には感謝したい。さらに，私が所属するテキサス・クリスチャン大学にあるメアリー・コウツ・バーネット図書館心理学部門の職員・同僚が，大きな支えとなってくれたことは幸運だとしか言いようがない。特に，David Cross, Jennifer Higa, Tim Hubbard, Tamy Joyce と Dawn McVicar に感謝したい。出版社であるプレンティス・ホール社のかたがたにも感謝いたしたい。彼らは原稿段階から著書の完成にいたる3年間にわたり私のスケジュールを組み立て，助力を惜しまなかった。

　心をこめてことさら感謝を表したい人たちが Jeff Bitterman と Bruce Overmier の両氏である。両氏は過去20年間にわたり私の良き師であり，動物学習と行動を学ぶ私に最良の助言とチャレンジ精神を与えてくれた。加えて，Enrique Gandolfi 先生にも深く感謝する。彼は私が学部生のころに，心理学を科学として学ぶことで得られるものと面白さに注意を向けるよう教育してくれた。読者諸氏が本書から何か発見するものがあれば，それは3人の師による影響の賜物である。本を書くことはまことに大変な仕事であったので，完成に向けて当然私の周囲の人々にも多大の迷惑をかけてしまった。私の2人の息子，Santiago と Angel，そして妻 Mirta，私の母 Elena，父 Victorio は有形無形の後押しをしてくれた。彼らなくして本書は完成しなかったであろう。永遠に感謝しつづけたい。

テキサス・クリスチャン大学にて
マウリシオ R. パピーニ

もくじ

訳者まえがき　　i
日本語版に寄せて　　iii
原著版 序　　v

第1章　序論　　1
第1章の概括
1. 古典的系譜 ——— 3
2. ダーウィン以前の系譜 ——— 5
3. 自然選択と心の連続性 ——— 10
4. 本能の進化 ——— 14
5. 氏か育ちか ——— 17
6. 分析のレベル ——— 19
7. 本書の構成について ——— 21
8. 比較心理学に貢献した歴史的人物 ——— 22

第Ⅰ部　行動と進化の過程　　25

第2章　生物学的進化　　26
第2章の概括
1. 進化の証拠 ——— 26
　1.a. 分子遺伝学　26
　1.b. 発生学　28
　1.c. 解剖学　29
　1.d. 生物地理学　30
　1.e. 古生物学　31
2. 遺伝子型と表現型 ——— 31
3. 自然選択の論理 ——— 32
4. 遺伝的変異性の起源と維持 ——— 33
　4.a. メンデル遺伝学　33
　4.b. ハーディ・ワインベルクの均衡　34
　4.c. 遺伝的浮動　36
　4.d. エキソンとイントロン　36
　4.e. 構造遺伝子と調節遺伝子　37
　4.f. 突然変異　38
　4.g. C値のパラドックス　38
　4.h. 分子進化の中立説　40
　4.i. 有性生殖　40
5. 自然選択 ——— 42
　5.a. 直接適応度のタイプ　42
　5.b. LRSの測定　43
　5.c. 自然選択と多様性　44
　5.d. 生存に寄与する形質　45
　5.e. 相関形質　45
　5.f. ダーウィン適応度と適応　46
　5.g. 自然選択の単位　47

第3章　遺伝子と行動　　49
第3章の概括
1. メンデル遺伝の行動遺伝学 ——— 50

1. a． ミツバチの衛生行動　50
1. b． 次なるメンデル分析　51
2. 量的遺伝学 ──────────── 52
2. a． 人為選択　52
2. b． 遺伝率　53
2. c． 人為選択の限界　54
2. d． 実験室での種分化？　56
2. e． 嫌悪的に動機づけられた行動の遺伝学　58
3. 行動ミュータント ──────────── 60
3. a． 概日リズムの遺伝学　60
3. b． 学習ミュータント　61
3. c． 遺伝子の選択的ノックアウト　63
4. その他の自然選択 ──────────── 64
5. 進化速度 ──────────── 65

第4章　捕食者と被食者 ･････････････････････････････ 67
第4章の概括
1. 競争 ──────────── 67
2. 最適採餌理論 ──────────── 69
2. a． 採餌と繁殖成功　69
2. b． 限界値定理　70
2. c． 時間配分　70
2. d． 移動時間　71
2. e． サンプリング　72
2. f． 食物選択　72
2. g． 制約条件　73
3. 探索 ──────────── 75
3. a． 待ち受け捕食　75
3. b． 探索行動　75
3. c． 特化した探索　76
3. d． 探索像　77
3. e． 社会的相互作用　77
3. f． 社会的学習　80
3. g． 貯蔵した食物の取り出し　81
3. h． 道具使用と道具製作　82
3. i． 共生：相利共生と寄生　83
4. 捕食者－被食者の相互作用 ──────────── 85
4. a． コウモリとガ：機能からメカニズムへ　85
4. b． 頻度依存選択　87
4. c． 隠蔽色と警告色　89
4. d． 能動的防衛と受動的防衛　90
4. e． 防衛行動の社会的側面　91
4. f． 警戒反応と間接適応度　93
5. 相互作用のタイプ：まとめ ──────────── 94

第5章　生殖行動と社会的行動 ･････････････････････････････ 96
第5章の概括
1. 社会的行動の基礎メカニズム ──────────── 97
1. a． 社会的行動の知覚的基礎　97
1. b． 社会的強化　99
1. c． 社会的強化から繁殖成功へ　100
1. d． 血縁認識　101
2. 配偶システム ──────────── 102
2. a． 一夫多妻制　103
2. b． 一夫多妻制と性選択　105
2. c． 一妻多夫制と一夫一妻制　106
2. d． 配偶システムの操作　107
2. e． 代替生殖戦略　109
2. f． 配偶システムと脳の進化　110
3. 生殖行動のパターン ──────────── 111
3. a． なわばり，攻撃，反発行動　111
3. b． 求愛ディスプレイ　112
3. c． 適応度の評価　115
3. d． 交尾行動　116
4. 養育行動 ──────────── 118
4. a． 養育のパターン　118
4. b． 親子間コンフリクト　121
4. c． 巣のヘルパー　121
5. 複雑な動物社会 ──────────── 123
5. a． 真社会性と半倍数性　124
5. b． 真社会性の全倍数性動物と栄養系　126
5. c． 協同と互恵性　128

第Ⅱ部　脳―行動の進化パターン　　133

第6章　動物の起源と進化　　134
第6章の概括
1. 生命の多様性 ── 135
   - 1.a. 分類学　135
   - 1.b. 五界分類　136
   - 1.c. 動物門　137
2. 地質学的背景 ── 140
   - 2.a. 地質学的年代　140
   - 2.b. 化石化作用　142
3. 動物の進化と起源 ── 144
   - 3.a. 先カンブリア紀の化石　144
   - 3.b. カンブリア爆発？　145
   - 3.c. 分子系統学　147
   - 3.d. 脊椎動物の初期の進化　150
   - 3.e. 魚類と両生類　151
   - 3.f. 爬虫類　154
   - 3.g. 鳥類の進化　158
   - 3.h. 哺乳類の進化　159
4. 多様性のパターン ── 164
   - 4.a. 動物地理区　164
   - 4.b. 種分化　164
   - 4.c. 大進化と小進化　166
   - 4.d. 進化階層群とクレード　167
5. 分岐学の原理 ── 168

第7章　単純な神経系と行動　　174
第7章の概括
1. 無脊椎動物門：概観 ── 174
   - 1.a. 海綿動物門　176
   - 1.b. 刺胞動物門　176
   - 1.c. 初期の左右相称動物の痕跡　179
2. 行動と単純な神経ネットワーク ── 181
   - 2.a. 基本的な神経特性　181
   - 2.b. 反射　182
   - 2.c. 定型的活動パターン（MAP）　185
   - 2.d. 系列分析　187
   - 2.e. 司令ニューロン　188
   - 2.f. 中枢パターン発生回路　189
3. 行動と神経の可塑性 ── 191
   - 3.a. 馴化の特性　191
   - 3.b. 反射と定型的活動パターン（MAP）の馴化　194
   - 3.c. 短期馴化と長期馴化　195
   - 3.d. 短期馴化の神経的基礎　195
   - 3.e. 長期馴化　197
   - 3.f. 脱馴化と短期鋭敏化　198
   - 3.g. 長期鋭敏化　201
4. 軟体動物における学習メカニズムの進化 ── 202

第8章　脊椎動物の脳と行動の進化　　205
第8章の概括
1. 脊椎動物の革新的な進化の鍵 ── 205
   - 1.a. 脊椎動物の体　205
   - 1.b. 無顎動物の脳　207
2. 比較神経学 ── 208
   - 2.a. パターン形成とその過程　208
   - 2.b. 形質の安定性のいくつかの例　209
   - 2.c. 脊髄　211
   - 2.d. 菱脳と中脳　216
   - 2.e. 小脳　218
   - 2.f. 間脳：視床と関連領域　221
   - 2.g. 間脳：視床下部と関連領域　222
3. 終脳 ── 223
   - 3.a. 基本的下位分類　223
   - 3.b. 魚類の終脳と行動　225
   - 3.c. 終脳の進化　226
   - 3.d. 線条体　228

3．e．辺縁系と行動　　229
3．f．皮質の由来と進化　　232
4．脳の大きさ ——————————— 235
　　4．a．脳の大きさの原理　　235
　　4．b．脳の大きさの人為選択　　236
4．c．相対的な脳の大きさ　　237
4．d．脳化　　240
4．e．脳の大きさと知能　　241
4．f．行動の特殊化と脳　　245

第9章　脳，行動と霊長類の進化 ……………………………… 247
第9章の概括
1．霊長類とは何か ————————— 247
　　1．a．霊長類の特徴　　247
　　1．b．分類と分布　　248
　　1．c．脳の大きさ　　250
　　1．d．霊長類の大脳皮質　　252
2．進化 ——————————————— 254
　　2．a．プレシアダピス類：古代型霊長類　　254
　　2．b．真猿類　　257
3．ヒト科 —————————————— 259
　　3．a．オランウータン科とヒト科の分岐 259
3．b．ヒト科　　261
3．c．アウストラロピテクス類　　263
3．d．初期ヒト属　　265
3．e．ホモ・エルガスターとホモ・エレクトゥス　　267
3．f．古代型人類　　268
3．g．現代人類　　270
4．言語の進化 ————————————— 272
　　4．a．言語とは何か　　272
　　4．b．言語の先駆け　　273
　　4．c．言語の生物学　　275

第Ⅲ部　行動発達　　279

第10章　発達と進化 ……………………………………………… 280
第10章の概括
1．初期発生 ————————————— 281
　　1．a．胚発生　　281
　　1．b．原腸形成と初期の器官形成　　282
　　1．c．フィロタイプ期　　284
　　1．d．ズータイプ　　284
　　1．e．氏と育ちの相互作用　　287
2．発達と進化 ————————————— 288
　　2．a．遺伝的同化　　288
　　2．b．行動による新表現型　　290
　　2．c．異時性　　291
2．d．幼形進化　　293
2．e．過成進化　　295
2．f．異時性，エコロジー，及び行動　　297
3．脊椎動物の神経系の発生 ——————— 299
　　3．a．神経発生学　　299
　　3．b．軸索の成長とシナプス　　301
　　3．c．ニューロンの集合　　302
　　3．d．脳の発達と経験　　304
　　3．e．脳の発達とホルモン　　305

第11章　初期の学習と行動 ……………………………………… 309
第11章の概括
1．出生前および孵化前の行動 ——————— 310
　　1．a．哺乳類の発達パターン　　310
　　1．b．自発的身体運動　　311
1．c．行動と感覚系　　312
1．d．胎児の学習　　314
1．e．初期経験の長期的な効果　　315
2．子どもの学習と行動 —————————— 316

2．a．	行動発達のパターン　*316*	
2．b．	感覚運動系の発達　*318*	
2．c．	注意，馴化，潜在制止　*320*	
2．d．	新生児の学習能力　*323*	
2．e．	情動と学習　*325*	
2．f．	幼児期健忘　*330*	

2．g．鳥類の初期学習　*333*

3．複雑な行動の発達 ── *335*
　3．a．手の器用さと左右の機能分化　*335*
　3．b．道具使用と文化　*337*

第12章　発達初期の社会的学習と社会的行動 ············ 340
第12章の概括
1．刻印づけ ── *341*
　1．a．親への刻印づけ　*341*
　1．b．敏感期と不可逆性　*343*
　1．c．動機づけ要因　*344*
　1．d．学習要因　*346*
　1．e．脳内メカニズム　*348*
　1．f．その他の種で見られる刻印づけに類似した現象　*352*
2．繁殖行動と社会行動 ── *354*
　2．a．性的刻印づけ　*354*
　2．b．哺乳類における母子関係　*356*
　2．c．愛着　*358*
　2．d．初期経験と霊長類の社会的行動　*361*
3．発声行動の発達 ── *363*
　3．a．鳥類の発声　*363*
　3．b．鳥類における発声学習　*365*
　3．c．敏感期のある可塑性　*367*
　3．d．方言　*368*
　3．e．コウウチョウのさえずりにおける社会的調整　*370*
　3．f．脳内メカニズム　*372*
　3．g．哺乳類における発声学習　*373*

第IV部　学習の比較分析　　*375*

第13章　一般的な学習過程 ············ 376
第13章の概括
1．連合学習の形態 ── *377*
　1．a．連合学習の定義　*377*
　1．b．古典的条件づけおよび道具的条件づけ　*377*
　1．c．条件づけ過程の区別　*379*
2．古典的条件づけ ── *381*
　2．a．条件づけとよく似た過程　*381*
　2．b．基本的な獲得現象　*382*
　2．c．複合条件づけ　*386*
　2．d．消去と制止条件づけ　*389*
3．道具的条件づけ ── *392*
　3．a．学習と遂行の対比　*392*
　3．b．道具的随伴性　*394*
　3．c．いくつかの基本的な手続きと現象　*396*
　3．d．逃避学習と回避学習　*398*
4．連合学習の普遍性 ── *401*
　4．a．状況の普遍性　*401*
　4．b．種の普遍性　*406*
　4．c．いくつかの説明　*410*

第14章　比較学習と比較認知 ············ 413
第14章の概括
1．比較の方法論 ── *414*
2．比較学習 ── *416*
　2．a．食物嫌悪条件づけ　*416*
　2．b．失敗行動　*418*
　2．c．空間学習　*420*

- 2.d. 比較の方法論に対する別の観点 *422*
- 2.e. 注意と学習 *422*
- 2.f. 情動と学習 *424*
- 2.g. 問題解決行動 *427*
- 3. 比較認知 ———————————— *430*
  - 3.a. 連合主義的観点と認知主義的観点 *430*
  - 3.b. 概念学習 *434*
  - 3.c. 計数と数の概念 *437*
  - 3.d. 言語の生成 *440*
  - 3.e. 言語の理解 *444*
- 4. 複雑さ ———————————————— *448*

グロッサリー……………………………………………… *451*

引用文献……………………………………………………… *483*

人名索引……………………………………………………… *509*
欧語事項索引………………………………………………… *516*
日本語事項索引……………………………………………… *528*
種索引………………………………………………………… *540*

第1章 序論

第1章の概括
- 比較心理学は，19世紀の後半に進化生物学と実験心理学が合流して成立した。
- ダーウィンの進化論における，自然選択と種を超えた心の連続性という2つの原理は，動物の行動能力を比較心理学的に研究するための進化論的根拠となっている。
- ペレイラやデカルトらの行動についての機械論的な考え方と，実験室科学として生まれた生理学は，ともに行動を実験的に研究する際のモデルとなっている。
- 本能と知能の区分は，氏か育ちかという二分法を生み出したが，このような対立図式が初期の比較心理学を発展させる原動力になった。
- 行動は，因果性に関する4つの分析レベルによって説明が可能である。4つとは，適応的意義，系統発生史，メカニズム，発達という分析視座である。

　万物は一度に消え去ったり，一度に生み出されることは決してない。生けるものとて同様である。あるものが滅するときには別のものが生を受ける。ある種が繁栄する陰には別の種の衰亡が待ち受けている。かくして，生を受けたものはきわめて短い周期で世代交代がなされ，まるでリレー走者のバトンのごとく生命の灯火が受け継がれていく。
　　　　　　　　　ルクレティウス,「宇宙論」(第2巻，75-79行目)

　クロマニヨン人の一団が丘のてっぺんに立ち，周りの谷や河を眺めながら，明日の狩を相談していた。彼らの関心は，いつ，どこであの動物の群れを襲うかであり，そのためには明らかに動物の行動に関する知識を必要とした。あの動物たちは次の日にはどこに移動するのだろうか，夜であれば動物に近づきやすいのか，どの群れが最も襲いやすいのか，などである。これらは想像上のことであるが，このような筋書きは，ヒトの進化史の大半を通じ，共通していたにちがいない。なぜならヒトはあらゆるタイプの環境からの挑戦に対して，知性と集団活動以外は備えていないもろい存在だったからである。

　初期のころのヒトにとって，動物の行動に関する知識が重要で実用的な意味を持っていたことは容易に想像できる。今日でもその事情に変わりはない。ただし，その知識を実際にどのように活用するかについてはかなり違うものであることは確

かである。現代では，動物行動の研究は広範囲の実用性に根ざしたものといえる。例えば，医用に供される以前の薬の治験目的であったり，きわめて多様な病相の理解を目的とした動物モデルを構築するためのものであったりする。また，動物の繁殖や家畜の異常行動への対処法の開発，さらに絶滅に瀕した動物の保護対策のためなど，多くの実用目的のために動物行動の研究が行なわれている。しかしながら，動物の行動が「なぜ」そして「いかにして」起きるのかについての疑問に答えて初めて，多くのこのような実用目的にかなうものであり，これは，現代の研究者の大部分が賛同するところであろう。科学的な研究においては，このような疑問の提示は，自然現象に対する理解を前進させるだけではなく，実用上重要な意義をもつ新しい発想に結びつくことが多い。行動の起源と，行動がどのような原因によって規定されているかについての一連の疑問こそが，この著書の中核をなすものである。

心理学は，広い意味では，行動の研究を行なう学問であり，社会的行動や社会集団の特質から，単純な筋・骨格運動の生理的基盤にいたるまでを対象とする。心理学者は行動に関してさまざまな疑問を投げかけるが，結果的にはそれらの疑問に対する答えを見出すために，否応なく多岐にわたる研究手法を使うこととなる。心理学は実に幅広い学問であり，それゆえ時には多くの研究領域間のつながりが見えにくくなる。それらをつなぐテーマが行動である。生活体は何ができるのか，なぜそのようにするのか，どのようにして成し遂げるのか，という疑問は行動がテーマなのである。本書は，心理学の中でも，「生物学を最も重視する」分野であって，伝統的には比較心理学として知られている領域に焦点を当てる。

比較心理学はそもそも学際的な色合いの濃い領域である。本章でも後に触れるが，比較心理学は19世紀も終わるころに，実験心理学と進化生物学が出会うことによって発生したのであり，それゆえ現在では実験的手法や野外観察を通じ，多様な動物種を対象として行動の進化と発達を研究することに主眼を置いている。比較心理学の主要目的は，われわれ自身をも含む動物種間に共通する行動や，種間で異なる行動の諸過程を明らかにすることである。この意味で「比較」という局面は，究極的には人間行動の進化的起源に関する一層の理解が進んで動物界に属するヒト以外の動物と比べた場合，われわれヒトという種のユニークな点や，逆に共通する行動特性が明らかになるという想定と取り組むことである。

行動現象の1つの特徴は，その**複雑さ**にある（→第14章，4.，448－450頁参照）。神経シナプス単体の単純な反射は，基本的にはフィードフォワード制御回路において感覚運動ニューロンが関与する反射であり，情報は一方向に流れるのみであるが，これでさえも重大な実験的・理論的な障壁が待ち受けている。いずれも同様に単純な反射の間で，どれだけ多くの統合作用（integration）が存在するかについての疑問は実に扱いにくい問題である。なぜならば，それに答えるために当該の反射経路に影響を与えたり，経路を変更するシステムを加えたりすることは，いくら大目に見たとしても，その統合作用の複雑さを一層助長するだけだからである。床の上の穀物粒をニワトリがつついたり，繁殖期にカエルが鳴くというような，ほかの行動とは関連がなく，よくまとまっている行動でさえも，多くの内的・外的諸要因の影響下にあることから，すべての行動は，相互に依存し合う多くの要因によって引き起こされているといって差し支えないであろう。このような**多重因果性**の解明のためには学際的なアプローチが必要であり，前述のごとく，そのようなアプローチが比較心理学における研究の時空を超えた特徴である。図1－1は，比較心理学で扱われる領域，及び比較心理学とは独立に発展した他の学問領域のそれぞれが相互に関連する様を概観したものである。相互の密接な関係が時には新しい理論を生むこともあるし，あるいは新しい領域の創造に結びつくこともある。本書ではそれらに関連した多くの事例を論じる。例えば，ヒトの社会行動に対する適応機能分析の適用例だとか，脳の大きさ（または特定の脳神経の数）と空間記憶や食物探索の戦略のような行動能力との相関関係だとか，あるいは行動の発達を理解するために用いられるさまざまな遺伝学上の技法の組み合わせ方などである。

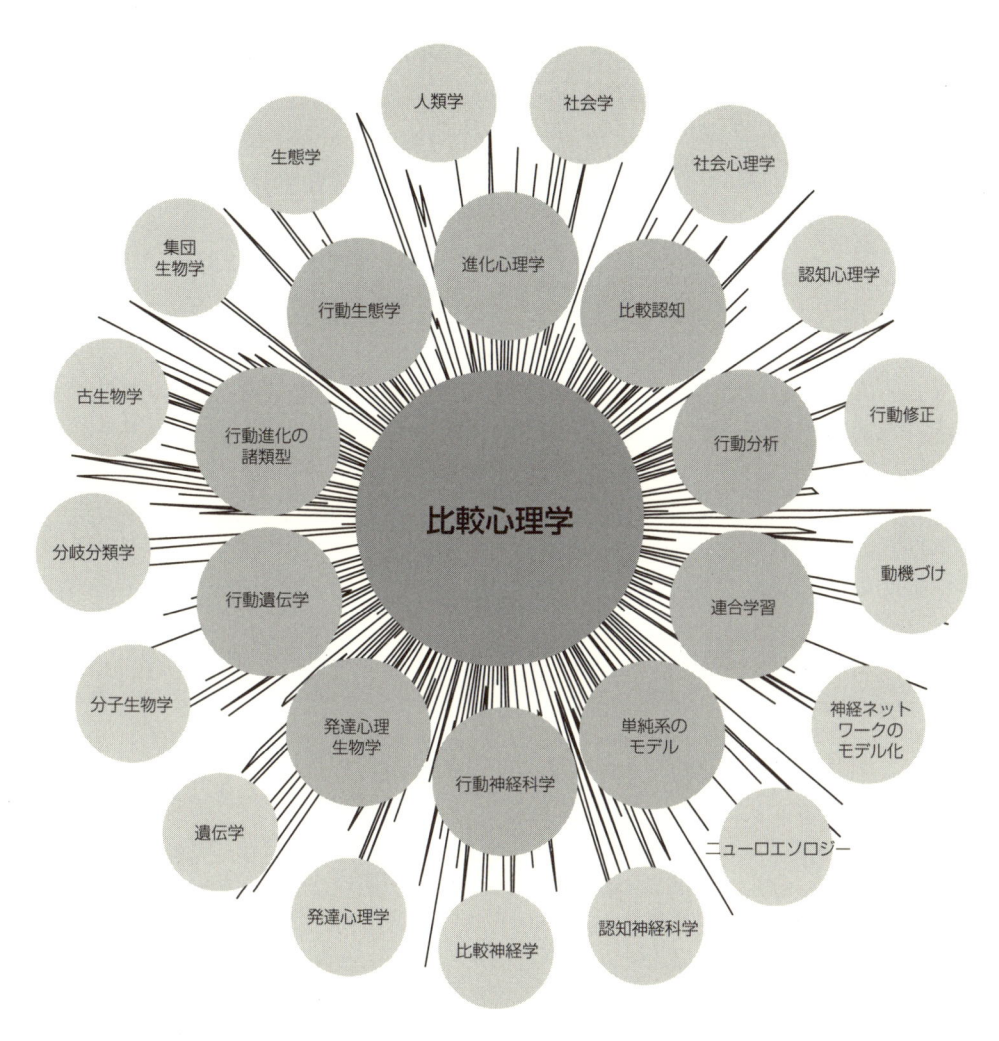

図1-1 比較心理学の主な研究領域と，関連する社会科学・生物科学に属するさまざまな学問分野。研究領域は常に更新され新たに生み出されているので，科学を取り巻く状況もとどまるところなく変化している。上図は，学際的な特徴をもつ比較心理学が，社会科学・生物科学という2つの体系に密接な関係をもつことを例示したものである（作図はD．Robinsonによる）。

1. 古典的系譜

　行動能力の起源とか，自然界におけるヒトという種の位置づけについての関心には長い歴史があるが，行動の進化と発達は特別の科学的な学問体系のもとで研究するべきだとする考え方は，比較的最近になってからである。ギリシャの哲学者らが残した古い記録によると，彼らは自然に内在する原理という範囲内で物の実体を説明しようとした。例えば，ミレトスのアナクシマンドロス（Anaximandros）［紀元前およそ610-545］は，すべての生命が海洋に発する，それゆえヒトは魚類から進化した，と考えたのである。エンペドクレス（Empedocles）［紀元前およそ493-433］，

レウキッポス（Leucipus）［紀元前およそ 450-370］, デモクリトス（Democritus）［紀元前およそ 466-370］, さらにエピクロス（Epicurus）［紀元前およそ 341-270］は, 物体の形成において, 基本となる原基要素がランダムに結合する作用が重要な役割を果たすことを説いた。ギリシャの哲学者らは, これらの原基要素を「原子（atomoi）」, つまり「それ以上分けられないもの」と呼んだ。それゆえ, 天地万物に関するこのような見解は原子説といわれている（もっともこれらの「原子」は, 現代物理学では素粒子に相当する）。これらの哲学者の著作は残念ながら部分的にしか保存されていないが, 原子説は以後, 生命の起源に関する興味へと導いていったのである。生命起源の問題は, 後期エピクロス学派の学者であるローマの哲学者ティトス・ルクレティウス・カロ（Titus Lucretius Caro）［紀元前およそ 95-55］により論じられた。

ルクレティウスの詩である『宇宙論』は, 進化や自然選択という現代の概念に精通している読者に興味をかき立てる話題を提供している。宇宙全体に無秩序に散らばっているあらゆる種類の粒子が集まって, 地球, 月, 太陽, 星などを含むすべての物体を構成するとしている。**自然発生説**の信奉者であるルクレティウスは, 生命有機体が「母なる地球」に起源をもつと考えたのである。

　　かくして, 雨や太陽の温かい熱により形成された大地から, 多くの生命体が生み出される。（第5集, 793-794行目）

「万物は蠢き, そのすべてが内なる力により変化し, その姿を変える運命にある」（第5集, 830-831行目）ということは, これらの生命体は粒子のでたらめな結合という試行錯誤の結果から生じたゆえに, それらの多くが異常型であることを意味する。したがって, これら異常型の生命体（ルクレティウスの言葉では「化け物」）は, 生存や繁殖に適さなかったので, 絶滅したということになる。ルクレティウスは紀元前1世紀において次のようなことを述べている（第5集, 849-854行目）。

生命体が生成されるためには多くのことが必要であった。ゆえに（その手続きを省略するために）, 彼らは出産という手続きによって世代の連鎖を作り上げていったのである。生きつづけるためには先ず養分が必要であり, 次にはある仕組みを通して生命を生み出す種（たね）を滲出させる方法が必要であった。そしてその種は身体から放出されなければならなかった。かくして男と女が合体するために, 互いに快楽を分かち合う方法を双方がもった所以なのである。

アリストテレス（Aristotle）［紀元前 384-322］は生物学と心理学の父といわれてきた。もっとも彼は原子論には強硬に反対していた。アレキサンダー大王の軍隊付公吏が, アリストテレスのために特別に収集してきた動物や植物の標本に彼はいたく感激したに違いない。分類学の基礎はこの莫大な情報を系統立てる彼の努力に源を発している。彼は540の動物種を血液の有無により区別し, それを有するものを有血動物（つまり脊椎動物）, 有しないものを無血動物（つまり無脊椎動物）に分類した。アリストテレスは『動物史』という著書で, **自然の階梯**という概念を提案し, 無生物から植物, 植物から動物, 動物からヒトという彼が考えた漸進的な移行を説明した。彼によれば次のとおりである。

　　自然は, 無生物から生物に向かって小刻みに進む。その連続性ゆえに, 無生物と生物の2つの性質を併せ持ったものがどちら側なのか, そして2つの中間体がどちら側に属するのかの見極めができない。（第7巻, 588 b）

植物から動物にいたる階段（アリストテレスによる自然の階梯という概念は階段という言葉でうまく表現される）は, 「次に進むことによって次第に生命の徴候と運動能力を増していく」ことを意味していた（第7巻, 588b）。生殖はすべての生命体に共通のものであるが, 生殖行動は単純な種と複雑な種では明確に異なるとし, 次のように述べている（第7巻, 589a）。

　　動物のあるものは単に植物のごとく季節にしたがって自らの生殖を成し遂げる。またあるものに

おいては生まれてきた子らを十分に育て上げることが難しい場合がある。しかしいったん子らが成長すれば親は子から離れ，その後つながりを持たない。一方，知力に勝り，記憶能力もある程度有する動物の親は，子とつながりを持ち，社会的な関係を維持する。

アリストテレスはまた，次のようにも述べている（第1巻，488b）。

> 多くの動物は記憶を有しているので，おそらく訓練が可能であろう。しかし過去の事柄を自在に想起できるのはヒトだけである。

アリストテレスはまた，行動に関し，きわめて正確な記述から完全に間違った記述まで，広範囲にわたり記録を残している。間違いのケースとしては，アリストテレスが観察した時分の条件の悪さ，例えば器具や資料文献の不足のせいにできるかもしれない（Sarton 1952）。多岐にわたる行動の説明の中でも，ミツバチの食物探索や社会行動，ツルやペリカンの渡り行動，シビレエイの放電活動，ヨーロッパカッコウの托卵行動，ナマズの養育行動などは，彼の系統的かつ客観的研究法の賜物である。

アリストテレス以後のヘレニズム時代からヨーロッパ・ルネッサンスにいたる何世紀もの間は，基礎科学研究への支持基盤の減退と神学理論への漸進的な集中化という2つの特徴をもつ時代であった。ローマやアラブ世界の哲学者や科学者はもっぱら応用領域に傾倒した。例えば，生物学は医学や衛生学に奉仕する一方で，物理学や幾何学は建築や工学技術に応用された（Sthal 1962）。自然の階梯というアリストテレスの概念は，論理的には神に帰結する完全無比の究極的な表現として見られてきた（Sarton 1952）。この階段という概念は前進的な進歩を示すものであったとはいえ，ここでいう進歩とは，種が不変であり，固定したものであるという見解と完全に並び立ちうる概念であった。このような構図の中で，多種多様な生命の存在の一方で，ヒトの位置づけを説明する考え方は，**創造説**と呼ばれ，文字通り聖書に由来するものであり，幾世紀を経ながら有力な考え方でありつづけた。創造説の基本前提は，すべての種が神の手によって同時に，しかも種と種はそれぞれ個別独立に創造されたというものである。

2. ダーウィン以前の系譜

西洋哲学では，ヒトを最も高等な種と考え，生命体の階層序列中，特別の位置を占めるというアリストテレス的な見方が優勢であった。この考え方は今日でも哲学及び科学における論争の的であるが，この考え方がヨーロッパのルネッサンス時代に幾人かの哲学者の研究によって興味深い展開を遂げることになる。ヒトの心理学上の優越性を確立する熱心な試みからすれば，物質的かつ機械的根拠にだけ基づいて動物の行動を説得的に説明しなければならなかった。したがって，宗教に基づいてヒトにだけ許され，しかもヒトの意識体験の源とされた不滅の霊魂が，あらゆる生命形態に少しでも存在するなどということは，多くの哲学者にとりありえ得ないことだったのである。

スペインの哲学者であるゴメス・ペレイラ（Gómez Pereira）[1500-1558]は，動物の行動を機械論的に説明した最初の学者の1人であり，1554年に『アントニアーナ・マルガリータ』という著書を出版した。ペレイラは作用力学の当時の進歩に触発され，そこで使われていた考え方を動物の動作（行動）に適用することを試みた。その際，動物が意識的に知覚や精神生活をする能力を有することまでは想定しなかった（Bandrés & Llavona 1992）。それゆえペレイラは，ヒトだけが有する随意的運動と，動物が有する生命維持のための運動を区別したのである。動物には3種類の生命維持運動があるとする。第1は，接近とか退避のような感覚経験によって直接生じる運動であり，例えばこれは捕食者と被食者との関係で見られる。**本能**と呼ばれるこの類の運動は，創造

主により目的に合致するように動物に備えられたのだと考えられた。本能の例としてペレイラがあげたのは，ニワトリのヒナが経験したこともないのに孵化後すぐに餌となる穀物をつつくことのできる能力であった（→第11章，2.g.,333-335頁参照）。第2に，外からの刺激がなくても生じる運動は，脳の後頭部（「(ラテン語で) トリクリニウム（triclinio）」と呼ばれた）に残された刺激が残滓または痕跡によって引き起こされるとしている（これをペレイラは「幻影」と呼んだ）。その幻影が脳の前頭部（「(ラテン語で) シンシプト（synciput）」と呼ばれた）に転移し，そこで筋運動に翻訳されるか否かは内的要因により決定されるとした。これら2種類の運動は，感覚入力が中枢神経系で処理された後，ある反応を引き起こすという意味で**反射**生起のためのすべての要件をすでに満たしていたといえよう。第3のタイプの運動が**学習**であり，これは脳においてもっぱら反復により幻影どうしが連合することで成立する。ペレイラはその例として，オウムが訓練すれば話せるようになることや，食物を出せばニワトリやイヌがすぐに近寄ってくることをあげた。ペレイラによれば，飼い主の呼ぶ声と飼い主の与える食物の幻影が脳の後頭部において連合したことによるという。したがって，動物が呼び声を聞けば，食物の記憶が活性化され，動物は機械的に接近を強いられるのである。

ペレイラはこのように，何とかして精神的・意識的過程ではなく，動物の身体のさまざまな部位間の機械的な作用によってのみ，単純な反応から飼い慣らしや訓練の結果形成される複雑な行動までを説明しようと試みた。ペレイラのこの考え方は，その後何世紀にもわたり論争の的となり，また反論を生んだ。しかしながら，動物行動の機械的説明が可能だという考え方はしっかりと根づいたことは確かである。なぜなら，この考え方を最も明確に主張した学者こそフランスの哲学者であるルネ・デカルト（René Descartes）［1596-1650］であり，特に（没後の）1664年に初版本として世に出た『人間論』（Descartes 1664/1985）の中でそれが述べられている。

比較心理学へのデカルトの貢献として2つの側面があげられる。1つは，ヒトは他の動物とは異なり，精神的な経験をする能力（すなわち「理性」）を有するという考え方である。デカルトによれば，精神過程は身体機械論で解き明かすことはできないと考えていた（必然的に**心身二元論**の表明となる）。デカルトの二元論は，比較心理学の発展に多大の影響を及ぼした。ヒトという種が独特であるという考え方は浸透していったが，どういうわけか研究者や哲学者は独特という側面に対するさまざまな理由づけを好んで行なった。例えばヒトだけが科学技術や言語あるいは高度認知過程を持っているとするものである（この議論に関しては，Macphail 1982；Popper & Eccles 1977を参照）。

デカルトの2つ目の貢献は示唆に富む。それは動物の行動を機械論によって説明したことである。この考え方はサン・ジェルマン宮殿の園庭に置かれたいくつかの動く彫像にヒントを得たとされる。ペレイラの考え方に似て，デカルトは反射の概念を提唱した。この概念は結果的には行動の分析において中心的役割を担うこととなった（→第7章，2.b.,182-185頁参照）。宮殿の彫像は，実は見学者自らが加える力によって動かされていたものであり，ある板を偶然に踏むことにより，弁が作動し，巧妙に仕組んであったパイプから水が流れるようになっていた。デカルトは，動物は複雑な動きをするが基本的には動く彫像であり，パイプが精巧にめぐらされ，動物精気という水より早く流れかつ軽い液体がパイプに満たされていると考えた。動物精気は脳の空洞に宿っており，まるで教会にあるオルガンの「風箱」に空気がためられているようなものである。オルガンの場合には，鍵盤が押されると対応する弁が開いて空気が送り込まれるが，それと同じく，ある感覚が動物に起こると精気が放出される。つまり，感覚を起こす刺激が与えられると，神経の中の精気を動かし，それが伝わっていって脳の内部表面にある弁を開くというものである。デカルトは次のように述べている（p.101）。

　　これらの中空の管を通って，脳内の空洞にある動物精気が直ちに特定の神経に流れはじめ，それ

が筋肉に達し（動物）機械を動かすのである。まさにこの仕組みは，われわれの感覚が以前と同じような作用を受けた場合には直ちに自動的に同じような反応をすることとよく似ている。

このようにして，ヒトは炎から脚を引っ込めることができるだけではなく，顔を炎の方向に向けることができるのだとデカルトは考えた。この類の仕組みはヒトと動物に共通であるが，異なる点は，ヒトだけが主観的な経験を持つことにある。動物もヒトも炎から遠ざかるが，ヒトだけが内的な経験として炎の熱さを感じるのだという。なぜこのような経験ができるかというと，「神がこの動物機械に理性的霊魂を組み入れたからだ」と，デカルトは論じている（p. 102）。

デカルトは動物の運動を可能にしている仕組みの起源については考察しなかったが，やがてのちの学者たちは，さまざまな反射を基礎として積み上がった経験が運動を可能にしていることを示唆した（Boakes 1984）。例えばディヴィット・ハートリー（David Hartley）［1705－1757］は，さまざまな反射は経験を通して獲得されると考えた。ハートリーの著書『人間と，その身体，義務，及び期待に関する観察』（Hartley 1749/1966）の中で，彼は脳過程を考えることで学習行動の説明が可能だとし，ヒトと動物間の知的能力の差は，脳の大きさ，神経の質，言語を有するか否かとか，ヒトは本能よりも教育に多大に依存することなどから，動物との差が由来すると考えた。ハートリーによれば，脳量の小さい動物は，それが大きい動物に比べ，連合の形成に有効利用できる脳の範囲が狭いという。ハートリーと同時代の学者であるジュリアン・ドゥ・ラ・メトリ（Julien de La Mettrie）［1709－1751］は，主に教育がヒトと動物に知的能力の差を生じさせると述べている。ラ・メトリは実際，自著の『人間機械論』（La Mettrie 1748/1953）において，もしヒトと類人猿の脳構造の間に類似性があるならば，類人猿を訓練することによってヒトの言葉を獲得させることが出来るかもしれないと述べている（→第14章，3.d., 440－444頁参照）。

ハートリーとラ・メトリはともに，ヒトは本質的に動物とは異なるとしたデカルトの説に異議を唱え，ヒトと動物の差は確かに歴然とし，かつ明瞭ではあるものの，単に程度の差に過ぎないと論じたのである。同時代の哲学者には，知識の起源を考察したイギリスのジョン・ロック（John Locke）［1632－1704］やディヴィット・ヒューム（David Hume）［1711－1820］，そしてトーマス・ブラウン（Thomas Brown）［1778－1820］，フランスではエティエンヌ・コンディヤック（Etienne Condillac）［1714－1780］やデステュット・ドゥ・トラシー（Destutt de Tracy）［1754－1836］らがいた。彼らは一致して1つの重要な考え方を強調したが，それはヒトの精神は元来何も書かれていない黒板のようなものだ（すなわち心を**タブラ・ラサ**と見る）ということであり，感覚経験に由来するさまざまな観念は，連合過程の作用によって刷り込まれていくという考え方であった。これはまさに感覚経験が知識獲得の際に有力な役割を果たすと考え，種間の心理学的な差異を，主として外的要因の関係に求めて解釈しようとする理論的な枠組みであったといえる。この考え方は，思考を神経過程の作用から研究する傾向をも刺激した。なぜなら，感覚経験は刺激受容器官や神経と密接に連動する可能性があったからである。しかしながら，17世紀や18世紀における生理学が発信した知識は，その可能性の追究を深めるものではなかった。19世紀になり，やっと基礎となる解剖学的かつ電気生理学的な諸原理が展開された。例えば，脊髄支配による不随意運動［Robert Whytt, 1714－1766］，感覚運動理論［François Magendi, 1783－1855］，反射弓［Marshall Hall, 1790－1857］，生理的制止活動［Eduard F. W. Weber, 1806－1871］，そして脳による脊髄反射調節［Ivan M. Sechenov, 1829－1905］などの考え方が提唱された。さらに，電位を正確に測定できる手法［Luigi Galvani, 1737－1798；Alessandro Volta, 1745－1827］や，神経伝導の速度の測定法［Hermann von Helmholtz, 1821－1894］も開発された。これらの進展は神経生理学の台頭を可能にしたのである。

生物学の研究は実験的方法の導入によって，19世紀から20世紀の間に急激に発展することに

なったが，そのような実験に活躍の場を提供することに貢献したのが，上述のさまざまな手法である。生物システムについての実験的研究は，部分的には**生気論**に対する反動として生じたが，一方でその方法によって個々の器官の分析が系統だった結果を生むことを実証するためでもあった。生気論者は，「エラン・ヴィタル（生命躍動源）」と呼ばれる神秘的な力を仮定したが，これは無生物界のどこにも変異を起こしたり，適応したり，生殖するというような能力が存在するとは思われない生命の特質であったので，この特質を説明するために神秘的な力が必要とされたのである（Jacob 1973）。しかしながら，このような生命力は動物を一体丸ごととしてみた場合には意味をもったが，分析のために動物をばらばらにすれば，各部分は生きつづける基本的な力を欠くことになり，そこから導かれる結論は，部分だけを取り出した研究は無駄である，ということ以外にはなかった。それに対して，動物の行動を説明するためにペレイラやデカルトによって初めて詳しく展開された**機械論**は，ついには生物科学の主要な方法論になっていった。この影響は，動物の行動の背景にある基本的な解剖学的構造や生理機構を明らかにするためにあえて神経系を精査する方向に研究者を導いていったのである。

一方，ヨーロッパ人の世界観も19世紀から20世紀にかけて急激に変化した。アレキサンダー大王の軍事進攻が，ギリシャ人の世界に対する知識を拡大したかのごとく，ルネッサンスにはじまった世界規模での探検は，自然科学にも新天地を開いた。博物学者たちは，今まで誰も予想しなかった多種多様な生き物にはじめて出会うこととなった。その多様性が明らかとなったのは，ヨーロッパの博物学者たちが，あらゆる大陸から収集された標本の中でも，とりわけその地方独特の動物の標本を目にしたときであった。例えば，南アメリカからのラクダ類（ラマやアルパカ），貧歯類（アルマジロ）や有袋類（オポッサム）などがそうであった。もしすべての動物種が1つの場所で創造されたのだとすれば，一体どのようにしてあの動物群は造られたのであろうかという疑問が湧く。

創造説に代わる考え方をはじめて提案した中に，スペインの博物学者であるフェリックス・ドゥ・アサラ（Félix de Azara）[1746 – 1821]がいる。アサラ（Azara 1934）は，地域種が意味することは，動物種がそれぞれ異なる大陸で生み出され，かつそのことが時間差をともなって行なわれたのだと考えた。そのもととなったのは，捕食者―被食者の組み合わせが固定された動物がいることを観察したときである。この場合，餌食となる種が最初に創造されたのであろう。さもなければ捕食動物は滅びてしまうからである。アサラは，ある種内で世代間変化が起こる可能性を認めていたし，形態を規定する形質の変異があることはその動物の集団に与えられた天賦の能力の一部であると考えていた。これらの結論は彼の**家畜化**の研究から引き出されたものである。家畜化とは，動物の形態や器官を改良する目的で意図的に動物を交配させることである。アサラは家畜化によって形態的な変異が増大することを指摘し，かつ勢力の強い種は脆弱な種を絶滅させる可能性も示唆していた。形質の変異が原型を歪曲させるノイズではないという考え方は，数十年後になってダーウィンやウォーレスが提案した自然選択の理論を支える重要な前提になったと思われる。

アサラが南アメリカ大陸の動物を記録にとどめ，さらに神経系がきわめて関心の高い研究対象になり始めたほぼ同時期に，ヨーロッパの動物学者らの間には，自然が時空を超えた性質をもっているという古典的な考え方を再発見する動きが出ていた。フランスの動物学者であり植物学者であるジャン B. ラマルク（Jean B. Lamarck）[1744 – 1829]は，ある種が別の種に次第に変化していくことを説明する理論を展開した。彼は1801年に**獲得形質の遺伝説**を提唱した。簡単に言うと，この説は，身体のある部分の用・不用（使用・不使用）が世代に渡って受け継がれる程度を決定するというものである。この独特の理論は今では間違いだと広く認識されている（Avers 1989）。しかし，構造よりも機能に重きをおいた考え方（つまり，進化的な変化は，身体のある部分の使用などというようにまず行動に変化が生じ，次に形態的な変化が起こるという基本的前提）は，現代の

進化論においてとてつもない重要性をもち続けている（Gottlieb 1992；Wyles et al. 1983）。

ラマルク（Lamark 1809/1984）はまた，進化段階に応じた神経の体制化に関する理論を展開し，それと脳構造との機能的な対応関係を論じた（図1-2参照）。ラマルクの理論は基本的には神経系を持たない生物と，一定程度の神経が発達した生物とを分ける二元論であった。前者の生物には植物とか滴虫類（*Volvox* や *Amoeba* のような単細胞の原生生物），あるいはカイメンのようなポリプ類がある。神経系を持たない生物は筋肉がなく，ただ**刺激感応性**によって動くのみである。つまり

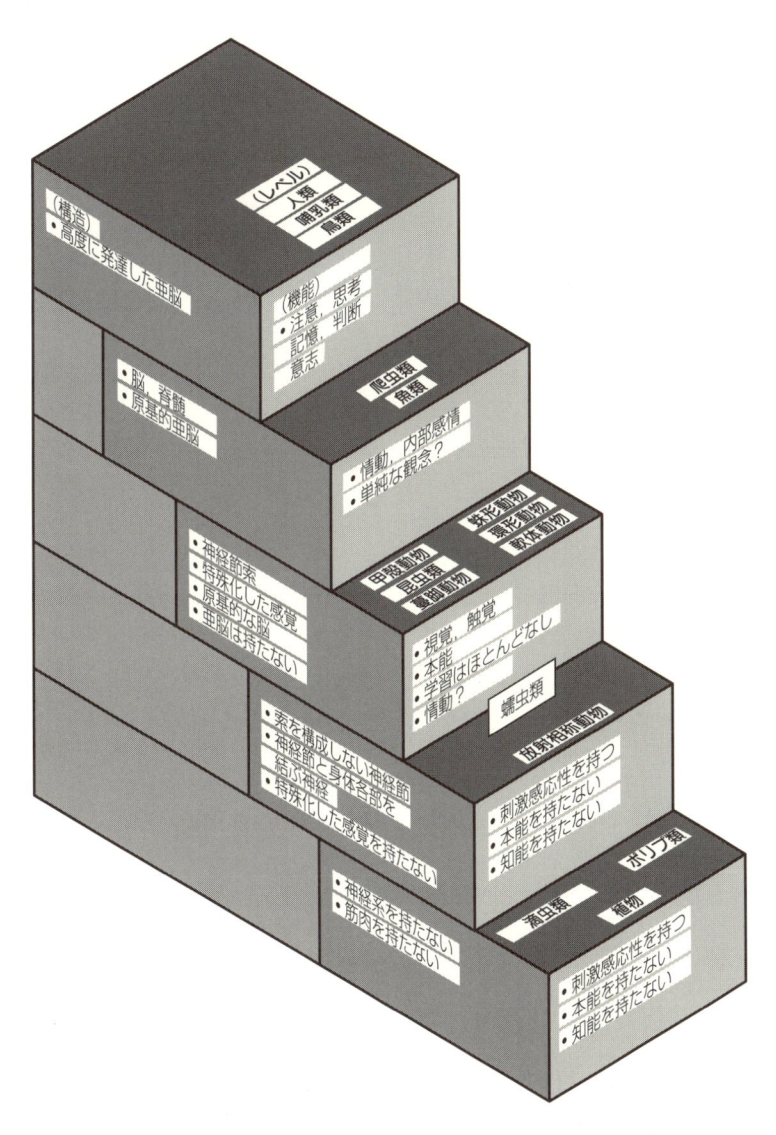

図1-2　ラマルクによる神経系及び行動能力の進化に関する漸進進化の考え方を図示したもの（ラマルクの『動物哲学』から転載）。階段は下段ほど構造的にも機能的にも細分化されていない様子を，上段になるほど「完全な」姿に近づく様子を概念的にあらわしたものである。階段の各段ごとにそれぞれの特徴的な属性を記してあるが，それらは下の段で見られる原基的な特徴が基礎となって，上の段になるほど発達した特徴を有するようになる様子を描いている（作図は D. Robinson による）。

内部から運動が起こるのではなく，外的な刺激に対する反応としてだけ動きだす。それゆえ，これらの生活体は本能と知能の両方とも有しない。これら両方は感覚と運動が統合されてはじめて可能となる。

　以下に述べる4つの段階は，最も「不完全」から，最も「完全」な神経系までの進歩を示す。進歩につれて機能的にも改善され，新しい心的能力が出現する。放射相称動物（例えばクラゲ）の段階では，神経同士や神経がさまざまな身体各部に連絡している神経節索が，内部器官を機能させるとともに，単純な運動を支配し制御している。これらの動物には視覚や聴覚のような特殊化した感覚はなく，神経系はもっぱら運動をつかさどるのみである。ラマルクによれば，線虫類や扁形動物には，触感覚を明確に持ち，かつ視覚の萌芽と見られる感覚を持つことから，次の段階にいたる中間的存在であると考えられている。次の段階は有節縦走神経索を形成することに特徴があり，神経節の末端は初歩的な脳と呼べる結節をつくっている。この段階の生物としては多くの無脊椎動物群が代表格であり，それらには特殊化した感覚がすでに十分に発達しており，筋や各器官を神経索に連絡させている神経系の存在は，感覚と運動との区別を可能にしている。この段階の動物には明らかに本能行動が認められる。これについてラマルクは，その本能行動はすでに確立されたものとなっているが，それは多くの祖先動物が何世代にもわたって反復してきた習慣に起源を辿ることができるとしている。しかしこの段階の動物は本能行動を変異させる能力を持たないため，必然的に知能を持たない。神経索の終末が原基的な付属機関となり，亜脳，つまり脳半球を形成するようになるのは魚類や爬虫類（ラマルクの分類では両生類も含む）の段階となってからである。ラマルクは脳（感覚過程の座として）と亜脳（脳半球であり，高次の心的機能を受け持つ）を区別している。亜脳は，内的な情動状態，つまり生活体の内部状態に関する感覚の出現をもたらす。ラマルクは生活体の最も完全な段階には鳥類や哺乳類を置いた。それらは高度に発達した亜脳を有している。われわれヒトという種に至って，大脳半球は複雑さの頂点に達する。ラマルクはこの複雑さこそが，注意，思考（観念の形成），記憶（観念の連合），判断（観念同士の比較）などの高次の心的機能を可能にすると述べている。脳や知能の進化に関するラマルクの考え方が研究の興味を引きつける一方で（第Ⅱ部と第Ⅳ部の各章を参照），種はいっそう「完全なる」生物に向けて不可避の形質転換をはかり進歩していくというアリストテレス流の考え方は，現代の比較心理学者からは見放されている。

　自然科学は19世紀の中庸までには「形質転換」，つまり現在は**進化**と呼ばれている新しい種の誕生に結びつく世代間の変化のことであるが，それが起こる可能性を受け入れる態勢が整っていた。機を同じくして，生理学者らは神経機能に関するメカニズムを発見していたし，神経生物学者らは神経系を構成する要素たる神経細胞をはじめて目にすることができた。また，生物の多様性に直面した動物学者と生理学者は，自然序列による分類法の外見上の複雑さを，いくつかの基本原理を適用することによって簡潔な分類法にするべく努力を続けていたのである。

3. 自然選択と心の連続性

　1つの一般原理が2人のイギリス人によって別々に発見された。2人とはチャールズ・ダーウィン（Charles Darwin）[1809 – 1882]とアルフレッド・ウォーレス（Alfred Wallace）[1823 – 1913]であり，ともに自然観察に十分な経験を持っていた博物学者である。その考え方はきわめて簡明であり，しかも家畜化研究の過程で明らかであった。われわれが意図的に動物を交配して血統の優れた形質を伸ばしたごとく，自然は，現生する変異個体に作用して，動物が生存し生殖するために好都合な能力を増大させ，また，逆に生存に不都合であるかまたは成長せずに死に至る個体

を排除してきた。ダーウィンが著し，大きな影響力を持つことになった『種の起源』(Darwin 1859/1993, p. 88) において彼は次のように書いている。

> この生存のための闘争によって，変異はいかに軽微なものであっても，またどんな原因から生じたものでも，さらにどの種でもその一個体にいくらかでも利益になるものであったら，他の生活体及び生活を取り巻く自然条件に対し果てしなく複雑な関係の中で，その個体を保存させるようにはたらき，そしてほぼ間違いなく子孫に受け継がれていくであろう。子孫もまた，これと同様に，生存の機会にいっそう恵まれやすくなる。なぜなら，どの種においても繁殖期ごとに多数の子が生まれるが，そのうち少数のものだけが生き残ることができるからである。どんな軽微な変異でも有益であれば保存されていくというこの原理を，人為選択とあえて対比させるために，私は自然選択という語で呼ぶことにした。［八杉龍一（訳），「種の起源（上）」，岩波書店，1990, p. 86-87 を参考］

自然選択は，時間的な過程であるゆえに，漸進的で，かつ多くの世代にわたって累積的に作用する。したがって19世紀の博物学者に知られることになった生物多様性を説明するためには，長い時間経過を前提とする必要があった。自然選択の概念はまた遺伝の理論を必要とした。というのは個体の変異の中で実際に受け継がれる変異だけが種分化の過程に影響を及ぼすからである。これら2つの仮説とも1800年代の中庸では，まだ科学的な観察に基づいて立証されていたわけではなかった。なにしろ時代は，地球はまだまだ若い惑星だと考えられていたし，遺伝という問題には決着がついていなかったのである。したがって当時は，自然選択が進化を起こす可能性を秘めた要因の1つぐらいにしか考えられていなかった。ダーウィンやウォーレスを含め，多くの博物学者が進化のメカニズムを説明する他の要因を唱えていたといってよい。その中には，獲得形質の遺伝説を唱えたラマルクもいたのである。進化において自然選択が主要因であるという位置づけが確たるものになるには，1930年代における進化理論の近代的な総合の動きを待たなければならなかったが，進化の概念そのものは，事実として当時の自然科学界には深く浸透していたことは確かである。

進化に関するさまざまな考え方はまた，自然におけるヒトの位置づけに関しても論議を再燃させた。もし現存の生物種が根底の系統関係において縁続きであるならば，ヒトの起源はヒト以外の動物に辿ることができることになる。同じことは，ヒトのさまざまな属性すべてにも当てはまり，身体の各器官から生理的構造，行動，はては高次の心的機能までもヒト以外の動物に起源を辿ることができることになる。例えば，想像力，言語，道徳的判断のような，一見ヒトに特有といわれている属性も，たとえそれが初歩的な形態であったとしても，いわゆる「下等」動物に見られても良いことになる。結局，このような漸進進化を強調する説においては**心の連続性**の考え方が必要とされたのである。アリストテレスとかラマルクの考え方を含むこのような考え方では，心の連続性とは，目的論的な筋道（つまり進化とは「完全な」生物を生み出すという目標に向けて進むこと）に適合する進歩を意味していたのであるが，ダーウィンの心の連続性とは，単に，進化においてまったく新しい形質が付け加わることはありえないということを意味していたのである。アリストテレスの自然観を適切に象徴するものが階段であるが，自然選択に基づいた進化観を適切に表していたのが，あらゆる方向に伸びた枝を持つ系統樹である。

進化論が科学の体系の中で地歩を固めるにつれ，動物の心的能力を相互比較するというアイデアがますます一般的になったとしても驚くことではない。ハーバート・スペンサー (Herbert Spencer) [1820-1903] は，1885年に刊行された著書『心理学原論』の中で，精神過程について進化論に基づいた論議を展開した。またドイツの動物学者のダーフィット・ワインラント (David Weinland) [1829-1915] は，1858年に，動物の精神生活と活動の学問として比較動物心理学を定義したといわれる (Cadwallander 1984)。心の連続性というダーウィンの説の影響で，それに関連する事実を収集する最初の試みが19世紀の後半に出現した。ダーウィン自身は早くからヒトの知能，情動あるいは道徳的判断能力を進化論の見地から説明しようとしていたといわれるが (Darwin

1871, 1872)，彼の弟子であるジョージ・ロマーニズ（George Romanes）[1848-1894]は，1882年に刊行された彼の著書『動物の知能』の中で，心の連続性についてはじめて包括的に説明した人物であった。

これら先達者の研究において一般的であったのが直接観察法であり，この方法によって動物の心的状態を推論した。これは，内観というヒトの主観的経験を推測する方法のアナロジーとして適用されたものである。行動とは単に心の状態の代弁者たる「特使」に過ぎず（Romanes 1882, p. 1），この特使が心の中の出来事を直接観察することを不可能にしている不可避の障壁であると考えられていた。一方で，比較心理学に関する初期の著作には「逸話的証拠」がふんだんに盛り込まれていたが，それらは専門家から素人に至るまでさまざまな人たちが出版ないしは進んで提供したものであった。一例として，ロマーニズは，ドブネズミが卵を盗むと考えられる状況を目撃した人が，それをどのように説明するかについて記録している。それによると，ネズミたちは，「いくつも卵が入っている籠と彼らの住処の入り口との間に一直線に並び，前脚を使って次から次へと卵を手渡しながら運んだ」（Romanes 1882, p. 40）とのことである。この類の逸話を心の連続性の証拠として無批判に受け入れることに対しては，やがて厳しい反論が待ち受けていた。『比較心理学入門』の著者であるロイド・モーガン（C. Lloyd Morgan）[1852-1936]は，節約の法則として知られる**モーガンの公準**を述べた中で次のように警告している（1894, p. 53）。

> もしある動物において，心理的により低い段階の能力を発揮した結果として解釈することができるならば，その活動をより高次の心的能力を発揮した結果であると解釈してはならない。

このモーガンの公準が正当であることを見事に示した典型的な1つが「賢い馬のハンス」と呼ばれたウマの話であり，1900年代の初頭には広く知れ渡っていた。ウマの訓練師であるヘール・フォン・オステン（Herr von Osten）の話では，ハンスは算数の計算を実行し，単語のスペルを学習したというものであった。「2×2＝」とかかれた黒板の前に立ったウマは，一方の脚の蹄で床を4回たたいて答え，そうすれば通常何らかの報酬が与えられるのであった。この賢いハンスの話はドイツで大変有名になり，ハンスの精神能力を科学的観点から究明するための委員会もできたほどであった。心理学者のオスカー・プフングスト（Oskar Pfungst）は，何度にもわたる慎重な検証の結果，次のような結論を下した。それは，ハンスというウマは算術の能力と呼べるものは何も持ち合わせてはいない。しかし，いつ床をたたき始め，いつ終わればいいのかについて，訓練師の顔面の無意識的な微妙な変化が信号となり，それをウマが見て反応することを試行錯誤的に学習した。その意味での能力は備わっているというものであった（Pfungst 1965）。

動物の行動についての説明がいつも先入観にとらわれて逸話的であるとは限らない。それの適当な例として，ダーウィン（Darwin 1881）によるミミズ類の知能の観察があげられる。ダーウィンは地面の巣穴の入り口を詰め物でふさぐミミズ類の習性に興味をもった。彼は詰め物（大抵は葉とか葉柄部分）のタイプや，ミミズがそれらをどんな方法で穴まで引っ張っていくかを注意深く記録した。その結果，詰め物の部分部分が何であってもかまわないのではなく，物体の尖頭部の形状が何であるかによって引っ張り込むことを見出した。図1-3は形に関しての結果を示している。ダーウィン（Darwin 1881, p. 97）は以下のように断じている。

> ミミズが，巣穴の入り口に物体を持ってくる前であれもってきた後であれ，どのようにして引っ張ってきたら最善かについて判断できるとすれば，ミミズは物体の大まかな形状というある種の概念みたいなものを獲得しているに違いない。すると，彼らの触器官と思われる身体の前方先端部で物体のいろいろな個所に触れながら形状を知るのであろうか。ミミズが粗々ながらも巣穴や物体の形状についての何らかの概念を獲得する能力があるとすれば，状況によってはミミズが知能と呼べるものを有しているといえよう。というのは，もしヒトが同じような状況に置かれた場合には，ミミズ

図1-3 ミミズが自分の巣穴に3種類の物体を引き込む際にダーウィンが観察してまとめた結果
(Darwin 1881)。ミミズは3種類の対象を頂点部ないしは底辺部から引き込むことがわかる。このことからダーウィンはミミズが対象について原始的な形状表象能力を有する証拠であると考えた。図中の数値で示したのが実際のデータであり，葉，葉柄，紙製の三角形の3種類について，観察総数に占める，引き込まれた部分ごとの平均値をパーセントで示した。

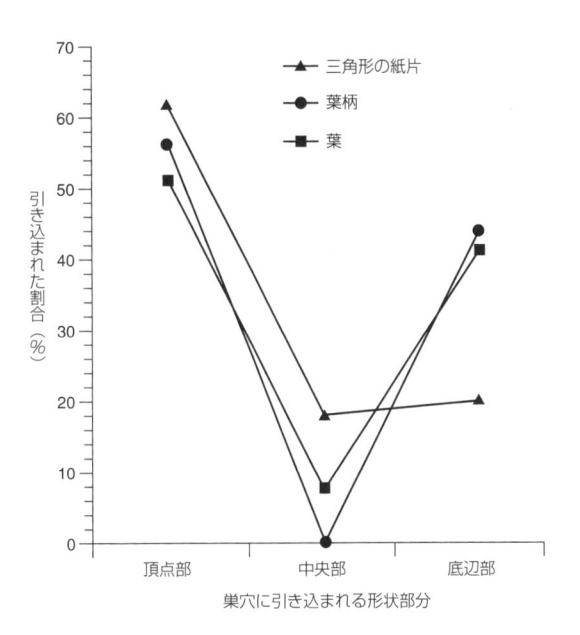

とほとんど同じ行動をするからである。

19世紀の終わりまでには，信頼のおけない情報や先入観をもって解釈したような証拠からはほとんど得るものがないことが明らかであった。代わって，生理学者によって開発される類の数量的な方法なり実験手法が必要になってきた。いくつかの分野で実験的方法が試みられるようになった。例えばピエール・フローレンス（Pierre Flourens）［1794-1867］は，鳥類の脳の切除が行動に及ぼす影響を調べたし，ダグラス・スポルディング（Douglas Spalding）［1840-1877］は，ニワトリの胚と孵化直後のヒナに視覚制限を加えて行動発達への影響を検討した。エドワード L. ソーンダイク（Edward L. Thorndike）［1874-1949］は，動物を使った試行錯誤学習の実験的研究を基にした最初の博士論文を完成させ，出版した。イワン P. パブロフ（Ivan P. Pavlov）［1849-1936］は，連合過程の基礎を研究するための実験手続きと，学習行動を脳過程によって説明する理論を発展させた。ハーバート S. ジェニングス（Herbert S. Jennings）［1868-1947］は，単細胞の生物や原始的な動物の行動を研究した。また，ジャック・ロエブ（Jacques Loeb）［1859-1924］は，単純な構造をもつ動物の行動にいかに重力や光が影響するかを研究し，向性に関する機械論を展開した。ロバート・ヤーキズ（Robert Yerkes）［1876-1956］は，比較心理学の歴史の初期におけるきわめて重要な人物であり，彼は1904年から1910年までの間に『比較神経及び心理学誌（*Journal of Comparative Neurology and Psychology*）』にC. L. ヘリックとともに共同編集者として携わった（1910年以降，この雑誌はもともとの誌名を取り戻し，現在は『比較神経学誌（*Journal of Comparative Neurology*）』である）。さらに，『動物行動誌（*Journal of Animal Behavior*）』や『比較心理学モノグラフ（*Comparative Psychology Monographs*）』の編集長を務めた。両雑誌とも創刊は1911年であり，比較心理学をもっぱら対象とした最初の学術雑誌であった。ヤーキズはまた，カエルやカメからサルや類人猿まで用いて動機づけや弁別学習，問題解決を自ら研究したことで知られている（Boakes 1984）。

行動的現象が実験室における実験的手法の統制下に置かれることが多くなるにつれて，研究者の注意は動物の精神状態の推察から離れ，行動そのものに注がれ始めた。今や行動は「特使」から「王」になったのである。この傾向を公約の形で最も過激に表明したのがジョン B. ワトソン（John B. Watson）［1878-1958］であり，その中

で，彼は心理学の研究対象を精神から行動へ移行させる企てを推し進めようとしたのである（Watson 1913）。ワトソンの説は**行動主義**として知られるようになった。行動主義は，最初，動物の心を解釈する試みから生じる明らかな問題点を指摘するところからはじまったが，やがて心理学のすべての分野に広がっていった。行動主義は，逸話主義や内観主義に対する反動であり，純粋に客観的な事実と種の連続性というダーウィン流の仮説に基づいて，科学としての心理学を打ちたてようとする試みであった。彼の著書の冒頭では（Watson 1913, p. 158），彼の洞察の核心を次のように述べている。

> 行動主義者として考える心理学とは，自然科学に属し，真に客観的な実験を主とする学問分野である。心理学の理論的目標は行動の予測と制御にある。内観は心理学の方法としては本質的な部分を構成するのではないし，意識を使って解釈を委ねるようなデータは，何の科学的価値も有しない。行動主義者たるもの，動物の反応を統一的な概念枠組みに位置づける努力をしている中で，ヒトと獣を分け隔てる境界の存在を認めない。ヒトの行動がその洗練さと複雑さにおいて頂点にあろうとも，行動主義者の研究の全体計画の一部を占めるに過ぎない。

4. 本能の進化

　比較心理学の歴史において，知能と本能の区別は，時空を越えた特別な性質を持つ問題である。アリストテレス，デカルト，ラマルクといった学者らに見られる伝統的な概念体系において，知能は階層の最高位のレベルを占め，それに比べて本能に基づく反応はより単純な形態であると考えられてきた。知的な行為とはその本質において可変的であり，ある程度の調整が利くが，本能は決まって定型的な行動様式であると説明されてきた。しかしながら，知能と本能との関係は，ラマルクが扱った習慣に関する理論で述べているごとく複雑である。ラマルクは，習慣を多くの世代を越えて反復使用すれば，それが遺伝されやすくなり，最後には固定した本能行動になると主張した。

　ダーウィン（Darwin 1859/1993）は，本能に関する問題を自らの自然選択の原理にうまく組み込む努力をすることによって解決を図った。つまりそれだけいくつかの根本的な問題を認識していたということになる。彼は本能が，「経験を必要とせず」，しかも「多くの個体が，その行なうことの目的を知ることなしに同じやり方で」遂行される活動であると定義した（p. 317）。彼の記述によれば，「本能はそれぞれの種の快適な生活のために，身体構造と同じくらい重要である」（p. 321）とし，やはり身体と同じように自然選択に従うという。しかし，本能がきわめて固定的であるとすれば，どのように自然選択が本当に本能を作り上げたのだろうか。また，ハタラキバチやハタラキアリに見られるカーストのように，個体が不妊のケースを見れば，本能は進化してきたといえるのであろうか。加えて，社会性昆虫に見られる複雑な本能行動は，自然選択によって漸進的に進化してきたというのであろうか。

　ダーウィンはその問題に少なからず力を注いだが，大部分の本能には変異があり，かつ本能行動は完璧に合目的的であるとは言いがたいということを証拠立てることになった。結局彼は，これらの問題の解決出口を見出せなかったので，本能の進化的起源については，本能がさまざまなメカニズムを通して進化することを示唆する折衷的な考え方を展開したのである。例えば，家畜のウサギがおとなしいのは「長期間にわたり閉じ込めて飼育した」からだとか（p. 326），ニワトリが飛べないのは，「不使用により失われた」からだとか（p. 327）のように，ラマルク主義的なメカニズムで説明した。一方，カッコウの托卵行動の進化については自然選択によって説明した。ダーウィンはこの類の「軌を逸する習性」は，おそらく母ドリに対して，「いち早くわたり行動を」可能にする利得をもたらした結果ではないかと考えていた。すなわち，このような行動傾向が遺伝することによって，ヒナも母ドリと同じ本能行動を示し，

自分のものではない別のトリの巣に時折自分が産んだ卵をおいてくるのだと説明した（p.328）。第3のメカニズムとしてダーウィンがあげたのが形質間の相関である。彼は，シジュウカラが植物の実をくちばしで割る際の，両脚で実を支える習性に言及している。そして，「くちばしは自然選択によって徐々に形状が変化したと考えられる」が，両脚はくちばしとの身体相関のゆえに大きさを増していったのであろうと述べている。ダーウィンは次のように指摘している。

　　シジュウカラのこのような大きい脚が彼らに木登りを巧みにさせ，ついには驚くべき木登り本能を獲得してゴジュウカラと匹敵する力をもつようになることはありうることである。（p.351）

第4のメカニズムは**群選択**の原理である（第2章，5.f., 46-47頁参照）。昆虫世界の生殖不能カーストの存在は進化によってはきわめて説明困難であったが，これをこの原理で説明したのである。ダーウィンは，「選択は個体に作用するのと同じように，その個体が属する集団にも作用する」（p.354）。ダーウィン（p.352）は次のような仮定をしている。

　　集団の多数の（昆虫）が，毎年，働くことは可能であるが生殖が不能であるように生まれてくるとしても，その昆虫が属する集団がそれによって利得を得てきたとするならば，私はこの問題において自然選択が作用した結果であることを認めることに特別の疑問も感じない。

ラマルク的思考法と群選択の考え方が衰退したにもかかわらず，現在の進化論には，ダーウィンが本能を説明するために持ち出した折衷論的な特徴が残っている。自然選択は依然として中心的な概念であるが，形質間の相関（相対成長，アロメトリー）とか遺伝的浮動のような別のメカニズムも進化の過程に影響していると見られている。これについては第2章で論じることにする。本能についてのダーウィン流の説明から発せられた最も興味深い考え方とは，本能が動物の家系を再構成するために活用できるという仮説である。ダーウィンは，本能の段階的変化は，まさに鳥類のくちばしの形状に見られる形態的特徴がそうであるように，「祖先を共有する系統」があるはずだということを示唆している（p.320）。この仮説の意味するところは，近縁種（例えば比較的最近に共通祖先から分かれた種）に見られる特定の本能を研究すれば，その本能の進化の歴史を再構成することに結びつくのではないかということである。ダーウィンの原理に従えば，多くの行動的要素から成り立っていて複雑に見える本能であっても，それは派生的であると解釈される。したがって，同じ行動であってもたくさんの要素からは成り立っていない単純な本能の場合のほうが，その本能の起源的な状態を探る上で有益であるということである。ダーウィンのこの考え方を研究計画に組み込んで実施した初めての学者の中に，チャールズ・ホイットマン（Charles Whitman）［1842-1910］がおり，彼はハトの近縁種（ハト亜目）の行動を観察した。またオスカー・ハインロート（Oskar Heinroth）［1871-1945］も，カモ・アヒル類（マガモ属，Anatinae）の行動について同様の研究を行ない，その結果を出版し公にした。両人とも，本能行動のディスプレイ様式が驚くほど一定であることから，それらを系統分類の際に指標となる形質として使用可能であると結論づけている。

この基本的な考え方が20世紀前半における**エソロジー（動物行動学）**の出現に導いたが，これは主としてコンラート・ローレンツ（Konrad Lorenz）［1901-1989］の功績によるところが大きい。ローレンツ（Lorenz 1941）は，カモ類の求愛行動におけるディスプレイに関する研究を発表したが，その中で，運動パターンが生得的（つまり遺伝により継承されかつ定型的）であること，したがって行動の類似性をもって（つまりホモロジーに基づいて），種に共通の進化的起源の推定ができると考えた。ローレンツは次のように述べている（Lorenz 1941, p.16）。

　　（行動的特徴と）関連する身体の形態的特徴とは密接な対応関係があることから，系統発生的なホモロジーの概念を，種に特有な行動パターンに当てはめて考えることは間違いではない。最も狭い意味では，この考え方を比較心理学の前提とすることも許されるべきものであろう。精査を重ねて

多くの動物個体をかように体系的に研究することによってのみ，本能的運動パターン，走性，生得的な行動系列，はてはすべての心理的メカニズムについて，それらが系統発生的に変質する様子に関する情報を得ることを可能にする。

ローレンツは，上述のディスプレイや類似の研究結果を系統発生史に基づいて説明したが，このことが一連の新概念を生むこととなり，結果的に行動進化の研究を刺激したのである。ただし「本能」という用語は多くのより特殊化した言葉へと変わっていった。例えば，**固定的活動パターン**（FAP）がそうであり，いったんその行動が開始されれば，外的な刺激の関与がなくても完結するまで続けられる生得的な反応を指す。このような行動型は，直接遺伝的な制御下に置かれた神経プログラムに則したものだと考えられ，ひとたび活性化されれば一連の出力の流れとなって放出され，観察可能なFAPとなるとされる。その例としてあげられるのがハイイロガンによる，いわゆる卵の回収行動である。これらの地面に巣を造る鳥類は，巣から転がり落ちた卵を，嘴を使った特徴的な動きによって回収しようとする。この行動はいったん開始されれば，回収中の卵が途中でなくなろうが続けられることをローレンツは観察している。これはあたかもハイイロガンが頭の中にイメージをつくって卵を転がしているようである。対照的に，**走性**とは継続的に感覚フィードバックが必要な行動である。この運動反応はそれゆえ定位反応ともいわれている。卵回収行動を例にとると，ハイイロガンが卵を転がしているときに，卵が少しだけ斜めに転がると，トリはくちばしでその動きを補正する。しかし卵を取り去るとそのような補正行動は完全に消失する。この場合の補正する運動が走性である。他方で，筋運動パターンは，多くの場合特定の刺激が提示されることで生起するのがふつうである。求愛行動でのディスプレイの場合，それを引き起こす刺激は，同種他個体の出現あるいはそれが示す特定の行動であり，この刺激は**信号刺激**と呼ばれている。信号刺激の不思議な特徴はその明白な単純さにある。例えばヨーロッパコマドリは繁殖のためのなわばり所有権をめぐって激しく争う。平常の観察からは，な

わばりを所有するオスドリが侵入者の出現に反応すると推測できるが，一方で，たとえ赤い羽根の一部が見えただけでも攻撃行動が起こることから，その反応は，侵入者の全体という複雑な刺激を知覚したからではないことが分かる。まさに，これらの単純な刺激が鍵となってFAPを選択的に解発しているかのようである。2つ目の不思議さは，ある動物がときには極端ともいえる刺激を偏好するという事実である。例えばミヤコドリに，自分の卵とそれより何倍も大きい巨大卵を選ばせると，そのトリは巨大卵を好み，しかも長い時間をかけてその上に乗って抱こうとする。このような場合の刺激は**超正常刺激**と呼ばれる。

ローレンツは，実験室よりも野外観察を，量的調査よりも質的記述を重視した。また，条件づけ箱という単純化された環境でラットにレバー押しをさせるのは人為的であるとし，むしろ自然状態での行動を大事にした。彼はまた，本能は固定的で可変的ではないことを強調する一方，本能行動が自然選択の産物であるが，その行動が動物の一般適応度とどのように関係しているかについてはほとんど関心を示さなかった。本能の固定性に関するローレンツの主張は，ダーウィンの本能に関する考え方とは劇的に違っていた。ダーウィンの漸進進化論の考え方はあらゆる行動に適用されると考えるので，本能と知能という二分法も例外ではなく，その区分は決して固定したものではなかったのである。ウィリアム・ジェームズ（William James）［1842－1910］は，ダーウィンやロマーニズなどの研究について次のように表現している。

哺乳動物，あるいは下等な動物でさえも，その本能について，一世代前には基本的特徴とみなされた画一性とか無謬性は存在しない。

ジェームズ（James 1890，第2巻，p. 391）は次のように述べている。

本能といわれるものは，その平均値が極めて一定の値を保って行動する傾向だけを指しているが，その平均値たるものが数学的に必ずしも「真」ではない。

ウォーレス・クレイグ（Wallace Craig）[1876 – 1954]は同様の考え方を推し進めたが，彼は本能の構成要因としての**欲求性の行動**と**完了行動**とを峻別した。完了反応（例えば摂食や摂水）は比較的固定的で紋切り型であるが，欲求性の反応（例えば食物や水のありかを求めて探索あるいは一定の方向に移動すること）は柔軟かつ複雑であると述べている。

ローレンツは行動の固定性を強調したが，それを擁護する適切な量的情報は提供しなかった。それにもかかわらず，自然条件下での行動の研究からは，元々比較心理学の展開を促していた問題とは別の新たな問題が明らかにされた。ニコ・ティンバーゲン（Niko Tinbergen）[1907 – 1988]は，自然選択と行動とがどのような関係にあるかについて，野外条件下で簡単な実験手法を使って明らかにするための実証可能な方法を示したことで，大きな貢献をした人物である（これについては第4章，第5章で行動の適応的意義について論じているので参照のこと）。ローレンツやティンバーゲンらのエソロジストは，生得的行動と後天的に獲得された行動とを区別し，生得的行動は固定的で紋切り型であることを強調した。一方で，行動主義を背景に生み出されたいくつかの重要な仮定からは，行動の可塑性が主張されたが，この考え方はローレンツらとは明らかに対立するものであり，結局両者は衝突することになったのである。

5. 氏か育ちか

20世紀は2つの領域で大きな前進があったが，これらはダーウィンが最も頭を悩ましていた問題であった。1つは地質学者によるものであり，以前から考えられていたよりも地球はもっと昔にできたものであることが実証されたことから，生命体の限りなき多様性を生みだすための自然選択に必要な時間が保証されることになったことである。2つ目は，現在のわれわれの関心事に最も関係することであり，遺伝が生物学者によってついに明らかにされ始めたことである。グレゴール・メンデル（Gregor Mendel）[1822 – 1884]は，胚細胞内には発生を通じて生活体全体を生み出すのに十分な情報が詰まっていることを示唆する研究を行ない，その功績は没後の1900年に再評価されている。遺伝に関する知見は一連の法則の発見へとつながった（詳しくは第2章と第3章で論じられている）。発見の中でもとりわけ，遺伝情報が遺伝物質から生活体には伝わるが，生活体から逆に遺伝物質へとは伝わらないという知見は重要なものであった。この原理はアウグスト・ワイスマン（August Weismann）[1834 – 1914]によって提唱され，ラマルク主義者の主張する用不用説を否定する原理であった。つまり，生涯の中で後天的に獲得した行動的あるいは身体的形質は，遺伝情報として親から子へは伝わらないことを示唆するものであったからである。

ソーンダイク（Thorndike 1898/1911）による学習の比較心理学的研究及び彼に触発されたその後の諸研究は，上述の流れとは別物であったが，それらは心の連続性というダーウィン流の考え方を支持するものと理解された。これらの研究は，動物が違えば成し遂げられる学習の量には差はあるものの，学習を支える基本的なメカニズムは広範な種を通じて同一であることを示唆していた。学習能力の差は複雑な行動を理解する1つの手がかりではあったが，そこで見られる種差も次第に単なる量的差異であると見なされるようになった。ワイスマンが見出した原理が導いた傾向と同様に，ソーンダイクの学習普遍説は影響力が強く，比較心理学を，真の比較作業を犠牲にして，基本的なメカニズムの研究に焦点をシフトさせていった。遺伝学者は，いくつかの限られた植物や動物をモデルとして研究することによって遺伝法則を明らかにしてきた。同様に，比較心理学者もまた，シロネズミやのちにはハトとかアカゲザルを用いたが，このような限られた動物をモデル対象として，知覚，学習，動機づけ，発達などの行動過程研究を進める傾向を強めていった。

研究の重点がシフトしたことに関し，ほかに2つの原因があった。1つはスポルディング（Spalding 1873/1954）がはじめた発達研究である。彼は不完全な本能の例として**刻印づけ**の現象を見出したことで有名である（刻印づけとは，カモや早成性の他の鳥類に見られ，母子関係の強い絆を学習によって形成するものである。これについては第12章，1.,341-354頁参照）。スポルディングが見出したのは，愛着が形成されるためにはヒナが母親に一定期間その姿を見せる必要があったことである。この例から彼は，本能が出生時において未完成であるという意味で，「不完全」という表現を使った。しかしながらこの考え方はジン・ヤン・クオ（Zing Yang Kuo）[1898-1970]によって徹底的な変更を迫られることとなった。クオは，オスのハト（イエバト）がモリバトという別種のハトと社会的相互作用をする機会があれば，そのハトは同じ種内のメスバトではなく，モリバトのメスに対して求愛行動を示すことを見出した。この現象は**性的刻印づけ**として知られている。クオ（Kuo 1921, p. 657）は次のように述べている。

> われわれすべてに見られる性的欲望は社会的刺激によるものである。生活体は他方の性に対しお仕着せの反応を有しているわけではなく，生得的に有していた傾向以上の反応を示すのである。

本能行動の研究から比較心理学者を遠ざけることとなった2つ目の要因は行動主義の影響である。ワトソン（Watson 1924）は，ヒトの幼児を用いた知覚，運動能力，及び学習能力の研究から，本能は環境要因に比べ，その行動の発達に対する役割は小さいものであることに自信を深めた。ワトソン（Watson 1924, p. 104）の環境主義者としての主張は以下のような過激な言辞で有名となった。

> 私に，健康で，つり合いのとれた1ダースの赤ん坊と，彼らを育てるための私の注文に応じた環境を与えたまえ。そうすれば，私はでたらめにそのうちの1人をとり，その子を訓練して，私が選んだある専門家，たとえば医者，法律家，芸術家，大実業家，もちろん乞食，泥棒にさえも，その子の先祖の才能，思考，傾向，能力，職業がどうであろうと，きっとしてみせよう。

彼はこの言辞が「事実よりも先走っている」（p. 104）とは認めたものの，実験的な証拠からは，ヒトと動物に本能が存在する根拠はどう見ても弱いと主張した。

育ちをこのように極端に重視する見方はエソロジーの立場からの反発を呼び起こした。彼らは，観察者が自然環境における動物の生活を集中して観察すれば，遺伝的行動あるいは固定化された行動パターンがいかに優位かが明らかだと考えていたからである。エソロジーの立場である，**氏**重視の考え方では，両親から受け継いだ遺伝子は，未知のメカニズムを経由して中枢神経系にいくつもの回路を構築する。いったんこれらの回路が機能し始めると，練習や学習なしでも既定の行動が出現するというものである。生物学的な適応過程に行動が貢献していることから，遺伝情報は動物自らの環境で彼らが直面する問題をある程度は予測し，かつその問題に対し適切な行動レパートリーでもって対応しなければならなかったといえる。例えばティンバーゲン（Tinbergen 1951）は，トゲウオの複雑な繁殖行動を制御している神経中枢に階層的なシステムがあることを指摘している。繁殖のような重要な本能の場合には，オスとオスの攻撃し合い，造巣，そして求愛という共応的動作と，それに続き，つがいそれぞれのいっそう特殊化された行動などの運動単位，それが関係する運動筋肉の活性化というレベルまで，階層として成り立っている。ローレンツ（Lorenz 1965）は，生得的メカニズムがあまりにも優勢なので，学習能力でさえもあらかじめ組み込まれたものではないかと考えた。事実，大事な例の1つとしてあげられるのが刻印づけであり，ローレンツはこれを，事前にプログラムされた学習の一形式であると考えた。その学習では，幼い動物が**臨界期**と呼ばれる一定の期間内に情報を獲得するように生得的に決められているとする。このようにエソロジストらは「育ち」よりも「氏」の重要性を強調したことから，この問題が比較心理学上の最も活発

な論争の俎上にのせられたのである。

氏か育ちかという論議はまた，行動発達の考え方の1つである**後成説**を生みだした。この説は，生活体の構造と機能は発達の過程で形成されると考え，胚にあらかじめ形成されているとする19世紀の生物学者が信奉した前成説とは対立する考え方であった（Gottlieb 1992）。行動的レベルでこの後成説を最も強く推し進めたのがT. C. シュネイラ（T. C. Schneirla）[1902-1968] とダニエル S. レーアマン（Daniel S. Lehrman）[1919-1972] である。彼らは，行動を分析する際にそれをもっぱら「生得的」か「後天的」かという二分法で分類することはあまりにも単純化しすぎているとし，同様のことはエソロジストが遺伝子と行動とをほとんど直結させる考え方にも当てはまると述べた。この類の議論はレーアマン（Lehrman 1953）によって強力に推し進められた。彼は，ハイイロガンによる卵の回収行動に見られるFAPや，走性という古典的な事例のいくつかを慎重に分析した。

レーアマンは，ローレンツやティンバーゲンが採用した隔離実験には厳然たる限界があることを指摘した。彼らはそれをもって特定の行動が生得的であると断じていたからである。隔離実験は19世紀にスポルディングによって初めて行なわれた。これは発達途上にある動物に対し，特定の経験をさせないようにする方法である。もしある行動がそれでもなお正常に発達するならば，実験で剥奪された特定の経験は，その行動の発達にとって必須ではないと結論しても良いことになる。しかし問題は，ある行動が生得的であると結論されたときに，その行動に関係するすべての経験が必須ではないとの結論を引き出すことであった。

レーアマンが言うには，このような結論は結局発達過程から目をそらすことになり，正常な行動パターンが発達するために必要な各発達段階に関与する要因の理解を妨げるものだとしている。彼は発達途中の胚でも経験の影響を受けると述べ，その例としてクオ（Kuo 1932）によるヒナのついばみ行動の研究をあげた。さらに，ある行動が出現するためには，その行動とは異なる機能をもった別の行動があらかじめ発達していることが必要である。例えば，ラットが食物を口に運ぶ先行経験を持っていれば，メスの場合に子ネズミを口で運ぶ行動が可能となる。レーアマンはまた，ある行動が種に特有のものであり，分類学的にも位置づけが明確であるとしても，そのことがローレンツの主張する意味での生得性と必ずしも同一ではないと述べている。なぜなら，特定の動物種に属する大半の個体は似たような環境で発達することになるからである。

氏か育ちかの論議が残した最も大事なメッセージは，行動が複雑に組み込まれた文脈間の相互作用の結果として発達するということである。それらの文脈をなすものは，小は細胞内のDNAにコード化された遺伝的情報から，中は生体内部の生理的過程，そして大は生活体と環境の相互作用の結果まで含んでいる。行動パターンを説明する際に，これらの文脈相互の関係を究明することが，単にある行動を「生得的」・「後天的」のいずれかに分類してそれで終わりというよりは，比較心理学にとってはるかに実り多い。この二分法のいずれかに帰着させてもほとんど説明したことにはならないからである。以上の問題は，第3部において行動を扱う各章において詳しく論じることにする。

6. 分析のレベル

自然科学では自然現象を組織化の程度に応じてレベル分けをするのが慣例であり，例えば，素粒子からはじまり，原子，分子，細胞，生体の組織，器官，器官系，行動，そして社会集団のごとくである。このレベルという考え方はアリストテレスの自然の階梯という考え方でも明示されていたが，もっと年代が進むと，以前に述べたラマルクによる神経系の進化に関する考え方のような近代的な自然観においても採用されている。進化論においては，構造化のレベルという概念は**進化階層群**

（グレード）という概念に表されている。これは，元々は独立に進化してきた分類学上の群同士に，共通の特徴が見出される場合に適用される（例えば，内温性のシステムは，別々の祖先動物に起源をもつ爬虫類から平行進化してきた体温維持システムであるが，そのシステムが哺乳類と鳥類に受け継がれている）。行動理論では，レベル概念は，行動能力をその複雑さに応じて組織化する際に用いられてきた。例えばシュネイラ（Schneirla 1949）は，個体の行動についてレベル概念を適用し，エヴァンス（Evans 1962）は昆虫の社会行動に焦点を当ててレベル概念を適用した。

　レベルという概念にはさらに別の活用法もある。氏か育ちかという論議に対して，行動理論は因果性という異なる観点から説明を試みた。例えば，スズメやカナリアのような鳴禽類のさえずり行動を例にとってみると，この行動を十分に説明するためには4つの基本的な疑問に答える必要がある。

　大半の行動と同様，さえずり行動も，それを行なう動物に何らかの結果をもたらす。繁殖期ではさえずり方によってオスがメスを引きつけ，また他のオスを自分のなわばりから追い出すときにもさえずりが影響する。このように結果がどうであるかはオスドリの繁殖の成功を決定するものであるといえよう。換言すれば，子孫を残すことによって，自分の遺伝子のコピーを次世代にどれだけ伝えられるかの能力を示すものである。このような能力のことを，さえずり行動の**適応的意義**と呼んでいるが，まずはこの疑問に答える必要がある。

　あるオスドリのさえずりは，少なくとも本質的な意味において，それが属するすべてのオスに共通である可能性は高いし，当然他種のオスのさえずりとは異なると考えられる。しかし近縁種の鳥類のさえずりは相互に似かよっている場合が多い。したがって，さえずりの音素や主たる特徴を分析することによって鳥類の**系統発生史**を知ることができる。つまり2番目には，系統発生史がどうであるかについて答えなければならない。

　3番目には，さえずり行動において，あるトリが音声を産出し適度に調子を変えることを可能にしている神経並びにそれを取り巻く周辺組織の**メカニズム**がどのようなものかを説明する必要がある。このような機械論的説明を支えるためには脳過程による説明が必要である。脳過程はさえずりの産出を支配しており，また，さえずりの産出の調節に影響する全般的環境条件（例えば年間の季節のような周期）や生理的条件（例えばホルモンなど）を取り込んだ処理をする。

　4番目には，さえずり行動は**発達**過程が作用した結果であるとも考えられるので，それにも答える必要がある。さえずり行動はたしかに，特定の脳領野の成熟に依存するところが大である。しかしそれだけではなく，まさにさえずりをしている成体を提示するなどの，社会的場面を設定するとか，さえずりを聴覚的にフィードバックするなど，特定の経験を与えることが促進要因となる。さえずりはおそらく段階を追って発達するが，トリが特定の発達段階にあるときに，さえずりに関する情報の習得に特別に敏感になるのではないかと思われる。

　研究者が特定の行動についての適応的意義とか系統発生史に焦点を当てた場合には，行動現象をそれらの起源について**究極要因**から説明しようとしている。一方，メカニズムに基づく視点及び発達的要因による説明は，観察対象とする動物に作用する要因についての説明であることから，この2つのレベルの分析は**近接要因**からの説明といえよう。究極要因が原因となってメカニズムや発達プログラムの進化が生じる。これらが直接の原因となって次には行動が産出されるのである。この考え方を示したのが図1-4である。

　因果性のレベル間の微妙な差をはじめて区別したのはティンバーゲン（Tinbergen 1963）であり，彼は生物学者のジュリアン S. ハクスリ（Jurian S. Huxley）[1887-1975]が提唱した分類法と同様の方法を適用した。ハクスリは自分の分類法が生物学において重要な問題を投げかけていると考えていた。ティンバーゲンによる因果性レベルの区分は，動物行動の研究において現在では広く受け入れられている。ただし，因果性分析のレベルが相互に完全に独立であると考えるのは尚早である。つまり図1-4にも示されているように，これら

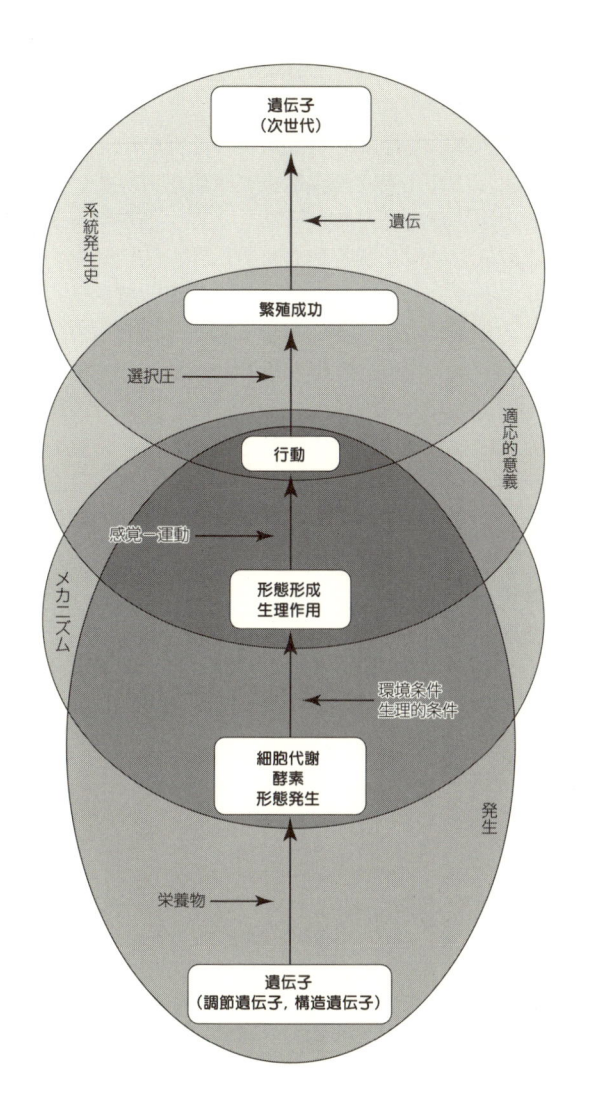

図1-4　行動研究のための因果性レベルをわかりやすく図示したもの。発達プログラムの展開（最下部）から，次世代への遺伝物質の伝達（最上部）にいたるまで，さまざまな因果性のレベルがあり，各レベルが重複しつつも，時系列のある一定時期に対応して位置づけられていることが分かる。個体発達の過程を左右するような諸要因を軸線の両側に示した（作図は D. Robinson による）。

のレベルがカバーする領域が実際には互いに重複しているからである。行動をあるレベルでの因果関係で理解したとしても，別のレベルに基づいて理解することも必要であることは明らかである。

しかしながら，理論というものは因果性のレベルの区別を念頭において評価されるべきだということである。

7. 本書の構成について

　本書はティンバーゲンによる因果性に関する4レベルの考え方に即して組み立てられている。第Ⅰ部の各章では進化の過程を述べ，次いで特に採餌行動と社会行動に焦点を当てて行動の適応的意義について論じる。各章を通じた重要な原理は，行動の形質には変異があること，それらは選択を受けること，そして形態的な形質と同じ原則で行動形質も遺伝的に受け継がれるということである。なお，行動の適応的意義を理解するためには，行動を進化論的に研究する必要があり，研究のためには関係の専門用語に精通することが大事である。

　第Ⅱ部の各章では系統発生史を述べるが，まず

は動物全般について，次に脊椎動物と霊長類に焦点を当てる。比較心理学の研究者が行動の進化を理解する場合特に大事なことは，行動と，それを支える構造及び機能との関連づけを十分に行なうことである。これにそぐうよう，第Ⅱ部の章では神経系と行動の進化に関する包括的な考え方を述べる。また，動物行動を学ぶ際には，動物の進化のしかたについての主たる傾向と，行動を研究するときのモデルとなる動物種に関して，それら相互が系統発生上一般にいかなる関係にあるかを理解しておくことも重要である。その点で系統分類学は豊富な生物学的知識を提供してくれ，かつ特定の動物種を対象として研究を行なった場合も，そこから得られた情報の構造化に役立つ基本的な枠組みを与えてくれる。

第Ⅲ部の各章では行動の発達を論じる。第Ⅰ部と第Ⅱ部を通して本書の読者は進化論に精通し，個体発達を進化論的に研究するための素地として，進化論から行動をどのように理解すればよいのかについて学ぶはずである。進化と発達との関連は比較心理学が長年扱ってきた問題であり，同時に，進化関連科学における最前線でもある。進化論から導き出された原理を行動発達の研究に統合するためには，まだ多くの未解決の課題が残っている。そこで，各章ではその統合をもたらす手がかりとなる最低限の概念群を紹介する。

締めくくりの第Ⅳ部では，学習過程と認知過程のメカニズムを探求する研究を論じる。2つの領域はいずれも比較心理学が扱う伝統的分野である。しかし，これら2つは比較心理学そのものの成り立ちに最も深い関係を有しており，いまだ強い関心が持たれている分野である。なぜならば，心理学研究室で行なわれている動物行動の研究のほとんどが学習と認知の問題を扱い，それらがどれだけ環境変数によって規定され，脳過程といかに相関関係を持つかに関心が集まるからである。そこで各章では，比較学習認知に関し，本書の前半部で終始展開した進化論の原理を下地としつつ，理論的な展望を行なう。

8. 比較心理学に貢献した歴史的人物

人　名	生年	主要な業績（章）
Aesop（イソップ）	620-560 B.C.	動物寓話（4）
Anaximandros（アナクシマンドロス）	610-545 B.C.	生命の海洋発生説（1）
Empedocles（エンペドクレス）	493-433 B.C.	万物起源に関する原子説（1）
Leucipus（レウキッポス）	540-370 B.C.	万物起源に関する原子説（1）
Democritus（デモクリトス）	460-370 B.C.	万物起源に関する原子説（1）
Aristotle（アリストテレス）	384-322 B.C.	分類学，自然の階梯，行動の観察報告（1, 6）
Epicurus（エピクロス）	341-270 B.C.	万物起源に関する原子説（1）
Lucretius（ルクレティウス）	95-55 B.C.	原子説，自然選択の萌芽的考え方（1）
Gómez Pereira（ゴメス・ペレイラ）	1500-1558	運動動作の機械論（1）
René Descartes（ルネ・デカルト）	1596-1650	心身二元論，機械論（1）
John Locke（ジョン・ロック）	1632-1704	連合主義（1）
David Hartley（ディヴィット・ハートリー）	1705-1757	学習性の反射（1）
Carolus Linnaeus（カール・リンネ）	1707-1778	分類学（2, 6）
G.L.L.Buffon（G.L.L.ビュフォン）	1707-1788	分類学（2）
Julien de La Mettrie（ジュリアン・ドゥ・ラ・メトリ）	1709-1751	人間行動の機械論（1, 9, 14）
David Hume（ディヴィッド・ヒューム）	1711-1776	連合主義（1）

人　名	生年	主要な業績（章）
Etienne Condillac（エティエンヌ・コンディヤック）	1714-1780	連合主義（1）
Robert Whytt（ロバート・ウィット）	1714-1766	脊髄機能（1）
Lazzaro Spallanzani（ラザロ・スパランツァーニ）	1729-1799	コウモリの聴覚（4）
Luigi Galvani（ルイジ・ガルヴァーニ）	1737-1798	電位測定法（1）
Jean B.Lamarck（ジャン B. ラマルク）	1744-1829	獲得形質の遺伝説，神経進化（1）
Alessandro Volta（アレサンドロ・ボルタ）	1745-1827	電位測定法（1）
Félix de Azara（フェリックス・ドゥ・アサラ）	1746-1821	地域創造説，進化，家畜化（1）
Destutt de Tracy（デステュット・ドゥ・トラシー）	1754-1836	連合主義（1）
Georges Cuvier（ジョルジュ・キュヴィエ）	1769-1832	分類学（2）
Thomas Brown（トーマス・ブラウン）	1778-1820	連合主義（1）
François Magendi（フランソワ・マジェンディ）	1783-1855	感覚運動理論（1）
Marshall Hall（マーシャル・ホール）	1790-1857	反射弓（1）
Karl von Baer（カール・フォン・ベーア）	1792-1876	比較発生学（2, 8, 10）
Pierre Flourens（ピエール・フローレンス）	1794-1867	脳切除と行動（1, 8）
Antoine Desmoulins（アントワーヌ・デムーラン）	1796-1828	脳切除と行動（8）
Eduard F.W.Weber（エドゥアルド F.W. ウェーバー）	1806-1871	生理的制止現象（1）
Charles Darwin（チャールズ・ダーウィン）	1809-1882	自然選択，心の連続性（1-6）
Herbert Spencer（ハーバート・スペンサー）	1820-1903	精神過程の進化（1）
H.von Helmholtz（H．フォン・ヘルムホルツ）	1821-1894	神経伝導速度（1）
Gregor Mendel（グレゴール・メンデル）	1822-1884	遺伝学（1, 2）
Francis Galton（フランシス・ゴールトン）	1822-1911	氏と育ちの二分法（10）
Alfred Wallace（アルフレッド・ウォーレス）	1823-1913	自然選択による進化（1）
Ivan M.Sechenov（イワン M. セチェノフ）	1829-1905	脳による脊髄反射調節（1）
David F.Weinland（ダーフィット F. ワインラント）	1829-1915	比較心理学（1）
Ernst Haeckel（エルンスト・ヘッケル）	1834-1919	個体発生と系統発生（2, 6, 10）
August Weismann（アウグスト・ワイスマン）	1834-1914	遺伝（1）
Douglas Spalding（ダグラス・スポルディング）	1840-1877	初期経験（1）
Wilhelm Preyer（ウィルヘルム・プライヤー）	1841-1897	行動発生学（11）
William James（ウィリアム・ジェームズ）	1842-1910	本能と知能の対比（1）
Charles Whitman（チャールズ・ホイットマン）	1842-1910	分類学と行動（1）
George Romanes（ジョージ・ロマーニズ）	1848-1894	心の連続性の逸話的証拠（1）
Ivan P.Pavlov（イワン P. パブロフ）	1849-1936	古典的条件づけ（1, 13）
S. Ramón y Cajal（S. ラモン・イ・カハル）	1852-1934	神経系の組織学（8, 10）
C. Lloyd Morgan（C. ロイド・モーガン）	1852-1936	比較心理学の教科書，節約の法則（1）
Vladimir Bechterev（ウラディミール・ベヒテレフ）	1857-1927	逃避・回避学習（13）
Charles Sherrington（チャールズ・シェリントン）	1857-1952	脊髄反射（8）
Jacques Loeb（ジャック・ロエブ）	1859-1924	動物の屈性に関する理論（1）
James Baldwin（ジェームズ・ボールドウィン）	1861-1934	遺伝的同化（10）
Korbinian Brodman（コルビニアン・ブロドマン）	1868-1918	皮質の細胞構築学（8）
Herbert S.Jennings（ハーバート S. ジェニングス）	1868-1947	原始的生物の行動（1）

人名	生年	主要な業績（章）
Walter Garstang（ウォルター・ガルスタング）	1868–1949	発達と進化（10）
Oskar Heinroth（オスカー・ハインロート）	1871–1945	分類学と行動（1）
Edward L.Thorndike（エドワード L. ソーンダイク）	1874–1949	試行錯誤学習（1, 13, 14）
Robert Yerkes（ロバート・ヤーキズ）	1876–1956	動物の学習，類人猿の言語（1, 14）
Wallace Craig（ウォーレス・クレイグ）	1876–1954	欲求性行動と完了行動の対比（1）
John B.Watson（ジョン B. ワトソン）	1878–1958	行動主義（1）
Clark L.Hull（クラーク L. ハル）	1884–1952	学習のS-R理論（14）
Edward C.Tolman（エドワード C. トールマン）	1886–1959	学習の認知論（14）
Karl von Frisch（カール・フォン・フリッシュ）	1886–1982	ミツバチの感覚・知覚過程（13）
Julian S.Huxley（ジュリアン S. ハクスリ）	1887–1975	因果性レベル（1）
Karl S.Lashley（カール S. ラシュレイ）	1890–1958	脳機能の量作用仮説（8）
Jean Piaget（ジャン・ピアジェ）	1896–1980	心理発達の段階（11）
Wolfgang Köhler（ヴォルフガング・ケーラー）	1897–1967	チンパンジーの道具使用と洞察学習（4, 14）
Zing Yang Kuo（ジン・ヤン・クオ）	1898–1970	初期経験（1, 10）
Konrad Lorenz（コンラート・ローレンツ）	1901–1989	本能行動の理論（1, 12）
T.C.Schneirla（T. C. シュネイラ）	1902–1968	行動発達，体制化のレベル（1, 10）
William H.Thorpe（ウィリアム H. ソープ）	1902–1988	さえずり（12）
B.F.Skinner（B. F. スキナー）	1904–1990	強化スケジュール（13）
Donald O.Hebb（ドナルド O. ヘッブ）	1904–1985	初期経験（10）
Harry F.Harlow（ハリー F. ハーロー）	1905–1981	霊長類における愛着（12）
John P.Scott（ジョン P. スコット）	1906–2000	イヌの社会化の発達（12）
Niko Tinbergen（ニコ・ティンバーゲン）	1907–1988	生態と行動，因果性レベル（1）
Frank A.Beach（フランク A. ビーチ）	1911–1988	ホルモンと行動（10）
Daniel S.Lehrman（ダニエル S. レーアマン）	1919–1972	本能行動の理論への批判（1, 10）
W.D.Hamilton（W. D. ハミルトン）	1936–2000	社会行動の進化（4, 5）

第 I 部
行動と進化の過程

　この本の構成はおおむねティンバーゲンの分析のレベルにしたがっている。第 I 部の各章は主に進化の過程と行動の機能的分析，すなわち，行動がいかに適応度に寄与するかについての研究に焦点を当てる。第 2 章は進化についての導入部である。進化とは何か，そして進化の証拠とは？ 進化を深く理解するには，タンパク質や DNA の分子構造の研究から古生物学や生物地学など，さまざまな領域からの証拠を検討する必要がある。これらの証拠によって，進化を遺伝的変異性，遺伝法則，自然選択という 1 つの過程として記述することができるようになる。これらの内容については第 3 章で扱う。さまざまな種で研究されている過程に重点をおき，系統発生の歴史については厳密に扱うことはしない（進化のパターンについては第 II 部で扱う）。第 I 部の最後の 2 章では行動の機能的ユニットについて議論する。特に捕食者対被捕食者行動の観点で摂食行動を取り上げ（第 4 章），また生殖行動と社会行動について述べる（第 5 章）。そして，このようなここでも，このような行動の進化上の起源に関与したと仮定される過程に重点をおく。

　したがって，第 I 部の目的は進化の途上にある動物集団内の個体の適応度に行動がどのように寄与するのかを理解することにある。

第2章　生物学的進化

第2章の概括
- 進化は進化の過程（例えば，自然選択や遺伝的浮動）と進化のパターン（例えば，系統発生の歴史）との相互作用の結果である。
- 進化の過程を推進する主要な力である自然選択は，表現型の変異と繁殖成功の個体差，そして遺伝の結果である。
- 生涯繁殖成功は包括適応度（直接適応度と間接適応度の和）によって測られる。

　進化は自然選択や遺伝的浮動などの**進化の過程**と，系統発生の歴史からの制約のような**進化のパターン**の相互作用の結果として生じる現象として定義できる。前者は新奇なものや変化を生じさせる「革新力」であり，後者の系統発生的パターンは変化の素材を与える「保守的な力」と見なすことができる。例えば，両生類，爬虫類，鳥類，哺乳類という地上性脊椎動物の進化においては，驚くほどさまざまな形態が生じ，広範囲に渡る環境条件の下で生活できるように適応が起こった。しかし，これらの多様な動物種も，4つの脚が移動や，泳ぐこと，登ること，跳ぶことや飛ぶことに用いられようとも，すべて4つの脚をもつという体の基本体制の制約の下にある。実際，これらの動物種は，すべて四肢類，すなわち4つの足を持つ動物として1つの分類群にまとめられる。

　進化の結果として，生物は種独特の特徴と，他種と共通する特徴とをあわせ持っている。種独特の特徴はその生物種の形態や機能が，その環境に適応しているということを明瞭に示す。種独特の特徴の例として，ヒトの二足歩行と言語使用を挙げることができる。これらは，草原という自然環境と社会的環境に適応したヒトに特有な特徴である。特徴の共通性を手がかりに，**系統発生**の過程，すなわち祖先種から子孫への系統をたどることができる。手に5本の指があるという性質（五指性）はヒトが他の四肢類と共有する性質であるが，これは現存する四肢類の中では古い形態を残すものと一般に考えられている。

1. 進化の証拠

1.a．分子遺伝学　進化は事実であると考えられているが，きわめてゆっくりしたペースで進むものであるから，直接に観察できる事実ではない。観察が困難な事実というのは他にもある。植物の成長のような見慣れた事象から，分子や原子，素粒子などの物質の構成要素まで，さまざまなもの

がある。植物の成長の場合は，記録した映像を高速再生し数日を数秒に縮めて見ることで，葉や枝が成長していくのを実際に見ることができる。しかし，他の事象については測定可能な効果によって，間接的にその存在を確認せざるを得ない。高速再生の例は人為選択の実験に似たものといえるだろう。人為選択の実験は，実験的に作った条件の下で進化的分岐を大きく加速することで，交配可能であった祖先から生殖的に隔離された系統をつくることができることを示す。人為選択については第3章で扱う。しかし，人為選択以外にも進化の間接的証拠は数多い。

まず，進化は系統的なつながりを意味するから，現生生物の間に共通する生物学的形質は最もよい証拠となる。おそらく共通する形質の中で最も重要なものは，単細胞生物を含めて知られているほとんどすべての生物が共有する**遺伝コード**であろう。ここで，分子遺伝学の基本用語をいくつかみておこう。遺伝情報は細胞内にあるDNA分子を構成するヌクレオチドの系列として符号化されている。DNAはバクテリアのような**原核生物**では細胞質中に浮遊しているが，**真核生物**では核膜に取り囲まれている。DNAは，アデニン（A），チミン（T），グアニン（G），シトシン（C）という4種類のヌクレオチドを含んでいる。細胞分裂はDNA分子の複製を伴う。遺伝情報の発現には，DNAからRNA（リボ核酸）への転写，転写されたRNAのメッセンジャーRNA（mRNA）へのスプライシング，そしてmRNAが細胞質内でタンパク分子へと翻訳される過程が含まれる。RNA分子は，チミンがウラシルに置き換えられているという点を除いてDNAのヌクレオチドをコピーする。コドンと呼ばれる決まった順序で並んだ3個のヌクレオチド分子の配列が20種のアミノ酸に翻訳される。これら20種のアミノ酸はすべてのタンパク質の構成要素である。翻訳は表2-1に示すコードに従って行なわれる。

それぞれのコドンで最初の塩基はmRNA分子の5'末端側にある。2種類以上のコドンが対応するアミノ酸もある。これらのコドンは3番目の塩基だけが異なっている場合が多い。翻訳の停止命令に相当するコドンもある。これらの遺伝コー

表2-1 遺伝コード

アミノ酸	略号	mRNAのコドン
アラニン	ala	GCA, GCC, GCG, GCU
アルギニン	arg	AGA, AGG, CGA, CGC, CGG, CGU
アスパラギン	asn	AAC, AAU
アスパラギン酸	asp	GAC, GAU
システイン	cys	UGC, UGU
グルタミン	gln	CAA, CAG
グルタミン酸	glu	GAA, GAG
グリシン	gly	GGA, GGC, GGG, GGU
ヒスチジン	his	CAC, CAU
イソロイシン	ile	AUA, AUC, AUU
ロイシン	leu	CUA, CUC, CUG, CUU, UUA, UUG
リシン	lys	AAA, AAG
メチオニン	met	AUG
フェニルアラニン	phe	UUC, UUU
プロリン	pro	CCA, CCC, CCG, CCU
セリン	ser	AGC, AGU, UCA, UCC, UCG, UCU
トレオニン	thr	ACA, ACC, ACG, ACU
トリプトファン	trp	UGG
チロシン	tyr	UAC, UAU
ヴァリン	val	GUA, GUC, GUG, GUU
終止		UAA, UGA, UAG

ドはすべての動物に共通であり，いくつかの例外，例えばミトコンドリアのDNA，を除いてすべての生物に共通している。このように特殊な遺伝コードの普遍性は，この地球上に現存するすべての生命体が共通の祖先から進化したことを強く示唆している。

分子化学の技術を使うと，タンパク質の正確なアミノ酸配列を明らかにできる。アミノ酸の配列に関する情報によって，さらにさまざまな生物種を通じて**ホモロジー（相同）**の関係にある（すなわち，共通の祖先から進化した）と推定されるいろいろな分子の比較が可能になる。このような比較から特定のタンパク質分子について種間の類似度の情報が得られる。タンパク質の構造が似ているほど，進化による分岐からの時間が短いということが仮定されている。この情報によって系統間の関係を示す**系統樹**の中に，それぞれの種の相対的位置を決めることができる。図2-1はシトクロムcというタンパク質の解析に基づいて作成された系統樹である。シトクロムcは呼吸回路の中で電子伝達に関わる物質である。

分子化学的な証拠は，異なる系統が分岐してから経過した時間についての情報を得るのにも使われる。もし遺伝コードの変化が一定の割合で起こるとすると，累積された分子の変異を進化のタイ

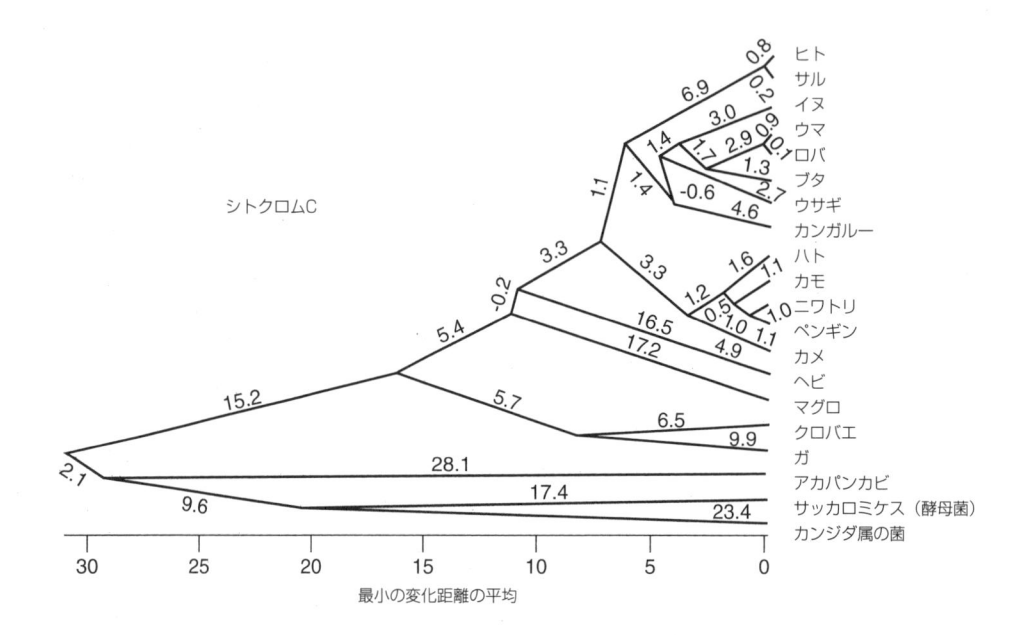

図2-1 シトクロムc分子のアミノ酸配列の分析に基づく系統樹（Fitch & Margoliash 1967）。この分子は広範な生物に存在するので，その配列解析によって種間だけではなく分類学上の界（すなわち，動物，植物，菌類）の間の比較も可能である。界の間では表現型の形態比較はほとんど不可能であり，形態によって系統発生関係を確立することはできないから，このような遺伝子型の比較は大変重要である。

ムスケールとすることができる。これは**分子時計**とよばれている。さまざまなタンパク質から得られた分岐時点の推定値と，化石記録のような別の独立した情報から，系統発生に関する仮説をつくるためのデータベースを作ることができる。分子時計の考え方に問題がないわけではないが（→4.h.参照），広範囲に及ぶ系統関係の研究に相当な貢献をしている。さらに最近ではタンパク質の構造解析から遺伝的差異を推定するのではなく，DNA配列そのものを解析することが可能になっている。このトピックについては第6章において進化のパターンの文脈の中でさらに詳しく取り上げる。

1.b. 発生学 生命体の内的，外的な要因と相互作用をしながら遺伝情報が発現していくのが発生・発達の過程である。発生は比較的未分化な状態から成体へと進んでいくから，種間の共通性は特に発生の初期の段階に明瞭に現れると考えられる。脊椎動物の胚からその種を同定することは，発生の早い段階ほど困難である，という事実を最初に指摘したのはカール・フォン・ベーア（Karl E. von Baer）[1792-1876]である。ある種に特有な特徴は，胚がより後の段階になるにしたがって発達してくる傾向がある。このことはエルンスト・ヘッケル（Ernst Haeckel）[1834-1919]の有名な図（図2-2）に示されている。ヘッケルは19世紀末に，おそらく進化と発生の関連を明らかにした最初の学者である。脊椎動物の基本的な特徴，例えば，脊索，咽頭，背側神経管などは，特定のグループにみられる特徴，例えば鰓袋（魚類）や手足の5本指（四肢類）よりも早い段階に現れる。特定の系統（例えば脊索動物門）に典型的にみられる特徴が現れる段階は**フィロタイプ期**と呼ばれる。これは成体の形態が大きく異なる種の間に保存されている，非常に安定した段階である（→第10章, 1.c., 284頁参照）。またフィロタイプ期の存在は共通の祖先を持つことも示唆

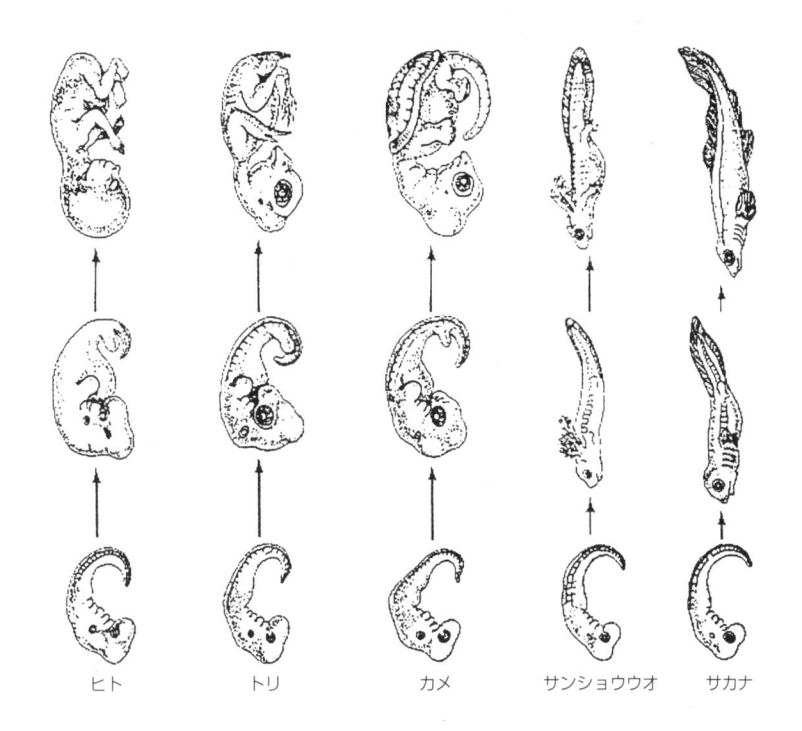

ヒト　　トリ　　カメ　サンショウウオ　サカナ

図 2-2　ヘッケル（Haeckel 1879）**が表した脊椎動物の発生段階**。図中でフィロタイプ期と呼ばれる最も初期の段階（最下段）は受精からすでにかなり経過している。フィロタイプ期は系統によって異なるが，系統内では非常によく保存されている。このことを最初に観察したのはフォン・ベーア（Karl E. von Baer）で 1828 年のことであった。彼は一般的な形質が胎児の種に特有な形質よりも先に発達することを指摘した。発生における種間変異はフィロタイプ期の前にも後にも起こりうる。

する。

　発生学的研究で明らかになる発生の軌跡も種間の遺伝的関係を示唆するものである。例えば，種によっては，祖先種の発生過程に新しい段階を付け加えるように進化が働いたように思われる場合がある。子孫にあたる種では発生過程が祖先種の成体の形態に似た段階を経過する。これは，発生反復と呼ばれる発生戦略の 1 つであり（→第 10 章，2., 288-299 頁参照），甲殻類に明瞭にみられる。カニやイセエビを含む高等な甲殻類はいくつかの段階を経て発達する途中で幾度かの脱皮を経験する。下等な甲殻類の幼生は初期のまだ早い脱皮段階で発達が止まるが，高等な甲殻類ではさらに後の段階が付け加わっている。発生段階の共通性は，異なる系統が遺伝的関係を持っているという仮説を支持するものである。

1. c.　解剖学　アリストテレス以来，解剖学的類似は分類の重要な基準である。18 世紀にいたっても，強い影響力を持ったリンネ（Carolus Linnaeus）[1708-1788] やビュフォン（G.L.L. Buffon）[1707-1778]，キュヴィエ（George Cuvier）[1769-1832] などの分類学者は分類の観点をほとんど**形質の類似性**においていた。ダーウィン以降は，形態の類似性は進化によるホモロジーの証拠と解釈される。特に類似がデザインの詳細に基づくものである場合はそうである。類似性が共通な祖先からの遺伝に基づくものであるとき，その特徴はホモロジーの関係にある。

　形態のホモロジーの顕著な例を四脚脊椎動物（両生類，爬虫類，鳥類，哺乳類）の肢の比較解剖にみることができる。図 2-3 にみられるように，四肢の骨格はそれぞれの必要に応じて進化してきたため，その形や大きさは少しずつ異なって

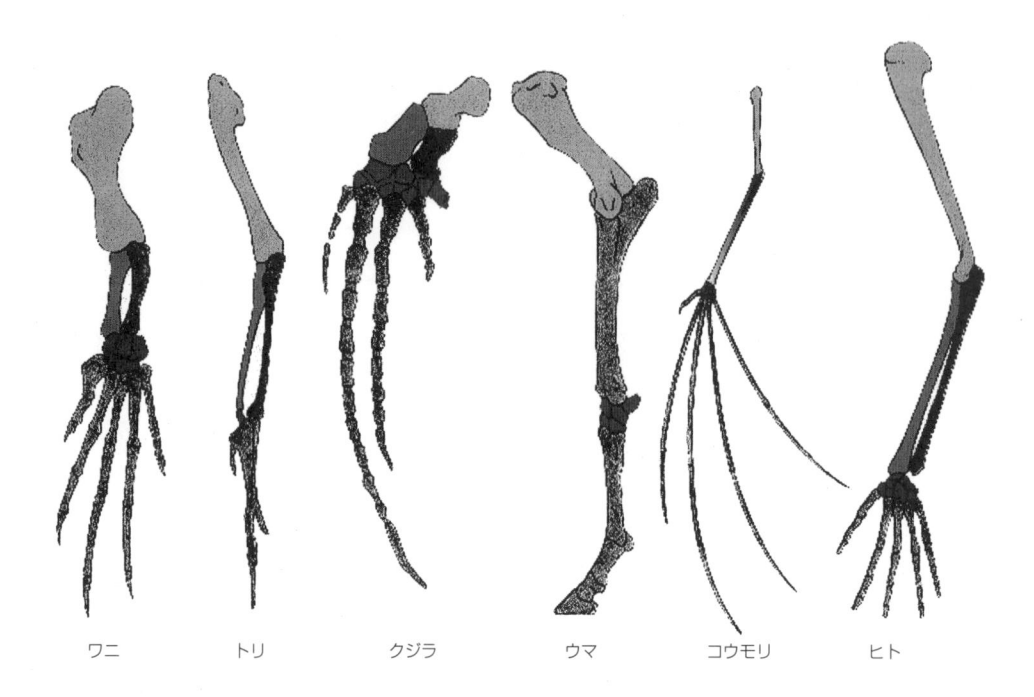

ワニ　　トリ　　クジラ　　ウマ　　コウモリ　　ヒト

図 2-3　四肢の構造にみられるホモロジー。特定の骨の大きさと形は種によって大きく異なっている。種によって無くなっていたり相当に小さくなっている場合がある。しかし，骨の間の相対的関係はよく保存されている。これらの肢は構造としてホモロジーの関係にあるが，機能は大きく異なっている（飛ぶための翼，泳ぐための鰭，走るための脚，物をつかむための手）。（Curtis & Barnes 1989 による）

いる。しかしながら，これらの骨の相対的位置を見ると，明らかにホモロジーの関係にあることが見て取れる。このような共通性は祖先が共通であることを示すものである。変異と一貫性は，変化の過程（適応）とパターン（系統発生による制約）がどう相まって四肢骨格の進化に効果を及ぼしたのかを示している。

1. d.　生物地理学　植物や動物の地理的分布が限定されていることに気づいたことが，ダーウィンとワラスの進化論的考え方に重要な役割を持った。特定の動物相の分布が1つの大陸や（新世界ザル），大きな島（オーストラリアの有袋類やマダガスカルのキツネザル），湖（アフリカの湖のカワスズメ），群島（ガラパゴス諸島のフィンチ類やハワイ諸島のショウジョウバエ）などに限定されているという例が多くある。ダーウィンは南米のグリプトドン（彫歯獣）の化石と現生のアルマジロの「よろい」のような硬い表皮の類似性や，ガラパゴス諸島のトリと大陸種との共通性に強い印象を持った。

ダーウィンのフィンチとして知られることになった，ガラパゴス諸島のトリのグループでは，異なる島々に生息する種の間に，くちばしの大きさや形に違いのあることがよく知られている。くちばしの変異は島々での食物資源の違いと関係している。種子を食べるように進化した種のくちばしは太く短く，一方，サボテンを食べる種のくちばしは明らかに長くなっている。このような種間の差異は，共通の祖先の基本的パターンを受け継いだものであることが明らかに見て取れる。おそらく共通の祖先は南アメリカ大陸から移住したものと考えられている。

グラント（Grant 1986）の研究は，ガラパゴスのフィンチの1つの種（*Geospiza fortis*）の集団に，自然選択が実際にどのように働くのかを明らかにしている。1975年と1985年の間，降水量の変動が植生に大きな影響を与えた。1977年，1980年，

1982年に何回か起こった旱魃の後には，植物の種子の数が大幅に減少した。これらの年には，餌となる種子は小さなものよりも，大きく硬いものが多かった。フィンチの数は減少したが，生き残ったトリは体とくちばしの大きなものがほとんどだった。小さなトリでは大きな種子を開けて食べるのに苦労し，死んでしまうものが多かったと考えられる。平年並みか，それ以上の降水量の年が続いた後では，小さなトリが生き残る可能性は高く，生存するトリの割合が逆になる場合もある。もし，同じような環境の変化が何世代にもわたって影響を与えるとすれば，いくつかの特徴が失われ種分化が起こると考えられる。

1. e. 古生物学 進化を考えるとき，まず化石のことが思い浮かぶ。絶滅した種の存在が必ずしも進化論的観点を支持するわけではないのだが。古代ギリシャ，ローマでは，地中海地方によく見られる大型哺乳類の化石（例えば，クマ，サイ，マンモスなど）がギガントマキアーといわれる巨人族の戦いの神話を生むことになったものと考えられる（Mayor 2000）。キュヴィエは，多くの人が古脊椎動物学の創始者と認める，広範な絶滅種を最初に記述した学者の1人である。しかし，キュヴィエでさえ，種は個々に創造されたものと考え，化石はいくどかのカタストロフィーによる種の絶滅の証拠だと解釈していた。化石記録による進化の明確な証拠はさまざまな動物種が順序だった系列として現れることにある。

例えば，脊椎動物の中で最も原始的な魚類は約5億年前のカンブリア紀の地層で見つかる。そこには陸生の脊椎動物が存在した証拠はない。陸生脊椎動物が明らかに見られるのは，数億年後のデボン紀である。当時，鳥類や哺乳類が存在したという証拠は見られない。約2億年前のジュラ紀にいたって初めて高等脊椎動物（鳥類と哺乳類）が化石として現れる。そして現在見られるように，哺乳類がさまざまな種へと分化したのは，ほんの6000万年前のことである。このような時間的順序は，より小さな分類学上のグループにおいてもみられる。例えば，ウマの場合，小さな体躯と複数の指を持つことが原始的な特徴である。大きな体や指の数の減少のような派生的特徴は，より最近の化石の中に見られる。霊長類の場合にも同じような体のサイズの増大が認められ，最も大きな種（類人猿と人類）は，最も小さな種（原猿類）より後から進化してきたのである。しかし，このことから進化は直線的に進行する（つまり自然の階梯 scala naturae という見方）と考えるべきではない。ウマの場合も霊長類の場合も，比較的大きな体を持った種は複数の系統のなかで進化しているのである。

問題はいくつもあるが（→第6章参照），化石が示す広範な動物群の間の系統関係は最も印象的なものである。おそらく最も有名なものは，1862年にドイツで発見された *Archaeopteryx lithographica* というジュラ紀のトリの化石だろう。*Archaeopteryx* の重要性は，それが爬虫類と鳥類の特徴をあわせ持ち，ダーウィンの連続性の考え方から予測される過渡的な形態を示していることにある。骨のある尾と歯の存在は，爬虫類の典型的な特徴であるが，体は現生鳥類に似た羽毛に覆われていたようである。

2. 遺伝子型と表現型

ここまでに見てきた証拠は，すべての生命体にはつながりがあるという進化論的仮定を支持するものである。このつながりは究極的には種の遺伝的構成に認められる。だから進化が遺伝の用語によって表現され定義されることは驚くべきことではない。

進化は，1つの動物集団の生物学的形質が，何世代も経過する間に変化することを意味する。これらの**形質**には，キリンの首の長さやフィンチのくちばしの形のような形態的特徴と，サトウキビの葉を消化できるパンダの消化器や餌を見つけるために超音波のエコーを使うコウモリの能力のよ

うな機能に関する形質がある。生物はこのような形質の集合体であると考えることができる。もっともこの見方には、実際にある特徴が1つの形質なのかどうかをあらかじめ決めることができないという問題は存在するのだが。このような形質の集合は、**表現型**と呼ばれる。すなわち、発生・発達を通しての遺伝情報と環境との複雑な相互作用の結果である。この遺伝情報は表現型に対して**遺伝子型**といわれる。

しかしながら、遺伝子型と表現型の関係は単純なものではない。例えば、遺伝子型と1対1に対応するのは形質のごく一部であることが知られている。このような形質の遺伝は**メンデル型**といわれる。この1対1対応の関係をメンデルがエンドウマメを使って最初に研究したからである（→ 4.a., 33-34頁参照）。多くの場合、1つの形質の発達に多数の遺伝子が関係する。この現象を、**ポリジーン支配**という。また、1つの遺伝子が複数の形質の発達に関わることもある。これは**多面発現**として知られる現象である。ポリジーン支配による形質の発現の方が一般的である。複雑な形態や機能（例えば、器官、代謝過程、生殖行動）は、すべて多くの遺伝子が非遺伝的要因と相互作用した結果であると考えられる。多面発現効果の例としては、ある種のタンパク質の組成に起こった変化の連鎖的な影響を考えてみればよい。例えば、ヒトの鎌状赤血球症のヘモグロビンは赤血球に異常をきたし、その結果としてさまざまな症状、認知機能の低下（貧血に起因する）や体躯の麻痺（脳の傷害による）、腎臓の機能低下などを引き起こす。

遺伝子型と表現型の関係は、同じ遺伝子の集合が生物の環境によって、発達に大きな違いを生じさせる場合があるため、さらに複雑なものとなっている。例えば、人が性成熟に達する年齢は、ある決まった遺伝子に制御されるホルモンが関わる複雑な生理学的過程に依存している。しかし、この生理学的過程は、幼時の栄養状態など他のさまざまな要因から影響を受ける。女性の性的成熟の年齢に10歳から20歳までと大きな違いがあるのは、栄養の要因によるものである。この例のような事実は、年齢に関する**反応規範**と呼ばれている。同じように、動物の成体の行動や神経系の発達は多分に初期経験に依存している。反応規範は、動物の行動や他の側面における表現型が、遺伝的要因と非遺伝的要因との複雑な相互作用の結果であるという基本的な原理を強調するものである。

生物個体の表現型が生殖的隔離にいたる時、進化が起こる。この定義においては、表現型の変化は、多くの場合遺伝子型のレベルでの変化を伴うということを仮定している。しかしながら、それまでは隠れていた遺伝情報が発現することや、上で見たように、遺伝と環境の相互作用によって表現型の変化が起こることもありうる。だから、表現型の変化はかならずしも遺伝子型の変化を意味しない。

3. 自然選択の論理

ダーウィンは、生物が驚くほどの繁殖能力を潜在的に持っていることを指摘した。もし、性的に成熟したゾウが自由に子どもをつくり、その子どもたちがまた自由に子どもをつくるということを繰り返していくと、何世代かの後には地球はゾウでいっぱいになってしまうだろう。個体数が指数関数的に増加することが可能であるにもかかわらず、動物集団の大きさはかなり長い期間にわたってほぼ一定に保たれている。ダーウィンは集団の大きさを一定に保つ力は自然選択、すなわち個体によって生存と繁殖の程度が違うことにあると考えた。

自然選択は図2-4に示すような動物集団の3つの基本的性質に基づくものである。第1に、集団の中の個体の表現型に変異が存在すること（例えば、オスのシカが成熟したメスの集団を他のオスから守る能力に個体差がある）。第2に、個体の形質の中には子をつくる能力に関係するものがあること、これらの形質は個体間に繁殖成功の違いをもたらす（例えば、大きなオスのシカは

第2章 生物学的進化

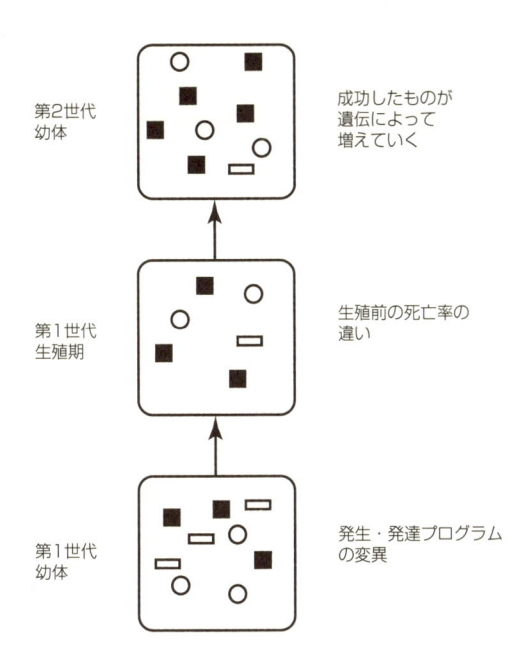

図2-4 自然選択の論理を単純化して表したもの。一番下は，異なる発生・発達プログラムをもつ幼ない動物の集団である。3種のプログラムが異なる記号で表されている。それぞれのプログラムは初め同じ数であるが，性成熟にいたると生存率の違いによって数が減少した表現型がある。これは発達途上の個体に働く自然選択を表している。一番上には次の世代の幼体が示されている。発生・発達プログラムの相対頻度は，生存率と受け継ぐプログラムの違いによって変化している。

メスの集団をより有効に守ることができ，その結果，多くの子を残す）。第3は，親の表現型と子の表現型には遺伝によって一貫した関係がある（例えば，大きなオスのシカの子は，相対的に大きい傾向がある）ということである。

表現型の変異，繁殖成功の個体差と形質の遺伝の3つが自然選択の過程が生じるための必要かつ十分な条件である。自然選択は，何らかの遺伝的基礎を持つ形質にのみ働くものであるから，進化の素材は集団，あるいはその遺伝子プールに存在する遺伝的変異性である。

4. 遺伝的変異性の起源と維持

4.a. メンデル遺伝学 すでに見たように，最も単純な遺伝子型と表現型の関係は，メンデル（Gregor Mendel）［1822－1884］がエンドウマメを用いた研究の中で最初に記述したものである。メンデルは彼の研究結果を1866年に出版したが，それは1900年まで他の研究者に知られることがなかった。メンデル以前には，両親の性質はその子において混じり合うというのが，遺伝についての支配的な考え方であった。ダーウィンは，そのような性質の混じり合いが起こるとすると，ある形質への自然選択の効果は有性生殖によって弱められる傾向があるはずだということに気がついていた。一方，メンデルは，ある世代で失われたように見えた形質が，場合によっては，その次の世代に現れることを発見していた。このような形質の再発現は，形質の混合は起こらず，形質の発現を決める要素は何代にも渡って保存されることを示している。このような要素が遺伝子と呼ばれるが，それは染色体上のDNA分子の一部にすぎない。遺伝子がその性質を何世代にも渡って保つことは，遺伝的変異性が保存される主要なメカニズムの1つである。

遺伝学の基本的な概念を復習しておこう。生殖細胞（精子と卵子）はそれぞれの染色体の1組だけを含んでいるから，遺伝子も1組だけである。受精によって対応する染色体が対になる。生殖細胞は**半数体**（一倍体）であるが，受精卵は生物の他の細胞（体細胞）と同じように**全数体**（二倍体）であり，対になった2組の染色体を持ち，したがって染色体内に1つの遺伝子の2つのコ

ピーを含んでいる。相同遺伝子（相同染色体上の同じ位置にある遺伝子）の異なる種類は**対立遺伝子**と呼ばれる。対立遺伝子はDNA分子の配列を変える突然変異によってつくられる。どの生物にあっても，それぞれの遺伝子に2つの対立遺伝子が含まれている可能性があり，集団全体で見ると，ある遺伝子に3つ以上の対立遺伝子が存在する場合もある。

メンデル型遺伝はメンデル自身が用いたエンドウマメのような簡単な例を使って説明できる。メンデルは必ず丸い種子（R）あるいはしわのある種子（r）を一貫して生じるマメを使った。形質発現の一貫性から，Rとrはそれぞれ同一遺伝子の対に支配される表現型を表す。ホモ接合といわれるこの状態は，通常RR，およびrrとして表現される。また親の世代をP_1と表す。2つのホモ接合の植物を，R（r）のマメを生じる植物の花粉を採り，R（r）のマメを授粉することによって交配できる。メンデルはこのような交配からはRのマメだけが生じることを示した。この最初の子世代をF_1と表す。さらにF_1を互いに交配すると，F_2世代として生ずるマメはRとrの混ざったものとなり，両者の割合は$3R:1r$となる。図式で表すと，

P_1：丸×しわ
F_1：すべて丸，丸×丸
F_2：丸3に対して，しわ1

メンデルはこの結果から通常，**分離の法則**といわれる1番目の法則を導き出した。生物学的形質を支配する対立遺伝子が互いに分離し，受精の時に再び一緒になるという考え方である。すなわち，遺伝子が混じり合うことはない。

メンデルはまた，r形質がF_1では見られなかったのにF_2において現れたということは，その形質は常に存在していたが抑制されていたのだと考えた。生物が両方の対立遺伝子を持っている時（Rr），その状態を**ヘテロ接合**という。ここに示した例について，メンデルはまた，ヘテロ接合の状態において表現された対立遺伝子（F_1のR）は優性であり，抑制された対立遺伝子（F_1のr）は劣性であると考えた（ゆえに小文字が使われる）。F_2において見られた3:1という割合は表2-2に示すようにヘテロ接合の植物の交配から得られる。

表2-2 ヘテロな遺伝子型を持つ株の交配から生じる遺伝子型と表現型

世代	遺伝子型	表現型
F_1	$Rr \times Rr$	$R \times R$
F_2	RR, Rr, rR, rr	R, R, R, r

言い換えると，F_2に現れる4つの遺伝子型はそれぞれF_1の交配によって生じる植物の25%に当たる。rが劣性であるから，75%の植物はRの表現型を現し，25%だけがrの表現型を現す（つまり，3:1の割合になる）。メンデルは3:1の割合が種子や花の色，茎の高さなど，さまざまな形質について成り立つことを発見した。したがって，これらの表現型のそれぞれは単一遺伝子の支配を受けている。メンデルは，この分析をそれぞれが別の遺伝子によって独立に支配されているような2つの形質を含む場合に拡張した。この場合にも雑種をつくり2つの特徴のさまざまな組み合わせの頻度を記録したのである。

4.b. ハーディ・ワインベルクの均衡 劣性対立遺伝子は遺伝的変異性の重要な要因であるから，劣性遺伝子がなぜ優性遺伝子に排除されることなく，存在し続けられるのかを考えなければならない。この疑問には，1908年にハーディ（G.H. Hardy）とワインベルク（G.Weinberg）によって独立に解が与えられ，それは**ハーディ・ワインベルクの均衡**と呼ばれている。この法則を理解するために，2つの対立遺伝子をもつ1つの遺伝子座という単純な例を考えてみる。Aが優性であり，aが劣性であるとする。さらに，この仮説的な集団では次の5つの条件が満たされているとする。(1)突然変異は存在しない，(2)遺伝子の移動がない（外部の集団からの遺伝子の流入がない），(3)集団は十分に大きい，(4)交配はランダムに起こる，そして，(5)対立遺伝子の生存率は等しい。

Aの頻度をpで表し，aの頻度をqとすると，$p+q=1$である。これらの頻度は等しくないと仮定してもよい。例えば，$p=0.8$，$q=0.2$とする。$p+q=1$であるから，

$(p+q)(p+q) = 1(1) = 1$

すなわち，

$(0.8+0.2)(0.8+0.2) = 1$

左辺を展開すると，

$p^2 + 2pq + q^2 = 1$

すなわち，

$0.8^2 + 2(0.8)(0.2) + 0.2^2 = 1$

この式は上記の5つの条件を満たす集団におけるAとaの分布を表す。例えば，

p^2はAAの頻度（0.64）
$2pq$はAaの頻度（0.32）
q^2はaaの頻度（0.04）

をそれぞれ表す。

これらの頻度から個々の対立遺伝子の頻度を次のようにして求めることができる。

A：0.64と0.32の半分，すなわち 0.64 + 0.16 = 0.80
a：0.04と0.32の半分，すなわち 0.04 + 0.16 = 0.20

結論として，上記の5つの条件を満たす理想集団においては，個々の対立遺伝子の頻度は世代を経ても変化しないということになる。したがって，遺伝的変異性は一定に保たれる。

ハーディ・ワインベルクの法則は世代間の変化の存在とその方向を決めるのに有用である。例えば，劣勢遺伝子のホモ接合，aa，によって生じると考えられる状態の頻度が，幼児をスクリーニングすることによって集団内の幼児の10 000人に1人の割合で見られるとわかったとしよう。すると，$q^2 = 0.0001$ であるから，

$q = 0.01$（0.0001の平方根）

したがって，

$p = 0.99$，
$2pq = 0.0198$
（つまり，幼児の約2%がヘテロである）。

もし，5年後，10年後にまた調査をして，qの値が初期値の0.01ではなく，それぞれ0.009，と0.008に減少していたとする。これらの数値の意味するところは，進化が起こっているということである。1つの対立遺伝子，a，の頻度が減少し，他方の対立遺伝子Aの頻度が増加している。ハーディ・ワインベルクの均衡は，集団の遺伝的変異性は対立遺伝子が優性か劣性かとは無関係であることに注意する必要がある。

言うまでもなく，上に挙げた5つの特徴を持つ仮説的な集団は，自然集団の中にはほとんど存在しない。そして，これらの条件が満たされないことは，遺伝的多様性を守る上で重要な結果をもたらす。例えば，突然変異は生物にとって中立であるか利益がある限りにおいて，対立遺伝子の種類を増やしていくことになる。異なる集団のメンバーが交配すること（遺伝子流動）は変異性を維持することにつながる。集団が隔離されていれば変異性は自然選択によって排除される可能性がある。第3章で見るように，遺伝子流動を減少させたり排除したりする地理的隔離は種分化の主要なメカニズムである。また，交配がランダムに起こることはめったにない。個体が同じ表現型を持つものと交尾する傾向があるために，明らかに異なる2つの表現型が集団内に維持されているという例が多く報告されている。例えば，白いハクガンは白い個体と好んで交尾し，青いハクガンは青い個体と交尾する傾向がある。このような同類交配はいわゆる**多型性**を維持するという重要な結果をもたらす。これもまた集団内の遺伝的変異性を維持するメカニズムの1つである。

4. c. 遺伝的浮動 仮説的集団についての仮定の1つは，集団が十分に大きいということであった。集団の個体数を減らす要因にはさまざまなものがある。小さな集団においては自然選択とは無関係な理由から，世代を経るにしたがって遺伝的変異が減少することが多い。単に生殖時の遺伝子型の組み合わせによって，対立遺伝子が失われていく可能性がある。

次のような極端な例を考えてみる。この集団はヘテロの2個体（Aa, Aa）のみからなる。2つの対立遺伝子の頻度は等しく，$p=q=0.5$である。もしこの2個体が交配するとヘテロの子ができる確率は0.5である。しかし，偶然，2つの優性遺伝子がホモの2個体ができることもありうる。この場合，劣性遺伝子は永遠に失われてしまい，集団には非可逆的変化が起こったことになる。対立遺伝子の頻度は，$p=1$と$q=0$となる。この変化に自然選択は無関係である。このような現象は**遺伝的浮動**と呼ばれる。

遺伝的浮動によって，選択によらない遺伝的変化が比較的急速に起こることがある。種分化の過程において，遺伝的浮動の持つ力の重要性についてはいまだに議論があるが，集団の大きさが急激に減少する2つの場合については，遺伝的浮動が主要な役割を果たすことが一般に認められている。1つは，小さな集団が大きな集団から分かれ，生殖的隔離が起こる場合である。この状況は新しい種が生じる前によく起こることだと考えられ，**創始者効果**と呼ばれる。例えば，ある動物の小さなグループが島にたどり着き（これは，ガラパゴスのフィンチの祖先に起こったことだと考えられている，Grant 1986），地理的障壁のために生殖的に隔離されてしまう。創始者の集団は小さいため，元の集団の遺伝子頻度を保存することができない。その結果，近親交配によって，もともとは頻度の低かった対立遺伝子が一般的になることが起こりうる。

第2の状況は，**集団のボトルネック**と呼ばれる，集団の大きさが急激に減少する場合である。例えば，ゾウアザラシは19世紀に過剰に捕獲されたため，アメリカ合衆国とメキシコで保護法が制定された1884年には，繁殖場所によっては20頭ほどにまで数が減少していた。このゾウアザラシの集団は1990年代になるとカリフォルニア州とバハ・カリフォルニアの沿岸では，10万頭あまりにまで個体数が増えた。集団は再び大きくなったが，遺伝的多様性の分析の結果は，遺伝子座がホモになっている割合が，哺乳類一般にみられるより大きくなっていることを示している。集団のボトルネックによって対立遺伝子が失われたり，ふつうはあまり見られない対立遺伝子の頻度が集団の中で増加したりする結果を招くことがある。

集団の個体数が比較的大きくても，その中の一部の個体だけが繁殖に関わっているという場合もある。生殖期のメスを獲得するためにオスの間で激しい闘争を行なう種（いわゆる一夫多妻制，→第5章，2.a.，103-105頁参照）においては，大部分のオスが生殖を行なわない。そのような場合には，単純な個体数調査の結果は実効的な集団の大きさを過大評価することになり，集団のボトルネックが存在しても隠されてしまう。生殖に関わる個体数だけを数える方が正確な集団の大きさを反映することになる。これは集団の有効数といわれる。

4. d. エキソンとイントロン ここまでは，遺伝的変異の問題を考える上で，遺伝子をブラックボックスとして扱ってきた。メンデル遺伝学は，形質が混じり合うことなく遺伝子の独立性が守られ，優性対立遺伝子があると発現しない劣性遺伝子が存在し続けるということをよく説明する。また遺伝子はDNAの塊として扱ってきた。いよいよこのブラックボックスを開けて遺伝子の構造をより正確に記述することにしよう。

図2-5は真核生物の遺伝子を図式的に示したものである。便宜的に5'末端を下に3'末端を上にしてある。DNA分子はエキソンとイントロンという2つの主要な要素からなる。**エキソン**はDNAの暗号を担う部分である。端的に言えば，エキソンはタンパク質の生成に関わるものである。一方，**イントロン**はエキソンのあいだにはさまれた部分で遺伝情報を持たない。1つの遺伝子は，1つないし複数のエキソンがイントロンと一緒に

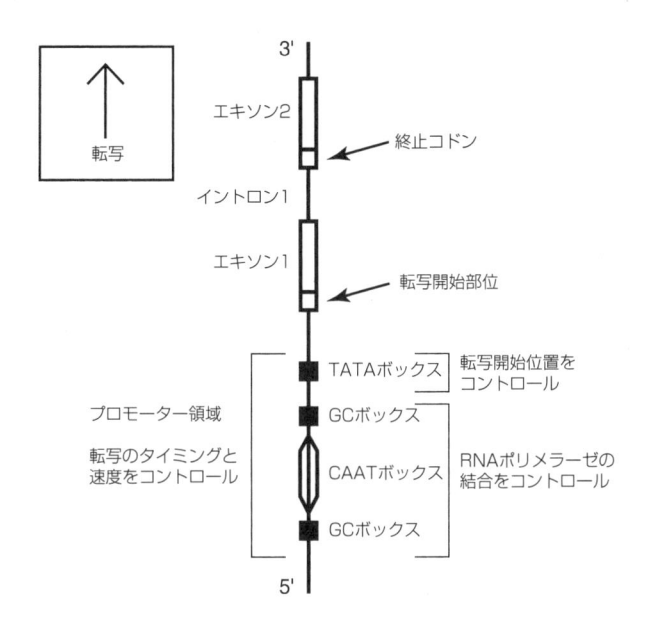

図2-5 遺伝子のさまざまな領域の図式。プロモーター領域の要素は遺伝子によって異なる。GCとCAATの要素を欠くものやTATAの要素を欠く遺伝子もある。エキソンは翻訳のために有用な情報を含んでいるが，イントロンは翻訳不能な情報を含んでいる。エキソンもイントロンも前駆体mRNAへと転写される。イントロンの領域が切り取られ，残りのRNAがつなぎ合わされ最終的なmRNAが形成される。このmRNAがタンパク質の鋳型として使われる。

一列に並んだ構造になっている。DNAの全体がRNAに転写されるが，後にイントロンは削除されてメッセンジャーRNA（mRNA）が形成され，それがタンパク質の生成に使われる。このRNAの編集過程はスプライシングと呼ばれる。5'末端の方にプロモーター領域がある。この部分の塩基（GC，CAATとTATAボックス）はRNAポリメラーゼとの最初の結合と転写の開始点を制御しているので，このように呼ばれる。プロモーターを構成する要素（例えば，GCボックスやCAATボックスなど）は遺伝子によって異なっている。最後に3'末端には終止コドンがある。

イントロンの交差によって，エキソンの複製や遺伝子間での交換が生じることがあると考えられている。このいわゆる**エキソン・シャッフリング**の最も良い証拠は，遺伝子の中には，まったく新しいヌクレオチドの配列ではなく，他の遺伝子のモザイクのように見えるものが多くあることである。例えば，低密度リポタンパク質をコードする遺伝子と，上皮増殖因子の遺伝子は8つの連続するエキソン（105ないし228の塩基対から構成されている）からなる相同な領域を共有している。配列の間にある9つのイントロンのうち5つは，2つの遺伝子でまったく同じ位置にある。これほどの一致は，2つの遺伝子が1つの共通祖先遺伝子に由来することを暗示している。このような2つのヌクレオチドの配列がこれほど似ているのが，単なる偶然だということは考えにくい。

大まかに言って，イントロンの数はその生物の複雑さとよく対応しているようである。エキソン・シャッフリングは，突然変異によるよりも，ずっと速く遺伝的変異性を生み出す（下記を参照）。さらに，エキソン−イントロンの組み合わせは，免疫系で明らかにされているように（Langman 1989），表現型の可塑性に大きく寄与しているようである。例えば，高等脊椎動物における，抗原特異的な結合領域をコードする遺伝子は，いくつかの異なるエキソンに1つの決まったエキソンがつくことによってできている。これらのエキソンはイントロンによって隔てられており，RNAスプライシングの過程で一定のエキソンに他のエキソンのどれかが組み合わされて，さまざまなmRNAが形成される。このようにして作られた抗体は，組み替え免疫グロブリンとよばれ，さまざまな病原体に対応することができる。

4.e. 構造遺伝子と調節遺伝子 タンパク質合成に必要な情報をコードしているDNA配列を含む遺伝子を**構造遺伝子**という。タンパク質は究極的には細胞分化や組織の発達，さらには生物の身体全体の形成に関わる。このような構造遺伝子のコピーは，多細胞動物のすべての細胞に存在して

いるから，細胞分化にはそれ以外の何かが関わっているはずである。細胞分化やDNA翻訳に依存する，その他さまざまな過程は，遺伝子の選択的活性化による調節を受ける。**調節遺伝子**は，他の遺伝子の翻訳を調節するタンパク質を合成する情報をコードしている。

調節遺伝子は，ある遺伝子の翻訳をいつ始め，いつ終えるのかを決める。だから，このような遺伝子は発生・発達の過程で重要な役割を果たし，また，おそらく新しい種の進化においても重要なものと考えられる。例えば，ヒトとチンパンジーは表現型が大きく異なるにも関わらず，相同タンパク質の分析は2つの種が驚くほどよく似ていることを示している。この比較は構造遺伝子の類似度を表すものであるから，キングとウィルソン（King & Wilson 1975）は，この2つの種の場合には，進化は主に調節遺伝子のレベルで働いたという見方を提案した。

4.f. 突然変異 前に述べたように，**突然変異**はDNA分子のヌクレオチド配列のランダムな置き換えにより，遺伝コードにわずかな変化が起きたものである。突然変異は，放射線や化学物質の影響によっても起こるが，もっぱらDNA複製時のコピーの間違いであると考えられる。突然変異によって遺伝子型に変化が起こり，その結果，個体は特定のタンパク質に「異常な」アミノ酸配列をコードする遺伝子を受け継ぐことになる。

多くのアミノ酸からなるタンパク質の1つのアミノ酸が置き換わることはごく小さな変化と考えられるが，そのタンパク質が関わる細胞内過程の数（すなわち，多面発現の程度）によってさまざまな効果を及ぼすこともありうる。ふつうに考えると，このようなランダムな変化はたいていの場合非適応的な結果を生じ，構造的，機能的な改善になることはめったにないはずである。したがって，突然変異は通常生体に有害なものである。前に多面発現の例としてみた鎌状赤血球貧血は，異常なヘモグロビンなど血液の病理によって血管が詰まり，若年での死亡にいたる。この異常な表現型は1つのアミノ酸の置き換えによって生じる（正常な場合グルタミン酸であるものがヴァリンになっている）。同じ遺伝子座の点突然変異にグルタミン酸がリジンに置き換わっているものがあるが，この場合貧血は起こるが症状はさほど重くならない。

突然変異は実験的に引き起こすことができ，研究のために使われている。遺伝学的研究のモデル動物として使われるキイロショウジョウバエ（*Drosophila melanogaster*）では，X線照射や極端な温度，化学物質などにさらすことで簡単に突然変異を起こすことができる。このようにしてできた突然変異体は選択的に交配され，突然変異系がつくられる。活動レベル，光走性，求愛行動，学習過程など，ショウジョウバエの行動に影響を及ぼす突然変異が知られている（→第3章，3.,60－64頁参照）。突然変異の分子レベルでの効果が明らかにされているものもあり，それは遺伝子と行動の間の因果関係の理解につながるだろう。こういう例の多くは，構造遺伝子の変化である。調節遺伝子に突然変異が起こると，構造遺伝子の転写のタイミングや頻度が影響を受けることになるだろう。

4.g. C値のパラドックス 身体の構造の形成には究極的に遺伝子が関与しているのだから，複雑な生物ほどより多くの遺伝子を持っているのはまったく当然のことのように思える。DNAの量はその分子量や塩基対の数によって推定できる。このDNAの量を示す値はC値とよばれている。大まかには，複雑さとC値には直接的な相関がある。例えば，大腸菌（*Escherichia coli*）のような原核生物は染色体を1つだけ持ち，そのDNA分子は470万の塩基対からなる。しかし，藻類や菌類は少なくとも2000万の塩基対を必要とし，多細胞の植物や動物は1億以上の塩基対を持つ。ヒト（*Homo sapiens*）では23対の染色体上に26億対が存在すると推定されている。

ところが，異なる動物のDNA量を比較することによって**C値のパラドックス**の存在が明らかになる。さまざまな動物種の形態の複雑さとC値の間には明確な相関がないのである。図2－6はこのパラドックスを示している。形態の複雑さは細胞の種類と形態記述の用語の数で表現されて

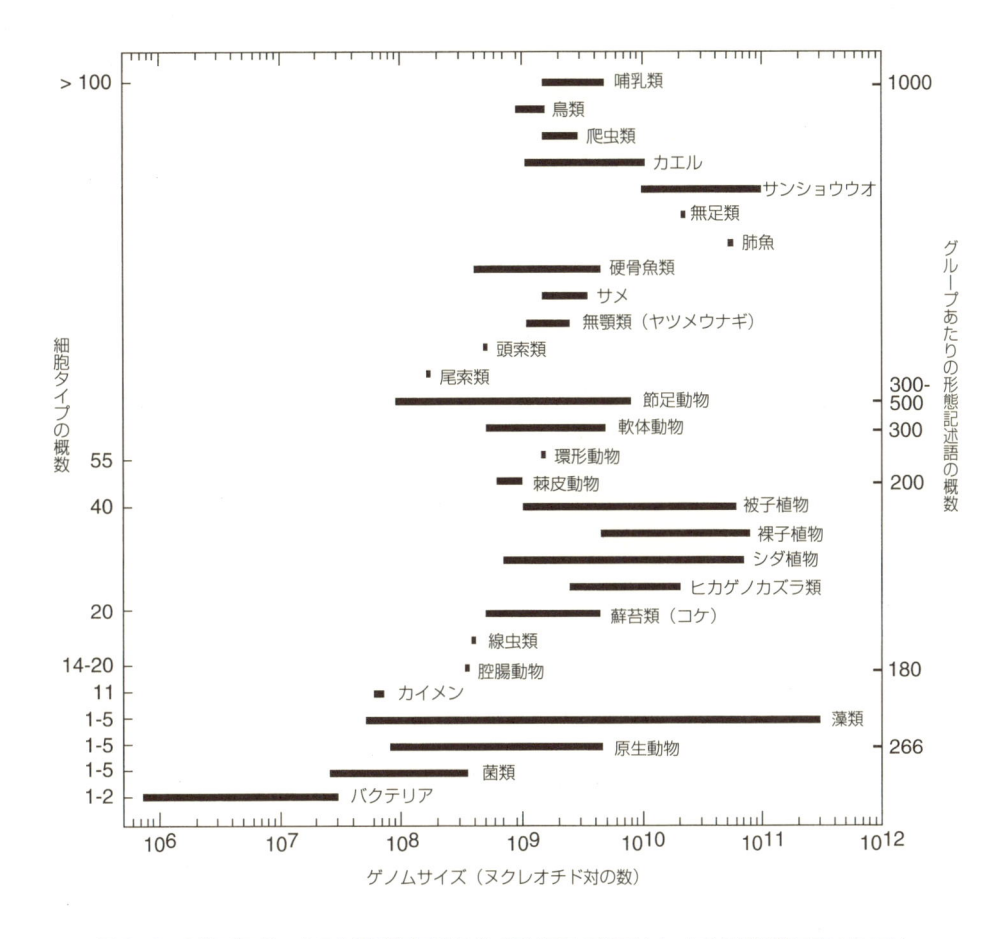

図2-6 C値パラドックスとは遺伝子型のサイズ（ここではヌクレオチド対の数で表されている）と表現型の複雑さ（細胞タイプの数と形態記述に用いられる用語の数）との間に相関が無いように見えることである。動物の集団を比較するとパラドックスはより顕著である。(Raff & Kaufman 1983 による)

いる。例えば，なぜ，どの哺乳類や鳥類よりも100倍も多くのDNAを必要とする両生類がいるのか，なぜ，鳥類と線虫類が同程度のDNAを必要とするのかは明らかでない。ある種の開花植物やサンショウウオのように近縁種の間でDNA量が大きく違っているという例もある。

C値のパラドックスは**反復DNA**の量，すなわちDNA内の同一遺伝子のコピーの数に関係しているようである。両生類や開花植物の中には全体の80%もの反復DNAを含むものがあり，単細胞の原生生物や単純な多細胞生物では10%から20%程度が反復DNAである。反復DNAの機能は何なのだろうか。1つの可能性は，反復DNAが染色体の構造にとって不可欠なのかもしれない，ということである。例えば，何度も同じ塩基対の配列が長く繰り返される部分は，染色体のセントロメアや染色体の端の方で見つかる。動物では，細胞核が分裂する時の染色体の極への移動に反復DNAが関わっているのかもしれない。別の可能性は，しばしば不思議な例として挙げられるサンショウウオのDNA量の多さに関係している。サンショウウオはより分化した脳を持った祖先から，単純な脳に進化したのかもしれない（つまり，単純な構造が，原始的ではなく進化した結果だということである）。このような過程が遺伝子重複の累積に関係するのではないかと議論されている（Roth et al.1977）。

4.h．分子進化の中立説　C値パラドックスはまた別の興味深い問題を提起する。おそらく遺伝コードを含まない反復DNAに累積された遺伝的変異の一部あるいはほとんどがランダムな進化過程を反映しているという可能性である。DNA構造の分子的変異のほとんどは基本的に中立であるという説は木村資生（Kimura 1983）によって提出され，分子進化の**中立説**と名づけられている。木村の説はもともとは，この章の初めでみたような不思議な観察結果を説明するために提出されたものである。分子時計の考え方が導入されたとき（→1.a.,26-28頁参照），少なくとも相同タンパク質の構造に関するかぎり時計は一定の速さで動くように見えると述べた（異なる種類のタンパク質の間では速さはさまざまである）。現在ではヌクレオチド配列の類似性を，実質的に異なる種のゲノム全体で比較することができるので，その変化の速さを推定することが可能になっている。その結果からは，多くの場合に変化の速さは比較的安定しているようである。このことは化石に見られる形態の変化の速さが不規則であることを考えると矛盾しているように思われる。しかしながら，木村が主張したように，もし中立あるいはほとんど中立な突然変異が完全にランダムな過程によって集団の中で広がっていくという仮定するなら，これは当然の帰結なのである。DNAの変異はDNAの持つ情報が表現型に現れなければ選択に対して中立であるということができ，したがって，自然選択の対象となることはできない。中立進化は遺伝子型の変異が自然選択の結果であるというダーウィン流の考え方と対立するものである。このことからいわゆる選択主義者対中立主義者の論争が起こった。しかしながら，2つの説は必ずしも両立しないものではない。

最近になって，少なくともいくつかのケースでは，種間のDNA配列の分子変化が一世代の長さ（世代時間）やその他の要因に関係していることが示されている。例えば，齧歯類と霊長類のDNAからとった相同な遺伝子の進化の速さを比べると，齧歯類の方が速いことがわかる。明らかに分子変化に関しては齧歯類の方が霊長類よりも速く進化している（Wu & Li 1985）。世代時間を考慮に入れると，このようなDNA変化の速さの違いは小さくなる。しかし，ウーとリーが指摘しているように，このことは分子進化の中立説の反証になるものではない。実際，齧歯類は他のほとんどの哺乳類よりも繁殖速度が速いのだから，中立突然変異の累積が加速されるのは当然である。

C値のパラドックスと分子進化の中立説は，ほとんどの動物集団の遺伝子プールに発現していない遺伝情報が相当あることを示唆している。この情報は，地質や気候，生物要因による環境変化などによって，活性化され発現すれば，重要な表現型の変化を引き起こす可能性を持っている。実際，生命の歴史の初期において中立突然変異の累積を可能にするメカニズムが進化したのは自然選択によるものとする考え方がある（Sibley & Ahlquist 1990）。この考え方によると，そのようなメカニズムは**前適応**のリザーブとなる。すなわち，ある時点では発現していない遺伝子が後に表現型として発現し自然選択の影響下におかれる。発現していない遺伝的多型を比較的多く持つ系統は，環境変化が起こってもそれに対応し子孫を残すことになるだろう。そのような遺伝的変異性が小さい系統は，環境の変化によって絶滅することもあるだろう。

4.i．有性生殖　ここまで遺伝的変異性を増加させる過程（例えば突然変異）と変異性を減少させる過程（例えば遺伝的浮動）をみてきた。このような変異は自然選択による適応が起こるために不可欠なものであるから，いったん生じた遺伝的変異性がどのようにして集団の中で保存されるのかを理解することは理論的に重要である。中立突然変異のランダム浮動以外にどのような過程が遺伝的変異性を保つ働きをしているのだろうか。前に劣性対立遺伝子が有性生殖を通じて世代間で保存され伝えられていくことを示した。全数性，すなわち生物のすべての細胞に2つの対立遺伝子が存在することが，劣性遺伝子の保存を可能にしている。しかし，有性生殖は別のやり方でも遺伝的変異性を保つことに寄与している。

遺伝的変異が生じる重要な機会は，有性生殖を行なう種の生殖細胞が減数分裂を行なうときであ

る。有糸分裂（体細胞分裂）と異なり，減数分裂においては半数体細胞（卵と精子細胞）を生じる。全数性は卵と精子の受精の際に回復される。減数分裂においては，それぞれの染色体上の対立遺伝子の対が，他の染色体上の対立遺伝子とは独立に分離する。この過程は**独立組合せ**と呼ばれ生殖細胞でのみ起こり，受精卵の染色体が両方の親からの対立遺伝子のモザイクであることを意味する。このような対立遺伝子の組み合わせは有性生殖を行なう種が高度な遺伝的変異性を持つことの一因となっている。

独立組合せはメンデルの第2法則であり，それは，異なる形質をコードする対立遺伝子は互いに独立に分離し，その結果，表現型に大きな変異を生むということを述べている。次の例を考えてみよう。減数分裂のさいに基本数が n の（n 対の染色体がある）遺伝子型からは，2^n 通りの配偶子が生じる可能性がある。23対の染色体を持つヒトの場合には 2^{23} 通り，すなわち 8 388 608 の異なる組み合わせの配偶子が生じうるのである。

遺伝子型の新しい組み合わせは，減数分裂の過程で起こる他のさまざまな現象からも生じる。染色体の一部が交換される場合，染色体が完全に分離されない場合などがある。図2-7に示す交叉，逆位，欠失，挿入は，染色体の一部の変化である。一方，モノソミー（一染色体性）やトリソミー（三染色体性）は減数分裂の際に染色体が分離されなかったために起こる。染色体数が変化すると多くの場合不妊となるが，解剖学的な欠陥が生じる場合もある。例えば，X染色体を3つ持つヒトの男性は女性化され，第21染色体のトリソミーは精神的遅滞などの障害のあるダウン症を引き起こす。

有性生殖と遺伝的多様性の関係は，一生のうちに有性生殖と無性生殖の両方を行なうことのある種をみるとよくわかる。食物資源の量が大きく変動する環境や，他の種との競合がある場合，また寄生虫が蔓延しているような場合には，有性生殖に切り替える傾向が強くなる。多くの無脊椎動物は食物が豊富にある場合には無性生殖を行ない，集団は爆発的に増大する，しかし，食物が乏しくなると有性生殖へと変わる。有性生殖は変化する環境条件に合わせることのできる子をつくる能力を高めるものと考えられる。例えば，巻き貝の中には湖の環境では有性生殖するものが大半を占めるが，川ではそうではないという種がいくつかある。湖に棲む巻き貝には，無性生殖を行なう川に住む個体より寄生虫が多く蔓延しているからである（Lively 1987）。

ヘテロの個体がホモの個体より高い適応度や繁殖成功を示す例がいくつか知られている。これは**雑種強勢（ヘテローシス）**といわれる。前に述べたヒトの鎌形赤血球症の場合，劣性ホモの状態は有害である（血液の障害から全般的な衰弱を生じ

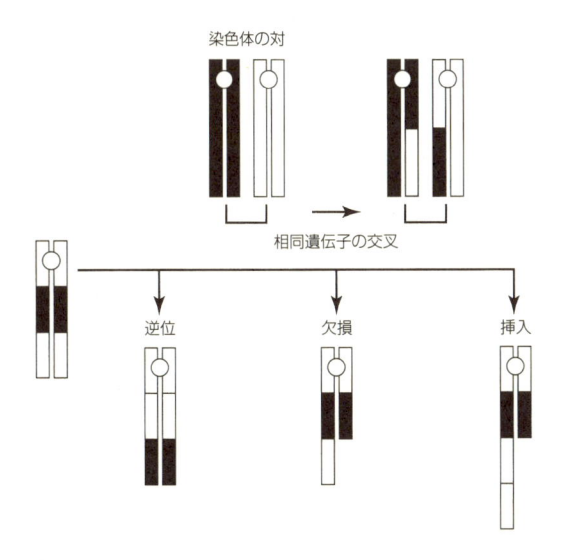

図2-7　染色体の構造変化によって同じ遺伝子の集合が組み替えられ新しい組み合わせができる。染色体の一部が切れて相同染色体の間で入れ替わる交叉が起こったり，欠損や逆位，挿入などの現象が起こることがある。図中で染色体は長方形で表され，円はセントロメアを表している。

死に至る）が，ヘテロの個体はマラリア耐性を持ち，女性の場合にはより多産であることが知られている。これは2つの無関係な形質の多面発現である。

5. 自然選択

　自然選択が，変異性，選択，遺伝という3つの要素を持つことはすでに述べた。遺伝的変異性については前節で扱い，いくつかの遺伝の法則についてもふれた（遺伝については第3章でさらに詳しく述べる）。ここでは自然選択を支配する法則について考えてみよう。

　自然選択は前に繁殖成功，すなわち生物が繁殖し次の世代に遺伝子を伝える能力との関連でとりあげた。この能力は**ダーウィン適応度**，あるいは**直接適応度**と呼ばれる。直接の子孫（つまり自分の子ども）の数を最大化するという意味である。ここで自然選択は生存価によって定義されるのではないことに注意する必要がある。よく知られたスペンサー（Herbert Spencer 1855）の言葉，「適者生存」という言い方は必ずしも正しくない。現在では生存は繁殖成功に比べて重要性は低いとされている。確かに1つの種の中では，長生きをする動物は早死にするものより多くの子を残すだろう。この仮定は多くの種において寿命と繁殖能力が正の相関を持つという事実に裏づけられている（Stearns 1992）。

　ウィリアム・ハミルトン（William D. Hamilton）［1936-2000］の研究が発表されて以降，直接の子孫以外に世代間で遺伝子を「伝える」方法にはいくつかあることが明らかになった（Hamilton 1964）。例えば，血縁関係のある個体（親族）の繁殖成功を高める援助行動は，そのために援助する個体（ヘルパー）自身の直接適応度が下がったとしても，その遺伝子を集団の中に広めていくことになる。比較的よく研究されている援助行動の例としては，近縁個体に向けられる鳥類の養育行動や哺乳類の対捕食者戦略などがある。**間接適応度**は同種個体間の相互作用を意味するから，対捕食者行動や社会的行動の進化を理解するうえで大変重要であると考えられる。この問題は第4章と第5章で詳しく扱う。

　生物の適応度は直接適応度（子どもの数）と間接適応度（援助行動によって生き残る近縁個体の子どもの数）の要素の和からなるものと考えられる。これを，**包括適応度**と呼ぶ。ここではまず，直接適応度の要素から考えていくことにする。

5.a. 直接適応度のタイプ　ダーウィンの自然選択の理論によれば，ある個体の繁殖成功は，他の同種個体と比較した，次世代に寄与する子どもの数によって測られる。個体はいくらでも繁殖できるわけではなく限られた資源によって制約を受けるものであるから，適応度は常に相対的な測度である。集団の中で異なる特徴をもつ（おそらくは異なる対立遺伝子が発現している）別の個体の適応度は違った値を持つだろう。このような相対的な適応度の差が，それぞれの特徴の進化上の運命を決める。高い適応度と関連する特徴は世代を経て集団の中に広まり，適応度の低いものは完全に消滅することもありうる。多くの個体は常に繁殖状態にあるか，あるいは何度かの繁殖期を経験するから，直接適応度は1回の繁殖行動について測られるものではなく，生涯の生殖可能な期間全体を通して測られるものである。したがって，直接適応度は個体が生殖可能な期間に達成する相対的繁殖成功，すなわち**生涯繁殖成功**（LRS: lifetime reproductive success）である。

　3種類の直接適応度が区別される。おそらく最もわかりやすいのは，生存の可能性を高めることでLRSに寄与する形質の場合である。2つめはそれほど明らかではないが，直接LRSに寄与するのではなくLRSを高める特徴と相関のある特徴（つまり多面発現的形質）を持つ場合である。これら2つの場合については，自然選択のいくつかの性質についてみた後，この章で議論する（→5.d., 5.e. 参照）。直接適応度の3つめの場合は性選択によって進化した特徴である。性選択は，

同性個体との競争力を増大させたり（例えば，オス同士がメスを得るために闘う場合），配偶者選択に影響を及ぼすことでLRSに寄与する形質の進化を意味する。性選択については，配偶システムとの関連で第5章，2.(→ 102 - 111 頁）で詳しく述べる。

5．b．LRSの測定 適応度は相対的な概念であるから，ある形質の直接適応度を測るには，その形質の別の形，すなわち対立遺伝子のLRSへの寄与と比較した相対的な寄与の大きさを推定する必要がある。LRSのよい証拠を見出すことが難しいことはすぐにわかる。ほとんどの哺乳類のように長い期間繁殖力を持つ種の場合にはなおさらである。ライオン（*Panthera leo*）の群れ行動の研究（Bygott et al.1979）はよい例である。

ライオンはネコ科の中では，安定した社会集団で暮らす唯一の種である。安定した連合を形成したオスたちがプライドと呼ばれるメスの群れを乗っ取り支配する。その際に生後6カ月以下の子ライオンは殺されることがふつうである。子ライオンの27%がこのような子殺しにあうと推定されている。このオスの行動（種全体にとっては有害に思える行動である，→ 7.参照）はオスにとって有利に働く。というのはメスたちが生殖可能な状態に戻るまでの期間を平均8カ月短縮するからである。この集団力学は生殖に関する利害がオスとメスとでは異なっていることを意味する。したがって，群れ形成がLRSにどのように貢献するかの問題はオスとメスについて別々に扱わなければならない。

LRSを12カ月齢に達する子の数で定義すると，オスの場合は比較的明確である。オスではLRSは連合の大きさに従って確実に増加する。1頭だけで暮らすオスはほとんど生殖活動をすることがない。しかし，図2-8-(a)にみるように6頭までの連合をつくるオスは，群れが大きいほどLRSが高くなる。メスの場合には群れ形成とLRSの関係はより複雑である。図2-8-(b)に示すようにごく小さな群れ（1ないし2頭）と大きな群れ（10頭以上）ではLRSはかなり低い。しかし，中間的な大きさ（3頭から10頭）でLRSが最大になる。メスの群れの大きさはオスのように安定ではなく時によって変動する。メスの群れの大きさと，オスが協力して集団の乗っ取りに成功する確率との関係は，メスの群れの大きさとLRSの関係とは正反対になる。つまり，LRSが最大である中間的な大きさのメスの群れは乗っ取りを経験することも少ない。乗っ取りの後にはほぼ必ず子殺しが起こるから，中間的な大きさの群れは損失をより効率よく防ぐことができる。LRSが相対的な概念であるということは，常に対になる特徴，例えばライオンが単独でいるか協力関係をつくるかの比較が必要であることに注意しなけ

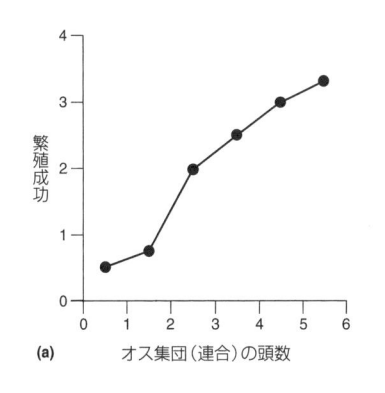

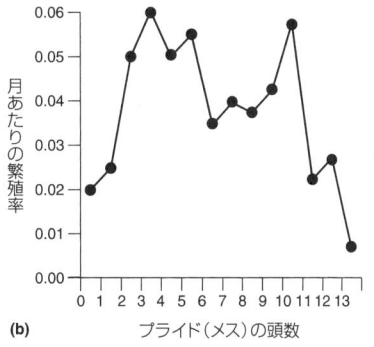

図2-8 ライオン（*Pantera leo*）の生涯繁殖成功。データはタンザニアのセレンゲティおよびンゴロンゴロ地域で取られた（Packer et al.1988）。(a)オスの繁殖成功は連合の大きさとともに増加する。(b)メスの月ごとの繁殖率はあるところまでプライドの大きさとともに増加するが，10個体以上のグループでは逆に減少する。大きな集団ではオスによる乗っ取りの頻度が高くなり，乗っ取ったオスが離乳前の子を殺してしまうためにメスの繁殖成功が低下する。

5.c. 自然選択と多様性 ライオンの社会的行動の進化の場合，オスとメスの集団にかかる選択圧は異なっている。オスにとっては，適応度の増大に対する制約は比較的弱い（より大きな群れは小さな群れより有利である）。適応度が一方的に増大する場合，集団中の遺伝的変異性を仮定すると，その特徴の集団平均は世代を経るにしたがって増加していくと考えられる。ライオンの最近の進化の中で，一定の制限範囲内でオスの連合の大きさが増大してきたということはありうることである。これは**方向性選択**（図2-9-(a)）と呼ばれる。もちろん，暴走を防ぐなんらかの「制限」は常に存在する。例えば今の例で，集団の大きさが無限に増大するということは考えられない。いずれは数の増大が負の選択圧を生じることになるだろう。

このような選択による変化への制限は，メスの群れの場合には明瞭である。小さな群れと大きな群れは中間的な大きさの群れより適応度が低いという関係があった。これは，**安定化選択**と呼ばれる。十分な数の世代を経ると特徴の変異性が減少していく傾向があるからである（図2-9-(b)）。したがって自然選択は，メスライオンが最適な大きさの群れにとどまり，それより小さかったり大きかったりする群れからは離れるようなメカニズムの進化を促す。最適な群れの大きさというのは一種の妥協を反映するものであるから，安定化選択には2つの対立する選択圧が働いていることを示している。

前に遺伝的な変異性が保存される例として多型性にふれた（→ 4.b., 34-35頁参照）。多型性の存在，すなわち明らかに異なる表現型が交配集団の中に共存するという場合は，**分断性選択**が働いていることを示す例である。この選択の第3の形は，安定的選択とは異なり多様性を増大させる結果を生む（図2-9-(c)）。分断性選択においては，極端な表現型が中間的なものより高い適応度を持つ。例えば，繁殖のために海から河へ戻る北太平洋のサケのオスは生後2年または3年である。若い方のオスの体の大きさは年長のオスの1/3以下である。グロス（Gross 1985）は，これら2種類のオスの生殖行動が異なっていることを発見した。3歳齢のオスは排卵するメスを得るため闘うのがふつうであり，大きな体のオスは小さいものより有利である。2歳齢のオスは岩や植物の陰に隠れていて受精できる機会をうかがう（サケの受精は体外で行なわれる）。明らかに均衡関係にあるこれら2つの方略は分断性選択の結果である。

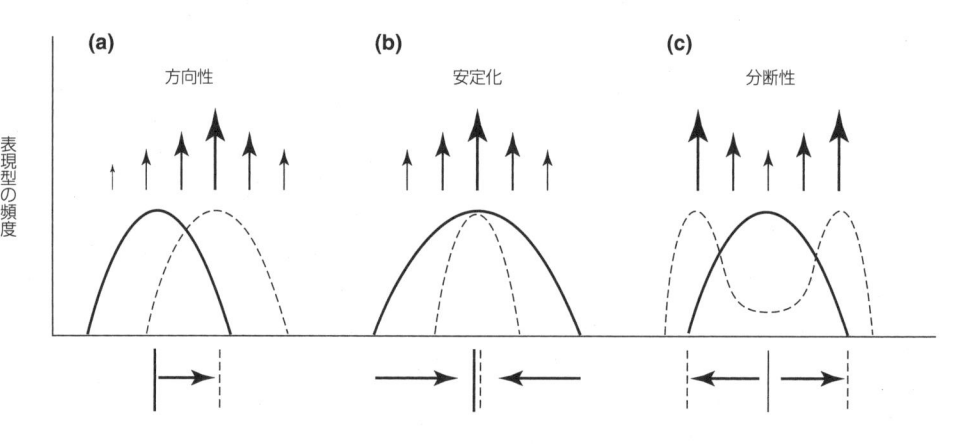

図2-9 ある特徴の分布に変化をもたらす**自然選択の例**。(a)方向性選択，(b)安定化選択，(c)分断性選択。選択圧の強さは垂直の矢印の長さで示されている。どの場合にも進化は実線で表された分布から波線の分布への変化で表現される。波線の分布の方が選択圧によりよく適合する。図の下の矢印は分布のピークの位置とその変化の方向を表している。自然選択は多様性の減少をもたらす場合（例えば，安定化選択）と多様性の増加をもたらす場合（例えば，分断性選択）がある。

5. d. 生存に寄与する形質　生物が健康で正常に発達し、生殖可能な年齢に達するためには多くのことが適切な順序で適切な時に起こらなければならない。受精直後や誕生直後から生殖可能な多細胞生物は存在しない。自然選択は生物が生殖可能な時期を終えた後に発現する形質に関しては「盲目」であるが、生殖可能な時期以前に発現する形質に対しては強く働く。発生・発達の比較的初期に発現する遺伝子に影響を及ぼす突然変異や他の遺伝的変化は、その結果としてその生物を生殖不能にするなら簡単に排除されてしまう。このような生殖期前の生死への影響の差が、生殖可能な生物を生み出す何千もの遺伝子の協調的作用と、遺伝子と環境の相互作用が関係する複雑な発達プログラムを進化させてきたのである。しかし、自然選択の観点からすると本章を通して強調しているように、生存は生物の繁殖可能性を増加させるという意味においてのみ重要なのである。生存そのものに価値があるわけではない。

　生存に寄与する特徴の進化の古典的な例は、イングランドで観察されたガ（*Biston betularia*）の保護色の変化である（Bishop & Cook 1980）。工業化による大気汚染によって一部地域で木の幹が黒くなる以前は薄い色の個体がほとんどであった。薄い色の個体が幹にとまると目に付きやすくなりこのガを食べるトリの餌食になった。捕食の圧力が羽の色の濃淡、つまりは対立遺伝子の相対的頻度の変化を促し、工業化の進んだ地域では濃い色をもったものが大半を占めるようになった。しかし、さほど工業化されていない地域ではあいかわらずほとんどが薄い色のものであった。大気汚染が法律によって厳しく規制されるようになると、木の幹は本来の色を回復しガの集団内では薄い色が広まった。この例では対立遺伝子の頻度にのみ変化が起こったのであり新しい種が進化したのではない。この変化は捕食の圧力によって起こったのであり、（世代数について）十分な時間がなかったため新種の進化には至らなかったのだろう。

5. e. 相関形質　前に述べたように（前述の2.を参照）、1つの遺伝子（あるいは遺伝子群）は生物が発達するにつれて、さまざまな特徴に影響を及ぼす。この遺伝子に依存する特徴のそれぞれがLRSに寄与する程度が異なるという状況を考えてみよう。1つの特徴が適応度に対して大きく寄与し選択される力が強く働くと、それ自身は適応に寄与しない**相関形質**もまた進化することになる。例えば、ティラノサウルス・レックス（*Tyrannosaurus rex*）のような恐竜の前脚が小さくなったのは頭を大きくする選択に伴う相関形質ではないかという説がある（Gould & Lewontin 1979）。この説が正しいかどうかが確証されることはないだろうが、相関形質という概念を理解するよい例になっている。前脚が小さくなったことの適応的意義を探す必要はないのである。

　また、この例からわかることは進化は特徴が1つずつ変化するのではなく、一連の特徴全部が変化することによって起こりうるということである。相関形質として広まった特徴が、環境条件が変わったときに動物にとって有効なものとなる場合もある。メラニンのような色素の蓄積は、ある代謝過程を調節する酵素が選択された結果であるかもしれない。先のガの例のように、表皮の色が適応度に関わる要因となれば、色自体が選択圧にさらされることになる。このような過程を経て選択される特徴を前適応といい、進化の場当たり的な性質を表している。

　ある一連の特徴全体が変化することは行動に関して重要な意味を持つ。単純な例を考えてみよう。もしある哺乳類の系統で自然選択が大きな体を有利とするように働いたとしよう。例えば、捕食圧が小さくなるということが考えられる。このときさまざまな発達的変化が起こることになる。体がより大きくなるためには、より時間がかかることは当然であるから、それに伴い、子育ての様式や社会的関係、環境経験の相対的重要性などが、すべて変化するだろう。全体的な適応様式は、**生涯戦略**と呼ばれる。ここで「戦略」というのは単に複数の形質が協調的に進化するという意味にすぎない。全般的な傾向としてではあるが、哺乳類でのさまざまな生活史の相関が認められている（Eisenberg 1981）。例えば、体の大きさが増大するにしたがい、寿命も増加するが、1回の出産あ

たりの子の数は減少する。脳の大きさは他の器官と同じように，体が大きくなるとともに増大するが，脳の大きな動物の子は親やきょうだいとともにいる期間が長い傾向があるということは興味深い。

5.f. ダーウィン適応度と適応 LRS は測定が難しいというだけではなく，多くの場合，推定することさえ不可能である。特に化石証拠を分析する場合はそうである。行動の機能についての理論全体が，LRS と偶然測定できた変数との関係に基づいており，その関係は必ずしも実証されているわけではない。このことは第4章（2., 69－75頁）で，最適採餌理論を検討するときに明らかになるだろう。そのモデルは多くの場合，あるタイプの採食行動と LRS の間に正の相関を仮定する。この仮定はおそらく正しいものだが，経験的に検証されたことはほとんどない。生物学者は，形質に見られるデザインの複雑さと環境への適応の程度が，自然選択が働いていることを意味すると仮定して，この問題に取り組んできた。このような形質は**適応**と呼ばれ，生物を自然選択によって進化してきた形質の集合体であるとする見方には**適応主義**という名前がついている。したがって，翼竜の複雑な翼（形態的形質）やハワイミツスイの巧妙な採餌行動（機能的形質）は，現時点で自然選択を考慮しなければその進化を理解することができないという意味で適応であるとみなされている。

適応主義者の見方では，環境が問題を提示し，適応はその問題への解答であると考える。問題を解くことが究極的には包括適応度となる。このような進化の見方にはいくつかの問題がある。ウィリアムズ（Williams 1966）が指摘したように自然選択の原理は，自然界の物理・化学の原理を越えるものだから，より基本的な過程による説明が不可能なときにのみ援用されるべきである。例えば，ウィリアムズはトビウオが飛行の後，水に戻る行動を挙げている。トビウオは水の外では生存できないから，水に戻ることは自然選択による適応だと主張する人があるかもしれない。自然選択は常に相対概念であるから，この説明では対立形質を仮定する必要がある。しかし，水に戻ることなく酸素欠乏によって死んでしまうトビウオなど想像できない。明らかにこの仮説は不必要である（節約の原理に反する）。水に戻るのは重力の働きなのだから。

ウィリアムズはまた，ある形質が生物にとって利益をもたらすということだけで適応というべきでないと言う。その利益が当該の形質本来の機能に対しては副次的なものかもしれないからである。例えば，キツネは大雪の後，餌を取りに行くのに同じ道を通るだろう。いったん道ができると雪の中の移動が容易になる。しかし，キツネの足の形が雪の中に道をつけるために適応していると結論づけるのは正しくない。道をつけることがエネルギーと時間の節約になり，最終的には繁殖成功に結びつくかもしれないが，キツネの足が歩行や走行に適応しているのは明らかであるが，それが雪の中に道をつくるのは単なる偶然による副産物である。

ある形質が特定の環境下での最適の解となっていると仮定することも誤りであろう。進化による解は，過去の経緯から一緒になった遺伝子の集合に基礎をおいている。遺伝子を受け継いだ祖先においてその組み合わせが有効だったのである。したがって，すでにある遺伝情報をもとに種の進化の歴史による制約の範囲で，新しい解はつくられる。このことはパンダの「親指」の例（Gould & Lewontin 1979）によく示されている。パンダは肉食の祖先から進化した草食哺乳類である。多くの肉食獣と同じように，パンダの祖先は親指を走るために使っていた。そのため親指は動かない。しかしパンダは親指の代わりをする手首の骨を進化させ，タケノコの皮をむくことができるようになっている。発生・発達上の制約から，走るという機能を持つように進化した指の構造を変えることは困難なのだろう。しかし，手首の骨は変化しやすかったのかもしれない。その結果，進化は手首の骨を変化させることように働き摂食の問題に解を与えたのである。

歴史的要因はまた，動物集団の進化の経路を限定することもある。ルウォンティン（Lewontin 1978）はインドの一角サイとアフリカの二角サ

イの例でこの点を説明している。角が1本という表現型がアフリカよりインドではより適応的で2本角についてはその逆ということは考えにくい。遺伝的構成が異なっていた2つの種の初期集団に自然選択が働いたと考える方がもっともらしい。

適応の進化における自然選択の重要性を過小評価すべきではないが、すべての行動（およびすべての形質一般）が、まるでエンジニアがデザイン上の問題を解くように、環境から与えられた問題への解として進化した適応だと考えることも誤りである。ジェイコブ（Jacob 1977）が言ったように、進化は場当たり的なプロセスである。手元にある情報から最もよい解決法を引き出す。それは必ずしも絶対に最適なものとは限らないが、受け継いだ情報をもとにして実現可能となったものなのである。エンジニアとは違い、進化はまったくの白紙から新しい種のデザインを始めることはできない。古いデザインを元に修正をするのである。それが不可能なとき、その系統は絶滅することもある。

5. g. 自然選択の単位　「適者生存」という言葉と同じぐらい、よく知られているがやはり誤解を招く次の言葉は、自然選択が集団のレベルに働くという見方を表している。日常会話の中で、行動や形態的特徴は「種の利益のために」進化したのだと言われることがよくある。動物は「種を残すために」行動するというのである。しかし、ダーウィンの自然選択の見方は、自然選択の働くレベルは生物個体より高次の集団や種ではなく、個体そのものであると考えると最も都合がよい。進化による変化は集団に起こるが、自然選択は個体レベルで働く。実際、大きな影響をもったドーキンス（Dawkins 1976）の研究以降、自然選択は生物個体ではなく、個々の対立遺伝のレベルに働くという考え方が一般的になっている。この考え方は、**利己的遺伝子説**と呼ばれる。ドーキンス（Dawkins 1982）は個体と遺伝子、それぞれの分析レベルは、ときとして矛盾する結論を導くことがあるが、多くの場合同じ結論になることを認めている。

群選択説はウイン-エドワーズ（Wynne-Edwards 1962）によって詳細な説が提出された。その基本的仮説は、ほとんどすべての社会的行動は群れ（集団あるいは種全体）が存続していくための資源が枯渇することを回避することに向けられているというものであった。集団を調節するメカニズムを持つ種が現代まで生存してきたのであり、そのようなメカニズムを持たない種は絶滅したのだというのである。ウイン-エドワーズ（Wynne-Edwards 1963）は、「種の個々のメンバーは代謝調節のシステムによって支配されていなければならない。それが、よくあるように食物が十分にある時に食物を得られなかったり、他の個体が繁殖していても生殖活動に関われないということがあってもである」と主張した。自然選択が対立形質に働くのではなく、群間の選択に動物集団全体の相対的な成功が関係しているということに注意する必要がある。この考え方によれば、変異を持ち選択されるのは、個体の形質ではなく集団である。

ウイン-エドワーズは動物集団が限られた資源を争い、ある条件の下では個々の動物は集団の利益のために自身の生殖活動を犠牲にしなければならないと主張した。このような利他的個体の多い集団は利己的な個体の集団よりも生き残る可能性が高いと言うことはありうる。ウイン-エドワーズは群間選択を支持する事実として、動物集団は個体が繁殖場所に戻ることで永続するという傾向があり、実際に生物学的単位を形成しているということを指摘した。資源が枯渇したときには、なわばり行動や社会階層、種内攻撃などの個体の行動を通して集団の自己調節が行なわれる。このような行動の結果、環境資源をより有効にバランスよく活用できるように個体が分散する結果になる。

この考え方はダーウィンの自然選択の考え方に似ているように見えるが、詳しく分析すると群間選択はまったく異なったメカニズムであることが分かる。ダーウィンによれば、個体の適応度を高める形質のみが集団の中で広がっていく。もし、ある形質が、自己の繁殖成功を犠牲にさせるものならば、その形質はどのようにして次世代に伝えられるのだろう。さらに、自己犠牲的な個体からなる集団の中では、利他的な突然変異体は選択に

関して非常に有利だから，数世代のうちに利己的遺伝子が自己犠牲的遺伝子と置き換わってしまうだろう。

　個体（あるいは遺伝子）レベルの適応度は，集団レベルの適応度より，ずっと確実な結果を生じる。前に述べたライオンの子殺しがよい例となるだろう。このような行動は他の種でも認められている。この子殺し行動は「種の保存」に貢献する若い個体を失うことになるのだから，種全体にとっては明らかに利益にならない。しかし，子殺し行動によってメスの性的受容度が高められるゆえに，オスの適応度を高めることになり，結果的に自然選択に有利になるのである。

第3章　遺伝子と行動

第3章の概括
- 行動は，遺伝情報と非遺伝情報の間の複雑な相互作用の結果として発達する。
- 単純なメンデルの法則に従う複雑な行動もあれば，多くの遺伝子が働いた結果生じる行動もある。
- 実験室実験，野外実験，化石の系統などで見られる進化速度は非常に違っているのに，このすべてに同じ進化のプロセスが働いているようである。

　比較心理学にとって，発達における行動発現メカニズムを理解することは重要である。1匹の動物が示す行動やその他の表現型は，遺伝情報と非遺伝情報との複雑な相互作用の結果だからである。単純な還元論を避けるためには，なぜこの相互作用が「複雑な」と言われるのかを確認しておくのが適切だろう。1つには，遺伝要因と特に非遺伝要因の数がかなり多いからである。行動のいくつかには，遺伝子と1対1の関係を持ち，19世紀にメンデルが導入したタイプの遺伝分析によって分析できるものもある。だが，ほとんどの行動は非常に多くの遺伝子の作用（ポリジーン・システム）の結果である。遺伝子から行動への経路もまた，実際にはきわめて間接的である。結局のところ，遺伝子はタンパク質を作るだけであり，細胞，器官，ネットワーク，行動特性などを作るわけではない（→図3-1参照）。さらに非遺伝情報には，直接的な環境の影響（温度，栄養，社会的文脈など）と，動物に内在する種々の環境（システム，器官，生理的プロセス，細胞と核の環境）が含まれる。卵の細胞質に伝えられる非遺伝的母親要因でさえも，発生に影響を及ぼすことがありうる。

　他方，この相互作用が最も単純に現れる（つまり，遺伝子型とその外部環境の作用から，特定の表現型が生じる）と考えたとしても，結果はかなり多くなる。一卵性双生児の遺伝的同一性を別とすれば，動物は遺伝的にユニークな存在である。というのも，減数分裂の際に生じる対立遺伝子の組み合わせが独立しているからである。似たようなことが環境にも当てはまる。動物の環境を定めているのはその動物自身だという点まで考えると，環境もまたユニークだからである。さらに，遺伝子型と環境との相互作用によって，片方が一定に保たれた時でも，もう片方が変化すれば別の表現型が形成されることになる。

　行動の遺伝的基礎についての関心は，相補的な2つの異なる目的に基づいている。第1に近接要因という観点からすれば，遺伝子は個体の行動の発達に関する重要な情報を与える。第2に究極要因という観点からすれば，行動の遺伝的基礎が意味しているのはダーウィン（Darwin 1859）が

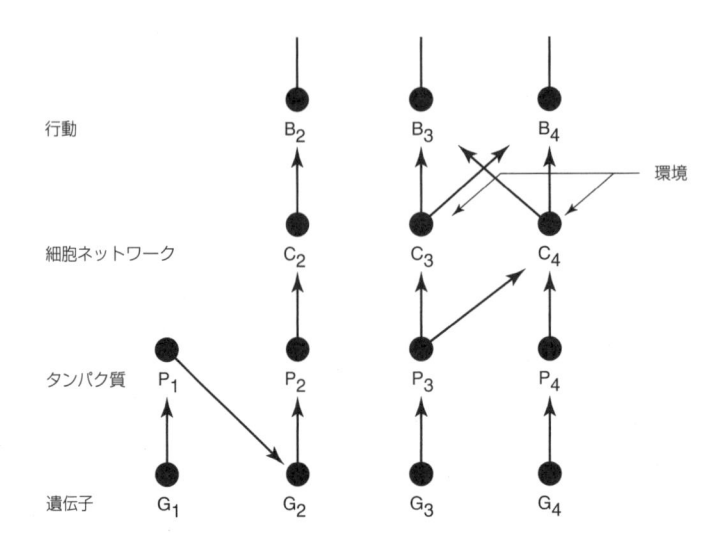

図3-1 遺伝子と行動の関係を図示したもの。ここに示した遺伝子はすべて，最終的には行動に影響するが，それは間接的方法に限られる。G_1 は調節遺伝子であり，その主たる作用は他の遺伝子の転写を調節することである。G_2 は遺伝子と行動との1：1の線形関係を示したものである。メンデル遺伝をする形質は，おそらくこれと同じ様式で働くだろう。G_3 と G_4 は，遺伝子対行動の多面発現（1：多数）あるいはポリジーン的関係（多数：1）を示している。かなりの単純化を承知の上で，非遺伝的要因をここでは環境という用語で表してある。

本能についての論考の中で考察したように，行動も進化の過程の結果だろうということである。ごく最近，少なくともいくつかのケースで，行動が進化の過程を開始させるということが明らかになりつつある。すなわち，動物を地理的隔離や新たな資源の利用へと駆り立てるのは，行動上の「決断」なのである。

では，比較的単純な遺伝をする，相対的に複雑な一連の行動を見ることから始めたい。

1. メンデル遺伝の行動遺伝学

1.a. ミツバチの衛生行動 ミツバチのコロニーには何万もの個体がおり，その複雑さは壮観である。ハチたちはさまざまな仕事を行なっている。それは，繁殖（コロニーの女王とドローンと呼ばれるオスにだけ与えられた特権）から，巣を作り，掃除し，さなぎを育て，コロニーを防御し，食物をさがすことにまで及んでいる。他の社会性昆虫（アリ，スズメバチ，シロアリ）と共に，ミツバチは社会行動の進化において頂点に位置している（→第5章，5.a., 124-126頁参照）。ここで問題となる行動は働きバチと呼ばれる不妊のメスが行なうもので，ミツバチの一部のコロニーで観察されるものである。あるコロニーでは，働きバチが巣の中にいる発生中の卵と幼虫を定期的にチェックし，死んだものを取り除く。巣のチェックには，巣のふたを開けて取ることも含まれる。したがってこういうコロニーでは，巣のふたを開けることと死んだ卵と幼虫とを取り除くという2種類の行動が観察される。死はバクテリアへの感染によって起こることが多いので，このような行動はコロニー内での感染の拡大を防ぐ。コロニーによっては，働きバチは巣のチェックもしないし，死んだ卵と幼虫の除去もしない。そのために，感染はコロニー内の隣の巣へと広がってしまう。

ローゼンビューラー（Rothenbuhler 1964）は，衛生的なミツバチの系統と非衛生的なミツバチの

系統の交雑実験の結果を報告した。交雑による5つのコロニー（F_1世代）は，明らかに衛生的行動を示さなかった。このことから，衛生的な行動をコントロールしている遺伝子は劣性であると結論づけられた。行動が**メンデル遺伝**に基づくのであれば，F_1のオスと衛生的な女王の戻し交雑は，関与する遺伝子の数によって，特定の表現型分布を示すはずである。F_1ドローンの精子細胞が，衛生的な近交系の女王を人工授精させるために用いられ，統制群の交雑として，F_1ドローンと非衛生的女王との戻し交雑の他に，近親交配した衛生的ハチと非衛生的ハチの交雑が行なわれた。

予測通り，統制群の交雑ではコロニー内で非衛生的行動が現れた。非衛生的女王への戻し交雑では7つのコロニーができたが，そのどれにも衛生的行動は認められなかった。衛生的女王への戻し交雑の結果は，きわめて明白であった。29のF_2コロニー中6コロニー（21%）が衛生的行動を示した。つまり，正常なやり方で巣のふたを開け，死んだ個体を取り除いた。それに反して，残りの23コロニーは衛生的行動を示さなかった。しかし，この非衛生的コロニーには興味深い差があった。非衛生的コロニー中9コロニー（31%）では，死んだ幼虫の入っている巣のふたが開けられたが，幼虫は取り除かれなかった。このことは，衛生的行動の中の1つだけ（ふたを開ける）が存在したことを示している。残りの14コロニーでは巣のふたを開けることはなかったが，実験者が開けてみると，もう1つの衛生的行動が現れるという驚くべき結果が得られた。14のコロニーの中6コロニー（21%）では，むき出しになった幼虫の死骸がすぐに巣から取り除かれたのである。しかし，残りの8コロニー（27%）では，むき出しになった幼虫の死骸は取り除かれなかった。得られた度数分布は，21:31:21:27となり，2つの対立遺伝子が存在する場合の典型的分布1:1:1:1に近い。メンデルの実験のように，「ふたを開ける」と「取り除く」は，それぞれが単一遺伝子の独立したコントロールを受けていると考えられる。

1. b. 次なるメンデル分析 衛生的な働きバチに見られるような比較的複雑な行動が，単一遺伝子によっているというのは意外である。すでに述べたように，ほとんどの行動はポリジーンのコントロールを受けているが，メンデル遺伝の行動遺伝学的法則を示す例は他にもいくつかある。マウス（*Mus musculus*）の回避行動のコントロールは，その興味深い例であり，これもまた交雑技術の精巧さを見るのに効果的である。

ランダム交雑されたマウスの回避行動の習得は，他の行動表現型と同様，かなりの変異性を示す。**能動的回避学習**は，通常は2つの区画からなるシャトル箱を用いて行なわれる。実験者が設定する場面は以下の通りである。ある刺激（例えば音）を片方の区画で提示し，動物が刺激の提示中で，かつ，ショックの開始前にもう片方の区画へと移動しなければ，数秒後に痛みをもたらす電気ショックが動物の足に与えられる。区画を移動することで，動物はショックを回避することができる。試行の50%以上という比較的高い水準で回避行動を習得する個体もいれば，試行の約10%でしか回避できない成績の悪い個体もいる。強い近親交配の結果として生じた回避学習能力の高いマウスや低いマウスの系統では，多くの対立遺伝子がホモ接合体になっていると推定される。このような近交系は，回避行動がメンデル遺伝に従うかどうかを決定するために用いることができる。

近交系間の交雑をすると，雑種第1代F_1ができる。さらに交雑すると，さまざまな組み合わせのF_2ができる。F_2を使った兄妹交配によって，多くの世代を重ねると，**リコンビナント近交系**を作ることができる。オリベリオら（Oliverio et al. 1973）は，回避学習成績の良い近交系マウス（BALB/c系）と悪い近交系マウス（C57BL系）を親集団としてこの方法を用い，7つのリコンビナント近交系を作った。F_{39}で，回避成績はほとんど両極に分かれ，3系統は親系統のBALB/cに似て回避成績が非常に高く，4系統は親系統のC57BLに似て非常に低かった。その中間を示すマウスがいないということが，単一遺伝子が行動の差をもたらしたことを示唆する。もし単一遺伝子が成績の高い親系統と低い親系統の行動の差を決めるのであれば，各リコンビナント近交系が2

つの対立遺伝子の1つを固定させる確率は，等しく0.5である。言い換えると，リコンビナント近交系の約半分が親集団のそれぞれに似ることになる。通常，リコンビナント近交系を使う方法では中間的な表現型が生み出される。このことは2つ以上の多くの遺伝子が当該の表現型に関与していることを示唆している。

2. 量的遺伝学

2.a. 人為選択 自然選択に関するダーウィンの見識は，ある類推を具体化するものである。**人為選択**という選択交配の過程を通してヒトが動物を家畜化し植物を栽培するのとちょうど同じように，自然条件下でもすべての生物で選択が起こると思われる。**自然選択**は，生存と繁殖成功に基づいた一連の基準に従って働くに違いない。行動の遺伝的基礎について現在わかっていることの多くは，人為選択の技術を使った実験から得られたものである。この技術は単純だが驚くほど強力である。

まず，ある形質を，無作為に交配された動物の親集団で測定する。多くの場合，その形質に関する得点の度数分布は正規分布に近づく（中間的な得点が最も多い）。そこで，高い得点を持つ個体同士を交配し，低い得点を持つ個体同士を交配し，雑種第1代を作る。F_1世代は表現型の分布に重なり合うところがあり，この重なり合いはその後数世代にわたって続く。各世代では，極端な表現型同士を選択的に交配する。このタイプの実験では，コントロール系（各世代から無作為に選んだ個体をペアにして交配する系）も作る。つまり，この手続きは，高い系統（H）と低い系統（L）を作る際に，選択交配以外の要因の寄与を取り除こうとするものである。コントロール系は，通常親集団の平均表現型値を保持している。選択交配は，このように方向性選択を伴うものである（→図2-9，44頁参照）。

選択交配に対して行動表現型の速い反応が見られることについては，多くの例がある。ルーベルトー（Roubertoux 1992）は，グッピー（*Poecilia reticulata*）のS字反応の有無について選択された系統のオスに，急速な変化を見出した。この反応は，オスの求愛ディスプレイの一部をなす行動である。高低の系は3世代以内で確立された。人為選択していないコントロール系はほとんど変化しなかった。しかしこのケースでは，行動変化のほとんどは低い系で得られたものである。後で検討するように，人為選択にほとんど反応せず比較的頻繁に生じる行動は，実験で用いた動物の祖先においてすでに強い自然選択を受けているという可能性がある。

人為選択の第2の例は，選択のための表現型を規定するうえでとるべき基準を示すのには有効である。ザヴィストウスキーとハーシュ（Zawistowski & Hirsch 1984）の実験では，アオバエ（*Phormia regina*）が古典的条件づけ事態での弁別成績の高低について選択された（→第13章，1.b.，377-379頁参照）。このような表現型は複雑である。というのは，弁別が意味するのは，報酬（S+）および無報酬（S-）それぞれと対にされた刺激への反応の分化だからである。このような分化した行動は，S+に対する高い反応のためか，S-に対する低い反応のためか，あるいはその両方によって生じるだろう。したがって，選択の基準にはこれらの可能性が明記されねばならない。彼らの実験では，あるハエには，塩化ナトリウム（N）溶液の後に吻の伸展反応が誘発される砂糖溶液が提示されたが，塩化カリウム（K）溶液は砂糖溶液とは対提示されなかった（N+/K-手続き）。別のハエには，対提示の条件を逆にK+/N-とした。刺激をカウンター・バランスするこの手続きは，選択交配が影響を及ぼすのが，特定の刺激を感じる能力ではなく，ハエの学習能力であることを保証するために必要である。条件づけは，各試行での砂糖溶液提示前に生じるS+への吻伸展反応で評価された。ハエにはS+を15試行，S-を15試行与え，最後の8試行を分

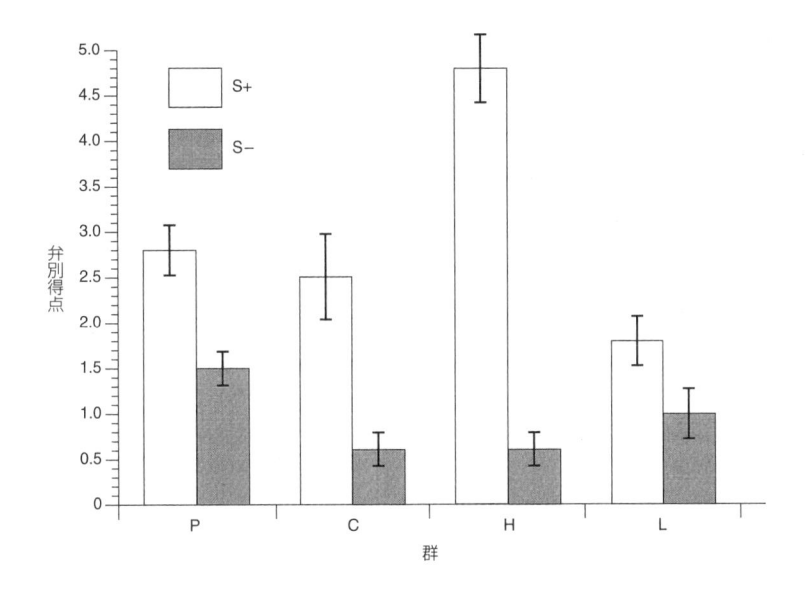

図3-2 ザヴィストウスキーとハーシュ（Zawistowski & Hirsch 1984）の実験でアオバエ（*Phormia regina*）の個体の弁別学習が，吻の伸展を指標として測定された。反応は，砂糖と対になった刺激S＋と対になっていない刺激S－の両方で記録された。訓練を受けたのは，親集団から抽出された群P，ランダム交雑のコントロールC，人為選択されたH系とL系の4群である。

析に用いた。高い系としては，S＋への反応が6から8，S－への反応が0から3のハエを用いた。S＋とS－の差は，4以上であった。対照的に，低い系としてはS＋あるいはS－へ1から3反応したハエを用いた。差は，－2から＋2の間であった。これらの基準を見ると，選択下での表現型がいかに複雑かがわかる。

F_{11}世代での結果を示したものが，図3-2である。ここでは，親集団（P）とランダム交雑のコントロール（C）の成績も示している。

双方向への方向性選択は，S＋へのハエの反応に特に強い効果を及ぼした。親集団とコントロールの両方と比較して，S＋への反応がH系で特に高くL系では低いことに注目してほしい。S＋からS－を引いた得点差についても，同様の結果が得られた。H系は親集団とコントロールの2つに比較して大きな差を示したのに対し，L系はコントロールよりも小さな差しか示さなかった。刺激への反応は，最初の訓練セッションの第1試行では実質上ゼロであったので（図には示していない），選択は，塩化ナトリウムと塩化カリウム溶液そのものへの無条件反応には影響しなかったと結論づけてよい。

選択交配反応が成功した例は，文献にも数多く見られる。表3-1は，この技術が動物の系統において行動変化を生み出すのにどれほど有効かを示している。

2.b．遺伝率 人為選択技術の成功によって，行動特性にはかなりの遺伝的変異性が存在するということがわかる。子世代が人為選択に反応する速さと範囲を知ることによって，ある形質が遺伝する程度を推定することができる。しかし注意してほしいのは，遺伝率は母集団の表現型値の分布に当てはまるものであって，1個体を見た場合，特定の形質のどのくらいが遺伝要因によって説明されるかということではない。極端な場合には，単一遺伝子に規定されるきわめて遺伝的な形質は，人為選択に速く強く反応するだろう。対照的に，遺伝率ゼロの表現型は，選択交配で世代を重ねてもいかなる変化も示さないはずである。この両極の間で遺伝率は連続的に変化し，世代変化の率も

表3-1 人為選択に反応するさまざまな形質

表現型	種
相対的な脳の大きさ	マウス
聴原発作	マウス
走地性，走光性	ショウジョウバエ
強直性静止	ウズラ
探索行動，活動水準	ショウジョウバエ，マウス
配偶行動	ショウジョウバエ，ウズラ，ニワトリ
巣作り	マウス
攻撃行動	トゲウオ，マウス
アルコール摂取への感受性	マウス
完了行動の対比におけるフラストレーション	ラット
食餌条件づけ	ショウジョウバエ，ミツバチ
回避学習	マウス，ラット
迷路学習での成績	ラット

中間的となる。このことが意味するのは，行動表現型がポリジーンのコントロール下にあるということである。

 2つの連続世代間で表現型が変化する場合，それは2つの要因の関数である。第1の要因は，親集団全体の表現型平均と近親交配して選択された下位集団の表現型平均との差である。この変数を**選択差**またはSと呼び，選択された表現型値が親集団と比較してどの程度離れているかを示すものである。第2の要因は，子世代の平均と親世代の平均との差である。この変数を**遺伝獲得量**またはGと呼び，選択交配に対する表現型の反応を示すものである。$G=0$の時，遺伝率も0となる。これはもちろん，その特性がほとんどあるいはまったく遺伝的基礎を持たないということである。$G=S$の時，遺伝率は1となる。これは，表現型が強い遺伝成分を持っていることを意味している。それゆえ，遺伝率（h^2）はGに比例し，Sに反比例する。すなわち，

$$h^2 = \frac{G}{S}$$

 遺伝率は選択交配の数世代後に推定されることが多く，このような場合，それを**実現遺伝率**と呼ぶ。実現遺伝率は，親集団の中である形質が遺伝する絶対的値を反映しているのではなく，むしろ，ある初期値が与えられる時，その形質が選択交配にどれだけよく反応するかを反映するものである。したがって，同じ形質でも，もとの分布によって異なるh^2となりうる。表に示したような人為選択への反応が良い形質では，0.40に等しいかあるいはそれよりも大きい実現遺伝率の値がよく見られる。

2．c．人為選択の限界 すでに指摘したように，選択交配実験では比較的急速な選択反応が典型的に生じる。しかし，この手法には重要な限界がある。選択交配をしても，明確に定義された行動がそれに反応しないようなケースがあるからである。グッピー（Roubertoux 1992）の求愛行動の成分について選択した前述の例では，選択は，オスのS字反応を効果的かつ急速に変えたが，オスがメスと口をつきあわせている間にオスがひれを広げ身体を曲げる行動（いわゆる交尾ひれを揺らす行動）など求愛行動の他の成分にはまったく有効ではなかった。これらの行動が選択交配に対して異なる反応をするということは，それらの遺伝的基礎と発達が異なるということを意味する。しかし，この種の否定的結果の解釈は困難である。おそらく，もっと世代を重ねれば行動は選択に反応するのだろう。つまり，その行動はおそらく多くの異なる遺伝子に規定されているために，人為選択には緩やかに反応するということである。

 以下に述べる人為選択の第2の限界は，選択交配下での行動パターンの進展について大きな示唆を与えてくれる。高低の系では選択反応が容易に現れるのがふつうだが，選択交配への反応が1つの系にしか見られない場合もある。例えば，嗅覚嫌悪条件づけに関してHとLの両方向へキイロショウジョウバエ（*Drosophila melanogaster*）を

選択すると，L系は有意な選択反応を示したが，H系では選択反応が見られなかった。その結果は，図3-3（Hewitt et al. 1983）を見れば理解できる。選択についてのこの**指向性優性**は，嗅覚条件づけの有効性を高めるのに必要な遺伝的変異が欠けているためだと解釈できる。遺伝的変異性を減少させる要因の1つは自然選択だから，H系の選択反応を高めることに失敗したことは，この行動形質がすでに強い選択圧のもとにあったことを示している。それゆえ，人為選択は，実験条件にさらされている動物の祖先を考えた時，どの行動が正の強い自然選択下にあったのかを明らかにする助けとなるかもしれない。

ヒューイットら（Hewitt et al. 1983）が報告した選択交配実験では，さらに興味深い結果が得られた。H系は選択に反応しないだけでなく，実際に**近交弱勢**を示した。すなわち，条件づけの得点は10世代にわたって徐々に減少した。さらに，H系とL系の交雑による雑種世代は，H系よりも条件づけの得点が良かった。このような親世代の値への回帰を，**雑種強勢**または**ヘテローシス**と呼ぶ。近交弱勢と雑種強勢は，1つのコインの表と裏である。両者とも，選択下の形質の遺伝的構成には優性の対立遺伝子が含まれていることを意味する。近親交配（兄弟と姉妹，あるいは従兄弟・従姉妹のような血縁関係の近い個体間の交雑）は，世代を重ねると劣性の有害遺伝子をホモ接合体にし，表現型値の抑制を引き起こす。ヘテロ接合体は雑種で再び作られ，劣性対立遺伝子の効果を優性対立遺伝子が隠してしまう。このようなマスキングが表現型得点を高める。

人為選択の第3の問題は，妥当性の問題である。特定の形質を選択するとH系とL系で有意に異なる反応が得られるが，さらに分析すると，その形質は当初想定していたものではないという場合がある。ある古典的な実験がこの問題を例証している。トライオン（Tryon 1934）は，ラットの集団に複雑な迷路課題を課し，課題解決までに各個体が犯したエラー数を測定した。エラーは，行き止まりの迷路1つに動物が入るたびに1回と数えた。親集団の平均エラー数は約14であった。そして，トライオンはエラー数の少ない個体同士の近親交配を行ない，これを"頭の良い系"と名づけ，エラー数の多い個体同士の近親交配については"頭の悪い系"と名づけた。わずか数世代後に，トライオンは頭の良いラットと悪いラットが出てくるのを観察し，F_{20}までには両系の値が重なり合うことはなくなった。頭の良い系は迷

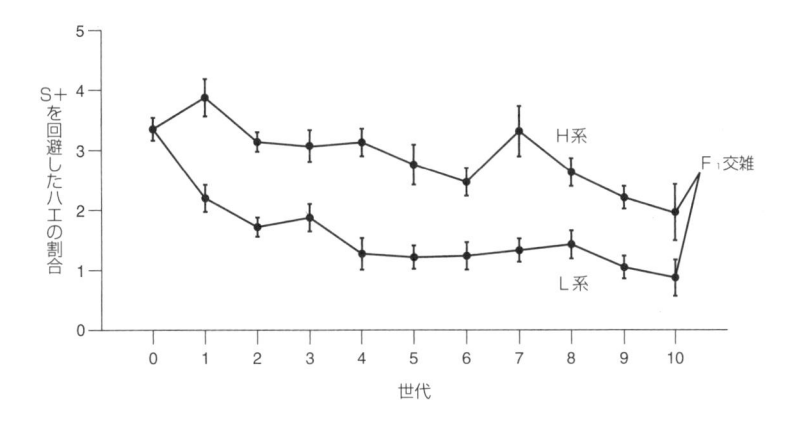

図3-3 キイロショウジョウバエ *Drosophila melanogaster* を用い，電気ショックとにおいを対にしてにおい回避を2方向へ10世代選択したもの（Hewitt et al. 1983）。L系の選択反応は良いが，H系には選択反応が見られず，実際には近交弱勢を示した（得点が世代間で減少した）ことに注意してほしい。人為選択に対するH系とL系の反応の違いは，**指向性優性**と呼ばれる。最後のポイントは，H系とL系の交雑による雑種の値を示す。この雑種に見られる回復は，近交弱勢が有害な劣性対立遺伝子の蓄積によって引き起こされたことを示唆している。

路を解決するのに平均で約9のエラーを示したが，頭の悪い系はその2倍のエラーを示した。もしトライオンが実際に知能の高低を選択したのであれば，他の学習課題でも遂行の良さと悪さが見られるべきだろう。なぜなら，このような能力は元々の訓練状況の枠を越えて一般化されるはずだからである。続いて両系のラットを用いた実験の結果，他の課題（例えば嫌悪条件づけ）では，頭の悪いラットの方が良いラットよりも成績が良かった（Searle 1949）。この選択の基準は，当然のこととして学習能力の1つの測度だと考えられていたが，実は**情動性**とでも呼ばれるものが違ったために両系は分かれたのである。頭の悪いラットは必ずしも学習能力が劣ったわけではなく，より情動的であり，動揺しやすかったのである。高い情動性は，食物で強化される迷路課題での遂行を損なわせたが，嫌悪的な動機づけ課題の習得を促進した。この問題は，後の2.e.で詳述する。

　人為選択実験の第4の問題は，数世代後に選択圧を緩和した場合の結果に関係するものである。人為的な交配をするとH系とL系へ急速に選択が進むが，選択交配を中止して自由交配を行なうと，得点は一般に親世代の平均値へと戻っていく。これを**遺伝的恒常性**と呼ぶ。これは，系統は急速に分かれるかもしれないが，選択交配が安定した新たな表現型という結果を常にもたらすわけではないということを反映している。ドブジャンスキー（Dobzhansky 1970）によれば，どんな母集団においても存在する対立遺伝子は，自然選択が過去に働いたために互いに**共適応**している。つまり，人為選択はこの平衡状態を妨害するが，それはほんの部分的なものにすぎない。結果的に，選択圧がゆるむと表現型はもとの値へと戻っていく。人為選択によって作られた系は，表現型の変化が世代にわたって生じるという意味では進化したといえるかもしれないが，それは新たな種が作られるという意味ではない。しかし，いくつかの人為選択実験は，選択圧を緩和しても親世代の表現型値へは戻らない，安定した系に発展することを示している。これは，人為選択が遺伝子の新たな共適応を引き起こすという可能性を示唆している。

2.d. 実験室での種分化？　人為選択の手続きは，あたかも拡大鏡のように働く。つまり，実験室の中ではいくつもの競合する選択圧を最小限にすることができるし，交配期間を注意深く計画することで選択交配の力を集中できるという意味である。自然条件下では，正味の適応度は多くの要因に依存し，繁殖成功を強めるものもあれば弱めるものもある。実験室という有利な条件下でも，実質的で安定した遺伝的変化を観察するためには，長期にわたる選択交配を行なう必要がある。このような実験はいくつも報告されてきたが，比較心理学者にとっては，行動特性に基づいて選択が行なわれる場合が特に興味深い。ハーシュと彼の共同研究者は，キイロショウジョウバエ（$D.\ melanogaster$）の**走地性**に関してH系とL系の選択を行ない，前述の結果を得た。彼らは，上下に方向を変えて移動できるような迷路の中にキイロショウジョウバエを入れた。高い管に集まるハエは選択点で上に向かい，負の走地性を示す。これに対し，低い管に集まるハエは，床の方へと動く傾向があるから正の走地性を示す。迷路の出口でハエは管に集まるので，その管に走地性の得点を与える。実際の実験では，得点は0（すべて床へ向かう）と16（重力に反して15回上へ行く）の間の値をとった。数百匹のハエをこの迷路に24時間放置し，ゴールの管の中に集めたのである（Ricker & Hirsch 1985）。

　この実験は，1957年に野生のハエのストック2つと実験室のストック1つで始まった。親集団は，走地性尺度の平均得点が6から7であった。明瞭だが漸進的な走地性の変化が最初の100世代で観察され，それ以後，特に選択圧を緩和した短い期間に得点はかなり変動した（というのは教育の目的のためだけに，選択圧を緩和して何年間もこのハエ集団を維持していた）。1983年までには550世代を数え，H系とL系の得点はそれぞれ約14と1へと大きく離れた。F_{415}から始まる次の26世代で選択圧を緩和したが，驚くことにどちらの系の値も元の親集団へ戻ることはなかった。走地性のレベルの安定が示していることは，正と負の走地性をコントロールしている遺伝子群が固まりとなって結びついたということである。

このような遺伝子群の共適応は，高い適応度と結びついた遺伝子の集積を意味している。これは，長期に及んだ人為選択の結果なのかもしれない。実際，同様のプロセスが種分化，すなわち自然集団での方向性選択による新たな種の進化の原因となっているのだろう（→第6章，4.b.，164-166頁参照）。

H系とL系が新たな安定的表現型のレベルに達したという仮説の検証法の1つは，対抗選択と選択圧の緩和に基づいている。もしH系とL系が中間の得点へと選択され，子世代の集団の選択圧が緩和されたなら，その結果，動物の走地性得点は中間の値へと戻っていくのだろうか，それとも新たなH系L系のレベルへと変化するのだろうか。リッカーとハーシュ（Ricker & Hirsch 1988）は，このような逆方向への選択と数世代にわたる選択圧の緩和についての実験を報告した。この結果を示したものが図3-4である。選択圧の緩和は，H系については一貫した結果とはならなかった。この系は，高い得点へ戻る場合もあれば，中間の得点へと変化する場合もあった。しかしL系では，中間の得点への対抗選択の後，新たな表現型レベルへの変化が明らかであった。この結果は，L系の表現型が新たな恒常性レベルに達したことを示すものである。

この証拠は，種分化が実験室で観察されたと結論するに十分なのだろうか？選択交配が世代を重ねてある種の変化を表現型に引き起こし，しかもそれが安定したように見えるということは明らかだが，新たな種の進化にとって最も重要な特徴は（1つの種内での変種あるいは系統の進展とは異なるので），新しい集団が**生殖隔離**されるということである。新たに形成された集団間の遺伝子流動が大幅に減少したり完全に除かれれば，遺伝的変化は安定したものとなり，分岐の道筋へと向かっていくだろう。そしてその集団への局所的な選択圧が働き始め，隔離は世代から世代へと強められる。

ロフダールら（Lofdahl et al. 1992）は，走地性に関するH系とL系の生殖隔離の分析を最初に

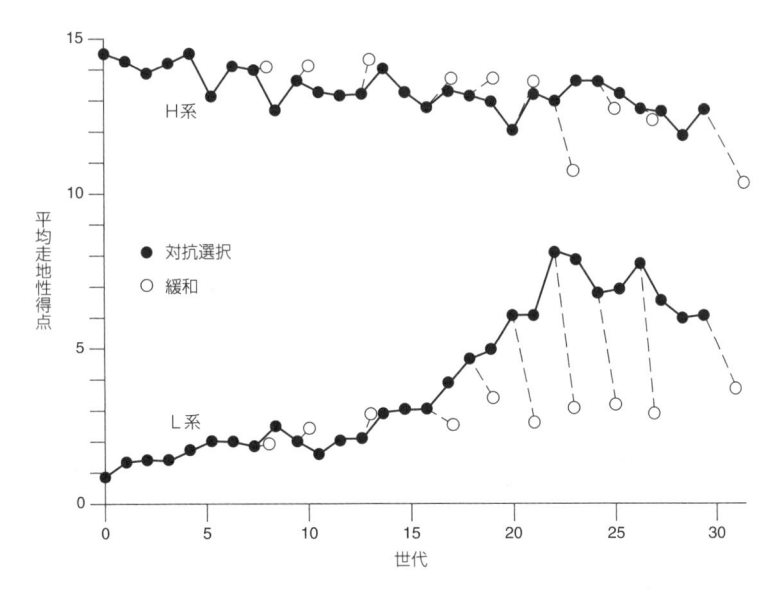

図3-4 **負と正の走地性に関して長期間選択されたキイロショウジョウバエ**（*Drosophila melanogaster*）**のH系とL系に，逆の選択圧がかけられた**（Ricker & Hirsch 1988）。定期的に，自由な交尾を許して選択圧を緩和した。L系の得点は，親集団のような中間的な走地性水準に回帰するというより，新たなレベルへと変化する傾向を示した。H系の結果は，L系よりもあいまいであった。新たな行動レベルへの変化は，先に行なった人為選択が新たな遺伝子共適応の進化へ帰着したことを示している。

図3-5 正と負の走地性について選択が進んだ Drosophila melanogaster の系間での部分生殖隔離（Lofdahl et al. 1992）。選好率50%の横線はランダム交雑を示す。アルコール脱水素酵素への反応について選択されたAdhの速い系統と遅い系統の間の雌雄交雑および野生系（WT）のChampaignとOregon-R系統は，ランダム交雑である。走地性について選択されたH系とL系間の雌雄交雑は，左の2本のバーからわかるように，同系統の個体と好んで交尾するという偏った傾向を部分的だが有意に示した。

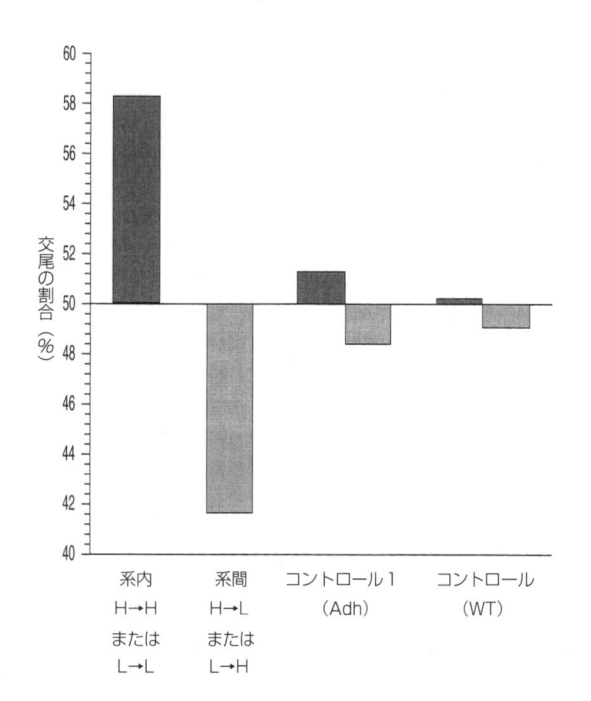

報告し，それをショウジョウバエのコントロール系内での交配と比較した。その交配テストでは，H系とL系の雌雄を1本のビンの中に入れ，交配のために一定期間一緒に飼育した。ハエにはマークをつけ，交尾の選好は直接観察で測定した。図3-5は，種々のテスト手続きで実施された多くの実験結果を要約したものである。選択交配が，部分的だがかなりの程度見られた。つまり，雌雄は系間よりも系内で交尾するような選好を示した。比較のために，野生系（WT）とAdh系のコントロール間の交尾の選好を測定し，これによってテスト手続きが1つの交雑のタイプに偏ってはいないことを示した。このように，ショウジョウバエのH系とL系に関する人為選択は，安定した表現型と部分的な生殖隔離へと帰着した。その結果は，初期の種分化に関する証拠を提供すると解釈できるだろう。

2. e. 嫌悪的に動機づけられた行動の遺伝学

嫌悪的に動機づけられた行動は，人為選択の手続きによって最も影響されやすいものの1つである。そして，広範囲にわたる人為選択手続きの結果を理解する方法として興味深いデータを与えてくれるが，それ自身としても興味深いものである。

前にリコンビナント近交系に関連して，マウス（*Mus musculus*）におけるH系とL系の能動的回避課題の遂行に関する選択の効果を考察した。能動的回避課題では，足へのショックを避けるため，動物は警告刺激（光や音）の提示中に明確な反応（一方の区画からもう一方へと移動する）を行なわねばならない。この課題では，H系とL系を，回避反応率の高い系と低い系としている。また，回避学習は2つの分離可能なプロセスから成る。すなわち，ショックを予告する警告信号に反応した恐怖の習得と，恐怖状態を取り除く反応の習得である（→第13章，3.d.，398-401頁参照）。

人為選択は，形の上では反応の習得に基づいて行なわれるが，恐怖の習得と反応の習得との関係によっては，選択のプロセスが意図とは異なる効果を持つことがある。さらに，効率的な能動的回避遂行は，学習のメカニズムに直接関係しない文脈変数（感覚-知覚，動機づけ，運動などの変数）と呼ばれるその他多くのプロセスに依存しているかもしれない。この場合，文脈変数の例には，痛覚の閾値と一般的活動性のレベルが含まれる。効率的に能動的回避を行なう動物は，ショックが引き起こす痛みに特に敏感な動物であるか，あるい

は単によく動き回る動物であるかもしれない。いったい回避学習プロセスのどの部分が，人為選択によって実際に影響されるのだろうか？

能動的回避の習得が悪いからといって，必ずしも一般に回避学習能力が低いわけではないということを示唆する証拠がある。例えば，能動的回避課題での成績が良い近交系マウス，いわゆるDBA系は，受動的回避学習での成績が非常に悪い（Iso & Shimai 1991）。**受動的回避課題**では，以前にショックを受けたことのある区画には入らないことが要求される。事実，オープンフィールド装置の中に入れられたDBAマウスは，比較的高い移動活動性を示す（Kvist 1984）。したがって，能動的回避学習を高めるための人為選択は，活動性の一般的レベルに影響することでその目的が達成されると考えられる。その課題には活発な行動が必要だという理由で，能動的課題の学習では良い成績をとるマウスが，同じ理由で，行動を抑制する能力に大きく依存する受動的回避課題の習得では悪い成績をとる。

また別の長期的研究では，H系とL系のラット（*Rattus norvegicus*）を能動的回避課題の成績に基づいて選択した（Brush et al. 1979）。得られた系統は，シラキュース高回避系（SHA）とシラキュース低回避系（SLA）として知られている。選択の基準には2つの特徴があった。第1の基準は，ショックを受けない一連の前訓練試行で，すべてのラットは警告信号（音+光の複合刺激）に対して短い潜時の反応を示さなければならなかった。マウスについて以前に論じたように，系統間の活動性に差が出ないように5秒以内の潜時が基準とされた。第2の基準は，ラットの能動的回避の成績が，60試行のうち良いか悪いかであった。60試行のうち，SHAラットは雌雄にかかわらず約70％のショック回避を示したが，SLAラットは5％以下であった。例によって系統差は速やかに現れた。つまり，はっきりした行動的効果はF_{12}から観察された。これに続いて，選択のプロトコルの結果をさらに理解するために，いくつかの研究が計画された。

例えばブラッシュら（Brush et al. 1985）は，SHAとSLAのラットが多くの文脈変数について違いは見出されなかった。系統差が認められないのは，試行間反応の頻度（バックグラウンドの活動レベルが同じであることを示す），ショックの逃避潜時（電気ショックについての閾値が同じであることを示す），警告信号への反応潜時（単に最初の選択基準を反映する）であった。ショックへの感受性は，驚愕反応を引き起こすような大きな音を与える直前にラットの尾へ電流を加えることによって，別個にテストされた。尾へのショックは驚愕反射を抑制したが，もちろんそれはショックが動物に感知された時だけのことである。この手続きによって，ショックの絶対知覚閾はSHA系で57.5μA，SLA系で65.0μAだと分かったが，差は有意ではなかった。両系統の動物は，オープンフィールド装置での一般的移動活動性でも違いはなかった。しかし，2つの興味ある結果が一連の実験で見出された。第1の結果は，オープンフィールドでの情動性の指標の1つに有意差があることであり，SLAラットはSHAラットよりも脱糞が多かった。第2の結果は否定的なものであり，食物で強化される一連の視覚的弁別の習得では差は認められなかった。以上のことを合わせて考えると，HとLの能動的回避に関する人為選択は，動物の一般的学習能力ではなく一般的情動性（文脈変数）に影響することでその結果をもたらした可能性がある。

SLAラットの情動性レベルが高いことから，能動的回避以外の嫌悪学習課題ではSLAはSHAよりも実際には成績が良いかもしれないということが示唆される。その後の研究では，学習能力に興味深い逆転が認められた。SLAラットは，以下の課題でSHAラットよりも成績が良かったのである。(1)ショックが引き起こす**条件性抑制**。この実験状況は受動的回避訓練に似ている。(2)**風味嫌悪**。ここでは，サッカリン+アーモンドの複合刺激が，強い胃腸の病気を起こす毒物である塩化リチウムと対にされた。(3)**負の継時的対比効果**。4％のサッカロース溶液は，より甘い32％溶液を経験した後では摂取されなかった（Brush et al. 1988; Flaherty & Rowan 1991; von Kluge & Brush 1992）。3つの状況のすべてで，学習はある種の行動抑制となる。それらは，条件性抑制で見られ

る移動やバー押し，あるいは風味嫌悪や負の対比効果で見られる液体摂取である．その課題の嫌悪性が，電気ショックや胃腸の病気などによるのか，そうではなく甘い溶液のような期待される欲求事象の除去からくるのかは重要ではないようである．

本節で概観している研究とその他の同様の系統の研究は，いくつかの学習課題での遂行が種々のメカニズムを介して遺伝子によって影響されるという証拠を提供している．選択基準をはっきりと学習の直接的指標に定めた時でさえ，結果として得られる世代間の行動変化は，学習過程に及ぼす遺伝情報の直接的影響を通してというよりも，一般的活動レベルあるいは情動性のような文脈変数の変化で説明される．

3. 行動ミュータント

いくつかの行動がメンデル遺伝の基礎を持つという事実が示唆するのは，比較的明確な形で行動に影響する点突然変異を見つけることができるということである．突然変異は「自然発生的に」生じるか，あるいは薬物，X線，胚細胞へ突然変異誘発要因を与えることで引き起こすことができる．突然変異の系は，ショウジョウバエ，マウスなど，遺伝研究用に作られた動物モデルでかなり研究されている．そこで，突然変異に起因する行動異常の存在を決定するため，行動のスクリーニングが用いられる．ミュータントであると推定される個体を検出する前には，何百という動物を行動テストにかけねばならない．次に，その突然変異についてホモ接合体となる動物を数多く得るためのプロトコルに従って，交配が行なわれる．

ミュータントと推定される個体1匹を野生型の個体1匹と交雑すると，F_1ではすべての個体がヘテロ接合体となる．このヘテロ接合体のミュータント同士を交雑すると，F_2ではホモ接合体の動物が25％得られる．ホモ接合体のミュータントをさらに近親交配すると，詳細な研究を可能とする行動ミュータントの集団が1つできあがる．このような手続きが，概日リズムと学習の遺伝を明らかにするために用いられてきた．

3. a． 概日リズムの遺伝学　多くの生物の活動は，バクテリアから動植物に至るまで，1年，1月，あるいは1日の周期と同調した時間的規則性を示す．**概日リズム**は約24時間の周期であり，地球が地軸を中心に回転することによって生じる環境の生理的・生活的状況の変化に対して，生物を同期させる．概日リズムの研究は，最近では行動の基本的メカニズムを明らかにする分子レベルでの分析段階に入っている．事実，リズム性に関与する分子的機構にはきわめて普遍的なものがあり，らん藻類，菌類，ショウジョウバエ，マウスのようなかなり系統発生的に遠い生物の間でも共有されているようである（Hall 1995）．したがって，この研究には究極要因と近接要因を追求するという意味がある．

概日リズムのミュータントはキイロショウジョウバエ（*Drosophila melanogaster*）で単離されており，少なくとも2つの遺伝子 *period*（*per*）と *timeless*（*tim*）が周期的活動の調節に関与している（Dunlap 1996）．*tim* については対立遺伝子が7つまで分かっているので，この特性については遺伝的変異性の推定値が得られる．これらの遺伝子は，ショウジョウバエの中枢神経系にあるニューロン内プロセスの負のフィードバック・ループに従って，自分自身を調節する．これらの遺伝子が作るタンパク質を，PERとTIMと名づけている．PERは細胞内で合成され，細胞外のプロセスにも影響し，ついには行動レベルでの活動性を調節することになる．この概日リズムのメカニズムの概略を，図3-6に示した．*per* と *tim* 遺伝子の転写は夕方にピークに達するが，夜の早い時間にならなければ，TIMを十分に蓄積して細胞質内でのPERレベルを上昇させることができない．光は，個眼（昆虫の複眼の構成要素）の中にある光受容器で感知され，一連の影響を受けてTIMの急速な代謝回転が起こる．例えば，恒常明条件下ではTIMは蓄積されず，結果的に

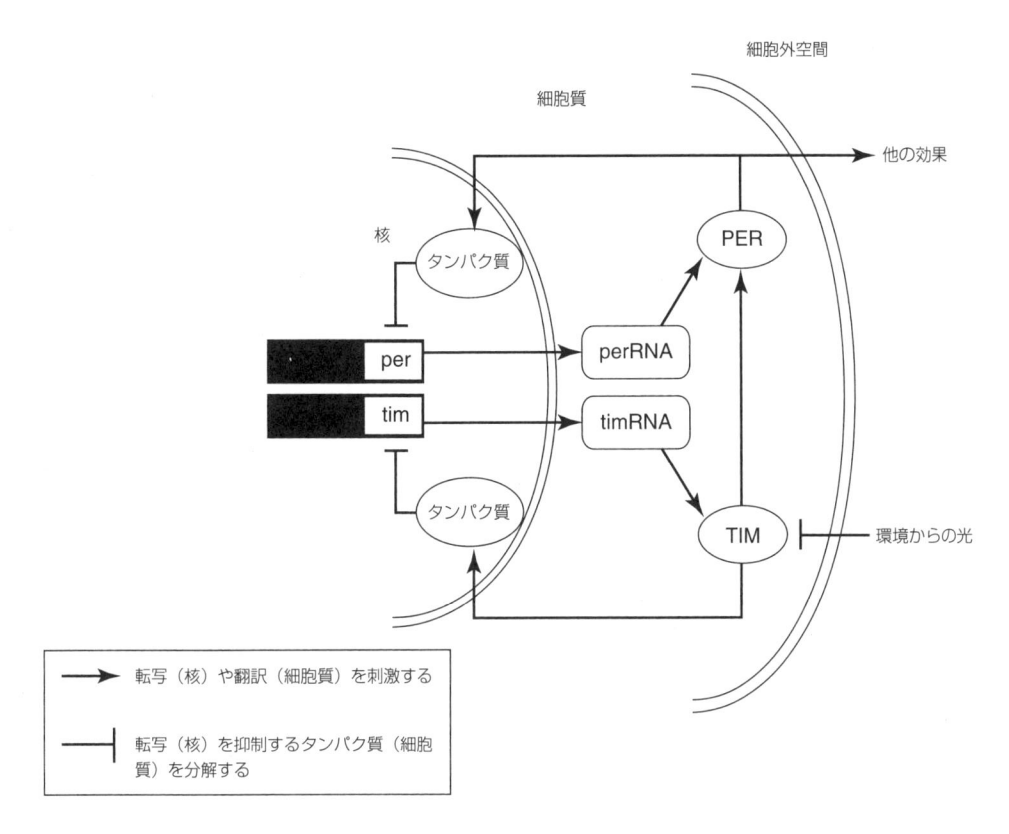

図 3-6　ダンラップ（Dunlap 1996）の提唱した細胞の概日時計を示したもの。2 つの遺伝子，*per* と *tim*，それから翻訳されるタンパク質，PER と TIM，がペースメーカーに関与している。TIM は PER を調節し，同時に外からの光によって調節されて，遺伝子の転写を止める。PER は，最終的には概日行動リズムにつながるという別の働きも持っている。このシステムは，哺乳類ではもっと複雑である。3 つの異なる *per* 遺伝子を含むいくつかの遺伝子が発現し，そのタンパク質は視交叉上核という視床下部のニューロン内で相互作用するフィードバック・ループをいくつか生じさせる（Shearman et al. 2000）。

PER のレベルは高くならない。つまり，ハエはこのような条件下では周期的行動を示さない。

同様のメカニズムが，哺乳類の概日リズムをコントロールしている。例えば *clock* 遺伝子は，突然変異誘発物質 N-ethyl-N-nitrosourea で処理されたマウスの研究で単離されている（Vitaterna et al. 1994）。突然変異 *clock* をヘテロ接合で持つマウスは 24 時間より少し長い周期を示し，恒常暗で飼育されると活動周期の位相が緩やかにずれてくる。おもしろいことに，*clock* のホモ接合体ミュータントは恒常暗に変えるまではふつうほとんど正常な周期を示すが，恒常暗の条件下では最初約 28 時間周期を示す。その後，概日リズムは崩壊し，短い活動期がランダムに分布するようになる。

3. b. 学習ミュータント　ミュータント動物のスクリーニングは，**学習ミュータント**を明らかにするためにも使われている。しかし，学習現象の本質そのものがこのアプローチを複雑にしている。まず第 1 に，学習過程にはいくつかの区別可能な段階が関与している。それは，習得，貯蔵，検索，そして経験の結果として獲得された情報の行動としての表出である。他の段階は比較的正常なままで，突然変異がこれらの段階の 1 つだけに影響するいうこともありうるが，そのような結果はめったに起こらない。分子レベルでは，下位プロセスのいくつかが学習の各段階を通じて共有さ

れているかもしれない。例えば，同じ代謝経路が，習得と検索プロセスに関わっているかもしれない。つまり，このような経路に関係した重要な酵素に影響する突然変異が，学習の2つの段階を妨害するかもしれないのである。

第2に，学習現象は，きわめて種々さまざまである。例えばショウジョウバエは，においとショックの対提示後そのにおいを避けたり，サッカロース溶液と対にされた刺激に対して吻をのばしたり，あるいは熱源を避けるために姿勢を変化させるというような条件づけができる（Dudai 1988）。例えば，習得に影響する学習突然変異は，すべての課題の中で習得だけを妨害するというのが理想的であるが，そういう結果は一般には観察されない。

第3に，学習課題の成績は，学習のみに関係する要因に加えて，種々の文脈要因にも影響される。ある突然変異が，刺激を感じる能力（感覚欠損）や行動をコントロールする能力（運動欠損）に影響を及ぼすことはありうる。その結果として，突然変異が学習プロセスのある面を妨害するような印象を与えるかもしれない。同様の問題には，以前にマウスとラットを用いた学習の遺伝分析でも遭遇した。この問題は，課題の重要な要素を動物に提示する順序を変えるという適切な行動統制条件を組み込むことによって解決できる（Mihalek et al. 1997）。連合学習は，2つの事象をそれぞれ別個に経験するのではなく，2つの事象の対を経験する結果として生じるはずのものである（→第13章，4.c., 410-412頁参照）。

ショウジョウバエを用いた研究によって，*rutabaga* (*rut*), *dunce* (*dnc*), *amnesiac* (*amn*) などの系が作られた。これらは，全部ではなく学習過程のいくつかに影響する遺伝子突然変異を持つものと考えられている（Dudai 1988）。しかし詳細に行動を分析してみると，上述のような問題がいくつか認められた。例えば，*dnc* ミュータントは食餌性条件づけと嫌悪条件づけは正常だが，忘却が正常なものよりも速い。これは，*dnc* 突然変異が貯蔵プロセスに関与することを示唆しているのかもしれないが，*dnc* ミュータントはまた別の嗅覚条件づけ課題で習得に欠損を示す（Tully & Quinn 1985）。さらに複雑なことに，*dnc* ミュータントは熱回避課題では正常な忘却を示す（Mariath 1985）。

それでも，おそらく学習ミュータントから学ぶべき有用なものがある。ショウジョウバエで見られる突然変異のいくつかは，**環状アデノシン一リン酸**（cAMP）代謝経路に関与するタンパク質をコードする遺伝子に影響を及ぼす。cAMPは，それが細胞内で機能するのでセカンド・メッセンジャーと呼ばれる（神経伝達物質はファースト・メッセンジャーであり，ニューロン間で機能する）。cAMP経路は，行動訓練中に生じるような，急速な刺激を受けるニューロンで活性化される。図3-7に示したように，細胞質内のcAMPが増加した結果，cAMP依存的な酵素が細胞核内に入り，そこで特定の遺伝子を転写するタンパク質と結合する。その結果生じるタンパク質は，おそらくシナプス後膜にある神経伝達物質の受容体密度を変化させることによって，長期にわたってシナプスの有効性を変化させるものと考えられている（Nestler & Greengard 1994）。アメフラシ（*Aplysia californica*）から脊椎動物までの進化的に離れた種においても，cAMPが学習の重要な構成要素となっているというのは，非常に興味深い（Cedar et al. 1972; Huang & Kandel 1994）。これは，学習過程の基礎となる少なくともいくつかの細胞-分子レベルの要素が，さまざまな種にわたって共通していることを示すものである（→第13章，4.c., 410-412頁参照）。

学習ミュータントはまた，センチュウ（*Caenorhabditis elegans*）でも作られている。これは，遺伝研究ではよく普及している動物モデルである。突然変異誘発物質 ethylmethanesulfonate に暴露されたセンチュウを行動でスクリーニングし，学習欠損を示すものを選択交配する。学習ミュータント系の選択は，センチュウ（*C. elegans*）が雌雄同体だという事実によって促進される。ウェンら（Wen et al. 1997）は，2つの異なる突然変異，*lrn-1* と *lrn-2*，を同定した。これは，連合学習の種々の課題に影響するが，感覚機能と運動機能は損なわないようである。典型的な条件づけ課題では，食物剥奪を受けたセンチュウを板の上に乗せ

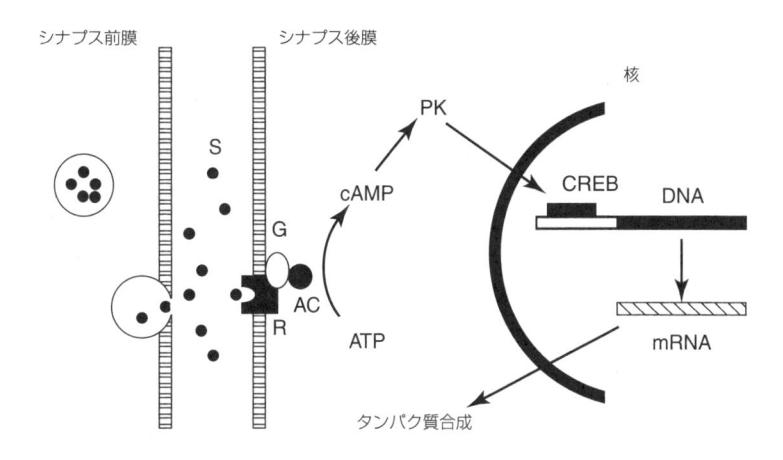

図 3-7 cAMP の転写機能。シナプス前ニューロンから放出される神経伝達物質セロトニン（S）は、G タンパク質とアデニル酸シクラーゼ（AC）を含む受容体（R）複合体を活性化する。AC は、ATP を cAMP へと変え、cAMP はプロテインキナーゼ（PK）のレベルを活性化する。この酵素は細胞核内に入り、そこで cAMP 応答配列結合タンパク質（CREB）に付着する。CREB は、特定の遺伝子のプロモーターに結合し、遺伝子の転写に影響を与える（増加あるいは減少させる）。作られたタンパク質は、後シナプスニューロンの構造的、機能的特性を変化させ、結果的にセロトニンへの応答性を高める（Nestler & Greengard 1994 より一部改変）。

る。そこに、ナトリウムイオン溶液（信号）とバクテリアの層（強化子）を一様に広げる（S＋試行）。別の試行では、同じセンチュウを塩化物イオン溶液だけが塗られた板の上に乗せる（S－試行）。センチュウは、塩化物イオン溶液ではなくナトリウムイオンの刺激がある場合にだけバクテリアを食べられる。テストセッションでは、動物を新しい板の中央に移す。板の一方の端に向かうほどナトリウムイオンが高濃度に、もう一方の端に向かうほど塩化物イオンが高濃度になるようにしてある。テスト試行で、もし動物がS－から離れS＋へ動けば、学習の証拠となる。野生型のセンチュウは、個体訓練あるいはグループ訓練の後でもテストチューブのS＋の側に75％の有意な選好を示し、対照的に lrn-1 と lrn-2 ミュータント、は48％と47％の選好を示す（基本的には、テスト板上でランダムに分布する）。2種類のミュータントを野生型のセンチュウへと戻し交雑すると、F_2 世代では1/4の学習しないセンチュウができる。これは、学習欠損が劣性のメンデル遺伝特性として働く単一遺伝子に起因することを示している。

3. c. 遺伝子の選択的ノックアウト 動物のゲノムを変えることは、一連の複雑な処置を用い個々の遺伝子を操作することによって可能である。**胚幹細胞**（ES）は、初期発生の桑実期に、発生途上のマウスの胚盤胞から得られる（→第10章, 1.a., 281－282頁参照）。この細胞は、正常に発達すれば成体となるが、分化を妨げ成長と増殖には影響を与えない培地で培養される。発生の進行を押さえられた ES 細胞は、何種類かあるうちの1つの方法によって、特定の場所に DNA セグメントを入れられる。変更を加えた DNA 連鎖を持っているかどうかを調べるために、この ES 細胞がテストされる。例えば、もし挿入された遺伝子が特定の抗生物質に対する抵抗性を与えたら、この新しい遺伝子を持つ細胞はその抗生物質を含む培地でも成長するだろう。その細胞が特定の遺伝子を保因するといったん決まれば、その細胞を受け手の胚盤胞に注入し、この胚盤胞を受け手のメスへと移植する。その結果得られるマウスは、2つ以上の異なる動物からの DNA 断片で作られているので**キメラ**と呼ばれる。この手続きは、一般的にキメラ動物での特定の遺伝子の活動停止を引き起こす。このようなキメラ動物は、毛皮のパ

ターンによって目で見てわかることもある。**遺伝子ノックアウト**マウスの系統は，その後標準的な繁殖プロトコールに従って生産される。

ノックアウト技術は，特定の神経伝達物質受容体タンパク質に欠損があるマウスの系統を作るために使われている。したがって，作られた動物は特定の神経伝達物質だけに反応する能力を欠く。例えば，**セロトニン**受容体の1つのタイプ，5-HT_{1B}，をコード化する遺伝子の活動を止めると，多様な行動的効果を表すセロトニン受容体欠損マウスができる。このマウスは，一般に野生型に比べて攻撃的で，速くコカイン中毒になりやすく，学習課題では速く反応する（Brunner & Hen 1997）。これらの結果は，セロトニンが活発さや衝動性の一般的なレベルの調節に関係することを示した旧来の研究結果と一致する。同じことが，哺乳類の神経系で数タイプの受容体のタイプを持つ別の神経伝達物質**ドーパミン**にもあてはまる。その受容体の1つD_3を欠損したノックアウト系統は，広い場所に入る傾向でよく知られている（Steiner et al. 1998）。正常なマウスは広い場所を回避する。これは，捕食動物に対する行動レパートリーの一部をなすものである。したがって，セロトニン受容体とドーパミン受容体の欠損マウスは野生型のものよりもずっと衝動的だといえる。

しかし注意してほしいのは，上記のケースでは遺伝的変化が発生のごく初期に引き起こされ，補償反応の生じる余地があるということである。遺伝子と行動の関係を理解することが目標であるときに，特定の組織へ（例えば，特定の脳の領域へ特定の時期に）遺伝子をオンオフできると望ましい。誘導可能なノックアウトは，補償の過程を最小限にしてくれるだろう。

4. その他の自然選択

比較心理学にとって，新種へと進化するプロセスの中で行動がどのような役割を果たすのかは，非常に重要なことである。この章で概説されている研究は，人為選択と自然選択の間のダーウィンのアナロジーと一致する。そして，自然集団での行動的・形態的変化に及ぼす選択圧の作用が検出可能であることを示唆する。ところで，自然選択から生じると考えられる表現型が，比較的急速に変化する（数年）という十分な証拠が存在する。この変化のスピードは実際に驚くほど速い。近年まで，体重のような形質を変化させるには非常に多くの世代が必要だと考えられてきたが，さまざまな野外観察と実験は，そうではないということを示しているのである。

すでに第2章，1.d.（→30-31頁）で，ガラパゴスのフィンチに関する長期間の研究について述べた。その研究が示したのは，ダフニ（Daphne）という小さな島に生息しているフィンチの1つの種である *Geospiza fortis* の集団で，1977年から1978年の間に気候が異常に乾燥した結果，くちばしの長さの平均と体の大きさに急速な変化をきたしたということである。このような変化は，比較的体の大きいフィンチが他のものよりよく生存することと相関していた。これは，小さな種子の入手が制限された結果であろう。大きな種子から固い殻をはがすには，かなりの強さが要求されるので，そのためには大きなくちばしが機能的に有利なのかもしれない。しかし，どの形質（身長やくちばしの幅）が選択されていたのか，あるいはそのうちの1つが単に相関によって変化しただけなのかは明らではなかった。面白いことに，降雨量－従って小さい種子の量－が通常のレベルに戻った時，2つの形質の値は同じぐらいの速さでもとの母集団の値へと回帰した（Gibbs & Grant 1987）。

新しい場所へ個体を移すという別の計画によって，同様の変化が別の2種類の脊椎動物で実証された。カリブ海のトリニダード島で行なわれた研究では，グッピー（*Poecilia reticulata*）の集団を滝の上流へと移した。上流にはグッピーはおらず，また，捕食の圧力も比較的ゆるかった（Reznick et al. 1997）。同じ川の下流に生息する

グッピーには，大きなグッピーを好んで捕食するカワスズメ数種を含む種々の捕食種が存在していた。対照的に，上流へ移されたグッピーにはたった一種の捕食動物キリーフィッシュ（*Rivulus hartii*）がいるだけである。これは，時にグッピーを攻撃するかもしれないという雑食性の動物である。グッピーを数年間そのままにしておき，その後定期的に子孫のグッピーの体長と年齢を調べた。この結果を，下流の捕食の危険性が高い場所に残された集団と比較したところ，上流の捕食の危険性が低い環境にさらされたオスのグッピーは，4年後（約7世代）には既に体長と年齢の有意な増加を示していた。メスの体長と年齢は，7.5年後（約13世代），2度目の測定までには有意な増加を示した。11年後（約18世代），体長と年齢はコントロール地域よりも捕食率の低い地域で有意に大きかった。移されたこれらのグッピーには他にも変化が見られた。繁殖の開始が遅くなり，1腹あたりの稚魚の数は下流の集団に比べて減少した。このような表現型の変化は興味深い。なぜなら，それが隔離された形質だけではなく生活史のパターンにも影響を与えるからである。

同様の研究が，バハマの小さな島でのトカゲ，*Anolis sagrei* を用いたコロニー形成に関して行なわれている（Losos et al. 1997）。この動物は，最初1977年に導入され，1991年にその子孫のさまざまな形態学的測定が行なわれた。このトカゲがもともと見つかった島（この研究では，すべてのトカゲがスタニアル・ケイ島由来）とそれを導入した14の小さな島の植生間には，一貫した違いがあった。14年後，トカゲの後肢の長さと各島でトカゲが止まり木とする枝の平均直径とをいくつかの島で比較したところ，正の相関が認められた。つまり，トカゲの多様な集団は，体の大きさを調整することによって植生の違いに反応していたのである。

本章で述べた研究結果を解釈する際には，2つの点に注意することが必要である。第1には，フィンチ，グッピー，トカゲで観察された形態学的変化は，自然選択の結果生じたと明確に解釈されるわけではない。くちばしの長さ，捕食の圧力，あるいは年や場所によって違う植生だけではなく，多くの相関する別の要因が観察された表現型の変化の原因なのかもしれない。例えばグッピーの場合，上流の環境は捕食の圧力に加えて，食物の入手可能性という点でも異なっていたかもしれない。また，実際に観察された変化は単なる表現型の変化なのかもしれない。**表現型可塑性**という概念は，動物の発生に及ぼす環境要因の影響に起因する形質の変化を説明するために使われてきた。食物の種類の変化，あるいは利用できる食物量の変化は，その集団の対立遺伝子頻度が変化しなくても体長を変化させるのかもしれない。第2の決定的な点は，ここで取り上げた例のすべてに表現型の変化が見られたのに対して，種分化の証拠はなかったということを思い起こすことが重要だということである。すなわち，移されたグッピーとトカゲは，新種へとは進化しなかった。もちろん，これらの研究では単に世代数が比較的少なかったということなのかもしれないが。

5. 進化速度

種分化は直接観察では把握しにくい現象だが，形態的・行動的変化は自然集団であれ実験室であれ比較的容易に生み出すことができる。種分化という事象は，特によく保存されていれば化石の記録で計ることができる。ホールデーン（Haldane 1949）は，特定の形質が既知の期間にわたって祖先-子孫集団で推定される場合の進化速度の測定を提案した。**進化速度 r** は，単純な式で定義される:

$$r = \frac{[ln(X_2) - ln(X_1)]}{t_2 - t_1}$$

X_1 は，t_1 での初期状態における形質であり，X_2 は t_2 での最終状態における同じ形質である。自然対数を用いるのは，それが絶対値の変化というより比率の変化だからである。ホールデーンは，そ

の変化の単位をダーウィン（d）と命名した。

　グッピー集団での体長の変化率は，前述のように低捕食環境での生殖隔離を行なった11年後，8000 d と 16 400 d の間にあった。同様に *Anolis* 属のトカゲでは，後肢の長さの進化速度は，89 d と 1195 d の間にあった。同じようなコロニー形成研究で算出された進化速度を比較すると，幾何平均が370 d であり，人為選択手続きによって実験室的実験で得られる平均値よりもきわめて低かった。事実，人為選択での平均速度は 58 700 d で，比較するときわめて強力であることがわかる。興味深いことに，進化速度は化石ではきわめて低く，その幾何平均は 0.07 d から 0.73 d の間にある（Gingerich 1983）。進化速度の大きな差が意味しているのは，現実の進化上の変化（化石に記録されたように）は実験室的実験あるいはコロニー形成研究で作用するプロセスとは別のプロセスに依存するのかもしれないということである。また，短期的研究では進化速度の値が高くなるということなのかもしれない。なぜならこの値は，不安定な環境で生まれる形質が両方向に変動することにはあまり敏感ではないからである。良い例がフィンチである。前述のように，身長は乾燥した1年の間に増加したが，例年の雨量に落ち着いた1年後には再び減少したからである。増加と減少とがお互いをうち消し合う傾向にあるので，全期間にわたる変化の測定量は局所的な変化には敏感ではないのだろう。

　実験室的研究とコロニー化研究が与える大事なメッセージは，集団というものが比較的少ない世代の間に選択圧に反応できるということである。それは，化石記録の急速な変化は，種内の表現型の変化を理解するために行なわれるものとは別のプロセスの作用を反映していると考える必要はないということである。

第4章　捕食者と被食者

第4章の概括
- すべての動物は，他の生物を食べることによって生存に必要な資源を得る。
- 動物の摂食行動は，以下の個体間関係の6つの基本的タイプによって記述される：競争排除，協同，相利共生，寄生，捕食者－被食者関係，利他行動。
- 自然選択，共進化，血縁選択，互恵行動の4つが摂食行動の進化を説明する原理の主要なものである。

　生物はさまざまな活動を行なうが，それは体内に取り入れられる物質によって支えられている。さらに，多細胞生物の場合には，細胞を分化させ正常な成体としての大きさに成長することが必要になる。生物体の発達，成長と維持は栄養源の存在に基づくものであり，栄養となるものを集めたり追跡したり，またそれを利用するための操作や処理が必要になる。動物は他の生物からほとんどの栄養源をとらなければならないから，摂食行動は捕食者と被食者の両方の立場から研究が行なわれる。

　進化は，餌となる資源を有効に利用したり捕食者を回避することに関わる選択圧によって，表現型の多くの側面を形作ってきた。この章は摂食行動の分野を主に適応的意義（→1章，6.，19-21頁参照）の視点からとりあげ，特に動物の自然な採餌行動の諸側面を強調する。しかし，捕食行動と対捕食者行動のダイナミクスを考察するときに，行動の基礎メカニズムを考察する機会もあるだろう。比較心理学者は摂食行動を，学習や動機づけ，認知などの研究においても盛んに利用してきた。しかし，これらの問題については第Ⅲ部および第Ⅳ部でより詳しく議論する。

1. 競争

　分岐進化は資源の消費における特殊化が大きな原動力となっている。例えば，2頭の動物が1頭分しかない1種類の限られた食物を巡って争うとすると，その結果は2通りある。2頭のうち一方が死ぬか，あるいは代わりになる別の食物を見つけるかのどちらかである。これは**競争排除**の原則として知られている。ダーウィン（Darwin 1859）は，種内での競争は「対立」を解消することができないから特に激しくなるはずだということを指摘した。しかし，ある生殖場所に共存す

る（すなわち、**同所的分布**をする）かなり近縁な複数の種が食物資源を活用している様子を見ると、このような進化上の対立を解決することも可能であるという証拠を見ることができるだろう。このことを説明するいくつかの例を挙げてみよう。

ダイアモンド（Diamond 1973）は同所的分布をする2つの属のハト、*Ducula* と *Ptilinopus* を研究した。これらのハトはすべてニューギニアの熱帯雨林に棲み、さまざまなタイプの果実を食物としている。これらの種のハトの大きさは体重50gの最も小さいものから大きいものでは800gに達する。食物とする果実の大きさもその体重に伴い、さまざまなものがある。1つの大きさのカテゴリーに属す最大4種のハトが1つのタイプの果実を食べる。しかし、大きな果実をつける樹々は大きなハトを特に惹きつける。また、1つの樹の中ではより小さなハトは小さな実のつく樹の周辺部で実を食べる傾向がある。したがって、異なる種のハトが同じ樹から食物を採っていても、特定の大きさの果実に特殊化することで、うまく対立を小さくすることができる。

資源利用におけるこのような特殊化の見方の1つは、それぞれの種が自身の**生態学的ニッチ**を見つけていると考えることである。「ニッチ」という言葉は空間的要因を連想させるが、同じ樹の別の場所で実を採るハトの例のように、資源を分割するにはもっと巧妙な方法が存在する。実際、ある特定の動物集団を生存させるのに必要なすべての要因によって生態学的ニッチが定義される。これらの要因には、物理的要因（例えば、温度やpHなど）、生物学的要因（例えば、食物源など）、行動的要因（例えば、日内の行動パターンや捕食行動など）が含まれる。異なる種は異なる食物源を採ることで共存することが可能である。アンテロープのようなアフリカに棲むいくつかの有蹄類は樹の低い枝を食べるが、一方キリンは樹の高いところを食べる。明らかに、アンテロープとキリンは現在対立状態にはないが、これは競争排除によって拡散した結果を表しているのだと考えることができよう。おそらく、自然選択はキリンの長い首のように、資源利用を最適化するような解剖学的特殊化の進化に有利に働いたのだろう。したがって、このような**形質置換**は競争の結果なのである。

形質置換のおもしろい例がガラパゴスのフィンチの1つである *Geospiza fortis* に見られる（Schuluter et al. 1985）。他のフィンチとの競争が比較的少ない小さな島（例えば、ダフネ島）に棲むフィンチのくちばしの長さの平均値は約10mmである。しかし、チャールズ島やチャタン島では、くちばしの長さの平均値は13mmである。このくちばしの長さの違いはこれらの島には *G. fuliginosa* という、身体がより小さくくちばしの長さが平均約9mmである別の種のフィンチが存在することによって説明できるだろう。したがって、身体の小さな種と餌となる種子をめぐって競争がある場合には、競争の少ない場所では一般的な *G. fortis* のくちばしの大きさから離れるような変化が有利だったのだろうと考えられる。

チャールズ島とチャタン島における現在の競争が平均的なくちばしの長さを現在の値に保っているということはありうることであるが、それを確認するための適切な実験（例えば、*G. fuliginosa* を島から取り除く）を行なうことは明らかに不可能である。しかし、別の場合にはこのようなフィールド実験を行なって、現在種間競争が起こっているのか否かを決定することができる。例えば、コンネル（Connell 1961）は、海岸の岩に付着している小さな甲殻類である2種のフジツボについて、そのようなデータを示している。一方の種（*Chthamalus stellatus*）は通常満潮時にのみ海水が達するような岩の上部に生息しているが、他の種（*Semibalanus balanoides*）は湿度と食物がより安定した下部に生息している。これらのフジツボの種は競争を避けるために環境を分割しているのだとみえるかもしれないが、岩の下部に棲む種を取り除くと、上部にのみいた種は素早く下方に拡がる。したがって、これらの種の空間的分離は実際に種間競争によって維持されているのである。

2. 最適採餌理論

2.a. 採餌と繁殖成功 食物を探す動物は，種間競争や捕食者からの圧力以外にも多くの問題に直面する。環境の中の餌の分布についての情報を抽出し，適切な探索パターンを作り出し，正しく食物を選択して，餌となるものを捕まえる必要がある。環境内のどこを探索するか，ある場所で得られる餌の量が減少してくるとそこをいつ離れるかという判断をしなければならない。これらの問題は，1つには資源に変動があり，一般にその量は限られており，活動する時間にも限りがあるということに由来している。摂食に時間をかけすぎると，体の維持や巣作り，なわばりの防衛や休息というような他の重要な行動に割く時間が少なくなってしまう。究極的には摂食行動は繁殖成功に制約を受ける。いかに巧妙な捕食者であっても子を作る能力がなければ，進化に関しては何ら寄与することができない。繁殖に成功するために，動物は健康を維持し，繁殖活動を行なうための十分なエネルギーを蓄えておく能力がなければならない。種によっては繁殖活動は相当な体力を必要とするものである。したがって，採餌についての判断ルールは自然選択の影響を受けるに違いない。個体が（どのようなメカニズムによるのであれ）可能なもののうちで最も効率のよい方法をとるという形質が選択されるはずである。そのような解は必ずしも最適なものである必要はない，しかし，競合する選択肢の中で最も効率的なものでなければならない。

すべての**最適採餌モデル**に共通する重要な仮定は，採餌方法に関する選択肢は繁殖成功と相関があり，最も効率的な解が選択されるということである。他の機能に関わる問題と同じく，採餌行動は経済学的には費用と利益の間のトレードオフとして解釈できる。摂食をする動物は食物を獲得するために必要なすべての活動にエネルギーと時間を投資しなければならない。これは方程式の中の費用に関わる項である。その結果として，採餌を継続したり他の活動をするためのエネルギーや栄養分が獲得される。このような**費用対効果分析**は究極的には繁殖成功に関係することに注意しよう。費用と利益は採餌に関する判断の結果として，後に子の数の得失（自然選択の「通貨」）に換算される。

採餌モデルは採餌戦略の何らかの側面が（ある制約条件の下で）最適化されていると仮定しており，モデルの課題はその最適化されている要因（と制約条件）を明らかにすることである。最適化には，エネルギー摂取量の最大化，ある肝要な栄養分の最大化，エネルギー消費の最小化，あるいはこれらの複雑な相互作用などが関わる。このような採餌戦略が繁殖成功と正の相関を持つという仮定が，経験的に検証されることはめったにないが，研究によってある1つの戦略のどの側面が実際に最適化されているのかが明らかになっていくだろう。

実際，フィールドでの観察はすべてのタイプの食物が繁殖成功と同程度の相関を持つものではないことを示唆している。ニューファウンドランドのグレート島でのセグロカモメ（*Larus argentatus*）の研究で，ピエロティとアネット（Pierotti & Annet 1987）は集団全体として食物の好みには変異があるが，約80％の個体はある食物に特化していることを見出した。このような個体が食べる3つの主な食物はイガイとヒメウミツバメ，それに鶏肉，牛肉，豚肉，サカナなどの人の残飯であった。これらの食物のカロリー，脂肪，タンパク質の量を分析したところ，イガイが最も劣る食物であることが分かった。しかし，食物を限定するカモメの多く（60％）は実際にイガイを食べており，残飯（25％）やヒメウミツバメ（14％）を食べるものは少数であった。繁殖成功のさまざまな指標を測ってみると，驚くことにイガイに特化したものが他を圧倒していた。例えば，イガイを食べるカモメは春の早い時期に卵を産み，1回に育てる卵の数が多い（3個，ヒメウミツバメや残飯を食べるものでは2個）。産む卵

はより重く，孵化の成功率が高い（つまり，孵化しない卵が少ない）。また，親から独立するまで成長する割合も，より多い。イガイを餌の主体とするカモメが多数を占めるという事実は，究極的にはこのような個体がより高い繁殖成功を持つことによって説明されるのだろう。

ピエロティとアネット（Pierotti & Annet 1987）の報告したデータの興味深い点の1つは，食物が子育てをするつがいの子の養育状況に依存しているということである。卵を温めていたカモメは，ヒナの孵化後の1週間は急に食物をシシャモへと変える。ヒナが巣立っていく孵化後3週目にはふたたびイカへと変化する。このような変化は獲れる餌の量によるわけではなく，子の世話の必要性から来るものである。孵化後にサカナ中心の食物とするのはより高い生存率と関係しており，イカへの変化は3週間目にはヒナがより大きな餌を食べられるようになることにもっぱら関係しているようである。シシャモの大きさは10gないし20gであるが，イカはふつう100gから200gの重量がある。大きな餌を与えられてすぐに飲み込むことのできないヒナは重大な危険にさらされる。十分な栄養を取れず，また食べ残しに惹かれてくる大人のカモメに傷つけられることがあるからである。

子の世話をする前にはイガイや残飯を採ること，子が孵ってから小魚やイカを採ることには，これらの食物の手に入れやすさに違いがある。イガイや残飯は比較的決まった場所で得られるものでほぼ確実に手に入れられるものである。ところが，サカナやイカは食物資源としてはより不確実なものである。ヒナがいることで，親ドリはリスク回避モード（確実な食物を選好する）からリスク容認モードへと移るのである（Caraco 1981）。

セグロカモメの採餌行動は，さまざまな要因によって影響を受ける。それらの要因は必ずしもアプリオリに明らかではない。最適採餌モデルでは，動物の行動について単純化した仮定を置き，採餌行動の複雑さを減らしている。こうすることで重要な要因を明らかにすることができ，それをフィールドや実験室での実験で操作することによって検証できるのである。

2. b. 限界値定理 よく知られたチャーノフ（Charnov 1976）が提唱した採餌モデルは複数の単純な仮定に基づいており，**限界値定理**（MVT: marginal value theorem）と呼ばれている。このようなモデルは動物が「どのようにして」解に到達するのか（近接要因，メカニズムの問題）ではなく，動物が最適な結果を得るために「どのように行動すべき」か（究極要因，機能の問題）を扱っているのだということに注意しておこう。それでも，動物が行なう判断についての仮定をおくときには，近接的過程を無視できないということが後に明らかになるだろう。MVT は動物がその環境内の食物の分布について完全な知識を持っており，それによって可能な摂食率の平均値を推定できることを仮定している。このモデルはさらに食物がパッチに分かれて分布していることを仮定し，動物が離れた場所から餌を集め，1つの場所で餌の量が減少してきたとき別の場所に移る必要が生じると考える。MVT が分析すべき重要な問題として2つが挙げられた。1つは，動物は現在のパッチをいつ離れ次のパッチを探すべきか。2つ目は，パッチ間の移動に要する時間が，現在のパッチを離れるかどうかの判断にどのように影響するかという問題である。それぞれの場合について，環境の状態が与えられると，ある決まった時間内の摂食率を最大化する解が存在する。

2. c. 時間配分 現在いるパッチをいつ離れるかという問題への最適解は明らかであるように思われる。食物を摂取できる率が環境全体での平均より小さくなれば，そのパッチを離れるべきである。しかし，この仮説を検証するためには，ある特定のパッチで餌を採っている動物が，それによって摂食率を評価していると考えられる指標を見つけることが必要である。1つの可能性は，動物が最後に餌を捉えたときからの時間を使ってそのパッチの質を評価するということである。この時間間隔が，「見切り時間」（GUT: giving-up time）と呼ばれるある決まった値を超えると，そのパッチは貧しいということになり，動物はそこを離れて別の場所で食物を探すべきだということになる。豊かな棲息場所であれば GUT は短くな

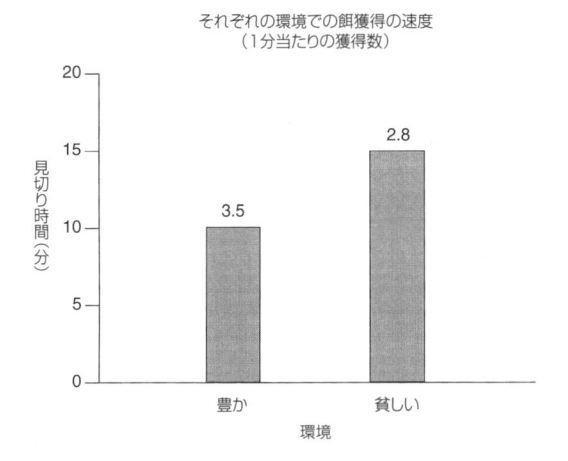

それぞれの環境での餌獲得の速度
（1分当たりの獲得数）

図4-1 アメリカコガラが豊かなパッチを放棄する時間は貧しいパッチの場合より有意に短い（見切り時間 GUT によって測定される）。2種のパッチは餌を獲得する速度の平均値によって定義される（Krebs et al. 1974）。

り，貧しければ長くなるべきものであるが，MVT はどの生息場所についても，その中では GUT は一定であることを予測する。この仮説はテスト用のトリ小屋の中でアメリカコガラ（*Parus atricapillus*）にミールワームを探させるという方法で検討された（Krebs et al. 1974）。小屋の中には木がおかれ，それぞれに4つの松かさ様のものが付けられて，1つの松かさに1匹（貧しいパッチ）あるいは3匹のミールワーム（豊かなパッチ）が入れられた。図4-1に見られるように，アメリカコガラは豊かなパッチを貧しいパッチよりも早く放棄した。MVT はまた，貧しいパッチと豊かなパッチが環境の中に同じように分布していると，GUT がすべてのパッチについて等しくなることを予測するが，このことも示されている。

このモデルは確かに成功しているが，すべての食物資源が同じように枯渇していったり，すべての採餌戦略によって資源の枯渇が同じ速さで起こったりするのではないことは明らかであろう。採餌の条件には（餌の分布や，捕食者の行動によって）GUT に基づくルールより効率的なルールが存在する場合がある。例えば，捕食者が，すでに訪れたか否かにかかわらずすべての場所を等しい確率で探すランダムルールを援用する場合や，パッチのなかですでに訪れた場所を避けて系統だてて探索するという場合もありうる。GUT の代わりとなるルールとしては，うまく餌を獲得できた平均時間間隔や1つのパッチに費やした時間

の合計などが考えられる。最適解に到達するための数学的な計算は複雑なものであるが，動物はそれとまったく同じ計算をする必要はない。例えば，前にみたように，パッチの豊かさは，その質を厳密に評価するのに必要な情報に比較すれば，ずっと簡単に求められる GUT によって決定することができる。進化は最適解への便法としての**経験則**を好むものと考えられる。

2. d．移動時間 MVT から導かれる第2の問題は，パッチの間の移動時間である。パッチを離れるという判断には，そこで得られるものだけではなく，時間とエネルギーの面でその場所へ到達することの困難さを考慮するべきである。もしある棲息場所内に存在するパッチが互いに遠く離れている場合には，距離が小さい場合よりも1つのパッチに滞在する時間がより長くなることが予測されるだろう。この予測は，最適採餌理論から導かれる他の多くの問題と同じく，学習の研究に興味を持つ比較心理学者によって開発されてきたオペラント学習のテクニックを用いて検討されている（→第13章，3.，392-401頁参照）。ある実験（Redhead & Tyler 1988）では，ラット（*Rattus norvegicus*）が2つあるレバーを押して餌を得るように訓練された。それぞれのレバーをパッチとみなし，報酬が高率あるいは低率で与えられた（豊かなパッチと貧しいパッチに対応する）。パッチの枯渇は漸進性時間スケジュールを使ってシミュレートされた。このスケジュールで

は1つの報酬の後，次の報酬までの時間間隔が長くなっていく。豊かなパッチでは被験体は，次の報酬を得るまでに順に0, 1, 2, 4, 8, 12, 22, 40, 64秒待たなければならなかった。貧しいパッチでの時間間隔の系列は，2, 6, 10, 18, 40, 64, 122秒であった。1つのパッチが空になると，ラットはもう一方のパッチが利用できるまで待たなければならなかった。このときの待ち時間（パッチの間の移動時間をシミュレートする）は5秒あるいは25秒であった。環境が豊かなパッチだけからなる場合でも貧しいパッチだけからなる場合でも，ラットは移動時間が長いときは短いときよりも有意に長い時間をレバー押しに費やした。ラットはまたパッチからの移動を決めるのにGUTではなく強化時間間隔を使っていることが見出された。ラットは連続する報酬の時間間隔が，移動時間と他方のパッチでの最初の報酬までの時間の和にほぼ等しくなったときパッチを移動した。

　ラットは豊かな環境から貧しい環境に移行したとき，またその逆の場合もすみやかに行動を調節した。しかし，調節は変動のある環境——すなわち豊かなパッチと貧しいパッチが混在するセッション——にさらされていたときは，ずっと緩やかなものであった。おそらく変動のある状況では環境内の餌の分布に関する情報を集めるのにより時間がかかるためなのであろう。

2. e. サンプリング

食物の入手可能性について環境は不安定であるのがふつうである。採餌について適切な判断をするためには，ある程度の情報が必要である。特に状況が変化するとき（例えば，春の初めや洪水の後など）や捕食者が新しい生息場所を選ぶ場合はなおさらである。このような状況では，短期的には動物の行動は最適でない場合もあるが，**サンプリング**によって集めた情報は最適な戦略を創り出す上で不可欠なものとなるだろう。したがって，サンプリングと採餌の最適性のバランスを取ることは非常に重要である。

　質の異なる2つのパッチという選択肢に出会った動物は，それぞれのパッチについての情報を集め，より豊かなパッチにすべての行動を充てるべきである。サンプリングに要する時間はそれぞれのパッチで餌の得られる率の差に依存するだろう。差が大きいほど，どちらのパッチがより豊かであるかを判断することは容易であろうし，動物はすばやくサンプリングから採餌に移るべきである。クレブスら（Krebs et al. 1978）は，この考えをシジュウカラ（*Parus major*）を被験体として，ミールワームのいる確率がセッションごとに変化する2つのパッチを使った実験で検討した。確率は，50：0，40：10，35：15，30：20のように変化した。実際に，選択肢をサンプリングする時間（つまり2つのうち豊かな方にだけ集中するようになるまでの時間）はパッチの間の報酬の確率の違いが大きいほど減少するという結果が得られた。

2. f. 食物選択

野生動物が食物を探す場合には，通常さまざまな種類の食物があり，その時々に何を摂るべきかの判断をしなければならない。これは**食物選択**の問題である。例えば，サバンナに棲む肉食性のオオトカゲ（*Varanus albigularis*）はカタツムリを餌としている。カタツムリの大きさはさまざまで，捕まえて飲み込むために必要な作業の量も違ってくる。例えば，オオトカゲが最大化している「通貨」が正味の獲得エネルギー量であるなら，餌を食べることで得られるエネルギー量は，それを探して処理する間に失われるエネルギーと比較しなければならない。したがって，オオトカゲが餌となるカタツムリを見つけたとき，立ち止まってそのカタツムリを捕まえるか，より収益性の大きい餌を探し続ける方がよいのかを決めなければならない。この例の場合，食物が乏しいときには小さいカタツムリもすぐに食べられてしまうが，食物が豊富なときは大きなものが好まれて小さなカタツムリは無視されてしまう（Kaufman et al. 1994）。最適性の概念によって，この種の選択の意味は明らかになる。

　考え得る最も単純な問題は，捕食者が，例えば，オオトカゲの例のように，サイズが異なる2種類の餌を摂る場合である（Charnov 1976）。それぞれの餌の**収益性**はどの「通貨量」（エネルギーや栄養分）が最大化されているかに直接関係し，

餌を処理するために必要な時間やエネルギーとは逆の関係になる。この関係は処理時間に対するエネルギーの比，E/h，で表すことができる。2種の餌について，例えば餌1への特化は次の関係が満たされるときに起こる。

$$\frac{E_1}{h_1} > \frac{E_2}{h_2} \qquad (1)$$

捕食者が餌1に出会ったときは，それを食べるべきである。なぜなら，それが最も収益性の高い餌だからである。餌の収益性に違いがあるかぎり，捕食者はいくら数が多くても決して収益性の低い方の餌に特化してはならない（つまり，捕食者は常に出会った餌の大きい方を食べるべきである）。しかしながら，捕食者が餌2に出会ったとき，それから得られる正味のエネルギー量が，餌1を探しだすのに必要な時間を考慮した正味の獲得エネルギー量よりも大きい場合にのみ，餌2を食べるべきである。つまり，捕食者は次の関係が成り立つときのみ，餌2を食べるべきである。

$$\frac{E_2}{h_2} > \frac{E_1}{h_1 + S_1} \qquad (2)$$

ここで S_1 は餌1を探すためのコストを表す。したがって，明らかに捕食者が餌2を食べることを選ぶかどうかは，その餌がどれだけ豊富にあるかだけではなく，より収益性の高い餌1の豊富さに依存している。これは明確で検証可能な予測である。

クレブスら（Krebs et al. 1977）は捕食者（シジュウカラ，*Parus major*）に比較的大きな虫と小さな虫を約1/2秒ずつ次々と提示した（実際には虫はコンベア・ベルトに乗せられていた）。1匹の虫を捕らえると，それを処理するために後に続くいくつかの虫を見逃してしまうことになる。実験操作の第1は，小さな虫の頻度を一定にしておいて大きい方の虫の相対頻度を変えることであった。この操作は上記の(2)式の S_1 を変化させるものと解釈できるだろう。結果は2つの点で定性的に最適採餌モデルと一致するものだった。第1に大きな餌が出てくると必ず食べられた。第2点は，小さな餌は大きな餌が少なくなるほど食べられることが多かったということである。しかし，このモデルは特定の餌への特化の程度には急な変化が生じることを予測する。すなわち，(2)式の S_1 の値が不等式の方向が逆になるほどに増大するまでは，餌1のみへの選好が見られるはずである。言い換えると，特化の程度は階段関数となるはずであり，餌1の探索がそれ自体から得られる正味の利得をちょうど打ち消す長さになるときのみ，両方の餌への選好は無差別になるはずである。予測される急激な変化とは対照的に，実際にはシジュウカラの小さな餌への選好の変化は緩やかであった。

2.g. 制約条件 採餌に関する判断は，一般に**制約条件**といわれる多くの要因によって制限を受ける。例えば，採餌は信頼のおける情報ではなく，重要なパラメーターについて大まかな近似を与えるに過ぎない経験則に基づかざるをえない。時間と労力も採餌以外の重要な活動によって制限されている。例えば，捕食者は用心深く注意を払っていないと，自身が餌食になってしまうこともあるだろう。食物を探すための時間とともに，潜在的な危険を察知するために使う時間も割り当てなければならない。また動物は，休息や生殖に関わる活動（例えば，巣作り，なわばりのパトロール，メスへの求愛，ディスプレイをするオスへの応答，子の世話など）など多くの活動を行なわなければならない。捕食者が利用する資源自体も制約を与える。餌が1日のうちの特定の時間，あるいは1年の特定の時期にのみ手に入るということもあるだろう。また，環境条件が捕食者の餌を探す能力を制限することもありうる。このような制約は採餌に関する判断に対して重要な意味を持つ。このことを2つの例を使って説明する。

最初の例では，食物選択が採餌に配分される時間の関数としてどのように変化するかをみる。捕食者が採餌の時間が終わりに近づいているかどうかを何らかのシグナル（例えば，夜明けや夕暮れの自然光の変化）によって決めているとしよう。さらに，この捕食者は2種の餌を採っており，そのうちの大きな方に選好を示していると仮定しよう。より収益性の高い餌を探す時間が残ってい

る確率が急に下がれば，選好は実際に変化するだろう。このこともまた，実験室のコントロールのもとで検証できる単純な問題である。

そのような検証の1つとして，ヨエルグとカミル（Yoerg & Kamil 1988）はアオカケス（*Cyanocitta cristata*）を反応キーをつついて報酬のミールワームを得るように訓練した。正刺激への反応とミールワームを食べられるまでの時間を変化させることで，餌の収益性が操作された。さらに，採餌に与えられた時間は，実験の期間によって20分あるいは10分であった。興味のある問題は，10分間のセッションの終わりに，より収益性の低い餌を襲う確率が20分間のセッションの中間でよりも大きいかどうかであった。図4-2が示すように，実際に最も収益性の低い餌への選好は10分セッションの終わりに増大した。これは食物選択が探索や摂食に割り当てられた時間という制約条件に依存することを示唆している。

2つめの例は，摂食と捕食の危険性との相互作用を説明するものである。食物を探している動物は，自分自身が捕食される危険性を最小化するように摂食の戦略を調節しているのでなければ，別の捕食者のよい標的になってしまう可能性がある。危険を小さくする1つの方法は，食物を見つけた場所で食べるのではなく，それを安全な場所（例えば，穴の中や巣）へ運ぶことである。このような行動は**持ち帰り採餌**と呼ばれる。捕食の危険性以外の要因も持ち帰り採餌の理由となることがある。例えば，巣で子の世話をする場合や，同種個体に食物を奪われないように守る場合である。

食物を本拠となる場所へ運ぶには時間とエネルギーを消費することに注意しておこう。この消費分は食物の収益性を減ずることになる。最適な判断には，その大きさのような食物に関する情報と，食物を得られる場所からの距離など本拠となる場所に関する情報の両方が必要である。具体的には，食物のサイズが大きいほど，餌の場所から本拠となる場所までの距離が小さいほど，動物は持ち帰り採餌を行なうことが予測される。

いわゆるラット，*Rattus norvegicus* は，野生では持ち帰り採餌を行なうことが知られており（Barnett 1975），特殊な実験条件下でも同じことをさせることができる。齧歯類が作る典型的な地下の巣穴の構造は，実験室では中央のプラットフォームと，そこからあらゆる方向に伸びるアームからなる迷路を使ってシミュレートすることができる。こうして，このいわゆる放射状迷路は，中央の安全な場所と，各アームの端にパッチの組を持つことになる。フェルプスとロバーツ（Phelps & Roberts 1989）は，アームからチェダー・チーズを中央プラットフォームへ運ぶ傾向は，チーズ片の重さと直接的な関係があることを見出した。ラットは0.05gのチーズ片は常にその場で食べた。一方，3gを超えるチーズ片は必ず中央プラットフォームで食べた。アームと中央との間を移動するのに必要な時間とエネルギーを，アームの中に障害物を置くことで増大させると，採餌のパターンは変化した。通常，中央へ運ばれていた中間の大きさのチーズ片はアーム内で食べるようになった。興味深いことにアームに壁を付

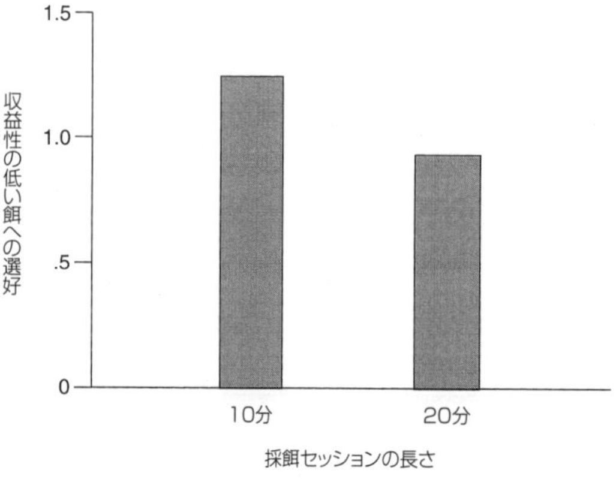

図4-2 ヨエルグとカミル（Yoerg & Kamil 1988）**の実験はより収益性の低い餌への選好は，10分間のセッションの終わりの方が，20分セッションの10分経過時点よりも高いことを示している**。つまり，セッション内の同じ時点で比較が行なわれているが，相対的位置は異なっている。つまり，10分群ではセッションは終わろうとしているが，20分群では半分が終わっただけである。各群の被験体は多くの訓練セッションを与えられているので，それぞれの場合の時間的位置を推定することを学習していると仮定される。アオカケスは，採餌セッションが終わりに近くなり，より収益性の高い餌を見つけるには時間が十分でなくなると，収益性の低い餌を受け入れる傾向がみられた。

けて囲うと、ふたたびラットの採餌行動は変化した。壁のない放射状迷路では0.98gのチーズ片の98%が中央プラットフォームへ運ばれたが、アームを囲うと運ばれるのは13%になった。これは明らかに、壁が付いて安全が与えらることで持ち帰り採餌を抑制することになったようである。

制約条件は採餌モデルの非常に重要な要素である。例えば、もし採餌に関する判断を食物から供給されるエネルギーや、食物を処理するのに必要な時間などの要因によってのみ分析するならば、カモメがシシャモを採ること（→ 2.a. 参照）やラットの持ち帰り採餌にみられるような動物の行動は、最適からはかけ離れたものと見なさなければならないだろう。これらの制約条件を分析に取り入れることによって、動物の行動が機能的に妥当なものだということが分かる。

3. 探索

3.a. 待ち受け捕食 採餌スタイルは動物によって異なる。多くの哺乳類や鳥類のように、積極的に餌を探す動物もあれば、魚類や爬虫類の多くの種のように、襲うことのできる餌が近くにやってくるまで待っているという受け身の動物もある。おおまかには、ある動物がどのような採餌戦略を好むかは、餌の特徴と関係している。樹木や木の実、種子など植物を食べる草食性の動物は、その食物が動くわけではないから、積極的に探さざるを得ない。食虫動物や肉食動物は他の動物を餌とする。動物というのは相当な距離を移動するものだから、餌になる動物（被食者）が捕食者の方へ近づいてくるのを待つ方が有利な場合もある。

待ち受け捕食者は被食者に見えないようにしたり、さらには襲うことのできる距離まで近づくように誘うというように、特殊化する方向へと進化してきた。例えば、多くのトカゲは隠蔽色を進化させており、また長時間静止したままでいることができる。この特徴によって、トカゲは飛んでいる昆虫や、鳥類、あるいは小型の齧歯類から気づかれずにいることができる。昆虫が襲うことのできる距離に来ると、カメレオンは勢いよく舌を伸ばして虫を舌の先に捕え、あっという間に舌を引っ込めて食べてしまう。カメレオンの特殊化には、舌を口腔内の前部にしまいこみ、すばやく伸ばせるようになっていることや、餌をくっつける接着剤のような物質が舌にあることなどがある。さらに、カメレオンは運動検出に高い感受性を持ち、虫が飛んでいるところを正確に狙えるように視覚と運動の情報を統合する能力を持っている。

自分の近くに被食者を惹きつける巧妙な仕掛けを進化させたサカナもある。例えば、*Antennarius* 属のイザリウオの一種は海底でじっとしていてカイメンのようにみえる。鼻先に差し込まれた特殊な突起（背びれの一部が変化したもの）を揺らすが、その先端はサカナの形をした構造になっている。小さなサカナが泳いでいるように見えて、他のサカナが惹きつけられて近づくとイザリウオはそれを襲う（Pietsch & Grobecker 1978）。このイザリウオはアンコウ目（Lophiiformes）の硬骨魚である。アンコウ目は約200種を含むが、その多くが被食者を惹きつけるのに同じような方法を用いている。アンコウの中でも、*Thaumatichthys axeli* などの深海に生息する種には、発光バクテリアで満たされた器官を持ち、小さな餌を直接口の中へ誘い込むものもある（Gartner et al. 1997）。

3.b. 探索行動 積極的な捕食者の場合は、食べ物を探すことに相当な時間が充てられる。多くの動物が、摂食や捕食者の回避に関する環境からの情報を集めるための複雑な方法を進化させてきた。比較心理学者は長年の間、そのような**探索行動**に強く興味を惹かれてきた。というのも探索行動は生体と環境との相互作用の複雑さを表すものだからである（→第11章、2.b., 318-320頁参照）。伝統的に、探索行動研究には実験用ラットが被験体として使われてきた。雑食性の動物であるラットは、常に食物を探し、その環境内にあるほとんどすべての対象について、においを嗅いだ

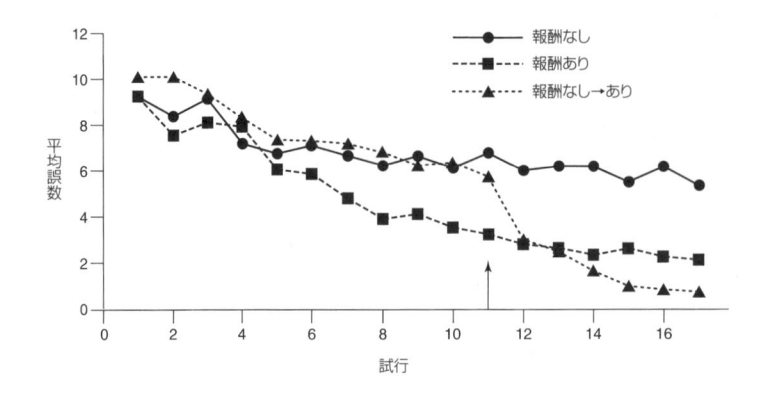

図4-3 誘因となる食物を与えられることなく複雑な迷路を探索していたラットに，11セッション以降に報酬が導入されるとすぐに行動に変化がみられた。このように急な行動の変化はそれまでの試行での探索行動の結果として，環境に関する情報が獲得されていたことを示唆する。そのような情報は利用可能だったが，食物が導入されたときに初めて使われたという意味で，この現象は潜在学習と呼ばれる（Tolman & Honzik 1930）。

り，操作したり，味をみたりしようとしているように見える。

　ラットの探索行動についての古典的研究は，この動物が単に環境内を動き回るだけではなく，実際に環境の構造的特徴について学習するということを示している。そのような情報は現在必要はなくても，環境が変化すると摂食に関して重要になる可能性がある。トールマンとホンジック（Tolman & Honzik 1930）は2群のラットを，中央にある箱と多くの袋小路がつながった複雑な迷路に入れた。中央の箱はゴール・ボックスと呼ばれ，一方の群の場合にはその中に餌が置かれていたが，もう一方の群には餌はなかった。すべてのラットが10日間毎日のセッションで迷路の中を走ることができた。その間実験者はラットが袋小路に入った回数を数えた。結果は図4-3に示されている。餌で強化されたラットは徐々にゴール・ボックスの位置を学習していったが，餌の与えられなかったラットも積極的に迷路を探索した。おもしろいことに，報酬を与えられないラットも10日間迷路を経験した後に餌を与えられると，その成績はすぐに初めから餌を与えられたラットの成績に等しくなった。この実験は，探索をするラットは単に動き回っているだけではなく，環境の性質を実際に学習していることを示すものである。このような学習は獲得された情報がすぐには使われないことから**潜在学習**と呼ばれる。同様の実験でレナー（Renner 1988）は，環境をよく知っているとラットは，シミュレートされた捕食者が現れたとき（実験者がリモートコントロールするおもちゃの車がラットに触れることなく180秒間追いかけ回す），隠れたルートを通って逃げることができたことを見出した。

3. c. 特化した探索　限られた食物資源を巡る競争を減らす方法として，採餌に関するさまざまな特殊化が自然選択によって進化してきた。例えば，霊長類ではほとんどの種が昼行性である。そのため食物の探索はもっぱら視覚的手がかりによっている。しかし，南米の熱帯雨林に棲む新世界ザルの1種であるヨザル（*Aotus nancymai*）は，夜行性の習慣を進化させた。ボレンとグリーン（Bolen & Green 1997）は，昼行性のカプチンモンキー（*Cebus apella*）と比べると，ヨザルは隠された食物を見つけるのに嗅覚手がかりを使う傾向が強いことを見出した。興味深いのは，夜行性の生活様式と嗅覚手がかりへの依存の関係は脳にまで及んでいることである。ヨザルでは体の大きさに対する嗅覚情報を処理する脳の部位の相対的大きさが，他の新世界ザルよりも大きいのである。

　また例えば，齧歯類では餌のタイプによって，その種がどのような手がかりを使うかには違いが

あって興味深い（Langley 1987）。甲虫やコオロギ類など夜行性の昆虫を餌とするバッタネズミ（*Onychomys leucogaster*）のように肉食に特化した齧歯類は，聴覚情報に大きく依存している。対照的に，ゴールデンハムスター（*Mesocricetus auratus*）のように昆虫も食べるが他にさまざまな植物性の餌を食べる雑食性の齧歯類は，餌となる動物を襲うときには視覚情報を使っている。アフリカミズネズミ（*Colomys goslingi*）は水生の無脊椎動物を好み，それを見つけるのにヒゲを通じての触覚情報を使うという点で珍しい動物である。

ヘビやトカゲの一部の種に見られる，先が2つに分かれた舌の形状は，捕食者や同種個体が残したフェロモンの跡を検出するように進化したものである（Schwenk 1994）。これらの動物は，鼻腔内にあって2つの孔を通じて口腔と繋がっているヤコブソン器官（鋤鼻器官）と呼ばれる特殊な器官を持っている。地面に触れた後，フォーク状の舌を口の中に引っ込め，ヤコブソン器官との間の孔に差し込んでにおい分子を取り込む。頭の幅の間隔にまで広がる舌先は，化学感覚情報を取り込む装置であり，動物がにおいの跡の存在を確認することを可能にしている。フォーク状の舌は，餌を長い距離に渡って追いかける爬虫類で進化しており，待ち受けタイプの捕食者には見られない。

3. d． 探索像 積極的な採餌を行なう動物が，餌となる対象の実際の密度ではなく最近の経験に基づく選好を示す場合もある。これは最近に経験したものがよく記憶されるという，いわゆる新近性効果に似ている。捕食者は追いかけている餌の「心象」あるいは**探索像**を持っているかのように振る舞うのである。

標準的なオペラント訓練の手続きを用いて，探索像仮説を実験的に検討することは容易である。図4-4はピエトリーヴィッチとカミル（Pietriewicz & Kamil 1979）のアオカケス（*Cyanocitta cristata*）を用いた実験の手続きを示している。トリは報酬であるミールワームを得るためにキーをつつくことをすばやく学習する。反応キーには自然物のイメージのスライドが後ろから照射される。この実験では，2種類のスライドが使われた。あるものは樹の幹に留まったガ（自分の色やパターンと一致するものの上に留まって身を隠す）の写真であり，他はガのいない同じ樹を写したものであった。この手続きでは，赤いキーへの反応に対して2種類の試行が与えられた。1つのタイプの試行では，アオカケスは赤いキーとガを含んだスライド（図4-4ではスライド＋と示されている）のどちらかを選択させられた。正しいスライドに反応すると強化と短い試行間間隔が与えられたが，赤いキーに反応すると強化は与えられず，試行間間隔も長くなった。別のタイプの試行では，ガのいないスライド（図4-4ではスライド－と示されている）と赤いキーとが提示された。この場合，赤いキーへの反応が正解であったが報酬は与えられなかった（試行間間隔は短い）。

問題となるのは，アオカケスが連続する8試行の中で正しいスライドを見つけることが，1種あるいは2種のガを見せられることで変わるかどうかであった。探索像仮説によれば，1種類の餌を見せられると検出の精度は高くなるはずである。探しているスライドの中にどのような餌を期待すべきかが，より正確に分かってくると考えられるからである。図4-5に示されているように，正反応率（スライド＋キーの選択率）はトリが1種類のガのスライドを見せられたとき増加したが，2種類の場合にはそうでなかった。おもしろいことに，負のスライドと赤いキーのいずれかを選択した試行での正反応率（この場合には赤いキーの選択率）も同じように増加したことである。ある餌に対する最近の経験，特にこの例のような場合にはその餌の外見についての経験が，生息場所の中に存在するものの中で，その餌を選ぶようなバイアスを与えるのだろう。

3. e． 社会的相互作用 動物の摂食行動の重要な側面の多くが，種内の他のメンバーとの交渉能力と関係している。この章の初めに議論した競争排除の原則から考えると，食物資源を巡る種内での競争に多くの例が見出せることは驚くことではない。例えば，ラットは同種個体から盛んに食物を盗むということをする（Galef et al. 2001）。実際，食物が盗まれることを防ぐためのかなり特殊

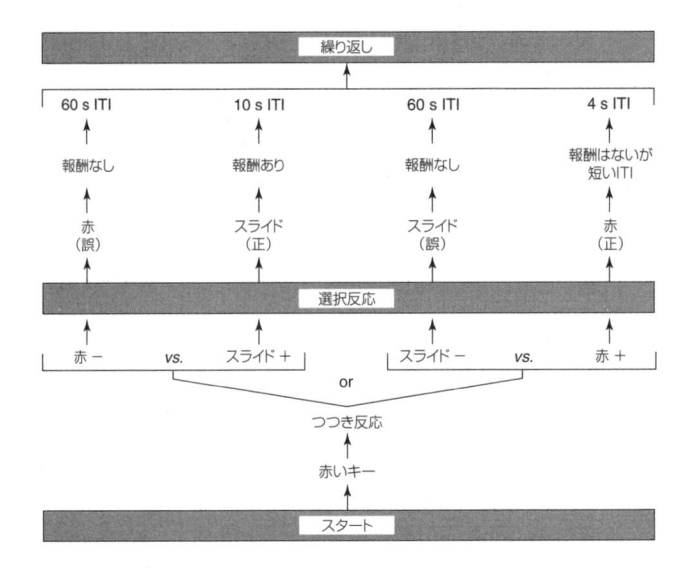

図4-4　ピエトリーヴィッチとカミル（Pietriewicz & Kamil 1979）**が探索像仮説の経験的証拠を得るために使った実験デザインの図解。**アオカケスが赤いキーをつつくと試行が始まり，2通りのスライド・ペアのうちの1組が並んで提示された。一方のペア（左）では正刺激は隠蔽色の獲物（ガ）を写したスライドで，負刺激は赤色のスライドである。他方のペア（右）では，正刺激が赤色スライドであり，負刺激はガのいない背景だけのスライドである。したがって，隠蔽色の獲物が写っている場合はそのスライドへの反応が（食物によって）強化されるが，背景だけの時は赤い刺激への反応が強化される（短い試行間間隔の後，次の試行になる）。問題は，アオカケスが1つの種のガだけを見つけなければならないとき（2種のガを見つけなければならない場合に比べて）隠蔽色の獲物の弁別が促進されるかどうかであった（結果は図4-5に示す）。

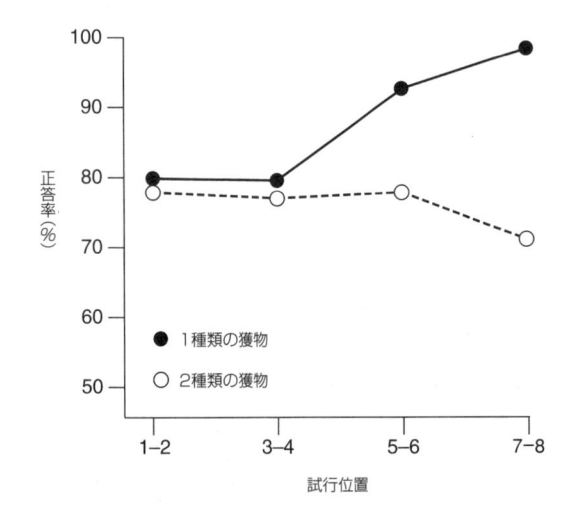

図4-5　1つのタイプの獲物だけを含む訓練，あるいは2種類の獲物のどちらかが試行ごとにランダムに提示される訓練がアオカケスに与えられた（実験手続きについては図4-4を参照）。1種類の獲物だけを提示された場合は訓練とともに弁別がより正確になっていった。これは探索像が発達したことを示すものと考えられる（Pietriewicz & Kamil 1979）。

な行動パターンが進化している（Whishaw & Tomie 1987）。ラットは競争相手が近づいてくるのを見ると，それまで床の上に置かれていた食物を拾い上げ，約175°の角度を成すように相手に背を向ける。このような**身かわし行動**はきわめて効果的である。ラットのペア間の277回のサンプルのうち，身かわし行動が起こらなかったのは17回だけであり，その場合には必ず競争相手が食物を盗むことができた。ところが残りの260回はすべて防衛が成功した。しかし，実際的な防衛行動ではなく，盗もうとする相手に誤った情報を与えることで，盗みが防がれる場合もある。チンパンジー（*Pan troglodytes*）では学習された**あざむき**が起こるとする例がいくつか報告されている。例えば，優位個体に何度も食物を奪われた劣位の個体が，食物を失うのを避けるために，優位個体が近くにいる場合には餌の置かれた場所を避けたり，優位個体が別の場所を探しに行くまで食物をとるのを待ったりするというような，さまざまな行動を発達させるのが観察されている（Menzel 1973）。

おそらく，もっと驚かされるのは食物を獲得しそれを他の同種個体と分けるために**協同**するという例だろう。若いワタリガラス（*Corvus corax*）は大きな動物の死骸のような餌を求めて，メイン州の森を広い範囲に渡って探索する。成鳥のカラスはふつう獲物を奪われてしまうことはないから，幼いカラスは近くを通りかかっても止まって餌をとろうとはしない。かわりに幼いカラスは仲間のいるねぐらに戻り特殊な鳴き声で獲物を見つけたことを伝える。グループになれば獲物を守ろうとする成鳥を容易に破ることができ，食物を手に入れることができる。ハインリッヒとマルツラフ（Heinrich & Marzluff 1995）はDNA鑑定によって，これらの幼いカラスたちには血縁関係がなく，遺伝的に強い関係を持つわけではないことを示した。このことは血縁関係に基づく選択が進化のメカニズムである可能性を排除する（→ 4.f. 参照）。このような協同によって，経験のないカラスもねぐらを放れた翌朝には餌のある場所にたどりつけるのである。食物源となる可能性のあるものについての情報を共有する能力は，社会的行動の進化の基礎となる重要な選択圧の1つであろう。ウォードとザハヴィ（Ward & Zahavi 1973）は，動物のグループ（例えば，ねぐらや繁殖コロニーなど）は**情報センター**として機能しているのだろうと考えた。確かにこういうふうに情報を共有する動物は，ひとりでは食物源にありつけない場合にのみ利益を得ることができる。

環境条件によっては，集団による採餌が高度に社会的な種にとって複数の効果を持つことがある。環境の物理的特徴が食物を示すシグナルとなるのと同じように，同種個体の行動が食物の存在を示すことがある。ある動物の摂食行動が別の個体に同じ場所で食物を探すように促し，環境の同じ特徴を探すように仕向ける。この現象は**社会的促進**と呼ばれる。例えば，利用できる4つのパッチのうち1つから同種個体が餌をとっているのを観察したセキショクヤケイ（*Gallus gallus*）は，48時間の後にもそのパッチで餌を探そうとする（McQuoid & Galef 1992）。社会的促進の過程は，おそらく動物集団内で新しい行動的形質が広まる原因となっているのだろう。場合によっては，行動的形質の広がりが模倣によって解釈されることがある。社会的促進そのものには，模倣の過程は必要ではない。有名なケースとして，イギリスの都市部のシジュウカラ（*Parus* 属の一種）の集団が，珍しい行動を急速に発達させ取り入れたという例がある。トリたちが早朝家々の入口に置かれる牛乳ビンのふたを開け上部のクリーム分を食べることを学習したのである。フィッシャーとハインド（Fisher & Hinde 1949）はこの行動の広がりを模倣によって解釈した。しかし，シェリーとガレフ（Sherry & Galef 1984）がアメリカコガラ（*Parus atricapillus*）を使った実験で，ふたの開いたビンは見せられたが他のトリがビンを開けるところは見せられなかったトリも，自らふたを開けるようになることを示した。

実験状況においては，同種個体と食物とを対提示したり分離したりすることで，採餌についての判断に社会的促進が持つ影響力を検討することができる。このような考えに基づいて計画された実験（Coleman & Mellgren 1997）では，2羽のキンカチョウ（*Taeniopygia guttata*）を隣接するケー

ジに入れ，それぞれに色紙でマークした4つのパッチを設定して，餌の種子を探させた。セッション中，トリはお互いを見ることができた。一方のトリが緑色のパッチに餌を見つけると，他方のトリもまず緑色のパッチを探す傾向を示した。その結果，後者のトリにも偶然同じ緑色のパッチに食物が置かれていれば採餌行動は促進されたが，食物が別のパッチにあったときには大きく阻害されることになった。トリたちが個別に食物を探したときには，餌の置かれたパッチを見つける能力はその中間であった。したがって，社会的促進は食物の分布状況によって，摂食行動を促進したり阻害したりする。しかし，想像されるように，キンカチョウはかなりの行動の可塑性を示し，時間とともに社会的手がかりを無視するようになり，餌の種子との結びついている可能性が高かった色紙にアプローチするようになった。

3.f. 社会的学習 社会的相互作用は**社会的学習**を通じて，食物の好みや回避にも強い影響を与える。ラット（*Rattus norvegicus*）では，ナイーブな個体（**オブザーバー**）は，特徴的な香りを持つ食物を食べた個体（**デモンストレーター**）と交渉を持つことで，その香りに特異的な強い選好を示すようになる（Galef 1990）。図4-6はこの実験の基本的な手続きを示している。このようなタイプの相互作用の詳細な分析から，伝えられる情報の性質とその情報が使われる文脈が明らかになった。例えば，ある香りを嗅いだだけでは，選好は生じない。さらに，シナモンの香りのついた餌を食べたデモンストレーターと接したオブザーバーのラットが，巣を作るのにシナモンの香りのついた紙片を（ふつうラットは紙片を好むのだが）好むということはない（Galef et al. 1994）。したがって，香りへの選好は食物に特異的であるように思われる。

このような社会的相互作用が興味深いのは，ある種の食物に対する動物の経験の効果を変化させるのに，それがかなり効果的であるようにみえるからである。ガレフ（Galef 1986）が報告した例では，香りづけされた食物が，消化器系に疾患を引き起こす薬物（この場合には，塩化リチウム）とともに与えられるという訓練を受けたラットは，その種の食べ物に対して強い嫌悪を形成する。しかし，この**食物嫌悪条件づけ**は以前に同じ食物を食べた同種個体と接することで回復する。薬物を与えられたラットが1匹ではなく2匹のデモンストレーターと接すると回復の程度はより強い。グループで獲物を襲い殺して食べるメスのブチハイエナ（*Crocuta crocuta*）も，社会的相互作用によって食物嫌悪からの回復を示す。優位のハイエナに塩化リチウムを含んだ肉を与え個別にテストすると，非常に強い嫌悪を生じ，条件づけの後何日もたっても通常は同種の肉を完全に受けつけなくなる。しかし，同じ優位のハイエナは社会集団の中では問題なく同じ種類の肉を食べる。しかも，集団での摂食によって嫌悪からの完全な回復がみられる（Yoerg 1991）。

これまでの例でみてきたような社会的相互作用は，単に相互作用が起こるというだけでなく，関

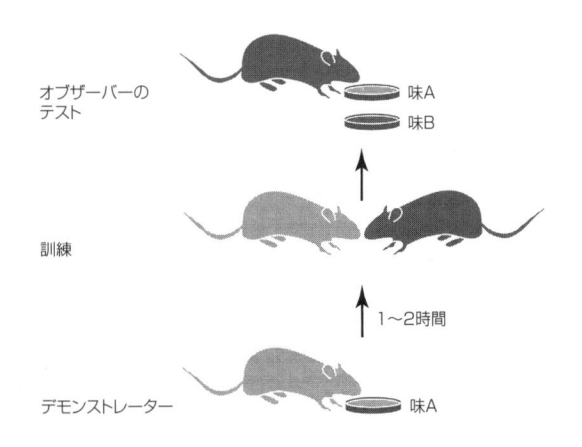

図4-6 ガレフたちが食物選好の社会的伝搬を示すために用いた基本的な実験計画を表している。図の下の部分ではデモンストレーターが問題になる香りを経験している。その後，デモンストレーターとナイーブなラットが交渉を持つ。最終的なテストでは，ナイーブなラットにデモンストレーターに与えられた香りと新しい香りのどちらかを選択させた。社会的学習はオブザーバーが初めにデモンストレーターに与えられた香りへの選好を示すことによって確認される。

わる個体の間に強い血縁関係がある場合には，実際に積極的に使われる。例えば，霊長類では母子の強いきずなは特に重要である。それによって幼児にどのような食物が適当かという情報が与えられるからである。日上ら（Hikami et al. 1990）は，食物嫌悪を生じたニホンザル（*Macaca fuscata*）の幼児（すでにみたように食物と毒素をペアにして与えられた）は，母親がその食物を受け入れて子のいるところで食べると，食物嫌悪から回復することを報告している。採餌スキルの社会的学習は若い霊長類にとって生存していく上で重要な影響を持つ。霊長類は一般に草食性であるから，身の回りにある自然の毒を持つ多くの植物を避けることを学習しなければならない。この食物に関わる自然に対する訓練は，その大部分が生後の何カ月かの間に母親とともに採餌をすることで行なわれる。ケニアの野生ベルベット・モンキー（*Cercopithecus aethiops*）の研究で，ハウザー（Hauser 1993）は幼児の死亡する年齢は，幼児が採餌に費やしていた時間のうち，母親と同じタイプの食物を食べているのが観察された時間と，正の相関関係があることを見出した。母親と離れて摂食していた幼児や，母親の傍にいたが母親とは別のものを食べていた幼児は早死にする傾向があった。興味深いことに，幼児の死亡する年齢は，摂食のためのなわばりの質や母親の社会的ランクなどの変数とは相関がなかった。霊長類では，食物選択と採餌の効率に，相当な量の学習と教授が関わっている。

3. g. 貯蔵した食物の取り出し 持ち帰り採餌は食物を見つけてから食べるまでに時間のズレがあることを意味する（→ 2.g., 73-75頁参照）。多くの哺乳類や鳥類，節足動物を含む動物種の中には食物を1つの場所から別の場所へ移動するだけではなく，後で食べるために，数時間から何カ月にも及ぶ期間保存しておくという能力を進化させたものもいる。系統樹の中での分布を見ると，**貯食行動**は多くの系統で独立に進化したことは明らかなようであり，同じような生態学的圧力が関係しているに違いない（Vander Wall 1990）。このような圧力の中には，食物資源の季節依存性があ

る。冬季の食物不足は，環境内のどこかに栄養素を貯蔵しておくことで補うことができる。それを後の適当な時に取り出せばよい。このような動物種の多くは北極圏に接する地域に生息しており，貯蔵した食物がなければおそらく冬を越すことができない。このような行動にはまた，次の季節の早い時期に繁殖する能力を高めることで，生殖上の利点としての意味がある。鳥類の中には，卵を温めている時期に食物が巣の近くに貯蔵され，後にヒナがそれを利用するものがある。大量の食物を運ぶ目的のために特殊化した多くの形態的特徴が存在する。齧歯類はほお袋を持ち，カケスは膨張する食道を持つ。ミツバチは後ろ脚にある花粉篭と呼ばれる特殊な袋に花粉を貯める。

貯食には，特殊化した行動的能力が必要な場合もある。例えば，カラス科の種であるハイイロホシガラス（*Nucifraga colombiana*）は，松の実や木の実を見つけた場所から20kmも離れた場所に貯蔵することがある（Kamil & Balda 1985）。1羽が1年に2万から10万個もの種子を貯蔵し，何カ月も後までかかって回収する。ホシガラスは北アメリカの山岳地帯で寒い冬を越すために，この貯蔵した食物に依存しており，この食物の回収には**空間学習**が関与している。同様の貯蔵能力は，北半球に分布する小さな鳴禽であるシジュウカラ科のいくつかの種でも確認されている。実験室での研究で，アメリカコガラ（*Parus atricapillus*）は空間情報の獲得へのバイアスを示す。このバイアスを明らかにするために，コガラはまず空間と色に関する情報（いわゆる，空間-色複合刺激）に基づいて餌を見つけるように訓練された。後のテスト試行では，空間（右-左）あるいは色（緑-赤）の1つの要素だけが提示された。このような条件では，コガラは空間手がかりを使える場合にはよい成績を示したが，色手がかりによってのみ餌が見つかる場合にはほとんどランダムな選択を行なった。貯食をしない種では，空間あるいは色のいずれにもバイアスを示すことはなかった（Brodbeck 1994; Brodbeck & Shettleworth 1995）。

前に夜間に活発に採餌をするサルは，嗅覚手がかりを使い，脳の嗅覚に関する部位も相対的に大きいことを述べた（→ 3.c., 76-77頁参照）。同

じような行動と脳の関係が，貯食をするトリの空間能力と**海馬体**の大きさの間に存在することが明らかにされている。海馬体は終脳（脳の大脳半球）の内側および背側部に位置し，特に鳥類や哺乳類の示す空間能力に関係することが示されてきた（Sherry et al. 1992）。13種の鳴禽の海馬の大きさを調べた研究で，シェリーら（Sherry 1989）は，貯食をする種は，他の種に比べて，体や終脳の大きさに対する海馬の大きさがより大きいことを見出した（→第14章，2.c.，420-422頁参照）。脳内のある特定の神経核の相対的な大きさを増大させるのは，自然選択が特殊な行動能力を進化させる方法の1つである。

3．h．道具使用と道具製作　アイアイ（*Daubentonia madagascariensis*）はマダガスカルにのみ生息する霊長類で，異常に長い中指を進化させており，それを使って樹の穴の中にいる昆虫の幼虫や果肉を取り出す。おそらく，このような資源を利用する種は他に存在しないこと（例えば，マダガスカルにはキツツキがいない）が，適当な遺伝的変異と相まって，アイアイの先祖に自然選択によって長い中指を生じさせることになったのだろう。しかし，このような形態上の特殊化は食物を獲得するための唯一の方法ではない。種によっては，進化が他の方法の発達に有利に働き，（アイアイのように）指を長くしたり，（キツツキのように）くちばしを鋭くしたりするのではなく，食物資源を利用するための適切な構造の代わりに，道具を使う能力を進化させた場合がある。道具を使用するということは，動物が，後になってある機能（例えば，食物を獲得する）を果たす，何らかの物体と関わる必要があるということである。道具使用は伝統的に高次の行動的能力だと考えられてきたが，現在ではさまざまな動物種において存在することが知られている。

例えば，単独生活をするジガバチ属のアシナガバチ（*Ammophila*）には，（幼虫が孵化したときに使えるように）卵やマヒさせた獲物を穴の中に貯蔵するものがある。アシナガバチは適当な大きさの石を選んで穴の入口まで運び，穴に蓋をする。鳥類や哺乳類について，同じような道具使用の例がいくつも報告されている。ガラパゴス諸島にはキツツキ類は生息していないが，キツツキフィンチ（*Cactospiza pallida*）は，アイアイが指を使うのと同じように，サボテンのとげを使い樹の穴から昆虫を取り出すことがよく知られている（Grant 1986）。カレドニアカラス（*Corvus moneduloides*）は実際に小枝を根元から折ってかぎ型の道具を作り，樹の穴から昆虫の幼虫を取り出すのにそれを何度も使う（Hunt 1996）。エジプトハゲワシ（*Neophron percnopterus*）は卵をめがけて石を投下することが観察されているが，アフリカのシママングース（*Mungos mungo*）は卵を硬い石にぶつけて割る。ラッコ（*Enhydra lutris*）は海底のイガイ類や二枚貝を採り，獲物と平らな石を持って水面に上がってくる。仰向きに水に浮かび，胸の上に置いた台の役割をする石に貝をぶつけ，歯で殻を割ることができるようにする（Hall & Schaller 1964）。

最もよく知られた**道具使用と道具製作**は，当然のことながら，霊長類の間に見出される。道具に関係する行動が，手の器用さや視力，ものを操作しようとする性質や動機づけによって特に促進されることは明らかである。このような性質は霊長類の特徴である（→第11章，3.b.，337-339頁も参照）。サルや類人猿の「知的行動」についての初期の報告の多くは，手の届かないものへ石や棒を差し出すという行動を取り上げている。テネリフェ島で行なわれた，ドイツの比較心理学者，ヴォルフガング・ケーラー（Wolfgang Köhler）［1897-1967］のチンパンジー（*Pan troglodytes*）のグループを対象とした古典的な研究は，経験のある個体は，天井からぶらさげられた食物を手に入れるために，短い棒をつなぎ合わせたり，2つの箱を重ねたりというような方法をすばやく見つけ出すということを示した（Köhler 1927）。フィールドでの観察から，チンパンジーは食物を得るためにさまざまな道具を使うことが知られている（図4-7参照）。例えば，チンパンジーは木の葉をスポンジのようにして，樹の穴にたまった水を吸い取ったり，石や木片をハンマーと台として使い堅い木の実を割ったり，巣の中のシロアリを丹念に加工した小枝や棒を使って集めたりする（Goodall 1986; Inoue-Nakamura & Matsuzawa

図4-7 チンパンジー（*Pan troglodytes*）が木の実を割るために，2つの石をハンマーと台として使っている（松沢哲郎氏撮影）。

1997; Suzuki et al. 1995)。

　系統的に類人猿より系統発生的に古いと考えられる新世界ザルであるフサオマキザル（*Cebus apella*）についても，同じような道具セットを持つことが報告されている。実験室での観察から，フサオマキザルは木の枝から棒を作り，特別に作られた装置の穴に入れてシロップを採ることが報告されている。フサオマキザルはまた，紙タオルや木の葉など，さまざまなものをスポンジの代わりにして，ジュースを容器から吸い取ることをすばやく学習する（Westergaard & Fragaszy 1987)。アシナガバチからハゲタカ，ラッコ，サルやチンパンジーまで，道具使用をする動物は似たような行動能力を示し，同じような結果を得ていること（この章で強調してきた摂食行動の機能的側面）は明らかであるが，一方，このような行動の形成過程には重要な種差が見られことがある。ある実験では，フサオマキザル（*Cebus apella*），チンパンジー（*Pan troglodytes*），ボノボ（*Pan paniscus*），オランウータン（*Pongo pygmaeus*）がチューブの中に入れられた食べ物を取り出すために棒を挿入することをすばやく学習した（Visalberghi et al. 1995)。しかし，3本の棒を束ねチューブの中に入らないようにして課題を複雑にすると，フサオマキザルと類人猿たちの間に差が現れた。フサオマキザルはこの問題を試行錯誤によって解決し，まずチューブに棒の束を挿入しようとして失敗した。つまり，1本の棒での訓練が新しい問題の解決を阻害したのである。この現象は**負の転移**と呼ばれる。対照的に，すべての類人猿は棒の束を一度もチューブに入れようとすることなく，この問題を解決した。これは，前の1本の棒での訓練が棒の束での新しい問題の解決を促進したという意味で**正の転移**の事例であると解釈できる。テストされた種はみなすぐに道具を適切な方法で使うことができ，新しい状況にも正しい解決法をみつけて適応した。しかし，これらの結果は以前の経験がサルの場合には負の転移を生じさせ，類人猿の場合は正の転移を生じさせることを示唆している（→類人猿における転移の比較研究については，第8章，4.e., 241-244頁，第14章，2.g., 427-430頁参照）。ここで強調しておくべき一般的原則は，ある適応的機能（例えば，道具を使用して食物を獲得すること）は，異なったメカニズムによって達成される場合があるということである。

3. i. 共生：相利共生と寄生　同種個体が食物を探し獲得するために競争したり協同したりするように，別の種に属する動物が関係を持つという例も数多い。このような関係は**共生**といわれる。関わる両者が利益を得る場合（**相利共生**）や一方が利益を得て他方が犠牲となる場合（**寄生**）には両者に影響を及ぼす進化的変化が起こる。そのような過程は**共進化**といわれ，顕花植物と授粉者（昆虫やトリなど）や捕食者と被食者（→後の4.参照）の関係のようによく知られた種間関係の基礎となっていると考えられている。

　共進化の結果は *Pseudomyrmex* 属のアリとアカシア（*Acacia*）の関係によく現れている（Janzen 1966)。アリは樹の刺にコロニーをつくり，樹に近づいて接触しようとする昆虫や哺乳類を含む他の動物を排除する。さらに，アカシアの周りに育つ植物の小枝や芽を食べて，樹が速く育つのを助けている。アリが取り除かれるとアカシアは生育

が遅くなり葉を食べる草食性昆虫の攻撃を受けやすくなる。一方，アカシアはベルト体という，若い葉の先端にあってアリの食物となる栄養や蜜を含む特殊な構造を進化させている。

同じく興味深い例が，ノドグロミツオシエ（*Indicator indicator*）という小さなトリとボラン族というケニアの遊牧民との相利共生に見られる。ボラン族の男たちはおそらく何千年もの間ミツバチの巣から蜂蜜を集めてきたが，その方法は最近まで迷信に基づくものだと考えられてきた。男たちは蜂蜜探しに行く準備ができると口笛を吹いてノドグロミツオシエを呼ぶ。トリたちは飛んできて近くの木の枝に留まり，それから白い尾羽を見せ特別な鳴き声を出しながら，枝から枝へと飛び回る。男たちが近づくとトリたちは近くの木に移り，同じディスプレイを繰り返す。トリの後を追いながら，男たちは口笛を吹き大声で話し続ける。こうすることでトリのガイドすることへの興味を維持できるのだという。そうするうちに，ミツバチの巣が見つかる。たいてい巣は樹の中や岩の割れ目の間，空になったシロアリの巣の中などに見つかる。ハチの巣にたどり着くとボラン族の男たちは煙でハチを追い出し，道具を使って巣を開けて蜂蜜を採る。ノドグロミツオシエは外に出た幼虫や残ったハチの巣の断片を食べる。

ボラン族の男たちは，ノドグロミツオシエの行動を解釈してハチの巣までの距離についての情報を得ることを学習してきた。例えば，ミツバチのコロニーへの距離が近いほど，順に飛び移っていく樹の間隔が短く，留まる枝の高さも低い。トリが情報を「意図的」に与えていると考える必要はない。ただ，その行動の中に情報が存在しているのである。このことには，ボラン族の男たちの主張することが，逆に明らかな証拠となるかもしれない。彼らが言うには，時としてノドグロミツオシエが実際にはハチの巣まで2kmもあるのに，人を「あざむいて」近くにあるように信じさせる。実は，この行動は，男たちを追跡に集中させる効果を持っているのだろうと考えられる。

フィールドでの実験では，ノドグロミツオシエが人を何度もハチの巣へ導くことができ（この場合にはハチの巣は壊さない），巣までだいたい真っすぐに飛んでいくが，必ずしも毎回同じ経路をとるのではないということが分かっている。興味深いのは，人が異なる場所からノドグロミツオシエを呼んでも，その同じ巣までほぼ真っすぐな経路によって導いていくということである。明らかに，このトリたちは特定の場所の特徴について詳細な表象を学習しているのである。複雑な迷路を学習したトールマンとホンジックのラットと同様である（→ 3.b., 75 - 76 頁）。このような表象は**認知地図**と呼ばれ，動物がその地図の中で今いる場所から目的の場所まで，最短距離の経路をたどることを可能にする。人とノドグロミツオシエの関係は明らかに相利的である。ボラン族の男たちは自分たちだけではハチの巣を無為に探し続け，巣を見つけるまで平均して8.9時間も費やすことになる。ところが，ノドグロミツオシエの助けがあると，これが3.2時間になるのである。ノドグロミツオシエも人の助けがなければ見つけたハチの巣の4%しか利用できない。

共生的な相互作用は両者が利益を得る状況ばかりではない。ある個体の獲得した食物が他の個体に盗まれ，努力が無駄になってしまう場合も多い。「盗む」ものは寄生者と呼ばれ，「盗まれる」ものは寄主と呼ばれる。最も明瞭な例は，寄主の内臓内に棲み，さまざまな病気の原因となる多くの寄生虫である。進化的観点からは，寄生者は寄主を殺してしまう前に，その生活史の重要な部分を完了できれば利益を得ることができる。一方，寄主にとっては寄生者を早く排除することが有利である。これら2つの選択圧が何世代にも渡って互いに打ち消しあうように働き，両者に適応と対抗的適応の進化を生む結果となる。

寄生に特殊化した分類群の数が多いことを見ると，寄生という生活様式は魅力的なもののように思われる。3つの扁形動物の綱のうちの2つ，吸虫綱 Trematoda と条虫綱 Cestoda 及び，線形動物門 Nematoda，類線形動物門 Nematomorpha，鉤頭動物門 Acanthocephala の多くの種は，その生活環の全体，あるいは一部において寄生者である（Curtis & Barnes 1989）。例えば，*Schistosoma* 属の3つの種（ヒトに住血吸虫症をひき起こす吸虫）の生活環は淡水中の巻き貝の消化器の中で始

まる。1匹の巻き貝は6カ月の間に約100,000の幼虫を放出する。幼虫はヒトの皮膚を通して簡単に血液中に入り込み，いったん内部に入ると腸や膀胱，肝臓や他の器官の中で宿主の血液から栄養を得て繁殖する。卵の増殖は，血管の閉塞や出血をひき起こす。同じような扁形動物の中には，*Taenia pisiformis*（犬に寄生する条虫）のように極度に特殊化して自分自身は消化器官を失ってしまい，栄養を完全に寄主に依存しているものがある。

寄生虫とは違った形の寄生もある。そこには一時的に寄生者となるものも多く含まれる。食物を貯蔵する種について，貯蔵庫が一時的な寄生者に組織だって利用されているという報告が多くある（Vander Wall & Smith 1987）。例えば，ハイイログマ（*Ursus arctos*）はアカリス（*Tamiasciurus hudsonicus*）が木の実を隠した場所を定期的に襲ったり，モリバト（*Columba palumbus*）はカケス（*Garrulus glandarius*）の貯蔵した種子を食べてしまう。前に見たように，自分の子のために麻痺させた獲物を残しておくジガバチは，他のいくつかの節足動物の犠牲となっている。それらはその餌を直接食べたり，自身の子に残すために利用する。

4. 捕食者−被食者の相互作用

共生は，協同や競争として異なる種の動物が関係する摂食行動の例であった。寄生の場合のようにその関わりが競争的であるとき，それはより一般的な捕食者−被食者関係に近くなる。もっとも，捕食者−被食者関係においては捕食者は被食者自体を栄養とエネルギーの源として使うのであり，寄生の場合のように寄主が食べたり貯蔵したりした食物を利用するのではない。しかし，共生の場合と同じく**捕食者−被食者システム**も共進化する。自然選択は，他の条件が同じならば，被食者を見つけ，捕まえ，消費するのに効率的な方法を進化させる種に有利に働く。しかし，そのような効率の改善は，今度は被食者となる種が捕食者の新しい特徴に対抗する形質を進化させる選択圧を生じさせることになる。この状況は冷戦時代の政治状況を思わせることから，軍拡競争と呼ぶ人も多い。軍拡競争の顕著な例の1つに，草食性昆虫とその餌となる植物の場合がある。例えば，蔓植物の*Passiflora*は，*Heliconius*というチョウに対する防衛として毒素を作る能力を進化させた。一方，チョウの方では対抗策としてこの毒素に対する耐性を進化させている。蔓植物の中にはチョウによる捕食をコントロールするための特殊な構造を持つものがある。鍵のような形をした繊維が幼虫を動けなくして餓死させるというような例がある（Gilbert 1971）。

捕食者と被食者の共進化は共生の場合と同じように，適応と対抗的適応のシステムともいうべきものの進化である。捕食者−被食者システムにおける行動の進化は，捕食者が1つ（ないしは関連のある少数）の種を食物としたり，被食者が1つ（ないしは関連のある少数）の種に追われる場合に特に明瞭である。このような場合には双方に働く選択圧が世代を超えて一様であり，また一貫している傾向があるからである。その結果，形質の方向性選択が生じることになる。詳細に調べられているコウモリとガのシステムについて見てみることにしよう。

4. a. コウモリとガ：機能からメカニズムへ

コウモリ亜目 Microchiroptera のコウモリは一般に飛行中の昆虫を食べるように適応しており，そのために高度に特殊化した**エコロケーション**のシステムを持っている。エコロケーションの実験に広く使われているトビイロホオヒゲコウモリ（*Myotis lucifugus*）は，冬季には大きな集団が洞窟の中で冬眠する。春には洞窟からコウモリの大集団が飛び出して餌を取りに行くのを見ることができる。このコウモリは暖かい季節には夜間にガを採るが，メスは大きなコロニーの中で子育てをしている。古くはラザロ・スパランツァーニ（Lazzaro Spallanzani）[1729-1799] 以来，コウ

モリが夜間の飛行に耳を使っていることが知られていたが，実際のメカニズムが分かってきたのは1930年代以降のことである。第1次世界大戦中に潜水艦を発見するための装置として開発されたソナーが，工学的なよいアナロジーを提供し，超音波の録音機の発明によって，ヒトの可聴域を超える周波数の音波をコウモリが発していることが明らかになった（Griffin 1958）。

エコロケーションは動物が自身の発した高周波音（45kHz以上）のエコーから情報を引き出す能力に基づいている。コウモリはこのエコーから飛行するガのさまざまな特徴，その距離や大きさ，羽の動き，移動速度，地上高などの情報を驚くほど効果的に読みとっている。トビイロホオヒゲコウモリは周波数が約1オクターブ急速に下がる音声を発する。このような音声は周波数変調（FM）音と呼ばれ，コウモリはこの音声を使い音声を発した時点からエコーを受け取るまでの時間によって，餌までの距離を巧みに推定している。コウモリが獲物に接近し，獲物の位置のわずかな変化の情報を処理している間には，音声を発する頻度が最大毎秒200回にまで上昇する。このようなFM音は広い場所で餌を採るのに適している。しかし，クチヒゲコウモリ（*Pteronotus parnellii*）のように，比較的植物が茂ったところで採餌するコウモリは一定の周波数の音声（CF音声）を発し，エコーのドップラー偏移を分析して対象の動きに関する情報を得るという独特のメカニズムを使う。樹や壁のように動かない対象からのエコーは，コウモリが対象に向かって飛行すると音波が圧縮され周波数が上がる（高速道路でトラックが追い抜いていくとき，そのクラクションの音が次第に高くなって聞こえるのと同じである）。動いている対象（飛んでいる昆虫）からのエコーは羽の動きに対応して変化する周波数成分を含む。ヒゲコウモリはこの情報を使って植物が茂った場所でもガを追いかけることができる（Suga 1990）。したがって，種の採餌環境（見通しのよい場所か植物の茂った場所か）とコウモリの使うエコロケーションのシステム（FMかCFか）には対応関係がある。

このガを捕まえるための効率的なシステムは，ガに対して対抗的適応の進化を促す強い圧力となる。ここで，ガとコウモリに対して働いている選択圧の重要な違いを考察することは有益だろう。ガは命をかけて飛んでいるが，コウモリはただ食事を取ろうと飛びまわっているだけである。ギリシャのイソップ（Aesop）［620-560 B.C.］によるキツネとウサギの寓話を引いて，ドーキンスとクレブス（Dawkins & Krebs 1979）は，この非対称を**命か食事かの原理**と呼んだ。おそらくこの原理の反映として，ガの中には単純だが驚くほど効率的な聴覚系を進化させた種がいくつかある。それはただコウモリを発見するためだけに存在するように思われる（Roeder 1967）。

ヤガ科 Noctuidae のガは羽の下，腹部に1対の耳を持っている。鼓膜にはA1とA2と名づけられている2つの神経が付いており，それぞれが異なった，特定のタイプの音に反応して中枢神経系へ活動電位を伝える。A1はほぼ音の強さに比例した反応を示し，音を発しながら近づいてくるコウモリの合図となる。しかし，A1はコウモリに典型的にみられるような高周波音がパルスとして来る場合のみ反応し続ける。一定強度の連続音に対してはA1は急速に順応する。腹部の両側にあるA1からのパルスの比較，あるいは羽を上下したときの周波数の違いから，ガは近づいてくるコウモリの位置に関する情報を得る。強度の低い音は方向づけられた逃避反応をひき起こす。すなわちガは音源から遠ざかるように飛んでいく。一方，A2細胞は刺激の強度が相対的に高いとき，つまりコウモリが近くにいるときにのみ反応する。A2受容器が活性化されるとガの飛行の軌道はすばやく変化し，飛ぶ方向がランダムに変わる。実際，夜間にはどのような高周波音もこの行動をひき起こす。ガは羽ばたくのを止め地面に向かって急速に降下するのがふつうであるが，時々羽を動かして方向をランダムに変えることもある。ランダムな軌道はコウモリの仕事を難しくして，ガが生き延びるチャンスを増加させる。図4-8はガとコウモリの相互作用の2つの例を示している。(a)では，ガが急降下しコウモリから逃れている。(b)ではコウモリとガの軌道が出会っており，コウモリがガを空中で捕まえたことを示している。

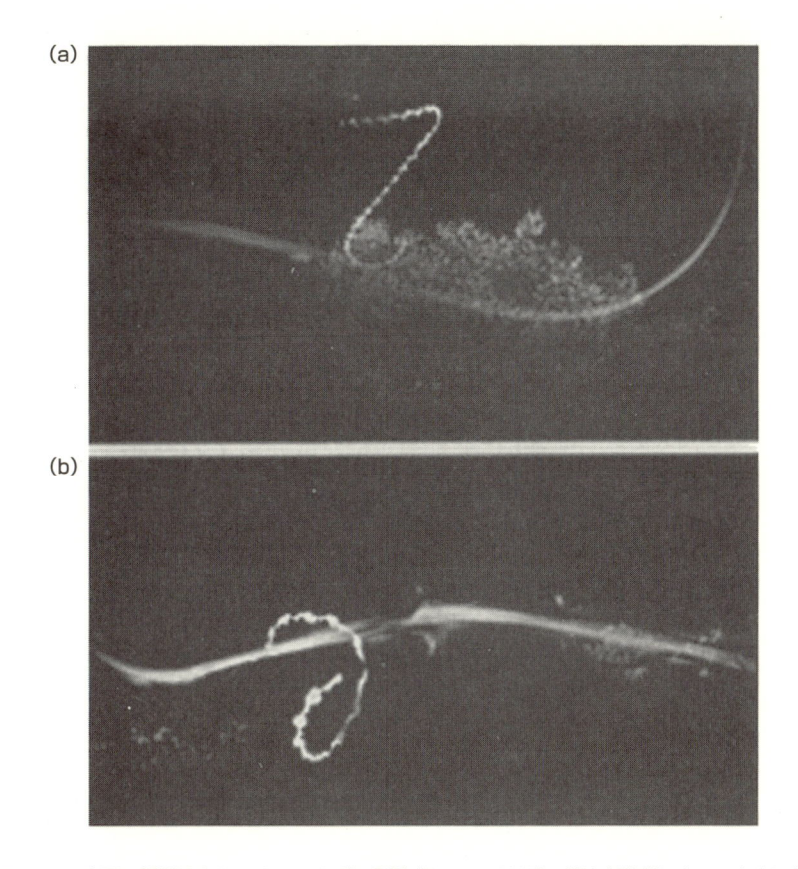

図 4-8 夜間に観測されたコウモリとガの飛跡（Roeder 1967）。ガは実験者によって空中に投げ上げられ，カメラがコウモリとガの飛ぶところを捉えた。(a)コウモリは写真の左側から来たが，ガはいったん落下した後上昇した。コウモリの軌跡の上にガの軌跡が続いていることから，ガは逃れることができたことが分かる。(b)コウモリは右から飛んできて，ガは輪を描くように上に飛んだ。ガの軌跡がコウモリの軌跡上で終わっていることから，コウモリがガをうまく捕まえたことが分かる。

フィールドでの観察からは，このような飛行の軌跡を変えるガは，そのような行動を示さないガより生存率が40%高いことが示されている。

4.b. 頻度依存選択 捕食者-被食者システムにはまた，捕食の圧力の強さが生息域内に棲む被食者となる種の頻度に依存する場合がある。もちろん，このような状況が興味深いのは，被食者の頻度がまた捕食の圧力の強さに依存するということである。この問題は，探索像の議論の中にすでに現れていた（→3.d., 77頁）。そこでの議論の中で，特定のタイプの餌（被食者）と出会う頻度が高いと，他の利用可能な餌を無視してその餌だけを探すようになることがあるということを述べた。**頻度依存選択**は自然界に見られる多くの多形性の原因となっている可能性がある。選択が表現型の極端なものに有利に働き，その結果として遺伝的多様性が保存されるという，分断性選択についてはすでに述べた（→図2-9-(c), 44頁）。ある変異を持つものが集団の中でまれであればその適応度が増大し，数が多くなると減少するとき，頻度依存選択はその変異を保存するように働く。

この点を説明するために挙げる例は非常に興味深いものである。この例は複数の種が関わるシステムでの捕食と寄生の相加的効果を示すものだからである（Losey et al. 1997）。エンドウヒゲナガアブラムシ（*Acyrthosiphon pisum*）には赤いものと緑のものの2種類がある。図4-9に示すよう

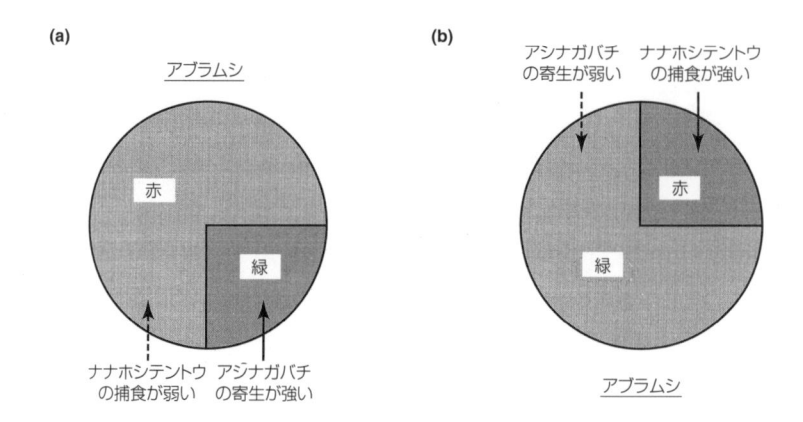

図4-9 頻度依存性の連関する複数の選択圧によって維持されている多型の例（赤と緑のアブラムシ，*Acyrthosiphon pisum*：Losey et al. 1997）。ナナホシテントウ（*Coccinella septempunctata*）は赤いアブラムシの方を多く選んで捕まえる。一方，寄生をするアシナガバチ（*Aphidius ervi*）は緑色の変異体をより多く襲う。(a)テントウムシの捕食圧が弱い地域では赤い変異体が多数を占める。(b)対照的に，アシナガバチの寄生が盛んではない地域では緑の変異体が多数を占める。

に，2種の変異体は，それぞれ別だが関連する選択圧によって，その数が調節されている。アブラムシの集団は捕食寄生者であるアシナガバチ（*Aphidius ervi*）の影響を受ける。このアシナガバチは卵をアブラムシの体内に注入し，孵化した幼虫がアブラムシを食べ，最後には殺してしまう。フィールドでの観察はアシナガバチがアブラムシの両方の変異体に寄生するが，緑のものの方に多く寄生する傾向があることを示している。アブラムシはまたテントウムシのいくつかの種（例えば，ナナホシテントウ *Coccinella septempunctata*）に捕食される。温室内での観察ではテントウムシは緑の変異体より赤の変異体をより多く捕食することが分かっている。ウィスコンシンのいくつかのフィールドで，これら3つの種の密度を測定した研究は規則的な傾向を示している。すなわち，捕食寄生性のアシナガバチがテントウムシよりも多い場所では，赤い変異体がより多いという特徴がある（赤い変異体の方が，捕食圧が小さいため適応度が高い）。一方，テントウムシの方がアシナガバチよりも多い場所では，緑の変異体の方が相対的に多い（緑の変異体の方が，寄生による圧力が小さいため適応度が高い）。

この相互作用がどのようにして成立しているかについては一部しか分かっていない。例えば，アブラムシの場所による密度の違いは，寄生と捕食のバランス以外の要因によるものかもしれない。そのような要因のうち2つが測定され，関係のないことが明らかにされた。1つは相対的な繁殖率である。これは緑と赤のアブラムシで等しかった。もう1つの要因，アブラムシが捕食者が現れたときに見せる，付いている植物から落下するという種に特有な防衛行動の頻度にも両者に差は見られない。したがって，緑（あるいは赤）のアブラムシの変異体が他方に比べて，繁殖率が高いとか，より有効に捕食者に対する防衛を行なうために，数が多いというわけではない。テントウムシは視覚手がかりに基づいてアブラムシを見つけると考えられている。例えば，実験ではテントウムシは緑色の容器（葉が背景となる状況を模している）では赤いアブラムシを有意に多く食べたが，赤い容器の中で試すと緑色のものをより多く食べた。このことから，テントウムシは赤い変異体そのものを捕食する傾向を持つのではなく，視覚的な弁別しやすさ（つまり，図と地のコントラストの問題）によって選好しているようである。しかし，アシナガバチでの同じような実験では，寄生はテストを行なう容器の色には依存しなかった。

アシナガバチがどのようにして寄主を選ぶのかはまだ明らかにされていない。

4.c. 隠蔽色と警告色 緑色のアブラムシが植生の背景にとけ込む能力は**隠蔽**と呼ばれる。探知されることを避けるという問題を解決するために，被食者も捕食者も多くの種が隠蔽色を進化させてきた。「待ち受け」捕食者（→ 3.a., 75 頁）は**攻撃的擬態**を示す。被食者に探知される可能性を最小にするために周りの模様や害のない動物に合わせる（例えば，アンコウがカイメンに擬態する）。カメレオンは獲物を待つために選んだ場所の背景に合わせることができるというだけでなく，場所を移動する間にも体色を背景に合わせるという能力を持っている。皮膚の色の変化は色素胞と呼ばれる皮膚の細胞内にある黒色メラニンなどの色素分子を変化させることで行なわれる。タコやイカのような頭足類は驚くほどすばやい多様な体色変化を示すが，これは色素胞に含まれるさまざまな色素によるものである。ホッキョクグマとハイイログマは，近縁種がカモフラージュのためにそれぞれの生息場所の視覚的特徴に適した体色を進化させたという例である。昆虫の中には，葉や枝に擬態して捕食者の目を逃れたり，捕食者を追い払ったりする種が多くある。例えば，ガやチョウのいくつかの種には，羽を広げたときに鳥の眼に似た黒い斑紋が現れるというものがある。また幼虫にも捕食者が触れるとヘビの頭部のような形に変わるものがある。南米のカエル *Physalaemus nattereri* も背中に眼のような斑紋を持っている。このカエルは捕食者に脅かされると，向きを変え，後ろ脚をあげて胴体を膨らませ黒い斑紋を見せる。しかも，この斑紋は毒性の物質を分泌する（印象的な写真はオーウェン（Owen 1980）などの本に見ることができる）。

隠蔽は明らかに**図と地の弁別**と関係している。これは実験心理学ではよく知られた問題である。類似度が高いほど，弁別は困難である。逆に考えると，被食者が捕食者にとって図と地の弁別が容易であるようにする簡単な方法は，その色を強調することである。しかし，このような戦略が有利になるような被食者はどのようなタイプのものだろうか。鮮やかな色や明確なパターンを見せて，その存在を宣伝する種の多くは食べても不快な味がするものである。このような，いわゆる**警告色**は捕食者の学習能力を利用して進化してきたもののようである。オオカバマダラ（*Danaus plexippus*）というチョウの例を考えてみよう。幼虫は植物の毒性物質を処理できるように適応している。その結果，成体になったチョウも捕食する動物（主に鳥類）にとって不快な味がするものになる。鳥類はほとんど視覚的手がかりによって食物を探すから，チョウの色とそれを食べたときの味を結びつける傾向がある。例えば，アオカケスはしばらく前に食べたオオカバマダラを吐き出すということが観察されている。食べられたチョウそのものは死んでしまうが，アオカケスが苦い味に先行して見た色を嫌悪するようになり，その結果，後に採餌に出たときに似たような色のパターンを避けるということは起こりうるだろう。刺激の目立ちやすさによって学習は促進されるから，自然選択が警告色の進化に有利に働いたということは特に驚くべきことではない。（注意深い読者は，チョウが種の利益のために自己を犠牲にするという点で，これが群選択を支持する例となる可能性に気づいたかもしれない。この点については後の 4.f. で議論する）。

昆虫の集団への捕食圧力は非常に強いため，近縁関係にはない種の間で警告色の収斂が見られる。不快な味のする昆虫の多くは，毒性を持っていることを黄色と黒の特徴的な縞模様や同じようなよく目立つ色の組み合わせによって示している。この収斂進化の例は**ミュラー型擬態**と呼ばれ，捕食者の学習を促すために統一したメッセージを送ることが重要であることを強く示している。ミュラー型擬態はまた，進化が刺激般化として知られる学習の性質（つまり似たような刺激には同じように反応をすること）を利用していることを示唆する。このような般化の利用はまた別の捕食者－被食者関係の例に明らかである。まずくはなく食べても害はないのに警告色を持っている種がいくつか存在するのである。食べられる種が，毒を持つ種をモデルとして体色を収斂させる擬態を**ベイツ型擬態**と呼ぶ。

毒を持つ種とその擬態とが共存することは，捕食者による学習が関係する進化に，さらに制約を与えることになる。1つの問題は，経験の十分でない捕食者は擬態と毒を持つ種の両方を殺す傾向があるということである。もし捕食者が擬態する動物を多く殺せば，擬態はうまく働かなくなる。両方の種を襲って殺すことで，捕食者はその色が毒ではなく食べられるものであるということを学習してしまう。トリがたまに苦い獲物を経験しても，そのために一貫して避けるというような学習は起こらないだろう。したがって，ベイツ型擬態が進化するためには，擬態種の毒を持つ種に対する割合は小さくなければならない。しかも，もしトリが最初に味のよい擬態種の方に出会ったとしたら，「誤った」メッセージを受け取ることになるだろう。例えば，赤＝甘いという学習をすると，それは後からの赤＝苦いということを学習する妨げとなる。この負の転移の問題を避けるために，擬態種は毒を持つ種よりも遅くに現れる傾向があり，捕食者が最初に毒を持つ種と出会う確率を高くしている。

4．d．　能動的防衛と受動的防衛　採餌行動に能動的なものと受動的なもの（例えば，「待ち受け」）があるように，対捕食者行動にも能動的なものと受動的なものがある。捕食者に追いつめられた哺乳類によく見られる**闘争・逃走反応**は能動的な対捕食者戦略の1例である。能動的な逃避はおそらく，アフリカの草原のヌーやレイヨウ，シマウマなどの草食動物によく見られるものである。これらの動物は大きな肉食獣に襲われたときには高速で走ることができる。軍拡競争という見方はチータが逃げる獲物を追うために走る速さ（100km/hにも達する）を見るとよく分かるだろう。能動的な逃避もそれを追うことも，大量のエネルギーを消費する行動である。したがって，被食者とその捕食者の間に一種のコミュニケーションが進化しているケースがあるのも驚くべきことではない。ガゼル（*Gazella thomsoni*）がチータ（*Acinonyx jubatus*）やリカオン（*Lycaon pictus*）などの肉食獣と出会ったときに見せる**跳躍ディスプレイ**はこのようなケースだと思われる。この

ディスプレイをするガゼルは四脚を伸ばして空中にジャンプする。チータはこのようなガゼルを追いかけることを止め，跳躍をしない個体を捕まえようとする傾向があることが観察されている（Caro 1986）。跳躍が有利なのは，それがチータにそのガゼルは非常に体力があり捕まえるのが困難であることを「知らせる」ためだと考えられる。またガゼルは捕食者に気づいており逃げる準備ができていると「言っている」のである。チータは追跡のためのスピードをごく短時間しか維持できない。だから，チータにとっても体力の劣った個体やまだ敵に気づいていない個体を襲う方が有利なのである。

跳躍をするガゼルが対捕食者行動の1つの極を表すとすると，キタオポッサム（*Didelphis virginiana*）の**持続性不動**反応はその対極にある。捕食者に出会うとオポッサムは身体を丸めて横になり死んだようになる（英語には，"play possum"＝死んだふりをする，という表現がある）。能動的捕食者は，たいてい死んだ動物には触らない。持続性不動は，ヘビや鳥類，哺乳類でも，さまざまな種でみられる。これに似た受動的な対捕食者行動にボールのように丸くなるというものがある。南米に棲むアルマジロ（*Tolypeutes mataco*）は，頭と尾がぴったり合うようになっていて，堅い外皮を外にして丸くなり，腹部の柔らかい部分を守る。アイゼンバーグ（Eisenberg 1981）は，受動的な対捕食者行動を進化させた哺乳類は，能動的な対捕食者行動を示す近縁種に比べて脳が小さいという傾向があると指摘した。表4-1は哺乳類のそれぞれの目に属する，身体の大きさがほぼ同じだが対捕食者行動が異なる種の**脳化指数**を示したものである。このような違いは能動的逃避をするためには受動的な防衛反応をするよりも，より多くの神経活動（知覚系と運動系）が必要であり，おそらく余分な神経組織も必要であるため，結果としてより大きな脳が進化したものと考えられる。

持続性不動は，鳥類でやや詳しく調べられている。また，トリは手品師のショーによく使われてきた。そのような手品の1つ，19世紀に「動物磁気」と呼ばれたものは，手品師がニワトリを手

表4-1 能動的あるいは受動的対捕食者行動を示す哺乳類の大脳化の程度の比較

分類群	対捕食者行動	
	能動的	受動的
有袋類	0.94	0.72
食虫類	0.74	0.45
貧歯類	1.45	0.79
齧歯類	1.09	0.72

注：数値は脳化指数（EQ）の平均値。EQは1つの種の脳の大きさの，その種が属する綱（この場合は哺乳綱）の脳の大きさに対する相対値である。EQ＝1はその体重から期待される哺乳類の脳の大きさに等しいことを意味する。EQが1より大きい（小さい）場合は，その体重の哺乳類に期待される脳の大きさより大きい（小さい）ことを表す。元のデータ（個々の種のEQ値）はEisenberg（1991）の報告による。

のひらに持ちながら急に逆さにし，完全な筋肉の弛緩をひき起こす。こうして，手品師は動物に催眠術をかけたと見せかけたのである。実際は急な動きが対捕食者反応としての持続性不動をひき起こしたのである。恐怖がこの反応の主要な要素と思われ，血中のストレスホルモン（例えば，コルチコステロン）の濃度の増加などがみられる。拘束による持続性不動が長く続くように人為選択されたウズラ（*Coturnix japonica*）は，ただ長い時間動かないでいるだけではなく，持続性不動が短くなるように選択されたものに比べ，発声，排便，活動量もより少ない。統計的分析から，これらの行動的指標は基礎にある1つの要因の現れであり，不動の持続時間の選択は，1つの刺激に特有な反応ではなく，**恐怖状態**という一般的な傾向に影響を与えているということが示されている（Jones et al. 1991）。

4.e. 防衛行動の社会的側面 同種個体から与えられる社会的手がかりを，捕食者から身を守るために使うという能力を持つ動物種は多い。実際，捕食の圧力が，サカナの群れ（一緒に泳ぐサカナの大きな集団）からアフリカの平原に棲む草食哺乳類の群れまで，社会的行動の進化に相当な寄与をしているということは十分考えられる。グループをつくることは，敵を見つける効率を増加させることになり捕食者に対する防衛に役立つから，個体にとっても有利である。さらに，サカナの群れは捕食者が現に存在していないときでも，捕食者を見つけることを学習させる能力がある。これは明らかに有利なことである。このことの例はゼブラダニオ（*Brachydanio rerio*）に見ることができる（Suboski et al. 1990）。

ゼブラダニオは実験室内の水槽のようなかなり制限のある場所でも群れを作る。表皮に損傷を受けたサカナからとった液体をタンクの中に注入すると，数分間に渡ってタンクの底にとどまって泳ぐという警戒反応を示す。これは，同種個体の損傷された皮膚からの分泌物に対して起こる，他のサカナでも観察される防衛反応であり，分泌物がまだ確認されていないフェロモン，**警報物質**と呼ばれる，を含んでいるのだと仮定されてきた。明らかにそのような物質が捕食者に捕まえられたとき放出される傾向があるようであり，群れの残りのメンバーが防衛反応を示すことで近くにいる捕食者から自分たちを守ることになる。

この基本的な効果を拡張すると，捕食者の発見がどのように学習され社会的に伝達されるのかの示唆が得られる（図4-10参照）。警報物質に中立なにおいをもつ化合物（例えばモルホリン）か顕著な視覚刺激（例えば，明るい光）を加えてその効果を調べた実験がいくつかある。その結果は，加えられたにおいや光が警報としての性質を獲得したということである。これは捕食者が近づいてくるときに，サカナが同種個体と接触することが無くても避難する行動を獲得するメカニズムとなる。しかし，もっと驚くべきは，以前に警報物質を経験したことのないゼブラダニオが経験のあるものと一緒にされてにおいや光を経験した時，やはり同じように対捕食者行動を獲得したということである。このサカナはグループの中の他の個体の行動を観察して防衛行動を学習しているに違いない。

「攻撃は最大の防御」とことわざに言うような戦略を被食者がとるという場合がある。例えば，ラットは捕食者が一定の距離に来ると動かなくなるが，さらに距離が小さくなると声を上げ，飛び上がり，捕食者に飛びかかる（Blanchard et al. 1986）。捕食者の存在は狙われる被食者がグループをつくる契機となり，その結果捕食者を妨害したり攻撃したりする場合がある。このような行動は**モビング**と呼ばれ，魚類や，鳥類，哺乳類の多くの種で観察されてきた。モビングの適応的意義はグループが捕食者を排撃する能力にあるようで

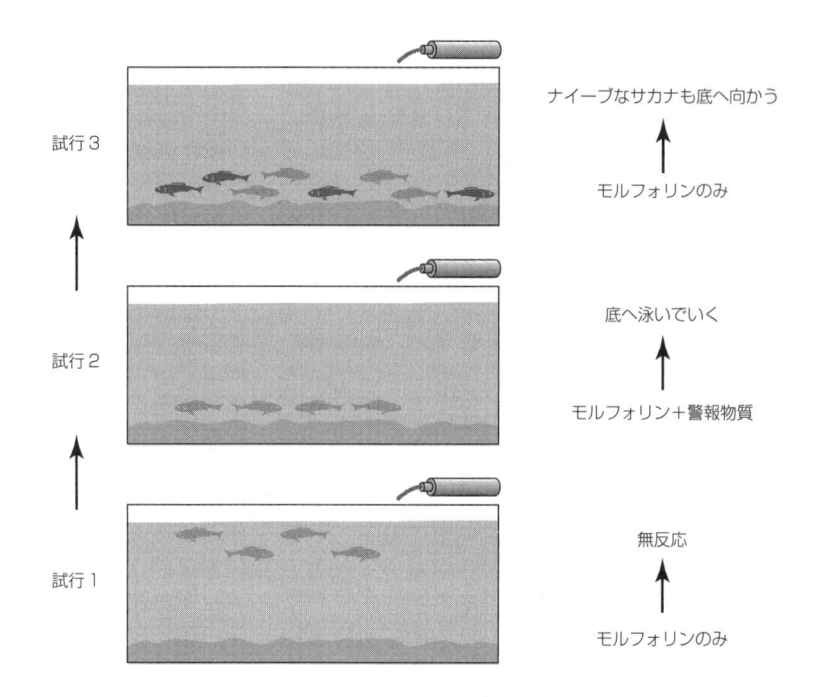

図4-10　ゼブラダニオ（*Brachydanio rerio*）の社会的学習を示したスボスキら（Suboski et al. 1990）が用いた手続き。 試行1ではふつうの状態では中性のにおいであるモルホリンに対してサカナたちは特別な反応は示さない。試行2では，同じサカナのグループにモルホリンと警報物質を混ぜたものが与えられた。サカナはタンクの下に向かい底部にとどまった。試行3では前の試行で訓練された個体と，新しいナイーブな個体が加えられ，モルホリンだけが与えられた。訓練を受けたサカナは試行1とは違って，モルホリンに対して底へ向かうという反応を示した。さらに，警報物質やモルホリンを一度も経験していないナイーブな個体も社会的学習によってモルホリンを警報物質として認識することを学習した。

ある。しかし，モビングは前にゼブラダニオで見られたのと同じように，捕食者の認知を促進する。例えば，よくある捕食者（例えば，フクロウ）に対して能動的防衛をするクロウタドリ（*Turdus merula*）は，他のクロウタドリを誘ってモビングを行なうことがある。実験ではクロウタドリが，防衛行動をしている他のクロウタドリと捕食者ではないものの模型を一緒に見せられると，その模型に対しても攻撃をするようになることが分かっている。キュリオら（Curio et al. 1978）は巧妙な方法を用いた。まず，1羽のクロウタドリにフクロウを見せることでモビング行動をひき起こし，もう1羽のクロウタドリ（オブザーバー）にはフクロウは見えないが，初めのクロウタドリ（デモンストレーター）と捕食者ではない動物の模型（オーストラリアミツスイの模型）あるいはプラスチックボトルが見えるようにした。後のテストで，観察者のクロウタドリは本来中立だった対象（ミツスイの模型やプラスチックボトル）に対してモビング行動を示した。したがって，このような種では捕食者の発見の社会的伝搬には条件づけの過程が関係していると考えられる（→第13章参照）。

同種個体に捕食者の存在を知らせる驚くべき能力が，ワオキツネザル（*Lemur catta*）やサバンナモンキー（*Cercopithecus aethiops*）を含むいくつかの霊長類に見られる。これらの動物は捕食者のタイプによって異なる音響的特性を持つ音声を発することができる。これは言語の特徴に近いものである。例えば，ケニアのアンボセリ国立公園のサバンナモンキーは，そこでよく見られる捕食者であるヒョウとヘビとワシに対して，明確に異なる音声を持っている。この行動については注意深い観察がなされ，音声をプレイバックする方法で

研究が行なわれている (Seyfarth et al. 1980)。おもしろいことに「ヒョウ音声」を聞くと地上を歩いているサルは木に登り,「ワシ音声」を聞くと急いで木から下りるという傾向が見られることである。「ヘビ音声」には下を見るという行動をひき起こす傾向があり,サバンナモンキーが地上にいると後ろ脚で立って周りを見回す。これらの行動は,捕食者に特有な場所(地上か空中か)に適合しているという意味で注目に値する。

4.f. 警戒反応と間接適応度 警告色に関するパラドックスについては,4.c.で少し言及した。経験のない捕食者に食べられてしまう個体にとって,警告色の利点はなんだろうか。群選択の概念(→第2章,5.g., 47-48頁参照)に従うと,個々の動物は死んでしまうが,同種個体は生き延びる可能性が高くなるという議論ができるだろう。その形質を持つ個体の犠牲によって同種個体に利益をもたらすような形質は**利他的**であるとされる。警告色の直接的な意義は個体の生存にあるが,ここで言う「利益」と「犠牲」は明らかに,繁殖の結果によって定義されるものである。利他的形質はそれを持つ個体の死を導き,その基礎となっている遺伝子の伝達を妨げるものであるから,説明が難しいように思われる。警告色という形質を最初に発現した個体が死んでしまうのなら,その形質を符号化している遺伝子はどのようにして集団内に拡がっていくのだろう。

この疑問に対する1つの答えは,**血縁理論**によって与えられる。これはイギリスの生物学者,ウィリアム D. ハミルトン (William D. Hamilton)[1936-2000]によって最初に提起され,多くの利他的形質の進化を説明するものと広く信じられている (Hamilton 1964)。血縁理論の基本的考え方については第2章で簡単に触れた。それは,個体の適応度が直接適応度と呼ばれるダーウィン流の古典的な要素(つまり,子を通じて直接の子孫をつくる)と間接的な要素からなるとするものである。この2つの要素の和が包括適応度と呼ばれる。間接適応度の概念は,以下のことを理解する助けとなる。すなわち,その形質を持つ個体の直接適応度を減少させても(死をもたらす場合など),その損失分を補うだけの間接適応度を増加させる形質は進化し,その形質の基礎となる遺伝子が拡がっていくということである。例えば,ガはある植物に数百の卵を産みつけ,そこから生まれる幼虫は警告色を発達させる。経験のない捕食者を惹きつけて死んでしまった個体は,血縁関係のある他の個体を守ることになるだろう。もし卵がすべて1匹のオスによって受精していると,これらの幼虫はすべて兄弟姉妹であり,平均50%の遺伝子を共有していることになる。この例で問題になる共有遺伝子は,1つの種の中で個体間の変異を決めている遺伝子である(明らかに,共有される遺伝子の多くは種に特有であるが,血縁理論が問題とするのはこのような遺伝子である)。利他的形質は,こうして血縁関係によって遺伝子のコピーを持つ可能性の高い個体の適応度を増加させることによって,その基礎となる遺伝子の拡散に寄与している。「利他的」という言葉が個体の性質に対して使われるのは表面的な意味であることに注意しておこう。その性質は近縁個体の包括適応度を高めるのだから,直接の子孫の包括適応度を高める他の一般的な性質と同じように遺伝的には「利己的」なのである。

血縁理論の簡単な説明からも2つのことが明らかになる。1つは,同種個体が共有する遺伝子の役割を強調する理論はすべて,社会的行動の進化に対して重要な意味をもつということである。多くの例を第5章で取り上げる。これらの例は主に生殖行動に関係しているからである。しかし,哺乳類の警戒音声については以下で詳しく議論する。第2に,血縁理論を本気で検証しようとすると自然集団の中の個体を同定し,遺伝的関係の程度を測定する必要がある。このことを実際に行なうことの困難さは想像して余りあるところだろう。

このような条件はベルディングジリス (*Spermophilus beldingi*) の**警戒音声**の機能的意義に注目した長期的研究によって満たされた (Sherman 1985)。血縁理論を検証するには2種類の経験的証拠が必要である。第1に,この理論に従えば警戒音声が利他的形質として分類されるためには,犠牲を生じるということが必要である。第2に,

この理論は，近くに近縁個体が棲んでおり他者の警戒音声から利益を得る個体は，近くに血縁がほとんどいないものより利他的な警戒音声を出すことが多い，ということを予測する。シャーマンは，カリフォルニアのシエラネヴァダで1969年以来，個体に標識を付け，ジリスの集団を研究している。この集団の動物については家系図ができており，捕食者との出会いのどの場面でも，ジリスの個体識別ができ血縁の程度も分かるようになっている。ジリスは穴の中に棲み，昼間地上で活発に採餌をする。一定時間間隔ごとに後ろ脚で立ち上がり周りの状況について情報を集める。捕食者を発見するとこの姿勢で警戒音声を発する。

捕食者が地上を近づいてくるか（例えば，コヨーテ），空から来るか（例えば，ワシ）によってジリスは異なるタイプの声を出す。地上あるいは空中からの捕食者を見つけたときに声を出すものとそうでないものを比べると，声を出すものが犠牲になる割合は地上の捕食者の場合に多い。血縁理論は地上の捕食者への警戒音声が利他的である（空中からのものについてはそうではない）ことを示唆する。1つの可能性はこのような声を出すことによる損失は，声を出すものとそれによって注意を受ける同種個体の遺伝的関係が強いことによって補われているということである。声を発したものが捕食される確率は声を出さないものの2倍になるが，近縁個体は穴に安全に逃げ込んで利益を受ける。対照的に空からの捕食者に対する警戒音声は自らに直接の利益がある。すなわち声を出すことによって自分自身が捕まえられる可能性が相当小さくなるのである。空からの捕食者によって出る声は，近くにいるリスたちにばらばらな反応をひき起こし，猛禽類はもっぱら視覚によって獲物を捕るので，これが一種の視覚的混乱を来すのだろうと考えられる。

ジリスは他の社会的哺乳動物と同じように，性によって異なる分散パターンを示す。オスは，通常生後5年を経過すると生まれたグループを離れ，幼いうちに別のグループに入る。一方，メスは生まれた地域にとどまる傾向がある。この独特の分散パターンは，近くに棲んでいる個体間の遺伝的関係は，オスよりもメスにおいて高い傾向があることを意味する。この特徴によって，1つの種の中で血縁理論を検証することができる。この理論によると利他的警戒音声（地上性捕食者）はもっぱらメスによって行なわれることが予測されるが，利他的でない発声（空中性捕食者）の頻度には性差がないはずである。主な結果は図4-11に示されている。実線と波線はそれぞれ，偶然地上性あるいは空中性捕食者に対して発せられる警戒音声の分布を表している。メスは両方のタイプの警戒音声を発する頻度がオスより高いが，警戒音声の分布について偶然からの期待値と実測値の差は（特に成体において）空中性捕食者より地上性捕食者に関して大きい。コヨーテや同じような地上性捕食者が近づいてくるとき，自らの生命を犠牲にして集団に対して注意を促すのはもっぱらメスである。一方，オスはこの対捕食者行動を行なうことがない。このデータは，少なくともある場合においては，利他的な個体から遺伝的関係を持つ個体へ生殖上の利益を与えることによって，利他的行動が進化することがあるという結論を支持するものである。

5. 相互作用のタイプ：まとめ

この章では，動物個体間のいくつかの相互作用のタイプについてみてきた。ここでそれぞれの特徴を要約して全体を見てみよう（表4-2参照）。これらの相互作用は摂食行動に関連しているが，他のタイプの機能の文脈，特に生殖行動に関連しても観察されるものである。生殖行動については第5章で扱う。

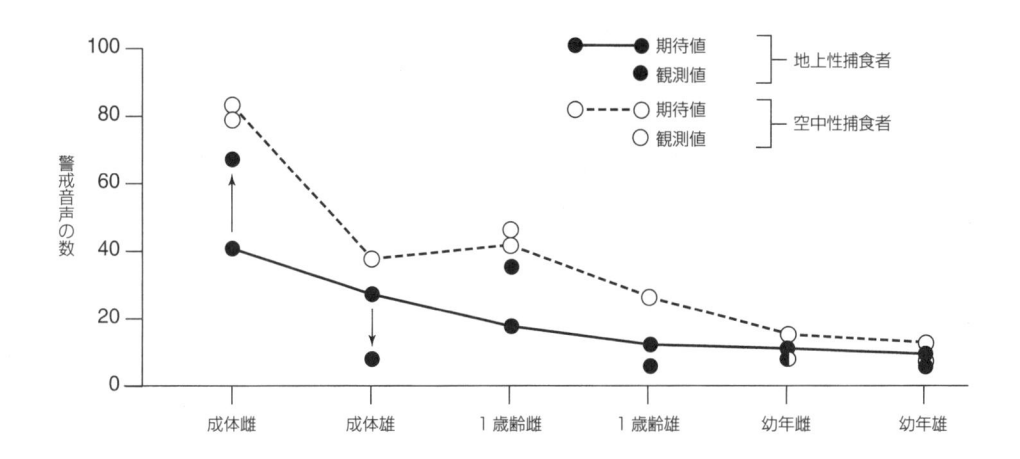

図4-11 ベルディングジリス（*Spermophilus beldingi*）の成体メスは地上性の捕食者に気づいたとき偶然から期待される以上の数の警報音を発するが，成体オスの発声は偶然から期待される数より少ない（黒丸，矢印で指示）。メスはオスと違って同じ場所に棲む近縁個体から利益を得る可能性があり，地上性捕食者に対する警報音は犠牲を伴うものだから，この行動は利他的であると定義される。このような利他的行動は血縁理論によって説明される。空中性の捕食者に対して観測された数は期待値とほぼ同じであるから，このタイプの音声は利他的なものではないと考えられる（Sherman 1985）。

表4-2 相互作用のタイプ

相互作用	タイプ	利益	例（セクション）
競争	種間	1個体のみ	ガラパゴスのフィンチ（1.）
協同	種内	すべての個体	若いカラス（3.e.）
相利共生	種間	すべての個体	ミツオシエとボラン族の男たち（3.i.）
寄生	種間	寄生者（寄主の損失）	貯蔵された食物を奪うクマ（3.i.）
捕食者-被食者	種間	捕食者（被食者の損失）	ガとコウモリ（4.a.）
利他行動	種内	受け手（利他行動者の損失）	ジリスの警戒音（4.f.）

第5章　生殖行動と社会的行動

第5章の概括　・有性生殖をする種のオスとメスの結びつきと，親としての養育をする種の母子関係が，社会性の基本要素である。
・配偶システムのような社会集団の性質は，個体の行動的および神経生物学的な形質から創発するものである。
・自然選択，性選択，血縁関係，協同，互恵行動の概念は，社会性の進化を理解するための主要な概念である。

　生殖行動と社会的行動は**有性生殖**に直接起因するものである。有性生殖では雌雄それぞれの生殖細胞が一緒になって新しい個体がつくられる。有性生殖は減数分裂と受精という2つの主な過程からなる。減数分裂では1組の染色体（半数体）を含む生殖細胞が形成される。これは体細胞と呼ばれる他の細胞が2倍の数の染色体（全数体）をもつのとは異なっている。受精はメスの卵（2種類の生殖細胞のうち大きい方，通常は運動性を欠く）にオスの精子細胞（生殖細胞のうち，より小さく運動性の高いもの）が入り受精卵を形成する過程である。受精卵は接合子とも呼ばれる。接合子では全数体の染色体が復元され，ここから複雑な発生・発達の過程を経て新しい生物が成長する。受精が起こるためには関与する生物同士が近づくことが必要である。このために行動にも大きな影響を及ぼすさまざまな問題が生じてくる。性的パートナーは互いをみつけ，性的交渉に入ることに同意しなければならない。そして，生まれる子が性的に成熟するまで育つように図らねばならない。こういう基本的な問題が，求愛行動やなわばり行動，攻撃と競争，配偶者選択，互恵行動，養育行動などさまざまな行動カテゴリーを生み出している。この章ではこれらの行動を取り上げる。

　すべての動物が有性生殖を行なうわけではない。例えば，孤立したポリプとして生息し散在性の神経網を持つ刺胞動物のヒドラ（*Hydra*）は，体の一部を伸ばしそれが分かれて新しい個体をつくる。この出芽と呼ばれる過程は，イソギンチャクなど他の腔腸動物やカイメンやセンチュウなどでも起こる。昆虫や魚類，カエル，トカゲの中にはメスが未受精卵から正常な子をつくることのできる種もある。これは単為生殖と呼ばれる。ここに挙げたような**無性生殖**の場合には，減数分裂や受精の過程が含まれないために生殖は速く起こる。体細胞分裂（有糸分裂）によって細胞数が増大し，完全な成体を生じる。しかし，こうして生じる子はすべてクローンである。すなわち遺伝子型はすべて同じで，集団はきわめて均一なものとなる。単為生殖によってのみ繁殖する種が知られている。例えば，ハシリトカゲ（*Cnemidophorus uniparens*）の1種はすべてメスである（Crews & Moore 1986）。実際，この種と同じ属の45種のハシリトカゲの3分の1が単為生殖をすることが

知られている。しかし，ふつうは有性生殖と無性生殖のモードが同じ動物に存在し，食物資源の量などの環境要因に依存して2つのモードが交替する（→第2章，4.i.，40‐42頁参照）。この状況は遺伝的多様性（有性生殖の結果として生じる）と繁殖の速さ（無性生殖の特徴）との間に均衡関係があることを示している。生態学的条件によってどちらかがより高い適応度をもつ場合がありうる。

　有性生殖では求愛行動と交尾のために動物は他の動物とわずかでも交渉をもたざるをえない。これが，他の相互関係の基礎となっていると考えられる。母子関係，オス同士の関係，さらには，さまざまな程度の構造や階層をもつ社会を形成する個体の集合もここに基礎がある。そのような個体の集合は，一方で社会的行動を重要な特徴とする系統の進化に重要な影響をもつ。例えば，ワイルズら（Wyles et al. 1983）は社会的相互作用が新しい行動の拡散を引き起こすことになると考えた。集団の中で特に「創造的な」個体の始めた行動が広がり，集団は新たな生態学的圧力を受けることになる。例えば，ある動物が新しい食物資源を利用する（おそらくは道具の使用を伴う）方法を見つけだす。それは，社会的促進や模倣によって集団の中に次第に広がっていく。この行動上の革新とそれが集団内に広まることで，その動物の適応度は新しい食物を消化する消化器官の能力と，その食物を手に入れるために必要な道具を作り出す器用さに影響されるようになる。興味深いことに，サンショウウオやカエル，トカゲ，さらに鳥類，哺乳類を含むいくつかの種のグループにおいて，化石記録から推定される形態学的な進化の速さと脳の大きさとの間に正の相関が見出されている。脳の大きさはその動物の行動がどの程度可塑的かということに関係するものであるから，このことは行動の複雑さが進化的変化の速さと関係があるという見方を支持するものである。行動は単に進化するというだけではなく，少なくともいくつかの種においては進化の過程に影響を及ぼすのである。

1. 社会的行動の基礎メカニズム

　伝統的に比較心理学者たちは，生物はマヤのピラミッドのように階層やレベルによって組織化されているという考え方を強調してきた。ピラミッドの最下層には物理化学的過程があり，細胞，組織，器官，システム，そして行動のレベルが順に積み上げられている。このような観点では，社会的相互作用は一番上のレベルにあると仮定される。しかし，社会的行動はそのタイプに関わらず，個々の生物がもつさまざまな能力によって支えられているものである。例えば，ある動物集団が一夫一妻制あるいは一夫多妻制となるのかについて自然選択が直接に影響力をもつということは考えにくい（配偶システムについては後の2.で議論する）。なぜなら，このような性質は生物の表現型の性質ではなく，動物自身の体制化の過程から生まれてくるものだからである。したがって，自然選択が何らかの行動的能力に影響を及ぼし，与えられた生態学的条件との相互作用によって，結果として一夫一妻のペアをつくったり，多妻性のハーレムを形成したりという集団の特性が生じるのだろう。一般的にいって，動物の社会的行動は個体にみられる過程に基づいている。そのような過程の例としては，顔を弁別する能力や社会的強化に対する感受性，近縁個体を見分ける能力などを挙げることができる。

1. a．社会的行動の知覚的基礎　集団の社会的関係は集団メンバーの個体認識の能力に依存している。ガーターヘビ（*Thamnophis radix*）は同じ親から生まれた個体でも食物に対する好みが異なっている。しかし，2匹のヘビが同じタイプの食物を好む場合には闘わなければならない事態が生じる。あるヘビが，別のヘビの口の中にある餌となる虫に飛びかかると，餌をとる過程でそのヘビも食べてしまうかもしれない。実験ではガーターヘビは，以前に食物が関わる場面で出会った

ときに争う必要がないと分かった他のヘビ（すなわち，同じ種類の餌のために争わなくてもよい相手）の近くにいる傾向がある。5ヵ月間離されていたヘビ同士が，ふたたび一緒にされても競争相手ではないことを認識できるという（Yeager & Burghardt 1991）。ガーターヘビが過去の経験に基づいて特定の個体を認識する能力をもっていることは明らかなようだが，実際にどのようにして個体認識をしているのかはまだよく分かっていない。

個体認識のような，これほど洗練された社会的行動に関係する能力が社会的文化をもたないヘビに備わっていることは興味深い。このような能力はごく限定された条件の下で進化し，いったん利用可能になるとより広範な文脈，あるいはまったく異なる文脈で機能するようになるのかもしれない。将来の機能に対して，このような形質は前適応といわれる。つまり，ある機能の前提となるもの（複雑な社会的行動に必要な個体認識の能力）が多少違った機能（おそらく，ヘビの例の場合には争う必要のない個体と集まるため）のために進化したということを指す。この概念を援用するのは，目的論的意味をもつ可能性があるという点で危険である。適応は，それがどれほど適切なことと思えたとしても，将来必要な機能のために進化するということはあり得ない。現在の適応的機能は生物学的形質が進化する文脈を与えている。しかし，いったん適応の副産物が役に立つことになれば，さらに自然選択が働く素材を提供することになる。

集団内の個体を認識する能力は，一夫一妻制のペアのように，特定の個体と関係をつくるためには不可欠なことのように思われる。オーストラリアのセキセイインコ（*Melopsittacus undulatus*）はコロニーをつくって棲む小さなオウムの一種であるが，一生続く夫婦関係を形成する。セキセイインコは頭部の羽毛にみられる斑紋の色やパターンと虹彩の色と大きさによって，顔を見分け個体認識をする（Brown & Dooling 1992, 1993）。実物やコンピューターで作成した同種個体のパターンを用いた多くの実験から分かったことは，知覚的に最も目立つ斑紋は，個体の性と年齢と所属集団を表すものだということであった。例えば，体色よりも顔の色の方が容易に区別される。おそらく顔の色がこの鳥たちの繁殖集団のメンバーを認識する手がかりとなっているのだろう。さらに，メスのセキセイインコは虹彩の大きさが違う顔を簡単に見分けることができた（オスにはできない）。虹彩の大きさは求愛行動においてオスが用いる特徴である（オスは一連の配偶行動の中で，素早く瞳孔を収縮させ大きな虹彩を見せる）。

また個体認識を必要とする別の社会的状況は，高度に構造化された集団で資源（メスや食物など）を手に入れる機会が社会階層内の地位に依存するという場合である。例えば，霊長類は一般に**リーダーシップ構造**を特徴とする集団で生活する。したがって，このような集団の個体にとって社会的相互作用の結果は非常に重要である。優位の個体に対して「不適切な」行動を示すと，攻撃を受け，傷ついたり，時には死に至るという危険を冒すことになる。同じ集団内で攻撃をしてくる個体の写真を見せられたチンパンジー（*Pan troglodytes*）では心拍の増大がみられる。対照的に，仲間の写真を見せられても心拍が増加することはなく，見知らぬ個体の場合には心拍が下がるという（Boysen & Berntson 1989）。

このような心拍の変化は，チンパンジーが過去の社会的相互作用から特定の個体を弁別できるということを示している。実際，チンパンジーは自己のイメージと他のチンパンジーのイメージとを弁別できると言われている（Gallup 1970）。最初に行なわれた観察では，チンパンジーに麻酔をかけ，その耳と眉の上（すなわち直接見えないところ）に印を付けた。そして鏡が導入される前と後とで，チンパンジーがその印に触った回数が記録された。この実験や同じような方法でテストされた何頭ものチンパンジーが，鏡があるとその印に触るという傾向を示した。この事実はチンパンジーが**自己認識**をもっているという可能性を示唆している。その後の新世界ザルや旧世界ザル，また他の類人猿を含む他の霊長類での研究によると，自己認識をもつ種は限られているようである。しかし，これらの結果は，ほとんどの場合，研究対象のサンプル数が小さいので注意してみる必要がある。チンパンジーだけは例外で，すでに150

頭以上の個体が系統的に調べられてきた。調査の結果には相当な個体差がみられる。鏡による自己認識を示したのは調べた個体のうちのごくわずかだったという研究もある。スウォーツとエヴァンズの研究（Swartz & Evans 1991）では 11 頭中のただ 1 頭だけが鏡テストをパスした。鏡に映った像によって自分自身の身体を調べるチンパンジーがいることは確かであるが，この事実が自己認識の能力をどの程度表しているのかは，まだ明らかではない。

1．b．社会的強化　チンパンジーの例に見られたような，同種個体のイメージがもたらす情動的効果は，社会的相互作用が強化として働く可能性を持つことを示唆している。飢えた動物の行動が食物強化によって影響されるように，社会的動物の行動は社会的強化に影響を受けるだろう。**社会的強化**とは，同種個体の存在あるいは同種個体と接触する機会が動機づけとして意味をもつ状況で，動物がその状況について学習できる能力を指す。社会的強化の例は多くあるが，例えば母子関係，きょうだい関係，オスとメスの関係，オス同士の関係などに見ることができる。

　マーモセット（*Callithrix jacchus*）の生殖行動には，幼体の養育にかなりの援助行動が行なわれるという特徴がある。メスのマーモセットは 1 度に 2 頭の子を産む。母親は子どもを養育し育てるが，家族内の他の個体やときには血縁関係のない個体が 2 頭の子を養育する。したがって，メスのマーモセットの母親行動が過去に子を養育した経験に依存するということは驚くことではない。プライスら（Pryce et al. 1993）は巧妙な装置を使い，適当に選んだ反応でもマーモセットのメスが社会的強化によって学習するということを示した。典型的な事態では，1 頭のメスが反応用のバーがある実験箱に入れられる。それと同時にテープレコーダーから苦しんでいる子ザルの声が流される。そのメスがバーを押すと子ザルの声が止まり，子ザルの模型がおかれた隣の部屋の明かりがついて，それを見ることができる。その後 15 秒経過すると，また同じ試行が繰り返される。実際に子ザルに触れることはできないのに，このような強化が効果を持つこと自体が不思議なことである。

　ニワトリ（*Gallus gallus*）のヒナでは，きょうだいたちに近づくことが強い強化となる。これは，ヒナにまっすぐな通路を目標箱まで歩くことを学習させる実験によって示されている（Vallortigara et al. 1990）。4 日齢のヒナは，生後何日かを一緒に過ごした他のヒナのいる目標箱に近づくことをすばやく学習した。おもしろいことに，すべてのヒナが通路を走ることを学習したが，メスの方がオスよりも社会的強化に敏感であるように思われた。つまりメスの方が学習が有意に速かったのである。対照的に，食物によって行動が強化された場合にはオスの方が成績がよかった。このことは，ここで見られた差が，学習に関する性差の一般的影響ではなく，状況によって強化に対する感受性が雌雄で異なることを示している。

　オスとメスが関わる**交尾行動**の文脈には，明確でおそらくかなり普遍的な社会的強化の基礎となるものを認めることができる。交尾を求める行動の動機づけは，（経験則として）繁殖成功につながるものとみなすことができるだろう。しかし，交尾行動は，例えば摂食行動などと比べると，いくぶん特殊な条件にさらされている。多くの種で，繁殖は特定の季節に限られていたり，あるいはメスの生殖可能性に一定の周期がある（例えば，多くの哺乳類のメスにみられる性周期）。さらに，オスには交尾直後に不応期があり，性的強化の動機づけとしての力は激減する。このような特殊性から，比較心理学者は性的強化を研究するために特別な手続きを開発することを余儀なくされてきた。不応期の影響を小さくする方法の 1 つは，メスを得るためではなく，過去経験から生殖可能なメスに近づけることを知らせる確かな信号となっている刺激のために反応させることである。この手続きは交尾のような**一次強化子**が，その動機づけの要素を信号刺激に転移させ，その信号刺激を**二次強化子**として用いることができることに基づいている。例えば，エヴェリットら（Everitt et al. 1987）はオスのラット（*Rattus norvegicus*）に光刺激を 30 秒間提示した後にメスをオスの部屋に入れた。このように光と交尾を時間をおいて

対にすることを何度か繰り返した後では，オスは反応に対して光刺激が提示されるだけで，バーを押すという反応を獲得できた。二次強化子として，光刺激は行動を動機づけたのであるが，実際に交尾と射精を伴わないためオスが不応期に入ることはなかったのである。

オス同士の状況での学習は，強いなわばり行動を示す種でよく見ることができる（トゲウオやブルー・グーラミー，シャムトウギョなどは実験動物としてよく使われる）。例えば，オスのシャムトウギョ（*Betta splendens*）はなわばりを侵す他のオスに対して，すべてのヒレとエラブタを立てて相手に向かっていくディスプレイなど，さまざまな行動をみせる。おもしろいことに，トウギョのオスは鏡に映った自身のイメージを侵入者であるかのようにみなす。この特徴は実験を計画する上で役に立つものである。例えば，トンプソンとスターン（Thompson & Sturn 1965）は，光刺激を10秒間提示した後に鏡を15秒間見せた。何度かの試行の後に，自身のイメージに対するのと同じ行動が光に対してみられるようになった。このように強化力が転移するということは，オスは別のオスの接近を予告する視覚刺激に対して反応するということを示している。なわばりの中のオスにとって，競争相手が来ることを予測することが利益になるのだろうか？

1. c. 社会的強化から繁殖成功へ この疑問はわれわれの関心を行動の近接要因から究極要因へと移すことになる。というのは，ここで「利益」というとき，実際には「繁殖上の利益」を意味しているからである（→第2章，5.，42-48頁参照）。おそらく生物学的に重要な事象を予測することの機能的利点は，生物がさし迫る事象に対して準備できることにある（Hollis 1982）。この問題にアプローチする1つの方法は，重要な事象が予測可能な動物と不可能な動物の繁殖成功を調べることである。例えば，なわばりをもつオスは，侵入者の接近を知ることができると，より効率的になわばりを守ることができるだろうか。交尾が可能なメスが来ることを予測していたオスは，そのメスとの交尾の可能性を高めることができるだろうか。なわばりを守ったり，メスとの交尾が繁殖成功と正の相関をもつことは仮定できる。したがって，これらの問いに肯定的に答えることができるなら，社会的強化に対する感受性が適応的意義を持つという考えを支持することになるだろう。

グーラミー（*Trichogaster trichopterus*）やウズラ（*Coturnix japonica*）を用いた実験は，他のオスやメスが近づくときに環境から何らかの信号が与えられると，オスは繁殖上の利益を得ることを示している。どちらの種でもオスは繁殖期の初めに小さななわばりをつくり，侵入者が入らないようにする。メスがなわばりをもたないオスとつがうことはめったにない。オスにとって大きな問題は近づいてくる同種個体が別のオスなのか交尾可能なメスなのかを見分けることである。もしなわばり内にいるオスがそれを区別できないと，侵入してきたオスに求愛したりメスに攻撃をしかけたりという非適応的な行動に出ることになりかねない。もし，オスがなわばりに入ってくる個体の性別を予測することができれば有利であろう。

ある実験（Hollis et al. 1995）では，オスのグーラミーが，光刺激が別のオスと対提示される（L＋オス）か，光刺激の後に何も提示されない（L－オス，これらのオスには非対提示のコントロールとして光刺激提示の6時間後に別のオスが提示された），いずれかの条件で訓練を受けた。その後，これらのオスが別のオスに出会わされたとき，L＋オスは11匹中10匹が勝ったが，L－オスは11匹中たった1匹が他のオスを追い払うことができただけだった。しかし，この勝利の経験は後の出会いにも長期的効果を持ったようである。数日後にこれらの個体がまた別の侵入者と出会わされたとき，信号がなくても，11匹のL＋オスのうち6匹が勝つことができたが，L－オスで勝ったものはいなかった。勝ち負けを決めたのがオスのもつ特徴ではなく，信号が存在するか否かという環境の特徴であったことに注意しなければならない。オスはいったん競争に勝つと勝者のままでいる可能性が高く，敗者は敗者にとどまる傾向があるのである。

グティエレスとドムヤン（Gutiérrez & Domjan 1996）はオスのウズラに聴覚弁別を訓練した。1

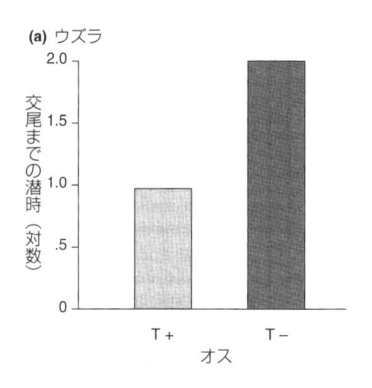

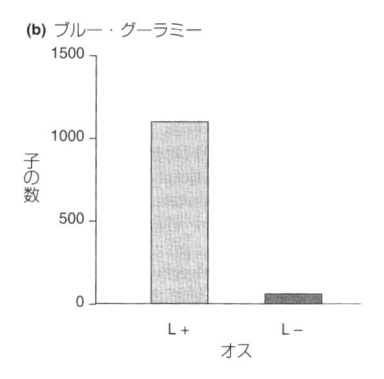

図 5-1 (a) オスのウズラ (*Coturnix japonica*) は，過去にメスの来ることを知らせた音刺激がメスの出現に先立って提示されると (T+)，音刺激が対提示されない場合 (T−) より，すばやく交尾をする (Gutiérrez & Domjan 1996)。(b) オスのブルー・グーラミー (*Trichogaster trichopterus*) は，過去にメスの来ることを知らせた光刺激がメスの出現に先立って提示されると (L+)，光刺激の対提示を経験していない場合 (L−) より，多くの子をつくった (Hollis et al. 1997)。

つの音刺激がメスの存在の信号となり，もう1つの音刺激はメスの不在を意味する。問題となるテストでは2羽のオスが1つの囲いの中に入れられ音刺激が提示された。ところが，このテストのポイントは，提示された音刺激が一方のオスにはメスの存在を意味するが（T＋オス），他方にはそうではなかった（T－オス）ということである。図5-1-(a)に示すようにT＋オスの方がT－オスより早くメスと交尾した。音刺激が提示されたとき，T＋オスは囲いの中でメスが現れていた場所にすばやく近づいたが，T－オスは動かなかった。交尾においてT＋オスが有利だったのは，この予期的な接近反応によるものである。実際，対提示の訓練を受けたオスのウズラが放出した精子の量はコントロール群のオスより有意に多かった (Domjan et al. 1998)。オスのグーラミーの実験でも対提示の訓練は相当な繁殖上の利益をもたらすことが示されている (Hollis et al. 1997)。この場合には光刺激とメスの対提示を受けたオス（L＋オス）と，対提示を受けなかったオス（L－オス）とがつくった子の数を比較することができた。図5-1-(b)に示されている実験結果は，明らかにL＋オスがつくった子はL－オスより有意に多いことを示している。この差の理由は上に述べた弁別の問題に関係している。L－オスはL＋オスより攻撃行動をすることが実際に多かったが，L＋オスは近づいてきたメスとすぐに交尾した。L－オスは攻撃的ディスプレイによってメスを遠ざけてしまい，求愛の機会を失うことが多かったのである。

1.d. 血縁認識 血縁認識のメカニズムが進化する理由には少なくとも2つが考えられる。1つは第4章（→93-94頁）でみた警戒音声のような血縁効果は血縁認識の能力を必要とする。血縁理論では，一見**利他行動**にみえる行動の進化は，実際は**間接適応度**，すなわち遺伝的に関係のある個体に（行動する個体の犠牲によって）利益が転移する，ということによっているのだと考える。この機能的見方は，犠牲を払う利他行動が適切に行なえるように，血縁個体を認識できる近接的なメカニズムが進化していることを意味する。例えば，一般にメスのジリスはよく警戒音声を発するが，その行動は血縁関係のない個体の中にいるときよりも，付近に血縁個体がいるときの方がよく起こる (Sherman 1977)。

一方，第3章（→55頁）で述べたように，近親交配が続くと有害な効果をもつ遺伝子がホモ接合の状態で蓄積され近交弱勢が起こる。近親交配を回避するためには，やはり血縁認識の能力が必

要になる。明らかに血縁認識は，求愛時に典型的にみられる，**種の認識**の特殊な場合である。兄弟姉妹（最も強い遺伝的関係）と別の種のメンバー（最も弱い遺伝的関係）を両極とする次元を考えてみよう。最適な生殖行動のためには，動物は他種との交尾（最も極端な異系交配）を避けるだけではなく，強い血縁関係のある個体と交尾すること（最も極端な近親交配）も避けなければならない。前者の場合には生殖能力のない子を無駄につくることになり，後者では近交弱勢を来すことになる（Bateson 1983）。

血縁認識はどのように機能するのだろうか。ヒトの場合でも自分の家系図をつくることが難しいことを思うと，動物は単純な経験則に従って血縁個体を区別しているのだろうと考えられる。おそらく最も簡単な方法は，見慣れた個体とそうでない個体を識別することである。もし2匹の動物が一緒に育ったとすると，互いに遺伝的関係をもつ可能性が高い。一方，見慣れない個体は近縁個体の集団の外から来ることが多い。同腹の子を操作したり集団のメンバー構成を変える実験によって，「親近性」と「血縁関係」を区別することは簡単である。このような実験から親近性に基づく認識が行なわれている場合があることが示唆されるが，血縁認識には単純な親近性以外の他の手がかりが使われているようである。

例えば，霊長類には過去にほとんど交渉がない血縁個体を無視して，親近性に基づいて集団をつくるものがある（Frederickson & Sackett 1984）。ガラパゴスのマネシツグミ（*Nesomimus parvulus*）では，血縁認識は単純な連合学習に基づいているようである。すなわち，ヒナの時にエサを与えてくれたものを血縁個体とする（Curry & Grant）。現時点で繁殖をしている2個体からエサを与えてもらっていた場合には，その一方だけからエサをもらったりまったくもらわなかった場合よりも，繁殖を手助けする可能性が高い。親がヒナにエサを与えるのがふつうだから，このような単純な連合でも通常は（助ける側の鳥の）利他行動が正しく血縁個体（繁殖中のつがい）に向けられることになる。対照的に，メスのジリス（*Spermophilus beldingi*）は別々の母親に育てられても血縁個体を弁別することができる（Holmes & Sherman 1982）。実験室で生まれたばかりの個体の母親を入れ替え，さまざまな組み合わせをつくる。別々に育てられたメス個体は，姉妹である個体にはそうでない個体よりも，成長したときに攻撃的行動を示すことが少ない。したがって，メスのジリスでは血縁認識は単なる親近性によるものではないように思われる。しかし，どのようにして血縁個体を弁別しているのかはまだ明らかにはなっていない（家系に特有なにおいによるものだろうか？）。興味深いのは血縁認識に必要な情報が胎内での発達期に獲得されるという可能性である（Robinson & Smotherman 1991）。ラットの胎児はさまざまな感覚刺激に反応することができ，連合学習によって生後の行動に影響を与える選好や反応を獲得することが知られている（胎児期の学習については第11章，1.d.，314-315頁で詳しく扱う）。

2. 配偶システム

有性生殖をする種は，オスとメスが一緒になり繁殖するという能力をもつ必要がある。受精は体内で起こる場合でも（哺乳類），体外で起こる場合でも（多くの魚類や両生類），オスとメスがある時間一緒にいることが必要である。もしこの雌雄の関係をごく短い時間だけ見れば，すべての種は一夫一妻制であるともいえる。しかし，多数の受精の機会を含むより長い時間を考えてみると，種によってさまざまな配偶システムが存在している。実際，雌雄ペアが繁殖期間中を通して一対一の関係を維持したり，さらには一生に渡って同じペアを維持する種がある。このような関係を**一夫一妻制**という。しかし，生殖可能なオスのごく一部だけが集団中のほとんどのメスに精子を供給する場合もあり，これは**一夫多妻制**と呼ばれる。この場合，他のオスはさまざまな方法によって繁殖

が阻止されることになる。また，比較的まれではあるが，逆の関係が存在する場合もある。すなわち，メスの方がオスを得るために競争する。このシステムでは，一部のメスだけが集団中の繁殖力のあるオスと交尾することになる。これは**一妻多夫制**と名づけられている。このような基本型の他にさまざまな形式があり，後の2つを組み合わせた，**多夫多妻制**として知られるシステムもある。この場合には複数のオスとメスが，互いの繁殖能力を共有することになる。このように多様な配偶システムを生む要因は何だろうか？

2．a．一夫多妻制 一夫多妻制のシステムでは，集団内で繁殖に関わる雌雄の比はメスの方に偏っている。つまり，どの繁殖期においてもオスよりも多くのメスが繁殖に関わる。一夫多妻制の研究においては，特に**オス間闘争**と**メスの選好性**（Darwin 1871）が重要な問題となる。これらの問題を一夫多妻制の3つの主要なカテゴリー，資源防衛型，配偶者防衛型，レック一夫多妻制のそれぞれについて考察する。

資源防衛型一夫多妻制では，オスはなんらかの資源をめぐって他のオスと争う。ここでの資源とは，繁殖成功の基礎となる，巣をつくる場所，エサを採るなわばりなどである。多くの種で，オスは巣のまわりになわばりをつくり，メスが近づいてくるのを待ち，侵入してくる他のオスからそのなわばりを守る。前節で述べたグーラミーや同種のサカナがこれに当てはまる。例えば，*Pseudolabrus celidotus*というサカナの場合，なわばりが深いところにあるほどメスに好まれる。より深いところにある巣は浅いところにあるものより，卵を奪われる可能性が小さいのだと考えられる（Jones 1981）。別の種ではなわばりの質が問題となる。巣をつくるのに適した植生や食物の多いなわばりは，メスをよく惹きつける傾向がある。ハゴロモガラス（*Agelaius phoeniceus*）を対象とした野外実験で，ウィンバーガー（Wimberger 1988）は実験者がなわばり内のエサを増やしたオスは，より多くのメスを惹きつけることを示した。明らかに食物自体がメスを惹きつけるのだが，いったんメスがなわばりに入ってくればオスが交尾できる可能性が高くなるわけである。

配偶者防衛型一夫多妻制では，守られる資源は交尾可能なメスのグループである。この種類の一夫多妻制は哺乳類においては特によくみられ，われわれヒトという種においても最も多いシステムだという見方がある。マードックが出版した『民族誌地図（*Ethnographic Atlas*）』（Murdock 1967）では，人類の1170の社会のうち850，約73%が一夫多妻制であると記述されている。ハータング（Hartung 1982）が示したように，「地図」から主要な地域や語族が等しく含まれるようにサンプルをとっても，やはり一夫多妻制が大多数を占める。古代ローマの支配者の性生活の研究に基づいて，ベツィッグ（Betzig 1992）は権力が生殖に関わる資源の獲得と関係していると結論づけた。古代ローマでは結婚は一夫一妻制であったが，姦通は広く許容されており，ときとして奨励されることもあった。皇帝たちはたいていが不義密通を行なうことで悪名をはせたが，ときには何千もの奴隷をもつ上流階級のメンバーも同じような生殖上の利益を享受していた。この点では，帝政ローマは他の古代文明，エジプトやアステカ，インカ，インド，中国などの社会とほとんど同じであったように思われる。記録によると，これらの社会では支配者たちは性的目的のために何百，ときには何千もの女性と関係をもった。ローマの都市居住者のデータからは，奴隷の所有者がしばしば奴隷を解放し，物質的な援助と良好な社会生活の機会を与えたことが分かる。ベツィッグはこのような行動を父親が自分の子どもに一般社会の中に場を与えようと努力する結果だと解釈している。

このようなデータは示唆に富むものであるが，繁殖成功を測定することの困難さに注意しておく必要がある。歴史的資料にはヒトの配偶システムを評価するのに必要な計量的分析に足る正確なデータが欠如している。例えば，繁殖成功の複数の指標が必ず相関を示すとはかぎらない。一般的な性行動のパターンのように間接的な指標は観察しやすく記録も容易だが，生き残った子の数のような，より直接的で妥当性のある繁殖成功の測度を求めることは困難である。父子関係を確認するためにはDNA鑑定が必要であるが，それはいつ

でも可能なわけではない。ヒトのデータは，ヒトという種が一夫多妻であることと矛盾しないが，父子関係を正確に見極めることが，ヒトの配偶システムをよりよく理解するためには必要となるだろう。

異なる繁殖成功の指標には直接－間接の程度に違いがあり（例えば，交尾や射精の回数は子の数ほど直接的ではない），異なる結果を示す可能性があることは方法論上のよい教訓を与えている。しかしながら，優劣関係と繁殖成功に関係があることが実験室や野外でのさまざまな種の研究において示されていることは事実である。デューズベリ（Dewsbury 1981）は，シロアシハツカネズミ（Peromyscus maniculatus）について，ペニスの挿入や射精の回数（性生活のデータにあたる）の詳細な観察結果や，優位のオスと劣位のオスがつくった子の数といったより直接的な繁殖成功の測度を報告している。これらの研究では，攻撃的な遭遇場面で優位なオスとして分類された個体は，劣位の個体より射精の回数が多かったが，子の数はテスト事態に依存していた。2匹のオスが1匹のメスとともに小さな囲いに入れられたときには，優位のオスの方が射精の頻度が高かったが，できた子の数は劣位の個体と変わらなかった。しかし，自然状態に近い囲いの中では，優位のオスの子の数は有意に多かった。この観察から分かることは，適応度の直接的な指標（例えば，子の数）と間接的な指標（例えば，交尾の数）はわれわれの直感に反して，必ずしも一致しないということである。

一夫多妻制の種において個体間の優劣関係を決めるものは何だろうか。重要な要因の1つは明らかにオスの体の大きさである。カリフォルニア州アニョ・ヌエヴォの集団繁殖地でのゾウアザラシ（Mirounga angustirostris）集団の長期的研究は，優劣関係と繁殖成功（交尾の成功によって間接的には測定された）が正の相関をもつという結論を支持している。さらに，メスのグループを巧く守り優位になる傾向があるのは体の大きなオスである（Haley et al. 1994）。アカシカ（Cervus elaphus）についての同様な研究では，オスの繁殖成功（1年あたりの子の数で測定される）は，他の競合するオスに対して優位になれる能力に依存している

ことが示されている。このような闘争能力はまた，体の大きさや年齢と相関がある（Clutton-Brock et al 1982）。興味深いのは，優劣関係を競うオス間闘争の効果は劣位個体に想像以上の結果をもたらすということである。例えば，マウス（Mus musculus）に関するある研究では，すでに優劣が決まっているとき，劣位のオスは優位のオスがテスト場面にいなくても繁殖成功が損なわれた（D'Amato 1988）。同じような効果は，前にグーラミーについても述べた（→ 1.c. を参照）。以前の勝敗の経験と体の大きさは優位のオスの行動を形成する重要な要因なのである。

レック型一夫多妻制では，オスはレックと呼ばれる求愛行動のための場所を守るが，その場所自体は資源としての価値をもたない。メスは特定のオスに決める前にいくつかのレックを訪れる。レックを使う種は多くの場合，体の大きさや装飾に性的二型を示すが，メスがオス自体よりもレックの位置に惹かれる場合がある。クロライチョウ（Tetreo tetrix）は広い繁殖場所の中心にあるレックを巡ってオス同士が激しく争う。そのレックを得たオスが，交尾機会が多いという意味でメスにより好まれるのである（Kruijt & de Vos 1988）。おそらく，レックを使う種として最もよく知られているのはクジャク（Pavo cristatus）である。オスクジャクの尾の羽の成長はゆっくりしている。したがって，年齢の高い個体ほど大きな羽を見せることができる。尾羽には先端部に目玉模様と呼ばれるものがあり，これがメスを惹きつけるようである。ペトリら（Petrie et al. 1991）は，オスに惹きつけられるメスの数と，尾羽の目玉模様の数（140から170の範囲にある）の間に強い相関があることを見出した。したがって，メスは尾羽の大きさと装飾によって長寿をアピールするオスを選んでいるのだと考えられる。

レックを使う他の種，特にニワシドリでは，メスはオスがつくる構造物（バウア）に惹きつけられる（図5-2）。ニワシドリのオスはさほど目立つ特徴をもたない。18種に及ぶニワシドリのオスはほとんど，明るく色鮮やかな素材を集め，自分のバウアを飾る。花や果実，貝殻，蝶の羽，トリの羽など，人工物（例えば，紙やプラスチック

図 5-2 ニワシドリのオスはバウワと呼ばれる複雑な構造物をつくり，さまざまな色鮮やかなものや光るもので装飾する (*Encyclopedia of Birds* 1998)。

片) が含まれる場合もある。ボルジア (Borgia 1985) はニワシドリの一種であるアオアズマヤドリ (*Ptilonorhynchus violaceus*) たちが，他のオスのバウアを破壊して装飾物を「奪う」のを観察した。青い羽が特に魅力があるようであった。装飾物の数は，当該のオスの他の個体に対する優劣の程度のシグナルとなる。優位であることは多くのメスを惹きつけ，交尾することを可能にする。

2. b． 一夫多妻制と性選択　一夫多妻制の配偶システムに特有な生物学的特徴がいくつかある。メスを得るための**オス間闘争**には，なわばり (グーラミーなどの場合) やレック (クジャク) を形成し維持したり，オスの体が大きくなるよう進化したり (ゾウアザラシ)，体の装飾が進化したり (ゴクラクチョウ)，特殊な構造物を造ったり (ニワシドリ) というような特徴がある。これらの特徴は通常，**二次性徴** (体の大きさ，羽の装飾，毛皮の色など) や行動，あるいはその両方における性的二型性と関連している。このような特徴の多くはダーウィンを悩ませた。なぜなら，オスは捕食者に対して攻撃されやすくなったり (例えば，クジャクの鮮やかな羽の色)，オスにとって発達や維持において負荷がかかる (オスのシカの角) と思われるからである。オス間闘争は種によっては大変激しいものであり，競争の結果，敗れた個体は傷ついたり，病気になったり，死に至ることもある。このような特徴に繁殖成功の重要性を最も明瞭にみることができる。このような特徴は，個体の生存に不利と思われるにもかかわらず進化してきたものなのである。オスがこのような負担のかかる行動をしたり，形態的特徴を発達させたりするのは，それが繁殖成功に寄与するからである。この繁殖成功は，他のオスに取って代わる能力や，このような特徴によってメスを惹きつける能力に基づいているのである。種によっては，メスが積極的にオスを選択し，オス同士の競争を促すことさえある。この過程は，**メスの選好性**と呼ばれている。このオス間闘争とメスの選好性の組み合わせは，ダーウィン (Darwin 1871) のいう**性選択**の 2 つの要件なのである。性選択は自然選択の特殊なケースであり，生殖行動と雌雄の形態的特徴の共進化を明瞭に示すものである。

性選択は，同一種のオスとメスには別々の選択圧がかかり，それぞれの繁殖成功が異なるパターンを示すことがあるという事実を明確にする。図 5-3 は前に述べたアカシカの研究 (Clutton-Brock et al. 1982) を例として示している。オスの繁殖成功はメスよりも年齢に強く依存することが明らかである。したがって，どの繁殖期においても繁殖成功の変動はメスよりオスの方が大きい傾向がある。生涯を通じて繁殖成功の変動は平均化されるが，それは十分長生きできたオスにとってだけのことである。一夫多妻制のオスとメスに別々の選択圧がかかるという事実は，性的二型がみられる理由の 1 つになっているのだろう。例えば，多くの場合，オスとメスが子の養育に関わる程度は異なっている。**親としての投資**とは，他の子への投資を犠牲にして，特定の子へ親がするすべてのこととして定義されてきた (Trivers

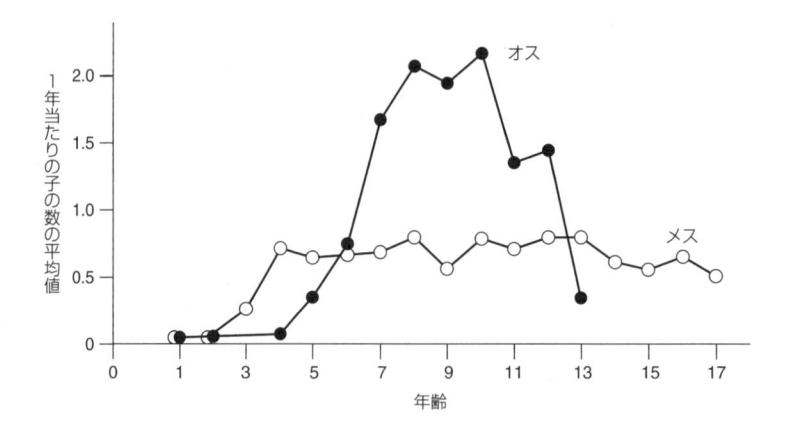

図5-3 オスとメスのアカシカ（*Cervus elaphus*）の繁殖成功と年齢との関係（Clutton-Brock et al. 1982）。オスの場合には繁殖成功がある年齢でピークに達するが、メスの場合は相対的に変化が少ない。

1972）。ベイトマン（Bateman 1948）は子への投資の程度と繁殖成功の変動の大きさとが逆の関係になっていることを指摘した。子への投資が最も大きいのは、たいてい繁殖成功の変動が最も少ない性である。このような子への投資と雌雄の繁殖成功との関係は**ベイトマンの原理**として知られている。一般的にメスは卵子を受精させるためにわずかな数の交尾をすればよいが、生涯につくることのできる卵子の数には限りがある。対照的にオスの場合は、精子をつくることは比較的簡単にできるが（メスのつくる大きな卵細胞に比べれば精子はほとんどDNAだけからなるようなものである）、どれだけ多くのメスと交尾できるかが主な限界となる。さらに、通常はメスの方がオスよりも子の養育に多くのものを費やす（例えば、哺乳類のメスがミルクをつくるということを考えてみればよい）。ベイトマンはこのことをショウジョウバエの実験によって示した（Bateman 1948）。容器の中に同数のオスとメスを入れ、繁殖結果を交尾相手の数の関数として表した。オスでは交尾したメスの数にしたがって繁殖成功が増加したが、メスの場合は交尾相手の数には依存せず一定であった。

2.c. 一妻多夫制と一夫一妻制 ある科学理論を支持する結果を得るおもしろい方法の1つは、通常とは異なるケースを研究することである。性選択の理論は、メスが複数のオスと交尾する一妻多夫制の種については、前の2つの節で見たものとはかなり異なる状況を予測する。例えば、（オスではなく）メス同士が交尾相手を得るために争い、メスの方がより目立つ二次性徴を示し、繁殖成功に大きな個体差が存在するはずである。このような予測は少なくともいくつかの種に当てはまる。よく研究されているのは、アメリカイソシギ（*Actitis macularia*）の場合である。ミネソタ州リーチ湖での野外研究では、卵を孵化させることも含めオスが親としての養育をすることが見出されている（Oring 1985）。メスは別々のオスと交尾し、最大5つの巣に卵を産みつけることができる（1つの巣には4個の卵がふつうである）。しかし、オスは1回の繁殖期には1つの巣だけで子育てが可能である。性選択の理論から予測されるように、メス同士は激しく攻撃的な競争によってなわばりとオスをめぐって争う。メスの繁殖成功は、その年齢と維持できるなわばり（湖の浜辺の一区画）の大きさと相関しており、交尾の数とともに増大する（Oring et al. 1991）。このことは理論的観点から重要である。

一夫一妻制の種も一夫多妻制とは興味深い違いを示す。つがいの結びつきが長期に及ぶとき、同性間（オス同士あるいはメス同士）の競争はかな

り少なくなるだろう。その結果，繁殖成功の個体差は雌雄でほぼ等しくなり，性的二型もほとんど見られない。例えば，霊長類では一夫多妻制が一般的であり，体の大きさや体色の性的二型は特に顕著である。ゴリラとヒヒがよい例である。オスはメスのほぼ2倍の大きさである。テナガザルやタマリン，マーモセットのような一夫一妻制を示す少数の種では雌雄間の差が小さく見分けにくいことがよく知られている。タマリンとマーモセットはマーモセット科（Callitrichidae）に属する南アメリカに固有な種であり，一夫一妻制が一般的であることがよく知られている。スノードン（Snowdon 1990）は，これらのサルの一夫一妻制は親としての養育に関係しているのだろうと考えている。一夫多妻制はメスが自分だけでうまく子を育てられる能力と関係している。それによってオスは交尾の後，メスから離れ，子育てに関わるということがない。しかし，子の生存が両方の親からの養育を必要とするなら，オスがメスと一緒にいて子に投資することは意味がある。進化の観点からオスにとってやっかいな問題は，**父性の不確実さ**の程度にある。例えば哺乳類では，母親は長い妊娠期間と授乳という長期にわたる母子関係を余儀なくされ，それによって自分自身の子を育てていると確信できる。しかし，一般的には父親は自分の子であるかどうかの確信をもちにくい。子をつくることを犠牲にして（トリヴァーズの「親としての養育」の定義）血縁のない子へ向けられる父親行動は，自然選択によって排除されるだろう。父親としての行動が自身の子に向けられる可能性を高める1つの方法は，他のオスを排除してメスとの関係を強めることである。

ほとんどすべての種のマーモセットやタマリンのメスは一卵生の双子を産み，集団をつくって共同で子の養育をする。ワタボウシタマリン（*Saguinus oedipus*）の場合には，通常，集団の中に子を産み育てる母親が1頭だけいて，それが**においづけ**によって集団のなわばりを守る。このようなにおいづけには別の機能もある。すなわち他の成体メスが妊娠するのを抑制するのである。サヴェージら（Savage et al. 1988）はにおいのついた木片を集団の檻の中へ入れると，その集団のメスの排卵が遅れることを示した。両親以外の雌雄の個体だけではなく年長の子も赤ん坊を運ぶのを手伝ったり（これらのサルはほとんど森の中でのみ生活している），捕食者からの防衛をする。若い個体が集団にとどまるのは，成体になったとき親として成功するためには子育てをした直接的経験が必要だからと思われる。飼育されたマーモセットでの一連の実験から，エップル（Epple 1978）は最も成功した一夫一妻のつがいは，雌雄がともに過去に子育ての経験のあったものであり，最もよくなかったのはいずれもが子を養育した経験のないものであることを見出した。

一夫一妻制システムには性選択が働かないと考えるのはおそらく間違いである。例えば，もし，ある集団でオスとメスが何らかの重要な点で異なっているとすると，結果として一夫一妻のペアができるとしても，交尾相手を得るための激しい競争が起こる可能性がある。雌雄いずれかに，繁殖能力や経験量，子育てをする能力，なわばりの質のような形質について個体差が存在することがありうる。メスの好みに関係すると思われるわずかな性的二型性を示す種がいくつかある。ツバメ（*Hirundo rustica*）の場合，モーラー（Møller 1992）が尾を人為的に操作して示したように，メスは長く対称的な尾を持つオスと交尾することを好む。このような動物では明瞭なオス同士の競争は見られない。したがって，オスの尾の進化は主にメスの選好性によるものと考えられる。また，メスの選好性はペアの相手以外との交尾が広範にみられることの理由だと思われる。一夫一妻制でペア間でのみ交尾すると考えられている多くの種でも，メスが巣をともにするオス以外のオスと交尾をすることがあるということが，DNA鑑定によって明らかにされている（Westneat et al. 1990）。

2．d．配偶システムの操作 配偶システムとは，繁殖のために交渉をもつ動物が作る集団の創発的性質であろうということを，この章の初めに述べた。直感的には，創発的な集団の性質は，当該の生態学的条件に敏感であり，条件の変化に対して相当な柔軟性を示すことが期待される。この直感がいくつかの理論構築の基礎となっている。例え

ば，オリアンズ（Orians 1969）は，メスの交尾相手の選択は，オスが維持している環境の質に依存すると考えた。メスの立場からは，すでに交尾相手のいるオスと交尾することが好ましい場合もある。複数のメスを交尾相手とするオスの環境の中に食物が十分にあって，そのオスの子育てへの貢献の少なさが補償されるならばそれは好ましいだろう。すなわち，自分だけを相手とするが生息場所が貧弱なオスと，複数のメスを繁殖相手とするが豊かな生息場所にいるオスとの間の選択が与えられた場合，メスにとって後者を選択する方がよい場合がある。オリアンズによれば，生息場所の質の違いが，メスが一夫一妻制か一夫多妻制かの選択をする決め手となるという。オリアンズはその違いを**一夫多妻制の閾**と呼んでいる。

エムレンとオリング（Emlen & Oring 1977）は，この議論を進めて，1匹のオスが独占できるメスの数は環境内の資源（例えば食物）の時間・空間的分布によって決まるという説を提出した。環境には潜在的に一夫多妻制を支えるだけの資源があり（一夫多妻制の閾），それによってオスは複数のメスからなるグループを守ることができる。交尾相手を守ることは時間とエネルギーを要することであり，そのコストはメスの数とともに増大する。例えば，もし大きななわばりの中にメスが散らばっているとすると，相対的に食物は少なく，他のオスがメスと交尾することを防ぐことは不可能である。エムレンとオリングは一夫多妻制は適切な環境要因だけではなく，その環境のもつ潜在力を活用できるような生物学的特徴を動物がもつことが必要であるということを指摘した。例えば，子の養育を雌雄の一方だけが行なうと考えられるとき（例えば，哺乳類がミルクを与える），あるいは養育が非常に簡単であるとき（例えば，十分に発達した感覚運動能力を持った早成性の子を産む場合）には一夫多妻制の可能性は高くなる。資源は空間的（種が分布する地域内の異なる場所によって），時間的（季節ごと，年ごと）に変動するものであるから，個体は繁殖成功を最大化するように配偶行動を調節しなければならない。

配偶システムの性質が環境の資源に依存するという仮説は，野外実験によって検証することができる。自然環境においても重要な要因を操作することは可能である。こうしてわれわれは純粋な観察から実際の実験へと目を向けることができる。これは生態学的要因と配偶行動との因果的関係を明らかにするために必要なステップである。ヨーロッパカヤクグリ（*Prunella modularis*）というかなり変わったトリが，環境変数の配偶システムに及ぼす役割について貴重なデータを提供してくれた（Davis 1992）。ヨーロッパカヤクグリはイギリスの広い草地や林で見られるスズメに似た燕雀目の小さなトリで，マークを付けて簡単に個体認識ができ，長期の研究が可能である。ヨーロッパカヤクグリが変わっているのは，1つの種集団の中に，これまでに述べたほとんどすべての配偶システムがみられるということにある。ケンブリッジ大学の植物園内の16ヘクタールの土地に分布している集団の中に，一夫一妻制，一夫多妻制（例えば，1羽のオスが2羽のメスを守る），一妻多夫制（例えば，2，3羽のオスが1羽のメスと交尾する），さらに多夫多妻制（2，3羽のオスが，2ないし4羽のメスと交尾する）までもが見られるのである。

観察の結果からメスのなわばりの大きさと配偶システムの間に相関があることが示唆された。なわばりが小さいほど一夫一妻制になる傾向が強い。もしメスのなわばりの大きさが，一方では食物の密度に関係し，他方でオスがメスを占有する能力に関係するのなら，環境内の食物の量を変えることで，配偶システムに変化を起こすことが可能なはずである。ランダムに選ばれたいくつかのなわばりの中に食物が加えられた。カラス麦やパンくず，幼虫などを入れた大きな円筒がこれらのなわばりの中におかれ，数カ月にわたって毎日新しい餌が供給された。この突然の食物の増加はヨーロッパカヤクグリの行動に明確な変化をもたらした。しかし，重要な変化のいくつかは，性別によって違っていた。例えば，食物の供給はオスのなわばりの大きさには影響を与えなかった，しかし，メスのなわばりは明らかに小さくなった。メスのなわばりが全体的に小さくなっただけではなく，特定のメスのなわばりも小さくなっていた。これは環境条件の変化に対して柔軟に調節が起こ

図5-4 ヨーロッパカヤクグリ（*Prunella modularis*）の集団において，実験者が食物を加えるとメスのなわばりが小さくなり，一夫一妻制と多夫多妻制は増加したが一妻多夫制の頻度は減少した（Davis 1992）。

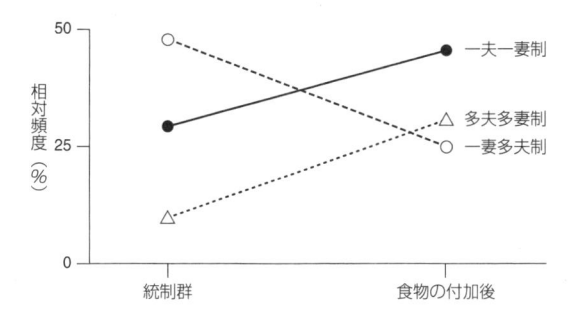

ることを示している。最も重要なのは，図5-4に示されるように，このようなメスのなわばりの大きさの変化が配偶システムの分布に変化をもたらしたということである。一妻多夫制が多数を占めていたのが，一夫一妻制と一夫多妻制のグループが増加することになった。したがって，メスのなわばりの大きさの減少によって，オスが1羽のメスを占有したり（一夫一妻制），他のオスと4羽に及ぶメスを共有し（多夫多妻制），そのメスを侵入してくるオスから守ることが可能になった。また食物の供給によってオスの行動にも変化がみられた。採餌に費やす時間が有意に減少し，枝に留まって同種の他個体と交渉をもつことが多くなった。しかしながら，このような変化は，オスがどのような配偶システムをとっているかにかかわらず，すべてのオスにみられた。したがって，食物の密度はメスのなわばりの大きさを決め，そして，それがオスがメスを守る能力を決める。その結果として，ヨーロッパカヤクグリのある集団内の配偶システムのタイプを決めるのだと考えられる。

2.e. 代替生殖戦略 第2章，5.b.（→ 43-44頁）で，1つの集団内に2つ以上の変異型が存在するという可能性を，遺伝的変異の維持という文脈の中で議論した。自然界における形態や行動の多型のうち，最も興味深い例には，生殖に関連するものがある。多くの種で，オスの集団は性選択によって特徴的で安定した表現型をもち，それはたいてい種に特有な生殖戦略と関係している。その結果，このような生殖に関する戦術は多型形質の別の表現であると見なされている。典型的な例は，第2章でみたサケ（*Oncorhynchus kisutch*）の

例のように体の大きさの違うオスの場合である。繁殖成功はオスの体の大きさと直接関係している。しかしオスの中には体は小さいけれども巣の中に入り込んで産卵中のメスを得ることのできるものがある（Gross 1985）。このような体の大きさの違いは，実際にこれらのオスの集団の生活史の違いを表すものである。体の大きなオスたち（および，一般に体が大きいメス）は，生殖のために川へ戻るまで20カ月におよぶ期間を海で過ごす。対照的に小さなオスは5ないし8カ月で戻り，結果として体が小さく二次性徴を欠いている。この2種類の生殖戦術は異なる表現型を要するものであるから，おそらく選択は分断性選択である（すなわち，極端な表現型が中間的なものより高い繁殖成功を示す）。

代替生殖戦略の存在は，あるオスにとって適応的な戦略は集団内の他のオスがどのように振舞うかに依存するということを意味する。もし2つの戦略が同じ繁殖成功を示すなら，それらは集団内に安定して共存し，どちらかがもう一方に取って代わるということがない。このような戦略は**進化的に安定な戦略**と呼ばれる（Maynard Smith 1982）。サケの例では，オスは両立しない2つの戦術のうち1つを選択することになる。いったん一方の戦術を選ぶと，もう一方を選択することはできなくなる。より一般的には，動物の示す生殖戦術は条件性のものである。すなわち，何らかの重要な要因，例えば年齢や社会的環境によって変化する。

例えば，若いゾウアザラシ（*Mirounga angustirostris*）はメスたちを完全に独占することができない。それはおそらく，まだ体が十分大きくないためだと考えられる。すでになわばりをもっ

ている大きなオスと戦うことは危険でありコストのかかることだから，それを避けることには意味がある。戦うかわりに，小さなオスは生殖の行なわれる場所の周辺にいて，ときどき交尾するのに十分な時間だけメスを捉えることができる（Le Boeuf 1974）。オスは成長すると体が大きくなり，すでになわばりをもつオスと，メスのグループをめぐって戦うことができるようになる。幼いアシカ（*Otaria byronia*）のオスは，また別のアプローチをとるようである。彼らは約10頭からなるグループをつくり繁殖コロニーを襲い，そこに大きな混乱を生じさせる。混乱の結果，コロニーにいたオスの中にはメスを失うものができ，襲ったオスはときどきはメスを奪い，それを守ることができる（Campagna et al. 1998）。アメリカアマガエル（*Hyla cinerea*）のオスの中には鳴いてメスを近くに呼び寄せる個体がいる一方で，静かにしていて交尾の機会を狙っている個体がある。後者は**周辺オス**と呼ばれる。一連の野外実験から，ペリルら（Perill et al. 1982）は，オスが「呼びかけ戦略」をとるか「周辺戦略」をとるかは社会的文脈によって決まっていることを明らかにした。鳴いているオスを取り除くと，周辺オスの大部分が鳴き始めた。早いときには5分以内に鳴き始めることがあった。ところが，鳴き声をスピーカーからプレイバックするとかなりの数のオスが鳴くのを止めて静かになった。

　代替生殖戦略の注目すべき例は**隣接的雌雄同体性**である。多くの魚類は体外受精をする（したがって特殊化した性器がなく，体内で胎児が育つこともない）が，メスが環境条件によってオスになることのできる種がかなりある（Warner 1975）。例えば，ベラの一種のブルーヘッド（*Thalassoma bifasciatum*）では，個体はまずオスかメスとして成長する。これらのオスとメスはグループをつくってその中で交配する。成長して体が大きくなるとオスは体色が変わり産卵のためのなわばりを形成する。しかし，メスもまたなわばりをもち，やがて精子をつくるようになる。オスからオスへ，またはメスからオスへという発達の軌跡は，代替生活史とみなすことができるだろう。

2. f. 配偶システムと脳の進化　いま一度視点を変えて，分析レベルを究極要因から近接要因に目を向けてみよう。社会的行動が，知覚や連合，動機づけなどのメカニズムに基づいているように（前述の1.を参照），配偶システムも同じように，現在明らかになりつつある脳のメカニズムに基づいている。特定の配偶システムの発達に影響をおよぼすことが分かっている生態学的要因や親としての養育の要因は，何らかの近接的メカニズムを通じて評価されなければならない。この問題を理解するには，異なる配偶システムをもつ近縁種の脳の特徴を比較する研究が役に立つ。近縁種であるということは，脳の形態や機能の違いが，独立に起こった系統進化の結果ではないことを意味する。むしろ，その違いは生態学的あるいは社会的な選択圧の違いによって比較的最近に生じた分岐に起源を求める方が妥当であろう。こうした情報は，配偶システムが自然選択によってどのように形づくられてきたのかを決める上で役に立つだろう。

　ハタネズミ属（*Microtus*）の齧歯類は，アメリカマツネズミ（*M. Pinetorum*）のような一夫一妻制からハタネズミ（*M. pennsylvanicus*）のような一夫多妻制，ヤマハタネズミ（*M. montanus*）にみられる乱婚など，異なった配偶システムをもつ。一夫一妻制ではない他の種と比べると，ハタネズミではオスとメスのなわばりの重なりが大きい。そして，父親が子育てにより多く関与する。一夫多妻制のハタネズミでは，オスはメスの4倍から7倍にあたる大きさのなわばりをもつ。このような大きななわばりは繁殖期にのみ見られるので，採餌よりもその配偶システムと関係していると思われる。その結果，オスの繁殖成功はメスに比べ，なわばりの中を動き回る能力に大きく依存している。比較研究から，一夫多妻制のハタネズミのオスはメスよりも，空間学習の能力が高く，（脳全体に対する割合が）より大きな海馬体をもつことが示されている。対照的に，オスとメスのなわばりが重なる一夫一妻制のアメリカマツネズミでは，このような性による違いはみられない（Sherry et al. 1992）。

　同じような空間能力と海馬の相対的大きさとの

関係は，鳥類の貯食行動との関連で指摘されてきた（→第4章，3.g.，81-82頁参照）。このことからも複雑な空間学習能力に依存する行動は海馬体の変化と関係をもって進化してきたのだと考えられる。脳の特定部位が大きくなるということは神経細胞数，あるいはシナプス数の増加によるものと考えられ，また特定の処理機能をもった新しいタイプの細胞が発達することもありうる。このような神経組織の分布の進化的変化は，繁殖成功に関わる行動能力を発現させるものであれば適応的意義をもつことになる。

自然選択は，目につきにくい形で配偶システムの進化に影響を与えることがある。ハタネズミの近縁種は，社会的行動に関係する脳の神経伝達物質のレセプターの分布が多様であることでもよく知られている。その神経伝達物質の1つはアルギニン・バソプレッシン（AVP）という，社会的学習やにおいづけ，配偶者選択など社会的行動の調節に関わる神経ペプチドである。一夫一妻制の種とそれ以外の種では，AVPニューロンのネットワークそのものにはほとんど違いがないが，脳内AVPレセプターの分布が大きく異なっている。このことから，ハタネズミの社会的行動は少なくとも部分的には，神経回路網の再編ではなく，脳の異なる部位でAVPレセプターのタンパク質をコードする遺伝子の活性化の違いによって分化してきたのだと考えられる（Young et al. 1997）。脳部位の相対的な大きさの変化であれ，レセプター分布の変化であれ，いずれの場合にも，さまざまな配偶システムに関わる行動能力の進化は，調節遺伝子の変化によるものであることに注意する必要がある。細胞数の増加やタンパク質の濃度の増大には成長過程を進めたり止めたりする調節が必要である。そして，さまざまな遺伝子転写のタイミングを調節するのは，調節遺伝子の役割なのである。この点については第10章でさらに詳しく述べる。

3. 生殖行動のパターン

3.a. なわばり，攻撃，反発行動 配偶システムに関する議論から，なわばりをもつことは一夫多妻制の種の顕著な特徴であることは明らかだろう。他の配偶システムを示す種もなわばりをもって，それを積極的に防衛するという事実は，おそらくそれほど明らかなことではないだろう。多くの一夫多妻制の種（例えば，マーモセット）は一定の領域を同じ種の侵入者に対して防衛する。また，グループ全体がなわばりを防衛する種もある（例えば，オオカミ）。事実，なわばり行動は動物の行動として比較的よく見られるものであり，必ずしも生殖行動だけに限定されるものではない（動物は採餌や日なたぼっこ，あるいは休息のための場所を同種個体から防衛する）。おそらくなわばり行動の最も特徴的な性質は，そこに棲む動物が防衛行動を示すということにある。**行動圏**という用語は，一般にその中で動物が資源を探すが，防衛はしないという範囲を指して使われるが，**なわばり**は特に動物が積極的に防衛する環境の一部分を指す。なわばりを積極的に防衛する行動には，においづけやさえずり，なわばりのパトロール，侵入者に対する攻撃行動などがある。

においづけ（哺乳類によくみられる）やさえずり（鳥類に特徴的である）は，侵入する可能性のある個体がなわばりの境界を越えないようにするための方法である。このような行動は同種個体へ情報を与える試みであり，**コミュニケーション**の一例と考えることができる。その場所に存在していることを宣伝する努力は，攻撃的な出会いを回避できることで報われる。**なわばり防衛性攻撃**は即座で激しいものでなければならない。さもなければ侵入者がなわばりの中の様子を知って，その資源の一部を奪うかもしれない。攻撃的な闘争はまた傷を受ける危険がある。傷を被ると，その後なわばりを防衛する能力や，巣をつくったり，抱卵したり，子の養育をするというようなコストのかかる生殖行動を行なう能力を弱めることになる。したがって，このようなコストが，すでにできた

なわばりへの侵入をあきらめさせるような行動の進化を促す選択圧となる。**反発行動**という用語は、実際の物理的接触から威嚇や服従の姿勢まで、攻撃−防衛の文脈で生起するさまざまな行動のスペクトラムを指すために導入されたものである。

哺乳類のコミュニケーションには、においづけのために特殊化したさまざまな分泌腺が関与している。例えば、ハムスター（Mesocricetus auratus）は皮脂腺と呼ばれる脂肪を分泌する腺を持ち、それを強くこすりつけてなわばりのマーキングをする。他の哺乳類では、イヌがよくするように尿をかけることでマーキングをする。哺乳類はマーキングとカウンター・マーキングを行なう。すなわち、他の個体が付けたにおいの上に自分のにおいを付ける。実験室での実験から、ハムスターでは後から付けたにおいが前のにおいを完全に覆ってしまうことが示されている（Wilcox & Johnston 1995）。鳥類では、コミュニケーションにはもっぱら視覚と聴覚の信号が関与する。さえずりは、たいていの場合侵入しようとするものを抑止する。種によっては飛翔中に鳴き声を発し、さえずりをより目立たせている。攻撃的ディスプレイの視覚要素はしばしば非常に目立つ定型化した行動である。ハックスレー（Huxley 1923）はこのような行動を**儀式化**と呼び、コミュニケーションのための信号として曖昧さがないことを強調した。攻撃的競争が当事者である動物の強さや武器から想定されるほどには激しくない場合、それは儀式化であると考えられる。ヘビは獲物を麻痺させ殺すために毒を使い、大型肉食獣は強い力で獲物を噛み切ることができる。しかし、このような武器は同種個体との争いに必ず用いられるわけではない。鳥類の儀式化には威嚇や服従を表す非常に特殊化した姿勢が含まれる。アデリー・ペンギン（Pygoscelis adeliae）はくちばしをフリッパー（翼）の下で動かしたり（いわゆる「くちばしから脇へ」反応）後頭部のとさかを立てることで同種個体を威嚇する。威嚇には服従の姿勢が続くことがあり、相手をなだめる効果がある。ペンギンがコロニー内を動き回るとき、いわゆる「よちよち歩き」をよくするが、これは近くにいる個体に攻撃の意図のないことを伝えているらしい。侵入者が巣の場所に近づくことを止めないときには、実際に戦いが起こることもある。攻撃にはフリッパーで相手を打ったり、くちばしでつついたりという行動が含まれ、両方の個体がとっ組み合うこともある（Williams 1995）。

攻撃行動は優劣関係形成の手段ともなる。多くの動物で、希少な資源や積極的に防衛される資源の利用は厳格な順序に従って行なわれる（つつきの順序など）。例えば、オスの間の攻撃行動は、なわばりをもつサカナの例（→ 1.c., 100‐101頁参照）でみたように、勝者と敗者を決める。優劣関係の形成はグループのメンバーが常に争っている状態を回避するので、時間とエネルギーを節約することになる。優劣関係がより明確な利益に関わる場合もある。すなわち優劣関係が成熟したメスとの交尾につながる場合である。例えば、シカネズミ（Peromyscus maniculatus）では優位のオス（すなわち他のオスを追いかけるもの）が劣位のオスよりも頻繁に交尾し、より多くの子をつくる場合もある（Dewsbury 1988）。

3. b．求愛ディスプレイ　反発行動を理解するのに役立つ概念の多くは、オスとメスが生殖に関わる交渉をもつ場合にも有効である。例えば、匂いづけによってハムスターは交尾可能な相手の存在を知ることができ、トリはさえずることでメスを引き寄せることもできる。多くの種で、求愛には2匹の動物が非常に定型化した、ときには儀式化した反応をしあうことで一種の「会話」が行なわれることがある。トゲウオの一種（Gasterosteus aculeatus）について、このような連鎖反応がティンバーゲン（Tinbergen 1951）によって非常に詳しく記述されている。図5‐5にそれを図式的に示す。実際これは最も理想化したものとして表現されている。現実には、行動は動機づけや学習などのさまざまな要因によって影響を受けるものである。例えば、動機づけの程度の低いメスは、巣を指し示すオスにもう一度ジグザグ・ディスプレイを要求することもあるだろう。最近に侵入者と出会ったオスは、近づいてくるメスに対して求愛するより攻撃に出るかもしれない。ディプレイ全体が受精の準備となっているように見える。受

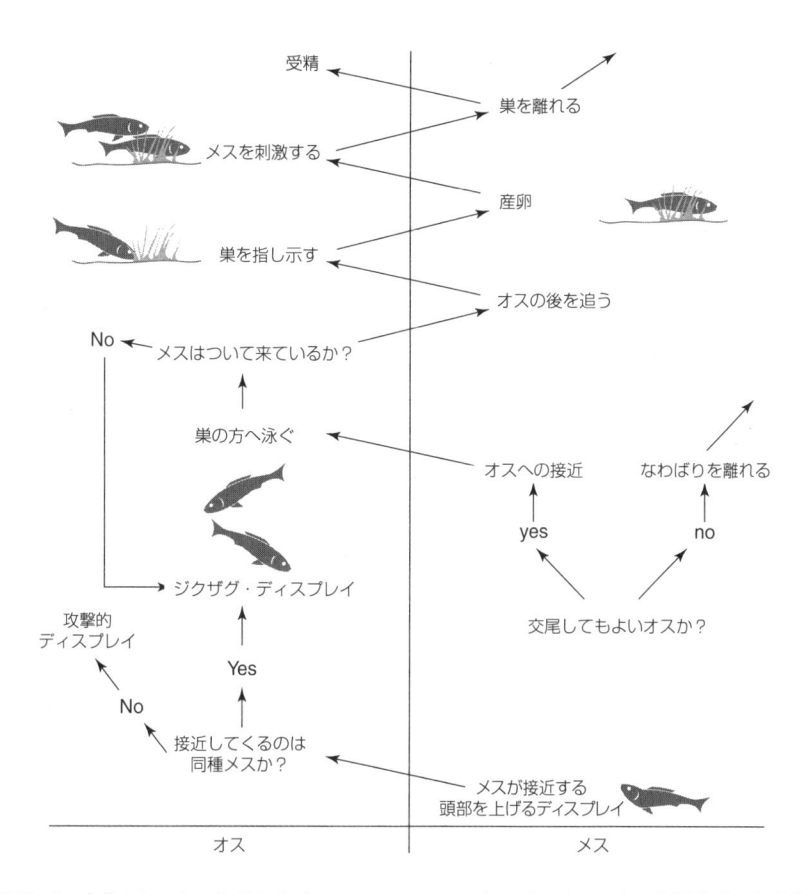

図5-5 古典となった，トゲウオ（*Gasterosteus aculeatus*）のオスとメスとの相互作用の理想化された図式（Tinbergen 1951）。ここに示された行動の実際の形は正確なものだが，実際の求愛の場面では行動の流れにもっと変動が見られる。それはある程度ディスプレイをするサカナの動機づけに変動があるためだと考えられる。この図では，そのような変動は分岐点によって示されている。

精こそが求愛の最終的な目的であり，そのためには2個体の行動が同期することが必要である。明らかにこのタイプのディスプレイは一般的な種の認知の役目を持っている。種の認識の過程は，異種集団と分布が重なっており求愛行動が交雑回避の役目をもつ場合には大変な重要なものである。

オスとメスが性的受容を伝え合うためのシグナルとして機能する，このような儀式化された反応の中には，生殖とは無関係な形質に系統発生的起源をもつものがあることが，古くから認められている（Huxley 1923）。このような洞察が，エソロジーという学問を生み出したきっかけの1つとなっている（→第1章，4.-5., 14-19頁参照）。例えば，鳥類の羽毛はおそらく体温調節に有効な断熱のための構造に起源をもち，後に飛翔に使われるようになったものである。しかし，羽毛はまた性選択を通じて求愛やディスプレイに関わる機能を持つようになった（Morris 1956）。トリは長い尾羽や，胸の羽の鮮やかな色，立てて目立つ羽（鳥冠）を使い，これらの特徴をより目立たせるような動きによってディスプレイを行なう。図5-6に例を示してある。例えばクジャクはその色鮮やかな尾を見せるだけではなく，その羽を揺らして音を立て，視覚的効果に付け加える。羽毛を動かす運動制御もおそらく体温調節のためのメカニズムとして進化したのだろう。例えば，羽毛が完全に寝た状態から部分的に立った状態まで，細かく熱の調節が可能である。すなわち，この動き

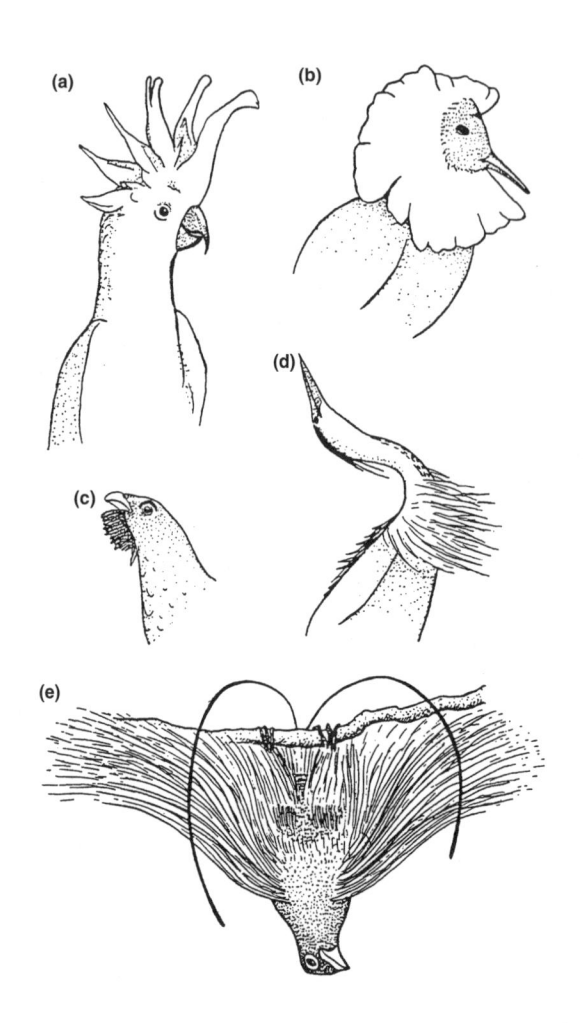

図5-6 求愛ディスプレイを行なう多くの種には，色とりどりの鮮やかな羽毛が見られる。鳥冠（a）や，襟（b），顎（c），喉（d），わき腹と尾（e）の羽が進化しディスプレイとしての機能をもつようになっている。

によって熱が失われる速さを調節し，皮膚の下の末梢血管を流れる血液が冷やされたり暖められたりする。求愛ディスプレイとしてみられる行動の例には，羽づくろいや採餌，巣造り行動に似た動きなどがある。このような行動メカニズムは，性選択が働く土台となったものと考えることができるだろう。このように行動が起こる文脈が変わっていく過程は**転位行動**と呼ばれる。したがって，カモの多くの種で求愛に使われる羽づくろいに似た動きは，本来の体を整える機能から転位したものとみることができる。転位の結果は，ほとんどの場合，形がより目立つようになったり行動が儀式化されたりする。これは，1つにはシグナルとして曖昧さを少なくするという意味があると考えられる。

性選択がこのような形質を極端に目立つものにする方法はいくつかある。不思議な例の1つは，オナガセアカマイコドリ（*Chiroxiphia linearis*）のオスの求愛ディスプレイである（McDonald & Potts 1994）。この種では2羽のオスがディスプレイを共同して行なうことで，メスに対してより魅力的なものとする。マイコドリはレック型一夫多妻制であり，メスが特に好むディスプレイの場所がある。オスが1羽だけで行なうディスプレイは，2羽のオスが行なうものよりうまくメスを惹きつけることが難しい。しかし，ディスプレイを行なう2羽のうちアルファ・オスと呼ばれる1羽だけが実際にメスと交尾する。もう1羽のオス（ベータ・オス）はただディスプレイに寄与するだけのようである。したがって，このような形でディスプレイを目立つものにする方法の進化にはメスの選好性が関与しているように思われる。

いったんこのような連合ができると，役割は何年も変わることがなく，互恵行動ではないようである。アルファ・オスとベータ・オスは一般に血縁関係はなく，血縁選択もメカニズムとして否定される。それでは，どうしてこのようなベータ・オスによる利他的関係が維持されているのだろうか？コスタリカの野外での観察によって次のことが示された。ベータ・オスはめったに交尾することがない（1983年と1992年の間に記録された263回の交尾のうち4回だけがベータ・オスによるものであった）。ベータ・オスは必ずアルファ・オスの後を継ぐ。メスは以前に交尾をした特定の場所のレックに固執する。ベータ・オスがアルファ・オスとなった最初の繁殖期の繁殖成功は，以前のアルファ・オスの繁殖成功と高い相関があるということである。メスの選好性と，アルファ・オスが死んだ後にレックを引き継ぐこと（長い遅延を伴った繁殖上の利益である）とがベータ・オスのアルファ・オスとの連合を維持しているのだろう。

3.c. 適応度の評価 求愛ディスプレイはまた，求愛してくるオスの適応度を評価する機会をメスに与えている。クジャクの場合のような極端なディスプレイはかなり奇妙なメッセージを発しているようにも見える。まるでオスが「自分の適応度は相当なものだから，これだけ色鮮やかな飾りを持ってディスプレイ行動をするほどのハンディキャップがあっても大丈夫なんだ」と言っているようである。コストのかかる飾りは，健康状態がよくなかったり十分に資源を確保できないような適応度の低いオスにとってはいっそうコストがかかるだろうことは明らかである。ザハヴィとザハヴィ（Zahavi & Zahavi 1997）はこれを**ハンディキャップ原理**と呼び，信号はメスがオスの遺伝的質を評価できる範囲で進化するのだと考えている。メスの立場からはこのようなオスの特徴はその適応度の指標となる都合のよいものなのである。

最近，進化心理学者たちが注目している興味深い仮説がある。男性と女性が「美しい」と考えるものは，適応度の指標として性選択によって進化してきた形質だというのである。ある一連の研究では，顔の美しさはヒトの遺伝的質についての情報を伝えるものと仮定されている。これらの研究は性選択の理論の一種に基づくもので，その理論によると寄生虫への抵抗力を宣伝する形質は選択されて残るという。寄生虫がつくと生体は健康状態が悪くなり，その結果，長生きしたり，配偶者を競ったり，生殖の負担に耐えることがより難しくなる。寄生虫への抵抗力は，免疫適格の強度やヘテロ接合の程度など，いくつかの要因に依存する。免疫適格とは生体が免疫系を活性化させ，寄生虫の侵入と戦う能力のことをいう。二次性徴の発達に関わるホルモン（男性ホルモンと女性ホルモン）の多くは同時に免疫活動を弱める働きを持つ。例えば，男性では発達した顎や頬骨は男性ホルモンであるテストステロンにコントロールされている。したがって，ホルモンに依存する性的特徴は，その人の遺伝的質を宣伝するものなのかもしれない。すなわち適応度が非常に高い個体だけが，このように目立つ形質からもたらされるハンディキャップに耐えることができるというのである。このように見ると，ヒトを被験者とする実験で，極端に大きくした「顎の幅」のような特徴が，女性からは特に魅力的と見られ，多くの文化において社会的優位の信号とみなされているということが示されているのは興味深いことである（Grammer & Thornhill 1994; Keating et al. 1981）。

別の一連の研究はいわゆる**ウエスト-ヒップ比**（WHR: waist-to-hip ratio）を取り上げている。これは男性が女性を魅力的だと感じる程度を決めている主な要因だと考えられる。文化によらず男性はWHRが約0.7（すなわち，その値に関わらずウエストのサイズがヒップの約70％）である女性を魅力的でセクシーであると評価する。シン（Singh 1993）は，男性の被験者が「体重」やWHRが異なる絵に描かれた女性について評価する場合にも，同じことが当てはまることを見出した。標準的な体重より重かったり軽かったりする場合には魅力は低くなる傾向があるが，それぞれの体重のカテゴリーで，最も魅力的とされたのはWHRが0.7の女性を描いたものであった（図5-7）。この種の結果は興味深いものではあるが，WHRが何か別の情報を伝えるものでなければ，

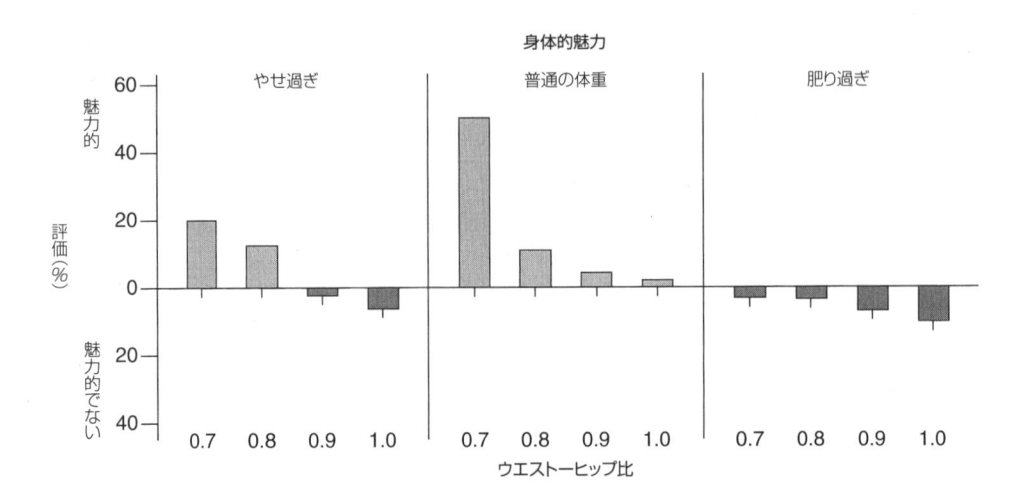

図5-7 異なる体重とウェスト－ヒップ比（WHR）を持つ女性を描いた絵を男性が評価した。 どの絵の場合もWHRが0.7に近づくと魅力の評価が高くなった。WHRの効果は、太っていたりやせているため魅力的でないとされた絵についても明瞭にみられる（Singh 1993）。

進化の観点からは特に意味のあるものではない。WHRは思春期に0.7に近づき，閉経まで維持される。妊娠時には明らかに値は大きくなる。いずれにしてもWHRは女性の生殖に関する状態についての情報を持っている。0.7に近いWHRはまた糖尿病やガン，胆嚢の病気，高血圧，心臓病，脳卒中などのリスクが低いことを示すものであり，女性の健康一般に関しても情報を与える。WHRが0.7に近い既婚女性は妊娠しやすく，WHRがより高い女性より初産の年齢が低い。したがって，0.7に近いWHRは多くの種での研究から繁殖成功を示す指標としてよく知られており，高い生殖可能性と低い死亡確率という2つの変数と相関している。

WHRは体内の異なる場所への脂肪蓄積を調節する性依存性ホルモンによって決まってくる。男女の違いは脂肪組織の絶対量ではなく，その分布の違いにある。思春期には女性ホルモン（男性より女性の体内により多く存在する）は脂肪を臀部や大腿部に多く蓄積させ，ヒップを大きくしWHRを減少させる傾向がある。反対に男性ホルモン（男性に多く存在する）は腹部に脂肪を蓄積させ，ウエストを大きくしWHRの値を大きくする。結果として，女性と男性ではWHRの分布に

はほとんど重なりがない。健康な女性では0.67から0.8であり，健康な男性では0.85から0.95の値をとる。

3.d. 交尾行動 動物の生殖はオスとメスの行動が同期することによって達成される。魚類や両生類の中にはオスとメスが生殖細胞を水中に放出し，**体外受精**によって生殖を行なう種がある。しかし，他の種では受精はオスの精子細胞をメスの体内に注入する能力によって達成される。この**体内受精**には特殊な器官（例えばオスの陰茎やメスが受精卵を維持するための空間）や特殊化した交尾行動が進化する必要があった。体内受精は他の問題もひき起こす。例えば，父性の不確実性や，メスが妊娠のために資源を投資しなければならないということがある。前にみたようにこれらの問題は生殖戦略に対して重要な意味をもつのである。

交尾行動は種間ではさまざまな違いがあるが，1つの種の中ではたいてい非常に定型化されたものである。例えば，ハシリトカゲではオスはふつうメスの背後から近づきメスの首の皮膚を嚙む。ときにはゆっくりと歩くメスに乗りかかることもある。それからオスは尾を曲げてメスの下に入れ陰茎を挿入する。ハシリトカゲ類では陰茎は対称

な2つの部分に枝分かれしており、それがメスの腹部をしっかりと捉える（Wade & Crews 1977）。このオスの行動はテストステロンによってコントロールされており、メスにもホルモンを与えることで同じ行動をひき起こすことができる。この章の初めの部分で述べたように、ハシリトカゲの中には単為生殖をする種がある。その場合、種の中にオスは存在せず、子をつくるために精子は必要ないのだが、それは求愛行動がないということを意味しない。実際、排卵や排卵後の時期に女性ホルモンや黄体ホルモンのレベルが上がるに従って（鳥類や哺乳類と同じように）、単為生殖をする種である Cnemidophorus uniparens のメスはオスのような求愛行動や交尾行動を行なう。これは単に行動の上だけのものにすぎないが、繁殖力を増す効果があることが知られている。

他の種でも同じような行動が交尾の効率を調節している。例えばラット（Rattus norvegicus）ではオスもメスも交尾中に超音波を発する。メスはオスの前で走ったり止まったりしオスに対して交尾を受け入れる姿勢をとる突進行動や、**ロードーシス**と呼ばれる背中を曲げ性器を見せる姿勢をとるなど、いくつかの典型的な反応を示す。これに対してオスは**マウンティング行動**を示す。これはメスの後ろから近づき前脚を上げメスの腹部をつかむという行動で、その後陰茎をメスの膣に挿入し射精する。ラットはふつう1回の射精の際に何度か陰茎を挿入する。射精を伴う挿入は、その後ゆっくりとマウンティング姿勢を解除することで分かる。手術によって発声できないようにするとメスの突進やロードーシス反応、オスのマウンティング反応が大きく影響を受ける。興味深いのは、**超音波発声**をプレイバックすると交尾行動がいくらか回復されることである（White & Barfield 1987, 1990）。

しかし、このような交尾行動のパターンを齧歯類やさらには哺乳類に普遍的にみられるものと考えるのは誤りである。デューズベリー（Dewsbury 1975）が示したように、齧歯類の交尾行動にはかなりの変異がある。この事実は生態学的あるいは社会的適応によって、大きな進化の拡散が生じていることを示唆するものである。齧歯類は4つの基本的交尾行動の有無によって分類できる。第1に、比較的まれではあるが、交尾の後に陰茎の膨張によって、膣と陰茎が離れなくなる種がある。このロッキングと呼ばれる現象によってメスは他のオスと交尾ができなくなり、オスは自分の精子が卵管を進む時間を稼ぐことができる。ロッキングはオスが父性を確実にするものとしばしば解釈されてきた。第2に、齧歯類は種によって1回の挿入ごとに突く程度に違いがある。霊長類の場合のようにオスがマウンティングするたびに突きを繰り返す種もある。3つめは、種によって挿入するたびに射精するものもあるが、1回の射精において複数の挿入を要するものもある。4つめは、多くの齧歯類ではオスとメスとの1度の交尾機会に複数回の射精が行なわれる。もし、これら4つの行動の有無によって特徴づけが可能なら16通りの組み合わせが存在する。デューズベリー（Dewsbury 1975）はこの16の組み合わせの内、7つの例を記述している。なじみのあるラットも含まれている（例えば、ロッキングなし、突きの反復なし、複数回の挿入有り、複数回の射精あり）。しかし、齧歯目（Rodentia）は特に多くの種が存在するから、新しい種が調べられると新しい組み合わせが見つかる可能性がある。例えば、Akodon molinae という南アメリカの小さな齧歯類は、ロッキング有り、突きの反復有り、複数回の挿入有り、1回の挿入で射精が完了する、という組み合わせで特徴づけられる（Yunes & Castro-Vázquez 1990）。この組み合わせは他の齧歯類で観察されたことはなかった。

膣と陰茎のロッキングはオスにとって自分の精子がメスの卵子を受精させる確率を高めることになる。もしメスが2匹のオスと続けて交尾するなら、**精子間競争**の余地が生じ、最初に交尾したオスが卵子を受精させるとは限らなくなる。別のオスと交尾する前にメスが精子を排出することができる種もある。これはいくつかの種で膣栓が進化したことと関係しているようである。オスが射精の後、ゼラチン状の物質を挿入することで膣口を閉じ、しばらくの間、別のオスが射精できないようにする場合もある。また別の種では、メスが複数のオスの精子を貯蔵し、一定期間の後、それ

を使うというものもある。興味深いことに求愛ディスプレイには，オスがメスの貯蔵した精子を排出させるように刺激する要素が含まれる場合がある。例えば，ヨーロッパカヤクグリのオスはメスの膣口を最大で約30回もつつくが，その結果，ときには前に交尾したオスの精子が満ちた小滴が排出されることがある（Davies 1992）。隠蔽された形で精子間競争が行なわれる種もある。例えばヒトの場合，女性は受胎すると30分以内に精液や他の分泌物を含む小滴を続けて出すことで精子の約35％を排出すると推定されている。しかし，射精の1分前から射精後45分後までの間に起こる性交によるオーガズムは，滞留する精子を相当に増加させる。オーガズムの前後に起こる膣の収縮は，膣から子宮頸部への精子の移動を促進し，受精の確率を高める働きをする。女性が一夫一妻制から一妻多夫制に移行すると，夫以外の男性との性交によるオーガズムの回数の方が夫との場合より多くなり，その結果，前者の精子が保持される可能性が高くなる。このことは，精子間競争のための隠された（つまり男性には明らかでない）女性のメカニズムであると解釈されている（Baker & Bellis 1993）。上に述べた膣口をつつくヨーロッパカヤクグリの行動や，性交によるオーガズムを隠蔽するヒトの女性（さらに排卵も隠して常に性的に受け入れ可能であることを示す）の行動は，オスに対して父親であることの「証拠」を提供するというメスの戦略の例であるのかもしれない。そうすることによって，必ずしもそのオスが受精させたかどうかにかかわらず，親としての養育への寄与を期待できるのである。

4. 養育行動

4. a． 養育のパターン 動物の**親としての養育**はかなり多様なものである。多くの種は受精卵をその運命にまかせ，親としての養育をほとんど行なわない。海洋性プランクトンの多くは，受精卵を作ること以外に親としての養育を行なわない種の幼体である。同じようにウミガメは砂浜に卵を産み，それが孵化する前に海に戻る。多くの種では，一方の親が子に餌を与えるがそれ以外はまったく接触をもたない。多くのスズメバチ類は砂に穴を掘り受精卵と一緒に，それが幼虫となったとき食物となる動物を麻痺させて置いておく。これらの場合には世代の重なりがない。

一夫多妻制あるいは一妻多夫制の種では，通常，一方の親だけが子の養育の義務を負う。**母親としての養育**が多くの種で一般的であるが，哺乳類の場合にはそれが基本である。胎盤哺乳類では，子宮内で発達する子に胎盤を通じて栄養を与え，出生後は乳を与えるという能力をメスがもつため，親としての養育はメスが優先する。有袋類はきわめて未成熟な晩成の胎児を出産し，母親が相当な養育をすることで大きく成長する（Eisenberg 1991）。生まれたばかりのアカカンガルー（*Megalia rufa*）の胎児の体重は約1グラムで小さじに乗るくらいだが，成長すると30 kgにもなる。アカカンガルーのメスは3回出産した子を同時に体内に抱えていることがある。袋の中には，大きくなりかなり独立した子どもと，まだ乳首をくわえている胎児が入っており，さらに子宮内には**休眠状態**（一時的に発達が止まった状態）の受精卵があるという具合である。しかし，哺乳類の母親としての養育は栄養と保護を与えるだけではなく，感覚経験を与えることも含まれている（Ronca et al. 1993）。例えばラット（*Rattus norvegicus*）では周産期の母親の行動は，触覚や，温度，嗅覚，さらには前庭刺激を子どもに与えることになる。羊水の量が減少し胎児が外部の影響をより強く受けるようになる妊娠末期には，活動性が高くなり，後肢立ちをしたり，小刻みに体を動かしたり，また腹部を毛づくろいしたり掻いたりという行動がよく見られるようになる。出産時の収縮や，新生児をなめたり動かしたり，体が接触することでさらに刺激が与えられる（図5-8）。

父親としての養育は魚類や両生類ではかなり一般的である。父親は食物を与えることはないが

図5-8 ラットの母親は新生児を刺激するさまざまな行動をとる（Ronca et al. 1993）。(a) 子をなめ前肢で触る。(b) 子を運ぶ。(c) 子の上にそっと座ったり，後肢で触れることで刺激をする。

もっぱら捕食者から子を守る役割を果たす。カエルでは，オスが卵を乾燥しないようにし，敵から守るために見張っているということがよく見られる。コキコヤスガエル（*Eleutherodactylus coqui*）という種で，卵を守っているオスを実験的に取り除くと卵の死亡率が増加したという結果が示されている（Towsend et al. 1984）。驚くことに死亡の主な原因は他のオスに食われてしまうことである。オスのワニ（*Crocodylus palustris*）は子を口の中に入れて運ぶ。また，レア（*Rhea americana*）のような大型の走鳥類のトリでは卵を抱き子を育てるのはオスである。

多くの種で親としての養育は複数の個体によって行なわれる。**両親による養育**は魚類のカワスズメのいくつかの種でみられ，一夫一妻制が一般的な鳥類では目立つ特徴である。多くの種で，抱卵，巣の見張り，子の養育は両方の親の間で分担されている。対照的に哺乳類では両親による養育は例外的にしか見られない。例えば，齧歯類ではカリフォルニアネズミ（*Peromyscus californicus*）が自然環境でも実験室でも比較的安定したパターンの両親による養育を示す（Gubernick & Alberts 1987）。父親は巣にとどまり，授乳を除いて実際に母親と同じように養育をする。ヨーロッパカヤクグリ（*Prunella modularis*）では巣立ちできるヒナの数は，ヒナに与えられる親としての養育の量と相関がある。一妻多夫の3羽（メス1羽とオス2羽）で1羽のオスが捕食者に殺された場合には，巣立つヒナの数が，2羽のオスが子に食物を与える場合の約半分になった（Davies 1992）。同じようなタイプの**グループによる養育**はいくつかの哺乳類の種でも見られる。ライオン（*Panthera leo*）の群れでは生殖能力のあるメスが協同して子どもの養育をする（Packer et al. 1988）。このようなライオンのメスは定住性であり，群れをなす個体の間には遺伝的な繋がりがある。したがってこのような母親としての養育のパターンは，部分的には，血縁個体に与えられる利益に基づく間接的な選択によって進化してきたものと考えられる。メスのライオンは血縁関係のないものと連合を組むことはないようである。

この節の初めに，多くの種は目に見える形で親としての養育を行なうことがないということを指摘した。最後に，少なくともある程度，親としての養育をする能力を失ったように見えるが，子どもは安全な巣と十分な食物を成体から与えられる場合にのみ生存できるような種についても述べておくべきだろう。カッコウ（*Cuculus canorus*）は**托卵**をする種の1つである。他の種の巣に自分の卵を「寄生」させ，その卵は養い親によって孵化されることになる。托卵は第4章で採餌に関連して議論した寄生者-寄主のシステムに合致する。したがって，寄生者が寄生を成功させる形質と寄主が寄生に気づくための対抗形質の進化があることが予想されるだろう。

メスのカッコウはヨーロッパカヤクグリ，ヒタキ，コマドリや他の多くの種の巣から適当なものを探す（Davies 1992）。しかし，個々のメスは1つの種に特化しており，外見が寄主となる種の卵に似た卵を産む。したがって，カッコウの系統によって産む卵が異なる。メスが特定の寄主を選択する能力は，ヒナの時期にいた巣での初期学習に

依存するのだろう．しかし，カッコウの卵が寄主の卵とは明らかに異なっているという場合がある．なぜそのような卵が受け入れられるのかは理解しがたいところである．例えば，ヨーロッパカヤクグリの卵は小さく青みがかっているが，カッコウが産んだ大きな緑色がかった白色の卵を進んで受け入れる．寄主にとって最も明白な対抗手段は巣を放棄することである．寄生者の卵を巣から排除する場合もある．自分自身の卵と色や模様が異なる卵を見つける能力を進化させた寄主種もある．例えば，人工の卵を使った実験でヨーロッパヨシキリ（*Acrocephalus scirpaceus*）は自身の卵と一致しない卵の模型の62%を排除したが，寄生者のカッコウの系統の卵の模型は1つも排除しなかった．一方，ハクセキレイ（*Motacila alba*）は一致しない卵の模型の71%を排除したが，寄生者のカッコウの卵の模型についてはたった50%排除しただけであった．

寄生の最も奇妙な結果は，カッコウのヒナが競合する個体を排除する能力である．図5-9に示すように，孵化して2,3時間後にまだ羽毛もなく目も開いていないカッコウのヒナが一生懸命ヨシキリの卵を巣の外へ押し出すのである．ヨーロッパカヤクグリのように寄主によっては親はカッコウのヒナが自分の卵を巣から排除するのを黙ってみているだけである（Davies 1992）．カッコウのヒナはそうして親の養育からの利益を独り占めして，いち早く成長していく．しばらくするとヒナは養い親よりも体が大きくなるが，それでも親は餌を与えることを止めない．養い親は，寄生者の非常に大きなサイズによって，この極端な状況にどうしようもなく引き込まれているのかもしれない．第1章，4．（→ 14-17頁）で動物はその種にとっての典型的な大きさのものより大きいものを好む場合があるということを述べた．おそらくカッコウのヒナの大きく開かれた口と大きな体が超正常刺激として働き，養い親は子の養育を拒絶することができないのだろう．寄主が超正常刺激に好んで反応する傾向を寄生者が利用するという特徴に，自然選択がどのように影響したかをみるのはたやすい．もちろん対抗的形質の進化も予測されるところである．なぜヨーロッパカヤクグリがこれほど寄生されやすいのかは明らかではない．1つの可能性としてはヨーロッパカヤクグリはご

図5-9 カッコウのヒナがヨシキリの卵を背中で押して巣の外へ出そうとしている．この行動によって寄生者であるカッコウのヒナは寄主の養育行動からの利益をすべて受け取ることができる．（J.A.L. Cook氏 [Oxford Scientific Films/Animals Animals/Earth Science] 撮影）

く最近になって寄主となり，対抗的形質がまだ進化していないということが考えられる。寄主種によってカッコウの寄生に対抗し成功する程度に違いがあることから，何世代にもわたって寄主となってきた種が対抗手段を進化させると，カッコウが新しい寄主へ移行していくという可能性が考えられる。

4．b．親子間コンフリクト

第4章で見たように，寄生者と寄主，捕食者と被捕食者はみな進化上の対立状態にある。同じような進化上の対立は配偶方法にもあるようである。なぜならオスとメスの利害は必ずしも一致するものではないからである。トリヴァーズ（Trivers 1974）は親と子も同じく進化上の対立状態にあると考えた。

親子間コンフリクトが生じるのは異なる利害が存在するからである。有性生殖をする種では，親は子の養育をすることから明らかに利益を得る。子は親の遺伝子の50％を共有しているからである。その結果，自然選択は子を守り，その正常な成長を助ける行動に有利に働く。子どもは独立して生活を営む準備がまだ十分にできていないから，親からの養育によって利益を受ける。ところが，子どもが育つにしたがい子どもの養育のコストは増加していく。子どもの要求が増大し（例えば，食べ物の量が増える），また親は新たに子どもをつくることが遅れることになるからである。一方，子どもの立場からは親からの養育を長く受けるほど，食物を探したり捕食者を避けたりというコストを少なくすることができる。もちろん，このことが成り立つのはある程度までのことである。子どもも，親が別の子をつくることで間接的に利益を受けることができるのである。だから，自然選択は，子どもが独立するまで十分な養育をし，かつ生涯繁殖成功を最大化するために子の養育のコストを減らそうとする親に対して有利に働く。しかし，自然選択はある時点まで親から受ける養育の量を最大化しようとする子どもにも有利に働く。したがって対立が生じることになる。子どもは，常に親が与えようとするものより多くを得ようとするのである。

トリヴァーズ（Trivers 1974）は親子間コンフリクトの仮説から導かれる興味深い可能性を検討した。すなわち自然選択が，親を心理的に操作する子の行動に有利に働く場合があるということである。トリヴァーズは，親と子が競合するとき，親は体の大きさと経験において有利であるから，子どもが力に訴えるというような戦略を採ることは不可能だと推論した。その代わりに，子どもは親子関係の初期にふつうに見られる行動を利用しようとするだろう。それは場違いな場面で現れ，親にとっては適応的でなくなるほどの養育を受けることを目的とするものである。

例えば，親は声をあげて泣くヒトの赤ん坊のように，子どもが示す苦痛のサインには敏感である。このような行動は，空腹や不快感など子どもの健康状態が脅かされるような状態にあることを伝えるものである。こうした状況におかれた親にとっては，そのサインが消えるまで子に注意を向けることが最も望ましい。（近接要因の観点からは，泣き声は親にとって強い嫌悪刺激であり，さまざまな形の回避学習を通じて適応的機能を果たしているのだろうと考えられる。）大きくなった子どもは実際に問題があって泣くこともあるだろうが，子どもの特権を親から拒否されたときに泣くという行動に出る。同じような状況で，親から授乳を拒否されたヒヒ（*Papio anubis*）の子どもは，母親に強く抱きついたりというような，より幼い時期に特徴的な行動を示す。トリヴァーズは，このような現象は，心理学で**退行**と呼ばれている現象であると指摘した。すなわち葛藤状況において現れる幼い時期の行動である。実際に，ラット（*Rattus norvegicus*）では，いつも報酬を伴っていた行動が有効でなくなると，生後の早い時期に見られる反応に退行することが知られている（Rashotte & Amsel 1968）。同様にして，親にとっては子の行動が実際にある問題を伝えようとしているのか，心理的操作を試みようとしているのかを見分ける能力を進化させることが好都合である。親が子育ての経験を積むにしたがって，親を操作しようとする子どもの試みが効果を失っていくということはありうることである。

4．c．巣のヘルパー

状況によっては親の仕事

が親以外の個体によっても担われることがある。このような個体は**ヘルパー**と呼ばれ，巣の材料や子の食物を集めたり，捕食者に対する防衛をする。この状況について重要なことは，ヘルパーがふつう性的に成熟しており自分自身の子をつくる能力があるにもかかわらず，生殖を遅らせて他を助けるということである。これはなぜなのだろうか？

ジリスが身の危険を冒して地上性の捕食者の存在を血縁個体に知らせるように（→第 4 章，4.f., 93-94 頁参照），ヘルパーは血縁個体を育てるために自分自身の生殖を延期するのである。実際，魚類や鳥類，哺乳類でもヘルパーは，それが助けているペアと必ず血縁関係があるようである。したがって，血縁個体を通じての間接的選択がこの利他行動の進化の主要な要因なのだろう。カワスズメの 1 種の Lamprologus brichardi では，ヘルパーは親のなわばり内にとどまり，卵をきれいにしたり捕食者からの防衛をする。タボルスキー（Taborsky 1984）はヘルパーの助けを受けたメスの卵から孵化する子の数は，ヘルパーのいないペアの場合よりも有意に多いことを示した。しかし，ヘルパー自身はその行動によって直接適応度になんら得るところがないように思われる。ヘルパーが得る直接の利益は，親のなわばりを受け継いだり，子育ての経験を得たり，また親が将来代わりに自分にとってのヘルパーになるというようなことだと考えられる。このような直接的利益は後になってから得られるものだが，それでも環境や生活史の要因によっては潜在的に重要なものである。例えば，繁殖のためのなわばりが不足しているならば，親のなわばりを受け継ぐまで待ちながら血縁個体に投資するというのは意味のあることである。同じように，もし子育てが複雑なものであれば，自らの生殖を遅らせ，ヘルパーとなって必要な経験を得ることも有用である。

フロリダに棲むアメリカカケス（Aphelocoma coerulescens coerulescens）の集団は，1969 年以来長年に渡って野外研究の対象となっており，ヘルパーの行動の主な特徴のいくつかが明らかにされている（Woolfenden & Fitzpatrick 1997）。アメリカカケスでは共同繁殖をするのはこの集団に限られているようである。実際，この集団に属する個体は，ほとんどが子育てをしているか，養育されているか，それともヘルパーであるかのいずれかである（つまり，長期にわたってどのカテゴリーにも属さないという個体がない）。ヘルパー（通常 1 羽であるが，ときとして 2 羽，まれに 3 羽以上の場合もある）は，すべての巣のうちの平均 55%の巣に見られる。そこでは，ヘルパーは親がするすべての仕事に関わって養育をする。ヘルパーの寄与のうち最も重要なものは，巣に対する捕食者の脅威を軽減することのようである。アメリカカケスはほとんどが捕食されて命を落とし，それが対捕食者行動の進化を促す大きな圧力となっている。例えば，カケスは見晴らしのよい木の枝に留まって辺りを見張るという**歩哨行動**を見せる。捕食者（例えば，タカやヘビ）が見つかると，明瞭な警戒音を発し，他のカケスを草木の茂みに移動して隠れるように促す。捕食者がカケスの集団に襲われたり，個々のトリが近づいてつつくという攻撃を受けることもある。ヘルパーはヒナに食物を与えることもあり，必ずしもそれ自体は重要な要因ではないが，親が巣の近くに長時間とどまっていなければならない必要性を軽減している。ヘルパーの助けを受けた親はそうでないものに比べて巣立つ子の数が有意に多いことが示されている。ヘルパーの数が 1 羽か 2 羽以上であるかによる違いはないようである。

アメリカカケスのヘルパーが受ける利益にはおもに 2 つのものがある。1 つは，個々のカケスは，助けたペアが死んだ後になわばりを受け継ぐことで直接適応度を増加させるかもしれないということである。カケスには強い優劣関係が存在し――繁殖中のオスが最も優位で，最年長のヘルパー・オスは他のヘルパーに対して優位である――なわばりを受け継ぐのが最も優位なヘルパーオスであるから，この利益はオスにとって特に重要である。一方，メスは育った巣から離れていく傾向がオスよりも強く，メスを失ったオスか，最近なわばりを受け継いだオスとペアになることで巣を手に入れる。第 2 に，観察されたヘルパーの圧倒的多数は，図 5-10 に示されているように，近縁個体を助けている。自分とは 50%の遺伝子を共有する兄弟や 25%の遺伝子を共有する異母（父）

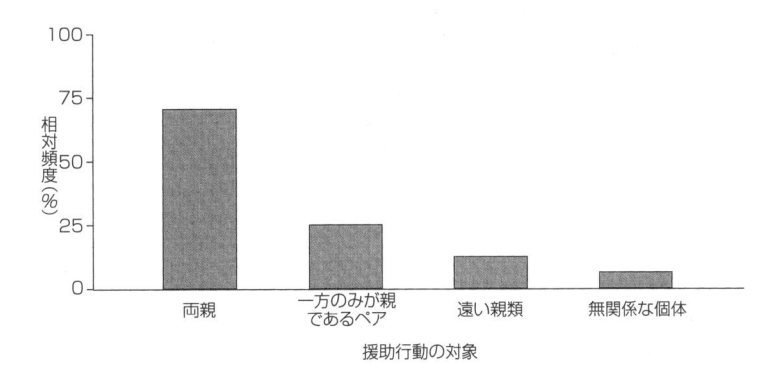

図5-10 フロリダに生息するアメリカカケス (*Aphelocoma coerulescens coerulescens*) は，自らの生殖活動を遅らせてまで，若い個体の養育を援助する (Woolfenden & Fitzpatrick 1997)。この結果は，ヘルパーが近縁個体の巣に対して援助行動を行ない，間接適応度を増すことで自らの包括適応度を増大させていることを示している。

兄弟の養育に寄与することで，ヘルパーは直接生殖にたずさわることを遅らせるコストに見合うだけの適応度を獲得し，同時に繁殖のためによいなわばりを将来受け継ぐ可能性を高めているのである。

5. 複雑な動物社会

　紀元前310年，カルタゴはシラクサのアガトクレスに包囲され，多くの市民が命を失った。カルタゴ市民はこの不幸の原因をクロノス・バール神の加護を失ったためだと考えた。彼らは伝統的に裕福な家の子どもを生け贄として捧げることで，この神を讃えていたのである。古代の歴史家，ディオドロスとプルタークによると，カルタゴ市民は，裕福な家の多くが生け贄の儀式のために貧しい家庭の子どもを買い自らの子どもの代わりとしたために，クロノス・バール神の機嫌を損ねたのだと信じた。この歴史上のエピソードは人間社会の主な要素のいくつかを表している。家族形成，階級構造と資源配分，宗教的信念と儀式，そして戦争である。人間の社会的行動の複雑さは，そのほとんどが現状では進化論によって分析することはできないが，他の動物での研究は，この人間社会のモザイク構造を理解する多少の助けになるだろう。血縁関係を例として考えてみよう。裕福なカルタゴ市民の「不正行為」は，この章で何度も見てきたように，自然選択の働きによって利己的な親が得る利得の観点から考察することができるだろう。貧しい親が儀式での生け贄のために子どもを売ろうとするということは進化論的観点からは理解しにくい。このような親は現時点での生殖上の損失を，将来の利得によって補おうと考えギャンブルをしているのだと推測することができるかもしれない。例えば，まだその後長い間子どもをつくる可能性のある比較的若い親だったのかもしれない。しかし，このような犠牲が存在したこと自体が進化論的観点からは不可思議である。それがカルタゴ市民の間に広まるためには強圧的な文化が必要だったに違いない。このような見方で，古代の歴史家は，儀式の最中に子どもを思って泣き声を上げた親は社会的汚名を着せられ，息子や娘が生け贄に選ばれた親は幸せだと考えている神の怒りを買うことになると責められた様子を記している。

　子どもを犠牲にすることは，自分自身のために子どもを守るという進化上の基本的なルールを犯しているという意味で，特に目立つ複雑な社会現象の一例である。事実，動物行動研究のバックグラウンドから人間の社会的行動を見るとき，その

複雑さは驚くべきものである．政治の構造と手続き，資源の管理，リーダーシップの体系，法的規制，科学，芸術，技術，教育，そしてわれわれが楽しむためにするさまざまなことなどである．それでも，小さな子どもを犠牲にすることが，戦いに破れた将軍や兵士を犠牲にすることよりは，人間社会の習慣としてはまれであるという事実は，文化は時として基本的な生物学的秩序から逸脱するかもしれないが，それは一般に進化上のルールによって制限されているということを示している．社会の進化は生物学的進化の制約のもとで起こるのであり，進化そのものが物質の化学的・物理的性質に制約を受けるのと同じことである．したがって，人間の多くの文化のもとで，子どもを守り子どもが生き残って成長し，自らとその社会集団全体にとって有益な者となるように見守ることに大きな価値をおくことが期待される．しかし，世の常として，社会的現実はこの両極端の間のどこかに位置しているのである．

そもそも，なぜ複雑な社会が進化したのだろうか？社会を構成する個体はそこから何を得られるのだろう？これらの疑問に対する部分的な解答はこの章と以前の章において示されてきた．例えば，図2-8（→43頁）に示されているように，ライオンは集団で生活することで，その生涯繁殖成功を増大させることができる．ライオンの生態と生活史の特徴からは，集団をつくる個体は選択されて残る傾向がある．個別のライオンよりも有効に狩りをすることができ，子をよりよく養育ができるからである．第4章では，個体が食物を探したり，捕食者からの防衛をする上で社会的要因がどのように役立つかを説明した．この章の初めでは，有性生殖をする種では生殖にまつわる親と子の基本的関係が社会性の基本要素であるという議論をした．複雑な社会は，採餌の効率や，対捕食者防衛，子の養育のような要因に対しても敏感であることが分かるだろう．しかし，それ以外にも考察すべき要因が存在する．

5.a．**真社会性と半倍数性**

前節で見たように，多くの種は子どもが生存していけるようにいろいろなパターンの親としての養育を示す．さらに，先に生まれた子どもが巣にとどまって親が別の子を守り餌を与えるのを手伝うという場合がある．昆虫における社会的行動の進化に興味をもつ昆虫学者は，このような2つの特徴（親としての養育と世代の重なり）を示す種を伝統的に亜社会的として分類してきた．したがって，**亜社会性**は昆虫だけでなく鳥類や哺乳類でも比較的広範に見られる社会構造の様式である．いくつかの例外的な場合には第3の特徴が加えられる．生殖機能の役割分担があり1（ないしは少数の）個体が卵を産み，他の個体は繁殖に関わらない**不妊カースト**を構成して卵の世話をし巣を守る．種によっては繁殖しない個体は完全に不妊である場合と，出産能力を維持していてコロニーの中に適当な状況が生じると繁殖を始める場合とがある．この3つの特徴（親としての養育と世代の重なり，不妊カーストの存在）を示す種は**真社会性**といわれる．人間社会以外では真社会的な種がおそらく最も複雑な動物集団である．

真社会性は脊索動物門と節足動物門という2つのかなり離れた分類群に見られる．節足動物では昆虫（アリ，スズメバチ，ハチ，シロアリ，アザミウマ，キクイムシ，アリマキ）と甲殻類（テッポウエビ）に見られ，脊索動物では哺乳類（ハダカデバネズミ）においてのみ例がある．これら2つの分類群が遠く離れていることと，それぞれにおいて類縁関係のある種の多くに真社会性が見られないことから，一般に真社会性は独立に何度か進化したものと考えられている．したがって，これらの動物の生物学的要因あるいは生態学的要因のどちらか，あるいは両方に真社会性へと進ませる特徴があるはずである．そのような特徴の1つが性決定に関わる遺伝のシステムである．シロアリやキクイムシ，エビ，ハダカデバネズミを含む，いくつかの真社会性の種ではオスもメスも受精卵から形成され**全倍数性種**といわれる（これらの動物の体細胞はすべて全数，$2n$個の染色体をもつ）．全倍数種では兄弟姉妹との血縁関係が子との血縁関係より強いということはない．全倍数種の真社会性については次の節で議論する．

これとは対照的に，アリやハチ，スズメバチ

（膜翅目 Hymenoptera に分類される昆虫）や，あまり研究されていないアザミウマ（総翅目 Thysanoptera の昆虫）における性決定はより複雑である。生殖メス（女王）は1匹あるいは複数のオスと交尾する。交尾は通常は非常に短い期間中に行なわれる。女王は長期間精子を貯蔵し自身の卵を受精させてメスを産むことができる。しかし，女王は未受精卵を産んでオスをつくることができる。したがって，メスは全数体（染色体数が$2n$）だが，オスは半数体である（染色体数はn）。このシステムは**半倍数性**と呼ばれている。全倍数システムと半倍数システムは兄弟姉妹の遺伝的近縁関係に異なるパターンを生じる。両親が一夫一妻制に従うとすると，近縁度（r）の分布は表5-1のようになる。

表5-1 全倍数性の種と半倍数性の種の近縁度（r）

近縁度	親の遺伝子を共有する確率		
	母親の遺伝子	父親の遺伝子	$r=$
全倍数性の姉妹	$(0.5)^2$ +	$(0.5)^2$	0.5
半倍数性の姉妹	$(0.5)^2$ +	0.5	0.75
全倍数性の兄弟	$(0.5)^2$ +	$(0.5)^2$	0.5
半倍数性の兄弟	$(0.5)^2$ +	0	0.25

注：半数体の父親は1組の遺伝子のみを持ち，半倍数性の姉妹は父親の遺伝子すべてを共有する。そのため，0.75という非常に高い近縁度を持つ。

半倍数性の娘同士には非常に高い遺伝的近縁関係があることが分かる。平均して3/4の遺伝子を共有している。しかし，母親と娘は半倍数性でも全倍数性でも平均で1/2の遺伝子を共有する。このことは半倍数性の娘同士は，それぞれの子（$r=0.5$）とよりも遺伝的によく似ている（$r=0.75$）ということを意味する。ハミルトン（Hamilton 1964）が最初にこの非対称性を指摘し，これによって半倍数性のメスが自らの生殖可能性を放棄して他の姉妹の養育に力を入れても報われるのだと考えた。すべての半倍数性かつ真社会性の種では，不妊カースト（例えば，採餌や卵の世話，巣の掃除に携わるワーカーや巣を守るソルジャー）はすべてメスである。したがって，半倍数性が真社会性の進化に有利に働く要因の1つ（唯一ではないが）であると広く信じられている。

膜翅類の中では，知られているすべてのアリ（約8800種，しかし20 000にも及ぶ種が存在すると推定されている），約1000種と推定されるハチ（30 000に及ぶ種が存在すると推定されている），さらに約900種のアシナガバチ（現存種は約7000）が真社会性である。膜翅類は現存する亜社会性昆虫の約99％を占め，知られている真社会性昆虫全体の約92％を占めると推定されている。真社会性は何度も独立に進化したものと考えられている（11に及ぶ独立な起源が仮説として存在する）。これらの情報は全体として，膜翅類における半倍数性と真社会性の相関の大まかな推定値を与える。このような相関の存在は，半倍数性がこの系統での真社会性の進化に寄与した（いくつかの要因の中の）1つの要因であるとする仮説と矛盾しない（Alexander et al. 1991）。

膜翅類の真社会性の構造のいくつかの例をみることで，その複雑さが分かるだろう。以下の例はアリについてのもので，すべてヘルドブラーとウィルソン（Hölldobler & Wilson 1990）のアリの生物学についてのみごとな記述に基づいている。アリはいくつもの興味深い寄生の例を提供するが，中には寄生種の寄主への依存の仕方が極端なものがある。アマゾンの *Polyergus rufescens* のようなサムライアリと呼ばれるいくつかの種があり，寄主種から卵を略奪し自分たちの巣へと運ぶ。「奴隷」となったアリは成長するとコロニーの維持にかかわる仕事すべてに関与するようになり，*Polyergus* 属のアリはそれなしには生存できないようになる。農業の技術をもった種もいくつか知られている。*Atta* 属と *Acromyrmex* 属のアリは植物材料を集めて巣に運び細かく噛み砕いて，肛門からの分泌物と混ぜる。このようにしてできた果肉状の素材はキノコ畑となる。それぞれの種が共生するキノコの種は決まっているようである。キノコは実際，補助的な消化管の役目を果たしており，これらのアリが自らは生成しなくなった栄養素や酵素を提供する。引き替えに共生するキノコはアリの世話を受け繁殖する。アリはさまざまな方法によって特定のキノコの種を守る。必要のないキノコを排除し，共生するキノコが適応している栄養素を土壌に与え，成長を促進するホルモンを分泌する。最後の例は，*Oecophylla* 属のハタオリアリである。大きなグループで木の葉を使って空洞を作る。こ

図5-11 *Oecophylla* 属のハタオリアリの見せる驚くべきチームワークの例（Hölldobler & Wilson 1990）。1列に並んだアリたちは葉の端をひっぱり，別のグループのアリたちが幼虫の分泌する糸で両端を接合する。

れらのアリは樹中に住んでおり，葉の端を引っ張って結びつけ覆いを作る（図5-11）。働きアリは鎖状になって一方の端を他の端の近くへ引っ張る。そして，一群のアリが押さえている間に，別の働きアリのグループが葉の内側からそれを結びつける。結合には幼虫だけが分泌する特別な糸が使われる。働きアリは幼虫を現場まで運び，分泌を促す刺激を与える。

前の議論から分かるように，半倍数性と真社会性の相関は完全ではない。第1に全倍数性の種にも真社会性が存在することから（次節参照），半倍数性が真社会性の進化の必要条件ではない。第2に，膜翅類（ハチとアシナガバチ）や他の昆虫の中に半倍数性であるが単独で生活する種が多く存在することは，真社会性の十分条件でもないことを示している。例えば，アザミウマは約2500種のうち，6種だけが真社会性である。実際，オーストラリアのアザミウマは真社会性の進化を促す選択圧となる別の要因があることを示唆している（Crespi 1992）。例えば，これらの動物はすみかと食物が得られる巣に住んでおり，その巣は比較的安定しており防衛可能なものである。これらの特徴は膜翅類も共有している。例えば，巣の防衛は，体の一部を武器として使う（ハチの針のようなもの），アレクサンダーら（Alexander et al. 1991）が「英雄的行為」と呼ぶ行動をとるように特殊化した個体によって担われている。

5. b. 真社会性の全倍数性動物と栄養系 カリブ海のベリーズ海岸沖では，ある種のエビ（*Synalpheus regalis*）はコロニーをなしてカイメンの中で生息している。このようなコロニーは非常に安定していて，それぞれが約2,3ミリの大きさの個体を数百含んでいる。その中では，1匹のメス（大きくなった卵巣や卵を抱えていることで容易に見分けられる）だけが生殖に関わっている。この生物はカイメンが食物を採るシステムを利用し，水流の中から自分たちの食物を採っている。1つの珊瑚礁にいるほとんどすべてのカイメンの中にエビが住んでいるので，エビにとっての問題は同じ種の動物を含め侵入してくるものから巣を防御することである。カイメンの中に住むエビはその爪が左右非対称であることがよく知られている。一方の爪だけが相対的に大きくなる。エビはこの大きな爪で侵入者を叩いて殺し，巣の中から引っ張り出す。*Synalpheus* 属の種には個体が集合する程度に違いがあり，真社会性のコロニーをつくるものから，1対の雌雄だけがカイメンの中に棲ん

でいるものまである。*Synalpheus* 属の 13 種の系統分析からは，真社会性は少なくとも 3 つの系統で進化したことが分かっている（Duffy et al. 2000）。明らかに社会を形成することはカイメンの中に棲むのに好都合である。真社会性の種は非社会性の種より効果的に巣をつくり，他の種をカイメンの中から排除できるという傾向がある。

同じような特徴——十分な養育が行なわれること，生殖役割が分化していて不妊カーストが存在すること，安定した巣が拡張されていくこと——はシロアリ（現存する約 2200 種はすべて真社会性。シロアリ目の昆虫）やハダカデバネズミ（3 種の真社会性の種が存在する。齧歯目の哺乳類）にも見られるものである。これらの種では不妊は必ずしも恒久的なものではないようである。例えば，シロアリやハダカデバネズミのコロニーから女王を取り除くとコロニーの中から別の女王が出現する。個体がワーカーやソルジャーなど，どのカーストに属するかは遺伝的に決定されているのではなく，いくつかの発達の道すじが栄養やホルモン，フェロモンなどによって決められており完全に非可逆的なものではない。このような種は長期間にわたって近親交配をするのが特徴である。これは生息環境や資源を利用する方法から来るものと考えられる。例えば，シロアリは丸太や樹皮の中に棲み，そこから食物を得ている。シロアリは自身のすみかを食べ，それがなくなると，コロニー内の個体に羽が生え，いわゆる有翅虫となって飛び散っていく。シロアリの種の多くはコロニーを出て食物を探すということがない（Thorne 1997）。同じようにハダカデバネズミはほとんど恒久的に地中の穴に棲むが，新しい食物資源を探してワーカーがそれを広げていく。このような条件下では，高度の近親交配がコロニー内の個体間の近縁度を異常に高めることになるだろう（Reeve et al. 1990）。この近親交配のパターンは半倍数性の種に近づいているとみることができるだろう。したがって，おそらく血縁度の程度が高いことが全倍数性の種においても，ワーカーの生殖上の利他行動（不妊）や他の利他行動（「英雄的行為」）の進化の 1 要因となっているのだろう。

しかし，血縁度に関しては半翅目の昆虫であるアリマキにさらに極端な例をみることができる。アリマキでは，現存する 4400 種のうち約 50 種において不妊カーストがみられる（Aoki 1977）。真社会性のアリマキが特に興味深いのは，それらが厳密な**クローン種**，すなわちすべての個体が遺伝的に同一であるということにある（Stern & Foster 1996）。アリマキは体長が 10 ミリ以下の小さな昆虫で，植物に寄生し食物を得ている。寄主にえい（嬰）瘤という組織を生じさせ，その中にコロニーをつくって生息している。単為生殖相の間はコロニーの成長は非常に速く，約 10 日間で世代が交代する。こうしてできるクローン個体は主要な寄主（通常，特定の植物種が決まっている）から二次的寄主（さまざまな種が選ばれる）へ移る。このような成長相の間に有性の世代が生じ，それらは有翅虫となり主要な寄主に付く。有翅虫はオスとメスの子を産み，その子らが交尾する。メスはふつう 1 つだけ卵を産み，そこからクローンが単為生殖によってつくられていき，生活環が繰り返される。アリマキの種によって異なる生活環がいくつかあることが知られている。アリマキはえい瘤の防衛に特化したカーストをつくる。このようなソルジャーでは身体の一部分が発達して針や角のような武器となり，それをコロニーを侵入者から守るために使う。ソルジャーはえい瘤の掃除や維持などの仕事も担う。

クローン生殖の結果として，アリマキでは利他行動の受け手との血縁度は 1 であるか，あるいはコロニー内に他のクローンが侵入している場合には，0 であるかのどちらかである。スターンとフォスター（Stern & Foster 1996）が議論したように，このことは非常に重大な意味をもっている。図 5-12 に示した連続体を考えてみよう。この連続体の一番下には多細胞生物の体細胞がある。皮膚や心臓，毛髪などの細胞はすべてクローンであり遺伝的に同一で空間的に凝集している。凝集していることで，他の同種個体の細胞が侵入してくるということは起こりにくく，遺伝的な葛藤を生じることなく分業が行なわれている。これは利他行動の最も極端な例と考えることもできる。体細胞はその生殖能力を放棄して生殖細胞に任せて

アリ シロアリ	異なる個体は遺伝的に同一ではなく，コロニーにおけるさまざまな役割に特化している．不妊の程度が異なる複数のカーストが存在し，さまざまなレベルでの遺伝的葛藤がある．
アリマキ	独立に活動するクローンは混合する可能性を強くもっている．えい瘤の中に棲み，特化した不妊のソルジャーがえい瘤を防衛し維持する．
イソギンチャク 粘液細菌 粘菌	独立に活動するクローンが緩やかに結合した集団を形成する．イソギンチャクでは，クローンの混合は防衛に特化した不妊のポリープによって防がれている．
多胚寄生性ジガバチ	クローン繁殖によって不妊で攻撃的な幼虫が宿主の中で発達し，宿主を侵入者から守り，クローンである仲間に利益をもたらす．
カイメン 後生動物の細胞	不妊な体細胞がさまざまな機能に特化し，緊密な配置をもって存在する．侵入からは比較的守られており，生殖細胞に利益を供与する．
コロニー内葛藤の連続体	

図5-12 クローン種のアリマキに見られる生殖にかかわる利他行動は，体細胞と社会性昆虫を両極端とする利他行動の連続体が存在することを示唆している (Stern & Foster 1996)．この連続体は社会性昆虫から，さらに利他行動が非常にまれで，主に単独生活を営む全倍数体種にも延長されるものと考えられる．

いるのである．この連続体を上にたどると，コロニーの構成体（バクテリアや原生生物，多細胞生物にかかわらず）はより大きな運動性と個性をもっている．一番上に位置する，アリやシロアリとハダカデバネズミなどは，個体間の近縁度が最も低く，また無関係な個体に侵害される危険性をもっている．したがって，この連続体を上に行くに従って，遺伝的葛藤が生じる可能性は高くなり，血縁関係と生殖上の利他行動の関係からは，利他的形質の進化はより困難になると考えられるが，実際にそうなのである．多細胞生物の分化した組織が（究極的に生殖細胞によって達成される）個体の繁殖成功の向上のために協同する様子と比較すると，この節でみた真社会性動物の利他行動の例はさほど極端なものとは考えられない．

結論として，クローン種や半倍数性種，全倍数性種における真社会性はさまざまな要因が関係している．遺伝的な血縁度，世代の重なりを可能にする寿命の長さ，親としての養育，コロニー防衛に特化した体組織（針や，爪，角など），一夫一妻制への傾向などの生体の要因が真社会性の行動と形態の進化に重要な役割をもつことは確かである．さらに，何らかの形で遮蔽され，拡張可能で，防衛可能な巣にコロニーを形成できるという生態学的要因も真社会性の発達には不可欠なのであろう．

5. c. 協同と互恵性 注意深い読者は真社会性動物とヒトの生活様式に共通点のあることに気づかれただろう．地質学的にはごく短時間のうちに（おそらく過去3万年），ヒト社会は比較的小さな遊牧集団から大きな集合体となり，（都市と呼ばれる）拡張性のある大きな生息地に住み，明確な分業を行ない，集団を防衛するために特殊化した「カースト」や道具（体組織ではなく）をもつようになった．家族という単位は近縁者間の相当な利他行動や協同を可能にしているが，そのような行動はごく近い親戚にとどまらない．しかしながら，真社会性の昆虫とは違い，生殖上の利他行動はみられず大多数の動物と同じように生殖に関する利己的な形質は保存されている．

このような基本的な遺伝的利己主義にかかわらず，鳥類や哺乳類の多くの種はかなり洗練された社会的行動を進化させてきた．行動が「洗練されている」というのは，個体間の相当な協同と互恵性に基づいているという意味である．**協同**とは個体がそれだけでは得られない利益を得るようなタイプの社会的な相互作用として定義される．協同的な関係においては，集団内のすべての個体が同じ資源をほぼ同時に手に入れる．協同の典型的な

例の1つは，個体が力を合わせて獲物となる対象を殺す場合である．協同による狩りは，多くの場合，その目的（食物を得る）や，狩りの効率と集団サイズの関係を明瞭にみることができるという点でよい例である．ライオン（→第2章，5.b., 43-44頁参照）や若いカラス（→第4章，3.e., 77-80頁参照）における集団形成の進化の例のように，動物の間の協同についてはすでにいくつかの例をみてきた．

ベドナー（Bednarz 1988）はモモアカノスリ（*Parabuteo unicinctus*）の協同による狩りをニューメキシコの生息地で観察した．ノスリのグループは非常に安定しているので，彼らを追跡し狩りの戦略とその成否の記録を取ることができた．複数のノスリが異なる方向から1匹のウサギに近づき驚かせる．ウサギの隠れ場所を見つけたときには，一部のノスリだけが地上を探すのがふつうで，その間他のトリは木の枝に留まって見ている．隠れ場所から飛び出してきたウサギは木の枝に留まっていたうちの1羽に捕まえられる．獲物の数はグループが大きくなるのに比例して増える．2, 3羽の場合はほとんど獲物が得られず，6羽になると最も成功しやすい．興味深いことに，エネルギーの消費量と獲得量を測定すると，消費量に見合うだけのエネルギーを得るためには，少なくとも5羽のノスリがグループを作って獲物を分けることが必要であることが分かった．こういうグループは家族であるので，この協同的行動には血縁関係が重要な要因となっている．

ノスリの狩りの例を批判的に検討すると，例えば，このトリたちが本当に協同しているのか，個別に狩りをしているのだが，それが同時に行なわれているだけなのかを区別することは困難である．言い換えると，協同には単にグループの個体の行動が同期しているということ以上のものが含まれているのか，ということになる．さらに，木の枝に留まっているノスリはウサギの出てくるのを待っているのか，それともエネルギー消費を抑えるため地上の探索を拒否しているのか，どうして見分けることができるだろうか．協同によって動物は資源を得ることができるが，同時に非協同的な動物がその状態をうまく利用することも起こる．協同的行動が進化するためには，交渉に関わり投資する動物に，ズルをする者，すなわち狩りのコストを避けて利益だけを得ようとする者を見つける能力がなければならない．もし協同的な動物が協同による利益をズルをする者によって奪われることがあると，協同的行動の基礎にある遺伝子は集団の中で拡がってはいかないだろう．言い換えると，協同が進化的に安定な戦略とはならないだろう（→2.e., 109-110頁参照）．

ボエシュ（Boesch 1994）は以下のような問題点を念頭においてチンパンジー（*Pan troglodytes*）の狩り行動を研究した．(1)協同は個体が同時に同じことをするという以上のことを含むはずである，(2)協同して狩りをする者は単独で狩りをする者より多くを得るはずである，(3)協同して狩りをする者は狩りをしない者（すなわちズルをする者）が獲物を得ることを，おそらく何らかの社会的メカニズムによって抑制できるはずである．2つの野生チンパンジーの集団が研究された．1つはコートジボアールのタイ国立公園の集団であり，もう1つはタンザニアのゴンベ・ストリーム国立公園のものである．これらの集団はグループで行なう狩りの程度やタイプが異なっている．タイ国立公園のチンパンジーはグループで協同することで明らかに利益を得ている．彼らが狩りの対象とするサルのコロブス（*Colobus*）は，大きな木と濃い茂みの間を移動し簡単に逃げてしまうからである．対照的に，ゴンベのチンパンジーは同時に狩りをするが，それぞれが自らの獲物を追いかける．ゴンベではコロブスは小さな木を移動するので，チンパンジーは1頭でもその逃げ道をふさぐことができるのである．1頭のチンパンジーが獲物を捕らえ，それが比較的大きな動物である場合には，他の狩りをしている者や，狩りをしていない，おそらくはズルをする者と考えられる個体に獲物を分け与える．それぞれの集団で，エネルギーの得失を考えると，ゴンベでは個々の狩りをするチンパンジーは協同することによって余分のコストを払っている．タイの集団では4頭ないし6頭以上のグループで狩りをする者の方が単独の場合よりも得をしているように思われた．

タイのチンパンジーは、肉を得るために社会的調節が働いていることを示している。1頭のチンパンジーが比較的大きなコロブスを殺すと、「捕獲コール」といわれる特徴的な声を出すのがふつうである。その声によってグループの他の個体が興奮し、その場所に集まってくる。狩りをする者は一般により多くの食物を得ることになるが、各個体の取り分の約45％は他の個体、特にメスに分配される。したがって、狩りをする者にとっては単に自分が食物を得るというだけではなく他の個体に分け与えることのできる食物を得るということである。狩りをするかどうかに加えて、肉の分配は個体の年齢や順位にも依存している。この社会的メカニズムはズルをする者が肉を得ることを制限するが、分配が広範囲に行なわれるため、それが皆無というわけではない。オスのチンパンジーは成長してもグループの中に残ることが多いので、分配は血縁関係のある個体に利益を与えているという可能性があることに注意する必要がある。肉をメスに分け与えることも、そのメスが狩りをした者の子を育てているのならば、血縁による利益が存在することになる。また、興味深いことは、肉を分けることが肉を受け取ったメスとオスの将来の関係に影響を与えうるということである。おそらくメスは後にそのオスに交尾の機会を与えることでお返しをするのだろう。ボエシュは2つの集団で、狩りをする者とズルをする者の個体ごとの損得勘定をさまざまな大きさのグループについて測定した。図5-13に示すように、タイでは協同する者とズルをする者の間には利益に差があるが、ゴンベでは違いがない。このことが意味するのは、タイでは協同することとズルをすることはともに進化的に安定な戦略であり、どちらの戦略もある程度の利益を与えるから、一方が他方を完全に排除することはできない。対照的にゴンベでは協同はズルによって簡単に侵害されるため、進化することはないだろうということである。

タイのチンパンジーは条件性の戦略を採る、すなわち時によって狩りをしたり、ズルをしたりするという傾向がある。彼らはまた、おそらくは将来の性交渉と引き替えにメスに肉を分配する。これは**互恵行動**（互恵的利他行動とも呼ばれる；Trivers 1971）の例である。互恵行動は動物が自分自身がコストを払って（直接の血縁関係がない）受け手に利益を与え、受け手が後に利益を還元するときに起こるものである。協同でも互恵行動でも、社会的交渉に関わる動物はすべてが利益を得るが、協同の場合には協同する動物がほとんど同時に利益を得るのに対し、互恵行動では一方

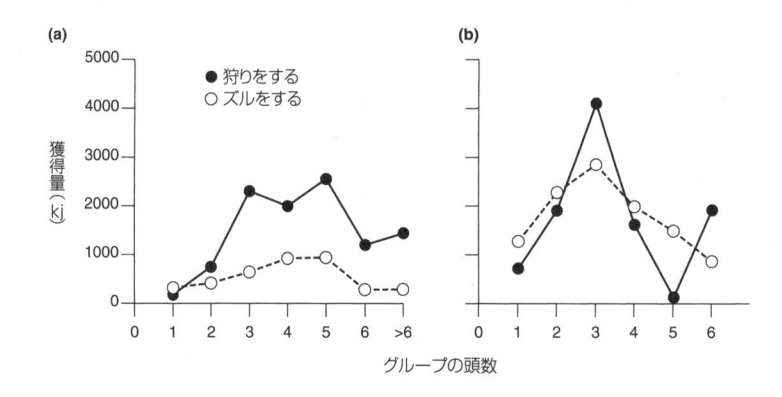

図5-13　協同して狩りをするチンパンジーとズルをする個体が得た肉の量（自ら食べた量とグループで分けた量の和）**をグループの大きさの関数として表した。**(a) タイの集団では、協同する個体の方がズルをする個体より明らかに有利であるが、いずれの戦略をとっても一定の限度まではグループが大きくなるほど利益は増大する。(b) ゴンベの集団では、グループの大きさにかかわらず、いずれの戦略をとっても同じような結果である。ボエシュ（Boesch 1994）は、これら2つの戦略はタイでは進化的に安定であるが、ゴンベの集団では、協同の狩りはズルをする戦略によって侵されるため進化しないだろうと指摘した。

の個体への利益は遅れて与えられる。互恵行動は社会的行動の重要な要素であるが，すぐわかるように，協同よりもさらにズルをする者が生じる可能性が高い。例えば，ヒトの社会では互恵行動は経済において重要なものであるが，ズルをするものを発見し罰するために多くの法律や規則，罰則を定めなければならない。金を貸すことはおそらく最も明瞭な例の1つである。貸し手は借り手に利益を与えるが，借り手が利息を付けて返却することで利益を与える立場になることを期待している。相手の行動に報いないことが，さまざまな経済主体間や人種集団，男女，親子，異なる世代などの間に常に緊張を起こすもととなっている。これは利己的な行動傾向と利他的な行動傾向の間の葛藤をよく表す例である。

いくつかの前提が満たされている場合には，互恵行動は進化的に安定な戦略として進化することが可能である。まず，生じるコストが恩返しの遅れを補償するに十分なだけ小さくなければならない。もし，利他的な動物がその行為によって命を失ってしまうなら，明らかに恩返しを受ける機会はなくなるわけだから，そのような行動は進化しえない。さらに，互恵行動は寿命が長くグループが安定している種で特に進化しやすいだろう。もしコストがごくわずかで利益が大きく，個体がその繁殖成功に影響があるほどの利益を得られるぐらい長生きできるなら，互恵行動は安定した社会的行動として進化するだろう。霊長類の他個体への毛づくろいはこのような低コストかつ十分な利益を得られるカテゴリーに属すように思われる。他個体を毛づくろいすることのコストには，時間配分の変化（毛づくろいには相当な時間を取られる）や危険に対する注意が散漫になること（捕食者の攻撃や，子どもが無防備になること）などが考えられる。もっとも，このようなコストを測ろうと試みた研究からはコストは相対的に小さいものであることが分かっている。一方で，毛づくろいは多くの利益をもたらす可能性がある。最も明らかなのは寄生虫を取り除くことである。さほど明らかではないが，毛づくろいによって得られる血縁関係のない個体（「友だち」）との結びつきを強めるという社会的意義がある。このような結びつきによって攻撃行動が減少し，他の状況で援助をする連合の形成につながることが考えられる。

互恵行動のもう1つの重要な要素は，動物がズルをする者を見抜き，社会的交渉の場から排除する能力である。その能力は個体認識に依存している。恩返しをする個体を，利益だけを得ようとしてズルをする（コストの面からは効率がよい戦略であり，抑えなければ集団内に拡がる傾向がある）個体とを区別できる場合のみ，互恵行動は安定したものとなる。血縁関係のない個体間の援助行動は，ふつうは過去に援助をしてくれた個体に向けられることが，いくつかの研究で示されている。1つの例はコスタリカに生息するメスの吸血コウモリ（*Desmodus rotundus*）の血を分け合う行動に見られる。この動物は幹が空洞になった木の決まった場所をねぐらとする。10頭ほどのメスのグループで近縁度は0.02から0.11の間である（せいぜい遠い親戚に当たる程度である）。吸血コウモリは毎晩，餌を求めて出かけ，血を吸い取ることのできる哺乳類（ウシやウマなど大型の動物が主な対象である）を探す。このコウモリは少なくとも1晩おきに食物を得なければたいてい餓死してしまう。グループのところに戻ってくると，血を吸うことのできなかったものは他の個体に食物をねだる。ねだられた個体は，自分の吸った血を吐き戻して相手に与えることがある。ウィルキンソン（Wilkinson 1984）は，ある個体が別の個体に血を分け与える確率は，両者の関係の程度，つまりグループの中でそれら2個体がどれくらい長く近くにいることが観察されたかによって予測できることを示した。さらに，ウィルキンソンは十分な食物を得たコウモリが食物を与えることのコストは，飢えたコウモリが得る利益に比べると小さいものであることを明らかにした。飢えたコウモリの体重が減少する速さは，餓死する点に近づくほど小さくなっていく。その結果，間近に血を吸ったコウモリは（餓死からはほど遠く），体重の5%に当たる量を相手に与えれば，餓死にいたるまでの時間が10時間短くなるとしよう。その血をもらった側にすると，餓死にいたるまでの時間がずっと長くなる。そうするとまた自ら食物を探しに出かけることができる。最近に

グループの他の個体から血を与えられたコウモリは，もらわなかったものより，血を与える可能性が高い。この動物は，個々が食物を得ることに失敗することを互恵行動によって補償するという安定した戦略を進化させたのだと考えられる。

第II部
脳－行動の進化パターン

　第I部の各章では進化論の持ついくつかの基本的概念を紹介し，それが行動を理解するためにどう使われるのかを示した。そこでは，行動の進化を主として機能的観点，つまり個体の繁殖成功に寄与する表現型全体の一部として説明した。しかしそういう例を歴史的に見るという体系的な試みは行なわなかった。この歴史的文脈は，われわれ地球上の生命がどのように進化したのかという特定の歴史的パターンによって与えられる。生物学的特徴の適応的意義は，生態学的文脈だけではなく遺伝的文脈の中にも存在する。そして遺伝情報は，有機体の特定の系統における特定の進化史の結果なのである。生態学的諸要因が，ある特定の動物集団の配偶システムを定める一方で，いくつかの分類学的集団は，またある配偶システムを示す傾向を持つ。前述したように，例えばタマリンとマーモセットは，一夫一妻のペアを作る傾向を特徴とする。このような傾向は，集団内で一夫一妻のシステムが最も多かった共通祖先からの遺伝要因に依存しているのだろう。

　第II部の各章では進化のパターンを強調している。最初に動物の進化を概観し，歴史的情報の理解にとって重要な概念を検討する（第6章）。第7章以後では，比較心理学の中心的な重要課題である脳―行動の進化という観点から，進化のパターンを概観する。単純な神経系とその行動的特徴については，第7章で述べる。また，脊椎動物の脳と行動の進化については第8章で，さらに霊長類の脳と行動については第9章で述べる。

第6章 動物の起源と進化

第6章の概括
・動物の系統発生の歴史は，大量絶滅，適応放散，大規模移動，そして新たな生息地への定着を可能とする進化の新機軸によって，特徴づけられる。
・動物の歴史は，化石という物証や，分子的，形態学的，そして行動的諸特徴に基づいた分岐分析によって，部分的に再構成が可能である。

　われわれの知る生命の唯一の実例は，この地球上で進化した生命だけである。進化のある1つの事例を知ろうとすると，太古の歴史上のある特定の挿話を理解しようと試みている歴史家が直面するのと同じ問題が発生する。歴史の特定の面について実験をすることはできない。その歴史そのものの再現性を決定したりするような重要な要因を動かしたり，どのような決定的な差異が根本的原因を解明するのかについて決めることはできない。歴史家は，例えば，なぜソクラテスはアテネ人が彼に加えた罰を気高くも受け入れたか，また，何がジュリアス・シーザーにルビコン河を渡らせローマに侵攻させたのか，こういったことを理解しようと試みるとき，証拠となる多様な出典にあたることができる。しかし，古代史におけるこのような1つひとつの出来事は，科学者が他の現象を扱うその方法と同様には，取り扱えない。そういった1つひとつの出来事は，まず再現することも，操作することも，統制された条件の下で観察することもできない。もし，特定の現象の原因を見極めるようとするのなら，すべてが必要となる。同様に，哺乳類の進化もたった一度だけ，中生代の間のどこかで生じたのである。この哺乳類の進化の原因については，化石の記録によって提供される断片的な手がかりに基づいて推測されるのみである。白亜紀の終りの恐竜の消滅を導いた大量絶滅や，ある特定の大陸塊の漂流など，こういった出来事はいずれも一度しか生じておらず，異なった環境や統制された条件下では再現されることはない。

　進化のパターンに関心のある科学者は，ある種の情報，例えば骨の形態学的特徴などに基づいて動物の特定の集団の歴史についての仮説を組み立てる。その後，本来の集団からは独立に由来する新しい資料に対してその仮説を検証するのである。欠落は仮説によって埋められる。その仮説は，新しい化石の発見や，新しい分析技術の発展によって生じた新しい情報に対して検証されるのである。この情報こそが，行動の進化の理解，すなわち比較心理学の主要な関心事に対して，重要な基準系を提供するのである。

1. 生命の多様性

1. a. 分類学 生命は，実際いたるところに存在する．北極から南極に至るまで，また深海から高い山岳，空中にまで存在する．熱い温泉の中や，火山性の溶岩の周りにも，そして氷の間にも存在する．庭土の中にも，砂利の下にもいる．生命の多様性はこのように驚異的であり，十分理解することすらおぼつかない．数百万という動植物が科学的に記述されてきているが，おそらくそれ以上の数の動植物がいまだに記載されずにいる．世界の残された熱帯雨林の研究は，しばしば新種の動植物の発見をもたらす．そのような現実を理解しようと試みる人ならば誰でも，おそらくお互いによく似た生物どうしを一緒にすることから始めるに違いない．アリストテレス（Aristotle）［384-322 B.C.］はこれを行なおうと試みた最初の学者の1人であった（→第1章，1., 3-5頁参照）．アリストテレスは，彼の研究のために収集した生物学的資料をアテネに至急送るよう手配したアレクサンダー大王に感謝している．この研究は分類学を興した．つまり，種をいくつかの集団に分類することを扱う生物学の1つの部門を作った．これをもって，アリストテレスは植物学と動物学の双方の父と見なされることになった．

分類学における現在の規則の大半は，後にカール・リンネ（Carolus Linnaeus）［1707-1778］によって整えられた．リンネはスウェーデンの植物学者であり，アリストテレスと同様，ルネッサンス期に始まった世界規模の探検の産物である膨大な数の新種に，その身をさらしていたのである．ヨーロッパの博物館と大学は，膨大な生物学的資料を蓄積してきており，リンネはこういった資料を標準となる体系に基づいて分類しようと企てた．階層型の分類はアリストテレスの時代から用いられてきていたが，リンネは普遍的に受け入れられるような一連の規則を考え出した．例えば，それぞれの種は，2つのラテン名によって学術的に同定された．2つのうちの最初のラテン名は属（ふつう，大文字のイタリック体で記述される）を示し，次のラテン名は種（ふつう，小文字のイタリック体で記述される）を表す．したがって，ヒトは学術的には *Homo sapiens* であり，「*Homo*」は属を示し「*sapiens*」は種を表す．ラテン語とギリシャ語由来の語とラテン語化させた語をもって，新たに発見された新種を命名し，学術的に認定した．例えば，キンギョは *auratus* と呼ぶが，これはラテン語の黄金にあたる語である．また，アメリカワニは *mississippiensis* と命名されているが，これはアメリカワニの地理的分布を明示したラテン語化した語である．生物の一般名は漠然としているが（例えば，「スズメ」はいくつかの異なったトリの種をまとめて指すことがある），学術名はその種の生物学的特徴について注意深く記述した後で初めて割り当てられるのである．

この系の階層的な本質は，属の水準において明瞭となる．ただ1つの種のみが「*sapiens*」と名乗り，いくらか異なる種はその形質の類似性に基づいて命名された同じ属名によって同定されることになる（例えば，*Homo sapiens*, *H. habilis*, *H. erectus*）．いくつかの属には1つの種しかないが，その一方で何百という種からなる属もある（イネ科にはおよそ300の異なった種が，キビ属 *Panicum* に属している）．同様に，ある属に含まれる種は比較的狭い土地に限定されるかもしれないが，また別の属に含まれる種は広く大きなテリトリーに広がるかもしれない（例えば，オポッサム属のオポッサムは，アメリカ合衆国からアルゼンチンにまで分布している）．

リンネと後にはヘッケル（Haeckel）［1834-1919］はさらに種を高次の単位にまとめた．これらの単位は**分類単位**（taxon, taxa の複数形）と呼ばれる．最も広く用いられている分類学的カテゴリーを図6-1に示す．この図においては，最も一般的カテゴリーが一番下にきて，固有種のカテゴリーが一番上にきている．中間のカテゴリーは，亜と上の接頭辞を用いて，容易に作ることができる（例えば，亜種，上科）．ある分類単位を

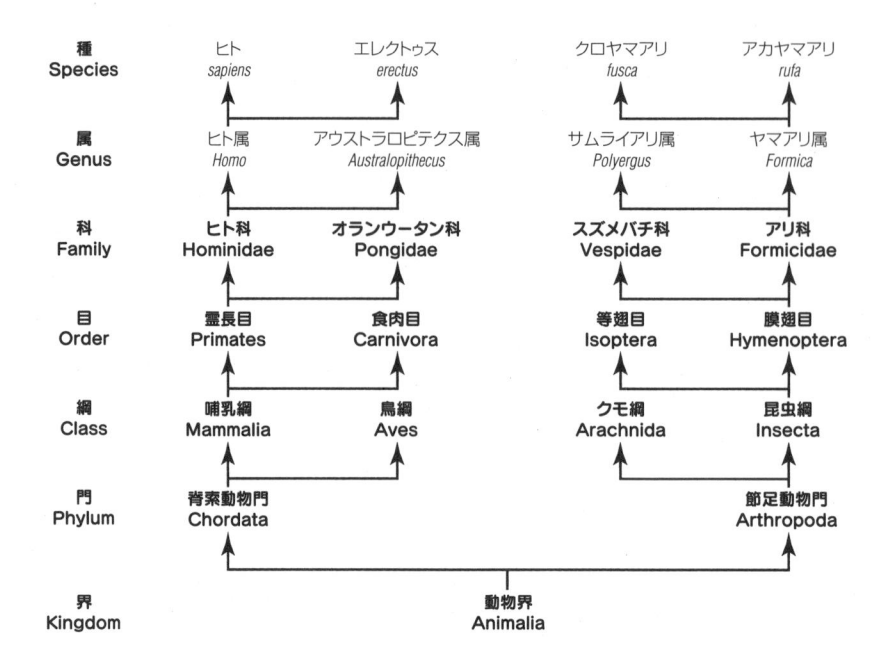

種 Species	ヒト sapiens	エレクトゥス erectus		クロヤマアリ fusca	アカヤマアリ rufa
属 Genus	ヒト属 Homo	アウストラロピテクス属 Australopithecus		サムライアリ属 Polyergus	ヤマアリ属 Formica
科 Family	ヒト科 Hominidae	オランウータン科 Pongidae		スズメバチ科 Vespidae	アリ科 Formicidae
目 Order	霊長目 Primates	食肉目 Carnivora		等翅目 Isoptera	膜翅目 Hymenoptera
綱 Class	哺乳綱 Mammalia	鳥綱 Aves		クモ綱 Arachnida	昆虫綱 Insecta
門 Phylum	脊索動物門 Chordata				節足動物門 Arthropoda
界 Kingdom			動物界 Animalia		

図 6-1 階層的に配置された最もよく用いられる分類学的カテゴリー。図中には，ヒトとアカヤマアリの 2 例をとって，特定の分類群名を付した分岐図式で表した。それぞれのカテゴリー（すなわち，いくつかの目）のいくつかの例では通常，最も近い上位カテゴリー（例えば，綱）の中に含まれる。1 つの下位カテゴリーが対応するカテゴリーに割り当てられることがある（例えば，いくつかの属は単一の種しか含んでいない）。

ある特定のカテゴリーに含めるかどうかについての基準は，常に**形質の類似性**，すなわち，特性の分かち合いにある。リンネとヘッケルの時代は，形態学的特性と発生学的特性とが主要な特性であった。これらはいずれも，直接に観察することが容易であった。現代の分類学者は，行動や大脳の神経化学系，タンパク質の構造，そして DNA の順序データまでも分類学的分類に利用している。

留意事項を列挙しよう。この章では分類学的学術名を広範囲にわたって使用する。こうした記述には，いくつかの利点がある。まず，系統発生的記述の正確さが増す。次に，このことによって本書の読者は，動物の歴史を勉強することがいかに複雑かを把握できるであろう。そして最後に，行動の進化と発達を研究するためのいかなる方法にとっても有益な分類学的背景を，この学術用語が提供してくれる。

1. b．五界分類 いくつの界があるのだろう。リンネは，生きとし生ける生物は動物界 Animalia もしくは植物界 Plantae という明瞭な区別をもって分類できると考えた。植物は，一カ所に固着する傾向があり，太陽光と二酸化炭素からエネルギーと栄養とを得る。一方動物は，より活動的で他の生物を消費する事によってエネルギーと栄養を確保する。もちろん，この中間形もある。食虫植物は昆虫から栄養をとり，トカゲのいくつかの種では，日光にあたることによりその皮膚の部分で直接ビタミンを合成している。また，接触によって動く感覚をもつ葉のある植物（例えば，オジギソウ *Mimosa pudica*）もあれば，ある土台に付着して生きている動物（例えば，サンゴ）もいる。それでもなおこの区別は，有用な分類として役に立つ。

顕微鏡の発明により，生き物の範囲が微生物にまで拡大された。顕微鏡で動物や植物の多様な組織を観察してみると，そのような組織は細胞と呼ばれる統合された実体から出来上がっている事が分かった。多くの異なったタイプの細胞が発見されたが，それらには形態学的にも機能的にも，明

瞭な違いがあった。こういった細胞を，多細胞生物と呼ぶ。一方，微生物は動物や植物とは基本的に異なっていて，単一の細胞から出来ている**単細胞生物**である。

単細胞の多様性には驚くべきものがあるが，その類似性の一般的様式ははっきりとしている。単細胞における主要な区別は，原核細胞と真核細胞との違いである。**原核生物**（いくつかのバクテリア）は，膜結合核の欠如や有糸分裂や減数分裂のないこと，相対的に小さなサイズであること（1から10μmの大きさ，1μmは1mの100万分の1）などによって区別する事ができる。原核細胞は植物と同様に光合成の過程や吸収によって，栄養素を得ている。原核細胞は単一の染色体を持っている。その染色体は連合したタンパク質をほとんど持たない二重螺旋の構造をしている。バクテリアにある唯一の細胞器官はリボゾームであり，タンパク質合成に関わっている。細胞分裂の際は染色体が複製され分割され，ついにはバクテリアは自身を2分割して等しいDNAをもつ2つの娘細胞となる。多細胞の原核細胞は知られていない。

これと対照的に，**真核生物**は染色体を囲む核膜によってはっきりと核−細胞質とを分かつ事により，特徴づけられる。真核生物は，いくつかのはっきりとした染色体や，多くの細胞質の細胞器官（リボゾーム，ミトコンドリア，葉緑体など）を持ち，そして比較的大きなサイズである（10から100μmの大きさ）。アメーバやゾウリムシ，ツリガネムシは，こういった単細胞の真核生物の中でよく知られた生物である。しかし，真核生物は少なくとも3種類の多細胞の形式をもたらした。それは，すでに述べた動物と植物，それと菌類である。これらすべての生物は，多様な程度の分化と協調（coordination）とを伴った大量の真核細胞によって形作られており，多くは有性生殖により繁殖して，受精卵から性成熟した段階へと成長するさまを示すのである。

本書で採用した分類法は，5界系と呼ばれる（Whittaker 1969）。この分類法は広く一般に採用されてはいないが，さまざまな生命を体系づけるための比較的単純な方法を提供してくれる。次のような命名法がこの系では用いられる。すなわち，

モネラ界 すべての原核生物単細胞（バクテリア）が含まれる。
原生生物界（原生動物とも呼ばれる） 真核生物単細胞の多くが含まれる。
植物界 多細胞の真核生物（藻類と植物）で，光合成によって栄養素を得る。
菌類界 多細胞の真核生物（キノコ）で，吸収によって栄養素を得る。
動物界（後生生物とも呼ばれる） 多細胞の真核生物で，食物摂取によって栄養素を得る。

この分類については，いくつかの点が指摘できる。まず，その生物が栄養素を獲得する方法を，この多細胞生物界の中を分類する主要な手がかりとしている点である。次に，詳細が不明瞭ではあるとはいうものの，進化の順序はこの分類に反映されている点である。モネラは，最も原始的な生命の直系の子孫と考えられる。原生動物はモネラから進化して，それぞれ独立に3つの多細胞界を興すこととなった。3番めに，多くの生物学者が今では真正生物と考えているウイルスは，おそらくはモネラに関係があるが，この分類には含まれていない。ウイルスは通常のDNAを持ちよく知られた遺伝情報を使っているが，バクテリアと異なりリボゾームを欠いている。このために，ウイルスは細胞に「寄生」して自身のDNAの発現のための細胞質機構を用いることによって，増殖できるようになった。

比較心理学は動物行動の進化と発達に関する研究である。それゆえ，本書では動物界を含む問題に限定する。ちょうど，われわれヒトという種を動物の進化という文脈で眺める必要があるように，動物が多くの主要な根本的特性（例えば，遺伝情報）を分かち合う生命体のより広い背景の一部分をなしていることを理解することが，重要なのである。

1．c．動物門 動物は30程度の門に分けられることについては，大方の分類学者が同意しているが，正確な数字についてはいまだに論争中である。それぞれの動物門は，多かれ少なかれそれぞ

れ独自の**体の基本体制**（**バウプラン** Bauplan ともいう）を示している。体の基本体制は，相同の構造的特徴をもつ基本的な集合であり，ある特定の門のすべての成員において，多少の変更はあるにせよ見出しうるものである。したがって，脊索動物（サカナやヒキガエル，ヒトなど）は，腹側の消化管と背側の神経系とによって特徴づけられる。二足動物（ヒトやカンガルーのような）においては，腹側と背側とはその動物の前部と後部とにそれぞれ対応するが，消化器系と神経系との相対的位置関係はやはり同じに保たれている。

動物門は**系統樹**で表現できる。これは，樹木にたとえて進化を図に表したものである（→図6-13，162頁参照）。系統樹においては，その枝は祖先と子孫の系統関係を意味し，枝のつながった節は共通の祖先を意味している。ある節から伸びた枝は進化の上での分岐，すなわち共通の祖先からの分裂を表している。樹の幹は，その系統樹にある系統関係すべてに共通の祖先とみなすことができる。図6-2は，いくつかの動物門の進化系統関係を表しており，同時にいくつかの重要な点を示している。まず第1に，進化のつながりは，いくつかの資料に基づいた関連性についての仮説である（この場合，系統発生はこれらの分類に含まれる現生生物から得た分子のデータに基づいている）。これらの仮説は，別の特性，例えば形態学的特性や行動的特性といった特性に基づいて系統発生を展開させれば，これを検証することが可能である。

第2に，この系統樹のある側面については議論があるが，その他は比較的よくできている。例えば，海綿動物（カイメン）がこの系統樹の最も原始的な門（すなわち，形態学的に最も保守的な）にあるという位置づけに関しては，意見は一致している。この図にはないが中生動物（小型の管状の動物で，タコなど頭足類の腎臓にいる20から30の細胞からなる生物）も，原始的な動物門であると一般的に考えられている。これらの動物は，異なるタイプの細胞を有しているが，それによって異なる組織を作り出すには至らず，このために内部器官を欠いている。刺胞類（イソギンチャク，クラゲ，サンゴ）は**放射相称**が特徴的である。つまり，体が1つ（あるいは1つ以上）の軸を中心として形作られている。これらの動物には分化した細胞があり，知られている神経系の中では最も単純なものである放散神経網をもつ。刺胞類と有櫛動物門は二胚葉の体制をもつ。これは，2層の細胞，**外胚葉**すなわち皮膚や筋肉，そして神経系が位置する外側の層と，**内胚葉**すなわち腸としてはたらく内側の層から成り立つ。栄養素は，その体の単一孔から出入りする。

図6-2に描かれた他の動物門は，**左右相称**によって特徴づけられる。つまり，前後軸があることと，身体の部分が対になっていることである。左右相称動物は，3層の細胞をもつ。つまり，外胚葉，中胚葉，内胚葉であり，これを**三胚葉動物**と呼んでいる。**中胚葉**は中間の層として単純な左右相称動物において現れ，これよりより大きな，より複雑な器官の進化を可能としたのである。

左右相称動物は，通常2つの大きな基準に従って分けられる。基準の1つは，体腔の存在に基づくものである。この体腔は中胚葉細胞に沿った空洞であり，そこには内臓がある。この基準に基づいて，3つの大きなグループができる。(1)扁形動物は三胚葉動物であるが体腔を欠いているため，**無体腔動物**と称されている。(2)中胚葉を欠くがゆえに明らかに異なった起源をもつが，体腔と類似の体の空洞の存在に基づいて，門の種々雑多な集合がまとめられている。これらは**擬体腔動物**と呼ばれ，他の左右相称動物との系統発生的関係は，よくわかっていない。センチュウ（**線虫綱**）は，行動遺伝学の研究において広く使用されている擬体腔動物である（→第3章参照）。(3)**体腔動物**は真の体腔を持ち，より大きな器官とより強力な筋肉とを発達させ，適応の大きな多様性を可能にした。主要な動物門は体腔動物であり，これらには節足動物，環形動物，軟体動物，棘皮動物，それから特に脊索動物が含まれている。

図6-2に示したように，左右相称動物は前口動物と後口動物とに分けることもできる。この区別は，どちらかといえば一般的な発生的特徴に基づいている（→第10章，1., 281-288頁参照）。受精後まもなく，受精卵は胞胚期と呼ばれる細胞の中空の球へと成長する。原口と呼ばれる部位に

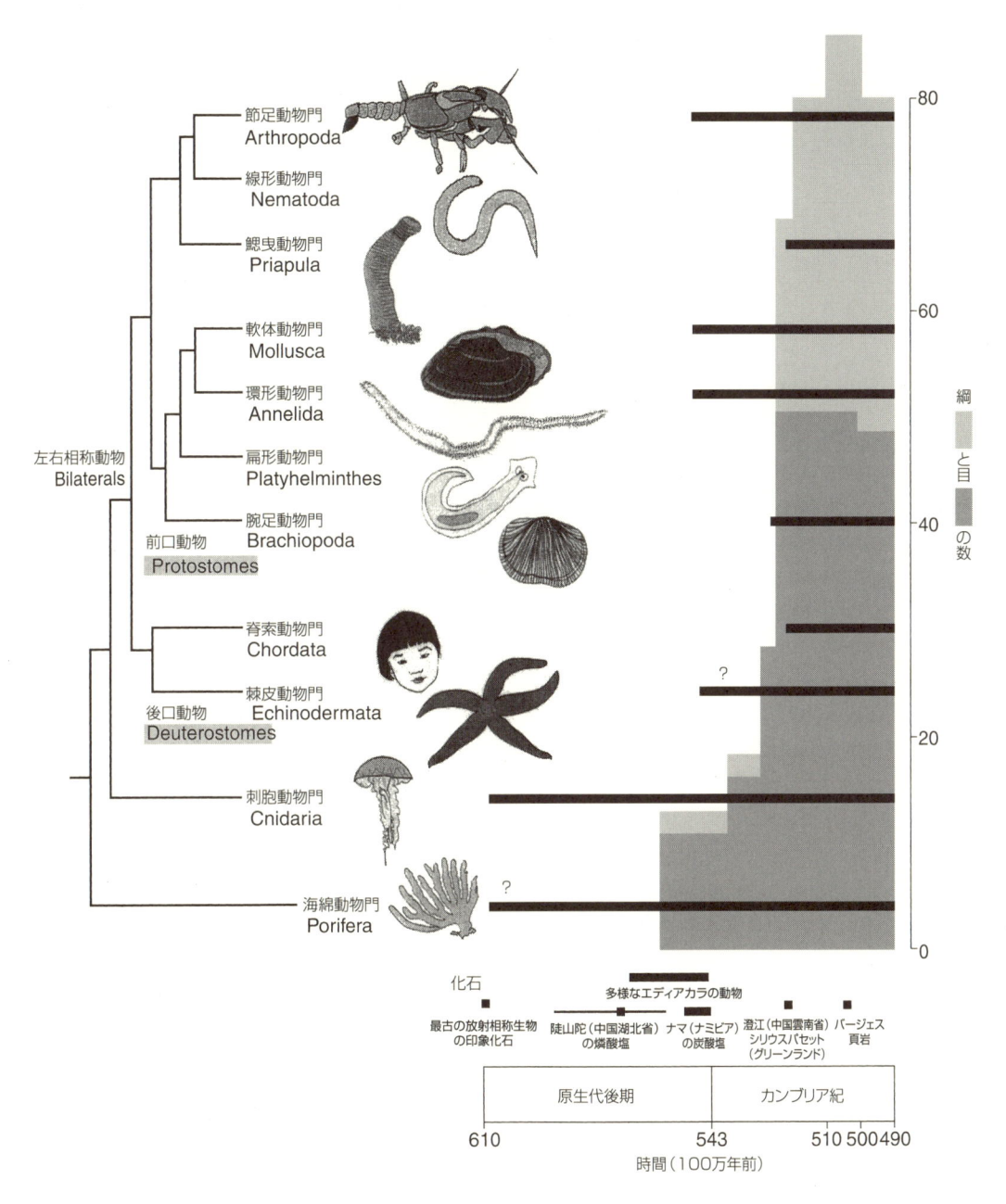

図 6-2 いくつかの動物門における系統関係。この系統樹は，それぞれの分類群における現生の代表的な動物から得た分子データに基づいている（Knoll & Carroll 1999）。図中右の黒い横棒は，図の下に示された化石動物群における該当する門の存在を示している。例えば，刺胞動物は，下に示された全ての化石動物群において発見されている。度数分布図は，綱の頻度（淡）と目の頻度（濃）とを，それぞれの化石動物群において示している。現生種と絶滅種からの手がかりは，関係性の仮説についての独立した情報源としての役割を果たす。動物門の分類については共通する意見の一致をみていないが，この系統樹は分類学者によって広く受け入れられているいくつかの特徴を示している。

おいて，そこの細胞が陥入を開始して腸の先駆体を形成し，ついには2つめの開口部を作る。これは**原腸胚期**と呼ばれる。**前口動物**においては，原口（ないしは隣接箇所）が動物の口へと変化し，原口から遠位の開口部は肛門となる。これと対照的に，**後口動物**においては，原口から遠位の開口部が口となって原口が肛門となる。

図6-2からは，別の大事な点もわかる。しばしば心理学の文献で用いられる**脊椎動物**と**無脊椎動物**との区別が，紛らわしい場合があるということが明らかである。脊椎動物は脊索類の亜門（研究者によっては門とする場合もある）と見なされており，ある1つの分類群として意味のある生物学的地位を占めている。これとは対照的に，「無脊椎動物」という用語は，多くの異なった門を広くかき集めたものについて名づけられたものであり，その中には多様な体制と系統発生的に複雑な相互関係が含まれている。無脊椎動物という呼び方は，「脊椎動物以外のすべての動物」と呼ぶための簡便な方法として用いられるかもしれないが，ある行動であるとか，ある神経生物学的現象についてより特定の分類学的な主張をする場合には，この用語を使うことは避けた方が賢明であろう。

2. 地質学的背景

2. a． 地質学的年代　生物の歴史の主要な特徴のいくつかについて述べてきたので，今度は時間の中において，それを考えてみる必要がある。通常の歴史とは異なり，地球上の生命の歴史は尋常ならざる努力なしには把握することもおぼつかないほどの時間的な拡がりをもつ。われわれの住む地球は誕生してから，少なくとも45億年経っていると信じられている。4 500 000 000歳！この時間は，通常3つの長い時代区分に分けられる。すなわち，地球の誕生からおよそ25億年前までの始生代と，5億4300万年前までの原生代，そして現在に至る顕生代である。

学説はたくさんあるものの，いつ，どのように生命が始まったのかについては誰も知らない（Maynard Smith & Szathmary 1995）。微視的有機物の証拠は，約35億年前の始生代の堆積物の中に見出されている。非常に長い時間にわたって，化石記録（つまり，岩石の研究から得られた過去の生命の形態に関する証拠）は真の多細胞動物の証拠を提供していない。次のように考えてみると，この時間の長さを実感するのに役立つかもしれない。まず，あなたの足先が地球の誕生した時点であるとしよう。すると，最初の化石微生物が現れる時点はあなたの膝のあたりであり，そして首のあたりにきて初めて最初の動物化石が現れるのである。人類の文化と歴史のすべては，あなたの頭のてっぺんのところにあたるのだ。

動物進化の歴史は，およそ6億年前，つまり原生代末期に始まり，顕生代全期にわたって広がった。動物の進化と発展についての研究に系統発生的背景を提供してくれたのが，この最後の期間における出来事だったのである。地質学的年代を，表6-1にまとめた。

大陸の出現と地球の気候条件は，この6億年の間に非常に変化した。大陸塊は比較的固いプレートの一部であり，地表から数百kmほどの深さにあるマントルと呼ばれる溶岩層の表層に乗っかっている。このプレートは固いものの，非常にゆっくりではあるが移動しつつ場所を変え，お互いに衝突して山脈を生成する。この現象を**大陸移動**と呼ぶ。プレートの数と大きさは，時代とともに変化してきた。現在のプレートの大部分は，いくつかの大陸塊（すなわち，アフリカ大陸，南極大陸，オーストラリア大陸，ユーラシア大陸，北アメリカ大陸，そして南アメリカ大陸）であるが，他の太平洋プレートやナスカプレート（南アメリカ大陸の西）やココスプレート（中央アメリカの西）は沈降して，島々を背負うのみである。

大陸移動は，動物が大陸塊を渡って拡散することを可能にした。分散と隔離のいくつかの様式については，このプレートテクトニクスについての知識なしには理解しがたい。図6-3に顕生代の

表 6-1 地球の歴史年代

累代	代	紀	世	・地質学上の主要な出来事 ・生物学上の主要な出来事
顕生代 (544 から現在)				
	新生代 (65 から現在)			
		第四紀		
			更新世 (1.8 から現在)	・4 回の大氷河期；最後の氷河期は 1 万年前に終わる。 ・人類の進化と地球規模の分布；大型の哺乳類と鳥類の絶滅；人類文明。
		第三紀 (65 から 1.8)		
			鮮新世 (5 から 1.8)	・パナマ地峡の隆起 ・最初のヒト科
			中新世 (23 から 5)	・インドとオーストラリアがアジアと衝突；アフリカはヨーロッパとつながる。 ・草食性哺乳類と霊長類の多様化。
			漸新世 (38 から 23)	・最初の類人猿
			始新世 (54 から 38)	・オーストラリアが南極大陸から分離。北アメリカとアジアがベーリング陸橋でつながる。 ・有胎盤類哺乳類の繁栄。
			暁新世 (65 から 54)	・昆虫，鳥類，哺乳類の多様化。
	中生代 (245 から 65)			
		白亜紀 (146 から 65)		・グリーンランド，ユーラシア，アフリカ，アラビア半島，インド，南アメリカ，北アメリカ，南極大陸，オーストラリアが出来上がる。 ・白亜紀末期の大量絶滅。恐竜と大型爬虫類の絶滅；現代的な鳥類と哺乳類の出現。
		ジュラ紀 (208 から 146)		・始原大陸（パンゲア）がローラシア（北）とゴンドワナ（南）とに分離する。 ・ジュラ紀末期の大量絶滅。恐竜と爬虫類の多様化；鳥類と哺乳類の出現；獣弓類の絶滅。
		三畳紀 (245 から 208)		・始原大陸（パンゲア）の分裂が始まる。 ・三畳紀末期の大量絶滅。昆虫，硬骨魚，爬虫類の多様化；恐竜の出現。
	古生代 (544 から 245)			
		ペルム紀 (286 から 245)		・大部分の陸塊は 1 つの始原大陸（パンゲア）をなす。 ・ペルム紀末期の大量絶滅。三葉虫の絶滅；昆虫と爬虫類の多様化。獣弓類の出現。
		石炭紀 (360 から 286)		・ローレンシアとゴンドワナの一部が結合。 ・石炭紀末期の大量絶滅。昆虫，両生類の多様化。爬虫類の出現。
		デボン紀 (410 から 360)		・大陸北部とゴンドワナとが広い海で分けられる。 ・デボン紀中期と末期の大量絶滅。魚類，サメ，硬骨魚，三葉虫，昆虫，両生類の多様化。
		シルル紀 (440 から 410)		・節足動物の陸上への進出；板皮類の絶滅；無顎類の多様化。
		オルドビス紀 (505 から 440)		・オルドビス紀末期の大量絶滅。水生動物の多様化。無顎類，甲冑魚類。
		カンブリア紀 (544 から 505)		・カンブリア紀初期の大量絶滅。動物相は大部分の動物門を含む。すべてが海生動物。
原生代 (2 500 から 544)				
	原生代晩期 (900 から 544)			
		ヴェンド紀 (650 から 544)		・ローレンシア，バルティカ，チャイナ，シベリア，カザフスタニア，ゴンドワナの陸塊が広く分布していた。 ・刺胞動物によく似た形態の化石証拠と，蠕形動物と幼体の生痕化石。
	原生代中期 (1 600 から 900)			・最古の真核生物，12 億 5000 万年前。蠕形動物に似た動物の最古の生痕化石，10 億年前。
	原生代早期 (2 500 から 1 600)			・大気中に酸素が増加する。20 億年前。
始生代 (4 500 から 2 500)				・最古の岩石。約 38 億年前。海と大陸の形成。 ・最古の化石（嫌気性細菌？），約 35 億年前。

注：括弧内の数値の単位は，100 万年。

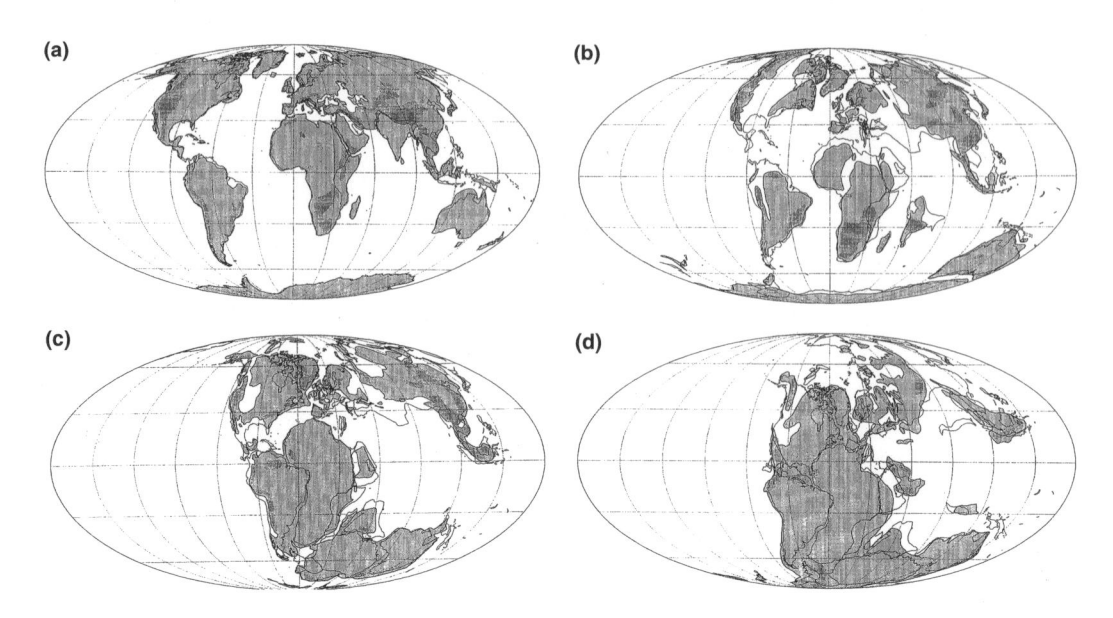

図6-3 顕生代におけるさまざまな大陸塊（灰色の部分）**の相対的位置関係**（Smith et al. 1994）。(a)更新世，500万年前。(b)白亜紀後期，7000万年前。(c)白亜紀前期，1億4800万年前。(d)三畳紀，2億4500万年前。

いくつかの時点における大陸塊の分布を示した。例えば，中生代では連続して大陸がつながっていた。このことは，なぜ淡水性の爬虫類が，南アメリカ大陸，アフリカ大陸，インド大陸そして南極大陸の化石岩で見つかるのかを説明してくれる。同様に，オーストラリア動物相（ただし，最近入ったコウモリと，人間によって持ち込まれた家畜を除く）には有胎盤類のいないことも，白亜紀，すなわち現在のアジア大陸，南北アメリカ大陸において有胎盤類が進化を遂げた時代に，オーストラリア大陸が他の大陸塊から分離したことに帰せられるのである。もちろん，オーストラリアの哺乳類は有袋類（カンガルー，コアラ，ウォンバットなど）であり，大陸塊が分裂する以前に南極大陸を経由してオーストラリア大陸にたどり着いたおそらくアメリカ大陸起源の動物である。オーストラリア大陸における生態学的ニッチの大きな多様性と隔離の組み合わせによって，有袋類のこの印象的ともいえる多様性の進化が生じたのである。

大陸移動に加えて，太陽の周りを回る地球の軌道の変化は，顕生代における気候の変動を引き起こした。大陸塊の移動により，あるものは徐々に寒冷化し，またあるものは徐々に温暖化していった。例えば，南極大陸はかつては赤道に近い位置にあって，現在よりもずっと温暖であった。その上に，更新世において周期的に訪れた氷河期には，万年雪が増えて海面が下がり，現在は海であるところに陸橋が出現した。例えば，ヨーロッパ大陸とアフリカ大陸とを分かつ地中海は，この氷河期に一度は相当縮小して，その結果，動物の南北移動が可能となった。

2. b．化石化作用 化石の証拠がなければ，地球に住んでいた実際の生物や，絶滅して久しい生物について，どれほどのことを知ることができよう。化石の証拠は，いろいろな意味で現存の生物についての知識に意味づけをしてくれる。例えば，化石の証拠は，多くの分類群を時間的に順序づけてくれる。つまり，分類群のどれが原始的でどれ

が派生的かを決定することを助けてくれる。また，非常に保守的な動物（いわゆる生きた化石と呼ばれるサメやシーラカンス，カメなど）の系統関係を同定したり，中間形によって示される広範囲にわたって多様化したグループ内での関連性を見極めることを可能にする。残念ながら，化石の証拠はどちらかといえば乏しく，またまさに化石のその形成のされ方によって，偏りが生じているのである。

化石化の過程は，まず，ある動物が死んで，しかもその死体が大型の捕食者に見つからずに残ることから始まる。非常にまれな場合は，その動物の軟組織が岩石に痕跡となって残ることがある。もっとも，通常は固い組織，節足動物の外骨格（例えば，三葉虫）や脊椎動物の骨（例えば，恐竜）などが化石化する。化石化には，死んだ動物の体が堆積物の層によって覆われることが必要である。そして，堆積物中の微生物が軟組織を腐敗させる。さらに積もった堆積層はかなりの長い期間その地形を覆うであろうし，その結果，骨は四散し破損して，あるものはその途中で失われるかもしれない。多様な堆積層は乾燥して固まり，最後には化石の共通のもととなる堆積岩となる。無機化の過程が緩慢に進行して，かつては生物の組織だったものを岩石に変える。驚くべきことに，そのような変成は細部にわたってまで，その動物の原形を保つこともできる。例えば，三葉虫の複眼（軟組織である！）の微細構造は明瞭に保存されているので，科学的研究の対象となりうるほどである。

濡れた地表を歩いたり移動したりした動物の足跡も，同様の過程によって保存されうる。標本の埋入は，砂塵嵐や火山灰，氷や琥珀によって生ずる。あるふつうではない埋入の媒体が，南カリフォルニアのランチョ・ラ・ブレアのタール池の穴で見つかっている。更新世の頃，いろいろな種の哺乳類や鳥類が水を飲もうとして，粘り気のあるタール池に足を取られてしまったのである。多くの完全骨格がこのふつうならざる環境に保存されてきて，この地域における更新世の動物相についての詳細な手がかりを提供している。

化石化は非常にまれな現象には違いないけれども，条件が揃っていれば大量の素材をもたらすものであり，パタゴニアや中央テキサスの平原を歩いたことのある人ならば，このことを証明することができるだろう。この地域の中生代の化石化の条件によって大量の化石が形成されたので，化石化はめったに起きないという考えに疑問を投げかけている。アンモナイト，サメの歯，ウニ，二枚貝，サンゴ，カタツムリなどなど，多くの他の動物が，露出した堆積物やその表層に現れる。同様にして，化石化は動物の偏った標本につながるかもしれない。乾燥した環境や森林地帯に生息する動物の全個体群は，化石化にとって貧弱な条件が支配的である限りは，永遠に知られぬままに終わるかもしれない。その結果，ある系統関係の系統発生史が他の系統関係のそれよりも，よく記録されることになる。

化石の年代が判明すれば化石の理論的重要性が大いに増すが，それは系統関係の歴史についての仮説を，化石によって検証することが可能となるからである。化石の年代決定には，2つの基本的な方法がある。1つは伝統的な層位学的年代決定法である。この方法は，より下にある堆積物や層は，より表層のそれらよりも年代的に古いという仮定に基づいている。もちろんこれだけでは，その標本の時代についても，また異なった標本どうしの相対的な時間の隔たりについても，なんら手がかりを与えてはくれない。なぜなら，堆積物の堆積する速さが一定ではないからである。もう1つの方法である絶対年代測定法は，その標本の実際の年代を提供する。絶対年代測定法は，放射性元素がある一定の速度で非放射性元素へと崩壊する事実に基づいている。例えば，ウラン238は崩壊してヘリウムと鉛206となり，カリウム40は崩壊してカルシウム40とアルゴン40になることが知られている。崩壊の速さは放射性元素に依存するが，数千年から数十億年と，それぞれ独立に算定されうる。これゆえに，ある標本に含まれる放射性元素と非放射性元素との量が分かれば，つまり一方から他方へと崩壊する速さが分かれば，その標本の絶対年代は正確に算定可能となる。

化石の記録から得られた動物の進化の歴史は，どのくらい適切なのだろう。動物の系統発生につ

いてのわれわれの見解は，より古い系統関係を考察するにつれて，より乏しいものになるのであろうか．より古い岩石は，新しい岩石よりもささいな地質学的活動によって破壊される機会がよりいっそうあるために，遠く隔たった系統関係よりも現世の系統関係の方が，化石としてよく記録されるであろうことは明白である．この主張は，種や属のより低次の分類上の水準で系統関係の進化の歴史を考える分には，総じて正しいといえる．しかしながら，驚くべきことに，より高次の分類上の水準である科や目において系統関係を調べたところ，顕生代の期間の化石記録の質は安定していたのである（Benton et al. 2000）．過去5億4400万年の間に進化した動物の各々の系統関係の歴史については，化石の取り返しのつかない損失によりおそらく最後まで知ることができないとはいうものの，われわれは動物の系統発生を特徴づけるような広汎な進化のパターンを，かなりの完成度で描いている．

3. 動物の進化と起源

3.a. 先カンブリア紀の化石 地質学的証拠に加えて，動物の系統発生の一般的背景となるいくつかの生物学的出来事を，表6-1に示した．始生代と原生代の大部分の時期の化石は，微生物に限定されている．およそ5億4400万年前から6億5千万年前のヴェンド紀と呼ばれる原生代後期のものとされる岩石から，興味深い化石が発見されている．これらの化石は，1946年に南オーストラリアのエディアカラ丘で最初に発見され，さらにお互いに遠く離れた地域，特に北西ロシアと南アフリカのナミビア砂漠とにおいて，引き続いて発見された．これらの化石のうち最古のものは，およそ5億5500万年前のものである（Martin et al. 2000）．

いわゆる**エディアカラ動物相**は，現在知られている門とはほとんど類縁関係のない分類の難しい形態（まったく動物ではないのかもしれない）と，よく知られている動物門に関連づけられる形態とを含んでいる．少数の化石がクラゲやウミエラ類と同類の刺胞動物であるという見解は，一般的に承認されている．例えば，エオポルピータ *Eoporpita* は，現在のイソギンチャクによく似ており，先カンブリア紀の海底の岩に付着した固着ポリープであったのであろう．

先カンブリア紀の動物についての大変興味深い証拠が，**生痕化石**として実際に見つかっており，そのいくつかは10億年ほど古いものである．この痕跡が重要なのは，左右相称の体制をもち三胚葉構造の動物によって作られたに違いないからなのである（Fedonkin & Runnegar 1992）．痕跡は表面的に浅い傾向があり，その動物の経路は自分自身の経路を横切ることもしばしばあり，それは行き当たりばったりの探索行動を示しているかのようにみえる．これらの先カンブリア紀の痕跡が海底の表面に多く残っていたことは，これらの動物が無体腔動物ないしは比較的単純な体腔をもつ動物であった可能性を示唆している．体腔は，蠕動運動を介して海底の表面をしっかり掘るのに必要なこの種の押し込み圧を加えるために必要なのであろう．おそらくこれらの左右相称動物の摂食行動は，バクテリア層の喫食とみなされる（Seilacher et al. 1998）．残念ながら，この痕跡をなす動物は，いまだにかけらすら見つかっていない．

胚の化石の発見は，かつてなされた発見のうちで最も興味深いものとして評価されてよい（図6-4参照）．これらの化石は，一方では鉱化という形態で極々細部まで保存されうるということを明瞭に実証し，また他方では原生代末期までには，動物がすでに水環境の中に住み着いていたという事実の確立に与ったのである．ヴェンド紀の動物の胚は，中国で約5億7000万年から5億8000万年前の年代の多様な組織の中で発見されている（Li et al. 1998; Xiao et al. 1998）．2, 4そして8細胞段階で分裂停止した胚は後の割卵期と同様に，燐酸カルシウムの中に保存されていた．この燐酸カルシウムは，軟組織を極細部まで再現すること

図6-4 中国で発見されたヴェンド紀の胚の化石
（写真は，Shuhai Xiao 氏の厚意による）。

で知られている鉱物質である。特に，この胚の直径はおよそ0.5 mmであり，これは動物の胚であって，群体の微生物や無生物の鉱物性の形成物ではないとみなしてよい。他の胚は左右相称動物なのかもしれないが，これらの胚がどのような動物となったかについては，明らかではない。

3．b．カンブリア爆発？ ヴェンド紀からカンブリア紀への移行は，多様な動物の化石記録の出現によって特徴づけられる。地質学的には短期間（約4000万年）であり，カンブリア爆発と通常呼ばれているこの突然の移行は，体制の急速な多様化がこの期間に生じたのではないかということを示唆している。学術的には**適応放散**と呼ばれている。このカンブリア紀初期の適応放散は特殊であるが，それは主要な多くの門の動物の証拠が復元されているからである。特に，環形動物，節足動物，腕足動物，脊索動物，棘皮動物，半索動物そして軟体動物の化石が含まれている。これらの動物は体に硬組織があるので無機化しやすい。化石化しそうにない他の門よりも，こういった動物がカンブリア紀の頃からすでに存在していたと考えるのは，もっともである。

比較心理学の立場から見て，最も興味深い化石証拠の1つは，ヴェンド紀末期からカンブリア紀初期にかけての動物の生痕化石が，より複雑になったことである（→第7章，1.c., 179-181頁参照）。体系だった採餌行動を示す生痕化石が，行き当たりばったりで表層的な典型的なヴェンド紀の生痕化石に，取って代わった。カンブリア紀の化石では，ある範囲を再度探索することを避けることができる探索様式，例えばらせん状か正弦波状の軌跡を取ることができて，より効率的となる。さらに，カンブリア紀の動物はより深く穴を掘り，また巧みな巣穴を作ることができるようである。行動上の複雑さが増したことは，進化の1つの結果かもしれないし，また以前述べた体腔の改良によるものかもしれない。さらに，中枢神経系における感覚運動能力が洗練され進化したことを意味するのかもしれない（Valentine 1995）。

カンブリア紀初期（5億4400万年前から5億2000万年前）には，多様な門の動物の無機化した骨格が現れている。その中には，節足動物，軟体動物，そして棘皮動物が含まれる。しかしながら，軟組織の非常な細部まで保存された幾千という標本が発見されたおかげで，カンブリア紀中期の化石記録は「爆発」したのである。そのような化石が見つかった最初の場所は，バージェス頁岩（カナダのブリティッシュ・コロンビアにある）で，1909年に発見された。北アメリカや中国，グリーンランド，南アフリカ，シベリア，スペインそしてポーランドにおいても同様の化石が見つかったことから，エディアカラ動物相の場合と同様に，世界的な規模の分布を示唆している

(Briggs et al. 1994)。ヴェンド紀とカンブリア紀中期とにおいて，エディアカラ動物相の多くの標本がはっきりと同定できないのに対して，**バージェス頁岩の動物相**は，現存の動物相に関連づけられる点が大きな相違点である（図 6-5 参照）。特定の種の標本が潤沢にあったことは，その動物の立体的な再現をも可能とし，これにより，その動物の生活習性をある程度確実に推定することができる。

バージェス頁岩の動物相には，12 の動物門に割り当てられたものと，既知の分類群との関連が疑わしいものとが含まれている。図 6-5 の中の 1 から 3 に，いずれも濾過捕食性であり同時に固着性でもある動物と推定される海綿動物（*Porifera*）の実例を示す。バージェス頁岩の海綿動物の大きさは，1cm から 30cm にわたる。ヴォーキシア *Vauxia*（図中の 1）は最もふつうの海綿動物で，円筒形の枝でできていて，それが木のような外観を呈している。ニスシア *Nisusia*（図中の 4）は海底に部分的に埋まって暮らす二枚貝（腕足類）で，外套腔を通して水を送るという摂食方法を採っている。いくつかの腕足類は群居性であったことを示しており，通常大きな集合体で見つかっている。大きさは，2 mm から 22 mm の間である。ブルゲッソケータ *Burgessochaeta*（図中の 5）は多毛虫（環形動物）で，それぞれに一対の付属肢のついた一続きの体節を示しており，これによって堆積物の中に穴を掘って進むことができると考えられている。これらの動物は，1 cm から 9 cm の大きさである。さらに付け加えるならば，オットイア *Ottoia*（図中の 6）とルイゼラ *Louisella*（図中 7 の鰓曳虫類）がいる。いくつか

図 6-5　カナダのバージェス頁岩層で発見された海生動物相の復元 (Briggs et al .1994)。この復元画には，次のような種が描かれている。1．ヴォーキシア（海綿動物）（*Vauxia*），2．チョイア（海綿動物）（*Choia*），3．ピラニア（海綿動物）（*Pirania*），4．ニスシア（腕足類）（*Nisusia*），5．ブルゲッソケータ（環形動物）（*Burgessochaeta*），6．オットイア（鰓曳虫）（*Ottoia*），7．ルイゼラ（鰓曳虫）（*Louisella*），8．オレノイデス（節足動物）（*Olenoides*），9．シドネユイア（節足動物）（*Sidneyia*），10．レアンコイリア（節足動物）（*Leanchoilia*），11．マルレラ（節足動物）（*Marrella*），12．カナダスピス（節足動物）（*Canadaspis*），13．モラリア（節足動物）（*Molaria*），14．ブルゲッシア（節足動物）（*Burgessia*），15．ヨホイア（節足動物）（*Yohoia*），16．ワプティア（節足動物）（*Waptia*），17．アユシェアイア（節足動物）（*Aysheaia*），18．シネラ（軟体動物）（*Scenella*），19．エクマトクリヌス（棘皮動物）（*Echmatocrinus*），20．ピカイア（脊索動物）（*Pikaia*），21 と 22．ハプロフレンティス（所属不明）（*Haplophrentis*），23．ディノミスクス（所属不明）（*Dinomischus*），24．ウィワクシア（所属不明）（*Wiwaxia*），25．アノマロカリス（所属不明）（*Anomalocaris*）

のオットイアの化石はその腸の中に貝殻を残しており，このことはオットイアが肉食性であったことを示している．図6-5では，三葉虫オレノイデス *Olenoides*（図中の8）を含む多様な節足動物が示されている．これらの動物は，海底における移動性が高かった．エクマトクリヌス *Echmatocrinus*（図中の19）は，海中に漂う粒子を食べて生きていた固着種の棘皮動物（Echinodermata）であった．幾本かの腕が一本の脚から広がり，その脚は，いくつかの標本では殻体に付着していた．ピカイア *Pikaia*（図中の20）は，ナメクジウオ（脊索動物）とよく似た，4 cmほどの大きさである．脊索と対になった筋肉が，多くの標本において明瞭である．ふつうは，泳ぐ習性を示唆するうねった姿勢で，保存されている．アノマロカリス *Anomalocaris*（図中の25）は，50 cmほどの大きさで，この動物相の中で最大の動物である．中国，グリーンランドそしてオーストラリアで見つかっているが，今のところ特定の分類単位に割り当てられていない．この動物は明らかに，一対の爪を使って獲物を鷲掴みにする遊泳型の捕食動物である．

いわゆるカンブリア爆発が大半の動物門の出現を伴ったのか，それともより限定的な出来事だったのかについては，はっきりしていない．エディアカラの化石と前述の生痕化石とによって示されたように，カンブリア紀のずっと以前から多様な軟体動物が存在したことは，ありそうなことである．カンブリア紀の動物によって成し遂げられた重要な革新は，おそらく無機化できる骨格を進化させたことであろう．事実はどうであれ，およそ5億2000万年前のカンブリア紀中期までに，すでに脊索動物，節足動物そして軟体動物はかなりの多様化を起こしていたことを，化石記録は明瞭に示している．この点は，比較心理学の研究者にとって重要である．なぜならば，行動研究でよく使用する動物種は，この3つの動物門に属しているからである．これらの門にかかわる比較において，共通の行動的過程が同定されたとしても，そこに相同の機構を推定することについては，十分な慎重さをもって臨まねばならない．なぜならば，収斂進化の機会が非常に多いことと，共通の祖先から遠く隔たっていることとがあるからである．

3.c. 分子系統学　動物の起源について知ろうとする時には，現生種から実質を伴った情報が得られる．**分子時計**の概念は第2章（→27-28頁参照）で手短に紹介したが，これは化石記録とは無関係の多様な系統関係の分岐の年代について，情報を提供することができる．化石記録は，カンブリア紀中期にはすでに節足動物と脊索動物とが分岐していたことをわれわれに教えてはくれるが，その分岐が起こったのはどれほど昔のことなのかについては，残念ながら何も教えてはくれない．分子の情報と化石の情報とを比べることによって，分岐と化石記録の中にある最初の発生との間の時間の長さを，明らかにすることができる．

分子時計の基本的着想は，タンパク質構造体ないしはDNA塩基配列における変化が，定速的に蓄積される点にある．もし，異なる種の相同のタンパク質ないしは遺伝子を比較して，それらがお互いに似ていれば似ているほど，両者の共通の祖先はより近いのである．分子時計を較正するためには，2つの基礎値の推計が必要となる．すなわち，異なる種から得た相同の遺伝子の遺伝距離と，対象となる系統関係の分岐時刻とである．遺伝子の類似度は，異なる分類群から得た一連の同じタンパク質ないしは遺伝子を，整列させることによって計算され，アミノ酸（タンパク質にとって）もしくはヌクレオチド塩基（遺伝子にとって）は，その遺伝子にわたる連続的類似性を最大化するために推論することが必要であるが，それらにおけるギャップと置換の数に基づいて決定されるのである．遺伝距離を数量的に推計し，質的な評価において実質的な違いを導くさまざまな方法がある．それゆえ，系統発生学の結論が分析の方法に依存しているかどうかについて決定するために，大半の研究者は同じデータベースを対象として，いくつかの統計プログラムを使用する．分岐時刻は，通常それへの化石情報が特に完璧な系統関係についての化石記録に基づいて推定される．いったん，対象としている系統関係の組み合わせについての遺伝距離と分岐時刻との相関が計算さ

れれば，他の系統関係についての分岐時刻は，外挿によって推定することができる。

　このような手続きを踏んで入手した情報には値打ちがありかつ興味深いものだが，常に信頼できるわけでもない。異なった遺伝子ないしはタンパク質に焦点を当てた研究は，どうかするとまったく違う結論に到達することがある。たとえば，ある研究では57種類の酵素を，多様な分類群において比較した（Doolittle et al. 1996）。そのデータベースを用いて，前口動物（例えば，脊索動物）と後口動物（例えば，節足動物）との分岐は6億7000万年前に起こっていたと推定された。この数値は，十分に識別されたバージェス頁岩の動物相のおおよそ5億2000万年前という数値と，大体一致する。それゆえ，この推定値によれば，共通の祖先からピカイア（*Pikaia*）やオレノイデス（*Olenoides*）のような動物へと移行するのに，およそ1億5000万年を要したことになる。しかしながら，多様な動物門からの7つの無関係な遺伝子から得た配列情報に基づいた研究によれば，前口動物と後口動物との分岐年代はもっと古く，約12億年前になった（Wray et al. 1996）。この数字は，主要な動物門のいくつの分岐は原生代中期に生じたことを示唆し，またカンブリア爆発は化石記録の二次的に生じた遺物ではないかということを暗示する。

　この接近法にまつわる1つの問題は，分子変化が定速であるという仮定にある。この問題は，分子時計の着想が分岐年代を確立するのに値するか否かに深く関わる重大事である。遺伝子とタンパク質の多くは，この変化の定速性の仮定に適合していない。それゆえ，この分子時計の微調整がかなわないのである。いくつかの独立した遺伝子ないしはタンパク質を用い，それらの遺伝子距離を平均化したところで，得られる結果はせいぜい部分的な解答に過ぎないのである。なぜならば，先に示したように，研究によっては，非常に異なった分岐の年代を推定しかねないからである。それでもなお，類似性の点において遺伝子ないしはタンパク質の配列を比較することは，多様な動物門の近縁度に関する手がかりを提供し，また系統発生的仮説の発展に寄与している（→図2-1，28頁参照）。

　多様なタイプのDNAとタンパク質の変化速度が異なっているという「問題点」を，有効に利用する道を，研究者たちは発見した。分子系統学で用いられる多様なタイプの巨大分子（DNA，RNA，タンパク質）には，変化速度に等級づけられた対応があり，また，多様な分類群レベルにおいて比較できる感度を有している。例えば，**リボゾームRNA（rRNA）**は，系統発生の過程においてゆっくりとした速度で変化してきた。それゆえ，このrRNAは，遠い類縁関係（例えば，門のレベルで）の生命体を比較するのに適している。しかしながら，**DNA-DNAハイブリッド形成**は，種を多様な科や目において区別したり，ある特定の綱において区別するのに適した方法である。この技法は，シブリーとアールクィスト（Sibly & Ahlquist 1990）によって，化石記録がどちらかといえば乏しい鳥類の系統発生的関係を確立すべく，ずっと使用されてきている。**ミトコンドリアDNA**のある部分の変化は大変早いので，これにより同一の種内の集団である亜種間の区別が可能となった。この接近法は，人類進化の研究に応用された（→第9章参照）。DNAのなおも変動する部分の分析は，**DNAフィンガープリンティング**を用いた家族構成員の関係の決定，親族関係と利他行動に関する研究などにおいて，行なわれている（→第5章参照）。

　動物の系統発生を，rRNA分子の特定の遺伝子配列決定法に基づいて考えてみよう。前述したとおり，rRNAは比較的変化速度が遅いことと，これに加えて本質的にすべての動物に一様に存在している。これにより，門のレベルでの動物進化の理論を発展させるために，研究者たちはこれらのrRNAの特性を利用している。例えば，ルイス=トリロら（Ruiz-Trillo et al. 1999）は，29の門からの情報を含む18Sとして知られるrRNAの切片に基づく研究結果を報告した。彼らは18Sデータの配列の分析に基づいて，無腸目（ふつう扁形動物門あるいは扁虫に分類される）は，極初期の左右相称動物の生きた見本を含んでいると結論づけた。ラフ（Raff 1996）とバレンタイン（Valentine 1995）も，rRNAの16Sと18Sの切

片を含む多様な研究に基づいて，総括している。そこから出てきた系統発生を，図6-6に示した。それでは，この図を注意して「読んで」みることにしよう。

図6-6は，右列にいくつかの動物門を並べた系統樹である。読者が，その図を左隅から追っていくと，それぞれの節（黒丸印）が2つの枝を伴っていることに気づくだろう。読者がこの図の上の方向に向かうにつれて，次第により最近の分岐事象へと移動していることになる。ある節から分岐した2つの枝は**姉妹群**と呼ばれる。すなわち，直系の同じ祖先を共有する分類群である。それぞれの節において，下の方の枝を**外群**と呼び，上の方の枝を**内群**と呼ぶ。主要な進化上の新機軸はそれぞれの節の前に記されており，その新機軸はそれより右側の枝のすべてに及んでいる。ある節が末期の分類群に近いほど，その分岐はより最近の事象となる。もっともこの場合は，相対的に推定されるに過ぎないが，例えば，棘皮動物（ヒトデやウニ）と脊索動物（被嚢動物，頭索動物，脊椎動物）との分岐は，扁形動物と他のすべての左右相称動物との分岐よりも，ずっと最近の出来事である。

こういった単純な法則に従えば，rRNAの配列情報は次のような結論を示唆する。海綿動物門（カイメン）は他のすべての動物門の外群であり，動物の最も基本的属性，例えば，細胞組織を有している。この最初に分岐した内群（海綿動物門を除くすべての動物門）は，囊胚形成といったいくつかの新機軸の獲得によって区別されうる。次の主要な新機軸，中胚葉はすべての左右相称動物の特徴であり，これによって扁形動物（ウズムシなど）が外群となる。その内群の主要な2つの門は，血体腔（環形動物門と節足動物門）によって特徴づけられる門と，中胚葉体腔（棘皮動物門と節足動物門）によって特徴づけられる門からなり，それぞれ前口動物と後口動物との区別にうまく対応している。それゆえ，これの意味するところは，体腔は前口動物と後口動物とにおいてそれぞれ独立に進化したという点にあるのだが，この議論を

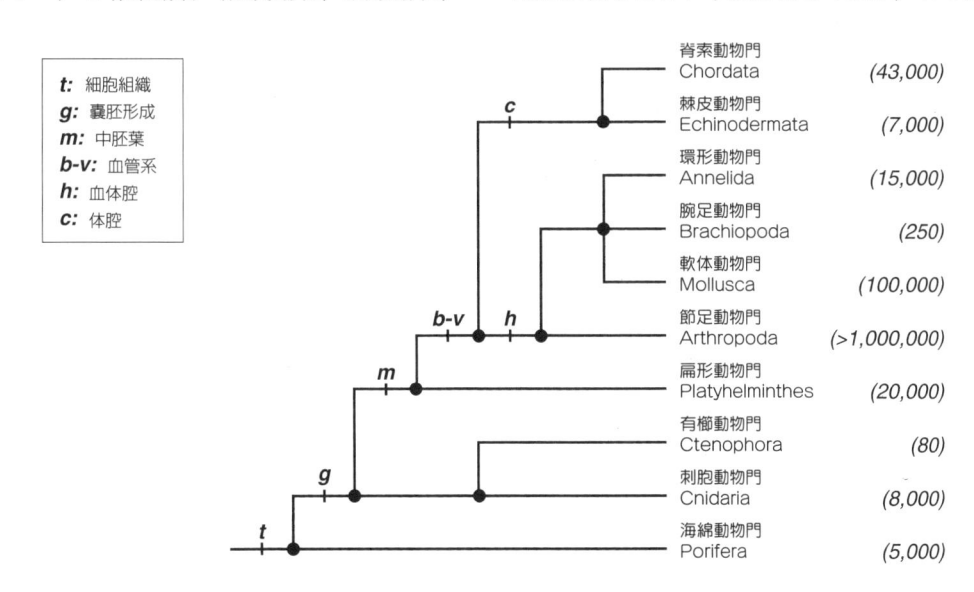

```
t:  細胞組織
g:  囊胚形成
m:  中胚葉
b-v: 血管系
h:  血体腔
c:  体腔
```

脊索動物門 Chordata (43,000)
棘皮動物門 Echinodermata (7,000)
環形動物門 Annelida (15,000)
腕足動物門 Brachiopoda (250)
軟体動物門 Mollusca (100,000)
節足動物門 Arthropoda (>1,000,000)
扁形動物門 Platyhelminthes (20,000)
有櫛動物門 Ctenophora (80)
刺胞動物門 Cnidaria (8,000)
海綿動物門 Porifera (5,000)

図6-6 **リボゾームRNAデータに基づいて描いた多様な動物門の分岐図**（Valentine 1995を改変）。それぞれの節（黒丸）は分岐の起きたことを表す。この分岐図にある主な形質は，その右側に位置するすべての系統にあてはまる。t (tissue, 細胞組織)，細胞数は構造と機能によって異なっている。g (gastrulation, 囊胚形成)，胚発生の段階は，細胞の中空の球から内部腔が形成されることによって特徴づけられる。m (mesoderm, 中胚葉)，外胚葉と内胚葉に追加される細胞の3番めの層。b-v (blood-vascular system, 血管系)，循環系。h (hemocoel, 血体腔)，体腔が血液で満たされている。c (coelom, 体腔)，体腔は，中胚葉細胞で内張りされている。それぞれの門の現生動物の概数を，括弧内の数字に示す。

呼ぶ仮説については，いまだに一般的な同意は得られていない。

3. d. 脊椎動物の初期の進化 バージェス頁岩の化石の中に，ピカイア・グラシレンス *Pikaia gracilens* と命名された小さな細長い動物がいる。平均的体長は 4 cm ほどで，多くの古生物学者がこれこそ初期の脊索動物であると信じている 2 つの特徴を持ち合わせている。すなわち，1 つは脊索（脊椎動物の脊髄の先駆けとなるもの）になると考えられている頭尾方向に沿う管と，もう 1 つは筋板（遊泳運動に関わる一連の筋肉）になると考えられる一連の体節である。ピカイアは，原始的な現生脊索動物のナメクジウオ *Brachiostoma* を思い起こさせる。時代の点でも（5 億 3000 万年前）形態学的にもよく似た 2 つのナメクジウオ様のユンナノゾーン *Yunnanozoon* とハイコウエラ *Haikouella* が，中国で見つかった（Chen et al. 1999）。

脊索動物門は，3 つの大きな亜門である尾索動物，頭索動物，脊椎動物を含んでいる。これらは，共通の祖先から生じた**単系統群**であると広く受け入れられている。尾索動物は被嚢動物とも呼ばれ（1300 種），すべて海生動物である。大部分の種の成体は固着性の生活を送り，いくつかの場合は，多くの個体でコロニーを形成する。大部分の成体の尾索動物は脊索動物の体制とは似ていないが，遊泳する幼体は尾索と呼ばれる脊索をもっている。

頭索動物ないしはナメクジウオ（約 28 種）もすべて海生種であり，海底に部分的に埋まって生活する傾向がある。ナメクジウオは，脊索と V 字型の筋板という特徴をもつ。その外見はサカナに似るが，真の骨格を持たずまた神経管には前脳がなく，脳胞しかない。それにもかかわらず，頭索動物と脊椎動物とは，ピカイアに似た共通の祖先をもつ姉妹集団であろうと，一般に考えられてきている。

脊椎動物の主要な新機軸は，大部分はその活動的な生活様式のはたらきにあるように思われる。複雑な感覚器官や運動神経細胞，そして明瞭な脳などは，最初の脊椎動物によって取り入れられ子孫によって伝えられてきたが，これらは最も実用的価値をもった目新しいものといえよう。その著者にもよるが，ふつう文献には脊椎動物の 8 ないし 9 の綱が認められている。ベントン（Benton 1990a）の分類に従うとすると，以下のようになる。

脊椎動物は，通常 2 つのグループに分けられる。**下等脊椎動物**には，魚類や両生類，そして爬虫類の多様な綱が含まれ，一方，**高等脊椎動物**には鳥類と哺乳類とが含まれている。この「下等」と「高等」という語は，下等脊椎動物は化石記録のより下の層からみつかり，高等脊椎動物はより新しい層からみつかるという事実を，拠り所としている。これらの 2 つのグループには，以下に述べるように，それぞれ保守的な系統関係と派生的な系統関係とがあるので，こういった動物を直系的系統関係で捉えるのは，適切ではないであろう。それのみならず，それぞれの脊椎動物綱が，枝の広がった系統樹を表す場合もあれば，たった 1 つの綱が他の脊椎動物綱をもたらすだけであるような場合もある。祖先の系統関係は，その同定が論争の的となる化石分類群であることがふつうである。これゆえ，下等脊椎動物のあるグループから現生種を取り出して，別の綱の現生種の祖先であると概念化することも適切ではない。例えば，哺乳類は犬歯類として知られる化石爬虫類のグループから進化したと考えられているが，いかなる現生爬虫類（カメやトカゲ，ワニ）をも現生哺乳類の祖先と考えることは誤りである。なぜならば，現代の爬虫類はそれとは別の爬虫類系統樹の枝につながるからである。

図 6-7 に脊椎動物の系統樹をまとめて示し，さらにその進化の歴史における主要な進化上の新機軸も書き加えた。一方，図 6-8 には化石記録にある多様な脊椎動物のグループの出現を示した。次の 4 つの節で扱う脊椎動物綱のそれぞれの短い説明は，多くの文献に依拠している（Benton 1990a; 1990b; Coates & Clack 1991; Cooper & Penny 1997; Cracraft 1986; Estes & Reig 1973; Forey & Janvier 1994; Gauthier et al. 1988; Gorr & Klinschmidt 1993; Horner 1982; Kemp 1988; Lee 1996; Lillegraven et al. 1979; Padian & Chiappe 1998; Romer 1966;

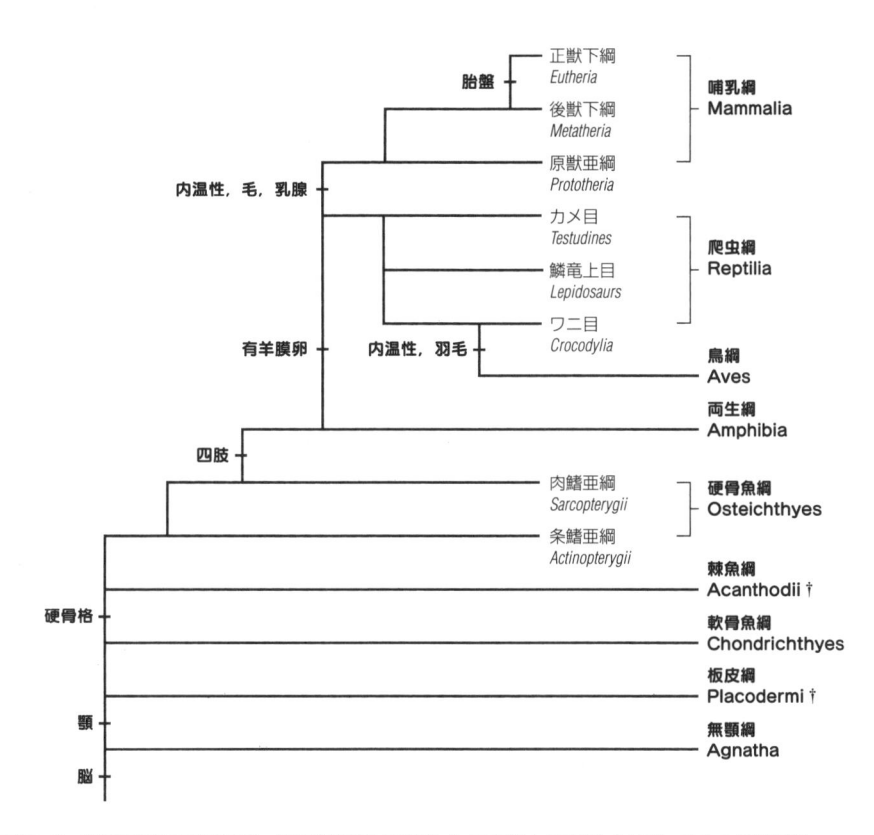

図6-7　**脊椎動物綱の系統樹**。化石分類群は絶滅した板皮綱と棘魚綱（†印）の2つの綱以外は除外した。この系統樹に示された重要な革新は，この分岐図においてより上位にある系統すべてにあてはまる。哺乳類系統と鳥類系統とにおける内温性の収斂進化に注意せよ。

Rougier et al. 1995; Sibly & Ahlquist 1990）。

3. e．魚類と両生類　無顎綱はいわば顎のないサカナであり，現在ではたった2つのグループ，すなわちヤツメウナギとメクラウナギの約60種によって代表される。しかしながら，形態については非常に多様性のあることが，オルドビス紀，シルル紀，そしてデボン紀の化石記録から知られている。このことは，無顎類が一度は拡散して非常に多くの数が大洋に分布していたことを暗示している。古生代の多くの化石種（カブトウオ類と呼ばれているが）は，対捕食者用の構造と思われる特徴的な頭甲を示すが，そこは燐酸塩やカルシウムの貯蔵庫として使われたようである。現生種のメクラウナギは，すべて海生の清掃動物である。現生種のヤツメウナギは淡水もしくは海が生息地で，他の動物の肉を擦り取って食物を得ている。

最古のメクラウナギとヤツメウナギの化石種は，およそ3億年前の石炭紀のものである。**板皮綱**もしくは甲冑魚と，**棘魚綱**もしくは棘のあるサカナは，いずれも完全に絶滅している。板皮類は頭部を覆う多様な骨板を進化させ，その多くの種は底生食性の動物であったと考えられている。板皮類は，サメ（軟骨魚類）に大変近いと一般に考えられている。棘魚類は，おそらく硬骨魚類に関連があり，比較的小型の淡水魚であって20cmを超えず，全身が小さな鱗で覆われていた。棘魚類の骨格については，その化石が潰された形で保存されることが多かったため，ほとんどわかっていない。しかし，棘魚類は明瞭な顎を持ったサカナ（骨性の顎を持つ脊椎動物を，有顎類と呼ぶ）であり，実際に顎を持つ脊椎動物として知られている最古のグループ（シルル紀初期で約4億年前）である。

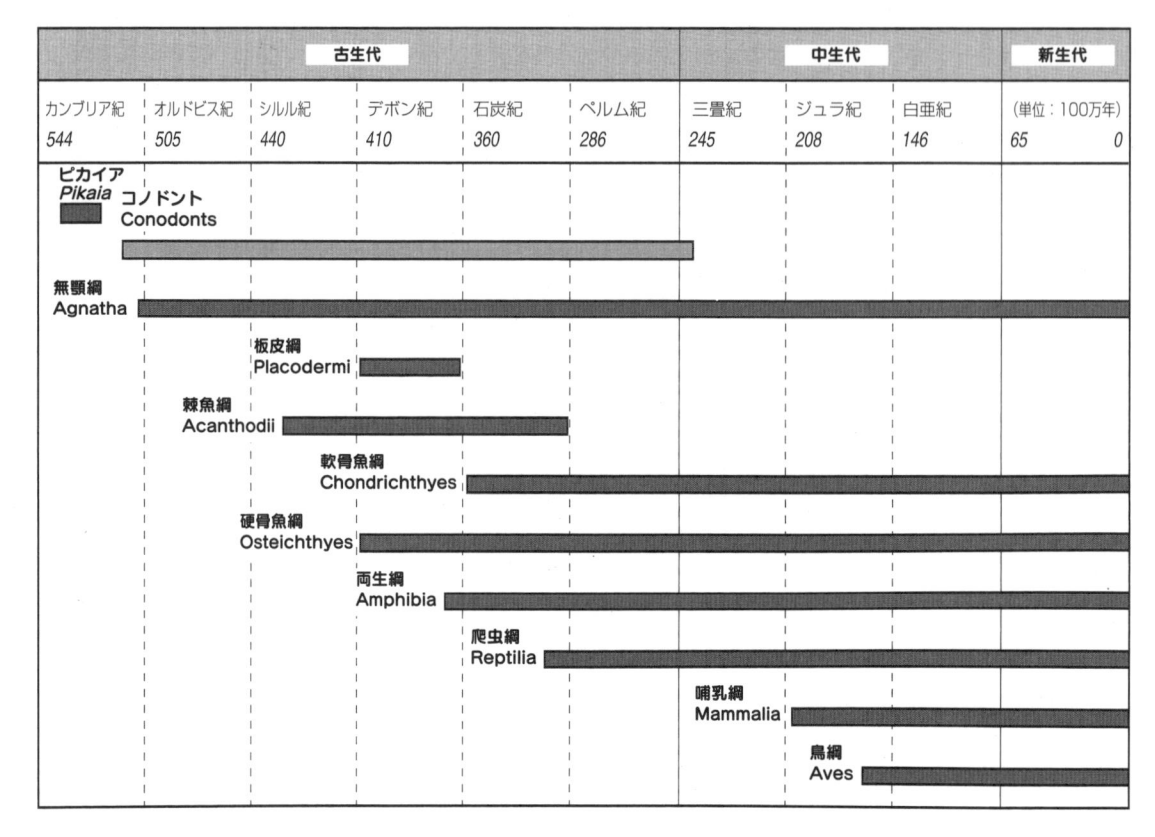

	古生代						中生代			新生代
	カンブリア紀 544	オルドビス紀 505	シルル紀 440	デボン紀 410	石炭紀 360	ペルム紀 286	三畳紀 245	ジュラ紀 208	白亜紀 146	(単位：100万年) 65　　　0

図6-8 **脊椎動物のさまざまな綱における化石記録**。ピカイアとコノドントはいずれも脊索動物と思われるが，比較のために図に加えた。

軟骨魚綱は石炭紀（3億6000万年前）の化石岩に見出すことができる。現在，ギンザメ，サメ，エイなど625種によって代表される。ギンザメは石炭紀から知られており，現生のすべての軟骨魚類の中で，最も古いままに残っていると信じられている。サメは，捕食動物として進化したことを窺わせる骨性の顎と，強力な筋肉組織，そして流線型の体型をしている。頭蓋以外の骨格は，軟骨でできている。いくつかの種は，巨大な大きさにまで達している。例えば，現生のウバザメやジンベイザメの2種は，体長が17mはあろうかという大きさで，一方，白亜紀の種で15cmもある歯のみが知られているカルカロドン *Carcharodon* は，体長が13mに及んだと思われる。これと対照的に，エイは底生の捕食動物として特殊化して，扁平化した体を進化させた。

硬骨魚綱は，現在の海や川，そして湖に最も繁栄して住んでいる（およそ20 000種が登録されている）。硬骨魚の頭骨は，多くの接合した骨板を含んでいて，かなりの柔軟性に富むが，これによって新しい捕食能力の進化を支えたと思われる。硬骨魚は，その鰭の構造によって2つの亜綱に分類される。1つは条鰭類で，もう1つは肉鰭類であり，いずれもデボン紀初期（4億年前）には分化していた。

条鰭類，すなわち鰭すじのある鰭をもつ魚類で，その基部から発する一連の並行桿によって支えられる鰭という特徴を有している。条鰭類には主要な3つの分類群があり，いずれも適応放散を遂げた。軟質類は，石炭紀から三畳紀にわたって繁栄を極めたが，その後しだいに衰退していった。現生の軟質類は比較的少ないが，チョウザメとヘラチョウザメが含まれる。全骨類はジュラ紀と三畳紀において放散したが，その後は衰えていった。

全骨属の種であるレピソステウス Lepisosteus は，形態学的にも非常に古い構造で，白亜紀の少なくとも6500万年前まで遡ることができる．3番めの放散は真骨類であり，ジュラ紀に始まり，現世に至るまで種の多様性は高く保たれている．現生種はおよそ20 000種で，水生脊椎動物としては最も多様なグループである．魚類のうちで最もありふれた種はこのグループに属しており，サケ，コイ，ニシン，そして熱帯の海の珊瑚礁に生息する色鮮やかな多様な種が含まれている．

硬骨魚の他の亜綱は肉鰭類，つまり総状の鰭をもった魚類であり，デボン紀にまで遡れる．肉鰭類の鰭は，筋肉と支柱となる骨格によって特徴づけられる．この総状の鰭は多様な姿勢をとることを可能とし，四肢動物（四肢の脊椎動物）の足の先駆けとなったものと伝統的に見なされている．肉鰭類は古生代と中生代に繁栄したが，新生代になってその多様度は失われた．その初期の系統発生において，肉鰭類は外層のエナメル質が入り組んでいる特徴をもつ，特異な構造の歯の証拠を示している．その歯の構造は**迷路状**（これは迷歯といわれる）であり，陸上に進出していった初期の四肢動物の特徴でもあった．現在の肉鰭類は，肺魚類と管椎類あるいはシーラカンスに限られている（図6-9参照）．ハイギョの多様性は，デボン紀には大きかったものの，現在では3つの属しか残っておらず，それらは南アメリカ，アフリカ，そしてオーストラリアの陸水環境にいる．ハイギョの歯板の特徴は，軟体動物のような無脊椎動物の外骨格を破砕するために特殊化したことを示唆している．管椎類の場合は，肉鰭類の衰退を特にはっきりと示している．すなわち，かつてはデボン紀から白亜紀にかけての長期間に大きな多様性を示したこのグループの現存種は，たったの2種しか知られていない．実際のところ，ラティメリア・カラムナエ Latimeria chalumnae の標本が，インド洋コモロ諸島の沖合で1938年に偶然に捕獲されるまでは，シーラカンスは絶滅したと信じられていた．このサカナの形態と構造が大変古い状態を残したままであったので，ラティメリアは生きた化石の典型例となった．もう1つの種のラティメリア・メナドエンシス L. menadoensis は，インドネシア列島の数カ所の沿岸で発見された（Fricke et al. 2000）．シーラカンスは鋭い歯をもっており，これは捕食動物として優勢的に進化したことを示唆している．

両生綱には，陸上生活に適応すべく進化した最も初期の脊椎動物が含まれている．主要な解剖学的，生理学的，そして行動的変化が，水中のみの生活様式から水陸両生の生活様式へと移行するときに伴って生じた．デボン紀からペルム紀初期にかけて繁栄した肉鰭類のグループの1つである

図6-9 シーラカンス Latimeria．インド洋で発見された生きた化石（写真は Traute Kleinschmidt 氏の厚意による）．

オステオレピス類が，両生類の姉妹群であるという見解は，一般に受け入れられている。現存の肉鰭類であるハイギョとシーラカンスのどちらが両生類に近縁なのかについて，その見解は一致していない。両生類の主要な新機軸は，地面から体を持ち上げ**移動運動**によって体を動かすという四肢の進化である。これらの体肢は，ユーステノプテロン*Eusthenopteron*として知られる初期のオステオレピス類の胸鰭にすでにはっきりと存在する骨によって支持されている（例えば，上腕骨，尺骨，橈骨，手根骨）。両生類は付加的な骨でもって一連の指を支えさせている。指は原始的な種では8本あったが，結局は5本に落ち着いた。これからわかるように，**五指性の手**は，ヒトを含めた四肢動物の原始的特性なのである。

最も古くよく知られた四肢動物の1つが，グリーンランドのデボン紀後期の岩から見つかったイクチオステガ*Ichthyostega*で，長さは約1mであった。イクチオステガは現世の四肢動物の典型的な特徴を持ち合わせているが，すっかり水から出て生活していたと想像するのはおそらく誤っている。なぜならば，尾鰭と側線系を残しているか

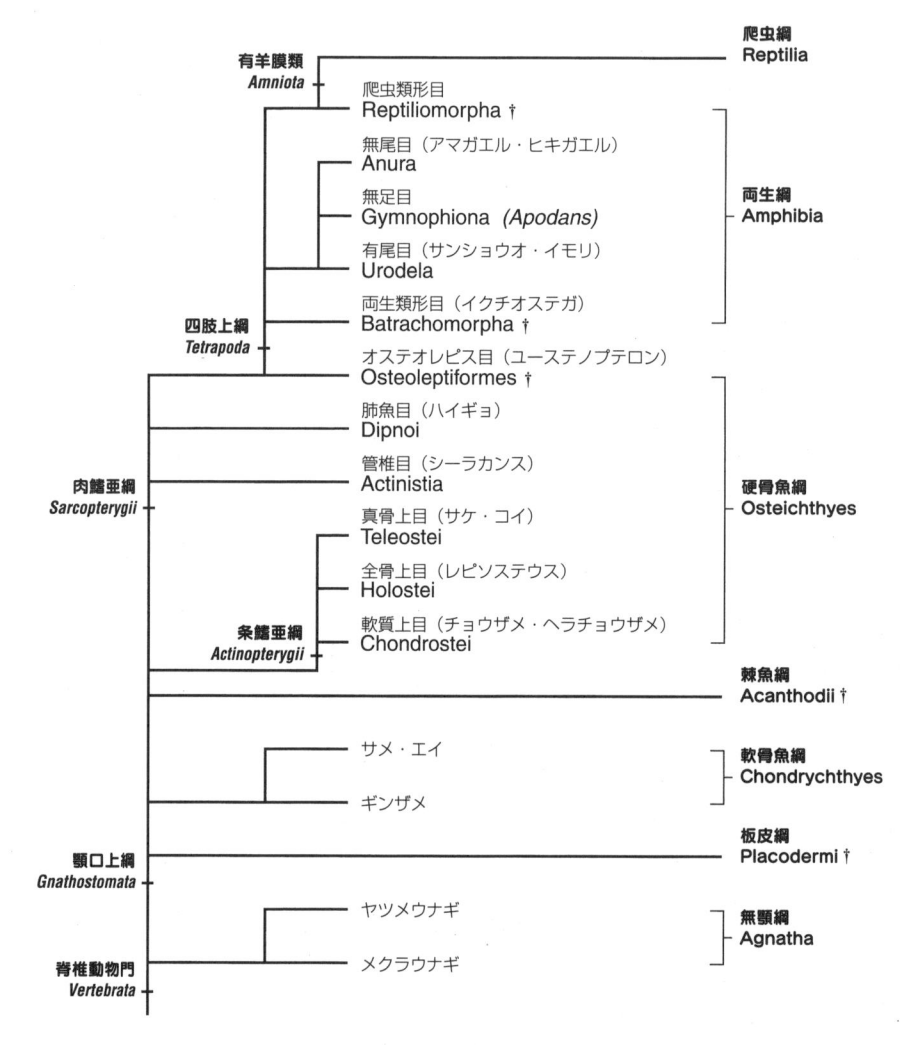

図6-10　3. e. で扱った魚類と両生類のさまざまな綱をまとめた系統樹。分岐図における分類表記は，表示位置より上位のすべての系統にあてはまる。いくつかの重要な絶滅種も示している（†印）。

らである。もう1つのデボン紀末期の両生類であるアカントステガ *Acanthostega* は内鰓の証拠があり，おそらく主に水生だったに違いない。この証拠は，初期の四肢動物にある指のある四肢は，現生のシーラカンスが海底でそうするように浅い池の底を歩行することを進化させ，もっぱら陸上の移動用だったというわけではないことを示唆している。石炭紀の末期までに，両生類のさまざまな群集は湖や川の周辺地域と同様に，浅海や開水面に移り住んだ。現生の両生類（約2500種）は，両生類の歴史の比較的早い時期に，これらのグループから分岐したと考えられている。3つのはっきりとした目に分かれるが，化石記録はいずれも乏しい。無尾類（アマガエルやヒキガエル）は，伸長した後肢と強力な筋肉組織とをもって跳躍という移動様式に特殊化した。最初期のカエルは，アルゼンチンのジュラ紀の岩から発見されており，それはすでに現代の無尾類の典型的な形態学的特徴を備えていた。有尾類（サンショウウオやイモリ）は，泳ぐのに特殊化した扁平な尾のある長い胴体をもつ。アシナシイモリ（無足類）は外見がミミズに似た体肢のない両生類であり，熱帯の土の中にもぐって生活している。図6-10に，この節で取り上げた魚類と両生類とをまとめて示した。

3. f. 爬虫類 初期の爬虫類は，爬虫類形群として知られる化石両生類のあるグループから進化したと考えられる。**爬虫綱**には，複雑で種々雑多な化石と，約6000種の現生種が含まれる。知られている最古の爬虫類は，カナダの東にあるノヴァスコシアの石炭紀中期（約3億年前）から見つかったもので，どちらかといえば小型でトカゲに似ている。この爬虫類の化石は，木の洞の中でその餌となったと思われるヤスデやカタツムリ，そして小型の四肢動物など，豊富な動物群と一緒に保存されていた。爬虫類に共通する主要な特徴の1つは，**有羊膜卵**を進化させたことである。この新機軸により，初期の爬虫類は水辺から離れて移動して，陸上に地歩を固めることができた。有羊膜卵は，内部の液体の乾燥を防ぐ半透過性の卵殻をもっているので，乾燥した環境の中でも胚は成長することができる。胚はいくつかの膜（漿膜，羊膜，そして尿膜）に包まれている。この膜は胚の保護と養分の補給を行ない，呼吸と老廃物の貯蔵に関わっている。この有羊膜卵がいつ進化したのかは，希にしか化石が出てこないために，知ることが難しい。しかしながら，現生のすべての爬虫類の卵は，その複雑さにかかわらず同じ方式で成長する。このことは，有羊膜卵の進化は，ただ一度しかなかったことを示唆している。有羊膜類という名称は，この種類の卵をもつ脊椎動物に当てはめられる。すなわち，爬虫類，鳥類，そして哺乳類である。図6-11に，この節で後述する有羊膜類のグループをまとめて示した。

有羊膜類は，**側頭窓**すなわち頭骨の側頭部（側方で後方の）に位置する開口部の数により，4つの分類群に分けられる。無弓亜綱は，側頭窓をもたない。無弓類には，石炭紀，ペルム紀，そして三畳紀の絶滅爬虫類のわずかな科と，現生のカメ目ないしはカメが含まれる。カメの化石記録は，約2億年前の三畳紀末期にまで遡り，ドイツとアルゼンチンほど遠く隔たった地域から見つかっている。カメの姉妹群は，「擬爬虫類」と呼ばれるペルム紀の無弓類のグループに含まれると，一般にみなされている。カメの体の基本体制にかかわる主な特徴は，甲羅にある。甲羅は，明らかに防御機能を果たし，すでに最初期の種において出現している。現代のカメは原始的なカメと異なり，甲羅の中に頭部を引き込むことができる。単弓亜綱は，低い位置の下側頭窓を示す。土台となる単弓類は石炭紀末期（約2億9500万年前）に出現し，ペルム紀を通して多様化した。これらは盤竜類と呼ばれ，そのあるものはディメトロドン *Dimetrodon* に見られるように，頸椎と胸腰椎から出ている棘突起の存在で，特徴づけられる。この棘突起が皮膚で覆われ，血管も豊富に行き渡っていたという事実から，体温調節機能の存在が示唆される。例えば，ディメトロドンのような捕食動物は，この「帆」を朝日に曝すことによって，体内温度をずっと早く上昇させることができたかもしれない。盤竜類は，獣弓類に取って代わられた。獣弓類は，ペルム紀末期に現れた単弓類の主要なグループで，多様な形態に進化してジュラ紀の間

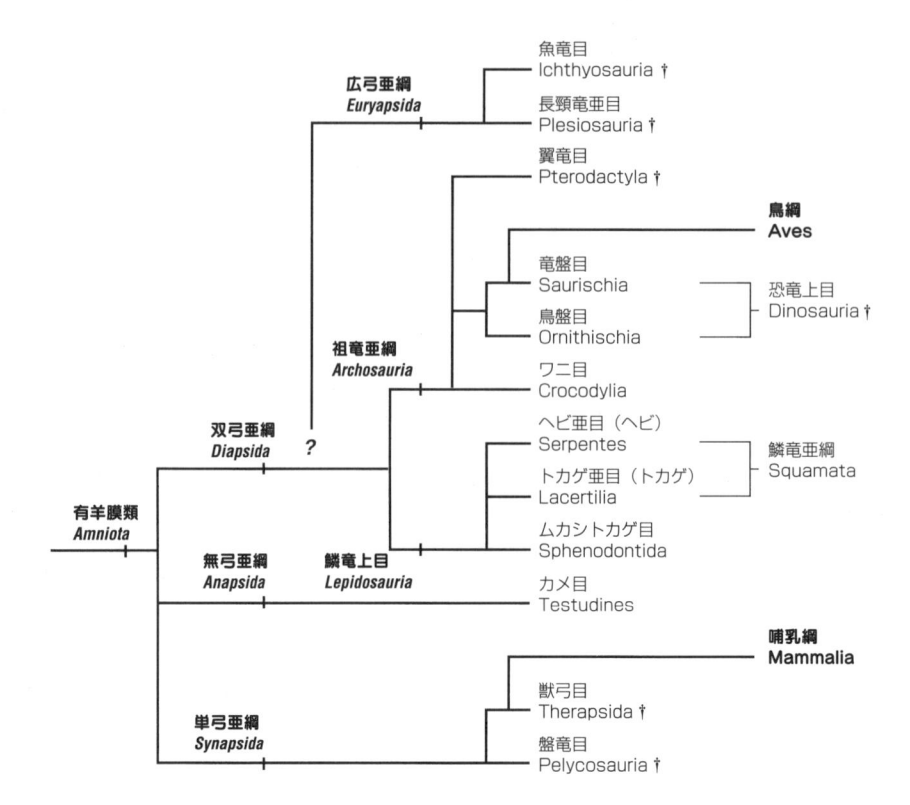

図6-11 3.f.で扱った分類群のまとめ。分類表記は，それより右のすべての系統にあてはまる。いくつかの絶滅群もこの系統樹に含めた（†印）。

に消えていった。哺乳類がそこから進化したと考えられるグループは，獣弓類爬虫類（犬歯類）の1つである（→ 3.h., 159-163頁参照）。

双弓亜綱は，2つの側頭窓を示す。双弓類には，恐竜や翼竜（飛行性爬虫類）のような絶滅したグループと，現生のトカゲ，ヘビ，ムカシトカゲ，そしてワニが含まれる。鳥類も双弓類であるが，これについては次節の3.g.で言及しようと思う。最古の双弓類は，石炭紀末期（2億9500万年前）の岩石から見つかっている。このグループは，三畳紀とペルム紀末期の大量絶滅の後も繁栄した。現生の双弓類の爬虫類には，主要な2つのグループ，つまり鱗竜上目と主竜上目とがある。鱗竜類はどちらかといえば原始的であると考えられており，ムカシトカゲや有鱗類（トカゲ類とヘビ類）が含まれる。鱗竜類は三畳紀の岩に見出され，そこにある多様な形態から，鱗竜類の生活と食事の様式が多様化していたことが示唆される。ムカ

シトカゲ Sphenodon punctatus は，ニュージーランドの沖合のいくつかの島に住んでいる唯一の現存種である。ムカシトカゲの外観は，トカゲに似ている。しかしながら，その骨格は典型的な有鱗類が持つ多くの特徴を欠いており，それゆえ生きた化石と広く考えられている。有鱗類には，現生種のトカゲ，ヘビ，そして四肢のないミミズトカゲが含まれる。最古の有鱗類は，ジュラ紀後期（約2億年前）に現れた。例えば，ヘビ類はもっと遅く白亜紀（1億4000万年前）の岩石から見つかっているが，ミミズトカゲの化石記録は乏しい。

主竜類は，絶滅した恐竜と翼竜，そしてワニ類と鳥類など，すべての化石の中で最も有名な化石を含んでいる。最初期の主竜類は，三畳紀の初期，約2億4000万年前に現れて，感動的ともいえる多様性を示す一連の適応放散を経た。ワニ類は，おそらく三畳紀の初期に多様化した。現代の子孫

と同様に，三畳紀のワニ類も川や沼地に住み貪食であった．胃の内容物の化石化した標本は，これらのワニ類は魚食性であるが，小型の四肢動物も陸地で捕らえて，川に持ち帰って食べたりもしたようである．最古の翼竜は，イタリアの三畳紀末期の鉱床で見つかった．これらの爬虫類は魚食性で，さまざまな生態的地位を占め，恐竜と共にジュラ紀から白亜紀にかけて広く多様化した．翼竜の体の大きさには注目すべき多様性があり，小は体長 9 cm のユーディモルフォドン *Eudimorphodon* から，大は翼長が 5 から 8 m というプテラノドン *Pteranodon* まである．ケツァルコアトルス *Quetzalcoatlus* は，片翼の破片から知られるテキサスの白亜紀末期のものとされるが，その翼長は小型飛行機並みの 11 から 15 m もあったと推定されている．いくつかの保存状態の良い化石は，翼竜が体毛を進化させていたことを示している．この体毛はおそらく断熱材であり，内温性を思わせる．**内温性**とは，体内の温度を一定に保つ能力のことであり，羽毛や体毛が断熱材として機能している現生の鳥類や哺乳類の特徴である．現生のすべての爬虫類は**外温性**である．すなわち，彼らの体温は環境温度によって変動する．内温性によって，翼竜は飛行に必要な持続代謝率を与えられたのかもしれない．

恐竜の進化に関しては膨大な量の情報があるが，それは 1 つは恐竜の並外れた大きさとそのユニークな多様性が，科学者のみならず一般の大衆をも恐竜の発見以来ずっと魅了し続けたためでもある．最古の恐竜は，アルゼンチンの三畳紀後期（2 億 3000 万年前）の岩から見つかったヘレラサウルス *Herrerasaurus* で，体長が 3 m の前脚の短い，二足性の捕食動物であった．恐竜は三畳紀後期にはめったにいなかったが，パンゲア超大陸が形作られたことも与って，ジュラ紀と白亜紀とを通して地球規模の分布を成し遂げた．恐竜には，腰帯の形状に基づき，明瞭に区別できる 2 つのグループが認められる．その特徴は恐竜の歴史の極初期におそらく分岐したのであろう．竜盤類はトカゲに似た腰で，その恥骨は前方に，座骨は後方に伸びている．有名なティラノサウルス・レックス *Tyrannosaurus rex* は体長 14 m の二足性の竜盤類で，かつて陸上に存在した最大の肉食動物の 1 つである．最大の草食動物のいくつかも，ディプロドクス *Diplodocus* のような竜盤類である．これと対照的に，鳥盤類は恥骨は後方に伸びて座骨と並行を成している．最も有名な鳥盤類の恐竜の中には，カモハシ恐竜や角竜類，そしてステゴサウルスがいる．

最近の多くの古生物学的発見は，恐竜の一般生物学や行動についての論争をひき起こしている．現生のトカゲに似ているとされた恐竜の生活様式に関する伝統的な見方は，鳥類のそれにより近づけられた見方に置き換えられつつある．鳥類が，ティラノサウルスや他の二足性の肉食動物を含む獣脚類として知られる竜盤類のグループから進化したということについては，少なからぬ一致がある．それゆえに，恐竜と鳥類との間には系統発生的つながりがある．血管の豊富な骨（内温性を示唆している）や，巣の化石（コロニーでの親としての世話や繁殖を示唆している）の発見は，恐竜の「鳥類観」に霊感を与えた．内温性や子どもの世話といった特性は鳥類の特徴であり，これらは元々恐竜において進化したのかもしれない．

広弓亜綱は 1 つの上側頭窓によって特徴づけられ，中生代に繁栄した多様な絶滅爬虫類を含んでいる．2 つの主要なグループ，長頸竜類と魚竜類として三畳紀に現れた海生爬虫類をあげることができる．水中生活への適応の中に，長頸竜の鰭と魚竜のイルカ型の体型がある．体内で育てた子どもを尾から先に産もうとしているメスの魚竜がすばらしく良い状態で保存されているが，このことは現代のイルカやクジラとの一連の驚くべき収斂を実証している．

ペルム紀と白亜紀の末期に起こった大量絶滅によって，爬虫類は特に影響を受けた．ペルム紀の絶滅（2 億 4500 万年前）では，化石記録から四肢動物 37 科のうち 27 科が消滅するほどの大規模な出来事であったと，現在は考えられている．実際，すべての生態の 61％がペルム紀の絶滅で消失したと考えられている（Benton 1995）．例えば，獣弓類は，後に初期哺乳類を興した中生代へと続くほんのわずかな系統を除いて，事実上絶滅してしまった．ペルム紀の絶滅の原因は，不明で

ある。それは，地球が徐々に寒冷化してきたからかもしれず，また，小惑星か彗星の落下のような大異変によるものだったのかもしれない。白亜紀末の大量絶滅（6500万年前）では，恐竜類，翼竜類，長頸竜類，そして鳥類や哺乳類の多くの科が絶滅した。爬虫類の中では，44 の科のうち 9 つの科が白亜紀末に消滅した。しかしながら，これらのグループの多くは，この出来事以前にすでに衰えつつあり，地球規模での気候の変化のような徐々に進行した過程を示唆する事実がある。突然の絶滅は，おそらく隕石と思われる大気圏外の衝突に関する化学的証拠によって，示唆されている。白亜紀末期の岩石にとどめられた高濃度のイリジウムと衝撃石英の存在は，いずれも大異変と一致する。ペルム紀と白亜紀の大量絶滅の間に三畳紀があるが，その時代は多くのアンモナイトのグループが適応放散をしていた。ワニ類，恐竜類，翼竜類，カメ類，魚竜類，長頸竜類，獣歯類，そして哺乳類のすべてが，この三畳紀に勃興し繁栄したのである。

3．g．鳥類の進化 推定で 9000 種に上る現在の鳥類は，体の基本体制についての概念とその多様性とを明瞭に描き出してくれる。すべての鳥類に共有されて生まれた特徴のいくつかは，羽毛，歯の無いくちばし，二足姿勢，そして飛行に適応した前肢である。形態と行動とにおける多くの多様性は，これらの特徴のいくつかを変容させるかもしれないが，体制はそれでもなお明白である。例えば，飛行能力を喪失したいくつかの鳥類では，その結果，翼は縮小したり（例えば，ダチョウやアメリカダチョウ），脚鰭へと作り直された（例えば，ペンギン）。しかしながら，ダチョウやペンギンは，それでも鳥類である。この体制は，いつ生じたのであろうか。

三畳紀後期からジュラ紀初期にかけてのいくつかの標本の断片と生痕化石は，それが初期の鳥類（例えば，テキサスの三畳紀後期のプロトアビス *Protoavis*）に属することを示唆している。しかしながら，これら発見された化石が鳥類であるかどうかについては，その化石があまりにも断片的で年代測定が困難なために，今のところ全般的な意見の一致を見ていない。始祖鳥（*Archaeopteryx litographica*）は 1861 年にドイツで発見され，いまだに間違いなくトリであるとされる最古の知られた化石である。かつては亜熱帯の海であった環境の石灰岩の堆積物から，6 体の骨格が発見され，それらはジュラ紀末期（約 1 億 4000 万年前）のものであった。始祖鳥は現代のハトとほぼ同じ大きさで，羽毛（発見されたうちの 1 体は，石灰岩に美しく保存されていた），翼，そして尾を有していた。しかし，始祖鳥は，現生鳥類にはないいくつかの「爬虫類的」特徴，すなわち，歯と 20 以上の椎骨からなる骨の通った尾，そして翼にある 3 本の指という特徴も，持ち合わせていたのである。始祖鳥の骨盤にある恥骨のつき方は，土台となる獣脚類の前方向と現生の鳥類の後方向との，おそらく中間であった。骨盤の全体的な形態や融合した鎖骨は，明らかに始祖鳥が獣脚類と類縁関係にあることを示している。

いったい始祖鳥はどの程度飛ぶことができたのだろうかという疑問から，大きな論争が始まった。中空の骨や二足性の姿勢のような，鳥類の飛行に関連する特徴の多くは，すでに獣脚類に存在していた。今のところ，鳥類の羽毛によく似た羽や皮膚構造でさえ，中国の小型恐竜においてすでに存在していたようである。その 1 つ，獣脚類のプロタルケオプテリクス *Protarchaeopteryx* は，飛ぶときにはまずなんの役割もしない羽毛の房をもっていた。始祖鳥が，木から滑空することはできたかもしれないが，飛ぶことには非常に難儀したということは，ありうることである。おそらく，哺乳類における体毛と同様に，体温調節に直結した断熱材として羽毛が進化したのであろう。また，最初は羽毛が求愛のディスプレイに用いられたということもありうる。まず最初に 1 つの機能（体温調節であれディスプレイであれ）があり，その後で滑空や羽ばたき飛行への貢献により，羽毛がさらに選択されたのかもしれない。白亜紀の化石鳥類は，飛行に関連する構造が改良されていることを示している。より強力な胸骨（羽ばたきに関わる筋肉が付着している胸の骨）や短い尾，そして木に止まるのに適した足（4 番めの足指が残りの足指に向かって曲がっていて，物をつかみ

易くなっている）などの点があげられる。スペインで出たイベロメソルニス Iberomesornis と中国で出たシノルニス Sinornis は，飛行に関する漸進的な改良に伴った樹上生活への明らかな移行を示している。

　現生の鳥類は，古顎上目と新顎上目の2つの上目に分類される。その区別は，口蓋の構造と，飛行の喪失に伴う多様な骨格特性を含む形態学的な特徴とに元来基づいている。古顎上目の口蓋は，槽歯類のそれによく似ているため，より原始的であったと考えられている。この区別は，核とミトコンドリアDNA配列の分子解析により，ごく最近になり確かめられている。古顎上目には，中南米の原始的なシギダチョウと，レア（南アメリカ），ダチョウ（アフリカ），ヒクイドリとエミュー（オーストラリア），そしてキーウィ（ニュージーランド）といった，飛べない走鳥類がある。大型走鳥類のいくつかはつい最近に絶滅したが，あるものは歴史時代になってからであった。その中には，ニュージーランドの13かそこらのモア類の種も含まれている。モア類は，固有の哺乳類のいないニュージーランド列島に放散し，多様な生態学的ニッチを占め，巨大ともいうべき大きさで，最大の種は体高が3mに達していた。モア類は，今から1000年程前にポリネシア人がニュージーランドに住み着いてから減り始めて，18世紀になり完全に絶滅した。最近の証拠によれば，オーストラリアの飛べないトリで50000年前に突然消滅したゲニオルニス・ニュートニ Genyornis newtoni のようないくつかの巨大走鳥類の絶滅の原因は，気候変化などの自然原因ではなく，ヒトの移住が原因であったかもしれないことを示唆している（Miller et al. 1999）。

　新顎上目は，現生種の中で最も豊富である。そこには，ニワトリ，アヒル，ウズラ，ペンギン，オウム，ハト，そして鳴禽（スズメ，ベニスズメ，マネシツグミ，などなど）のようなごくふつうの動物が含まれている。鳴禽あるいはスズメ目は，現生の鳥類の中で6000種にものぼる最も豊富な目である。新顎上目の鳥類は，比較心理学における最も一般的に使用される動物モデルの1つである。しかしながら，白亜紀後期にいくつかの目が確認されているとはいえ，その化石記録は非常に乏しい。鳥類は一般に小型で中空の骨をもち，必ずしも水辺の近くにいる必要はなく，森林地帯に生息している。こういったことのすべてが，残留物を化石化するのに不利にはたらいたのであろう。鳥類の系統発生についての資料が不足していることは，化石記録による分類群についての説明が偏っていることについて，われわれに注意を喚起してくれる。

　このようなグループの系統発生に取り組む1つの方法は，現生種から得られる分子情報に頼ることである。もちろんこの取り組みは，新生代の新顎上目についての実際の多様性についてはなんの手がかりも与えてはくれないが，分岐した時代についての仮説が最終的には発見された化石と対照されうるように，さまざまなグループ間の系統発生的距離についての情報を提供してくれる。シブリーとアールクィスト（Sibly & Ahlquist 1990）は，DNA-DNAハイブリッド形成法を用いて，記念碑となるような現生鳥類の評価を行なった。異なる2種から得たDNAがプールされ，鎖の形成された程度がその2種の類似度の指標となる。2つの種の離れ具合が近いほど，DNA配列はより類似し，交雑度もより高くなる。分子による証拠に基づいた鳥類のすべての目についての系統樹を，図6-12にまとめて示した。

3.h. 哺乳類の進化　哺乳類は，約2億年前の三畳紀後期の化石に出てくるが，獣弓類がこれに先行している。獣弓類は，哺乳綱の特徴，顎関節，中耳，そして**換歯**の様式といった形態学的特性を，徐々に進化させた爬虫類のグループである。犬歯類として知られる進化した獣弓類の化石記録が大変よく揃っているので，土台となる爬虫類と現代の哺乳類との移行状態が保存され，これにより歴史に基づく再構成が可能となった。換歯は，爬虫類から現代の哺乳類とを区別する主要な特徴である。爬虫類の換歯は連続的であるが，哺乳類では永久歯が乳歯に取って代わるときの1回だけである。進化した獣弓類は，典型的な哺乳類型の換歯の様式をもっていた。彼らは，切歯，犬歯，そして破砕に特殊化した大きな臼歯というように，

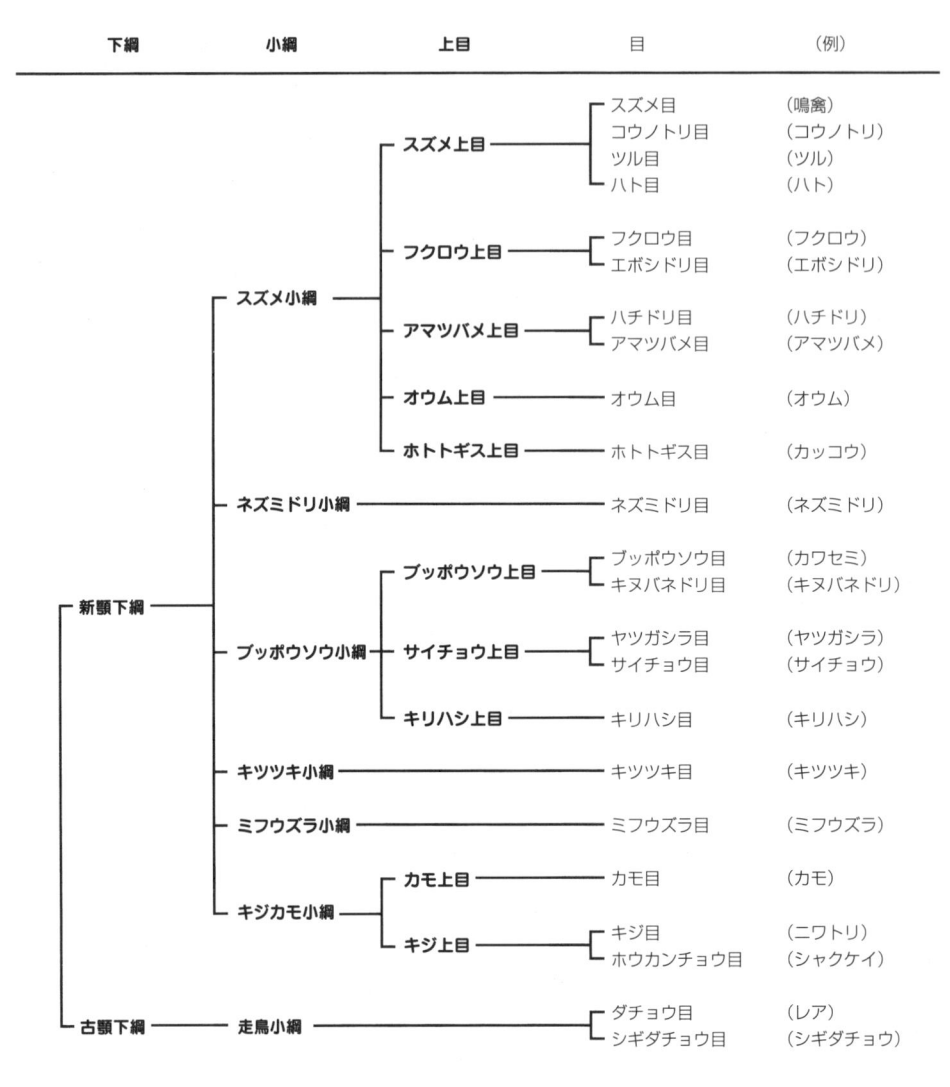

下綱	小綱	上目	目	(例)
新顎下綱	スズメ小綱	スズメ上目	スズメ目 コウノトリ目 ツル目 ハト目	(鳴禽) (コウノトリ) (ツル) (ハト)
		フクロウ上目	フクロウ目 エボシドリ目	(フクロウ) (エボシドリ)
		アマツバメ上目	ハチドリ目 アマツバメ目	(ハチドリ) (アマツバメ)
		オウム上目	オウム目	(オウム)
		ホトトギス上目	ホトトギス目	(カッコウ)
	ネズミドリ小綱		ネズミドリ目	(ネズミドリ)
	ブッポウソウ小綱	ブッポウソウ上目	ブッポウソウ目 キヌバネドリ目	(カワセミ) (キヌバネドリ)
		サイチョウ上目	ヤツガシラ目 サイチョウ目	(ヤツガシラ) (サイチョウ)
		キリハシ上目	キリハシ目	(キリハシ)
	キツツキ小綱		キツツキ目	(キツツキ)
	ミフウズラ小綱		ミフウズラ目	(ミフウズラ)
	キジカモ小綱	カモ上目	カモ目	(カモ)
		キジ上目	キジ目 ホウカンチョウ目	(ニワトリ) (シャクケイ)
古顎下綱	走鳥小綱		ダチョウ目 シギダチョウ目	(レア) (シギダチョウ)

図6-12 DNA-DNAハイブリッド形成法に基づく鳥類の目の分類 (Sibly & Ahlquist 1990)。これらの目の大半の系統史は非常に乏しいか，まったく不明である。

歯が高度に特殊化していた．一緒に生じたこうした変化は，摂食行動や，特に咀嚼を可能とする筋肉と骨の機構の進化を窺わせる．

ヨーロッパや中国の三畳紀末期から見つかっているモルガヌコドン *Morganucodon* と呼ばれるトガリネズミに似た小型動物と，それに近い動物の多様な形態は，最古の哺乳類と一般に信じられている．その動物の体の大きさは，20から30gの間と推定され，同時期の最小の犬歯類よりも，少なくとも一桁小さかったことを示唆している．モルガヌコドンは脳の拡大を示しており，それはにおいと聴覚信号の処理に関連する領域に集中しているらしい．嗅覚と聴覚は夜行性の哺乳類にとって最も有用な距離感覚なので，最初の哺乳類は，今日の最も保守的な有袋類（オポッサム）や有胎盤類（食虫類）と同様に，夜行性だったと考えられる．いくつかの進化した犬歯類には，鼻のまわりに小さな孔があった．これらの孔が髭の神経と血液循環の神経支配の存在を示していることを考えあわせると，犬歯類には体毛があり，おそらく内温性であったと考えられる．

内温性で小型の日和見主義的な中生代の動物は，

支配的爬虫類や勃興し始めた鳥類が視覚に頼っていたがゆえに残した**夜間のニッチ**を，手に入れることができたのかもしれない．夜間のニッチは，より洗練された嗅覚と聴覚の神経中枢の進化を促す選択圧を提供し，そして哺乳類に特徴的な相対的な**脳の大きさ**の増大に導く夜行性の生活様式への移行だったと，ジェリソン（Jerison 1963）は考えている（さらに詳しくは，第8章参照）．

多様なグループからなるジュラ紀と白亜紀の哺乳類については，特に多丘歯類，三丘歯類，梁歯類，相称歯類，そして全獣類について述べる．これらの名前は，その歯の解剖学的な著しい特徴に由来している．例えば，三丘歯類の臼歯には，側方の2つの円錐咬頭と，それより大きい中央の1つの円錐咬頭がある．すなわち，上顎の臼歯の中央の円錐咬頭は相隣り合う下顎の2本の臼歯の間に収まるという，顕著な咬合パターンを示している．

現生の哺乳類（約4500種）の中で，原獣類（単孔類）ないしは産卵する哺乳類と，獣類（有袋類と有胎盤類）との間で，しばしば区別がされる．現生の原獣類は，カモノハシの1種とハリモグラの2種のわずか3種しかおらず，すべてオーストラリアとニューギニアに生息している．卵を産む哺乳類は，ジュラ紀起源のこれらのグループの1つの名残りを表していると，ずっと考えられていた．つまり，多丘歯類は，現代の原獣類の考えられる祖先として候補に挙がっているものの，問題は未解決のままである．原獣類は高度に特殊化しながら，それでいて卵生の繁殖が示すように保守的である．単孔類の子どもは，孵化した後に袋に移動して母親の腹部の皮膚に広く分布する腺から分泌される乳で育つ．

獣類には，現生の後獣下綱あるいは有袋類，正獣下綱あるいは有胎盤類が含まれ，著しい特徴，すなわち**トリボスフェニック型大臼歯**によって特徴づけられる．大きな3つの咬頭といくつかの付属物，小咬頭，鋭い稜と窪みをもついくつかの歯冠面の存在が，トリボスフェニック型大臼歯を特徴づけている．この臼歯は咀嚼能力の改善を表し，また，エナメル質の磨耗を減ずるようなデザインによって，歯の機能的寿命を長くしている．

哺乳類の進化は，とても独自な道筋をたどっている．中生代の哺乳類は，約1億4000万年にわたる進化を比較的変わらぬままに過ごしたが，哺乳類の多様性は白亜紀後期までに増大し，暁新世初期には文字通り爆発した．これは，適応放散の最もわかりやすい一例である（図6-13参照）．陸生と海生の膨大な数の爬虫類が消し去られた白亜紀の大量絶滅が，暁新世の適応放散という結果となって現れたと考えることは，可能性として興味深い．この暁新世の「哺乳類爆発」は，多様な生態学的ニッチが比較的突然に開放されたため，新しい体の基本体制と新しい行動を発展させる能力をもった新しい哺乳目によって占められたことと関連するかもしれない．

後獣下綱あるいは有袋類と，正獣下綱あるいは有胎盤類は，白亜紀後期に出現した．彼らはふつう，小臼歯の数（有袋類は3本，有胎盤類は4本）と大臼歯の数（有袋類は4本，有胎盤類は3本）とで区別される．最古の有袋類は，南北アメリカ大陸で見つかり，もっと新しい化石はヨーロッパ，北アフリカ，そしてオーストラリアで発見されている．彼らの起源はおそらくアメリカ大陸のどこかであり，そこからヨーロッパ大陸やアフリカ大陸へと拡がり，また大陸をつなぐ多くの陸橋があった白亜紀の間に，南極大陸を経由してオーストラリア大陸に分散した．現生の有袋類は260種が，アメリカ大陸，オーストラリア大陸，そしてオーストラリア北部の島々の限られた地域に生息している．ニュージーランドとハワイにもいるが，これらは後年人間が持ち込んだものである．有袋類の胎児は，子宮から非常に早い時期に産み落とされ，その育児嚢の中の乳首に取りついて母乳を吸い，成長を続ける．

分類法にもよるが，現生の有胎盤類は約4250種，16から18の目がある．これらのグループのいくつかの化石記録は，暁新世から白亜紀末期までに及んでいる．最古の正獣下綱は，モンゴルとアメリカ大陸の白亜紀の中に出てくる．モンゴルから出たザランブダレステス *Zalambdalestes* は長い後肢と足とをもち，ウサギのように跳躍に特殊化していたに違いない．しかし，大半の種は小型の食虫類や，オオカミ大の肉食動物，そしてウシ

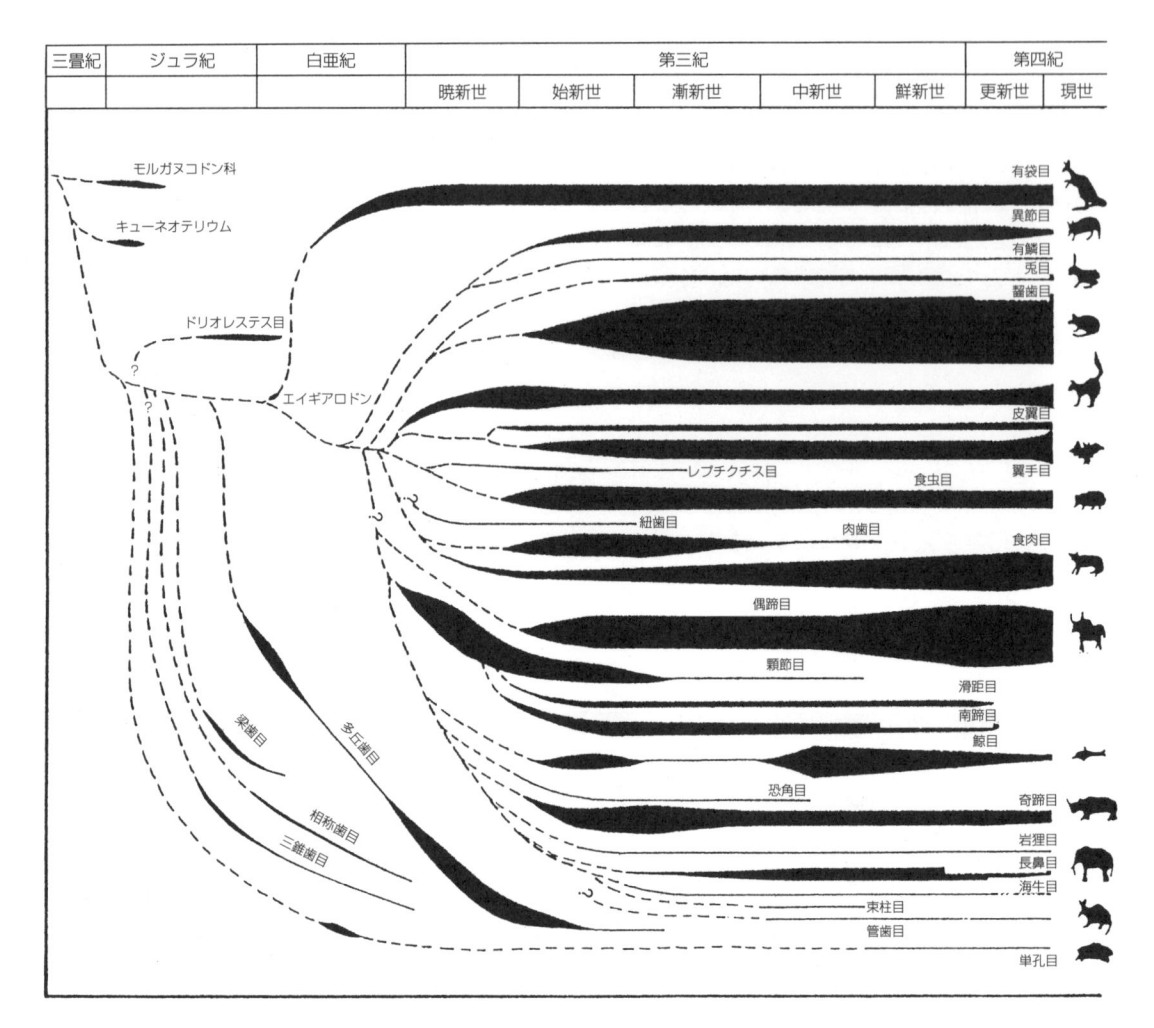

図 6-13 新生代前期(第三紀)における正獣下綱(有胎盤類)の適応放散を表した系統樹(Benton 1990a)。単孔類，有袋類，そしていくつかの絶滅哺乳類もこの系統樹に示されている。

大の草食動物であった。暁新世の適応放散は，始新世（約5000万年前）に絶滅する多様なグループを含んでいる。白亜紀後期から始新世前期にかけて1000万年単位で見てみると，哺乳類の科の数は15から78に，そして属の数は40から約200へと増加している。何がこれら有胎盤類のグループに，そのような爆発的適応放散をもたらしたのであろうか。改良された歯列（これは効率的な摂食行動をもたらす），広範な親の保護，そして増大した知性が，寄与する要因として従来から引き合いに出されている。

もし有胎盤類が白亜紀後期に起源を持ち，現生の目の大部分が約6000万年前の暁新世においてすでに分化していたのであれば，現生の哺乳類のその後の進化は，平行して生じたことになる。新生代においてかなりの変化をした社会的行動のような行動的能力と新皮質といった神経構造は，その大部分は基本的獣類の特徴から平行進化をしたのかもしれない。有袋類と有胎盤類の収斂種を図6-14に示したが，これを見れば平行進化がはっきりとする。地中生活への適応（有袋類のモグラと有胎盤類のモグラ）や，類似の滑空に適した構造（樹上性の有袋類と有胎盤類）も含めて，同様の前適応と結合した同様の生態的圧は，類縁関係

図6-14 同様の生態的地位を占める有袋類と有胎盤類とがそれぞれ独立に発展させた進化の収斂（Young 1981）。

のない種における驚くべき類似性の進化を助長した。南アメリカの肉食動物相には，いずれも類似の剣状歯のある有袋類（サイラコスミルス *Thylacosmilus*）と有胎盤類（剣歯虎 *Smilodon*）さえいた。この広範囲にわたる平行進化のために，もし比較心理学者が新生代に広範な変化を経た哺乳類の特性を比較しようとするときは，慎重でなければならない。例えば，齧歯類のような有胎盤類の特定の目を用いた研究から得られた社会行動や新皮質の組織と機能についての知見を異なった目の霊長類に外挿するときには，慎重にしなければならない。

4. 多様性のパターン

4.a. 動物地理区 動物の歴史を概観してみると，多くの重要な特徴が浮かび上がる。ある系統が爆発的な適応放散を示す一方，ある系統は甚だしい進化上の停滞を示して，よく知られている例でいえば，いわゆる生きた化石に至るのである。三畳紀のような急速な多様化の時代が，ペルム紀末に起こったような大量絶滅という出来事と交替する。大陸の移動は，ゴンドワナ大陸の恐竜のようないくつかの動物相を地球規模に拡散させる一方，オーストラリアの有袋類のように地理的に隔絶して進化させた。

非常にまれではあるが，比較的急速な地質学的変化が，お互いに隔離して進化していた動物相を「唐突に」引き合わせた。例えば，南北アメリカ大陸は約750万年前までの新生代の大部分の期間は分離していたが，両大陸の接近により動物たちは流木に乗って2つの大陸の間を直接に，あるいはカリブ諸島を経由して往来するようになった。歩いて渡るようになったのは，パナマ地峡が出来上がった約300万年前であった。この挿話は，南北アメリカ大陸間大交流（the great American interchange）と呼ばれている（Marshall 1988）。図6-15に示したように，グリプトドン，アルマジロ，オポッサム，地上性のナマケモノ，そしてヤマアラシといった南アメリカの哺乳類が，北アメリカ大陸に侵入した。反対に，北アメリカのオオカミ，ウサギ，ウマ，そしてゾウといった哺乳類が，南アメリカ大陸に入り込んだのである。この大交流の後に，ほぼ同程度の絶滅が両大陸に起こったが，北アメリカ大陸に進入した南アメリカの哺乳類が多様化しなかったのに対して，南アメリカ大陸に入り込んだ北アメリカの哺乳類は，広範囲な多様化を経ていった。なぜ北アメリカの哺乳類が成功して，南アメリカの哺乳類が成功しなかったのであろうか。

北アメリカの動物相がより成功したことは，かれらのより大きな多様性によるのかもしれない。北アメリカの地域は南アメリカよりも25％ほど広いのみならず，この大交流の時期の属の多様性が，より大きかったからかもしれない。ヨーロッパ大陸（新生代初期につながった）やアジア大陸（新生代の間なんどもベーリング陸橋経由でつながった）からの移住に，北アメリカの動物相は曝され続けていたのである。

アメリカ大陸間大交流は，動物が地理的に隔離されていた程度を描き出す。世界の大陸塊は，旧北区，エチオピア区，東洋区，オーストラリア区，新北区，そして新熱帯区などに一般的に分類される。これらの区は，ある程度その区に独特で固有の動物（および植物）の分類によって特徴づけられる。例えば，南はパタゴニアから北は中央アメリカに拡がる新熱帯区の動物相は，広鼻猿（オマキザルやマーモセットなど）や，貧歯類（アルマジロ，樹上性のナマケモノ，そしてアリクイを含む），有袋類，そして電気ウナギやハイギョを含む特殊な淡水魚によって特徴づけられる。

列島や群島も，特有な生きた化石の保存に関連している。例えば，大きな島であるマダガスカル島はアフリカの東の沖にあるが，キツネザルの避難地となっている。いったんアフリカ大陸に広がった後，霊長類のこの原始的なグループはマダガスカル島においてのみ生き残り，多様化した。ハワイ列島には推定で1000種のショウジョウバエ科のミバエがいるが，これは残りの世界の地域で見つけられる種をすべて合わせた数よりも多い。しかしながら，これらのミバエはどこかよそで進化したと考えられている。なぜなら，ハワイ列島の最古のカウアイ島が形成されたのが，約500万年前に過ぎないからである。ムカシトカゲ *Sphenodon*（ニュージーランド），ハイギョと走禽類（南アメリカ，アフリカ，オーストラリア）は，相対的に隔離されて保存された生きた化石のグループの見本である。

4.b. 種分化 同じ生息地を共有する動物のある集団は，**同所的種分化**とよばれる方法で，異な

図 6-15 約 300 万年前に始まったパナマ地峡を通る多様な哺乳類の双方向の移住を含む南北アメリカ大陸間の大交流 (Benton 1990a)。

る種に分かれるかもしれない。例えば，突然変異が種の認知にとっての重要な特性に影響を与えるときに，同所的種分化が起こるかもしれない。ショウジョウバエ *Drosophila* のいくつかの種は，頭の形状といった特徴に依存する交配選択により，その同所的祖先から分かれたと思われる。同種交配は，たとえ集団が空間的に重なっていても，生殖隔離を引き起こすかもしれない。

前章で述べた空間的多様性のいくつかの例は，ふつうは新しい種が地理的隔離過程によって生ずることを示している。これを**異所的種分化**と呼び，地理的障壁（例えば，山脈や海洋）がかつては交配が可能であった集団の中の遺伝子拡散を妨げた結果，局地的な多様性の進化や生殖隔離を起こしたと考えられる。異所的種分化は，人工交配の実験室実験で模擬的に再現できる過程でもある（→第 3 章参照）。例えば，パナマ地峡が出現する直前の南アメリカの沿岸に生息するサカナの交配集団を，想像してみよう。陸橋が出現したとき，その集団は太平洋グループとカリブ海グループとに

分かれる。局所的生態圧はおそらく変化しないものの、この2つのグループはもはや交配できなくなる。そのような遺伝子拡散はふつう、局所的選択圧の効果を取り消し、この特定の種内における動物の交配力を保存するに違いない。十分な回数の世代交代ののち、(1)太平洋とカリブ海で作られたグループに存在する遺伝子の多様性と(2)局所的選択圧の効果との結合は、異なった種の進化を生じさせる。もし、その陸橋が500万年後に再び消失してそのグループが再び同じ生息地に共存したとしても、その新しい種は生殖的には隔離したまま残るであろう。

ある種が2つの異なる生息地から見つかり、その表現型に多様性があるとき、いくつかの中間形がそれらの生息地の周辺で見つかるというのが、この事例となるかもしれない。これらの中間形が実際に見つかり、その雑種個体が生育可能であるとき、この2つの集団を亜種と呼ぶ。例えば、ナミヘビ科ラットスネーク *Elaphe obsoleta* は、アメリカ合衆国の東部と南部の広い地域に分布している。すなわち、地理的に限定された生息地に棲息するいくつかの亜種は、その色や縞柄に基づいて同定されている。そのような例の亜種はある程度分岐した集団と考えられ、もし現在の分布の地理的パターンがあと数世代維持されるのであれば、生殖隔離に近づきつつある。

4.c. 大進化と小進化 本章では、新しい動物の門の起源と種の起源とをいささかはっきりと区別しないまま、取り扱ってきた。もちろん、認めるに足るいくつかの違いがある。生物学者は、属ないしは種の分類群レベル以上の進化の様式を**大進化**とよび、新しい種の起源については**小進化**という用語を充てている。前節で述べた種分化の概要についての反論はないであろうというのも、そのような種分化の発想は、野外や実験室での膨大な研究データによって支持されているからである（→第3章，4., 64-65頁参照）。生殖隔離や遺伝子拡散、そして自然選択は、種分化における重要な要素のいくつかである。実際に「種」概念が、現実の自然な実体、つまり相互交配可能な生物の集団は他のそのような集団と区別することができるという考えを伝えることができることが、まさにその特徴なのである。明らかに、この定義には限界がある。例えば、その相互交配についての証拠を得られない化石種や、相互交配の概念を適用できない単性生殖の生物にも当てはまらない。このような場合には、形質の類似性が種の区別の主要な根拠となる。

しかしながら、この同じ過程が種レベル以上の新しい分類群の出現をどの程度説明できるかについては、意見の一致をみていない。争点は、「目」や「綱」、あるいは「門」といった概念は恣意的な単位で分類学者の頭の中にのみ存在するものなのか、あるいは「種」や「亜種」に似た自然の単位なのかという点にある。動物の進化は、最初の左右相称動物や最初の鳥類の進化のような、生物の新しい原理に従って作り上げられるが、もしその中間形が先験的にありえなかったり不適応であったりするのであれば、いかにしてその新しい一揃いの特徴が出現したのかについて説明を必要とする。極端な場合、特定の選択圧と生殖隔離との2つで、新しい目や綱、あるいは門が進化したときに見られた新しい体の基本体制の進化を、十分理解できるだろうか。新しい体の基本体制の出現まで、自然選択は多様性を徐々に蓄積できるのだろうか。大進化は小進化をうまく説明できる同じ過程に還元できるのであろうか。

生物学者は、こういった重大な問題について、いくつかの回答を提出した。それは、小進化の過程が実験室や野外における直接観察によって解明できる一方、大進化の過程は直接的実験を行ない難いという主張が、この問題に対する一般的な態度である。それゆえ、研究者は小進化の研究に集中すべきである (Dobzhansky 1937)。この立場の重要な仮定は、小進化の徹底的な理解が最終的には大進化の様式の理解につながるだろうというものである。

2つめの可能性は、大進化の様式は集団にはたらいて種分化を導く同じ過程を反映しており、ただずっと長い時間がかかる点が異なるという主張である。おそらく新しい体の基本体制は、種分化へと導くのと同じ過程に沿って出現するが、それは遺伝的多様性が非常に多く蓄積された後のこと

である。大進化と小進化とは異なる原理に基づいているという3番めの可能性を提案する研究者は，この論争を解決するのに関連した化石記録における変化の様式を指摘する。例えばシンプソン（Simpson, 1944）は，種間の移行を実証しようとするとき化石記録は不完全であることを認めつつも，科や目そして綱の中間形が見当たらないのは，化石記録が不完全であるために生じた人工的な産物であるとして，安易に却下されてきたからではないかとの疑念をもった。シンプソンは，大進化の移行を示す中間形が欠如する理由は，その移行の速度において見出されると主張した。シンプソンが考えるには，大進化という出来事は非常に急速に，おそらくごく小さな集団で生ずるに違いなく，そのために中間形が欠如するのである。これを**非連続的進化**とよび，進化生物学における大層人気のある比喩で説明された。すなわち，適応地形である。

適応地形という語は，シウォール・ライト（Sewall Wright）が1932年に初めて用いた。ライトは，対立遺伝子頻度における非適応的で無作為な変化で，小さな集団においてとくに速いという遺伝子浮動の概念についても示唆している（→第2章，4.c., 36頁参照）。適応地形には峰と谷とがある。集団は，自然選択によって上方に移動させられる。いったん峰の頂点に達すると，それ以上の分化は不可能のように思える。なぜならば，あとは非適応的となる下方へ移動するしかないからである。小さい集団は遺伝子浮動による非適応的変化を支えうるので，峰から谷へと跳躍する。そこでは自然選択が取って替わって，その集団を新しい一連の特徴とともに次の峰へと動かすと，このようにシンプソンは考えた。

シンプソンの非連続進化の概念は，化石記録の典型的な特徴とよく適合している。前にもみたとおり，高等分類群が比較的短い適応放散の爆発期を経て出現した後，何百万年という期間を比較的安定してとどまることはまったくありふれたことである。例えば有胎盤類の現生の目は，化石記録では暁新世の初期に多かれ少なかれ突如として出現している。概して大進化の変化は地質学的に短い期間に限定されるが，個々の系統関係の歴史の大部分は進化の平衡状態が支配している。この様式は**断続平衡説**（Gould & Eldredge 1977）と呼ばれている。この説は，ダーウィンが最初に唱えた漸進的で連続的な変化とは区別され，自然選択による適応的対立遺伝子の蓄積に基づく種分化の概念を示唆している。

この非連続的進化や断続平衡説に従えば，自然選択はある集団をその適応した峰に向かって追い立てたり（方向性選択），その集団をその状態に押し止めたり（安定性選択）する重要な役割を果たすであろう。しかしながら自然選択は，新しい分類群の起源やもしかすると新しい種の起源においてすら，その効力は小さいのであろう。以前に述べた表現形の特徴に及ぼす環境変化の短期的効果に関するいくつかの実験や野外観察（→第2章，4.-5., 33-48頁参照）によれば，自然選択はある集団を短期間の環境変化から抑制していることを示している。例えば，ガラパゴスフィンチのくちばしの大きさは，降雨量の年間変動に伴って変化する。しかしながら，そのような急激な表現形の変化は両方向に向いているので，それらの変化は長期間には相殺されてしまう。すなわち，事実そうではあるが，特徴の変動が一定であったかもしれないときは，平衡状態の期間として化石記録に現れるだろう。

新しい体の基本体制へと導くメカニズムをより完全に理解するには，第10章にある発達と進化の相互結合の探求を待たねばならないだろう。それゆえ，たとえ大進化と小進化とが異なる過程を含むか否かについての最終的な回答が得られないにせよ，この両者の区別を頭の片隅に置いておくことは，この際適切であろう。

4.d. 進化階層群とクレード 現生の爬虫類と比較すると，鳥類は周知のとおり活動的で内温性の生理と比較的大きな脳をもつことの他に，社会行動や親としての養育様式，そして渡りといった大きな多様性を示している。これらの鳥類の特徴は哺乳類のそれと共通しているので，これら2つのグループは密接に関係しているという主張が出てきても，驚くにはあたらない。恒温動物という名前は，鳥類と哺乳類とを姉妹群として一緒に

するときに用いられている（Gardiner 1982）。しかしながらそのような仮説は，鳥類は有羊膜類の進化の極初期において分岐した爬虫類のグループの子孫であり，哺乳類と遠い関係があるに過ぎない主竜類であるという形態学的，古生物学的証拠に突き当たってしまうことに注目しなければならない（→図6-11, 156頁参照）。

恒温動物仮説へと導く特徴は，主として機能的なものである。例えば，孵卵（鳥類と卵生単孔類），潜水中の徐脈，そして内温性である。ケンプ（Kemp 1988）はこういった機能的特徴の内で鳥類や哺乳類に固有のものは少数であり，その多くは爬虫類と共有されていることを示した（例えば，潜水中の徐脈は海生のヘビ類と共有される）。さらに，獣弓類と恐竜の化石グループが分析に含まれるとき，その系統発生的様式は図6-11に示されたのと同様の系統樹を支持することを，ケンプは示した。それゆえに，これらの表現系の類似性は，収斂進化の過程によって独立に進化したものに違いないのであり，共通の祖先からの遺伝によるものではない。

分類学的工夫としての恒温動物と主竜類のいずれも，**クレード**と定義される。これは，共通の祖先をもつ一組の分類群という系統発生学的仮説である。そのメンバーが共有しそのクレード以外の分類群にはない特徴に由来する基礎に，クレードは仮定される。しかしながら恒温動物仮説は，個々の分類群が独立に進化したグループに一致していたとしても，分類群をひとまとめにすることが場合によっては意味を成すという事実を強調する。鳥類と哺乳類の表現系の共通の形質の多くは，こういった形質に関する限りは鳥類と哺乳類とを同じ水準に置き，別の様式の形質をもつ他の脊椎動物から区別をする。そのような水準を**進化階層群（グレード）**と呼び，主要な革新的進化に関連して仮定される。多細胞性，相称性，内温性，相対的な脳の大きさ，そして複雑な社会性などは，階層を編成する際の移行に関係すると仮定されている。進化階層群は，こういった特徴を共通の祖先から，もしくは独立に進化させた分類群に由来する特徴を共有することを意味している。

5. 分岐学の原理

恒温動物仮説と主竜類説の物語は，分類群を作る基準が1つだけではない可能性を示している。事実，系統発生学的仮説を発展させる3つの異なるアプローチがある。まず最初の最も伝統的な手続きは進化分類学とよばれ，特定のひとまとまりの形質の選択に基づいた分類群内での系統関係を推論するような系統樹を展開することからなる。系統樹は多様な情報を符号化しており，その中には特定のグループの共通の祖先や，多くの類縁関係において生じた多様化の程度，そして進化過程の方向とその時間経過などが含まれている。図6-13（→162頁参照）は，この系統樹を用いて哺乳類の進化を描いている。この方法では，綱のようなより高次のカテゴリーに分類群を分けることは，分類学者によって与えられるある形質への重みづけに依存して，その分類群がすべての子孫を含むかどうかについては依存しないであろう。本書でも採用した伝統的分類法による爬虫綱，鳥綱，そして哺乳綱について考えてみよう。これら3つの綱がお互いに共通の有羊膜類を祖先とする単系統である一方，爬虫綱はその子孫のいくつか，つまり鳥類と哺乳類とを含まないがゆえに**側系統**であるといわれている。

2つめに，分類群の中に含まれる形質の類似性の程度に基づいて分類群を編成することができる。これは表形学と呼ばれ，その結果はある2つの分類群の親近性が形質の類似性の程度に直接反映している**フェノグラム**上に表現される。恒温動物仮説は表形学的分類の一例である。先に述べたようにこの分類論の問題点は，大層異なる祖先から由来したと考えられる分類群をひとまとめにしてしまうところにある。このようなグループは，**多系統**と呼ばれる。

3番めの方法は，分岐学によって提供される。

この方法も形質の類似性を用いるが，両方ともに由来しかつ研究中の特定の集団に固有の形質にのみ基づいて分類群はまとめられる．進化分類学の場合と異なり，決定的形質を選ぶのは分類学者ではない．むしろ，共有し由来するに違いない形質の客観的基準に基づいて選択される．その結果は**分岐図（クラドグラム）**のかたちで表され，それは単系統内での多様化の様式についての1つの仮説として見なされている．分岐図は樹状をなすが，それぞれの枝の末端だけが1つの分類群を表している点が異なる．つまり，共通の祖先と仮定される分類群を含み，そこから枝が分かれる箇所に節を置いている．分岐図はフェノグラムにも似ているが，枝と枝との距離にはなんの情報も含んでいない点が異なる．つまり，フェノグラムでは枝と枝との距離とその長さとに，類似性の情報がコード化されている．

分岐学の分析では，**原始形質**と**派生形質**，そして**共有派生形質**とを厳密に区別する．共有派生形質のみを用いて分類群を姉妹群としてまとめる場合は，側系統や多系統を作らないようにする．分岐学の分析は，ある特定の単系統の知られているすべての成員間の関係という，すなわちクレードの構造を決定することを目指している．あるクレードは，その祖先の分類群とすべての子孫の系統関係との両方を含んでいる．このような関係においては，いくつかの由来した系統関係（すなわち鳥類と哺乳類）を除外している爬虫綱を置くことは，意味がない．正しいグループは有羊膜類となるであろう．そこにはすべての爬虫類，鳥類，そして哺乳類の現生種も化石種も含まれており，ある共通派生形質，つまり有羊膜卵の所有によって単一のクレードに一元化される．有羊膜類をさらに単系統にそって分類すれば，哺乳類，哺乳類と獣弓類，鳥類，鳥類と恐竜，亀類，有鱗類などなどが含まれる．

系統発生についてのこれらの方法論の違いを，一例をもって示すことができる．ここで仮に霊長類の新しい化石種が発見され，その系統発生上の位置を決定しようとしているとしよう．手足が「五指」であること，「頭蓋容量が500 ml」あること，そして足は二足歩行に適応していること，などの形質をそこに認めている．進化分類学では，頭蓋容量の少ないことと二足性との組み合わせにより，これを科学者はヒト科の系譜（現生の人類につながる）とオランウータン科の系譜（現生のチンパンジーにつながる）の間にある中間形態をとる新しい種，つまりミッシング・リンクとして分類するであろう．表形学的分析によれば，ヒト科の形質（五指と二足性）と同様にオランウータン科の形質（五指と500 mlの頭蓋容量）を共有しているので，チンパンジーとヒトから当距離の位置に分類されるであろう．分岐学による分析は次のようになる．最初の形質である手足の五指性は，哺乳類にとっての原始形質であるために落とされる（すなわち，原始形質は霊長類に固有のものではないから）．頭蓋容量が500 mlであることは，ヒト科とオランウータンとを区別することはできない．なぜなら，他の形質によってこれらのグループに割り当てられた種の特徴を表すものであるからだ．しかしながら，二足性はヒト科の系譜に由来し固有の形質なので，共有派生形質として扱われる．この分岐分析によれば，新しい種はヒト科に位置づけられるのである．

分岐学のいくつかの原理については，すでに図6-6（→149頁参照）の中に導入されている．例えば有羊膜類（内群）の分岐図は，両生類を外群として含んでいるであろう．外群は，内群を定義する決定的派生形質を欠く最も近い分類群と定義される．例えば両生類は，有羊膜卵を欠く有羊膜類に最も近い四肢類群である．もし「有羊膜卵」が分類の形質として用いられるのであれば，0＝無と1＝有という2値を与えることができる．この特定の形質について両生類の値は0であり，すべての有羊膜類の値は1となる．

分岐図は，1つの軸に一連の形質の状態を，そしてもう1つの軸に一連の分類群をもつマトリクスを展開することにより作られる．その後に各々の形質がそれぞれの分類群について評定される（例えば無と有の2分類式か，点数化による定量的方式で）．形質は互いに独立であること，つまり相関していないことがこのマトリクスの1つの重要な特徴である．一例として，図6-16に示した簡単なマトリクスを考えてみよう．

形質のこの分布によれば，分類群Xは外群となり，一方分類群YとZは形質1と2を共有することに由来した単系統群を作るであろう。これを表すと，図6-16-(a)に示した分岐図のようになる。枝は系統関係を表し，節と呼ばれる共通の起源点から分岐する。この分岐図では，分類群はそれぞれの線の末端に示され，形質は相隣あう節の間に入れられる。形質1と2は，そこよりも下のいかなる系統にも存在せず（分類群Xのように），またそこよりも上のすべての系統に存在する（分類群YとZのように）。

しかしながら，同じデータに基づきながら別の分岐図も可能であることに注意しなければならない。図6-16-(b)に示した分岐図は，最初の分岐図と分類群の順序が反転している。分類群XとYの分岐する以前に形質3と4が，分類群Xで形質1と2が選択的に失われたと仮定することによって，この形質の分布は説明される。この2番めの分岐図は先に与えられたデータと両立するが，合計8つの変化（4つの形質の獲得と4つの形質の喪失）を仮定している。これに対して最初の分岐図は4つの形質の変化（4つの形質の獲得）についての仮定しか必要としないため，この分岐図の方がより節約的と考えられる。

図6-16-(c)に示された分岐図も元のデータと両立するが，変わった点が1つある。それは，形質2が分類群YとZにおいてそれぞれ独立に進化したと仮定している。これは収斂の一例であるうし，形質の変化についての付加的な仮定を加えているが，その結果最初の分岐図よりもいささか節約的ではなくなっている。最良の分岐図を選択するために用いる論理は，**単純最節約法**に基づいている。分類群をとおしてある特定の形質の分布マトリクスを説明できる最良の分岐図は，

	形質1	形質2	形質3	形質4
分類群X	0	0	0	0
分類群Y	1	1	0	0
分類群Z	1	1	1	1

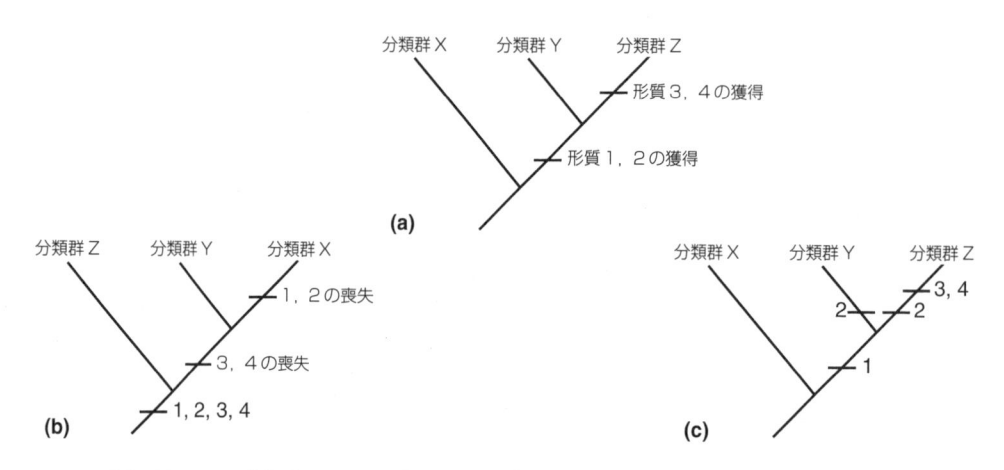

図6-16 3つの分類群と4つの形質についてのある仮想的マトリクス。形質は，2つの可能な状態（例えば，0は無，1は有）のうちの1つの状態をとる。この3つの分岐図は，いずれもすべて形質分布のマトリクスに準じているが，節約の点において異なっている。分岐図(a)は4つの状態変化（4つの形質の獲得）を仮定するだけでよいので，最も節約的である。分岐図(b)は8つの状態変化を仮定し，分岐図(c)は，形質2の2つの系統における独立した進化を含む5つの状態変化を仮定している。単純最節約法は，可能な分岐図の中から選択する際の一般的基準である。

形質の変化についての仮定の数が最小のものである。この方法に従えば，この分析で用いられた形質が与えられたとすると，これらの分類群の系統関係は図6-16-(a)の分岐図となってしかるべきであろう。もし形質2が分類群XとYにおいて実際に収斂しているという信頼に足る証拠があれば，図6-16-(c)の分岐図が図6-16-(a)の分岐図よりも支持されることは明らかである。このことは，最も節約的な分岐図が必ずしも最良の分岐図ではないことを意味している。

系統樹と異なり分岐図は，どの枝においてもその祖先の分類群についてはなにも語らない。分岐図は，どの分類群が祖先でどの分類群が子孫であるかについてはわれわれに教えてはくれないが，どの表現型の状態が原始形質であり，どの表現型が派生形質であるかを教えてくれる。分岐分析は，分類群間の相対的類縁関係についての仮説を導くが，それは外群をとおしてある形質の祖先の状態を同定するのであって，祖先的分類群である必要はないのである。そのような外群を分析することにより，原始-派生軸に沿って特定の形質の状態を並べることによって，進化的変化の**極性**を示すことができる（Maddison et al. 1984）。例えば有胎盤哺乳類は，2つの大脳半球につながっている大脳組織である脳梁を共有している。脳梁を有袋類哺乳類も単孔類哺乳類ももち合わせていないがゆえに，脳梁は有胎盤類の共有派生形質であり，有袋類と単孔類は有胎盤類哺乳類の直接の外群となる。それゆえ，有胎盤類哺乳類の祖先は脳梁を欠いていたに違いない。しかしこの分析を，有袋類や単孔類のどちらかが有胎盤類哺乳類の祖先であるというふうに，解釈してはならない。

上に示したマトリクスは，あまりにも単純過ぎて非現実的である。表形学や神経化学，行動学あるいは分子のデータに基づくマトリクスは非常に複雑になるので，多様な手続きに基づき，最も節約的な分岐図を提供できるように設計されたコンピュータプログラムを用いてそのようなデータを分析する必要がある。いくつかの例においては，2ないしはそれ以上の分岐図が等しく節約的となりうる。ケネディーら（Kennedy et al. 1996）は，ペリカン類のトリの社会的ディスプレイの分岐分析を行なった。その研究では，そのディスプレイが，共通の生態学的圧よりもむしろその種内での系統発生的関係を，どの程度反映しているかを決定しようとした。37の行動的形質が決定きれたが，そのいくつかは2値以上を持つものの，大半は二分的（例えば，無対有）であった。二分的形質の例は，例えば「巣の材料の提示」，「おじぎ」，「指示」のようなものである。形質に2つ以上がある例は，「オスの売り込み」（無し，空を指示，交互に片翼を打つ，ゆっくりとした速さでの翼の上げ下ろし，急速な羽ばたき，突進と後戻り），「ディスプレイ中の着地後の鳴き声」（無し，オスのみ，オスとメスで同じ，オスとメスで異なる）などである。これらの37の形質の値は，20種のペリカン類の野外観察から確定した。

このようにして作られたマトリクス（→図6-17-(a)）は，最節約法による系統分析（PAUP phylogenetic analysis using parsimony），つまり特定のマトリクスに適合する最節約分岐図を検索するコンピュータプログラムを使って分析された。

PAUPは12のいろいろな分岐図を最も節約的と判定した。すなわち，それらは形質変化が最も少ない回数で済んだからである。図6-17-(b)は，大多数の意見の一致をみた系統樹を示している。この系統樹は，12の最も短い系統樹の半数以上で生じた枝を保つことで構築された。これらの12の分岐図は78の形質の変化を必要とした。この数値を樹長（TL）という。形質状態の変化数が与えられたとすると，その絶対最小樹長は58となる。そこでこの2つの数値は，**一致指数**を計算するのに用いられる。一致指数（CI）とは，最短樹長と観察された樹長との適合のよさの尺度のことであり，CI＝最短樹長／観察された形質の変化という簡単な比に因っている。今回の事例では，CI＝58/78＝0.74と比較的大きなCI値を示した。もしCI値が1ならば適合は完全であろうし，一方0に近づくことは適合が悪くなることを意味するであろう。

ケネディーら（Kennedy et al. 1996）は，これらの12の最節約分岐図と2つの別の形の分岐図とを対比させた。最初に，その20の種のそれぞれに形質状態を無作為に割り当てて生成した

(a)

種	1 123456789	0123456789	2 0123456789	3 01234567
Phaethon	000000000	0000000000	0000000000	00000000
Fregata	100000000	0000000000	0000000000	00000300
Pelecanus	110000000	0000000000	0000000000	00001400
M. capensis	111000000	1000000101	0001?10001	01002100
M. serrator	111000000	1000000111	0001110001	01002100
M. bassanus	111000000	1000000111	0000110001	01002100
S. leucogaster	111011030	1000000002	0000100000	10102100
S. dactylatra	111011010	1000000002	0000100000	10102100
S. sula	111011010	1000000002	0000100000	00002100
S. nebouxii	111011020	100000000?	0000?00000	00012100
S. variegata	111011020	100000000?	0000?00000	00012100
Anhinga	111?31011	0????10000	0000001?00	00002500
P. varius	111?31011	0????10000	0000001?00	00002500
P. auritus	101231011	0130110000	0101001200	00002511
P. olivaceus	111231011	0130?10000	1100001?00	00002500
P. carbo	101230111	0110210000	1101001300	00002511
P. penicillatus	111140111	0120110000	0010001000	00002600
P. pelagicus	101140111	0121201000	0001001210	00002710
P. urile	111140111	0121201000	0000001210	00002700
P. aristotelis	111150031	0110300000	0011001100	00002610

(b)

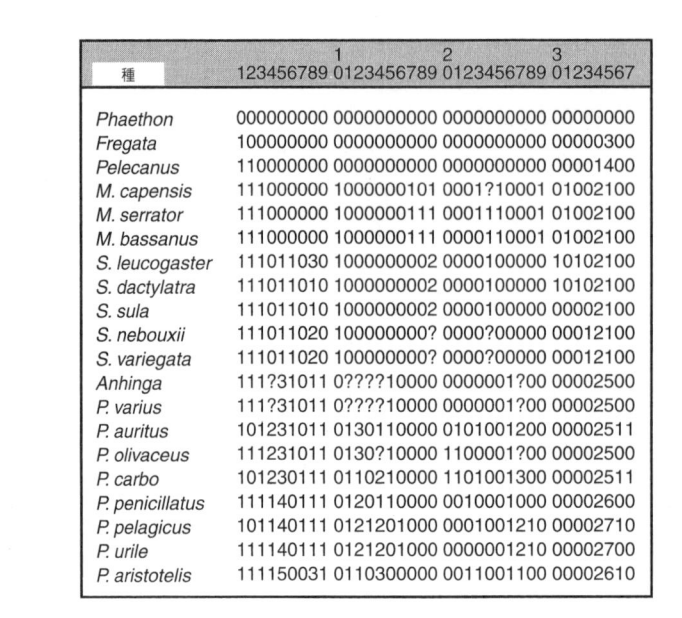

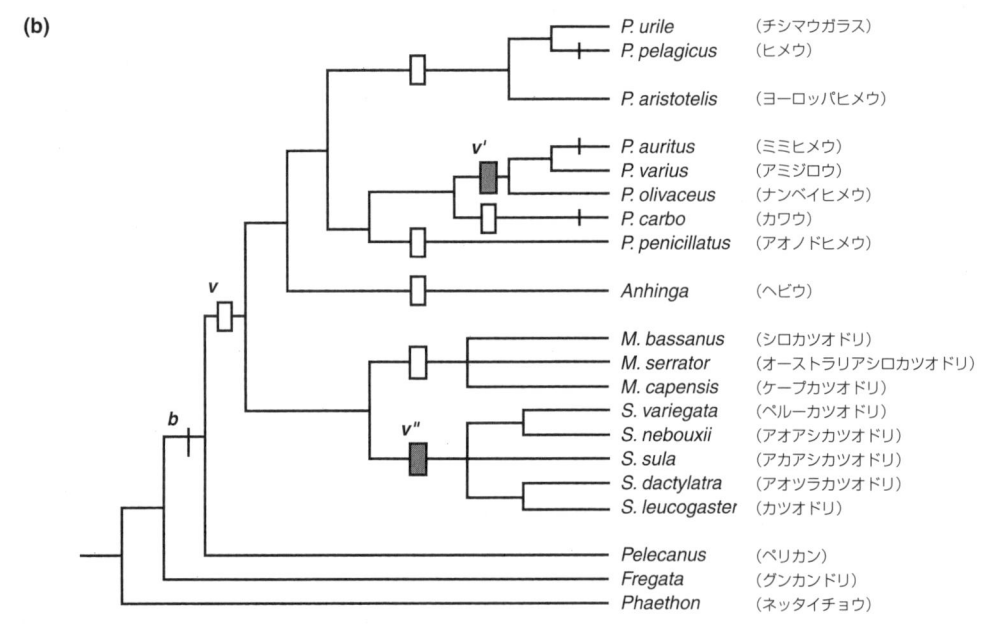

図6-17 繁殖ディスプレイに基づくペリカン類の分岐分析 (Kennedy et al. 1996)。(a)ペリカン類20種の行動的形質分布のマトリクス。これらの形質は，ペリカン類の繁殖ディスプレイの一部である。例えば，「巣の材料の提示（形質1）」，「オスの売り込み（形質5）」，「離陸前に頭をもたげること（形質22）」などである。これらの手がかりは，自然環境下でのペリカン目の繁殖行動に関する大量の観察に基づく文献から得た。(b)このマトリクスの節約分析から12の最短分岐図を得た。すなわちここに示した分岐図は，12の最節約的分岐図の中から大多数の意見の一致のルールに従って出てきた1つの分岐図である。2つの形質がこの系統樹で検討される。「おじぎ」の分布（マトリクスの形質2をbで表す）が縦線で示されており，この分類群においては以下の仮説が導かれる。すなわちbはいったん生じた後に，*P. pelagicus, P. auritus, P. carbo*において消失した。「オスの売り込み中の発声」の分布（マトリクスの形質6をvで表す）の理解は，より難しい。1つの可能性を白い四角で示す。この場合，vはいったん生じた後で，少なくとも5つの系統で消失している。もう1つの可能性を灰色の四角で示す。この場合，vは少なくとも2つの別の系統で独立に発生している（この分岐図では，v'とv''とで表している）。

1000 組の分岐図と，この最節約分岐図とを比較した．無作為化した分岐図の平均樹長は 135 であり，最短樹長でも 126 であった．この数値は，12 の最節約分岐図で得られた数値 78 よりもかなり大きくなった．このことは，得られた最節約分岐図がかなりの情報量を含んでいることを示している．次に，最節約分岐図を別の形質に基づいて生成した分岐図と比較した．公刊された情報から，形態学的，骨学的，そして分子的マトリクスを展開して最節約分岐図を生成して，行動的マトリクスから生成した 12 の最節約分岐図と，順番に比較した．その結果，異なるデータベースから独立に生成した分岐図と行動分岐図との間には，有意な一致が見られた．それゆえ，行動的形質も分子的，形態学的形質と同様，系統発生的情報を含んでいるのであろうというのが主な結論である．

分岐図はまた，ある特質の進化についての仮説を展開するためにも利用される．図 6-17-(b) は「おじぎ」の進化に関する最節約的説明を示しているが，それによれば「おじぎ」がいったん出現したのち 3 回消失したことを示唆している．「オスの売り込み中の発声」形質は，より複雑な図を描く．それは独立に 2 度（最節約的可能性として）進化したか，あるいは 1 度進化して少なくとも 5 つの系統で独立に消失したかである．

分岐分析は分類学における多くの重要な論争の解決に寄与してきたが，現代の研究においては非常に有力で支配的な研究法となりつつある．分岐学の仮定は，進化論に由来している．それのみか，分岐分析はその客観性のゆえに魅力的である．つまり，分類群を分けるには共有派生形質を用いるのみであり，対立する分岐図の中から選ぶにあたっては明示的基準（例えば，最節約法）を用いるのである．

第7章　単純な神経系と行動

第7章の概括
- 大多数の動物は，比較的単純な行動と単純な神経機構によって特徴づけられる。
- 刺胞動物と左右相称動物のニューロンの基本的特性がその詳細まで多くの共通点を持つということは，これらの動物のニューロンが相同であることを示唆する。それゆえ，ニューロンの特性に依存した行動は，進化的に保存された機構に基づいているのであろう。
- 単純系のアプローチはさまざまな行動の基礎にある神経ネットワークを明らかにしてきた。
- ニューロンをもつすべての動物において基本的な学習形態が観察される。それゆえ神経の可塑性は，動物の原始的な条件と見なせるだろう。

　動物界は伝統的に2つの主要なカテゴリーに分けられてきた。1つは脊椎動物つまり背骨をもつ動物であり，もう1つは背骨をもたない無脊椎動物である。第6章で論じたように，分類学的には「無脊椎動物」の用語はほとんど意味をもたない。それははなはだしく異なるバウプランをもつさまざまな動物をまとめたものに過ぎない。唯一の共通する特徴は，実際には，「特徴がない」ということであるように思われる。しかし，行動の観点からはまだ広く知られていない，比較的単純な神経系と行動によって特徴づけられる30以上もの異なる系統をまとめて指すには便利な用語である。

　科学者達は，この単純さを積極的に利用してきた。単純系のモデルは，単一細胞や神経回路の観点から行動を理解することを可能にするという意味で有効である。単純なシステムであるけれども，このようなシステムの理解から得られる新しい概念や方法は，より複雑な系を研究する方法に確実に影響を及ぼしている。この章ではさまざまな無脊椎動物と，その神経系および基本的な行動能力を見ていく。ここで扱う行動能力には反射，定型的活動パターン，定位反応，そして馴化や鋭敏化のような単純な学習が含まれる（より複雑な学習過程については第13章と第14章で取り扱う）。

1. 無脊椎動物門：概観

　動物界は分類学者にもよるが，31から36の門からなる。門の数が確定しないのは，いくつかの

グループの系統関係についての知識不足を反映している。**門**という用語は，派生系統の基礎にある明確なバウプランを共有する単系統の動物群に対して用いられなければならない。例えば，カタツムリ，カキ，タコのような軟体動物には，みかけ上多くの違いがあるが，軟体動物としての明確な体の基本体制（バウプラン）がある。大きな問題の1つは，いくつかのグループについて単系統性がまったく確立されていないということである（Willmer 1990）。例えば，節足動物（Arthropoda）が1つの門を形成するということは，一般に認められているわけではない。ある研究者は節足動物が複数の門からなる分類群であると主張し，3つの異なる門を認めている。同様に，動物界が単一の系統であるということは広く支持されているが，海綿動物，刺胞動物と左右相称動物の祖先は，他の動物群の祖先とは異なる原生生物から進化してきたと主張する分類学者もある。表7-1

表7-1 各動物門の簡単な説明

動物門		(種数)	説明
海綿動物門	Porifera	5,000	→第7章1.a., 176頁参照
板形動物門	Placozoa	1	トリコプラックス（*Trichoplax adhaerens*）。平らな動物で，1-2ミリの大きさで藻に付いて生活しており，広く分布する。
刺胞動物門	Cnidaria	8,000	→第7章1.b., 176-179頁参照
星口動物門	Sipuncula	320	体節のない海生動物
軟体動物門	Mollusca	100,000	頭と筋肉質の触脚をもつ体節のない動物で，さまざまな形態の種がいる。水生動物と陸生動物がいる。共通する形態は溝腹綱，多板綱（ヒザラガイ），二枚貝，腹足綱（カタツムリ），頭足綱（イカ，タコ）がもっている。
環形動物門	Annelida	15,000	環状の体節があり，明らかな口，肛門，頭，神経系と循環系をもつ。
有爪動物門	Onychophora	80	結合していない一対の脚をもつ柔らかな身体の動物。感覚系（触覚，目）と神経系が明瞭にみられる。
節足動物門	Arthropoda	>1,000,000	属する種の数が最大の門。外骨格と対になった接合附属肢をもつ体節動物。脳は背側にあるが，対の神経節のある脊髄は腹側にある。消化管は背側にある。よく知られた種にはカブトガニ，クモ，ザリガニ，ムカデ，昆虫がいる。
緩歩動物門	Tardigrada	600	大変小さく，体節のある四対の肢をもつ淡水性動物
内肛動物門	Entoprocta	150	擬体腔と消化管をもつ微小な付着動物。
外肛動物門	Ectoprocta	4,000	付着性の水生動物で群体をつくる。
扁形動物門	Platyhelminthes	20,000	左右相称な扁平動物。消化系は単開口。循環系はない。
紐形動物門	Nemertini	900	大部分が水生で，円筒状あるいは扁平なヒモムシ。
輪形動物門	Rotifera	1,500	擬体腔動物で細長い小球形。頭には円形の繊毛があり，動くときには輪のように回転する。
鉤頭動物門	Acanthocephala	500	消化系を欠く無体腔の寄生体動物であり，頭には多くの鉤をもつ。
毛顎動物門	Chaetognatha	200	円筒形の体で丸い頭の海生動物。左右の側鰭と水平な尾鰭をもつ。
腹毛動物門	Gastrotricha	430	細長い体の偽体腔をもつ小さなほとんどが海生の動物。繊毛は動きを生み出すのに使われる。
線形動物門	Nematoda	20,000	水生と陸生の円形の動物で，偽体腔をもち，しばしば寄生する。それぞれの種はその器官に決まった細胞数をもつ。例えば，成体のセンチュウである *Caenorhabditis elegans* は腸には34個の細胞と302のニューロンをもつ。
類線形動物門	Nematomorpha	325	偽体腔をもち，幼生のときは寄生するが成体になると自由生活をする動物。
鰓曳動物門	Priapula	17	捕食性で，砂の中にもぐって生活をする円筒形の海生動物。
動吻動物門	Kinorhyncha	150	小さな，体節をもつ海生の偽体腔動物。
胴甲動物門	Loricifera	100	いろいろなタイプの海の堆積物の中で生活する微小動物。
有櫛動物門	Ctenophora	80	自由に泳ぐ球状の鬚をもつクラゲ。明るい色をしていて，生物発光する。8つの繊毛の帯によって運動する。
箒虫動物門	Phoronida	12	海生の後口動物で，キチン質の管を作って生活する。口の回りの繊毛の触手により，餌をとる。
腕足動物門	Brachiopoda	300	海生の後口動物で，シャミセンガイとして知られ，2枚の殻をもち，二枚貝に似るが関連はない。
半索動物門	Pterobranchia	20	海生の後口動物で，しばしば群体をつくる。
棘皮動物門	Echinodermata	7,000	海生の後口動物（ウミウニとヒトデ）で，多くの種が5本の放射状の管足をもつ。成体は5放射相称であるが，幼生は明らかに左右相称である。
尾索動物門	Urochordata	1,300	通常固着性の海生動物で被嚢類の動物と呼ばれる。成体は神経系が退化して，脊索をもたない。しかし，自由に泳ぐ幼生期には明らかに神経系も脊索もある。
頭索動物門	Cephalochordata	25	サカナに似た海生動物で，ナメクジウオと呼ばれる。終生にわたって脊索と背側脊髄をもつが軟骨も骨もない。
脊椎動物門	Vertebrata	41,700	活動的な後口動物で，複雑な感覚器官，脳と頭蓋骨をもつ。→第8章参照

注：学名と種の説明は Nielsen（1995）による。脊索動物門はこの分類においては門として扱っていないことに注意。

には全般的な参考のために各動物門の短い説明を挙げてある。この分類はニールセン（Nielsen 1995）にしたがったもので，他の研究者のものとはいくつかの点で異なっている。例えば，ふつうは単一の門として扱われている脊索動物（Chordata）が，ここでは，尾索動物（Urochordata），頭索動物（Cephalochordata），脊椎動物（Vertebrata）の，3つの別々の門として取り扱われている。この章で概観する行動や，神経生物学についての情報は2,3の門に属するかなり少数の種に関するものに限定される。

1. a． 海綿動物門 最も単純な現生動物は海綿動物（Porifera）である。その学名は体表面に多数の孔が存在することから来ている。この孔を通して水と栄養物が体内に入り込む。海綿動物は，細胞間隙にコラーゲンと呼ばれる繊維性タンパク質が存在するという特徴によって，原生生物（動物の祖先と考えられている）の鞭毛虫と区別される。コラーゲンは一般に後生動物の共有派生形質と見なされている。海綿動物はまた，動物タイプの精子をもち，倍数性と減数分裂を示す。タイプの異なる細胞が存在するが，他の動物とは異なり，細胞の分化は可逆的である。海綿動物は目の細かなフィルターに押しつけると，分解して細胞が小さな塊に分かれるが，フィルターの反対側でふたたび1つの個体に戻る。分化した細胞もアメーバ様になり，他の同じようなアメーバ様のものと結合して新しい個体を形成することがある。上皮細胞に触覚刺激が加えられると，孔を閉じるようないくつかの反応が起こる。しかし，このような刺激感応性は，独立して活動する個々の細胞によるものである。海綿動物が本当の意味でのニューロンを持っているという証拠はない。

1. b． 刺胞動物門 ある程度の左右相称性を持つ種が少数あるが，一般に刺胞動物は，放射相称である。いくつかの刺胞動物は複雑な生活サイクルを示す。それは受精に始まり，定着段階へと続く。そこでは動物はポリプと呼ばれ，基質に固着する。定着性ポリプは，口の周りにある一連の触手を伸ばして餌動物を捕まえて食べる。成長するにしたがい，ポリプは無性生殖によってクラゲを産み出しはじめる。クラゲの段階では，触手が下の方へ伸びた傘のような構造を作り，浮遊性のものとなる。このような生活サイクルはクラゲ類（鉢虫綱 Scyphozoa）に特徴的なものである。しかしながら，ヒドロ虫（ヒドロ虫綱 Hydrozoa）や，サンゴ虫とイソギンチャク（花虫綱 Anthozoa）にはクラゲ段階がなく，一生をポリプとして生活する。刺胞動物の主な共有派生形質は，刺細胞という餌動物を捕まえる機能に特殊化した細胞のタイプである。刺胞動物は肉食動物である。刺細胞は動物の触手にあり，その中に，**刺胞**という特別な機構を含んでいる。刺胞はコイル構造を持ち，餌動物を捕らえるためにすばやく放出される。刺胞はそのたび捨てられ，刺細胞の内側に新しい刺胞が成長してくる。

刺胞動物は，感覚，運動，介在という3つの一般的タイプの真のニューロンを持っている。エディアカラ動物相の中に見られる，現生の刺胞動物に非常によく似た動物の形態から，この門の進化的変化の速度は相対的に遅かったと推測される。進化的平衡状態は，刺胞動物の進化の主要な特徴のようである。それゆえ，刺胞動物の神経系の神経生物学的特性の分析によって，神経要素の進化的起源と神経回路網の基本的な機能的特性についての鍵が得られるということは十分考えられる。刺胞動物のニューロンは，より新しく進化した動物のニューロンを特徴づける多くの機能的特徴をもっている。シナプス間隙はおおよそ12から20 nmであり，神経伝達物質小胞にはさまざまな形がある。ほとんどの無脊椎動物では軸索は無髄であり，それゆえ，伝導速度は軸索の太さに大きく依存する。刺胞動物では，以下に述べるように，クラゲの遊泳運動を制御する神経回路網に巨大線維が存在する。

図7-1はユウレイクラゲ Cyanea capillata のニューロンからの細胞内記録を示している（Anderson 1985）。記録システムは図の左上隅に示したように比較的単純なものである。脱分極電流を与えるために，刺激電極がニューロンの1つ（シナプス前ニューロン）に挿入される。ニューロンの**静止電位**はわずかにマイナスであるので

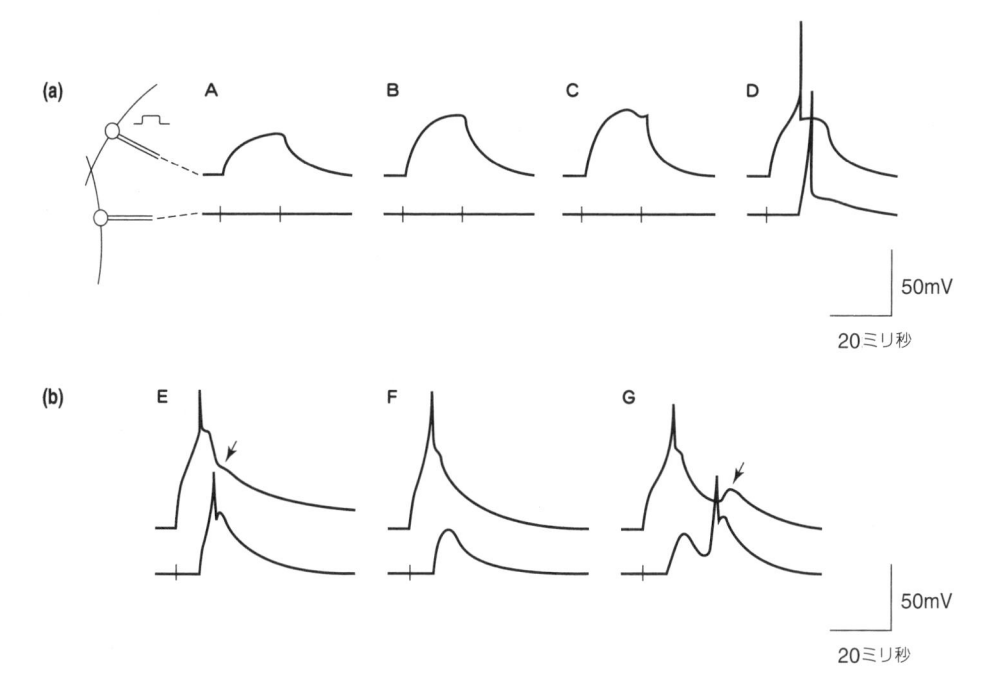

図7-1 ユウレイクラゲ *Cyanea capillata* のニューロンからの細胞内記録（Anderson 1985）。(a)基本的な実験設定が左上隅に略図で示されている。細胞内記録電極が脱分極電流を与え，同時にシナプス前ニューロンの膜電位を記録する。第2の電極はシナプス後電位を記録する。電気生理学的反応が右側に示されている。刺激強度の増加はシナプス前細胞の興奮性シナプス後電位（EPSP）を増大させるが，閾値に達するまではシナプス後細胞に変化は起こらない（A−C）。Dにおいて，脱分極電流が閾値を超えると，シナプス前細胞に活動電位（AP）が発生し，少し遅れてシナプス後細胞にも活動電位が発生する。この遅れは化学シナプスであることによるものである。(b)シナプス後細胞に活動電位を誘導する活動電位は，シナプス前細胞に小さな脱分極を生じさせるという特徴がある（→EとGの矢印）。エコーと呼ばれるこの小さな電位変化は，少しの遅れを伴って生じ，シナプス後細胞からの神経伝達物質の放出によって引き起こされていることを示唆している。シナプス後細胞が活動電位を発生しないときには，このような電位の変化は生じない（→F）。

（細胞内がマイナス），細胞に与えた刺激は**脱分極**作用を持つと言われる。つまり，細胞間隙に対する細胞内の電位を0に近づけ，さらには，プラスにする。刺激電極を兼ねた他の2本の記録電極は，2つのニューロン（シナプス前ニューロンとシナプス後ニューロン）のそれぞれに挿入し，刺激によって起こる電気的な変化を検出する。図7-1-(a)は，いろいろな強さの刺激によってシナプス前ニューロンに段階的電位が生じているが，シナプス後ニューロンには電位の変化が起こっていない様子を示している。**段階的電位**の大きさは刺激の強度と比例するが，それによってシナプスを超えての伝達は起こらない（言い換えると，そのような脱分極は局所的である）。段階的電位の大きさが閾値に達すると，**活動電位（AP）**がシナプス前ニューロンに発生する。活動電位はニューロンの全か無かの脱分極であり，一定の速度と振幅で神経軸索を伝わっていく。**化学シナプス**では，軸索終末に活動電位が到達すると，シナプス小胞に貯えられていた**神経伝達物質**が放出される。神経伝達物質は，シナプス間隙に放出され，シナプス後膜に到達する。そこで受容体タンパクと結合して，さまざまなイオンに対する膜の透過性を変化させる。このような透過性の変化はシナプス後細胞にゆるやかな電位を引き起こす（これは**興奮性シナプス後電位**，EPSPと呼ばれる）。

この電位が十分に大きく，閾値に到達すれば，ニューロンに活動電位が生じる。図7-1-(a)の最後の刺激は，シナプス前ニューロンで生じた活動電位がシナプス後ニューロンに活動電位を引き起こす様子を示している。

EPSPと活動電位はニューロンのよく知られた特性であるが，図7-1-(b)は他の動物にはあまり見られない特徴を示している。通常，シナプスを通る化学伝達は，シナプス前ニューロンからシナプス後ニューロンへの一方向性である。しかし，刺胞動物においては，多くのシナプスが双方向性のようである。ここに示された記録は，活動電位がシナプス後ニューロンで発生したときに（EやGのように），約1ミリ秒後に小さな脱分極（→で示す）がシナプス前ニューロンに生じることを示している。このような「エコー」は，Fの場合のように，シナプス後ニューロンにEPSPだけしか生じないときには発生しない。

刺胞動物のニューロンは，より高等な動物のニューロンと共有する他のいくつかの特性をもつ（Spencer 1989）。例えば，伝達のシナプス遅延（神経伝達物質がシナプス間隙を通ってシナプス後ニューロンを刺激するのに要する時間）は，他の種で観察される値の範囲内にある。さらに，神経伝達物質の放出は軸索終末へのカルシウムイオンの流入に依存している。これは他の種でも生じていることが知られている。ヒドロ虫類は，活動電位の伝達が隣接するニューロン間でほとんど遅れなしに生じる**電気シナプス**をもつ。*Polyorchis penicillatus*の遊泳運動回路における自発的発火の頻度は，興奮が電気シナプスを通って拡散していることを示唆している。刺胞動物の神経生物学について興味深いのは，このような一般的特性が，システムとしては比較的単純な構造と結びついているということである。刺胞動物には，高等な動物では非常に基本的な性質であるところの，中枢神経系と末梢神経系との間の区別がない。いくつかの刺胞動物で観察されるニューロンの集合体は単純な神経節とみなすことができるが，ほとんどの種において，ニューロンは拡散的な神経網として分布する。

ミーチ（Meech 1989）は，クラゲの1種，*Aglantha digitale*の単純な行動である遊泳を記述した。クラゲの遊泳には2種類ある。1つは摂食に関連するもので，もう1つは逃避反応である。このクラゲは摂食時に数分で1サイクルが完了する一連の動きをする。餌片をつかむために触手を伸ばしながら受動的に沈んだ後，釣鐘型の外套のゆっくりと律動的な収縮運動によって上昇し，また次のサイクルを始める。逃避反射は触刺激（いくつかの捕食者が，この反射を誘発することが分かっている）に対して起こる，釣鐘型の外套の急速な収縮による，もっとすばやい反応である。そのような収縮が水を押し出し，クラゲを反対方向に進ませる。1回の反射に，1回から3回の収縮が起こる。1回目が最も力強い収縮であり，体長のおよそ5倍の距離を進ませる。おもしろいことに，これら2種類の遊泳行動は同じニューロンの集合によって制御されている。*Aglantha*は外套の縁に発して上部へ向かう放射状の8本の巨大軸索をもつ。これらの軸索は直径が約 $40\mu\text{m}$ ある。これらが筋細胞の層と，巨大軸索の間にある筋肉を結ぶ一連の運動神経を活性化する。逃避反応は，これらの運動神経の多くが特別なパターンにしたがって活性化し，その結果として生じる筋肉のすばやい収縮に依存しているようである。

多くの行動的証拠が，刺胞動物には環境の変化に対応する能力があることを示唆している。情報を獲得，貯蔵し，検索することにより行動を調節し変化させる能力は**学習**といわれる。学習の最も単純な形の1つは，**馴化**とよばれる。比較的無害な刺激の反復提示によってもたらされる，特定の行動の頻度や強度の減少である（→ 3.a., 191-194頁参照）。動物は，雑音や動く物体のように，非常に弱い刺激であっても，最初は反応するだろう。雑音に対してもその刺激源に体を向けたり，なんらかの防御反応を示すこともある。しかし，そのような刺激が繰り返されるとき，刺激の条件に変化がなければ，このような反応は弱くなっていく傾向がある。

研究者たちは，数種の刺胞動物の防御反応の馴化を実験的に検討してきた（例えば，Haralson & Haralson 1988, Johnson & Wuensch 1994, Logan 1978, Rushforth et al. 1963）。例えば，ヒドラ

（*Hydra pirardi*）や，クラゲ（*Aurelia aurita*），イソギンチャク（*Anthopleura elegantissima*）で，機械的刺激によって誘発される体の収縮は，刺激が繰り返し与えられると徐々に減少していく。イソギンチャクは真水を吹き付けられたり，弱いショックを受けるとすぐに体を収縮させる。ポリプ段階のクラゲは，触手の基部に軽く触れると触手を引っ込めて体を縮める。しかし，このような防御反応は，刺激が繰り返し与えられると，減少する傾向がある。

　イソギンチャクが，体の特定の場所に刺激を繰り返し与えられて馴化が生じたという状況を考えてみよう。もし，体の別の部位がテスト試行で刺激されると，イソギンチャクは**馴化の般化**勾配を示す。つまり，テストされる部位が訓練された部位から離れているほど反応は大きくなる。さらに，例えば動物が1時間刺激されずにおかれると，再び馴化刺激が与えられた時，反応はほとんど完全に回復する。この現象は**自発的回復**と呼ばれる。興味深いことに，この後の反応の再馴化は最初の馴化よりも速い。これは最初に刺激が与えられた時の情報が，神経系に貯蔵されている可能性を示唆する。実際，馴化が数日以上の長期にわたって保持されることがイソギンチャクで観察されている（Logan & Beck 1978）。

　このような行動的変化に対しては，少なくとも3つの異なる説明がある。最も興味深いのは，行動の馴化がニューロン間のシナプス伝達の変化を反映しているという可能性である。しかし，行動の減少は，感覚順応あるいは筋疲労という，2つの別の理由によって起こる可能性もある。**感覚順応**とは，繰り返し活性化された結果として起こる感覚受容器の活動性の減少である。その状態では動物はまるで，もはや刺激を知覚していないように見える。**筋疲労**とは，実験の間に繰り返し収縮したことによる筋肉の疲弊である。いわば動物が反応することに疲れたというような状態である。単純な実験操作によって，ニューロン仮説（馴化がシナプスの変化を反映している）と末梢仮説（馴化が受容体あるいは効果器の変化を反映している）を区別することができる。動物が標的刺激に対して馴化を示しているときに，相対的に強い新奇な刺激が提示されたと考えてみよう。例えば，触刺激に馴化したクラゲが2秒間揺り動かされ（クラゲの入っている水槽をゆっくりと廻す），それからもう一度触刺激が与えられる。そのような刺激の変化は，防御反応を回復させた。この結果は，馴化が末梢要因によって引き起こされるものではなく，ニューロンの可塑性を反映しているに違いないということを示唆する。この現象は，**脱馴化**といわれ，馴化が，受容体や筋過程ではなく，神経過程に依存することを示すのに用いられる。脱馴化刺激は末梢過程には影響を与えないと考えられるので，反応の脱馴化は，馴化が末梢ではなくニューロンの変化によって引き起こされるときにだけ観察されるはずである。3節でもう一度，馴化とそれに関連する学習現象について述べる。

1.c.　初期の左右相称動物の痕跡　第6章3.a.と3.b.（→ 144 − 147頁参照）で指摘したように，左右相称動物が生息していたという最も古い証拠は，ヴェンド紀からカンブリア紀にかけての**生痕化石**に見ることができる。この化石証拠の非常に興味深い点は，それが，はるか昔の動物たちの行動についての手がかりとなることにある（Crimes 1992）。先カンブリア紀（ヴェンド紀）からカンブリア紀への移行は，一般に浅い水環境で形成された，このような痕跡の多様性の増加によって特徴づけられる。多様性の2番目の飛躍は，オルドビス紀に起こり，それはおそらく，動物の深い水環境への適応放散と関係している。生痕化石の多様性は，白亜紀に深い水環境における痕跡の増加が新たに認められるまで，比較的安定している。

　ヴェンド紀（先カンブリア紀晩期）からトモシアン期とアトダバニアン期（カンブリア紀初期）にかけての生痕化石の多様性の増加は，図7−2でも分かるように，複雑性の増加として最もよく記述することができる。最初期の生痕化石（ヴェンド紀）は，沈殿物で満たされた，あるいは場合によっては中空の，直径数ミリの穴（棲管）である。直線的な痕跡はトモシアン期まで認められ，最も顕著な変化はその大きさの増加にある。ヴェ

ンド紀にはまた，あちらこちらと餌を探し回った行動を示すと考えられる特徴的な生痕化石が認められる。その痕跡からは，動物は表面を歩き回る間に自分の通った跡を横切っているように見える。これらの痕跡は，交差を伴う不規則な蛇行とよばれ，食べながら動いていた跡であると解釈されている。動物は餌となった微生物の豊富な堆積層の上を動き回っていた。不規則な蛇行は初期カンブリア紀の化石記録にも認められるが，それらには交差があまり見られないことが注目される。このような蛇行もまた，食べながら動いていたパターンであると解釈されるが，その動物自身が前に通ってすでに餌を取ってしまった場所を避けているように見えることから，一般的により効果的な行動であったと考えられている。生痕化石の他の2つの興味深いタイプは，ヴェンド紀-トモシアン期の境界に認められるもので，正弦波状の蛇行と螺旋状の蛇行である。これらは，摂食場所を効果的に利用していることから，より進んだ摂食痕

跡であると見なされている。

生痕化石の複雑性の変化はまた，棲管の構造を見ることによってもよく分かる。図7-2に示された，ヴェンド紀の直線上の生痕化石には分岐がない。しかし，その後の生痕化石の分岐パターンの多様性は印象的である。ヴェンド紀後期の痕跡は不規則な分岐を示すが，カンブリア紀の岩石には，多様な規則的分岐パターンが出現する。これらは一般に摂食行動の痕跡であると解釈されているが，規則的なネットワークとして記述される後期の例には，おそらく何度も利用されたトンネルのシステムであろうと解釈されるものもある。

生痕化石には，少なくとも5つの基本的な機能があるとされている。それは，摂食，居住，休息，這い跡，食べながら動いた跡である。ベンディアン-カンブリア境界期に見られる，このような痕跡タイプの相対的頻度の量的分析は，いくつかの興味ある変化を示唆している。例えば，単純な摂食痕跡（最もありふれた痕跡）の比率はこ

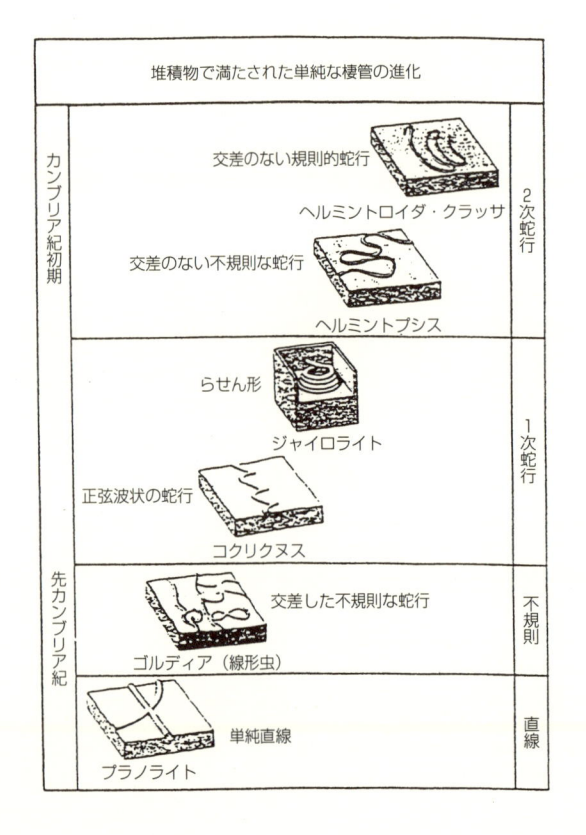

図7-2　先カンブリア紀-カンブリア紀の境界にまたがる，堆積物で満たされた単純な棲管痕跡の進化（Crimes 1992）。生痕化石は，直線状のものから，交差のある不規則な蛇行へと複雑さを増し，さらに，正弦波状，螺旋状など，他のタイプの交差しない蛇行へ変化している。痕跡の大きさも増加しているが，図には示されていない。

の時期には減少している。一方，食べながら動いた痕跡の比率は増加している。単純な摂食痕跡の減少が，より複雑で効果的な採餌行動パターンの進化と関係している可能性があるが，証拠はまだ十分でない。しかし，潜穴棲管のパターンの単純なものから複雑なものへの移行が，ベンディアン−カンブリア境界期の浅い水環境で比較的急速に起こったことは明らかである。

　生痕化石の証拠が意味することの1つは，新しい感覚−運動能力の著しい進化がヴェンド紀からカンブリア紀への移行期（約2500万年間）の比較的短い期間に生じたということである。棲管の形成や採餌のパターンにみられる行動の複雑さは，神経系の構造と機能に有意な革新が生じたことを示唆する。そのような革新も一度確立されると，何百万年もの間保存されたようである。事実，これは神経進化においては，よくみられるパターンといえるかもしれない。比較的短い期間にいくつかの基本的神経要素が確立された後に，相対的には停滞といえる期間が続き，その間には，小さな構造的，機能的変化が特定の生態学的圧力に対応して進化する。

　このような神経系における停滞の例は，節足動物の視覚の神経回路に見ることができる。この視神経回路には，シルル紀あるいはおそらくもっと早い時期に分岐したと考えられる昆虫と甲殻類の間に相同性が認められる（Nielsen 1995）。神経系の相同という結論は，これらの動物の視神経回路が共有する数多くの，解剖学的・生理学的な特徴に基づいている（Osorio et al. 1997）。次のような基本的特性が，ミバエやバッタ（昆虫）と，ザリガニ（甲殻類）のような動物においてみられる。複眼の下にある，ラミナ（lamina）と呼ばれる部位にある大単極細胞（LMC）は，直径が3から5μmの軸索をもち，解剖学的に非常によく似ている。LMCだけが光受容器からの入力を受けるニューロンであるが，昆虫でも甲殻類でも珍しい性質をもつことが特徴的である。すなわち，ふつうほとんどのニューロンは活動電位を発生するが，LMCは段階的電位によって伝達するのである。受容体が直接刺激されると，LMCは**過分極**し（つまり，ニューロンの内側の電位がよりマイナスになる），刺激が受容野の外側にあたったときには脱分極する。

　このような特徴や他の同じような共有されている特徴は，収斂ではなく，共通の祖先からの継承であることを示している。これは，昆虫と甲殻類が独立して相当な進化を遂げていることと，多くの行動的差異をもつことを考えると，非常に印象的である。昆虫は非常に活動的で，昼行性の飛翔動物である。一方，ザリガニの動きはゆっくりしており，夜行性の水生動物である。しかしながら，それらの視覚系は類似した神経生物学的特性をもって体制化されている。

2. 行動と単純な神経ネットワーク

2. a．　基本的な神経特性　ニューロンは神経系として体制化されている。種の多様性にもかかわらず，異なる種の神経系はいくつかの共通する特徴をもつ。例えば，神経系は前後軸に沿って伸び，前部に膨大部，すなわち脳があるのがふつうである。脳には大部分のニューロンが集まっている。左右相称動物はたいてい前へと動くから，動物が動くにつれて体の前の部分は新奇な刺激と出会う。いくつかの重要な感覚系（例えば，視覚，味覚，嗅覚）は頭にあるから，感覚情報処理の中枢である脳が近くにあるのはもっともなことである。

　いくつかのグループでは，体の分節（体節）は神経系の分節と対応している。このような神経の集合は**神経節**と呼ばれ，対応する体節の運動制御を司る神経回路を含んでいる。**中枢神経系（CNS）**と**末梢神経系**という区分も有用なものである。すべての左右相称動物は真のCNSをもっている。それは神経節とそれらを結ぶ神経路を含み，ふつうは消化系の腹背側部にあり，末梢の神経線維，感覚受容器，運動終末とは分かれている。しかし，種によって体の形が劇的な変化をみせるように，中枢神経系全体の解剖学的構造も

大きく変化する。

　無脊椎動物の多くの種がもつ神経系の特徴が，行動と神経生理学的過程の関係の研究の発展に重要な役割を果たしてきた。一般にこのような動物の神経系の細胞数は少なく，技術的にも扱いやすいものであるから，単一の細胞の活動と出力としての行動との対応関係の同定が容易である。例えば，センチュウ Caenorhabditis elegans の成体の中枢神経系はわずか302個のニューロンからなる！もちろん，すべての無脊椎動物が同じようなわけではない。例えば，昆虫の神経節には1立方ミリあたり数10万個のニューロンが詰まっている。だから，昆虫の行動をニューロン活動と同時に記録することは非常に困難である。

　ニューロンの数が少ないというだけではなく，その大きさが非常に大きい種があり，記録と刺激の手続きが容易である。大きなニューロンは速い伝導速度に適応している。脊椎動物では，ランビエの絞輪と呼ばれる小さな点を除いて，ミエリン鞘が軸索を覆い電気的に絶縁することで軸索内の伝導が促進されている。活動電位は絞輪から絞輪へと「跳躍」して伝わり，そのためにかなりの速度に達する。無脊椎動物の中枢神経系にミエリン細胞はないが，伝導速度の問題を解決するために**巨大ニューロン**が用いられている。巨大ニューロンはふつう神経ネットワークの一部として，捕食者に対する防御反応のように，明らかな生存価をもち，すばやく生成されなければならない行動を制御している。例えば，多くのニューロンの基本的な生理学的メカニズムは，直径1mmにも達するヤリイカ Loligo の巨大軸索で明らかにされてきた。このニューロンは，外套の収縮を制御し漏斗から水を放出させる回路の一部であり，それによってイカは自分自身の体を推進させ，捕食者から逃れる。

　種によっては，個々のニューロンが大きいだけではなく，神経節の中で同じ位置にニューロンが発達するため，異なる個体においても同じニューロンを容易に同定できるものがある。軟体動物のアメフラシ Aplysia californica では，細胞体が神経節の周辺部に位置するため，行動的実験中に活動の記録が容易であるというだけではなく，細胞体を顕微鏡下で直接観察することができる。神経節の外側の層には軸索も樹状突起もなく細胞体のみからなっているのである。これらのニューロンは神経叢と呼ばれる神経節の核に1本の軸索を投射し，樹状突起は細胞体に最も近い部分の軸索から出ている。このタイプのニューロンは単極細胞と呼ばれ，脊椎動物に典型的に見られる双極性の形態とは異なっている。神経節内でのニューロンの位置と，自発的発火パターン，軸索の経路，特定のニューロンとの結合のような特性を，個々のニューロンの目印として使用することができる。アメフラシの腹部神経節のいくつかのニューロンが個別にラベルされてきた（Kandel 1976）。同種の複数の個体について，確実に同じニューロン（同じ結合と同じ神経化学的特性を持つ）に対して実験を行なうことができる。さらに，これらの基準を適用することで異なる種においても相同なニューロンを同定しその特性を比較することができる（→ 4., 164-168頁参照）。

2. b．　反射　行動の細胞レベルの基礎を理解するための有効な方略の1つは，行動と神経系の単純な系を選択することから始めることである。このアプローチは，しばしば**単純系アプローチ**と呼ばれる。このアプローチによって神経ネットワークが行動を生成する過程についての理解が大いに進んできた。

　反射はすべての行動の中で最も単純で，かつ最も広範なものである。本章の1節で述べたいくつかの例は反射に関わるものだった（例えば，刺胞動物の馴化実験，→ 1.b.）。反射にはたった2つの構成要素だけでも実行される。それは中枢神経系に求心性の情報を伝える感覚ニューロンと，筋や腺のような末梢組織に遠心性の情報を伝える運動ニューロンであり，この2つはシナプスで連絡する。より複雑な反射では，求心性と遠心性の要素間の情報を中継する介在ニューロンを含む場合もあるだろう。これらは一括して**反射弓**と呼ばれる。医者は中枢神経系の統合性をチェックするために，よく膝を軽く叩いて膝蓋腱反射を誘発したり，眼に光を投射して瞳孔反射を誘発する。結果として，膝は上がり，瞳孔は収縮する。これ

らはよく知られた反射の例である。

アメフラシ *Aplysia californica*（軟体動物）のえら引っ込め反射は，非常によく研究されており，この反射を形成する回路は比較的よく知られている（Kandel 1979）。アメフラシは水をえらに通して呼吸をする海生のナメクジの仲間である。体のいろいろな部分への触刺激がえらの引っ込め反応を誘発する。この反射には，生命維持に必要な傷つきやすい構造を守る機能がある。実験室の実験では，たいてい触刺激として水管への水流噴射が用いられる。図 7-3 に示したように，この刺激によってえらと水管の両方が引き込まれる。これらの行動には腹部神経節にあるニューロンが関与している。もし，腹部神経節が取り除かれるか，そのニューロンが化学的に抑制されると，えら引っ込め反射は誘発されない。この結果は，この水管-えら反射弓の統合されている場所が，腹部神経節にあることを示唆する。

腹部神経節のいくつかのニューロンは，水管の皮膚から求心性情報を伝える。それは感覚ニューロンであり，水の吹きつけによる刺激を検出し，これも腹部神経節にある運動ニューロンに情報を伝える。腹部神経節の同定可能なニューロンのいくつかは，えらの引っ込めを制御している。$L7$, LD_{G1}, LD_{G2}, RD_G, $L9_{G1}$, $L9_{G2}$ を含む，これらの細胞のいくつかはえらに直接に結合している。例えば，$L7$ あるいは LD_{G1} ニューロンを選択的に損傷すると，えら引っ込めの強度はその 30% ないし 40% に減少する。したがって，これら 2 つの細胞は，この反応の強度の約 70% を担っている。

えら引っ込め反射を支配する回路を簡略化したものが図 7-4 に示されている。水管からの情報を伝える 8 個の感覚ニューロンが示されている。水管皮膚の長さ約 0.5 mm の領域に与えられる局所的な刺激は，8 個の感覚ニューロンを興奮させる。これらの感覚ニューロンは，えらを支配する 6 個の運動ニューロンと数個の介在ニューロンの両方に結合している。これらの連絡はすべて興奮

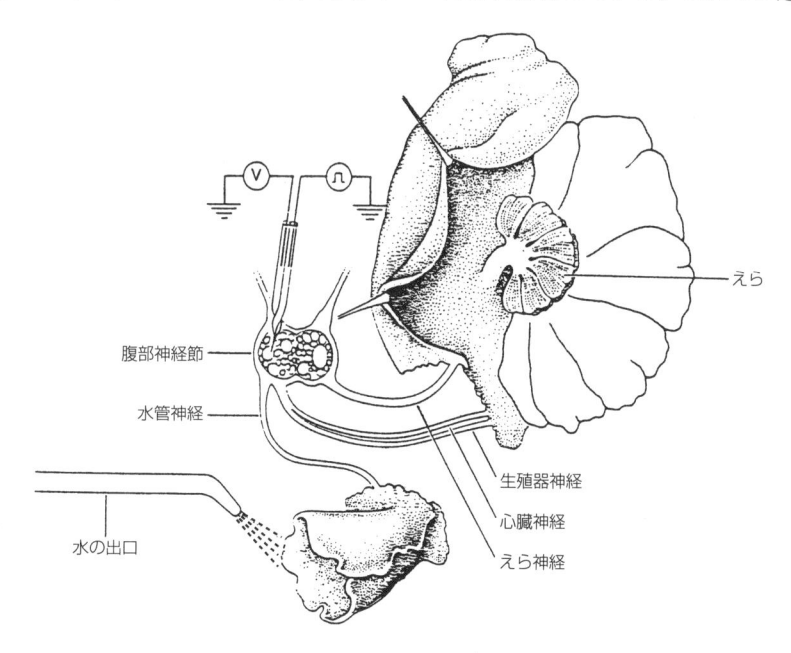

図 7-3 アメフラシ *Aplysia* のえら引っ込め反射（GWR）研究のための主な実験設定の概略図
（Kandel 1979）。水管に与えられた水流噴射が刺激として作用する。水管は体から分離されている。ただし，水管神経は腹部神経節に繋がっている。求心性興奮は感覚ニューロンから腹部神経節へと伝達される。微小電極によって腹部神経節の活動が記録される。えらに繋がるいくつかの神経を残して腹部神経節も体から分離されている。運動ニューロンはえらを刺激し収縮させる。えら引っ込め反射は防御反応であり，動物の体のいくつかの部分に対する潜在的に危険な触刺激によって誘発される。

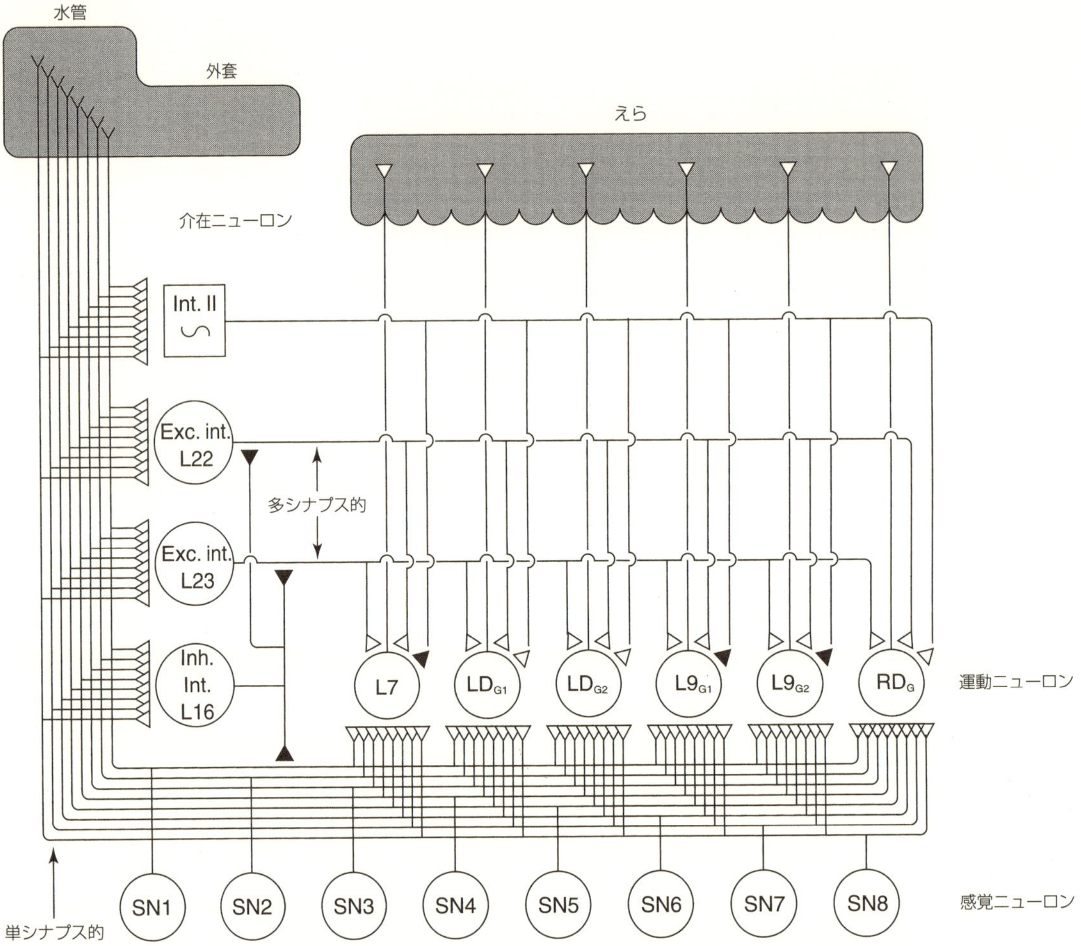

図7-4 アメフラシ Aplysia のえら引っ込め反射（GWR）の回路（Kandel 1979）。単シナプス回路は，水管にある機械的感覚ニューロン（水管には合計約24個の感覚ニューロンが分布している）と，腹部神経節にある運動ニューロンの間の直接シナプス結合である。感覚ニューロンはまた，興奮性と抑制性の介在ニューロンに結合している。これはえら引っ込め反射の多シナプス構成要素である。個々の運動ニューロンがに同定されている。
Exc．int．：興奮性介在ニューロン，Inh．int．：抑制性介在ニューロン，Int．II：介在ニューロンII

性であるから，感覚ニューロンが十分に活性化したとき，運動ニューロンと介在ニューロンの両方に活動電位を生じさせる。この反射は単シナプス（感覚ニューロンと運動ニューロンの間）を経由して活性化されるので，**単シナプス反射**と呼ばれている。しかし，介在ニューロンが調整的役割を果たしている。例えば，L16介在ニューロンは他の介在ニューロンと抑制性結合をし，一方，L22とL23介在ニューロンはえらの引っ込めを誘発する運動ニューロンと興奮性結合をする。したがって，もし，L22とL23の役割を考慮するならば，これは**多シナプス反射**でもある。これらのニューロンは，非常に大きな興奮を伝えることによりえらの引っ込めを増強するが，そのような増強は，L16の抑制性の影響により調節される。水管の感覚刺激によって活性化されると，運動ニューロンを抑制し，この反射をさらに調節する介在ニューロンのグループもある（図7-4の介

在ニューロンⅡ参照）。

　水管そのものを引き込ませる反応についてはどうだろうか？水管に対する刺激は，えらと水管の両方を引き込ませる。えらに対しても適応的に生じる反射で，同時に起こる水管を含むこの反射に関して興味深い点は，少なくともある範囲の刺激（例えば，比較的弱い刺激）に対しては，水管の引き込みが末梢の局所的ネットワークによって完全に制御されているらしいということである。これは，えらの反射についても同じである。この水管引っ込め反射は，たとえ腹部神経節を残した動物から水管が分離されていても誘発される。水管そのものの中に，感覚ニューロンの側副枝からの入力を受け，水管の筋線維を活性化する約25個のニューロンがある。これは**末梢反射弓**の例である。このようなメカニズムによって比較的弱い刺激に対する局所的反応が起こるのである。

2. c.　定型的活動パターン（MAP）　反射的反応と，それを引き起こす刺激との関係は比較的単純なものである。反応そのものは比較的一体化した事象である。しかし，刺激が，区別可能な要素が系列として体制化されたさらに複雑な反応パターンを引き起こす場合もある。よく知られた例として，海生のウミウシの1種である *Tritonia diomedia*（軟体動物）が，捕食者であるヒトデに触れたときに示す逃避反応があげられる（Willows & Hoyle 1969）。化学的刺激によって，まず体が平らになり，その後強力に背側と腹側の体全体を収縮させ泳ぎだす。しだいに体の収縮はゆっくりしたものになるが，ヒトデからかなり離れた場所に達するまで続く。

　これが**定型的活動パターン（MAP）**の例である。この概念は，古典的エソロジストたちが純粋に定性的観察に基づいて発展させた固定的活動パターンに起源をもつ（→第1章，4., 14-17頁参照）。MAPは，明確な機能（例えば，捕食者からの逃避）をもった系列的と体制化される行動である。それは一度活性化されると停止することがほとんどない。要素からなることは認められるが，MAPは特定の種や密接に関連した種のグループに典型的な行動的単位として考えられている

（Barlow 1977）。それは，刺激が個々の独立した反応ではなく神経プログラム全体を活性化するようなものである。一度活性化されると，プログラムはその後の刺激には影響を受けることなく展開される。MAPは変動することもあり，それが生じる環境条件に応じて調節が行なわれる。

　そのような変動性の例は，図7-5に示した，コウイカ *Sepia officinalis*（軟体動物）の砂潜り行動に見ることができる。休息するときコウイカは海底へと沈んでいき，砂や土で体が完全に隠れるまでのパターン化した行動を示す。一連の行動は約5秒間続く。砂潜り行動は，外套を煽る動きと漏斗からの水流の噴射が含まれる。漏斗は，頭と尾の下から砂を除くために前後に向けられる。マザー（Mather 1986）は，水槽の中で砂粒の大きさを変えて基質のタイプを操作し，この行動のさまざまな特性を記録した。細かな砂（直径0.5mm）から，中間の砂（0.7mm），砂利（2.9mm）と不透明なプラスチックビーズ（3.7mm）を用いた。マザーは，砂利の場合よりも2種類の砂の場合の方が，砂潜り行動が早く，より少ない行動要素からなることを見出した。基質の選択が与えられたときには，イカは砂利よりも砂の方を選択する場合が有意に多かった。しかし，おもしろいことに，潜時，持続時間，全体の系列中での要素反応数などをみると，個体間でも同一個体の試行間でも相当なバラツキがあることが明らかになった。

　行動の変動性は次式で与えられる**変動係数（CV）**によって推定できる。

$$CV = (SD/\bar{X}) \times 100$$

ここでSDは標準偏差（サンプルの数値のバラツキの測度）を表し，$\bar{X}$は平均を表す（サンプルの中心傾向の測度）。したがって，CVはSDのXに対する割合をパーセンテージで表す。例えば，ある行動の持続時間を10回測定して，$\bar{X}=8$（秒），SD＝2ならばCV＝25%となる。つまり，変動性の大きさは平均の大きさの1/4になる。CVが小さければ小さいほど，行動の変動性は小さい（すなわち，より固定的である）。極端な場

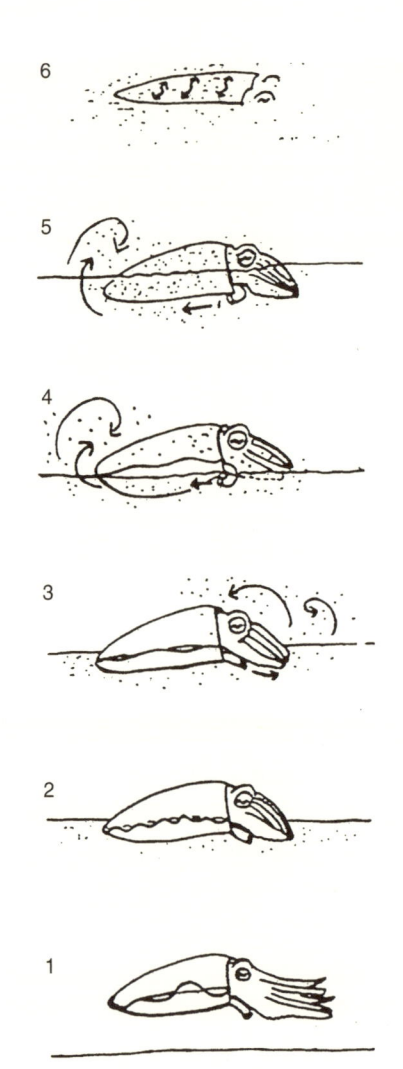

図 7-5 軟体動物頭足類のコウイカ Sepia officinalis の砂潜り定型的活動パターン（MAP）の概略を示す（Mather 1986）。イカは海底に降りる（1-2）。体が部分的に砂に隠れるまで，体の前部(3)と，後部に向けて(4)水を吹き出す。横方向への煽り運動(5)により，ほとんど完全に砂の中に潜る(6)。

合，本当に固定的な活動パターンであれば，行動のさまざまな測度について，変動性がないときには，CV＝0となるはずである。一般にSDの大きさは，$\overline{X}$が大きくなるにつれて大きくなる傾向があるため，CVは変動性の指標としてSDよりも好ましい。もし，変動性がSDそのものによって評価されるならば，行動の持続時間が長かったり，より多くの構成要素を含むほど，SDはより大きな値を示す傾向があり，実際より大きな変動性があるという誤った印象を与える。CVは行動の測度のスケールが異なる場合（例えば，持続時間の短いMAPと持続時間の長いMAP）や，異なる単位で測定された測度（例えば，MAP全体の持続時間と行動の構成要素の数）の間でも比較可能である。

マザー（Mather 1986）は，砂潜りの3つの異なる測度についてCVを推定した。掘り始めるまでの潜時，掘る行動全体の持続時間，1つの砂潜り行動を構成する行動の数である。このMAPの砂潜り行動3つの測度すべてにバラツキが見られた。その中で，掘り始めるまでの潜時が，行動の構成要素数と持続時間よりも概してバラツキが大きかった。細かな砂の場合には，潜時，持続時間，構成要素数のCVはそれぞれ98，30，23であった。基質が異なっても構成要素数は，比較的一定のCVを示したことから，ここで見たMAPはかなりステレオタイプ化しているように見えるが，そのさまざまな行動次元には相当なバラツキ

がある。

　比較のために，他の MAP について報告された変動性を検討することは役に立つだろう。例えば，表7-2に示す，シオマネキ（節足動物）のいくつかの種におけるハサミ振りディスプレイの持続時間である（Barlow 1977）。オスのシオマネキは非対称なハサミをもっている。シオマネキは，その大きなハサミを左右に振ることによって，その存在を目立たせて知らせる。このディスプレイはメスの存在に関わらず発現する。シオマネキの1種 U. rapax と別種の U. speciosa においては，メスが存在するとディスプレイの持続時間は減少する。なぜなら，ハサミの1回ごとの動きの間の時間間隔が短くなるからである。おもしろいことに，メスがいるときにオスがディスプレイを行なう場合には，両方の種とも CV が増加する。U. rapax では，CV は 27.3 から 36.1 になり，U. speciosa では，5.1 から 17.4 になる。

表7-2　カニの異なる種におけるハサミ振りディスプレイの持続時間の変動

種	CV
Uca virens	24.8-28.6
U. longisignalis	26.8-27.0
U. pugnax	13.5-24.8
U. rapax	27.4
U. speciosa	5.1

注：Barlow（1977）

2. d．系列分析　上で述べたイカの砂潜り行動のように，MAP がいくつかの構成要素を含んでいるとき，あるいは，より複雑な行動の集合が分析されるとき，行動の変動性の問題は別の面から考えることができる。その構成要素は特定の系列として体制化された行動として生じるのだろうか。例えば，マザー（Mather 1986）は，コウイカでは通常，水を前に吹き出すことから砂潜り行動の系列が開始され，外套を煽ることは最後に生じる傾向があることを見出した。コウイカの砂潜り行動の系列の予測可能性の推定から，この MAP が細かな砂と中間の砂では高度に予測可能であることが示される。しかし，砂利の上に置かれたときには行動はあまり固定的ではなくなる。

　系列分析は，特に社会的相互作用における行動の体制化について興味ある手がかりを与える。アメリカン・ロブスター Homarus americanus（節足動物）の闘争行動の研究は適切な例だろう（Huber & Kravitz 1995）。水槽の中に入れられた2匹のロブスターの20分間のテストセッションをビデオテープに記録した。各セッションは5秒ごとの時間間隔に分割され，17の行動カテゴリーが，**ワン・ゼロ・サンプリング**と呼ばれる方法で得点化された。この方法では，1つの時間間隔に，ある行動が出現したか，しなかったかを記録する。得点化された行動の例は次のようなものである。「接近」は，ロブスターが相手に近づき，その間の距離が体長よりも短くなることと定義された。「後退」は，敵から離れたり背を向けること，「ハサミを上げる」は，片方あるいは両方のハサミを持ち上げ左右に開くことであり，「触角で打つ」は，片方あるいは両方の触角を，すばやい動作で相手に力強く打ち下ろすことである。

　観察から十分なデータが得られると，行動のカテゴリー数を減らすために，同時に生じる傾向のある反応をまとめる統計処理が行なわれる。このような統計的手法の1つは主成分分析と呼ばれるものである。お互いに相関のある行動は，因子としてグループ化される。アメリカン・ロブスターの闘争行動の場合は，行動のリストは主成分分析によって6因子に減らされた。各因子は特定の行動の組み合わせ（あるいは，場合によっては単一の行動）によって，元の行動カテゴリーは因子と正あるいは負の相関を持つ。以下の因子がこの研究で見出された。

　　「伸展」：体を上げる，触角を上げる，ハサミを上げる，ハサミの接触。
　　「格闘」：触角を上げる，ハサミを掴む，押し合い。
　　「ドシド（背中合わせに回る）」：触角で打つ，ハサミを下げる，接近。
　　「退却」：接近（負の相関），退却。
　　「触角叩き」：触角叩き。
　　「強打/引き裂き」：強打/引き裂き。

　次に，それぞれの個体について，テストセッ

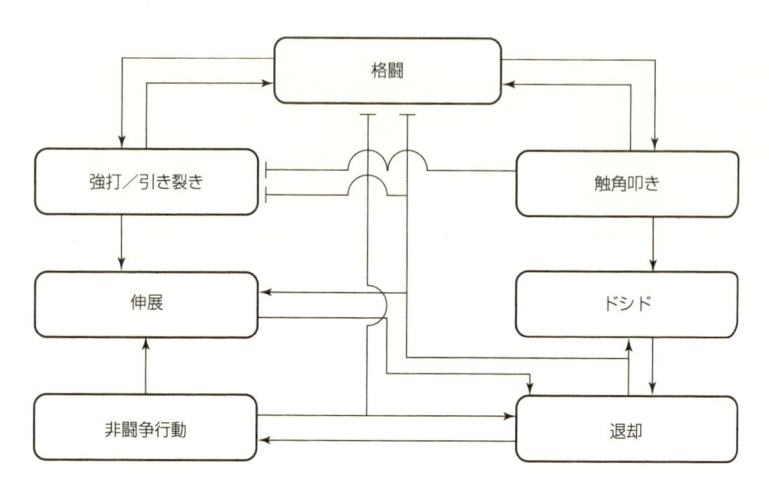

図7-6 アメリカン・ロブスター *Homarus americanus* **の闘争行動の系列分析**（Huber & Kravitz 1995）。このフローチャートに示されている行動の構成要素は，主成分分析により決定された。偶然から期待されるよりも高い頻度で生じる移行が，矢印で示されている。例えば，「触角叩き」と「格闘」の間の移行は，高い頻度で起こり双方向的である。対照的に，偶然よりも低い頻度で生じる移行は，棒の付いた線で示されている。例えば，「非闘争行動」から「格闘」への移行はテストセッションではほとんど見られない。

ション内の各行動カテゴリーからから他の5つのカテゴリーへの移行頻度を示すマトリックスが作られる。尤度比検定と呼ばれる統計的手法を適用して，偶然から期待されるよりも高い（あるいは，低い）頻度で移行が生じているかどうかを決定することができる。さらに，別々の個体から得られたマトリックスを統計的に比較することでデータの整合性を検討することができる。

結果は，図7-6に示されるような図式として要約される。行動の因子は，図の周辺に配置されている。矢印はカテゴリー間の移行の確率が偶然よりも高いことを示している。例えば，「格闘」と「強打／引き裂き」の間の移行である。両者の間の移行は双方向的である。しかし，棒の付いた線は行動の移行がほとんど生じないことを示している。例えば，ロブスターはもし直前に闘争的行動を示さなければ，「格闘」をすることはない。行動の体制化の例は，「触角叩き」と「強打／引き裂き」の間の移行に見られる。これら2つの行動の間の移行はほとんどの場合「格闘」を経過する。

2. e. 司令ニューロン 先に述べたウミウシとコウイカのMAPの場合は，ある程度特異的な刺激によって活性化される。それはまるで，すべての指示が完全に含まれたテープを再生しているかのようである。これらの行動は，非常に特殊な構造を持つネットワークの制御下にあるように思われる。そのネットワークでは，個々の構成要素がお互いに影響を及ぼしており，一度活性化されると，この小さなネットワークの出力がMAPを生み出すようになっている。このようなネットワークは，遺伝的な指示の複雑な集合がかなり一般的な環境要因の影響と相互作用した結果として生成される。何がこのような特徴をもつ神経ネットワークを活性化するのだろうか？

最も単純な可能性は，MAPを担う神経ネットワークが単一の活性化入力を持っているということである。これは**司令ニューロン**と呼ばれる。つまり，それがMAPの出力全体を活性化するのに必要かつ十分な入力を神経ネットワークへ与えることができるということである。命令の決定は通常はいくつかの細胞によって担われていることが研究によって示されているが，単一ニューロンがMAPの出現を制御しているという例もいくつかある。そのような例の1つが，アメリカザリガニ *Procambarus clarkii*（節足動物）に見られ，その逃避反応のいくつかが，1つの司令ニューロン

によって制御されている（Wine & Krasne 1982）。

　ザリガニの腹部節への触刺激は，尾の前方と上方への動きとして強い屈曲を引き起こす。同時に，他の進行中の反応は，逃避反応によって抑制される。尾の屈曲によって，ザリガニは刺激を受けてから20 ms以内に刺激源から遠ざかる。この時間が非常に短いことから，この行動を制御する回路には，ごく少数の反応の速いニューロンが存在することが示唆される。この逃避反応のように単純な行動を理解するために，研究者たちは，刺激を検出する感覚受容器から，中枢神経系の特定の神経節にある介在ニューロン，反応パターンに直接関与している筋と運動神経までの回路図を作成することから始めた。

　ザリガニの尾には，おそらく何千個もの触感覚ニューロン（TCS）がある。それらは中枢神経系に投射しており，そこでは，ずっと少数の感覚介在ニューロン（SI）と結合している。この介在ニューロンのいくつかは同定可能である。この感覚介在ニューロンはまた外側巨大介在ニューロン（LGI）とシナプスをつくる。後者は，直径約100 μm にも達する大きな軸索を持つため容易に識別することができる。腹部体節のそれぞれに1つずつの神経節があり，各神経節には1つのLGIがあって，それらは相互に連絡している。それぞれのLGIは，他のいろいろな細胞と結合をつくっているが，最も重要なものは，腹部の屈曲筋細胞を神経支配して逃避反応を生み出す巨大運動神経（MoG）との結合である。SIとLGIの結合と，LGIとMoGの結合は電気シナプスである。それによってLGIとMoGの巨大軸索とともに，逃避反応の速さが実現されている。

　電気生理学的実験の結果は，LGIの活性化が尾の屈曲反応の誘発に必要かつ十分であることを示している。例えば，LGIに単一の活動電位が発生するだけの強さで電気刺激しても，尾の屈曲を担うMoGは活性化される。これで十分条件を満たすことがわかる。さらに，LGIの活性化が逃避反応にとって必要であることを示すために巧妙な手続きが用いられる。LGIと結合している感覚細胞が，LGIにEPSPを引き起こすように刺激される。同時に，LGIに挿入された電極がこのニューロンを過分極にするために使用され，活動電位の発生を妨げる。LGIが過分極になるとき，逃避反応は感覚ニューロンの活性化によっては引き起こされない。しかし，LGIが活動電位を発生するとき，同じ感覚刺激が逃避反応を引き起こす。

　LGIは，逃避反応の発現に競合する可能性のある行動を制御する他のニューロンにも影響を及ぼす。LGIがさまざまなやり方でこうした影響を及ぼしていることが，実験で示されている。例えば，LGIは姿勢制御のような他の反応を担う筋を興奮させるニューロンを抑制することができる。しかし，通常その筋細胞を抑制しているニューロンを興奮させることもできる。LGIはまた感覚細胞と介在ニューロンを抑制し，ネットワークへの入力を一時的に減少させることもある。

2. f. 中枢パターン発生回路　MAPの例のほとんどは，**中枢パターン発生回路**（CPG）と呼ばれる神経ネットワークによって制御された，統制のとれた要素反応の系列が関わっている。リズミックな出力を必要とするどのようなタイプの行動も，CPGに制御されている可能性がある。飛翔，歩行，遊泳，身づくろい，心臓の拍動，呼吸，食物摂取に関わるいくつかの行動などは，協調的に働く神経ネットワークによって制御されている行動の典型である。しかし，このような場合に，CPGの代わりとして考えられる主なものは，反射鎖である。**反射鎖**はリズミックな出力を生成するが，CPGの場合とは違い，リズムは回路への定常的な感覚入力によって維持される。CPGは，感覚入力とは独立に自らパターンを発生する。図7-7はこれら2つのタイプの回路を比較している。

　当該の行動に関わる体の部位からの感覚入力を外科的に除去することによって，CPGと反射鎖を区別することが可能である。この手続きは求心路遮断と呼ばれ，回路が反射鎖であれば大きな行動的変化が起こるはずであり，回路がCPGにあれば行動はさほど影響を受けないだろう。そのような実験的アプローチが，ヒル*Hirudo medicinalis*（環形動物）の遊泳行動がCPGによって制御されているのかを決定するために用いられた

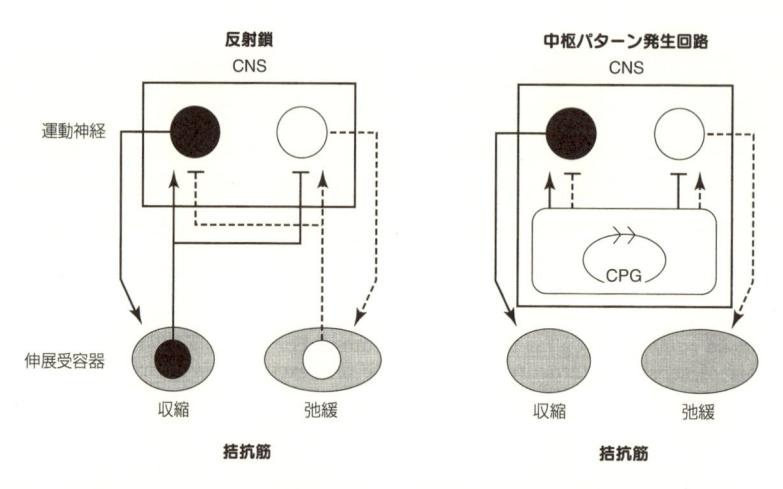

図7-7 反射鎖と，中枢パターン発生回路（CPG）の基礎となる回路の比較。最終的な出力は基本的に同じである。しかし，反射鎖は求心性感覚入力によってその出力を調整している。一方，CPGは，求心性入力とは独立してそれ自身の内部構造によってその出力を調節している。求心路遮断の手続きは，特定の行動の制御が，反射鎖によるものかCPGによるものかを決定するための主な実験手続きの1つである。

(Kristan & Calabrese 1976)。ヒルは，筋肉の興奮と抑制の交替による背腹方向の振動運動を利用して泳ぐ。ヒルの体は，前から後ろの端に向かって動く波を発生させるのである。

求心路遮断の1つの問題点は，中枢神経系に求心性にインパルスを伝える感覚ニューロンが，筋肉に遠心性にインパルスを伝える運動ニューロンのすぐ横を平行して走っていることにある。そのために，神経切断は中枢神経系を末梢の影響から隔絶することになる。よく用いられる手続きの1つは，中枢神経系を切り離して，さまざまな神経から記録をとり，無傷の動物が泳いでいるときに観察されるのと同じ活動パターンが見られるかどうかを確認することである。出力を開始するためには，感覚神経を刺激する必要があるだろう。しかし，問題はパターンが感覚入力のないときにも持続するかどうかということである。さらに，活動パターンの周期は，処置をうけていない動物が遊泳運動するときの周期と同じ長さになるはずである。ヒルを用いた実験では，いくつかの異なる神経からの短い刺激によって，協調的な群発する活動が何度か起こることが示された。このような群発する活動の時間的特性は無処置の動物で観察される遊泳の場合とよく一致する。例えば，無処置の動物では，活動の群発の間の周期は350 msと2000 msの間で変動する。一方，中枢神経系を分離した動物では，その周期は約385msになる。さらに，後ろの端に向かって体を伝わる波の速度は，無処置動物では体節当たり19から37 msであるが，中枢神経系を分離した被験体では，体節当たり20 msである。中枢神経系にある各神経節が，下位にあるCPGだけではなく，局所筋を制御するCPGを含んでいるように思われる。このことは，このネットワークの微妙な調節には感覚入力が必要であるという可能性を完全に排除するものではないが，行動の調節の大部分が，内的な振動によって達成されていることを示唆している。

一見単純な行動が，多くの節に分布するCPGの複雑な相互作用を必要とすることもある。例えば，軟体動物のアメフラシ *Aplysia californica* は，バハ・カリフォルニアと南カリフォルニアの間潮帯で海藻を食べて生きている。摂食行動は，口球と唇の部分の筋肉のリズミックな収縮からなる。唇の開閉は口の動きと協働している。これらの反応は口球と脳の神経節に分布するさまざまなCPGの相互作用によって制御されている（Perrins & Weiss 1996）。

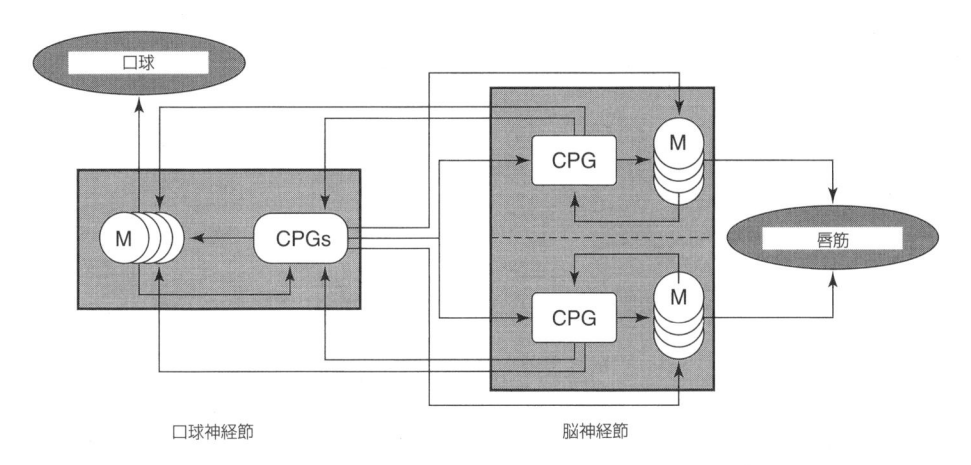

図 7-8　アメフラシ *Aplysia californica* の摂食行動を制御する中枢パターン発生回路（CPG）の間の相互作用（Perrins & Weiss 1996）。脳神経節は左右に1つずつ CPG を持ち，それぞれが神経節内の運動神経を経由して同側の唇筋を制御している。これらの CPG は，口球神経節にある CPG によって影響を受ける。口球神経節はまた，脳神経節の CPG とは別の経路で唇筋を制御する運動神経に直接影響を及ぼす。CPG が完全に独立して働くことはない。

　図 7-8 は，これらの CPG と，唇と口球領域の筋肉を制御している運動神経の間の基本的ないくつかの結合を示している。脳神経節では，神経節の一方の側にある CPG は，体の同じ側にある筋肉を制御している。この同側制御は，海藻がもっぱら唇の一部だけに当たるときに，唇を非対称に動かすことを可能にしている。しかし，これらの脳神経節 CPG は，脳神経節の中で，それが制御する運動神経そのものと口球神経節にあるCPG からも調節を受けていることに注意しよう。

同様に，口球神経節 CPG は，脳神経節 CPG と，それが制御する口球の運動神経からの入力から調節を受けている。口球と唇の筋肉の制御は，それぞれの神経節の CPG によって行なわれているが，これらはお互いに独立しているわけではない。むしろ，CPG 同士の密接な相互的調節があり，この特徴がさまざまな摂食行動を制御するために同じ神経ネットワークを利用することを可能にしている。

3. 行動と神経の可塑性

　このような反射と MAP は修正が可能であろうか？動物は，その環境の変化にうまく対処して行動を調節できるだろうか？刺胞動物の研究（→ 1.b., 176-179 頁参照）では最も単純な神経系をもった動物が，ある程度の可塑性を見せることを示している。このことから可塑性は神経組織の原始的な特性であるように思われる。**可塑性**という用語は，使ったり使わなかった結果として，ニューロンとシナプスがその機能を変化させる能力を指す。修正可能性という概念が行動に適用されるとき，比較心理学者たちは学習を問題にしている。つまり，個体の経験による情報獲得の能力と，それ自身の行動を変化させるためにその情報を使用する能力である。学習の最も単純な型には，単一の独立した事象を経験した結果として生じる行動の変化である馴化（この章の始めで簡単に触れた）や鋭敏化（→ 3.f. 参照）が含まれる。単純系を用いて発展した徹底的な研究が明らかにしてきたこのような学習現象は，ニューロンとシナプスの可塑性のさまざまな過程に基づいている。

3. a . 馴化の特性　馴化について，もう一度さ

らに詳しく見てみよう。動物は環境の変化に対して多くの場合，刺激源の方を向く定位反応か，ある種の防御反応によって対応する。摂食行動や求愛行動のような，環境変化が生じたときに行なっていた他の活動は，中断されたり中止されたりするだろう。それは，まるで動物が環境変化によってもたらされる危険の大きさを評価しているかのようである。特定の事象に対する馴化は，その事象が相対的に穏やかで無害なときに生じる。それは定位反応や防御反応を停止する動物の能力を表す。結果として，動物は普段の活動を再開する。害のない事象への反応をまったく馴化することができない動物は，常に邪魔をされて，その適応度は大きく損なわれるだろう。だから，馴化は生物学的に重要でないことがわかった刺激を無視するという学習である。行動の馴化が，広範に見られる学習現象であることは驚くことではない。すべてではないとしても，神経組織を持つほとんどの動物はその環境のさまざまな新奇事象を検出することができるから，刺激が潜在的に有害か無害かなものかを見分ける問題に直面することになる。馴化はこの機能のメカニズムを提供するものである。

トンプソンとスペンサー（Thompson & Spencer 1966）は，研究上有用な指針となった馴化の9つの特性を記述した。自発的回復，馴化の般化，脱馴化など，そのいくつかは刺胞動物の馴化の記述の中で簡単に紹介した（→1.b., 176-179頁参照）。図7-9はこれら9つの特性を概念的に表したものを示している。

(1) 刺激の繰り返し提示により，反応頻度あるいは反応強度が減少する過程は刺激提示回数の負の指数関数によって表せる。これは反応強度の減少の大部分が訓練の初期に生じ，変化量は刺激提示の回数とともに減少することを意味している。

(2) 反応が馴化した後，動物に休息（馴化刺激を提示しない時間）を与えると，反応は時間経過とともに回復する傾向がある。休息時間が長くなればなるほど，反応の回復は大きくなる。これは自発的回復と呼ばれる。

(3) 連続する3回のセッションで刺激が与えられ，1セッションでは30秒ごとに5回刺激が提示されるとする。さらに，セッションの間には2時間の休息が与えられる。2セッション目以降の最初の試行での反応水準は，自発的回復のために前セッションの最後の試行よりも高くなるだろう。しかし，第1試行での回復の程度は，後のセッションほど減少する傾向がある。これは**馴化の馴化**と呼ばれる。これは休息の間にもいくらかの保持がなされていることを示唆している。

(4) 馴化は刺激間間隔（ISI）が短いほど速い。つまり，より頻繁な刺激提示は，反応の減少はより早く，より大きくなる。これは **ISI 効果**といわれる。

(5) 同様に，馴化の速さは，馴化刺激が相対的に弱いほど速い。つまり，**刺激強度**と馴化の速さは負の相関をもつ。実際，もし刺激が非常に強ければ馴化は起こらない。例えば，歯の痛みはなかなか馴化しない。

(6) 反応は馴化したけれども，刺激がさらに何試行か続けて提示されているとしよう。これは自発的回復の量に対してどんな効果をもつだろうか？反応は0よりも少なくなることはできないから，余分な試行はこの反応に何ら「余分な」ものをもたらさないように見えるが，過剰学習により自発的回復の量は相当減少することがある。これは**潜在馴化**と呼ばれる。なぜなら，まるで過剰学習中に反応強度が最小値よりもさらに小さくなるかのように思われるからである。潜在馴化は学習と行動を等しいとみなすことが危険であることを示唆している。過剰試行の間，遂行には変化がないけれども，学習はずっと続いているように思われる。このことは**学習-遂行の二分法**と呼ばれる（→第13章1.a., 377頁参照）。

(7) 馴化は，繰り返し提示される刺激の特性に対して特異的である。これは，類似した刺激はある程度の反応の抑制を引き起こすかもしれないが，類似性が弱いほど，反応の回復はより大きいということを意味する。これは馴化の般化と呼ばれる。

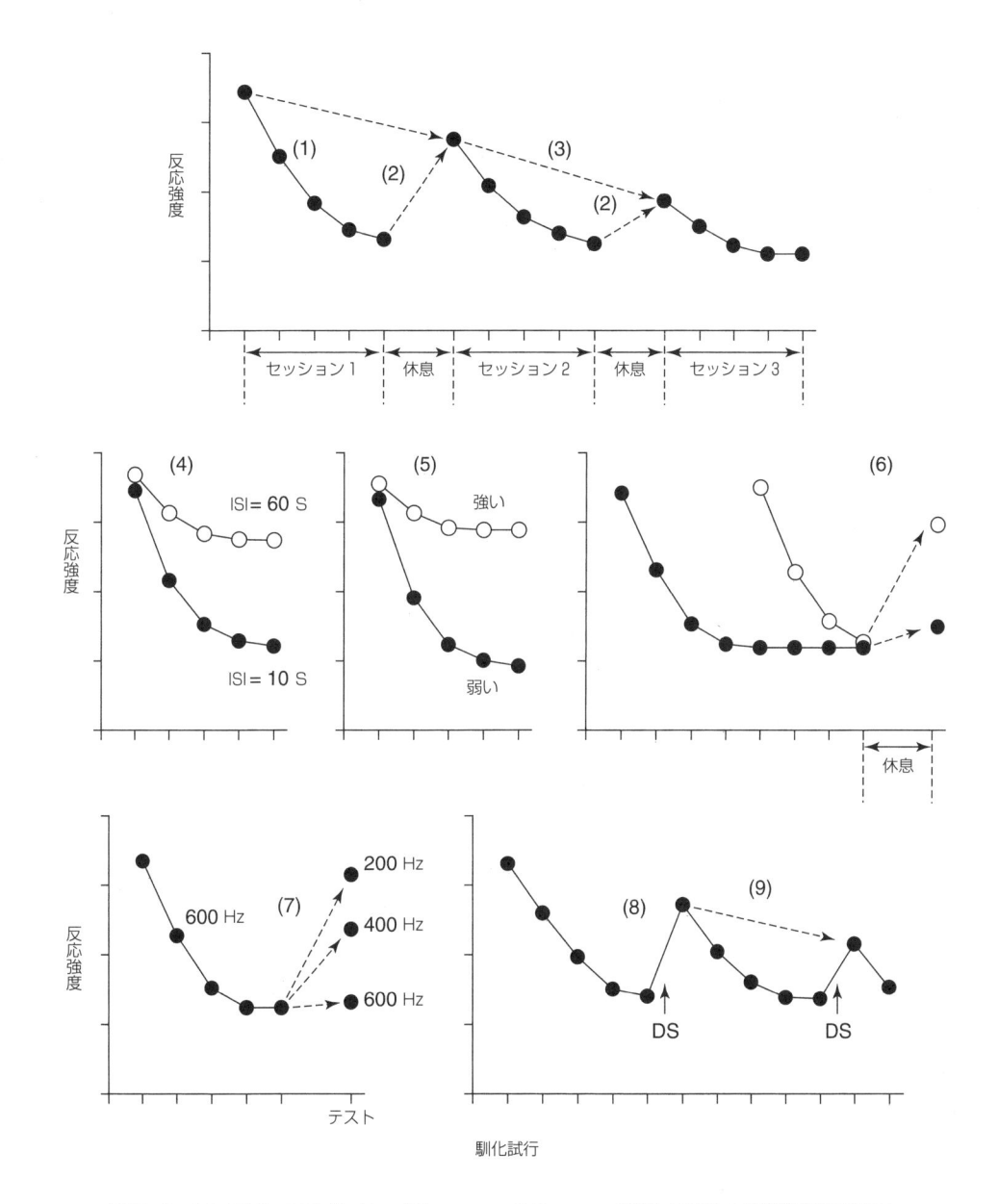

図7-9　トンプソンとスペンサー（Thompson & Spencer 1966）**の馴化の9特性を概念的に表した説明図。**括弧の中の数字は，それぞれ本文中での各特性の記述と対応している。DSは脱馴化刺激を表す。

(8) 新奇刺激や比較的強い刺激が，馴化刺激とともに提示されると，反応はかなり回復する。これは脱馴化といわれ，前に指摘したように，反応減少を引き起こす原因が神経系によるものなのか末梢性のものなのかを識別するのに用いられる。神経の相互作用によって引き起こされる行動の減弱だけが，馴化の例と見なされている。

(9) **脱馴化の馴化**も存在する。脱馴化刺激が繰り返し提示されると，反応を回復させる能力は減少する。

　これらの特性は全体として，ある行動変化を馴

化として分類する基準になる。これらの基準を満たす反応は，生体の中枢神経系の制御下にある可能性が高い。感覚順応や筋疲労のような末梢の過程は，脱馴化を十分に説明することはできず，また刺激強度の効果を説明することもできない。例えば，強い刺激が受容体や筋をより強く活性化して，強い順応や疲労を生じるとするなら，なぜ馴化がよりゆっくりと生じるのだろうか？

3. b. 反射と定型的活動パターン（MAP）の馴化
アフメラシ *Aplysia* のえら引っ込め反射（→ 2.b., 182–185 頁）やウミウシ *Tritonia* の逃避 MAP（→ 2.c., 185–187 頁）は，上に述べた馴化の特性の多くを示す。ウミウシの逃避 MAP は，尾部への塩水の水流噴射によって容易に引き起こされる（Frost et al. 1996）。2 分に 1 回の割合で比較的強い馴化刺激を与えると，遊泳反応が負の指数関数にしたがって減少することが実験で示されている。この場合，馴化は背腹側方向の収縮回数の減少として現れる。収縮の回数は，最初の試行では 8 回であったものが，10 回目の試行では 3 回にまで減少する。

馴化したウミウシがそのまま何もされずにしばらくの間放っておかれると，遊泳反応も自発的回復を示す。10 回の刺激の後，5 分経過すると，収縮の回数は最初の 24％まで回復する。10 回の刺激後 1 時間では 50％まで回復する。自発的回復率のこのような急速な上昇は，なぜ馴化が ISI が短い場合により速く進行するのかを少なくとも部分的に説明する。例えば，ウミウシでは，馴化刺激を 10 分あるいは 30 分ごとに提示した場合よりも，2 分に 1 回提示された方が馴化は早く生じる。

このような結果（すなわち，反応の減少が負の指数関数にしたがうこと，自発的回復，ISI 効果）は，末梢における変化によっても，中枢神経系の変化によっても説明できる。おそらく，遊泳反応の減少は，筋疲労か感覚順応によるものである。このような末梢での変化による説明は，馴化が生じた後に異なる刺激を提示することで反応が回復する脱馴化の実験によって排除される。ところがウミウシでは脱馴化は得られにくい。特に遊泳反応が訓練によって完全に起こらなくなっていなければ難しい。しかし，脱馴化は他の多くの被験体

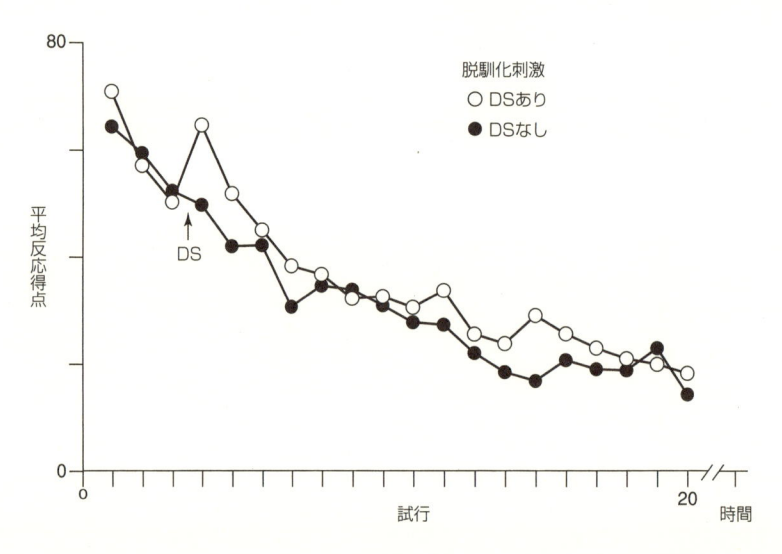

図 7–10　カニ *Chasmagnathus granulatus* における影によって誘発される活動性の脱馴化（Brunner & Maldonado 1988）。カニは容器の中におかれ，影（トリのような捕食者をシミュレートする）が一定の時間間隔でカニの上を通過する（ISI＝1 分）。矢印はカニの甲羅への触刺激が脱馴化刺激（DS）として提示された，第 3 試行と第 4 試行の間の時点を示す。これは一定間隔で行なわれる影提示を中断することなしに与えられた。脱馴化刺激を受けた群だけに，第 4 試行での活動性の回復が認められる。

ではふつうに得られるものである。例えば，アメフラシの水管引っ込め反射（→図7-3参照）では，水流の吹き付けの繰り返しによる馴化は，尾部への電気刺激や触刺激によって，簡単に脱馴化する（Marcus et al. 1987）。

脱馴化実験においては，時間的パラメーターに十分に注意を払う必要がある。動物は，例えば1分間のISIをおいて，規則的な時間間隔で馴化刺激を提示される。理想的には，脱馴化刺激はISIの間に馴化刺激の提示時間間隔を乱すことなしに提示されるべきである。もし，ISIが脱馴化刺激の提示によって延長されるなら，反応の回復が脱馴化により引き起こされたのか，自発的回復により生じたのかが明らかではない。さらに，脱馴化刺激の提示に続く直後の試行の遂行は，脱馴化刺激を受けていない統制群の遂行と比較されるべきである。図7-10は Chasmagnathus granulatus というカニ（節足動物）に見られる脱馴化の明らかな例を示す。手続きは，捕食者の出現をシミュレートする影がカニの上を通るというものであった。カニは影に反応して，その活動性が上がる。しかし，影が繰り返し提示されると活動性は減少する。しかしながら，もし触刺激がカニの甲羅に与えられると，前の試行と比較しても，また脱馴化刺激を提示されなかった統制群と比較しても，反応の大きな回復が起こっている（Brunner & Maldonado 1988）。

3. c. 短期馴化と長期馴化　いくつかの証拠から，訓練で馴化した反応は回復する速さによって，少なくとも2つのタイプの馴化が区別できることが示唆される。ある訓練法では，1時間以内にほとんど完全に回復するタイプの馴化が起こる。これは**短期馴化**と呼ばれる。しかし，他の実験計画では，反応抑制が訓練後数日間続く。これは**長期馴化**と呼ばれる。この区別は，以下で示すように，異なるメカニズムがこれら2つのタイプの馴化を決定していると考えられるという点で重要である。

馴化した反応がどのくらいの時間で回復するかは，いくつかの訓練変数によって決まる。例えば，カニ Chasmagnathus granulatus の影に対する反応は，1つのセッションで5ないし10回の訓練試行を行なうと有意な馴化が見られるが（短期馴化），反応は24時間後には完全に回復する。しかし，単に訓練試行を15回以上に増やすことで，翌日の保持テストでは，かなりの反応減少が認められる（Pedreira et al. 1998）。

試行の時間分布もまた，訓練翌日の反応回復の程度に影響を及ぼす。例えば，アメフラシ Aplysia californica では，1セッションで連続して40回の訓練試行を行なうと，訓練後24時間以内に完全な回復が起こる。しかし，同じ40試行を，1日10試行ずつの4セッションに分散させると，反応は訓練後1週間経過しても弱くなっていることが認められる（Carew et al. 1972）。したがって，集中訓練では短期馴化が生じるが，分散した訓練では長期馴化が生じる。

3. d. 短期馴化の神経的基礎　馴化はそのいくつかの特徴から，単純な学習の細胞レベルでの分析のよい研究対象となるだろう。馴化の行動的特性は十分に研究されており，馴化するいくつかの反射を司る回路もよく知られている。実際，馴化は神経系の機能に関して最も興味深い謎，すなわち情報がどのように獲得され，中枢神経系にどのように蓄積されているのかを理解する助けになりうるものである。

センチュウ Caenorhabditis elegans は，その中枢神経系が単純であることから（雌雄同体である成虫は，中枢神経系のニューロンがたった302個だけであることを思い出そう），馴化の細胞レベルの基礎を研究するにはよい材料である。さらに，そのニューロンは，異なる個体でも同じ場所に位置しており，同じシナプス結合をつくっている。事実，およそ5000個の化学シナプスと2000個の電気シナプスについてのデータベースがある（White et al. 1986）。それゆえ，研究は行動を司る回路を研究するために使用できるモデル行動の同定に始まり，可塑性の存在する場所の同定へと進んでいく。そのような研究材料の1つが，タッピング後退反応（TWR）である。これは機械的感覚刺激（センチュウを置いたペトリ皿の端を軽く叩いて振動させる。→図7-11-(a)参照）

(a)

(b)

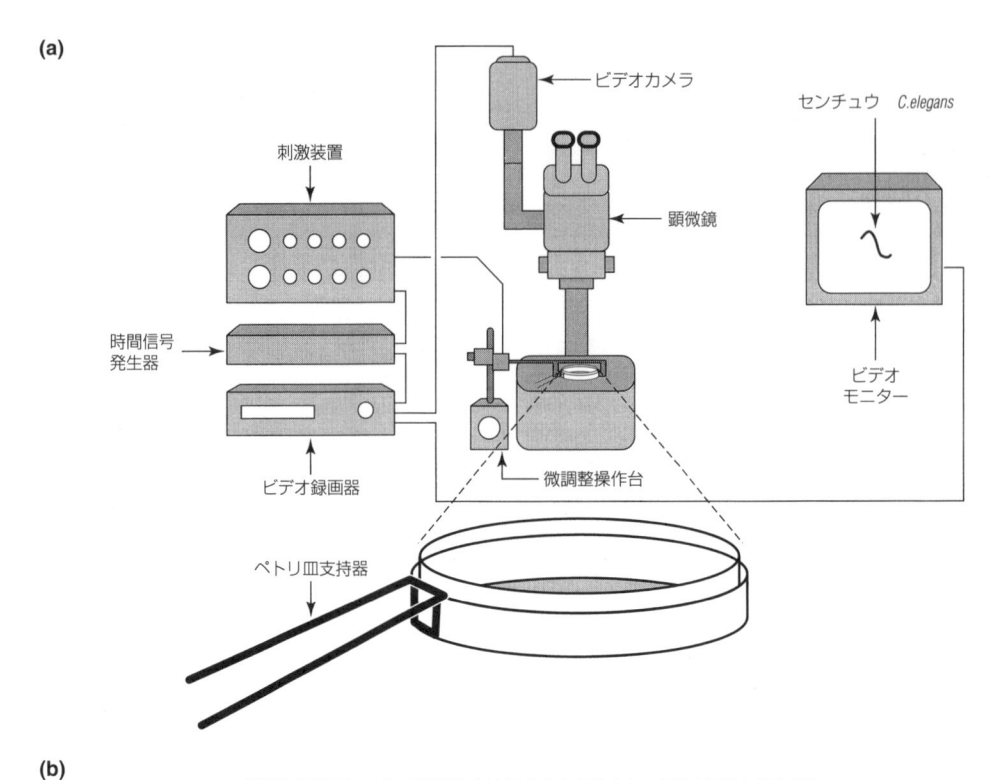

拮抗反射系がタッピング刺激に対する前方向と後方向への動き反応を媒介する

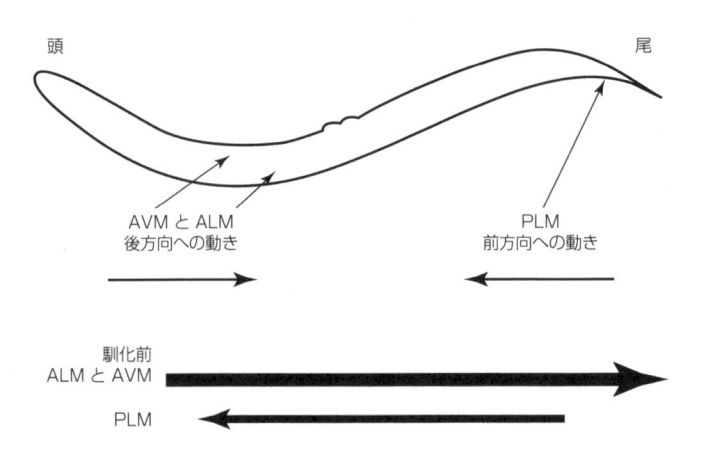

図7-11 (a)センチュウ *Caenorhabditis elegans* のタッピング後退反応（TWR）を研究する実験のセット。センチュウはペトリ皿の中に置かれ、刺激装置によって機械的刺激がペトリ皿に加えられる。顕微鏡につけたカメラを通して実験の様子がビデオテープに記録される。センチュウの行動は、ビデオテープの記録から数量化される。(b) AVM, ALM と PLM は機械感覚ニューロンと呼ばれ、タッピング刺激に反応する。これらの感覚ニューロンの活動は、センチュウが前に動くのか、後ろに動くのかを決定する。馴化する前には、タッピング刺激に対する後ろへの動きは非常に強い（図は Cathaline Rankin による）。

によって引き起こされる逆向遊泳反応である（→図7-11-(b) 参照）。この動物は非常に小さく約 1 cm の長さしかないので、顕微鏡下で観察する。訓練セッションはビデオテープに録画し、行動は

特別なソフトウェアを用いて得点化され，逆向遊泳距離が測定される。加えて，個々のセンチュウを固定して，外科用レーザーを用いて特定の細胞1つを切除することが可能である。この技術を使えば，個々に同定された決まったニューロンを除去することができる。その後の行動のテストで，その特定のニューロンのTWRの馴化への関与の程度が決定される。逆向遊泳は自発的に生じることもあり，温熱刺激（センチュウや培養液に直接触れないように，熱したプレートを近づける）でも引き起こすことができる。

TWRの短期馴化は，これまでに述べた馴化の多くの特性を示す。例えば，脱馴化し，またISI効果を示す。ウィックスとランキン（Wicks & Rankin 1977）は，タッピングに対する反応として生じる逆向遊泳が，自発的に生じる逆向遊泳と同じ移動運動のCPGによって媒介されていることを示した。しかし，TWRが馴化したとき，自発的な逆向遊泳行動の数や頻度は影響を受けなかった。同様に，タッピングに対して反応が馴化していても，温熱刺激によって誘発される逆向遊泳は影響を受けなかった。このような結果は，TWRの馴化が機械感覚受容体を含んだ経路の中で生じており，逆向遊泳を制御する移動パターン発生回路や運動ニューロンに起こるのではないことを示唆している。もし，運動系に馴化が生じているのならば，TWRの馴化は自発的な逆向遊泳とタッピング以外の刺激に誘発される反転遊泳の両方に影響を及ぼしたはずである。

短期馴化に関与する部位は，軟体動物のアメフラシ Aplysia californica のえら引っ込め反射（GWR）について同定されている。図7-3に示したように，GWRは水管からの情報を検知する感覚ニューロンと，えら筋肉に分布している運動ニューロンが結合する単シナプス経路を持つ。肝心のシナプスは腹部神経節にある。この神経節は，体から切り離して，馴化実験を遂行するだけの時間，海水溶液の中で維持することができる（Castellucci & Kandel 1974）。水管から感覚情報を伝える神経が電気的に刺激され（馴化刺激），L7とラベルされた問題の運動ニューロンのうちの1つの活動が出力（反応）としてモニターされる。感覚ニューロンが繰り返し活性化されると，それ自身の活動電位を発生する能力は影響を受けないが，L7に誘発されるEPSPの振幅が減少する。シナプス後EPSPの減少は，介在ニューロンによって引き起こされるものではなく，感覚ニューロンとL7間のシナプスの活性化の繰り返しの結果である。興味深いことに，L7が繰り返し刺激されても，活動電位を発生する能力とそれ自身のEPSPの振幅は減少しない。これは，シナプス可塑性の源が，シナプス前の感覚ニューロンにあることを示唆している。

GWRの短期馴化が，興奮性の減少を生じる単一のシナプスによって媒介されていることから，この現象は**ホモシナプス抑制**と呼ばれる。ホモシナプス抑制は，活動電位によって感覚ニューロンから放出される神経伝達物質の総量が減少することによって引き起こされる。活性化が繰返されると，感覚ニューロンの軸索終末へのカルシウムの流入が減少する。カルシウムイオン（Ca^{++}）は，シナプス間隙に放出される神経伝達物質を貯蔵する小胞がシナプス前膜への移動する過程に関与している。したがって，アメフラシのGWRの短期馴化は，シナプス前の現象である。

3. e．　長期馴化　同じような細胞レベルでの変化が，もっと長く強いものならば長期馴化が生じるのだろうか？長期馴化はホモシナプス抑制に一部依存しているが，さらに別の要因が関与している。比較的長期間の記憶を維持するために，感覚細胞には構造的変化が起こる。

毎日10回の水管刺激提示を行なう5日間の訓練の後で，ホモシナプス抑制が観察された（Castellucci et al. 1978）。馴化訓練の1日後，7日後，21日後にL7ニューロンで観察されたEPSPは，分散訓練を受けなかった統制群の動物のL7ニューロンのEPSPよりも有意に小さかった。これらL7のEPSPは感覚ニューロンに単一の活動電位を引き起こすことによって得られた。どのようにして，このような機能的変化が，GWRの訓練とテストの間の数日間という長期間維持されたのだろうか？

長期馴化は，部分的には感覚ニューロンと運動

ニューロンの間のシナプス結合の機能的不活性化によって起こる。機能的変化を調べると，馴化した動物では感覚ニューロンとL7とのシナプス結合の約30%だけが機能していることが分かった。対照的に，統制群の動物では，結合の約90%が機能している。実際の結合はそのままであるが，長期馴化訓練は，感覚ニューロンが運動ニューロンに影響を及ぼす結合部位の数を減少させる。これは**機能的乖離**と呼ばれる。

　おもしろいことに，長期馴化訓練によって生じた，このようなシナプス効率の変化は，脱馴化刺激によって簡単にすばやく回復する（Carew et al. 1979）。馴化したアメフラシが，訓練の2時間後に頭部に強い電気ショックを受けて，さらに2時間後に再度馴化刺激が与えられると想像してみよう。このような脱馴化処置は，GWRを元の反応強度の約70%水準に回復させる。頭部への電気ショックを与えられない馴化した動物は，最初の反応強度の約10%水準を示した。

3. f．脱馴化と短期鋭敏化　前に指摘したように，馴化は刺激が相対的に強いときには起こりにくく，新奇な脱馴化刺激の提示によって回復する。事実，相対的に強い刺激によって引き起こされる反応は，刺激が繰り返し与えられると反応強度が実際に増大することがある。これは**鋭敏化**と呼ばれ，ある意味では，馴化と反対の行動的変化としてみなすことができる。馴化が刺激に特異的であるのとは異なり，鋭敏化は生体の内的状態の変化であると一般的に考えられている。鋭敏化した動物は，環境内のほとんどどんな刺激変化に対しても反応する傾向がある。強い刺激によって，動物は警戒状態になり，その環境内に起こるすべてのことに対して反応性が増大する。鋭敏化には短期的なものと長期的なものがある。まず短期鋭敏化効果について見ていこう。これは，比較的強い刺激の繰り返し提示の結果として生じる反応強度の増加であり，訓練後数時間以内までに完全に回復する。

　海生の軟体動物であるホクヨウウミウシ Tritonia diomedia では，水の吹き付け刺激は逃避反応を引き起こし，それは試行が繰り返されると馴化する。しかし，この反応は自然条件下では Tritonia の捕食者，たいていはヒトデによって引き起こされる。もし，水の吹き付けが，ウミウシの捕食者の1つであるヒトデ Pycnopodia helianthoides との接触に置き換えられた場合には，逃避遊泳は鋭敏化される（Frost et al. 1998）。逃避MAPは準備段階を含み（ウミウシはその体を縮める），それから背腹側方向の収縮が繰り返される。鋭敏化は，この準備時間の長さの減少と，遊泳の開始の早さ，収縮回数の増加として現れる。

　アメフラシでの研究は，強い刺激提示の一般的な効果を示している。GWRは，被験体によって水管あるいは紫腺の刺激によって馴化された。紫腺は黒い分泌物を放出する（インク噴射行動と呼ばれる）器官であり対捕食者機能を持つ。それから，すべての被験体は頭部に強いショックを1回与えられた。水管への刺激に馴化した動物は，その刺激に対するGWRの脱馴化を示し，また紫腺への刺激に対するえらの反応が増加した。一方，紫腺への刺激に馴化した動物は，その刺激に対するGWRの脱馴化を示し，水管への刺激をに対するえらの反応が促進された（Pinsker et al. 1970）。したがって，頭部への強いショックは馴化した反射と馴化していない反射の両方を促進した。このことは，強い脱馴化刺激によって引き起こされた変化は，特定の経路に特有のものではなく，複数の刺激-反応経路に共通するものであることを示唆している。

　このタイプの実験操作は，脱馴化と鋭敏化に同じように影響すると考えられるが，後で見るように，これら2つの学習過程は，異なるメカニズムに基づいているようである。脱馴化実験の訓練計画は，馴化刺激（水管への触刺激）に関わるものと脱馴化刺激（頭へのショック）に関わる2つの感覚入力を含んでいる。これは，一方では，その基にある神経回路が，馴化の神経回路よりももう少し複雑な構造をもつことを示唆している。図7-12はアメフラシにおけるGWRの脱馴化に必要な最小限の回路を示している。電気生理学上のいくつかの知見は，この回路の中の鋭敏化が局在する部位（軸索-軸索シナプスが図中に破線で囲まれて示されている）を理解する助けになる。

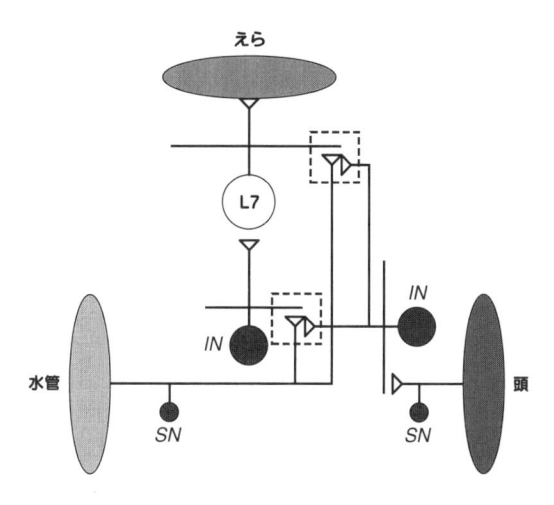

図7-12 アメフラシ *Aplysia californica* におけるえら引っ込め反射の脱馴化に関与する最小限の回路の概念図。水管からの感覚ニューロン（SN）（馴化刺激を伝える）と頭部からの感覚ニューロン（脱馴化する刺激を伝える）は介在ニューロン（IN）と結合し，介在ニューロンはえらの収縮に一部関与している運動ニューロンL7とシナプスを形成する。水管からのSNはまたL7と直接結合を持つ（前に述べた単シナプス経路）。脱馴化刺激を伝えるINは，馴化刺激を伝えるSNと軸索‒軸索結合をつくる。これらが可塑性の存在する部位である（図では破線で囲まれている）。軟体動物では，樹状突起はニューロンの細胞体近くの軸索部分にある。

例えば，微小電極によってL7が繰り返し刺激されても，後のGWRの生起が促進されることはない。鋭敏化にはL7の活性化の増加が関わっているから，この知見は，可塑性の存在する部位がシナプス前にあることを示唆する（Carew et al. 1971）。

脱馴化には，短期馴化で見られるのとは逆の電気生理学的反応が関わっているようである（Castelluci & Kandel 1976）。繰り返し水管に与えられた刺激は，L7で記録されるEPSP振幅の減少を引き起こす。これは短期馴化の基礎をなすホモシナプス抑制現象である。もし，馴化訓練に続いて動物の頭部に分布する感覚ニューロン（通常，脱馴化刺激を伝える）が刺激されると，抑制されたシナプスの伝導は回復され促進される。脱馴化させる入力は，L7で記録されるEPSPの振幅を回復させる。これらの感覚ニューロンは，水管に分布する感覚ニューロンと軸索‒軸索シナプスを確立し，このシナプスを通して，水管‒L7シナプスが脱馴化する。これは，水管‒L7シナプス結合の促進が，その過程の間にはそれ自身は変化しない2番目のシナプスによって達成されるので，**ヘテロシナプス促通**と呼ばれる。ちょうど馴化と

鋭敏化がL7ニューロンにおけるEPSPの逆方向の変化を含むのと同じように，それぞれ水管‒L7シナプスにおいて放出される神経伝達物質の総量の減少と増加が関わっているように思われる。

脱馴化は，セロトニンを含むいくつかの神経伝達物質に依存することが知られている（Brunelli et al. 1976）。例えば，分離した腹部神経節を，馴化訓練後すぐにセロトニンを多く含む溶液に浸すと，L7のEPSP振幅は，脱馴化刺激によって引き起こされるのと同じ大きさまで回復する。しかし，シナプスの促通はセロトニンの作用を妨害するシナンセリン（セロトニン拮抗薬）を投与することにより妨害される。さらに，セロトニン神経毒の投与によるセロトニンの枯渇によって脱馴化は弱められる。これらの一貫した証拠は，いくつかの促進性介在ニューロンでは神経伝達物質としてセロトニンが使われていることを示唆する。しかし，セロトニン溶液に浸すことはまた，短期鋭敏化と解釈される抑制されていないシナプスを促進する効果をもつ。

セロトニンとそれに類似した興奮性効果をもつ他の神経伝達物質は，シナプス効率の増加に至る，水管の感覚ニューロンに生じる一連の効果を開始

するものであるように思われる（Braha et al. 1990）。この過程は図7-13に説明されている。この図に示されている軸索-軸索シナプスの興奮は，ヘテロシナプス促通と直接に関係する環状アデノシン一リン酸（cAMP）のレベルを上昇させる。もし，腹部神経節にcAMP様の物質が与えられると，水管-L7シナプスは促通される。しかし，感覚細胞ではない細胞と結合するシナプスは，そのような手続きによって促通されることがない（Brunelli et al. 1976）。軸索末端でのcAMPレベルの上昇は，細胞膜にあるイオンチャネルの透過性に関して少なくとも2つの効果をもつ。

1つは，細胞質酵素への作用を通して，cAMPが細胞膜にあるカリウム・チャネルを閉じ，感覚ニューロンの細胞内から細胞外へのカリウム・イオンの流出を妨げることである。ふつうは，活動電位は正に帯電したナトリウム・イオン（Na^+）の細胞内への流入による細胞の脱分極を起こす。これによって，やはり正に帯電しているカリウム・イオン（K^+）の流出が起こる。このカリウムの流出は，細胞を元の状態に戻す（細胞を再分極させる）。刺激された感覚ニューロンでは，このカリウムの流出が妨げられるため，到達した活動電位が通常よりも長く続く。これは，**活動電位幅の延長**と呼ばれる。このcAMPの影響は，イオンチャネルを修飾する細胞質酵素であるプロテイン・キナーゼA（PKA）により媒介される。

cAMPレベル上昇の第2の効果は，カルシウム・チャネル（Ca^{++}）が開いたままの状態を長くするし，感覚ニューロンの中へのカルシウムの流入を増加させることである，前に指摘したように，カルシウムは小胞の膜方向への移動を促して，シナプスへの神経伝達物質の放出を促進する。これは結果として感覚ニューロンの**興奮性の増大**を引き起こす。cAMPのこの作用はまた，PKAによって部分的に媒介されるが，プロテイン・キナーゼC（PKC）として知られている2番目の酵素によっても媒介される。

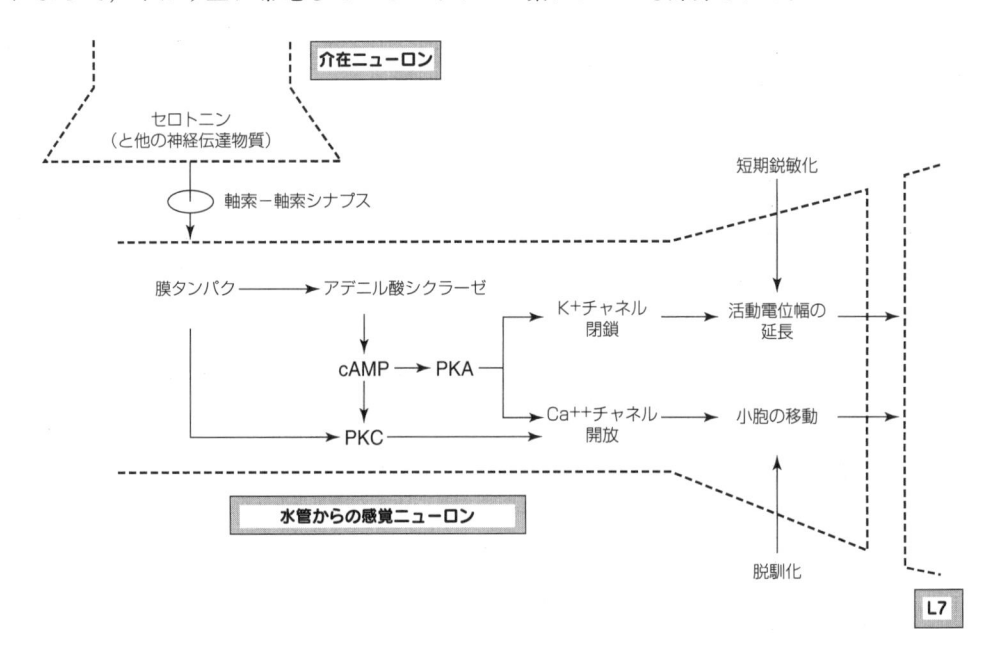

図7-13 アメフラシ *Aplysia californica* におけるえら引っ込め反射の脱馴化と短期鋭敏化に関わる分子過程の概念図（Braha et al . 1990）。軸索-軸索シナプスをつくる興奮性介在ニューロンが活性化された結果として，感覚ニューロンで神経の可塑性が生じる。抑制されたシナプス（馴化手続きのによる）は，カルシウム・チャネルの開放，小胞の移動，シナプスへの神経伝達物質の大量放出に至る過程によって脱馴化される。抑制されていないシナプスは活動電位幅の延長によって活性化される。これは，カリウム・チャネルの閉鎖に依存するメカニズムであり，活動電位によって起こる軸索末端の脱分極を通常より長い時間維持する。

活動電位幅の延長と興奮性の増大はお互いに独立しており，それぞれがシナプスの異なった状態において最もよく働くように思える（Hochner et al. 1986）。例えば，もし，シナプスが馴化訓練によって抑制されていると，興奮性の増大のメカニズムは，そのシナプスを効果的に脱馴化する。しかし，抑制されてないシナプスは活動電位幅の延長の影響を受ける。このことの1つの意味は，脱馴化と鋭敏化の分子メカニズムが同じではないということである。脱馴化は，カルシウムの流入と小胞の移動によって引き起こされた感覚ニューロンの興奮性の増大の結果であり，一方，鋭敏化は，活動電位幅延長のメカニズムに基づいている。

3.g. 長期鋭敏化

馴化の場合と同様に，鋭敏化試行の回数を増し，数日間にわたって訓練を行なうと，数時間ではなく数日間も持続する反応の促進が起こる。これは長期鋭敏化と呼ばれ，短期鋭敏化とは異なるメカニズムが関与しているという証拠がある。ある実験では，ふつうに水管を繰り返し刺激することで水管引っ込め反射が馴化された（Pinsker et al. 1973）。その後10日間にわたり，実験群のアメフラシは，1日当たり2回の電気ショックを頭部に受けた。一方，統制群は何ら鋭敏化処理を受けなかった。図7-14は，鋭敏化訓練から1日後，7日後，21日後の水管反応の強さを示している。鋭敏化効果は，訓練の1日後と7日後では有意であったが，21日後ではもはや有意な差は見られなかった。切り離された腹部神経節が，セロトニンの豊富な溶液に5分間，15分ごとに4回浸されると，ヘテロシナプス促通が観察される。この促通は，浸潤処理の1日後に観察される（Montarolo et al. 1986）。行動的訓練と分離された腹部神経節のセロトニン処理の両方に見られる効果の1つは，PKCの増加を引き起こすことである。PKCの増加は数時間持

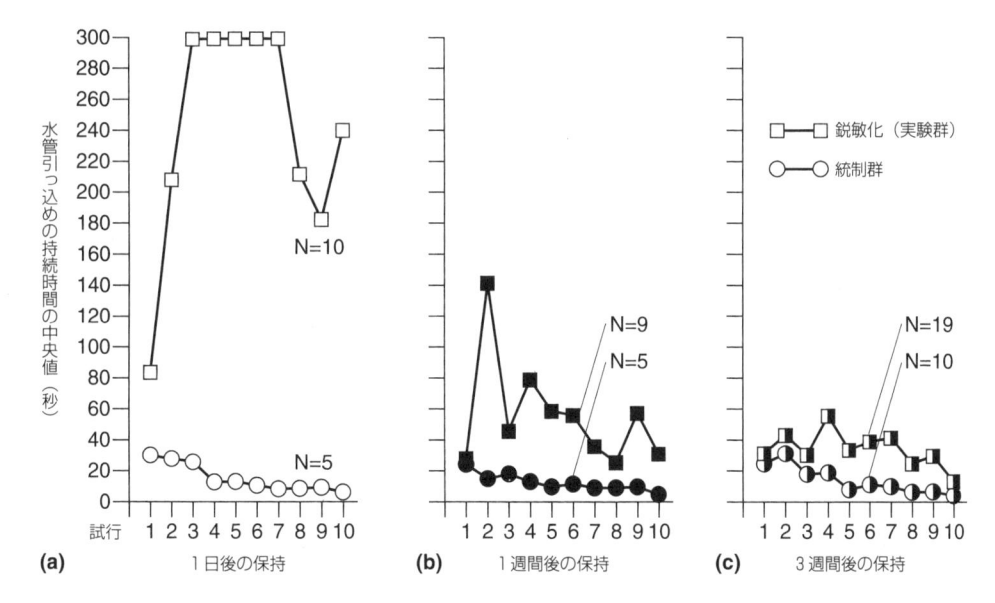

図7-14　アメフラシ Aplysia californica における水管引っ込め反射の長期鋭敏化（Pinsker et al. 1973）。実験群の動物は，10日間にわたって1日当たり2回の頭部への電気ショックと，水管への触刺激を1回受けた。統制群は水管への触刺激だけを受けた。(a)鋭敏化の実験群と統制群のそれぞれ半数は，最後の訓練セッションから1日後に再びテストされた。テスト試行では水管へ触刺激が与えられ，電気ショックは与えられなかった。実験群には，鋭敏化の効果が水管引っ込めの持続時間に認められた。(b)残りの半数の動物は，最後の訓練セッションから7日後に同様のテストを受けた。水管引っ込め反応の鋭敏化の程度は，1日後のテストに比較して減少した。しかし，反応の水準は統制群よりもまだ有意に高い。したがって，かなりの程度の鋭敏化が，訓練後1週間でも検出することができた。(c)すべての動物が，電気ショックを与えられた最後のセッションから3週間後にテストされた。

続し，短期と長期の効果の中間になる（Sossin et al. 1994）。PKC は，短期鋭敏化に含まれる機能的変化と，長期鋭敏化の基にある構造的変化の間の隔たりを埋める分子メカニズムかもしれない。

長期鋭敏化は，遺伝子発現とタンパク質合成によって媒介される感覚ニューロンの構造的変化を含む。例えば，ベイリーとチェン（Bailey & Chen 1988）は，鋭敏化された感覚ニューロンでは L7 運動ニューロンとシナプスをつくる軸索終末の数が増加していることを発見した。この結合部位は軸索瘤と呼ばれ，それらは実際に機能している。軸索瘤の増加は，セロトニンの溶液に浸すことや cAMP の投与によって得られ，いずれの場合にも神経生理学的にはヘテロシナプス促通が生じる。これらの実験の多くは，培養液中におかれた細胞でなされており，軸索瘤を発達させるのに必要な細胞要素を決定することが可能であった。軸索瘤が，培養液におかれた系に運動ニューロンが無傷で残されている場合にのみ発達するということは驚きである（Glanzman et al. 1990）。それゆえ，鋭敏化はシナプス前の現象であるが，感覚ニューロンにおける軸索瘤の誘導には，運動ニューロンが同時に活性化することが必要である。

このような形態的変化は，新しい軸索終末をつくることを必要とする。それにはまたタンパク質の合成を必要とする。したがって，タンパク質合成阻害剤（新しいタンパク質の形成を妨害する物質）で処理された感覚ニューロンでは，セロトニン投与による長期鋭敏化の効果は生じないが，短期鋭敏化には影響がない（Montarolo et al. 1986）。結論として，短期学習効果にはシナプス伝達の機能的調整が関与しているが，長期馴化と長期鋭敏化には，感覚ニューロンが長期間情報を保存するために，それ自身の構造を修正することが必要になる。

4. 軟体動物における学習メカニズムの進化

アメフラシで記述された馴化，脱馴化，鋭敏化の電気生理学的，分子的メカニズムはどれくらい一般的なものなのだろうか？個々のニューロンの同定が可能になったことで，それを比較の枠組の中で，学習の基礎と考えられる機能的特性の進化の歴史を決定するために使うことができる。

「興奮性」と「活動電位幅の延長」という，前に述べた鋭敏化の2つのメカニズムが，アメフラシの機械感覚受容ニューロンの神経修飾に関わる表現型の一部として扱うことを考えてみよう。これらのメカニズムは，他の軟体動物の相同なニューロンにも存在するものだろうか？もし，これらの種の間の系統発生関係が，独立な分岐分類学的分析によって決定されるのならば，学習メカニズムの進化についてわれわれに教えてくれることがあるのだろうか？ライトら（Wright et al. 1996）は，4段階のアプローチによって，これらの疑問の答えを得た。まず，後鰓類軟体動物の7種が分析のために選ばれた（属：*Bulla*（ナツメガイ），*Akera*（ウツセミガイ），*Aplysia*（アメフラシ），*Dolabella*（タツナミガイ），*Bursatella*（トゲアメフラシ），*Phyllaplysia*，*Dolabrifera*（ビワガタナメクジ））。第2に，それらの系統発生的関係が，軟体動物の系統学で用いられる形態的特徴の組み合わせに基づき，標準的な分岐分類学的分析によって決定された。第3に，彼らは，それぞれの種で，アメフラシの尾部の感覚ニューロンと相同である感覚ニューロンを同定した。これらのニューロンが，脱馴化実験と鋭敏化実験で刺激された。神経学的相同は，中枢神経系におけるニューロンの位置，大きさ，生理学的静止状態のような特徴に基づいて決められた。これらの特徴の1つだけでは，どれも2つのニューロンが相同であることを示すことはできないけれども，全体としては説得力をもつものである。最後に，2つの神経修飾の特徴の状況（セロトニン誘導性の興奮性と，活動電位幅の延長があるかないか）がそれぞれの種で決定され，クレドグラムの中に書き加えられた。この分布の結果が図7-15に示されている。

主に2つの結論がこの系統発生的分析から導かれる。第1の結論は，この特定の感覚ニュー

ロン群においては活動電位幅の延長の以前に，興奮性の増大が進化したということである．この結論は，ここに示されたウツセミガイとナツメガイの2つの外群には，活動電位幅の延長がなく，興奮性が存在することに基づいている．この知見の意味することの1つは，興奮性の増大と活動電位幅の延長は独立的に進化してきたということである．これは前者を示す種があるが，後者のメカニズムをもたない種があるからである．第2の結論は，興奮性の増大と活動電位幅の延長の両方が，ビワガタナメクジの祖先の尾部感覚ニューロンで失われたらしいということである．したがって，アメフラシで短期と長期の鋭敏化を引き起こす訓練計画では，ビワガタナメクジで類似した行動的変化を誘導することはできなかった（Wright 1998）．しかし，これら2つの種は，同程度の外套引っ込め反応の馴化を示すことから，ビワガタナメクジもある種の学習を行なうことができることを示唆する．

行動的方法，電気生理学的方法，分子化学的方法，分岐分類学的方法の組み合わせによって，学習メカニズムの進化に関しての仮説を組み立てることができる．学習メカニズムを分離できること（すなわち，活動電位幅の延長と興奮性の増大）は，それらが独立的に進化してきたことを示すが，そこから，変化の順序の問題が生じる．2つのうちのどちらが先に進化したのだろうか？ ナツメガイとビワガタナメクジでは活動電位幅の延長がないということを考えてみよう（図7-15）．分岐分類学的分析を用いることで，本質的に同じ事実に対して異なる解釈が与えられる．ナツメガイにおける活動電位幅の延長がないことは，初期の原始的形質として解釈されるが，ビワガタナメクジでは逆に進化した形質として解釈される．

この章で述べた単純な行動的可塑性の例の，究極の起源は何であろうか？ 前に神経現象である馴化と，感覚順応とを区別した．感覚受容器は，順応によって現在の刺激状態に合わせる広範な能力をもつ．例えば，皮膚の機械感覚受容器は，われわれが着る服からの軽い圧力に対して順応し反応をしなくなる．カンデル（Kandel 1976）は，そのような形の末梢での可塑性が，動物の中枢神経

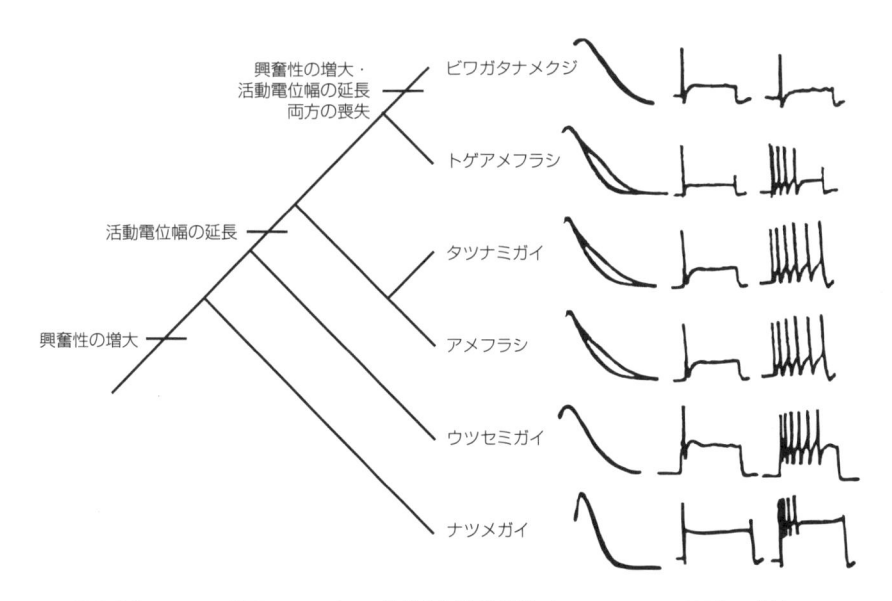

図7-15 軟体動物における学習メカニズムの分岐分類学的分析（Wright et al. 1996）．分岐図は6つの種の12個の形態学的特徴の組み合わせにPAUPプログラムを適用して得られたものである．これら6種のホモロジーのある機械感覚ニューロンについて，活動電位幅の延長と興奮性の増大という，2つの神経修飾の特徴の有無が決定され，分岐図の中に書き加えられた．次の2つの点が重要である．興奮性の増大が，活動電位幅の延長より前に進化したこと，両方のメカニズムがビワガタナメクジでは失われていることである．

系で生じる馴化の進化上の前駆体であったのかもしれないと述べている。仮説的な進化の歴史が図7-16に示されている。刺胞動物やその遠い祖先のように真のCNSを持たない動物では，可塑性が，受容器と効果器の両方として機能する1つのニューロンに限定されていたということは考えられる。この段階では，おそらく行動の変化はすべて感覚順応に帰することができるだろう。軟体動物で発見された馴化のメカニズムは，末梢から**可塑的シナプス**が失われ，CNSに移っていることが特徴的である。可塑的シナプスは，感覚ニューロンにも存在するが，それは可塑性を示す神経節の中にあって介在ニューロンや運動ニューロンと結合するシナプスである。カンデルはまた，脊椎動物の可塑性の局在化は，さらに末梢の検出器から離れて，CNSの中の介在ニューロンにだけ見られるのだと主張した。学習の中枢メカニズムと，学習を開始する末梢への効果との間には平行関係があるのだろうか？

ウォルターズ（Walters 1991）はアメフラシの学習メカニズムと，体の傷を検出して反応する能力との関連を指摘した。アメフラシの実験のほとんどは，皮膚にある機械感覚受容器を活性化する嫌悪刺激を用いている。これらの受容細胞は，動物の生命を脅かすどのようなタイプの傷でも検出できる重要な場所にある。末梢に傷を負うと，傷を受けたニューロンとその近くにある他の感覚ニューロンが持続的放電を発する。傷を受けた後の数秒間は，CNSのニューロンはあたかも鋭敏化訓練の間に生じるような高頻度の入力を受ける。その後シナプス促通と，軸索終末の成長を含む細胞の修復過程が続く。このようなシナプス促通は数週間続き，傷を受けた部位の近くで生じる反射の反応性を変化させる。体への傷に伴う細胞の変化と，鋭敏化の基礎にある細胞の変化の間に強い類似が認められることは，これら2つの過程が関係していることを示唆する。ウォルターズ（Walters 1991）は，この章のほとんどの例に示されたような，侵害受容信号に基づく学習メカニズムは，動物の歴史の初期に進化し，そのために広範な種に共通するものであると仮説を提出した。

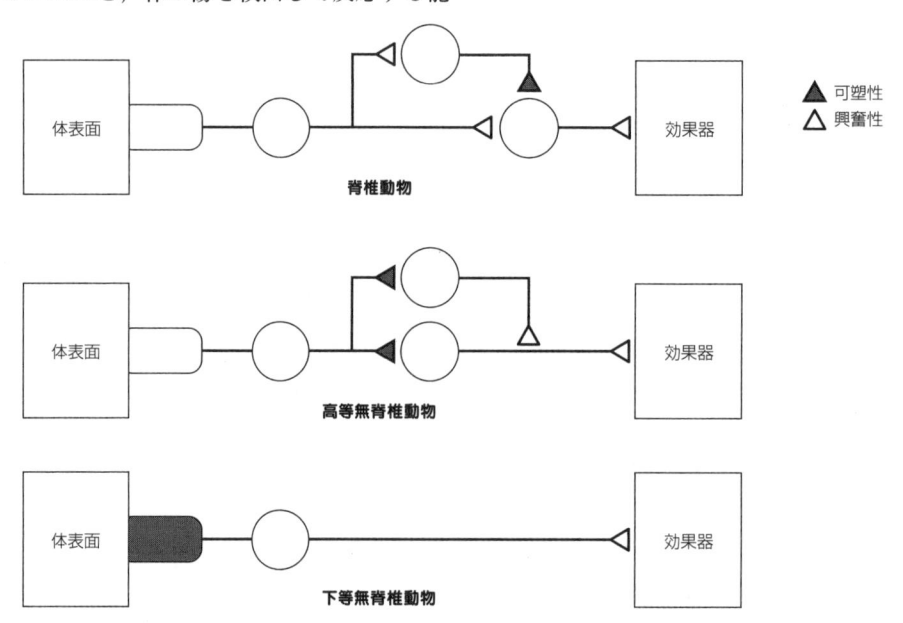

図7-16 馴化の基礎にある神経系の可塑性の進化に関するカンデル（Kandel 1979）の仮説。
刺胞動物やその祖先のような下等無脊椎動物では，可塑性は感覚-運動ユニットの受容側に局在していた。軟体動物のような高等無脊椎動物では，可塑性は中枢神経系に局在するが，まだ求心性感覚ニューロンにある。脊椎動物では，可塑性はさらに中枢神経系の中に移って，介在ニューロンの特徴となっている。

第8章　脊椎動物の脳と行動の進化

第8章の概括
- 脊椎動物の脳は，系統発生を反映した体制化の共通パターンと，特定の生活様式への適応に伴う構造の変異を示す。
- 神経連絡，神経伝達物質のシステムや他の特徴に基づく分岐分類学的分析は，脳の進化に関する仮説の前提として用いることができる。
- 脳の大きさは，すべての脊椎動物において，身体の大きさが増加するにつれて受動的に大きくなる。それに加えて，脳化はいくつかの系統で独立に進化し，解剖学的に分化した脳へと導いた。

　脊椎動物は2つのグループの動物，尾索動物門（Urochordata）と頭索動物門（Cephalochordata）に近接するクレードを形成する。尾索動物は成体では固着した動物なので，脊索動物とはまったく似ていない。しかし，尾索動物の幼生には，尾索動物が明らかに頭索動物と脊椎動物の同じグループに含まれることを示す，いくつかの決定的な特徴が認められる。これらのすべての動物は，次の4つの形質によって特徴づけられている。それは，脊索，背側脊髄，鰓裂，尾——これらは脊索動物の体の基本体制の4つの基本的要素である。**脊索**は背側にある固い棒のようなものであり，体を支える役割を果たす。脊索は尾索動物の幼生の尾にはあるが，成体にはない。脊索動物はまた，消化管の背側に**神経索**をもっている。これは中枢神経系（CNS）であり，すべての脊椎動物において前方で大きくなり，それは脳と呼ばれる。脊椎動物の脳は，軟骨か硬骨でつくられた頭蓋骨と呼ばれる容器の中に入っている。尾索動物に共通している他の2つの特徴は，呼吸に必要な**鰓裂**と肛門の後ろにある泳ぎに使用する**尾**である。尾は尾索動物が活動的な生活をするための主な構成要素である。このように多様であるにもかかわらず，**共有派生形質**と呼ばれるいくつかの固有の派生形質を共有しており，それは脊索動物が単系統群であるとする仮説を強く支持する（Nielsen 1995）。

1. 脊椎動物の革新的な進化の鍵

1. a. 脊椎動物の体　硬骨をもたず，真の脊椎動物としての資質を欠いている無顎魚類を「脊椎動物」と呼ぶのは奇妙に思えるかもしれない。しかしこれらの原始魚類には，頭蓋骨があり，すべての脊椎動物に見られるのと同じ基本的な構造が見られる。この理由から，脊椎動物門よりもむし

ろ頭蓋を有する動物として，無顎魚類に言及する方がより適切だろう。脊椎動物と頭蓋動物という用語は，一般に互換性がある。脊椎動物の頭は，末梢神経節をもった感覚神経と運動神経の他に，明確でよく発達した感覚器官（例えば，目，耳，味蕾）を含んでいる。これらの神経は脳神経と呼ばれ，化石化した頭蓋でも同定することができるものがある。脊椎動物の脳の一般的な構造は，また多くの変異形があるが，きわめて安定したものであり，基本設計は，異なる種においても容易に同定できる中枢神経系の明瞭な部分を構成している。図8-1は，基本型としての脊椎動物の脳と主要な基準面を示している。

脳の進化の研究は，特に脊椎動物が比較的容易に化石化する骨格をもつということによって進んできた。動物の死後，最も柔らかな組織である脳が崩壊しても，頭蓋腔を形成している骨は保存され，時としてほとんど完全な形が残る場合もある。これらの骨を頭蓋腔の鋳型として，研究者はかつてその中にあった脳の複製を手にすることができる。実際，いくつかの稀な場合には，自然に作られた脳の「複製」が発見されたこともある。これ

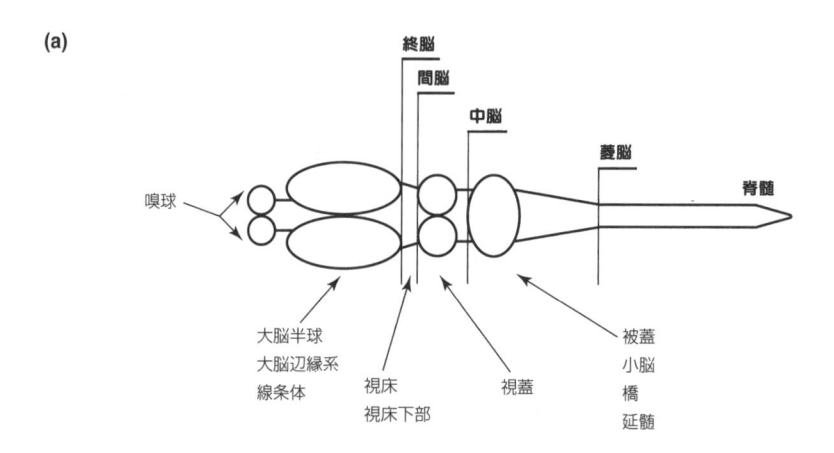

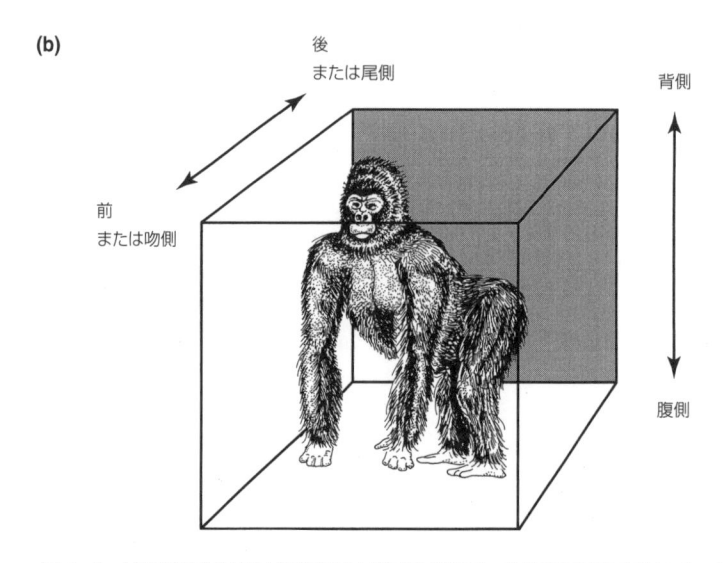

図8-1 (a)脊椎動物における脳の基本構成の概略図。各体節に局在するいくつかの構造を下に列挙した。(b)基準面。ほとんどの脊椎動物では図に示されたように表される。しかし，いくつかの種では動物は直立しており，背側は後，腹側は前と一致する（例えば，ヒト，カンガルー，タツノオトシゴ）。

らの証拠から，絶滅した動物の脳の形と大きさについて，かなりの情報がこの1世紀の間に集められてきた．この情報と，現生動物の研究から知られている脳の構造と機能の相対的な保守性の事実によって，感覚－運動系と脳の進化に関する一般的特徴を再構成することができるだろう．

1．b． 無顎動物の脳 フォレイとジャンビエ（Forey & Janvier 1993）は，現存種（メクラウナギとヤツメウナギ）と絶滅種（甲皮類）を含むさまざまな無顎魚類について56の形態学的特徴に基づく分岐分類学的分析を報告した．すでに指摘したように，無顎魚類は最も原始的な脊椎動物として知られている（→第6章，3.e.，151-155頁参照）．この分析から2つの主要な結果が得られた．第1に，メクラウナギは，現存種も絶滅種も含めてすべての無顎類の中で最も原始的である．メクラウナギの何種かが現存するという事実は，比較心理学者たちに基本的な脊椎動物の行動特性の研究をする重要な機会（まだ実現していないが）を提供する．ヤツメウナギもまた原始的ではあるが，現存する有顎類（すなわち，無顎類以外のすべての顎のある脊椎動物）に比較的近い．第2に，すべての絶滅した無顎動物の系統は，まとめて甲皮類と呼ばれ，絶滅した無顎類と有顎類との間に分類される．脳の大まかな形態などの特徴からみると，甲皮類はヤツメウナギと有顎類の間の中間形をなす．

図8-2は，神経の組織化と行動におけるいくつかの鍵となる革新的変化をクラドグラムに重ねたものを示す．これは何らかの情報が存在している神経系の特徴の歴史的系列についての仮説であ

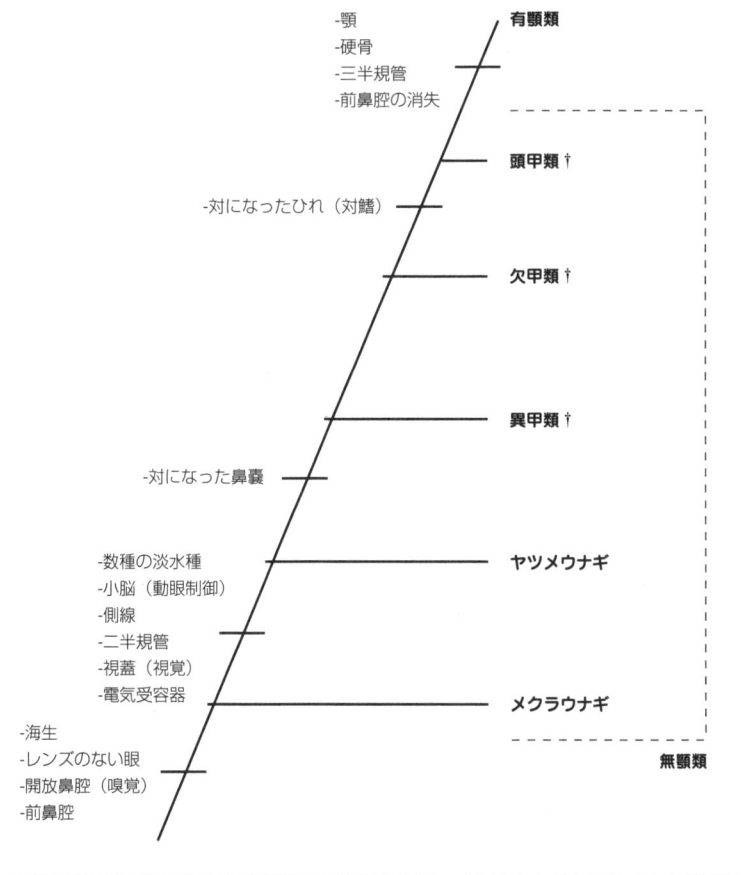

図8-2 初期脊椎動物である無顎魚類に生じた重要な特徴．メクラウナギとヤツメウナギは現存するが，他のすべてのグループ（†がついたもの）は現存しない．

る。化石となった最も原始的な無顎類は，すべてのメクラウナギの種と同様に海で生活していた。これは脊椎動物の進化が海で生じ，その後で淡水へと入ったことを示唆する。初期の脊椎動物についてよく知られていることの1つは，新しいより複雑な感覚系の進化である。その過程には，これらの感覚モダリティからの情報処理と関連した脳構造の変化が伴う（Forey & Janvier 1994）。例えば，メクラウナギは非常に単純なレンズのない眼を持っている。ヤツメウナギや他のほとんどの脊椎動物の眼にはレンズがあり，それによって網膜上に像を結ぶことができる。メクラウナギのレンズのない眼は，左右の網膜から投射を受ける中脳の構造である視蓋がないこと，レンズの遠近調節をする筋の制御に関わる器官である小脳が発達していないということと対応している。

同様な変化の系列は，内耳管の進化に見られる。これらの半規管は，平衡感覚と空間内での姿勢制御に関わっている。メクラウナギは非常に単純な内耳を持つが，ヤツメウナギは2つの明確な半規管を持っている。これらの管の中には感覚細胞があり，体の動きによる上下と前後方向の変化に反応する。絶滅した甲皮類もまた2つの半規管をもっていた。3番目の水平管は初期の有顎類で進化し，ヒトを含むほとんどの種に備わっている。三半規管をもった内耳器官は，空間のすべての次元での体の動きを感じることができる。

2. 比較神経学

2．a．パターン形成とその過程　脊椎動物の中枢神経系は身体の他の器官と同様に，その形態はある程度の保存と変異を示す。構造と神経結合，神経化学的システムが保存されていることから，脳の歴史的進化のパターンについての仮説を立てることができる。さらに，そのようなパターンは，特定の生活様式に適応した結果として生じるそれぞれの変異によって特徴づけられる。このようなパターンと形成過程の関係の例を，モルミルス科のサカナの小脳膨大に見ることができる。その小脳の大きさは，自然状態での行動における電気感覚の重要性と相関しているが，それはまだ小脳として認識することができ，他の脊椎動物の小脳との対応はすぐにわかる。同じことが脊椎動物中枢神経系のほとんどすべての構造に当てはまる。

脳構造は，他の形態的特徴や行動のような機能的特徴に適用されるのと同じ進化分析にかけることができる（Northcutt 1984）。3つの主な概念（ホモロジー，ホモプラシー，分岐）が，行動の進化パターンを理解するために長く使われてきた。そして，それらは神経構造や構造間の結合，神経化学システムの種間比較にも適用できる。**ホモロジー（相同）**とは，種間の形質の類似性がそれらの直接の共通祖先から受け継がれているものである。**ホモプラシー（成因的相同）**は一般的に共通の祖先に基づくものではなく，独立に進化した類似性を指すものである。ホモプラシーには異なる3つの場合がある。平行進化，収斂，そして反転である。**平行進化**では，形質の類似性は類似の原始的形質から進化し，**収斂**では，類似性はまったく異なった原始的形質に由来する。これら2つの可能性を見分けることは難しいことが多い。**反転**は，遠くはなれた祖先の形質が子孫種で進化することをいう。最後に，**分岐**とは形質の非類似性の進化をいう。

これらの概念が，「共通祖先」に言及することによって定義されていることに注意しなければならない。すでに指摘したことであるが，中枢神経系の内部構造は化石の中に常に保存されているわけではないから，この情報はいつでも与えられているわけではない。では，どうしてこれらの概念が脳の進化に適用されるのだろうか？いくつかの神経学的形質が，進化に関する仮説を展開するのに使われてきた。異なる種の間で，神経構造がホモロジーであるかホモプラシー，あるいは分岐であるかは，中枢神経系内のトポグラフィカルな位置，他の脳領域との求心的，遠心的結合の類似性，細胞構築学的な詳細（層や層構造などの細胞組織

構造），そしてニューロンが類似した神経伝達物質を使用する程度などによって分類されてきた。ホモロジーである構造が同定されると，どのような形質の変異にも極性の問題が生じる。つまり，どの変異形が原始的で，何が派生したものなのかが問題になる。極性は外群分析（→第6章，5., 168-173頁参照）によって決定することができる。外群分析によると，ある変異が，対象とするクレードの姉妹群においても見られるならば，それは原始的であるとされる。ひとまとまりの形質の極性が，それらの形質の成熟へと導く発生過程の研究から導かれる場合もある。発生学者のカール・フォン・ベーア（Karl von Baer）[1792-1876]は，一般的な特徴は発生の中で，その種に典型的な特徴よりも早く現れると指摘した（→図2-2, 29頁参照）。それゆえ，相対的に遅く発生する神経学的形質は，派生した形質である傾向がある。この考えは個体発生上の形質順序，または単に**フォン・ベーアの定理**といわれる。

2. b. 形質の安定性のいくつかの例 脊椎動物の中枢神経系は，他の部位よりもいくつかの点で変動が大きい。一般的にいえば，吻側部（終脳）は尾側部よりも種間の変動が大きい。加えて，パターン（系統発生）と過程（適応）の相互作用は次の3つの一般的形質において認められる。それは脳神経，脳の神経化学システム，そして脳室系である。

脳神経は，末梢の感覚受容器から中枢神経系へ求心性の情報を送る軸索と，中枢神経系から末梢の筋，腺，感覚受容細胞に遠心性の情報を送る軸索からなる。中にはもっぱら感覚神経，あるいは運動神経からなるものもあるが，おそらく，すべての脳神経は，求心性線維と遠心性線維の両方を含む。脊椎動物の脳神経のリストを表8-1に示す（Butler & Hodos 1996）。

ローマ数字で略記される上の12対の脳神経は，伝統的に認められてきたものであるが，その他のものは最近になって認められたものである。これらの神経すべてが，脊椎動物の全種にあるわけではなく，いくつかは比較的小さな分類群に限られている。例えば，ヒトには鋤鼻器がなく，した

表8-1 脳神経

名称	略号	末梢神経支配
嗅神経	I	嗅球上皮
視神経	II	網膜
動眼神経	III	眼筋
滑車神経	IV	外眼筋
三叉神経	V	顎筋，顔面，鼻，口腔
外転神経	VI	外眼筋
背側顔面神経	VII$_D$	表情筋，唾液と涙の分泌
腹外側顔面神経	VII$_{VL}$	味蕾
内耳神経	VIII	前庭器官，蝸牛，つぼ
背側舌咽神経	IX$_D$	咽頭，唾液腺
腹外側舌咽神経	IX$_{VL}$	味蕾
背側迷走神経	X$_D$	内臓，胸腔，腹腔，喉頭，咽頭
腹外側迷走神経	X$_{VL}$	味蕾
副神経	XI	首と肩の筋肉
舌下神経	XII	舌，鳴管
嗅神経	T	鼻側中隔
鋤鼻神経	VN	鋤鼻器
松果体	E	松果体，頭頂眼
深部神経	P	口吻の皮膚
側線	LL	側線器

がって鋤鼻神経もないが，その器官（鼻腔内に存在する）と神経は，いくつかの哺乳類とトカゲとヘビでは高度に発達している。また，種を通して安定しているのは，これらの神経が中枢神経系に出入りする相対的な位置である。このような神経の位置は，絶滅した種の脳頭蓋を鋳型として得られたものでも確認できるものがある。いったん神経が同定されれば，それらの相対的大きさによって，どの感覚や運動機能がその動物の生活において重要な役割を演じていたかの情報を得ることができる。

中枢神経系のいくつかの主要な**神経化学システム**も脊椎動物の種を通して安定的である。これらのシステムは，異なる構造を結ぶ神経路（軸索の束）と特定の神経伝達物質からなる。すでに指摘したように（→第7章，2.a., 181-182頁参照），**化学シナプス**は**神経伝達物質**を放出することによって作用し，神経伝達物質はシナプス後細胞の電気化学的変化を引き起こす。化学シナプスはたいへん複雑で，さまざまな修飾的機能をもつ。これらの機能は，いわゆる**神経修飾物質**と呼ばれるものによって行なわれる。その物質はさまざまな場所に作用する（例えば，シナプス後膜にある神経伝達物質の受容体や，シナプス前膜での神経伝達物質の放出や再取込に影響を与える）。神経伝

達物質と神経修飾物質の機能は異なる種においても驚くほど安定的である。神経伝達物質と神経修飾物質の一部のリストを表8-2に示した（Butler & Hodos 1996）。

これらの神経化学システムのいくつかは、**網様体**と関係している。網様体は脳幹（中脳、橋、延髄）に位置する神経核の大きな集合体であり、尾側へも吻側へも中枢神経系の隅々へ線維を投射する。網様体は多くの重要な機能を果たす。特に泳ぎ、歩行、飛翔、咀嚼のようなパターン発生器の関わる機能において重要である。さらに、筋緊張を調節し、すべてのモダリティからの感覚情報を統合し、注意、覚醒、睡眠サイクルを調節する。このような情報のほとんどは哺乳類の研究から得られたものだが、脊椎動物を通して網様体の形態が安定的であることは、広範な種に類似の機能がある可能性を示唆する。さらに、このような保守性は、網様体と密接に関連する神経化学システムにおいても見出される。図8-3から図8-5は、それぞれノルアドレナリン（ノルエピネフリンともいう）、ドーパミン、セロトニンを神経伝達物質とする3つの神経化学システムを描いたものである。これらのシステムは特に行動の理解に関係が深い。すべての結合が示されているわけではなく、いくつかの経路には種による違いがあることに注意が必要である。行動に関連した他の神経化学システムにはアセチルコリンとγ-アミノ酪酸（GABA）のような神経伝達物質が関与するものがある。

脊椎動物の胚の中枢神経系は中空の筒にたとえることができる。その壁は神経構造になり、中心の空洞は**脳室系**へと発達していく。脳室系の形は中枢神経系の全体の解剖学的な変異にしたがって変わるが、主な脳室は種が違ってもよく保存されている。これらの脳室は、頭の動きに対して神経組織を保護するように脳脊髄液で満たされている。脳室系はまたさまざまな物質を運搬することで解剖学的に離れた脳領域を結んでいる。脊髄の中心にはその全体に渡る中心管がある。2つの中心脳室があり、1つは菱脳のレベルにあり（第4脳室）、もう1つは間脳のレベルにある（第3脳室）。水路がこれらの脳室を連絡している。例え

表8-2 脊椎動物のいくつかの神経伝達物質と神経修飾物質

物質名	化学グループ	機能
神経伝達物質		
アセチルコリン	コリン性	興奮性または抑制性、シナプスによる。
生体アミン	ノルアドレナリン	
	アドレナリン	
	ドーパミン	
	セロトニン	
	ヒスタミン	
アミノ酸	グルタミン酸	興奮性
	アスパラギン酸	
	GABA	抑制性
	グリシン	
神経修飾物質		
ペプチドとホルモン	VIP	神経伝達物質の放出または再取込に影響を及ぼすか、神経伝達物質に対するシナプス後膜の感受性を修飾することによりシナプス伝達の修飾をする。いくつかの神経修飾物質はまた神経伝達物質様の活性をもつ。
	サブスタンスP	
	メト-エンケファリン	
	ロイ-エンケファリン	
	コレシストキニン	
	ニューロテンシン	
	ボンベシン	
	ベーターエンドルフィン	
	アンギオテンシンII	
	ニューロペプチドY	
	下垂体ホルモン	
	インシュリン	
セカンド・メッセンジャー	サイクリックGMP	

ば，中脳水道は第3脳室と第4脳室を結ぶ。左右対になった脳室が終脳の中（側脳室と嗅脳室）と，視蓋にある（中脳脳室）。

図8-3から図8-5にはまた，多くの脳構造，領野，核が示されている。そのほとんどが広範な行動過程に関係していることが実験的に示されてきた。次の節の解剖学的，機能的記述は図8-1に示した脊椎動物の中枢神経系の主な区分にしたがっている。尾側-吻側方向では，その区分は脊髄，菱脳，中脳，間脳，終脳となる。しかし，中枢神経系は多くの経路（図8-3から図8-5に示したように）により統合されており，また循環系と脳室系を含む非神経系と，グリア細胞のようなさまざまなタイプの非神経構成要素とも統合されていることに注意しなければならない。さらに，この本では神経伝達が強調されているが，ニューロンは軸索を通じて両方向へ物質を輸送することも憶えておかねばならない。このような軸索輸送と行動との関連は，まだはっきりしていない。これらすべての要素を考慮すると，どの種の中枢神経系も複雑なものであると考えられるのが容易に理解できるだろう。もちろん，比較心理学者は，種間に見られる中枢神経系の体制化と機能の類似性と差異にも興味をもっている。このことは，さらに問題を複雑にすることになる。この後の節で述べる一般的な神経解剖学に関する情報は，バトラーとホドス（Butler & Hodos 1996）とニューヘンハイスら（Nieuwenhuys et al. 1998）に基づいている。まずは最も単純な部分である脊髄の理解から始めよう。

2. c. 脊髄　脊髄は，脊柱と呼ばれる骨と軟骨

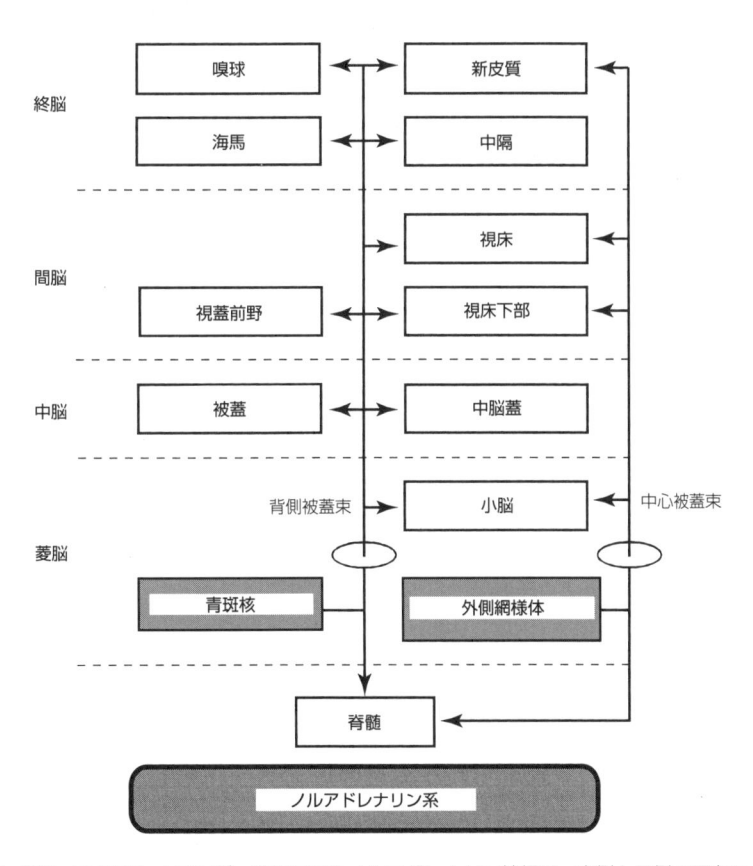

図8-3　脳のノルアドレナリン系。菱脳にあるノルアドレナリン神経は，吻側と尾側の両方に軸索を送り，多くの脳領域の活性に影響を及ぼす。いくつかの領域だけが図示されている。種間の違いも存在するが，ノルアドレナリン系は非常によく保存されている。

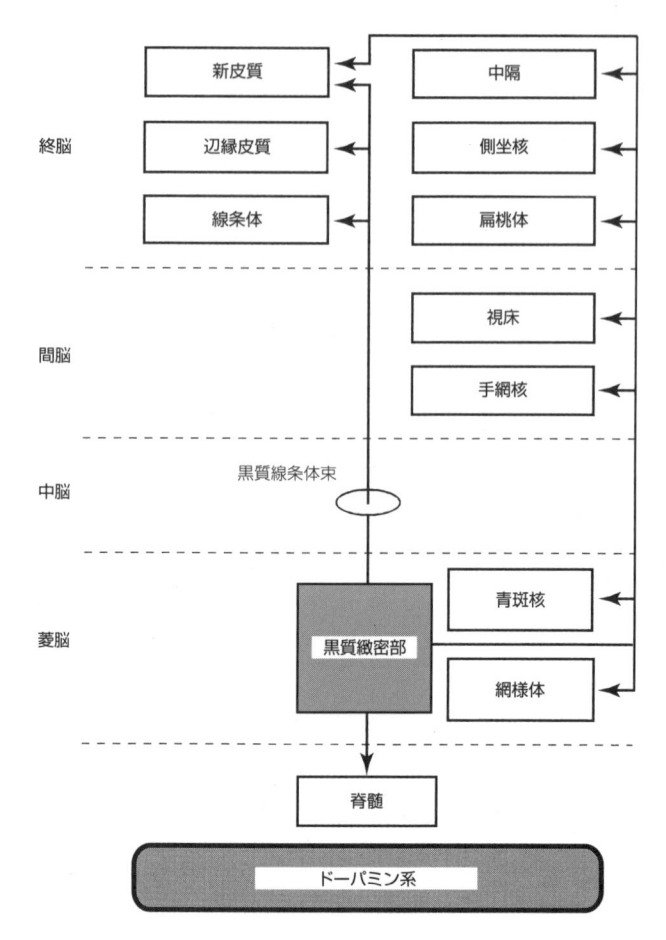

図8-4 脳のドーパミン系。この系の源は菱脳の黒質にあるニューロンである。これらのニューロンはさまざまな吻側領域に投射し，脊髄神経にも軸索を送る。いくつかの領域だけが図示されている。種間の違いも存在するが，ドーパミン系は非常によく保存されている。

からなる円柱の中にある，神経組織の円柱と見ることができるだろう。脊髄と脊柱はともに，同じ要素の繰り返しからなる分節構造を持つ。脊柱ではそれぞれの分節は椎骨と呼ばれる。椎骨は分離した単位である。しかし，これら椎骨の中を走る脊髄は，連続的な組織の塊である。隣り合う椎骨の間では，脊髄は背側と腹側に突起があり，それぞれ後根，前根と呼ばれる。ヤツメウナギのような無顎魚類の中には，分節部に，後根か前根かのどちらかしかないものがあり，そこから末梢構造と脊髄を結ぶ神経が出ている。しかし，他の脊椎動物では，各分節に1つの脊髄神経へ繋がる後根と前根がある。

後根は神経系へ求心性の感覚情報を伝える。こ

れらの感覚神経の細胞体は，後根神経節と呼ばれる，脊髄のすぐ外にある神経節連鎖にある。これらのニューロンは皮膚や，内臓，筋肉，腱にある受容器から末梢の情報を受けとる。その軸索は決まった位置で脊髄に入り，別のニューロンとシナプス結合をする。そのニューロンからは情報が前根を通って末梢に送り返されるか，より吻側に位置する中枢神経の組織へ送られる（上行路）。そのような吻側の組織もまた脊髄に軸索を送る（下行路）。それは図8-3から図8-5に描かれている（上行路と下行路については後で述べる）。灰白質の前角にある運動神経は，この情報を受け末梢へそれを中継する。

前根にあるのは，**自律神経系（ANS）**の一部

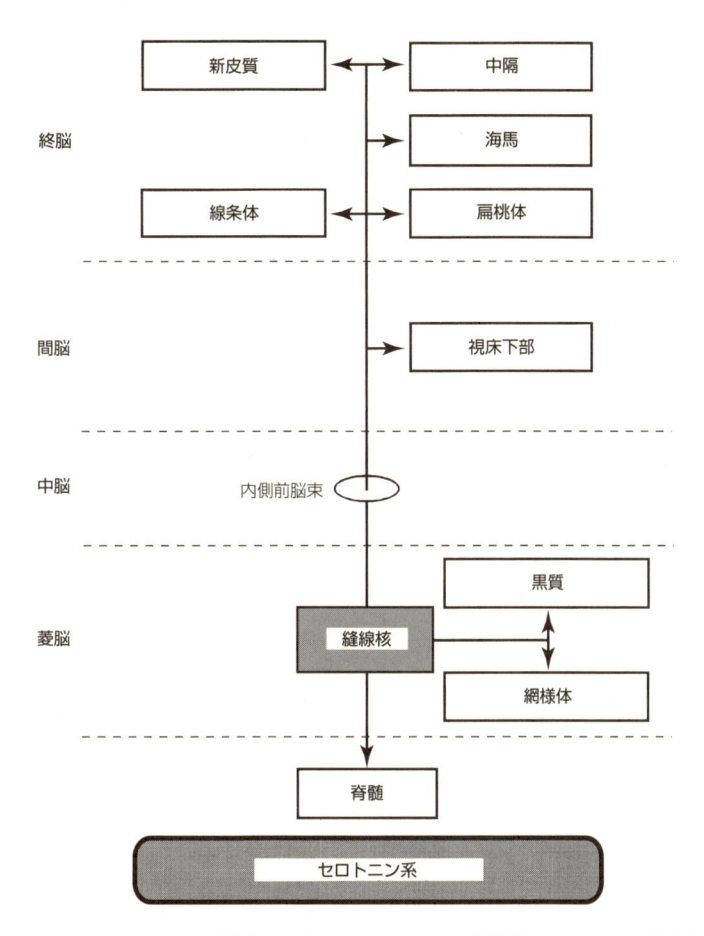

図 8-5 脳のセロトニン系。菱脳の縫線核にあるニューロンは，吻側領域の広い場所に軸索を送っている。また，菱脳内部にも局所的な投射があり，脊髄へも軸索を送っている。いくつかの領域だけが図示されている。種間の違いも存在するが，セロトニン系は非常によく保存されている。

である一連の交感神経節である。自律神経系には，**交感神経枝**と**副交感神経枝**の2つがあり，多くの場合はそれらが神経支配している器官に拮抗的作用を及ぼす。例えば，交感神経は逃避行動に関係する変化を担っており，心拍数と呼吸数を増加させ，グルコース合成と肝臓からのグルコース放出を誘導し，発汗を生じ，消化活動を減退させる。副交感神経系は平滑筋の活動を減少させ（その結果，例えば，心拍数や呼吸数の減少が起こる），涙腺や唾液腺などいくつかの分泌腺の分泌を調節する。自律神経系は哺乳類で非常によく研究されており，哺乳類では必ずしもすべての脊椎動物には存在しないいくつかの特徴的な性質を示す。例えば，先に述べたように脊髄に並んだ交感神経節連鎖は，硬骨魚類と四足動物に存在する。サメやエイも神経節をもっているが，脊髄には並んでおらず，また無顎動物は交感神経節をもたない。哺乳類にはまたそれが支配する器官の近くに副交感神経節を持つ。これらの器官の多く（例えば，胃，心臓，肝臓等）は，交感神経と副交感神経の両方のニューロンが神経支配する。自律神経ニューロンによるそのような二重神経支配は，硬骨魚類では顕著ではなく，軟骨魚類の場合には胃に限られている。

脊髄標本と呼ばれる古典的実験で示されたように，相当な量の神経情報が脊髄レベルで処理されうる。脊髄が単純反射を起こすことを正しく認識させた実験は，19世紀末から20世紀初頭にかけ

ての神経生物学における発見の時代の産物であった。カミロ・ゴルジ（Camillo Golgi）［1844-1926］とサンティアゴ・ラモン・イ・カハル（Santiago Ramón y Cajal）［1852-1934］は，神経細胞を染めるさまざまな方法を発展させ完成させた。それは神経系の微細な構造，つまり，細胞構築学の記述のはじまりであった。いくつかの染色法がそれぞれ特定のニューロンを個々にラベルしていくという事実に基づいて，カハルは神経系の**ニューロン主義**を提案した。このニューロン主義は，中枢神経系の神経ネットワークがニューロンと呼ばれる，小さな間隙を通してお互いに連絡している分離した細胞によって形づくられているという，今や一般に広く受け入れられている見解である。細胞の不連続性というカハルの考えから，「シナプス」という用語を造り出したのはチャールズ S. シェリントン（Charles S. Sherrington）［1857-1952］であった。彼は脊髄標本を発展させた。脊髄標本は，脊髄が脳での処理の影響から分離するために吻側のあるレベルで切断される。脊髄の構造の解剖学的研究と結びついた電気生理学的な刺激と記録によって，シェリントンと彼に続く研究者たちは単純な反射を細胞レベルで記述することができた。

図7-12（→199頁参照）には，アメフラシ *Aplysia* における単シナプス反射と多シナプス反射の回路が描かれている。同様のネットワークが脊椎動物の単純な行動単位の基にあり，いくつかは脊髄レベルで完全に統合されている。屈曲反射（機械的刺激あるいは痛覚刺激によって誘発される手足の屈曲）は，脊髄レベルでのさまざまな介在ニューロンの活性化が関与する多シナプス反射の例である。下等脊椎動物では，菱脳と中脳にある巨大ニューロンが脊髄に投射し（巨大軸索），すばやい逃避反応を制御する。例えば，無顎動物において，ミューラー細胞は脊髄運動神経を活性化させ，その結果として，通常の泳ぎとすばやい（逃避）泳ぎの両方に関与する側筋が収縮する。同様に，無顎動物と硬骨魚類，およびいくつかの種の両生類は，脳幹の両側に1つずつマウスナー細胞と呼ばれる巨大神経をもっている。その巨大軸索（直径 0.1 mm）は脊髄に投射し，そこで遊泳行動を担う運動神経と結合している（Fetcho 1991）。細胞体を出た巨大軸索は反対側に入り，そこで筋活性に関与する運動神経と，また運動神経を興奮させる介在ニューロンと興奮性シナプス結合を形成する。さらに，マウスナー細胞の軸索はまた，同じ分節レベルで反対側に投射しているニューロンを（速い電気シナプスを通して）刺激し，これが体の反対側の筋を活性化する神経要素を抑制する。結果として，体がCの形になり力強い遊泳行動をすばやく導くことになる。成体の無尾両生類（尾のないヒキガエルやカエル）のマウスナー細胞は跳躍反応の誘発に関与している。

神経の可塑性の証拠は，脊髄レベルにも存在する。例えば，ウシガエル（*Rana catesbeiana*）では，脊髄の側柱にある軸索を繰り返し刺激すると，前根からの反応出力が減少する（Ferel et al. 1973）。この反応変化は，第7章3.a.（→191-194頁）で述べたほとんどの特性を満たす**馴化**の例である。この反射が単シナプス反射であり，馴化は前シナプスニューロンの変化のために生じることが研究によって示されてきた。同様の発見は，グローブスとトンプソン（Groves & Thompson 1970）によって脊髄ネコの屈曲反射について報告されている。

哺乳類の脊髄では，連合学習も可能なようである（→古典的条件づけと道具的条件づけの詳細な記述については第13章を参照）。単一刺激の繰り返し提示の結果として行動が変化する馴化とは異なり，連合学習には2つあるいはそれ以上の事象の生起が含まれる。例えば，脊髄ラットは続けて提示される2つの刺激を連合することを学習できる。つまり，最初の刺激の提示によって，2番目の刺激によって誘発される反応と類似した反応（あるいは，すぐ後で見るように，時として逆の反応）を誘発するようになる。これは**古典的条件づけ**と呼ばれる。複雑な実験計画を用いて，グラウら（Grau et al. 1990）（→図8-6-(a)に詳述）は，脊髄ラットにおける古典的条件づけを示した。弱い電気ショックが，拘束されたラットの右脚（R）あるいは左脚（L）に与えられた。一方の刺激には強い電気ショックが続き，他方の刺

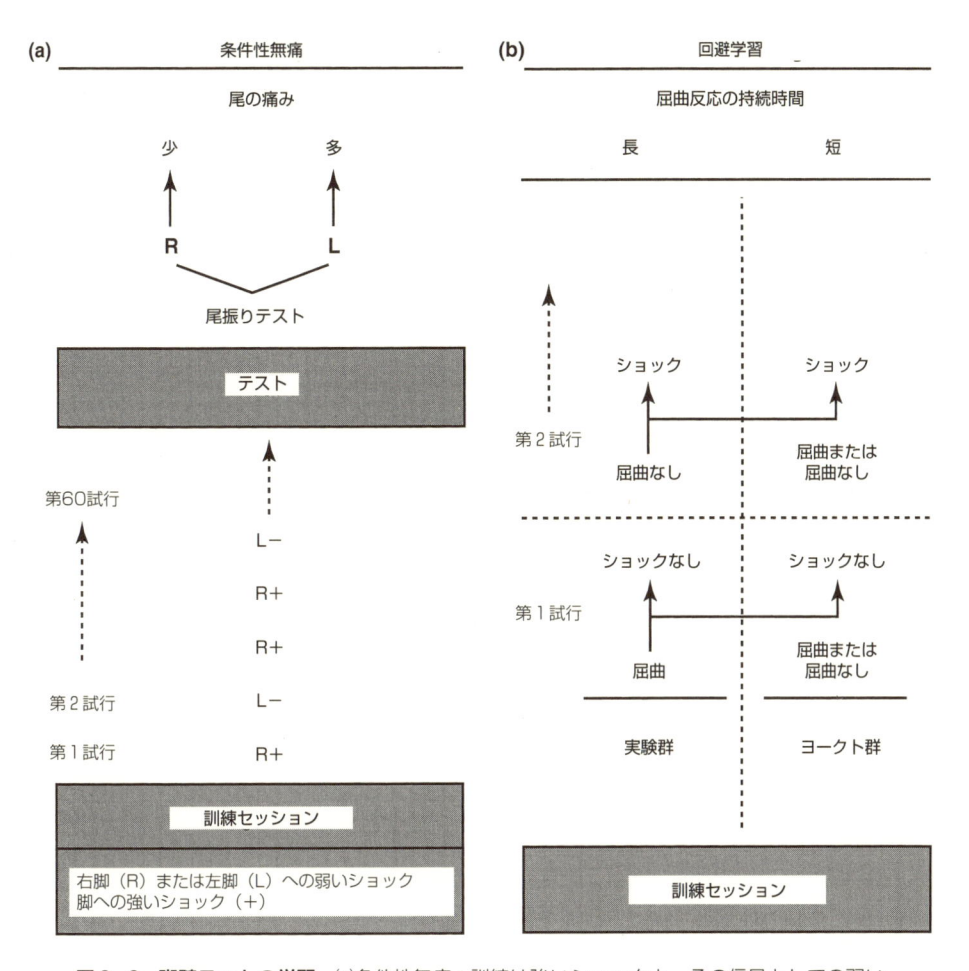

図8-6 脊髄ラットの学習。(a)条件性無痛：訓練は強いショックと，その信号としての弱いショックの提示からなる。右脚に与えられた弱いショックに強いショックが続くが（R+），左脚に与えられた弱いショックの後には何も提示されない（L−）。テストでは，弱いショック（RあるいはL）の提示中に尾へ熱刺激を与え痛み感受性が評価された。Rが補償反応を誘導することで，動物は痛みに対する感受性が下がり無痛になる。Rが古典的条件づけを介してこの能力を獲得したので，これは条件性無痛と呼ばれる。(b)回避学習：訓練試行中，ペアにされた動物に電気ショックが与えられるが，「実験群」の動物が脚を屈曲させると電気ショックは止められる。この脚の屈曲（回避反応）は，実験群と「ヨークト群」の動物の両方の電気ショックを防ぐ。それゆえ，実験群とヨークト群の両方の動物はまったく同じ量と回数の電気ショックを受ける。実験群の動物の方が屈曲時間が長いという結果は，単なるショックの提示ではなく屈曲−ショックなしの道具的随伴性が行動的変化を引き起こしていることを示唆している。したがって，これは道具的条件づけの例として解釈される。

激の後にはこの強い電気ショックが与えられることはなかった（R+/L−手続き）。無損傷動物を用いた別の実験では，この例のRのような強い痛みを覚える事象が直後に提示されることを予告する刺激は，鎮痛性の補償反応を誘発することが示されている。これは**条件性無痛**と呼ばれる。R+/L−訓練の後，脊髄ラットが条件性無痛反応を

学習したかどうかを見るために，ラットの尾をホットプレートの上に載せ，尾をプレートから離すまでの時間を計測した（この尾振り反応は動物の経験する痛みの測度となる）。訓練を受けた脊髄ラットはR刺激の下で（しかし強い刺激なしで）ホットプレートに尾を載せられると，L刺激下のラットよりも尾を離すまでの時間が有意に長

い。言い換えると，強い電気ショックと前もって対にされた刺激は，ラットに無痛性反応を誘発し，熱による尾の痛みにより長い時間耐えられるようにしたのである。

　また，脊髄ラットが自らの行動の結果によって，行動を変化させることが学習できるこという証拠もある。これは**道具的条件づけ**と呼ばれる現象である。ある実験で（Grau et al. 1998），拘束された脊髄ラットが，後脚を弛緩させるとその脚へ電気ショックが与えられるという状況で訓練された。電気ショックを回避するために，ラットは脚を屈曲し続けることを学習しなければならなかった。ラットが後脚を屈曲し続けることを学習したのは，単純に電気ショックのためなのか，あるいは「屈曲－ショックなし」という随伴性によるものなのかを決定するために，**ヨークト・コントロール**として知られている巧妙な手続きが使用された（図8－6－(b)参照）。脚を屈曲させることによって電気ショックを回避することができるラット（「実験群」ラットと呼ばれる）の行動によって，2番目のラット（「ヨークト群」ラット）がいつショックを受けるかが決まる。実験群ラットには，屈曲－ショックなしの随伴性のある状況が与えられたが，ヨークト群ラットは同じ量と頻度のショックを受けたものの，ショックの提示はそれ自身の屈曲反応とは独立であった。もし，両方の群が屈曲反応の頻度を増加させたならば，それは行動が純粋に電気ショックによって決定されていたことを意味するだろう。実際には，実験群ラットがヨークト群ラットよりも有意に長い屈曲時間を示した。事実，ヨークト群のラットの回避行動は，訓練状況でショックを受けなかった脊髄ラットと違いがなかった。

　行動発現に至るすべての神経過程は，最終的には脊髄の一次運動神経に作用する。観察される行動を生み出す筋収縮を調節しているのはこれらのニューロンである。シェリントンは，このような運動神経がさまざまな部位からの下行路によって共有されるものであることを指摘し，**最終共通路**と名づけた。脊髄運動神経は，直接的にあるいは脊髄介在ニューロンを通して感覚入力から影響を受け，反対側の介在ニューロンからも影響を受ける。また，脳からの下行性の影響も受けている。運動神経はまた反回性側枝線維を通してそれ自身に影響を与える。脊髄運動神経の軸索が中枢神経系を出る前に，側副枝がループを作って脊髄に戻り，レンショー細胞とシナプス結合を形成する。この細胞は運動神経に抑制性の影響をもち，負のフィードバックを与える。運動神経の活動が強くなるほど，レンショー細胞をより興奮させ，その結果，運動神経の大きな抑制が引き起こされる。類似の反回性側枝線維はマウスナー細胞で報告されている。

2．d．　菱脳と中脳　吻側方向に移ると，脊髄は延髄，橋，被蓋（ひとまとめにして脳幹と呼ぶ）に繋がっている。延髄と橋の背側にあるのは**小脳**であり，被蓋の背側には**視蓋**がある。橋と被蓋の間の仮想的な線が菱脳と中脳の境界線である（小脳と視蓋は互いに境界線の反対側にある）。

　菱脳は，行動に関連する多様な領域を含む。網様体は，いくつかの神経化学システムやさまざまな行動的機能との関連ですでに触れた。多くの経路が網様体と脊髄ニューロンとを連絡している。網様体は多感覚処理中枢であり，すべての感覚モダリティから入力を受け，そのほとんどは脊髄ニューロンから発している。これらは上述した上行性経路の一部である。また，最も影響力のある下行経路のいくつかは，網様体から発する。これは特に下等脊椎動物の場合に顕著である。これらの経路は，ひとまとまりにして網様体脊髄路と呼ばれる。

　脳神経ⅤからⅫを含む脳神経の多くの核は，延髄と橋のレベルに存在する。すでに言及したように，これらの核のいくつかは，種によってはその核が処理する感覚情報の重要性に対応して大きくなっている。ナマズやコイのような硬骨魚類には，生息場所である湖や川の底から採餌するという特殊化した摂食習慣を示すものがある。これらの種では，味覚と顔面情報の処理をする核が進化して大きくなっている。迷走神経葉は，脳神経Ⅸ（舌咽神経）とⅩ（迷走神経）からの情報を統合する。これらの神経は口と内臓からの情報を伝え，迷走神経葉の決まった層に情報を中継する。

顔面葉は，動物の皮膚に分布する味覚受容器を神経支配する脳神経Ⅶ（顔面神経）から情報を受ける。これらの求心性線維は規則正しく分布している。皮膚の吻側部から情報を伝える線維は顔面葉の吻側部にある細胞とシナプス結合し，より尾側の求心性線維はより尾側の部位に入る。実際，このような関係はあるタイプの感覚情報を処理する神経構造の一般的性質である。ふつう，体における受容体の分布あるいは特定の感覚次元に沿った感受性と，その情報を処理する脳中枢内の結合パターンには対応関係がある。これは**体部位再現的構造**と呼ばれる。

行動にとって重要な核のいくつかは脳幹にある。中脳水道周囲灰白質（中脳水道を取り囲む核）や網様体に分布する細胞集団の一部，さらに青斑核と縫線核などである。これらの領域は，脊椎動物の種を通してよく保存されている。中脳水道周囲灰白質は，その大量の下行性投射を通して，行動における重要な役割を果たしている。この領域は記憶，動機づけ，知覚に関わる吻側の構造の活動と，最終的に脊髄運動神経の活性化として得られる行動指標とを結びつけるものであると考えられてきた。例えば，霊長類では中脳水道周囲灰白質の損傷は，ヒトの言語を含む音声行動の開始を阻害するだけではなく，社会的文脈での発声そのものを阻害する（Jürgens 1990）。この領域は痛みの制御にも関係している。そのニューロンの多くは，メト-エンケファリンやロイ-エンケファリンのような神経修飾物質に反応する。エンケファリンは，鎮痛作用（痛みの知覚を減少させる）をもたらすのに使用される強力な麻酔薬（オピオイド）であるモルヒネに対して感受性がある受容体を活性化する内因性の分子である。哺乳類を用いた研究では，内因性オピオイドにより活性化される中脳水道周囲ニューロンは，脊髄レベルで痛覚情報の伝達経路の活動をブロックする機能を担い鎮痛をもたらす（Reichling et al. 1988）。

青斑核は，ノルアドレナリン神経の起始核であり，図8-3に示したようにさまざまな構造に投射している。縫線核は延髄の最も尾側の領域から橋へと延びている（図8-5参照）。そのセロトニン神経は，終脳と間脳のさまざまな構造へと投射している。機能的研究の大部分は，哺乳類の種を中心に行なわれているが，これらの核は広範な種において同様の機能を持つように思われる。哺乳類ではこれらのニューロンは，新皮質に広く投射している。これらの青斑核と縫線核の上行路は，睡眠-覚醒周期の体制化に関係している。

中脳の視蓋は，眼の網膜から大量の求心性入力を受けており，それゆえに特に視覚情報に依存する種では大きくなっている。網膜と視蓋ニューロンによる視覚手がかりの処理は，ヨーロッパヒキガエル（Bufo bufo）で詳細に研究されてきた。この動物は，ほとんど夜行性であるが，餌の調達と捕食者からの逃避という2つの主目的のために視覚情報を利用している。ヒキガエルはたいてい待ち受け捕食者であり，被食者としては凍結反応やうずくまり反応のような受動的方略によって捕食者に対処する。彼らの視覚系は，どのようにして被食者と捕食者を見分けるのだろうか？

洗練された視覚を持つ脊椎動物の網膜は非常に複雑で，数種類の光受容器と非常に特殊化した機能をもったさまざまなニューロンが層を作って体制化されている。これらの細胞で処理されたすべての視覚情報は，最終的に神経節細胞に達する。神経節細胞だけが網膜からの出力を構成する（その軸索は脳神経Ⅱ，視神経となる）。それぞれの神経節細胞は網膜に受容野をもつ。話を簡単にするために，それは円形領域と考えてよい。受容野の一般的な構造は興奮性の中心が抑制性の輪に囲まれた，いわゆるオン中心-オフ周辺型細胞と呼ばれるものである。これは，ある神経節細胞の受容野のオン領域にある受容細胞が活動するときにその神経節細胞は最も活動的であり，オフ周辺領域にある受容細胞が活動的するときにはそれは活動的ではないことを意味する。他の神経節細胞は，オフ中心-オン周辺構造によって特徴づけられる受容領域をもつ。このような受容野の構造は，興奮性と**側抑制**との組み合わせによって達成される。光受容器は，2種類の細胞を活性化する。双極細胞は神経節細胞と興奮性結合をもち，水平細胞は網膜上で近くに分布しているいくつかの双極細胞と抑制性結合をもつ。結果として，双極細胞の活性化はその周りを囲んでいる他の双極細胞を抑制

する（オフ周辺領域）。神経節細胞の軸索は網膜を出ると，視交叉で反対側に移って中枢神経系に入り視蓋に至る。その神経分布は網膜構造再現的である。つまり，網膜の各点は視蓋レベルで特定の点に順序正しく再現される。したがって，視蓋は網膜の神経節細胞の受容野を再現し，より高次の視覚情報の分析が進められる。

「捕食者」と「被食者」の手がかりの識別は，両生類の視蓋で行なわれる。そこでは網膜の受容野の活性化パターンに基づく多様な特徴に反応するさまざまな細胞が発見されている（Ewert 1997）。細胞は対象の大きさ，動きの方向，図－地対比に関する情報を符号化する。例えば，視蓋ニューロンのT3はその動物に接近する小さな対象物に反応し，一方，T5.2は，細長い対象物が（青虫のように）その長軸方向に動くと最も強く反応する。また，T5.4は，動いている大きな対象物（捕食者のような）に対して反応する。明らかに，この知覚情報は現在の動機づけの状態と以前の経験のような他の情報源と統合されなければならない（動機づけと学習の両方の要因がヒキガエルの舌を伸ばす捕食反応に影響を及ぼす）。それゆえ，間脳と終脳の核を含む他の脳領域は視蓋の細胞に影響を及ぼし，一方，視蓋の細胞は捕食反応（視覚刺激の来る方向を向き，刺激に近づき，舌を伸ばして捕る）や捕食者からの回避反応（凍結反応とうずくまり反応）のようなさまざまな実際の反応を制御する脊髄運動神経に軸索を送る。

2．e．小脳 パターンと過程の相互作用が，小脳を考えるときに再び重要となる。巨視的な解剖学的構造によって小脳を比較すると，さまざまな生活様式に対応する比較的大きな多様性が見られる。自然選択は特定の機能に合うように，この器官の解剖学的な概形を作ってきた。ある種が（鳥類や哺乳類における）運動制御や，あるいは（モルミルス科のサカナにおける）電気感覚のような，小脳が重要な構成要素となる特別な機能を増強するとき，その種の小脳はそれに付随した形態的特徴を示す。モルミルス科のサカナにおいては，小脳体（この器官の主要部）と小弁が非常に大きくなり，他の多くの脊椎動物とは異なり，吻側方向に間脳と終脳の上まで伸びている。モルミルスの小脳はまた，頭蓋の限られた容積内に無理に膨大する細胞組織を入れるという問題に対して，「折りたたむ」という典型的な解決策を示している。これらの動物の小弁は「高度に折り畳まれている」と言われる。哺乳類では小脳体は正中線で「圧縮」されており，小脳虫部と呼ばれている。小脳虫部の側方に新小脳皮質として知られる2つの小葉状の小脳半球がある。新小脳皮質が哺乳類に特有なものであるかどうかはよくわかっていない。小脳のもう1つの巨視的な構成要素は，無顎魚類を除いてすべての脊椎動物で見られるものであり，魚類では耳介，四足動物では片葉と呼ばれる。耳介（あるいは片葉）はふつう，腹尾側に位置しており前庭系から感覚入力を受け眼筋の制御に関与している。

これらの巨視的な解剖学的構造の変異を除くと，小脳細胞のタイプ，細胞構造や脳の他の部位との連絡は，すべての脊椎動物の小脳が非常によく保存された共通のデザインに基づくものであることをはっきりと示している。菱脳における小脳の相対的位置は，すべての脊椎動物において明らかに確認できる。それは，脊椎動物の中では痕跡のような小脳しか持たない無顎魚類においてさえ認められる。プルキンエ細胞はすべての有顎脊椎動物に認められ，星状細胞，顆粒状細胞，ゴルジ細胞などの他のタイプの細胞も同様である。かご細胞は四足動物にのみ存在する。これらのタイプの細胞間の皮質結合や，苔状線維（さまざまな脳幹核から出る）と登上線維（オリーブ核，延髄核から出る）と呼ばれる小脳への入力の存在もよく保存されている。これらの細胞と線維要素は3つの明瞭な層を形成している。それは表層から深部に向かって分子層，プルキンエ層，顆粒細胞層となっている。面を作るように拡がる豊富な樹状突起によって特徴づけられるプルキンエ細胞だけが，小脳皮質からの出力を担う。魚類において，プルキンエ細胞の軸索は小脳を出て，さまざまな脳幹と脊髄の細胞群と結合を持つ。四足動物においては，プルキンエ軸索だけが小脳皮質からの出力であるが，それらの多くが小脳皮質下の核とシナプス結合をつくる。両生類はたった1つの小脳核

をもつだけであるが，爬虫類は2つ（外側と内側小脳核），鳥類と哺乳類は3つの核（外側または歯状回，中位核，内側または室頂核）をもつ。

感覚情報と運動情報の処理のための細胞機構に加えて，小脳は学習においても役割を果たしている。実際，何人かの研究者によれば，その役割はきわめて重要なものである。トンプソン（Thompson 1986）は，運動学習のある1つのケースについて，小脳が記憶の貯蔵場所であるという証拠を提出した。ウサギ（*Oryctolagus cuniculus*）は外側の眼瞼と，瞬膜と呼ばれる内側にある眼瞼を持つ。角膜に空気を吹きつける眼への刺激（あるいは，いくつかの研究では頬への電気ショック）は防御反射を構成する3つの反応を引き起こす。眼瞼を閉じ，眼球をすばやく引っ込める，そしてこの収縮の結果として瞬膜が受動的に閉じる。もし空気の吹きつけに先立って音が規則的に提示されると，これらの反応（眼瞼閉鎖，眼球の引き込み，瞬膜閉鎖）は空気の吹きつけを予期して，音の提示に対して生じるだろう。これはよく研究されている古典的条件づけの例であり（Gormezano et al. 1983），一般に**瞬膜反応**（NMR）の条件づけと呼ばれる。NMRの条件づけが比較的容易に成立すること，訓練と記録に完全に自動化された手続きを用いることができること，そしてウサギが訓練の間動かなくなるという事実（したがって，平行して電気生理学的操作をすることができる）から，この実験設定は条件づけの生理学的分析に非常によく使われてきた。

空気の吹きつけを予期してNMRが音に対して生じるようになると，小脳の歯状核と中位核のニューロンが活性化されるようになることが実験によって示された（図8-7）。このNMRに対応する神経系の変化について興味を引くのは，(1)それが心拍数の変化のような同時に条件づけられる他の反応には関係していないこと，(2)空気の吹きつけそのものに対する反応には関係していないことである。したがって，これらの皮質下小脳核の神経活動は条件性NMRによく似ている（McCormick & Thompson 1984）。さらに，ウサギが片方の眼だけで訓練を受け，その後訓練された眼と同側の皮質下小脳核が損傷を受けると，音に対する条件性NMRを完全に不可逆的に失う（McCormick et al. 1982）。おもしろいことに，空気の吹きつけそのものに対する反応は損傷によっては影響されない。このことは障害が運動機能にあるのではないことを示している。同様の結果が，光（音の代わりに）が空気の吹きつけの信号として使われたときにも得られている。これは障害が音のモダリティに特異的なものではないことを示唆する。加えて，反対側の眼で訓練するとすばやく条件づけが獲得される。したがって損傷は条件性NMR

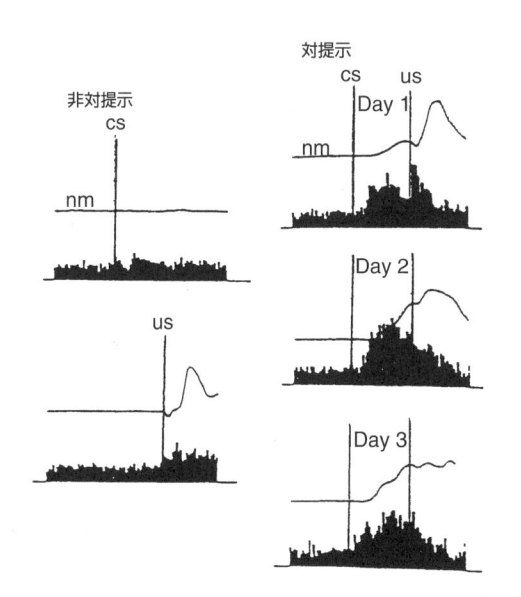

図8-7 **古典的条件づけ中の歯状核と中位核で記録されたニューロンのユニット活動**（McCormick & Thompson 1984）。この動物は最初に音刺激（条件刺激：CS）と空気の吹きつけ（無条件刺激：US）を別々に提示され，その後，音－空気の吹きつけの対提示を受けた。対提示をされないときにはCSに対してほとんど反応がなかった。対提示中は3日間にわたって音提示に対する瞬膜反応（nmと表示）とユニット活動が増加した。ユニット活動はnm反応よりも約45 msec前に生じた。小脳ニューロンのユニット活動のこのような変化はCSとUSが対提示されなかったとき，すなわち音と空気の吹きつけが別々に起こった場合には生じなかった。

だけを選択的に失わせ，しかも損傷された側の小脳によって制御されている眼のみに効果を及ぼす。実際，NMRの条件づけに関与する決定的な領域の1つは，小脳中位核の前よりの部分である。

　小脳で条件づけに関与する第2の決定的な要素は，プルキンエ細胞そのものである。これはGABAを伝達物質とする抑制性細胞である。1つには，中位核に位置するニューロンの活動を抑制する。プルキンエ細胞の選択的変性を示す系統のマウス（*Mus musculus*）では，眼瞼条件づけは阻害されるが，興味深いことに，条件性反応はより短い潜時で生じる。このマウスは野生型のマウスと同様の強さで音とショックに反応する。これは障害が連合学習に関係するもので，個々の刺激に対する動物の反応性に関係するものではないこと

を示唆している。さらに，このようなマウスで生じるわずかな条件づけも前部中位核を損傷すると完全に消失する（Chen et al. 1999）。

　トンプソン（Thompson 1986）は，種間でよく保存された，いくつかの神経核と経路を含む最小回路（図8-8）を提案した。もしこれが正しければ，広範な種の条件づけ過程に類似のタイプの回路が含まれるものと考えられる。空気の吹きつけ（無条件刺激）と音（条件刺激）によって引き起こされるNMRの経路が異なることに注意すべきである。しかし，これらの経路は眼球運動の制御に関与する脳神経Ⅵ（外転神経）とⅦ（顔面神経）の脳幹内の核に収斂している。しかし最も重要なことは，中位核とプルキンエ細胞の両方に音と空気の吹きつけ（あるいはショック）に関する

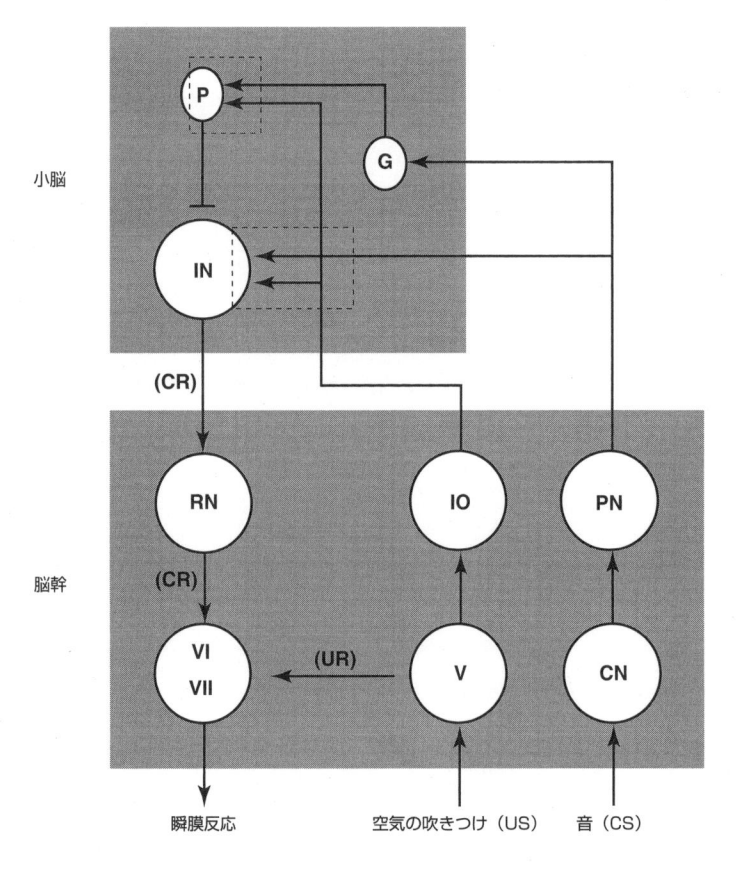

図8-8　ウサギの瞬膜反応の条件づけを説明するためにトンプソン（Thompson 1986）が示した神経ネットワーク。神経の可塑性がみられる可能性のある部位は破線で囲まれている。CN：蝸牛神経，G：顆粒細胞，IN：中位核，IO：下丘オリーブ核，P：プルキンエ細胞，PN：橋核，RN：赤核，Ⅴ，Ⅵ，Ⅶ：脳神経核

情報が収斂していることである。この情報の収斂が，NMRの条件づけを導く特定の情報を符号化する神経系の変化を引き起こすのだと考えられる。このモデルにしたがえば，神経の可塑性部位は中位核であり，プルキンエ細胞は修飾的役割を果たしている。

2.f. 間脳：視床と関連領域 視蓋前野，後結節，視床，視床上部，視床下部を含む，間脳の主な部位はすべての脊椎動物に共通している。これらの領域は，直接的にあるいは，松果腺と下垂体との結合を通じて，広くさまざまな行動の機能に関与している。

視蓋前野は眼の網膜から入力を受けている。視蓋の場合と同じように，視蓋前野もまた網膜地図を持ち，視覚情報の処理に関与している。コイやサケ，マグロのような硬骨魚類は，他のすべての脊椎動物に比べて高度に分化した視蓋前野核をもっている。後結節は感覚情報処理をする一連の核を含んでおり，それは軟骨魚類（例えば，サメやエイ）と硬骨魚類にだけ見られる。これらの核は他の脊椎動物では視床核によって行なわれる機能と類似した機能をもっている。つまり，末梢からの感覚情報を終脳のさまざまな領域へ中継する。間脳の最背側部は視床上部と呼ばれており，手綱核と松果体を含んでいる。手綱核はすべての脊椎動物に共通であり，原始形質であると広く信じられている。手綱核は終脳のさまざまな部位と連絡している。多くの種では左右非相称であり，一般には右側の方が大きい。松果腺もまたほとんどの脊椎動物にあり，古生甲皮類（原始的な絶滅した無顎類）と古生板皮類（原始的な絶滅した有顎類）の化石頭蓋骨を鋳型とした複製においてさえ認められる。この腺はトカゲの頭頂眼（色素性網膜を含んでいる）や両生類の前頭器官のような，いくつか関連した器官とともに松果体を形作る。松果体は**概日リズム**（昼-夜）と**概年リズム**の調節に関与しており，他の脳領域との神経連絡によって直接的に，またメラトニンホルモンを血流中に分泌することで間接的に制御している。興味深いことに，神経伝達物質のセロトニン（図8-5参照）は，松果体において光の日内変動に敏感な代謝経路を経由してメラトニンに変換される（Frazer & Hensler 1994）。結果として，セロトニンに媒介される哺乳類の睡眠-覚醒サイクルや，体温調節，性行動，渡り行動など，さまざまな脊椎動物における多様な機能の周期的変動が，松果体によって調節されている。

視床はさまざまな機能に関与する非常に多くの神経核の集まりである。それらは主に，吻側にある終脳と多くの尾側の構造との中継場所として機能している。腹側視床あるいは下位視床は運動機能の制御に関係している。対照的に，背側視床は主としてさまざまな感覚モダリティの中継場所であると考えられている。背側視床は種によって構造にかなりの変異が認められ，進化的分析の対象となる。神経構造の分岐分類学的分析は，求心性神経の始点，遠心性線維の標的，胚発生の発達，神経伝達物質受容体の相対密度，調節遺伝子の発現パターンのような特徴の比較研究に基づいている。例えば，さまざまな脊椎動物の分類群における，視床の吻外側部への求心性投射を考えてみよう。最も吻側の部位は，すべての脊椎動物において網膜からの直接的入力と，多くの脊椎動物において体性感覚（触覚）情報を伝える毛帯経路からの直接的入力を受ける。魚類と両生類には，単一の吻側核があるが，双弓類（トカゲ類，鳥類）においては2つ，哺乳類においては4つの吻側核がある。これらは派生したものであるが一体化した核からなる領域と考えられており（毛帯求心性線維との関係から）**毛帯系視床**と名づけられている。対照的に，背側視床の最尾側の領域は，脊椎動物ではよく保存されている。これはその求心性線維が，主に哺乳類の上丘と下丘（他の脊椎動物では半規管隆起）として知られている間脳核から来ているという事実から，**丘体系視床**と名づけられている。これらの線維もまた感覚神経であるが，末梢受容体との連絡は，毛帯系に比較するとかなり離れている（この理由から二次感覚投射とよばれる）。毛帯系視床の原始的な遠心性投射は終脳の外套を標的としており，一方，丘体系視床の原始的な遠心性投射は外套と線条体の両方を標的としている。外套と線条体は，3.で述べるように，終脳を構成する2つの基本的な部分である。

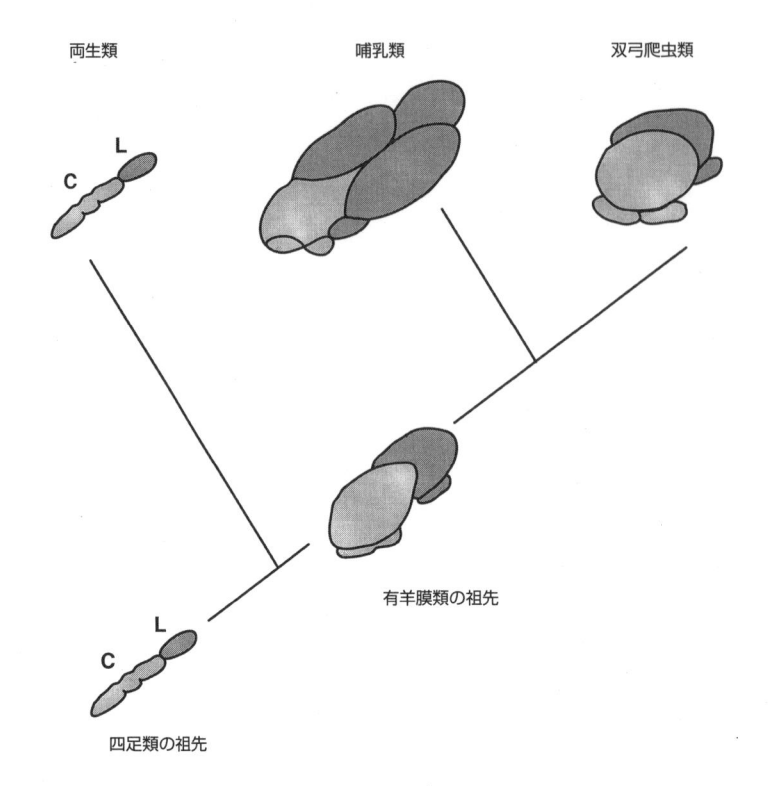

図8-9　仮説として示された四足動物における背側視床の進化（Butler 1995）。2つの主な領域がその入力の違いによって区別されている。丘体系視床（C：明るい灰色）は丘体から入力を受けるところで、毛帯系視床（L：灰色）は毛帯系から入力を受ける。丘体系視床はよく保存されている。しかし、毛帯系視床は両生類では1つの核からなるが、哺乳類と双弓爬虫類では数個の核にまで拡張されている。それぞれの図で、右上方が吻側。

原始的な形質に基づいて（この場合、求心性‐遠心性の結合）、バトラー（Butler 1995）は図8-9に示したような背側視床の進化の歴史を想定した。

2. g. 間脳：視床下部と関連領域

視床下部とそれに関連した視索前野は、その内的構造の複雑さと、神経機能および神経内分泌機能の多様性の程度が非常に高い部位である。

視索前野は視交叉に対して吻側に位置することから名づけられており、視覚処理との関連からではない。その機能は性行動と体温調節に関係している。例えば、内温性脊椎動物（すなわち、鳥類や哺乳類）においては、視索前ニューロンは体温をモニターし、体温が低下すると震えたり、体温が上昇すると汗をかいたりというように、必要なときには体温を調節する反応を誘起する。おもしろいことに、視索前野を直接冷やしたり、熱したりしてもこれらの反応が誘発される（Nelson & Prosser 1981）。視索前野は視床下部の最も吻側にあるが、特に有羊膜類（すなわち、爬虫類、鳥類、哺乳類）では、視床下部のさまざまな神経核の多くは最も尾側の部分にある。

有羊膜類の視床下部への主な入力は吻側と尾側の両方にあるさまざまな部位から来る神経線維である。例えば、縫線核からのセロトニン性軸索は内側前脳束を形成し、乳頭体と視交叉上核、また視索前野に達する。この内側前脳束はまた、海馬、嗅球、中隔、扁桃体を含むさまざまな吻側（終脳）領域からの求心性軸索を含む。視床下部にあるニューロンはその軸索を同じ内側前脳束を通じてのこれらの領域に送る。別の重要な経路は脳弓である。この経路は海馬からの神経情報を乳頭体

と視索前野に伝える。

　視床下部の神経結合は異なる種において相対的によく保存されているが，それらはさまざまな機能を獲得してきたように思われる。このことは特に視床下部機能のホルモン産生に関して言えることである。視床下部は神経および神経内分泌の作用を通して下垂体を制御する。視床下部ニューロンはさまざまなホルモン（例えば，バソプレッシン，オキシトシン）を下垂体後葉（神経下垂体）の血流中に分泌する。これらのホルモンはそこから循環系によって，腎臓や生殖腺のような標的器官に運ばれる。第2のルートは，視床下部ニューロンと下垂体前葉（腺下垂体）の間の結合である。腺下垂体は内部に循環系を含んでおり，**放出因子**として知られる視床下部ホルモンを受け取り，体内の他の腺や器官を標的とする他のさまざまな下垂体ホルモンを活性化する。こうして視床下部は，神経インパルスではなくホルモンによって，中枢神経系が身体の機能を調節するのとは別のタイプの手段を提供している。ある特定のホルモンは，さまざまな脊椎動物によって本質的に同じ分子であると認識されるだろうが，それらは非常に異なった機能を示す場合がある。例えば，プロラクチンは哺乳類では乳の分泌を制御するのでその名前がついた。しかし，同じホルモンは両生類の変態（オタマジャクシから成体段階へと生じる形態的変化）に関与しており，また脊椎動物のいくつかの種では養育行動に関与している。表8-3は脊椎動物の主な視床下部放出因子と下垂体ホルモン，そして標的器官をまとめたものである。

表8-3　視床下部－下垂体ホルモンの影響のまとめ

視床下部放出ホルモン	下垂体ホルモン	標的器官
性腺刺激ホルモン放出ホルモン（GnRH）	卵胞刺激ホルモン（FSH） 黄体形成ホルモン（LH）	精巣，卵巣
副腎皮質刺激ホルモン放出ホルモン（CRH）	副腎皮質刺激ホルモン（ACTH）	副腎皮質
甲状腺刺激ホルモン放出ホルモン（TRH）	甲状腺刺激ホルモン（TSH）	胸腺，卵管
プロラクチン放出ホルモン（PRH）	プロラクチン（PRL）	卵巣，乳腺（哺乳類） 皮膚（爬虫類） 嗉嚢（鳥類） 腎臓（硬骨魚類）
成長ホルモン放出ホルモン（GHRH）	成長ホルモン（GH）	骨
ホルモンが視床下部でつくられ，血液中に直接分泌される	アルギニン・バゾトシン（AVT）	腎臓，大動脈（硬骨魚類，爬虫類，鳥類） 卵管（硬骨魚類，爬虫類，鳥類）
	イソトシン	血管と卵管（硬骨魚類）
	オキシトシン	尿管，乳腺（哺乳類） 腎臓（硬骨魚類） 卵管（爬虫類，鳥類）
	バソプレッシン	腎臓

3. 終脳

3. a．基本的下位分類　終脳は脊椎動物の中枢神経系の中でおそらく最も変化に富む部位である。その意味で終脳は研究者たちの興味を強く喚起してきた。終脳は種による形態の変異がみられるだけではなく，構造と機能の両面において著しく分化している。このことから派生した実際的問題の1つは，さまざまな部位や核に対して，異なる綱に属す脊椎動物において歴史的にさまざまに異なる名称が付けられたことである。もちろん，比較神経学者たちにとって最大の目標は，さまざまな用語の違いを乗り越え，どの構造がホモロジーで，どの構造がホモプラシーであるかを決定することである。同様に，比較心理学者たちはその機能的側面に興味を持つ。つまり，ホモロジーであったりホモプラシーであったりする構造が，種によってどのように行動の制御に寄与しているのかという問題である。

　すべての脊椎動物の終脳は外套と外套下部に分

けることができる。**外套**は終脳の内側，背側，外側部分に位置する構造のすべてに対応する。一方，**外套下部**は終脳の腹側部分のほとんどに対応する。外套下部の相対的位置は種が違っても相対的に安定している。対照的に，外套のさまざまな要素部位の相対的位置は，**膨出**と**外翻**と呼ばれる2つの異なる発生のパターンに従っている。図8-10はこれらの発生のパターンがどのように異なる配置に導くかを示している。原始形質は膨出であるとみなされている。それは肉鰭類（シーラカンス，ハイギョ，四足動物）の他に無顎動物と軟骨動物に出現するからである。対照的に，外翻は条鰭類（これらの分類学群については，→図6-7, 151頁参照）に限られている。

図8-10の数字は終脳の主な構成要素のいくつかを示している。哺乳類で使用される用語にしたがって名称を付けるなら，1は海馬体（肉鰭類では内側，条鰭類では外側），2は新皮質（あるいは等皮質），3は梨状皮質（不等皮質），4は線条体，5は中隔に相当する。表8-4は四足動物の終脳の主な領域の名前として使用される用語について，対応するものを示している。これらの対応づけは，次の節で議論するように，確実なものとは見なされていないので注意する必要がある。

図8-10で示された脊椎動物の終脳の単純化された見方では，1と3の構造が外套であり，4

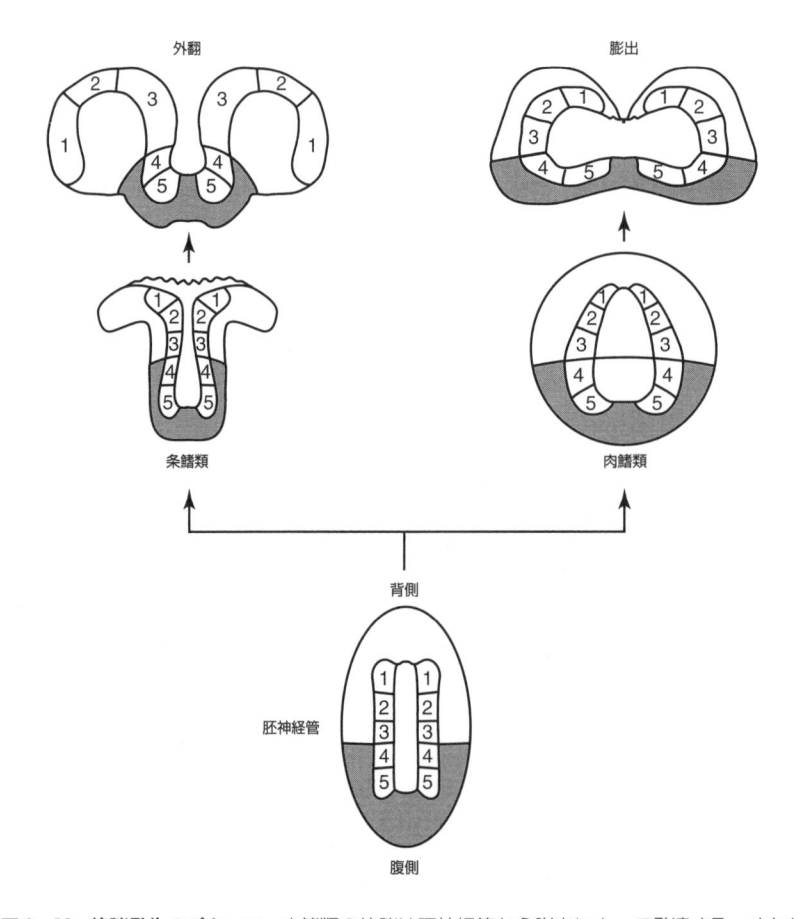

図8-10　終脳発生のパターン。肉鰭類の終脳は胚神経管から膨出によって発達する。すなわち，中心線の組織の閉鎖によりそれぞれの半球に側脳室が形成される。対照的に，条鰭類の終脳は背側組織の外側への外翻によって発達する。結果として，番号で概略的に示されているように，外套領域の位置関係は逆転する。外套（背側）は白で示され，外套下部（腹側）は灰色で示されている。

表8-4 四足動物の終脳領域を指す用語

図8-10	哺乳類	鳥類	爬虫類	両生類
1	アンモン角（CA領域）	海馬領域	背内側被質	内側外套
		傍海馬領域？		
1	歯状回	腹側海馬	内側被質	内側外套
2	新皮質	新線条体	背側被質	背側外套
		高線条体		
		外線条体		
		傍海馬領域？		
3	梨状皮質	梨状皮質	外側皮質	外側外套
4	尾状核，被殻	古線条体	線条体	線条体
4	側坐核	側坐核	側坐核	側坐核
5	中隔	中隔	中隔	中隔
5	扁桃体	原線条体	扁桃体	扁桃体

注：左列の番号は図8-10で記載した終脳領域の番号。

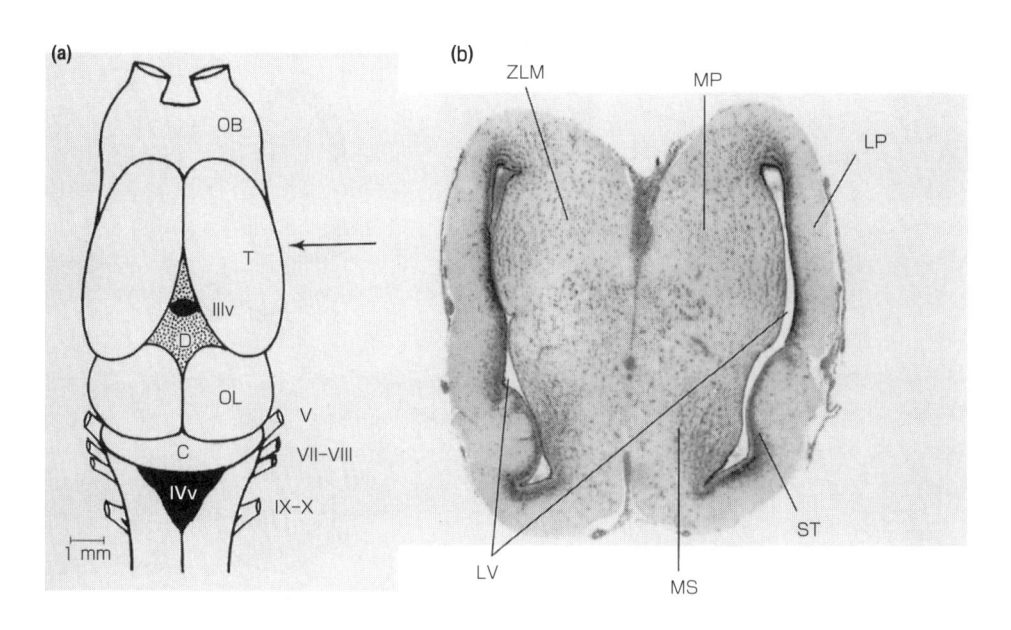

図8-11 (a)ヒキガエル *Bufo arenarum* の脳の背面図。矢印は(b)に示された横断面の位置を示している。領域は細胞体の密度が減少しているゾーンによって区別される。C：小脳，D：間脳，LP：外側外套，LV：側脳室，MP：内側外套，MS：内側中隔核，OB：嗅球，OL：視葉，ST：線条体，T：終脳，ZLM：内側限界ゾーン。(写真と絵はRuben Muzio氏の厚意による)

と5が外套下部になる。下等脊椎動物においては，これらの終脳領域は，例えば哺乳類の場合のように，それぞれがそれほど明確な形を成すものではない。ふつうは終脳の横断面は，細胞体がほぼ一様に分布しており，一部に密度が低いいくつかの領域（境界領域とよばれる）が認められる。これらの低密度の領域は，隣接する領域間の境界線を示す。図8-11はヒキガエル（*Bufo arenarum*）の終脳の横断面を示す。ここでは，これらの移行領域が明瞭に認められる。

3. b．魚類の終脳と行動 終脳の大きさと複雑さを考えると，魚類では終脳全体を取り除いても明らかな行動の変化がほとんどあるいはまったく観察されないということは，いささか驚くべきことである。特に硬骨魚類において，このようなこ

とが数多く観察されることから，この脳の最前部には決定的な生命維持機能はないことが示唆される。実際，同様の結論をアントワーヌ・デムーラン（Antoine Desmoulins）[1796－1828]とピエール・フローレンス（Pierre Flourens）[1794－1867]が19世紀に導いている。このフランスの科学者たちは，終脳を実験的に損傷し，その行動への影響を観察した最初の人々である。硬骨魚類を使ったデムーランと鳥類を用いたフローレンスのいずれの場合にも，動物の手術後の行動（例えば，食べる，泳ぐ，飛ぶ）は，ほとんど正常であることが観察された。終脳の広範な領域の除去により引き起こされる行動の障害を検出するために，科学者たちは洗練された観察手順とテスト状況を発展させなければならなかった。

例えば，フローレンスは，終脳を除去されたハトは，刺激に対して正常に反応する傾向があるが，何らかの形で刺激されないときには，行動の「自発性」がいくぶん欠けているように見えることに気づいた。硬骨魚類を用いたその後の研究で，この結論が基本的に正しいことが示された（de Bruin 1980）。例えば，損傷されたシャムトウギョ（*Betta splendens*）は儀式化された闘う行動の頻度が正常よりも少なくなる。しかし，ひとたび行動が始まると，オスの威嚇行動はその持続時間と系列の特徴は非損傷動物の威嚇行動とよく似ている。終脳を除去したイトヨ（*Gasterosteus aculeatus*）はメスへの求愛反応において正常なジグザグダンスを始めることができるが，メスを巣へ導くことができない（→正常な求愛行動については，図5－5，113頁参照）。

学習状況においても硬骨魚類の行動が似たような傾向を示すのは興味深い。終脳を完全に除去されたキンギョ（*Carassius auratus*）が，光刺激提示の2，3秒後に長い電気ショックを与えられるという訓練を受けたとしよう。このようなキンギョは，正常な個体と同じように，光に対して遊泳活動や心拍数増加のような反応を急速に発達させる。またショックが提示されると激しく活動する。もし，能動的な反応をすることで提示されたショックから逃避することができるならば，脳を除去されたキンギョも正常な個体とまったく同様に逃避することを学習する。したがって**逃避学習**は正常であるように思われる。しかし，光提示の間（ショックを提示前）に同じ反応をすることによって，ショックの提示を完全に予防できるときには，脳を除去された動物は重い障害を示す。つまり，**回避学習**は終脳損傷によって阻害されるのである（Hainsworth et al 1967）。さらに興味深いことに，除脳されたキンギョも最終的には信号に対して反応することを学習する。したがって，終脳はこの学習過程を調節するだけであり，重要な情報が貯蔵される場所ではないことが示唆される。終脳損傷により障害された回避学習の回復は，電気ショックの強度を上げることによって早められる。つまり，除脳動物の行動は，強く動機づけされたときには正常なレベルを回復する（Overmier & Papini 1986）。

3. c. 終脳の進化 脊椎動物における終脳の形態的分化の程度と配置の変異の多様さは，非常に多くの比較研究を刺激してきた。分岐分類学的規則を用いた終脳構造の分析によって，想定される祖先の状態での構成要素を特徴づける仮説を発展させることができる。ある分類群の共通祖先に存在したに違いない形質のグループを，**形態型**という（Northcutt 1995）。例えば，外套の3つの部分—内側，背側，外側—に分かれていることは軟骨魚類（サメとエイ）でも硬骨魚類でも，明らかに認められるから，この区分は原始形質であるに違いない。これらの3つの部分は条鰭類の魚類においてさえ認められる。図8－10に示されたように，条鰭類は発生における終脳組織の折り畳みのパターンが異なっている。軟骨魚類も外側位置に核Aを持つ。核Aのホモロジーはその位置に基づくものであり確定的なものではない。それが嗅覚路から入力を受けていることが研究によって示されており，他の脊椎動物の扁桃体と関係するものであることが示唆される（→4.e. 参照）。

外套下部については，軟骨魚類は内側の細胞集団である中隔野と，線条体として知られている腹外側領域の間の明確な区分を示す。すでに述べたように，これらの領域は脊椎動物の中でその相対的位置が非常によく保存されており，祖先の形態

型の一部であることが示唆される．図8-12は有顎魚類である軟骨魚類と硬骨魚類を含む，形態型の分岐分類学的分析を示している．両生類は四足動物を代表し，この図に示したように，その基本的構成は肉鰭魚類（アフリカハイギョ，*Protopterus annectens* に代表される）の構成と本質的に違いがない．

この形態型は終脳構造の基本テーマを表しているが，自然選択はこのテーマに基づく多くのバリエーションを形作ってきたことをおぼえておくべきである．図8-12に描かれた分岐図はそれぞれの分類群の中で最も保守的な種に基づいている．他の種は，これらの領域と核がさらに小分割され，分化して現れる派生した状態を示す．例えば，いくつかの領域は背側外套の中に認められ，その中でも背内側外套領域は肉鰭類においては最も変異

の大きい部分の1つである．

四足動物に対する同様の分析は，鳥類と哺乳類の脳の分化の程度を考えると，ずっと複雑なものになる．ストリェデター（Striedter 1997）は，四足動物におけるホモロジーを理解するための方法として，発生の観点から終脳を見ることを提案した．フォン・ベーアの定理によれば，異なる種の発生の初期段階において構造は，より類似しているから，成体の脳では異なる形で体制化されている領域の間のホモロジーについて仮説をつくることが可能である．図8-13は外套の分化を強調した分析の1つを示している．これは，すべての脊椎動物に共通し，特に初期発生において類似している，外套‐外套下部の区別から出発している．両生類では，外套は3つの領域へ分化するが，その領域は他の四足動物で区別されるすべて

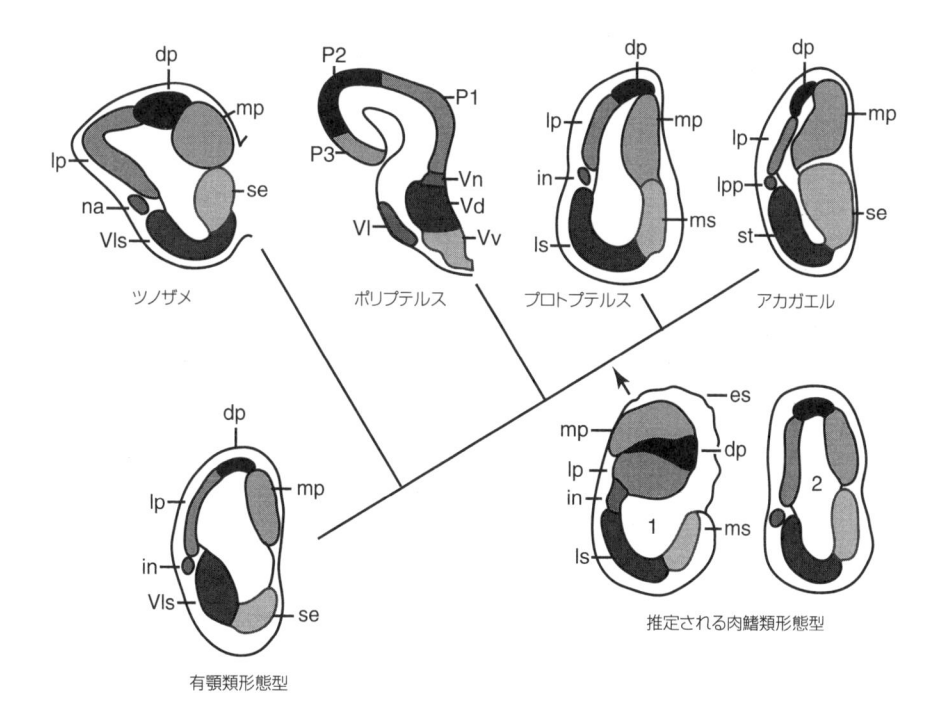

図8-12　脊椎動物における終脳の進化の仮説（Northcutt 1995）．有顎類と肉鰭類の形態型は仮説である．軟骨魚類（ツノザメ，*Squalus*），条鰭類（ポリプテルス，*Polypterus*），ハイギョ（プロトプテルス，*Protopterus*），両生類（アカガエル，*Rana*）の脳の概略図が上に示されている．Dp：背側外套，es：上衣中隔，in：介在核，lp：外側外套，lpp：外側外套隆起，ls：外側外套下部，mp：内側外套，ms：内側外套下部，na：核A，P1-P3：1番目，2番目，3番目の外套体，se：中隔核，st：線条体，Vd：腹側領域背側部，Vl：腹側領域外側部，Vls：腹外側外套下部，Vn：Vdの背側にある核，Vv：腹側領域腹側部

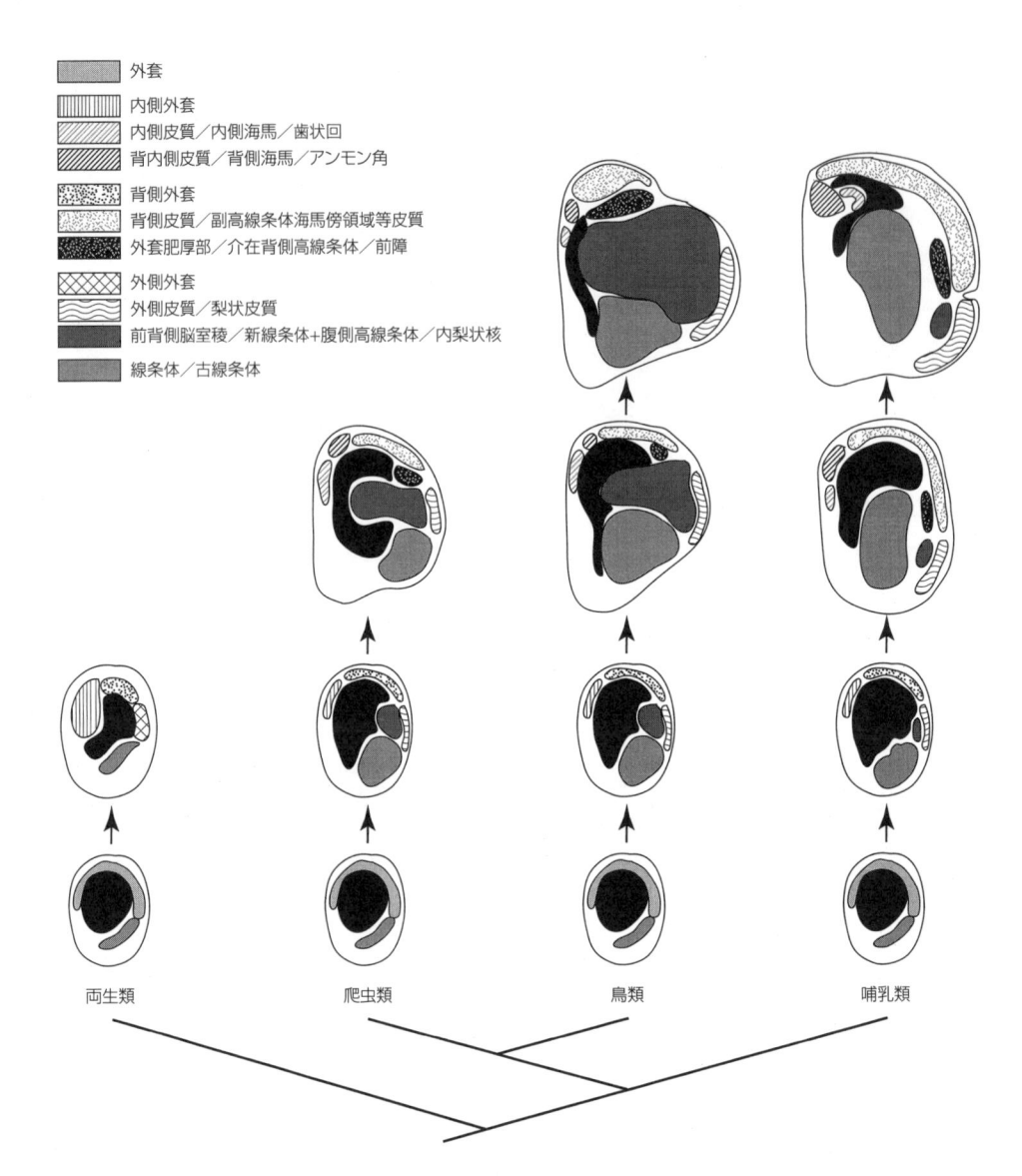

図 8-13 四足動物における終脳の進化の仮説（Striedter 1997）。この仮説は発生における終脳分化の順序を強調している。側脳室は黒で表されている。

の領域の先駆体を含んでいる。例えば，内側外套は有羊膜類では内側領域（爬虫類では内側皮質，鳥類では腹側海馬，哺乳類では歯状回）と外側領域（爬虫類では背内側皮質，鳥類では背側海馬，哺乳類ではアンモン角）の2つのはっきりした領域にさらに分化する。同様に，両生類の背側外套は爬虫類の背側皮質，鳥類の海馬傍領域，哺乳類の新皮質とのホモロジーが仮定される。これらの異なる領域は，すべて背側視床から入力を受けており，このこともそれらがホモロジーであることを示唆している。

3. d. 線条体 脊椎動物の線条体は，伝統的に運動機能の制御に関与する領域であると考えられてきた。これに関連して，黒質（→黒質-線条体束，図 8-4 参照）と間脳領域からのドーパミン

性入力はすべての脊椎動物において同定される保存された神経連絡である。伝統的に線条体には背側と腹側の領域が同定されており，両方とも脊椎動物への原始形質的特徴のようである。背側部は哺乳類においては高度に分化している。特に，霊長類では尾状核，被殻，淡蒼球のような核が，明らかに見分けられる（それらは基底核とも呼ばれる）。尾状核は霊長類の終脳では大きな構造であり，吻側に先端があり背側から腹側にループ状をなし終端は先端部の下方，扁桃体の近くにある。腹側線条体はまた，側坐核と嗅結節のような高度に保存された核を含む。

線条体へのドーパミン性入力は，ヒトでは随意的な運動制御が進行性に失われていくパーキンソン病との関係が指摘されている。歩いたり書いたりという行動が困難になり，患者は運動の自発性を失う。硬骨魚類と両生類でこのドーパミン系を損傷後に，類似した行動への影響が観察されている（Pollard et al. 1992）。損傷は，MPTPとして知られている毒素を注射することにより引き起こすことができる。MPTPは基底核と黒質のドーパミン性ニューロンと親和性を示す。このような方法で損傷された動物は，パーキンソン病患者の典型である，運動緩徐として知られている状態になり，不活発になって動きが遅くなる。

線条体系はまた，**刺激-反応習慣**の獲得に影響を与えているとされてきた（Mishkin et al. 1984）。刺激-反応習慣とは，特定の刺激や状況に直面したときに，決まった方法で反応する傾向である。例えば，辺縁系に脳の損傷を受けた患者は獲得したばかりの出来事の情報を思い出すことができない（例えば，彼らは2, 3分前に知り合った人の名前を忘れる）ことが知られている（→次の3.e.を参照）。しかし，同じ患者は，単純なA+/B-のような弁別課題を学習して長期間記憶する能力を示す。しかし，この後者の能力は，線条体（例えば，尾状核）が損傷されると失われる。類似した結果がサルとラットで報告されている。

3.e. 辺縁系と行動

終脳の核にあたる部分には，ひとまとめに**辺縁系**と呼ばれる一連の核と領域が含まれている。いくつかの辺縁系の要素である，海馬体（あるいは内側外套），中隔，手綱についてはすでに触れた。辺縁系には他に嗅内皮質，帯状回皮質，乳頭体，嗅球，嗅結節，扁桃体が含まれる。

これまでに研究されたすべての脊椎動物において，行動制御における辺縁系の重要性は，いくら強調しても強調しすぎることはない。海馬体の役割についてはすでに例を挙げた。鳥類における食物の貯蔵と取り出し（→第4章, 3.g., 81-82頁及び, 第14章, 2.c., 420-422頁参照）と，哺乳類における配偶システムに関連した空間学習（→第5章, 2.f., 110-111頁参照）である。また，ハト（*Columba livia*）の海馬は**帰巣行動**における空間情報の獲得に決定的な影響を与えるとされてきた（Bingman & Yates 1992）。海馬損傷は若いハトが巣への経路を学習する能力を阻害し，経験ある成体のハトでも，初めての場所から放たれたときには帰巣経路を学習することができなくなる。同様に，広範な海馬損傷を受けたラット（*Rattus norvegicus*）は**空間学習**の障害を示す（Morris et al. 1982）。例えば，正常なラットは，遊泳タンクの中のいつも同じ場所に配置された見えないプラットホームを見つけることをすばやく学習する。プラットホームは水面下1 cmに沈められ，水にはミルクを加えて不透明にしてある。しかし，窓や音のする方向のようなタンク外の手がかり（装置外手がかりと呼ばれる）は，動物が異なる出発地点から放されるときでさえ，プラットホームの位置をつきとめるのに使うことができる。

鳥類と哺乳類の両方を用いた，これらの実験の多くでは，海馬損傷による障害は空間課題に特異的である。そして近接した手がかりが目標を知らせるのに使われるときには，海馬損傷の効果は消失した。例えば，アメリカコガラ（*Parus atricapillus*）では海馬を損傷しても，場所の視覚刺激を手がかりとするときには，餌を探し出す能力は阻害されない（Sherry & Vaccarino 1989）。また，海馬を切除されたラットも，プラットホームが水面上に見える場合には，それを見つけることをすぐに学習する（Morris et al. 1982）。おもしろいことに，遠方の手がかりによる学習（空間学習）と近接手がかりによる学習（手がかり学習）の同じ

ような乖離は，終脳を除去されたキンギョ (Carassius auratus) でも報告されている（Salas et al. 1996）。キンギョは近接した視覚手がかり（白黒の縦のストライプ）によって直接的に手がかりを与えられたときにも，いつも同じ空間位置に開口部があるとき（空間的定常性）にも，その開口部を通って外へ出ることをすぐに学習できる。後者の場合，キンギョはある試行では視覚手がかりに向かって右方向に泳がなければならないが，別の試行では視覚刺激から遠ざかるように左方向に泳がなければならない。しかし，その開口部の位置は遠方の手がかりに対していつも一定である。実験結果は，終脳切除によって空間的定常性課題が選択的に阻害されることを示している。

このような選択的障害は，より部位を限定した損傷実験が示しているように，外側外套の損傷によるものであることは明らかである（Broglio 1997）。前に指摘したように，条鰭類（キンギョのように）の終脳発生は外翻によって特徴づけられる（図8-10参照）。それは成体の終脳における「外側」が，他の脊椎動物の成体の終脳の「内側」に対応することを意味する。海馬ニューロンは脊椎動物の進化のごく初期に，空間情報を処理する能力を発達させたと考えられ，鳥類や哺乳類のように，より最近に進化した系統でもその能力を保持している。たとえ構造そのものが相当な細胞構築学的変化をし続けても，その行動的能力は保存されてきた。条鰭類の外側外套と両生類の内側外套は細胞体が散在することが特徴的である（図8-11のヒキガエルの内側外套を参照）。図8-14は有羊膜類（爬虫類，鳥類，哺乳類）のこの領域の構造を示す。爬虫類では細胞の層が認められる。鳥類ではV字型の構造が現れる。しかし，哺乳類では歯状回とCA領域（アンモン角）の層が連結しており，非常に特異的なシナプス結合をしている。これらの構造の間の正確なホモロジーは完全に確立されていない。さらに，これらの構造上の違いが機能的意味を持っているのかどうかはまだ明らかではない。

さまざまな行動的機能に関与しているもう1つの構造は，すべての有顎類脊椎動物に明瞭に認められる扁桃体である。哺乳類の扁桃体は，終脳の基底部に位置する大きくて均質でない部位であり，線条体，嗅球，辺縁系，皮質，脳幹領域の間の連絡をする。扁桃体には皮質内側と基底外側の2つの主要な領域があり，それぞれがいくつかの核を含んでいる。皮質内側扁桃体は，視床下部と，中脳水道周囲灰白質領域を含む多様な脳幹神経核と相互に連絡している。嗅球とさまざまな視床核から直接入力を受けており，多感覚処理をしていることが示唆される。基底外側扁桃体は新皮質と，海馬を含むさまざまな辺縁系との間に相互の連絡をもっている。その主な遠心性線維は視床下部と線条体のニューロンに投射している。

哺乳類の扁桃体は，おおまかに嫌悪的行動といわれるものと結びついているように思われる。扁桃体を損傷すると，服従と弱化，すなわち**攻撃行動の消失**が見られる。結果として，そのような損傷は社会的な種の中では個体間の相互作用を変化させるだろう。通常は個体間の社会的優位性に，非常に明確な階層性を示すアカゲザル (Macaca mulatta) においては，扁桃体の損傷によって有意な社会的変化が見られる。ある研究では，8頭のサルのグループの中で最も優位であったオスが扁桃体切除術を受けた（Rosvold et al. 1954）。手術後，そのサルはすぐにグループ全体の中で最も下位の個体になり，他のすべてのサルの攻撃行動の標的になった。扁桃体切除術を受けたオスザルはまた**性行動過剰**を示すこともある。つまり，他のオスや異種の動物を含めて多様な相手に対して性交をしようとする傾向がある。

有名な実験において，ダウナー（Downer 1961）はサルの右扁桃体を損傷した（左の扁桃体は無傷のままに残しておいた）。そして，脳のさまざまな交連を切ることによって半球間連絡を切断した（左右の新皮質を結ぶ束である脳梁，皮質下の連絡を担う前後の交連，海馬交連，手綱交連，左右の視床核を連絡する中間質）。さらに，視交叉を切断して眼から反対側半球への入力を止めた。結果として，右眼に投射された視覚刺激は右半球（扁桃体は破壊されている）で処理され，左眼に投射された同じ刺激は正常な左半球で処理されることになる。この動物は手術の前には高い攻撃性をもっていた。その性質は両眼または左眼

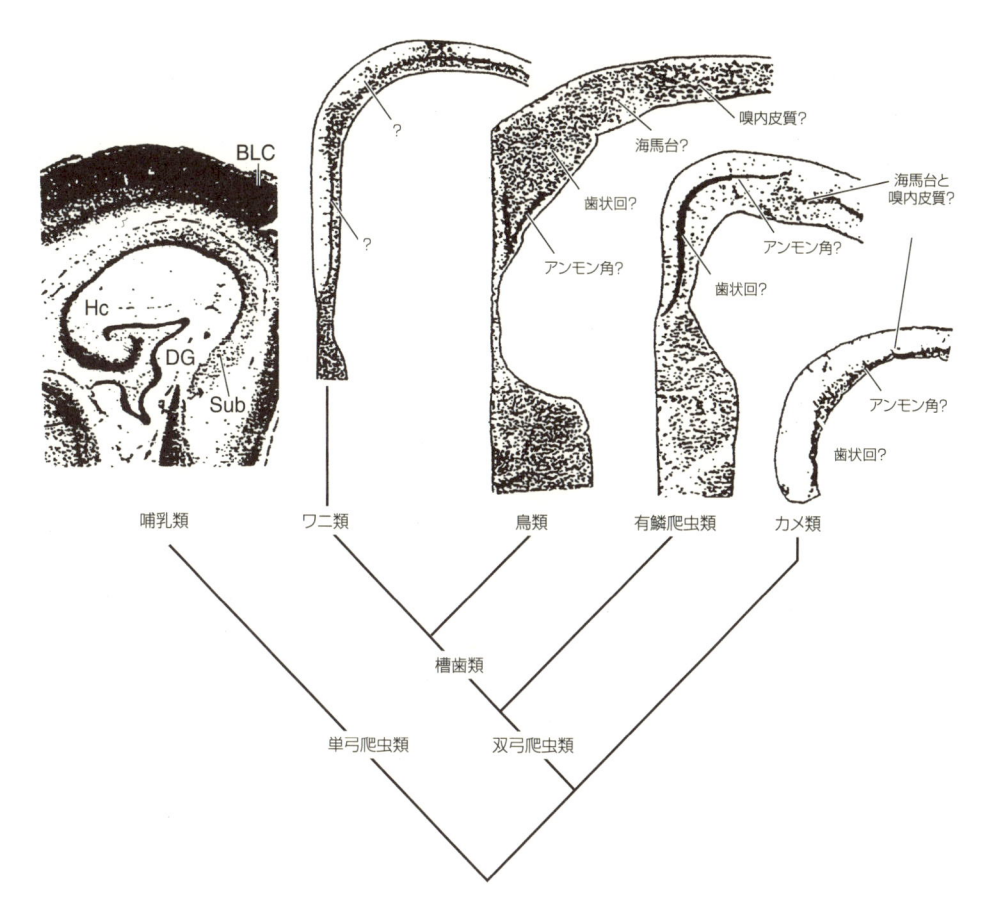

図 8-14 有羊膜類（爬虫類，鳥類，哺乳類）の海馬体の比較。 哺乳類の歯状回（DG），CA野（Hc），海馬台（Sub）に関するホモロジーはまだ完全には確立されていない。正中は左側である（Butler & Hodos 1996，哺乳類の海馬は Johnson 1977）。

だけが開いているときには維持された。観察者を見かけると，口を開ける示威行動を示し，ケージの上を飛び跳ねた。しかし，左眼を縫合し，右眼（そして，扁桃体切除された右半球）を通してだけ見ることができるようにすると，すぐにおとなしくなり，実験者の手から喜んでレーズンを受け取るようになった！

またラットでは，恐怖条件づけにおける扁桃体の役割が確立されている。典型的な**恐怖条件づけ**状況（Bouton & Bolles 1980）では，ラットは新奇な環境におかれ，適当な刺激（音か光）の提示に続いて 2, 3 秒後にラットの脚に痛みをひき起こす電気ショックが与えられた。これも古典的条件づけの1つの例である。1回か 2, 3 回の対提示を経験した後，ラットはその環境に連れ戻され，刺激（これはすでに痛みの信号になっている）だけを，電気ショックを伴わずに提示される。興味があるのは刺激によって誘発される**凍結反応**の量である。つまり，刺激の提示中にどのくらい動物が動かずにじっとしているか（呼吸を除いて）である。凍結反応はラットの対捕食性行動レパートリーの一部である。実験では刺激が音でも光でも，扁桃体の外側核（基底外側扁桃体の一部）の損傷は恐怖条件づけを阻害することが示されている（LeDoux 1995）。恐怖条件づけに関与する回路のモデルが図 8-15 に示されている。外側核は 4 つの主な投射を受ける。視床からの投射は単純な条件づけ試行においては決定的である（例えば，

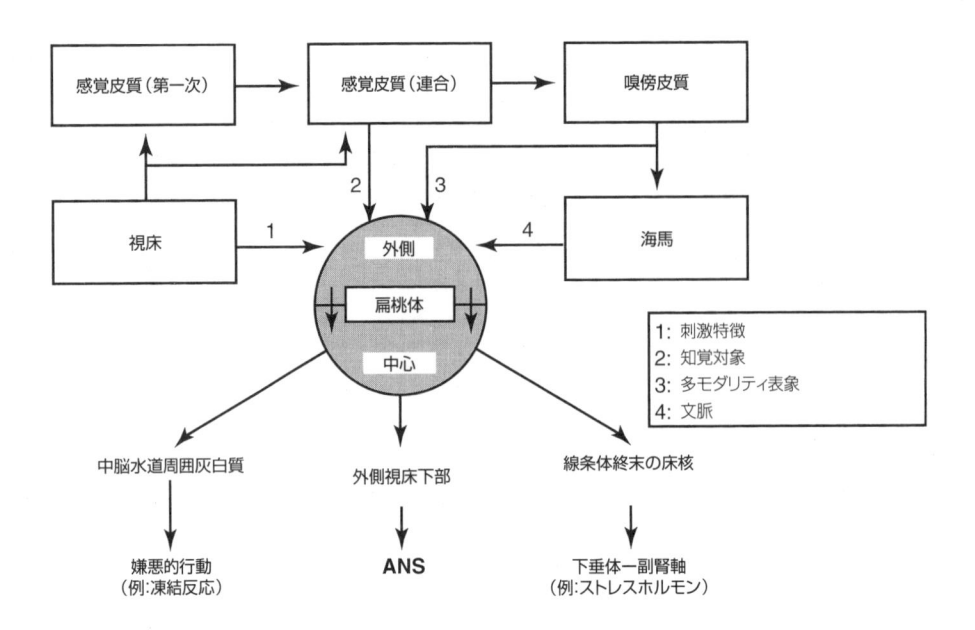

図8-15 ラットの恐怖条件づけの基礎となる神経回路の仮説(LeDoux 1995)。外側核と中心核を含む扁桃体の基底外側領域は,恐怖の獲得および恐怖の行動的,生理的なさまざまな指標の表出に重要な役割を果たす。ANS:自律神経系

音-ショックの対提示［A+訓練］の後)。新皮質からの投射は弁別訓練が含まれるときに不可欠である(例えば,音-ショックと光-ショックなし,A+/B-訓練)。そして,海馬からの投射はショックが信号なしで与えられ,ショックの起こる文脈全体が条件づけされるとき重要になる。嗅傍皮質からの投射はさまざまな感覚モダリティからの信号の統合に関与しているのだろう。外側核からの情報は,中心核(基底外側扁桃体の一部でもある)に送られる。それは中脳水道周囲灰白質と視床下部を含む尾側領域に中継され,凍結反応や自律神経系の反応,血流中へのストレスホルモンの放出を含む,さまざまな行動的反応と生理的反応に影響を与える。

3.f. 皮質の由来と進化 有羊膜類(爬虫類,鳥類,哺乳類)の外套は,表層部への細胞体の移動によって特徴づけられる。そこで,細胞体は**大脳皮質**といわれる層を形成している。これらの皮質細胞は,すべての脊椎動物でホモロジーの関係にある神経組織が見つかるように,先駆細胞をもつことは明らかである。しかし,皮質タイプの構造は有羊膜類に限って見られるものである。

伝統的に,皮質組織に原皮質(archicortex),古皮質(paleocortex),新皮質(neocortex)の3つのタイプが認められてきた。接頭辞のarchi(非常に古い),paleo(古い),neo(新しい)は,本来は仮説的な系統発生の順序に基づくものであった。しかしもはやこの仮説は支持されない。原皮質という用語は,哺乳類の海馬体:歯状回,CA野,海馬台を指す。前節で議論したように,歯状回とCA野の先駆体はすべての脊椎動物において見られるが,それらの組み合わさった形は哺乳類に特有のものである(図8-14参照)。

哺乳類では,古皮質と新皮質は,嗅溝と呼ばれる外側裂によって明瞭に分かれている。背側に新皮質があり,腹側に古皮質がある。両者の違いは,それらの細胞構築によっても特徴づけられる。新皮質は最大6層からなるが,古皮質は3層からなる。有羊膜類の新皮質と古皮質の進化については激しい議論が展開されてきた。これらの皮質の直接の先駆体は,両生類の背側外套である。四足動物の背側外套の共通の特徴は,一般的に背側視床と密接な関係をもって発達することである。図

8-9で識別した背側視床の2つの部分である，毛帯系視床と丘体系視床はすべての四足動物の背側外套に投射することから，これらの投射は原始形質とみなされるだろう。バトラー（Butler 1994）の背側外套の分岐分類学的分析（総計34の形質を含む）によれば，有羊膜類の形態型はすべての現存する種に共通の形質から求められる。背側外套の特徴の中ですべての有羊膜類に共通な特徴は次のものである。

(1) 毛帯系視床投射と丘体系視床投射は重ならない。
(2) 両半球の背側外套の内側部に毛帯系視床から軸索が投射している。
(3) 同側の背側外套の外側部に対して丘体系視床から軸索が投射している。
(4) 背側外套から背側視床へいくつかの相互の投射がある。

哺乳類につながる単弓類の系統は，次のようないくつかの付加的な特徴を持つ。

(5) 背側外套の両方の部分がよく発達している。
(6) 背側外套のほとんどの部分が6層構造の皮質になっている。
(7) 直接的な皮質脊髄投射がある。
(8) 嗅溝が存在する。
(9) 脳梁が存在する（胎盤哺乳類において）。

最後に，カメ類，鱗竜爬虫類，ワニ類，鳥類につながる無弓類-双弓類の系統は次のような特徴を持つ。

(10) 背側外套の外側部がよく発達している。
(11) 背側脳室隆起が形成されている。
(12) ある程度の神経核を含む背側脳室隆起がある（いくつかのトカゲ類）。
(13) 多くの神経核からなる背側脳室隆起がある（ワニ類と鳥類）。

これらの特徴を，図8-16に示されるように，現存する有羊膜類の分岐図に書き込み，皮質の進化における主な特徴を位置づけることができる。しかし，例によって，これは仮説とみなされるものであり，一般に受け入れられているわけではない。論争の的となっている問題の1つは，顕著な爬虫類の核である背側脳室隆起と，哺乳類と鳥類にあるさまざまな核の間の関係である。ストリェデター（Striedter 1997, 図8-13参照）によれば，背側脳室隆起（図では前背側脳室稜）の最前部は，鳥類の終脳の2つの比較的大きな構造である新線条体と腹側高線条体とホモロジーの関

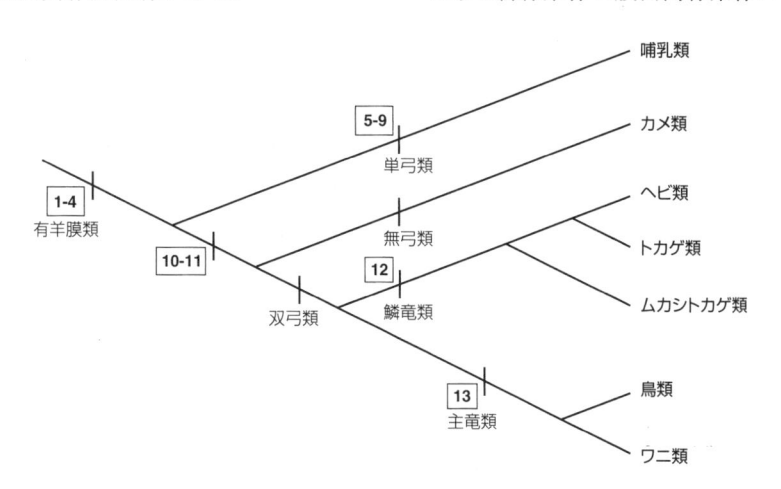

図8-16 有羊膜類の背側外套の進化の分岐分類学的分析（Butler 1994）。数字は本文中で述べた特徴を示している。

係にあるが，哺乳類ではむしろ相対的に小さな領域である内梨状核に対応する。しかし，バトラー（Butler 1994）の説では，爬虫類の背側脳室隆起と鳥類の対応する領域は，哺乳類の新皮質に関係している。

おそらく，哺乳類の新皮質（等皮質とも呼ばれる）ほど研究者や一般大衆から注目を集める脳領域はない。19世紀末に発達した組織学的技法は新皮質の細胞構造を非常に詳細に見ることを可能にした。神経解剖学者のコルビニアン・ブロードマン（Korbinian Brodman）[1868-1918]は新皮質が層構造を成していることを発見し，細胞構成の違いによって脳の全表面を領域に分割した。これらの領域のいくつかは機能的にも一体となっていることが，後に明らかになった。例えば，第4野は体性感覚の投射を受け，第17野は一次視覚野である。ヒトの新皮質は必ずしも一般的ではない特徴によって複雑に見える。それは，脳回（回）と裂溝（溝）を作り出す表面の皺である。そのような状態は**皺脳（構造）**と呼ばれる。対照的に，オポッサム，ハリネズミ，アルマジロのように，保守的な（古い形質を残した）哺乳類の新皮質は，滑らかで，**脳回欠損（構造）**と呼ばれる。ヒトの脳と他の霊長類の脳は大脳葉の存在によって特徴づけられる。前頭葉，頭頂葉，後頭葉，側頭葉は外面から見えるが，島葉は側頭葉の内側に隠れている。

中生代の犬歯類（哺乳類の祖先）と哺乳類の化石頭蓋骨を鋳型とした脳の複製の分析は，それらの動物が脳回欠損の新皮質をもっていたことを示唆している（Kielan-Jaworowska 1986）。このような脳の複製においても，嗅溝は明らかに認められるから，新皮質の存在したことは確かに推測できる。脳回欠損と皺脳のどちらの構造がより原始的な状態であろうか？複雑に入り組んだヒトの大脳皮質の処理能力については多くの議論がなされてきた。しかし，処理能力は明らかに脳の大きさによって，ほとんど完全に決定されるのである。48種類の哺乳類の皮質表面の大きさ（これは脳の入り組み方の程度を反映する）と脳の大きさの相関を比較した研究では，両者にほぼ完全な相関関係があることを示している（Jerison 1982）。このような相関関係の解釈の1つは，皺の程度が，皮質と脳の間の表面－体積関係が維持されていることの副産物であるということである。事実，相対成長式はそのべき指数が0.91になる。これは，大きな脳をもつ種（われわれ自身のように）の新皮質は，期待される値よりも実際には少し小さくなるということを意味する。

中生代の哺乳類は比較的小さかったから，脳回欠損の新皮質と相対的に深い嗅溝をもっていたようである。白亜紀の終わりの大絶滅の後に，哺乳類の適応放散が起こり，現存する哺乳類の主な目が確立された（→図6-13，162頁参照）。これは約6500万年前に起こり，それ以来，哺乳類の新皮質はさまざまな種において平行進化してきた。大きな脳は，霊長類（サルとヒト），鯨類（クジラ），奇蹄目の動物（サイ），肉食動物（ライオン），長鼻類（ゾウ）などの，多くの種で独立に進化した。したがって，大きな種の新皮質の特徴は，すべて独立に進化したものかもしれない（ホモプラシー）。視覚，聴覚，体性感覚野などの一次感覚野のいくつかは少なくとも，遠く離れた関係の齧歯類と霊長類の間でもホモロジーであると思われる。同じことが前頭皮質の一次運動野についても言える。これらの領域は，網膜（視覚），内耳の基底膜（聴覚），身体表面（体性感覚），骨格筋（運動）それぞれを再現した表象をもつ。しかし，サルは種によって20から40の付加的な視覚野を持っており，これは少なくとも齧歯類の視覚野の4倍以上である。したがって，霊長類の二次視覚野の多くについては，齧歯類には対応部位が存在しないかもしれない。同じような結論が皮質の聴覚野，体性感覚野，運動野についても成り立つ（Northcutt & Kaas 1995）。

感覚情報と運動情報を処理する以外に，哺乳類の新皮質は，伝統的に**連合皮質**と呼ばれる統合領域をもっている。多くの心理学的過程がこれらの領域の機能に基づいている。例えば，単純な条件づけの過程は新皮質が実験的に取り除かれた動物でも正常に進行する。しかし，非侵襲的な技術が単純な条件づけ試行の間に起こっていることを調べるために使われると，図8-17に示されたように，相当な程度の神経の可塑性が観察される

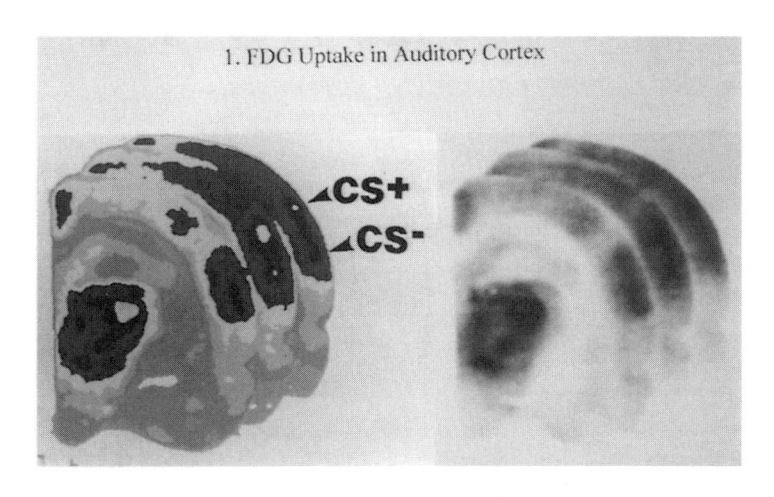

1. FDG Uptake in Auditory Cortex

図8-17 オートラジオグラフィとして知られている非侵襲的技法によって検出された皮質の可塑性の例。 古典的条件づけを受けた動物は，放射能でラベルされたグルコースの類似体の注射を受けた後に，条件刺激のテスト試行に入れられる。テストの後すぐに脳が取り出されスライスされる。そのスライスを特殊なフィルムの上に置く。より多くのグルコースの類似体を取り込んだ脳部位は感光して黒い領域として現れる。この方法によって，動物が条件刺激を処理するときに活性化していた脳領域が同定される。こうして，これらの領域が可塑性の存在する場所であると推測される（写真は Francisco Gonzalez-Lima 氏の厚意による）。

（Gonzalez-Lima & Scheich 1986）。典型的な研究では，ラットのあるグループは音－ショックの対提示を受ける（恐怖条件づけ）。一方，別のグループのラットは時間的に対提示されない同じ数の音とショックを受ける（統制群）。問題となるテストセッションの前に，すべてのラットは放射能でラベルされたグルコースの類似物質（2フッ素2デオキシグルコース，FDG）を注射される。グルコース（あるいはFDG）はエネルギー源であり，ニューロンの活性の程度に対応した量が取り込まれる。テストではすべての動物が音の提示を受け，セッション終了直後に処分されて脳が取り出される。脳組織のスライスが，FDGの放射能ラベル（通常は^{14}C）に感光する特殊なフィルムの上に置かれる。およそ2週間後，フィルムを現像すると，FDGが蓄積された場所は黒く現れる。このような手続きはオートラジオグラフィと呼ばれ，音－ショック対提示を与えられたラットにおいてのみ，聴覚皮質（と多くの他の脳領域）に高い活性レベルが見られる。したがって，どんな音によっても引き起こされるタイプの活性ではなく，信号としての価値を獲得した音だけに活性を示したことが分かる。

新皮質は付加的な心理学的機能を担うようになった。こうした機能は，特に霊長類においてよく発達しており，研究されてきた。これらの機能には計画能力，期待の形成（単なる刺激－反応習慣ではなく），記憶，さまざまな言語に関連する機能を含んでいる。これらのトピックスのいくつかは第9章で扱う。

4. 脳の大きさ

4.a. 脳の大きさの原理 特別な行動的機能の背後にある神経機構は，きわめて局所的で限定的なものでありうる。例えば，第7章ではそのような局在の程度がどのようなものかを示す例を見た。そこではアメフラシの馴化は単一シナプス経路に限られていた。同じように，脊椎動物の脳は

機能局在を示す．すなわち，脳のある領域の全体が，比較的限定されたタイプの情報の処理に割り当てられているということがある．すべての機能が同じように局在しているのであろうか？もし機能局在がそのように極端なものであるならば，その多くの異なる部位を区別することなく，脳全体の大きさを見ることによって得られるものがあるだろうか？

もし脳の機能と構造との関係が，極端な局在主義論者の理論が示唆するような単純なものならば，脳組織がどのようにしてその機能（すなわち，知覚，動機づけ，学習，記憶，意識など）を果たしているかは容易に理解できるだろう．しかし，このような機能は他の多くの領域の寄与を必要とするものと考えられ，その相互の関係も十分に理解されていない．他に類のない脊椎動物の脳は，科学者にとって最も複雑な系の1つである．さらに脳が情報を獲得し，行動を含む動物の身体機能に影響を与える能動的器官であることを考慮すると，その複雑性はほとんど想像できない程のものである．脳の大きさの研究は，脳機能への最初のアプローチとして有効なものであり，いくつかの一般法則を明らかにするものである（Jerison 1973）．

例えば，脳の機能局在は，特定の神経領域の大きさと，その領域に割り当てられた機能において処理される情報量との間に正の相関があるという，**相当量**の原理の存在を示唆する．この一般原理は，種の自然行動に関して，さまざまな種の感覚に関わる神経核の大きさと，その種の自然状態での行動との関係を考慮するとよく分かる．例えば，霊長類の多くは昼行性であり，その採餌と社会的行動は視覚手がかりに基づいている．その結果として，視覚情報処理に割り当てられる脳領域が，相対的に大きいことは驚くことではない．スズキのような水底で採餌するサカナは環境から味覚情報と触覚情報を検出する．結果として，迷走神経と顔面神経から求心性入力を受ける菱脳の神経核が大きくなっている．

機能が過度に局在化していると，特定の領域のニューロンが失われたとき，それらのニューロンが支えていた機能が完全にそして永久に消失ることになる．しかし，ある機能がいくつかの脳領域によって制御されている場合には，脳損傷が特定の機能に影響を与える程度は，損傷の部位よりもその大きさに関係するだろう．これは**量作用**原理と呼ばれ，最初は，学習におけるラットの新皮質の役割に関する研究から提唱された．カール S. ラシュレイ（Karl S. Lashley）［1890-1958］は，新皮質組織を除去したときのラットの単純な視覚弁別課題（具体的には，餌を得るために，横縞ではなくて縦縞の描かれた刺激を選択することを学習する）を学習する能力がどの程度阻害されるかは，除去された皮質の新皮質中の位置ではなく，その量に依存することを観察した．量作用原理によれば，脳の大きさそのものが，動物の情報処理の一般的能力と関連することが予測される．

一方，このような「情報処理の能力」は，脳の進化を形作ってきた選択圧の産物である．脳の大きさは，そのような選択圧に対して反応する特徴あるいは形質と見なすことができる．ジェリソン（Jerison 1973, p. 15）は，この単純な仮定を次のような一般原理によって明確にした．「すべての動物の脳は，そのニッチや適応地域において適切に生活できるように，先に述べた行動と，身体器官としての脳の構造との関係を記述する原理（相当量，量作用）にしたがって進化してきた」．より大きな脳によって実現される脳の処理能力は，他の生物学的形質に適用される同じルールによって進化してきた．

4. b. 脳の大きさの人為選択 脳全体の大きさが，他のどの形態的形質と同じように，自然選択によって影響を受ける可能性があることを示す方法の1つは，それが人為的な選択圧に反応するかどうかを見ることである．**人為選択**は特定の表現型について，極端な表現をもつ個体を交配することによって行なわれる（→第3章参照）．例えば，大きな（あるいは小さな）脳をもつ系統を作り出せるかどうかを決定するために，大きな（あるいは小さな）脳をもつ動物を数世代にわたって選択的に交配する．しかし，そのような技術が，どのようにして脳のような身体の内部にある器官の大きさに適用できるのだろうか？

ある手続きは，同腹の子の脳の大きさは，この形質を決める遺伝子を共有する確率が高いので，正の相関を持つという仮定に基づいて行なわれる．したがって，同腹の個体の一部を抜き出して脳を取り出し，その脳の大きさを計測する．一方，残りの子は繁殖に割り当てられる．ロデリックら (Roderick et al. 1973) は，脳の大きさによる，マウスの高 (H) と低 (L) の系統を作り出すために，これに似た手続きを用いた．選択的交配の基準は，脳の絶対重量であった．実際，この手続きによって H と L の系統を容易に得ることができた．しかし，体の大きさにも，形質によって選択されたわけではないのにも関わらず，脳の大きさに相関した変化が見られた．これは人為選択実験では，よく見られる例である．選択の基準がどのようなものであれ，厳密に選択された形質以外の形質もまた変化する傾向がある．このような形質は，選択の基準として使われた形質を決定している遺伝子に依存することから相関によって変化する．ほとんどの遺伝子には，多くの異なる特性の発達に影響を及ぼす**多面発現**と呼ばれる性質があった．したがって，脳の大きさの増加（と減少）は，単に身体の大きさの増加（と減少）の受動的帰結である可能性がある．

選択基準が身体の大きさに対する脳の大きさの比に基づくときに，脳の大きさは人為選択に反応するだろうか？フラーとゲイル (Fuller & Geils 1972) はこの疑問に対して肯定的な答えを与えた．ロデリックの H と L 系統のマウスが，相対的な脳重量の値に基づいて繁殖させられた．一方，統制群系統からのマウスは，ランダムに繁殖させられた．H と L 系統のペアから同腹の子が得られると，何匹かを処分して脳重量と体重が測定された．残りのマウスは，その同腹の子から得られた脳体重比の推定値に基づいて交配された．脳重量が体重に比して高い（あるいは低い）マウスが，H（あるいは L）世代を生むように互いに交配させられた．こうした系統は生後 5 日から 40 日のさまざまな日齢でお互いに比較され，ランダムに交配された統制群系統のマウスとも比較された．結果は，たとえ選択基準が絶対的な脳重量ではなく相対値であっても，脳の大きさは，統制群系統に比較して増加（あるいは減少）することを示した．つまり，同じ体重に対して，H 系統（あるいは L 系統）は統制群系統よりもさらに大きな（あるいは小さな）脳をもつ．ただし，脳の大きさの違いは，相関する体の大きさの変化だけから，完全に説明できるわけではない．

また，フラーとゲイルはすべての系統のマウス胎児の脳重量を測定した．そして，L 系統と統制群系統には差がないが，H 系統のマウスは胎児期後期において，相対的により大きな脳を持つことを見出した．哺乳類では，胚発生の期間，脳と身体の成長はほぼ同じ速さで生じる．しかし，脳は生後のある時点で成長を止め，身体はもう少し長く成長を続ける．大きな脳は，ふつうの動物において脳が成長するのと同じ時期に，脳の成長率を増加させることによって達成されているのである．対照的に，小さな脳はふつうの動物の場合よりも，早い時期に成長を止めることから生じる．

4. c． 相対的な脳の大きさ 人為選択技術を用いた脳の大きさの研究は，2 つの結論を示唆する．第 1 は，脳の大きさは体の大きさに結びついている．この 2 つの特徴の成長を制御する共通の遺伝子のグループがあるに違いない (Lande 1979)．例えば，身体の多くの器官の発達に影響を及ぼす成長ホルモンがあり，特定の器官（例えば，脳）の大きさと体全体の大きさの間に正の相関が生じる傾向がある．この関係は**相対成長**といわれ，一般化した相対成長式が当てはまる．

$$E = aS^b$$

ここで E は脳の大きさ（脳重量；フランス語の "poids encephalique" から），S は身体の大きさ（体重；フランス語の "poids somatique" から）を表し，a と b は経験的定数である．相対成長式は，1 つの器官あるいは体の部分の大きさの変化と，体の大きさの変化の関係をべき関数で表す (Thiessen & Villarreal 1998)．この関係は変数を対数に変換すると，関数は直線になる．

$$log(E) = log(a) + b\,log(S)$$

相対成長関数が両対数座標あるいは対数値に変換して表現されるのは，このためである。

第2の結論は，脳の大きさは体の大きさから期待される大きさ以上に増加することができるということである。この脳の大きさの積極的な増加は，**脳化**といわれる。脳化については次の節で詳しく議論する。

脳と体の大きさが相関することは，道理にかなっている。脳は身体からの求心性の情報（感覚受容器）を処理する細胞と，筋肉，腺，器官を制御する細胞を含む。例えば，ゾウはマウスに比べて大きな体表面をもち，そのために皮膚からの触覚情報を検出するためにより多くの感覚ニューロンを必要とするのは確かである。ゾウはまたより多くの数の筋肉細胞を持ち，それゆえマウスよりもその動きを制御するためにより多くの運動ニューロンを必要とする。単にゾウは大きな動物であることから，ゾウの脳はマウスの脳よりも大きくあるべきである。しかし，相対的に見ても，1つの脳を他の脳と比較したときに，どのくらいの大きさが妥当なのだろうか？

この疑問に答える1つの方法は，代表的な種をサンプルとしてとって，脳と体の大きさの両方を測定し，脳に対する体の大きさをプロットすることである。脳と体の重量と体積は推定できる。動物の体が失われている場合には（例えば，化石種の場合），体の大きさはその動物が属する分類群（目あるいは綱）から推定できる。ジェリソン（Jerison 1973）は，これらの変数を測定するために使用したさまざまな方法をまとめている。脊椎動物のサンプルから脳と体の大きさの関係を両対数尺度でプロットすると，得られた関数は直線になり，相対成長式に適合する。図8-18はこれらの結果を，現存する種のみに関してそれぞれの脊椎動物の綱を囲む最小の凸多角形の形で示している。個々の種は，この多角形の中の少なくと

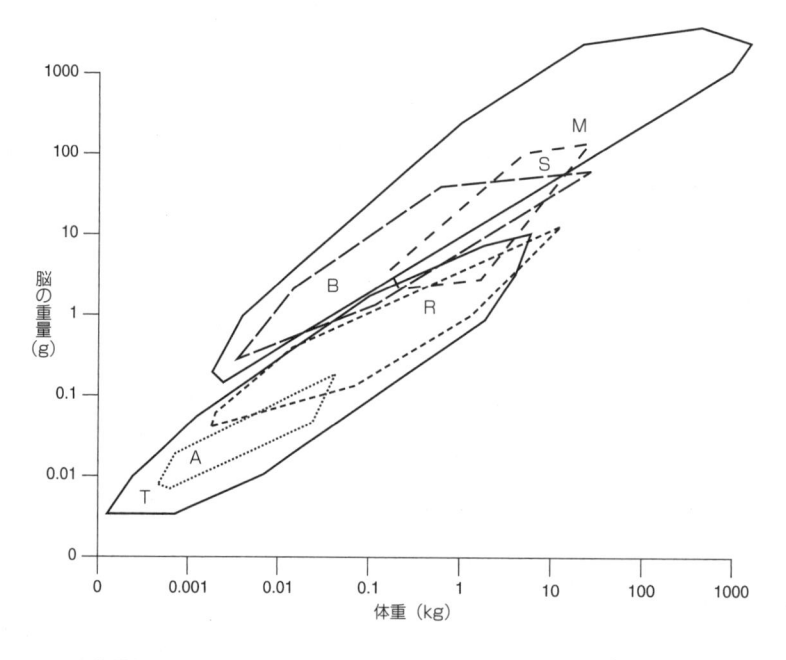

図8-18 脊椎動物のさまざまな綱に属す動物の脳の相対的大きさ（Bauchot et al. 1989）。
A：両生類，B：鳥類，M：哺乳類，R：爬虫類，S：サメとエイ，T：硬骨魚類。サンプルは現存する種のみを含む。多角形はそれぞれの綱に属す種のすべてのデータ点を囲んでいる。鳥類と哺乳類には広範な重なりがあり，硬骨魚類と，両生類，爬虫類にも広範な重なりがある。しかしこれら2つのグループにはほとんど重なりがない。例外は硬骨魚類の2,3の種とサメとエイであり，これら2つのグループと広範囲に重なっている。無顎類（この図では示されていない）はすべての綱の中で最も低い値をもっている。

も1点として，その脳と体の大きさ（重量，体積）が表示されている．例えば，哺乳類のサンプルはこのような点の集合を作る．哺乳類の多角形は，個々の動物種を表す点すべてを囲む図形である．他の脊椎動物の綱についても同様である．

ジェリソン（Jerison 1973）は，これらの多角形の傾きが比較的よく似ており，その値が0.67の辺りにあることに注目した．相対成長式のbを置き換えると，

$$E = aS^{0.67}$$

もし，$b=1$ならば，体の大きさが1単位増加するごとに，脳の大きさは決まった値だけ増加する．これは**等成長（アイソメトリック成長）**と呼ばれる．しかし，$b=0.67$は脳の大きさの増加が，種の間での体の大きさの増加に追いつくことができないことを意味する．これは**負の相対成長**と呼ばれる（$b>1$は**正の相対成長**である）．個体の表面積は体積の2/3乗に比例して増加するから，ジェリソン（Jerison 1973）は脳体積の増加は体の体積よりもむしろ表面積の増加に依存することを示唆した．

ジェリソンの仮説は，後になって指数の値が2/3の値から相当ずれることが明らかになると疑問視されるようになった．例えば，哺乳類ではbの値は約0.75，つまり3/4である．元のジェリソンの分析とその後の分析における傾きの値の違いは，サンプルサイズの違いと，後の研究では小さな種についてよりバイアスの小さいサンプルを用いたことによるものと考えられる．負の相対成長のために，小さな種が優勢を占めるサンプルでは傾きの値がより小さくなる傾向がある．この3/4というbの値は，脳の大きさと代謝率との間の関係を示唆する（Armstrong 1990）．哺乳類では，代謝率と身体の大きさの間の相対成長関係の指数はおよそ3/4になる．しかし，脊椎動物のすべての綱で傾きが3/4というわけではなく，代謝率が脳の大きさの進化的変化を引き起こした要因（少なくとも唯一の要因）ではないと考えられる．もっと重要なことに，同じような体の大きさを持つ動物のサンプルについて，基礎代謝率と脳の大きさを調べると，その間に相関は認められない．脳と体の成長の相対的タイミングや（Ritska & Atchley 1985），哺乳類の食餌のような生態学的要因，あるいは鳥類の発達モードのような生活史的要因（Harvey & Krebs 1990）などが，脊椎動物の脳の大きさの進化を説明する要因として提唱されている．表8-5は脊椎動物のさまざまな綱における傾きの値をまとめている．

表8-5 脊椎動物の研究で得られた相対成長式の指数の値

分類	b	参考文献
哺乳類	0.76	Martin (1981)
	0.74	Eisenberg (1981)
	0.69	Harvey & Krebs (1990)
鳥類	0.58	Martin (1981)
爬虫類	0.54	Martin (1981)
	0.60	Platel (1979)
両生類（無尾類）	0.47	Platel (1979)
硬骨魚類	0.65	Bauchot et al. (1989)
軟骨魚類	0.76	Northcutt (1977)
無顎類	0.67	Northcutt (1977)

すべての指数が1よりも小さいことに注意しよう．それは脳と体の関係が負の相対成長にしたがっていることを意味している．さらに，これらの指数には多少の変動がある．いくつかの綱の中の目について個別に分析が行なわれた場合は特にそうである．例えば，軟骨魚類の中では，ガンギエイとエイは非常に大きな傾きを示す．ノースカット（Northcutt 1977）は$b=1.04$（等成長）を報告した．そして他の研究からのデータを再分析し，bの値が1.38（正の相対成長）を超えるものを見出した．別の極端な例では，無尾両生類の傾きの値は$b=0.47$（Platel 1979）のように，どんなグループで報告されたものよりも低いように思われる．ジェリソン（Jerison 1973）は，彼の分析のすべてにおいて0.67という定数を得た．このように値が一定であることは，同じ要因がすべての脊椎動物綱の相対的脳の大きさの進化の基にあることを示唆する．対照的に，傾きの値が分かれることは，相対的な脳の大きさの進化がさまざまな脊椎動物群の中で，異なる力によって引き起こされたのかもしれないことを示唆する．

4. d. 脳化 相対成長式の指数（b）が同じであるがその原点（a）が異なるとき，同じ体重の動物は異なる脳の大きさをもつだろう。例えば，マーティン（Martin 1981）は現存する鳥類（180種）と爬虫類（59種）のサンプルで類似した指数（表8-5参照）を見出した。しかし，鳥類に関しては$a = 2.1$であり，爬虫類では$a = 1.2$であった。この違いは，これらが常用対数（$\log_{10}$）の値であることを考えると，ささいなものとはいえない。鳥類の脳は体が同じ大きさの爬虫類の脳に比較して約10倍の大きさなのである！さらに，すでにジェリソン（Jerison 1973）が指摘したように，それぞれの綱に対応する最小凸多角形に重なりがない。少なくとも体重のある範囲内では，哺乳類と爬虫類についても同じような結論が成り立つ。

ジェリソン（Jerison 1973）はまた，爬虫類，鳥類，哺乳類の多くの絶滅した種に対して，脳と体のデータを計算した。例えば，恐竜の相対的な脳の大きさは，その体が大きいことから多角形を拡張することになるが，現存する爬虫類の脳の大きさから有意なズレはないことを発見した。興味深いことに，いくつかの化石鳥類（有名な始祖鳥 *Archaeopteryx*，鳥類の中で最も古いものを含む）と化石哺乳類はこれらの綱の現存する種が作る多角形と爬虫類の多角形の間に来る。したがって，高等脊椎動物の現在の相対的な脳の大きさは中生代の間に進化し，初期の鳥類と哺乳類は，すでに爬虫類と比べてある程度相対的に脳化していたものと考えられる。なぜ，鳥類や哺乳類の脳は爬虫類の脳よりもこのように大きくなったのであろうか？

ジェリソン（Jerison 1973）は，始祖鳥を含めた初期鳥類は，同時代の飛行爬虫類である翼竜よりも大きな脳を持っていたことに注目した。この発見の意味するものは，鳥類の脳化はおそらく飛ぶことそのものに関係しているのではなく，初期鳥類の生態学的ニッチにおける何か別の側面に関係しているということである。現代の鳥類の多くと同じように，初期の鳥類はおそらくすでに森林環境に生息しており，枝から枝へと飛び移ったり飛行中に障害物を避けたりすることは日常の行動の重要な要素であった可能性がある。ジェリソンは，鳥類が相当な脳化を必要としたのは，このようなタイプの環境の知覚的要求であったと考えた。飛行中に図-地弁別を十分正確にでき，枝に安全にとまることを可能にする奥行き知覚は，ニューロンの付加を必要とし，さらには爬虫類の脳回路の本質的な組替えを必要としたのかもしれない。

ジェリソン（Jerison 1973）によると，原始哺乳類の脳化はまったく異なる経路をとった。祖先である爬虫類とは異なり，中生代の哺乳類は夜行性ニッチを利用する，つまり，そのときに優勢だった脊椎動物のほとんどが活動をしない夜間に，活動性を保つことによって進化した可能性がある。昼行性から夜行性へ生活圏をシフトすることによって，距離の知覚をもっぱら視覚に基づくもの（爬虫類のように）から，嗅覚と聴覚によるものへシフトすることが必要になったのだろう。夜には視覚情報はほとんど得られないから（視覚によるパターンと色の知覚にはかなりの照度を必要とする），原始哺乳類は獲物を探し，危険を避けるために嗅覚と聴覚の手がかりを頼りにしていたのだろう。網膜ではかなりの量の信号処理が行なわれるが，聴覚と嗅覚の感覚受容器が存在する内耳と嗅覚上皮は比較的単純な末梢器官である。より複雑な嗅覚と聴覚処理への要求は，より複雑な末梢器官を作ることよりも，むしろそのような信号処理を担う中枢神経系の領域を広げることによって実現された。さらに，視覚刺激の場合とは異なり，嗅覚と聴覚手がかりは継時的に処理されなければならない。そのような継時的処理は入力信号を解釈するために，短い時間の間に大量の情報を保持するための大きな負荷がかかる。このように考えると，哺乳類の脳化は，適応的に機能するために大容量を必要とする感覚系に依存する夜行性の生活様式への切り替えの結果なのかもしれない。

これらはもっともらしい非常に一般的なシナリオであるが，前提となる脳の大きさに関するいくつかの仮定が明示されていない。その1つは，相対的な脳の大きさの増加はもっぱらニューロンとその結合の数の増加によるものであり，他の種類の細胞（例えば，グリア細胞，血管など）の増加によるものではないということである。ある領

域のニューロンの数は，ニューロン生成の終止を調節する遺伝的信号を変化することによって制御される。しかし，ジェリソン（Jerison 1973）が指摘したように，小さな脳では大きな脳と比べてニューロンの数に対する，グリア細胞の密度が相対的に低く，ニューロンは相対的により密集して詰め込まれている。細胞数と細胞密度は互いに関連しているのである。また，新しいタイプのニューロンが，より大きな脳の進化に関わっている可能性もある。

別の可能性として，増加するのは細胞の大きさあるいは突起（例えば，樹状突起の分岐形態，軸索終末）の大きさが考えられる。例えば，貯食するトリの海馬体には，大きな細胞体を持つニューロン（それらを同定するのに使用される方法から，カルビンディン様免疫反応性ニューロンとして知られている）があり，それは貯食しない種の平均的な大きさの海馬にある対応するニューロンよりも有意に大きい（Montagnese et al. 1993）。また，サンショウウオでは脳の大きさは，視覚処理に関与する領域である視蓋のニューロンの大きさと正の相関がある（Roth et al. 1994）。

さらに，サンショウウオの脳の大きさは，視蓋の形態的複雑さとも正の相関がある。複雑さは，組織表面にある細胞体（脳室壁から移動してきた細胞）の存在と，細胞層の数に依存する5つのカテゴリーによって定義される。終脳の脳室周囲領域からの細胞移動は，サメの相対的な脳の大きさとも関連している（Northcutt 1977）。エレファントノーズフィッシュ *Gnathonemus petersii* のような，モルミルス科のサカナ（硬骨魚類）は，種内コミュニケーションと泥の中の餌を見つけるために弱い電流を使う（Kramer 1996）。前に見たように，これらの魚類の小脳は，高度に発達し，吻側の大脳半球と視蓋の上に折畳まれている。小脳半球の間の中心的構造である小弁は電気感覚に特化しており，弱電気魚で独自に大きくなっている。結果として，モルミルスの相対的脳の大きさは，すべての硬骨魚類の中でも最も大きいものに含まれる。相対的に大きな脳はまた，相対的に小さな脳よりも形態的に分化しており，より複雑な細胞構造をもっている。

要約すると，相対的に脳化が進んだ種は，いくつかの脊椎動物の系統の中でお互いに独立に進化してきた。軟骨魚類の中のガンギエイとエイ，硬骨魚類の中のモルミルス，両生類の中のいくつかのサンショウウオ，そして有羊膜類の中の鳥類と哺乳類は，すべて独立にある程度の進化した脳化を示している。

4.e. 脳の大きさと知能 ジェリソン（Jerison 1973）が提唱した最も刺激的な仮説は，脳の大きさが，彼が**生物学的知能**と呼んだもの，すなわち，「知覚世界を概念構成するための能力」（p. 17）と関連しているという考えであった。ジェリソンは感覚神経核の大きさが，前に相当量原理として述べた，動物の自然状態での行動におけるその感覚モダリティの重要性とおよそ等価であることに注目した。しかし，ジェリソンによれば，鳥類と哺乳類の脳は（そのニッチの多様な要求に応じるため）漸進的な脳化を経過したことによって，「過剰な」脳組織をもっている。この付加的な脳により，外的世界のより複雑な表象をもち，変化する環境に対応して利用するためにより多くの情報量を獲得することができるのである。

「知能」の用語は，ふつうは経験から学習する能力，問題解決能力，情報を使用する能力などの，さまざまな心理学的能力に限って用いられる。脳の大きさと知能との関係を示唆する何らかの情報があるのだろうか？この疑問に答えるには，いくつかの方法がある。1つのアプローチは，脳の大きさと知能の両方に関して，広範な種で測定することができ，もし相関があるならばそれを決定することができるような指標を見つけることである。このアプローチの下にある明らかな仮定は，脳の大きさと知能の両方は徐々に変化し，正の相関をもつということである。脳の大きさに関連するいくつかの指標が提案されてきた。ジェリソン（Jerison 1973）は，特定の種の得られた脳の大きさ，E_0 と，その種が属する綱の期待値との比として定義される**脳化指数**（EQ）を提案した。数学的に，脳の大きさの期待値は，その特定の綱に応じた定数を与えた相対成長式によって与えられる。したがって，式は次のように表現される。

$$EQ = \frac{E_0}{aS^b}$$

この式にしたがえば，もし1つの種で得られた脳の大きさが回帰直線の上に乗れば，得られた脳の大きさと脳の大きさの期待値が等しくなり，EQ＝1となる。脳化は，EQ＞1のときに生じることになる。しかし，EQは相対成長式の定数に与えられた値に依存することに注意しなければならない。前に見たように，この値は研究によっていくらか異なる。それにも関わらず，EQは生活史の形質として広範に使用されている。表8-6は，さまざまな哺乳動物におけるEQのリストを示している。これによって分類群の中での変動がどの程度のものかを見ることができるだろう（Eisenberg (1981) から，$a=0.05$ と $b=0.74$ を用いた）。

ジェリソン（Jerison 1973）はまた，哺乳類の皮質ニューロンの数の，体の大きさから必要とされる数より多い部分を推定する指標を提案し，それを Nc と呼んだ。この指標は，身体に関係する（すなわち，感覚と運動）情報以外の情報を処理できる皮質ニューロンと考えることができる。リデルとコール（Riddell & Corl 1977）は，Nc が**学習セット**として知られているものなど，さまざまな課題学習における哺乳類の成績をよく予測する変数であることを報告した。学習セットの実験においては，動物は対にして提示された2つの刺激のうち1つを選択するように訓練される。通常は正しい選択に対して餌が与えられる（A＋/B－と表す；AとBはそれぞれ「円」と「三角」のような対の刺激を表す）。最初の弁別が基準まで学習されると，新しい刺激対（C＋/D－）が導入され，弁別が学習されるまで続けられる。次に3番目の刺激対（E＋/F－）が導入される。最終的に，動物は新しい弁別課題に直面すると，典型

表8-6 哺乳類の中で選択された種の脳化指数値（EQ値）

分類群	種（学名）	通俗名	EQ値
単孔類	*Ornithorhynchus anatinus*	カモノハシ	0.94
	Tachyglossus aculeatus	ハリモグラ	0.72
有袋類	*Dasyurus quoll*	フクロネコ	1.05
	Macropus giganteus	カンガルー	0.47
	Didelphis marsupialis	オポッサム	0.46
食虫類	*Suncus murinus*	トガリネズミ	0.48
	Setifer setosus	ハリネズミ	0.45
	Neomys fodiens	モグラ	0.75
貧歯類	*Choloepus hoffmanni*	ナマケモノ	1.09
	Myrmecophaga tridactyla	アリクイ	0.81
	Dasypus novemcinctus	ココノオビアルマジロ	0.37
翼手類	*Desmodus rotundus*	チスイコウモリ	1.23
	Pteropus geddeiri	フルーツコウモリ	0.95
	Myotis lucifugus	ホウゲコウモリ	0.52
齧歯類	*Atherurus africanus*	ヤマアラシ	1.19
	Rattus norvegicus	アルビノラット	0.79
	Hydrochoerus hydrochoeris	カピバラ	0.68
霊長類	*Homo sapiens*	ヒト	7.33
	Cebus capuchinus	オマキザル	3.40
	Lemur catta	キツネザル	1.45
食肉類	*Vulpes vulpes*	キツネ	1.89
	Ursus arctos	クマ	0.91
	Panthera leo	ライオン	0.70
鯨類	*Phocaena phocaena*	ネズミイルカ	4.90
	Tursiops tursia	マイルカ	3.23
	Globicephala melaena	ネズミイルカ	1.70
奇蹄類	*Equus zebra*	シマウマ	1.70
	E. caballus	ウマ	1.07
	Tapirus bairdi	バク	0.87
偶蹄類	*Bison bison*	バイソン	0.35
	Hippopotamus amphibius	カバ	0.33
	Sus scrofa	イノシシ	0.27

的な行動パターンを示すようになる。(1)第1試行では刺激の1つをでたらめに選択する。そして(2)もし，第1試行で報酬を受けたならば同じ刺激に反応し，もし第1試行で報酬を受けなかったならば，他方の刺激に反応する。これは**ウィン・ステイ／ルーズ・シフト方略**といわれる。この方略を獲得した動物は，新しい問題を「学習することを学習した」のである（Harlow 1949）。

リデルとコール（Riddell & Corl 1977）は，霊長類，食肉類，齧歯類を含むさまざまな哺乳類の種における学習セットの成績を公表されたデータから検討した。彼らは学習セットの成績と Nc の間に非常に高い相関（$r=0.98$）を見出した。これは新皮質が大きければ，知能も高くなることを示すのだろうか？おそらくそうだろう。しかし，このような結果を解釈するときには注意深くなければならない。例えば，最も低い学習セットの成績は，齧歯類，特にラットのものである。ラットの視覚能力が相対的に低いことはよく知られている。そのため，縞模様パターンや幾何学図形のような視覚刺激に基づいた学習セットの課題を学習するために多くの試行を必要とするのは，学習能力が貧弱であるというよりはむしろ，感覚–知覚における問題を反映している可能性がある。この見方を支持するように，3次元物体（Kay & Oldfield–Box 1965）や，空間手がかり（Zeldin & Olton 1986），におい（Slotnick & Katz 1974）が弁別刺激として用いられた場合には，ラットでは（霊長類の一部の種と同じ程度に）学習セットがより速く学習された。したがって，おそらく学習セット成績と Nc の相関は，哺乳類の新皮質が視覚情報を処理する能力を反映するもので，一般的な学習能力との関係を表すものではないのだろう。

ランボーとペイト（Rumbaugh & Pate 1984）は，霊長類の問題解決能力の研究に同じようなアプローチを用いた。単純な2選択状況が動物に提示された。1つの刺激を選択すると1個の餌が与えられ，他方の刺激を選択しても何も与えられない（A+/B−課題）。動物がある特定の獲得基準（例えば，正答率67%と84%のレベルがこの研究では系統的に用いられた）に達すると，課題はA−/B+に逆転される。これは**弁別逆転**課題と呼ばれる。動物がそれまでの正刺激（A）に対する反応を消去し，負刺激（B）であったものに対する接近反応をするようになることが必要である。この弁別逆転の成績は得点の差として計算される**転移指数（TI）**によって評価される。動物は弁別課題（例えば，A+/B−, C+/D−）の訓練を，正反応が67%または84%の獲得基準に達するまで受ける（ランダムな反応は50%の正反応となる）。それから，動物はそれぞれの課題の逆転訓練を受ける（すなわち，A−/B+, C−/D+）。そして正反応率がそれぞれの逆転課題での11試行のブロックで求められる。TIは単純な引き算で計算される。

TI = [84%基準達成後の正反応%] − [67%基準達成後の正反応%]

もし84%の高い基準に対する学習が，67%の低い基準に対する学習よりも，逆転後の正反応率が低ければ，**負の転移**が生じている。負の転移は，高い獲得基準によって与えられた付加的訓練が逆転訓練を妨げることを示す。対照的に，**正の転移**は高い84%基準に対する学習後の逆転課題の成績が，低い67%基準に対する学習後よりもよいときの結果として生じる。したがって，TIは前の経験が逆転成績を妨害する（負の転移）か，促進する（正の転移）かの程度の測度を与える。図8–19に示したように，霊長類におけるTIと脳化の間には正の相関がある。脳化は原猿類からサル，類人猿へと高くなると，TIは負から正の値へ変化する。これは霊長類では，より高い行動の柔軟性が相対的により大きな脳と相関していることを示唆している。

これまでに検討したような研究の基になる仮説は，何らかの脳の大きさの相対的測度が，ある学習課題でのより効果的な行動と相関があるということであるが，特定の脳化の程度がどのように達成されたのかには言及していないということに注意しなければならない。この仮説は，脳化の程度が同じようなレベルに達した種では，たとえ脳の大きさが独立に進化してきたものであっても，似たような成績が期待できることを意味する。した

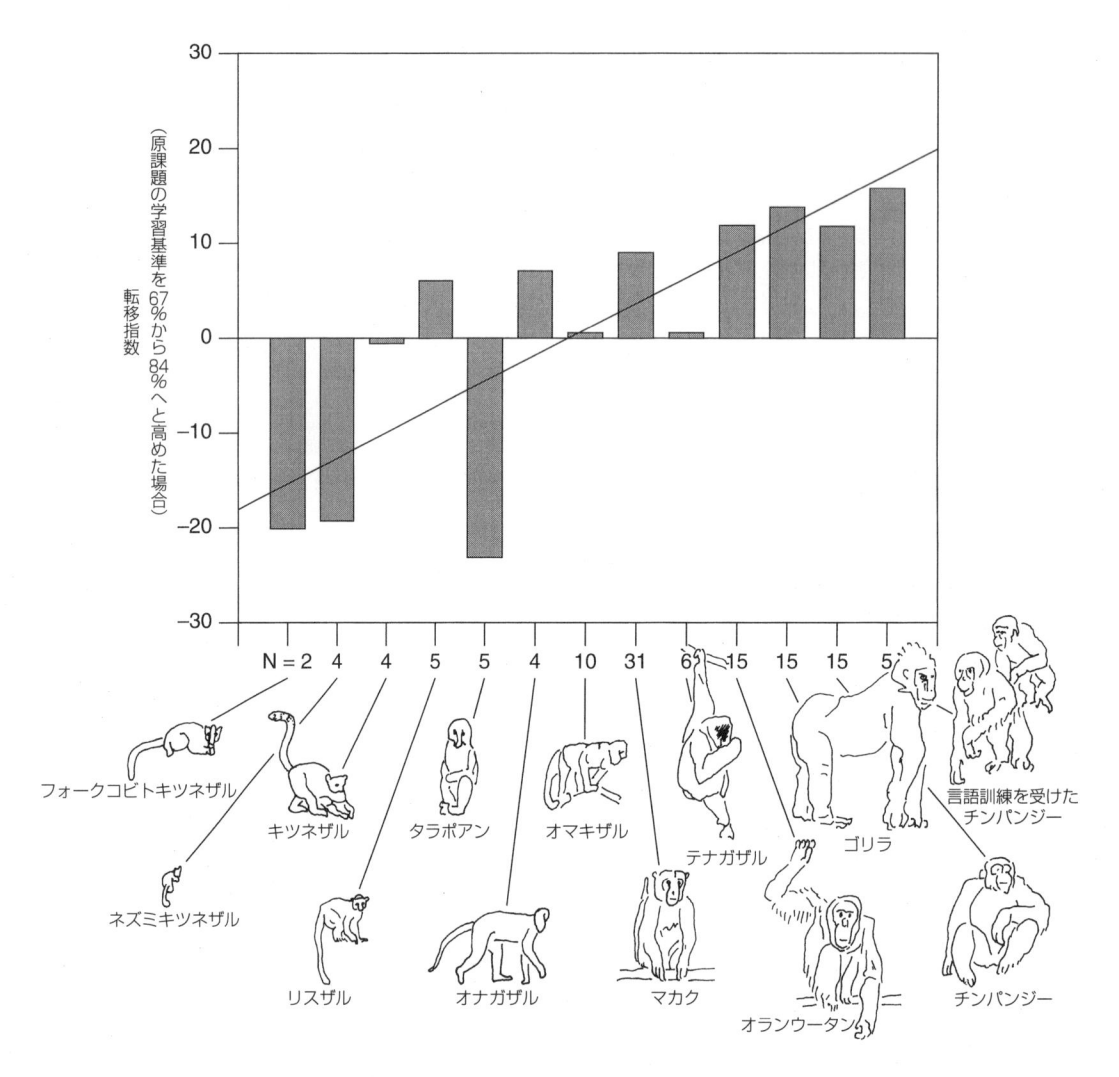

図 8-19 弁別課題の最初の逆転における霊長類のさまざまな種の成績（Rumbaugh & Pate 1984）。学習は転移指数（本文参照）によって測定される。負の数字は負の転移を意味する。つまり，逆転課題の獲得は原課題の獲得よりも遅かった。正の数は正の転移を意味する。つまり，逆転課題の獲得が原課題の獲得よりも早かった。原猿類は負の転移を示す傾向があり，一方，類人猿は正の転移を示す傾向がある。

がって，結果として得られた相関は種間の順序（すなわち，自然の階梯）を示唆するけれども，その順序は必ずしも系統発生に従ったものではない。

脳の大きさと知能の関係の研究に対する別のアプローチは，脳の大きさにしたがって人為選択された系統の行動的能力を研究することである。最初の選択研究において（→4.b. 参照），L 系統では網膜の変性が起こり，多くのマウスが失明した。これは H 系統では起こらなかったので，H 系統のマウスは，脳の大きさと行動の相関を評価するいくつかの行動的研究に用いられた。ランダムに交配された統制群である C 系統と比較して，H 系統（大きな脳の基準で選択された 10 世代後）のマウスは，明るさ弁別，空間逆転学習，能動的回避課題をより早く学習した。空間逆転課題では，マウスは水で満たされた T 字型迷路で訓練を受けた。マウスは迷路の主水路から枝分かれした一

方の水路（同じマウスにはいつも同じ側）に泳がなければならなかった。そこには小さなはしごがあり，マウスは水から出ることができた。空間課題（右対左）ができるようになると，強化される位置が逆転され，マウスが新しい課題を学習するまで訓練が続けられた。そのような逆転が2回行なわれた。最初の課題の学習はHマウスとCマウスで違いはなかったが，Hマウスの逆転成績は統制群の成績よりも有意に優れていた（Elias 1969, 1970）。

　その後の研究では，Hマウスは能動的反応を要求される課題において成績が優れていたが，反応抑制を要求される課題では成績が劣っていた。例えば，Hマウスは足に与えられる電気ショックを避けるために箱の中でじっとしている訓練を受けたときには，課題成績が悪いことが知られている。この課題は，電気ショックは動物が別の箱に移動したときにだけ与えられる，いわゆる**受動的回避学習**である。さらに，Hマウスはオープンフィールド場面での活動性はCマウスよりも有意に高かった（Wimer et al. 1969）。したがって，脳の大きさと逆転学習（とおそらく学習セット成績も）との関係は，学習メカニズムや学習能力そのものの違いではなく，大きな脳を持つ動物が一般的により活動的であるという強い傾向によるものである可能性がある。

　ヒトでは脳の大きさと知能の間にわずかではあるが有意な正の相関があることを示す研究が増えつつある。最近の研究では核共鳴画像法（MRI）のような非侵襲的手法が，脳の大きさを測定するために用いられている。MRIは脳とその内部構造の高解像度画像を提供し，かなりの正確さで脳の大きさを決定することを可能にする。MRIによる研究で，正常な個人がいくつかの従来型の知能テストを受けたとき，脳の大きさとの相関係数は0.30から0.60の間の値をとることが示されている（例えば，Willerman et al. 1991）。知能テストはさまざまなタイプの問題解決状況（WAIS）や，読みの能力（NART），文化的偏りを最小にするように考案されたテスト（CFIT）からなる。

4. f. 行動の特殊化と脳　この節で見てきたように，脳の大きさの決定因には主に2つのものがある。第1は，主に体の大きさの自然選択の結果として生じる相対成長による変化であり，脳は（他の器官と同様に）受動的により大きなものになる。相対成長変化は細胞増殖の期間を延長することによって達成され，おそらく，脳の内部での神経結合にも若干の変化が含まれるだろう。第2の変化は，自然選択によって付加的な脳組織を必要とする特定の表現型が選択されるときに生じる（すなわち，相当量）。このタイプの能動的変化は脳化と呼ばれ，脳全体あるいはその下部構造の変化である。それは細胞増殖期を延長するだけではなく，脳の神経核や領域においてある程度の連絡の再配置が行なわれるのだろう（Aboitiz 1996）。

　脳全体の大きさや脳内の特定領域の大きさと，行動との相関のいくつかの例が，哺乳類と鳥類において，特に採餌戦略との関係で見出されている。例えば，コウモリの中では，果物を摂取する種のEQは昆虫を摂取する種のEQよりも高い傾向がある（Eisenberg & Wilson 1978）。果食性の霊長類も，その他の食物を摂る霊長類より大きな脳を持つ傾向がある（Mace et al. 1980）。鳥類の中では，花蜜を摂取するハチドリがニワトリのような穀食性の種よりも約2.5倍の相対的に大きな脳を持つ。まだ十分には理解されていないけれども，このような違いはこれらの異なる食物の採取や摂食に必要な条件に関係しているのかもしれない（Rehkämper et al. 1991）。相対的な脳の大きさはまた，他の生態学的変数と関連している可能性がある。例えば，地上と樹間あるいは水の中を移動する哺乳類（すなわち，3次元の生活様式）は，もっぱら地上だけで生活している種（すなわち，2次元の生活様式）に比べてより大きな脳を持つ傾向がある（Eisenberg 1981）。相対的な脳の大きさに関するこのような違いは，食物源の分布や空間での移動範囲に必要とされる情報処理に対する生態学的要求の違いによって進化した。

　行動的能力は，より限定された脳領域の進化による変化を要求することもあるだろう。表4-1（→91頁参照）に示したように，能動的な対捕食者戦略を示す保守的な哺乳類のEQは，受動的

方法で捕食者から逃れる種（例えば，死んだふりをする）のEQよりも大きい傾向がある。さらに，能動的な対捕食者戦略をとる食虫哺乳類は受動的なものより，情動，動機づけ，攻撃行動に関与するとされている辺縁領域が相対的に大きい。また，主に地下で生活する食虫類は視覚皮質が退化して，体性感覚皮質が大きくなっている。一方，半水生の種では運動制御に関与する小脳領域と線条体が大きくなっている（Stephan et al. 1991）。

最後に，海馬体は空間学習能力と相関して，相対的大きさが大きく変化する。これは貯食するトリ（→第4章，3.g., 81-82頁，第14章，2.c., 420-422頁参照）と一夫多妻制のハタネズミのオス（→第5章，2.f., 110-111頁参照）で詳細に記録されている。

第9章 脳，行動と霊長類の進化

第9章の概括
- 一般的な霊長類，特にヒト科の進化が他系統の動物の進化と同じ原理で理解できる。
- 霊長類の特徴として，樹上生活，情報の視覚処理への適応，親としての養育に重きをおく生殖戦略があげられる。
- ヒト科は，直立二足歩行，脳化，複雑な社会への形態学的適応とで特徴づけられる。

　哺乳類の進化は2つの長い時期に分けられる。前半は中生代に起きた哺乳類全体の進化史の3分の2を占める時期で，進化的な停滞期として特徴づけられる。この時期からは，さまざまな系統の哺乳類化石が見つかっているが，すべての種が比較的小型で，地上で生活し，おそらく夜行性で，主に昆虫を食べていたとされる。後半は残りの3分の1の時期で，新生代に起きている。そして，体の基本体制と生態学的適応における著しい多様性の進化によって，前半と区別されている。この多様性は約6500万年前の白亜紀末期の比較的短い期間の化石記録に見られている。たいていの哺乳類の目は，おそらく白亜紀の終末期にそれぞれ平行して進化したと考えられる。これらの目の1つに霊長類がある。

1. 霊長類とは何か

1.a. 霊長類の特徴　現在，約200種の霊長類が世界中に分布しており，3つの特徴が霊長類を定義するとされている（Benton 1990）。第1に，霊長類は**樹上生活**に適応しているという点があげられる。これは樹上での生活様式が霊長類の生物進化への登場において，最も基本的な生態的要因であることから考えて当然である。他の指と対向した母指による**把握力**を有する手と足は，樹上性に対応した形態的適応の1つである。樹上での歩行や運動には，地面への落下の危険性を避けるために枝をしっかりと把握することが必要とされる。かぎづめからひらづめへの変換とそれぞれの指の感覚を受容する触覚球とによって，霊長類の把握力はより高まっていった。霊長類の肩関節は，他の哺乳類と比べて非常に大きな可動性を有している。例えば，われわれは腕の曲げ伸ばしや回転を行なうことができる。テナガザル（*Hylobates*）のような霊長類では，これらの点が高度に発達しており，枝から枝へと腕を運んでいく移動様式である**腕渡り**に決定的な役割を演じている。ほとん

どの時間を樹上で過ごす南米の新世界ザル（オマキザル，マーモセットなど）の場合には，さらに尾が枝をつかむのに用いられている。

第2の特徴は，視覚システムに関するものである。霊長類の眼は顔の正面にあり，前方を向いている。その結果，左右の視野が重なる範囲が広くなっている。視野の重なりは**奥行き知覚**，すなわち異なる対象の相対的な距離感に非常に重要である。霊長類が枝から枝へ腕渡りや跳躍を行なう場合に，こうした連続した運動というのは枝から次の枝までの距離を正確に決定する能力によって可能となるのである。視覚処理の神経学的な要求は，霊長類が他の哺乳類と比べて比較的大きな**脳の大きさ**を持つことを説明している。これは鳥類の脳化の起源についての視覚システムの要求に基づいて考察されたジェリソン（Jerison 1973）の仮説を思い出させることであろう（→第8章，4. d.，240-241頁参照）。それと同様に，初期の霊長類の森林への進出は，本質的に視床や新皮質の回路機構を必要とする奥行き知覚の正確さによって強く選択されたのかもしれない。樹上性はまた，なぜ多くの現生種が昼行性であるのかを説明している。もし視覚による奥行き知覚が森林で生存するのに重要であるとすれば，正確な知覚的判断を行なうには十分な量の光が必要とされるからである。

霊長類の第3の特徴は生殖の特殊性と関係する。一般的に霊長類は出産よりも，子どもの世話をすることに重きを置いているといわれている。他の多くの哺乳類とは異なり，霊長類は一産一仔（何種かの新世界ザルは双子を産む）であり，比較的長期にわたる子宮内での発達と出生後のやはり長期にわたる親としての養育が特徴的である。幼児期は2，3年続き，幼児は母親や同年齢の仲間や群れの他のメンバーとの親密な接触に時間を費やす。これらの相互関係は，その幼児がその社会集団に溶けこむことが許され，成体と同様に生きていくのに必要な社会的技能を学習できるかどうかにきわめて重要である。また他の哺乳類と比べて性成熟は遅く，寿命は長くなっている。これらの特徴は，霊長類の多くの種に見られる複雑な社会集団の進化と明らかに関係している。

1．b．分類と分布 通常，分類を行なう研究者ごとにそれぞれの分類表の細部は異なっている。しかし，霊長類を分類するうえで，一般的にいくつかの特徴は共通して受け入れられている。意見の不一致は特に化石種の場合に見られる。なぜなら，通常，非常に限られた標本しか存在しないからである（例えば，遊離歯，頭骨やその他の骨の破片など）。最初に，表9-1のマーティン（Martin 1992）による分類にしたがって，まず現生種の主な生物学的特徴と生物地理学的分布を見てみよう。

原猿類は一般的に多くの原始的特徴を持つと考えられている。こうした特徴として，比較的大きな嗅球と網膜の中心窩の欠如があげられる。中心窩は昼行性の動物に典型的に存在するものであり，原猿類におけるその欠如は，最も原始的な霊長類は夜行性であったということを意味している。主な原猿類のグループには，キツネザル類（かつては広く分布していたが，現在ではマダガスカルでのみ見られる），ガラゴ類（ブッシュベイビーとも呼ばれる）（アフリカ），ロリス類（アフリカと東南アジアの熱帯雨林），メガネザル類（ボルネオ，スマトラ，フィリピン）がある。多くのキツネザル類は夜行性，植物食性で，1日のほとんどを樹上で過ごしている。アイアイ（*Daubentonia madagascariensis*）は齧歯類に似た切歯で樹木をかじって穴をあけ，その穴に長く伸びた中指を突っ込んで捕らえた昆虫を食べる。ガラゴ類やロリス類もまたすべて夜行性であり，樹上で生活している。ガラゴ類は長い後肢を持ち，それによって枝から枝へと跳躍運動を行なう。対照的にロリス類は一般的に緩慢な運動をする。

メガネザル類は多くの点で，キツネザル類とサル類の中間に位置する。多くの解剖学的・発生学的特徴は原猿類よりも真猿類に似ている。例えば，中心窩を持っていること，真猿類や人類のように胎児が母親の血流と緊密な接触を保って成長することなどである。こうした類似的な特徴から，多くの分類学者はメガネザル類が他の原猿類よりもサル類と関係が深いと考えた。単独生活を行なうボルネオメガネザル（*Tarsius bancanus*）は夜行性の肉食獣で，跳躍運動によって捕まえた小型の

表9-1 現生霊長類の分類

亜目	下目	上科	科	亜科	一般名
原猿亜目 (原猿類)	キツネザル下目	キツネザル上科	ネズミキツネザル科		ネズミキツネザル，コビトキツネザル
			キツネザル科	キツネザル亜科	キツネザル
				イタチキツネザル亜科	イタチキツネザル
			インドリ科		インドリ
			アイアイ科		アイアイ
	ロリス下目	ロリス上科	ロリス科	ロリス亜科	ロリス
			ガラゴ科	ガラゴ亜科	ブッシュベイビー
真猿亜目 (サル類と類人猿)	メガネザル下目	メガネザル上科	メガネザル科		メガネザル
	広鼻猿下目	オマキザル上科 (新世界ザル)	オマキザル科	ヨザル亜科	ヨザル
				オマキザル亜科	オマキザル
				クモザル亜科	クモザル
				ホエザル亜科	ホエザル
				サキ亜科	サキ
				ゲルジモンキー亜科	ゲルジモンキー
			マーモセット科		マーモセット，タマリン
	狭鼻猿下目	オナガザル上科 (旧世界ザル)	オナガザル科	オナガザル亜科	ホオブクロザル
				コロブス亜科	リーフモンキー
		ヒト上科 (類人猿とヒト類)	テナガザル科	テナガザル亜科	テナガザル
			オランウータン科	オランウータン亜科	チンパンジー
					ゴリラ
					オランウータン
			ヒト科	ヒト亜科	人類

脊椎動物や昆虫を食べる。跳躍運動には，非常に大きな眼と長い足根部の骨を用いた正確な視覚-運動系の調節機能を必要とする。またメガネザル類は地面に平行な枝の上よりも，垂直な枝で休んだり動いたりすることを好む。

サル類の2つの主な分類群は，解剖学的特徴と地理的分布によって区別されている。広鼻猿類は横幅の広い鼻と把握力のある尾を持ち，中南米の新熱帯区の森林のみに生息している（これが新世界ザルと呼ばれる理由である）。マーモセット類とタマリン類は，その一夫一妻制と規則的な双子の出産との関連性について，すでに第5章，2.c.（→106-107頁）で触れた。わずかな例外はあるが，広鼻猿類は昼行性である。ヨザル（*Aotus*）は強い夜行性を示す唯一の真猿類であり（→第4章，3.c.，76-77頁参照），大きな眼は夜行性への適応である（メガネザルと同様）。

狭鼻猿類（オナガザル科）は横幅の狭い鼻と葉を食べるために特殊化した歯を有し，アフリカとアジアに生息している（それゆえ，旧世界ザルと呼ばれる）。ほとんどを地上で過ごすヒヒ（*Papio*），オナガザル（*Cercopithecus*），パタスモンキー（*Erythrocebus*）などもいるが，ほとんどの種は樹上性である。ヒヒは植生の乏しさと長い乾季で特徴づけられる東アフリカのサバンナで生活している。狭鼻猿類の分布域の対極にはマカク（*Macaca*）がおり，日本列島に棲む種は比較的寒い冬を耐え忍んで暮らしている。

類人猿とヒトもまた狭鼻猿類である。類人猿（テナガザル科とオランウータン科）は長い腕が特徴的である。彼らはアフリカと東南アジアの熱帯雨林に生息している。2つのアジアの種，テナガザル（*Hylobates*）とオランウータン（*Pongo*）はほとんどを樹上で過ごし，植物食性である。テナガザルの樹上での腕渡りと敏捷性についてはすでに述べた。オランウータンは非常に重く（成体の体重は90kg），このため，樹上では慎重に移動する。アフリカの種では，その生活様式がより複雑である。チンパンジー（*Pan*）の2種，コモンチンパンジーとボノボ（あるいはピグミーチンパンジーとも呼ばれる）は，地上と樹上の両方で生活する。コモンチンパンジーは雑食性で，非常に変化に富んだ社会行動を見せる。平均的な体重が200kgもあるゴリラ（*Gorilla*）は最も大きな霊長類で，樹上生活はできない。ゴリラは，たいていは地上で小さな群れを作って生活し，ほとんどの時間を，葉を食べることに費やす。ヒト（*Homo*）は樹上生活に関係する多くの解剖学的特徴（例え

ば，湾曲した指，対向性のある足の母指，長い腕など）を失ったことが特徴であるといえる。また，他の霊長類と最も大きく異なる点は**直立二足歩行**に特殊化した進化（例えば，平らな足）を遂げたことである。さらに，他の動物にはほとんど見られない言語能力の進化と社会共同体，文化，技術の発達は，人類が地球全体へと分布することを可能とした。

1.c．脳の大きさ ジェリソン（Jerison 1973）は，その広範囲にわたる脊椎動物の脳の進化についての報告において，一般的に哺乳類が下等な脊椎動物より高度な脳化の傾向を持つのと同様に，霊長類の脳は他の哺乳類よりも相対的に大きくなる傾向があることに気づいた。例えば，ジェリソンの真猿類のサンプルにおける相対的な脳の大きさはいずれも，哺乳類の回帰直線より上方に位置する。アイゼンバーグ（Eisenberg 1981）のより完全な哺乳類の**脳化指数（EQ）**のサンプルでは，霊長類23種のすべての値が1より大きくなった（EQ＝1は，その種の脳の大きさが哺乳類としてその身体の大きさから期待される大きさであることを意味している。→第8章，4.e., 241-245頁参照）。ジェリソン（Jerison 1973）もまた，化石人類（絶滅したアウストラロピテクス類，→3.c. 以下参照）の脳の大きさが，現生人類と同様に，真猿類や類人猿の範囲外にあることに気づいた。霊長類の進化史の特徴である脳化についてはいくつかのエピソード，すなわち，初期哺乳類（霊長類の祖先），初期霊長類，ヒト科の各段階における相対的な脳の大きさの増加を導く出来事が生じたのであろう。これらの出来事は霊長類に特有のものではなく，同様の脳化は食肉類や鯨類といった他の哺乳類における進化を特徴づける傾向がある。

霊長類の脳化の意味とは何であろう。いくつかの要因が相対的に大きくなった脳の進化に寄与している。例えば，運動の敏捷性と奥行き知覚はどちらも樹上生活に必要であり，付加的な神経回路を必要とする。知性の形成が大きな脳の進化を経るというのは当然である。霊長類は一般的に高度に社会的であり，群れ内の他のメンバーからの合図（例えば，身体表現や表情）に反応する。おそらく，これらの社会的技能はより大きな領野を必要とする大きく集積した神経ネットワークに依存している。この章で後に論じるように（→4.参照），人類における言語能力はこの新しい神経ネットワークを必要とすると考えられる。また，相対的に大きな脳というのは，神経組織の成長率の増加ではなく，身体の成長率の低下によって得られたとも考えられる。このことは特に体重増加への強い必要性と危険性とを合わせ持つ樹上という場所での生活に適応した種にとって重要であるのかもしれない。

いくつかの脳構造が真猿類と類人猿で異なった比率で変化したという証拠がある。逆にいえば，これは異なった霊長類グループの脳には異なった選択圧がかかっているということを意味する。例えば，類人猿の小脳はサル類や人類よりも約45％大きい（Rilling & Insel 1998）。この研究では，成体における脳と小脳の大きさをMRI（磁気共鳴画像法）によって測定している。用いられた標本は人類，すべての類人猿，3種の旧世界ザル，2種の新世界ザル（計11種，それぞれ2〜6個体）である。小脳は脳容量と新皮質容量の両方にアロメトリー相関する。しかしながら，脳の大きさが同じであるとした場合，テナガザルとオランウータン科（チンパンジー，ゴリラ，オランウータン）は，サル類や人類より有意に大きな小脳を持つことになる。この形態的差異の機能的意味は，まだはっきりしていない。

霊長類の脳を形作った選択圧のより直接的な証拠は，澤口（Sawaguchi 1988, 1989）によって示されている。その研究では，体重と脳重量に基づいて計算されたジェリソン（Jerison）の**余剰皮質ニューロン指数（Nc）**が（→第8章，4.e., 241-245頁参照），12種の原猿類，8種の新世界ザル，27種の旧世界ザルの標本から求められている。これらの値は，群れサイズ（共通の行動圏を共有している個体の平均数），行動圏（群れによって利用される範囲），1個体あたりの行動圏（行動圏を群れの個体数でわったもの）の3つの行動指数と相関している。結果は図9-1に示されており，データのばらつきは大きいが，その相関に

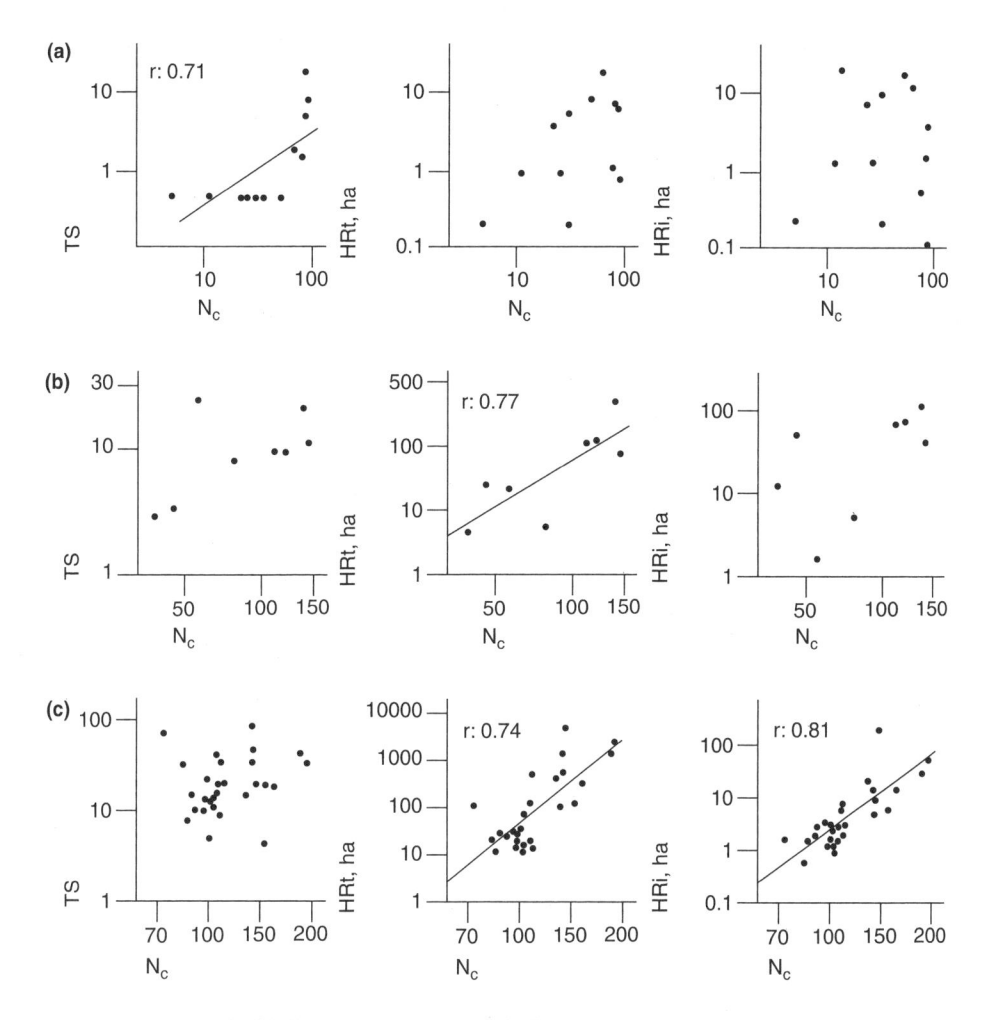

図9-1 3つの行動指数,群れサイズ(TS: 左),行動圏(HRt: 中),1個体あたりの行動圏(HRi: 右)と(a)原猿類,(b)新世界ザル,(c)旧世界ザルにおける余剰皮質ニューロン指数との相関分析(Sawaguchi 1988).相関係数と回帰直線は有意な結果が見られた場合のみ記している.

は有意なものが見られる.例えば,N_cは原猿類では群れサイズのみと,新世界ザルでは行動圏の大きさのみと,旧世界ザルでは行動圏のサイズと個体あたりの行動圏の大きさとの両方に有意な相関がある.これらのデータから,群れサイズと行動圏の大きさが霊長類の行動能力に異なった必要性(群れサイズでは社会関係,行動圏の大きさでは空間認知)をもたらすことで,原猿類とサル類においては新皮質の拡大が異なった選択圧に対応している可能性が示される.同様に,**一夫多妻制**(1頭のオスと複数のメスの群れ)を作る傾向にある新世界ザルは,**一妻制**(一夫一妻制あるいは一妻多夫制の群れ)を作る傾向のある種よりも有意に大きなN_c指数を示す.旧世界ザルでは,これらの配偶システムにおける区別はN_cには相関しない.しかし,この分類群では,地上性の種は樹上性の種よりも大きなN_c値を示す.すべての相関研究がそうであるように,例えば,「地上性」がその物理的環境に関係した選択圧なのか,地上性の群れが樹上性の群れよりも社会的により複雑であるという可能性なのか,あるいは他の変数に関連するものなのかというような点について,完全にはっきりとさせることはできない.しかし,一般的な結論として,大脳皮質の大きさは異なっ

た霊長類のグループごとに異なった要因の影響を受けるといえる。

1.d. 霊長類の大脳皮質

霊長類の新皮質は形態的，機能的に異質性を持つ。**中心溝**は頭頂皮質と前頭皮質を分け，**シルヴィウス溝**は腹側の側頭葉からより背側の前頭葉と頭頂皮質を分離する。残りの後頭葉は脳の尾側先端部に位置し，隣接する頭頂葉や側頭葉とのはっきりとした境界を持たない。霊長類における新皮質の機能的局在については，その理解を助けてくれる大量の研究業績がある。保守的な機能（例えば，一次的な感覚や運動機能）がある一方，霊長類に特有な，あるいは少なくとも霊長類において特に発達した機能もある。

こうしたはっきりとした境界を持つ各部への大脳皮質の分割は，特に霊長類において強調されている。シルヴィウス溝とそれにつながる側頭葉は霊長類に特有であるといわれる。一次的な聴覚処理を行なう場所である**側頭皮質**はまた，連合野と同様に，さまざまな二次聴覚野を含んでいる。人類では側頭皮質はさらに，聴覚信号に基づく会話に意味を持たせる言語情報処理のための領野を含んでいる。側頭皮質は音楽能力にも関係する。音楽家について論じられた，脳と行動の相関の興味深い例がある。これには**側頭平面**として知られる側頭皮質の一部が関係している。側頭平面は類人猿と人類に独特の構造であると考えられ，左の方が通常大きいという左右非対称性によってよく知られている。MRIを用いた研究によって，側頭平面の大きさの非対称性は音楽家の方が他の人たちよりも大きいことが示されている（Schlaug et al. 1995）。

加えて，側頭葉はまた実際には霊長類で非常に拡大した海馬や扁桃体のような保守的な辺縁系の構造も含んでいる。例えば，霊長類の**海馬**は，両生類や爬虫類や食虫性の哺乳類のような側頭葉の背内側の位置から，内側の基底部に移動している。側頭葉に隠れた部分にある島葉についても前に述べた。この島葉皮質の下に**前障**として知られる板状の細胞体の集合がある。前障は大脳皮質の多くの部分に対して，求心，遠心の両方向に投射する。

しかしながら，前障が外套に含まれるのか，その機能が何であるのかについてはよくわかっていない。その板状の形は霊長類に特有であり（他の哺乳類ではより一般的な球状である），側頭葉を形成するシルヴィウス溝の位置と関係しているのかもしれない。

脳のより尾側の部分は主に視覚と関係する**後頭皮質**で占められている。視覚が霊長類において演じる役割や**相当量原理**（→第8章，4.a.，235-236頁参照）からすると，視覚のさまざまな局面を処理する後頭葉（側頭葉や頭頂葉もまた）が非常に大きくなっていても特に驚くことではないであろう。明るさ，パターン，動き，奥行き，色といったものは，視覚系が生成する動物の周囲の表象に取り込まれるさまざまな属性である。真猿類の視覚系の興味深い特徴は，その色覚能力である。色覚は四肢動物においては原始的な特徴であると思われる。なぜなら，多くの両生類や爬虫類にも見られるからである。鳥類もまた，この点は顕著に発達している。食虫類のような原始的な有胎盤哺乳類や原猿類のような保守的な霊長類は夜行性であり，色覚能力が弱くなっているかあるいはまったく色がわからなくなっている。このように霊長類の色覚は進化上の**反転**，すなわち，夜行性というニッチにおける初期の哺乳類の進化に伴って失われた祖先的特徴の回復の例を示している。しかしながらホモプラシー（成因的相同）の他の例に見られるように，特徴的な類似はたいてい表面的である。霊長類の色覚は新しい色感覚物質の進化と，おそらく特殊化した皮質野によるものである。

色覚は，錐体として知られる網膜受容器，その錐体内の色感覚物質，後頭皮質の色知覚に特殊化した領野の存在を含むいくつかの要素に依存している。この物質は単にタンパク質であり，その進化は変異と遺伝子重複に影響される。例えば，霊長類は3つの異なったタイプの物質を持ち，分子を構成するアミノ酸の配列という点では，そのうちの2つは実質上同一である（正確には，96%が同一）（Nathans et al. 1986）。それらが反応のピークを示すのは赤と緑に対してである。3つめの青に反応する物質は43%のみが同一である。

遺伝学的分析はこの赤と緑に反応する物質の分岐が，真猿類の共通祖先において約4000万年前に生じたということを示している。興味深いことに，（ほとんどの現生原猿類のような）夜行性から，（ほとんどの現生真猿類のような）昼行性に移行したのは真猿類の祖先である。第3の物質の進化は原始的な真猿類が，食べられる葉や果実と毒のあるものとに樹上の食物を区別するのに役立ったのかもしれない。

中心溝によって分けられる**頭頂皮質**は体性感覚の一次野すなわち皮膚にある数多くの受容器から届いた情報を処理する部分である。霊長類の体性感覚野には，身体の少なくとも4つの違う身体部位再現領域がある。この場合にも，相当量原理が，いろいろな身体部位再現領域の種間の相対的な大きさを理解するのに役立つ。アライグマは食物を取り扱う足の再現領域が比較的大きく，ラットでは非常によくにおいをかぐのに対応して鼻の領域が大きい。しかし，頭頂皮質はさまざまな付加的機能を担っている。頭頂皮質に損傷を受けた霊長類は空間情報の処理に関してさまざまな欠落を示す（Friedrich, 1990）。例えば，このような障害を持つ人はある場所を見つけるのに地図を使うことや，さまざまな地理的特徴の相対的な位置関係を示す地図を書くことが困難である。特異な知覚的障害が，頭頂皮質後部の片側だけが損傷を受けた患者に見られる。彼らは損傷を受けた反対側の身体部分を認識できない。この半側無視と呼ばれる状態は他の哺乳類でも認められている。

前頭皮質は中心溝と関連して，吻側へ拡大している。中心溝に沿う皮質帯は一次運動野であり，想像されるように身体筋の解剖学的再現領域を含む。一次運動野の非常に小さな地点への電気刺激は，指や唇のような個別の身体部位の運動をもたらす。一次運動野にある大きな錐体ニューロンは，錐体路あるいは皮質脊髄路を介して脊髄の運動ニューロンに直接影響を与える。これらのニューロンの軸索は大脳基底核の間を下降し，延髄のレベルで反対側に移る。この交叉は霊長類以外では大きいが，霊長類では部分的であり，多くの軸索が同側を下降する。これらの軸索は最終的には脊髄運動ニューロンに到達する。錐体系は行動制御の主な源である。しかしながら，前頭皮質のニューロンはやはり他のいくつかの機能を担っている。

頭頂皮質の最も前方部に位置する神経ネットワークは，一時的に有用な情報を保持しておく役割を持つ。さらにこれらのニューロンのいくつかは直後に期待される特有の対象についての情報を符号化する。図9-2に描かれた手続きと，ニホンザル（*Macaca fuscata*）の前頭皮質の単一細胞記録法とを用いて，渡辺（Watanabe 1996）は**予期特異的ニューロン**を発見した。被験体となるサルは次のような3つの段階で訓練されている。最初に，2つのカップの一方にある特別な報酬を見せられる。次に2, 3秒（一時的遅延）待たされる間，カバーがかけられる。そして，3番目のステップとして，カバーが上げられ，2つのうちの1つを自由に選ぶことができる。正しい選択はカップの下に隠された報酬を得ることによって強化される。図9-2の上の2列は2つのタイプの試行を示している。報酬の1つはバナナ（好きな食物）で，もう1つはレタス（それほど好きではないが，受け入れることのできる報酬）である。これらは共通の訓練試行である。しかし，時どき一番下の列に示された試行が挿入された。この試行では，実験者は遅延時間の間にバナナをレタスに取り替え，サルは遮蔽物によってそれを見ることができない。サルがレタスを期待していた場合は，それを受け入れるが，より好きなバナナを期待していた場合は，レタスを拒絶する。この手続きを用いたティンクルポー（Tinklepaugh 1928）による最初の実験結果は，サルが満足させられない場合に情動的行動を導くような，報酬の詳細についての期待を学習しているということを示した。渡辺（Watanabe 1996）は，被験動物がバナナ（あるいはレタスや他のさまざまなタイプの食物）を期待するときのみに活動する前頭皮質のニューロンを発見し，前頭皮質は目標の正確な状態を保持する神経ネットワークを持つと示唆した。

この節では，「霊長類とは何か？」という問いに答えてきた。ここで，霊長類の起源と系統発生という問題に戻ろう。霊長類はどこからきたのであろうか？

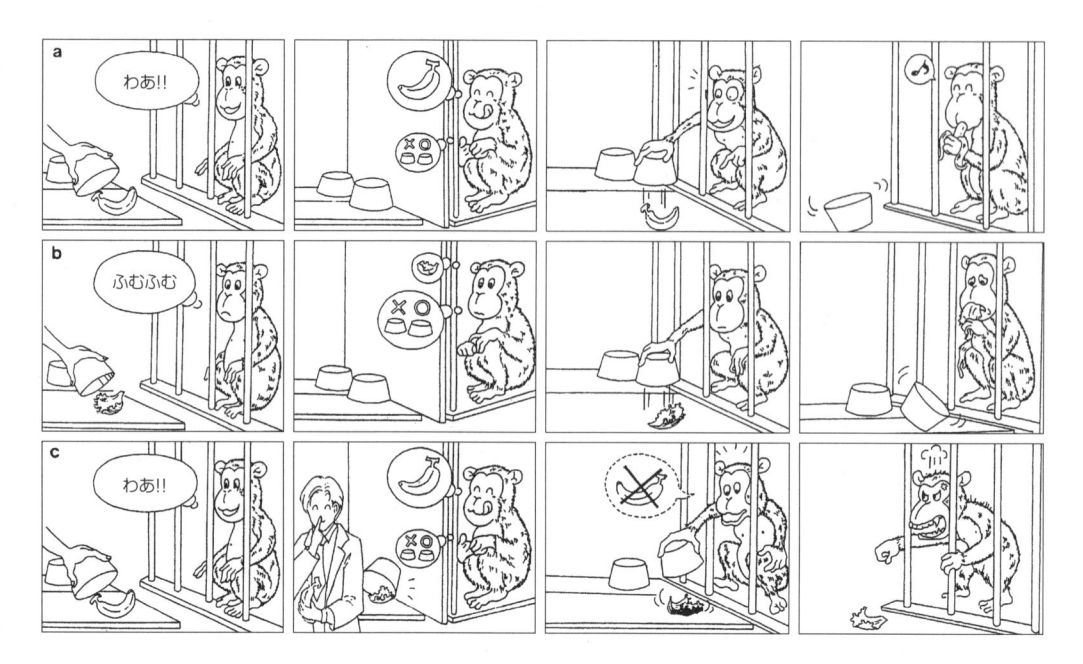

図 9-2 ティンクルポー(Tinklepaugh 1928)がサル類の食物への期待について研究するために最初に用いた訓練手続きを図示したもの。a, b, は非常に好む食物（バナナ）とあまり好みではないが，報酬となる食物（レタス）の2つのタイプの訓練試行を示している。いくつかの試行では，遅延時間中にサルに分からないように，実験者が好みの食物をそれほど好みではない食物に取り換えた（cの左から2番目）。この間における単一の細胞からの記録が前頭皮質における予期特異的ニューロン（バナナを期待するときのみに活動するニューロン）の存在を示した。（イラスト：Katsuo & Chiharu Tomita）

2. 進化

2. a．プレシアダピス類：古代型霊長類

霊長類，あるいはそれに関係すると考えられる動物の最も古い化石は北半球で発見されている。予想されたことではあるが，すべての霊長類の典型的な特徴が見られるわけではないため，最も古い標本とするにはかなり疑わしい。加えて，最も古い化石の多くは，小さな破片である（Benton 1990；Simons 1992）。好例がモンタナの白亜紀後期あるいは漸新世初期の地層（約6500万年前）から発見され，1本の下顎大臼歯のみが知られているプルガトリウス（*Purgatorius*）である。大臼歯の刃状の部分は食虫性を示し，その大きさはマウスぐらいの大きさであることを意味している。プルガトリウスは霊長類であったのだろうか（食虫性の

現生小型真猿類がいる），あるいはツパイ類や皮翼類（現生の皮翼類は東南アジアに生息する唯一の属 *Cynocephalus*（ヒヨケザル）である）のように，もっと食虫類に近かったのかもしれない。食虫類や皮翼類は霊長類の近縁にあたる目である。それにもかかわらず，プルガトリウスは一般に古代型霊長類と考えられているプレシアダピス類（Plesiadapiformes）のグループに通常分類されている。

プレシアダピス類は北アメリカとヨーロッパの漸新世と始新世の地層から発見された少なくとも5つの科を含んでおり，プルガトリウスより完全な標本もある。くりかえしになるが，そこに見られる特徴は曖昧である。例えば，眼は大きいが横

の方に位置しており，結果として両眼視が可能な範囲は限られている（両眼視は霊長類の典型的特徴である）。それらは長い鼻や齧歯類のような切歯，対向性のない手足の母指，かぎづめ，比較的小さな脳，下顎における歯隙などを持ち，眼窩後方の骨稜はない。これらはすべて霊長類の典型的特徴ではない（図9-3）。しかしながら，歯列はそれらの食性が昆虫から葉や果実へと移っていったことを証明している。始新世の終わり（約3800万年前）までに，プレシアダピス類は完全に齧歯類から離れ，現代の霊長類との関係がよりはっきりとした存在となっている。

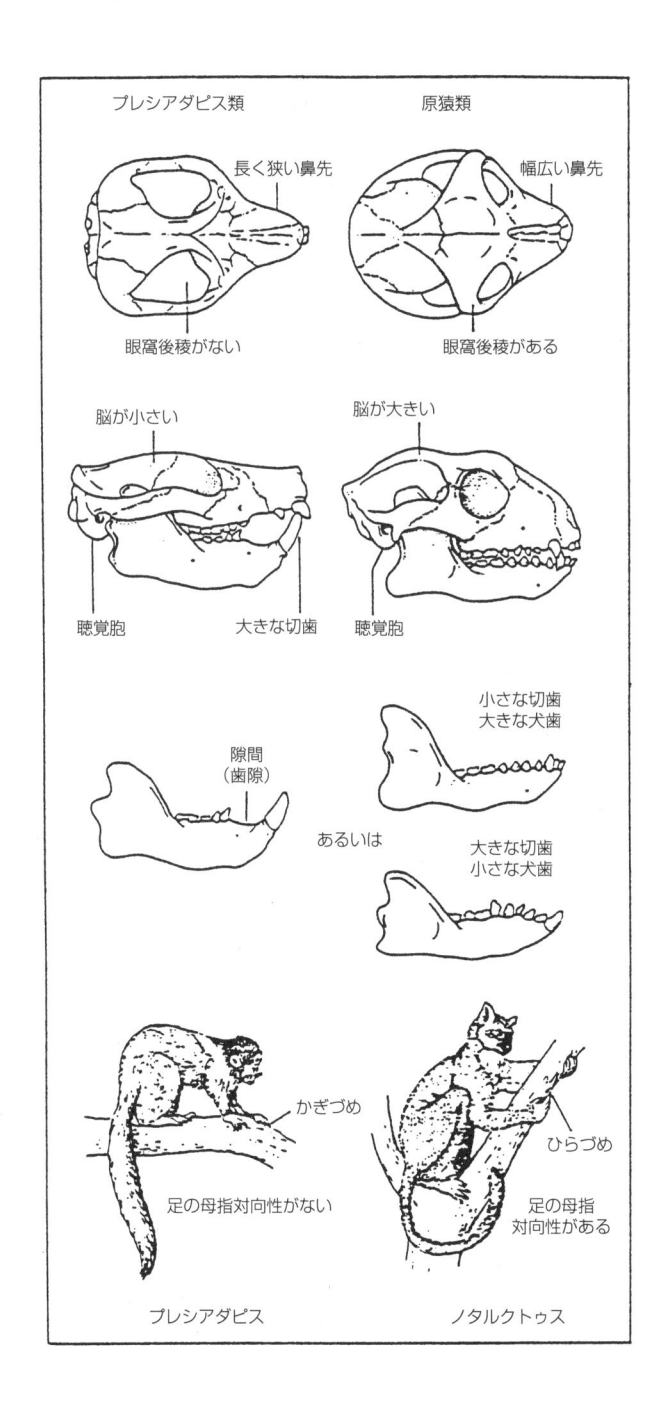

図9-3 プレシアダピス類として知られる古代型霊長類と原猿類との解剖学的差異（Simons 1992）。プレシアダピス（ヨーロッパと北アメリカの暁新世）とノタルクトゥス（北アメリカの始新世）の想像図が最下段に描かれている。

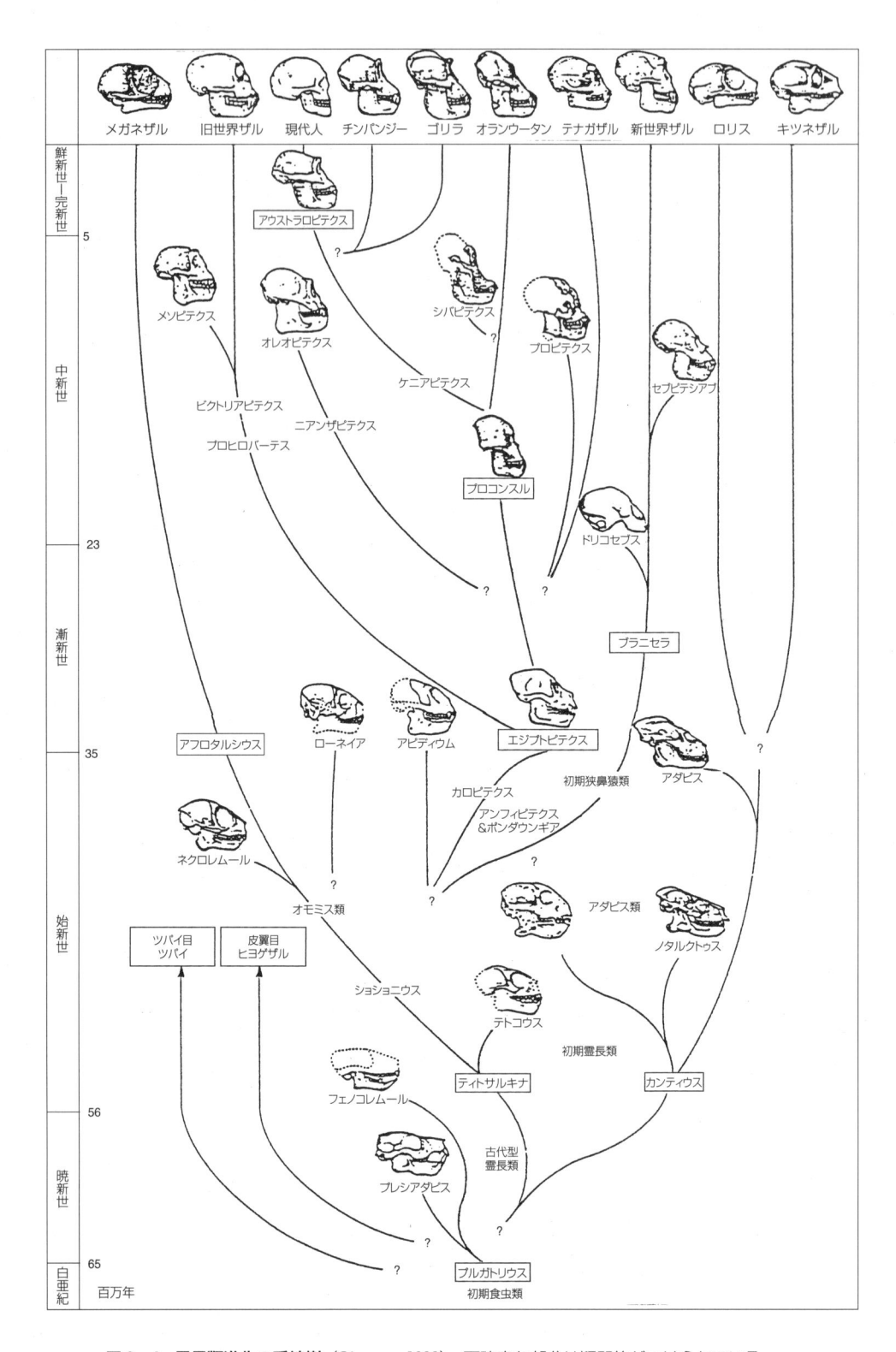

図9-4 霊長類進化の系統樹（Simons 1992）。不確実な部分は疑問符がつけられている。

確かに霊長類であるとされる化石は北アメリカとヨーロッパの始新世（5400－3800万年前）の地層から発見されている。これらのいくつかは，把握力のある手足，前方を向いた眼，眼窩後方の骨稜（眼が骨に囲まれるようになる），大きな脳，長い尾といった霊長類の特徴を持つ。それらは，その大きな眼に基づいて，夜行性であったであろうと考えられている（大きな眼は夜行性の現生真猿類の典型的特徴である）。通常，2つの主な科，アダピス科（Adapidae）とオモミス科（Omomyidae）が認められている。アダピス科はキツネザル類とロリス類，オモミス科はメガネザル類の祖先であるとされる。しかしながら図9-4で示すように，化石記録間にはあまりにも多くのギャップが残っているため，はっきりとした結論を導くことはできない。唯一の確定した結論は，はっきりと霊長類に関係した特徴を持つ種が始新世に現れたということである。

2. b．真猿類　現生及び化石メガネザル類が，他の霊長類のグループより，真猿類（サル類，類人猿，人類）に近い解剖学的特徴（すなわち，固有派生形質あるいは共有派生形質）を示すというのは共通認識となっている。中国の始新世中期の地層（約4500万年前）から発見された化石霊長類のグループであるエオシミス科（Eosimiidae）は，その歯列と足の骨に原猿類と真猿類の合わさった特徴が見られる（Gebo et al. 2000）。これらの形態的特徴の分岐分析は，エオシミス科がメガネザル類の姉妹群であり，真猿類（サル類，類人猿，人類）の基礎となるグループであったことを示している。これらの知見は，真猿類が始新世中期のアジアに起源を持つことを示唆するであろう。

北アフリカの始新世後期から暁新世初期（約3800万年前）の霊長類動物相は，さらに多くの真猿類の化石を含んでいる。それらはパラピテクス科（Parapithecidae）とオリゴピテクス科（Oligopithecidae）の2つの科に分類されている。はっきりとした真猿類の共有派生形質の1つは眼球後方の骨構造である後眼窩板の存在であり，これは原猿類には存在しないが，これらの化石は見られる。パラピテクス科の最もよく知られた種であるエジプトピテクス（*Aegyptopithecus*）はエジプトで発見され，果実食，四足歩行，そしておそらく一夫多妻制（性的二型の証拠から）と考えられる狭鼻猿類であった。

現生種の行動と形態との相関に基づく推定から，原始的な真猿類の多くの行動的特徴を化石証拠から推論することができる。食性，1日の行動パターン，交尾行動についての証拠がこの方法によって得られている（Kay et al. 1997）。例えば，身体の大きさから，基本的な食性が昆虫食であったか葉食であったかを推論できる。食虫哺乳類は比較的身体が小さくなる傾向があるのに対して，葉食哺乳類は比較的身体が大きくなる傾向がある。小さに身体は高い新陳代謝が特徴的であり，昆虫のように豊富なエネルギー源を必要とする。葉はエネルギーに乏しく，十分な量のエネルギーを得るためには，大量に消費し，比較的長くかかる消化を待つ必要がある。このことから，葉食哺乳類は身体が大きくなる傾向がある。真猿類と見なされる初期の化石は身体が小さい傾向があることから，おそらく主として昆虫食であったのであろう。この仮説は，おそらく真猿類への進化は食性の変化から生じたのではないことを意味している。

1日の行動パターンは眼窩の大きさから推論される。先に述べたように，現生原猿類は大きな眼（それゆえ大きな眼窩）を持ち，主として夜行性である。対照的に，現生のサル類は比較的小さな眼を持ち，昼行性である。眼窩の大きさと夜行性との相関は小型の現生種で特に強い。真猿類であると見なされる化石のうち，眼窩が小さいものは昼行性であったことを示している。付加的な証拠として霊長類間の**中心窩**の分布がある。中心窩は鋭い視覚を可能にしている網膜の部位である（あなたが今，見ているイメージは中心窩上に投影されている）。哺乳類では，中心窩はメガネザル類と真猿類にのみ存在し，魚類，爬虫類と昼行性で捕食行動をとる鳥類にも存在する。メガネザル類は大きな眼を持ち夜行性であるが，光輝壁紙（夜にネコの眼を光らせる構造で，夜行性哺乳類の典型的特徴）が欠けており，祖先が昼行性であったことを示している。このように昼行性への移行が

最初の真猿類を特徴づけたのかもしれない。

性的二型は現生霊長類を含むさまざまな哺乳類において見られる一夫多妻制の配偶システムと関係している（→第5章, 2.b., 105-106頁参照）。一夫多妻制の種のオスはメスに近づくため，ディスプレイや攻撃行動により競い合う。霊長類では，犬歯を誇示する開口ディスプレイがオス間闘争に主たる役割を演じており，このため犬歯はオスで特に大きくなったのである。同様の犬歯の性的二型がパラピテクス科とオリゴピテクス科の両者におけるいくつかの種に見られており，これらの種が何頭かの成体メスを含む比較的複雑な社会集団を作っていたことが示される。このようなタイプの社会組織は，単独行動を行なうメガネザル類以外の現生のサル類ではよく見られる（しかし普遍的ではない）。本来の真猿類は小型で，主に食虫性で，ある程度の社会性を持つ昼行性の動物であったと考えられる。

霊長類の進化に関する2つの重要なエピソード，狭鼻猿類と広鼻猿類の分岐とオランウータン科とヒト科の分岐については，ほとんどわかっていない。広鼻猿類あるいは新世界ザルの起源は始新世末期に起きたとされる。実際には，その確かな祖先についても，南米に到達した道筋についてさえもまったくわかっていない（新世界ザルはどこか他所に起源を持つというのは一致した見方である）。大西洋が比較的広かったことから（白亜紀末期の大西洋の様子は図6-3-(b)を参照），直接ではないにしても，アフリカからやってきたのであろうか，それともパナマ地峡が形成された後，北アメリカからやってきたのであろうか。これらの不確実性にもかかわらず，広鼻猿類は一般的に現生真猿類の中で，最も保守的な分類群を代表していると信じられている。

旧世界ザルの化石記録は比較的豊富で，アフリカ，ヨーロッパ，アジアの中新世初期（約2300万年前）から鮮新世にかけての地層から，多様な標本が大量に見つかっている。東アフリカの中新世初期の地層から発見されたプロコンスル（*Proconsul*）は明白にエジプトピテクスと関係があり，類人猿が進化してきた祖先グループに関係すると考えられる。しかしながら，プロコンスルの地位は初期類人猿としては疑わしい。類人猿が最も大きな多様性を示し最も広く分布したのは中新世後期である（Kelly 1992）。旧世界ザルと類人猿はこの時代に平行して進化した。疑いのない類人猿の化石はヨーロッパ，トルコ，パキスタン，中国から見つかっている。シヴァピテクス（*Sivapithecus*）はこの時代のトルコ，インド，中国に出現し，今日のオランウータンと類縁関係があると考えられている。ギガントピテクス（*Gigantopithecus*）は身長2.5m，体重270kgもある大型動物とされ，東南アジアの更新世堆積層（500-100万年前）から見つかっている。旧世界ザルはその分布を拡げ，広い範囲を占める生息地を示す傾向があるのに対し，類人猿は中新世の終わりに向かって多様性を縮小していき，東南アジアと東アフリカの熱帯雨林に別個に生き残っているのみである。サル類が類人猿を追いやったのか，あるいは類人猿がその環境に高度に特殊化していた熱帯雨林が減少したことによってその多様性が失われたのかについてははっきりしない。

現生類人猿（チンパンジー，ボノボ，ゴリラ，オランウータン，テナガザル）は多くの生物学的特徴を共有している。例えば，サル類に比べてより長い妊娠期間，より長い養育期間，より長い出産周期，より長い寿命を持つ。類人猿は植生の濃い地域（熱帯雨林）に生息し，樹木に密接に依存しており，一般的に植物食性である（チンパンジーはサル類を狩ったり，シロアリを食べたりもする）。一夫一妻制のテナガザルを除いて，類人猿は性的二型を示し，一夫多妻制か多夫多妻制の群れを作る。中新世後期（1000-500万年前）の化石記録が空白となっているアフリカ大陸での類人猿の進化についてはほとんどわかっていない。この空白期間は，類人猿とヒト科の系統がこの時代に分岐したという一般的な考え（古生物学と分子遺伝学の分析に基づく）からすると，特に失望させるものである。

3. ヒト科

3.a. オランウータン科とヒト科の分岐 プルガトリウス（*Purgatorius*）の時代から中新世の類人猿の進化まで，霊長類の歴史は約6000万年に及ぶ（図9-5の主な出来事の要約参照）。現生のチンパンジーと現生人類の系統は1000－500万年前のどこかで分岐し，この出来事はアフリカ大陸で起きたと一般的に信じられている。すでに述べたように，アフリカでは中新世後期の化石証拠がほとんどないことから，この分岐の正確な年代はわかっていない。オランウータン科とヒト科

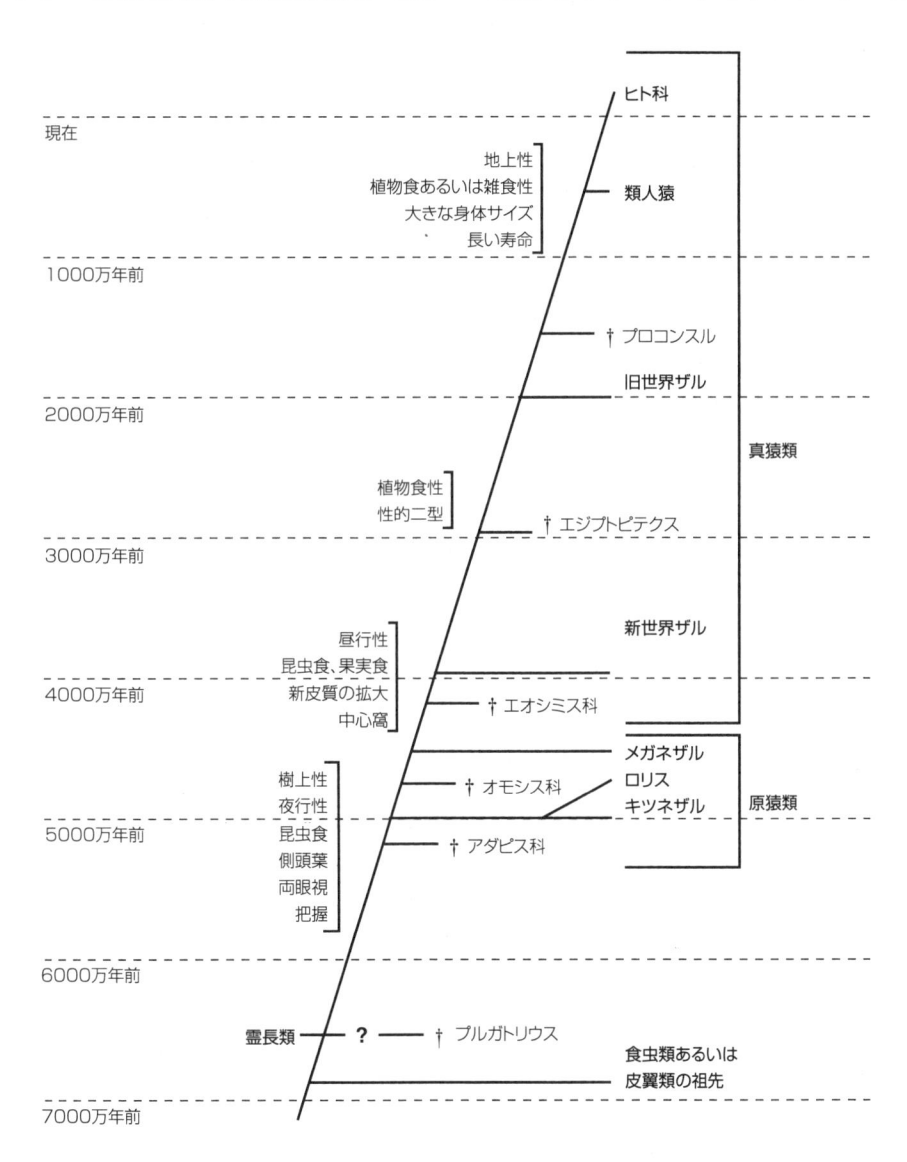

図9-5 重要な絶滅種（†）を含む主な霊長類分類群を要約した系統樹と主な進化上の変化を示したもの。これらの出来事の年代が左に示されている。

の分岐した年代を評価する別の方法は，タンパク質構造，DNA-DNA結合，ミトコンドリアDNAといった分子の証拠に基づく。これらの情報は現生種からたやすく得られ，進化の疑問に近づくために有効な独自の方法を提供する。

最初の証拠は，1960～1970年代に発表されたタンパク質構造の研究から得られた。キングとウィルソン（King & Wilson 1975）は，その後の研究に非常に強い影響を与えた論文において，チンパンジー（*Pan troglodytes*）とヒト（*Homo sapiens*）で相同な多くのポリペプチド（すなわち，チトクロム，リソゾーム，ヘモグロビン，ミオブリン，アルブミンなど）の構造が非常に強い類似性を持つという証拠について概説した。タンパク質構造はDNA配列を反映しているため，少なくとも構造遺伝子に関しては，一般的にこの2種は互いに非常に近縁であることを意味している。キングとウィルソンはチンパンジーとヒトの表現型の相違は大きいとしても，構造遺伝子によるものではなく，おそらく調節遺伝子（調節遺伝子の産物は構造遺伝子の転写のタイミングを制御する ということが思い浮かぶだろう）によって起きるのであろうと示唆した。

DNA-DNAハイブリッド形成の手法は種間における大量のDNA物質の類似性を調べる方法で，チンパンジーと人類の分岐が700-400万年前の間に起こったと概算している（Sibley & Ahlquist 1987）。この概算はおおざっぱにいって，霊長類間のミトコンドリアの類似性を比較した結果と同じである（Andrews 1985）。ミトコンドリアは細胞小器官で，細胞核とは異なったDNA物質を受け継いでいる。同様の結果が，真猿類の常染色体（性染色体以外の染色体）遺伝子の類似性の研究からも得られている（Takahata & Satta 1997）。図9-6は，主に古生物学データに基づいた図9-5の結果と比較できるように，この研究からの値を系統樹に示したものである。主な食い違いはDNAのデータによる分岐年代が，古生物学データと比べてより古いことに関係している。例えば，旧世界ザルの化石は中新世初期（約2300万年前）から現れるが，DNAのデータによれば，類人猿や人類の系統と分岐するのは3100万年前と

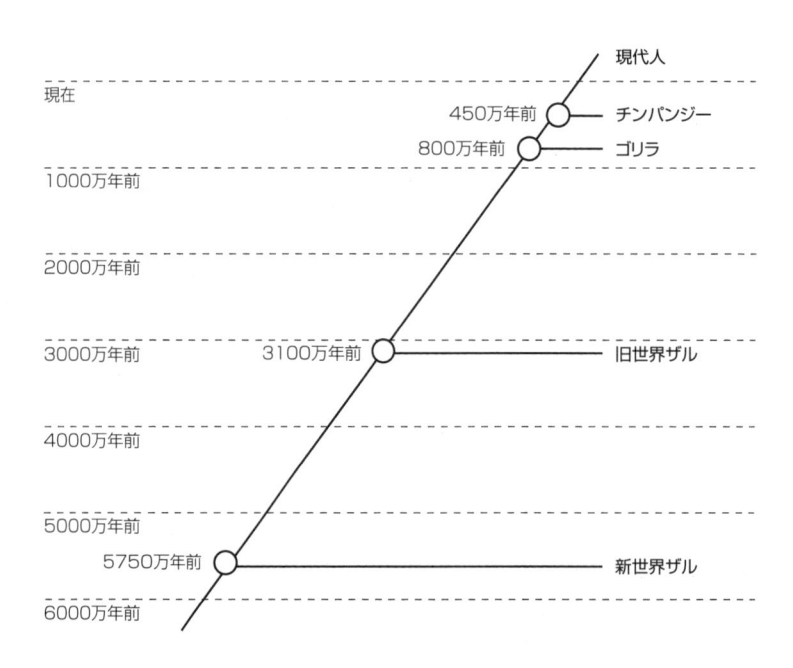

図9-6　常染色体の遺伝子配列研究によって示された分岐年代に基づく系統樹（Takahata & Satta 1997）。これらの分子学的データに基づく年代と古生物学的証拠によって示された図9-5とを比較してみよ。

される。化石記録が特定の系統における真の祖先を必ずしも保存しているものではないと考えれば，悩む必要はない。しかしながら，くりかえしになるが，分子学データはチンパンジーとヒト科の分岐を500万年前頃であるとしている。

3. b. ヒト科 ヒト科の進化は，少なくともここ500万年間に限定されている（ここでも，年代は慎重に取り扱われるべきである）。ヒト科のいくつかの種が，アフリカ南部・東部・北部，ユーラシア，東南アジアの島々で発見されでおり，今日も発見が続いている。ヒト科には2つの大きなグループ—より古いアウストラロピテクスの仲間とより新しい人類の仲間—が認められているが，ヒト科における種や属の命名には激しい論争がある。この問題については興味をそそるいくつかの例がある。

たいていの研究者はアウストラロピテクス類の2つの大きなグループ，比較的身長が低く，体重の軽い種（いわゆる華奢型）と，比較的身長が高く，がっしりした種（いわゆる頑丈型）とを認めている。こうした一般的な意見の一致にもかかわらず，ある研究者たちは，これらのすべての種をアウストラロピテクス（*Australopithecus*）属としているのに対し，他の研究者たちはこの名前を華奢型のグループに限定し，頑丈型のアウストラロピテクス類をパラントロプス（*Paranthropus*）属と呼んでいる。この不一致は，化石情報の欠如だけでなく，発見された化石に属の名前を付ける際のはっきりした基準がないという問題を，ある程度反映している。同様の問題がヒト（*Homo*）属の場合にも生じている。いくつかの種がこの属に含められている一方，古人類学者はまだ，何がこの属を定義する共有派生形質であるかについては意見が一致していない。論争はまた，標本の少なさからも生じる。ある場合には，2つの異なった種であるとされている標本が，実際には，性的二型を示す単一の種のオスとメスである可能性も考えられる。より多くの標本が発見されれば，古人類学者は重要な特徴の個体群変異の範囲を計算したり，推定上異なっているとされる種間における特徴分布の重複の程度を評価したりすることができるであろう。新しい種は，ある場合には専門外の人間にとってはまったく微妙な解剖学的細部でしかないと思われる点に基づいて決められている。しかしながら，また他の場合には，長い時代にわたって形態学的に非常に大きな変異を示している標本群に，単一の種名が付けられていたりする。例えば，ある専門家は100万年以上にわたって生息し，頭蓋容量が約800〜1200mlの範囲にある大きな標本群をホモ・エレクトゥス（*H. erectus*）としている。一方，ほんのわずかな頭蓋容量の増加が特定の標本を新種とする主な基礎となる場合もある。これらの問題にもかかわらず，ヒト科の進化の研究は，将来，心理学者がますますより身近に感じる魅惑的なトピックを残している。

ヒト科の主な共有派生形質は何であろうか？図9-7はアフリカのオランウータン科（チンパンジーとゴリラ）とヒト科（アウストラロピテクス類と人類）のさまざまな解剖学的特徴を比較したものである。上の4つの特徴は，おそらく最も重要な共有派生形質であると広く考えられているヒト科の主たる特徴，すなわち直立二足歩行と関係している。霊長類では，直立二足歩行への適応はヒト科でのみ見られ，たとえ，チンパンジーのようにときたま二足運動を行なう種は見られたとしても，人類のようにエネルギー効率の良い直立姿勢ができるように骨格が適応した種は存在しない。**大後頭孔**は脊髄が脳頭蓋に入るように開いている部分である。頭骨が第1頸椎と関節する部分は**後頭顆**と呼ばれる。直立二足歩行は，大後頭孔と後頭顆が四足動物に典型的な頭骨の後方部の位置から，二足動物に適した頭骨の下方の位置へと移動することを必要とする。同様に，直立二足歩行を行なうヒト科では，エネルギー消費を最小にするように直立姿勢で上体を休めることを可能にするようなS字型の脊柱を採用している。四足性霊長類は脊柱の形が頭を前へ「押し出す」ような傾向があるため，直立姿勢をとることは困難である。おそらく，直立二足歩行に関係した最も明白なヒト科の特徴は，地上を歩いたり，走ったりするのにはっきりと適応した足の形状である。足における把握力の喪失は樹上性から地上性への移行をはっきりと示している。また，骨盤や四肢

	オランウータン科	ヒト科
大後頭孔 後頭顆	頭骨の後方	頭骨の下方
脊柱	C字型	S字型
足部	把握可能	平坦
骨盤、背側下部	長い	短い
脳の大きさ	345-505 ml	400-1350 ml
顔	脳の前方	脳の下方
犬歯	長い	短い
歯隙	有	無

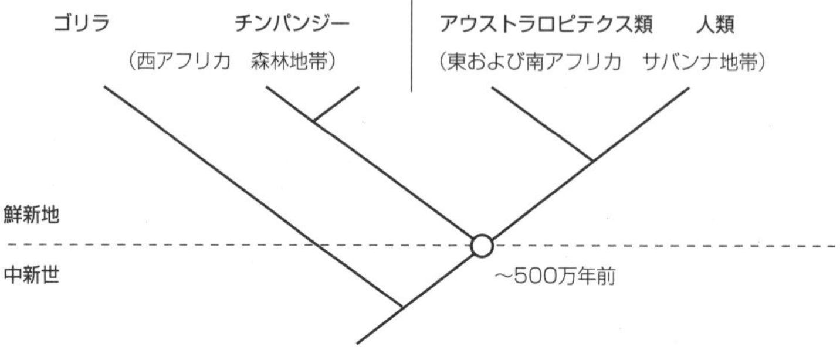

図9-7 オランウータン科とヒト科における，直立二足歩行（上の4項目）と頭骨の形態（下の4項目）に関係した形態学的特徴の比較。 これらの科の分岐が東アフリカで過去500万年間に起きた主な環境変化と相関している。この間，この地域の熱帯雨林は縮小し，徐々に開けた草原（サバンナ）が生じてきた。

骨における変化も直立姿勢の採用と関係している。たとえある標本がヒト科として分類される直立二足歩行への適応の証拠を示していたとしても，最も初期のヒト科において，これらすべての特徴が同時に現れたというわけではない。

また，ヒト科において，絶対的にも相対的にも，脳の大きさが徐々に増加する傾向があるという証拠がある。脳の大きさの絶対的な増加は，すでに論じたように，これもまたヒト科の特徴である身体の大きさの増加による受動的な結果であるかもしれない。しかしながら，ヒト科化石の変異を計算したEQの値は，相対的な脳の大きさも増加していることを示している。初期のアウストラロピテクス類の値，EQ=2.2，から後のホモ・エレクトゥス（*Homo erectus*）の値，EQ=4.0，やホモ・サピエンス（*H. sapiens*）の値，EQ=5.8までの範囲があり，これらの値は，チンパンジー（*Pan troglodytes*）のEQ=2.0やゴリラ（*Gorilla gorilla*）のEQ=1.7とは対照的である。脳の拡大はこのように初期のヒト科の特徴ではなく，500万年間にわたる系統進化の間に変化したものである。顔の位置は脳の大きさと相関して変化しやすい。一方，犬歯の縮小はおそらく，オス間闘争の激しさが減少してきた（強い一夫多妻制がほとんどなくなった）こととと関係している。**歯隙**は下顎の切歯と犬歯の間の隙間である。ヒト科の下顎は，チンパンジーと同様の歯隙が見られる最も古い種を除いて，丸くカーブしている。

最も初期のヒト科の化石はすべてアフリカで発見されており，われわれの系統がアフリカ大陸で進化したという点では意見が一致している。さらに場所を特定することも可能である。すなわち，これらの化石は東アフリカから出土しているのである。この地域は更新世以前には熱帯雨林で覆われていたが，徐々に乾燥していったことが知られている。残されたパッチ状の森林は，今日のサバンナとなるまで，次々と縮小していった。広く抱かれている考えでは，オランウータン科とヒト科の分離は熱帯雨林の地域的特徴への適応（西アフリカの類人猿）とサバンナのより開けた草原の増

加への適応（東アフリカのヒト科）とから派生した**異所的種分化**によるものであるとされている。直立二足歩行はサバンナ環境で生きる動物には適しているが，他の多くの動物（ヒヒのような旧世界ザルを含む）は直立二足歩行に進化することなく，この環境に適応してきた。おそらく，捕食に対する警戒（ジリスや他の小型哺乳類が行なうような，回りを見渡すことができる直立姿勢）や，親としての養育（運動機能から腕が解放されたことによる幼児の運搬）を含む，付加的な選択圧がヒト科の系統における直立二足歩行の進化に貢献したのであろう。

3. c. アウストラロピテクス類 図 9-8 は，約 500-250 万年前の時代から産出されたヒト科化石の発掘地点を示している。アウストラロピテクス類各種は東アフリカで発見されており，この年代の終わり頃には，ヒト属の種によって取って代わられている。この年代の初期の化石記録は乏しく，通常その証拠は曖昧である（Johanson & Edgar 1996）。アルディピテクス・ラミダス（*Ardipithecus ramidus*）と名づけられた最も古いヒト科とされる化石は，エチオピアのミドル・アワシュにおいて，580-520 万年前の地層から発見された（Haile-Selassie 2001）。この化石の足骨は初期の直立二足歩行形式と矛盾しない。

現在，最も古いアウストラロピテクス類の種は，ケニアの 420-390 万年前の地層から発見されたアウストラロピテクス・アナメンシス（*Australopithecus anamensis*）であると考えられている

図 9-8 東アフリカにおける主な古生物学サイト。すべてのアウストラロピテクス類と何種かのヒト *Homo* 属が破線の東側で発見されている。破線の北沿いの部分は，西側へのアウストラロピテクス類の拡散の地理的障壁となった地質学的形成物である東アフリカ大地溝帯と一致する。

(Leakey et al. 1995)。保存状態の良い脛骨は，この下肢骨が直立二足歩行と対応した関節面を形成していることを示している。しかしながら，下顎の外見は類人猿的であり，著しく退縮した顎先をしている。これらの特徴の組み合わせは，「直立二足性類人猿」と記載される動物を産み出し，ヒト科の系統における特徴変化の極性を理解する一助となる中間的な表現型を示している。ヒト科化石には，最初に出現した直立二足歩行に関するものと，後に出現した頭骨の変化に関するもの（脳の大きさを含む）の2つの大きな特徴がある。よく知られた化石種であるアウストラロピテクス・アファレンシス（A. afarensis）もまた，この中間的な表現型を代表するものである。

アウストラロピテクス・アファレンシスは，エチオピアとタンザニアで発見されており，390–300万年前の時代に生息していたとされる。最も有名な化石はルーシーという呼び名で知られ，1974年にエチオピアのハダールで発見されたものである（Johanson & Edgar 1996）。この化石ははっきりと直立二足歩行の徴候を示していた。すなわち，短い骨盤，大腿骨と脛骨の関節，アファレンシスのものとされる一連のヒト的な足跡化石などである。しかしながらアファレンシスはまた，相対的に長い腕と湾曲した指を有し，この特徴は両方とも樹上性に関連している。このアファレンシスはある程度樹上性であったか，あるいはこれらの特徴は樹上性の祖先からの**進化的惰性**を単純に反映している可能性がある。またアファレンシスの頭骨は相対的に小さく，脳容量はオスで500mlを越えない（Kimbel et al. 1994）。この頭蓋容量（おそらく400〜500ml）の解釈は性的二型のために複雑になっている。多くの場合，身長は約1.0〜1.2mで，この頭蓋容量はチンパンジーと同じである。ケニアントロプス・プラティオプス（Kenyanthropus platyops）と分類された350万年前の頭骨は，ケニアのトルカナ湖西岸近くで発見された（Leakey et al. 2001）。その年代と頭骨が小型であること（アファレンシスと同程度の大きさと評価された）と相対的に顔が平たい（のちのホモ・サピエンスにより典型的に見られる）という特徴により，これらの化石は異なった属に分類された。不幸にも，体肢骨が欠如しているため，ケニアントロプス・プラティオプスの二足歩行の程度を評価できない。それゆえ，アナメンシスとアファレンシスによって示された生物学的特徴に基づいて，初期のヒト科は最初に直立二足歩行への適応という点で祖先から分岐し，その後に脳の大きさの増加という点でさらに分岐したと論じられている。

さらに新しい地層から発見された第3のアウストラロピテクス類の種として，280–240万年前に南アフリカにおいて生息していたアウストラロピテクス・アフリカヌス（A. africanus）がいる。アファレンシスと比較すると，アフリカヌスは歯隙がない，犬歯が小さい（性的二型の減少），葉食性への特殊化を示すより大きな臼歯を持つといった特徴を示す。その大きさと頭蓋容量はアファレンシスとほぼ同じである。エチオピアの同じ年代から第4の種，アウストラロピテクス・ガルヒ（A. garhi）が見つかっている。ガルヒはより大きな小臼歯と大臼歯を持っている点でアファレンシスと区別され，またアフリカヌスとは，より原始的で類人猿的な顔面形態をしていることで区別される（Asfaw et al. 1999）。またその年代は250万年前とされている。これらの4種のアウストラロピテクス類，すなわちアナメンシス，アファレンシス，アフリカヌス，ガルヒはすべて，相対的に身長が低く，体重は軽く，明確な直立二足歩行性を示し，頭蓋容量は500ml以下となっている。これらは全体として，華奢型と呼ばれ，最初のヒト（Homo）属は華奢型のアウストラロピテクス類から進化したと広く信じられている。

アウストラロピテクス類のもう1つの系統は，頑丈型の種，アウストラロピテクス・エチオピクス（A. aethiopicus）（ケニア，270–190万年前），アウストラロピテクス・ボイセイ（A. boisei）（ケニア，タンザニア，230–140万年前），アウストラロピテクス・ロブストゥス（A. robustus）（南アフリカ，200–100万年前）の3種を含んでいる。頑丈型の種間関係と頑丈型–華奢型間の関係はどちらも不確定である。アファレンシスとアフリカヌスの両者とも，頑丈型の系統の祖先である可能性が示唆されてきた。頑丈型の種が南アフリ

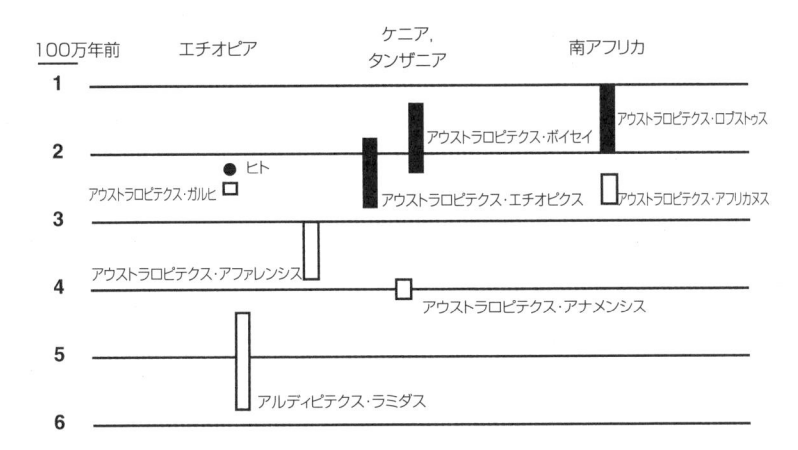

図 9-9 東アフリカで発見されたアウストラロピテクス類のさまざまな種の空間と時代を示したもの。アルディピテクス (*Ardipithecus*) と最も古いヒト (*Homo*) も比較のため含んでいる。白抜きは華奢型，黒塗りは頑丈型を示している。

カ（アフリカヌス−ロブストゥス）と東アフリカ（アファレンシス−エチオピクス−ボイセイ）で，それぞれ平行して進化したというのは考えられることである。専門家の間で一般的に意見が一致している点は，頑丈型の系統は子孫を残さずに絶滅したということである。

頑丈型の種は強力な顎の筋群を有している。その強力な筋群は付着部位である矢状稜を持つ頭骨と分厚い下顎をもたらした。加えて，かみ砕いたりすりつぶしたりするのに適応した大きな大臼歯は，今日のゴリラのように，繊維質が非常に多い植物性の食料を食べるために，1 日のほとんどの時間を費やしていたことを示している。ゴリラと同様にこれらの頑丈型のアウストラロピテクス類は強い性的二型を示し，中にはオスがメスのほぼ 2 倍の大きさにまで至るものも見られる。頭蓋容量は 550ml ほどであるが，この増加はある程度まで，大きな身体（身長が最大 1.4m）から受動的にもたらされたものである。なぜ，彼らが絶滅したかは明らかではない。南アフリカの洞窟から見つかった証拠から，彼らがしばしば大型食肉類の犠牲になっていたということが示されている。同じ洞窟で見つかった大型食肉類の下顎犬歯と一致する 2 つの穴が空いたロブストゥスの頭骨が見つかっているのである。しかし，非常に限定されていた独自の食性のために，気候の変化や旧世界ザルを含む他の動物との競争に対して弱かったとも考えられる。

この節で述べた証拠は図 9-9 に要約されている。比較的，確立している結論は以下のようなものである。(1)直立二足歩行性はヒト科の主な共有派生形質である。(2)アウストラロピテクス類では頭蓋容量はあまり変化しない。(3)少なくとも華奢型と頑丈型の 2 つの系統がアフリカで進化した。(4)一般的にヒト (*Homo*) 属は華奢型のアウストラロピテクス類から進化したと考えられているのに対し，頑丈型の系統は絶滅したと信じられている。

3. d. 初期ヒト属 われわれ自身の属であるヒト属の定義は，古人類学者によってまだ十分には完成されていない。今のところ有効である定義は，驚くべきことに，行動上のものである。伝統的に最初の人類についての定義は，形態的な特徴よりもむしろ，石の加工技術，すなわち石器と関連していた。現生の類人猿が道具を使うことはよく知られているが（例えば図 4-7 を参照），道具製作能力という点では，石をそのまま使うことに限定されている。初期の人類は，岩石のかけらを片手で持ち，刃を作るために他の石で 2, 3 回たたくという能力を修得していたと考えられる。こうした道具は切ったり，たたいたりするのに使われ

たのであろう。タンザニアのオルドバイ渓谷にはこの技法の豊富な証拠がある。この場所は1960年代にメアリー・リーキー（Mary Leakey）によって最初に発見され，その技法は**オルドワン技法**と名づけられた（図9-10-(a)参照）。オルドワン石器はハンマー・ストーン，チョッパー，スクレイパーといった石器から構成され，すべて粗く，単純で，伝統的にホモ・ハビリス（*Homo habilis*）が使用したとされてきた（実際，ハビリスとは推定される石器製作能力を指して「器用な」とか「熟練した」とかを意味する）。石の加工技術はどれくらい年代をさかのぼるのであろうか？

石器による傷跡がある有蹄類や馬の骨がエチオピアのハタヤエにある250万年前のアウストラロピテクス・ガルヒが見つかったのと同じ層準の地層から見つかっている。(de Heinzelin et al. 1999)。いくつかの傷跡は，ハンマーでたたいたように，おそらくは骨髄を取り出すために骨をうち砕いた末端部への打撃を意味している。骨から肉を切り取ったことを示している傷跡もある。こうした証拠を特定のヒト科の種に当てはめることは不可能である。さらにこれらの傷跡を作った石器は見つかっていない。このような不確実性にもかかわらず，これらの古代の石器使用者についてのシナリオが示されている。たとえその犠牲者が狩りによるものか屍肉あさりによるものかを決定するのは不可能であるとしても，これらの証拠はより食肉性へ移行していたことを示している。骨髄は脂肪が豊富で，大型食肉類には食べにくいが，適当な石器を持ったヒト科には簡単に得られるものである。素材が不足している場合には，石器製作者は使った石器を残していくよりもむしろ持ち運んでいたとしても不思議はない。オルドバイ渓谷の例では，石器は豊富な石英と玄武岩で作られ，使用後は放棄されていた。

ヒト属の最も古い証拠は，エチオピアのハダールで発見された230万年前の上顎である（Johanson & Edgar 1996）。それを特定の種に当てはめるのは不可能だが，同じ場所で見つかったアウストラロピテクス・アファレンシスとされる上顎とは異なっている。例えば，ヒトの仲間の上顎はより深く，より丸く，**突顎**の程度は小さい（すなわち，顎の前方への突出は，類人猿やアウストラロピテクス類には典型的であるが，ヒトの仲間ではそれほどではない）。特定の種であると認められる最も古い化石標本は，東アフリカの190-160万年前の地層からいくつか発見されている。これらの骨はホモ・ルドルフェンシス（*H. rudolfensis*）とホモ・ハビリス（*H. habilis*）であるとされているが，この二分法はすべての専門家に受け入れられ

(a) オルドワン技法

(b) アシュレアン技法

(c) ムステリアン技法

図9-10 人類の石器の例（Gowlett 1992）。(a)ホモ・ハビリス *Homo habilis* と関係する，190-160万年前のオルドワン技法（左から右へ，角を落としたフレーク，フレーク，チョッパー）；(b)ホモ・エルガスター *H. ergaster* と関係する，140-15万年前のアシュレアン技法（ハンドアックス，クレーバー，大型のフレーク）；(c)ホモ・サピエンス *H. sapiens* とホモ・ネアンデルターレンシス *H. neanderthalensis* と関係する，10-4万年前のムステリアン技法（ポイント，長いポイント，サイドスクレイパー）。

表9-2 数種の類人猿とヒト科の身体の大きさ，脳の大きさ，EQの推定値

種	年代 (百万年前)	体重（Kg）		脳容積 (ml)		EQ
		オス (*)	メス (*)	(*)	(**)	(*)
ローランドゴリラ	現生	140	70	505	505	1.7
ピグミーチンパンジー	現生	38	32	343	344	2.0
チンパンジー	現生	49	41	395	383	2.0
アウストラロピテクス・アファレンシス	3.9-3.0	45	29	384	414	2.2
アウストラロピテクス・アフリカヌス	2.8-2.4	41	30	420	440	2.5
アウストラロピテクス・エチオピクス	2.7-1.9	?	?	399	?	?
アウストラロピテクス・ボイセイ	2.3-1.4	49	34	488	463	2.6
アウストラロピテクス・ロブストゥス	2.0-1.0	40	32	502	530	2.9
ホモ・ハビリス	1.9-1.6	37	32	579	640	3.5
ホモ・ルドルフェンシス	1.9-1.6	60	51	709	?	3.0
ホモ・エルガスター	1.8-1.5	58	52	804	?	3.3
ホモ・エレクトゥス	0.5-0.3	60	55	980	937	4.0
ホモ・サピエンス	0.4-0	58	49	1350	1350	5.8

(*) McHenry (1995)
(**) Tobias (1995)

ているわけではない。もし，これらの化石が別々の種に属していることが正しいとすれば，同じ時代の同じ場所に2種の異なる人類が共存していたことを意味しており，その相互関係や以後の人類の祖先としての地位についての疑問が生じてくる。いつの場合でもそうだが，主な問題点は，化石標本に見られる形態的差異が異なった種名の根拠になるほど十分な重要性があるかどうか，あるいは，単に同種の個体変異にすぎないのかどうかを決定することである。

　ホモ・ハビリスもまた，頭骨の大きさによってアウストラロピテクス類と区別されている。頭蓋容量の推定が可能であったアウストラロピテクス類の標本の示した値は600mlに達していなかった。頭蓋容量が分かっている最も大きな化石（約515ml）は，南アフリカで見つかった250万年前の「プレス夫人（Mrs. Ples）」と呼ばれているアウストラロピテクス・アフリカヌスの標本である（Conroy et al. 1998）。一方，今日では，約600ml以上の頭蓋容量は一般的にヒト属の共有派生形質であるとされている。表9-2は身体と脳の大きさの推定値をまとめたもので，より完全なEQのリストが含まれている（McHenry 1995；Tobias 1995）。この表のEQの値は $E = 0.0589S^{0.76}$ （Martin 1981）という哺乳類一般に期待されるアロメトリー式に基づくものである。たとえ他の同様の推定値と比較して，これらの値がより保守的な傾向がある（すなわち他の報告よりも小さな値である）としても，これらの推定値は慎重に考慮されるべきである。主な問題点は，脳の大きさを計測できる頭骨と身体の大きさを推定できる体肢骨が少ないことに関係している。これらの数値から，同程度の身体の大きさを示すヒト科の種において，脳の大きさが徐々に増加していることが示される。このことは，ヒト科の系統の特徴である相対的な脳の大きさの増加要因である脳化に対して，ヒト科に特有な選択圧が存在することを意味している。道具製作はヒト科における脳化という進化に対して働く要因の1つであろうと考えられる。

3. e. ホモ・エルガスターとホモ・エレクトゥス

　以前は東アフリカとアジアの両地域において180-20万年前の時代から発見され，頭蓋容量が775～1225mlの範囲であった化石はホモ・エレクトゥス（*Homo erectus*）という単一の種に含められていた。ところが最近では，アフリカの標本はホモ・エルガスター（*H. ergaster*）という新種であるとされ，骨が厚いことや眉上隆起の後方にあるくぼみといったいくつかの頭骨の特徴が欠如していることから，ホモ・エレクトゥスと区別されている。160万年前のほぼ完全な若いエルガスターの骨格化石がケニアで発見されている。その化石は十代の少年で，身長が1.8m，体重が約68kg，頭蓋容量が880mlであった。エルガスターもエレクトゥスも，それ以前の種より外見上ははるかに現代人に似ていた。彼らは常に直立二

足歩行を行ない，湾曲した指や相対的に長い上肢といったそれ以前のヒト科に見られた樹上適応の徴候を失っていた。

エレクトゥスがエルガスターから生じたのか，それとも似たような他のアフリカの種から生じたのかを推定することが次の問題である。どちらにしても，その生物地理学的分布は，アフリカ大陸で進化し，そのままアフリカにとどまっていたそれ以前のすべてのヒト科には見られなかった移住行動を行なったことを意味している。最初のエレクトゥス化石は1891年にジャワ島で発見され，後に中国でも発見された。これらはアフリカ外への第1波の移住の範囲を示してくれている。しかし正確には，エレクトゥス（あるいはエルガスター）が最初にアジア大陸に現れたのはいつであろうか？ジャワや中国の化石は100万年前より古くはない。しかしながら，カスピ海と黒海の間にあるグルジア共和国のドマニシでは180万年前の化石（エルガスター？　エレクトゥス？）が発見されている（Gabunia & Vekua 1995）。このことは，非常に古い時代にアフリカ外への移住の波があったことを示している。さらに，より新しい東アジアのサイトと同様に，この古いグルジアのサイトで発見された石器は，オルドワン技法（200万以上前にアフリカに出現した）の特徴を持つ石器とよく似ているという事実とも合致する。もしこの初期の移住が200-180万年前のどこかで起きたとすれば，アジアにおけるオルドワン技法の存在を説明することになるであろう。

約140万年前，**アシュレアン技法**として知られる，異なったタイプの石器がエルガスターによってエチオピアで発達した（図9-10-(b)参照）。これらの石器は，それ以前のオルドワン技法のものより大きく，より注意深く，精巧に作られていた（例えば，石の両側が整形されていた）。溶岩や燧石を含む，より多くの種類の岩石がこれらの石器を作るのに使われており，その技法における標準化や特殊化の程度は印象深いものである。ハンドアックス，ピック，クリーバーがアフリカ，中東，インド，そして50万年前以降のヨーロッパのアシュレアン石器サイトから共通に発見されている。石器製作の標準化の程度は製造文化の存在を示している。

この年代におけるいくつかのアフリカのサイトから，火を使用した証拠がヒト属の化石とともに見つかっている。約50万年前から，アジアやヨーロッパでは，火を起こす技術を発達させるような気候状態の地域に，持続的に使用されていた火を燃やす穴が作られていた。火の重要性は強調しすぎることはない。暖かさ，明かり，捕食者からの防御，保存を可能にする肉の調理，集団のメンバーが緊密になるための刺激といったことは，火をコントロールできるようになった結果である。一度発達すると，このような伝統から複雑な相互関係が生じる環境が育てられ，ついには言語によって介在される社会的な情報交換を導いたのである。

3. f. 古代型人類　約60万年前，エルガスターと現代人との多くの中間的な特徴を持つ種，ホモ・ハイデルベルゲンシス（*Homo heidelbergensis*）がアフリカに現れた。過去には，これらの化石は「古代型人類」と名づけられ，われわれ現代人と同じ種とされていた。しかしながら，今日，専門家はこれらの標本を異なった種とする傾向がある。たとえ，ハイデルベルゲンシスがアフリカのエルガスターの個体群から進化したと信じられるとしても，この仮説は化石証拠のかなりの部分が欠落していることから脆弱なものとなっている。150万年前の最も新しいエルガスターと60万年前の最も古いハイデルベルゲンシスとの間にはかなりの年代差がある。最初の標本は1907年にドイツで発見され，今日ではハイデルベルゲンシスはヨーロッパに入った最も古いヒト科の種であると考えられている。50-25万年前の範囲に対応する化石は，ヨーロッパではスペイン，フランス，イギリス，ギリシア，アフリカではザンビアで発見されており，すべてハイデルベルゲンシスであるとされている（Johanson & Edgar 1996）。

古代型人類は，何よりも頭蓋容量によってエルガスターやエレクトゥスと区別されている（Stringer 1992）。エルガスターとエレクトゥスの範囲が750〜1250mlであるとされているのに対して，古代型人類は1100〜1400mlの範囲を示

している。これらの値は，1200〜1700mlと推定される現生人類，ホモ・サピエンス（*H. sapiens*）の範囲とほぼ重なっている。古代型の頭骨の特徴は，後退した前頭骨，突出した眉上隆起，引っ込んだ顎先などを含む。一般的にいって，これらの頭骨の特徴は，エルガスターやエレクトゥスに見られるものと現代人に典型的に見られるものの中間である。例えば，眉上隆起は徐々に縮小し，頭骨は徐々に丸く，高く，短くなっている。

祖先であるエルガスターのように，古代型人類はアフリカからヨーロッパ，アジアへと拡がっていった。彼らはアフリカで発達したアシュレアン技法を携えていたが，それを熱帯アフリカのサバンナとは大きく異なる環境に適合させることは重要であったに違いない。不幸なことに，彼ら古代型人類の文化的背景について語ってくれるものは他にほとんどない。古代型人類の第2の種は約12万年前にヨーロッパに現れ，その範囲を中東まで拡げていき，約3万年前に絶滅した。彼らが有名なネアンデルタール人，ホモ・ネアンデルターレンシス（*Homo neanderthalensis*）である。以前は，彼らはホモ・サピエンスの亜種であると考えられていたが，最近では彼ら自身に種名が当てはめられる傾向にある。ネアンデルタール人は現生人類より体重が重いことなど，寒冷気候に適したと思われる身体的特徴を示している。彼らは氷河期の間ヨーロッパに住んでおり，寒冷気候にうまく対処する特徴が強く選択されたのであろう。頭骨の大きさの範囲は1200〜1750mlで，やはり現生人類の範囲内である。

ネアンデルタール人については，大量のものを保存するために洞窟に棲む傾向があったことから，豊富な情報が得られている。例えば，1899年にクロアチアで調査された洞窟からは何百個体にもわたる何千個もの骨と非常に変化に富んだ道具が発見された。そこには，埋葬，衣服の使用，火の利用，負傷者の看護，狩猟などの文化的慣習を持っていた証拠が見られる。ネアンデルタール人は，フレークの製作法に基づいて**ムステリアン技法**と呼ばれる幅広い多様性のある石器を，同じ時代に生きていた現生人類と共有していた（図9-10-(c)を参照）。これらの石器は洗練された形状をしており，明らかに多大な注意深さと忍耐とによって作られたものである。ネアンデルタール人と現生人類が，どのようにして非常によく似た石器を作るようになったかについては明らかではない。

ネアンデルタール人の絶滅と，特に現生人類への置き換わりについては，非常に多くの推論がある。約4万年前にヨーロッパに現れた現代型ホモ・サピエンスは，西から東に向かって，秩序よくネアンデルタール人と置き換わりはじめる。それではネアンデルタール人がサピエンスに進化したのであろうか？ネアンデルタール人とサピエンスとを区別する特徴はこの可能性を否定するようである。さらにネアンデルタール人の骨から採取された**ミトコンドリアDNA**の分析は，この2つの系統が高度に分化していたという仮説を支持している（Krings et al. 1997）。328塩基対を現代人の間で比較すると，平均して8つのヌクレオチドの違いが見られるが，それとは対照的にネアンデルタール人のミトコンドリアDNA（mDNA）では，同じ時代に生きていた現代人と平均28個のヌクレオチドが異なっている。この差異は，共通の祖先が生息していたのは約60万年前で，ネアンデルタール人が現生人類とは別の種であるという考え方と一致している。

サピエンスはネアンデルタール人を暴力的に根絶したのであろうか？イスラエルのカーメル山の洞窟から，ネアンデルタール人と現代人が約5万年にわたって共存していた証拠が見つかっている。しかしながら，ネアンデルタール人と現生人類の共存していた個体群が，どの程度相互に関わりを持っていたかを決定することは不可能である。通常，このような長い期間にわたって共存していたのであれば，暴力的手段によって置き換わったというのはありそうにないことのように思われる。

ネアンデルタール人の（遺伝子ではなく）形態的特徴が，サピエンスとの交配によって失われたのであろうか？この仮説を検証するのは難しい。例えば，ネアンデルタール人に特有な特徴（例えば，後頭骨がサピエンスに見られるように丸くはなく，尖っている）を持つサピエンスの頭骨の発見が，交配の証拠として解釈されることがある。

さらに，ネアンデルタール人的な特徴は現代のヨーロッパ人にも現れると示唆されている。人類を特徴づける形態の変異性の結果としてこのような問題が生ずるのである。おそらく，現代人にはまったく見られないというようなネアンデルタール人の表現型はほとんどないであろう。この事実は，異なる種であると断言されたことにさえ疑問を生じさせる。もし，特定の種における亜種や品種のように，それらが人類内の変異であるならば，空間的な近接は常に交配を導いたであろう。

ネアンデルタール人は，現生人類との競争に負けたのであろうか？2つの個体群によって利用される資源が広範囲に重なるというのはありそうなことである。食料，住居，石器の素材はおそらくほとんど同じであったと思われる。一方の個体群が，もう一方よりわずかでも資源を利用する能力が優れており，交配がなかったと仮定すれば，結局は置き換わりが起きたであろう。もし現生人類が住居の場所を選ぶこと，狩猟の旅の計画をたてること，離れた場所から石器の素材を得ること，他の人類集団と相互関係を持つこと，などに優れていたならば，彼らがネアンデルタール人を絶滅へと追いやったのかもしれない。

ネアンデルタール人は 12 – 3 万年前に，今日のヨーロッパと中東の地域に限定して分布していたことが示されている。東アジアやジブラルタル海峡によってほんのわずかな距離しか離れていないアフリカでさえ，ネアンデルタール人の化石は見つかっていない。祖先であるエルガスターとは違い，ネアンデルタール人は，広い地域へ移住していくことに抵抗があったように思われる。対照的に，現生人類はよりダイナミックな分布のパターンを示している。同じ時代に，彼らは南北アメリカを含むすべての大陸へ進出し，広い範囲の生態学的状態に身を置き，これまで他の霊長類では決して見られなかった文化的複雑さを発達させた。

3. g. 現生人類　ホモ・サピエンスの最も古い化石は，南アフリカのボルダー洞窟とクラシエス川の河口，エチオピアのオモ谷，イスラエルのカーメル山とカフゼー洞窟から発見されている（Vandermeersch 1995）。そのすべてが，さまざまな方法によって 10 万年前頃の年代であると測定されており，おそらく 20 – 10 万年前のアフリカか中東に起源を持つと考えられている。この仮説によれば，もちろんアジア（エレクトゥス）やヨーロッパ（ネアンデルターレンシス）の初期ヒト属はサピエンスの祖先ではないということになる。

サピエンスは，アジアの化石記録としては，中国で 6.7 万年前，ボルネオで 4 万年前，フィリピンで 2.4 万年前から見られる。興味深いことに，オーストラリアには過去 6 万年の間，現生人類（今日のアボリジニの祖先）が住んでいる。ヨーロッパでは，クロマニヨン人と呼ばれる現代人が約 4 万年前に現れる。アメリカ大陸は現代人が進出した最後の場所である。5 – 3 万年前における初期の定住の証拠については論争がある。しかしながら，現生人類の個体群が約 2 万年前までに確立されていたということは意見が一致している。

考古学的証拠は，約 4 万年前に今日の社会と共通する多くの文化的慣習がサピエンスかネアンデルターレンシスのどちらかに出現したことを示している。道具製作技術においては，釣り針のような小さく繊細な道具を作るための素材として，骨を基本としていた。こうした繊細な道具は，はじめのうちは痕跡を残さない木材や他の腐敗しやすい物質で作られていた。芸術，身体装飾，小屋，石切場の開発，琥珀や貝殻（装飾用）の長距離間にわたる交換という一種の貿易，オーストラリアへのサピエンスの到達によって示される航海術の発達などについては確かな証拠がある。幅広い問題への適用を可能にするようなレベルへの言語能力の発達は，後期旧石器時代にこれらが達成されたことと関係しているのかもしれない。

ある仮説によれば，サピエンスはおそらくサハラ以南のアフリカにおける単一の個体群に起源を持ち，そこから北アフリカ，ヨーロッパ，中東，東アジア，オーストラリア，南北アメリカへと拡がっていったとされる（Stringer & Gamble 1993）。この**アフリカ単一起源説**と名づけられた仮説は，倹約的なものだと一般的に考えられている（通常，

単一起源を要求する進化仮説は，2つ以上の起源を要求するものよりもより単純であると考えられる）。その核心となるシナリオは以下のようなものである。サピエンスの個体群は次々と世界のあらゆる地域へ進出していき，その地方の古代型人類の個体群と置き換わっていった。ヨーロッパと中東ではサピエンスはネアンデルタール人と置き換わり，東アジアではそこで進化したエレクトゥスの最後の個体群と置き換わった。ソーンとウォルポフ（Thorne & Wolpoff 1992）が提唱した競合する仮説は，古代型人類の個体群がそれぞれの地域でホモ・サピエンスに進化したという**多地域進化説**である。この仮説は，大量の遺伝子拡散が各地域で進化している個体群間に存在したという仮定に基づいている。これらの2つの極端な仮説は，図9-11に示されている。

進化仮説において，個体群が分岐することなしに，ある種から他の種へと個体群が徐々に進化していく分化のパターンを，**前進進化**と呼ぶ。隔離された個体群が地域的適応によって異なる種へと進化する場合のような，分岐による分化を**分岐進化**と呼ぶ。それゆえ，アフリカ単一起源説は，最初のサピエンスの分岐が，比較的小さく，周辺的な個体群において急速に起こった（おそらく，遺伝子浮動からの強力な寄与があった；→第2章4.c., 36頁参照）と思われる分岐進化のパターンを意味するのに対し，多地域進化説は，すべての古代型人類の地域個体群はそれぞれ独立に，物理的環境に基づく選択圧によって，サピエンスへと進化する潜在能力（すなわち，前適応）を持っていたという強い前進進化的な要素を持つ。

現時点でこれらの極端な仮説の一方を選択すること，あるいはより中間的な説の1つを選択することは不可能ではあるが，アフリカ単一起源説とより一致するいくつかの証拠がある。例えば，もしサハラ以南であるエチオピアと南アフリカから発見されているものが，その仮説に必要な程度に古いとすれば（すなわち，10万年以前），これはサピエンスのアフリカ起源の強い証拠となるであろう。さらに，ネアンデルタール人のミトコンドリアDNAが現代人とまったく異なっているという証拠もまたアフリカ単一起源説と一致している。

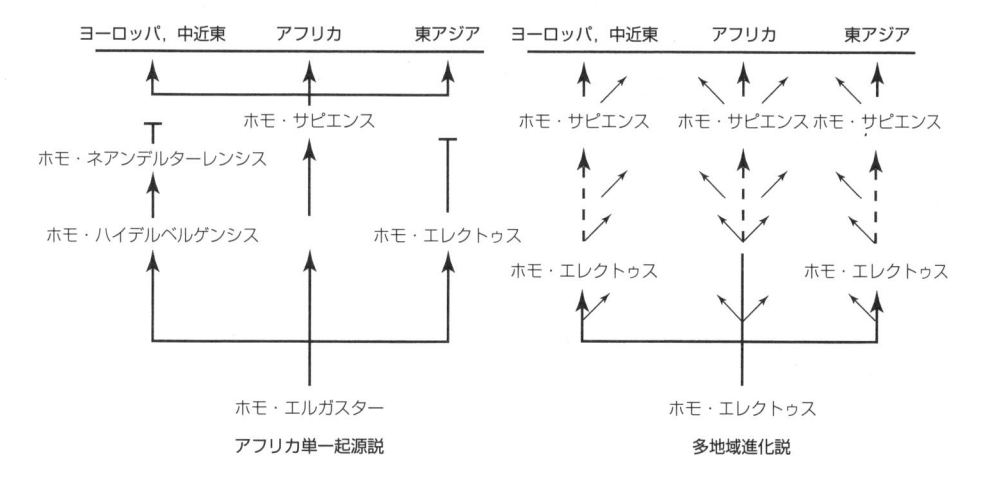

図9-11　ホモ・サピエンスの2つの主な進化仮説を図示したもの。アフリカ単一起源説は，サハラ以南のアフリカに単一の起源を持つホモ・サピエンスが，広大な地域へと移住していき，各地の古代型人類の個体群と交代していったと考えており，多地域進化説は，先にアフリカから移住したホモ・エレクトゥスの各地域個体群がホモ・サピエンスへと進化したと考えている。この仮説は個体群間で幅広い遺伝子拡散があったと示唆している。

4. 言語の進化

4.a. 言語とは何か

　現生人類の進化を特徴づける爆発的な文化的発達は，ある単一の特徴がその進化上に出現したことによるものであろうか。以前に，何らかの理由で，比較的短い期間に新しい形質の「爆発」が生じるまでほとんど表現型に変化がなく，進化は長い時間にわたって徐々に進んでいくものかもしれないという考察をした。例えば，中生代から新生代への移行は，明らかに白亜紀末期の大絶滅の後に突然開かれたニッチによって，哺乳類の系統が生じたという壮観で急速な変化の事例を示している。人類進化の場合，現生人類の出現とともに徹底的な変化を生じたものは，新種の表現型ではなく，彼ら自体に備わっていた文化的環境である。それゆえ，この変化は形態的というよりもむしろ「行動的爆発」である。

　この新奇な文化レパートリーが言語の発達と結びついているのかもしれない。たとえ，言語自体は突然現れるものではないとしても，より広い文脈における言語能力の応用は比較的急速に起きたであろうし，一度その場所を占めると，人類の社会的行動におけるほとんどの局面に影響する行動的変化をもたらしたであろう。言語はまず第1に，最も重要なコミュニケーション方法である。言語は**単語**と呼ばれる象徴的な単位に基づいているという点が特異である。単語は一般にそれが指示する対象や行為とは直接に類似するものでなく（「本-book」という単語は，本というものとは明白な関係を持たない），あるいはまた，実際に特定の対象を指示するのではなく対象のある集合に当てはまる抽象的な概念を表す（「美しい-beautiful」という単語は「美-beauty」という特質を持つ多くの対象に適用される）。単語は**統語法**と**文法**の特有の規則によって結びつけられ，ある決まった**意味**を持つ——すなわち，聞き手に何か意味を伝えるということである。特定の言語で用いられる単語，その意味，文法はすべて社会的学習の過程を必要とする。会話（おそらく，進化の上では，言語の最初の媒介方法であった）や手話，筆記，歌唱，読書などを通してコミュニケーションを図るために，言語を使う能力も学習される。

　他の多くの学習のように，言語はCNS（中枢神経系）に依存している。特に，言語のさまざまな局面は，脳の異なる領野（特に新皮質）にある。たとえ，社会的な相互関係が独自の言語の発達に重要であるとしても，幼児の脳はもともと何らかの言語を獲得するように準備されている。言語能力の獲得が準備されている脳を持った種は他にどれくらいいるのであろうか？

　わかっている限りでは，サピエンス以外に言語と同じようなコミュニケーション方法を用いている動物はいない。しかしながら，その違いは教育と訓練によるものであると示唆した多くの人々がいる。例えば，フランスの哲学者，ラ・メトリ（Julien de La Mettrie）［1709-1751］は，チンパンジーと人類の脳は非常に似ており，適切な教育を受ければチンパンジーは話すことを学ぶであろうと考えた。このことは，チンパンジーよりサピエンスに近縁な他の現生種はいないという既知の事実からも，特に興味深い示唆である。今日，われわれが知っているように，「通常の」家庭環境で，人間の子どもたちと一緒に育ったとしてもチンパンジーが十分な会話能力を発達させることはない（Hayes 1951）。このような会話能力の欠如は，チンパンジーの言語能力が乏しいことを反映しているのであろうか？その答えは，ふたたび否定される。人間が通常の会話で行なうのと同じように声帯と喉頭を調整することで，チンパンジーが音を調節することは困難である。しかし，言語能力は喉頭ではなく脳にあり，話すことができないから単純にチンパンジーには言語能力がないと結論づけることには意味がない。

　言語のどのような側面が人類と人類以外の生物を区別するのかを決定するために，比較心理学者は動物に言語能力を教えるという試みに魅惑され

てきた。この研究については第14章, 3.d., 3.e. で詳細に述べられており（→440-448頁），いくつかの結論は，現在の文脈と関連している。

チンパンジー（*Pan troglodytes*）が手話やコンピューターのキーボードのようなものに描かれた人工図形（チンパンジーは手を非常にうまく使う）の「語彙」を容易に獲得することができるということは疑う余地がない。彼らはその語彙を使って，特定の食物（例えば，リンゴ）や道具（例えば，レンチ）などのさまざまな物を，実験者や他の訓練されたチンパンジーに要求することができる。チンパンジーはまた，「果物」としての「リンゴ」や「オレンジ」，「道具」としての「レンチ」や「ストロー」というように，単語を分類することも学習できる。カンジ（Kanzi）という名前のピグミーチンパンジー（*Pan paniscus*）は，英語の会話を理解するという印象的な能力を示した。彼の養育母が言語訓練問題の実験協力者となっていた間，ずっと一緒にいたことによって，彼はそれを「自発的に」獲得したのである。対象の命名と分類，そして命令を理解することは，いくつかの側面を持つ「言語能力」の一部である。これらは言語の1局面であるが，人類以外の動物が言語を獲得できるかどうかという疑問に答えるのは，言語は単一の現象ではなく技能の複雑な配列であるという単純な理由から，不可能であるかもしれない。これらの言語能力のあるものは，いくつかの，あるいは多くの高等脊椎動物に共通であり，それ以外は人類に特有のものなのかもしれない。われわれの祖先，そしておそらくは多くの脊椎動物が持っていた知的処理の洗練された結果として，人類の言語は進化したのかもしれない。初期のヒト科における言語進化の段階とはいかなるものだったのであろうか？

4.b. 言語の先駆け 言語の有用な特質の1つは，環境の多くの異なった局面についての情報を伝達する能力である。人間以外の動物のコミュニケーションは，信号とその信号が役立つ背景との対応が幅の狭いものである傾向がある。例えば，カエルの鳴き声は生殖という背景において意味がある。ベルベットモンキーの警戒信号は，特定の捕食者の存在を伝える。しかしながら，これらの動物は非常に限られた文脈にのみ特定の音声の使用を限定しているように思われる。対照的に，単語は幅広い多様な状況において使われる。「美しい–beautiful」という語は，人にも，色にも，音楽にも，動作にも，いろいろなものに応用される。同様に，言語は経済的取引，個人の感情，食物，環境の局面など，数えきれないほどさまざまなことについても使われる。それゆえ，幅広い範囲の活動がコミュニケーションの単一のシステムによって影響を受けるのである。

言語の情報伝達機能はまた，少なくともある部分では，その初期の進化における選択圧の重要な源であったのかもしれない。4.c.以降で示すのだが，言語能力は新皮質に強く依存している。霊長類の新皮質は種によって非常に差が大きいが，興味深いことに社会性の1つの指数である群れサイズとの相関を見ると正のアロメトリー関数を示す（Dunbar 1993）。**新皮質比率**（新皮質の体積を残りの脳の体積で割ったもの）を含むさまざまな新皮質の大きさの指標と，36属の霊長類で平均群れサイズが相関することが示されている（図9-12-(a)）。この相関の1つの意味は，新皮質は社会的情報の処理を含んでいるということである。興味深いことに，群れサイズはまた，旧世界ザルや類人猿における毛づくろいにかける時間の合計と正の相関がある（図9-12-(b)）。霊長類では，毛づくろい行動は個体間の愛情の絆を確立したり，強めたりする方法としての機能がある。霊長類における群れサイズと新皮質の相関と，現代人の新皮質比率（4.1）についての知識に基づく，予想される現代人の群れサイズはいかなるものであろうか？この値は，1つの群れあたり147.8人となる。この群れサイズが与えられたとすれば，現代人は，他の霊長類における平均時間の2倍となる全時間の42％を毛づくろいに費やすことが必要とされるであろう。ダンバー（Dunbar 1993）は，初期人類における言語は，社会的絆を強めるより効果的な機構として，毛づくろいの代わりとして進化したのかもしれないと示唆した。毛づくろいが，他の活動を何も行なっていないペアで行なわれるのに対し，言語による相互関係はより大

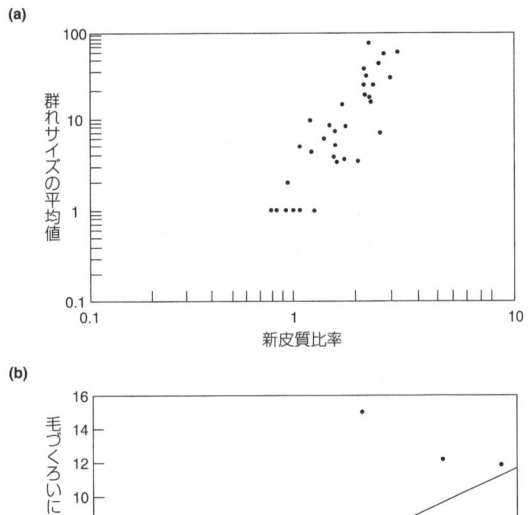

図9-12 ダンバー（Dunbar 1993）が言語の進化における可能な選択圧を示すために用いた相関関係。(a)群れサイズと新皮質比率（新皮質の体積を残りの脳の体積で割ったもの）が双対数座標において正の相関を示す。この研究は真猿類を含む36属の霊長類で行なわれた。(b)群れサイズはまた、旧世界ザルや類人猿が毛づくろいに費やす時間の割合とも正の相関を示す。これらと人間の新皮質比率の結果に基づいて、ダンバーは、人間の集団は約150人となると推定し全時間の約40％を毛づくろいに費やすことになるとした。この値からダンバーは、大集団における社会的絆を発展させ、維持するために、毛づくろいよりも効果的な技能として言語が進化したと示唆している。

きな集団で行なわれ、その集団が他の行動を発展させているときでさえ行なわれるであろう。この概念がどんなにもっともらしいものであるとしても、言語の進化的起源が単一の選択圧という点で説明されるということはありそうもないことである。言語の進化についての選択圧の候補として、性選択、調理、道具製作、教育、社会的絆の強化、計画的な狩猟といったことが含まれる。

言語の先駆けとは何であったのだろうか？科学がこの質問への決定的な答えを導くことは決してないであろう。なぜなら、そのカギとなる証拠は失われて、呼び戻すことはできないからである。いくつかのもっともらしい答えが有効な証拠に基づいて提出されている。例えば、人類以外の動物の言語研究は、言語の特質のようなものは、かなり広く分布していることを示している。人類の言語の起源以前に、これらの技能がより複雑な言語処理を形成する自然選択をもたらす前適応の基本セットを形成したのかもしれない。ドナルド（Donald 1991）によれば、このような前適応の1つは、**エピソード記憶**、すなわちある個人の過去における特定の出来事の想起（「私はアンジェラおばさんの家で、アームストロング船長の月への第1歩を見た」というような）、という動物の能力である。エピソード記憶は通常、その出来事についての、空間的−時間的情報を伴う（「私はアームストロング船長が月面を歩いたとき、十代だった」というような）。エピソード記憶の特質のため、言語を持たない生物がそれらに起きた特定の出来事について情報を有しているのかどうかを示す方法を見つけるのは困難である。このような情報は一般的に逸話的であり、多かれ少なかれ偶然の観察に由来する。

動物におけるエピソード記憶を示す1つの実験的試み（Clayton & Dickinson 1998）では、餌を貯蔵する性質のあるアメリカカケス（*Aphelocoma coerulescens*）に、イモムシ（すぐに食べられなくなる食料）とピーナッツ（腐敗しない食物）を異なった場所に貯蔵させた。この研究では、貯蔵した食物を取りに戻る時間を4時間後と120時間後に設定し、どちらの餌を選択するかについてのテストが行なわれた。アメリカカケスは4時間

後に設定したテストではイモムシを好んだが，120時間後に設定したテストでは，イモムシが腐ることを学習したため，急速にピーナッツを好むようになった。取りに戻る前に貯蔵したイモムシが新しいものに取り替えられてテストが行なわれたカケスのグループは，ピーナッツよりイモムシを好んだ。この結果は，カケスはいつどこにイモムシを蓄えたかを覚えており，イモムシが食べられなくなっている可能性が高い場合には，その場所を避けるということを示唆している。この報告は人間以外の動物にもエピソード記憶の能力がある可能性を示している。

チンパンジーやアウストラロピテクス類を含む，特定の出来事を記憶に表象する能力のある動物の「文化」は，**エピソード文化**として特徴づけられる。このような出来事の記憶は集団の社会構造への適合の過程において主要な役割を演じたのかもしれない。例えば，支配階級はその集団に起きた特定の出来事に左右される（支配的なオスが，新しい支配的オスと親密になったメスたちが立場を変えることによって取って代わられることなど）。このような変化を導くようなカギとなる出来事の記憶は，食物や異性を含む資源へ接近するために根本的に重要なものである。

ドナルド（Donald 1991）はさらに，ヒト属の種の出現はエピソード文化から**模写文化**への移行をもたらしたと論じた。エルガスターやエレクトゥスに典型的に見られる系統だった道具製作，拡散した移住パターン，火の使用，集団による狩猟といったことがこの新しいタイプの文化を導いたのである。**模写**とはその行為者が見た出来事を再現する能力である。それは，子どもが人形でままごとをしたり，映画を見た後にスーパーヒーローになりきったりするのと同じタイプの模写である。より大きな集団の結合，道具製作技法の教育，狩猟や儀式といった集団における行動計画を初期人類が発達させることを可能にした，言語以前の意思伝達の媒介方法が模写であったのかもしれない。発話は模写行為の文脈で身振りや表情を伴う発声として生じたのかもしれない。

4．c．言語の生物学 すべての人類文化において，何らかのタイプの言語が文化の複雑さの程度とは関係なく存在する（Pinker 1995）。通常の技術的な発明と同じように，言語が特定の文化において「発明され」，言語を持たない他の文化に拡がっていったとは考えられない。それゆえ，言語は文化的特徴というより生物学的特徴であり，比較的最近のヒト科の進化において現れたと思われる発声器官と脳回路の産物なのである。

言語は，サピエンス，ネアンデルターレンシスとその共通祖先からなる分岐群の共有派生形質であるかもしれない。ネアンデルタール人に会話能力があったかどうかについては，激しい論争がある。彼らの末梢器官についての解剖学的知見は曖昧である。その喉頭は非常に高い位置にあり，頭骨の基底部における咽頭組織のある場所はサピエンスよりも類人猿に似ている。さらにネアンデルタール人の**頭蓋底屈曲**は人類よりも平らであり，類人猿やアウストラロピテクス類により似ている。頭蓋底屈曲は頭骨の基底部にある数点の方向を計測することで，発声器官の動きをコントロールする筋の付着様式の評価を可能としている。これらの特徴は，ネアンデルタール人が大量の音を調節するのが困難であったことを示している。一方，ネアンデルタール人の**舌骨**は基本的に大きさも形もサピエンスと同じであり，チンパンジーの舌骨とは大きく異なっている（Arensburg et al. 1989）。舌骨（他の絶滅したヒト科からは見つかっていない）は，音の調節と発話に重要な喉頭の筋を支えている。ネアンデルタール人は，たとえその発達の程度は不確かであるとしても，発話能力を十分に所有していたと思われる。

図9-13は，側面から見たチンパンジーと人類の発声器官を示している（Lieberman 1992）。チンパンジーでは喉頭は比較的高く，人間の幼児もまた高い。しかしながら，大人では首のレベルまで低くなり，軟口蓋が鼻腔を分け隔てている。これらの変化は，人間がより明瞭に広範な周波数スペクトルの音を生じさせることを可能にしている。大人の丸い舌はまた，母音と定義される [i]，[u]，[a] の音（「feet」，「poor」，「mama」といった単語のような）や，ほとんどの人類の言語で使われる音声要素である [k] や [g] といっ

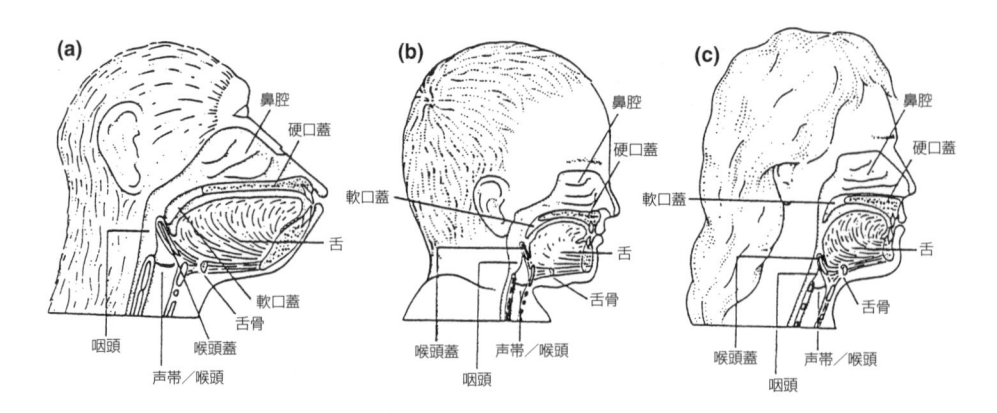

図9-13 (a)チンパンジー，(b)幼児，(c)成人の頭部の側面図（Lieberman 1992）。(a)と(c)における舌の形状，喉頭蓋の位置，喉頭の高さといった差異は，成人が広い範囲の音を調節する能力を理解するのに重要である。舌骨の形状（この図では認められないが）もまた，発声に関係している。チンパンジー(a)と幼児(b)におけるこれらの特徴の類似点に注目せよ。

た子音を産み出すことを可能にしている。音声器官は言語を産み出す部分であり，内耳は言語を感じる部分である。しかし，言語能力はこれらの末梢の要素にとどまらない。とりわけ，現代人は眼や指で読むことができ，書くことによって自らを表現することができる（興味深いことに，コンピューターのキーボードや，足の母指にくっつけたり，歯にはさんだりしたペンを用いて書くことができる。それゆえ，書くことは，ある特定の媒介物の使用に固く結びついたものではない）。

こうした末梢の要素における柔軟性を可能にしている言語能力は新皮質に局在し，特にシルヴィウス溝を囲む領野にあって強い**左右の機能分化**を示す。皮質における左右の機能分化は，左右の大脳半球において解剖学的には同じ場所にある領野が，異なった機能を支えていることを意味する。左右の機能分化は言語あるいは人類に特有なことではなく，さまざまな運動機能や他の霊長類においてもみられるものである（→第11章，3.a.，335-337頁参照）。人類の全人口の約90%，左利きの人の約70%，右利きの人の約95%において，左半球が言語を支配している。言語機能に関係したいくつかの領野には形態学的に左右の分化が見られる。例えば，側頭平面（読むこと，音楽的才能，他の機能における利き手に関係する）は，シルヴィウス溝の内側に位置する側頭皮質の一部

であり，左半球の方が右半球よりも大きい。これはまたチンパンジーでも同じである（Gannon et al. 1998）。言語の左右の機能分化はこのように，それ以前に存在していた上肢の運動機能についての新皮質における左右の機能分化を基礎として進化したのかもしれない。

伝統的に，2つの主な領野が言語機能に関係している。ウェルニッケ野とブローカ野である（図9-14）。近接する領野と同じように，ウェルニッケ野は言語の意味的な特質に関係するさまざまな言語機能に関わっている。この領野に障害を持った患者は流暢に話すことはできるが，意味を持った会話はほとんどできない。さらに彼らは他人の話を理解できない。これは**ウェルニッケ失語**として知られている。より限定された障害を持つ患者は，対象の名前を呼ぶこと（角回の障害に伴う命名失語），親しい対象や場所を認知すること（頭頂皮質後部の障害に伴う失認），あるいは読書（側頭平面における異常な細胞分布に伴う失読）が困難であるという，より特有の症状を示す。

対照的に，ブローカ野に障害を持つ患者は会話の発音が不明瞭で，発声に苦労する。これは**ブローカ失語**と呼ばれる。このタイプの失語症では理解力は害されない，というのは，正しく産み出された単語は文脈において適切な意味を持つのである。ブローカ失語の患者はその問題点に気づ

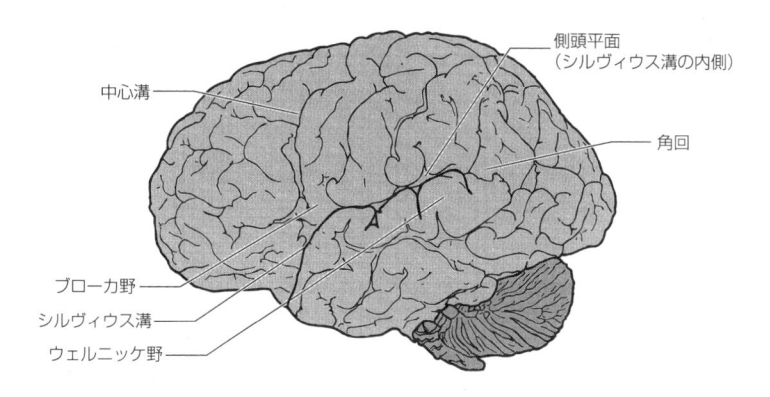

図 9-14 人間の脳の側面図。言語情報を処理する領野が示されている。ウェルニッケ野は一次聴覚野と関連して，その後方にあり，言語の理解に関係する。側頭平面（シルヴィウス溝に隠れている）や角回を含む，その周辺の領野もまた言語に関係した機能を持っている。前頭葉の中心溝の基部にあるブローカ野は会話を制御する。弓状線維束（示されていない）は，ウェルニッケ野とブローカ野をつなぐ軸索の経路である。この線維束の損傷は伝導性失語と名づけられた理解の障害を招く。

ており，適切な単語を産み出すのに格闘しているように思われる。

極端な機能の局在化というこの考えは，慎重に取り扱われるべきであろう。失語症的徴候をもちながら，予想されていない皮質野に損傷を持つ患者や，逆にブローカ野やウェルニッケ野に障害を持ちながら言語能力がほとんど変わらない患者についての報告がある（Caplan et al. 1984）。失語症患者の約10%は，伝統的に言語と関係していないとされる部位の新皮質に障害を示すと推定されている。あるいは，ウェルニッケ失語の徴候を示しながら，ブローカ野に障害がある患者もいる。現代人の脳は少なくともこの4万年間，事実上変わらなかった一方で，文化の進化は印象的なものである。道具製作技術の発達は特に顕著である。オルドワン技法やアシュレアン技法は実際100万年以上，変わらずに存在した。対照的に，この数千年の間には多くの異なった素材によって製造された多様な道具の発明が見られ，いくつかの素材は実際に発明されたものである（例えば，プラスチック）。人口の増加，事実上の地球全体の開発，経済の全地球化，容易な移動能力，その他の多くの現代文化の局面は現代人の成功を証明している。しかし，その成功は環境汚染，貧困，大規模な環境変化などといった同じ規模の問題を生みだしている。われわれの文化を大いに成功させた行動的戦略はまた，われわれの生存を妨げるものであるのかもしれない。

第III部
行動発達

　第III部の各章は，発達的文脈，つまり生涯にわたって行動の起源を探るものである。発達と進化は，ともに変化を強調する概念であるが，対象とする時間枠が異なる。発達が個体の一生にわたる変化を指すのに対し，進化は世代を越えた変化を指す。発達と進化の原理の統合には入り組んだ興味深い歴史があり，19世紀に統合に向けた研究が隆盛期を迎えた後，長期間互いに独立して進歩をとげた。20世紀の終わりになって，やっと2つの原理と領域は体系化されて再び出会うこととなった。それは，分子生物学の進歩のおかげであり，また比較という枠組みでその進歩を発達の理解へと適用したおかげである。第10章では，この分野の主要な新しい概念と経験的手法の発展を取り上げる。行動の発達研究は，19世紀に1つの分野として比較心理学の研究が始まって以来，人気のある研究分野である。そのため，さまざまな種で見られる多くの行動型の発達的基礎について，きわめて多くの情報が得られている。主な進歩は，胎児の行動と学習，連合学習能力の発達，繁殖行動と定位行動，刻印づけ，さえずり行動，社会行動，で得られている。このトピックについては，第11章と12章で論じている。

第10章　発達と進化

第10章の概括
- 発達の過程は，遺伝要因と非遺伝要因の複雑な相互作用の結果である。
- 進化は，発生プログラムを選択することで進行する。
- 新たな表現型特性は，発達過程のタイミングに影響する進化的変化によって生じることが多い。

進化と**発達**という概念は，時間の中で展開し，安定した背景に対して何らかの変化を及ぼす過程のことを指す。したがって，2つの過程には似たような概念が使われる。例えば，進化は**系統発生**（分類単位の起源）と呼ばれ，一方発達は**個体発生**（個体の起源）として知られる。つまり，進化は集団において世代を重ねて現れ，発達は個体において一生を通じて現れる。集団は進化するが，個体は発達する。

発達は，特定の環境にいる動物のすべてのレベル（遺伝子，細胞，組織，器官，システム，行動）で生じ，性成熟した動物ができあがる一連の過程と定義される。本書全体を通して，自然選択は形質レベルで働くという考えが強調されているが，現実には，自然選択は形質の集合に影響することで作用している。形質の集合は，生涯戦略，つまり，発達段階の特定の順序に帰着する一連の指示にすぎないのかもしれない（→第2章，5.e.，45-46頁参照）。したがって，究極的には自然選択は特定の発達プログラムを選択する。このことは，アメリカの発生生物学者ウォルター・ガルスタング（Walter Garstang）［1868-1949］が最初に示した記述に表されており，それを再現したものが図10-1である。この図は，祖先と子孫の連鎖を描いたものであり，**接合体**と呼ばれZで表されている受精卵は，ある発生の過程を介して成体（A）となる。その進行中に動物は繁殖し（細い矢印），このサイクルが繰り返される。しかし，接合体は突然変異あるいは他の過程によって変化するかもしれず，こうして進化的変化に至る（文字の下の数字で示されている）。

図10-1が，後生動物に限定してその発生プログラムを示していることに注意してほしい。一般法則として，発生の過程は，動物，植物，菌類のような多細胞生物にだけ生じる。この理由は，有性生殖をする生物が，接合体形成（1細胞期）の過程を経た後でなければ成体を生み出すことができないという事実にある。このように，それぞれの繁殖サイクルの中で，長い発生の過程の間に，接合体の単細胞期から種々の特殊化した細胞及び器官の形成を経て成体動物ができあがる。対照的に，単細胞バクテリアや原生動物が分裂によって繁殖する時，機能的娘細胞がその過程で形成される。発生は，接合体で始まり，性成熟した動物に至る一連の段階を通して展開する。

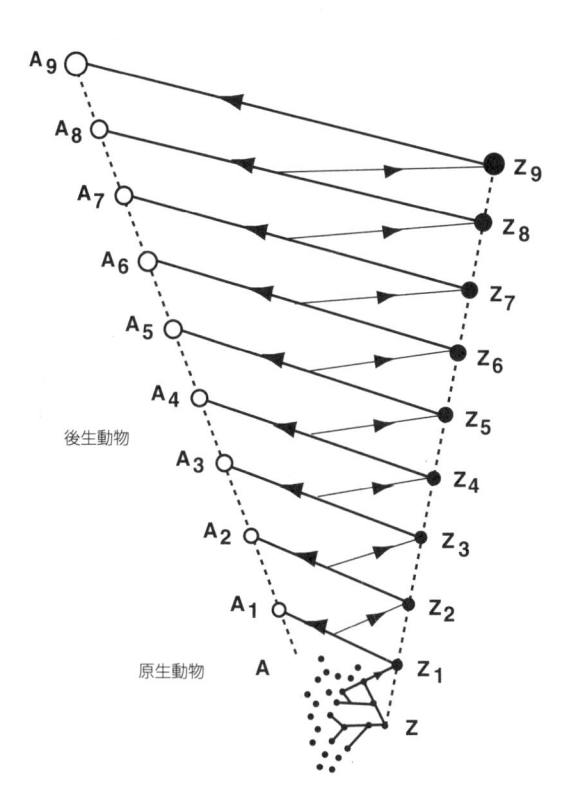

図10-1 **ガルスタング**（Garstang 1928）**に従って，個体発生**（ZからAへと向かう太い矢印）**と系統発生**（下付数字で表記されている分岐）**の関係を表したもの。**成体動物（A）は，接合体（Z）から発生し，ある時点で繁殖する。この繁殖は，単細胞段階から成体への新たな周期を開始させる。繁殖はいくつかのケースで変異を伴い，そして直接の祖先から少し分岐した新しいタイプの接合体ができる。下付の数字は，新たな発生プログラムを示す新しい種を表したものである。

1. 初期発生

1. a. 胚発生 胚は1つの有機体であり，成体に特徴的な構造がその中で形成されていくことになる。それぞれの種（実際には各個体）で，胚発生は多少独特な一連の発生事象を経て進行する。このような過程をたどる間，特定の種及び個体に特有な特徴が作られる。特異性の程度に差はあるが，発生の多くの側面は普遍的であり，さまざまな動物にわたって驚くほど一定している。ここでは，この一定した特徴を強調し，発生生物学についての一般的知識を提供することとする。

発生は，1個の卵と1個の精子の**受精**で始まる。卵は，メスが作る比較的大きな半数体の細胞であり，卵黄という大量の栄養（例えば，タンパク質，脂質）を含んでいる。減数分裂（半数体の配偶子を作る細胞分割）が受精の前に終了すると，その未受精卵を卵と呼ぶ。しかし，減数分裂が受精後に完成すると，その卵を卵母細胞と呼ぶ。減数分裂の完成とは，いわゆる第二極体が卵細胞から放出される時である。接合体でのこの第二極体放出部分を動物極と呼び，その反対側を植物極と呼ぶ。

対照的に，精子細胞はオスが作る小さな半数体の細胞である。原始的な海綿動物（海綿動物門）とクラゲ（刺胞動物門）を含む多くの動物門では，精子細胞は，ほとんどDNAだけを含む卵円形の本体と，移動に使われる鞭毛の尾部から成る。いくつかの門に属する種で，2つの鞭毛を持つ精子や鞭毛を持たない精子が進化している。

受精時の卵と精子の結合は，染色体の数を全数（二倍体）へと戻し，接合体を生み出す。接合体は，**卵割**と呼ばれる段階の間，何回かの細胞分割を起こす。卵割の特徴は，2細胞，4細胞，8細胞，というように割球と呼ばれる細胞に分割されても，受精卵の全体的大きさを維持しているということである。その結果，割球は最初の受精卵よりも小さくなる。動物は，2種類の卵割パターンを示す。新口動物の門のいくつか（脊索動物，半

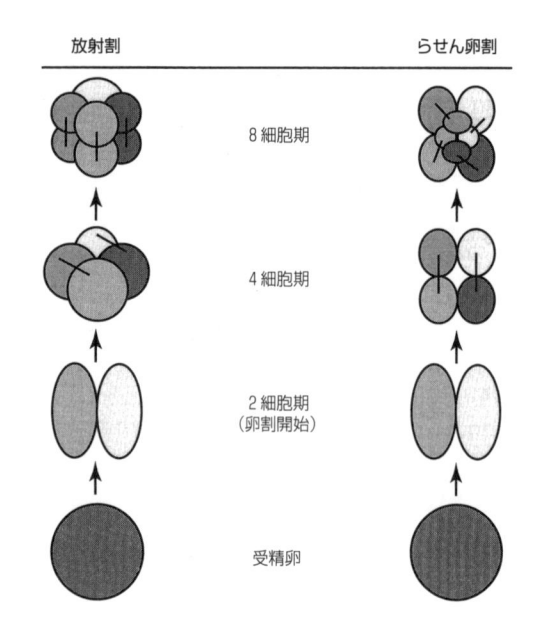

図10-2 卵割に見られる2つの主な型である放射割（脊索動物を含む新口動物の特徴）とらせん卵割（軟体動物を含む旧口動物の特徴）を単純化して示したもの。2個の細胞を結ぶ線とそこでの共通した濃淡は，その細胞が娘細胞であることを示す。卵割中の体積が増加していないことに注意してほしい（割球は小さくなっている）。

索動物，棘皮動物を含む）は，分割後の細胞の重なりが特徴的な放射割を示す。これを側面から見たものが図10-2であり，動物極が上になっている。8細胞期では，細胞はそれぞれの極の頂点で整列している。旧口動物のいくつかの門に属する種（軟体動物，環形動物，扁形動物を含む）は，らせん卵割を示す。この卵割の様式では，新しい娘細胞の集合は下層の細胞に対して傾いて生じる。これを動物極から見たものが図10-2である。

卵割は，このように大きさの増大を伴わない細胞分割の時期であり，割球が成体動物の中でのおおよその大きさに達するまで続く。8細胞期を超えると，細胞は，桑実胚という1つの細胞集団に組織化される。そこから，細胞は胞胚あるいは盤状胞胚へと発生する。胞胚期の特徴は，細胞層が1層となった中空の球状体（あるいは，中空になっていない種もある）が形成されることである。液で満たされた芯の部分の腔を，胞胚腔と呼ぶ。実際の細胞の形と密度は，種によって非常に異なる。よく研究されているウニ（棘皮動物門）とカエル（脊索動物門）は，胞胚期を示す。鳥類では，胞胚期には盤状胞胚という2つの異なる細胞層を持つ平らな円盤構造が形成される。

哺乳類では，桑実胚期は，液体で満たされた胚盤胞と呼ばれる球体ができる時期である。胞胚と胚盤胞は一見似ているが（両者とも中空の球体），機能が異なる。胚盤胞は，母親の子宮内で哺乳類の胚が着床するためのしくみであり，ついには胎盤の一部となる。したがって，胚盤胞は胎児が栄養を母親に依存することに関係した哺乳類の1つの適応形態である。胚盤胞の片方の端は，細胞が一塊りになっており，これを内細胞塊という。胎児はここから発生してくる。この内細胞塊は，その組織が鳥類の盤状胞胚と類似している。

1. b. 原腸形成と初期の器官形成 次の発生段階を心に描くために，左手に中空のボールを持っていると想像してほしい。つまり，胞胚の外表面は1層の細胞層から成る。次に，右手の人差し指でボールの表面を押している場面を想像してほしい。これが組織の陥入を生じさせ，**原腸胚**という新たな段階を生じさせる。この陥入が始まる場所（指で押した場所）を，**原口**と呼ぶ。組織が内部へと移動すると，ボールには細胞の第2層ができる。表層とつながっているのは，原口の端だけである。表層を**外胚葉**，内層を**内胚葉**と呼ぶ。

原腸形成の過程（図10-3）は，海綿動物（海綿動物門）以外の動物すべてに生じるものである。刺胞動物門（クラゲ，イソギンチャク，サンゴ）では，成体に2層の細胞層，つまり外胚葉と内胚葉しかない。このような動物を**二胚葉性**動物と呼ぶ刺胞動物は成体の段階で原腸胚であるが，左

刺胞動物門：ミズクラゲ　　環形動物門：ユーポマトゥス　　頭索動物門：ナメクジウオ

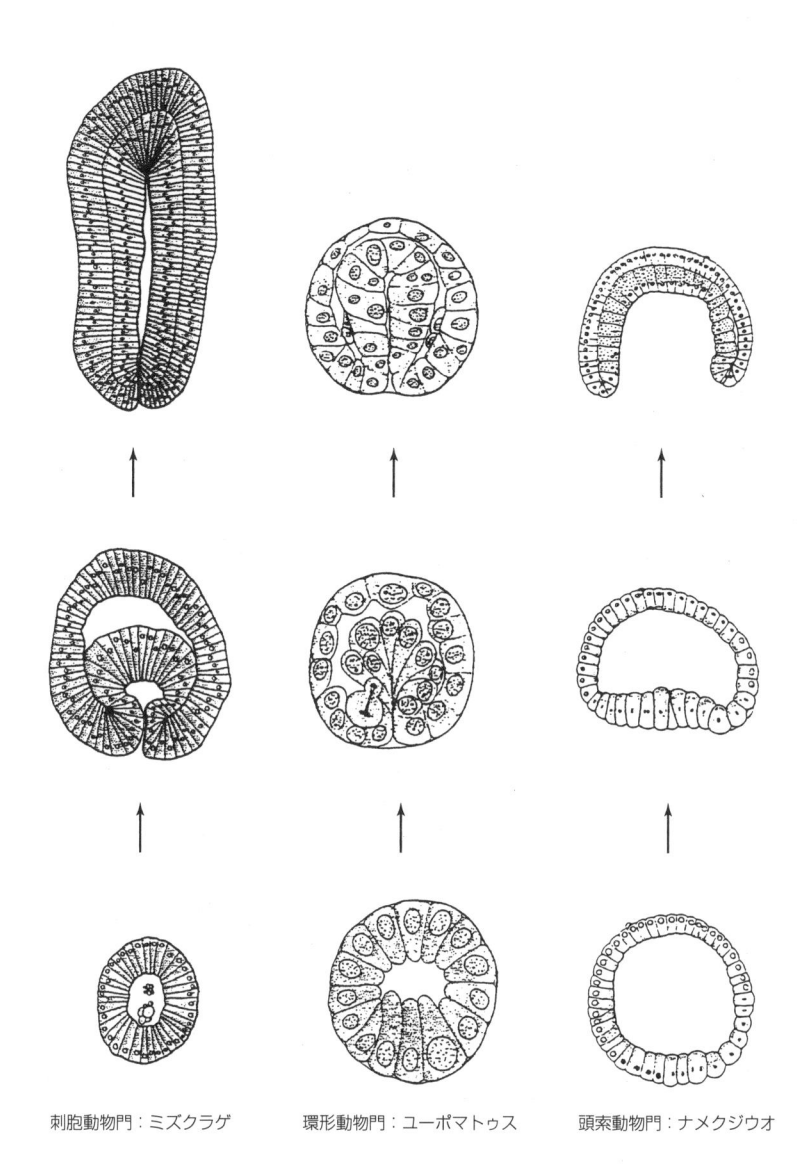

図10-3　いくつかの門に見られる原腸形成の差異。二胚葉の刺胞動物門のミズクラゲ（*Aurelia*），環形動物門の1種（*Eupomatus*），そして頭索動物門のナメクジウオ（*Brachiostoma*）（Nielsen 1995）。

右対称の動物門すべては，さらなる分化によって発生する**中胚葉**という第3の細胞層を進化させてきた。このような動物を**三胚葉性**動物と呼ぶ。

原腸形成の特徴は，**細胞分化**（細胞が形態学的に分かれ，その機能が特殊化し始める），**器官形成**（器官と呼ばれる，機能的に特殊化した構造の形成），そして**形態形成**（その動物の一般的形態の発生）である。三胚葉性動物では，各細胞層は特定の器官と構造を生じさせる。例えば，外胚葉は皮膚腺，体毛，感覚器官，鼻腔，口，神経組織へと分化する細胞を含んでいる。中胚葉は，脊索，軟骨，硬骨，骨髄，筋肉，血液，リンパ系組織，血管の上皮，体腔，腎臓，生殖腺を生じさせる。最後に内胚葉は，咽頭，喉頭，気管，肺，消化腺と消化管，膀胱，膣，尿道のような器官を生じさせる。脊椎動物では，中胚葉が明確に分化し胚が背腹軸を発生させる時期を**神経胚期**と呼ぶ。この名称は背側の神経組織が最初に分化する組織の1

つであるという事実を反映している。

　興味深いことに，このような構造の起原をたどると，原腸胚期初期の特定の細胞群の位置に行き着く。例えばカエルの胚では，原腸胚の動物極周辺部分は後に皮膚として発生するのに対し，そのすぐ下の部分は神経板となる。神経板は，その後中枢神経系へと発生する。この順序正しい空間的配置は，原基分布図で表すことができる。これは，原腸胚の特定部位が後の段階で身体部分の何になるのかを示すものである。

1．c．フィロタイプ期　動物分類の最も包括的な分類学的カテゴリーは，**門**である。すでに述べたように（→表7-1，175頁参照），30数個の門が分類され，それぞれがユニークなひとまとまりの特徴を含んでいる。例えば，すべての脊索動物は，発生のある時点で背側神経索，脊索，鰓裂，肛門の後の尾を持つ。脊索動物以外のどの門もこのような特徴は持っておらず，したがってそれが脊索動物門の**体の基本体制**（バウプラン）と定義される。それぞれの門は独自の体の基本体制を示すのに対し，門より下の分類学的区分（綱，目，科，属，種）は，この基本的体制からの変異を表す。

　フィロタイプ期は，門の体制の基本的特徴が最初に識別される発生のポイントである。カール・フォン・ベーア（Karl von Baer）［1972-1876］は，この時期が種を越えてきわめて安定していることに最初に注目した。自分の収集した特定の胚がカエル，鳥類，あるいは哺乳類の胚であるかどうかを決定するのに問題を抱えていたからである。図2-2（→29頁）の下の列は，脊椎動物のフィロタイプ期を示す古典的な図を複製したものである。フォン・ベーアが論じたことは，発生初期には胚の形態は諸動物で分化しておらず，したがって種間での区別はつかないということである。綱，目，科，属，種に特有の構造はその後に発生し，徐々にその動物だとわかるようになる。こうして，発生は未分化な形態から特定の形態への変化を伴うと推測された。この概念は，部分的には正しいことが判明した。フィロタイプ期の前後（フォン・ベーアが論じたように後だけではない）の発生プロセスは，1つの門内でも，種によってきわめて変化に富んでいる。例えば，フィロタイプ期に達する前，脊椎動物の胚は種によって卵の大きさ及び胞胚期と原腸胚期の間に発生する構造が異なっている。フィロタイプ期の後，脊椎動物のさまざまな分類群で形成される成体の形態的差異は，それ自身を物語るものとなる。理由は明らかではないが，発生は，ある門に属するすべての種に共通した，きわめて限定された時期を通るようになっている。

　フィロタイプ期は門によって異なる。例えば脊索動物では，咽頭鰓裂が最初に認められるのでそれは**咽頭段階**と呼ばれる。この段階では，脊椎動物の胚は明確な前後軸を示すが，後の発生段階で出現し始める体毛，鱗，くちばし，あるいは歯のような種々の綱を分化させる特性はまだいずれも示さない。咽頭段階は神経胚形成の終わりに生じる。しかし節足動物門では，フィロタイプ期は**分節された胚帯段階**と呼ばれ，原腸形成の間に生じる。独特な頭部，胸部，腹部が，発生のこの段階で観察される（Gerhart & Kirschner 1977）。

　フィロタイプ期の安定性は，自然選択が発達プログラムに変更を加える能力には制約があるということを示唆している。その制約の程度は，既知の動物門のほとんどをカンブリア紀の動物相に見ることができ，おそらくそれらが前カンブリア紀のある時点で確立されたものだろうということを考えてみるとわかるだろう。こう考えると，現在見られるさまざまな体の基本体制も，後生動物の進化のごく初期に確立され，それ以来安定したものだという可能性がある。フィロタイプ期に変更を加えることの困難さが，カンブリア紀以降，新しい動物門が生まれていないことの理由の1つになっているのだろう。

1．d．ズータイプ　胚の形成には，細胞の運命を特定の細胞集団に割り当てるという特徴がある。これは，細胞分化のきわめて明確な空間的パターンの形成に帰着する。つまり，種々の細胞集団が身体部位へと発生し，その動物に適合した種々の器官へと分化する。発生プロセスのこのような空間的パターンの形成は，長い間個体発生の基礎的

様相であると認められてきたが，ごく最近になってその下にある遺伝的基盤が理解され始めている．

フィロタイプ期の重要な特徴は，いくつかの遺伝子クラスターが最大に活性化される段階だということである．しかも，これらの遺伝子は多くの異なる門にわたってきわめて安定している．このことは後生動物間の相同関係の非常に深い結びつきを示唆している．その一例が，**Hox 遺伝子**としても知られる**ホメオティック遺伝子**である．これは調節遺伝子であり，そのタンパク質生成物は他の遺伝子の発現に影響する．ホメオボックスという 180 の塩基配列を持ち，研究されている動物門のほとんどにわたって基本的に共通している．Hox 遺伝子は，DNA の 1 つの系の中に連続的に分布しており，動物の前後軸に沿って発現する．その順序は，3' 末端から 5' 末端方向への DNA の系での Hox 遺伝子の順序と一致している．したがって，3' 末端に近い Hox 遺伝子は，動物の前部末端にある組織（例えば，頭部）の発生に影響するのに対し，5' 末端に近い場所にある遺伝子はより後部の組織（例えば，尾部）の発生に影響する．

Hox 遺伝子は，最初キイロショウジョウバエ（*Drosophila melanogaster*）で発見され，ホメオティックと呼ばれた．なぜなら，この遺伝子の突然変異はいつも，常態ならば異なる解剖学的組織となるはずの体節を類似したものへと発生させるからである（このゆえに，"ホモ" が "類似" を意味するこの名称がつけられた）．例えば，ultra-bithorax（遺伝子には非常に変わった名称が使われることに注意してほしい）という Hox 遺伝子 7 の突然変異は，キイロショウジョウバエに翅を二対発生させる．この**バイソラックスミュータント**では，ふつうは一対の平均棍を持つ第 3 胸節が，第 2 胸節と同様の解剖学的構造を発生させる．つまり，第 2 の平均棍が翅 1 対へと変形される．面白いことに，キイロショウジョウバエとその近縁種は，双翅目（文字通り 2 枚の羽を持つ）に属する．このことは，このホメオティック突然変異が双翅類の体の基本体制の基本的様相を変化させることを意味する．

Hox 遺伝子がその効果を表す順序は，多くの異なる門に属する種でも同じである．図 10-4 は，広範な種に見られる Hox 遺伝子の分布を要約し，基本的順序の類似性に基づいて相同であるとわかるように並べたものである．これを見ると，Hox 遺伝子には 2 つの重要な特徴があることがわかり，どのようにして進化が働くかを理解するためには意味のあるものである．第 1 に，Hox クラスターの遺伝子数は，同じ門の中でさえも種によってさまざまである．Hox 遺伝子は，重複と変化の過程によって進化してきた．ある分類群では新たな遺伝子が加えられ，別の分類群では特定の遺伝子が削除されている．第 2 に，脊椎動物は Hox 遺伝子の構成に対して興味深い変化を示している．脊椎動物を除く既知の動物すべてで，Hox 遺伝子は単一の染色体上の DNA の単一の系の中に存在している．しかし，脊椎動物では基本クラスターが少なくとも 4 つの遺伝子に広がっており（第 10 から 13），全体のクラスターは 4 倍となっている．それぞれの系は，異なる染色体上にある（クラスターは，Hox A, B, C, D として知られている）．この Hox 遺伝子と系の数の変動は，新たな特性の進化にとっての必要条件だったのかもしれない．例えば，脊椎動物の付け加わった Hox 遺伝子 4 つは，動物の尾部に発現するタンパク質をコード化している．尾部は脊索動物に特有の組織であり脊椎動物で高度に発達しているので，これらの遺伝子は，この進化的な新しさをもたらしたのかもしれない．

Hox クラスターの他に，別の遺伝子も前後軸に沿って発現する．例えば，orthodenticle という遺伝子と empty spiracle という遺伝子は，マウス（脊索動物）とキイロショウジョウバエ（節足動物）で後軸の末端に発現する．Hox 遺伝子と同様，これらの遺伝子も特定の部位で発生する組織構造のタイプ（複眼，羽，後肢など）を決定するのではない．むしろ，動物の前後軸の組織構造の相対的位置を決定する．例えば，Hox 遺伝子は胚の特定の末端が頭部へと発生することを決定する．しかし，頭部にどのタイプの組織（例えば，昆虫では複眼，脊椎動物では単レンズ眼）ができるかを決定するのには，別の遺伝子が必要である．

事実これまでに研究されたすべての門で，これ

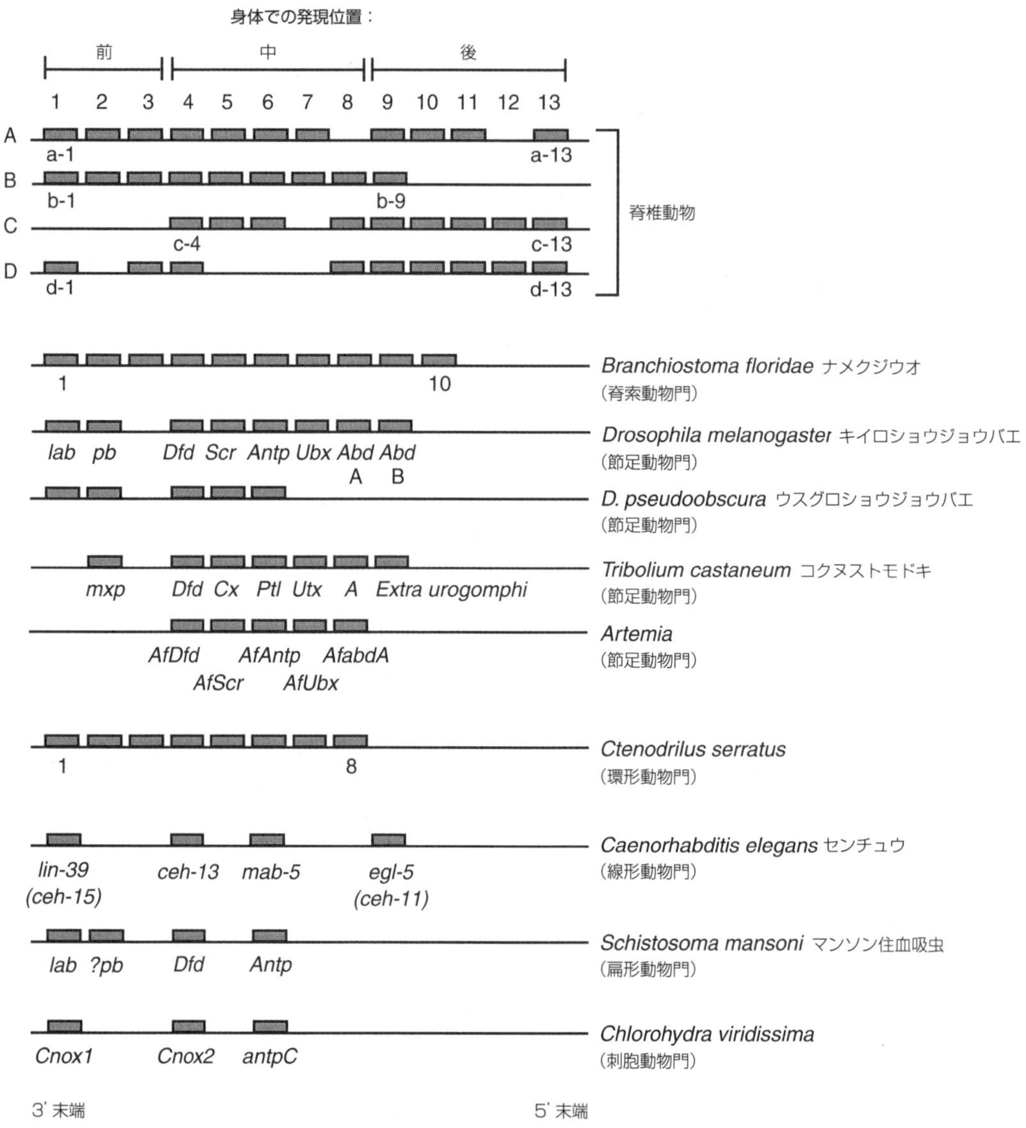

身体での発現位置：

	前			中					後				
	1	2	3	4	5	6	7	8	9	10	11	12	13

A　a-1　　　　　　　　　　　　　　　　　a-13
B　b-1　　　　　　　b-9
C　　　　　c-4　　　　　　　　　　　　c-13
D　d-1　　　　　　　　　　　　　　　　d-13

｝脊椎動物

Branchiostoma floridae ナメクジウオ
（脊索動物門）
　1　　　　　　　　　10

Drosophila melanogaster キイロショウジョウバエ
（節足動物門）
lab pb　Dfd Scr Antp Ubx Abd Abd
　　　　　　　　　　　　　A　B

D. pseudoobscura ウスグロショウジョウバエ
（節足動物門）

Tribolium castaneum コクヌストモドキ
（節足動物門）
mxp　Dfd Cx Ptl Utx A Extra urogomphi

Artemia
（節足動物門）
　　　AfDfd　　AfAntp　AfabdA
　　　　AfScr　　AfUbx

Ctenodrilus serratus
（環形動物門）
　1　　　　　　　　　8

Caenorhabditis elegans センチュウ
（線形動物門）
lin-39　　ceh-13　mab-5　　egl-5
(ceh-15)　　　　　　　　　　(ceh-11)

Schistosoma mansoni マンソン住血吸虫
（扁形動物門）
lab ?pb　Dfd　Antp

Chlorohydra viridissima
（刺胞動物門）
Cnox1　Cnox2　antpC

3' 末端　　　　　　　　　5' 末端

図 10-4　広範囲の門に属す種で同定された Hox 遺伝子。相同だと考えられる遺伝子は，DNA 分子の塩基配列がどの程度似ているかに基づいて縦に並べられている。変化には，遺伝子の付加，欠失，そして脊椎動物では連関群全体の 4 倍化（Hox-A から Hox-D）が含まれる。これらの連関群は，パラログ遺伝子と呼ばれ，異なる染色体上にある。

らの調節遺伝子が身体部分の相対的位置をコード化しているので，スラックら（Slack et al. 1993）は，それが実際に"動物"という概念を定めるのだと提唱した。その推論は以下の通りである。すなわち，これらの遺伝子クラスターが非常に分岐した門に存在し，相同であり，かつ身体組織の空間的パターンを決めていることを考慮すれば，組織化された 1 つのクラスターとしての進化が，すべての動物の祖先に生じたに違いないということである。これらの遺伝子は，**ズータイプ**として集合的に呼ばれるべきだと彼らは考えた（図 10-5）。この観点に従えば，動物とは，フィロタイ

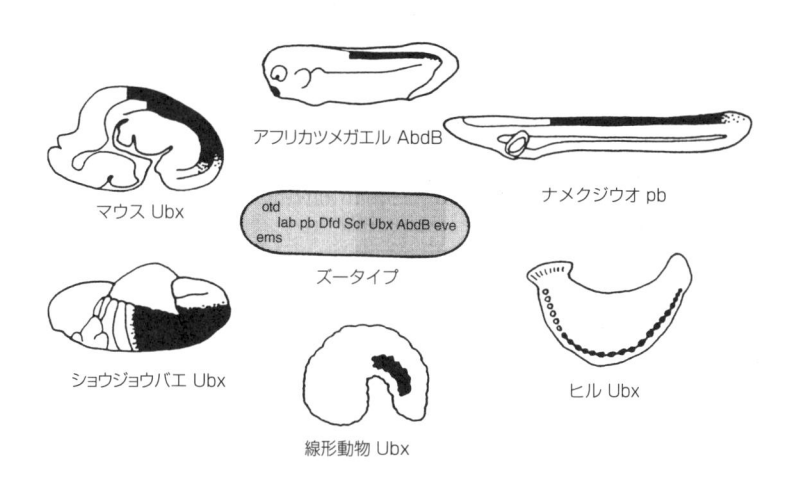

図 10-5 図の中央に示されているズータイプは，前後軸（左が前）に配列されている一連の調節遺伝子から成る。これらの遺伝子は，研究されている限りの動物門すべてに存在し，そのタンパク質生成物は身体の同じ部分に位置する（Slack et al. 1992）。さまざまな門から選んだ種も図に示してある。その種とは，脊椎動物（マウス，アフリカツメガエル），頭索動物（ナメクジウオ），環形動物（ヒル），線形動物（*Caenorhabditis elegans*），節足動物（ショウジョウバエ）である。ズータイプの遺伝子は，ショウジョウバエで使われている命名に従っている。*otd*: orthodenticle; *ems*: empty spiracles; *lab*: labial; *pb*: proboscipedia; *Dfd*: deformed; *scr*: sex combs reduced; *Ubx*: antennapedia-ultrabithorax-abdominal A group; *AbdB*: abdominal B; *eve*: even-skipped (From NATURE, 361, copyright 1993 by Nature Publishing Group. Reprinted with permission.).

プ期にズータイプという遺伝子表出パターンを特にはっきりと示す生物体である。

1. e. 氏と育ちの相互作用

Hox 遺伝子6は，節足動物ではアンテナペディア遺伝子（図10-4のAntp参照）と呼ばれており，正常では第2胸節で発現し，肢1対の発生を調節する。Antp は，キイロショウジョウバエの胚発生の初期段階の間，もっと前の体節での調節タンパク質を発現するよう誘導できる。その結果できる**アンテナペディア・ミュータント**と呼ばれる動物は，正常なら触角を生じる場所に肢1対を発生させる（Kaufman et al. 1990）。アンテナペディア・ミュータントが他のすべてのホメオティック・ミュータントと同様に示しているのは，Hox 遺伝子を二者択一の発生プログラムを選ぶスイッチと見なすことができるということである。特定の遺伝子が活性化されると，発生は1つの道筋をたどる。しかし，もしその遺伝子が休止したままなら，発生は別の道を進む。多くの調節遺伝子は，二者択一の発生の運命を選択することにより，このような方法で動物の発生に影響するのだろう。大事な問題は，種について特有の発生の道筋を決定づけているということである。

遺伝子が発生プロセスの重要な決定因であることには，疑問の余地はない。しかし，遺伝子は他から孤立して機能するものではない。遺伝子は相互に調節し合うだけでなく（例えば，調節遺伝子は構造遺伝子に影響する），入れ子になった環境のシステムを築き（それを「有機体」と呼ぶ），さらなる調節を引き起こす。さまざまなレベルの相互作用を考えると（遺伝子，染色体，核，細胞質，組織，有機体，環境；Weiss 1959），発生中に見られるような相互の調節が非常に高度なレベルの複雑性をつくり上げているに違いないということがよくわかる。どのレベルでも，微妙な方法であっても，変化とその結果は発生のプロセスに影響を及ぼすことができる。明らかに，こういったレベルの1つは行動に関係している。動物はその環境と相互作用するので，自分自身を異なるタイプの栄養，光の程度の変化，社会的相互作用などにさらし，そのすべてが潜在的に発生に影響

しうるのである。

　心理学では，発達の過程を概念化する上で，伝統的に2つの情報源を強調する。1つは，遺伝子型による「氏」，もう1つは環境による「育ち」と命名されている。この**氏と育ちの二分法**は，極端な観点へと導いてきた。すなわち，発達にとって重要な決定因としてどちらか1つを強調するという観点である（→第1章，4.‒5.，14‒19頁参照）。この二分法は，フランシス・ゴールトン（Francis Galton）［1822‒1911］によって，心理学に初めて導入された。彼が論じたのは，ヒトの最も複雑な心理学的機能ですら遺伝するということであった。ゴールトンに従えば，心理学の主な目標は，心理学的機能の発達に対する氏と育ちの相対的寄与を測定することである。彼は，一卵性双生児が心理学的能力の発達に関する情報を与えてくれると提唱した。一卵性双生児が1個の受精卵から発生し，したがって同じ遺伝子を共有しているからである。

　20世紀の最初の数十年間，氏と育ちの二分法は動物行動研究に対してパラダイムの基礎を提供した。一方の極，ジョン B. ワトソン（John B. Watson）と他の急進的行動主義者達は，ヒトにおいても成体の行動の発達における経験の役割を強調した。他方，コンラート・ローレンツ（Konrad Lorenz）と他の古典的エソロジスト達は，ヒトにまで，ステレオタイプで種特異的な行動パターンを生じさせる際の遺伝情報の役割を強調した。外部環境の影響だけが遺伝情報と相互作用するという考えは，動物の多様なレベルを考えると非現実的である。これらのレベルを考慮すると，氏と育ちの二分法ははっきりと2つに分けるものではなく，1つの連続体の両極を示すものと考えられる。

多くの研究者の中で，ジン・ヤン・クオ（Zing Yang Kuo）［1898‒1970］，T. C. シュネイラ（T. C. Schneirla）［1902‒1968］，ダニエル S. レーアマン（Daniel S. Lehrman）［1919‒1972］は，発達が本質的に相互作用の過程であると提唱した。この**後成説**として知られる観点に従えば，発達している動物に存在する成分間の相互作用（**コアクション**と呼ばれる）は，新たな行動を含む新たな性質を生じさせる。後成説の観点とは以下の通りである（Gottlieb 1992, p. 159‒160）。

> 個体の発達の特色は，分析するすべてのレベル（分子レベル，細胞下レベル，細胞レベル，生物体レベル）で，その要素間の垂直方向と水平方向のコアクションの結果として，生物体の複雑性——例えば，新たな構造的機能的特性と能力——を増加させることである。

　水平方向のコアクションとは，Hox遺伝子と他の調節遺伝子で例証されるように，そのレベル内で生じる相互作用である。垂直方向のコアクションとは，生物体の異なるレベルを結ぶものである。例えば，行動的経験は中枢神経系内で発生しているニューロンの形態学的・機能的特性に影響するだろう（→ 3.d. 参照）。

　後成説的な観点が示しているのは，進化の過程は広義の環境要因が表現型の変化を誘導する方法によって影響を受けるのだろうということである。例えば，もし動物が自分の行動（例えば新たな種類の食物を試すこと）によって自らを新たな影響にさらすなら，それが今まで隠れていた遺伝子のスイッチを入れるのかもしれない。いったん発現した遺伝子は自然選択にさらされる。このような垂直方向のコアクションは，次節で述べるように進化的変化にとっては重要なのだろう。

2. 発達と進化

2. a． 遺伝的同化　ここまでは，種々の過程から生じる表現型の形質に作用するものとして，自然選択を取り扱ってきた。遺伝的浮動，突然変異，有性生殖における組替えのようなプロセスは，集団内の遺伝的変異性を生み出しそれを維持する（→第2章，4.，33‒42頁参照）。しかし厳密には，どのようにして新たな表現型が生み出されるのだろうか。古典的な考え方は，きわめて単純に

言うと，以下の通りである。例えば突然変異のようなプロセスが構造遺伝子の変異性を生み出す。自然選択は，繁殖成功を強めるこの遺伝子が他の遺伝子を抑えて広まるようにする，という考えである。しかし分子遺伝学が描いている進化の過程は，重要な細かな点がこれとは1つ異なっている。すなわち，自然選択は，構造遺伝子よりもむしろ競合する調節遺伝子の選択によって働くことが多いのである。

調節遺伝子の潜在的重要性が強調されたのは，非常に異なる表現型がきわめてよく似たゲノムから生じることがあるということが明らかになり始めた時である。前述のように（→第2章，4.e., 37–38頁参照），チンパンジーとヒトはゲノムの95%から99%を共有するが，それにもかかわらず成体の表現型は著しく異なり，別の科に分類される。これが意味することは，1つには，発生の間に異なる構造遺伝子が活性化されるのではなく，調節によって表現型の差が生み出されるに違いないということである（King & Wilson 1975）。

このような調節による変化は，おそらく，**遺伝的同化**と呼ばれるきわめて興味深い現象の基礎となっている。その独創性に富んだ考えを提唱したのは，行動の個体発生を理解するためにダーウィンの原理を適用しようとした発達心理学者ジェームズ・ボールドウィン（James Baldwin）［1861–1934］である。ボールドウィン（Baldwin 1902）は，単に理論的観点から論じ，集団内の個体が形態学的特性に関して異なるように，適切な環境条件の中である形質を生み出す能力に関しても違いがあると提唱した。ある環境からの試練にたやすく順応する個体もあれば，それが困難で死ぬ個体もあるだろう。もし自然選択が「順応性」を選択するならば，ボールドウィンが言うようにその形質は結局集団内に固定されるようになり，当初の環境の圧力がなくなっても発現するだろう。この遺伝的同化は，ボールドウィンが明確に表明しているように，ラマルク主義的要因を意味するものではない（つまり，獲得形質の遺伝を仮定する必要はない）。

遺伝的同化の証拠は，ショウジョウバエ（*Drosophila*）の実験で初めて示された。ある実験で（Waddington 1959），多くのショウジョウバエが死ぬほど高い濃度の塩化ナトリウム（塩）を含む培地を入れたビンの中で育てられた。1世代で生まれる個体の約60%は，この塩辛い環境の結果死亡した。つまり，強い選択圧である。生存したショウジョウバエは，ビンの中で自由に交尾することができた。これを20世代続け，その間，致死レベルを一定に保つためにNaClの濃度を高くしていった。その後，最終世代のストックと無選択のコントロールをいくつかの濃度環境に曝した。ショウジョウバエの3系統の結果を示したものが図10–6である。死亡率では，3つの選択系は塩分濃度の高い環境のほとんどで高い生存率を示した。興味深いことに，肛門突起と呼ばれる1対の腺の部分は，選択系ですべての濃度について大きくなっていた。この腺は浸透圧の調節に関係しているので，繁殖年齢までの生存のチャンスを決定したのは，おそらく大きな肛門突起を発達させる能力だったのだろう。繁殖成功の違いによって，図10–6に示したように，第20世代では大きな肛門突起を発達させる能力の高い個体が相対的に多くなった。興味深いことに，選択系ではこの腺は正常な塩分濃度のもとでも大きくなった。これは，その形質（大きな肛門突起を発達させること）が遺伝的に同化されたことを意味する。

このような結果は，肛門突起の大きさを決定する原因となる遺伝子の調節を介して現れるものと考えられる。どの器官でも，直近の祖先の器官に比較した大きさの増加は，まったく新しいタイプの細胞ができるのではなく，その器官特有の細胞が分化し複製される段階を遅らせることによって達成される。さらに遺伝的同化の実験が示唆していることは，ある環境入力（すなわち，環境中の高い塩分濃度の存在）によっていくつかのスイッチが活性化されることによって生じる結果が，その入力とは比較的独立して進展するプログラムへ変化することがありうるということである（すなわち，自然選択が1つのスイッチをそのプログラムから取り除く）。ワディントンは，このような変化を**水路づけ**の程度の違いに帰している。ある形質の発達プログラムがそのようなスイッチをほとんど持たないとき，その形質は強く水路づけ

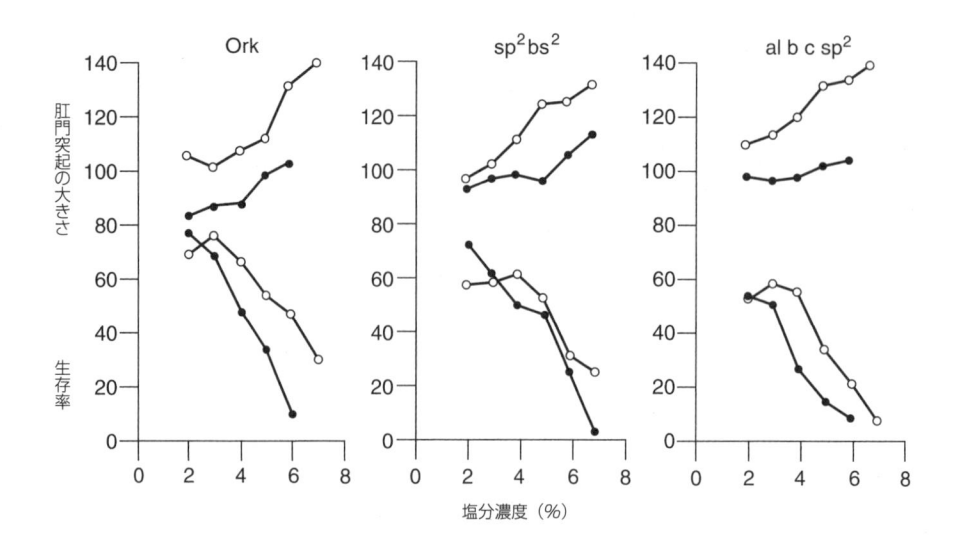

図 10-6 遺伝的同化の概念に関する実験結果（Waddington 1959）。3系統のショウジョウバエ（*OrK, sp2bs2, al b c sp2*）を，各20世代での致死率が60％となる高い塩分濃度環境で飼育した。次に，この第20世代の個体を異なる塩分濃度環境に曝し，生存率（下図）を測定した。選択されたハエ（白丸）は，塩分濃度が増加するにつれて，選択されなかったコントロール（黒丸）よりも生存数が非常に多くなった。選択されたハエは，低い塩分濃度環境でも大きな肛門突起も示した（上図）。肛門突起は，浸透調節に関わっている腺である。この結果は，肛門突起の発達における表現型の可塑性が，少なくとも部分的には実験の過程を通して同化されたことを示唆する。(From NATURE, 183, copyright 1959 by Nature Publishing Group. Reprinted with permission.)

されているという。しかし，最終的な表現型が環境からの入力に大きく依存しているとき，水路づけは弱いとされる。したがって，水路づけは，垂直方向のコアクションの特定のタイプを指すものといえる。

2. b. 行動による新表現型 興味深いことに，自然界での遺伝的同化の例は，ジャン・ピアジェ（Jean Piaget）［1896-1980］によって示された。彼は，主に知能の理論で知られている発達心理学者である（Vidal 1994）。研究生活の初期に，ピアジェは *Limnaea* 属の腹足類軟体動物の殻の発生を研究した。他の博物学者達が気づいていたことは，この腹足類が，ヨーロッパの湖に生息する短い殻を持つ種を除けば，その分布のほとんどで長い殻を持つことであった。短い殻の *Limnaea* 属の種はもっぱら水深の浅い所に生息している。実験から，長い殻の種が水流のある水槽内で育てられると短い殻を発達させることが分かった。対照的に，短い殻を持つ種は，穏やかな水で育てられても短い殻を発達させ続けた。さらに，殻の短い *Limnaea* 属の種は，浅い水にとどまる傾向があった。明らかに，殻が短いという形態と浅い水への選好は，まず特定の環境要因に反応して生じたものである。その表現型の可塑性は，ふつうは長い殻を発達させる種ではまだ存在している。しかし，いったん表現型がしかるべき状態に落ち着いたら，さらなる選択はその形質を水路づけることになり，その結果環境の圧力がなくとも短い殻が誘導されるようになった。

同様の研究も，特定の種内での表現型の変異が環境によってどう誘導されるのかを示している。ハゴロモガラス（*Agelaius phoeniceus*）の卵が，フロリダのタラハシーとエヴァグレードに生息する集団間で互いに里親の巣へ移された（James 1983）。これらの集団は，常態ではくちばしの形が異なっている。タラハシーに移されたエヴァグレードの卵は，タラハシー集団のくちばしの形の

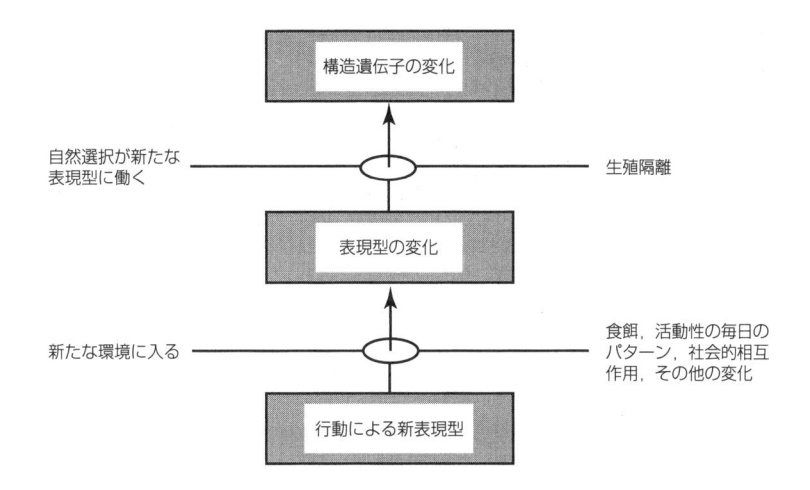

```
                    ┌──────────────┐
                    │ 構造遺伝子の変化 │
                    └──────────────┘
                            ↑
 自然選択が新たな    ─────○─────    生殖隔離
 表現型に働く
                    ┌──────────────┐
                    │  表現型の変化  │
                    └──────────────┘
                            ↑
 新たな環境に入る    ─────○─────    食餌，活動性の毎日の
                                    パターン，社会的相互
                                    作用，その他の変化
                    ┌──────────────┐
                    │ 行動による新表現型 │
                    └──────────────┘
```

図10-7　行動による新表現型に関するゴットリーブ (Gottlieb 1992) の仮説を示したもの。
新表現型は，動物が新たな環境に入りその影響に曝され始める結果として生じる。この要因は発達に影響し，遺伝子発現の変化及び以前には現れていなかった遺伝子の活性化によって新たな表現型特性へと導く。このような表現型の変化は，実質的な遺伝的変化がなくても生殖隔離へと導くだろう。自然選択は，その後新たな表現型に対して働き，結果的にその種の遺伝的構成を変化させる。

特徴を持つトリとなり，本来の生息地の中で移されたエヴァグレードの統制群とは有意に異なっていた。例えば，くちばしの形は，エヴァグレード集団では表現型の可塑性を示した。対照的に，エヴァグレードへ移されたタラハシーの卵は，タラハシーの統制群と同じくちばしのトリとなった。マツダ（Matsuda 1987）は，ある形質が特定の環境条件に適合しても（例えば，水流によって引き起こされた短い殻），その条件とは独立して発達する（例えば，短い殻は静かな水でも発達する）場合は，おそらく遺伝的同化によって進化している形質の例となると論じている。

　ゴットリーブ（Gottlieb 1992）は，新たな種の進化を概念的に説明する一般的モデルを遺伝的同化が与えるかもしれないと提唱した（図10-7参照）。種分化の過程の第1段階は，まったく遺伝的変化を伴わず，むしろ新たな行動をとることで引き起こされる発達的変化を伴うだろう。これを，**行動による新表現型**と呼ぶ。この第2段階は，新たな形態的機能的形質の誘導である。新たな生息地や食物選好，毎日の活動周期，あるいは社会的相互作用によって，動物は新しい表現型を誘導するような環境条件に曝されることになるだ

ろう。このような新しさが生じるのは，発達のプログラムが非遺伝的要因によって活性化される多くのスイッチを含んでいるためである。この変化は，調節遺伝子の小さな変化，あるいはこれまで現れていなかった遺伝子の発現によって生み出される。この第2段階では，集団は，構造遺伝子に広範囲の変化を受けることなく生殖隔離され始めるかもしれない。構造遺伝子の変化は，第3段階，つまり新表現型が自然選択の働きに曝される時に生じるだろう。そして，ちょうど遺伝的同化の実験と同じように発達プログラムを変化させるかもしれない。形態的可塑性の増加や（塩分の多い環境に曝されたショウジョウバエに起こったように），あるいは当初の環境入力がなくても新たな表現型が誘導されるようなプログラムによって，さらに新たな適応が生じていくのである。

2．c．異時性　進化科学で最もよく知られた説の1つは，"個体発生は系統発生を繰り返す"というものである。科学の世界では，これはエルンスト・ヘッケル（Ernst Haeckel）［1834-1919］の**生物発生原則**として知られている。ヘッケルがこれを提唱したのは，発生している胚の形態学的

特徴とその胚の祖先だと考えられる種が成体となった時の形態とが似ていることを説明するためであった。例えば，ヒトの胚は，一生の間に鰓が機能することがないにもかかわらず，発生のある時期に鰓裂を現す。ヘッケルは，この形質を大昔のヒトの祖先であるサカナの名残と解釈した。この発生反復という概念に従うと，系統発生（新たな門の進化）が生じるのは，新たな発生段階が個体発生の間に加えられるからである。しかし，各世代は，種に特有の段階に達する前に祖先と同様の段階を歩んでいかなければならない。ヘッケルは，これを**終端付加の原理**と呼んだ。

個体発生と系統発生の関係の研究は，何十年もの間論争と複雑な専門用語の激増（ヘッケルは，多くの専門用語，特に生物学，個体発生，系統発生及び異時性，を創ったとされている）による混乱で，進化科学の表面に出ることがなかった。しかし，分子生物学の進歩と専門用語の標準化（Gould 1977; McNamara 1986; Raff & Kaufman 1984）は，進化生物学の一般的枠組みの中へ発達理論を統合する道を開いた。このような統合は，分子遺伝学と古生物学を含む多くの学問分野に強い衝撃を与えている。そして，いずれは行動発達の研究に影響を及ぼすことだろう。

発生反復は，結局個体発生と系統発生を関係づける方法の1つに過ぎないことが明らかとなった。したがって，生物発生原則は，事実の一部のみを説明するものである。発生反復は，異時性という，より一般的概念のもとに包含される。**異時性**は，発生速度及び表現型特性の相対的出現時期の進化による変化を示唆するさまざまな現象を包含する用語である。そのタイミング効果は，祖先と子孫の発生のプロフィールを比較して初めてわかるものだから，発生反復の過程は常に相対的である。例えば，発生速度は，祖先と比較して子孫では加速（あるいは遅延）されているという。

異なる種での発生速度の比較が意味を持つためには，共通の基準が必要である。通常，速度とタイミングの効果は，その動物が性成熟に達する時点を基準として相対的に評価される。**性成熟**とは，動物の繁殖能力及び成体に特徴的な基本的形態，生理，行動の完成を指す。種間を評価するもう1つの共通基準は，体の大きさである。発生速度の変化は，成体となった時点での体の大きさが祖先と比較して小さかったり大きかったりという結果として現れる場合がある。

図10-8は，異時性の基本的プロセスを列挙したものである。種全体を「幼形成熟」や「過形成」のようにいう傾向があるが（すなわち，「ヒトは幼形成熟である」），このようなプロセスは特定の形質あるいは形質の集合に当てはまると考える方がより適切だろう。明らかに，形質は互いに独立して調節され，異なる速度で進化的変化を現す。これが，なぜ進化がモザイクとみなされることが多いかという理由である（すなわち，動物は，比較的独立した形質の集合から生じる。それは，たくさんの独立したテッセラの組み合わせからできるローマン・モザイクの場面全体のようである）。**モザイク進化**は，われわれ自身の体の中にある。ヒトの手と足を考えてみよう。手は，霊長類の先祖からの把握のための形態をかなり保守的に保っているが，足は二足歩行のために最近進化した適応形態である。

最も単純なケースは，子孫と祖先の形態が非常に似ているが，子孫は体の大きさが小さく（**矮性**）あるいは大きく（**巨大化**）進化している場合である。形態的分化を保存したまま体の大きさがこのように変化することは，成長ホルモンの作用の違いによる。例えば，哺乳類は異なる発生段階でこのようなホルモンのいくつかを表出する。もちろん，ホルモンは遺伝子の直接的生成物であり，その転写のタイミングは発達の中で遺伝子が転写される時点を変化させるように調節される。アフリカのピグミーは，祖先の体は大きく，成長ホルモンのレベルは思春期に至るまで体の大きなヒトと同様である。この性成熟の期間中に，ピグミーは他のヒトに特徴的な成長ホルモンが大量に放出されるということがなく，大人になっても体の大きさは比較的小さいままとなる（Merimee et al. 1987）。成長要因をコントロールする遺伝子に見られるのと同じような調節的変化が，単一種内での雌雄成体に見られる体の大きさの相違の基礎となっているのかもしれない。性的二型は，一夫多妻の配偶システムを示す種で主に生じ（→第5

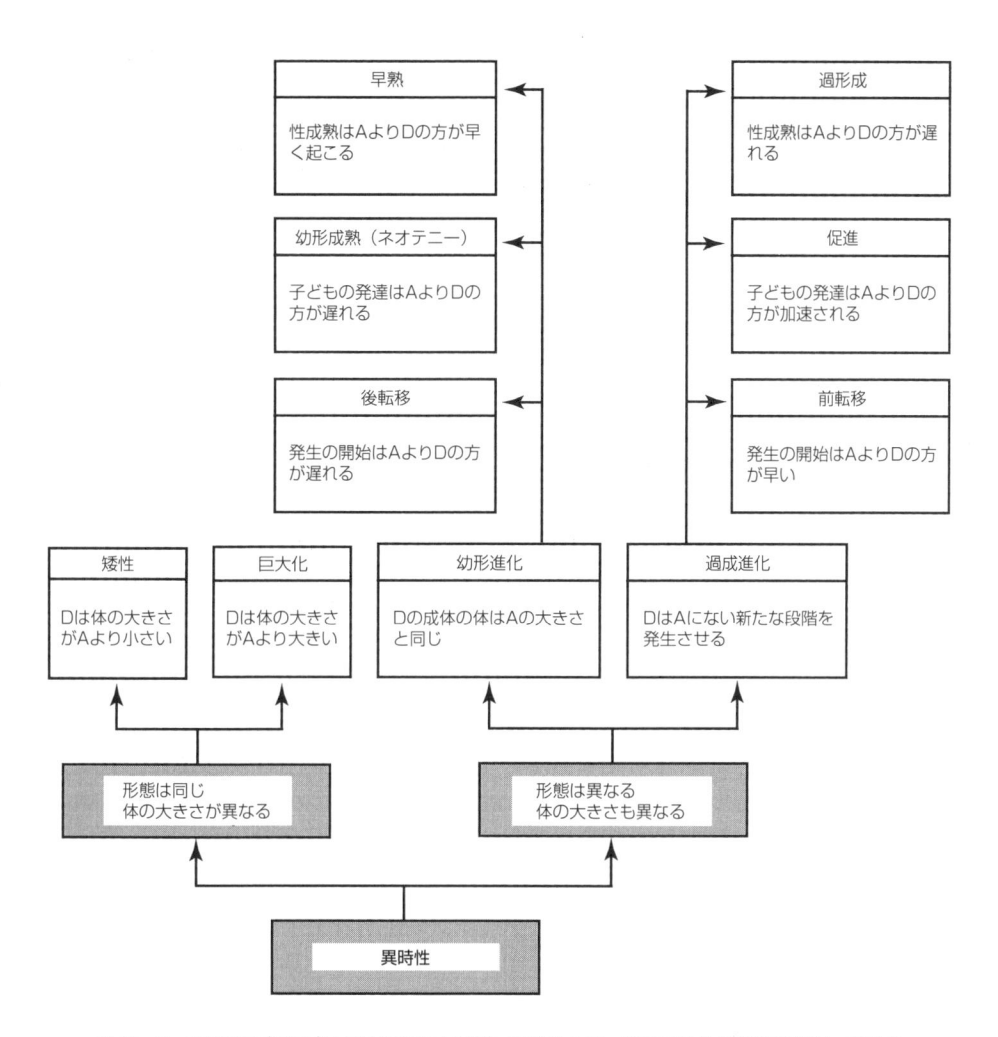

図10-8 **異時性の主なプロセスの概要と特徴**。異時性とは，特定の特性の発生時期が，祖先の種（A）と比較して子孫の種（D）で変化していることを指す。

章，2.b., 105-106頁参照），概してオスがメスよりも大きい（例えば，カリフォルニアアシカやゴリラ）。

2. d．幼形進化 祖先の未成熟段階に相当する発達段階で性成熟に達するという特徴を持つ種が存在する。**幼形進化**のすべてのケースは，明らかに生物発生原則を破っている。というのは，子孫が祖先の初期状態に相当する段階で発生を停止させているからである。ヘッケルの言を言い換えると，これは「終端減少の法則」に相当する。

ガルスタング（Garstang 1928）の古典的論文では，幼形進化は被嚢類の幼生から脊椎動物への進化の原因であると仮定された。図10-9は，被嚢類の幼生と成体の典型的な形態を図示したものである。被嚢類は，通常，脊索動物門尾索亜門に分類される。成体で印象的なことは，それが脊索動物，あるいは左右対称の構造を持った動物に少しも似ていないということである。成体は固着生活を送り，比較的水深の浅い海底で何かの物体に付着する。被嚢類と脊索類の結びつきを示しているのは，幼生の形態と自由遊泳行動である。被嚢類の幼生は，脊索類の4つの主な特性をすべて現す。すなわち，脊索，背側神経索，鰓裂，そして肛門より後方の尾である。また，固着とは対照的に行動も活発である。ガルスタングの観点に

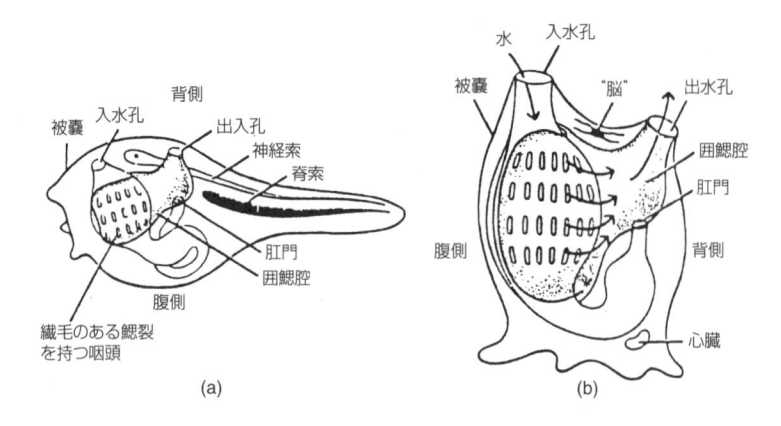

図 10-9 ガルスタング (Garstang 1928) は, 脊椎動物が被囊類の幼生 (被囊類はホヤ類とも呼ばれる) から幼形進化によって進化したと提唱した。成体の被囊類(b)は固着し, 活発に泳ぐ脊索動物とはほとんど似ていない。幼生(a)は, 脊索動物の属性をすべて持っている。すなわち, 神経索, 脊索, 肛門より後方の尾, 鰓裂である (Brusca & Brusca 1990)。

従えば, 脊椎動物は, 固着する成体へと身体を変態させる前に性成熟する被囊類の幼生から発生したのである。

幼形進化の個々の例を概略的に示したものが図10-10-(a) である。3つの可能性は, 以下の特徴のいずれかの変化を反映している。

(1) 発生の開始-ある形質が分化を始める時期
(2) 発達速度-その形質が成熟するスピード
(3) 性成熟の開始-性的生殖が可能となる時期

後転移では, ある形質の発達速度と性成熟の開始は子孫と祖先とで同様だが, その形質の発生開始が子孫では遅くなる。この遅延の結果として, またその形質の発達が性成熟で終わるため, 成体の形態は, 祖先の成体よりも子ども期に似ることになる。後転移は, その発生が相当に遅延されると両生類の頭蓋骨のいくつかの例のように, ある特徴が失われる場合の発生メカニズムの1つなのかもしれない。

幼形成熟では, 発生の開始は同様だが発達速度の減少と性成熟の遅延がみられる。発達速度が遅いため, 体が多くの点で祖先の成長期あるいは幼生期と似ている時期に, 動物は繁殖能力を獲得する。幼形成熟を示す種は, 比較的大きな体を持つという特徴がある。例えば, ほとんどのサンショウウオは水生の幼生期を通り, 性成熟前に陸生動物へと変態する。しかし, その動物がまだ水生段階にいる間に性成熟し, 比較的大きな体の「性的に活発な幼生」となる種もいる。メキシコサンショウウオ (*Ambystoma mexicanum*) は, 幼形成熟の古典的な例である。これは, 淡水の洞窟の池に生息している。外側の鰓と平らな尾という明らかに幼生の形態をしているにもかかわらず性成熟に達し, 体外受精によって典型的な両生類として繁殖する。ふつうはほとんどのサンショウウオのような陸生の形態にはならないが, 実験室の中で甲状腺ホルモンのチロキシン処理をすると, 変態を起こすことができる。

幼形成熟は, ヒトの進化の主要なメカニズムとして繰り返し仮定されてきた。「ヒトは幼形成熟的である」という考えは, ヒト成体が持つ多くの形態的行動的特徴に基づいて提案されてきた。その特徴が, 霊長類の幼体の特徴に相当すると思われるからである。無毛, 短い顔 (上顎前突の減少), 比較的大きな脳, 成人期にかけての好奇心と遊び行動の拡大, その他の多くの特徴は, どこかで幼形成熟の種であることを示しているようである。すでに述べたように, 全般的な幼形成熟というこのような議論は, 経験的証拠によって支持されない。しかし, その特徴のいくつかは, 幼形成熟によって進化してきたのかもしれない。例え

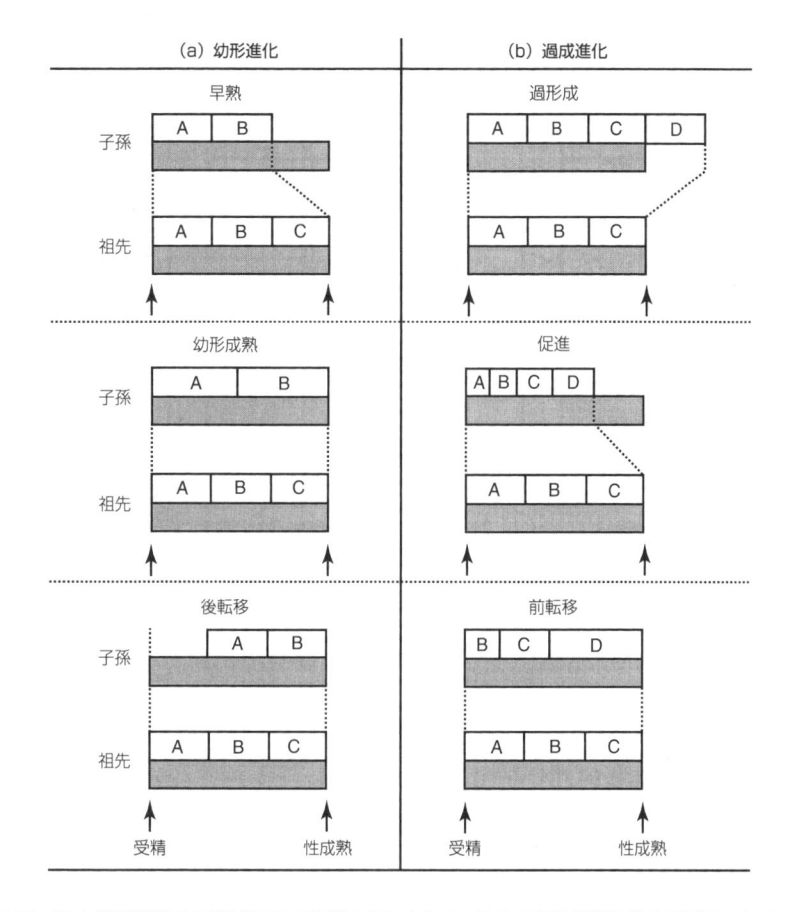

図 10-10 (a)幼形進化と(b)過成進化の過程を示したもの。特定の標的形質の発生段階を，A，B，C，などと表示している。影をつけたバーは，同時に発生しているその他の特性を表す。

ば，ヒトの脳は，他の霊長類特有のゆっくりとした成長速度に切り替わる代わりに，出生後も「胎児のような速度」で成長を続ける。このことが，相対的に（そして絶対的に）成体の大きな脳を生じることになる（Deacon 1994）。チンパンジーやその他の霊長類では，体はしばらくの間成長し続けるが脳の成長速度は出生後急に減少する。

早熟の場合，発生の開始と発達速度は子孫と祖先とで同じだが，性成熟が早熟である。結果的に，成長と発達は子孫では早く停止する。その時，動物は祖先の幼年期と同じ段階にある。早熟の子孫の特徴は，比較的体が小さいことである。早熟は，寄生的な生活様式をとる多くの動物のように，小さな身体と高い繁殖率を特徴とする種の進化の基礎的メカニズムなのであろう。鉤頭動物はこれに当てはまり，きわめて小さく（体長わずか数ミリ），単純な構造を持つ（消化器系がなく，脳のニューロンは非常に少ない）。鉤頭動物は，節足動物と脊椎動物の消化管の中で生活しており，早熟が進化に重要な役割を果たしたように思われる。

2．e．過成進化 進化の特色は，ある場合には，特定の形質の発生に新たな特徴を加えることである。これは，発生反復と生物発生原則という古典的な概念によく当てはまる場合である。しかし，**過成進化**は，進化メカニズムとしては幼形進化と同じようによく見られるものである。過成進化の3つの例を図 10-10-(b) に示した。それぞれが幼形進化の例に対応している。したがって，同じ過程での変化，つまり発生の開始，発達速度，性

成熟の開始が，この場合にも関係している。

　これら3つの過成進化では，当該の形質は祖先の成体期を越えて発達し続け，新たな表現型を生じさせる。**前転移**では，子孫は祖先に比較して，個々の形質の発生開始が早い段階に変化する。**促進**では，文字通り子孫での発達速度が速い。また，**過形成**では，性成熟の開始が遅延する。

　以前には特定の形質と体の大きさ間の相対成長関係として記述されていた多くの例（例えば，第8章で論じた，相対的な脳の大きさの増加）は，過形成の例である。多くの系統によく見られる体の大きさの進化的増加傾向を考えてほしい（実際，非常によく見られるものなので，**コープの「法則」**と呼ばれている）。自然選択が，祖先と比較して子孫の体を大きくする方へと働く時，多くの身体器官は単純な相対成長によって変化する。さらに，祖先にはない新たな組織が個体発生する余地が生まれる。古典的な例は，一部の哺乳類の角と枝角である。現代のサイに似た奇蹄目哺乳類（同じ目にはウマとバクも含まれる）の絶滅した科であるティタノテレスでは，この傾向を角の大きさに見ることができる。始新世（5400－3800

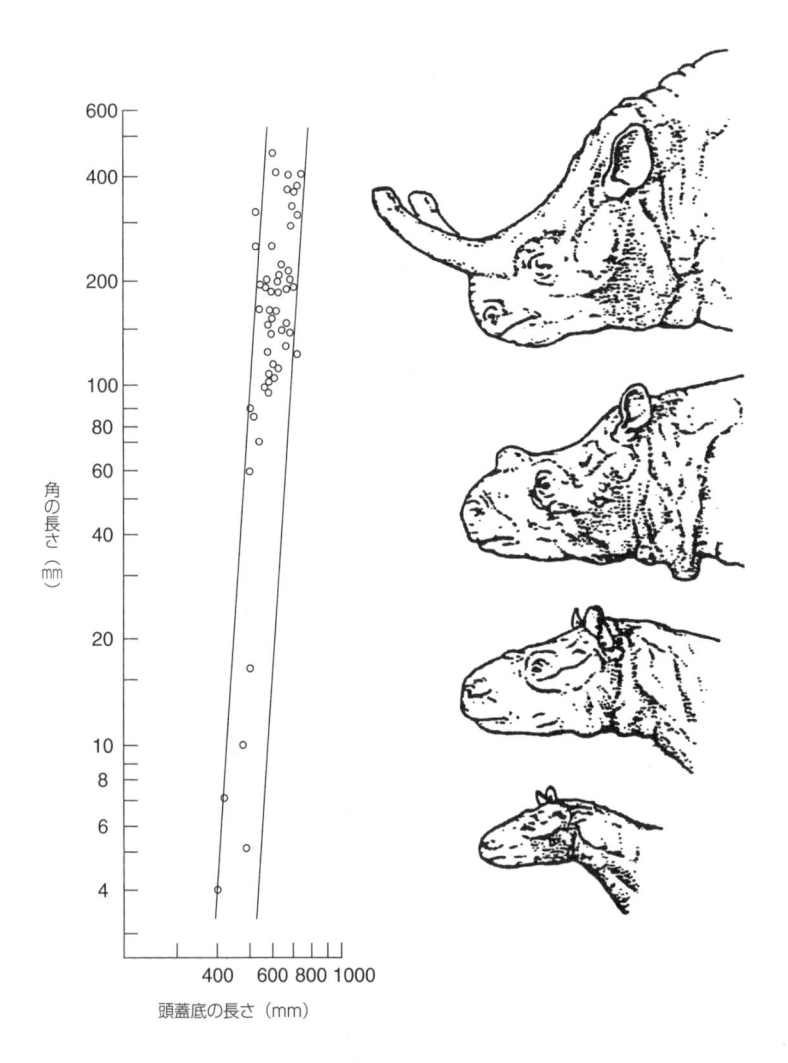

図10-11　始新世（下の5個の白丸）**と漸新世**（上の多くの白丸）**から得られたティタノテレスの数種に見られる頭蓋長と角の長さの関係**。角の長さと体の大きさの双方が異なる種の例を右側に示した（McKinney & Schoch 1985）。

万年前）からの最も古い化石では，体は小さく，角は見られないか鼻の頭に小さな瘤として現れている．対照的に，漸新世（3800-2300万年前）からの標本では，体が大きく長い角を持つ（図10-11）．角の出現は，部分的には体を大きくさせるような選択によって引き起こされたようである．

しかし興味深いことに，角と体の大きさについてティタノテレスのデータを再分析すると，後の標本に見られる進化を過形成では十分に説明できないことが示唆される（McKinney & Schoch 1985）．図10-11に示した始新世の標本に対応する下の5個の点の勾配は，漸新世の標本に対応する上の点の勾配と類似している．両者の勾配は5.09と4.59であり，正の相対成長を示している（すなわち両者の値は1を越えており，種間での角の大きさの成長が体の大きさよりも速いことを示している）．しかし，これらの点は漸新世の形態の方がずっと高い位置にある．このことは，体の大きさが増しただけでなく発生の開始も早くなったために，角が大きくなったことを示している．これは，前転移の例であろう．

さらに漸新世の属について勾配を分析したところ，角と体の大きさの関係が実質的に変化していた．*Allops*属では勾配は9.56だが，*Brontops*属では2.95であった．この2つの値は，始新世の種の5.09とは有意にしかも反対方向に離れている．*Allops*属の大きな値は促進を示唆する．すなわち，始新世の祖先と比較して発達速度が増加した．対照的に，*Brontops*属の小さな値は幼形成熟を示唆する．すなわち，始新世の祖先と比較して発達速度が減少したわけである．角は，オス間闘争に関与し性選択を受ける組織である．その相対的な大きさの進化が明示しているのは，異なる異時性の過程が，形質について異なる系統で進化的変化の基礎となるということを示している．

2.f．異時性，エコロジー，及び行動 行動による新表現型という概念，すなわち，新たな行動が遺伝子の発現の調節による表現型の変化を引き起こすことができるということは，異時性を通して理解することもできる．行動の変化は，調節遺伝子の発現タイミングの変化によって起こるのかもしれない．それは，カスケード効果によって動物の表現型の有意な変化を生じさせるのだろう．このような効果は，実験室条件下で引き起こすことができる．ある実験では，新熱帯区のカワスズメの1種 *Cichlasoma managuense* に，発達の初期に2種類の異なる餌を与えた（Meyer 1987）．餌は，甲殻類の *Artemia salina* の子か，市販のフレークと実験室飼育の線虫類とを混ぜたもののいずれかだった．この2種類の餌は栄養学的には等価であるが，違うタイプの摂餌行動が必要である．甲殻類の餌を食べた群は，フレークとセンチュウを食べた群に比較して体長と頭部の大きさが有意に大きくなり，下顎は長く，目は大きく，鼻も長くなった．発達速度を測定すると，フレークとセンチュウの餌を与えられたサカナは発達速度の遅延，すなわち幼形成熟，を示した．その餌を8カ月齢で甲殻類ベースに変えると，その後約8カ月で表現型は同じようになった．しかし，この餌をそのまま変えずにいると，表現型は異なったままだった．

カワスズメは，種の多様性に関してはよく知られている．アフリカのタンガニーカ湖，マラウィ湖，ビクトリア湖には，何百もの同所種（分布が重なっている種）がいる．多くの場合，種分化は初期の行動的変化に関係し，その変化は，発達の可塑性と相まって別個の表現型を生じさせるのだろう（→ 2.b. 参照）．このような表現型には，極端な遺伝的変化ではなく，ただ異時性の過程での微妙な変化だけが必要である．同様の変化は，過去1万2千年にわたる，オオカミの祖先（*Canis lupus*）からイヌ（*Canis familiaris*）への進化の原因のようである．モーリー（Morey 1994）は，遺跡で発見されたイヌの頭蓋の形態的特徴を分析した．初期のイヌの成体は，体が小さく，オオカミの成体よりも子どもに似ていた．

モーリー（1994）は，イヌは形態的だけでなく行動的にも幼形進化的だと指摘した．体の大きさと同様，行動は，ヒトによる家畜化の過程では欠かせない構成要素かもしれない．ヒトとイヌの祖先との結びつきは，同様の狩猟方法をとることの副産物として始まったようである．おそらくこ

のような結びつきには，大きな獲物を共同で狩猟したり隠れている捕食者を探知することなど，相互の利益があったのだろう。いったんその結びつきが形成されると，命令に従いヒトになつくといった，従順に行動するイヌの方が，より独立した社会行動を発達させるイヌに比較して生殖上の優位を享受したかもしれない。このような従順さと社会的強化への感受性は，子どものオオカミでふつうに見られる行動的特徴だが，成体ではほとんど見られない。これらの行動特性は，幼形成熟によって進化してきたのだろう。興味深いことに，ギンギツネ（*Vulpes vulpes*）の繁殖プログラムが，さらにその証拠を与えている（Trut 1999）。1950年代以来，キツネは従順さの程度，すなわちヒトの接触にプラスに反応する傾向に基づいて選択されてきた。最初の母集団では，約10％のキツネがヒトに対して恐怖反応や尻込みを示さなかった。約30世代後，キツネはさらに従順となり，イヌのようにヒトのそばに来てかまってもらおうとするようになった。イヌとキツネ間のこのような収斂は，行動的形質としての「柔順性」が家畜化の過程での重要な側面だということを示している。

柔順性のレベルに選択が影響を及ぼす方法の1つは，社会化に関する**敏感期**を延ばすことである（Scott & Fuller 1965）。イヌが生後数週間のうちに見知らぬものへの恐怖を表す以前にヒトとの交渉を持つと，ヒトへの社会的愛着をより強く発達させるということはよく知られている。このような恐怖反応はイヌでは8週齢から12週齢で出現する。キツネは，知らぬものへの恐怖が現れる時期よりも前の，同じような敏感期を持っている。しかし，家畜化されたキツネと野生のキツネを比較すると，柔順さによる家畜化がこの時期を延ばしていることがわかる。すなわち，野生のキツネが6週齢で恐怖反応を示すのに対し，家畜化されたキツネは9週齢でそれを示す。また，家畜化されたキツネは，野生のキツネよりも早く外的刺激へ反応し始める。言い換えると，社会化に関する敏感期が，野生のキツネ（祖先）に比較して家畜化されたキツネ（子孫）で長くなっているということである。

キツネはまた，表面的には選択されていない他の多くの特性でも変化していた。これは，遺伝子の多面発現（すなわち，遺伝子がその効果を多様な特性に及ぼすこと。→第3章参照）を示す事実である。例えば，家畜化されたキツネは，柔らかい耳，丸まった尾，毛色の変化，短くなった脚，そして最も興味深いことに頻繁な交尾の受容性を

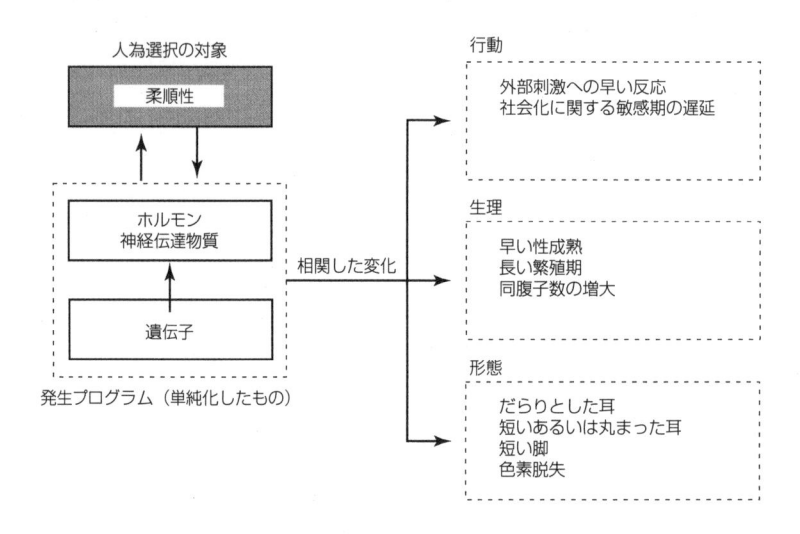

図10-12 遺伝子の多面発現効果を例証しているのは，1950年代末からロシアで実施された野生のキツネ *Vulpes vulpes* を用いた大規模な家畜化計画である。選択は柔順性（ヒトとの接触に対するキツネの反応に関して定義された行動特性）について行なわれたが，他の行動，生理学的反応，そして形態学的相関現象も同時に世代を越えて変化した。

示す。形質の集合全体が，柔順さによる選択の結果として図10-12に示すように，実際に変化した。これらの特徴の多くは，他の家畜化された種でも実際に見られる（例えば，毛色と形状，及び尾の形状は，ヒツジやブタでも見られるように特によく見られる変化である）。以上の観察から次の2つのことが推定される。第1に，柔順な行動は，さまざまな哺乳類の家畜化でも共通した選択形質なのかもしれない。第2に，このような種は，上記の形質を相互に関係づける相同な発生プログラムを共有しているに違いない。そして，それは表現型にも同じような変化をもたらすのだろう。

本章の初めで指摘したように，自然選択は生涯戦略全体に影響することによって最も頻繁に働くと思われる。生涯戦略の行動的要素は，個体発生における神経組織の発生様式に働きかけることで影響を受ける。行動は，究極的には進化の圧力によって形成されるが，近接要因として動物の中枢神経系内での神経ネットワークの機能によって決定される。したがって，行動の進化は神経発生に影響することによって達成されるのである。

3. 脊椎動物の神経系の発生

3. a． 神経発生学 神経組織は，脊椎動物の胚で発生の初期段階に分化する組織である。事実，神経胚期には最初の神経細胞が背側の外胚葉細胞から分化するので，まさにその通りの命名である。神経胚形成は，外胚葉に1本の溝が出現することから始まる。それは，原口付近で始まり，胚の尾部へと進行する。その後，神経板が溝の両側で形成され，神経褶と呼ばれる外側隆起でその範囲が限定される。図10-13に示すように，神経褶は，中央の線へ向かって曲がっていき，融合して神経管を作る。脊椎動物の体で重要な別の構成要素，つまり神経板の下に位置し最終的に脊柱に組み込まれる脊索，及び外側に位置し椎骨，肋骨，骨格筋を生じさせる中胚葉節の2つもこの時期に発生する。その構造は，**体節に分かれた組織**——すなわち，身体の前後軸で反復して形成されるパターンを持つ。中枢神経系（CNS）が神経管から生じるのに対し，さまざまな種類の細胞神経節を持つ末梢神経系は神経冠から生じ，さまざまな感覚器官へ分化する組織は外胚葉から生じる。神経冠と外胚葉の細胞間の相互作用からは，脳神経の神経核が生じる。

ニューロンは，神経管の境をなす部位で有糸分裂により増殖し，その後周辺部へと移動する。神経性の細胞での有糸分裂はこの時期におびただしく生じるが，胎生期発生を終えると比較的まれにしか生じない。これが，なぜ脊椎動物の成体では行動に及ぼす脳組織損傷の効果を一般に打ち消しにくいのかという理由である。後述のように，いくつかの脊椎動物の種では，ニューロンの再生が成体の脳の特定部位で生じる。ニューロンの増殖もまた，前部から後部へ，腹部から背部へと続く。例えば，腹部に位置する運動系の構成要素は，背部に位置する感覚系の構成要素よりも早く発生する。

局所的な細胞の分化と増殖は，前後軸上の位置によって大きく異なる。それは，終脳（大脳半球），中脳（視蓋），菱脳（小脳），及び松果体に相当する一連の隆起部を作り出す。この中枢神経系の発生の特徴は，すでに述べた脊柱と中胚葉節の発生と同様，脊椎動物の体の分節化された性質を際だたせている。Hox遺伝子を含む遺伝子クラスターのいくつかが，この分節化に関係している。

分節に分かれた中枢神経系の組織を研究すると，比較的複雑な神経ネットワークがどう形成されるのかがよく理解できる。脊椎動物の胚は，前後軸に沿って**神経分節**という一連の下位部分を短期間発生させる。これは，すでに19世紀の神経解剖学者によって認められていたものである。図10-14は，その区分を示したもので，前体部（前脳のp1からp6），単一の中体部（中脳），後体部（菱脳のr1からr7）である。例えば後体部では，境界を越える細胞移動はきわめて限られているの

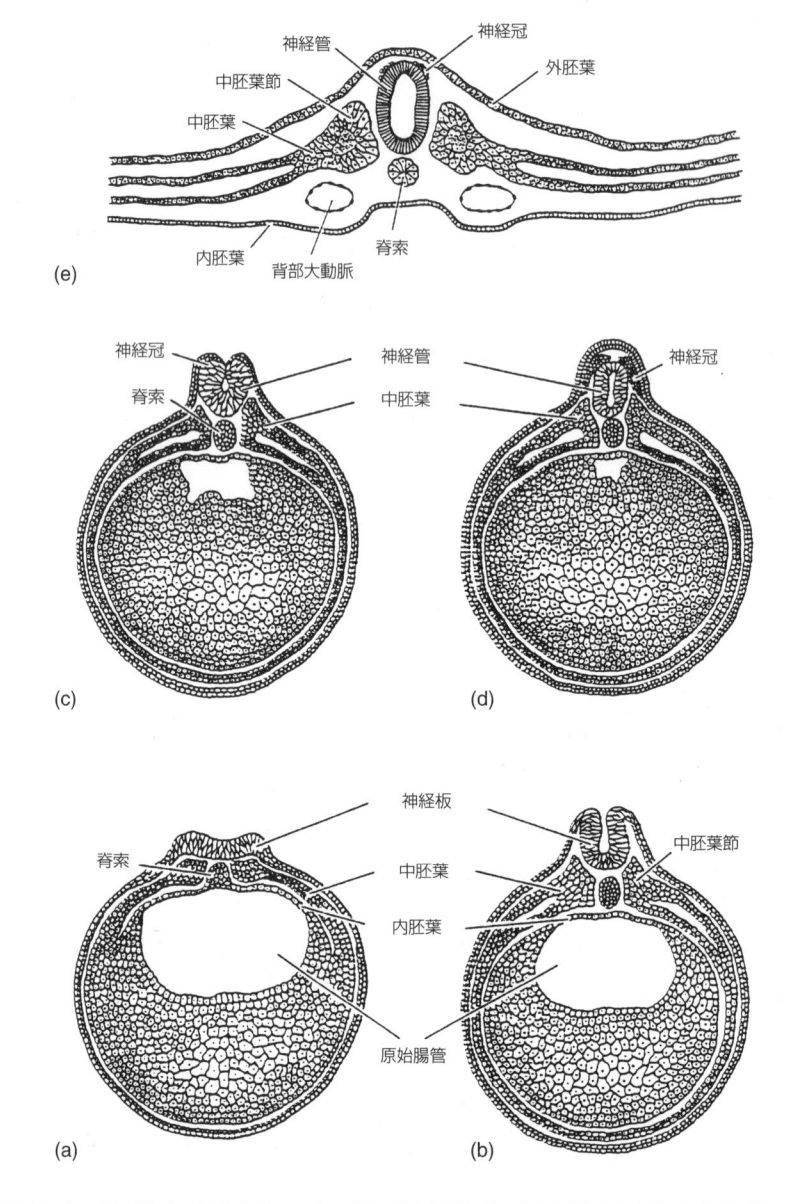

図10-13 脊椎動物の神経管の発生を，さまざまな発生段階での横断面で示したもの（Saunders 1970）。(a)から(d)までは，神経板が曲がって閉じ，神経管を形成するようになる様子である。このように曲がって閉じることは，通常，胚の前方から後方末端にかけてしだいに生じる。(e)トリの胚における神経胚形成。

で，局所的な回路は比較的限定された影響を受ける（Capecchi 1997）。観察によれば，わずか5%の細胞だけが境界を越えて移動する。それぞれの後体部の中では細胞間の連絡は緊密だが，別の後体部との間では細胞間の連絡はほとんどない。回路と細胞の表現型は，このように局所的に確立さ

れる。そしてこれらのニューロンは，頭蓋の神経核のような中枢の核を生じさせる。

ニワトリとマウスの菱脳では，Hox遺伝子の発現と後体部の組織化の間に規則的な関係がある。Hox遺伝子には発現の範囲があり，前方の境界は通常特定の後体部と一致する。図10-14は，

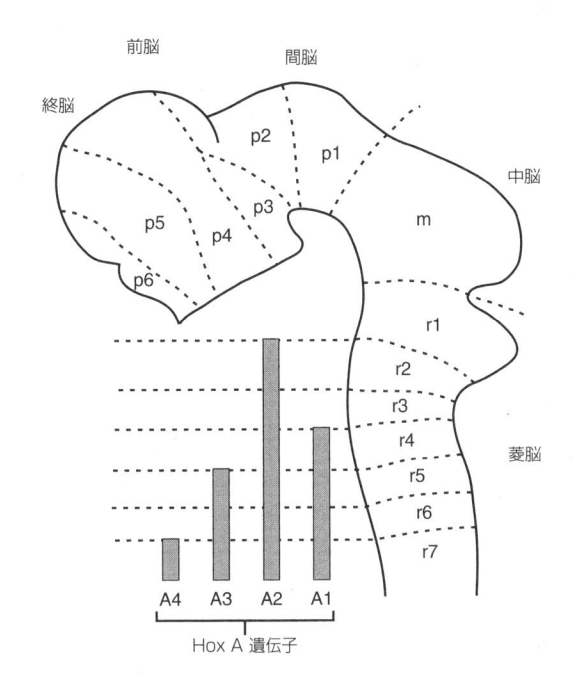

図10-14 マウスの胚における神経分節の形成。前脳では6つの前脳分節，中脳では1つの中脳分節，菱脳では7つの菱脳分節が同定されている。この図に示した4つのHox遺伝子を含む調節遺伝子のいくつかは，菱脳分節境界部にマッチする最大発現プロフィールを持つ。各菱脳分節は，局所的な回路の発生に大きな役割を果たす調節遺伝子の特有の組み合わせによって現れる。

マウスの脳に見られるいくつかの遺伝子の発現範囲を示したものである。脊椎動物では，先に図10-4に示したAからDで示される**パラログ遺伝子**と呼ばれる4組のHox遺伝子がある。4個のHox-A遺伝子だけを図10-14に示したが，他の調節遺伝子と同じく，別のHox連関群の遺伝子もこれらの部位で発現し，ある場合には強い特異性を示す（例えば，Hox-B1はr4で最大発現される）。結果的に，それぞれの後体部は，Hox遺伝子の生成物の独特な組み合わせを特徴としている。これが，個々の影響の連鎖によって後体部の独自性につながると考えられる。

組織移植実験は，境界が明確になる前でも後体部によっては独自性が確立されていることを示す。しかし，後体部が局所的な相互作用によって影響される場合もある。例えば，後体部前部を後部へ移植すると，その反対の移植をした時よりも影響は大きくなる。さらに，背腹軸を回転させると，いくつかの細胞の特性を変えることができる。また，菱脳の同一後体部の両側での形成には変異性がある。以上の例が示しているのは，菱脳の後部，神経板の床層部，および反対側での細胞の信号など，局所的な細胞間環境が特定の後体部の発生とその中の神経回路に影響を及ぼすということである。

3. b. 軸索の成長とシナプス　行動の近接要因は，第7章で単純なシステムについて概説した例のように，数個のニューロンから数千のユニットが関与する神経ネットワークの活動にある。それは，反射的行動から複雑な弁別課題での正選択まで，あらゆる行動の生起に先立つ活動である。これらのネットワークは，中枢神経系発生初期に軸索が成長しニューロン間のシナプス結合が機能的に活性化することによってできあがる。

あらゆる脊椎動物の脳には数百万のニューロンがあり，別のニューロンや末梢の組織と数個から数千個のシナプス結合を形成している。発生の間，軸索はそれが受容体をもつ分子的手がかりに導かれて，標的位置に向かって一斉に成長する。19世紀末にスペインの神経生物学者サンティアゴ・ラモン・イ・カハル（Santiago Ramón y Cajal）［1852-1934］が成長円錐と命名した軸索の先端は，特定の方向へ成長する際にアメーバのように動く。成長円錐のアメーバ運動が分子的手がかりによって引き起こされるという考え，つまり**化学的親和性仮説**は，両生類の視覚系の実験に基づいてスペリー（Sperry 1963）によって提唱され

た．視神経を切断すると，網膜の神経節細胞に発する軸索は再生し，視蓋との正常な結合を回復する．脊椎動物の中枢神経系における解剖学的経路の安定性を考えれば，このような特異性が存在することは驚くべきことではない．

軸索の誘導メカニズムは，4つのカテゴリーに分類される（Goodman & Tessier-Lavigne 1997）．軸索は，特定の位置へと引き寄せられたり，拒絶されたりする．その作用は局所的（直接的接触）あるいは，拡散的（化学的勾配）である．その影響が局所的か拡散的かは，分子の認識によって左右される．例えば，辺縁系と結びついた膜タンパク質（LAMP）は，海馬，中隔，扁桃核，嗅内皮質など哺乳類の辺縁系内にあるニューロンの軸索の成長を刺激する．円錐がどの方向へ成長するかは，引き寄せたり拒絶したりする分子の影響の局所的バランスによる．おもしろいことに，軸索の成長に介在する同種の分子が，線虫類，節足動物，脊椎動物のような系統発生的に離れた動物で見出されている．これは，少なくともいくつかの神経発生プロセスが高度に保存されていることを示している．

軸索がいったん標的となる領域に到達すると，そこにあるさまざまな細胞とシナプス結合を確立する（Sanes & Scheller 1997）．シナプスは，軸索と樹状突起，細胞体，あるいは他の軸索との間で形成される．どの場合にも，シナプス前要素とシナプス後要素の分子機構が強い特異性を持ち，それがシナプス活動を支えることになる．シナプス前の側での重要な構成要素は，ミトコンドリアである．これは，シナプス伝達に関与する代謝過程と神経伝達物質を貯蔵するシナプス小胞にエネルギーを供給する．シナプス後の側では，主要な構成要素は神経伝達物質の受容体である．しかしシナプス形成には，明らかに分子的信号を媒介としたシナプス前とシナプス後要素の相互の連絡が関与しているに違いない．軸索末端が標的に到達すると，その末端では，分子的再編成が広範囲に比較的長期にわたって生じる．例えば，神経筋シナプスは，マウスの胚で3週間にわたって形成される．最初，2つの細胞は直接物理的に接触し，膜タンパク質の交換を行なう．その後，シナプス小胞が増大し，シナプス前膜に活性帯が現れるにつれてシナプス間隙が形成される．ついにはシナプスは機能的となり，この活動はさらにいくつかの結合の保存とそれ以外の排除を決定する．少なくとも脊椎動物では，経験に依存したシナプス結合の再配置は，動物の一生を通じて生じる．

3．c．ニューロンの集合 脊椎動物の中枢神経系にあるニューロンの集合には3つの基本的パターンがある．第1は，境界がさほど明確でない細胞体が多少散在した分布をしているものであり，魚類のほとんどといくつかの両生類の終脳で観察される（→図8-11, 225頁参照）．このようなケースでは，脳のさまざまな領域は，他の領域との特定の結合や，きわめて限定された神経伝達物質系の存在によって区別できる．外見はランダムだが，これらの細胞集合はかなり組織化され，機能的にも明確である．

第2の構造パターンは，核である．**核**は，比較的明瞭な解剖学的境界を持つ細胞群である．核の内部構造は，細胞体層を成すように整列した層構造を持つ場合がある．例えば，サルの背外側膝状核は，網膜に発する視神経の投射を受ける視床の一部であり，タマネギに似た配列で6つの細胞層を持つ．脳室周辺部で分化する神経細胞が，規則的に最終の場所へと移動する．ほとんどの核が，いわゆるアウトサイド・イン（外から内へ）のパターンに従って形成される．すなわち，外側の層が最初に形成され，最も内側の層は最後に形成されるということである．

第3のパターンは，皮質である．**皮質**は，表面の（外側に位置する）薄層であり，通常，明瞭な細胞体の層がいくつか存在している．サンショウウオの視蓋の背側部は，このようにして組織化されている．しかし，最も有名な例は，哺乳類の6層で構成されている新皮質であろう．このような皮質の構造は，通常いわゆるインサイド・アウトのパターンに従って形成される．つまり，最も内側の細胞層が通常最初に形成され，周辺の層はその後の細胞移動によって付け加えられる．

神経の発生は，初期に非常に多くのニューロンとニューロンの結合が作られることが特徴である．

軸索は特定の標的へと成長するだけでなく，副軸索の分岐の発達によって一時的な目的地に達することも多い。動物が成熟するにつれて，ニューロンの選択的な死（**アポトーシス**）が生じ，先に形成されたニューロンの結合の多くは排除されてしまう。アポトーシスの主な原因は，適切な標的部位との接触が確立できなかったことである。例えば，もし眼や脚のような正常な標的を外科的に取り除けば，常態ではその標的を支配するニューロンの多くが死ぬ。これについての有力な見解は，必要以上のニューロンとその結合がいったん作られ，機能的にうまくいったものだけが保存されるというものである。中枢神経系と末梢神経における神経の標的は，ニューロンの死を妨げる種々のタンパク質を作り出す。その1つが神経成長因子である（Levi-Montalcini 1987）。集合的に**ニューロトロフィン**と呼ばれるこれらのタンパク質は，軸索末端で吸収され，ニューロンの細胞体へと運ばれ，そこでニューロンの生存を促進する。成長する軸索は，ある種の"ニューロンのダーウィニズム"の中で，限られた量のニューロトロフィンを得ようとして競争する。

　細胞分化，移動，そして死は，すべてどのくらいの組織を特定の部位へと配置するかを決める要因である。明らかなのは，相同な核と皮質構造が近縁種の間でもかなり多様だということである。例えば，霊長類の新皮質は，食虫動物やコウモリのような他の哺乳類と比べてかなり大きい。この大きさの差は，本章で述べたような発生過程における種差によって達成されたに違いない。脳の大きさについての相対成長の研究（→第8章，4.，235-246頁参照）は，脊椎動物の脳が体の大きさに比例することを示している。同様に，神経系の部位の大きさも，脳の大きさに比例する（Finlay & Darlington 1995）。

　例えば哺乳類の間では，旧皮質，中隔，海馬，小脳のような構造は，脳全体の大きさと相関して大きくなっている（図10-15-(a)）。しかし，その増加は，中隔と海馬のような辺縁系の構造よりも（勾配は，0.28と0.30の間），小脳，間脳，線条体の方が急激であり（勾配は，0.34と0.36の間），新皮質が最も急激である（勾配は，0.45）。

これらの構造の発生順序は，哺乳類全体を見ると非常に定型化されているように見えるが，神経性の細胞がニューロンへと分化してそれ以上増殖しなくなるという時点は，種によってさまざまである。この時間的調節の過程が，成体の細胞集合の相対的大きさを決定する。神経性の前駆細胞が真正のニューロンとなる前に長期間分裂を続けるような種では，その構造の最終的な大きさは相対的に大きくなる。霊長類では，前駆細胞がニューロンへと分化する時点を遅らせることで新皮質の成長速度が大きくなるようである。図10-15-(b)は，最終的な神経発生の開始と持続時間を，共通の尺度を用いて，ラットとアカゲザルのさまざまな脳構造に関して比較したものである。発生のタイミングには，新皮質の層のいくつかを除けば，かなりの重なりがある。霊長類では，これらの層は比較的遅く確立されるので，それによってニューロンへ分化する前駆細胞の大きな集団を作り出すことができる。

　脳の進化には，明らかなパラドックスが1つあることに注意してほしい。一方では，種によっては特定の構造が相対的に増大するというケースについて前に説明した。このような種は，その構造がコントロールする行動に強く依存している（→第8章，4.f.，245-246頁参照）。例えば，食物を貯蔵するいくつかの科のトリの海馬は，貯蔵しない種の海馬よりも相対的に大きい。他方，海馬などの特定の構造の大きさは，脳の大きさに密接に関係しているようである。したがって，特定の構造の大きさがどんなに増加しても，それは脳の大きさによって制限されている。この制限を**発達的制約**と呼ぶ。これは，食物を貯蔵する種にとっては，海馬を大きくしようとしたら脳全体も大きくしなければならないということなのだろうか？もしそうだとすると，必要のない構造も大きくしなければならなくなり，きわめて効率の悪いことになる。しかし，必ずしもそうはならない。特定の構造の大きさには変異性があるので，その構造の大きさと脳の大きさを関係づけている拘束を受けたまま，どんな種でもその大きさをかなり増大させるだけの余裕がある。フィンレイとダーリントン（Finlay & Darlington 1995）は，相同な

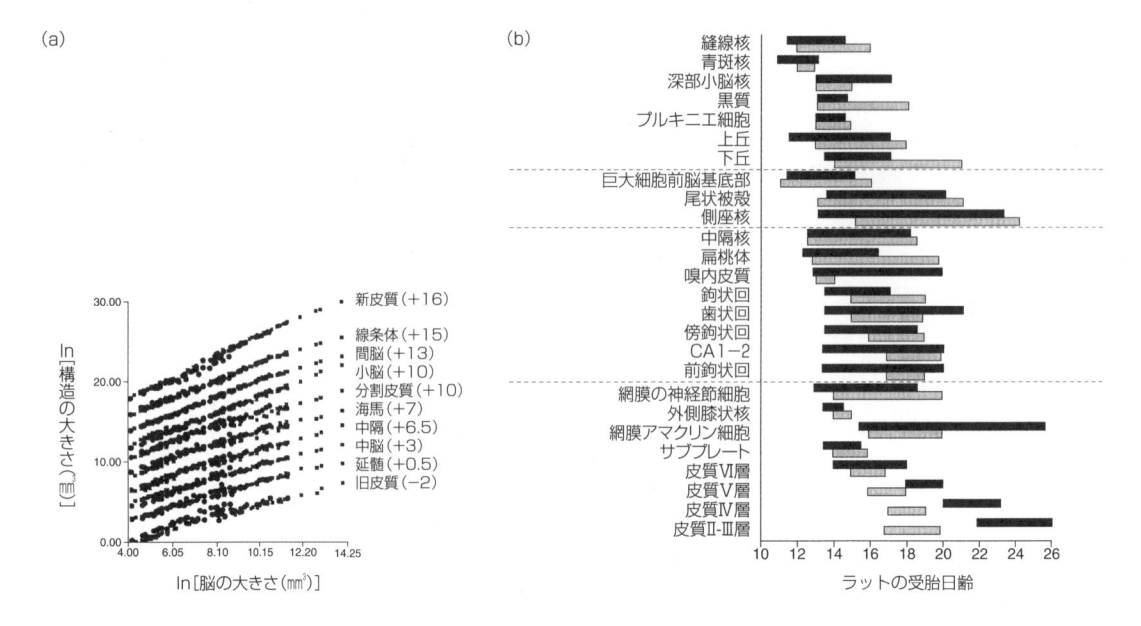

図10-15　哺乳類における脳の発達の比較（Finlay & Darlington 1995）。(a)霊長目，食虫目，コウモリを含む種々の目から哺乳類のサンプルを選び，脳の大きさの関数として，右側に列挙した種々の脳構造の大きさを示したもの。その右側に書かれたカッコ内の数値は，脳構造の勾配の程度が見てわかるようにデータに加えた定数である。対数で表示すると，これらの相対成長の関数は直線となる。勾配には，小さいが一貫した差異があることに注意してほしい。勾配が急になると，脳の大きさの関数として，その構造も大きくなる。(b)サル（黒）とラット（灰色）に見られる最終的な神経発生の持続日数を，共通の尺度で示したもの。新皮質第Ⅱ層－第Ⅴ層を除けば，ほとんどの構造は発生のタイミングが部分的に重なり合う。第Ⅱ層から第Ⅴ層については，サルの神経発生の開始がラットに比べて遅い。それが意味するのは，より長い間前駆細胞として増殖しているのでニューロンへと分化する細胞数がより多くなるのだろうということである。このようなタイミング効果が，相同な構造の相対的大きさに種間の差異をもたらすのだろう。

構造の大きさが違う2つの近縁種間で2.5倍もの違い（有意だとすぐにわかる差）があっても，種の脳の大きさから来る制約の範囲内にありうるという推定をしている。

3.d．脳の発達と経験　神経系は，感覚情報を外界の環境から受け取り，動物が効果的に周囲の環境と相互作用できるように行動を調整する役割を果たしている。だから，中枢神経系の発達が，「経験」と曖昧に呼ばれるものに対して敏感なのは，別に驚くことではない。細胞死は，ニューロン間の適切な機能的結合の発達にある程度依存することが指摘されている。つまり，適切な標的との結合に失敗したニューロンは，機能的な相互作用ができず，死ぬ傾向にある。機能的なニューロンの相互作用は，一種の経験の相関物と見なすことができる。

再度，トリの食物貯蔵行動を考えてみよう。近縁だが貯蔵しない種と比べて，貯蔵する種の海馬はどのようにして著しく大きくなるのだろうか。1つの可能性は，貯蔵し回収する経験自体が，海馬の増大の原因だということである。ある実験では，さまざまな年齢のハシブトガラ（*Parus palustris*）にひまわりの種の貯蔵とその後の回収を行なわせた。このトリは，秋と冬の間に概して1日あたり100個の種を貯蔵し，数時間から数日以内にそれを取り出す。経験を積んだハシブトガラの海馬は，貯蔵を許されないこと以外は同じ扱いを受けた統制群に比べて，約48％大きかった（Clayton & Krebs 1994）。おもしろいことに，この経験は，解剖学的には海馬とは関係ない視覚野の外線条体の大きさや，終脳全体の大きさには影

響しなかった。このことは，経験の効果が解剖学的にはかなり特異的だったことを示している。細胞死を妨げることによって，経験はより大きな海馬をもたらした。すなわち，統制群の海馬よりも，経験した動物の海馬の方が，死んだニューロンの数が少なかったのである。

先に述べたハシブトガラの興味深い点は，食物貯蔵行動と海馬の大きさに及ぼす経験の効果が，幼体から成体までの3つの異なる年齢で同じだったことである。したがって，この効果は明らかに敏感期には依存していない。他の例では，経験は，発達中の比較的特定の時間枠内で受ける時に限って，神経の発達と行動に影響する。2.f.では，発達過程がこのような敏感期を通過するという一例として，イヌの社会行動のケースについて触れた。さらに別の例を次章でも紹介したい。このような知見からは，神経系には外的影響によって特に変化しやすい期間が存在するという重要な推論が得られる。この神経系の可塑性は，多くの重要な点で，成体に見られる新たな記憶の獲得や行動の変容の基礎となる可塑性に似ている。哺乳類の発達する脳に見られる神経系の可塑性の力を十分に明らかにしようというアプローチには，いわゆる**環境の豊富化**手続きがある。食物貯蔵実験と同じように，環境の豊富化は，中枢神経系の形態と神経化学的変化，及び行動変化を引き起こす。これはさほど年齢に制限されない。

これに関する最初の実験の1つは，カナダの比較心理学者ドナルド O. ヘッブ（Donald O. Hebb）［1904-1985］によって行なわれた。彼は，数匹のラットを自分の家でペットとして飼育し，成体になった時の成績を実験室で飼育した同腹子のものと比較した。彼が見出したことは，ケージ飼育の同腹子よりもペットの方がいくつかの弁別課題を速く学習できたことである。そして彼は，刺激のある環境を初期に経験することが成体の課題解決能力を改善できると結論づけた。その後の研究は，発達初期の複雑な環境の経験がさまざまな学習課題での成績を向上させることを示した（Renner & Rosenzweig 1987）。

最初の報告（Krech et al. 1962）では，豊富な環境条件のラットは，毎日変わる小さな迷路と木製の"おもちゃ"の入った大きな囲いの中で10匹の集団で飼育された。孤立飼育の統制群は，通常の実験室用ケージで飼育された。ラットは，離乳（約24日齢）の直後から30日間この条件に置かれ，その後明るさの弁別逆転課題でテストされた。この課題で，動物は2つのうち1つを選択すると食物が報酬として与えられたが，もう1つを選ぶと報酬は与えられなかった（すなわち，A＋/B－課題）。いったん学習基準に達すると（20回の連続試行中19回が正選択），刺激はA－/B＋と逆転された。豊富な環境で育てられたラットは，原課題A＋/B－を学習する能力では孤立飼育のラットとほぼ同じだったが，続く逆転課題のすべてをより速く習得した。しかし，このような行動の向上はどのようにしてなされたのだろうか。

今では哺乳類の脳の多くの部位が，固定的に（遺伝情報の単純な展開によって）発生するわけではないことがよくわかっている。対照的に，神経の新表現型が発達中の幼い哺乳類の初期環境を操作することで形成されるように，脳の発達はさまざまな程度の表現型の可塑性を示す。社会的にも物理的にも複雑な環境に曝された幼いアルビノラット（*Rattus norvegicus*）は，重く厚みのある新皮質，海馬，上丘，小脳を発達させる（Black & Greenough 1991）。このような構造の増大は，樹状突起の広がりが大きくなりその分岐数が多くなるという発達的特徴など，多くの理由によって引き起こされるのだろう。結果的に，豊富な環境で育てられた動物では，活性化するシナプスの数が著しく増加する。環境の豊富化はまた，神経ネットワークを支える多くの非神経性の細胞と構造にも影響する。これには，ニューロンの機能に重要なイオンと神経伝達物質のレベルを調節する星状細胞のようなグリア細胞と，組織の機能を支える血管が含まれる。

3. e. 脳の発達とホルモン 行動発達におけるホルモンの役割の研究は，アメリカの比較心理学者フランク A. ビーチ（Frank A. Beach）［1911-1988］の研究からかなりの刺激を受けた。**ホルモン**は，腺（下垂体，副腎，性腺，甲状腺など）

によって合成されるタンパク質であり，血液中に分泌され，身体のそれぞれの部位に広く送られる（→表10-1と表8-3，223頁参照）。神経伝達物質のように，ホルモンは他の細胞に影響するが，シナプスに比べてずっと離れた所から影響を及ぼす。ホルモンの効果として，2つの主要な効果，つまり活性化効果と器官形成効果が区別される。両方の効果の違いは，その変化がどの程度永続的かによる。しかし，例外が多いため明確な区別をするのが難しいということを知っておくべきである（Arnold & Breedlove 1985）。

活性化効果は，比較的速く一時的なものであり，主として膜受容体に結びつくホルモンの能力によって得られる。多種多様なホルモンの受容体は，中枢神経系のさまざまな構造に局在するニューロンの中にある。ホルモンは，膜受容体と結びつき，膜を通してのイオンの流入を調節し，ニューロンの活動性に影響する。ホルモンは，樹状突起の範囲の成長と縮退，損傷後のニューロンの修復，そしてニューロンの死などの形態的変化をも引き起こす。

一連の複雑な活性化効果の例は，グルココルチコイドと総称されるホルモンにみられる。グルココルチコイドは，腎臓近くの副腎皮質から分泌され，血液脳関門を通過し，中枢神経系に入る。そこでは，グルココルチコイドにあった膜受容体を持つニューロンに影響を及ぼす。グルココルチコイド受容体は，脊椎動物の脳に広く分布し，特に哺乳類の海馬体に集中している。グルココルチコイドは，情動的にストレスの多い状況に反応して放出され，海馬レベルでのその作用はストレス反応の終了に関係している。グルココルチコイドはまた，種々の身体組織間の代謝物質を再配分することによって，ストレスに対する動物の全般的な反応に関与する。一方，潜在的な危険があれば，胃のような内蔵への血液供給を減らして骨格筋のような末梢の組織へ豊富な血液供給を行なう。この再配分は，動物の活発な逃避反応に貢献するだろう。しかし，グルココルチコイドが長期間高いレベルで維持されると，胃（潰瘍）と脳（ニューロンの死）などの種々の器官に細胞の損傷を引き起こす。

ラットに豊富な環境あるいは実験者によるハンドリングを与えるなどのある種の初期経験は，海馬を含む多くの脳の部位にあるグルココルチコイド受容体を増加させ，成体になったときの血中グルココルチコイドのレベルを低くする。このような動物は，ストレスをあまり被らず，長期間の損傷効果も受けにくい。例えば，ハンドリング手続きによって初期発達中にストレスを受けたラットは，脳内に多くのグルココルチコイド受容体を持ち，ストレス反応を速やかに止め，海馬ニューロンの残存も多く，老年となっても種々の課題に記憶の改善が見られる（Barnes 1991）。

表10-1 哺乳類の内分泌系の概観

内分泌腺	ホルモン	作用
下垂体	成長ホルモン（GH）	すべての組織の成長を調節
	副腎皮質刺激ホルモン（ACTH）	副腎皮質を刺激
	甲状腺刺激ホルモン（TSH）	甲状腺を刺激
	卵胞刺激ホルモン（FSH）	生殖腺を刺激
	黄体形成ホルモン（LH）	生殖腺の成長を調節
	オキシトシン	母乳の放出を刺激
	バソプレッシン	血圧の調節
松果体	メラトニン	生物リズムの調節
甲状腺	チロキシン	代謝の調節
副甲状腺	副甲状腺ホルモン	血中のカルシウムレベルを調節
膵臓	インシュリン	グルコースと脂肪の代謝を調節
副腎	ミネラルコルチコイド	イオン濃度の調節
	グルココルチコイド	ストレスへの反応の調節
	アドレナリン／ノルアドレナリン	交感神経系の興奮作用
生殖腺	エストロゲン	メスの第二次性徴
	プロゲステロン	妊娠への子宮の準備
	テストステロン	オスの第二次性徴

注：代表的なホルモンとその作用をこの表に示した。

第2の広範な効果は，**器官形成効果**である。これは，いろいろな器官の形態に見られる永続的変化であり，各器官は通常特定の敏感期の間にホルモンの作用を受けて形成される。器官形成効果の最も著しい例の1つは，哺乳類の生殖能力の発達に見られるステロイドホルモンの役割である。ステロイドホルモン（例えば，テストステロンとエストラジオール）は，細胞膜のレベルで作用することもできるが，細胞に入り，細胞内の受容体と結びつき，遺伝子の転写（すなわち，その有無）にも影響する。この遺伝子の働きに及ぼす作用は，第二次性徴のような構造的変化の発達に影響する。

　哺乳類では，ステロイドホルモンの作用によって形成されるいくつかの脳構造の大きさに性差がある。例えば，内側視索前野（MPO）という視床下部の核は，メスのラットよりオスの方が大きい（Goy & McEwen 1980）。MPOの体積は，オスで約 $0.96mm^3$ だが，メスでは $0.12mm^3$ であり，何と大きさの違いは8：1である。MPOには雄性ホルモンであるテストステロンの受容体が非常に多いので，そこがオスの哺乳類の性行動をコントロールしている神経回路の主要な構成要素の1つとなっている。テストステロン注射は，オスの性行動を引き起こし，オスの性行動に及ぼす去勢の効果を相殺する。5日齢で去勢されたオスラットは，成体になるとメスの性行動を示す。さらに，テストステロンを生後10日間（敏感期）注射されたメスラットは，雄性化したMPOと他のいくつかの特徴（例えば，より大きなクリトリスと，周期的なホルモン生産ではなくオスに特徴的な安定したホルモン生産）を発達させる。このようなメスは，また，他のメスへのマウンティングなどオスに典型的な性行動を示す。興味深いことに，エストラジオール（雌性ホルモン）を注射された子どものオスは，MPOの体積に変化を起こさない。精巣で生産されるため去勢で除かれるステロイドホルモンのテストステロンは，成体動物の性行動に影響する脳の器官形成効果の原因である。

　敏感期初期にエストロゲン（エストラジオールのような，卵巣から放出されるステロイドホルモンの総称）に曝されることも，脳の構造と行動に永続的な変化をもたらす。それは，発達している終脳全体にエストロゲンの膜受容体が分布しているからである。この受容体は，腹内側核（VMH）という視床下部の別の部位に特に多く存在している。VMHはオスよりもメスで大きく，メスの性行動をコントロールしている神経回路の重要な構成要素の1つである。メスラットは，VMHへのエストロゲン注射に反応する。すなわち，オスへの反応性を増加させ，ロードーシスという行動を示す。**ロードーシス**とは，メスが背をそらせ尾を片側へ動かす行動である。この2つの反応は，生殖器の部分を露出させ，それによってオスのマウンティングと挿入を促進させる。エストロゲンは，少なくとも幾分かは，ラットのVMHでの性的二型性の原因のようである。しかし，エストロゲンは，ニューロンの成長を刺激しニューロンの死を防止するなどの多くの発達過程に関係している（Toran-Allerand 1995）。エストロゲン効果のいくつかは，先に述べた神経成長要因のようなニューロトロフィンの受容体と相互作用することからもたらされる。エストロゲンとニューロトロフィンは，発達中に部分的に重なり合う遺伝子の組の転写を刺激する。

　テストステロンとエストロゲンは，トリの**さえずり行動**の発達にも器官形成効果を及ぼす（→第12章，3．，363-374頁参照）。鳴禽では，オスだけがさえずり，特定のテリトリーを持つ自分の存在を知らせる。あるいは，メスをテリトリーの中へ引きつける。メスはオスのさえずりに反応する（そのさえずりの識別ができる）が，メス自身はさえずらない。しかし，孵化後すぐにテストステロンかエストロゲンで処置されたキンカチョウ（*Poephila guttata*）のメスは，成体となった時にさえずる能力を発達させる。言い換えると，脳がこのホルモンによって雄性化されたのである。さえずりの生成を制御する回路に関係する一連の脳の部位は，メスよりオスの方が著しく大きい（Nottebohm & Arnold 1976）。この差は，エストロゲンの直接作用が原因となって生じる。鳥類では，オスは，2つのX染色体，XXを持ち，メスはXYを持つ（これは哺乳類のオスはXYを，メスはXXを持つこととは反対であることに注意し

てほしい)。XX構造は多くの血中エストロゲン生産を可能にし，このエストロゲンはさえずりを生成する回路のニューロンの成長と分化を促進する。他方，テストステロンは，成体のオスのさえずりを生み出すのに重要だと思われる。おもしろいことに，テストステロンは，エストロゲン処置されたメスでのさえずりを促進するが，正常なメスでは促進しない。これは，脳と行動に及ぼすホルモンの器官形成効果（エストロゲン）と活性化効果（テストステロン）をよく示している。メスの脳は，テストステロンがさえずりを促進させるためには，エストロゲンによってまず雄性化されねばならないのである。

第11章　初期の学習と行動

第11章の概括
- 行動的能力の出現順序は，感覚フィードバックによって導かれない自発運動から始まり，さまざまな感覚系が連続的に活性化され，学習と認知能力の出現で終わる。
- いくつかの種に典型的な行動パターンは，発達中に多かれ少なかれ突然現れる。しかし，ほとんどの場合は，発達中に行動レパートリーが次第に複雑さと統合の程度を増してくる。
- 初期経験は，さまざまな状況で成体の行動を規定するかもしれない。しかし，いくつかの初期経験は，幼児期健忘を被り，思い出されない。

　発達中の動物は，成体になってから受けるのとは異なる環境からの要請に曝されている。したがって，彼らは発達中に生じる変化にうまく対応できる能力を備えている必要がある。おそらく最も死亡率が高いのは幼いとき（幼生，胎児，乳幼児）なので，発達の初期段階では強い選択圧がかかっていると考えられる。したがって，幼い動物は単なる不完全な成体である，と考えるべきではない。むしろ発達中の動物は，性成熟に達するまで生存し発達できるための行動的能力をはじめとした一連の能力を備えている必要がある。そのような特性を**個体発生的適応**といい，そして，発達中の動物が生き残りをかける環境を**個体発生的ニッチ**と言う。

　ほとんどの動物は，一連の個体発生的ニッチを規定する複数の段階を経て発達していく。例えば，尾索類の動物は，成体では固着性で海底に張り付いて暮らしているが，幼生では活発で自由に動き回る（→図10-9，294頁参照）。同じように，カエルやサンショウウオなどのほとんどの両生類の種は，幼生（オタマジャクシ期）では水中で暮らすが，発達して成体になってからは陸生動物になるし，完全に陸生であるケムシは，発達してから自由に飛び回るチョウになる。発達段階が違えば生息する環境も違うことを考慮すれば，このような移行には，かなりの形態的，かつ機能的な変化が必要である。ある動物は**変態**の過程を通過するといわれる。変態とは，初期の環境には適応的であった形質（例えばオタマジャクシの鰓）を捨て去り，新たな環境で必要とされる形質（例えば，カエルの足）を誘導する，形態的かつ機能的な再体制化のことである。

　比較心理学者や発達心理学者によって，行動発達に関する膨大な量の情報が何十年にもわたって蓄積されてきた。まずこの章では，個々の行動の能力の発達に焦点を当てて，次の第12章では，社会行動の発達における初期経験の役割について述べる。他の例と同じように，発達過程に関するわれわれの理解は，比較的限られた種のモデル動物を集中的に研究することによって進歩してきた。

まだ卵の中にいる鳥類の胚（特にニワトリの受精卵）は手軽に扱えるので，簡便なモデル・システムとなってきた。しかし，哺乳類の胎児を研究する技術によって，正常に発達している（例えば，ヒトの）胎児の行動を記録したり刺激することができるようになり，また（例えば，ラットの）胚を子宮内で実験的に観察できるようにもなった。これらの研究によって，かなり未成熟な脊椎動物の行動，感覚，学習能力の詳細が明らかにされてきている。

1. 出生前および孵化前の行動

1. a. 哺乳類の発達パターン　哺乳類は，発達の途中で変態しないが，それでも個体発生的ニッチの劇的な変化を経験しなければならない。現生の哺乳類は，その繁殖の生物学的な違いによって，大きく3つのグループ（亜綱）に分類される。オーストラリアとニューギニアに分布する原獣亜綱（単孔類などに代表される）すなわち卵生の哺乳類と，オーストラリアやアメリカ大陸に分布する後獣下綱（二子宮類などに代表される）すなわち有袋類と，世界中に分布している正獣下綱（単子宮類）すなわち有胎盤類である。それらの動物は，独特の行動や生理的要求に関連した独自の発達パターンを表出させる（Eisenberg 1981）。

オーストラリアのカモノハシとハリモグラでは，その胚は卵の中で発生し，爬虫類のように，そこから孵化する。これらのユニークな産卵をする哺乳類については，不明な点が多い。受精卵は数日間子宮で保持され，それからメスは巣（カモノハシ）か腹袋（ハリモグラ）に卵をおいて，そこで抱卵する。ハリモグラの腹袋は，腹側の皮膚が一時的に折りたたまれたものであり，繁殖期にだけ存在する。爬虫類と同じように，この抱卵期では，発達中の単孔類の子どもは卵の中の卵黄を食べる。孵化した後は，かなりの期間にわたって，母親による集中的な養育を受ける。この間子どもは，母体に散在する乳腺（単孔類には，乳首がない）から滴る母乳を飲む。単孔類の子どもは，生まれた時にはまったく未成熟である。彼らの目がようやく開くのは，孵化してから80日ほど経ってからである。

有袋類の哺乳類も，非常に未熟な発達状態で生まれる。内臓の一部はまだ発生途中で，そのため一般的に，その新生児は胎児とみなされる（Tyndale-Biscoe 1973）。しかし，有袋類の胎児は，早期に発生する形質も多くもっている（異時性という考え方の中では促進にあたる。第10章参照）。図11-1に示すように，これらの胎児は，指と爪を備えたよく発達した前肢と機能的な嗅覚系を持っている。胎児は，よく発達した胃と膵臓も備えており，肩と口の筋肉組織もとても発達している。脊髄反射によって，頭と前肢を交互に動かす。これらのことは，有袋類のもつ生物機能としては比較的一貫した特徴であり，適応が生じたことを示すものである。すなわち，生まれるときには，彼らは自分の前肢を使って子宮から這い出て，育児嚢に到達し，そこでようやく乳首にたどり着くのである。通常，母体の乳首の数は胎児の数よりも少ない。そのため，子宮から育児嚢まで移動する形質の発達を促す強力な選択圧が存在する。有袋類は，育児嚢の中で発達を遂げる。その中での成長率はかなりのものである。特に，カンガルーのような身体の大きな種では，この傾向が顕著である。

胎盤哺乳類は，母親の子宮にいる期間がさらに長いので，有袋類に比べて，生まれたときには，その成熟の度合いはさらに進んでいる。胎盤哺乳類の出生は，有袋類の出生というより，むしろ有袋類が育児嚢から出てくるのに似ている。子宮内の発達は，一般的に大きく2つの期間に分けられる。さまざまな身体組織が分化し内臓が形成される胚期と，身体が大きくなり，その内部システムが働き始める胎児期である。次節で説明するが，胎児には多くの行動的な能力が備わっている。

胎盤哺乳類の出生時の身体の大きさは種によって大きく異なるが，それは成体になってからの身体の大きさと正の相関がある。極端な例では，現

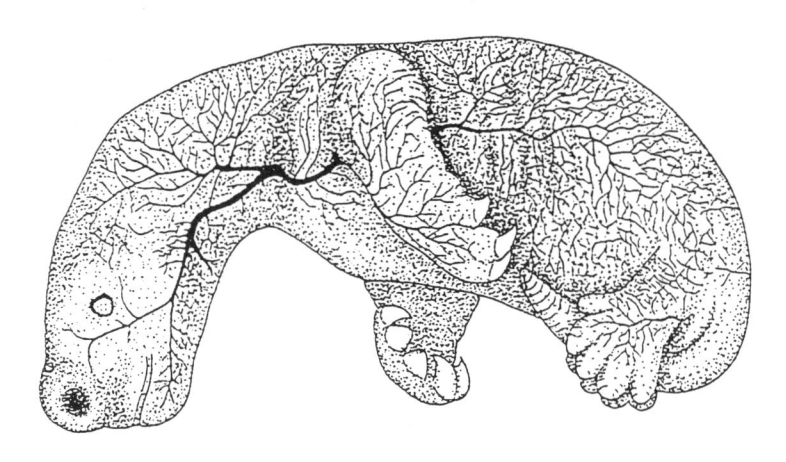

図 11-1　ブラシ・オポッサム（*Trichosurus vulpecula*）**の生まれたばかりの胎児**（Tyndale-Biscoe 1973）。爪を備えたよく発達した前肢に注目してもらいたい。嗅覚系も機能している。これらの特徴は，この動物の他の状態が未発達であることとは対照的である。有袋類の胎児は，羊膜を自分で破り，頭から這い出てくる。通常，母親は羊水をなめて，それを腹部のあちこちにつける。おそらくそれは，胎児を育児嚢の方へ向けさせる行動なのだろう。胎児は，母親の毛をつかんで，交互に前肢を動かしながら育児嚢に向かって進む。すべての行程に要する時間は5分程度である。

生する哺乳類として最小のジネズミ（*Suncus etruscus*：食虫目）の成体はおよそ2gであり，その子どもは約 0.2 g で生まれるが，最大の哺乳類（かつ，絶滅種を含めて科学者が最大の動物と認めている）シロナガスクジラ（*Balaenoptera musculus*：鯨目）の成体は，少なくとも 100 000 000 g の重さで，そして 3 000 000 g もの新生児を産む。新生児の成熟度も，種によって大きく異なる。**晩成性**の種では，子どもの目は閉じており，ほとんど毛はなく，移動する能力も乏しい。これらの哺乳類（例えば，多くの齧歯類のような）は，母親や兄妹と緊密に接触しながら，巣の中で発達を遂げる。多くの有蹄類（例えば，ウマ，アンテロープ，ゾウ）のような**早成性**の種では，新生児は比較的成熟した状態で生まれてくる。一般的に，生後数時間で運動の協応と活発な行動が見られる。

いずれの場合にも哺乳類の出生には，出生前のニッチから出生後のニッチへという大きな変化を伴う。この2つのニッチは，多くの重要な点で異なっている。両方のニッチに共通している要因は，母親が存在するということである。母親は，単孔類では抱卵するし，有袋類と有胎盤類では，胎児が発達していくための育児嚢と子宮内環境を提供する。母親は母乳を新生児に与える。これが母子の絆を強め，さらに，母親の同定，（母親や乳首に対する）定位反応，吸乳反応などの行動レパートリーを子どもから引き出す。

1．b．　自発的身体運動　すべての脊椎動物の胚は，「自発的な」活動パターンを示す。これは感覚への入力がないときも見られるので，非反射的な運動とみなすべきである。ドイツの生物学者ウィリアム・プライヤー（William Preyer）[1841-1897] は，孵化する前の鳥類の胚が，感覚刺激へ反応する前から運動することに気づき，感覚フィードバックがなくても，このような運動が生じることを示唆した。これは，**運動優位説**（Gottlieb 1976）として知られている。後になって自発的身体運動に関する決定的な証拠が，同じくニワトリを用いた実験から示された。

その中のある研究では（Hamburger et al. 1966），受精後 40 時間のトリの胚を用いて，脚から脊髄へ感覚情報を伝える脊髄後根を外科的に切断し，さらに脊髄とそれ以外の中枢神経系から分離する脊髄切断を行なった。この求心路遮断と脊髄動物の作成によって，切り離された脊髄ニューロンに

対する末梢からの感覚入力も，脳から調節的入力もない状態で，脚の運動が観察できるようになった。これらの胚の脚の運動は，求心路を遮断されずに脊髄動物となったヒヨコの胚とほぼ同じであった。したがって，このような脚のランダムな運動は感覚からのフィードバックが無いときに生じることを示している。この実験のどちらのグループも，脚の運動の頻度は受精15日以降に減少したので，そのことは実験的な損傷によって神経の変性が進んだか，あるいは求心路を遮断された動物では生じない反射が正常に始まったことを示唆している。

これらの自発的身体運動の重要性は，十分には認識されていない。発達中の胚では，運動はさまざまな身体の構造や器官の成熟を刺激している可能性がある。例えば，トリの足の運動は，特定の組織の分化と成長を刺激し，筋肉の萎縮を防ぎ，孵化を促進しているのかもしれない。また，哺乳類では，口を通って羊水が行き来することが，吸乳などの周期期の行動の協応にとって重要な刺激となっているのかもしれない。

1．c．行動と感覚系 ゴットリーブ（Gottlieb 1976）は，タイミングこそ種によって異なるが，感覚系は決まった順序で発達することに気がついた。例えば，哺乳類と鳥類の胚はいずれも，まず触覚刺激に反応し，それから，前庭刺激（姿勢の変化），聴覚刺激，視覚刺激に反応する。ヒトなどのいくつかの種では，これらの4つの感覚モダリティーは，いずれも出生前にすでにある程度機能しているが，ラットなどの他の種では，聴覚系や視覚系は生まれてから著しい成熟を遂げる。胚は，さまざまな感覚の影響に曝される。あるものは自身の運動に起因するし，環境から与えられるものもある。母親からは，常に感覚刺激が与えられる。鳥類の胚は，成体や巣にいる別の胚，あるいは自身が発した鳴き声を聞くことができる。これらの鳴き声は，発達中のヒナに持続的な影響を与えており，後になって，種に典型的な鳴き声に反応することを補助しているのかもしれない（Gottlieb 1991）。ヒトの胎児は，母親の声に敏感である（Fifer & Moon 1988）。またラットでは，妊娠した母親はさまざまな行動を行なって，胎児を機械的に刺激し，そのことで相当量の経験を与えている（→ Ronca et al. 1993；新生児のラットの例が示されている，図5-8，119頁参照）。

哺乳類の胎児は，いくつかの化学物質に対して特によく反応する。子宮内で発達しているときには，化学物質が羊水に含まれていることを考えれば，これは驚くことではない。ラットの胎児の口に，これらの物質を直接与えれば，単にそれらを知覚するだけでなく，胎児はそれらのいくつかを弁別する。例えば，妊娠期間の最後から3日前のラットの胎児にほんの少し（約 $20\mu\ell$）のミルクかレモン水を与えれば，全体的な活動性は増加し，さらに胎児はこれらの物質に対して異なった反応を示す（Smotherman & Robinson 1987）。ラットの胎児は，口にミルクを入れられると身体を伸ばすが，レモン水に対しては前肢で鼻を拭くような運動を示す。**伸張反応**とは，後肢を伸ばしながら背部を湾曲させることである。それは，生まれたばかりのラットの新生児が，母親の乳首からミルクを与えられたときに観察されるものと類似しており，胎児が乳首へ接触しやすいようになっている。**ワイピング反応**とは，片方か両方の前肢を鼻の方へ伸ばすことであり，それは強いにおいを持った溶液（例えば，ミント）によって誘発される。伸張反応とワイピング反応は，受精後20日までは，ほとんど生じないが，この頃になってやや唐突に出現する。これらの反応によって示される運動協応の程度は，一般に不特定なラットの胎児の運動とは異なっている。これらの運動協応が突然現れることや，その機能的な意味合いから，**種に典型的な行動パターン**であることが示唆される。

出生や孵化も，他の経験と同じように，特定の行動パターンを出現させる。学習の手法を用いてモリーナとコトロ（Molina & Chotro 1991）が巧みに示したように，特に哺乳類にとって，出生は重要な出来事である。特に害を与えることの無い刺激（条件刺激あるいはCSと呼ばれる）が，生物にとって重要な出来事（無条件刺激またはUSと呼ばれる）の直前に与えられれば，初めは無害であった刺激が，ある特定の反応を引き起こすよ

うになる。例えば，昼食時に友人が「ピザ」（CS）と言えば，筆者はこれまでに何度もこの単語と本物のピザの味を合わせて経験しているので，よだれが出てくるだろう。**古典的**（または**パブロフ型**）**条件づけ**（第13章参照）として知られるこの手続きを，出生などの特定の出来事がUSとして作用するかを確かめるために用いることができる。

ある実験で，受精後21日（通常，ラットの妊娠最終日）のラットの胎児に，アルコールとレモン溶液の両方が与えられた。ここでA-L群と呼ぶグループには，帝王切開による出生の40分前にアルコール，10分前にレモン溶液が与えられた。それに対してL-A群では，それらの時間的な順序が逆であった。CSとUSが時間的に近接しているほど，CSに対して強い条件づけが形成されることが知られている。したがって出生後のラットは，アルコールとレモン溶液のうち，出生間近に提示されたほうにより強く反応すると予想された。生後約5時間経過してから，それらのラットは恒温器に入れられ，何の刺激も与えられない3分間のベースライン期間の運動が機械的に記録された。そしてその後に，アルコールかレモンのにおいのどちらかが3分間提示された。図11-2に示したように，どちらのグループも，テストで提示されたにおいが，出生の40分前に提示されたものよりも10分前に提示されたものであるほうが，ベースラインからの活動性の変化が大きかった。この結果や，同様の条件で行なわれた他の実験が示していることは，哺乳類の出生と結びついた刺激が，USとして十分に機能し学習を成立させるほど重要な事象だということである。出生に伴う顕著な刺激は，機械的な刺激，温度刺激，呼吸の変化（例えば，低酸素症）による生理的状態の変化などを含めた，動機づけとして重要な出来事の基礎をなすのかもしれない。しかし，このような学習が生後直後に観察される効果以外に，どの程度動物の行動に影響を及ぼしているかは不明である。

鳥類の孵化行動も，ある程度特定の反応レパートリーを誘発するので興味深い。例えば，胚は頭と脚を動かすが，やがてこの行動は卵の殻を破ることにつながる。これらの反応には，孵化発声を伴うこともある。頭の運動はくちばしを卵の殻に接触させ，さらに脚を繰り返し屈伸することによって殻を外へ押し出す。興味深いことに孵化した後でも，これらの反応はヒナの姿勢をうまく調節すると誘発される（Bekoff & Kauer 1982）。その鍵となる刺激とは，ヒナの首を片側に曲げて抑えることである。この姿勢は，他の身体のどの部分も動かさなければ，孵化する前に見られたものと同様の脚の同期した運動を誘発する。首のねじれからくるこの刺激が取り去られれば（例えば，局所麻酔によって），その足の運動は止まる。ふつうのヒナなら，孵化した後には卵という拘束から解放されるので，あきらかにこのような運動は

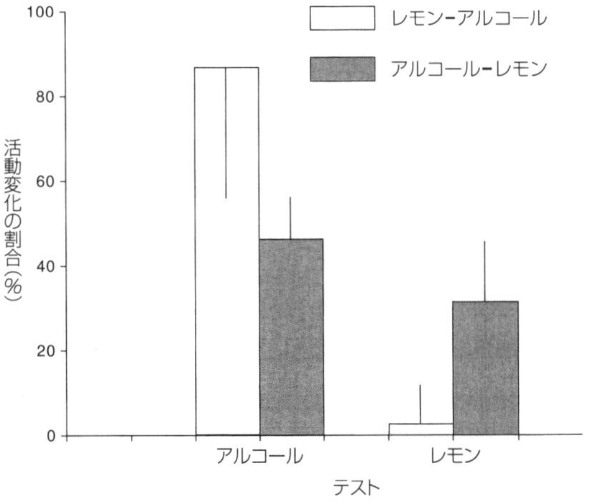

図11-2 出生と関連させた刺激の動機づけとしての効果（Molina & Chotro 1991）。2つのグループの胎児（妊娠21日）が，アルコールとレモン溶液を口の周りに与えられた。それらの溶液は，帝王切開による出生の40分前か，10分前に提示された（レモン-アルコールは，レモン溶液が出生の40分前に，アルコールが10分前に提示されたことを意味している）。出生の5時間後に行なわれたテストで，ラットは出生時により近いとき（10分前）に提示されたにおいのほうが，遠いとき（40分前）に提示されたにおいよりも強く活動した。この結果は，あるにおいと出生に伴う刺激の対提示によって，そのにおいが連合の性質を有するようになったことを示し，それゆえに，出生時の手がかりが重要な動機づけとなっていたことを示唆している。

生じない。

1. d. 胎児の学習 特にラットとヒトにおいてであるが，現在では，哺乳類の胎児に学習する能力があることがはっきりと示されている。今では，胎児が学習できるかどうかではなく，どれだけ複雑な学習が可能か，ということが問題となっている。すでに述べたように，発達中の胎児の個体発生的ニッチは，母親の中で羊水に浸かっている，という特徴があるので，化学的な刺激（味覚や嗅覚の）を連合させるかなりの学習能力を示すことができるだろう。実際のところ，ラットの胎児は比較的少ない試行でもこの能力を示すので，この学習は容易であることが示唆される。

一連の実験でロビンソンら（Robinson et al. 1993）は，受精後20日のラットの胎児の口の周辺部に人工乳首（CS）をあてて，口の中にミルク（US）を提示した。図11-3-(a)は，この実験における基本的な手続きの流れを表している。実験群には，このようなCS-USの組合せが5分間隔で3回与えられた。しかしここで注意してもらいたいのは，この実験の目標は，単に胎児が3回の対提示を受けたということではなく，USとの時間的接近によって，CSに対する反応を学習するかを確かめることである。したがって，このグループの胎児の行動は，CSとUSが少なくとも2.5分間以上の間隔をあけた，非対提示の形式で経験した胎児の行動と比較された。すなわち，対提示と非対提示群は，それぞれの刺激が同じ回数提示されたが，それらの時間的関係が異なっていた。これらのグループの他に，どちらかの刺激を提示しただけでも，行動に変化が生じるかを検討するために，CSかUSだけが与えられるグループも加えられた。（→古典的条件づけにおける統制条件の問題は，第13章，2.a.で詳しく記述する。381-382頁参照）。

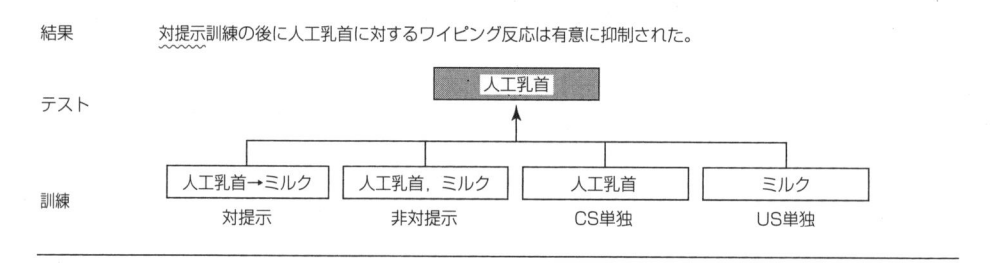

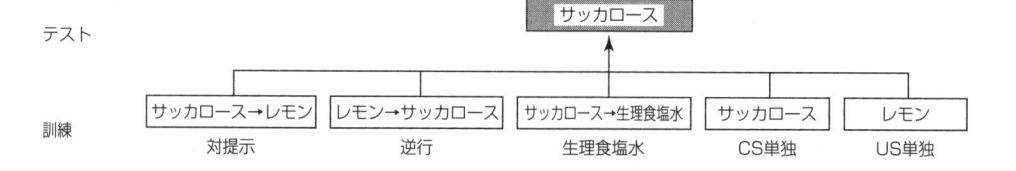

図11-3 ラットの胎児について，欲求性と嫌悪性の学習が可能なことを証明するために行なわれた実験の計画を図示したもの (a)欲求性の学習は，人工乳首を口に当てること（CS）とミルクを対提示することで成立する。この経験は，その後のテストにおいて，他のさまざまな統制群よりも顕著にワイピング反応を抑制する（Robinson et al. 1993）。(b)嫌悪性の学習は，サッカロース（CS）とレモン溶液（US）を，口に提示することによって成立する。その後のテストで，さまざまな統制条件に比べて，対提示の後にはこのサッカロースが活動性を顕著に高める（Smotherman & Robinson 1991）。

1度だけ行なわれたテスト試行で，CSとして用いた人工乳首が再びすべての胎児に提示され，その行動が注意深く記録された。CS‒USの対提示を受けた胎児はワイピング反応が抑制されたので，その行動はこの条件の胎児の5%以下にしか起こらなかった。それに対して，非対提示群，CS単独提示群，US単独提示群では，60%以上もワイピング反応が観察された。対提示を経験した胎児は，CSの提示後に好ましい事象（つまりミルク）がやってくることを学習したために，口腔に与えられた溶液を取り去るための生得的に準備された反応を行なわなかったのである。このような好ましい事象は，通常それへの接近傾向を引き起こすので，**欲求性の刺激**と呼ばれる。

ちょうど中性の刺激が，欲求性のUSと対提示されることによって正の価値を獲得したように，不快な事象の到来を予想させるものは負の価値を獲得する。先に述べたレモン溶液のような刺激性の強い物質を与えれば，動物はその刺激を取り除こうとするので（ワイピング反応），全体的な活動性は高まる。このような事象は，**嫌悪刺激**と呼ばれる。ある実験（Smotherman & Robinson 1991）で，1群のラットの胎児（受精後20日）は，10 μℓのサッカロース溶液（CS）とその数秒後にレモン溶液（US）を口に提示された。このような対提示を3回受けた後で，CSが提示されたときの活動性レベルが，同じ刺激を逆の順序で与えられた条件（USが先に提示されてからCSが与えられた），CS単独提示を受けた条件，US単独提示を受けた条件，CSの後に無害な生理食塩水が与えられた条件の胎児と比較された。図11‒3‒(b)は，この嫌悪性の条件づけの基本的な手続きの流れを示している。その結果，他のいずれの統制条件よりも，CS‒USの対提示を受けた胎児は，CSであるサッカロース溶液に対して有意に多くの反応を示した。つまりラットの胎児は，脳がまだ成熟と分化を遂げているさなかでも，欲求性と嫌悪性の連合学習が可能なのである。この胎児の学習能力の実証は，哺乳類の胎児にとっては生得的に準備されている化学的刺激への反応を利用したものである。子宮内と周生期のニッチでは，胎児は生存するために重要な化学物質（羊水と母乳）を摂取しているのである。

すでに述べたように，ヒトの胎児は音響信号に反応し，それらを学習することが知られている。発達中の胎児の個体発生的ニッチにとって非常に重要なのは，彼らが子宮の中ではっきりと聞くことのできる母親の声である。しかし，羊膜の内から音響を記録すれば，他の人の声や，母親の心拍や消化にかかわる雑音も大きいことがわかる。はっきりしているのは，刺激が存在しているからといって，必ずしも胎児がそれを聞くことができるわけではないということである。また，この知覚の問題はさらにやっかいな問題も生じさせる。ここで必要なのは，さまざまな刺激を提示したときに，胎児がどの程度反応したかを評価する方法である。これまでに，心拍，呼吸の頻度，超音波映像法を用いた直接観察などのさまざまな指標が用いられてきた。

ヒトの胎児の学習に関する研究では，**馴化**（→第7章，3.a.，191‒194頁参照）の現象に基づいたものが数多く行なわれている。基本的には，ある刺激を何度も繰り返して提示すれば，その刺激への反応頻度や強度が最初に比べて減少する。その反応は，新たな刺激を経験することで回復し（脱馴化），しばらく時間をおいても回復する（自発的回復）。母親の腹部に当てたスピーカーから，文や1組の音節などの音声刺激を繰り返して提示することで，胎児の心拍は馴化を示す（Lecanuet et al. 1992）。一般的には，最初に心拍が減少するが，例外的に心拍が上昇することもある。しかし，刺激の提示を繰り返せば，結局その反応は元の水準まで戻るので，胎児が馴化を示したことになる。興味深いことに，何度も［ba］［bi］という順序で音節を繰り返し提示された胎児は，これらの音節に対しては馴化を示すが，［bi］［ba］という逆の順序には，最初のときの強い反応（つまり，脱馴化）を示す。

1. e． 初期経験の長期的な効果　これまでに述べてきたことの多くは，非常に未成熟な動物でさえ適応的なやり方で行動するということを示している。しかし，その初期の経験は，その後の発達段階での行動にも影響を及ぼす。昆虫では，寄生

虫が生息地の選択や寄生すべき生物を選択するときに見られるように，幼虫での経験が変態して成虫となった後のさまざまな行動に影響を及ぼす（Caubet et al. 1992)。例えば，ウスグロショウジョウバエ（*Drosophila pseudoobscura*）の生息地の選択には，幼虫時の環境での温度や光の状態が影響するし，アリ（*Formica polyctena*）が新たな巣を選ぶときには，幼虫のときに存在していた化学的な刺激の影響を受ける。

さらに，条件づけの手続きによって未成熟な個体に特定の選好を示すように行動を形成すれば，変態して成体となった後の選択行動にも影響を及ぼすことが証明されている。例えば，チャイロコメノゴミムシ（*Tenebrio molitor*）の幼虫に，餌を使ってＴ字迷路で特定の方向に曲がるように強化しておけば，訓練を受けなかった個体に比べて，成虫になってからの同じ課題での学習が速いことが示されている（Alloway 1972)。同じように，オビイモリ（*Triturus cristatus*）の幼生に，2つの小さな幾何学図形の一方に来て触れると餌で強化するが，他方の図形を触れれば強化しないようにすれば，この視覚弁別課題をすばやく学習する（Hershkowitz & Samuel 1973)。イモリは，食物のような物体に対して特徴のある叩き反応を行なうが，この反応の頻度は食物の強化によって増加させることができる。おもしろいことに，変態した後のテストで，イモリは試行の75％以上で（このときは強化されないが），幼生のときに訓練された正刺激に叩き反応を示した。

両生類の胚も，発達している最中に刺激に曝されるだけで学習することができる。例えば，カエル（*Rana temporaria*）の卵の胚にオレンジのエキスを注入すれば，オタマジャクシのときでも，成体のカエルとなったときでも，そのにおいのある場所を好むようになる（Hepper & Waldman 1992)。多くの両生類の種は池や川に卵を産むので，卵の環境に存在していた化学物質の特徴を学習することで，成体の産卵場所の選択が影響される可能性がある。同じように，母親から受けとった化学的な刺激が，血縁関係にあるかどうかを見分ける能力である**血縁認識**の発達にとって重要であるかもしれない（Waldman 1981)。例えば，個別に分離して育てられたヒキガエル（*Bufo americanus*）のオタマジャクシは，完全きょうだい（母親と父親が同じ）と父親だけが同じ半きょうだいを区別できるが，母親だけが同じ半きょうだいを区別できない。これらの結果は，母親を経由して獲得された要因が血縁認識を媒介していることを示唆している。このような**母親要因**には，卵の形成に関与する物質が含まれており，発達中に胚はそれに曝されているのである。

哺乳類では，胎児の相対的な**子宮内での位置**が，成体になってから重大な結果をもたらすことがある。妊娠したメスのマウス（*Mus musculus*）の子宮内のニッチは，とりわけ，性が異なる胎児の存在によって異なってくる。オスとメスの胎児は異なるホルモンを生産するために，これらが羊水内に拡散し，化学的な勾配が生じ，胎児は隣にいる胎児の性によってホルモンに曝される程度が異なるのだろう。ホルモンは神経の成熟に影響するので，成体の行動に影響を及ぼす可能性がある。例えば，成熟したオスのマウスは，胎児のときに両隣にオスのいなかったメスを，両隣ともオスであったメスよりも好む（vom Saal & Bronson 1980)。後者のメスは，出生前に雄性ホルモンをより多く受けたので，生殖器官に解剖学的な雄性化の徴候があるのかもしれない。

初期経験が行動に長期的な影響を及ぼすことには間違いないが，必ずしもそうならない場合もある。実際のところ，多くの初期経験は成体になった頃には忘れられている。幼児期健忘と呼ばれるこの現象については，後の2.f. で詳しく説明する。

2. 子どもの学習と行動

2.a. 行動発達のパターン 行動発達を記述するには，幼い個体において出現する行動のパターンとその順序を記述するような，なるべく自然なアプローチが良いだろう。ある動物にとって自然

な状況での発達を調べるのが理想的だが，なかなかこれが困難であったり，不可能であったりする。そこで比較心理学者は，擬似的な自然環境を研究室で作り上げ，そこでの行動を詳細に記述している。このような研究手法は，特に対象としている動物が比較的近づきにくい生活様式を持っている場合に有効である。例えば，ガジットとターケル（Gazit & Tarkel 1998）の研究で対象となった，目が見えないメクラネズミ（*Spalax ehrenbergi*）の例を取り上げてみよう。

メクラネズミは地下の穴の中で暮らしている。つまり彼らは，外界に現れることなく，ずっと地下のトンネルの中で暮らしている。穴を掘って暮らすという生活様式は，哺乳類の中でも齧歯類と食虫類の科で独立に進化し，それぞれの環境に特化した適応をもたらした。身体の形，切歯の大きさ，視覚の低下または消失，地面の振動を使ってのコミュニケーションなどは，適応の結果としてのメクラネズミの特徴である。これらの動物は，成体では単独で暮らす。そのことは，巣から分散をするということでもある。巣から分散していく行動は，どのように発達するのだろうか？

ガジットとターケル（Gazit & Tarkel 1998）は，5つのコンパートメントを管でつないだ環境で，妊娠したメスを飼育した（図 11-4-(a) 参照）。この環境は，自然集団で見られるものを再現したものである。母親は，ある区画内を移動することができたが，管に取り付けられた障壁に阻

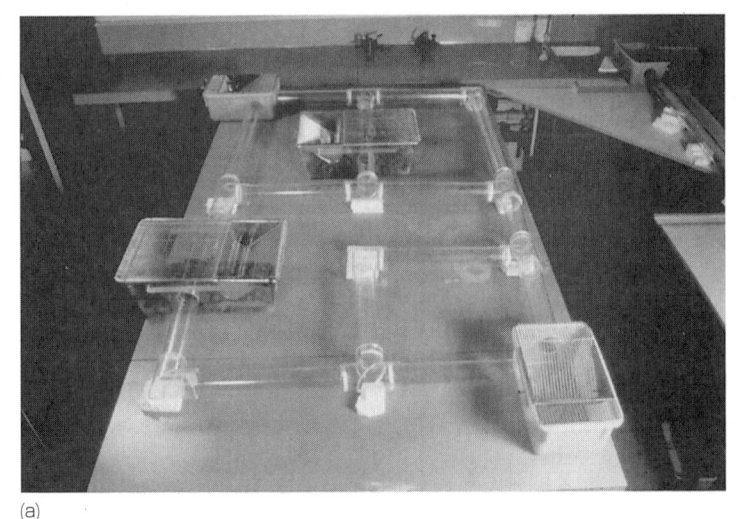

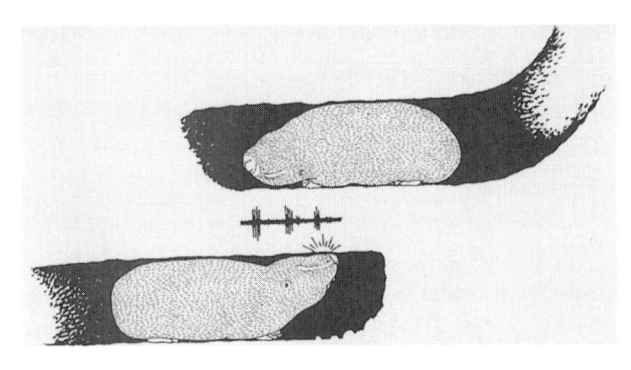

図 11-4　(a)メクラネズミの行動発達を研究するために作り上げられた擬似的な環境。(b)メクラネズミがコミュニケーションに使う地面の振動（I. Gazit 氏と J. Terkel 氏の厚意による写真。W. Ferguson による絵）。

まれて，子どもなら通れる別の区画へと移動することはできなかった（母親はこの障壁を通るには身体が大きすぎた）。このような条件下で，さまざまな行動パターンが最初に出現した日齢を表11-1に示した。この発達パターンは，全体的には他の晩成性の哺乳類と多くの点で共通している。例えば，生後間もない週齢では，母親は熱心に育児をし，子どもはほとんどの間，巣にいる。生後1カ月もすれば，子どもは巣から出て，トンネルの中に入り，より複雑な子ども同士の相互作用を見せ始める。例えば，きょうだいと押し引きをしたり，一緒に転がる**遊び行動**がこの頃に現れる。生後1カ月では，切歯の萌出とともに**攻撃行動**も現れる。**離乳**後にきょうだい間での攻撃的なやりとりはより頻繁になり，噛みつきと発声を伴った素早い動きが見られるようになる。母親がいれば，これらの行動は抑制されるが，母親のいる巣から子どもが外に出されると，それらの頻度はいっそう高くなる。生後2カ月を過ぎれば，今度は母親が子どもに攻撃行動を示すようになるが，特にオスはその対象になりやすい。子どもは巣の周辺に逃げ込むが，最終的には母親が入ってこられない脇の飼育箱へ移動し，そこで自分のテリトリーを作り上げる。図11-4-(b)は，やはり2カ月齢で出現する地面の震動を用いたコミュニケーションを示している。

母親のテリトリーから自分自身のテリトリーへの移行は徐々に進行し，約4-6週齢で見られるようになる。興味深いのは，母親はしだいに子どものオスに攻撃的になってくるだけでなく，その子どものオスも母親の入れない別の飼育箱に落ち着こうとする。メスは母親のそばに残るが，最終的には母親の攻撃が激しくなって出ていく。自然環境では，オスのほうが母親のテリトリーから遠いところへ分散し，メスは母親に近いところに残る傾向がある。巣からの分散は，疑似的な環境を用いたこの研究で観察された母親の攻撃行動に媒介されているようである。この種の分散は，哺乳類でよく見られ，そしてそれは，重要な行動の結果をもたらす（→第4章，4.f.，93-94頁参照）。

2．b．感覚運動系の発達

先のメクラネズミの研究は，一般的で，かつ明確な発達のルールを示している。行動のレパートリーは，動物が発達するにつれて大きく複雑になる傾向がある。発達段階が突然次へと移行する場合もあるが（伸張反応やワイピング反応のように），行動の変化は一般的には緩やかに生じる。発達中の行動レパート

表11-1 メクラネズミにおけるさまざまな行動が最初に出現した日齢

行動パターン	平均日齢
巣から出て隣の管の中へ入る	14.5
巣で固形食物を食べる	20.7
食物を集め，母親のいる巣へ持ち帰る	31.3
前肢で頭の毛繕いをする	31.8
管の中で後方へ歩く	32.5
排泄のために母親の使用しているトイレを使う	33.0
母親のケージであちこちを掘る	34.6
顎で聞く（振動を聞くために顎を管につける）	35.6
きょうだいと遊ぶ	36.7
噛まないが，切歯をむき出しにする	41.0
<u>離乳</u>	<u>44.0</u>
母親とは別の食物貯蔵庫を作る	45.4
きょうだい間での攻撃	52.7
ヘッドドラミング（管の天井に向かって頭を軽くたたく）	56.5
母子間の攻撃	64.5
夜に別の巣で寝る	66.4
<u>母親のテリトリーからの追放</u>	<u>70.3</u>
母親のテリトリーとの境界に土のバリアーを作る	75.0
母子間でのヘッドドラミング	75.0
土のバリアーへの排尿	102.0

注：離乳と巣からの追放は，参考のため下線を引いた

リーの複雑さが増すことは，動物が環境に存在する対象と相互作用する種類と範囲をみればわかるだろう。

対象の探索行動は，オープンフィールドを改良した装置を用いて，ラット（*Rattus norvegicus*）で詳細に調べられてきた。オープンフィールドとは，齧歯類のような小動物の全般的な活動を調べるために広く用いられている単純な装置である。一般的には，いくつかの区画に線を引いた，円筒形あるいは四角い箱の底面に動物を置き，セッション中の行動を，ビデオ記録し後で分析するか，光電管やコンピュータソフトウェアなどによって，動物の位置や運動の種類（例えば，においを嗅ぐとか，立ち上がり）を自動的に記録する。小さな齧歯類は，広い場所ではなかなか動き回らないので，改良型の手続きでは，オープンフィールドの底にホームケージを取り付けて，オープンフィールドとホームケージを自由に行き来できるようになっている。この改良によって，表出された行動に恐怖や不安反応が混ざることが少なくなった。このような手続きによってレナーら（Renner et al. 1992）は，ラットが成長するにつれて，対象とのかかわりがしだいに多くなることを見出した。そこで動物は，操作可能（ラットが動かすことのできるような，紙くずなどの軽い対象）か，操作不可能（花崗岩の固まりのような重い対象）と分類された対象に曝された。対象との総接触量，対象とかかわっていた期間の数，その期間の長さは，いずれも年齢と共に増加した。量だけでなく，対象へ向けられる行動の種類も，年齢と共に多くなった。90日齢のラットは，30日齢のラットに比べて，対象のにおいをより多く嗅いだだけでなく，さらに，前肢の先で触ったり，片方か両方の前肢を対象の上に載せることが多かった。後者の行動は，30日齢の個体では，まったく，あるいはほとんど見られなかった。

レナーらの研究は，行動発達を研究するための2つの典型的な手続きのうち，**横断的研究法**と呼ばれるものを代表している。この研究法では，年齢の異なる独立したグループの動物が，オープンフィールドのような特定の条件で観察される。この研究法の利点の1つは，どの動物もそのテスト状況を初めて経験することであり，そのため年齢による違いは，このテストの経験量の違いによるとはいえないことである。もう1つの研究法は，**縦断的研究法**と呼ばれており，特定の動物グループの行動上の発達的変化を記述，観察するものである。観察は，特定の年齢または時間間隔で行なわれ，前節で述べたメクラネズミのように（表11-1），多少なりとも継続的に行なわれる。

研究者が，飼育するには費用がかかりすぎたり，絶滅危惧種に指定されているような動物を自然の環境下で観察したい場合には，縦断的研究は最も良い方法であろう。例えば，ポチとスピノッチ（Potì & Spinozzi 1994）は，チンパンジー（*Pan troglodytes*）の感覚運動系の発達を縦断的研究法によって観察した。**感覚運動的知能**は，スイスの発達心理学者ジャン・ピアジェ（Jean Piaget）［1896-1980］が提唱した理論における，知的発達の最初の段階に対応している。この理論はヒトの知能を理解することを目的としているが，ピアジェが提唱した発達段階を特徴づける過程のいくつかは，ヒト以外の動物でも研究されてきた。この研究では，人間の養育者によって4個体のチンパンジーの子どもが育てられ，初期発達の期間のどの年齢で，さまざまな反射や行動が現れるかが記録された。感覚運動系の発達は，4つの段階に分類される。それぞれの段階を代表する行動の出現年齢は，おそらく養育条件によって異なるだろうが，これらの段階が現れる順序は，比較的固定的で頑健である。

感覚運動期の第1段階は，生後第1週目で最も強く現れる吸引反射や把握反射（手の平を刺激されれば，その手を強く閉じること），生後4週目以降に現れる，動く対象を目で追う能力などが特徴である。感覚運動期の第2段階は，口で対象を「探索」しようとする傾向（すなわち，9週齢に現れる**開口運動**）や，手と口（およそ10週齢）や手と目（12週齢）の協応を特徴とする。感覚運動期の第3段階は，目で見た物を手でつかむ非常に効率的なリーチング反応や，乳児の視覚領域をすばやく移動する対象を目で追従する能力を特徴とする。感覚運動期の第4段階は，**対象の永続性**（36週齢）として知られる能力を特徴と

する。これは，対象が隠された位置を，再び現れるまで見ている能力である。これまでに記述した行動の発達順序は，ヒトの子どもで見られるものと非常によく似ているが，多少の違いもある。例えば第4段階では，いわゆる**対象同士の組み合わせ**（例えば，棒を使ってボールを押すといった，別の対象を変化させるためにある対象を使うこと）は，チンパンジーの子どもよりもヒトの乳児のほうが多く行なう。

2. c． 注意，馴化，潜在制止 いかに単調で貧弱であっても，環境はさまざまな感覚的影響を与えている。動物がこのような環境からの影響を検出する感覚器を持っている限り，動物が主として行なうことは，どの刺激を積極的に処理し，どれを無視しても安全かを決めることである。刺激に定位し，処理する能力は，**注意**と呼ばれる。注意はある程度の選択性を前提としており，そのことは，環境の中で使用可能なあらゆる刺激の中でも，ほんのわずかなものによって行動が制御されていることを意味している。注意や他の類似した処理過程（学習，記憶，動機づけなど）の研究における基本的な問題は，「注意」という言葉が，それ自身は観察不可能だが，行動の変化によって推測される脳内の処理過程について言及していることである。心理学者は，このような用語を**媒介変数**と呼んでいる。それは，理論家が実証的な観察結果を説明するために作り上げた，定義可能な刺激と観察可能な反応と明示的な関係を持つ理論的構成概念のことである（Tolman 1938）。

動物が環境での刺激変化を知覚し，この変化に対して，少なくとも測定可能な方法で何らかの反応を行なったときに，注意の過程は研究しやすくなる。このような注意に関する行動指標の1つに，**定位反応**がある。これは，起こり得るべき刺激を最大限に知覚できるように，感覚器の位置を調節する能力である。例えば，さまざまな種類の音に対して，ラットの成体は音源の方向に頭を向ける。その刺激が非常に強ければ驚愕反応を示すなど，多様な姿勢の変化を示すだろう。先に述べたように，ラットの聴覚は大部分が生後に発達する（→ 1.c.参照）。それではいったい，どのくらいの日齢で音に対する定位ができるようになるのだろうか？

蝸牛神経（内耳から中枢神経系まで聴覚情報を運ぶ第Ⅷ脳神経）の細胞から反応を記録した研究では，強い音に対して生後8〜9日齢で細胞が応答するようになったと報告されている。しかし行動実験では，音源に対する姿勢の定位は，生後14日齢になってようやく現れることが示された（Kelly et al. 1987）。このような音源の定位は，両耳によって検出された聴覚情報の比較に依存している。**両耳聴**は，哺乳類が音源を定位するための主要な機構である。2つの外耳道のうちの1つが縫合された片耳のラットは，生後17日齢で定位反応の正確さが急激に減少する。

第7章で記述したように，定位反応や他の反応を誘発する多くの刺激は，繰り返し提示された後には，ほんの1，2回の提示でも反応を誘発しなくなる。これは，馴化としてよく知られる現象である。反応の馴化は，中枢神経系の変化のために生じるのであり，感覚順応や筋肉疲労などの末梢性の要因によって生じるのではない。このことは，新奇で比較的強い刺激に曝されれば馴化した反応が回復する，脱馴化効果によって示される。したがって，馴化には注意の減退が含まれると考えることも可能である。つまり，その刺激に対する動物の知覚には影響せず，また状況が変わったときにもその刺激に反応する能力に干渉しないで，刺激が反応を誘発する能力を失わせているのである。

馴化の個体発生は，ラットを対象にしてさまざまな条件下で広範囲に研究されてきた。ある実験条件では，さまざまな日齢のラットの子どもを空中に吊し，比較的動きにくい状況にして，前肢を微弱な電気ショックで刺激し，その屈曲を自動的に記録した（Stehouwer & Campbell 1978）。この脚の屈曲反射の馴化は，第7章の3.a.で概説した，以下のいくつかの特性に合致している（→ 191-194頁参照）。刺激の繰り返しとともに，脚の屈曲が負の指数関数的に減少する（第1の特性）。馴化の速度は，刺激提示の頻度が多いほど速く（第4の特性），弱い刺激ほど速く（第5の特性），さらに，より強い刺激の提示は屈曲反応

を回復させる（第8の特性）。しかし発達のパターンは，決して単純ではない。

図11-5は，離乳前の（ラットの離乳は生後約21日に生じる），生後3，6，10，15日齢のラットに対して，さまざまな刺激提示間隔で実験を行なった結果を示している。まず第1に，指数関数的な減衰（第1の特性）が，最も大きな特徴であることに注目してもらいたい。第2に，刺激が強いほど脚の屈曲反応に大きな効果が生じたことも明白である（第8の特性）。しかし第3に，あらゆる刺激提示間隔（1秒から8秒までの）での馴化は，若いラットのほうが顕著であることに気づいただろうか。15日齢のラットは，8秒ごとの刺激ではほとんど馴化が生じていないが，3日齢のラットでは，顕著な行動的変化が見られる。

ラットは成長するにつれて電気ショックの繰り返し提示に対して，鋭敏化が生じやすくなるのかもしれない。**鋭敏化**とは，繰り返して提示された刺激によって引き起こされる反応の増加のことである。同じ刺激（特に中間の強度で）が，馴化と鋭敏化のどちらをも誘発することがあり，実際の反応レベルは，拮抗するこれらの効果を相殺したものを反映している（Groves & Thompson 1970）。鋭敏化らしきものは，4秒と8秒の刺激提示間隔で刺激を受けた10日齢のラットの行動に見ることができる。脚の屈曲は，馴化訓練の後半に向かって増加している（図11-5）。より直接的なテストで，中程度の強さのショック（0.18 mA）をさらに多くの試行（500試行）で提示したところ，3日齢と6日齢のラットは馴化を示したが，

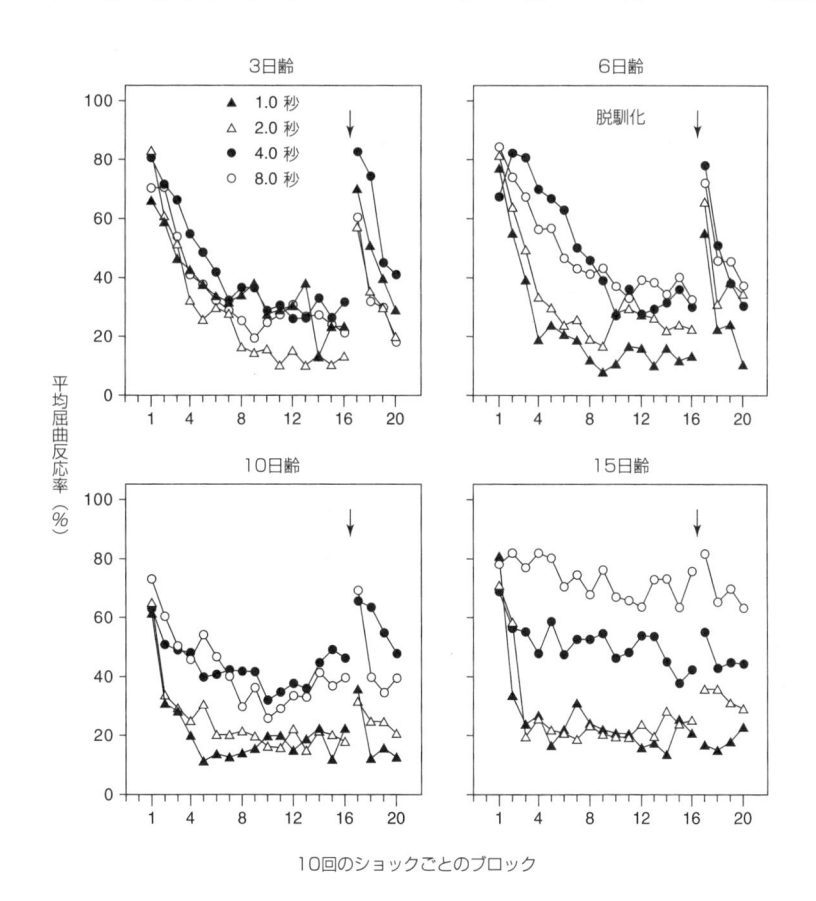

図11-5　日齢（3，6，10，15日齢）と刺激の提示間隔（1，2，4，8秒）が異なる新生児ラットの脚屈曲反応の馴化（Stehouwer & Campbell 1978）。矢印は，脱馴化反応を生じさせるために，より強いショックを提示したことを表している。

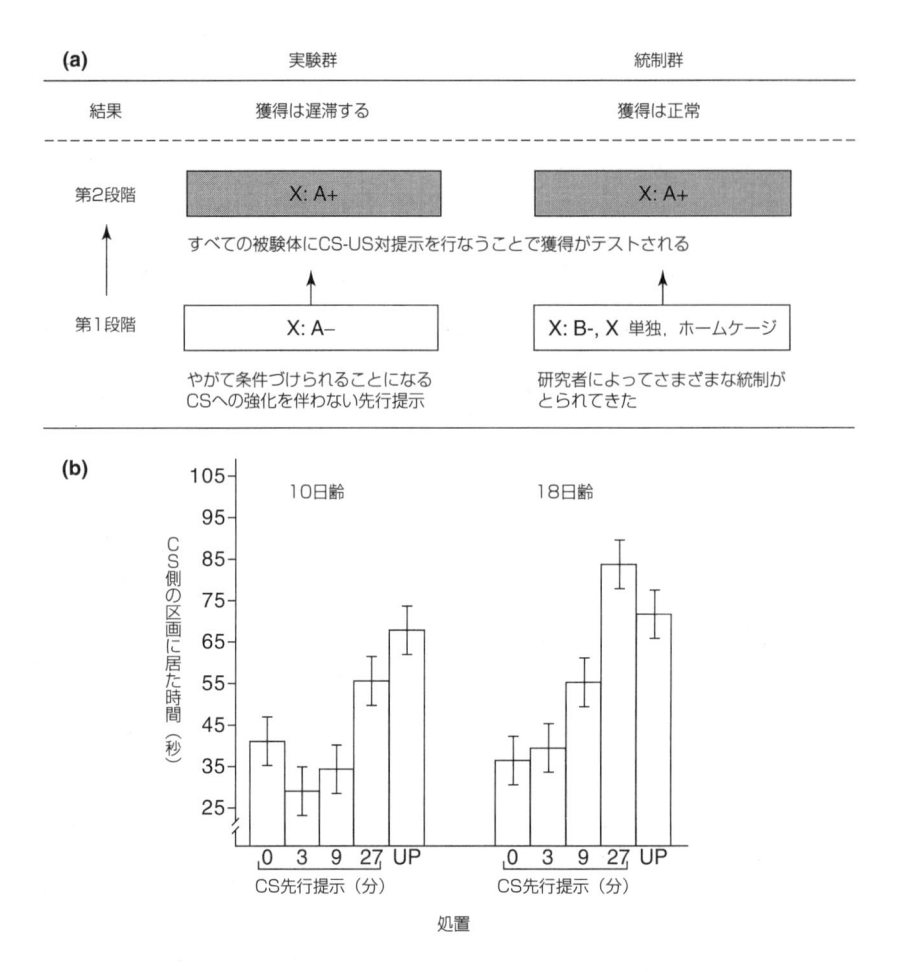

図11−6 (a)潜在制止を示すために用いられる実験計画を示した図。実験には2つの段階が含まれるが、手続きの違いは最初の段階だけである。第1段階において、実験群は特定の文脈（X）で、条件刺激となる刺激(A)の強化を伴わない先行提示を受ける。研究者によって統制群はさまざまだが、第1段階で、同じ文脈で別の刺激(B)を受けるものや、単にその文脈に入れられただけのもの、ホームケージにおかれたままのもの、が用いられてきた。第2段階は、先行提示を受けた文脈で、ターゲットのCSとUSの対提示を受ける（X：A+と表される）。強化されないCSを先行提示した結果、実験群の動物は、統制群に比べて獲得が遅れる。この遅滞が、潜在制止と呼ばれる。(b)生後10日齢と18日齢のラットにおける潜在制止（Hoffman & Spear 1989）。第1段階で、離乳前のラットは、後にCSとなる刺激にさまざまな時間（0、3、9、27分間）曝された。第2段階で、彼らはにおいのCSと足下からの電気ショックのUSとの対提示を受けた。統制群は、においのCSと足下からの電気ショックのUSを対提示でない形式（UP）で提示された。最終的なテストの結果がこの図に示されている。すべての個体は、2つの区画に分かれた箱に入れられた。そしてターゲットのにおいの付いた区画と、中立のにおいの付いた区画に居た時間が記録された。条件づけが強くなるほど、CS側に居る時間が短くなる。まず最初に、第1段階でより長くCSに曝されるほど、テストでの条件づけが減少していることに（つまり、しだいに統制群（UP）に近づいてくる）、そして次に、短いCSの先行提示（3分と9分）を受けた生後10日齢のラットは、先行提示を受けていない統制群（0分）よりも、むしろ強く反応していることに注目してもらいたい。

10日齢と15日齢のラットは最初に屈曲反応の馴化を示したものの，その後には鋭敏化を示すことが明らかになった。

馴化の手続きは，特定の反応を減少させる以上のことを生じさせるのかもしれない。刺激を繰り返して提示することは，その刺激を無視する傾向を発達させるかもしれない。つまり，もし状況が変わったとしても，その刺激の処理を行なわせないように注意が減退しているのかもしれない。**潜在制止**として知られる現象は，その可能性を示している。図11-6-(a)で図示したように，潜在制止の実験には，少なくとも，2つの訓練段階と，2つのグループ間の比較が必要である。馴化と潜在制止の大きな違いは，繰り返し提示された刺激の効果を測定する方法にある。馴化の実験では，単に刺激を提示しているときの反応の変化だけを測定するが，潜在制止は，次の段階における古典的条件づけ訓練の獲得が遅滞したものとして測定される。この第2段階では，第1段階で繰り返し提示された刺激が，CS-US試行の条件刺激として用いられる。このような遅滞は，動物がその刺激を無視することを学習したこと，そして環境が変わって今やその刺激が重要な事象であるUSの信号になったときでさえも，以前の傾向を覆すのは難しいことを示唆している（Lubow 1989）。

ラットの実験から，強化を伴わないでCSを何度も提示したときの，そのCSへの条件づけられやすさは，生後3週間で劇的に変化することが示されている。そのような実験の1つで（Hoffman & Spear 1989），離乳前の生後10日齢と18日齢のラットが，周囲に特定のにおいがある状況で足下から電気ショックを受けた（サリチル酸メチルに浸した綿が条件づけ箱の格子床の下に置かれていた）。後のテストでラットは，1つは条件づけで用いられたにおい，他方は中立なにおいが付けられた，2つの区画のどちらかを選ぶ機会が与えられた（図11-6-(b)参照）。どちらの日齢でも，においとショックの両方を非対提示の形式で受けたラットに比べて，それらの対提示を受けたラットは，条件づけで用いられたにおいの区画を有意に多く避けた。においとショックの条件づけ試行の前に，そのにおいが3，9，27分間提示されていた18日齢のラットでは，提示時間が長くなるほど，そのにおいの付いた区画を避ける傾向が減少した。これは，CS先行提示の程度に合わせて潜在制止が強くなるという，成熟個体では一般的な結果である。しかし条件づけに先だって，CSへの先行提示を3分間か9分間受けた10日齢のラットは，においの付いた区画をより強く避けた。すなわち，これはいわば潜在制止とは逆の効果である。先行提示によって遅滞するどころかむしろ，比較的短時間の先行提示によって，10日齢のラットの獲得は促進されたのである。

ラットの子どもは，急速に注意の能力を発達させる。彼らは，刺激のある方に定位し，成長したラットよりも，馴化の生じる率が多いこともある。そして，彼らは無関係な刺激に曝されれば，単にそれを無視することを学習するだけでなく，そこから実際に利益を享受するのである。

2. d． 新生児の学習能力　哺乳類の新生児の学習レパートリーは，どの程度のものだろうか？すでに前節で多くの事実を示したが，さらに次節以降と，社会的学習に焦点を当てた第12章においても，このことについて考察していく。ここでは，ラットとヒトという2種の哺乳類で詳しく研究されてきた，いくつかの新生児の学習能力について焦点を当てる。取り扱うのは，**古典的（またはパブロフ型）条件づけ**と，**道具的（またはオペラント）条件づけ**という，2種類の手続きによる学習である。すでに詳しく述べたが（第13章参照），古典的条件づけはCSとUSと呼ばれる2つの刺激の対提示によって，CSが特定の行動を誘発する頻度が変化することであり，道具的条件づけとはある反応と何らかの結果を対提示することで，それ以降にその反応の頻度や強度が変化することである。

哺乳類の胎児が古典的条件づけの能力を備えているので，新生児が同じような能力を持っていても驚かないだろう。例えば，1日齢のラットの口腔にサッカリン（CS）を入れて，気分が悪くなる塩化リチウム（US）を対提示の形式で注射すれば，簡単に味覚嫌悪学習を形成することができる（Gemberling & Domjan 1982）。これらのCS-

US対提示を経験することで，5日後のサッカリンの摂取量は，対提示を受けていない統制条件に比べて減少する。同じように，生後まもなくであっても，ミルクと対提示された刺激に対して選好を示すようになる。ある実験（Johanson et al. 1984）では，さまざまな日齢のラットの新生児が，杉のにおい（CS）と口腔へのミルク（US）の対提示を受けた。3日齢の新生児は，2，3回の対提示後に明確な条件づけの徴候を示した。例えば，CS-USの対提示を受けた個体では，対提示でない形式で両方の刺激を受けた条件や，CS，USだけを単独で受けた条件の個体が示すものに比べ，CSがあるときには，開口運動（口と顎の動きとして定義される）の頻度と全体的な活動性が増加した。

生まれたばかりの哺乳類は，ある反応に特定の結果が何度か伴う訓練試行で，その反応を変化させる能力も持っている。このような道具的条件づけは，**マスター・ヨークト・デザイン**を用いた1日齢のラットで示されている（→ Johanson & Hall 1979；マスター・ヨークト・デザインの手続きの例として図8-6-(b)，215頁参照）。マスター条件の個体が操作的な反応（パドルに触れるなど）をするたびに，その個体の口にミルクが入れられて強化された。2～3時間この手続きにしておいたところ，マスター条件の個体は，かなりの高頻度で，かつ途切れなくパドルに触る行動を発達させた。統制群であるヨークト条件の個体にもパドルは提示されていたが，その個体がミルクを得るのはマスター条件の個体が反応してミルクを得たときであり，反応率はかなり低かった。したがって，反応と結果の随伴性（マスター条件にだけ有効）が，この種の学習に重要であったことを証明している。

ヒトの新生児も，吸引反応を道具的行動に，母親の声をその結果，とすることで，速やかに条件づけることができる（DeCasper & Fifer 1980）。最初に，栄養価のない人工乳首を用いて，ベースライン期間の吸引を調べる。どのくらいの頻度で吸引が生じていたかというベースラインを調べた後で，その吸引反応を変えるための随伴性が導入される。ある新生児たちには，ベースラインよりも高い頻度で吸引すれば2～3秒間，母親の声がテープレコーダーから聞こえるようにした。別の新生児たちには，ベースラインよりも反応頻度を下げれば，母親の声が聞こえるようにした。このような条件下で，10人の新生児のうちの8人が，訓練中に実施された道具的な随伴性にしたがって（増加と減少のいずれの場合でも）吸引の頻度を変えた。さらに，新生児は単純な聴覚弁別を素早く学習した。半数の新生児には，ある音が提示されているときに吸引すれば，テープレコーダーか

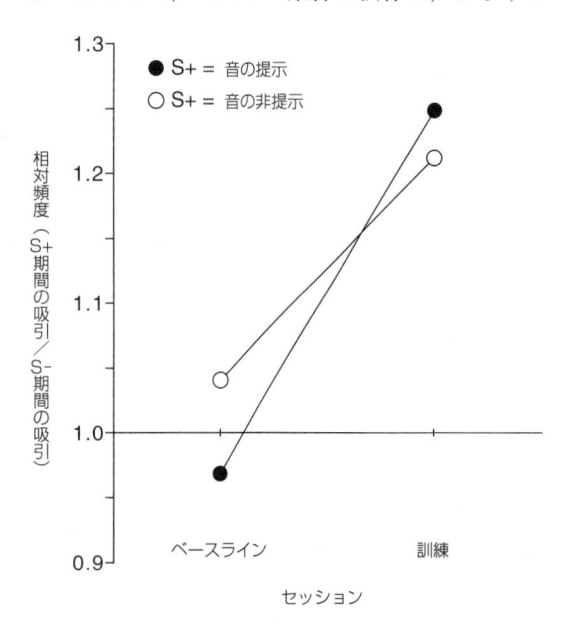

図11-7 新生児による聴覚弁別（DeCasper & Fifer 1980）。栄養価のない人工乳首を吸うことで，数秒間テープレコーダから母親の声が流れたが，それは特定の刺激があるとき（S+）にのみ有効であった。このS+は，音が提示されているかいないかのどちらかであった。その結果，吸引の相対的な頻度が，いずれの条件においても1よりはるかに高くなっている。このことは，吸引がS+の期間により多く生じたことを意味している。

ら母親の声が聞こえたが，音が提示されていないときの吸引は，何の効果ももたらさなかった（T＋/noT－の弁別）。残りの半数では，この道具的条件づけの随伴性が逆にされた（noT＋/T－の弁別）。図11－7に示したように，この弁別でのS＋の期間では，どちらの条件でも吸引が増加した。このことが示しているのは，新生児は直接食物とは結びついていない欲求性の結果を最大限にするために，吸引行動を調節できる能力を持っているということである。

ラットの新生児の学習能力は，単純な形式の連合学習を超えたものにまで及ぶかもしれない。例えば，お金や賞賛や同意の言葉（「それはすごい！」「そうだ！」）など，過去の経験があるからこそ，その事が意味を持つ状況において学習が成立するわれわれの能力について考えてみよう。これらは**二次強化子**と呼ばれ，ミルクや疾患のように，生活体に直接生物学的な影響を及ぼすことで動因をもたらす**一次強化子**とは区別される。**二次条件づけ**として知られるパブロフが示した現象は，二次強化子がどのように行動に影響を及ぼすかを示している。図11－8－(a)は，離乳前のラットの子どもを対象にした発達研究の中で，特定の刺激を使って二次条件づけを示した，チートルとルディー（Cheatle & Rudy 1979）の基本的な実験計画を表している。第1段階で，実験群は典型的なCS－USの対提示（一次条件づけと呼ぶ）を，その刺激（この研究ではレモンのにおい）がUS（吐き気を催す塩化リチウムの注射）への確実な信号になるまで受けた。この第1段階の訓練は，ラットが1，3，5，7日齢のときに開始された。第2段階でそのレモンのにおいは，第2の刺激であるオレンジのにおいに対する条件性強化子として用いられた。オレンジのにおいは決してUSとは直接対提示されることはなかった。この第2段階の訓練は翌日に行なわれた。

最後のテストでは，第1段階か第2段階において（一次条件づけは両方の段階での連合経験が必要である）逆行か，非対提示の形式でそれらの刺激が与えられた統制群と比較し，オレンジのにおいがどれだけ条件反応を誘発するかが調べられた。このテストで，ラットの子どもは2つの区画に分かれた箱に入れられた。それぞれの区画の先にはオレンジのにおい（二次刺激）と，ニンニクのにおい（中立の刺激）が置かれていた。続く第2のテストで，ニンニクのにおい（中立の刺激）と，レモンのにおい（一次刺激）を比較し，どの程度嫌悪が発達したかが調べられた。それぞれのテストで，オレンジかレモンの区画に滞在していた時間が測定され，においに対する嫌悪の強さが調べられた。図11－8－(b)に示すように，逆行の形式で提示を受けた群に比べて，対提示を受けた2群は，すべての年齢で一次条件づけが示された。それに対して二次条件づけは，6，8日齢のラットでは示されたが，2，4日齢のラットではそれが観察されなかった。その後の実験から，この状況で二次条件づけを形成するには，第1段階の訓練が生後6日以内のどの日齢で行なわれるかに関わらず，第2段階の訓練を生後6日以降に行なわれなければならないことが明らかになった。

ラットとヒトの初期学習について簡単に概説したが，これは，生まれたばかりの哺乳類がすでにかなり高度な学習能力を備えていることを示している。しかしそれらの研究は，ある種の行動の出現には移行が見られるように，学習の能力も初期発達の途中で現れてくるものがあることを示している。個体発生において学習効果が漸進的に現れてくるということは，ほとんどの哺乳類では，初期発達の間に脳がかなりの変化を遂げるということを考えると，脳と行動が並行して発達していることを示唆している。この問題は次の節でさらに詳しく取り上げる。

2．e．　情動と学習　この2つの単語は，先に述べた媒介変数の概念を含んでいる。特に，「情動」という単語は，とても主観的な響きを持っているので厄介である。これらに対する研究を科学的な理論化の枠組みにとどめておくために，比較心理学者は実験的に仮説検証できるよう，その概念を注意深くかつ明確に定義している。それらに関する研究は，恐怖とフラストレーションという，個人的な経験となじみの深い，2つの情動に焦点をあてて行なわれてきた。

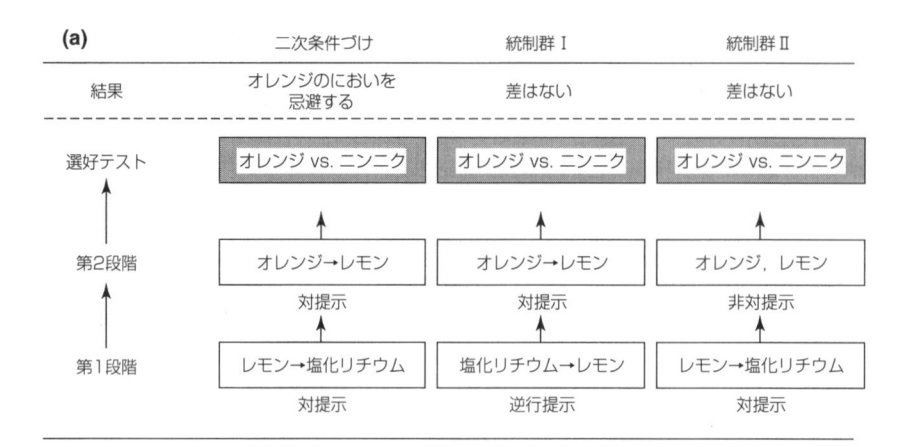

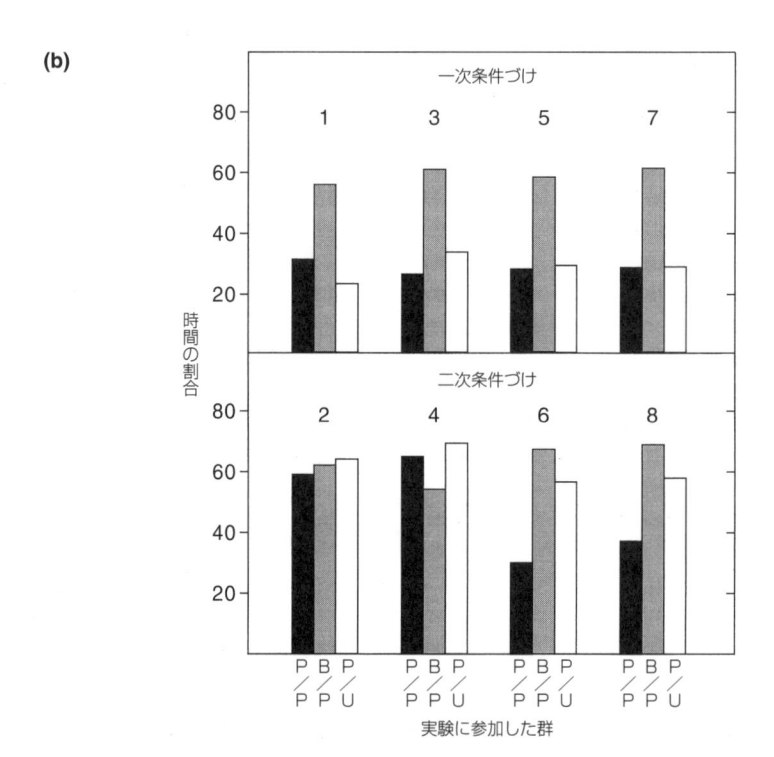

図11-8 ラットの子どもの二次条件づけ (Cheatle & Rudy 1979)。(a)この実験で使われた実験計画の概略図。この実験には，2つの訓練段階と，3群でのテストが含まれる。統制群Ⅰは，第1段階で逆行対提示を受け，統制群Ⅱは第2段階で非対提示を受けた。この実験計画の狙いは，二次条件づけには，両方の段階において対提示される経験が不可欠であることを示すことである。(b)選好テスト。より重要なテストが，下のグラフに示されている。両方の段階で対提示（P/P）を受けた6日齢と8日齢のラットは，統制群に比べ，二次条件づけを示している。しかし，2日齢と4日齢のラットは，この効果を示すことができなかった。上のグラフは，低い日齢のラットで効果がなかったことが，第1段階で生じるはずの一次条件づけの失敗によるのではないことを示している。

恐怖とは，不快なことが起きることを予期したときに経験する情動状態である。それは，苦痛，害，あるいは不快を引き起こす可能性のあるもの（暗い路地に入ることの怖れなど）のことである。その予期的な性質から，恐怖は条件反応であると信じられている。つまり，切迫した危険の信号（いかに微弱であれ）に対する反応である。したがって，動物の足へ電気ショックを与えるような，末梢への痛みを引き起こすUSを用いる訓練状況は，**恐怖条件づけ**，すなわち，動物の行動（攻撃行動の誘発）と生理（血漿中のストレスホルモンの濃度の上昇）の両方に影響を及ぼす内的状態，あるいは内的反応の獲得を導くといわれる。実験でよく用いられる他の恐怖の指標は，現在遂行中の欲求性の行動が，苦痛の信号によってどれだけ抑制されるかである。この条件づけの事態は，**条件性抑制**として知られており，詳しい手続きを図11-9-(a) に示した。

条件性抑制を用いた個体発生の研究でコルターら（Coulter et al. 1976）は，11～13，14～16，17～19，20～22日齢のラットにパブロフ型の訓練を行ない，32日後（どの群も同じ期間）に道具的訓練を行なった。別の実験から，すでにこの年齢のラットは，ショックの信号である刺激が提示されれば，食物によって強化された欲求性の行動を即座に抑制することを学習できることが示されている。しかし，この研究での問題は，その学習が一定の**保持間隔**後にも，同じくらいの強さで保たれているか，ということであった。図11-9-(b) に示されているように，17から22日齢で条件づけられたラットは，条件性の恐怖反応を示したが，11から16日齢で条件づけられたラットはそれを保持していなかった。したがって未成熟な哺乳類の学習能力は，獲得された情報がその後の生活でも使用できるわけではない。

フラストレーションについてはどうだろうか？フラストレーションは，予期していた以上に現実の状況が悪い（例えば，とても試験勉強をがんばったのに，ひどい点を取った）とわかったときに引き起こされる。報酬が減ることを予期している（例えば，勉強をせずに悪い点を取る）ときにはフラストレーションを感じず，それは予期しない損失があったときにだけ生じる。したがって，これは**予期せぬ非強化**といわれる。恐怖と同じように，フラストレーションも行動的結果（例えば，攻撃を誘発したり）や生理的結果（例えば，ストレスホルモンの水準を上げる）を伴う，嫌悪的な内的反応である。フラストレーションを条件反応にすることもできる（専門用語では，**予期的フラストレーション**と呼ばれる）。一所懸命勉強したにもかかわらず試験で落第すれば，どれだけまじめに必要な勉強をしたとしても，次の試験の前には不安を感じるだろう。学生は，2回目の失敗の可能性を予期するのである。予期的フラストレーションは，より好ましい報酬で強化されていた行動が，突然あまり好ましくない報酬と対にされることで生じうる。この報酬条件が変わったことで，もともとあまり好ましくない報酬しか受けていなかった統制群の水準よりも，道具的行動の水準が低下する。これは，**負の継時的対比効果**（SNC）と呼ばれており，子どものラットを対象としたチェンら（Chen et al. 1981）の手続きが，図11-10-(a) に詳しく示されている。

負の継時的対比効果も，発達中のラットに徐々に現れる。チェンらのある実験では，生後16～17，20～21，25～26日齢のラットが2セッションの訓練を受けた。彼らは，群によって多いか少ない量のミルクが与えられるチューブを目指して，直線走路のゴールまで移動した。図11-10-(b) で示されるように，走行速度は試行を重ねるにつれて早くなった。このことは，どのラットも等しくこの単純な課題を解く学習能力を持っていたことを表している。しかし，報酬量が減少しても，17日齢のラットではまったく行動が変化しなかったが，21日齢のラットには負の継時的対比効果の徴候が見られ，26日齢のラットでは変化の後で大きく走行速度が低下するという，顕著な負の継時的対比効果が認められた。

同様の負の継時的対比効果は，巧妙な手続きで3カ月齢の赤ちゃんの条件づけを行なった実験でも報告されている（Mast et al. 1980）。彩り鮮やかな木のブロックが，赤ちゃんのベビーベッドの上に吊り下げられ，そのモビールと赤ちゃんの右足首がリボンで結びつけられた。したがって，赤

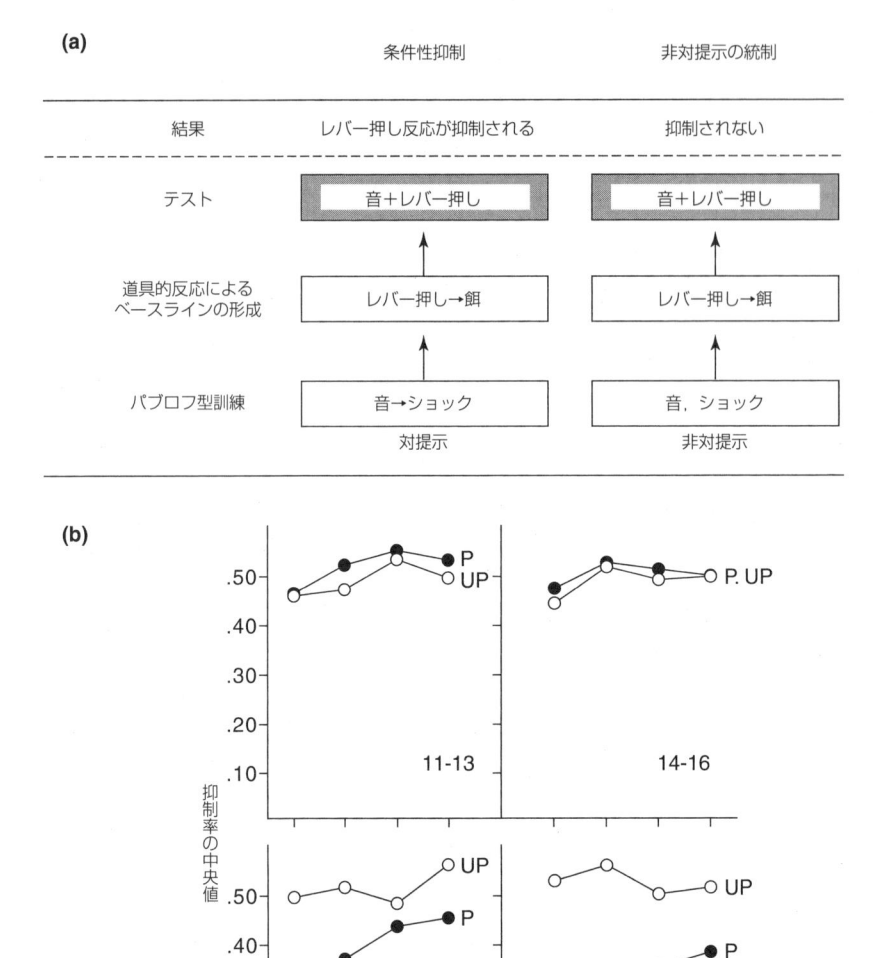

図11-9 条件性抑制の技法で測定した子どものラットの恐怖条件づけ（Coulter et al. 1976）。(a) 2群の動物を用いた2つの訓練段階と1回のテストからなる実験計画の概略図。両群は，第1段階でCSとUSの対提示（P）を受けるか，非対提示（UP）を受けるかで異なっていた。この実験では，テストは32日間の保持間隔の後に行なわれた。(b) 第1段階を生後11～16日齢で訓練されたラットは，テストのときに恐怖の条件づけを示さなかった。つまり，その音の存在は，食物によって強化されたレバー押し行動をまったく抑制せず（値が0.5付近である），また群間で違いは見られなかった。それに対して，17～22日齢で条件づけられたラットは，その音が存在するときに食餌性のレバー押し行動が顕著に抑制された。テスト中にはショックが与えられなかったので，試行が進むと抑制が減少しており，最終的には消去されている。

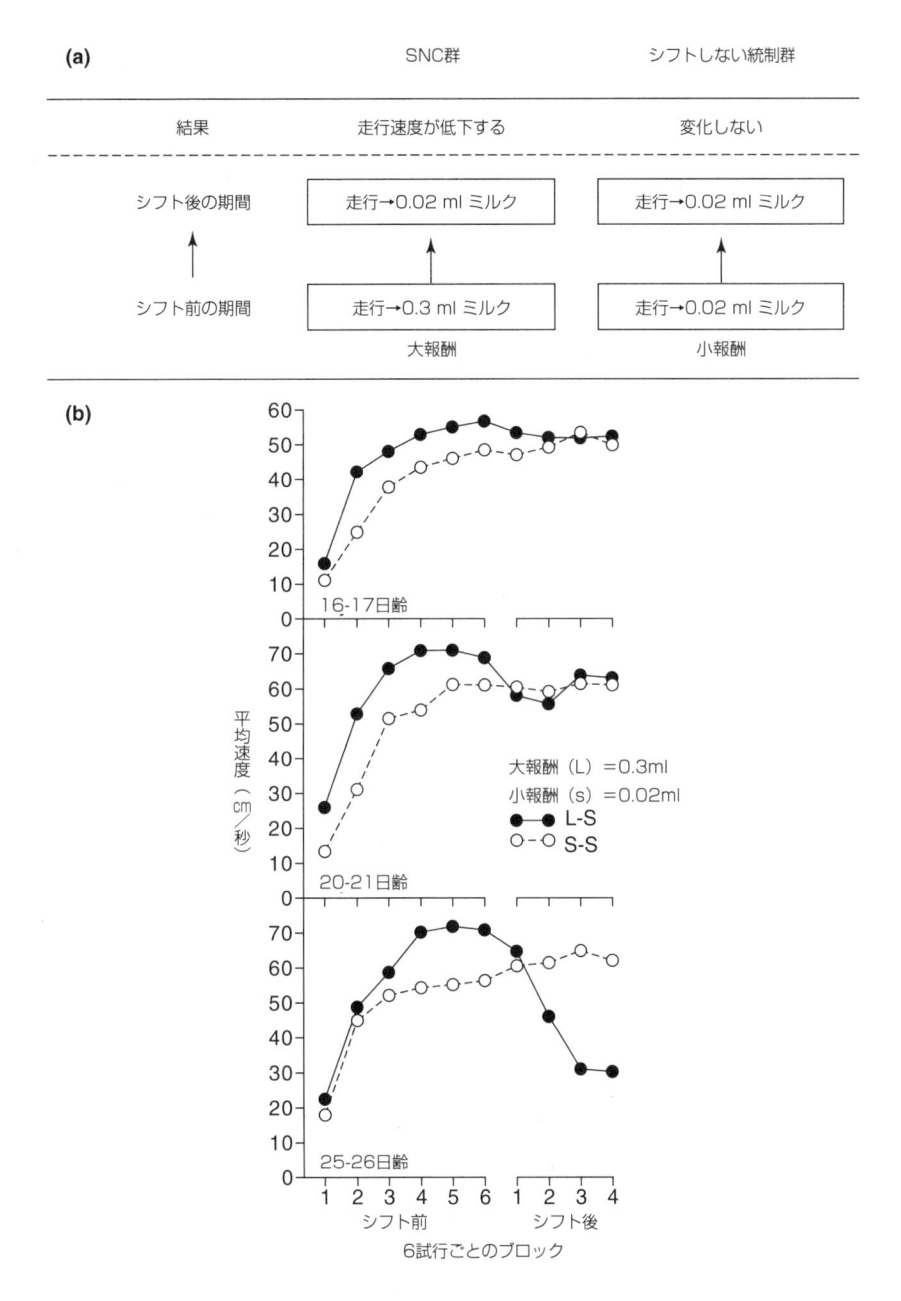

図11-10 子どものラットにおける負の継時的対比効果 (SNC) の出現 (Chen et al. 1981)。(a) 2群が2つの段階の訓練を受ける実験計画の概略図。重要なことは,第1段階から第2段階にかけて,SNC群のミルクの報酬の量が減少したことである。(b)第2段階では,両群がまったく同じ手続きを受けたが,25〜26日齢のラットの走行速度は,報酬量が変化しなかった統制群のそれより明らかに減少し,負の継時的対比効果が生じたことを示している。それより若いラットでは,負の継時的対比効果は得られていない。しかし,すべての日齢のラットは,小報酬よりも大報酬のほうが学習が早いので,若いラットで負の継時的対比効果が見られないのは,報酬量の違いがわからなかったためではないということがいえる。

表11-2 予期せぬ非強化に関する学習現象が最初に出現する日齢

学習現象	年齢（日）
部分強化消去効果（PREE） 100％の連続強化より，ランダムな50％の強化での獲得後のほうが，行動としての消去抵抗が高い	12-14
変動強化量消去効果（VMREE） 100％大報酬で連続強化されるより，大報酬と小報酬でランダムに50％ずつ強化して獲得した後のほうが，行動としての消去抵抗が高い	16-18
部分遅延強化消去効果（PDREE） 100％の即時強化よりも，即時強化と遅延強化が50％ずつランダムにある下で獲得した後のほうが，行動としての消去抵抗が高い	16-18
強化量消去効果（MREE） 大報酬で獲得するよりも，小報酬で獲得した後のほうが，行動としての消去抵抗が高い	20-21
負の継時的対比効果（SNC） 報酬の量や質が低下することで，もともとその報酬であった統制群に比べて行動が悪化すること	25-26

ちゃんは右足を蹴ることで，このモビールの運動量を調整することができた（すなわち，蹴ることが道具的反応であり，モビールの動きが強化子であった）。赤ちゃんは，モビールにつけられた色つきのブロックが2個よりも10個のほうが，より高い頻度で蹴った。おもしろいことに，思いがけずブロックが10個から2個へと減らされたときに，泣き騒ぐなどの赤ちゃんの負の発声が有意に多くなり，明らかにブロックの数を減らすことが嫌悪的であることが示された。蹴る行動そのものは，10個から2個へシフトされた後の最初の9分間では頻度が増加したが，やがてもともと2個しかついていなかった統制群の水準よりも低いところまで減少した。

先に紹介した，ラットの負の継時的対比効果の出現を記述した研究（Chen et al. 1981）は，欲求性の学習の発達に関する，ラットの子どもを対象とした広範囲な研究（Amsel 1992）の1つであった。その研究は，欲求性の強化子が突然省略されたときに生じる行動の調整を含めたさまざまな学習現象が，出生後の12～26日齢の間に徐々に出現することを示している（要約として表11-2参照）。これらの学習現象が出現する前のラットの子どもの行動は，**海馬体**などの特定の脳領域を切除した成体ラットの行動とよく似ている（→第8章，3.e., 229-232頁参照）。興味深いことに，これらの欲求性の学習効果が現れる時期に，歯状回として知られる海馬の一部がその顆粒細胞群を

急速に分化させる。この過程が妨げられれば，それらの学習現象の少なくとも一部は，その出現が遅れる。例えば，歯状回の顆粒細胞の分化を中断させるために，出生後の2日齢から15日齢までの間にX線の照射を受ければ，21日齢のラットで部分強化消去効果（PREE）が見られなくなる（Diaz-Granados et al. 1992）。

2.f. 幼児期健忘 本章で述べてきたように，初期経験は成体の行動に強く影響する場合が多いことが示されている。これらの例の多くは，動物が発達している途中（動物の種によって，数週間から数年）の初期経験の記憶が明らかに残っており，そのため後の成体の行動に影響が生じる，ということを前提としている。しかしわれわれ自身の経験では，人生の初期に起こったことを思い出すのは非常に難しいし，その事象が古くなるほど，そのことを思い出すのも困難になる（例えば，出生については実際ほとんど何も覚えていない）。**幼児期健忘**として知られるこの現象は，初期経験のある側面が，決して成体の行動に影響することはないということを示唆している。このことは，多くの大学生に自分たちの幼い頃の重要な出来事（弟や妹の誕生）を詳しく質問した，記述的な研究からも示されている（Sheingold & Tenney 1982）。細かいことについて実際に思い出せるのは，3歳以後のことであった。3歳以前に起こった事象は，基本的には何も思い出せなかった。

さまざまな古典的条件づけや道具的条件づけの事態で訓練されたラットにも，同じような初期経験の**忘却**が見られる。幼児期健忘を示した多くの発達研究に共通することは，最初の訓練の直後は非常によく保持されているということである。しかし成体のラットと違って，子どもはかなりの高率で忘却が進む。例えば，キャンベルとキャンベル（Campbell & Campbell 1962）は，さまざまな日齢（18，23，38，54，100 日齢）のラットを黒い区画に入れて，足下から電気ショックを与えた。テストセッションでもラットは黒い区画へ置かれたが，今度はドアを通って，以前は行けなかった隣の白い区画へ逃げることができた。訓練の直後か，7，21，42 日の保持間隔後に行なわれたテストでは，ショックは与えられなかった。図 11-11 に示した結果は非常に明瞭である。保持間隔が長くなるほど忘却は増加したが，忘却の効果は年長の個体よりも若い個体のほうが明らかに大きかった。同じような保持の欠如は，聴覚刺激への馴化，におい-嫌悪のパブロフ型条件づけ，足下へのショックを用いた能動的回避学習，食物を強化子とした欲求性の道具的条件づけなど，さまざまな課題で見られる。これらに対する説明は，幼児期健忘は，成体よりも子どものほうが最初の学習が弱かったために生じるのではなく，子どものほうがより忘却しやすいから生じる，というものである。

幼児期健忘は，成熟過程と関連しているのかもしれない。例えば，離乳前のラットの脳は広範囲に成熟が進んでおり，少なくとも出生後 30 日間は成長が続く。海馬の顆粒細胞が離乳前の期間に分化することは，すでに述べた。またこの期間に，ラットの大脳皮質で**シナプス発生**（すなわちニューロン間のシナプス結合の形成）が始まる。ニューロンも大きくなり，軸索もグリア細胞による髄鞘の膜で覆われる髄鞘化が生じる。**髄鞘形成**は，ニューロンが活動電位を軸索を通って伝えるときの速度を規定するものであり，したがって，中枢神経系が正常に機能させるのにとても重要である。もし特定の記憶の貯蔵に関わっている神経ネットワークが，後に発達したネットワークに飲み込まれてしまうなら，これらの成熟過程が幼児期健忘の一因なのかもしれない。比較研究から，幼児期健忘が成熟によって生じることを示唆する

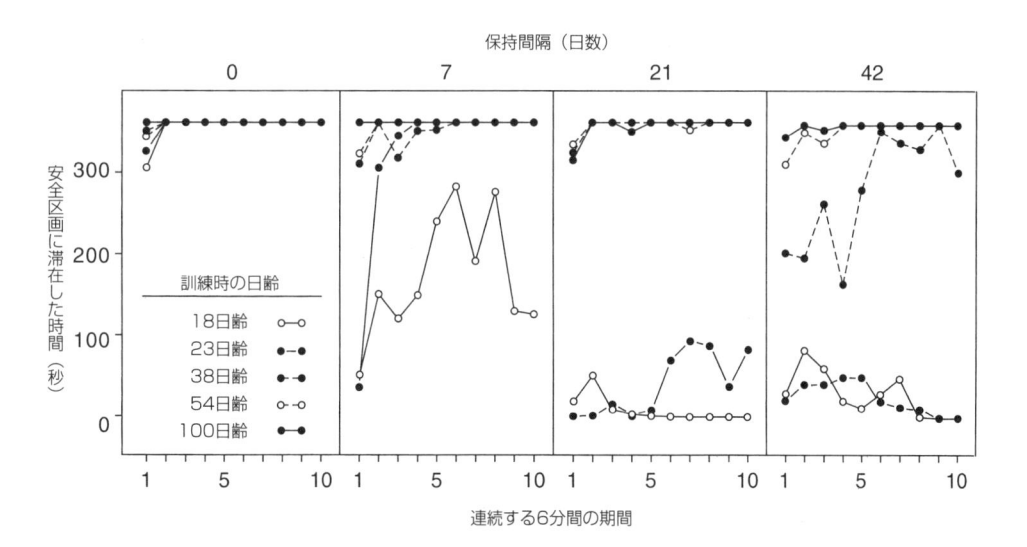

図 11-11 ラットの嫌悪条件づけにおける幼児期健忘（Campbell & Campbell 1962）。さまざまな日齢（18〜100 日齢）のラットが，黒い区画で足下から電気ショックを受け，いずれかの保持期間の後（0〜42 日間）にテストを受けた。直後のテスト（つまり，0 日後）では，すべての日齢のラットは同じようにこの嫌悪的な課題を学習した。しかし保持間隔が長くなると，幼いラットほど忘却の程度が大きくなっていった。

証拠が得られている。

先の1.a.では，晩成性と早成性の動物を区別した。晩成性の種では（例えばラット），生まれたときの状態は比較的未熟で，成熟した動物を特徴づける移動に関する能力の多くが欠如している。これは，彼らの未熟な中枢神経系と行動が相関しているからである。それとは対照的に，早成性の種（例えばモルモット Cavia spp.）は，生まれたときに行動的にも神経的にもどちらも成熟しており，生後2,3日で急激な発達を遂げる。晩成性と早成性の種を比較すれば，成熟過程がどのくらい幼児期健忘に関与しているかについての有益な情報を与えてくれるだろう。図11-12は，そのような比較の結果を示したものである（Campbell

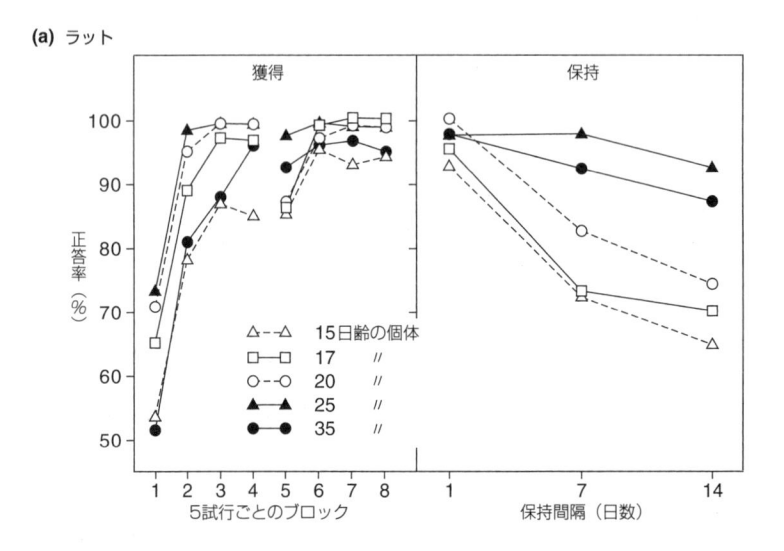

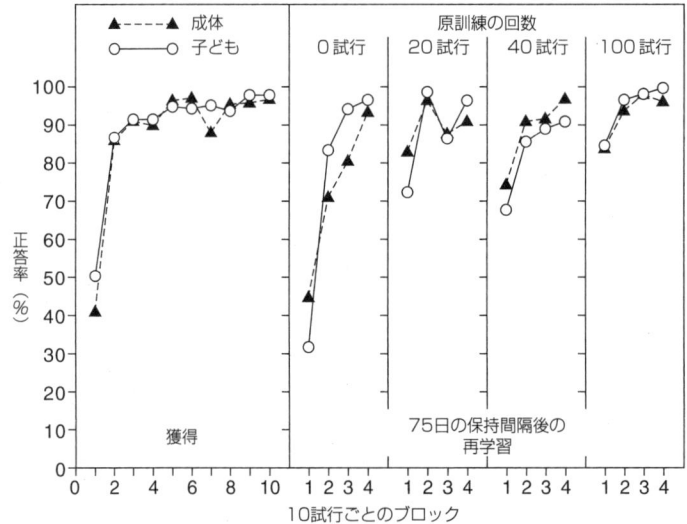

図11-12 幼児期健忘の比較発達的研究 (Campbell et al. 1974)。(a)ラット；晩成性の種。(b)モルモット；早成性の種。ラットの子どもは保持テストで忘却を示したが，モルモットは75日の保持間隔後でも，また最初の訓練でどれだけの試行を経験しても，同じ水準を維持していた。1つの説明として，晩成性の種の成熟過程は，幼児期健忘とある程度関わりがあるのではないか，と考えられる。

et al. 1974)。ラットの場合では，ショックの逃避訓練から1日間の保持間隔では，15日齢と35日齢の個体の間でまったく差はなかった。しかし，7日間と14日間の保持間隔で，若い個体の行動得点は大きく減少し，離乳後の個体に比べて，それより若い個体のほうが忘却率が高いことが改めて示された。これらの結果を，同じ状況で訓練されたモルモットの結果と比較してみよう。5日齢群（子ども）と100日齢群（成体）のモルモットは，最初に受けた訓練の量にかかわらず，75日の保持期間後の行動水準は，ほぼ等しかった。

幼児期健忘は，忘却された情報が回復不能なまでに失われてしまったということを意味しているのだろうか？もし成熟や他の要因が，先に学習した情報を消し去るために幼児期健忘を引き起こすのなら，幼児期の初期に学習し，後に忘れてしまった行動は，どのような手だてを持ってしても回復できないだろう。しかし，ある制約の範囲では，初期の記憶を再活性し，忘れ去られたはずのものを回復できる。**再活性化の手続き**の効果の例は，18日齢のラットに，におい-嫌悪の条件づけを行なった実験から得られている（Miller et al. 1991)。ラットの子どもは，レモンのにおいの付いた容器に入れられ，次にメチルのにおいの付いた別の区画に移された。レモンの文脈では何も起こらなかったが，メチルは足下のショックと何度か対提示された。その後の選好テストで，メチル文脈への嫌悪は2時間持続したが，それ以降には見られなかった。しかし，最初の訓練状況を構成する要素刺激が，テストの24時間前に再び提示されれば，メチルのにおいに対する嫌悪は再活性する。再活性化を成功させた手続きには，ショックそのものの提示，レモンのにおいの提示，最初に訓練された区画の提示などが含まれる。このような選好の再活性は，離乳前のラットの忘却は当該の記憶が崩壊したことによるのではなく，**検索の失敗**によることを示唆している。つまり，記憶から情報を再活性することができないのである。

2. g. 鳥類の初期学習 数多くの研究によって，初期経験が鳥類の成体の行動にどのような影響を及ぼすかが調べられてきた。その研究の大部分は，刻印づけ（ヒナの親ドリに対する愛着反応）やさえずり学習（音声コミュニケーションの発達）などの社会的な行動を含んでいるので，第12章で取り扱う。この節では，幼い鳥類の基本的な学習能力の一部を紹介する。

すべての種のヒナは，孵化直後に多くの重要な問題に直面する。例えば，彼らは暖かい環境にいる必要があり（体温を調節できるまで発達するには，しばらく時間がかかる），食物を（親からか，直接自分で探して）手に入れる必要がある。以下の記述及び次章で示すように，鳥類もある環境の特定の特徴（同種個体，さえずり，渡りドリにとっての星）に曝されるだけで影響を受ける。最初に，体温調節の問題について考えてみよう。

早成性の種のヒナは，すぐに歩き回れるようになるが，体温をある程度の範囲に保つための生理的メカニズム（つまり内温性）を発達させるには，多少の時間を必要とする。熱は，主に母親から得ており，彼らの体温の調節は，**温熱希求行動**という，熱を探す行動的なものによる。若いヒナは体温が低下すると母親に近づき，母親をつついて，寄り添い，頭を母親の羽にこすりつける。そうすれば，母親は座ってヒナを抱くような反応を行なう。実験室でヒナをパブロフ型条件づけの随伴性で訓練すれば，このような温熱希求反応を素早く発達させられる（Wasserman et al. 1975)。例えば，3日齢のヒナ（*Gallus gallus*）が，4℃～10℃に保たれた実験箱の中に置かれ，青い局所的な光と，その8秒後に4秒間の熱ランプとが対提示された。このような状況下で，ヒナは局所的な光源をつつくことを学習した。光と熱の対提示の確率が，33％，67％，100％，と増加すれば，その反応率はさらに増加した。また，青と赤の光のうちどちらか一方だけを熱と対提示すれば（例えば，あるヒナには青+/赤-，別のヒナには赤+/青-），2つの光を弁別することも学習した。

つつくという行動は，採食行動の主要な構成要素でもある。多くの鳥類は地面に散らばった種を食べるので，食べられるものと食べられないものを弁別する必要がある。ニワトリのような早成性の鳥類の**食物認知**能力は，孵化した直後に現れ，

ほとんど学習が生じていないように見えるが，実際にはほんのわずかな期間に，学習と成熟の要因は強く相互的に作用している．ヒナは，最初は地面にある小さなものなら，パン屑であろうと砂であろうと，とにかく何でもつつく．つつくと，その対象を飲み込むことになると思うかもしれないが，つついたからといってヒナが食物を飲み込む必要はない．しかし，もしヒナが食物と砂の両方をつつき続ければ，砂粒をつつく割合が減って，食物への選好が生じる．つついた後に摂取し，そして，摂取後に何らかの結果が生じること（つまり，胃の中に食物が入り，空腹が減少する）が，ヒナの食物認知の発達には不可欠なのである．しかしこのような経験は，孵化後3日以前では，ほとんど影響しないので，何らかの成熟の要因だと考えられる．

経験と成熟の相互作用は，1，2，3日齢のヒナを対象とした実験で見事に示されている（Hogan 1973）．そこでのヒナたちは，次の3段階からなる訓練を受けた．(1)まず10分間，砂が提示された．(2)砂への提示直後か（対提示条件），2時間後に（非対提示条件），強制的に食餌を与え，(3)その強制的な摂食の1.5時間後に再び砂が提示された．もし，摂取後の結果（強制摂食後に胃に食物が入ること）が，その前に行なわれた食物選択反応に影響を及ぼすなら，これらのヒナは実際には食べられない砂をつつくことを学習してしまうだろう．テストでの砂をつつく頻度は，1，2日齢のヒナでは強制摂食後も変わらなかったが，3日齢のヒナでは明らかに増加した．はじめの砂つつき行動の訓練に関して，摂取後の結果が時間的に遅延されたときにも，砂つつき行動は影響を受けなかった．このことは，強制摂取そのものが学習を導いたのではなく，砂つつき行動と胃の中の食物の間の時間的な接近が，学習を成立させたことを示唆している．

孵化直後に見られる早成性の種の学習能力は，これまでの段落で述べてきた基本的な現象よりも，ずっと進んだものであるように思われる．そのような能力の特徴をはっきりさせる方法の1つは，比較的複雑な課題をいろいろとヒナに与え，課題の遂行できる程度を見極めることである．例えばヒートン（Heaton 1978）は，そのようなやり方でマガモ（*Anas platyrhynchos*）の孵化後2週間の学習能力を調べようとした．3つの異なる課題が用いられたが，ヒナはいずれの課題でも，ゴール箱に到達すると，そこには，食物と水と同じ巣にいる3羽の仲間がおり，それらで強化された．これらの課題を順番に見ていこう．

遅延反応課題では，ヒナは3つのゴール箱を見せられた．それらのうちの1つが，ほんの少しの間明るくされ，その奥にある報酬を見ることができた．その後，ゴール箱は不透明なドアで閉じられ，さまざまな保持間隔の後に，ヒナは選択を迫られた．もし，ヒナが正しい選択肢を選べば，ゴールボックスに入ることができて，そこに15秒間とどまることができた．もし間違えれば，その箱で30秒間とどまらされた．ある試行に正答するということは，ヒナがその試行で点灯された箱の位置を覚えていたということを意味している．ヒナが3回連続して正答するたびに，保持間隔は2秒ずつ長くなった．ヒナはどれだけ長く覚えていられただろうか？驚くべきことにこの課題では，年齢と選択の正答率の間に相関は見られなかった．すなわち，1日齢～14日齢までのどの年齢でも，ほぼ同じ成績であった．保持間隔が1秒～3秒に増加すれば正答率は下がったが，このことは年齢にかかわらず共通していた．このような正答率の減少は，この遅延反応課題の成績が記憶に依存していることを示している．

連続逆転課題では，動物はT字型の迷路で，ある方向，例えば右に曲がれば強化されるが，別の方向に曲がれば強化されない（つまり，右+/左-課題）．動物が獲得基準（10回中8回の正選択）に達したとき，随伴性が逆転されて，右-/左+となり，またさらに同じ基準に到達すれば，さらにまた逆転された．訓練を開始した日齢が異なる（孵化後，1，2，3，4日齢）ヒナが，1日1回の逆転課題を合計14日間受けた．ここでの重要な結果は，この課題での問題解決行動のパターンが，すべての年齢群で同じだったことである．最初の弁別課題の後の1回目の逆転でエラーの数は増加したが，逆転訓練が続くにつれて，すべての個体の獲得はしだいに改善され，ほんのわず

かのエラーで基準に到達するようになった。

この一連の研究における3番目の課題は，**回り道課題**であった。この課題で動物は，見ることはできるが近づくことのできない（透明のプラスティックで遮られて直接近づけない）強化子からいったん離れ，強化子にたどり着けるトンネルを見つけなければならない。孵化後1日～6日齢の6群のマガモのヒナが訓練を受け，この問題の解決にほぼ同等の能力を示した。これらの実験は，早成性の鳥類のヒナが，多くの点で成体のそれと比肩しうるほどの問題解決能力を持っているということを示唆している。早成性の特徴である進んだ感覚運動段階は，成体に匹敵する学習能力を伴っている。

早成性の鳥類が有能な学習者であるという結論は，晩成性の種はこのような能力を持たないということを意味しているのではない。晩成性とは，孵化したときの感覚運動が未熟な発達状態にあることによって定義されるのであり，マガモを対象とした実験でヒートン（Heaton 1978）の用いたような行動課題を遂行できる能力がなかったことを意味しているにすぎない。それどころか，晩成性のヒナは，単に刺激条件に曝しておくだけで，初期発達中に情報を獲得するという，驚くべき能力を持っている。例えば鳥類では，地球の磁場，偏光，目印，星などのさまざまな情報源が，**渡りの方向定位**に影響を及ぼす。ある実験（Emlen 1970）で，発達中のルリノジコ（*Passerina cya-nea*）が，プラネタリウムの中で通常の夜空（星と星座は北極星のまわりを回る）か，操作を加えた空（ベテルギウス星のまわりを回る）のどちらかに曝された。第3の群は，発達中に空に曝されることはなかった。この晩成性の種のヒナは，孵化後4～10日後に巣から取り出され，実験室で育てられた。孵化後25日齢までは，どのトリもまったく空を見られないように隔離されていた。通常の夜空や操作が施された夜空は，週に3晩ずつ，合計22回提示された。その後すべてのトリは，固定された動かない星空のプラネタリウムでテストされた。

秋が近づくとルリノジコは，ケージで飼われていても，渡りをする方向へ飛び上がる，落ちつきのない反応を発達させる。この行動によって，トリが渡りのためにどちらの方向を選ぶかを詳細に記録できる。テストの結果，実際の空を見ないで育ったトリは，飛び上がる方向に特定の選好がなかったが，プラネタリウムで実際のものと同じ夜空を見ていたトリは，北極星から南方向へと，正しい方角へ飛び上がった。面白いことに，プラネタリウムの星の回転の中心にベテルギウス星が置かれたトリは，この星の反対方向に飛び上がる行動を示した。ルリノジコの渡りの方向定位は，発達中に夜空の構造に関する情報を獲得することに依存している。このことから，これらのトリは星のコンパス（羅針盤）を使うと言われる。

3. 複雑な行動の発達

3.a．手の器用さと左右の機能分化　哺乳類が手で対象を操作する程度は，種によって大きく異なる。例えば，ラットやアライグマは食物をかなり手で操作する。しかし，手の器用さは，霊長類において最も発達している。霊長類の**把握可能な手**は，本来，樹上での移動に関連するものだが，それは，あらゆる種類の対象を，つかむ，握る，操作するための素晴らしい道具にもなっている。それに加えて，霊長類は視覚がとても発達しているので，対象に向かって手を伸ばすという行為に見られるような，**目と手の協応**が可能となった。ヒトでは，手の器用さは二足歩行の姿勢によってさらに高められ，他の霊長類の場合よりも，手を使うことによる自由度が飛躍的に高まった。あらゆる文化において成人は，その活動時間の大部分で，両手の協応が必要な課題に従事している。少し例をあげれば，タイプしたり，料理をしたり，編み物をする，などである。

ヒトの新生児の腕は，一見ランダムに動いているように見える。つまり，一見すると彼らの環境

にある対象とは無関係で，かつ完全に非意図的である。しかし，このことはまったくの誤りであることが，腕に外部からの力が与えられると，新生児は自分の腕の動きを調整できることを示した研究（van der Meer et al. 1995）によって明らかにされた。ある実験で，新生児の手首にひもが結びつけられ，下に引き下げるように重りを使って力が加えられた。新生児は，直接，あるいはテレビモニターで自分の腕が見えるときには，腕の位置をうまく調整し，力で引っ張られているにもかかわらず，通常の動きを行なった。それに対して，自分の腕を見ることができなければ，腕は重りによって下げられたまま，ほとんど動かなかった。したがって，ヒトの新生児による一見まとまりがない腕の運動は，すでにある程度の視覚と運動制御の協応を示しているのである。

　新生児は，対象に手を伸ばしつかむことができるだろうか？**把握**には，対象に向けて腕を伸ばす到達運動と，その対象をつかむ手の把握運動が含まれる。そのような運動は，視覚系の明瞭なフィードバックだけでなく，腕の位置と姿勢の情報を与える自己受容的感覚からのフィードバックと，把握運動を調整する触覚受容器からの感覚フィードバックによって調節される。把握は，感覚フィードバックによって細やかに制御されるが，このような制御は生後1年間でしだいに強くなってくる。新生児は，たとえ動かない対象に視線を集中していても，それをうまく触ることができない（von Hofsten 1982）。より年長の子どもなら，目標である対象が，視野の中で動いていても，うまく調節して把握できる。

　生後6カ月を過ぎれば，ヒトの子どもは両手で対象を操作する能力が著しく発達する。このような**両手の器用さ**は，両手を別々に使うことを意味している。例えば8カ月の赤ちゃんは，一方の手で対象をつかみ，他方の手ではその対象の一部を押したり，引いたり，転がすといった，別の動きを行なう。両手の器用さが出現すると，**利き手**が現れる。すなわち，対象に手を伸ばしたりつかんだり，ある種の運動をするときに，どちらかの手を好んで使うようになる。ほとんどの成人は，対象に手を伸ばしたりつかむときに右手を使うが，左手を好む少数派もいるし，またどちらの手も同じように使う人もいる（いわゆる両手利きの状態）。どちらの腕も，神経制御のほとんどは，反対側の新皮質に依存しているので，利き手には脳の**左右の機能分化**が関与している。例えば右手の運動は左側の新皮質によって，そこから脊髄運動ニューロンに至る下降性の皮質脊髄路を通して制御される。ヒトの脳における左右の機能分化には，手の運動だけでなく，さまざまな運動性・非運動性の機能も含まれる。例えば，人が立っているときには，身体の重心を左側に移動させる傾向があり，そのことは姿勢にも左右差があることを示している（Seltzer et al. 1990）。さらに，発話と言語理解は，主に左側の新皮質で制御されている（→第9章，4.c., 275-277頁参照）。

　脳の左右の機能分化の進化的な起源とはどのようなものであろうか？今のところ，霊長類の最も原始的なグループである原猿でさえ，利き手が存在することが明らかになっている。*Lemur*属の5種のキツネザルの多数の個体を調べた研究（194個体が系統的に観察された）で，ワードら（Ward et al. 1990）は，容器に置かれた食物を取るときの手の使用を記録し，どのように取ったかを，口，右手，左手，両手のいずれかに分類した。生後1年以内では，両手利き（どちらの手も同じ程度に使う）が最も多く，次に口での採食が多かった。しかし，ほとんどのキツネザルは，その後に強い左手の選好を発達させた。最終的に7歳くらいで，左利きと同じくらい右利きが存在するようになり，全体としてその集団での利き手の傾向は無くなった。おもしろいことに，左の選好は，メスよりもオスのほうが顕著であった。この傾向は，アフリカとマダガスカルの原猿で示された証拠を要約したものからも支持されている。個々の種には非常に大きな変異性があるものの，オスでは左利きになる傾向が顕著に現れ，メスではその傾向はなかった（Ward 1995）。そのため，姿勢や手の使用に影響を及ぼす脳の左右の機能差は，ある程度，霊長類にとって原初的な特徴なのかもしれない。

　手の器用さの発達には，いくつかの複雑な過程の結合が含まれる。例えば，複数の感覚の統合，

異なる反応を機能的で効果的な系列にすること，そして動いている対象をつかもうとするときの絶妙な時間的なタイミングの取り方などである。利き手は，そのような状況に，さらに特殊化の要素を付け加えている。また対象の操作の豊富な経験を積むことで，動物はまわりの環境をどの程度修正できるかということが判断できるようになる。さらに，それぞれの動物の環境を特徴づける対象の詳細な表象を発達させるのにも，対象の操作は有利に働いている。

3. b. 道具使用と文化 霊長類の道具使用には，手の器用さがかなり必要とされる。さらに，**道具使用行動**の研究は，動物には認知能力があるという認識にも貢献している（→第4章，3.h.，82－83頁参照）。通常，道具を使用する文脈は，機能的に定義される。それは，動物が特定の目的を達成する（例えば，それを使わなければ得られない食物を手にする）ために道具を使用する，というものである。したがって，この行動の構成要素は，その要素が全体の行為の目的にどの程度貢献しているかによって決まってくる。自然な状況下では，道具を使用する能力は，どのように発達するのだろうか？

類人猿の中でも，チンパンジー（*Pan troglodytes*）は，さまざまなものを手に入れるために道具を使用することがよく知られている。例えば彼らは，シロアリの巣に枝を差し込んでシロアリを集めて食べ，より強い棒を選んで死んだ動物の骨から髄を抜き取り，水を飲むために葉をスポンジとして使う。ときには，メスを引きつけるために，オスのチンパンジーが求愛ディスプレイの一部として葉を引き裂く。これらの行動の一部は，特定の集団のチンパンジーには典型的であるが，種全体としてはそうではなく，そのことから局所的な文化が存在することが示唆される。**文化**とは，1個体か数個体によって獲得されあるいは発展させられた，多少なりとも標準化された一連の行動が，その集団の他のメンバーに広まり，社会的学習（つまり，同種個体の観察による学習）によって世代を越えて伝わるものと定義される。普遍的に受け入れられているわけではないが，この文化の定義は，言語のことに触れていないので，ヒト以外の動物にも適用できる。チンパンジーの集団に文化が存在することを示唆するいくつかの証拠が，彼らの採餌行動から得られている。

チンパンジーとギネアアブラヤシの実が，どのような関係にあるかについて，考えてみよう（McGrew 1992）。セネガル（西アフリカ）のある集団では，チンパンジーはギネアアブラヤシの実がない生息地で暮らしており，このことは，ギネアアブラヤシの実が，彼らの生存にとって不可欠ではないことを示している。例えば，タンザニア（中央アフリカ）のコソジェのような他の場所には，ギネアアブラヤシの実があり，サルやブタはそれを食べるが，チンパンジーはそれらを完全に無視しているようである。タンザニアのゴンベでも，チンパンジーは実の外側の果肉だけを食べて，中にある種は捨てる。ギニア（西アフリカ）のボッソウでは，チンパンジーは一方をハンマー，他方を台石とした一対の石で実を割り種の中身を取り出す（→図11-13，図4-7，83頁参照）。霊長類以外の動物も，ハンマー（エジプトハゲワシが卵を割るように）か台石（ラッコが軟体動物の殻を割るように）のどちらかを使うことが観察されているが，ハンマーと台石を連結して使用するのは霊長類にしか見られない。ボッソウの集団はギネアアブラヤシの実を開けるために石器を使用しているので，これがボッソウの集団を他の集団と異なったものとしている。そのような行動の個体発生的な起源は何かという問いが生じる。

例えばボッソウでは，3歳半以下の子どものチンパンジーは，**ハンマーと台石の道具**で実を割ることができないが，実と石の操作を頻繁に行なう（Inoue-Nakamura & Matsuzawa 1997）。一般には，ハンマーと台石を使う行動は社会的な状況において発達するので，社会的な学習がその行動の獲得に主要な役割を果たしていると考えられている（図11-13）。隔離して育てられた6カ月齢のチンパンジーは，その行動の前提となるようなことを行なわない。集団で成体と一緒にいるときにだけ，そのような行動は見られる。母親は若い個体にとっての重要な情報源であるが，実を割らない母親の子どもでも，この技能はふつうに発達する。

図 11−13 ギニアのボッソウで，ハンマーと台石の道具を使ってギネアアブラヤシの実を割る若いチンパンジー（写真は松澤哲郎氏の厚意による）。

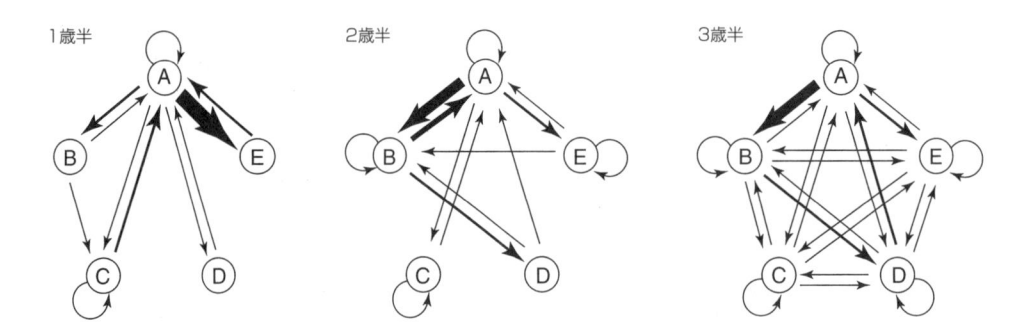

図 11−14 若齢チンパンジーに見られるハンマーと台石の道具使用の発達（Inoue-Nakamura & Matsuzawa 1997）。この図では，5つの基本的な行動が描かれている。A：「取る，つかむ」B：「置く」；C：「握る」；D：「叩く」；E：「食べる」。矢印は，ある行為の後にそれ自身か別の行為が続く傾向を示しており，その矢印の太さは系列的な傾向の統計的な関連の強さを示している。この石の道具使用に必要とされる5つの行動は，1歳半ですべて出現しているが，特定の推移は生じていないことに注目してもらいたい。3歳半では，すべての推移が生じており，その道具使用行動はその個体のレパートリーとして出現する。

そのことは，集団の他のメンバーが母親と同じくらい多くの情報を与えているということを示唆している。ハンマーと台石を使う技能には，基礎となる5つの行為が同定されており，それらの個々の行為が3歳半を過ぎるとしだいに1つのレパートリーとして統合されるようになる。それらの行為とは，「取る，つかむ」「置く」「握る」「叩く」「食べる」である。2歳半では，実を石の上に置き，それを手で叩き，それから母親のほうへ振り返り，母が先に割った実の中身の種を食べたりする。したがってこの年齢では，行動の構成要素は存在しているが，それらが機能的な系列に統合されていない。図11-14は，これらの5つの基本的な行動間の推移によって，ハンマーと台石を使う行動がどのように発達していくかを表している。矢印の太さで表現された特定の推移の強さが変化するだけではなく，経験を重ねることによって新たな推移が出現している。3歳半までには，これらすべての行為の要素は，互いに結合する。

道具使用の発達は，ヒトの幼児でも研究されてきた。例えば，コノリーとダルグレイッシュ（Connolly & Dalgleish 1989）は，11カ月齢と17カ月齢の幼児のスプーン使用の出現を記述している。幼児たちは，はじめに「スプーンを皿に入れ，それを離す」や「スプーンを口に入れて，それを離す」などの前提となる行為を示した。一般的に，そのような行為は機能しない。例えば，片方の手がこれらの行為を行なっているときに，もう片方の手が皿から食物を取るために使われるかもしれない。これらの2つの行為がより大きな系列の中で統合されるようになった後でようやく，付加的な行動が要求されて，その後でこの系列に訂正ループが取り込まれる（例えば，「スプーンを口に入れる前に，そこに十分な食物がのっているかを見て確かめる」）。このような系列は，ボッソウのチンパンジーが行なうハンマーと台石を使う行動と類似しているが，興味深い違いもある。例えばヒトの母親は，言語的な教示を与え，乳幼児に行動のやり方を教え，社会的賞賛を使って褒めることで適切な反応を強化するなど，チンパンジーの場合に比べて，より積極的に先生としての役割を果たしているように思われる。それに比べて，チンパンジーの子どもはほとんどほうっておかれ，彼らが行なう行為に対して明瞭なフィードバックは与えられない。

第12章　発達初期の社会的学習と社会的行動

第12章の概括
・成体の社会的行動の発達は，遺伝的，生理的そして経験の過程などといった複雑な相互作用に基づいている。
・高等脊椎動物（すなわち鳥類や哺乳類）では，発達初期における経験が，個体が成体になってからの社会的行動に，広範な影響を及ぼす。

多くの動物種において，成体の生活には社会的交渉の占める割合がかなり大きいという特徴が見られる。このことはとりわけ，集団形成が比較的よく見られる高等脊椎動物，すなわち鳥類や哺乳類のほとんどの種について当てはまる。しかしながら，有性生殖を行なう動物でも，配偶者をめぐる同性同士の競合や縄張りの維持，求愛ディスプレイ，子どもの世話といった形で，一定の社会的交渉の必要に迫られる。社会的交渉に対する進化的制約は，有性生殖を行なっていた祖先から進化して無性生殖を行なうようになった種を見れば明らかである。例えば，ハシリトカゲ（*Cnemidophorus uniparens*）の群れは単為生殖を行なうメスのみで構成され，無精卵から子どもが生れ育つ。しかし興味深いことに，交尾期の間，メスたちは寄り集まって大きな集団を作り，有性生殖を行なう近縁種のオスたちが行なうような求愛行動を示す。交尾は実際には行なわれないので，一見，こうした行動は無駄なように見えるが，そうした社会的交渉は繁殖力を高めるのに寄与している（Crews & Moore 1986）。したがって，無性生殖を行なう種でさえ，ある程度の社会的交渉を行なうように仕向ける力を受けていると考えてよいだろう。

同種個体間での社会的交渉は，さまざまな基本的技能が発達しないと成立しない。そうした技能のうちのいくつか，例えば注意，情動，学習，記憶などは，非社会的な場面での研究を紹介しながら，第11章で概説した。しかし，そうした技能は，個体が互いにかかわり合う状況にも同様に活用される。社会的行動の発達に関する研究は，非常に複雑である。というのも，実験者は個体同士のかかわり合い方を完全には制御できないからである。ある個体の行動（例えば，オスのスズメのさえずり）が他の個体の反応（例えば，オスの縄張りへのメスの接近）を引き起こし，それが元の個体の別の反応を引き起こす…，ということも，ままある。（→社会行動における双方向性の事例が図5-5，113頁に示されている。）いくつかの研究分野においては，野外観察は，社会的状況の主要な側面を定量的に操作する実験に取って代られた。例えば，自然場面ではトリのヒナたちは母親に対して愛着を形成する。しかし，実験室ではしばしば愛着の研究のために，本物の母親は人工

物と取り替えられる。剥製，動く哺乳瓶，幾何学図形，強い光などを使った方が，実験者はより細かく制御することができるからである。そうした刺激の特徴は，非常に高い精度で操作することが可能である。さらにまた，刺激はどんなテストでも常に「反応」の仕方が一定である。同じ理由で，録音したトリの鳴き声や代理母が，実物の代りに広く用いられてきた。明らかに，こうしたやり方にも問題はある。人工の刺激を導入することで社会的な状況を単純化し過ぎると，自然場面では生起する過程の一部が実験室場面では失われてしまい，結果的に社会的交渉が貧弱なものになってしまうおそれがある。とはいえ，こうした行動技能はかなり複雑で，遺伝的，生理的，経験的要因が互いに絡まり合い，その発達はしばしば込み入っている。比較心理学者や発達心理学者たちは，ようやくそれらの要因を理解し始めたに過ぎない。

1. 刻印づけ

1.a. 親への刻印づけ ダグラス・スポルディング（Douglas Spalding）[1840-1877]は，刻印づけについて初めて系統立った観察を行なった研究者のひとりである。第1章で述べたように，スポルディング（1873/1954）は，隔離実験を行ない，孵化したてのヒナの行動がどの程度，感覚的な経験に依存しているのかを調べた。彼の研究のいくつかでは，ヒナの頭に覆いをかぶせ，視覚刺激を受けないようにした。孵化後1～2日の時点で覆いを取り除くと，通常の状態で母親の後について歩くのと同じように，ヒナたちは彼の後について歩くようになった。スポルディングはこれを**追従反応**と呼んだ。さらに彼は，孵化後3～4日経過してから覆いを取り除いたのでは，こうした反応は生起しないということを発見した。ヒナたちは追従反応ではなく**恐怖反応**を示し，彼が近づこうとするとわれ先に遠ざかろうとした。こうした観察は，ドイツの動物行動学者，コンラート・ローレンツ（Konrad Lorenz）[1901-1989]によって確認され追究された。ローレンツはこうした反応を親への刻印づけと呼んだ（Lorenz 1937）。

したがって**親への刻印づけ**は，ヒナが自分の母親を認識するようになる過程を指す。そうした認識学習のおかげで，ヒナは母親の後に従い，母親の姿が見えなくなるとピーピーと泣き叫ぶのである。スポルディングやローレンツの観察から，そうした過程がかなり速いスピードで進行すること（だから，獲得された情報が脳に刷り込まれると称される），臨界期と呼ばれる一定の期間にしか起こらないこと，不可逆的であり，いったん形成されると二度と解消されないこと，通常見られる強化の過程抜きで発達することがわかってきた。スポルディングはそれを「不完全な本能」と呼んだ。なぜなら，ヒナが間違った対象に対して愛着を形成することがあるからである。またローレンツは，即時的な意義（親への刻印づけの場合）や，後になって現れてくる意義（性的刻印づけの場合；以下の2.a.参照）を備えた，独特なかたちの学習と位置づけた。こうした位置づけが契機となって，実に数多くの研究が行なわれた。

刻印づけの最も驚くべき点は，おそらくヒナたちはあらゆる種類の人工物に対して愛着を形成し得るということだろう。スポルディングもローレンツも，ヒナたちが自分たちに対して容易に愛着を形成するということを発見した。彼らの後について歩き，彼らがいたり，あるいはいなかったりすることによって示す反応は，母親に対して示す反応とほぼ同じだった。実験者たちはこうした性質を利用して，さまざまな人工物を使った実験方法を考案した。しかし，すべての人工物が等しく刻印づけを引き起こすわけではなかった。また，刻印づけを引き起こす物体であっても，そのすべての性質・特徴が追従反応を引き起こすわけでもなかった。動く物体はとりわけ効果的だった。例えば，アヒルの縫いぐるみにモーターを組み込んで円を描いて動くようにしたものや，電車の模型を使って前後に動くようにしたゴムのブロック，

回転する幾何学図形などは特に効果的な刺激だった。図12-1に示したように、多くの種において、動きは効果的だった（Eiserer & Swope 1980）。この実験では、早成性すなわち生まれてすぐに動き回れるトリ数種を被験体として、じっと動かない光や（緊急自動車の回転灯に使われるような）回転レンズ付きの光を提示した。例外なくどの種のヒナも、回転灯に対して強い接近傾向を示した。すなわち、動くということが、刻印づけ刺激の特に効果的な特徴なのである。

一定の条件では、静止した刺激も有効であるということを実証した実験もある。ヒナたちは3種（赤・緑・青）の静止光に対して愛着を形成した。これらの静止光に対する接近反応の強さは、同様の動く光に対する場合と違いはなかった。しかし、100ワットの電球だと効果があったが、7.5ワットの電球では効果がなかった。つまり、ヒナたちが静止刺激に対して追従反応を学習するためには、一定の刺激強度が必要なのである（Eiserer 1980a）。したがって、刻印づけを促進するのは、動きそのものというよりもむしろ、刺激がどの程度目立つものかということ（すなわち、図と地の対比）である。

恣意的な刺激は、要素分析に適しているという

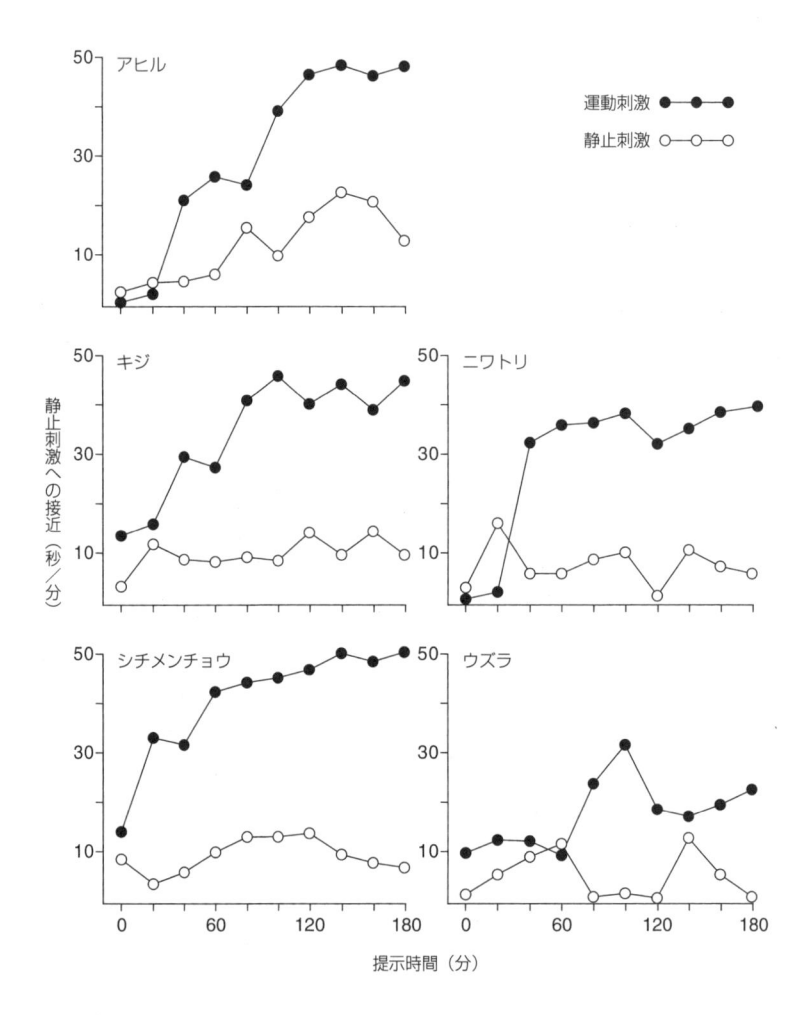

図12-1 動く刻印づけ刺激の有効性。 早成性のトリ5種に刺激を動かしながら提示した場合の方が、同じ刺激を動かさずに提示した場に比べて、接近反応がより多く生起した（Eiserer & Swope 1980）。

図12-2 **博物的刺激（最上部に示した剝製）の操作**。全体の中のどの要素が刻印づけ刺激に対する選好性を制御しているのかについて調べた。左下のような頭首部を含んだスクランブル模型は，最上部に示した手を加えていない正常模型と同程度に有効だった（Horn 1985）。

利点がある。物体の属性（例えば，強度，色，形，運動の速さなど）を操作することによって，刺激のどの側面が行動を制御しているのかを明らかにすることができる。例えば，前述の実験では，100ワットの電球を7.5ワットのものに交換することによって，簡単に光の強さを変えることができた。同様に刻印づけ刺激を操作した実験から，刺激のすべての側面が追従反応を引き起こしているのではないということが明らかになってきた。剝製のような博物的刺激も，図12-2に示したように，切り離したりくっつけたりすることによって，さまざまなバリエーションを作り出すことができる。ニワトリ（*Gallus gallus*）のヒナは通常，スクランブル模型よりも正常模型の方を好む。しかし，正常模型と，ニワトリの頭と首のみから構成された模型との比較では，選好性に違いはない（Johnson & Horn 1988）。このことは正常模型に対する選好性は，もっぱら頭頸部に依存していることを示している。興味深いことに，正常模型と別の剝製，例えば別種のトリの目立つ頭頸部や，小型の肉食獣であるケナガイタチの頭頸部との比較でも，選好性に差は見られない。

1. b．敏感期と不可逆性 刻印づけで，もう1つ大きく注目された点は，その過程が臨界期の間にのみ起こりうるということである。**臨界期**という考えは，そもそも発生生物学のものである。発生生物学における臨界期とは，当該の過程が一定の時期にのみ起こりうるということを指す。刻印づけに転用されて，ヒナたちが，対象に愛着を形成することの可能な，限定された期間を持つということを指すようになった。したがって，この期

間に愛着を形成できなければ、それ以後にも愛着を形成することはできない。スポルディングの観察からも臨界期をうかがい知ることができる。視覚剥奪をし始めてから2日後ならば、ヒトを見るとヒナたちはその後について歩いたが、4日後の場合は、ヒトを見ると強い後退反応を示した。その後の研究から臨界期は、初め考えられていたほどには、厳格なものではないことがわかってきた。そのためしだいに臨界期という用語に代って**敏感期**という用語が用いられるようになった。この語は、刻印づけが成立しやすい期間ははっきりと限定されるのではなく、緩やかに始まり緩やかに終わるということを示す。

敏感期の始まりと終わりがはっきりとは定まらないという事実は、刻印づけが外界からの入力とは独立に展開する成熟過程によってのみ規定されるのではないことを示唆している。むしろ、刻印づけの過程には、環境からの影響と神経生理学的な過程との相互作用が含まれているように思われる。発達の初期段階における感覚経験は、敏感期の終了時期を規定する要因の1つに挙げられる。視覚剥奪されて育てられたヒナや、視覚的なパターン刺激のない環境で育てられたヒナは、臨界期の終了が延びる傾向がある（Moltz & Stettner 1961）。したがって、こうした視覚剥奪された動物は、通常の場合に比べて、より後になっても愛着を形成することができる。しかし、こうした傾向は種によってばらつきがある。ある実験では、5カ月齢のマガモ（*Anas platyrhynchos*）は、水平方向に動く赤・緑・青の色光に対して強い接近傾向を示したが、5カ月齢のニワトリ（*Gallus gallus*）は接近傾向を示さなかった（Eiserer 1980b）。

そもそも刻印づけには臨界期があるとする考えに従えば、いったん形成された愛着は取り消すことができないであろうという予想が立つ。こうした予想は、学習に厳格な限界があるとする考え方と同様、いくつもの実証研究によって疑問視されることになった。そうした研究から、発達初期における選好性は変化しうるということが示唆されるようになった。ある実験では、ニワトリに2種類の人工刺激の一方（被験体の半数には緑色のボール、残りの被験体には黄色のスポンジ）を3日間にわたり、天井から吊り下げて提示した（Salzen & Meyer 1968）。その後のテスト期間において、被験体には両方の刺激が提示されたが、被験体は先に提示された刺激の方を好むという傾向が強く見られた。次に、被験体に先とは反対の刺激（先にボールを提示した被験体にはスポンジ、先にスポンジを提示した被験体にはボール）を3日間にわたって提示した後、再テストを行なった。その結果、被験体は新たに提示された刺激の方を好むという強い傾向を示した。すなわち、いったん形成された愛着を逆転させることに成功したのである。テスト終了後、被験体にいずれの刺激も提示しない期間を3日設けたが、その後でも、被験体は新しい愛着を持続していた。こうした新しい対象に対する2番目の愛着は**二次刻印づけ**と呼ばれる。

1. c. 動機づけ要因　通常、刻印づけは**知覚学習**の一例として扱われる。なぜなら、ヒナたちは単に物体を提示されるだけで、それを認識できるようになるからである。しかしながら、認識過程は、対象に接近して、その近くにいたいという強い動機づけと協同して働く。追従行動そのものが刻印づけなのではない。追従行動は、刻印づけが学習の問題にとどまらず、動機づけの要素をも含んでいることを端的に物語っている。ヒナたちは刻印づけ刺激の後を追ったり、刻印づけ刺激のそばから離れないようさまざまな反応を行なわずにはいられないようである。こうした動機づけ要因がきっかけとなって、刻印づけを研究するためのさまざまな訓練手続きが考案された。初期のある実験で、ピーターソン（Peterson 1960）は、1～2日齢のカモ（*Anas rubripes tristis* と *A. platyrhynchos*）のヒナを、透明な仕切りで2つの区画に分けられた箱の中に入れた。ヒナたちを、これらの区画のうちの一方に入れ、もう一方の区画には運動する黄色の円筒（刻印づけ刺激）を入れた。さらに、被験体が入れられた区画の壁に設けられたキーがつつかれると、刺激の入れられた区画の照明が点灯し、刻印づけ刺激が40秒間動くようになっていた。ヒナたちはすぐにキーつつきを学習し（獲得）、設定を変えてキーをつついても何

の変化も生じないようにすると，キーつつきをやめた（消去）。こうした点は，水や食物などといった通常の強化子を用いた**道具的条件づけ**によって獲得された反応と同様だが，ピーターソンは，数百回の強化が行なわれた後でもなおキーつつきが持続することを発見した。言い換えれば，反応が水や食物で強化された場合には通常，飽和が見られるが，刻印づけ刺激の提示によって強化された場合には，飽和の徴候が見られなかったのである。

刻印づけ刺激によって強化された道具的行動と，水や食物によって強化された道具的行動との差異を求める直接的な比較研究は他にもある（De-Paulo & Hoffman 1981）。例えば，60秒ごとに反応が強化される（すなわち固定間隔スケジュール）被験体は，**スキャロップ**と呼ばれる特徴的な反応分布パターンを示す。強化直後にはほとんど反応しないが，時間が経過して，次の強化が近づくにつれて，しだいに反応の頻度が増大する。水を強化子とした固定間隔スケジュールで訓練されたヒナは，すぐにスキャロップ・パターンを示すようになる。これとは対照的に，強化子として刻印づけ刺激が用いられるという点を除いて，同じ条件で訓練された同年齢のヒナたちは，固定間隔スケジュールで通常見られるスキャロップ・パターンを示さなかった。したがって，刻印づけは，通常の正の強化子と共通点を持つものの（例えば，獲得や消去），相違点も存在する（例えば，飽和が見られないことや，スキャロップがほとんど見られないこと）。

認識学習と刻印づけの状況における追従反応との最も顕著な違いの1つは，**省略訓練**に基づいた実験から得られた（→表13-2，394頁参照）。この手続きは，特定の反応が道具的なものか，すなわちその反応自身が引き起こす結果にのみ依存しているかどうかを特定するために用いられる。具体的には，反応が生起すると強化子が提示されなくなるようにする。もし，反応が道具的なものであれば，省略訓練によって反応はまったくなくなるか，激減するはずである（すなわち，被験体は強化を受けるために，別の反応を行なうようになる）。

ホフマンら（Hoffman et al. 1969a）の実験では，ヒナたちは最初に，動く瓶に対して愛着を形成した。追従反応が十分に形成された後，省略訓練を導入した。省略訓練の間，被験体が刻印づけ刺激に近づかない限り，刺激は常に動いていた。被験体が刻印づけ刺激に近づいた場合には，刺激は8秒間静止した。ヒナたちはこうした状況にすぐに適応し，刻印づけ刺激に近づかないようになった。彼らの行動はきわめて道具的なものであった。ヒナたちは，刻印づけ刺激が提示され続けるように，刻印づけ刺激から離れた場所に陣取って，離れた位置から瓶の動きに追従した。そうこうしているうちに，ヒナたちは刻印づけ刺激に近づきすぎては刺激が止まり，また距離を置くというサイクルを繰り返すようになった。

刻印づけの状況における動機づけの要素は，他の行動にも現れる。例えば，ある刺激に対して愛着を形成したヒナは，その刺激が見えなくなると**救難音声**を発する。これは，3～4kHzの短い「ピーピー」という音声で，空腹や寒さなど，不快な状況で発せられる。興味深いことに，救難音声も追従反応と非常によく似て，道具的条件づけの影響を受ける。ホフマンら（Hoffman et al. 1966）は，**マスター・ヨークト・デザイン**を使い，マスターとなる個体が救難音声を発すると刻印づけ刺激が提示されるようにした。この場合，刻印づけ刺激はヨークされた個体にも提示されたが，その個体の行動とは無関係だった。実験の結果，マスターとなった個体はヨークされた個体に比べ，ずっと頻繁に救難音声を発した。すなわち，救難音声を使って道具的条件づけを行なうことが可能である。自然場面では，救難音声は母親に，何か潜在的に危険なことが起きつつあることを知らせる。したがって，救難音声がその結果に依存するという事実には，生態学的妥当性がある。

刻印づけ刺激がヒナの行動とは無関係かつ比較的頻繁に提示された場合には，救難音声はほとんど発せられなかった。さらに，水や食物を摂取できるようにすると，ヒナたちには，刻印づけ刺激の提示と同期して水や食物を摂取する傾向が見られた（Hoffman et al. 1969b）。こうした反応パターンは，刻印づけ刺激が頻繁に提示された場合に，

特に顕著に見られたが，刺激提示が2分間隔になると反応はほとんど見られなくなった。刻印づけ刺激が提示されると，ヒナは空腹度が増し，摂食や飲水などの行動が促進される。刻印づけ刺激がない場合には，こうした行動は抑制されがちで，救難信号の例が示すように，ヒナたちは避難体勢に入る。さらに，刻印づけ刺激の提示がないときに電気ショックを与えるようにすると，おそらく刻印づけ刺激のない時期はもっと嫌悪的なものになるだろう。こうした状況では，追従行動はいっそう頻繁に観察されるようになる（Ratner 1976）。反対に，鎮痛剤であるモルヒネは状況の嫌悪性を低下させると考えられるが，これを注射すると，刻印づけ刺激がなくなった際に救難音声が発せられる頻度が低下する（Panksepp et al. 1978）。

1. d．学習要因　マガモ（*Anas platyrhynchos*）は，孵化後数日たつと，母親の音声（聴覚）や特定の位置にいること（視覚）など，母親のさまざまな属性に対して反応するようになる。種々の実験から，彼らは他の種の音声よりも，自分の種に固有な音声を好むことがわかってきた。たとえ自分と同種の剥製だとしても，それが他の種の音声を発するならば，その対象へは近づかないのである。しかしながら，孵化前の経験を細かく操作した実験が示すように，これらの視聴覚刺激は，効果的な刺激となるまでに，興味深い発達経過をたどる。

胚の時期に社会的隔離を受けて母親やきょうだいの鳴き声も自分自身の鳴き声も聞くことができなかったマガモのヒナや，発声器官を切除されて自分の鳴き声を聞こえないようにされたヒナでは，自種の音声に対する選好性とニワトリの音声に対する選好性の間に差がなかった（Gottlieb 1978）。対照的に，社会的に育てられたマガモのヒナは，ニワトリの音声よりも自分の種に固有な音声に対して，非常に強い選好性を示す。**孵化前の経験**の源は，母親や，巣の中の別の卵で育ちつつあるきょうだいが発する鳴き声，また孵化前の自分自身が発する鳴き声の聴覚的フィードバックにあるのだろう。

上述の実験結果はまた，ヒナは初め，刻印づけ刺激が持つ特定の属性に対して強く反応するが，対象と数日間関わり合った後には，それまで効果的ではなかった刺激が追従反応を引き起こすようになるということも示唆している。実際，刺激の属性によって，ヒナの行動を制御する度合いに違いがあることを示す実験もある。例えば，無生物の物体をヒナたちの前で動かして提示すると，やがてヒナたちは，テスト・セッションでその物体が静止して提示された場合にも，その物体に対して強い接近反応を示すようになる。対照的に，常に静止した刺激のみを提示された個体は，弱い接近反応しか示さない（Hoffman et al. 1972）。種特異的な母親の音声を伴った視覚刺激に対しても，同様の選好性が見られる（Bolhuis & Honey 1994）。ヒナたちを2つの群に分け，一方の群には，スクリーンに投影した図形（視覚的な特徴）と母親の音声（聴覚的な特徴）を組み合わせた複合刺激が提示された。もう一方の群にも，同じ2種類の特徴が提示されたが，セッションごとに視覚的特徴のみ，あるいは聴覚的特徴のみという具合に，個々独立に提示された。最終テストで，すべての被験体に既知の図形と新奇な図形との間で選択を求めた（このテストでは聴覚的特徴は提示されなかった）。ヒナたちは回転カゴに入れられ，これらの刺激が回転カゴの両脇に提示された。選好性の指標として，回転カゴをどちらの向きにどれだけ回したかが数えられた。実験の結果，視聴覚複合刺激で訓練された群のヒナたちの方が，同じ特徴を独立に提示されたヒナたちよりも，視覚的特徴に対して有意に強い選好性を示した。

こうした実験結果を説明するため，ホフマンとラトナー（Hoffman & Ratner 1973）は，複合刻印づけ刺激のある特徴には，追従反応を引き起こしたり，救難発声の原因となる恐怖状態を緩和する力が他に比べてもともと強いものがあるのだと提唱した。どの特徴の力が強いのかは，生態学的な要因によって種によって異なるだろう。それぞれの種が進化してきた環境に依存して，動きや羽毛の色，きょうだいたちとの関わり合い，種特異的な母親の鳴き声などが候補として考えられる。例えば，同じ場所に暮らし，羽毛にはほとんど違いがない同所性のトリでは，聴覚的な特徴が比較的重

要になるだろう。一方，進化を通じて種独特の羽毛のパターンを持つようになった種では，視覚的な特徴が重要になるだろう。ホフマンとラトナーによれば（図12-3-(a)），こうしたもともと強い力を持った特徴は，無条件刺激（US）になりうる。すなわち，これらの刺激と同時に存在する別の刺激が，時間的・空間的近接によって作用を受ける。このようにして，例えば，静止した刺激要素は条件刺激（CS）になると考えられる。初めは中性的であるが，無条件刺激が持つ目立った特徴と対提示されることによって，追従反応を引き起こせるようになる。これは，刻印づけの古典的条件づけ理論として知られている。

刻印づけの刺激が複合的なものであるという点は，通常の古典的条件づけとは異なる点である（→第13章，2.c.，386-389頁参照）。古典的条件づけの典型的な実験では，CSとUSとの間には時間的なずれがあり（まずCSが提示されてその後USが提示される），両者の提示される空間的な位置も互いに異なる。しかしながら，刻印づけの場合，CSとUSは，同一の複合刺激の異なる特徴であると考えられる。このために，実験者が，条件づけを成立させるために，これらの特徴を操作することは容易ではない。一方で，刻印づ

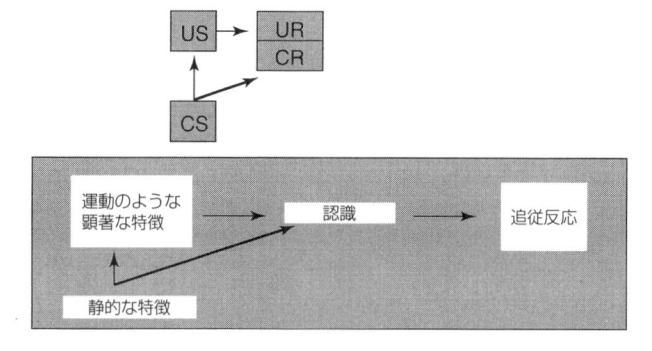

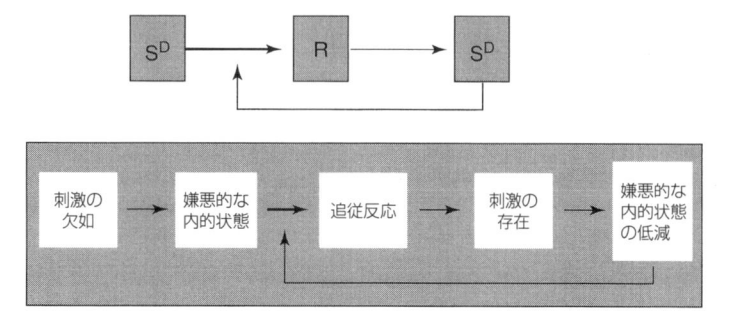

図12-3 連合学習が，早成性のトリにおける親への刻印づけの発達に果たす役割。太い矢印は，獲得された刺激属性を表す。(a)古典的条件づけによって，静止刺激のように，初めは効果的でなかった刻印づけ刺激を，やがて個体が認識・追従するようになる。古典的条件づけの用語でいうと，効果的な刺激（無条件刺激，USと呼ばれる）は無条件反応（UR）を引き起こす力を持っている。効果的ではない刺激（条件刺激，CSと呼ばれる）は，USとの時間的近接によって，URに似た条件反応を引き起こす力を獲得する。(b)道具的条件づけは追従反応を強め，刻印づけ刺激の消失に伴う嫌悪的な内的状態を低減させる。道具的条件づけの用語でいうと，道具的反応（R）は，弁別刺激（S^D）が存在するときに生起し，強化（S^R）が伴う。道具的条件づけについての古典的な説明では，強化によって弁別刺激と道具的反応との連合が強まるのだとされる。

け刺激のこうした特性（すなわち，配置が重要だという性質）が契機となって，**要素間連合**という考え方が生まれた。これは，特定の複合刺激に含まれる諸特徴は同時に存在するので，それら自身の間に連合を形成しうるというものである。視覚刺激は母親の音声とが組み合わされた複合刺激として提示された場合には，単独提示された場合に比べて，より強く選好されるということを先に述べた。ボルイスとハニー（Bolhuis & Honey 1994）による別の実験から，さらなる証拠が得られている。視聴覚複合刺激を何度も提示した後に，聴覚的特徴（母親の音声）を単独提示すると，ヒナの視覚的特徴（幾何学図形）に対する選好性が弱まったのである。視覚的特徴なしに聴覚的特徴のみを提示することで，複合刺激内におけるこれら2つの特徴の間の連合が弱まり，視覚的特徴が選好性を引き起こす力を弱めたのである。

　前節で論じた通り，刻印づけ刺激が，個体の動機づけの強さに影響を及ぼすということも明らかである。例えば，1分ごとに刺激の提示・非提示を交替させると，やがてヒナたちは，100％とまではいかないが，もっぱら刺激が提示されていない期間に限って救難音声を発するようになる。このことは，刻印づけ刺激は，恐怖による不快感を低減させることができるということを示唆している。しかしながら興味深いことに，何もない環境に置かれたヒナは最初，救難音声を発しないのである。あらかじめ刻印づけ刺激が提示されることによって初めて，ヒナたちは刺激がなくなったときに救難音声を発するようになる。したがって，刻印づけ刺激は，それ自身の存在を個体に求めさせ，ひいては，その不在に伴う救難音声を誘発する。このことは，モルヒネ注射によって救難音声が減少したり，ナロキソン注射によって増加したりするという知見とも合致する（前述の1.c.参照）。モルヒネは，苦痛や恐怖を低減させるオピオイド作動薬であり，一方，ナロキソンは，内在性のオピオイドが受容体に作用するのを妨害するオピオイド拮抗薬である。ゆえに追従反応は，恐怖による不快感を低減させるものと組み合わされることによって道具的条件づけされるのかもしれない（→図12-3-(b)参照）。これらの知見に基づいて，ホフマン（Hoffman 1987）は，親に対する愛着と薬物中毒の対応関係を指摘した。ホフマンの仮説によれば，ヒナの初期の環境の中で目立つ物体は，脳にふつうに存在する内在性オピオイドの分泌を促す。したがって，刻印づけ刺激が見えなくなったときにヒナたちは，薬物を断たれた中毒患者が経験する禁断症状とよく似た不安感・不快感を示す。

1. e ． 脳内メカニズム　これまでの節で，親への刻印づけの現象が契機となった数多くの行動研究の一端を紹介してきた。こうした研究から，刻印づけの行動属性を包括的に特徴づけたり，そういった愛着の形成に関わる変数を同定することができる。したがって，親への刻印づけの基礎となる生理学的メカニズムを明らかにするために，研究者たちが行動研究での進展を利用し始めたのも当然の成り行きといえよう。本書で繰り返し述べているように，この点で，刻印づけの研究も，他の分野の研究と似たような歴史的経過をたどっているといえる（例えば，第5章，2.の配偶システムの研究（→102－111頁）や第7章，3.a.－3.f.の馴化についての研究（→191－201頁）参照）。おそらく，このあたりで小休止して，図12－4に示したような，こうした過程について考察するのがよいだろう。

　まず初めに，問題となっている現象を行動レベルで記述することが求められる。この作業によって，今後，どんな問題を追究すべきかが明確になることが多い。この後，現象の主な属性や生起・維持・調節に重要な役割を果たす変数を同定するための行動実験が行なわれる。こうした実験は，適切かつ標準的な検査手続きの開発を必要とし，ひいては理論の発展につながることも少なくない。行動理論にはしばしば，生理学的変数の効果の解釈を助ける媒介変数も含まれる。反対に，生理学的実験が，もっぱら行動観察からのみ引き出されてきた理論を肉付けすることもある。最後に，こうした一連の研究が，現象についてのより深い理解をもたらし，他のさまざまな領域の知見と結びつき，ヒトの問題への応用が可能なアイデアの源泉となるような包括的理論へとつながる。

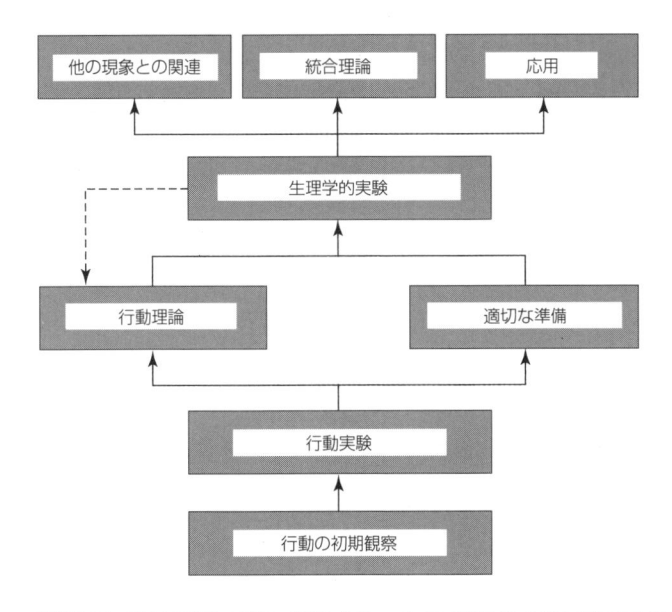

図 12-4　行動研究における進展の概略。 刻印づけについての研究を念頭に置いているが，他の多くの研究分野にも当てはまる。まず，帰納的な研究という初期段階があり，この段階では観察や行動実験によって現象が発見・記述される。そこで得られた情報は，当該の現象を再現したり，行動理論を構築するためのテスト状況を発展させ改善するのに利用される。これらの理論には通例，媒介変数，すなわち理論に説明力をもたらし，生理学的操作の結果を解釈するための指針をもたらす理論的構成体が含まれている。最後に，他の分野との結びつきや応用とともに，より統合された理論が生み出される。刻印づけの場合だと，他の分野との結びつきの例として，ホフマン（Hoffman）による刻印づけと中毒行動との類似性の指摘が挙げられる（1. d.）。さらに，霊長類の発達初期における社会的経験（2.）や，トリにおける音声学習（3.）との結びつきもある。応用の例としては，化学刻印づけが挙げられる。出生地に対する愛着を利用して，絶滅の危機にある種の保護しようというものである（1. f.）。

そうであるのならば，親への刻印づけの基礎となっている生理学的メカニズムとはどういったものなのだろうか。この問題への取り組みにはいくつかの方法がある（Horn 1985）。例えば，オートラジオグラフィーという技法を使った取り組みを取り上げてみよう。オートラジオグラフィーによって，ある時点で脳内のどの部位が活動しているのかを調べることができる。まずヒナに，放射線でラベルしたウラシル溶液を注射する。ちなみにウラシルとは，RNAの構成要素の1つである。先に示した通り（第2および第3章を参照），細胞の核で作られた転移RNAは，細胞質にあるリボソームに移動し，そこでタンパク質の合成に関与する。あらゆる神経細胞において，神経細胞の活性化の程度と神経細胞が作り出した転移RNAの量との間には正の相関が見られる。被験体は，刻印づけ刺激が提示されて愛着が形成されるとすぐに処分され，組織学的分析のために脳の切片標本が作製される。これらの標本を特別な台に載せ，さらにその上に，X線感受フィルムをかぶせる。活動している神経細胞には，より多くの転移RNAが含まれる。そして，その転移RNAは放射能を帯びたウラシルでラベルされているので，フィルムに写るというわけである。

オートラジオグラフィーを用いた研究から，刻印づけ刺激を提示された個体は，**線条体上部の中間部と内側部**（intermediate and medial part of the hyperstriatum ventrale; IMHV）という脳内部位が活性化するが，暗所で育てられたり，変化のない光を照射された統制個体ではそうした活性化は見られないことが明らかになってきた。トリの脳における線条体上部の位置は，図8-13（→228頁）に示されている。興味深いのは，刻印づけ刺激の提示時に刺激に関して得られた情報が，実際

にIMHV領域に保持されているかもしれないということである。しかし，当然ではあるが，この領域は他の理由で活性化しているのかもしれない。例えば，視覚イメージの処理や運動の制御を担っているという可能性である。とはいうものの，興味深いことにIMHV領域は，聴覚刻印づけや受動的回避行動の獲得の実験でも活性化することが明らかになった（IMHV領域の活性化は視覚系とのみ結びついているのではないことを示唆している）。

別の取り組み方として，特定の行動の獲得に関与していると考えられる脳の部位に損傷を加えるというものがある。脳損傷を作る方法には，組織を吸引したり（アブレーション），電流を流したり（電気的損傷），細胞死を引き起こす薬品を注入したり（化学的損傷）するなど，いろいろなものがある。もし，ある部位が何か重要な役割を担っているのであれば，その部位を取り除くと動物は当該の行動を獲得できなくなってしまう。あるいは，損傷を加える前にすでに個体が獲得していた行動が，損傷によって障害を受けることになるだろう。これらはそれぞれ，獲得不全，保持不全と呼ばれる。ある実験で，IMHV領域に電極を挿入しその先端から電波を当てるというやり方（高周波焼灼）で損傷を加えた。これにより電極の周囲の組織は凝固し，近隣のニューロンはすべて死んでしまう。特定の物体に対する選好性が発達する前にこのようなIMHV損傷を行なうと，刻印づけは恒久的に獲得されなくなるようである（McCabe et al. 1981）。動物は追従反応を行なえなくなるばかりではなく，既知の刺激と新奇の刺激との間で選好性を示さなくなる。さらに，刻印づけ刺激に対する選好性が形成された後にIMHV損傷を行なうと，そうした選好性を低下させる（McCabe et al. 1982）。このような選好性の獲得不全・保持不全は，それぞれ図12-5-(a)と図12-5-(b)にまとめられている。

損傷研究全般についていえることだが，こうした実験結果は必ずしも，行動の生起に必要な情報が，損傷された領域に貯えられていたことを示すものではない。種々の対照条件のデータと比較して，一定の結論に収束するような情報が得られないことには，問題の脳部位が特定の行動に関わっているという仮説は支持されない。まず第1に，

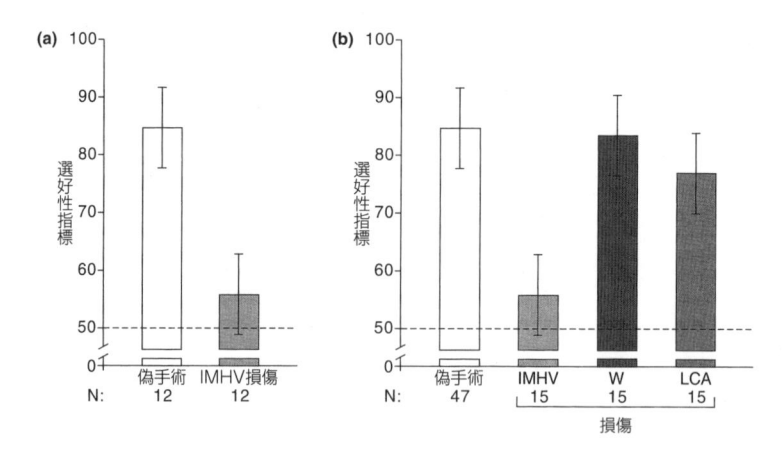

図12-5　刻印づけに対するIMHV領域損傷の効果（McCabe et al. 1982）。(a)刻印づけ刺激が提示される前に損傷を加えると，恒久的な障害が生じる。この場合，損傷を加えられた個体は，刻印づけ刺激に対する選好性を示さない（ランダムに選択した場合の期待値が破線で示されている）。(b)刻印づけ刺激が提示された後で損傷を加えても，やはり刻印づけ刺激に対する選好性は見られなくなる。どちらの図でも，損傷を加えられた個体と，偽処理された，すなわち脳に損傷が加えられないという点を除いて同じ処置を施された統制個体とが比較されている。(b)ではさらに，IMHV領域ではなくヴルスト（W）や終脳外側部（LCA）に同じ大きさの損傷が加えられた統制個体も含まれている。これらの統制個体の結果は，損傷部位の大きさは重要ではなく，脳のどの部位に損傷を受けるかが決定的に重要であることを示唆している。

損傷処置は通例，**偽手術統制群**，すなわち脳部位そのものには手を加えないほかは損傷条件と同じ外科処置（すなわち，麻酔，頭蓋の開口，縫合など）を施された被験体群の効果と対比される。前段で紹介した実験の結果は，損傷群と偽処理群との比較に基づくものである。さらに，損傷の効果が特定の脳部位に限定されるのかどうかを確認するために，大きさは同じだが位置が異なる複数の損傷を作ることもある，例えば，上線条体付帯部（ヴルストとも呼ばれる）や終脳外側部に同様の損傷を加えても，刻印づけ刺激に対する選好性は低下しない（図12-5-(b)参照）。これは，IMHV損傷の効果が損傷の大きさによるのではなく，損傷の位置が重要であることを示唆している。最後に，IMHV損傷がその他の行動に及ぼす影響についての研究からも，重要な情報が得られるだろう。例えば，IMHVに損傷を加えても，摂食行動や，動く標的をつつく正確さの低下にはつながらない。こうした実験結果は，IMHVに損傷を受けたヒナたちは，視覚や動機づけ，運動協応における全般的な障害を被っているから，刻印づけができなくなっているわけではないことを示唆している。したがって，全体として言えるのは，親への刻印づけに決定的に重要な情報は，IMHV領域にある神経細胞に書き込まれている，ということである。

20分間（短期提示群），または140分間（長期提示群），刻印づけ訓練を施されたヒナのIMHVにある神経細胞の神経解剖学的な特徴の分析から，刻印づけがどのような変化に基づいているのかについての情報が得られる（Horn et al. 1985）。刻印づけ刺激を長期間，提示された個体では，入ってくる神経細胞の軸索とIMHV領域にある神経細胞の樹状突起の間に，有意に大きなシナプスが形成された。大きくなったシナプス部位は，神経伝達物質の受容体が位置するシナプス後膜に対応する。このことは，刻印づけ訓練の結果として，特定の細胞が付加的な神経伝達物質受容体を生成するようになることを示唆している。おそらく，そうした受容体がシナプス伝達を促進するのであろう。そうしたタンパクの1つが，NMDA（NメチルDアスパラギン酸）という神経伝達物質受容体である。NMDA受容体タンパクと選択的に結合する物質は，受容体が訓練後，増加することを示す（McCabe & Horn 1988）。また，NMDA拮抗剤（受容体と結合するが，受容体を活性化させない物質）をIMHV領域に注入すると刻印づけの強度が低下する（Brock et al. 1996）。したがって，刻印づけにとって決定的に重要な情報がIMHV領域に貯蔵されるとすれば，その情報は特定の神経細胞のNMDA受容体の増大に基づくシナプス可塑性を必要とするというのはありうることである。

図12-4には「生理学的実験」から「行動理論」へのフィードバックの矢印がある。これは，生理学的な情報が，純粋な行動実験では完全に明確にできない過程が存在することを示唆する事例を示している。損傷実験は，IMHV領域を壊すことで刻印づけ刺激に対する選好性が低下することを示している。しかし，こうした選好性の低下は，より自然な刺激（回転する剥製）を使った場合よりも，人工的な刺激（回転する箱）を使った場合の方がより顕著に見られる。損傷によって，自然物に対する選好性は，偽処理を行なった統制群よりも低くなるが，それでもまだチャンス・レベルを有意に上回っている。さらに別の実験から，博物的な剥製に対する選好性は，孵化後24時間の時点には存在するが，孵化後2時間の時点では存在せず，選好性の発達には歩行経験が必要だということがわかった。これらの実験結果は，親への刻印づけが実際には，独立した2つの過程を含んでいる可能性を示唆している（Horn 1991）。1つは，博物的な対象を認識する傾向の出現である。そうした対象は必ずしも，魅力的で種特異的な模型である必要はない。例えば，先に1.a.で述べたように，ヒナたちは恣意的な幾何学図形に対するよりもケナガイタチに対して愛着を形成しやすい。もう1つの過程は，刻印づけ刺激の詳細な表象の獲得につながる学習機構の活性化である。この学習機構こそが，IMHV領域に依存しているのである。

おそらく，そうした傾向は親への刻印づけという現象に固有の属性であるのだろうが，学習のメカニズムは固有である必要はない。例えば，ニワ

トリの詳細な表象の発達には，古典的条件づけ（例えば，要素間連合）や知覚学習（例えば，単純接触効果）までも含まれるかもしれない。こうした学習過程はいずれも，さまざまな種，さまざまな状況で起こることが知られている。自然場面では，行動傾向と学習過程が協働して，相互に強め合う。新たに出現してきた行動傾向は，特定の手がかり（例えば，頭頸部）に注意を向けさせ，その場に存在する他の手がかりを無視させる働きを持っており，学習過程が，頭頸部の刺激特徴の詳細な表象の形成を促すのだろう。学習によって，早成性のトリのヒナたちは最終的に，母親のさまざまな刺激属性を，単一の全体に属する複数の部分として認識できるようになる。

1. f. その他の種で見られる刻印づけに類似した現象

その他の種でも，早成性のトリで見られるような親への刻印づけはあるのだろうか。母親以外の対象認識の発達はどうだろうか。刻印づけであると考えられる事例を同定するために用いられる重要な基準は，第1に，単純な接触による学習が可能かということと，第2に，学習過程に敏感期があるかということである。初期学習についてのいくつかの報告事例は，この一般的な基準を満たしているように思われる。とはいえ，基礎となっている過程が，早成性のトリたちについて研究されてきたものと同一であると考えるのは間違いだろう。

まず，晩成性のトリにおける親子関係について考えてみよう。晩成性というのは，ヒナがきわめて未成熟な状態で生まれ，移動運動能力がまったくなく，巣の中で親が餌を運んで来るのを待つしかない，ということである。スズメ，コウカンチョウ，キンカチョウなど，スズメ目に属するよく知られた鳴禽の多くが晩成性である。巣立ちしていないヒナたちは，単純接触によって親を識別できるようになるだろうし，そうした学習には敏感期があるかもしれない。こうしたヒナは未成熟である以上，彼らを対象に，刻印づけ刺激との接触の効果を追従反応の形で検証することは，明らかに不可能である。識別能力は，**餌ねだり反応**によって評価することができる。親が巣に戻って来ると，ヒナたちは口を大きく開ける。これは，親が食物を与えてくれるように促す反応である。

クロウタドリ（*Turdus merula*）のヒナを，孵化後数日たった時点で巣から引き離し，実験室の暗室で育てた実験から，親の識別能力の発達には単純接触効果が含まれることが示唆された。ある実験では，ヒナは給餌の際に縫いぐるみを提示され，その後，孵化後10〜23日にわたって，既知のモデルと新奇のモデルとではどちらを好むかというテストを受けた（Junco 1988）。既知のモデルに対する選好性の指標として，既知のモデルに対して餌ねだり反応を示した持続時間を，新奇のモデルに対する餌ねだり反応の持続時間で割った値が算出された。既知のモデルに対する選好性は，11日齢のヒナで最も強く，敏感期の存在を示唆している。明らかに，ヒナたちは，自然に道具的条件づけの訓練を受けている。なぜなら，餌ねだり（反応）は，巣に親（弁別刺激）がいる際に，食物で強化されているからである。したがって，単純接触そのものよりもむしろ条件づけによって，既知の視覚刺激に対する選好性が獲得されるということはありうることである。しかしながら，その後の実験から，食物強化がなくても選好性は発達するということが明らかになり，単純接触だけで十分かもしれないということが示唆された。ジャンコ（Junco 1994）は，親への選好性を確実なものとするのに食物強化が必要なのだろうと述べている。

刻印づけに類似した過程の存在を示唆する証拠が，渡りドリを使った実験から得られている。実験の考え方は，発達初期の環境に固有の化学刺激に接触することによって，化学物質の記憶が形成されるというものである。繁殖期になると，成鳥はこの化学物質の記憶を頼りに，自分が孵化した場所を目指すというのである。興味深いことに，こうした類の**化学刻印づけ**は，絶滅の危機に瀕している種を別の場所に移住させる方法として提案されている（図12-4の「応用」参照）。あるプロジェクトでは，メキシコのランチョ・ヌエヴォで，絶滅の危機に瀕しているケンプヒメウミガメ（*Lepidochelys kempi*）の卵が採集され，テキサス州にあるパードレ島（ランチョ・ヌエヴォの北，

約400 km，メキシコ湾の中に位置する）の砂の入ったコンテナに入れられた。狙いは，発達初期の経験に基づいて，成体になったカメがパードレ島の海岸で産卵するようになるかどうかを調べることである。この仮説を検証するため，あるテストでは，4カ月齢のカメに，4つの区画から1つを選択できる装置が提示された。4つの区画のうちの1つには，パードレ島で採取した砂と海水が入っており，別の区画にはテキサス州ガルヴェストン（パードレ島の北東約300 kmに位置する）で採取した砂と海水が入っていた。残り2つの区画には，統制条件として何も入っていなかった（Grassman et al. 1984）。被験体が，パードレ島の砂と海水の入った区画で過ごす時間は，他のどの区画で過ごす時間よりも有意に長かった。刻印づけ理論をウミガメのように絶滅の危機に瀕している種の存続のために活用するには，まだまだ解決すべき問題が数多く残っているが（Grassman 1993），化学刻印づけの原理は，新しい繁殖地を創設するための有効な手段となる可能性を秘めている。

化学刻印づけは，サケの仲間の回遊行動にも役立っているらしい（Hasler & Sholz 1983）。サケは大陸北部にある淡水の川で孵化し，その後，銀化と呼ばれる発達過程を経る。サケの稚魚は海へ出て行くので，銀化は，彼らが海水の中で生きていくための準備を整える一連の形態的，生理的，行動的変化から成る。しかしながら，サケたちはやがて，大陸に戻り，川を遡上し，繁殖行動に従事する（すなわち，繁殖回遊を行なう）。成体は，通例，これらの川で交尾を終えた後，死を迎える。サケは，自分が生まれた川に間違いなく戻って来ることでよく知られており，長い間，化学刻印づけによって川の識別を行なっているのではないかと考えられてきた。モーリンら（Morin et al. 1989）は，特定の化学物質を経験することの効果は，時期によって違いがあるということを明らかにした。このことは，敏感期の存在を示唆している。被験体に，L-システインというアミノ酸を含んだ水流が，丸1日提示された。サケたちは群ごとに，銀化の異なった段階で，こうした刺激提示を受けた。銀化が終了した後，テスト状況に置かれた被験体にL-システインが提示され，化学的認識の指標として心拍数が測定された。既知の刺激が提示されたときには心拍数は低下する。そうした心拍数の低下は，銀化が始まってから21〜28日経過ごした時点で化学物質が提示された場合に，最大となることがわかった。

刻印づけに類似した現象は，いくつかの哺乳類でも見つかっている。モルモット（*Cavia porcellus*）のような早成性の哺乳類を使って，人工刺激に対する愛着を形成させようとする試みは，たいていうまくいかなかった。同じく早成性の哺乳類であるヤギ（*Capra hircus*）では，愛着を形成する主体は子ではなく，むしろ母親の側だった。こうした**子に対する母親の刻印づけ**は，比較的速いスピードで発達し，誕生した新生児をすぐに母親に提示するというのが効果的である。このことは，母親の学習に敏感期が存在することを示唆している（Gubernick et al. 1979）。出生直後の新生児と5分間関わりをもった母親は，後になっても（数時間後に行なわれるテストにおいて），この個体とその同腹子のすべてを受け入れ世話をする。出生後それ自身の母親と8時間以上過ごした個体は，頑強に拒絶される。しかしながら，出生後隔離されていた他のメスの子に対しては，より寛容で，出産後数時間経過していても受け入れる。この最後の知見は，子に対する母親の刻印づけの敏感期がいつ始まり，いつ終わるかが厳密に決まっているわけではないことを示唆している。なぜなら，他のメスの子に対する愛着が，それが他のメスの世話を受けていない限り，メスが出産をした後，数時間経っても形成されるからである。子に対する母親の刻印づけはおそらく，新生児を舐めたり授乳したりすることを通じたラベリングの過程に基づいているのだろう。母親の唾液や母乳に含まれる化学物質によって，母親は自分自身の子とよその子とを識別できるのである（Gubernick 1980）。

トガリネズミ科（食虫目）のいくつかの種では，興味深い親への刻印づけが見られる（この場合の「愛着（attachment）」は，文字通り「くっつく（attach）」という意味である，図12-6）。出生後の比較的短い間，母親は1匹の子どもを促し

図12-6 ジャコウネズミ (*Suncus murinus*) のキャラバン行動（辻敬一郎氏の厚意による写真提供）。

て，自分の体毛に歯でしがみつかせる。次に，別の子どもを，先の子どもに同様にしがみつかせる。そして母親は，自分の子どもたちを1列に従えて歩く。この一連の編成は，**キャラバン行動**と呼ばれ，トガリネズミ科以外の種では見られない。テスト状況によってばらつきがあるものの，ジャコウネズミ (*Suncus murinus*) におけるキャラバン行動の観察から，出産後5〜24日に起こりやすく，12〜14日齢に最もよく見られることが明らかになった (Tsuji & Ishikawa 1984, 1985)。ジャコウネズミは晩成性の哺乳類で，目も見えずいたって無力な新生児から，30日かけて，性的成熟へと発達していく。キャラバン行動は，子どもの目が開く前に現れることから，赤ん坊を巣に連れ戻す手段になっているのだろうと考えられてきた。出生後約8日目，目が見えるようになると，キャラバン行動を通じて子どもたちは，母親の庇護のもとで，より多様な環境条件を経験するようになる。こうした奇妙な形の親子間の愛着には，親への刻印づけの場合と同じ意味での敏感期はないようである。むしろ，出生後の1カ月の間に，成長につれて，キャラバン行動は現れて，最高潮に達した後，やがて消えていく。

2. 繁殖行動と社会行動

2.a．性的刻印づけ　発達初期の社会的交渉は，発達途上にある幼児の生存に貢献するとともに，成体になってからの社会的行動にも影響を及ぼす。社会化の過程における初期経験の重要性は，アメリカの比較心理学者ジョン P. スコット (John P. Scott) [1909-2000] がイヌを対象として行なった一連の古典的な研究によって示された。ヒトと緊密に接触しながら育てられたイヌやオオカミたちは，後になってヒトに対してほとんど，あるいはまったく恐怖反応を示さなくなり，積極的な社会的反応を形成することができた。事実，イヌたちは，生後4〜15週間にわたる敏感期の間に，社会的な行動パターンを築き上げた (Scott & Fuller 1965)。幼少期の経験は，個体が成長してから，敵対行動や繁殖行動などといったさまざまな行動に関係してくるだろう。初期経験が成長後に効果を発揮する例として，性的刻印づけが挙げられる。これは，**潜在学習**の一例と見ることもできるだろう（これと同類の現象として，後の3.で取り上げる音声学習や図4-3（→ 76頁）に示した空間学習などがある）。**性的刻印づけ**とは，成長後，繁殖行動の文脈で同種個体を認識できるような初期学習のことを指す。

性的刻印づけは伝統的に，幼児期に人工の対象に対して愛着を形成させられた動物の性的行動の観察に基づいて，親への刻印づけと結びつけられ

てきた。例えば，ヒトに愛着を形成させられたトリのヒナは，成鳥になってから，同種個体ではなくヒトに対して求愛行動を行なうようになる。したがって，早成性のトリのヒナは，特定の対象を認識することを学習し（親への刻印づけ），また，成長する際に，その学習に基づいて，直接経験した対象とよく似た対象に対して性的な選好性を発達させるようである。この仮説に一致して，1.e.で論じたように，孵化後すぐに，IMHV領域に損傷を受けたヒナでは親への刻印づけは成立せず，成長後も明瞭な性的選好性を示さない（Bolhuis et al. 1989）。親への刻印づけや性的刻印づけが起こるためには，IMHV領域の損傷のないことが必要だと思われる。さらに，恣意的な刺激を使って親への刻印づけや性的刻印づけを成立させた研究から，親への刻印づけは性的な選好性との相関の強いことが示唆された（Vidal 1980）。

しかしながら，幼少時の社会的経験と同様，性的選好性のテスト時に提示される刺激の性質も，成長後の性的な選好性に影響を及ぼす。人工のモデルに対する愛着を形成した後に同種個体と接触したヒナは，成長後，愛着を形成した人工の刻印づけモデルに対してではなく，自然な剥製モデルに対して性的選好性を示すようになる（Vidal 1980）。したがって，親への刻印づけの成立は，成長後の性的な選好性を厳密に規定しているわけではないようである。性的な選好性は，刺激の性質にも大きく左右され（すなわち，自然なモデルは，人工的なモデルよりも効果的である），親への刻印づけが成立した後に発生する社会的交渉の影響も大きい。

事実，社会的交渉がどの程度，成長後の性的な選好性を規定するかという点については，種によって大きな違いがある。キンカチョウ（*Taeniopygia guttata*）では，成鳥のオスは，同種のメスかジュウシマツ（*Lonchura striata*）のメスに対して，求愛のさえずりを行なう。どちらに対して求愛するかは，被験体がどちらの種の個体と一緒に育てられたかによって決まる。もし，オスのジュウシマツが成長時にまず同種個体と接触し，次にジュウシマツと接触すると，両方の種のメスに対して**ディザリング行動**と呼ばれる行動を示す。すなわち，両方の種のメスに対して求愛のさえずりや他の社会行動を行なう。ディザリングを行なうオスの性的選好性は時期によらず安定しており，比較的限定されている。というのも，彼らは，同じアトリ科に属する他の種のメスに対しては求愛しないからである。これらの2つの事実は，これらのオスでは**二重性的刻印づけ**が成立しているという考えを促した（ten Cate 1986）。興味深いことに，もしオスのキンカチョウが同時に，同種個体およびジュウシマツと一緒に育てられると，彼らは成鳥になってから自種のメスに対する性的選好性を示すようになる（Immelmann 1972）。こうした同種個体の優位性は，成長途上にあるキンカチョウとその親との間の初期の社会的交渉が基になっている。成鳥のキンカチョウは，成鳥のジュウシマツより多くの給餌および攻撃反応を，子どもに向ける傾向がある。

その他のトリの種では性的な選好性は非常に柔軟で，発達初期に形成された性的な選好性が，成鳥になってからの社会的交渉によって逆転するということもある。托卵を行なうコウウチョウ（*Molothrus ater*）では，1歳齢のオスを，カナリア（*Serinus canaria*）のオス・メスと同居させることによって，カナリアに対する性的な選好性を形成させることが可能である。このような同居を数カ月行なった後では，コウウチョウのオスは，自種のメスに対してよりも，カナリアに対して発声を行なうようになる。しかしながら，自種のメスと同居させられたコウウチョウのオスは，もっぱらカナリアではなく自種のメスに向かってさえずる。カナリアに対して反応するという初期の強い傾向が，自種のオスとメスと接触することによって，完全に逆転することもある（Freeberg et al. 1995）。ヒツジ（*Capra hircus*）の子では，社会的交渉もまた，社会的な選好性の発達に影響を及ぼす。イヌと同居させられた子ヒツジは，二者択一テストで，ヒツジよりもイヌに対して選好性を示す。とはいえ，こうした選好性は，複数のヒツジと4カ月間同居すると，完全に逆転する（Cairns & Johnson 1965）。こうした実験結果は，性的刻印づけの過程の結果と期待される事態とは，重要な点で異なっている。性的な刻印づけが成立

する種も存在するだろうが，別の種に対する成体の選好性ははなはだ柔軟で，社会的経験に影響されるようである。

2．b．哺乳類における母子関係　哺乳類では，**母と子の絆**は大きな生物学的意義を持つはずである。なぜなら，新生児および乳幼児の生存は，もっぱら母親の存在にかかっているからである。あらゆる哺乳類の種において，母親は母乳という形で栄養を供給する。また一般的に，母親は多くの小型哺乳類（例えば，食虫動物や齧歯類）のように巣の構築や維持の責任を負い，多くの水生動物（例えば，イルカやクジラ）のように，生活の術を教えたり援助を行なったりする。おおむね，哺乳類における母子関係は，早成性のトリと比べてより柔軟であり，親への刻印づけといった考えは一般に避けられてきた。しかしながら，刻印づけと同様，発達初期の経験は，幼少期，成体期を問わず，個体が社会場面に適応できるようにするために，非常に重要な役割を果たしている。このことは，両者の間に重要な対応関係（すなわち，図12-4でいう「関連」）が存在することを示唆している。まず，齧歯類における母と子の絆について考察しよう。

齧歯目は，共通の祖先からさまざまなグループに進化しており，さまざまな生活環境に適応した数百の種を擁し，種によって非常に多様な生涯戦略を示す（例えば，早成性/晩成性）。齧歯類のこうした生物学的特徴と，実験室でも容易に繁殖する能力とが相まって，比較発達研究で最も重宝される研究モデルとなった。晩成性の種であるアルビノラット（*Rattus norvegicus*）を使って，実に多くの研究がなされてきた。ローゼンブラットとシーゲル（Rosenblatt & Siegel 1980）は，**母親行動**（例えば，巣作り，授乳，子どもが外へ出た際の巣への連れ戻しなど）は，メスの妊娠中における繁殖のための生理活動の延長であると主張した。妊娠したメスの生理活動は，いくつかの**ホルモン**，特にプロゲステロン，エストラジオール，プロラクチンの複雑な相互作用によって制御される。これらのホルモンは，子宮の収縮や母乳の生成などといった生理反応を制御する。例えば，妊娠中はプロゲステロンの水準が一貫して上昇し，分娩の4日前になると急速に低下する。この血中プロゲステロン水準の低下によって，母親行動が行なわれるようになる。もし，実験的に，プロゲステロンの水準を高いままに保つと，メスのラットは巣の中の子どもに対して反応しなくなる。また，母親行動の開始は血中のエストラジオールやプロラクチン，オキシトシンの高い水準にも依存している。もし，これらのホルモンが薬理的に阻害されたり，そうしたホルモンを分泌する部位を外科的に取り除いたりすると（例えば，下垂体切除はプロラクチンを除去する），メスの母親行動に重篤な障害が生じる。先に論じたように（→例えば，第8章，2.g., 222頁参照），ホルモンは内分泌細胞で生成されて血液中に放出され，それぞれの臓器に届けられる。それらは，膜受容体に入り込んで，標的となる細胞でさまざまな変化を引き起こす。標的の一部は末梢臓器である。例えば，視床下部や下垂体から放出されたオキシトシンは，乳腺に作用して出産直後の母乳の分泌を促す。他の標的は，中枢神経系内部の神経細胞で，こうした中枢の効果によってホルモンは直接的に行動に影響を及ぼすことになる。例えば，ラットの脳室にオキシトシンを直接注入すると，母親行動が誘発される。このような方法で処方されたオキシトシンは，おそらくさまざまな脳部位，特に間脳に作用し，膜受容体をもった数多くの細胞が，このホルモンに反応する（Insel 1992）。視索前核や分界条床核のような間脳部位に損傷を加えると，ラットは母親行動を喪失する。

分娩後は，繁殖行動の制御はホルモンから感覚刺激に移る。母子間の刺激交換は**栄養交換**と呼ばれる（この用語は，社会性昆虫における個体間の食物交換にも用いられる）。こうした母親の初期行動は，ホルモン水準の変化にあまり敏感ではなく，ホルモンを外から注入しても，あるいは卵巣や副腎を外科的に取り除いても，変化しない。さらに，処女メスの母親行動を阻害するようなホルモン操作，例えばオキシトシン受容体の拮抗剤の注入を行なっても，経産メスの行動には影響を及ぼさない。メスのラットの母親行動は，分娩後，数時間における子どもとの接触に依存している。

実験的に，出産後すぐに子どもを引き離すことによって，こうした経験を奪われた母親は，生後3日後または5日後に子どもたちが戻って来ても，母親行動をほとんど示さなくなる。初期の接触を剥奪された母親は，5日後に子どもを戻しても，授乳や連れ戻し行動をすることがない。母親行動は，幼児のさまざまな反応によって維持される。そうした反応は，母親を刺激してさまざまな保護活動や授乳行動を起こさせる。幼児が成長・成熟するにつれてこれらの反応は消失し，母親行動の頻度は減少する。興味深いことに，大きくなった子どもを別の小さい子どもと交換すると，メスのラットは母親行動を継続するようになる。ワイズナーとシアード（Wiesner & Sheard 1933）が行なった古典的な研究では，2週間ごとに子どもを交換することによって，母親行動を1年以上持続させることに成功した。

メスのラットは，においや身体接触（味覚刺激，触覚刺激，熱刺激），さらに超音波音声など，子どもの出すさまざまな刺激に反応する。多くの晩成性の齧歯類のメスが幼児の発した超音波音声に反応する（Smith & Sales 1980）。こうした救難発声は，子どもたちが空腹，体温低下，その他の不快な事態に陥っていることを知らせる。こうした種のほとんどで，新生児は**外温性**である。つまり，自分自身では体温を一定に保つことができず，母親の体熱を求めるなどの行動で対処しなくてはならない。晩成性の種では，**内温性**が数日〜数週間かけてゆっくりと発達し，成体のような効率性を獲得する。齧歯類の救難発声は，種や幼時の週齢によって，周波数や持続時間が異なる。一般的には，周波数は週齢とともに上昇するが，持続時間は短くなる。例えばラットでは，周波数は30〜100kHzで，持続時間は最長200ミリ秒である。これらの鳴き声は，超音波音声と呼ばれることもある。なぜなら，周波数の最低値はふつう30kHz以上であり，20kHzを下回ることはまれだからである。そのため，彼らの鳴き声はヒトの耳ではふつう知覚できない（ヒトの可聴域の上限は通例，20〜30kHzであるため，「超音波」と称される）。齧歯類の救難発声は，きわめて定型的であるという特徴がある。

体幹部への刺激もまた，母親と子どもの行動を制御するのに重要な役割を果たしている。例えば，母親が舐めるという刺激によって子どもは乳を飲むようになり，反対に子どもが母親の腹部を刺激することによって，母親は落ち着き他の子どもたちにも腹部をさらすようになる。母親の腹部を口で刺激すると，最終的には，腹部の伸展，背中の湾曲，後肢の伸展といった反応が引き起こされ，子どもを受け入れるようになる（Stern & Johnson 1989）。母親がこうした姿勢を取っている間，子どもたちは乳を飲むことができる。ポランとホーファー（Polan & Hofer 1999）は巧妙な装置を使って，これについて研究した。子どもたちは，母親を含むいろいろな刺激が提示される床の下の円形の区画に入れられた。さまざまな定位反応を引き起こすのに，他の刺激（例えば，天井なし，針金，綿，毛皮）に比べて，（動かないように）麻酔をかけられた母親は非常に効果的だった。例えば，母親の腹部によって刺激された子どもは，仰向けにひっくり返り，首を伸ばして鼻を毛皮に押し付けた。さらに，一晩母親と引き離すとこれらの行動は強まり，きょうだいたちと一緒にいるにもかかわらず，子どもたちの一般覚醒水準は高まった。こうした母親に向けられた行動は，動機のような内的要因によって影響を受けるらしい。そうした行動には，晩成性の子どもが栄養や温かさや保護を求めて，母親とのより緊密な接触を保つことを助ける働きがある。

ラットの母親行動は，感覚刺激によるところが大きいので，処女メスやオスでさえ，単に数日間子どもと接触させるだけで，母親行動を誘発させることが可能である。こうした，いわゆる**鋭敏化された母親行動**は，成体だけではなく，離乳直後（ラットでは出産後21日目以降）でも引き起こすことができる（Gray & Chesley 1984）。子どもと同じような大きさ・重さのおもちゃと接触させても，母親行動はあまり見られないことから，母親行動を鋭敏化するには，社会的交渉が重要であると考えられる。数日間集団飼育すると，離乳直後の個体も成体のラットも，ふつうに母親が行なうのと同じようにしきりに子どものにおいを嗅いだり子どもを舐めたりする。しかしながら，離乳

直後の個体は実験以前に子どもとの接触経験のない成体以上に母親行動を行なうことから，発達初期における接触がラットにおける母親行動の発達に貢献している可能性が示唆される。

2. c. 愛着　前節に示したように，ラットの母親とその子どもは，授乳や母親行動といった文脈で，複雑に関わり合うことによって互いに影響を及ぼし合う。このことは，母親や子どもが愛着を形成したことを意味しているのだろうか。以前に私は，「愛着」という言葉を親への刻印づけの文脈で用いたことがあったが，ここでもっときちんと定義しておくべきだろう (Ainsworth 1972)。**愛着**は母親とその子どもの間で築かれる絆を指し，通例，3つの特徴によって定義される。すなわち，第1に，愛着の対象の認識および他の対象からの弁別，第2に，愛着の対象に対する選好性，第3に，愛着の対象が剥奪された際の嫌悪的な反応である。明らかに，早成性のトリにおける親への刻印づけは，これらの基準に合致するので，愛着の例である。哺乳類における母と子の絆はどうだろうか。

　ラットの場合，母親も子どもも**個体認識**を行なってはいないようである。私は先に，子どもを順次，交換していくことによって母親行動を引き延ばすことが可能だということを述べた。この観察事実から，母親は自分自身の子どもを識別していないことがうかがわれる。母親は，たとえ見知らぬ子どもであっても，自分の子どものにおいをしていれば，受け入れて世話をするのである (Leon 1975)。したがって，母親は，個体ごとに識別しているのではなく，子どもたち全体のにおいに反応しているように思われる。子どもの側にしても，授乳可能で同じ餌を食べている限り，自分自身の母親と別の母親とを弁別しない。子どもたちは，母乳の持つ化学的な手がかりに反応し，そうした手がかりはメスが何を食べるかによって影響を受ける。母親も子どもも分離に対して嫌悪的な反応を示すが，こうした反応は個体識別を前提とはしない。例えば，ストレス・ホルモンであるコルチコステロンの血中水準は，子どもから引き離された母親で高まるが，対照群の結果は，特定の子どもがいなくなることよりも，むしろ実験手続き上のハンドリングによるところが大きいことを示している (Smotherman et al. 1977)。母親から引き離された子どもは，しきりに救難発声をする。しかし，暖かい環境に置かれて触刺激が与えられると，こうした鳴き声は通常の水準にまで低下する (Hofer 1975)。救難音声は，子どもたちにさまざまな嫌悪的な処置を施すことによって，実験的に操作することができる。例えば，子どもたちを新奇な場所に連れて行ったり，ハンドリングしたり，電気ショックを加えたりすると，より程度の強い救難音声を発するようになる。また，こうした処置を施された子どもと再会した母親では，血漿中のコルチコステロンの水準が上昇する (Smotherman 1977)。明らかに，ラットの母親は子どもたちの苦痛の水準を感知しており，個体識別しなくても適切に反応しているのである。一方，子どもたちは母親を個体識別できなくても，複雑な反応レパートリーを持っており，それらが母親の世話を誘発するのである。ラットやおそらくその他数多くの種の哺乳類では，母親と子どもの間にある程度の絆が見られるものの，愛着の基準には合致しない。

　しかしながら他の種では，少なくとも母親は自分の子どもを個体識別しているという証拠がある。ヒツジがその例で，自分の子どものにおいと他の子どものにおいとを弁別できる (Kendrick 1992)。また，キタゾウアザラシ (*Mirounga angustirostris*) では，子どもの音声に基づいて個体識別が行なわれている可能性がある (Petrinovich 1974)。愛着についての最も広範な証拠は，霊長類の母子の絆についての研究から得られた。例えば，ベルベットモンキー (*Cercopithecus aethiops*) やリスザル (*Saimiri sciureus*) の母親は，自分自身の子どもを識別し，よその子ども (顔見知りの個体も含む) よりも選好する (Cheney & Seyfarth 1980)。同様にリスザルの子どもは，自分の母親を他のメスたちから弁別することができる (Kaplan & Russell 1974)。

　多くの研究が，比較的短い時間の分離に対して母親と子どもの双方が示す嫌悪的な反応は，それぞれの母子のペアに特異的であって，他の顔見知

りの個体が自分のすぐそばにいても，緩和されるわけではないことを示唆してきた。母子分離によって引き起こされたストレスは便宜的に，血漿中に含まれるコルチコステロイド・ホルモンの濃度によって測定することができる（例えば，ラットではコルチコステロン，霊長類ではコルチゾール）。これらのホルモンは，いわゆる**視床下部－下垂体－副腎系**の活性化水準を反映する。これは，嫌悪的な状況に対する生体の反応の1つである。ある実験（Coe et al. 1978）では，リスザルの母子ペアが，妊娠後期のメスを含む集団と一緒に生活していた。妊娠後期のメスは，子どもの「おば」の働きを担って母親不在時に子どもの世話をすることがある。にもかかわらず，集団から母親を取り除いても，あるいは子どもを取り除いても，どちらの個体のコルチゾール水準も上昇した。興味深いことに，母親と引き離されている間「おば」の世話を受けていた子どもにおいてさえ，高いコルチゾール水準が観察されたのである。この事実は，母子分離によって誘発されるストレス状態は，母親の不在に特異的なものであることを示唆している。

　母子分離によるストレスは，生体の一般健康水準に非常に大きな影響を及ぼす。例えば，アカゲザル（*Macaca mulatta*）では，母子分離はコルチゾール水準を高めるばかりでなく，乳酸桿菌（*Lactobacillus*）のような，腸内細菌の正常な構成要素であるバクテリアの量を減らしてしまう（Bailey & Coe 1999）。これらのバクテリアは，サルモネラ菌（*Salmonella*）のような病原性微生物の増殖を抑えることによって生体を守る。母子分離に伴う腸内細菌の減少によって，アカゲザルの幼児は，母親と一緒にいる子ザルでは発症しない状態に保たれる病原体に感染しやすくなってしまう。社会的隔離を受けたフサオマキザル（*Cebus apella*）では，免疫系が阻害され，病気にかかりやすくなるという研究報告もある（King et al. 1992）。霊長類の幼児は，母親に対する愛着を形成・維持するための選択圧を強く受けているように思われる。

　サルは，特定の性質を備えた人工物に対して愛着を形成することもある。これは，アメリカの比較心理学者ハリー・ハーロウ（Harry Harlow）［1905-1981］によって発見された。ハーロウは，初期経験がアカゲザルの幼児や成体の行動に対して持つ効果についての広範かつ影響力の強い研究プログラムを発展させた。ハーロウは最初，子ザルの心理学的能力に興味を持っていた（Harlow 1971; Harlow & Zimmermann 1959）。そのため，彼は子ザルを隔離して育てる手続きを発展させた。生後6～12時間で母親から分離された子ザルは，針金のオリの床を覆う毛布に強い愛着を示すということがすぐに明らかになった。毛布をオリから取り出そうとすると子ザルは激しく抵抗し，彼らの行動には数日間障害が生じ，実験室で実施されているような実験には使えなくなってしまった。こうした観察結果から，サルの感情的な愛着の発達を研究するための手続きについての示唆が得られた。ハーロウの注目した特徴は，触刺激を受けた結果として代理母に対する愛着が形成されるという可能性（後に，**接触による快**として知られるようになる）だった。彼の後の研究から，この可能性の正しいことが確認された。当時の一般的な考え方は，母親に対する幼児の愛着は，条件づけを通じて，すなわち空腹や渇きといった幼児の一次的動機が母親のミルクによって満たされることによって生じるというものだった。それとは対照的に，ハーロウの研究は，接触による快そのものが一次強化子になっていることを示唆していた。

　子ザルにはその後，針金か布でできた代理母が提示された。図12-7-(a)に示したように，見分けがつきやすいよう，どちらも特徴的な顔をしていた。これらはシリンダー状のもので，子ザルがしがみつけるように45度の角度で傾いていた。ある実験では，これらの代理母のうち一方のみでミルクが飲めるようにして，子ザルがそれぞれの代理母と接触して過ごした時間を測定した。結果は，図12-7-(b)に示されている通り，針金でできた代理母，布でできた代理母のどちらでミルクが飲めようとも，子ザルはほとんどの時間を布でできた代理母に接触して過ごすことが明確に示された。興味深いことに，もし愛着がミルクによる強化という条件づけの過程を経て獲得されるならば，針金製の代理母でミルクを飲むことができ

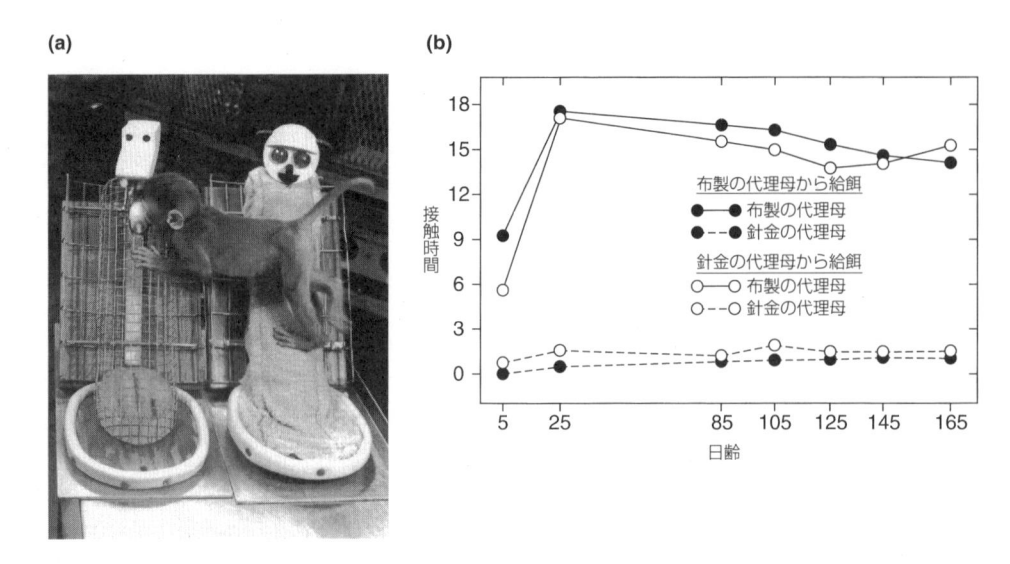

図12-7 (a)アカゲザル幼児における愛着についての古典的実験で，ハーロウとジマーマン（Harlow & Zimmerman 1959）が用いた代理母。針金製代理母（左）は，円筒状に編まれた針金で，子ザルがしがみつきやすいよう45度の角度に傾いている。布製代理母（右）も同様の作りだが，顔の部分が異なっており，本体は布で覆われている。(b)ミルクが布製代理母，針金製代理母のどちらで飲めるようにしても，子ザルはほとんどの時間を布製代理母に接触・近接して過ごす。同様の実験から，接触による快が第一義的な誘因になっていて，子ザルにおける愛着の発達を促進するのだという仮説を支持する結果が得られている。

た子ザルはその針金製代理母に愛着を形成するはずだが，いつまでたっても愛着は形成されなかった。こうした子ザルは，ミルクを飲むのに必要な最小限の時間だけ針金製代理母に接触した以外は，残りの時間を布製代理母に接触して過ごした。

布製代理母に対する愛着はさらに，恐怖を喚起するような状況での子ザルの行動にも示された。典型的なテスト状況では，両方の代理母で育てられた子ザルに，恐怖を喚起する機械仕掛けのおもちゃを提示したところ，布製代理母，針金製代理母のどちらからミルクを与えられていたにせよ，子ザルは布製代理母との接触を求めがちだった。布製代理母が存在する状態で，恐怖喚起刺激を提示された子ザルは，通例，布製代理母にしがみつき，数分間，体をこすりつけることが多かった。最終的に，恐怖は低減し，子ザルは代理母を離れて恐怖喚起刺激に近づき，それを探索するようになった。一連のテスト・セッションにおいて，もっぱら針金製代理母とともに育てられた子ザルは，恐怖喚起刺激が提示されると急速に，布製代理母に対する愛着を発達させた。さらに，2つの代理母のいずれかに接近するか，それとも，仕切りの中に隠れることでそれらを回避するかの選択を迫られると，布製代理母とともに育てられた子ザルは，強い接近傾向を発達させた。対照的に，針金製代理母からミルクを飲んで育った子ザルは，初めのうちは針金製代理母に接近したが，100日齢以降になると，回避反応を示すようになった。

布製代理母に対する愛着は，サルでは操作行動を引き起こすことが知られている物体（例えば，紙製の筒や積み木など）を含む新奇な状況に子ザルが置かれたときにも見られた。こうしたオープンフィールド・テストでは，布製代理母とともに育てられた子ザルは，部屋の中に置かれるとすぐさま布製代理母にしがみついたが，やはり，すぐに新奇な物体を探索し，操作行動を始めた。同じ被験体を布製代理母のないオープンフィールド部屋に入れると，部屋の隅でうずくまる，鳴く，体を前後左右に揺する，手や足を吸う，後肢で立って部屋の中を走り回るなど，まったく違った行動を示した。同様に，針金製代理母とともに育てられた子ザルは，オープンフィールド状況に置かれ

ると，たとえ針金製代理母がそこにあっても，明らかに苦痛を示した。針金製代理母がある場合には，これらの子ザルたちは針金製代理母のそばに座り，自分の腕で自分の体を抱き締めて体を揺らすことが多かった。針金製代理母とともに育てられた子ザルは，遊び行動や探索行動をほとんど示さなかった。こうした遊びや探索行動は，布製代理母で育てられ代理母があることによって安心感を得ていた子ザルでは，よく見られるものである。

2．d． 初期経験と霊長類の社会的行動 ほとんどの霊長類は集団で生活している。集団生活は個体に複雑な社会的な技能や行動を要求する。個体は，優劣関係の信号を適切に読み取らねばならず，そうした信号に対して，社会的に適切な行動で対応する必要がある。その代わりに彼らは，資源の入手が容易になったり，捕食者から逃れやすくなったりするなどといった，集団としての利益を享受できる。したがって，発達初期における社会的隔離が，成体になってからの社会的環境に適応する能力に悪い効果を持つというのも当然のことである。

幼少期に母親から引き離されて育てられたアカゲザルは，成体になってから個体行動や社会行動にさまざまな障害を示した。野生のアカゲザルと実験室で飼育されているアカゲザル（個別オリに入れられ他個体の姿を見たり音声を聞いたりすることはできるが，身体接触はできない）との比較から，実に多くの相違点が明らかになった（Mason 1960）。例えば，野生のサルは1回当りの毛づくろいの時間が長く，けんかをする時間が短く，性行動の頻度が高かった。図12-8に見られるように，実験室で飼育されているアカゲザルの性行動は，野生のアカゲザルの性行動とは質的にも異なっていた。この研究では，すべてのオスが，性的経験を持つメスとテストされた。こうした条件下では，隔離ザルは野生ザルよりも性行動が下手で，メスの横から馬乗りになろうとしたり，メスの背中に性器を押し当てたりするのが通例だった。隔離されたアカゲザルは，社会的な状況に置かれても新奇な状況におののくばかりで，仲間とほとんど関わり合わなかった。隔離メスが母親に

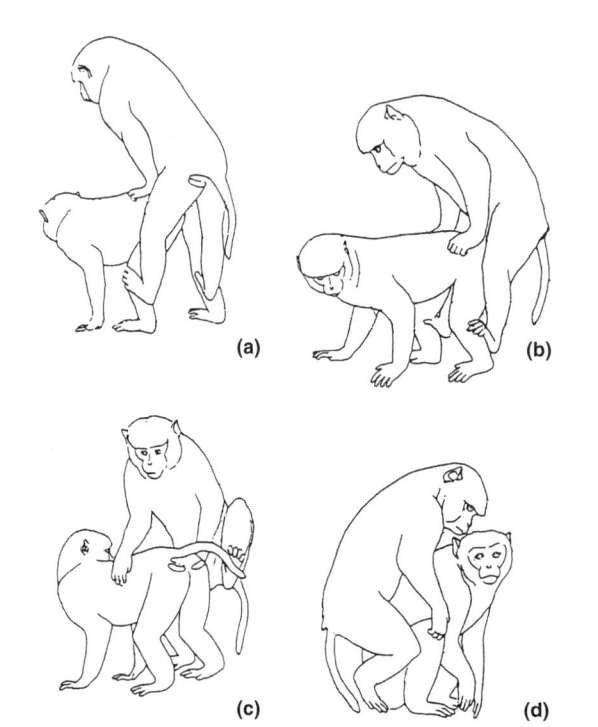

図12-8 アカゲザルの性行動（Mason 1960）。(a，b) 野生オスの正常な交尾行動。(c，d) 実験室で育てられたオスの異常かつ非効率的な反応

なると，子どもが生後2～3カ月の間は，自分の子どもの世話が不適切であったり，時には攻撃したりもした。サケット（Sackett 1967）は，こうした母親なしに育った母親に育てられた4歳齢のアカゲザルは，健常な母親に育てられたサルよりも攻撃行動が有意に多いことを見出した。

前述のような布製代理母に育てられた子どもは，愛着を形成して健常な探索行動を示すようになるが，成体になってから，社会的な適応に困難を示した。こうした子どもには，隔離ザルの異常な社会行動を減らしたりなくしたりすることができるかどうかを確かめるために，さまざまな「セラピー」が試された。代理母がゆらゆらと動くような装置を仕組んだり，あるいは代理母をおもちゃの汽車に乗せて動くようにしても，社会的技能は多少改善されただけだった。数頭のイヌと一緒に育てられたサルは，そのイヌたちに示した愛着は，動く模型とともに育てられたサルが模型に示すのと同じ程度だった（例えば，物体がなくなった場合と同レベルの鳴き声を発した）。しかし，イヌと一緒に育てられたサルは一般に，社会的交渉を開始する率が高く，彼らの社会的交渉はより複雑なものだった（Capitanio 1985）。図12-9は，イヌと一緒に育てられたアカゲザルとおもちゃのウマと一緒に育てられたアカゲザルの社会的ネットワークを示している。イヌと一緒に育てられた個体がすべて集団内の他個体に対してなんらかの社会的選好性を示したのに対して，おもちゃのウマと一緒に育てられた個体では，一部の個体しかそうした選好性を示さなかった。相互の毛づくろいがイヌと育てられたサルでは見られたが，動くおもちゃと育てられたサルでは見られなかった。イヌのもたらした相互作用は，アカゲザルどうしの相互作用とは多くの点で異なるが，これらのイヌは，かなりの量の社会的なやり取りを行なっていた。そのため，サルたちは種特異的な社会環境によりよく適応できる準備を整えることができたのだろう。

実験室において，隔離された子ザルのおそらく最も有効な治療法は，健常に育てられたサルと一

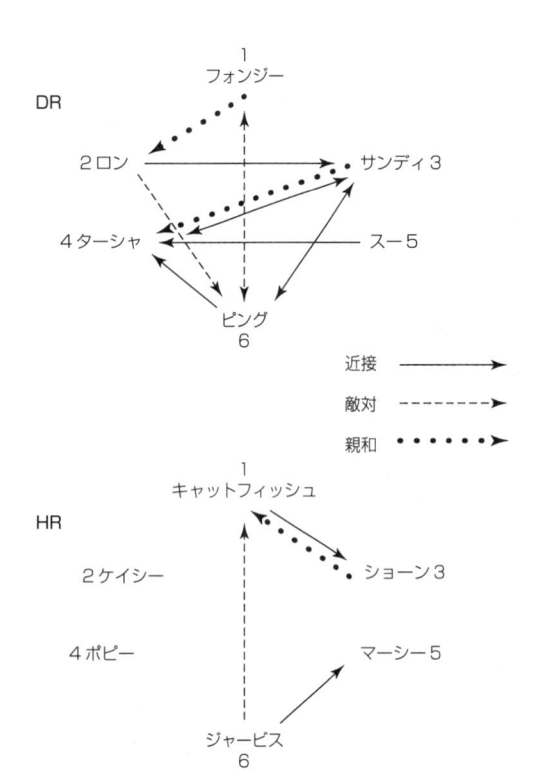

図12-9 発達初期の段階で，イヌ（DR）または木製のおもちゃのウマ（HR）を提示されたアカゲザルの社会関係のネットワーク。イヌがもたらす社会的相互作用の種類は同種個体がもたらすものとは大きく異なるが，イヌに育てられたサルはおもちゃのウマと育てられた個体に比べてより複雑な相互関係を築いた（Capitanio 1985）。

緒にすることである。それゆえ，こうした個体は「セラピスト」と呼ばれた（Harlow & Suomi 1971）。ある研究では，社会的隔離を受けた6カ月齢のサルが，健常に育てられた3カ月齢の個体と，1日2時間一緒にされた。3カ月齢の健常個体は，しがみついて接触することができる程度に成熟していたが，隔離個体に対して攻撃的に振る舞うには若すぎた。最初，セラピストと一緒にされた隔離個体の典型的な行動は，隅にすっ飛んでいって，そこでじっとしているというものだった。しかし，セラピストの反応は，隔離ザルの後を追いかけ，それにしがみつくというものだった。数週間後，2頭のサルは互いにしがみつき合い，最終的には，活発な遊び行動を展開するようになった。隔離ザルはしだいに，非適応的な行動をやめ，生後1年近くになると，彼らの行動は，健常に育てられた個体の行動と，ほとんど見分けがつかないようになった。

3. 発声行動の発達

3. a. 鳥類の発声　数多くの種の動物が，肺から空気を送り出すことで生み出される音をさまざまに調整することで音声を出す。このように生み出される音声として，ここまでの章で触れられた例であるヒトの言語，ジリスの警戒音声，齧歯類の典型化された発声などがある。鳥類は，さまざまなレベルの複雑さを持つ**発声行動**をもたらす，幅広い発達プログラムを進化させてきたことで知られる。事実，鳴禽類（スズメ目 Passeriformes）として知られる鳥類の1グループは，その洗練されたメロディーを奏でる歌唱力で，専門家と一般人の別なく注意を惹いた。カナリアのようにさえずりの美しさだけのために飼育されてきた種もある。鳥類学者はアマチュアとプロとを問わず，数世代にわたってさえずり行動の観察，記述，分類を，何世紀にもわたって楽しんできた。

　鳥類の発声行動に関する現代的研究は，イギリスの鳥類学者ウィリアム H. ソープ（William H. Thorpe）［1902-1988］により創始されたといえるだろう。彼は，量的方法を用いて鳥類のさえずりを研究する手続きを開発した。ソープ（Thorpe 1961）はズアオアトリ（*Fringilla coelebs*）のさえずりを自然の生息地で記録した。彼は1つひとつのさえずりの周波数特性と時間的特性の視覚的表現として，音響スペクトログラムを用いた。その結果であるソナグラムによりさえずりのさまざまな要素，すなわちさえずりが発せられる時に調整される周波数帯域と，さえずりの時間的構造を評価することが可能となった（図12-10）。

　ソープは記述だけにとどまらなかった。彼は，スポルディング（Spalding）の隔離実験の現代版を用いた。すなわち，ズアオアトリのヒナを巣から取り出し，そのまま実験室に持ち込んだのである。当時は，**氏か育ちか**という言葉で要約される問題が，科学的論争となっていた（→第1章，5., 17-19頁参照）。したがってこの種の研究の目的も，さえずりのどんな側面が「生得的」で，どんな側面が「獲得された」ものなのかを発見することであった。現実的には，この本で一貫して見られるように，行動は組織化のレベルにおいて多様な情報の相互作用の結果もたらされたものとして理解される。ソープの研究は，今日優勢な後生的発達観（→第10章，1.e., 287-288頁参照）に近い考え方で，遺伝的，生理的，そして環境の影響の相互作用を基礎として，トリのさえずり発達を理解する道を開拓した。

　野外におけるトリの発声行動についての観察と実験は，1950年代以来，多くの情報をもたらしてきた。われわれは種によって発達の道筋が異なることを知っている。しかしながら，異なる発達プログラムの進化が，環境要因，系統発生的制約，そしてその両者の複雑な相互作用にどの程度関連しているかは，いまだに明らかになっていない。トリの地鳴きとさえずりは，母子相互作用，繁殖行動，群れをつくる行動などを含むいくつかの場面で機能している。発声行動によって，トリたちは嫌悪的な内的状態（例えばヒナの救難音声），食物の入手，捕食者の危険（例えば，警戒音声），

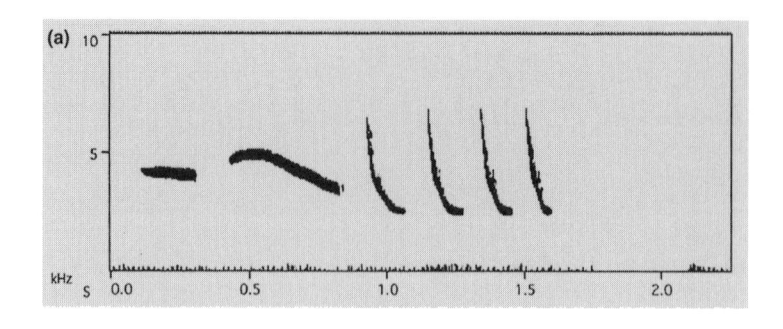

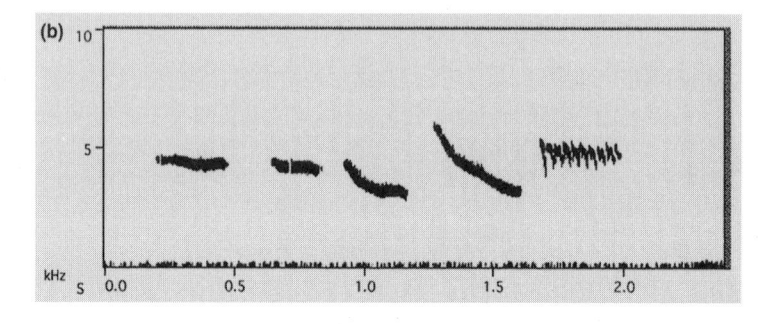

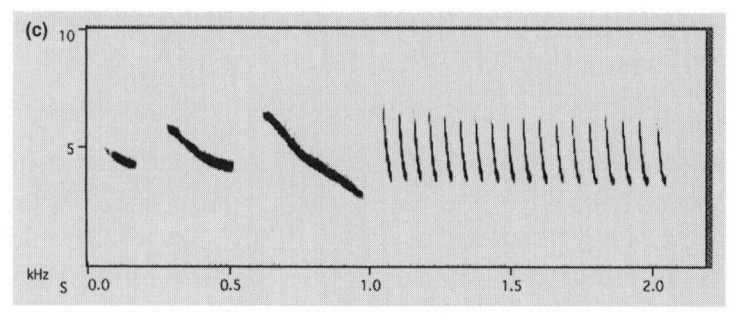

図12-10 アカエリシトド（*Zonotrichia capensis*）のさえずりのソナグラム。さえずりの初めの部分はテーマと呼ばれ，この例では2ないし4つの比較的長い要素を含んでおり。さえずりの終わりの部分はトリルと呼ばれ，不定数の速い音（note）を含んでいる。これらのソナグラムはアルゼンチンの別々の場所で録音された：(a)と(c)はパンパ地域の南西にある森林地帯で，(b)はアルゼンチン中央に位置するコルドバの高原の草原地帯にいるオスから録音された。トリル構造の違いはさえずりの地理的変異を反映しており，方言と呼ばれる。

なわばり，そして交尾の受容に関する情報など，多くの情報を伝え合うことができる。種にもよるが，さえずりによって，特定の種に属していると同定できたり（種に特有なさえずり），1つの種の中での違いによって生息地域が特定できたり（さえずりの方言），集団の中で個体を特定できたりする。

スズメ目以外の種の発声行動は単純で定型的であり，発達上の発声経験にはほとんど影響されないと広く考えられている。例えば，その発声行動は孵化後の実験的聴覚損傷によって障害されることはない。つまり，聴覚的フィードバックさえそれらには関係ないのである（Konishi 1963）。通常オスとメスいずれもが行なうその発声行動は，さえずりではなく**地鳴き**と呼ばれる。しかし，これらの地鳴きのうちにはさまざまな経験に敏感なものがあることが示されている。多くの早成性の種では，異なる食物に対する異なる地鳴きを区別す

ることが可能である。例えば，ニワトリ（*Gallus gallus*）の**食物音声**は食物の質に関する情報を伝える（Marler et al. 1986）。メスの食物音声は，そのヒナたちを食物へ惹き付ける。また，オスの食物音声はメスを自分の近くに引き寄せ，求愛の機会を増加させる。実験室では，高品質食物音声がミールワーム（ゴミムシダマシの幼虫）を与えることによって発せられ，低品質音声は実験室で与えられる通常の食物の場合に発せられる。この2種類の地鳴きは同じ音を含んでいる。しかしその音は高品質音声では高い音で繰り返される。少なくともいくつかの種においては，これらの食物音声は，高品質食物や低品質食物との連合が形成される前でも，行動を制御できるようである。それゆえ地鳴きは，**機能前に組織化されている**といわれる（Moffatt & Hogan 1992）。ある実験では，セキショクヤケイ（*Gallus gallus spadiceus*）のヒナを直線走路で訓練した。その走路においてヒナは2種類の試行をランダムな提示順序で与えられる。一方の群では，スピーカーから高品質食物音声が再生されている時には，出発箱から目標箱へ走ることがミールワームによって強化されたのに対し，低品質食物音声が提示されている時には強化されなかった。つまりこの条件では地鳴きは結果の質に一致しており，ヒナは高品質食物音声が提示されている時には速く走ることを迅速に学習した。しかしながら，逆転条件ではミールワームを信号するのは低品質食物音声であり，高品質食物音声は非強化と対にされた。初期の試行において，高品質食物音声が再生された場合に低品質食物音声の場合よりもヒナは速く走った。しかしヒナが逆転随伴性を経験するにつれて，そのスピードも逆転し，最終的には低品質食物音声（ミールワームの信号）を提示されている時の方が速く走るようになった。これらの結果は，地鳴きのタイプと高品質食物との間の随伴性を経験していない時でさえ，ヒナは高品質食物音声に対して速く反応する傾向を持っているが，その傾向は経験により逆転されうることを示している。地鳴きそのものは単純で定型的かもしれないが，弁別刺激として行動を制御する能力はかなり順応性がある。

母性音声も，いくつかの早成性の種の孵化直後のヒナにとっては，かなり惹かれるものであることが示されている。これらの発声は，ヒヨコやアヒルのヒナが音響刺激源へ近づくという反応を示すため，**集合音声**と呼ばれる。そのような選好性の発達における胎児期の聴覚的経験の重要性は，マガモ（*Anas platyrhynchos*）を用いた多くの実験でも明らかにされてきた（Gottlieb 1981）。特殊な母性音声への選好性を示すためには，子ガモの胎児は自らの発声と同腹の子の発声とを経験しなければならない。この種の刺激は通常は胎児が育つ巣内環境で生じる。胎児が発する地鳴きは卵の中の胎児自身にも，隣の卵の胎児にも聞こえている。これらの音源を経験することの重要性は，発声の除去，聴覚損傷，個別孵化などの胎児への実験的操作の組み合わせによって示された。胎児期の音響的経験が妨害されると，子ガモはさまざまな種の母性音声に反応してしまう。これは，種に特有な集合音声への反応という特殊性を失ったことを示している。興味深いことに，この過程にこれほど重要な胎児期の地鳴きは，メスによって発せられる集合音声とはほとんど似ていない。それらは個々の共通特徴のみを含んでいる（例えば，周波数帯域や1分当りの音数など）。さらに，この経験は孵化の前に生じなければ効果的ではなく，このことは敏感期の存在を示唆している（Gottlieb 1985）。マガモで記述されたのと似たような母性音声の胎児期学習は，いくつかの早成性の種でも観察される。このことも，地鳴きそのものは単純で定型的ではあるが，幼鳥における行動変化を引き出すためには孵化以前の経験が必要であることを示唆している。

3. b. 鳥類における発声学習 **発声学習**とは，成鳥の発声が正常に発達するために，ある種の聴覚的経験が必要であることを意味する。正常な発達とは，さえずり生成における多様性が種に特有なパラメータの範囲内にあるということである。前述したように，このことを示すには，発声の除去，聴覚損傷，隔離飼育などさまざまな手続きから一貫した証拠が得られることが必要である。発声学習はおそらく多くの目に属す種において起こっているだろうが，3つの目においてのみ明確

に観察されてきた。その目とは，オウムやセキセイインコ（オウム目），ハチドリ（ハチドリ目），鳴禽類（スズメ目）である。この系統発生的分布は，発声学習を可能にするメカニズムがこれら3つの目において独立に進化してきたことを示唆している。

セキセイインコとハチドリの発声行動の発達における学習過程の寄与については，ほとんどわかっていない。巣にいるセキセイインコ（*Melopsittacus undulatus*）を孵化後数日後に聴覚損傷した実験では，食餌を求める複雑な地鳴き（Heaton & Brauth 1999）や接触音声（Dooling et al. 1987）の発達には，聴覚的フィードバックが重要であることが示された。例えば，耳の聞こえないセキセイインコが発する食餌を求める地鳴きは，対照群の個体に比べて有意に長く，多様性が低い。セキセイインコにおける孵化後聴覚損傷の妨害効果は，鳴禽類への聴覚損傷の効果に似ている（後述）。対照的に，発声学習に依存しない地鳴きは同じような操作でも障害されにくい（→ 3.a. 参照）。

鳴禽類は，さえずりという発声をする。地鳴きとさえずりとの違いはある程度恣意的である。**さえずり**はメロディーのある発声で，多くの場合（常にではない）オスに限られ，繁殖行動場面で見られる（例えば，他のオスに対してなわばりの占有を主張する，メスを惹き付けるなど）。スズメ目は分類学上，スズメ亜目（モノマネドリ，イエスズメ，フィンチなど。この亜目のトリが一般に鳴禽類としても知られる）とタイランチョウ亜目（マイコドリ，オニキバシリ，カマドムシクイなど。亜鳴禽類としても知られる）という2つの亜目に分けられる。発声行動はよく知られた鳴鳥の多い鳴禽類で特に研究されている。分子系統発生学的分析に基づくと，亜鳴禽類は相対的に原始的であると考えられている（Sibley & Ahlquist 1990）。その発声は経験を制限する操作にあまり敏感でない。つまり，さえずり生成において学習は相対的に小さな役割しか果たしていない（Kroodsma 1984）。興味深いことにこれらの亜目は，伝統的に鳴管（音の調節に重要）と耳小骨（聴覚的知覚に重要）の双方の解剖学的差異に基づいて設定されたものである。そのどちらの特徴においても，亜鳴禽類は鳴禽類よりも複雑性が低い。

いくつかの特性を共有してはいるが，鳴禽類におけるさえずり発達の様相は驚くほど多様である。例えば，鳴禽類のさえずり発達は聴覚損傷による障害が非常に大きい。前述したように，聴覚損傷はトリが自らの発声を聞く能力を低下させる。それはさえずり行動の発達に重大な影響を及ぼす感覚運動的な経験である。しかしながらその効果は種によってかなり違う。例えば，小西（Konishi 1964）は，ミヤマシトド（*Zonotrichia leucophrys*）では，聴覚損傷がさえずりの構造を大幅に損なうが，ユキヒメドリ（*Junco* 属の一種）では損なわれる程度が小さいことを発見した。同じような結果は，音響的隔離を施す効果にも当てはまる。多

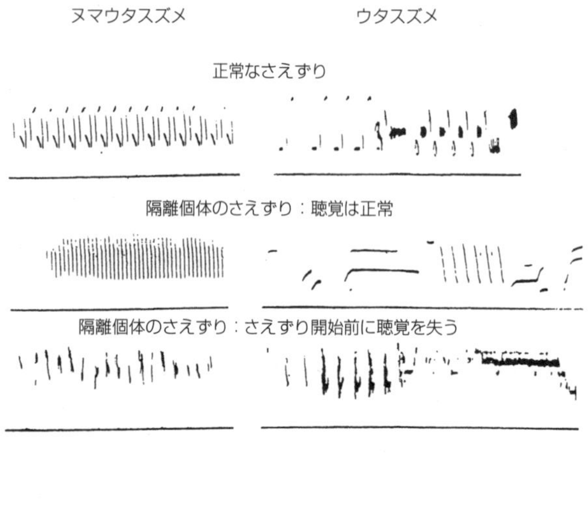

図 12-11 初期経験の剥奪がスズメのさえずり発達に及ぼす影響（Marler 1987）。社会的隔離（お手本となるさえずりを聞かせない）や聴覚損傷（自分自身のさえずりを聞かせない）は，ヌマウタスズメやウタスズメの成長してからのさえずりに多大な影響を及ぼす。しかしながら，隔離飼育されたウタスズメは内的構造をかなりの程度保持しており，同種個体の社会的行動を誘発する。このことは，これら2種のトリではさえずり発達の土台となる過程が互いに異なることを示唆する。

くの場合，発達初期に社会的隔離を受けたトリは異常な発声を示すが，この効果もさまざまである。図12-11はこの範囲をヌマウタスズメ（*Melospiza georgiana*）とウタスズメ（*M. melodia*）のさえずり発達を比較することで示している。音響的隔離によってヌマウタスズメのさえずりのほとんどの特徴が消失したのに対し，ウタスズメのさえずりではかなりの構造が消失せずに残った（Marler 1987）。さらに，音響的隔離を受けたウタスズメのさえずりは，耳の聞こえない個体のさえずりよりも，同種個体の反応をかなりの程度引き出した（ふつうに飼育された個体よりは少なかったが）。したがって，聴覚損傷や音響的隔離は一般的に成鳥のさえずりの構造を損なう。その効果は種によって異なるが，少なくとも場合によっては，さえずりの伝達機能は部分的に失われる。

3. c. 敏感期のある可塑性 発声学習を示す鳴禽の種の中ではっきりと区別できるのは，敏感期に限って可塑性を示す種と，一生にわたって可塑性が存在する種である（敏感期のない可塑性については後の3.e.で展望する）。**敏感期のある可塑性**は，発達の初期にさえずりを学習する種で生じる（Marler 1987）。この学習過程により，その鳥が一生発し続けるさえずりが完成される。このグループの種で最も研究されているのは，ミヤマシトド（*Zonotrichia leucophrys*）である。しかし，さえずりをしている成鳥モデル（通常はそのヒナの父親）を聞くことにさえずりの発達が依存する他の種でも，似たような発達の過程が見られる（図12-12）。

敏感期のあるさえずり学習には，はっきり区別される2つの時期がある。第1の**感覚学習期**ではさえずりの獲得が生じる。この期間，幼鳥自身は発声しない。この時期に発声行動がないということは，行動と学習との分離を示している。本章でみた別の事例のように，獲得は単にモデルが提示されることによって生じる。本物のモデルの代わりにテープレコーダーによって再生されるさえずりをヒナに聞かせれば，実験室においてもこの獲得を実現できる（Marler 1970）。このような実験により，孵化後10日〜50日の間にモデルを提示されていれば成鳥は正常にさえずることができるが，10日より前でも50日より後でも正常にさえずることができないことが明らかになった。この最適期間が示唆しているのは，他の似たような学習現象（例えば親への刻印づけ）の場合と同じように，この種の単純提示による学習にも敏感期が存在するということである。敏感期における経験の性質が，この期間の終了を決定するのに重要な役割を果たす。その結果，敏感期には固定した限界があるかどうかは確かではない。例えばミヤ

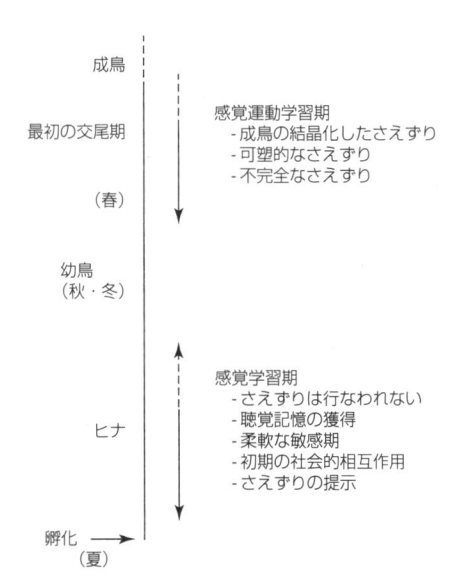

図12-12 **敏感期のある可塑性を示す種における発声行動の初期発達における主要事象の概略。**ヒナは単に父親のさえずりを聞かされるだけで学習するが，自分ではさえずらない（感覚学習期）。次の春になると，幼鳥はさえずり始め，不完全なさえずり，可塑的なさえずりそして結晶化されたさえずりといった一連の時期を経験する（感覚運動学習期）。種間差が大きいものの，これらの特徴および学習相の生起順序は，多くの種の鳴禽に該当するようである。

マシトドは，（テープレコーダーから再生されるさえずりではなく）社会的交渉を持つことができる生きたお手本を提示された場合には，たとえ50日齢を過ぎていても正常なさえずりを獲得することができる（Baptista & Petrinovich 1984）。

ミヤマシトドは生まれてから最初の春の**感覚運動学習期**に，発声を開始する。さえずりは一連の変化を経る。すなわち，発達における3つの連続した移行として記述されてきた，不完全なさえずり，可塑的なさえずり，結晶化したさえずりである（Marler 1991）。**不完全なさえずり**には，鳴禽の初期発声行動が含まれる。この期間，さえずりはかなり未発達で，一般的には構造も持っていない。不完全なさえずり期間は，さえずり生成を含む基本的な運動技能や，聴覚的フィードバックを基礎とした発音を調整する能力を確立する。しだいにそのトリは，以前に提示されたことのあるさえずりの音節を生成し始める。これは**可塑的なさえずり**と呼ばれる。可塑的なさえずりはある程度の構造を見せ始める。通常それは急速に連続したいくつかの音節から成るさえずりである。この時期に獲得される音節のうち，一部はしだいに放棄され，残りは成鳥のもつ最終的なレパートリーの一部になる。最後に**結晶化したさえずり**が現れる。これは，そのトリが一生にわたって発することになるさえずりである。可塑的なさえずりとはちがい，結晶化したさえずりは多様性が減少している。音節の数，周波数の範囲，さえずりの持続時間，そしてさえずりのリズムはすべて高度に定型化される。

ミヤマシトドが不完全なさえずりから結晶化したさえずりへと正常に移行していくには，多くの要因の複雑な組み合わせが関与している。この期間に聴覚損傷を施されると成鳥のさえずりは異常になる。これは，この期間の感覚運動学習過程の一部はさえずりの照合に関連していることを示唆している。それは，生成したさえずりと，初期感覚学習期に聞いて学習し，記憶内に保持されているさえずりとの照合である。ヒナの間に獲得されたこの聴覚的記憶は，**鋳型**と呼ばれる。さえずりとこの鋳型との最終的な照合にも，ホルモン系の寄与が必要である。例えば去勢されたオスは，不完全なさえずりと可塑的なさえずりは見せるが，最終的なさえずりを発達させることはできない。そして，去勢によって減少したテストステロンを投与してやれば，結晶化したさえずりが生じ，テストステロンがあるレベルを上回っている限り維持される。つまり，モデルから学習する種（例えばミヤマシトド）のさえずりが正常に発達するためには，少なくとも3つの条件が必要である。それは，生後すぐの敏感期にさえずりを聞くこと，感覚運動的な練習とそれに続く発声期間における聴覚的フィードバック，そしてさえずりの結晶化に寄与する内的ホルモン環境である。

発声学習において敏感期のある可塑性が持つその他の特質もいくぶん変わっている。例えば，ミヤマシトドはテープからさえずりを獲得することができるが，彼らが学習するさえずりのタイプは選択的である（Marler 1970）。もし他の種のさえずりと同種個体のさえずりとが同時に提示されると，ミヤマシトドは同種のさえずりだけを獲得する。一方，異種（例えばウタヒメドリ）のさえずりだけが提示された場合，最終的なさえずりはどちらにも似ていないものになってしまう。経験的入力はさえずりの発達に必要であるが，その過程は相対的にさえずりの特殊な性質に敏感である。ミヤマシトドと同じように，キンカチョウ（*Taeniopygia guttata*）もテープからさえずりを獲得することができるが，その獲得は敏感期（35日齢～65日齢）に生きたお手本が提示された場合に促進される。興味深いことに，発達初期に同種個体から隔離された個体は，可塑的な時期が大幅に延長される。例えば，120日齢で生きたお手本を提示した場合でも，隔離された個体のさえずり学習が生じた（Jones et al. 1996）。さえずり学習過程において，社会的要因は重要な要素である。その要素があれば，生きたお手本が提示された種では，異種のさえずりの模倣さえ可能である。例えばミヤマシトドは，提示期間が長く社会的交渉が許されれば，ウタヒメドリのさえずりを獲得することができる（Baptista & Petrinovich 1984）。

3. d． 方言 発声学習はさえずりの**方言**の進化をもたらした。つまり同種の集団の間に，さえず

りの地域による違いがある。人間の集団に方言や訛りがあるように，トリの方言も社会的な学習と伝播の結果であるがゆえに，文化的特性と考えられる（Marler & Tamura 1964）。さえずりの方言を持つ種として比較的よく知られているのが，アルゼンチンのアカエリシトド（*Zonotrichia capensis*，→図 12-10, 364 頁参照）とアメリカ西部のミヤマシトド（*Z. leucophrys*，図 12-13）の 2 種である。いずれの種においても，さえずりは，主部とトリルという 2 つの基本的要素に分けることができる。主部はさえずりの最初の部分で 1 個から数個の音で構成される。トリルはさえずりの最後の部分で，通常，急速な連続する短い音からなる。これらの図の中のソナグラムは，地域間

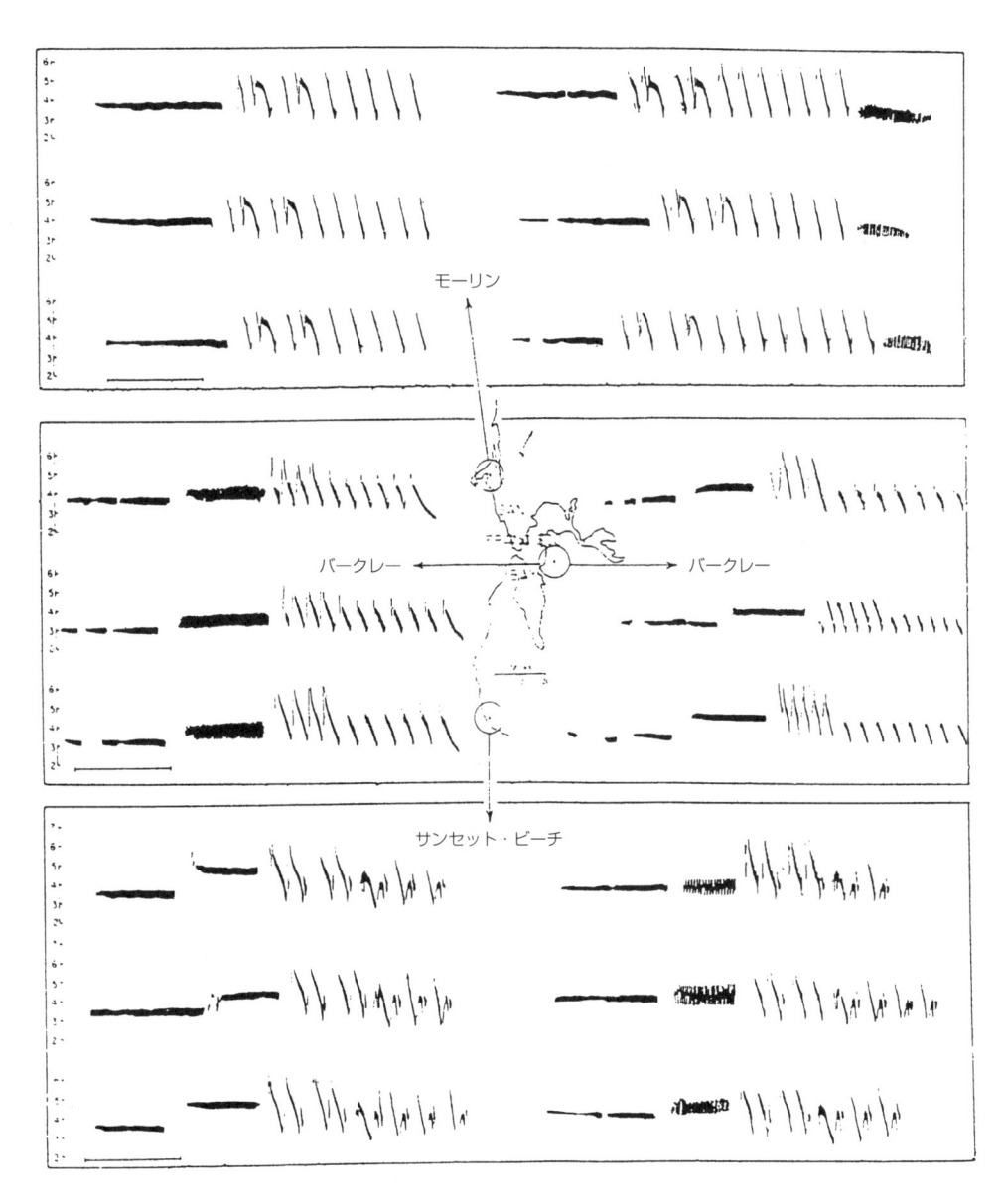

図 12-13 カリフォルニア州サンフランシスコ湾近郊の異なる地域におけるミヤマシトドの方言（Marler 1970）。地域間よりも地域内の方が共通性が高いことに注意せよ。

よりも地域内でトリルの構造がかなり一致していることを示している。

アカエリシトドでは，方言はトリルの数といった特性で定義される。広大な地域が均質な大草原地帯であるアルゼンチンのパンパでは，トリルはほぼ同じで，音の間隔は平均60ミリ秒である（Nottebohm 1969）。しかし，生息地がはっきり変わると，非常に短い距離でも方言の変化は生じる。例えば，アルゼンチン東部の大草原に隣接しラプラタ川と平行に広がる幅1kmの森林帯に生息するアカエリシトドは，非常にゆっくりとしたトリルを示し，ある場所ではその間隔は平均80ミリ秒に達する（Tubaro et al. 1993）。同じような方言の変化は，標高の異なる隣接地域でも見られる。方言は伝達機能を持つのだから，信号伝達を最適化できる音響特性を持つさえずりが，あまり効果的でないさえずりよりも選択されるだろう。トゥバロ（Tubaro et al. 1993）は，森林環境においてはゆっくりと調整された音は，速く調整された音よりも減衰する傾向の少ないことを指摘している。音響特性はその地域に存在する植物の量やタイプに対応して変化するため，信号の効果も変化する。こうして方言が生じてきたのであろう。

マーラー（Marler 1970）が行なった隔離して再生音を聞かせる実験では，ミヤマシトドが敏感期に聞いた異なる地域の方言を学習することが示された。したがって，方言は生後すぐに聞いたさえずりの模倣によって維持されるのであり，この種に限ってはさまざまな方言を学習する際の選択性はないことが明らかになった。さえずりは求愛行動の主要な要素であるため，方言が同じ地域に生まれた個体同士の交配を明らかに促進する。このような選択的交配には，さえずりをしないメスが自分の生まれた地域の方言をさえずるオスを好むことが必要である。しかし，この仮説は少なくともある種については当てはまらない。例えば，サンフランシスコの湾岸地域の2種類の方言が存在する場所で生息するミヤマシトドのつがいの出身地は混合しているようである（Baptista & Petrinovich 1984）。メスが生後すぐに聞いていた方言を調べるために，テストステロン注射をしてさえずるようにした。さらに，同じ方言の地域出身のつがいと同じように，混合したつがいも繁殖成功に違いはなかった。したがって，メスのミヤマシトドは方言をもとに繁殖相手を選んではおらず，他地域から来たオスを選んでも繁殖上の不利益をこうむることはないといえる。

3．e．コウウチョウのさえずりにおける社会的調整 ある種のトリでは，幼鳥が同種個体のさえずりを経験しない場合がある。托卵種の場合である。**托卵種**とは，メスが自分の卵を他の種の巣に産む種のことである。したがって生まれたヒナは自分の父親のさえずりではなく，里親のさえずりを聞くことになり，他の多くの鳴禽のように同種個体のさえずりを獲得する機会がない。そのような托卵種であるコウウチョウ（*Molothrus ater*）のさえずり発達は特に興味深い。なぜなら，このトリはさまざまな種の里親に養育され，その結果として非常に異なる初期経験を受けるからである。彼らはそれでも最終的には同種個体を認識し，繁殖活動を行なわねばならない。伝統的に，托卵種の発声行動の発達において学習はほとんど，あるいはまったく役割を果たしていないと仮定されてきた。2日齢で巣から取り出され，最初の繁殖期まで社会的・音響的隔離をしたトリの実験では，経験のないオスが効果的なさえずりを行ない，経験のないメスもオスのさえずりに対し適切な交尾姿勢をとることが確認された（West et al. 1981）。

しかしながら，社会的隔離はコウウチョウにおいて思いがけない効果をもたらした。なんと，社会的隔離によってさえずりの有効性が高まったのである！隔離されて育ったコウウチョウのオスは，ふつうに育ったオスの約2倍もメスの交尾姿勢を引き出した。これは，実験室で育ったメス，野生のメスのいずれに対しても見られた結果である。音響的分析を行なった結果，社会的に隔離されて育ったオスのさえずりは，集団飼育されたオスに比べて，より強いものであった。しかし隔離手続きは，感覚的経験や社会的経験が限定されるなど，発達途上の個体にさまざまな制限を加えることになる。したがって，隔離された個体のさえずりが効果的になるのに，どの要因が有効なのかはわからない。この**さえずりへの隔離効果**に対するさま

ざまな経験の寄与を調べるため，オスを生後1年間，4つの条件下で育てた。すなわち，聴覚視覚隔離条件，視覚隔離条件（他の個体を聞くことはできるが見ることはできない），社会的隔離条件（他の個体を聞いたり見たりはできるが，関わり合うことはできない），集団飼育条件（他の個体を聞くことも見ることも関わりを持つこともできる）である。同じ条件でテストを行なうために，これらのオスが発するさえずりが記録され，メスに対して再生された。その結果，同種個体から視覚的に隔離されたオスのさえずりは，隣接したケージにいる他の個体を見ることのできた，あるいは同種個体と直接交渉を持つことのできたオスのさえずりに比べて，平均して約2倍，メスの交尾姿勢を引き出した。興味深いことに，隔離して育てられ，後に集団に移されたコウウチョウのさえずりは，有意に効果を失っていた。逆に，集団に育てられたが後に隔離ケージにおかれたオスのさえずりはその有効性を増した。

コウウチョウのさえずりの変容可能性は，**敏感期のある可塑性**の一例である。自然な環境では，コウウチョウの幼鳥は群れをなし，彼らが盛んに関わり合う他のオスからさえずりを学習する。さえずりの効力を形成するのはこのような社会的交渉である。実験室においては，隔離飼育されたオスがすでに確立された群れに入れられる場合，彼らのさえずり行動は先住者のオスから相当な攻撃行動を誘発する。対照的に，社会的に育てられたオスはあまりさえずりを発せず，先住者のオスからの攻撃行動の的になることも稀である。実験では，群れに入れられて数日以内に，隔離飼育されたオスは発声行動の頻度が有意に減少し，その結果として，ほとんど攻撃を受けなかった。これらの攻撃的相互作用によって，隔離飼育されたオスが先住者のオスによって殺されることもあった。ある実験では，21匹の隔離飼育されたオスがさえずりを行なった場合，そのうち9匹が先住者のオスに殺された。社会的に隔離されたオスと通常のオスと行動上の違いで興味深いのは，さえずり行動の場面依存性である。隔離飼育されたオスが先住者のオスがいる場面でもいない場面でもさえずりを発するのに対し，社会的に育てられたオスがさえずるのは，先住者のオスが近くにいない時がほとんどであった。第2の違いは，少なくともいくつかの場合には，さえずりを発する隔離飼育されたオスは，先住者のオスによる攻撃をほとんど引き出さない程度にまでさえずりの強さを低くすることができるということである。

このようにオスのコウウチョウのさえずりは，繊細な社会的調節の産物なのである。さえずりの効力は，拮抗する要因によってバランスがとられている。メスの反応性はさえずりの効果を高め，オスの攻撃性は低下させる。オスは繁殖のために多くのメスを惹き付けられるように，さえずりの強さを調整し（決して最大限に強いさえずりというわけではない），その集団内の他のオスとの攻撃的競合を避けるようにバランスをとる。コウウチョウのさえずりは，典型的な道具的条件づけ状況で確立されるのと同様の強化随伴性によって形成されているように見える。このように強化随伴性に対して敏感であることのさらなる証拠は，ある地域のオスが異なる地域のメスと一緒に飼育されるという実験によって示される。コウウチョウも方言を示すが，そのような地理的多様性が生まれるメカニズムについてはほとんど知られていなかった。1つの実験（King & West 1983）では，ノースカロライナで捕獲されたオスのコウウチョウが，テキサスから来たメス，ノースカロライナから来たメス，そして異種のトリとそれぞれ一緒に飼育された。テキサスおよびノースカロライナで育ったメスはまったく異なるさえずりを聞いてきた。問題は，次の繁殖期にノースカロライナのオスによって発せられるのがどちらのさえずりかということであった。答えははっきりと出た。オスたちはメスの出身地の方言に似たさえずりを発する傾向があったのである。このことが示すのは，オスの成鳥は発声行動を変容させることができ，その発声行動はメスによって形成されうるということである。自然環境では，オスの幼鳥のさえずりは冬の間に形成される。その時期，彼らは群れの中のメスと親密に接する。慎重な観察の結果，メスは特定のさえずりを発するオスに対して羽を動かして反応することが示された。冬にこのような羽ばたきを引き起こすさえずりは，繁殖期には

交尾姿勢も引き起こす（West & King 1988）。さえずりの強さとタイプは欲求性要因（メスの交尾姿勢と羽ばたき）と嫌悪性要因（他のオスからの攻撃行動）の複雑な組み合わせによって形成される。

3. f. 脳内メカニズム　ミヤマシトドのメスは通常さえずることはないが，テストステロンの投与によりさえずるように誘導できることは前述した。テストステロンが終脳のいくつかの部位に分布している神経細胞の膜の受容体に作用することによりこの効果が生じる。事実，鳴禽類は，発声行動を制御するとして知られている神経核にアンドロゲンやエストロゲンの受容体が存在することが特徴である。このことから，これらのホルモンが発声行動も含む多様な繁殖機能を制御していることがわかる。敏感期のない可塑性を示す種，例えばカナリア（*Serinus canaria*）のような種においては，発声行動に重要な神経核の大きさの季節変動にもテストステロンが重要な働きをする（Nottebohm et al. 1987）。これらの神経核とは何だろうか？

鳴禽のいくつかの種における発声行動について神経生物学的研究が盛んに行なわれている。膨大な数の神経核が，鳴禽の発声行動の制御に寄与している。キンカチョウのように敏感期のある可塑性を示す種，カナリアのように敏感期のない可塑性を示す種のいずれもが，この神経回路の多くの

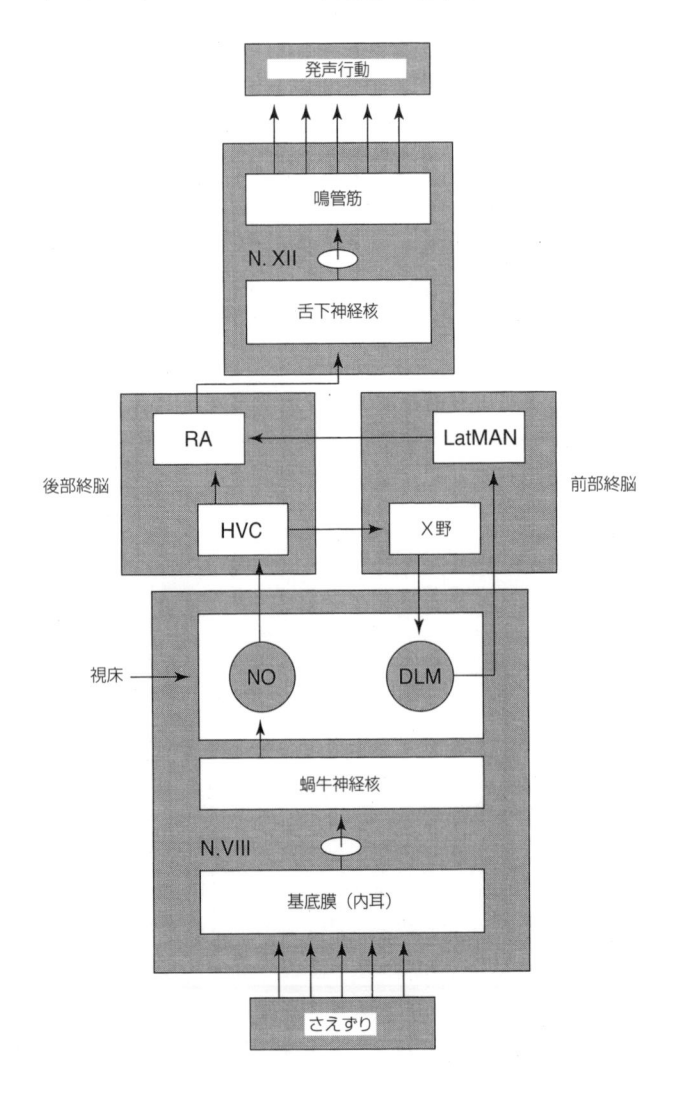

図12-14　鳴禽の発声行動の土台となる脳内回路の概略。 2つの処理回路が平行して走っていることに注意せよ。後部終脳の回路はさえずりの生成により深く関与しているが，前部終脳と視床の回路は獲得過程により深く関与しているようである。DLM：視床の背外側核内側部。HVC：高次発声中枢。LatMAN（lMANともいう）：新線条体前部の大細胞核外側部。NO：視床の卵形核。N. VIII：聴覚脳神経。N. XII：舌下脳神経。RA：原始線条体の神経核。

要素を共有している。鳴禽の発声行動ネットワークを単純化したものが図12-14に示されている。耳からの求心性の情報は視床の卵形核（NO）に入り、その後、**高次発声中枢（HVC）**として知られる重要な部位に入る。HVCニューロンからの軸索は、HVCから原始線条体の神経核（RA）、そして鳴菅の筋肉群の運動制御への、舌下神経核（神経核IIV）を経由した結合を含んでいる。2番目の回路は、HVCからX野、視床の背外側核内側部（DLM）、新線条体前部の大細胞核外側部（LatMAN）、そしてRAへと至る結合を含んでいる。運動出力はこの核によって制御される。これら両方の回路がさまざまな様式で発声行動に寄与している。

これらの神経核の大きさはさえずり生成の量に関係している。キンカチョウのようにオスはさえずるがメスはさえずらない種においては、オスのHVCとRAはメスの5倍に及ぶ（Nottebohm & Arnold 1976）。このような性的二型は、メスも場合によってはさえずるカナリアではあまり大きくない。オスもメスも両方ともさえずり行動を行なう種においてはほとんど見られない（Brenowitz & Arnold 1986）。すでに指摘したように季節変動もある。ノッテボーム（Nottebohm 1981）は、さえずりがピークをむかえる春の方が、さえずりが減少する秋よりも、カナリアのオスのHVCおよびRA神経核が有意に大きくなることを発見した。これらの神経核は、ニューロンの数を増やしたり、大きくしたり、樹状突起を広げるというようないくつかの特徴を持っている。最も興味深いのは、カナリアのHVCやその回路の他の部位の縮小と拡大の年周期に**神経発生**が関与していることである。脳室に隣接する部位で生成される新しいニューロンは、HVCを含む発声回路の領域へと移行する（Goldman & Nottebohm 1983）。一生を通じて新しいさえずりを獲得する種（カナリアのように敏感期のない可塑性を持つ種）においては、新しいさえずりが獲得されている時期に神経発生が急速に生じる。カナリアの成鳥の脳における神経発生が発見されたことは驚くべきことであり、成体の脳では新しいニューロンは生成されないという一般的な見方に、変更を迫るという意味で非常に重要であった。それ以来、数カ所の脳部位において神経発生が観察されてきた。

図12-14に示された回路の要素の中には発声行動の生成に必須のものもある、という仮説を支持するさらなる証拠がある。例えば、HVCを破壊するとさえずり生成に深刻な障害が生じる。また、HVCとRAの神経活動記録でも、その活動性と進行中のさえずり行動との間には対応があることが示されている。キンカチョウでは、X野とLatMANを破壊するとさえずり学習ができなくなる。しかし、さえずりの結晶化の後にこれらの部位を破壊してもさえずり生成には影響しない（Bottjer et al. 1984）。これらの結果は、終脳後部のHVC-RA回路がさえずり生成により深く関わっており、終脳前部のX-LatMAN回路がさえずり獲得により重要であるという（おそらく単純化しすぎであろう）一般化を促してきた。

トリがさえずりを獲得している時に活性化する脳の部位は、先発型初期遺伝子として知られる遺伝子群の活性化を測定することによっても調べることができる。そのうちの1つがZENKとして知られる遺伝子で、他の遺伝子の転写を調整する調節タンパク質を生成し、シナプス可塑性に関連している神経活性の指標である。キンカチョウがさえずりを発している間、ZENKの誘導はHVC、RA、そしてX野において増加する。しかし、さえずりを再生して聞かせている間には、ZENKの誘導は、新線条体などの終脳の聴覚野において増加する。その領域はHVCとX野いずれにも投射している（Jin & Clayton 1977）。新線条体におけるZENKの誘導はそのトリがさえずりを獲得している敏感期には高いが、さえずりの結晶化が終わった成鳥ではそのレベルは減衰する。カナリアでも、オスが新しいさえずりを聴いている時には、新線条体においてZENKの誘導が顕著である（Mello et al. 1992）。

3.g. 哺乳類における発声学習 哺乳類における発声行動の例は、この本のさまざまな章で議論されてきた。例えば、ジリスやサバンナモンキーの警戒音声（→第4章、4.e.-4.f., 91-94頁参照）や言語（→第9章、4., 272-277頁および

第14章，3.d.，440-444頁参照）である。もちろん，哺乳類の発声には，複雑で多様性のあるもの（例えばクジラの歌）から，表面上は定型化した単純なもの（例えば 2.e. に前述した齧歯類の救難音声）まで，他にも多くの例がある。発声が固定したものとして記述されてきたという事実は，その発達が単純であるということや，その生成に経験が寄与しないということを意味するものではない。そのよい例を，ジリスやサバンナモンキーの警戒音声によって示す。

ジリス（*Spermophilus beldingi*）は捕食者がいる場合に**警戒音声**を発する。このような音声は，その群れの他の個体の注意を喚起し，うまくいけば防御のために巣穴に逃げ込むことができる。しかし，これらの反応は発達を通じて自然に出現するものではない。例えば，若い個体は捕食されがちであることから，彼らが音声に対して適切な方法で反応していないことが示唆される。音声を再生する実験によって，巣穴から出て来たばかりの若い個体は，トリの音声を含むすべての種類の音声に反応する傾向があることが示された。つまり，若い個体は音声の弁別が満足にできないことが示唆された。さらに彼らが捕食されやすい理由として，巣穴に逃げ込まずに凍結反応を起こしてしまうこともあげられる。ジリスは群れの他のメンバー，とりわけ母親が音声に対して行なう反応を観察することで，音声への適切な反応を学習する。

サバンナモンキー（*Cercopithecus aethiops*）も捕食者によって異なる警戒音声を発する。ワシ（空からの捕食者）への音声に対する反応では，サバンナモンキーは木から地面へと移動するが，ヒョウ（地上の捕食者）への音声に対しては木に登る。例えば，若い個体が発するワシへの音声と成体が発するそれとの間には音響的な違いはないが，若い個体は適切な場面でそれを発することができず，またその音声に対して適切に反応することもできない（Seyfarth & Cheney 1986）。経験によって音声の生成は促進されるであろう。サバンナモンキーの群れは，自分たちの縄張りを他の群れのメンバーが侵入から守る。個体は自分の群れに，侵入者の存在について群れに特有の音声で注意を喚起する。ハウザー（Hauser 1989）の報告では，群れに関する音声の生成と，その音声に対する若い個体の反応は，いずれも年齢を重ねるとともに改善される。さらにその改善は，群れ同士の出会いを数多く経験した個体の方が速く進む。

人間の言語は，哺乳類の中でも発声学習の最もよい例であろう。人間の言語発達のいくつかの側面についてはすでに述べたので，ここではスズメ目のトリにおけるさえずり学習との興味深い共通点を強調しておきたい。人間の言語と鳴禽類のさえずりは，発声の進化と動物のコミュニケーションの最高点に達しているといえる。両者において音の生成は共通の過程によってなされている。それは，肺から空気を吐き出し，それを微妙な筋肉の協応によって調節するという過程である。生成される周波数帯域は非常によく似ており，それは聴覚の感受性についても同じである（およそ 10Hz～20kHz の範囲）。人間の言語と鳴禽類のさえずりは他にもさまざまな特性を共有している。例えば，正常な発達には経験と聴覚的フィードバックの必要なこと，学習に敏感期が存在すること，模倣を通じて新しい発声を作り出す能力があること，人間の場合には単語に，そしてある種のトリ，特にインコの場合のさえずりに膨大なレパートリーがあること，人間の言語でも鳴禽類のさえずりでも，それを制御するのには左半球が優位であるという左右の機能差化があること，そして，世代を超えた社会的学習により維持されている方言が存在することなどである。

第IV部
学習の比較分析

　第VI部の2つの章は，比較心理学の研究領域の中でおそらく最も伝統的な研究領域を取り扱う。すなわち，動物が絶え間なく変化する環境条件に適応しようとするときに，情報を獲得し使用する過程と技能に関するものである。19世紀にこの分野の誕生を促したのは，知能と進化との結びつきである。ダーウィン，ロマーニズ，モーガンをはじめとした当時の学者は，環境の変化に対処する動物の多様な能力を，心の連続性の証拠の1つとみなした。あらゆる生物学的形質は，有益な変異がゆっくり積み重なることで進化したとするダーウィンの考えは，われわれ自身の種が示す「高次な精神力」でさえも，少なくとも基礎的な形では「低次の」動物にも存在するはずだということを示唆している。この考えが推進力となって，以下の章で記述する研究が展開されてきた。第13章は，学習の普遍的な側面に焦点を当てた。そこでは，基本的な用語，学習現象の分類，状況と種を超えての学習過程の普遍的な観点などを紹介した。第14章は，学習・認知の能力とそれらのメカニズムにおける種間の比較を扱う。これら2つの章は，動物の学習能力の進化を概観したものである。

第13章　一般的な学習過程

第13章の概括
- 連合学習の過程は，環境に存在する刺激などの事象間の時間的接近（古典的条件づけ）や，動物の行動とその結果との時間的接近（道具的条件づけ）に，強く依存している。
- 連合学習の獲得とその表出としての行動上の変化に対し，刺激の明瞭性，訓練時の時間間隔，先行経験の性質など多くの要因が影響する。
- 状況や種を超えて，条件づけ過程には驚くべき普遍性が存在する。

　あらゆる環境は，安定性と変化が混在したものとして特徴づけられる。学習のメカニズムは，繁殖を成功させるのに非常に重要な，食物分布，捕食者，隠れ場所，縄張り，社会的相互作用，他の資源に関する情報を獲得するために設計されている。これまでの多くの章で示してきたように，学習は，多くの異なる種や状況において，行動の発達と出現の基礎となる役割を果たしている。学習現象には，大きく2つのカテゴリーがあると認識されている。そのうちの1つは，単一の事象しか経験しないので，一般的に**非連合的な学習**といわれる。馴化と鋭敏化（→第7章参照）は，これに関する最も代表的な例であるが，刻印づけや発声学習（→第12章参照）の事例のように，知覚学習や暴露学習も，このカテゴリーに入れることができるだろう。2つめのカテゴリーである**連合学習**には，第13章と第14章で特に焦点を当てて取り扱う**古典的条件づけ**や**道具的条件づけ**が含まれる。これらのカテゴリーは，相互に排他的でないことを強調しておかねばならない。自然現象を科学的に分析することによって，さまざまな要因やメカニズムを区別することが可能であるが，そのことは，それらのメカニズムが個別独立に作用していると捉えてはならない。環境の要請や圧力に対する行動の変化には，おそらく遺伝的傾向，成熟，動機づけ，刺激条件の変化といった他の過程での作用がそうであるように，いくつかの学習メカニズムの作用が収斂した結果が含まれている。例えば，条件が統制された実験室での実験でさえも，特定の学習の事例において古典的条件づけと道具的条件づけの過程が果たしている役割を分離することは，難しいかもしれない。まず，これらの2つの形態の条件づけと，それらが行動に対してどのように影響を及ぼすかについて記述することからはじめよう。

1. 連合学習の形態

1. a． 連合学習の定義　連合学習は，時間的あるいは空間的に**接近**して生じる事象間の情報についての，獲得，貯蔵，検索と定義される。**獲得**とは，経験を通して情報を得ることをいう。**貯蔵**は，獲得した情報を，ある程度永続的な神経的記録に変換することをいう。**検索**とは，かつて貯蔵された情報を再活性化させることをいう。

この学習の定義の根底には，いくつかの仮定がある。第1の仮定は，学習は行動とは異なるということである。学習された情報は，潜在的に行動に影響を及ぼすことがあるかもしれないが，その効果は即時的でないこともある。このことは，第12章で記述した，性的刻印づけや，年齢に依存した発声学習の事例において明白である。この**学習―遂行の二分法**の古典的な例として，図4-3（→76頁参照）に図示した潜在学習の現象がある（Tolman & Honzik 1930）。食物強化を受けることなく複雑な迷路に入れられたラットは，特別な行動の変化を示すことなく，迷路の中を探索した。しかし，迷路のゴール箱に食物が置かれるようになったときに，先行提示を受けた動物は，先行提示を受けなかった動物に比べて，より速く正しい順路を獲得した。先行提示を受けたラットがより速くゴールへ到達することを獲得したということは，明確な遂行上の変化がないときでも，ラットは先行提示を受けた試行中に情報を獲得し貯蔵していたことを示している。後になってその環境で食物が得られるようになったときに，課題を解くために，その情報が検索されたのである。学習と遂行の二分法があるので，特に条件づけによって行動変化が観察されない場合にどのように結論づけるかを注意しなければならない。獲得がなされなかったと結論づける以前に，遂行の失敗を表しているのかもしれないので，注意深く対処しなければならない。

本章での連合学習の定義についての第2の仮定は，獲得，貯蔵，検索は中枢神経系で生じる過程に言及したものである，ということである。中枢神経が関与するということは，学習とは動物的現象である，ということを意味している。神経組織を欠く生活体（例えば，海綿，植物，単細胞生物）や機械（例えば人工知能）も，「行動的な」変化を示す可能性があり，その過程には，動物において観察されるものと興味深い類似が見られるかもしれない。しかしその類似は，表面的なものにすぎないと思われるので，これ以上は議論しないことにする。

第3の仮定は，以下のとおりである。すなわち，獲得，貯蔵，検索は，中枢神経系で生じる生理的過程に対する包括的なラベルであるが，これらに対応する生理的過程を明らかにする個別の方法は，その個別の種の神経機構の種類に依存している。特定の動物で実現される学習のメカニズムは，その生物の神経系とそれを遂行できる機能に依存している。学習の比較心理学的分析は，主に学習過程の種を超えて共通する面と独自な面を研究することに重点をおいている。

1. b．　古典的条件づけおよび道具的条件づけ
動物自身の行動によって身のまわりの環境を変えられる程度は，さまざまである。極端な例では，日常の生活において動物が行なう行為や制御とはまったく独立に，状況が変化する。動物が行なった行動のまったく予期せぬ結果として，新しい事象が生じるかもしれない。食物を探索している動物は，新しい食物資源を見つけるかもしれないが，一方で同種他個体の縄張りに入ってしまい，激しい攻撃行動を受けるかもしれない。動物はそのような状況には対処できないかもしれないが，それでもなお，その生物にとって重要な事象と，それに先行する手がかりとの関係を学習する能力を有している。そのため，新しい種類の食物に関する信号は，後にその食物を見つけたときに唾液分泌や接近反応を誘発するかもしれないし，同種のオスの存在を示す兆しには，凍結反応や引き戻し反応を生じさせるかもしれない。もう一方の極端な

例は，動物自身の行動が食物や水などの資源を導く状況である。この行動は，それが環境条件の変化を起こすことに作用するという意味で，道具的といわれる。それはオペラントともいわれ，その用語は環境のいくつかの特性を積極的に制御することを意味している。

科学者たちは，これらの2つの基本的な状況に則して，非常に多くの実験的手続きをモデル化してきた。古典的条件づけにおける典型的な実験では，動物は2つの事象の系列に繰り返し曝される。その系列で最初に提示される事象は，明確な反応を生じさせないという意味で，本来的には中性である。この刺激は，条件刺激（CS）と呼ばれる。その系列で2番目に提示される刺激は，少なくとも1つまたは複数の反応（例えば，さまざまな運動や自律反応）を引き出すことが可能な，比較的強力な刺激である。これは無条件刺激（US）と呼ばれる。このようなCS-USの対提示は試行間間隔によって分離されており，特定のセッションでは何度も繰り返して提示され，最終的には，以前は有していなかった能力をそのCSに与えることになる。これが条件反応（CR）を引き出す能力である。

延滞または**順向条件づけ**と呼ばれる，この基本的な手続きは，ロシアの生理学者イワンP.パブロフ（Ivan P. Pavlov）［1849-1936］によって発見・発展され，詳細に研究された。パブロフ（Pavlov 1927）は，条件づけを，より高次な脳機能を定量的，かつ安定して調べることのできる手続きだと考えていた。古典的条件づけの実験で使用される手続きにおいてユニークなのは，CS提示中に生起した反応は，USの到来に必要とされないということである。このために，CS-USの対提示は，反応とは独立した対提示といわれる。確かにこの特徴は，特に古典的条件づけの状況において，学習と遂行の二分法を示しているものである。あなたが動物に何度かCS-USの対提示を与え，行動のリアルタイムな記録をとるためにそのセッションをビデオ記録したところ，CS中には特定の行動の変化が見つけられなかったとしよう。その動物は，CSがUSの信号であるということを学習できなかった，との結論は，注意深く考えなければならない。CS中に行動は要求されなかったので，その動物はいかなる種類の行為も遂行することが要求されなかった。この状況で条件づけを確認するには，例えばより敏感な従属尺度である生理反応（例えば，CSが提示されているときの動物の心拍の変化など）を記録するなど，特別な工夫が必要なのかもしれない。

行動に変化がないときに条件づけを検出する別の方法は，CSの能力を**二次強化子**，すなわち行動を維持する能力を獲得した刺激として用いることである。USは，反応（無条件反応と呼ぶ，UR）を誘発することも，CS-US連合を強化することのいずれも可能である。同じように，CSはCRを誘発することも，かつCS-CS連合を強化することもできるが，ただしそれは，CS-USの条件づけが成立した後に限られている。CRを誘発することができない場合であっても，それはCSが二次強化子として作用しないことを意味しているのではない。CSが反応を誘発する特性と，動機づけを喚起する特性は，どちらも正しく条件づけが成立していたか否かに依存するが，それらは互いに独立である。ある実験で，ハト（*Columba livia*）は，音（CS）と穀物を食べる機会（US）の対提示を数セッション受けた（Rescorla 1980）。多数回の音—穀物の対提示の後であっても，音の提示中に特定の行動は見られなかった。その後，ハトに対して照射範囲が狭められた2つの局所的な光が提示された。一貫して一方の光の後には先の音が提示されたが，他方の光はそれが単独で提示された。2,3試行後に，ハトは，単独で提示された光よりも，音を信号する光のほうを多くつつくようになった。拡散した光とは異なり，食物を信号する局所的な光は，ハト（種子を食べることで暮らす動物）につつき反応を起こさせる。**二次条件づけ**と呼ばれるこの現象は，先のCS-USの訓練によって獲得したCSの強化特性に基づいているのである。

連合学習を研究するためのもう1つの基礎的な方法は，道具的条件づけである。道具的訓練に独特な性質は，道具的反応の生起に強化が依存していることである。したがって，道具的条件づけは反応に依存した訓練といわれる。実際の事象は

同じかもしれないが，このような事象の変化に言及する用語は，手続きが古典的か道具的かのいずれであるかに依存している。CS, US, CR, URは，古典的条件づけの事象に言及するためだけに使用される。道具的訓練の手続きでは，弁別刺激（S^D）が，反応を誘発するというより，むしろ反応に対する機会を設定するといわれる。道具的反応（R）は，誘発されるとか喚起されるというより，むしろ出力されるといわれ，強化（S^R）は，先行刺激を強めるというより先行する反応を強めるといわれる。**強化子**という用語は，実際の対象（例えば，食物，水，電気ショック，その他）に用いられるが，**強化**という用語は，生物が強化子を受け取ったことに対して用いられる。

アメリカの比較心理学者エドワード L. ソーンダイク（Edward L. Thorndike）［1874-1949］は，道具的学習を最初に詳細に研究した人物で，動物が特定の問題を解決しようとしている行動の試行的な性質を強調し，それを**試行錯誤学習**と名づけた。ソーンダイク（Thorndike 1911）の見解では，道具的学習は，新しい行動技能の獲得と発達を研究するための理想的な手続きであった。ソーンダイクは，成功した反応を強め，不成功の反応を弱める漸進的な過程を通じて，新しい行動が獲得されることを示唆した。ここでの「成功」とは，水や食物などの最終的な対象に到達することと定義される。ソーンダイク（1911, p.244）は，この原理を**効果の法則**と呼んだ。

> まったく同じ状況に対して行なわれるいくつかの反応の中でも，動物にとって同時または継時的に満足が伴うなら，他の条件が等しいとすると，そのような反応が再び生起したときに，動物はそれをより強固にその状況と結合させる。一方，動物に不快を与えるものが伴うか，それが接近して与えられた反応は，他の条件が等しいとすれば，動物はそれらが繰り返されたときには，その状況への結合は弱められ，生起しにくくなる。満足や不快がより強いほど，結びつきの強固さや弱さが顕著になる。

行動変化の説明についてソーンダイクは，状況（または刺激）と反応の間の仮説的な連合，つまりS-R連合の形成に基づくことを示唆したので，一般にこの理論的な定式は，効果の法則といわれる。媒介変数を取り去った，さらに帰納的な形式で，経験的な効果の法則として知られるものでは，端的に，欲求性の強化子が後続する反応は強度を増す傾向にあり，嫌悪的な強化子が後続する反応は強度を減らす傾向があると述べている。

1. c. 条件づけ過程の区別　最初に古典的条件づけと道具的条件づけの手続き的な区別を記述したのは，ポーランドの生理学者であるミラーとコノルスキー（Miller & Konorski 1928）で，彼らは根底にある過程が異なることを示唆した。手続き上の区別は明確であるが，これらの2種類の条件づけに関与する過程が両者間で異なるという，より重要な仮説は，多くの人々に論争を巻き起こした。実際，動物が道具的訓練の状況で反応するたびに弁別刺激のもとで強化子が提示される。その結果，このS^D-S^Rはパブロフ型の状況におけるCS-USの対提示と類似したものになる。このような単純な分析でわかるように，古典的条件づけは，道具的学習に埋め込まれているので，2つを分離し，どちらがある行動の変化の源であるかを確認することは，かなり複雑な作業である。

例えば，あなたがラットに光（CS）と一片の食物（US）を対提示する古典的条件づけの実験を行なっているとしよう。そして，試行中に光が点灯するたびに，ラットがその方へ向いて，それに接近し，においを嗅ぐとしよう。ラットが光のほうのにおいを嗅いでいる間に，実験者であるあなたが，反応とは独立したパブロフ型のスケジュールにしたがって食物を与える。光は，食物に対するパブロフ型の信号となったために，ラットはその光を嗅ぐのだろうか？あるいは，においを嗅ぐことが，それに随伴する食物によって道具的に強化されたために，ラットは光を嗅ぐのだろうか？理論的にいえば，この実験は光と食物の間に，反応とは独立の随伴性を含んでいる（すなわち，実験者によって計画された方法としては）。しかしラットの立場に立てば，一貫して嗅ぐことに食物が対提示され（すなわち，「偶発的な」反応—強化子の対提示），そのような対提示が嗅ぐという行動に対して道具的な効果をもたらしたの

かもしれない。

　パブロフ型か道具的かの説明を区別する重要な違いは，その場面における反応，つまりにおいを嗅ぐことが，光—食物（S-S）の随伴性と，嗅ぐこと—食物（R-S）の随伴性のどちらに敏感か，ということである。これらの対立する2つの説明のいずれが正しいかを見極めるための最も良い方法は，においを嗅ぐことに対して**省略随伴性**を導入することである（Sheffield 1965）。省略実験の論理からすれば，もし反応が強化子の提示に敏感であるなら，それは同時に，その随伴性の省略にも敏感である。つまり，もし嗅ぐことと食物の道具的対提示によって，ラットがにおいを嗅いでいるなら，反応することで逆に食物が出なくなれば，反応を止めるだろう。しかし，ラットがある試行ではにおいを嗅ぐが別の試行では嗅がないなら，省略随伴性は，（ラットが嗅がないときの）光—食物と，（においを嗅いだときの）光単独の試行が混在したものになることに気づいただろうか。そのためこの省略条件は，ラットの受け取る光—食物試行と光単独の試行が正確に同じ頻度と分布で，かつ嗅ぐ反応とは独立した条件との間で比較されなければならない。これは，今ではおなじみの**ヨークト・コントロール**によって達成される（→図8-6-(b)，215頁を別の例として参照）。

　省略実験では，2つの結果が考えられる。もし，省略群と統制群で互いに違いがないなら，嗅ぐことは，完全にパブロフ型の光—食物の随伴性下にあった，と説明される。両群は，光—食物の対提示については等しかったが，その反応の結果として食物が提示される程度が異なっていた。両群ともに同様の獲得関数が見られるならば，反応が生じさせた結果は，その反応の生成を制御していないことを意味する。パブロフ型の反応は，反応によって生じた結果には影響されないが，S-S随伴性には敏感なのである。

　それに対して，統制群に比べて省略訓練によって省略群の反応頻度が低くなるならば，嗅ぐことは道具的の随伴性の制御下にあると説明される。省略訓練は反応—強化子の対提示を生じさせないので，嗅ぐことの頻度は低くなる。その状況でたまたま生じた程度のS-S随伴性では，その行動を高いレベルで維持することはできない。このような結果は，第12章，1.c.，344-346頁で記述された，親に対する刻印づけで得られている。カモのヒナは，刻印づけされた対象を動き続けさせるように，その対象に近づかないことをすばやく学習した。

　いくつかの反応が同時に変化していた省略実験では，あるものは省略随伴性によって反応が減少したが，他のものはその結果に敏感でなく，反応したために欲求性の強化子を逃したとしても高率で生じていた。例えば，CSである大きな音の白色雑音と，USである食物による延滞条件づけを受けたラット（*Rattus norvegicus*）は，CSの提示中に，少なくとも3つの異なる反応の頻度を増加させた。それらのラットは，驚くか（つまり，突然の身体運動），食物箱へ向かって短く早く首を振るか，食物が提示される食物箱の前で少しの間突っ立っている傾向があった（Holland 1979）。図13-1の3つのパネルは，あるときにこれらのうちの1つに省略随伴性を課した3つそれぞれの反応の結果を示している。これらの実験には，それぞれ4つのグループがあったが，ここでの議論では，O（省略）とY（ヨークト）と名づけられた2つのグループ以外は関係がない。これらのグループは，CSとUSの時間的な配置とその提示が等しくされた。省略随伴性は，驚愕反応にはまったく効果がなく(a)，首振り反応にはやや効果があり(b)，食物箱に対する行動は著しく抑圧された(c)。興味深いことに，同じ状況で訓練された反応でさえも，道具的反応（食物箱への反応と，首振り反応）と，パブロフ型のもの（驚愕）があった。

　それぞれの行動によって，それらの結果に対する敏感さの程度が異なる理由は明らかでない。しかし省略実験は，古典的条件づけと道具的条件づけは，単なる手続き上の区別を超えて異なっていることを証明している。このような違いにもかかわらず，条件づけに影響を及ぼす多くの変数は，どちらの状況でも同じような効果を持っている。

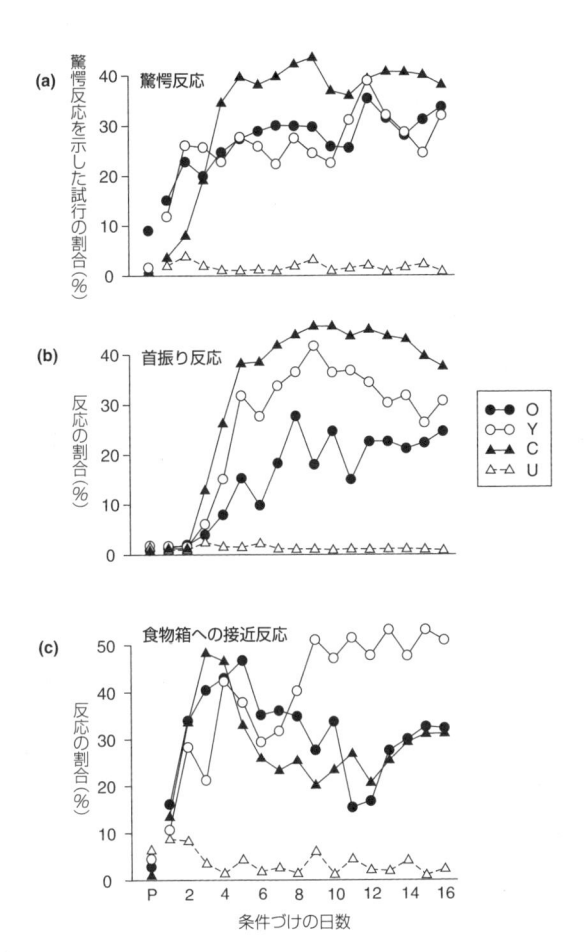

図 13-1 ラットの欲求性条件づけにおける，3つの異なる反応での省略訓練の結果（Holland 1979）。これらの 3 つの実験では，同じまとまりの反応が記録されたが，省略随伴性はそれぞれの反応の，驚愕反応(a)，首振り反応(b)，食物箱への接近反応(c)に与えられた。これらの実験には，いずれも次の4つのグループが含まれていた。それらは，マスターあるいは省略群（O），ヨークト群（Y），連続的強化を受けた群（C），対提示を受けていない統制群（U）である。主要な結果は，同じ条件づけの状況で発達した別々の反応は，省略随伴性に対する敏感性が異なるということである。O 群と Y 群の比較は，省略は驚愕反応（パブロフ型反応）には効果を持たないが，首振り反応や，食物箱への反応（道具的反応）の頻度を減少させることを示している。

2. 古典的条件づけ

2. a．条件づけとよく似た過程 興奮条件づけ，つまり CS-US の対提示が行動へ影響を及ぼす能力を正しく証明するには，CS と US の関係による行動の効果と，CS，US それぞれ単独事象の効果を区別しなければならない。ある CS は，CR と同じ効果器のシステムに基づく反応を引き出し，その反応は CS だけしか提示されない訓練時にも頻度を増すかもしれない。このような**アルファ反応**と呼ばれる反応は，条件づけに起因しない行動変化の例である。例えば，眼瞼反応の状況では，音や光（一般的な CS）が，眼に対する空気の吹きつけや，眼の周辺へのショック（通常の US）と対提示される。何度か対提示された後で，ウサギやラット（一般的にこれらの条件下で訓練される動物種）は，CS が提示されれば瞼を閉じるようになるが，CS それ自身が瞼を閉じさせたのかもしれない。通常そのようなアルファ反応は，真の CR よりも早い潜時で生じ，研究者はその性質によってそれらを区別できる（Gormezano 1966）。CS に対する無条件反応は，US が与えられた結果として増加することもあり，この効果は，**鋭敏化**と呼ばれる。さらに別の事例として，US によって反応が何度も誘発されれば，他の刺激がその反応を引き出す確率を増すこともある。これは，**疑似条件づけ**と呼ばれる。

これらのいずれの状況においても，何回かの訓

練の後にCSが反応を誘発する能力を発達させることに注意してもらいたい。アルファ条件づけでは，単にCSが提示されただけで，CSへの反応が増加する。鋭敏化では，USが与えられることによって，CSに対する本来の反応が強まる。疑似条件づけでは，本来はUSによって誘発されたはずの反応がCSに転移する。これらの行動の変化は，CS-USの対提示の経験がない場合でさえ生じ，そして単にCSかUSが繰り返し与えられただけでも生じる。

条件づけの過程によく似た非連合的な影響を統制するために，いくつかの手続きが提案されてきた。単一の刺激を用いた統制が，特定の効果を排除するのに適切であるように思えるが（例えば，CS単独の統制は，アルファ条件づけを排除するために用いることができる），それらはそのCRに対して同時に生じるいくつかの非連合的な影響をうまく捉えられない。**完全な非対提示手続き**では，CSとUSの双方が提示されるが，条件づけを成立させないほど長い刺激提示間間隔で与えられる。残念なことにこの手続きを，CS-USの対提示を与えられた群と比較すると，条件づけの効果の大きさを間違って判断する可能性がある。その理由は，完全な非対提示手続きにおけるCSは，少なくともCS提示後のしばらくの時間には，USが生起しないという情報を与えるからである。この種の学習は**制止条件づけ**（後の2.d.参照）と呼ばれるが，この制止を成立させる生起確率は，統制手続きとして中立でないことを意味している。同じ問題は，別のよく用いられる統制手続きの**分化条件づけ**でも生じる。A+/B-の状況では，特に刺激の妥当性が**カウンターバランス**されれば（すなわち，ある動物はA+/B-を受けるが，別の動物はB+/A-を受ける），弁別の遂行は，上述した非連合的な性質を持たない条件づけの証拠となる。しかし，B-試行での反応は制止条件づけによって過度に抑制される可能性もあり，A+試行における真の条件づけの効果が過大評価されるかもしれない。いわゆる**真にランダムな統制手続き**のように（すなわち，CSとUSはセッションを通してランダムに提示される），興奮条件づけと制止条件づけから等距離なベースラインであると考えられる統制手続きでさえも，特定のCSがとても中立とはいうことができず，さまざま効果が関与していることが明らかになっている（Papini & Bitterman 1990）。

残念なことに，興奮条件づけを証明するための適切な統制手続きの問題は，絶対という言い方で表すことができない。統制条件の選択は，理論的かつ手続き的にどれほど配慮しているかに依存する。潜在的に問題があるにかかわらず，完全な非対提示と分化手続きは，非連合的な要因に対する統制として最も頻繁に使われている。

2. b. 基本的な獲得現象

条件づけを研究するために，最もよく用いられるパラダイムは延滞条件づけであるが，特定の問題を扱ったり，興奮条件づけの一般性を探求するために，他の手続きも工夫されてきた。例えば，**痕跡条件づけ**では，CSの終了とUSの開始までに時間的なギャップが存在する。パブロフ（Pavlov 1927）がこの手続きに与えた名前は，CS提示後の，CSの感覚的な痕跡に対して興奮条件づけが生じることに言及している。USと連合するのはCSよりも，むしろCSの痕跡である。**同時条件づけ**では，CSとUSの開始と終了の両方が時間的に同期するが，**逆行条件づけ**では，USはCSに先行して提示される（延滞あるいは順向条件づけの反対）。これらの条件づけパラダイムは，一般に遅延条件づけほど強力ではないにしても，さまざまな実験から，これらすべてにおいて興奮条件づけの証拠が得られている。すなわちそのことは，興奮条件づけには，CSがUSに先行するという関係が必要なのではなく，それに厳密に近接している必要もないことを示唆している。

すでに述べたように，これらのパラダイムのいくつかの事例で条件づけの効果の証拠が弱いと思われるときには，学習―遂行の二分法という前提からの注意が必要である。痕跡，同時，逆行条件づけパラダイムにおける明らかに弱い条件づけは，学習の失敗というより，むしろ遂行の失敗から生じているかもしれない。メイツェルら（Matzel et al. 1988）は，同時と逆行条件づけのパラダイムにおいても獲得は生じているが，それはCSの反

応—喚起能力のために表出されない可能性があると主張した。**感性予備条件づけ**として知られる現象に基づいたラットを用いた巧妙な実験計画が，この問題を明らかにするために用いられた。図13-2は，この実験計画のいくつかの重要な点を示している（実際の結果は，この図には示されていない，さらに2つの実験といくつかの統制群を加えて示される）。CSとしてクリック音と純音が，USとして電気ショックが用いられた。これらの刺激は，順向（F），同時（S），逆行（B），非対提示（U）の形式で提示された。これらの訓練の効果は，ラットが水を飲んでいる最中にCSが提示されるテストセッションで検討された。CSは電気ショックと対にされたので，摂水が大きく抑制されるほど，CSへの条件づけが大きいことになる。

第1段階で，3つの重要な群（F-F，F-SとF-B）は，CSであるクリック音と純音の2つを順向で対提示された。これは，クリック音と純音のCS間で連合を確立させるために計画されていた。第2段階で，その系列での2番目のCSである純音が，順向，同時，逆行の時間的な配置でショックと対にされた。F-F群は，クリック音そのものは決してショックと対にされたことはなく，純音を介して間接的に「対提示」されただけなのに，クリック音に対して強い反応を示したことで，感性予備条件づけが証明された。興味深いことに，それぞれ純音が同時と逆行パラダイムでショックと対提示されていた，F-S群とF-B群にも強い反応が観察された。この図で示された統制群であるU-U群が，これらの刺激と対提示されることが，この効果にとって不可欠であり，したがって非連合的な要因は除外されていることを示している。さらに，純音だけが提示された第2のテストで（図13-2には示されていないが），順向条件づけを受けたことから予測されるように，F-F群は純音に対しても強い反応を示したが，F-S群とF-B群では，そのようなことは観察されなかった。したがって，あるCSはUSとの同時や逆行条件づけで弱い反応しか出さないかもしれないが，それは順向CSと同じように感性予備条件づけの水準を維持することができるのである。少なくともある制約の中では，CSとUSが時間的に近接している限り，それらの時間的順序

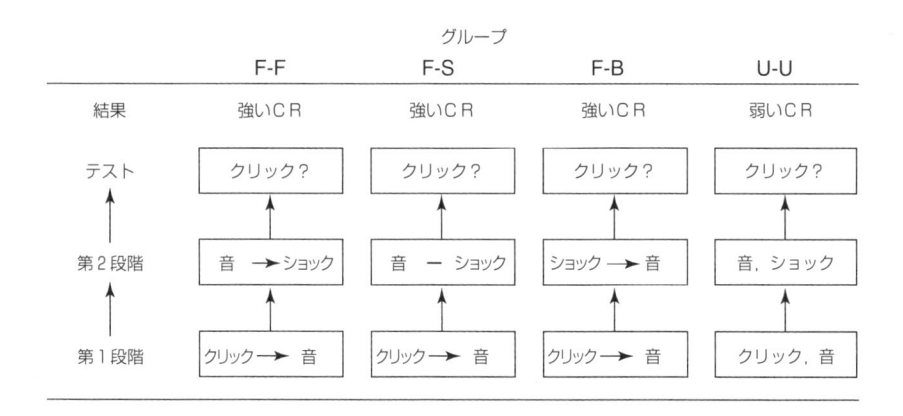

	グループ			
	F-F	F-S	F-B	U-U
結果	強いCR	強いCR	強いCR	弱いCR
テスト	クリック?	クリック?	クリック?	クリック?
第2段階	音 → ショック	音 — ショック	ショック → 音	音, ショック
第1段階	クリック → 音	クリック → 音	クリック → 音	クリック, 音

図13-2　CSとUSの配置が，同時や逆行のパラダイムで条件づけは生じるだろうか？
ラットを用いた研究は（Matzel et al. 1988），条件づけは実際に生じるが，それを検出するには特別の手続きが必要であることを示唆している。この実験では，その目的のために，感性予備条件づけの技法が用いられた。訓練の第1段階と第2段階で受けた処置にしたがって，グループは，順向（F），同時（S），逆行（B），CSとUSの非対提示（U）と名づけられた。第1段階では，中立な刺激であるクリック音と純音が，順向で対提示されていることに注目してもらいたい（U-U統制群を除いて）。第2段階では，第2の刺激である純音が，順向，同時，逆行手続きのいずれかで与えられる。最後のテストで，第1の刺激であるクリック音が提示される。強いCRが観察されたことは，第1段階でクリック音と純音の間に連合が発達したことと，順向，同時，逆行手続きがそれぞれ同じ程度の強さの条件づけを形成したことを示している。

関係は重要でない。とはいうものの，順向や延滞条件づけの配置は，最大限の反応を誘発させる力をCSに与える。

時間的接近の他，CS-US対提示という事象に内在する要因として，獲得を調節する因子が重要である。一般的にいえば，例えばCSとUSの強度は，獲得の速度と明らかに関連している。ある範囲内では，これらの刺激強度が高くなるほど，訓練中のCRの出現は速くなる。接近も，興味深い方法で条件づけに影響を及ぼす。CSとUSの時間的な関係が操作されると，獲得の速度は非単調な関数にしたがって，ある最適値でCRはピークに達し，そこから前後に外れればCRは減少する。図13-3は，分化条件づけの手続きにおいて**CS-US間隔**を変化させた結果を示したものである。これらの関数の全般的な形態が類似していることに気づいただろうか。しかし，CS-US間隔の特定の値は，ミリ秒から（ウサギの眼瞼条件づけのように），秒（ほとんどの条件づけの設定のように），ラットにおける風味嫌悪（ある風味が毒と対提示された結果，その風味のついたものを摂取しなくなる）における分単位まで，さまざまである。これらすべての条件づけの状況に合う単一で絶対な値は存在しないが，それぞれの場合で，CRを最大に誘発できるCSの効果的な値が存在する。CSのこの効果は，最適値からその間隔がどちらに変化しても減少し，そのことは，同時条件づけ（CS-US間隔がゼロに等しい）の反応誘発効果は最適値より低いということを意味している。

条件づけパラダイムの種類，刺激の強度，CS-US間隔は，条件づけ試行を特徴づける要因である。しかし試行というものは，その訓練セッションにおける文脈において，さまざまな間隔によって切り分けられている。ある試行での反応量は，その試行の条件だけでなく，試行が埋め込まれた文脈にも依存している。最も効果的である順向の手続きが，最大限の反応を引き出すか，行動に対してほとんど効果をもたないかは，例えば試行間間隔の長さにも依存している。学習実験での厳然たる結果は，他の条件が等しいならば，試行間間隔が長いほど獲得は速くなる，というものである。**分散試行効果**として知られるこの効果は，連合学習では時間的接近だけで十分であるとのことに疑問を呈する点で重要である。他の状況では効果的な学習を生じさせる条件であっても，短い間隔で

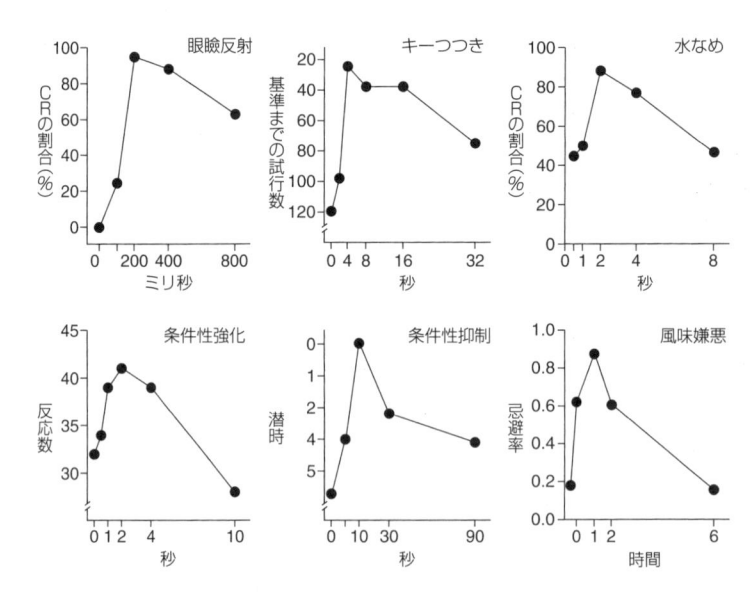

図13-3　さまざまなパブロフ型条件づけの設定における，CS-US間隔の関数としてのCRの出現頻度（原典として，Rescorla 1988を参照）。横軸の値は，ミリ秒から数時間までさまざまだが，いずれの事例においても明らかに逆U字型の関数を示している。

試行が連続して提示されるなら，獲得は非常に阻害される。ある実験で（McAllister et al. 1974），いずれのラットも白い区画で1セッションに25試行の光と足下への電気ショックの対提示を受けた。グループによって，試行は，15, 45, 75, 105, 165, 225, 285秒の間隔で区切られていた。翌日に白い区画にいるラットに光を与え，安全な灰色の区画へ逃避する確率によって，恐怖条件づけが評価された。テスト・セッションで，105秒の値までは試行間間隔が長くなるほど逃避速度もあがり，それ以上では速度は安定して高かった。したがって，完全に効果的に機能するはずの条件づけ手続きでも，試行が15秒間隔のときには逃避反応が弱く，試行が105秒間隔であるときには逃避が顕著であった。

他の場合には効果的であるはずのCS-USの時間的接近が，通常の反応水準を支持できない状況が他にもいくつか存在する。第11章で（→図11-6，322頁参照）述べたが，**潜在制止**として知られる現象は，ある刺激を強化を伴わずに先行提示することで，その刺激が後にパブロフ型の訓練でのCSとして用いられたときに，その獲得が遅れることである。潜在制止は，さまざまな状況においていくつかの種類の哺乳類で示されてきた。一般にこの獲得の遅滞は，強化を伴わないCSを提示したことによる無害な性質に関連していると考えられている。典型的な例では，ラットはある状況で何も起こらず，ただ何十試行も，単に純音に曝される。この手続きは，よく知られた馴化の手続きと同じであるが，この繰り返し提示された刺激の効果は，後の条件づけ段階で評価されるという点で異なっている（馴化実験では，ある反応の生起に対する刺激を繰り返し提示したことの効果は，その刺激自体が提示されている間に評価される）。純音は，とりたてて動機づけとしての価値を持たないので，動物はそれを無視することを学習するかもしれない。より専門的にいえば，この処置はそのCSに対する注意を減退させる（Lubow 1989）。後になって状況が変わり，そのCSがある重要な事象（食物やショックなど）の存在に先行するようになれば，先行提示を受けた動物は，CRを示すより前に注意の欠如を克服しなければならない。

ちょうどCS-USの対提示による学習が，同じ状況で生起した他の刺激の対提示によって出力が影響されるように（例えば，分散試行効果のように），CSへの反応は，訓練が行なわれた文脈の値によっても影響される。USを提示するということは，CSが提示されるときとは異なる，常に存在している静的な手がかり環境というべき特定の状況の中で必ず行なわれる。これらのいわゆる文脈刺激には，条件づけが行なわれた環境と，動物が感じることのできる環境上の，視覚，聴覚，触覚，嗅覚などのさまざまな特性が含まれている。ところがCSの提示は，文脈刺激との複合手がかりとして生起することになる。もしCS-USの対提示を，A+のエピソードとして表現し（「A」はCSを，「+」はUSを表す），文脈をXと表現するなら，実際には対提示はAX+と表現するべきだろう。この考えを拡張し，潜在制止の実験における最初の段階での，CSの強化を伴わない提示は，AX-と表現され（「-」は，USが存在しないことを意味する），信号のないUSの提示は，X+試行となるだろう（例えば，それに先行する明確なCSがないUS）。つまりX+試行は，**文脈条件づけ**を生じさせるのである。

この用語は，文脈条件づけが常に存在するものとして，CSの条件づけを調節することを示唆している。表13-1で示すように，文脈の操作は，CSの学習に対して顕著な効果を与える。例えば，潜在制止の実験で，段階が移行したときに文脈を変更すれば，CSの条件づけ能力を回復させることができる（例えば，XとYを別の文脈として，AX-の後にAY+の訓練を行なう）。さらに，信号のないUSの提示は，文脈の価値を高め，逆に，その後のCSへの条件づけを遅くする。これは，**US先行提示効果**として知られている。最後に，CS-US対提示が続く中に挿入された，無信号のUSは，CSの反応誘発能力を減少させる。これは，**随伴性低下効果**として知られる現象である。統制群によって示されるように，ここでも当該のCSは，それぞれのUSとの間に反応を出力させるべき時間的関係を保っていることに気づいてもらいたい。つまり，そのCSへの動物の反応は，

表13-1 古典的条件づけにおける文脈生成による3つの事例

(a) 文脈の変更による潜在制止の消失

群	第1段階	第2段階	結果
1－変更無し	AX−	AX+	第1群は第2群よりも，第2段階でより遅滞した。
2－変更あり	AY−	AX+	

参照：Lubow (1976)

(b) US 先行提示効果

群	第1段階	第2段階	結果
1－変更無し	X+	AX+	第1群は第2群よりも，第2段階でより遅滞した。
2－変更あり	Y+	AX+	

参照：Tomie (1976)

(c) 随伴性低下効果

群	訓練	結果
1－信号無しUSの提示あり	AX+, X+	第1群は第2群よりも，Aに対する反応が弱かった。
2－信号無しUSの提示無し	AX+, X−	

参照：Rescorla (1968)

文脈条件づけの強さによって，かなり調節されるのである。

パブロフ型の獲得過程は，CS-US 対提示における対提示内の要因（例えば，CS-US 間隔や刺激強度）と対提示外の要因（例えば，分散試行効果や，文脈条件づけ）の両方に対して，CS-US 対提示がどれだけの能力を持つかについて複雑に絡んでくる。しかし，すでに公刊されたデータを詳細に再分析したギボンとバルサムの研究（Gibbon & Balsam 1981）が示したように，反応が出現する状況には驚くべき規則性が存在している。彼らは，CSの強さはその持続時間（「試行」についてという意味で，Tと呼ぶ）が指標となり，CS-US 対提示が行なわれる文脈の強さは継起する強化間の長さ（「サイクル」についてという意味で，Cと呼ぶ）が指標となるという，単純な仮定を行なった。欲求性の条件づけの状況から，Tの値が短くなるほど，そのCSに対する条件づけの獲得が速くなり（Gibbon et al. 1977），Cの値が長くなるほど，その文脈に対する条件づけが強くなる（Mustaca et al. 1991），との仮定を支持する独立した証拠が得られている。ギボンとバルサム（Gibbon & Balsam 1981）が発見したものは，CRの出現と，彼らが**予期比率**と呼んだ試行の持続時間に対するサイクルの比，つまりC/T比率との間の，規則正しい負の相関関係であった。図13-4は，関数が直線として表現されるように両対数尺度でプロットした，これまでに公刊された実験結果を，彼らが再分析したものである。C/T比率が増加するほど（そして，CとTの絶対値とはまったく独立に），CRはすばやく，かつ少数回のCS-US 対提示で出現する。

結論として，獲得そのものは時間的接近に強く依存しているが，学習を遂行へと表出させるには，CS-US 対提示事象に内在する，時間的接近や延滞の配列，CS-US 事象に外在する，CS-US 対提示が行なわれた文脈での対提示の時間的な配置などのさまざまな要因に左右される。

2. c. 複合条件づけ これまでの議論から，すべての条件づけ手続きのなかの最も単純なものでさえも，CSと文脈手がかりの複合提示であることがわかった。一方でわれわれは，自然の刺激のほとんどが，複数の感覚を持った刺激であるということも理解している。例えば，親の刻印づけの状況において鍵となる刺激は，とりわけ，聴覚，視覚，熱の要素を含んでいる。**複合条件づけ**の研究，つまり動物が複合手がかりの要素についていかに学習するかについての研究から，ある要素の条件づけは複合手がかり内に同時に存在する要素の強さによって大きく影響されることが示唆される。

例えば，動物が一貫した反応を示すまで延滞条件づけの手続きで，光と音という2つの要素を含んだ複合CSで強化した（TL+）としよう。続くテストで，ばらばらに提示された要素のそれぞれは，ある程度の反応を誘発するだろうが，通常その水準は獲得中にその要素だけが強化されてい

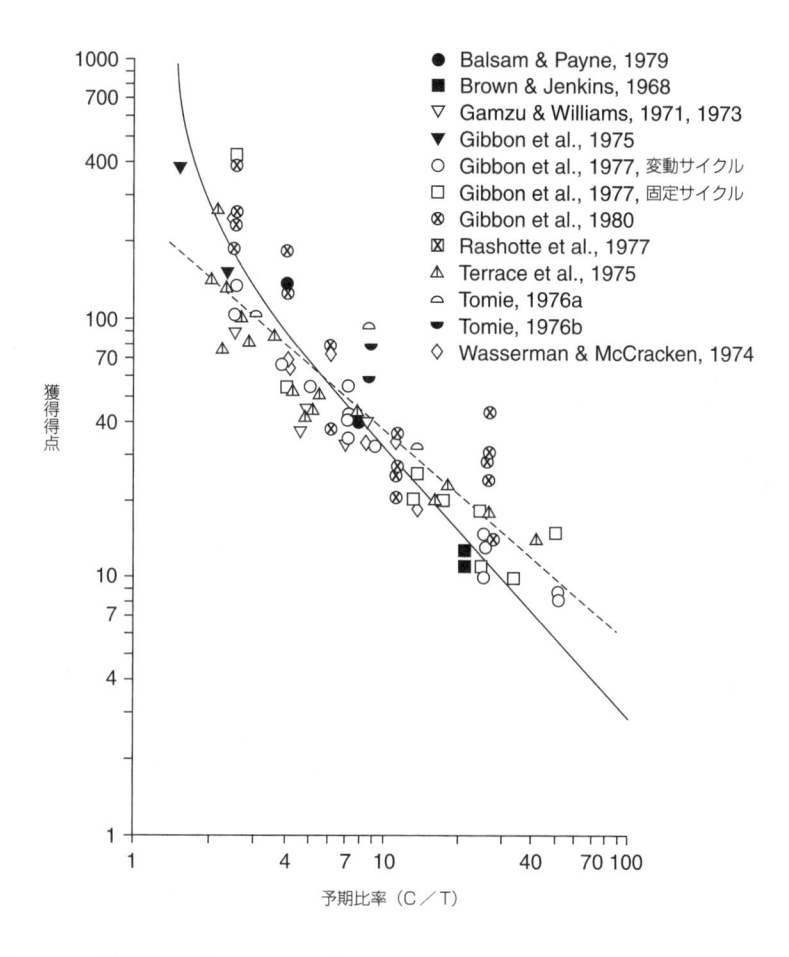

図 13-4　予期比率の関数としてのパブロフ型反応の獲得（原典として，Gibbon & Balsam 1981 を参照）。公刊されたデータのこの広範囲な再分析では，獲得は基準（「獲得得点」と呼ばれた）までの試行数として評価された。予期比率は，強化間間隔の持続時間（サイクル，C）をその CS の持続時間（試行，T）で割ることで求められる。対数関数軸にすることで，線形な関係が得られる。点線は，最小分散回帰直線である。実線は，理論的な関数に基づいたものである。全体的に，CやTの絶対値とは独立に，予期比率が増加するほど獲得率は早くなる。

た統制群よりも弱い。例えば，TL+訓練後のTに対する反応は，T+訓練後の反応よりも一般的に弱い。**隠蔽**と呼ばれるこの現象はパブロフ（Pavlov 1927）によって発見されたが，この現象もまた獲得を維持するためには時間的接近だけで十分であるという仮定に疑問を投げかけている。隠蔽現象は，隠蔽されるものよりも強度の強い刺激を伴ったときに特に顕著である。比較的弱い刺激が，強い要素刺激と複合されて条件づけられたときには，ほとんど CR を誘発することができない。

同様の失敗は，複合刺激の要素の1つが単独で先に強化されるか，同じセッションの別の試行で個別に強化されたときにも見られる。例えば，動物が第1段階で光の先行訓練を受け（L+），第2段階で音─光（TL+）の複合条件づけを受けたとしよう。この場合，続くテストにおける音（T）の強度結果から，TL+試行だけに曝された統制条件のTと比べて，CR 誘発力が弱かったことがわかる。先行の L+訓練が，Tの条件づけを妨げたので，この効果は**ブロッキング**と呼ばれる（Kamin 1969）。同じように，ブロッキングの実験における第1段階と第2段階を，同じセッションで混在させると，続くテストでの当該の要

素に対する強さは，光が独立に強化された群より も，一般的に条件づけが弱くなる。このブロッキングの特別な例を，**手がかり妥当性効果**と呼ぶ（Wagner 1969）。

図13-5は，ウサギ（*Oryctolagus cuniculus*）の眼瞼条件づけの実験を図示したものである。ウサギは4つの異なるグループに割り当てられた。最も重要な条件である第I群は，光―音の複合刺激が眼の周辺部位へのショックと数試行対提示された（TL＋）が，別の試行では光―ショックの対提示（L＋）が与えられた。統制条件は3つあった。第I/II群では，TL＋試行の合間に信号のないショックが与えられた。これは，USの回数を群間で等しくするための措置であった。第II群は，TL＋試行しかなかった。最後に，第III群はTL＋試行の合間にL－試行を受けた。ここで問題としているのは，音（T）に対して，それぞれの群がどれだけの学習を示すかであった。すべての群で，Tはショックと等しく対にされたので，群間の違いは光への条件づけの違いに帰属できる

ことに注意してもらいたい。図が示すように，付加的なL＋試行を受けた第I群におけるTは，他の群よりもより強くブロックされている。したがって，ある手がかりの連合強度を増すことは（ブロッキングのように先に条件づけを受けるか，手がかり妥当性のように並行して強化を受けることで），その複合刺激に伴われた他方の手がかりがUSの対提示によって連合強度を獲得する力を減退させる。

隠蔽，ブロッキング，手がかり妥当性と他の減弱効果は，理論の発展に重要な役割を果たした。ほとんどの理論は，これらの効果を獲得の失敗に由来すると解釈する。例えば，レスコーラとワグナー（Rescorla & Wagner 1972）は，USの強度によって条件づけの値が一義的に決まると主張した。複合刺激の一方の要素が一定の連合強度を獲得すれば，他方の要素が強度を獲得する能力が損なわれる。**分配連合強度**として知られるこの原理は，ある手がかりの条件づけは，同時に提示された手がかりの強度と明らかに反比例することを示して

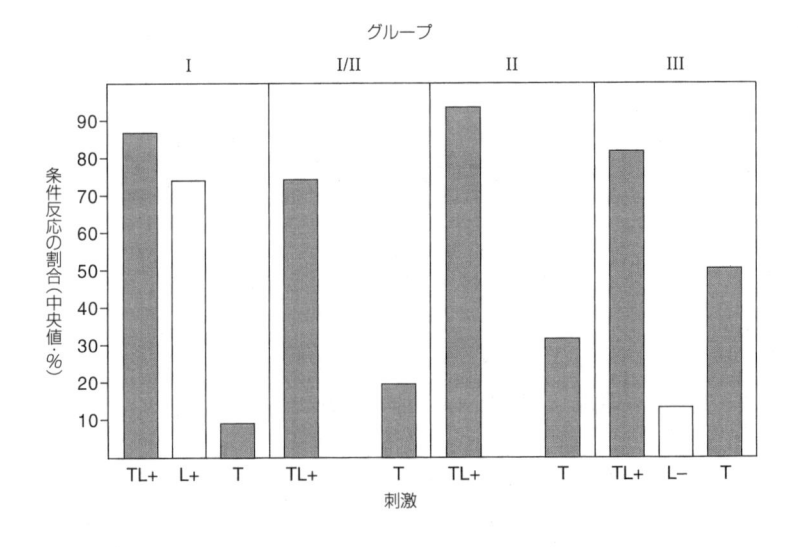

図13-5 ウサギの眼瞼条件づけにおける手がかり妥当性効果（Wagner 1969）。この図には示されていないが，第I群は訓練段階中にTL＋試行と，その合間にL＋試行を受けた。第I/II群，II群，III群は統制条件であった。この図は，ウサギが強化を伴わないテスト試行での，TL，T，Lの結果を示している。重要なのは，群間で等しい処置を受けたTの比較である。第I群におけるLの付加的な強化は，同じ要素刺激であるTの学習を相対的に弱いものにした。これが，いわゆる手がかり妥当性効果であり，あるCSは完全にUSと対提示されていたにもかかわらず，その複合刺激の他方の要素が連合強度を獲得したために，CRの制御の獲得が弱かったのである。

いる。隠蔽では，CSがより明瞭であるか強度が強くなるほど，弱いほうの要素の取り分をすばやく獲得する。ブロッキングと手がかり妥当性効果では，連合強度が強いほうのCSが（別の訓練によって強くされる），あまり訓練されていない要素の強度を獲得する能力を阻害する。他の弱い条件づけの例のように，ここで問わねばならないことは，隠蔽やブロッキングは獲得と検索のいずれの失敗を反映しているのかということである。現時点では，その証拠ははっきりしていない（Holland 1999；Kaufman & Bolles 1981）。

2．d．消去と制止条件づけ　パブロフが発見した最も重要な現象の1つが**消去**である。CSとUSの対提示が，ある行動を漸進的に増加させるように，その後にUSを伴わず，CSだけを単独で提示すれば，その行動は漸進的に減少する。ある意味では，消去は獲得の逆である。しかし消去は，獲得によって確立されたCS-USを，取り消してしまうだろうか？

パブロフは，唾液反応の消去が済んだイヌが，さまざまな処置の後にCRを回復させることに気づいた。CRが回復する前には，実際CRは存在しなかったので，その回復は，CRが見られなくなっても，消去手続きによって必ずしも獲得の効果が完全に覆されたわけではないことを意味している。いくつかのパブロフの実験（Pavlov 1927）では，イヌが以前は食べることができたが（獲得），今では遠くにおかれて見ることやにおいを嗅ぐことしかできない肉粉（US）に，単に曝しておくだけで消去が得られた。パブロフ（1927）は，消去された動物に何の事象も与えない期間をおくだけで，再び提示されたCSに対してCRが復活することに気がついた。この効果は，**自発的回復**と呼ばれており，馴化実験（→第7章，3.a.，191-194頁参照）における類似の結果と同じものである。パブロフ（1927）は，CRを回復させる第2の手続きを記述している。そこでは，食物への唾液反応を消去した後に，同じように唾液を誘発する酢を，イヌの口へ2，3滴垂らした。次にCSを提示したときに，CRはかなり回復していた。これはパブロフが**脱制止**と呼んだもので，

やはり第7章で記述した馴化における脱馴化と同じものである。単独では唾液分泌を誘発しない別の事象でさえも，消去されたCRを脱制止させることがある。ある実験では，イヌが訓練されている部屋にパブロフ自身が入って，近づき，イヌのそばで2分間ほど話しかけた。続くテストで，相当量の唾液反応の脱制止が示された。パブロフ（1927）は，最初の獲得訓練で使用されたUSを信号なしで提示することによっても，消去されたCRが強度を回復させることを報告している。この効果は，**復活**と呼ばれる。

一見単純に見えるが，これらの消去にまつわる現象は，まだ完全には解明されていない。例えば，いくつかの実験では，これらの効果が文脈手がかりによって調節されることが示唆されているが，他の研究では必ずしもそうではないことがわかっている。たしかに，学習過程の性質が，訓練の条件に依存して根本的に異なっていることはありうる。しかし，**被験対象内要因計画**を用いた実験—すなわち，同じ動物たちが同じ文脈でキーの操作に曝された実験計画—では，自発的回復（Rescorla 1997）と復活（Delamater 1997）の両方が示されている。これらの実験でラットは，光と音という2つのCSが，それぞれ食物ペレットとサッカロース溶液という別々のUSと同じ文脈で対提示される訓練を受けた。その後，両方のCSは消去された。自発的回復の事例では，どちらかのCSはテストの直前に消去されたが，他方はテストの6日前に消去されていた。統制のCSは，半数のラットには光で，残り半数には音であり，それぞれのうち半数ずつがペレットとサッカロース溶液に対提示された。刺激と強化子をカウンターバランスしているので，この実験の結果が，用いられた実際の刺激ではなく，その条件づけ手続きに依存していると確信できる。図13-6-(a)は，6日間の休止があったCS（S1）が，テストの直前に消去されたCS（S2）に比べて，かなりの自発的回復が観察されたことを示している。復活の事例では，消去の翌日にラットはいずれかのUS（半数のラットにはペレットで，残り半数にはサッカロース溶液）が与えられ，続いて両方のCSでテストされた。図13-6-(b)で示されるよ

図13-6

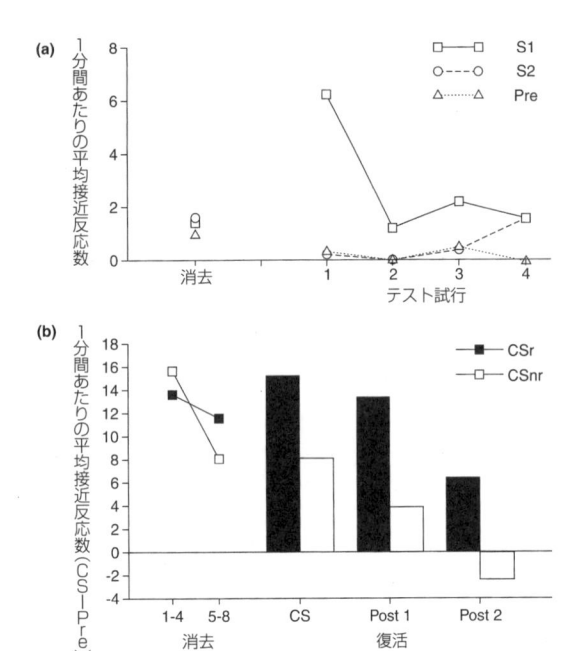

被験対象内要因計画によって，消去は，訓練が行なわれた文脈とは比較的独立であることを証明している。(a)ラットは，それぞれが異なるUSと対にされた2つのCSに曝され，消去されてから6日後にテストされた。CS（S1）には自発的回復を示したが，消去直後にテストされたCS（S2）にはそれは見られなかった（Rescorla 1997）。(b)ラットは，それぞれが異なるUSと対にされた2つのCSに曝され，両方のCSが消去された後に，いずれかのUSが信号を伴わずに提示された。ラットは，再提示されなかったほうの信号（CSnr）に比べて，再提示されたUSの信号（CSr）に強いCRの回復を見せた（Delamater 1997）。

うに，再提示されたUSと対にされていたCS（CSr）に選択的な反応の復活が見られ，再提示されなかったほうのUSと対にされていたCS（CSnr）は消去の最後で示されたのと同程度の反応水準しか示さなかった。

先の実験で被験対象内要因計画が用いられたので，動物が訓練を受けた文脈はどちらのCSに対しても等しいはずである。それにかかわらず，復活の場合には，信号を伴わずにUSを提示したことで，テスト時の文脈の価値が変わってしまったかもしれない。たしかに，異なる群の動物が異なる手続きを受ける**被験対象間要因計画**によれば，復活と消去それ自身がともに文脈に特異的な現象であることを示している。例えば，ラットが訓練されて消去された同じ文脈で，信号のないUSが提示されれば，別の文脈でそのUSが提示されるよりも顕著で強い恐怖を復活させる（Bouton 1984）。さらに，ラットがある文脈でCS-USの対提示を受けて，別の文脈でCS単独の消去を受けると，もともとの獲得事態の文脈や新たな第3の文脈でそのCSが提示されれば反応が復活する（Bouton & Bolles 1979）。**復元**と呼ばれるこの現象は，獲得で形成されたCS-US連合を消去によって完全には消し去ることはできない，という

パブロフの仮説を支持しており，その点でも他の反応回復現象に連なる。さらに復元は，消去はそれが行なわれた文脈に特異的であることを示唆している。しかし，十分に訓練されたCSは，一般的に新しい文脈においても反応を誘発させる能力を転移させるので，文脈特異性は獲得には当てはまらない。

パブロフ（Pavlov 1927）は，CRの生起を一時的に妨げる対立的な過程が発達することによって消去が生じると考えていた。パブロフはこの過程を制止と呼び，自発的回復，脱制止，復活を，制止の影響を取り去り，CRの再現を許す操作と解釈した。パブロフ（Pavlov 1927）は，より永続的な種類の制止を生み出す訓練手続きも開発した。そのような制止条件づけの手続きでは，USは，ターゲットのCSが提示されていないときに提示されるよう配置される。動物は，CSの後にはUSが提示されない期間があることを学習するだろうと考えてのことである。パブロフは主な例として，条件性制止の訓練として知られる手続きをあげたが，それはA+/AB-弁別として表されるものである。AはA+試行でUSと対にされるので興奮になるが，AB-試行でBは（Aによって予期されるはずの）USが存在しないことの信号

になることが重要である。パブロフは，AB−の複合試行では，Aによって誘発された興奮が，Bに条件づけられた制止と拮抗するので，低い水準の反応が誘発されると示唆した。

制止条件づけに関する重大な問題は，それを目に見えるものとして検出できるか否かである。場合によっては，USの省略と対にされる刺激は，USの提示と対にされる刺激によって引き出されるものとは反対の反応を誘発することもありうる。例えば，欲求性の状況では，食物と対にされたCSは，CSへの接近（**サイン・トラッキング**）か，USが提示される場所への接近（**ゴール・トラッキング**）を誘発する傾向がある。それに対して，食物の省略と対提示されたCSは，後退反応を誘発する傾向がある（Wasserman et al. 1974）。しかしどのような場合であっても，制止のCSは行動的には沈黙している。つまり，行動に明瞭な変化を引き起こさないのである。このような場合には，制止条件づけの存在を見つけるための間接的な手続きが必要とされる。

制止条件づけを検出するための間接的な手続きがいくつか開発されてきたが，加算法と獲得の遅滞法といわれる2つの手続きが特によく用いられる。両方とも，制止条件づけを検出するためには，推定される制止子によってある程度の強度を失う，興奮の源泉が必要だという考えを共有している。**加算法**では，先行する訓練によって制止子であると推定される刺激が，すでに興奮子であることが確かめられた刺激と複合提示される。興奮と制止は正反対なので，これらの2つの加算は，興奮子単独よりも複合刺激のほうが弱い反応を引き出すはずである。**遅滞法**では，制止子であると推定される刺激が，今度はUSと対提示される。制止はCSが興奮になることをより難しくするはずなので，獲得が遅滞することになる。

一種のA+/AB−手続きを使ったラットの欲求性の実験を示したのが図13−7−(a)であるが，この場合の複雑な実験計画を考えてみよう（Pearce & Kaye 1985）。実験群（条件制止群，CIと呼ばれる）では，純音（T）は，その後にクリック音を伴う強化試行（C+）が後続するので，その継時条件づけの手続きによって興奮性になる。音と光の複合刺激（TL）は，決して強化されなかった。重要な問題は，この実験群においてLが制止になるかどうかであった。統制群（潜在制止群といわれる，LI）は，TがC+試行と対にされたことがないこと以外は，同じ手続きを受けた。どちらの群も，関係するすべての刺激が等しく提示され，唯一の違いはTとC+の関係（継時対提示か非対提示か）にあることに注目してもらいたい。

半数の動物は図13−7−(b)に示したように加算法に曝され，残りの半数は図13−7−(c)に示したように遅滞法に曝された。加算法で，興奮子（C）の強度に比べて，統制群のLC試行よりも，実験群のLC試行のCR（ゴール・トラッキング）のほうがより減少している。遅滞法（L+試行）は，統制群よりも実験群のCR（ゴール・トラッキング）のほうがより低い水準を示した（すなわち，遅滞した）。これらの結果に対する説明は，実験群で行なったLへの処置によって制止条件づけになったというものである。

制止条件づけの研究における第2の主要な問題は，制止は数多くある反応抑制の1つの過程でしかないという事実にある。解決策は，適切な統制群を用いて他の説明を排除することであるが，その作業はかなりやっかいである（Papini & Bitterman 1993）。いくつかの可能性を考えてみよう。おそらく，最も一般的な懸念は，制止条件づけを，興奮の般化による反応の減少と区別するできるかどうかである。すべての刺激はある共通の要素を共有していると仮定されるので，ある刺激の強化は共有した要素の数に比例して他の刺激に興奮が**般化**するだろう。興奮の般化は，CSが強化されないときに消失する傾向があり，それはまさに一般的な制止訓練の手続きである。その結果，実験群が統制群よりも強い制止を示したのか，あるいは単に興奮が弱くなっただけなのかを見極めるのがしばしば困難になる。

加算法につきまとう2番目の問題のことについて考えてみよう。加算法には，推定上の制止子Bと，興奮であることが確認されているCが含まれており，複合刺激BCに対する反応は，Bを加えたことでCとは異なるものとなるために，

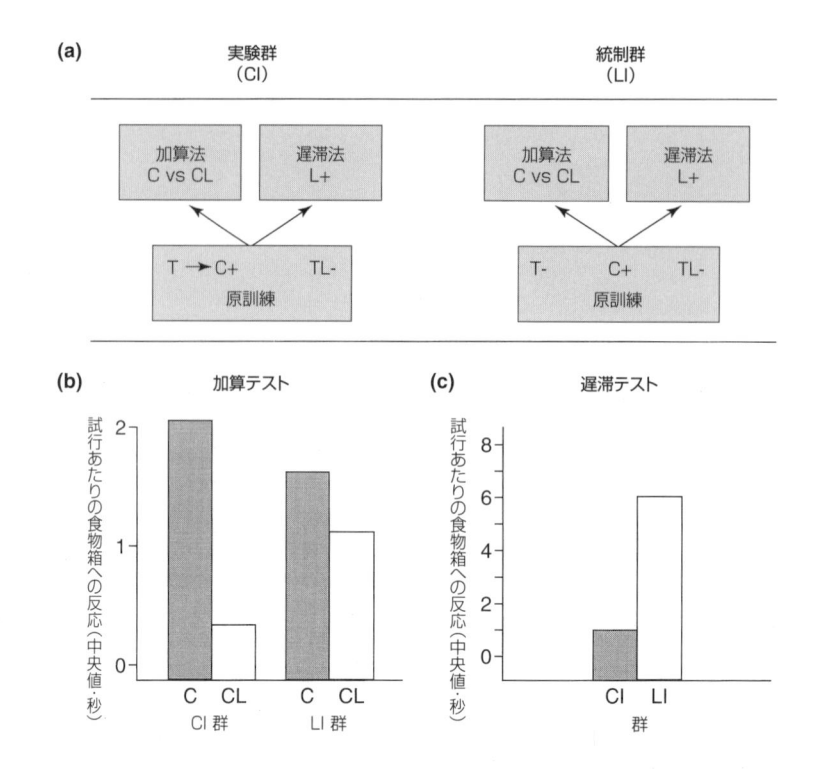

図 13-7 ラットの欲求性の制止条件づけ（Pearce & Kaye 1985）。(a)この実験の計画には同じ数の CS と US を受けた 2 つのグループが含まれている。唯一の違いは，T が強化試行に先行するか（実験群，CI），それ単独で提示されて強化されないか（統制群，LI）であった。実験群において T が獲得した興奮が，TL-試行において L への制止条件づけを生じさせる。(b)加算法は，統制群に比べて実験群のほうが，興奮子である C への反応を，L（推定上の制止子）がより抑制したことを示している。(c)獲得の遅滞法は，統制群に比べて，制止訓練後の L+ の反応が少ないことを示している。つまり，これらのテストは最初の訓練によって L に制止の性質が与えられたことを示唆している。

興奮子 C 単独のときよりも反応が減少するのかもしれない。これは，般化減少として知られるもので，それは，複合刺激に B が存在することによって C から BC への刺激般化の量が減少することを意味している。最後に，遅滞法の問題を考えてみよう。推定上の制止子による CR の獲得の遅れは，ある場合には，そのような遅滞を，訓練中にその CS が強化を伴わずに提示されたことによる注意の欠如（すなわち，潜在制止）に起因させることもできるだろう。特定の手続きが CS に制止条件づけを与えたかどうかを見極めるために，少なくとも複数のテストによる一致した結果が必要かもしれない。

3. 道具的条件づけ

3. a. 学習と遂行の対比 古典的条件づけの獲得に影響を及ぼす要因の多くは，道具的反応の獲得にも影響を及ぼす。すでに述べた，学習―遂行の二分法（→ 1.a. 参照）も，道具的学習の研究に複雑な要素を持ち込んでいる。この問題を見落とす危険性の 1 つは，道具的学習は特定の反応の強化を定義に含んでいるという事実に由来する。そのため，学習を遂行と同一視したくなるかもし

れない。ラットの道具的行動の学習効果を検出するために，誘因条件を変更させるという手続きが重要であった前述の潜在学習の実験（→図4-3，76頁参照）は，その1つの例である。

他の場合には，パラメータが違っても，グループ間で獲得の遂行に違いがない場合でも，後の消去期間中に顕著な差が表面化することもある。例えば，強化子の量の違いは，特に行動が安定している獲得の漸近値レベルには，あまり差異的な効果をもたらさない。しかし，消去へ移行すると，大きな影響が生じることがある。図13-8は，直線走路を走りきると，45 mgか500 mgの食物ペレットが与えられる訓練を受けた，ラットのある実験結果を示している（McCain et al. 1971）。この図では，数字が小さいほど遂行が優れている。消去で見られた行動は明らかに大きく違っているので，遂行には違いが見られないが，異なる量の強化子で訓練された動物の獲得過程には，何らかの違いがあるはずである。両群は消去でまったく同じ処置を受けたので（すなわち，動物は同じ走路を走り，空のゴール箱と遭遇する），行動の違いは獲得の異なる処置（例えば，報酬の大小）に帰属されるはずである。おそらく，行動指標，この場合ではゴール箱に到達するまでの時間は，簡単にその床（すなわち，その尺度の底値）に到達するので，条件間の区別ができないのであろう。**床効果**（と，行動の変化が増加的であるときには**天井効果**）は，反応指標の敏感さの欠如か，特定の反応に対する生物学的な制限を反映しているのかもしれない。例えば，ラットはそれ以上の速度で走れないのかもしれない。

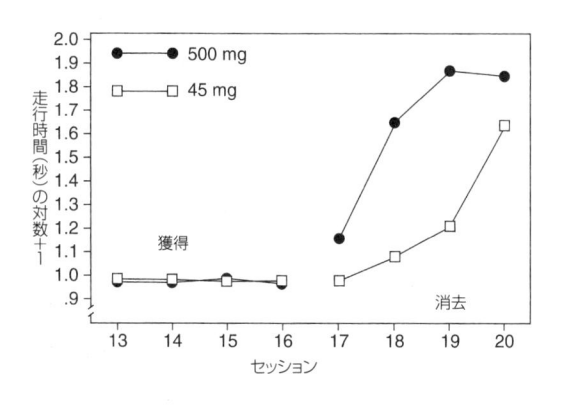

学習と遂行の二分法を支える第3の例は，新しい情報の獲得は，連合強度が**反応閾**を超えたときにだけ，道具的遂行に影響するとの考えに由来する。ラットが，明るいほうのアーム（L+）に進めば強化され，暗いほう（D-）に進めば強化されないT字型迷路での同時視覚弁別課題を考えてみよう。このような実験では，LとDの左右の位置は試行ごとにランダムに変更され，ラットが空間手がかりに頼ることができないようにされる。このような状況下で，ラットはしばしば一貫した選択を示し（例えば，左のアームばかり選ぶ），L+試行は約半数が左にあるので，正答率は50%になる。これは，**位置偏向**と呼ばれる。位置偏向を示したラットは，L+/D-弁別で何を学習するのだろうか？

ランダムなレベルに見える道具的遂行であっても，単純で巧妙な手続きによって，何らかの測定可能な獲得を含んでいるかを見極められる（Spence 1945）。その手続きとは，動物が位置偏向を示しているときに，手がかりの妥当性を逆転すること（この例では，L+/D-からD+/L-へと）である。ランダムな選択が，学習していないことを反映しているならば，逆転してもそれ以上難しくなることはないであろう。しかし，このような逆転を受けたラットは，視覚弁別の進行に顕著な遅滞を示す。この遅滞は，強化子の随伴性について動物が実際には何かを学習していたが，遂行に影響されるほど十分ではなかった（それゆえ，そのような学習は反応閾以下であったと考えられる）ことを意味している。

図13-8　道具的学習における床効果（McCain et al. 1971）。異なる報酬量で直線走路訓練を受けたラットの獲得の最終的な遂行は，非常に類似している。しかし，消去に移行すれば，大報酬で訓練されたラットは，小報酬で訓練されたラットよりも，すばやく道具的反応が消去される。最終的な獲得の行動上の違いは，床効果によって隠されていた。行動の変化が増加するものであるときには，天井効果が観察されることがある。

3.b. 道具的随伴性 道具的条件づけの一般的な定義は，反応とその結果の関係に言及している。これまでの記述では，レバー押しや直線走路の走行などの反応が，例えば，一片の食物などの結果を導くという，最も典型的な事例について述べてきた。多くの状況下では，反応—強化子随伴性は，反応の大きさ，頻度，確率を増加させる。しかし，これらのいずれも，動物の行動に何らかの影響を及ぼす可能性がある，道具的随伴性の1つでしかない。

道具的学習の基本的な随伴性を，より完全な見方にするなら，欲求性と嫌悪性の強化子を区別することと，反応に随伴した強化子を提示するか引き下げるか，という強化過程の特徴によって，分類する必要性がでてくる。これらの側面を反映させたのが，表13-2に示すように，4つの組み合わせからなる2×2の表である。本書では，「欲求性」と「嫌悪性」との用語を，きちんと定義をせずに使ってきたが，ここでは強化子の感情価を特徴づけるための道具的原理として用いることにする。食物や水などの**欲求性の強化子**は，反応の生起の後にそれらが随伴すれば，その道具的行動を維持させる事象と定義づけることができる。それとは対照的に，電気ショックなどの**嫌悪性の強化子**は，ある道具的行動の生起に随伴してそれが除去されるなら，その道具的反応は維持される。おそらく，食物や水，電気ショックなどの事象は，あまり考えなくても欲求性であるか嫌悪性であるかを正しく分類できる。しかし，事象を分類するためのこれらの定義を，先験的にこれらのカテゴリーのうちの1つに置くことはできないと思われる。例えば，オールズとミルナー（Olds & Milner 1954）は，外科手術で脳の深い場所に差し込まれた電極から弱い電流を提示するという強化によって，レバー押し反応がすばやく獲得されることを最初に報告した。そのすぐ後に，脳の他の領域への刺激を止めさせる反応が，その頻度を増加させることもわかった。結局これらの発見は，快楽と苦痛を感じる脳の領域は異なったところにあるという考えにつながった。このような感情の性質を脳の構造に帰属させることは，反応に随伴した脳内刺激に道具的効果があるために可能なのである。

それでは2×2の表を詳細に見てみよう。表の左上のパネルは**正の強化**の事例に対応している。すなわち，ある反応Rの生起は，強化子S^Rの生起と対にされ，反応Rのないところでは，S^Rも提示されない。すでに記述したが，このような随伴性は，必ずではないにしろ，通常その反応のある側面を増加させる。スキナー（Skinner 1935）は，実際にその運動を生成するのに含まれる特定の筋肉の協応というより，むしろそれらが成し遂げられるという機能の点で道具的反応は定義されると述べている。同じように，道具的行動が生起する刺激状況も，まったく複雑でダイナミックである。それゆえスキナーは，道具的学習に関連する刺激と反応は，事象のまとまりとしたほうが，うまく概念化されると提案した。例えば，学習実験における一般的なオペラントであるレバー押し反応は，フィーダーを作動させる電子回路を閉じるための反応のまとまりとして定義される。ラットは前足や鼻や，あるいは偶然尻尾でレバーを押すことで，予定されていた強化を受けとることができる。

実際に自由なふるまいを行なう動物に対する道具的な強化は，少なくとも訓練初期にいくつかの

表13-2 道具的随伴性

	強化子の感情価	
	欲求性	嫌悪性
提示	正の強化子 反応→強化，無反応→非強化 反応増加	罰 反応→強化，無反応→非強化 反応減少
除去	省略訓練 反応→非強化，無反応→強化 反応減少	負の強化 反応→非強化，無反応→強化 反応増加

反応を活性化させる。訓練が進行するにつれて，反応の変動性ははっきりと減少し，消去などで強化の条件が変わったときにだけ，再び変動性が出現する（Antonitis 1951）。道具的強化のもつ反応変動性に対するこの効果は，未成熟な行動から新たな技能を発達させる。それが，**反応形成（シェーピング）** と呼ばれる過程である。ラットをグルグル走り回らせるような訓練において，目標の反応を反応形成するときに実験者は，例えば首をどちらかの方向へ曲げるといった，目標の反応からかなり遠いものに定め，その反応の頻度が増加するまで一貫してそれを強化することがある。ある時点で，実験者はそれまでに強化していた反応を消去し，首を曲げるとともにある程度前進するという新たな反応を分化的に強化するかもしれない。ラットの行動は，徐々に目標反応へと発達するが，それぞれの時点で，一連の反応は強度を増し，次の段階の反応形成へと進めるための前駆的な反応群になる。

正の強化を過度に続けると，非常に定型的なオペラント反応を生成するが，以下の例で示すように，それは反応の変動性を生成するためにも使うことができる。プライアーら（Pryor et al. 1969）は，シワハイルカ（*Steno bredanensis*）に，新たな行動を反応形成なしで生成させることを，食物強化によって訓練した。2人の独立した観察者が，セッションごとに新たな反応があるたびに強化したが，4つもの新しい反応（例えば，空中回転，プールの縁へ乗り上げる，尾で立って水面を移動すること，尾での波上げ）が観察されるセッションもあった。より一般的な実験では，ハト（*Columba livia*）は，左右の2つのキーをどのような系列でもよいので8回つつくことが訓練され，新たな系列でつつくこと（例えば，左左右左―右右右左）を学習した。驚くべきことに，ハトは，強化の基準に関して先行する50系列と異なるときにだけ強化が与えられるという条件を設定した場合でも，新たな反応系列を生成することができる。さらに，同じ頻度で強化を受けていたが，強化系列の新奇性とは独立に強化されていたヨークト・コントロール条件のハトは，実験群よりも有意に低い反応系列を示したのである（Page & Neuringer 1985）。

表13-2の左下の部分は，前章や，先の1.c.においても，古典的条件づけによる反応と道具的反応を区別する重要な手続きとして紹介した省略訓練の事例である。反応が道具的なものであり，かつ，その結果に敏感であるなら，省略訓練は行動を抑制する効果がある。すでに述べたように，古典的条件づけによる反応は，省略随伴性にあまり敏感でないので，たとえその反応の生起が欲求性の強化子を除去することになったとしても，その反応は比較的高頻度で生起する。

同表の右上の部分は罰に対応しており，道具的反応の発生とそれに随伴して提示する嫌悪性の強化子の効果を表している。罰の随伴性は行動を抑制するが，それは非常に特定の条件でのみ有効である。ハト（Azrin & Holz 1966）やラット（Church 1969）の実験は，行動に対する罰の抑制効果を促進させるいくつかの要因を同定するのに貢献してきた。典型的な実験では，最初に欲求性の強化子で反応が形成・維持されてから（例えば，レバー押しが食物で強化される），続いて罰のスケジュールに入れられる（例えば，まさに同じレバー押し反応がここでは電気ショックで罰される）。罰の有効性に影響を及ぼす要因に，罰刺激の強度，反応と罰刺激の時間関係，反応―罰刺激の対提示の頻度などがある。例えば，罰段階の最初から非常に強いショックを与えるのが，最も効果的である。同じように，罰刺激の持続時間が長くなるほど，より強く行動を抑制する。それとは対照的に，罰刺激の強度を徐々に高くすることは，たとえ罰刺激が最終的に高い強度になったとしても，行動を抑制する効果はかなり弱い。遅延した罰と部分的な罰も，行動を抑制する点において，特に効果がない方法である。したがって，効果的な罰とは，非常に有害な刺激を，すべての反応に対して，反応と時間的に接近させて与えることである。罰に関する実験室での実験に対応した自然での状況を考えると，それは，捕食者と被食者が遭遇した場面や，同種個体間でのなわばり争いであろう（Stamps 1998）。

表13-2の最後の欄に対応する事例は，**負の強化**であり，その反応によって嫌悪刺激が除去さ

れるか，あるいは潜在的に与えられるはずの嫌悪刺激を回避できる状況である。そのような反応は，その頻度，確率，振幅のいずれかを増加させる傾向がある。負の強化の2つの主要な例は，逃避条件づけと回避条件づけである。**逃避条件づけ**では反応すれば，動物はその状況ですでに与えられている嫌悪刺激が除去されるか，嫌悪的な状況から逃避できる。**回避条件づけ**では反応することにより，嫌悪的な事象の生起を防ぐか，反応が無いときに生じるはずの事象を防ぐことができる。これらの学習の例は，以下の3.d.で記述される。

　これらの随伴性は，動物に与えられる外的な事象の生起か省略によって定義されることに注意してもらいたい。例えば，正の強化はある反応に随伴して食物を生起させるが，負の強化はある反応に随伴して電気ショックを省略させる。それらに関連する内的な状態も異なる。例えば，食物は飢えによる嫌悪的な状態を取り除くが，痛みは快適な欲求状態を取り除く。しかし，これらの随伴性は，それらに相関した内的な状態によってではなく，外的な事象によって定義される。例えば，ニコチンやコカインのような薬に対する中毒は禁断症状と呼ばれ，薬が除去されたときに嫌悪的な内的状態が発達する。したがって，薬の購買と摂取行動は，結果的に薬物が嫌悪的な内的状態を除去することになるので，それらの行動が道具的に強化されているのかもしれない。これは，正と負の強化のどちらの例であろうか？ここで用いられる基準によれば，強化子は禁断症状（すなわち内的状態）の除去でなく，薬（すなわち外部の事象）なので，これは正の強化の事例に該当する。

3. c. いくつかの基本的な手続きと現象

ソーンダイクの効果の法則（Thorndike 1911）は，行動が強化されると考えられる状況が非常に多くあることを示唆している。これらのいわゆる**強化スケジュール**は，B. F. スキナー（B. F. Skinner）［1904-1990］と他の多くの研究者（例えば，Ferster & Skinner 1957；Skinner 1938）によって詳細に研究されてきた。行動に随伴して強化が生起するか省略される状況は，本質的に何らかのスケジュールとして特徴づけることができる。スキナーは，動物（ラットやハト）がある装置を操作すれば（ラットの場合はレバーを押すことや，ハトの場合では照明されたディスクをつつくことで），自動的に一片の食物が与えられる実験箱に入れて，多くのこのような強化スケジュール下の行動特性を調べた。スキナーの手続きは，動物がセッションのいかなるときでも道具的な反応をすることができたので，**フリーオペラント訓練**として知られている（これは反応の強化が試行中にだけ生起する**離散試行訓練**とは対照的であるが，これまでに述べてきた大部分の実験は離散試行の手続きである）。

　フリーオペラント手続きでは，強化はいくつかの基準にしたがって与えられる。最も基本的な2つのルールは，**連続強化**（すべての反応につき1つの強化子）と，消去（あらゆる反応に対して非強化）であるが，これらの両極端の間には，すべての反応が強化を与えるわけではない，さまざまなスケジュールが存在する。そのために，これらは**部分強化**や**間欠強化**スケジュールといわれる。部分強化は，自発された反応の関数か，時間の関数という，2つの基本的な方法のいずれかでスケジュールされる。表13-3は，最も一般的なスケジュールのいくつかを示したものである。

　これらの強化スケジュールは，自然の状況を模すように設計されている。例えば，時間に基づくスケジュールは，動物が食物資源を消費した後にそれが補充されるまでには時間が必要なことや（例えば花の蜜のように），特定のサイクルにしたがっていること（例えば一日の特定の時間に補食が活発になる）に類似している。反応に基づくスケジュールは，動物が特定の場所で食物を集めている採餌の状況に似ている。高い頻度で反応する（あるいは餌場内で探す）ほど，高率で強化される。動物自身が採餌行動を行なったことによる食物の減損は，強化を得るために必要とされる反応数が1回から，しだいに増加していく（通常，ステップ数は2-4-6-8……と定量）漸進的な比率強化スケジュールによってシミュレートできるだろう。

　強化スケジュールは，行動上にはっきりとした特質をもたらす。FIのスキャロップについて述

べたが（→第12章，1.c.，344-346頁参照），それは固定時隔スケジュールで長期間訓練した後に生じるパターン化した反応分布のことであった。この状況では，一定時間経過後の最初の反応が強化を受ける。強化の直後に，動物は概して強化後休止と呼ばれる反応の抑制を示し，その後に漸進的あるいは急激な高率の反応へと移行する。強化後休止の長さは，時間間隔の長さに比例する傾向がある。**計時過程**（すなわち間隔の長さの推定）が，固定時隔スケジュールへの調整に重要な役割を担っている。固定時隔スケジュールでは，一定の間隔が経過するまで反応しない被験体が最も高精度の時間制御を代表しており，一定の率で反応し続ける被験体は最も鈍いものといえる。ルジューヌとワーデン（Lejeune & Wearden 1991）は，哺乳類（例えば，ラット，ノネズミ，ネコ，サル）の時間制御は最も高精度だが，哺乳類以外の種（例えばイエバト，ドバト，カメ，テラピア）では時間制御があまり優れていないことを見出した。しかし，FIのスキャロップ・パターンはすべての種において得られた。

表13-3で示される単純なスケジュールを，複雑な強化スケジュールとして組み合わせることもできる。例えば，それぞれが独自の弁別刺激を持つスケジュールを，同時か（並列スケジュールと呼ばれる），継時的（多元スケジュールと呼ばれる）に配置することで，弁別学習の研究をすることができる。反応連鎖の形成と維持は，最後の要素が満たされた後にだけ食物の強化が与えられる，それぞれが独自の弁別刺激を持った単純なスケジュールを系列的に組み合わせることで調べることができる。これらは，連鎖スケジュールと呼ばれる。

反応の生起と強化子の提示までの時間関係は，道具的学習が生起するための強力な決定要素である。この時間関係について言及した**強化遅延勾配**は，さまざまな手続きで研究されてきた。例えば，グライス（Grice 1948）は，T字形の迷路で，ラットに明るさの同時弁別課題を訓練した。選択した後に，動物はさまざまな長さの時間で保留された。その結果，非常に急峻な勾配が示された。0.5秒以上遅延されれば，選択の遂行は顕著に悪化した。類似の効果は，ラットにフリーオペラントのレバー押しをさせる状況や（Dickinson et al. 1992），他の多くの状況でも示されている。絶対値は訓練状況によって異なるが，すでにCS-USの遅延関数で示したように（→図13-3，384頁参照），強化までの遅延が長くなるほど道具的反応の獲得が遅れる傾向がある。

しかし，強化が道具的反応を強めさせるための，そのような時間的遅延を穴埋めできる方法が多くある。1つの手続きは，遅延期間中に生じる競合

表13-3 反応と時間に依存した単純な強化スケジュールのいくつかの例

スケジュール	略記	定義	行動の主たる結果
固定比率	FR	'x'回の反応に対して強化が与えられる。'x'は常に一定の値	強化後休止があり，その後に高率の反応が続く
変動比率	VR	'x'回の反応に対して強化が与えられる。'x'はサイクルごとに変動する	安定した高率の反応
高反応率分化強化	DRH	先の反応から一定時間以内に別の反応が生じれば強化される	高率の反応
低反応率分化強化	DRL	先の反応から一定時間以降に別の反応が生じれば強化される	低率の反応
他行動分化強化（省略訓練）	DRO	一定時間以内に生起しなかった反応を行なえば強化される	反応抑制
累進比率	PR	'x'回の反応に対して強化が与えられる。'x'は定められた値にしたがって増加していく	食物資源の減耗を模すために使用される
固定時隔	FI	一定時間経過した後の反応に対して強化が与えられる	強化後休止があり，その後に反応率が漸進的に高くなる（FIのスキャロップと呼ばれる）
変動時隔	VI	変動する時間経過後の反応に対して強化が与えられる	安定した中程度の反応率
固定時，変動時	FT, VT	反応を必要としないことを除けば（つまりパブロフ型）FIとVIと同じ	強化子の配分に対する統制として用いられる
累進時隔	PI	時間間隔に基づいていることを除けばPRと同じ	反応とは独立の減損

的な反応の生起を制限することである。ある実験では，かなりの探索活動ができる大きな箱で保留されたラットに比べ，小さい箱で長い遅延時間保留されたラットのほうが早く学習した（Spence 1956）。第2の手続きは，遅延間隔中に強化に対する信号を提示することである。これらの信号は，二次強化子として機能する。例えば，ラットが正答したときの遅延中にだけ音が提示された3秒や6秒の遅延での獲得のほうが，音が提示されなかった条件や，正答と誤答のどちらにもそれが提示された条件よりも優れる（Williams 1991）。つまり，正しい選択をした後に音を提示することは，強化までの間に，その選択反応に対してパブロフ型の二次強化特性を与えることになる。強化の遅延を穴埋めする第3の方法は，選択が行なわれた直後と，その試行での強化が与えられる直前の両方で，刺激の変化を導入すること（**マーキング刺激**といわれる）である。ある実験で（Lieberman et al. 1979），ラットが遅延区画に入った直後と，解放されてゴール箱へ入る直前に，強い光刺激が一瞬提示された。これは，その刺激が二次強化子となる可能性を減らすため，正しい選択だけでなく誤った反応の後にも行なわれた。このマーキングの手続きで，反応と強化子までの遅延時間が60秒でも，90％を超える弁別の正答率を得ることができた。

道具的反応と強化子の間の時間が単に接近しているだけでも，行動に強力な影響を及ぼす。有名な実験で，スキナー（Skinner 1948）は，2，3羽のハトを15秒の固定時スケジュールに入れたまま放置しておいた。つまり，ハトの行動とは関係なく，15秒ごとに食物が与えられた。これらの条件で数時間経った後に，ハトは独特な反応を示していた。あるハトは時計の反対回りに回っており，他のものは頭を部屋の上の隅のほうに突きだしており，頭を垂直に動かしているハトもいた。スキナーは，動物がたまたま独特な行動を遂行したときに偶然食物が提示されたので，その行動を強めることになり，それがまた次の強化のときにその反応が生起している可能性が高まり，比較的複雑な活動を自発的に反応形成することになったと述べている。このような反応は，**迷信行動**と呼ばれる。

スキナー（Skinner 1948）が行なったような方法で，偶然の強化が行動に測定可能な効果をもたらすことは疑いの余地はない。しかし，後に同様の手続きで行なった実験では，迷信行動であるというわりには特異的な反応は多くなかった。ハトを用いたある研究で，スタッドンとジンメルハーグ（Staddon & Simmelhag 1971）は，同じように固定時強化スケジュールを用いて，強化間隔中の行動を詳細に観察し，それらをいくつかのカテゴリーに分類した。彼らは，その間隔中の異なる時間に頻度が増加する2組の反応を見つけた。**終端反応**と呼ばれる反応は，その間隔の終わりの，食物の提示の前にピークに達し，それにはゴール・トラッキングや食物カップをつつくなどの活動を含んでいた。**中間反応**といわれる反応は，前回の食物提示後の，間隔中の最初のほうに見られ，食物カップの側から遠ざかったり，床をつつくなどの行動を含んでいた。ハトは，強化間隔の最初のほうでは，決して食物が提示されないことを学習したので，中間反応は食物省略の信号によって誘発されているのかもしれない。すでに報酬の省略の信号によって後退反応が誘発されると述べた（2.d. 参照）。1つの可能性は，中間反応は食物の涸渇に直面した動物の採餌行動の自然なものであり，終端反応はその動物が食物を処理するレパートリーの一部である，というものである（Timberlake & Lucas 1985）。迷信行動の実験は，行動を反応形成する際の古典的条件づけの随伴性と道具的随伴性の間の相互関係に注目させることに貢献してきた。結果としての行動の変化はある程度統合されており，個々の反応はその動物が強化子を扱うための**行動システム**の一部（例えば，ここで記述している例では採餌行動）として記述できるだろう。

3．d． 逃避学習と回避学習 最初に逃避学習と回避学習を網羅的に研究したのは，ロシアの心理学者ウラジミール・ベヒテレフ（Vladimir Bekhterev）[1857-1927]であった。典型的な訓練設定でイヌは，光と足に取り付けられた電極から電気ショックを対提示された。ショックに対す

る反応は足の屈曲で，ひとたび条件づけが生起すれば，その反応は光に対しても生じた。同じように，指の屈曲が回避反応である状況で，ヒトの被験者にも訓練が行なわれた。ベヒテレフは自分の手続きを，パブロフの唾液反応の古典的条件づけと同じものだと考えたが，彼の手続きには明らかに反応に依存した道具的な要素が含まれていた。足や指の屈曲反応によって，ショックから逃避できるか，信号の提示中にその反応が生起すればショックを回避できた。

逃避—回避学習を研究するために，いくつかの手続きが用いられる。ベヒテレフによって用いられた技法は，ショックの回避が反応の生起に依存しているので，**能動的回避**の手続きと呼ばれる。ショックの回避を特定の反応の省略に依存させることも可能で，その手続きは**受動的回避**と呼ばれる。例えば，黒い区画でショックを与えられた動物が，次に隣の白い区画へ置かれ，黒い区画へ移動するまでの時間が測定される。ショックを受けた動物は，区画を渡るまでに長い時間を要するか，あるいはその黒い区画にはまったく入らなくなる。離散試行とフリーオペラントの手続きの区別は，回避訓練にも適用できる。離散試行の手続きでは，明確な弁別刺激がショックの提示に先行するので，弁別刺激中の回避反応の生起は，その弁別刺激を止めてさらにショックを回避できる。フリーオペラントの回避訓練では，明確な弁別刺激は存在しない。動物は，もし特定の反応をしなければ，決められた時間間隔で電気ショックを受けるが，反応をすればある程度の時間ショックを遅延できる（Sidman 1953）。適切なパラメータを用いれば，このいわゆる**シドマン型回避訓練**で安定した率の反応が得られる。これはしばしば回避学習に関するさまざまな操作の効果を測定するためのベースラインとして使用される。

回避学習にパブロフ型と道具的随伴性がどの程度寄与しているかが，マスター・ヨークト・デザインを用いて研究されてきた。これらの条件では，マスターの動物は道具的処置を受けるが，ヨークトの動物は，強化の頻度と分布がマスターと等しくされたパブロフ型の処置を受ける。純粋なパブロフ型の状況として回避課題を分析すれば，マスターの動物が反応を失敗した試行はCS–USの対提示で，その動物が反応した試行はCSのみの試行になる。したがって，回避訓練は部分強化を含んでいると考えられる。これは，まさに反応随伴性のない（マスター群には存在するが）ヨークト群が受けるものである。さまざまな種（例えば，ラットやキンギョ）や反応（例えば，回転かごの走行，障壁の上を泳いで渡る）で，この実験計画法を用いた多くの実験は，パブロフ型の随伴性は，ある程度の行動を維持するが，反応に依存した道具的随伴性を付加すれば，遂行はさらに高い水準になることを示している。ある実験（Overmier & Papini 1986）では，マスターとヨークトのペアのキンギョ（*Carassius auratus*）は，それぞれ，中央を障壁で2つの区画に分けられた水槽に入れられた。この障壁の両側の光電管によって，各試行において動物がどちらにいるかが検出された。マスターのキンギョは回避反応（水槽の片側の区画から障壁の上を泳いで他方の区画へ移動する）をすばやく獲得し，ショックを与えられる機会の約80%を防いだ。それとは対照的に，ヨークトのキンギョは，試行の約15%だけしか反応しなかった。

回避学習は，結局その状況からショックを除去することに完全に依存していることに注意してもらいたい。では，存在しないその事象（この場合は電気ショック）が，どのように学習に関与しているのだろうか？1つの可能性として，回避反応はショックの省略ではなく，弁別刺激によって誘発された内的な嫌悪状態の軽減によって強化されている，と考えることができる（Mowrer 1947）。回避反応がなかった試行で，動物はパブロフ型の対提示を受けるため，弁別刺激がショックの信号として作用するようになるので，恐怖条件づけが発達する。その後，回避反応が弁別刺激を排除するので恐怖が軽減され，反応はそのような恐怖の軽減によって道具的に強化される。マウラーの理論は，**二過程説**による説明の一例である。そこでは，学習された行動はパブロフ型と道具的メカニズムが協応することによると説明される。この場合では，パブロフ型の過程によって弁別刺激に対する恐怖が獲得され，道具的過程によって

恐怖の軽減が回避反応を強化する。

いくつかの要因が、回避条件づけの獲得過程に影響を及ぼしている。先に記述した実験は、恐怖の軽減が強化する力を有していることを示している（McAllister et al. 1974）。その実験の最初の段階で、動物は箱に入れられ、そこで音とショックの対提示を受けた。第2段階で、動物は再び音に曝されたが、今度は逃避できる区画があった（この第2段階ではショックは与えられなかった）。音からの逃避は一定の状況下ではすばやく獲得されるので、恐怖の源泉を取り除く反応が道具的に強化されたことが示唆される。また、たとえショックを実際に停止させたとしても、その反応によってただちに弁別刺激を停止しなければ、回避は非常に阻害される（Kamin 1956）。実際、反応の生起と弁別刺激の停止までの間隔が長くなれば、典型的な強化遅延の勾配が観察される（Kamin 1957）。

また回避学習は、前もって逃避不可能なショックを受けることによっても阻害される。この現象は**学習性無力感**と呼ばれている（Overmier & Seligman 1967）。典型的な学習性無力感の実験では、3つの群で構成され、それぞれが連続する2段階の訓練を受ける。すべての群は、第2段階で同じ逃避—回避訓練の処置を受ける。しかし第1段階の処置が異なる。2つの群が、マスターとヨークトの比較に用いられ、この場合はヨークト群がターゲットの手続きとなる。マスターとヨークト群は、ショックの数と分布の点で等しくされるが、反応随伴性の点で異なる。マスター群の動物は、一般的な逃避条件づけの状況で訓練されるが、ヨークト群の動物にとっての状況は、完全にパブロフ型である。通常、反応と装置は、第2段階のものとは異なっており、そのために学習性無力感は状況を超えて転移する現象として特徴づけられる。第3の群は、ショックが与えられないということを除けば、マスターとヨークト群と同じ処置を受ける。したがって、このショックを受けない統制群は、処置を受けていない動物が、第2段階の状況においてどの程度の回避学習を示すかという情報を与えてくれる。

この実験での典型的な結果は、マスターとショックを受けない群がおよそ同じ速度で回避反応を獲得し、いずれもヨークト群の動物よりも有意に成績が良いというものである。したがって、学習性無力感は痛みを伴うショックに曝されたことそのものによるのではない。なぜならば、マスター群の動物を、ショックを受けなかった統制群と比べれば、ほとんど、あるいはまったく獲得が阻害されないからである。むしろそれは、逃避不可能な痛みを伴う刺激に曝されたことに対する結果なのである。マスター・ヨークト・デザインが示すように、動物がショックを統制できる能力、つまり**対処可能性**と呼ばれる能力が重要なのである。

学習性無力感の実験における最初の段階は、導入段階ともいわれ、研究者に広範囲な行動的生理的結果を提供している。無力感そのものは、さまざまな機能の損失を含んでいるようである（Maier & Jackson 1979）。例えば、逃避不可能なショックに接した経験は、動物にみずからの行動は嫌悪刺激に関連しないとの学習をさせるかもしれない。そのような学習は、その後の嫌悪刺激が含まれる状況での積極的な対処をあきらめさせるかもしれないので、この現象に「無力感」というラベルが与えられる。また導入段階は、一般的な活動レベルを減少させ、動物が新しい状況に対処することを困難にさせるのかもしれない。そのような活動性の減退は、ある状況では重要かもしれないが、学習性無力感はそのことだけでは説明できない。なぜならば、反応を抑制するような状況（例えば、第2段階での受動的回避訓練）や、運動負荷が等しいと考えられる他の反応を行なう状況（例えば、選択状況）でも生じるからである。また導入段階は注意も欠如させ、動物がみずからの反応を弁別することを困難にするようである。外受容的な刺激によって、その行動を目立たせることで反応の弁別性を増すと、学習性無力感が完全に除去されることもある。それとは別に、対処不能なショックへ曝されることは、必ずしも動物は姿勢を調整して少しでもショックの強さを弱めることさえできない、ということを、意味しているのではない。学習性無力感は、導入段階中にショックによって誘発される痛みを軽減させる（したがっ

て，道具的に強化される）反応の獲得の結果として生じるのかもしれない。そして，そのような反応は，第2段階で必要とされる反応とまともに競合する。ある実験で（Balleine & Job 1991），比較的長い時間動かないでいることが求められた条件では，ショックから逃避するために動かずにいることが明示的に反応形成されたラットは，統制条件のヨークト群のラットよりもさらに遂行が阻害された（つまり，無力感効果と逆である）。

罰の事例で示したように（3.b.参照），電気ショックのような嫌悪刺激は，捕食者や同種他個体の攻撃的な行動などの，自然な状況で遭遇するかもしれない経験を再現している。ある実験では，逃避不可能ショックが与えられたヨークト群のラット（Y）が，その後に侵入者として同種の集団に入れられた（Williams & Lierle 1986）。図13-9で示されるように，逃避可能なショックを受けていたマスター群（M）やショックを受けずに拘束されていた群（R）に比べて，ヨークト群の動物は，集団のオスによってより多くの敗北を経験させられ，攻撃的な接触でより多く噛まれた。通常の回避訓練の場合のように，逃避不可能訓練の前に逃避可能なショックの訓練を与えることで，これらの侵入者が集団のオスによって負かされる頻度が減少した。逃避不可能なショックの訓練によって無力感をあまり般化させない，このような処置は免疫化と呼ばれている。さらに，攻撃的な集団のオスによって何度も負かされることは，逃避訓練をも阻害させる。ウィリアムズとリール（Williams & Lierle 1988）は，何群かのオスのラットを，階層ができあがった攻撃的な集団と攻撃的でない集団に入れた。ある例では，攻撃的な個体によって何度も負かされた侵入者は（約25回の対峙手続きが行なわれた），同じように集団に曝された負かされた経験のない個体よりも，より多くの守勢の行動を示し，体重増加も少なかった。続く逃避訓練で，足下のショックから逃避するために障壁を飛び越えて往復しなければならないときに，負かされたことのない個体に比べ，負かされた経験のある動物の遂行は劣った。したがって，攻撃的な対峙手続きにおける敗北は，逃避不可能ショックを受けたことと同じ結果を生じさせる。

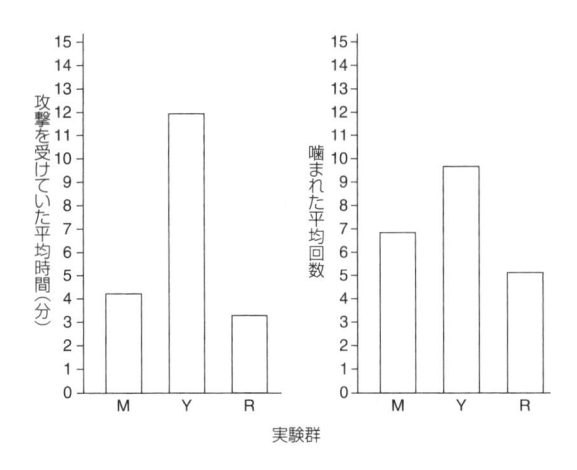

図 13-9 ラットの闘争行動における逃避不可能ショックの効果（Williams & Lierle 1986）。ラットは，マスター・ヨークト・デザインにしたがって，逃避可能（マスターラット，M）か逃避不可能（ヨークトラット，Y）かのいずれかの前処置を受けた。もう1つの統制群は，拘束はされたが，ショックは受けなかった（R）。続いてこれらのすべてのオスは，侵入者として攻撃的な集団に入れられた。逃避不可能ショック（Y）に曝されることで，他の2つの統制条件よりも，より多くのレベルの従順行動を生じさせた。

4. 連合学習の普遍性

4. a．状況の普遍性 ある特定の現象を条件づけの例として分類することには，どのような有用性があるだろうか？条件づけの例として分類されるということは，その現象が，条件づけ過程の最も典型的な，あるいはすべてのよく知られた性質を備えてなければならないことを意味している。

別の言い方をすれば、条件づけの例として分類することによって、新しい発見や、理論上の統合、臨床的な介入につながるかもしれないので、そういう意味で知識の源となる。本章やこれまでの章で記述したいくつかの条件づけの設定を考えてみよう（表13-4）。それらの設定は、訓練を行なう刺激条件の感覚様相や、強化子の種類、反応の種類などの点で異なっている。ここでの関心は、表13-4に記述したような典型的なものとは、刺激や強化子や反応が異なる状況でも、同じ種類の条件づけ現象が観察されるかどうか、ということである。ここでは、古典的条件づけの実験から導き出される例に焦点を当てるが、ここでの議論の中心にあるものは、連合学習全般に適用可能である。では、条件づけが生じる刺激条件から考えることにする。

実験室の状況で研究される典型的な条件づけの事態では、多様な視覚や聴覚刺激が、CSや弁別刺激として用いられる。これらの刺激は、操作が簡単で、正確な用語で定義できる。しかし条件づけは、もっと明瞭性の少ない刺激によっても維持することができる。内受容的刺激を考えてみよう。それは、視覚や聴覚の手がかりのように外受容ではなく、内的に発するある種の刺激である。例えば、食物剥奪によって生じるレベルの異なる手がかりを、ショックに対するパブロフ型のCSとして、ラットに訓練することができる。ある実験では（Davidson et al. 1992）、2群のラットは0時間か、24時間の食物剥奪の後に、実験箱に入れられた。一方の群では、0時間の剥奪状態がショックと対にされ、24時間の剥奪状態ではショックは与えられなかった（すなわち、0＋/24－）。他方の群では、条件が逆にされた（すなわち、24＋/0－）。それぞれの試行を3回ずつ経験した後に、消去セッションでラットの凍結行動（例えば、ラットが動かずにとどまっていることや、床にうずくまる）が測定された。消去セッション中の凍結行動は、0＋/24－群では、動物が食物剥奪されていないときに多かったが、対照的に24＋/0－群では、食物剥奪の翌日に凍結行動の水準が高かった。薬物も、パブロフ型や道具的訓練の状況において、CSや弁別刺激としての内的手がかりとして用いられる（Riley 1997）。例えばラットが、モルヒネを投与された後にCS-USを受け、生理食塩水を投与された後にはCS単独の試行を受ければ、モルヒネが投与されたときにだけ急速にCRが発達する。薬物弁別の研究においても、ラットが異なる薬物によって引き起こされた手がかりの違いを区別する能力を持っていることが示されている。例えば、モルヒネで訓練されたラットは、類似した同じオピオイド系の薬物には反応するが、非オピオイド系の化合物には反応しないかもしれない。

これまでに、表13-4のリストに示したような一般的なものとは異なる強化子を含んだ実験を解説してきた。それらの例として、魚類、鳥類、

表13-4 本章とこれまでの章で記述した主要な条件づけの設定

設定	CS	US	CR	種
(1)古典的条件づけ				
唾液条件づけ	視覚、触覚	食物	唾液の滴下	イヌ
オートシェーピング	視覚	食物	キーつつき	ハト
欲求性の訓練	視覚、触覚	食物	さまざまな反応カテゴリー	ラット
ゴール・トラッキング	視覚、触覚	食物	食物箱への差込	ラット
眼瞼条件づけ	視覚、触覚、聴覚	空気の吹きつけ、ショック	予期的な眼瞼の閉鎖	ウサギ
条件性抑制	視覚、聴覚	ショック	レバー押し行動や摂水行動の抑制	ラット
恐怖条件づけ	音、文脈	ショック	凍結行動、選好テスト	ラット
味覚嫌悪	風味	毒物	風味の摂取	ラット

設定	弁別刺激	強化子	反応	種
(2)道具的条件づけ				
直線走路	空間的手がかり	食物	潜時	ラット
T字迷路	空間、視覚	食物	正答率	ラット
スキナーボックス	視覚、聴覚	食物	レバー押し行動、キーつつき	ラット、ハト
シャトルボックス訓練	視覚、聴覚	ショック	ショックを逃避、あるいは回避するまでの潜時	ラット、キンギョ

霊長類における社会的相互作用（→第5章, 1.b., 99-100頁参照），ヒナに対する熱源のような強化子（→第11章, 2.g., 333-335頁参照），刻印づけ刺激（→第12章, 1.c., 344-346頁参照）などがあった。あまり一般的ではない刺激を強化子として使用したあまたの研究の中でも，おそらく最も詳細に一連の研究が行なわれているのは，ニホンウズラ（*Coturnix japonica*）の**性的強化**を用いたものであろう。ウズラは，高頻度で交尾を行なう一夫多妻性の鳥類である。オスとメスのウズラにおける性的行動のパブロフ型条件づけは，詳細に調べられてきた（Domjan 1998）。典型的な実験では，性的に受容的なメスが放され，オスはそれと交尾できること（US）が，視覚刺激（CS）と対提示されるという試行を経験する。統制群は，CSとUSを非対提示の形で受ける。条件づけは，ゴール・トラッキング行動として評定される。つまり，メスが放たれた場所へ最も近く接近することである。このような手続きを用いて，性的条件づけでは，CS-US間隔の勾配，二次条件づけ，ブロッキングなどの，より一般的な設定ですでに示された性質のいくつかが見られて

いる。例えば，ゴール・トラッキング反応は，CS-US間隔が30秒のときに最大強度となり，1200秒にかけてしだいに弱くなる（Akins et al. 1994）。しかし，CS-US間隔が長くなるほど，一般的な探索反応が多くなる。より一般的な設定での場合と同様に，ある反応の欠如が性的条件づけの欠如を意味すると仮定するのは誤りである。

剥製の模型を用いた実験からは，オスは単なるメスの提示だけで，性的反応を発達させる傾向がある可能性が示唆されている。この傾向は，古典的条件づけ以外の過程がウズラの性的行動の機構に関与していることを示している。メスの頭と首が大まかな体形にくっついた剥製の模型を提示した場合には（図13-10），頭や首の領域を欠いた剥製に比べて，特に効果がある。そのような模型が，本物のメスとの交尾経験と対にされると（すなわち，CSとして使用される），その模型に向けられる交尾反応（すなわちCR）の強度は，さらに増加する。写実的な模型へ性的な反応を発達させるこのような傾向は，ブロッキングのパラダイムでも立証されている（Köksal et al. 1994）。すでに述べたように，付加された手がかりが頭と首を

図13-10 オスのニホンウズラ（*Coturnix japonica*）は，単に模型が提示されただけで性的行動を発達させる。効果的な模型は剥製の頭や首の部分をもつものである。これらの模型はブロッキング効果を覆すほどのおそろしく効果的なCSとしても機能する（Michael Domjan氏の厚意による写真）。

もった剥製の模型でないときには，この性的な条件づけの設定でブロッキングが観察される。オスのウズラは，第1段階で視聴覚手がかり（CS）と受容的なメスとの交尾（US）の対提示を受けた。第2段階で，視聴覚CSは剥製の模型と複合にされて，再びUSと対にされた。模型だけをときおり提示する試行で，接近行動の量を見ると，第1段階でCS単独，US単独，何も与えられなかった，それぞれの統制条件と同程度に観察されたのである。

パブロフやソーンダイクの時代から，連合過程は，骨格筋反応（例えば，迷路での走行）と同様に，腺分泌（例えば，唾液分泌）に影響を及ぼすことが知られている。条件づけ手続きは，実際いろいろな反応に影響を及ぼすが，それらのすべてが同時に変化するわけではなく，また他のものよりも良い指標というものも存在しない。おそらくそのことは，ゼナー（Zener 1937）によって，最初に証明された。彼は，ハーネスを着けたイヌでパブロフの実験を追試したが，そこでのイヌは実験室内を自由に歩けた。ゼナーによる自由に動き回れる設定でも，CSの位置や（サイン・トラッキング）や食物が与えられるはずの場所（ゴール・トラッキング）への定位反応といった，多くの型のCRがはっきりと観察できた。いくつかの反応が同時に記録される実験では，しばしばいくつかの行動変化が同期することがある。しかし，かなりの回数の対提示によってあるCRが変化する前に，先に別のCRが変化することもある。例えば，ウサギの眼瞼条件づけでは，予期的な眼瞼反応を発達させるのに数十試行必要だが，その動物は，ほんの少数回の対提示で心拍の変化を示す（Schneiderman 1972）。さらに条件づけの効果は，反応システムに依存して大きく変わることがある。眼瞼の条件反応は，CS-US間隔が0.25〜1秒が最適なのに対し，心拍の条件反応は行動指標に依存するので，CS-US間隔が約7秒のときに最適である（同様の効果は，先に述べた性的条件づけでも報告されている。Atkins et al. 1994）。同期的に変化する行動でも，根本では異なる過程に従っている可能性もあり，図13-1に示したように（→381頁参照），あるものは省略随伴性に敏感であるが（つまり，道具的），他のものはそうではないかもしれない（つまり，パブロフ型）。

古典的条件づけは，神経系—免疫系の相互作用，つまり免疫系に対する神経過程の影響の理解にも貢献している。免疫系には，微生物の侵入を保護するために進化した一連の器官と機能が含まれる。ある実験で，マウスはサッカリン溶液（CS）を飲んだ後に，薬物のサイクロフォスファミド（US）の注射が与えられる，風味嫌悪訓練を受けた。この薬物は，胃腸内の不快感を誘発するなどのいくつかの効果を引き起こすので，実験者は，これで風味—嫌悪の実験ができると考えた。しかし，対提示の処置を受けたマウスは，予想外の高率で死亡した。追試研究で，サイクロフォスファミドは免疫に対する無条件性の抑制効果があり，これがサッカリンに対してCRとして条件づけられたことがわかった（Ader & Cohen 1982）。この効果は，条件づけられた動物に抗原を与えて，抗体が生成される免疫系の能力を測定することで観察できる。しかしある条件下では，パブロフ型の対提示は，免疫系の機能を促進することもある。例えば，明瞭な視覚と聴覚の手がかり（味覚刺激ではない）のもとでサイクロフォスファミドが与えられたマウスは，後にヒツジの赤血球で検査されたときに，条件づけられた環境手がかりのもとで，非対提示，生理食塩水，CS非提示，の統制群に比べ，多くの抗体を生成した（Krank & MacQueen 1988）。パブロフ型のCSが免疫系の機能を抑制したり促進するこの現象は**条件性免疫調整**として知られる。

古典的条件づけは，アレルギーの発達を調整することもある。アレルギーに対する条件づけの役割は，バラに対するアレルギーのある患者が，人工のバラを提示されたときにも症状を示すという医学的な報告から示唆される。ラット（MacQueen et al. 1989）とヒト（Gauci et al. 1994）のいずれの実験も，アレルギー反応を誘発させる物質と対提示された外受容的な手がかりは，類似の細胞反応を誘発する能力を獲得することを示唆している。身体のさまざまな領域にある肥満細胞（マスト細胞）は，アレルギーを起こす物質（US）

に反応して特定の酵素（UR）を放出する。そのようなアレルギーを起こす物質と対にされるCSは，同じ酵素（CR）を発散させる能力を獲得できるので，肥満細胞の機能に対して神経的な制御が及ぶことが示唆される。

例えば，ヘロイン，コカイン，アルコールなどの多くの乱用薬物の度重なる投与は，節制期間後に，禁断症状を発達させる。しばしば禁断症状には，再発を促す嫌悪的な内的感情が含まれる。ヒトとヒト以外の動物での多くの実験は，以前それらの薬物を摂取していたときに存在していた手がかりに曝されると，禁断症状や再発が生じることを報告している。定期的に薬物を投与されることの付随的な結果として，薬物に対する耐性が発達する。最初は比較的少量の投与で生じていた効果はしだいに効果が薄れてくるので，増量するようになるが，投与量が増加すれば，耐性が生じてくる。ある薬物の投与前や最中に存在していた刺激は，禁断症状や再発を引き起こすことにつながる，その薬物への渇望，耐性，などの反応の制御を獲得する。

図13-11は，モルヒネなどの薬物投与の効果に対する耐性の発達についてのパブロフ型条件づけによる分析を示している（Siegel 1999）。耐性が**補償反応**の発達に基づいていることに気づいただろうか。例えば，モルヒネの無条件性の作用である鎮痛は，その鎮痛性のUSを相殺する痛覚過敏反応に重ね合わせられることで，耐性が生じる。この補償反応は，薬物によって直接引き出されるURであり，またUSに先行あるいは同時に存在する信号によって引き出されるCRの両方なのである。痛覚過敏を測定するために，いくつかのテストが考案された。例えば，ラットの足を熱いプレートの上に置いて，それから足を引っ込めてなめるまでの時間が，痛みの知覚の指標として記録される。この足をなめるまでの時間が短くなるほど，痛覚過敏が強くなる（すなわち，ラットによって経験される痛みが早くなる）。そのような手続きを用いて，ジーゲルら（Siegel et al. 1978）は，モルヒネの耐性が条件性の痛覚過敏反応を引き起こすことを証明した。モルヒネを注射せずに文脈だけが提示される一連のテストセッションで，先にその文脈でモルヒネが注射されていたラットは，文脈とモルヒネが非対提示の形式で与えられたラットに比べて，より短い潜時で足をなめたので，痛覚過敏がより強かったことになる。補償反応の役割を劇的に示した研究では（Siegel et al. 1982），ラットは多数の試行で条件づけ文脈と比較的多量のヘロインが対提示されて，耐性が形成された。続くテストでは，最後に投与されていた量のヘロイン（ラットが耐性を形成していた）を与えられたところ，既知の文脈でテストされたラットに比べて，新しい文脈で与えられたラットのかなり多くが死んだ。既知の文脈によって誘発

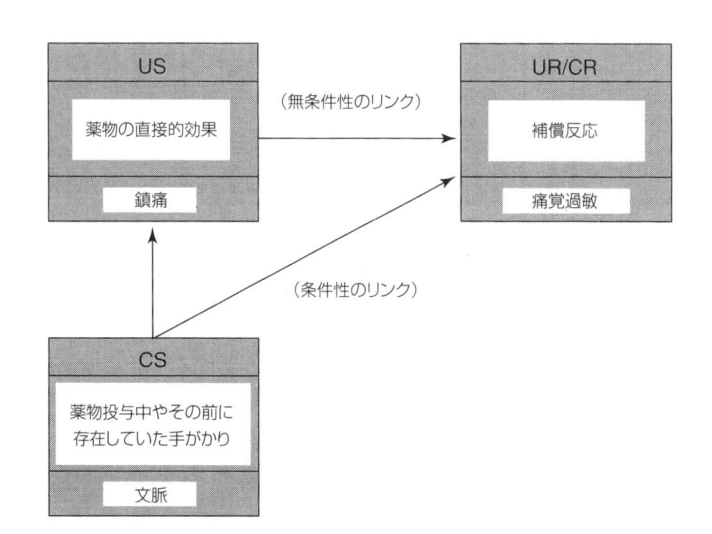

図13-11　ジーゲル（Siegel 1999）に基づく，モルヒネの鎮痛性作用の耐性の発達に関するパブロフ型モデル。

されるはずの条件性補償反応の「恩恵」が無かったので，新奇な状況でテストされたラットは，ヘロインの致死作用に対する感受性が強くなっていたのである。

この節で検討した事例は，広範囲にわたる刺激条件，強化子，反応システムを超えての，古典的条件づけの普遍性を示している。類似の普遍性は，道具的条件づけの研究においても見られる。このような適用性の広さにもかかわらず，連合学習の過程が，すべての考え得る状況に適用できるというわけではない。行動を修正する条件づけ技法の限界のいくつかは，第14章で検討する。次に，条件づけ過程における種の普遍性の問題について考えてみよう。

4．b．種の普遍性　条件づけに関する初期の実験では，家畜化した種を使っていた。パブロフはイヌを，ソーンダイクはネコを用いた。これらの動物は，すぐにラットとハトに取って代わり，それ以降，それらの動物は最も一般的な実験モデルであり続けている。サル，ウサギ，マウス，ウズラ，キンギョなどの種は，比較的使用されることが少ないが，さらに多くの他の種も，学習実験のモデルとしてしばしば使用されている。この章で記述される条件づけ現象の多くは，爬虫類，両生類，魚類などの下等脊椎動物の実験で，繰り返し確認されてきた（概説として，Macphail 1982を参照）。実際，一連の基本的なパブロフ型と道具的条件づけの現象は，無脊椎動物のいくつかの門でも報告されている。おそらく多種多様な種に共通で，進化の中で強く保護され残った，限られた細胞と分子のメカニズムの結果によって，連合学習過程の驚くべき普遍性が見られるのだろう。

条件づけは，さまざまな無脊椎動物において研究されてきたが，基本的な操作を超えての学習能力の行動的な分析は，ほとんど行なわれていない。一般に，無脊椎動物の主たる魅力は，学習に関連する細胞を研究対象にできる，比較的単純な神経系である。しかしこの節では，行動上の証拠に焦点を当てる。現生の動物の多くの門は，およそ5億4千万年前の初期のカンブリア紀時代の化石の動物相で現れたが，いくつかの綱はカンブリア紀の動物相よりも数億万年早く出現したと考えられる。したがって，独立した動物の門に進化するには，かなりの時間が要した。さらに，現生の動物の共通の祖先は，実際に非常に単純な有機体であるに違いない。

一般的に，イソギンチャク，サンゴ，クラゲ（**刺胞動物**）は，中枢神経系と末梢神経系の明瞭な区別がなく，神経網が拡散しており，すべての動物の中でも最も単純な神経系を有していると考えられている。それでも，刺胞動物門の神経細胞は，哺乳類を含む他の動物の研究でよく知られている生理的な性質の多くを示し，非連合的な学習の証拠も示されている（→第7章，1.b.，176-179頁参照）。しかしこれらの動物には，古典的条件づけや道具的学習の証拠はない。おそらく最も単純な現生の左右相称動物であるプラナリア（扁形動物門；Thompson & McConnell 1955）の古典的条件づけの研究に関しても，多くの論争があった。この問題は，プラナリアの分類上の位置を考えると進化の上では非常に重要であるが，これらの生物に連合学習が可能かどうかの問題は未解決のままである。条件づけの確かな証拠は，少数の門の種から報告されている。それらは，センチュウ（線形動物門），有節虫類（環形動物門），腹足類と頭足類（軟体動物門），昆虫と甲殻類（節足動物門）である。実質的には，大多数の無脊椎動物の門に関する情報が欠落している（→動物の門を再検討するために，表7-1，175頁参照）。

センチュウ *Caenorhabditis elegans* では，欲求性と嫌悪性の古典的条件づけが見られる。欲求性の課題では，食塩溶液（CS）が食物（**大腸菌**，US）を食べる機会と対にされた。次のテストで，センチュウはCS溶液が付けられた場所を好んだ（Wen et al. 1997）。嫌悪性の課題では，ジアセチルのにおい（CS）が酢酸溶液（US）の暴露と対にされた。最初はセンチュウはジアセチルのにおいに引きつけられたが（例えば，彼らの前に付けられたこの臭気の場所まで移動した），CSとUSが30秒以上離してそれらを提示した非対提示の統制条件に比べ，対提示の経験によってその移動反応が有意に遅くなった（Morrison et al. 1999）。

その中枢神経系には，わずか302個の神経細胞しか含まれないので，おそらく分析の対象となる行動の可塑性は限られているであろうが，センチュウ C. elegans は学習の細胞と遺伝子での研究の貴重なモデルである。いずれにしても，これらの実験は，古典的条件づけが比較的単純な神経機構で維持されることを示唆している。

古典的条件づけの手続きを使った初期のいくつかの実験の対象として用いられたのが，環形動物であった。それらの結果は示唆的であるが，実験の多くは，非対提示の統制ではなく，単一刺激の統制（CS 単独や US 単独）だけなので，行動の変化が真に連合によるものであると解釈するのが難しい。ミミズ（Lumbricus terrestris）を用いた後の研究から，嫌悪性の訓練状況での条件づけは，大半が疑似条件づけによるものであることが明らかになった（Abramson & Buckbee 1995）。疑似条件づけは，US 単独提示の訓練後に中立な刺激が UR を誘発する能力を持ったときに生じる（したがって，条件づけの印象を与える）。別の環形動物の種であるヒル（Hirudo medicinalis）では，触覚刺激（CS）と電気ショックをその動物の末尾に与える訓練で，パブロフ型条件づけの証拠がみられた。訓練の後には，CS がはっきり測定できる防御反応である縮小反射を増加させた（Sahley & Ready 1988）。

無脊椎動物を用いた条件づけ研究のほとんどは，軟体動物と節足動物を使ったものである。軟体動物の2つのグループである，頭足類（例えばタコ，イカ）と腹足類（例えばカタツムリ）が，かなり詳細に研究されてきた。伝統的に頭足類は，すべての無脊椎動物の中でも，行動と神経学的に最も複雑であると考えられきた。食物と対にされた視覚刺激に対する接近と攻撃の古典的条件づけは，タコ（Octoplts cyanea；Papini & Bitterman 1991）と，イカ（Sepia officinalis；Purdy et al. 1999）で観察されている。実際に，タコはその行動の柔軟性と問題解決能力で有名である。ある実験では（Fiorito et al. 1990），動物（Octopus vulgaris）は，中にカニが入っており蓋が閉まった透明な瓶へ接近する機会が与えられると，蓋をねじ回し，カニを捕らえることをすばやく学習した（図 13-12）。行動と神経の複雑さの間にはトレードオフの関係がある。複雑な行動を示す種は，概して現在の神経科学技術では解明することが困難な，複雑な中枢神経系を持っている。そのために，その連続体の反対方向の極に位置する種に焦点を当てて研究が進められてきた。それらは，行動レベルはかなり単純だが，細胞レベルで学習を分析できる神経特性を備えている。

腹足類のアメフラシ Aplysia californica，裸鰓類のエムラミノウミウシ Hermissenda crassicornis,

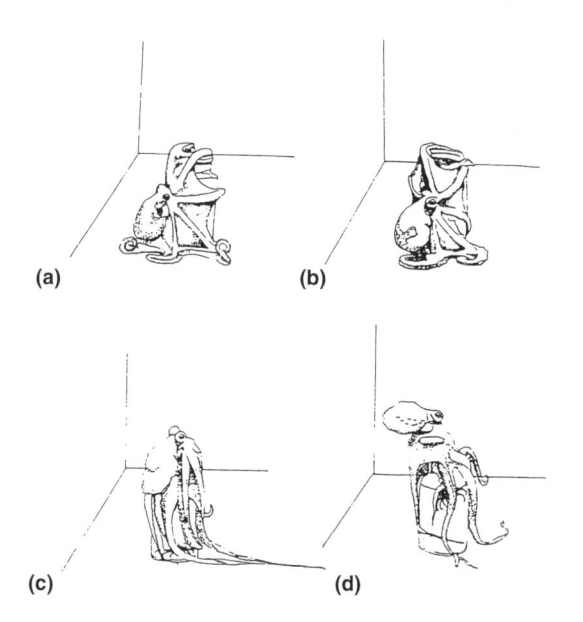

図 13-12 タコ Octopus vulgaris の問題解決行動（Fiorito et al. 1990）。タコは，透明な瓶を攻撃し，探索し，蓋を開けて，カニを捕らえる。

陸生のカタツムリ Limax maximum などの軟体動物は，学習研究で最もよく用いられる無脊椎動物の種である。これらの動物には，簡単に見つけることが可能で，なかには個別に名称をつけることができる，巨大神経細胞の存在に特徴がある（→第7章，2.a.，181-182頁参照）。いくつかの訓練状況において，嫌悪性の古典的条件づけがこれらの動物で示されている。それらの種を対象とした実験を要約すれば，実験で使用される刺激と反応指標は比較的広範囲に及んでいることがわかる。例えば，アメフラシは，強い電気ショック（US）で尾が刺激されると，エラの引っ込め反射を示す。もし弱い触覚刺激が異なる領域（例えば吸水管と外套膜）に提示されて，A＋/B－のパラダイムでこれらのCSが分化的に尾へのショックと対提示されるなら，その動物はA試行ではエラを引っ込めるが，B試行ではそうしないことをすばやく学習する（Carew et al. 1983）。AとBが何であるか（例えば，吸水管か外套膜か）は無関係で，そのことは行動の変化がそのCSと対提示された経験に固有であることを示している。

陸生のカタツムリ Limax を用いた一連の実験で，サリーら（Sahley et al. 1981）は，いずれも脊椎動物の実験でよく知られた学習現象である，二次条件づけ，ブロッキング，US 先行提示効果がみられることを報告している。二次条件づけの研究での最初の段階で，ニンジンのにおい（一次CS）は，嫌悪特性を持った苦みの物質であるキニジン硫酸塩（US）と対にされた。第2段階で，ニンジンのにおいはジャガイモのにおいと対にされて，続くテストで動物は，ジャガイモのにおい（二次CS）と中立なにおい（ラット用のペレット）の間で選好テストが行なわれた。2つの標準的な統制群は，第1段階か第2段階で非対提示の訓練を受けた。実験群の動物だけが，二次CSであるジャガイモのにおいに嫌悪を示し，テストセッション中は，有意に長く，装置内でそのにおいのしない場所にいた。

裸鰓類の軟体動物であるウミウシ Hermissenda は，高速回転がUSとして用いられる訓練状況で，パブロフ型条件づけを示した。回転は平衡胞（動物の前庭の器官）を刺激し，移動を制止し，足を短くさせる（UR）。光（CS）を回転（US）と対にすることで，ウミウシ Hermissenda の通常の正の走光反応（CR）が抑制され，食物（CS）を回転（US）と対提示すれば，通常は動物の口にその食物が触れたときに誘発される採餌反射（CR）が制止される（Farley et al. 1997）。すでに述べた無脊椎動物（例えばヒル Hirudo, アメフラシ Aplysia）とは異なる種を用いた古典的条件づけの例では，最終的なCRは，CSによってすでに訓練前から微かに引き起こされていた行動である場合もある。つまりその対提示の経験は，反応を誘発するCSの能力を単に強めているだけのようにみえる。これを，アルファ条件づけと呼ぶ。ウミウシ Hermissenda を用いた実験では，訓練の効果は，回転によって誘発されるURとは異なるCRによって測定されるので，そこでの行動の変化を担う過程がアルファ条件づけであった可能性は排除される。

アメフラシ Aplysia には，欲求性の分化条件づけもみられる（Colwill et al. 1997）。材質が異なる触覚性の刺激（つまり，一方はなめらかで，他方はザラザラしたもの）がCSとして用いられ，動物の口に当てられた。食物（一片の海草）が，A＋/B－デザインのUSとして用いられた（当然，半分の動物はカウンターバランスされて，B＋/A－の処置を受けた）。刺激の表面がなめらかかザラザラであるかにかかわらず，A＋試行中に噛む反応が急速に増加したが，B－試行では減少した。興味深いことに，手続きを逆転したところ（例えば，A＋/B－の後にA－/B＋を行なう），CSに対する反応も逆転した。パブロフ型条件づけは，食物USをにおいのCSと対提示することで，そのにおいに対する誘引を発達させることもできる。カタツムリ Helix aspersa の実験では，食物と接触すれば，カタツムリは，その食物に向かって後ろの触角を降ろす反応が誘発されることが示されている。この反応は，非対提示の統制群ではその頻度は低く，単純な対提示で本来中立であったにおいに条件づけられるが，消去によって頻度が減少する（Ungless 1998）。さらに，そのCRは省略訓練によっても変化しないので，その結果は，これらの触角反応が道具的随伴性に影響されないこと

を示唆している。

　節足動物の中でも，甲殻類（例えばカニ）は，研究のモデルとして注目されている。ミドリガニ *Carcinus maenas* は，パブロフ型と道具的条件づけの両方を示す（Abramson & Feinman 1988, 1990）。甲羅に与えた穏やかな触覚性の刺激と，眼への空気の吹きつけ（US）の対提示は，予期的な眼の引っ込め反応を生じさせた。このようなCRは，非対提示，US単独，CS単独で提示された統制条件よりも，CS-USの対提示を受けたカニで有意に高い頻度で生じた。ラットで使用されるのに似たスキナー箱の状況において，カニに食物強化を用いて鋏でレバーを押す訓練が行なわれた。マスターとヨークトとの比較から，反応―強化子の随伴性が，レバー押し行動を維持するのに重要であることが示されている。

　昆虫は，学習研究で最も頻繁に使用される無脊椎動物の種である。遺伝子の実験において数種類のハエが使用されることは，第3章で述べた（→例えば，学習の変異体に関しては，3.b., 61-63頁参照）。昆虫は，広範囲におよぶ刺激を取り扱える比較的高度な感覚システムを備えている。そのことが，パブロフ型と道具型の両方の随伴性でミツバチ（*Apis mellifera*）を訓練することを可能にし，集中的な実験（Bitterman 1988, 1996）で，脊椎動物の実験計画に比肩するほど複雑な学習が示されてきた。

　ミツバチで用いられるいくつかの訓練手続きのなかでも，自由飛行訓練の状況が最も用途が広い。その手続きは，ミツバチの感覚―知覚過程を研究するのにこの手続きを最初に用いた，ドイツの動物行動学者カール・フォン・フリッシュ（Karl von Frisch）［1886-1982］によって導入された。この状況では，自由に飛行するミツバチが，非常に高濃度のサッカロース溶液をカップから満腹になるまで飲み，それからハチの巣に出かける。彼らは，この溶液のほんのわずかだけを消化し，残りを集団の巣で吐き戻し，通常約5分後にはその場所に戻ってくる。1回の飛来で，一試行かそれ以上の回数を行なうことができる。ミツバチは，1日の間で，実験室と巣の間を何度も往復するので，かなりの訓練を行なうことができる。隠蔽，ブロッキング，興奮の加算，要素間連合，などのよく知られた現象を示すために，視覚（色，形，空間手がかり），嗅覚，磁気刺激などが，多様な複合条件づけ実験で巧妙に利用されてきた。

　例えば，以下のような要素間連合の例を考えてみよう（Couvillon & Bitterman 1982）。実験計画には，色（オレンジ，Oか，黄色，Y）とにおい（ジャスミン，Jか，レモン，L）で構成される複合刺激が含まれており，それらはミツバチが見つけたサッカロース溶液に隣接して提示された（この実験では，刺激の効力はカウンターバランスされたが，煩雑になるので，以下の記述ではそのことは無視する）。最初の段階で，ミツバチは何回かの飛来でOJ+かYL+のターゲットをランダムな系列で見つけた。この訓練では，それぞれのCSとUSの間のみならず，色とにおいの要素刺激の間の連合（O-JとY-L）も確立するように計画されていた。第2段階で色は省略されて，弁別はにおいだけで実施された（J+/L-）。この弁別は，要素の一方を強化と対にすることによって強く維持させ，非強化によって強度を弱めるために導入された。最終的なテストで，ミツバチは2つの色，OとYの選択を受けた。これらの色が，最初の段階で等しく強化されていたという事実にもかかわらず，ミツバチはYよりもOにより強く反応した。この選好は，Lの非強化がY-Lの要素間連合を通じて，それと対にされたY色の価値を引き下げたことを示唆している。

　自由飛行の技法は，ランドマークを使用した空間学習の他に，量（サッカロース溶液の総量），大きさ（濃度），確率（部分強化）などを含んだ，報酬のパラメータに関する研究にも用いられてきた。おそらく，この研究の最も注目に値する結論は，条件づけ現象に関するミツバチと脊椎動物の間の驚くべき類似性である。表13-5は，ミツバチが示した学習現象と，哺乳類や鳥類を含めた実験でよく知られている学習現象の一部を示したリストである。欲求性の自由飛行の技法の他に，この表には，拘束条件下でミツバチの欲求性と嫌悪性の手続きを含めた別の設定や，食物がある穴に頭を突っ込む反応や，シャトル反応，口吻伸展反応などのいくつかの指標も含まれている。反応

表13-5 ミツバチと脊椎動物の実験で知られている学習現象のリストの一部

現象	簡単な特徴の説明
ブロッキング	第1段階：A+，第2段階：AB+，テスト：B
複合-要素弁別	AB+/A-/B-
条件性弁別	X：A+/B-，Y：A-/B+
文脈条件づけ	X：+，Y：-
離散試行の回避学習	弁別刺激Aのもとでの反応は，ショックとAを停止
逃避学習	ショックがあるときに反応すればショックが停止
フリーオペラント型回避学習	文脈Xのもとでの反応はショックの提示を延滞させる
潜在制止	第1段階：A-，第2段階：A+
省略訓練	文脈Xのもとでの反応は報酬を逃し，反応しなければ報酬が与えられる
過剰学習消去効果	獲得訓練を過剰にするほど消去が早い
隠蔽	B+の訓練後よりもAB+の訓練後のほうが，Bへの反応が弱い
部分遅延強化消去効果	直後報酬と遅延報酬をランダムに混ぜると，直後報酬のみの条件よりも消去が遅れる
部分強化消去効果	連続強化よりも部分強化の獲得の後のほうが消去が遅い
増強	B+の訓練後よりもAB+の訓練後のほうが，Bへの反応が強い
確率マッチング	選択肢への選択を，選択肢の強化確率と合わせる
位置逆転における漸次的改善	逆転を何度も繰り返した後（A+/B-，B+A/-，A+/B-，etc.）のすばやいA+/B-弁別
2次条件づけ	第1段階：A+，第2段階：B→A，テスト：B
消去の自発的回復	しばらく休んだ後のCRの回復
負の継時的対比効果	大報酬の後の小報酬の拒否
興奮の加算	A+とB+の個別訓練後のABに対する強い反応
次元上の転移	同じ感覚様相の刺激による簡単な弁別が，同じ様相の刺激を用いた難しい弁別を促進させる
US先行提示効果	信号無しのUSは，後続のA+の獲得を遅滞させる
要素間連合	複合刺激内の要素刺激間の連合

注：簡略化のため統制群は省略されている。AとBは離散的なCSを，XとYは静的な文脈刺激を表している。スラッシュによって分けられた処置は，同じセッションで行なわれたことを示す。ミツバチの学習における詳細は総説としてBitterman (1988, 1996)を参照。

指標には，選択の正答率，潜時，反応の確率，反応頻度などが含まれる。この表に記載されたすべての学習現象が，本章やこれまでの章で記述されたわけではないので，簡単に特徴を記しておいた。表13-5の要点は，ミツバチ，ハト，ラットにおいて観察される学習現象は，それらの種の系統発生関係が遠いにもかかわらず，かなりの類似性があるということである。

4. c. いくつかの説明 状況や種を超えての，条件づけ現象の驚くべき普遍性を，どのように説明したらよいであろうか。比較の観点から，学習現象の状況や種を超えての普遍性は，基本的な連合過程の多くが進化のなかで保護されてきたこと（つまり，ホモロジー（相同））を意味しているのかもしれない。しかしこの結論は，本節で概観したデータから余儀なく導き出されるわけではない。なぜなら，この本で繰り返し示してきたように，特徴の類似性は，**ホモロジー（相同）**（つまり，共通の祖先）と**ホモプラシー（成因的相同）**（すなわち独立した進化）のいずれからも生じる可能性があるからである。そのような問題に直面したときに，進化学者は，問題となっている特徴が比較される種において，どのように統合され，発達し，機能するかを見極める。例えば，コウモリ，鳥類，絶滅した翼竜の「翼」は，なかでも，指によって支えられる軟部組織が異なるので，ホモプラシーに基づいていると考えられる。鳥類では，第1指は自由に動き，第2指，第3指は翼を支えるために融合しているが，第4指と第5指は欠落している。コウモリも第1指は自由に動くが第2から5指までは伸展しており，翼を支える主要なものになっている。翼竜では，第1から3指は自由に動くが，翼は主に非常に細長い第4指で支えられていた。同じように，一般的に事象間の時間的接近に敏感であることによって生じ，われわれが「条件づけ」と呼ぶものに行動的に類似したものは，類似の生態学的圧力に応じて進化したが，まったく異なるメカニズムに基づいていて表面的にしか似ていない可能性も十分ありえるだろう。ディキンソン（Dickinson 1980）が指摘したように，条件づけ過程の普遍性は，事

象間の因果関係に関する情報を検出し，獲得する機能にあるといえるだろう。そのような因果関係は，すべてではないにしても，ほとんどの生態学的必要性から生じることが予測される。

このような単純な類推によって分かることは，学習現象と学習メカニズムを区別することの必要性である。**学習現象**には，獲得，消去，般化，潜在制止，二次条件づけ，固定時隔スキャロップ，などの実証的な事実が含まれる。これらは，特定の状況において生じる，具体的な経験の結果である。**学習メカニズム**とは，学習現象の原因であると仮定される過程であり，心理学的，神経生物学的，神経化学的，あるいは分子生物学的な媒介変数によって表現される（→図14-1，415頁参照）。進化の圧力を受ける対象は，これらのメカニズムである。例えば，CS-USの訓練による獲得は，刺激―刺激連合が形成された（心理学的メカニズム）ためとも，CSとUSからの感覚入力の経路が脳の特定の核で収束した（神経生物学的メカニズム）ためとも，特定のシナプス過程（神経化学的メカニズム）のためとも，シナプス可塑性を引き起こす細胞過程が関与した（分子生物学的メカニズム）ためとも言い表すことができるだろう。したがって，分析のレベルによって，条件づけ現象は似ていたり，似ていなかったりするだろう。

例えば，光のCSが，電気ショックと対にされるラットの恐怖条件づけと，食物と対にされる欲求性の古典的条件づけを考えてみよう。そのような対提示は，互いに類似した2つの条件づけ現象を作り上げる刺激―刺激連合を形成するだろう。しかし生理学的見地からは，脳の機能はもう少し局在化されているはずである。その結果として，おそらくラットの脳では異なる神経化学的システムに基づいて，ショックと食物に関する情報を異なる領域で処理し，重要な情報を異なる場所に貯蔵する。それらの機構は，2つの条件づけを現象的に互いに異なったものにする。実のところ，種間の比較は，脳の領域に関していえば相同性を欠くために，無意味なのかもしれない。例えば，脊椎動物と節足動物の中枢神経系は，ほとんど独立に進化したので，領域に関しては相同性がない。

ミツバチ（前口動物）とラット（新口動物）の共通の祖先は，5億4千万年以上のはるか遠い時代に遡り，おそらくその時代の生物の神経機構と行動は，現生のプラナリアに似たものであろう。神経細胞は相同と見なされるかもしれないが，ネットワークは明らかに独立に形成されたので，類似しているように見える学習現象の少なくともいくつかは，異なるメカニズムの作用に由来する可能性がある。

分子レベルの分析はどうだろうか？ 刺胞動物（神経系を持つ最も原始的な動物）と他の動物の神経細胞の機能や形態は著しく対応しているので，神経細胞の細胞機能の基本的な性質のいくつかは，動物の系統発生の非常に初期の段階で確立したといってもよいかもしれない。したがって，そのような分子過程は，状況と種のいずれを超えても，非常に高い普遍性を持っている可能性がある。そのような過程の1つには，条件づけ実験で観察される種類の長期的な行動変化における，いわゆる**セカンド・メッセンジャー・システム**の役割が含まれる。シナプスの化学的な働きでは，神経伝達物質分子は最初のメッセンジャーとして作用し，シナプス後細胞に電気化学的電位を誘発する。さらに，シナプス経路が繰り返し活性化されれば，例えば，環状アデノシン―リン酸（cAMP）などの遺伝子の発現を誘発させる能力を持ったセカンド・メッセンジャーを活性化させる。そのような転写の産物は，条件づけに必要な長期的なシナプス可塑性を支える神経細胞の形態的な変化にとって不可欠である（→図3-7，63頁参照）。

環状アデノシン―リン酸は，きわめて異なる3つの門の種である，ショウジョウバエ*Drosophila*（節足動物門）と，アメフラシ*Aplysia*（軟体動物門）と，齧歯動物（脊椎動物門）の，古典的条件反応の獲得に役割を担っている。カンデルとエイベル（Kandel & Abel 1995）は，その環状アデノシン―リン酸がバクテリアにも存在しており，それは最古のセカンド・メッセンジャー・システムの1つかもしれないと指摘した。それが連合学習で役割を担うように取り込まれたのは，動物の系統発生のごく初期のことであったかもしれない。そのような仮説は，状況や種を超えての学習

過程の普遍性が，少なくともいくつかの基本的な側面では，ホモロジーな細胞—分子過程に基づいていることを意味している。異なる脳領域，経路，神経化学的システムが含まれる，異なった課題の獲得（例えば，恐怖条件づけと欲求性の条件づけ）や，神経システムが大きく異なる種での獲得過程は，ホモロジーな分子過程に基づいているのかもしれない。最終的には，これらの分子モジュールの役割の研究が，学習現象の比較分析に基づいた，学習過程の普遍性の概念に対する生物学的基盤を提供するのだろう。

第14章　比較学習と比較認知

第14章の概括
- 学習と認知に関する比較研究は，学習と認知によって成し遂げられる遂行を，文脈要因（例えば，感覚－知覚過程，動機づけ過程，運動過程）から区別することを目指している。
- 比較研究は，学習メカニズムが比較的変化しにくいものであることを示唆している。文脈要因の微調整によって生態学的に適切な行動が，しばしば生じるようである。
- 学習過程における巨視的な進化上の移行は，哺乳類での注意や情動に基づいた道具的行動の調整や，類人猿での法則学習の進化といったいくつかの研究領域で示唆されてきた。
- ほんの数種の動物（類人猿，海生哺乳類，鳥類）の研究でさえも，彼らが抽象的概念，ある程度の数的能力，言語技能を獲得できることを示唆している。

　動物の行動能力に違いがあることは，素人の目にも明らかである。多くの人は，チンパンジー，イヌ，イルカには，ヒトのような能力が備わっていると認めるだろうが，カエル，ミミズ，イソギンチャクと比べたときにも，そのような類似性が存在すると認める人は，ほとんどいないだろう。そのような違いは，素人の観察者にさえ，自明なことかもしれないが，比較心理学者は，学習と認知能力に種差を生じさせるような異なる過程が存在することを，はっきりと証明することは困難であると考えている。実際，これまでの章で示したように（特に第7章と13章），連合学習および非連合学習過程の，少なくとも基本的な形式については，多くの種を超えて共通していることがはっきりしている。このような類似性は，はるか昔の共通の祖先に与えられた驚くべき能力である，細胞の相同な機構に基づいているのかもしれない。

　第14章では，これらの問題をさらに探求する。すなわち，学習と認知過程に種差があったときに，それはメカニズムに進化上の分岐が生じたためだと考えるべきであろうか。あるいは類似性が見つかったときには，それらは進化的にホモロジー（相同）であるとみなすべきか，あるいはホモプラシー（成因的相同）であるとみなすべきか，ということが本章での問題となる。これらの問いに答えるのはたやすいことではない。比較の観点から行なわれる学習と認知過程に関する研究で生じた問題に対し，特定の研究現象に統一的な結果を与えることができる，多くの巧妙な手続きとアプローチが開発されてきた。ある状況では，学習の要因と，遂行に影響を及ぼす可能性のある他の多くの要因を区別するために，複雑なテスト方法と

実験計画法が用いられる。脳と行動との関連や，生態学と行動との関連も，学習と認知に関する現象を比較の観点から分析する際の情報源として使われている。まず最初に，方法論の問題から考えてみよう。

1. 比較の方法論

分岐とホモロジーとホモプラシーは，進化における3つの主要な産物である。**分岐**とは，特定の特性に関して系統が分岐したことをいう。つまり，進化上の分岐は，形質の違いを生じさせる。1つの例として，祖先の四足姿勢と比べたときの，ヒト科の二足姿勢への進化があげられる。**ホモロジー（相同）**とは，霊長類の5指の手がそうであるように，共通の祖先に由来する形質の類似性のことをいう。それに対して**ホモプラシー（成因的相同）**とは，有袋類と有胎盤類で同じような収斂をしてきた種が存在するように，共通の適応によって形質が類似することをいう（→図6-14，163頁参照）。

これらの概念は，学習の比較研究を概念化する際の包括的な枠組みとなっている。異なる種において異なる学習現象が見られるときに，そこでの問いは，その学習に潜在するメカニズムは分岐であるのかということである。別の仮説的な考え方は，その行動上の違いは，感覚-知覚，動機づけ，運動などの，行動に影響を及ぼしうる非学習的なメカニズムが分岐した，というものである。異なる種において類似した学習現象が見られるなら，問うべきことは，そこに潜在するメカニズムも同じなのか（したがって，ホモロジーな関係であることを示唆している），あるいは，その行動の変化は異なるメカニズムによって遂げられたのか（すなわち，ホモプラシーな関係であることを示唆している）を見極めることである。まず最初に，異なる学習現象が異なる種において発見される事例について考えてみよう。

学習のメカニズムは，行動の観察によって類推されねばならないが，学習以外の多くの過程が行動に影響を及ぼすことがある。ある動物がある種類の食物を食べないのは，それが嫌悪的であることを学習したからか，その状況で食物のあることが分からないからなのか，満腹のためか，あるいは食物を得るのに必要な行為を遂行できない，という可能性などが考えられる。なかでも，感覚-知覚，動機づけ，運動過程などの，いわゆる**文脈変数**は，学習とは無関係に動物の行動に影響を及ぼす。したがって，学習性の行動を種間で比較するときには，このような非学習性の要因が，観察された違いに影響を与えている可能性を考慮しなければならない。このことは，第13章で詳しく述べた**学習-遂行の二分法**の別の事例であり，ここでは種間の比較がその例に該当する。

学習の比較研究を行なううえで主として問題となるのは，種間で文脈変数を等しくすること，つまり**等質化による統制**が不可能であるということである。例えば，ラットとカメが直線走路の最後まで行けば3粒の餌で強化されるという状況で，ラットのほうが早く移動したとすれば，それはラットの学習メカニズムのほうが有能である，あるいは，3粒の餌は，カメよりもラットにより大きな動機づけ作用を持っているといえるだろうか？ カメが6粒の餌で強化されれば，おそらくそのカメがラットと同じ速さで移動することもあるだろう。等質化による統制で避けることのできない問題の1つは，異なる種を絶対項で比較する（すなわち，A種の遂行とB種の遂行を比較する）のは，事実上不可能だということである。

別の方法は，変数間の機能的な関係を種間で比較することである（Bitterman 1975）。ラットがカメよりも直線走路課題を速く学習するかを調べる代わりに，直線走路課題は，ラットとカメで同じ種類の変数に依存するかを調べることができる。例えば，ラットとカメでは，走路を移動する速度に違いがあるかもしれないが，強化子が大きくなるほど，どちらの種もすばやく獲得するだろう。獲得の速度と強化子の大きさの直接的なこの関係

は，用いられる強化子の価値によって，ラットとカメのいずれの獲得も早められることを意味している。この方法は，**系統的変化法による統制**と呼ばれる。これまでの研究や理論的な考察から，学習された行動に重要な影響を及ぼすと示唆される変数（例えば，強化子の大きさ）を系統的に操作することで，その行動上の適応は種を超えて類似しているかを確められる。

どれだけ系統的に変数を操作しても，2つの異なる種を比較するときに，異なる学習現象が存在することを説明する文脈変数の潜在的な役割を完全に排除するのは難しいかもしれない。したがって，この章で概観する話題の大部分の結論は，仮に，という言葉で表現されるものである。学習メカニズムに違いがある，という仮説は，動物種と，関連した学習の状況の両方を超えた分析を進めることで，より確かなものになるだろう。もし，特定の学習現象の種差が，系統発生的に意味のあるパターンに合致するか，あるいは同じ潜在的なメカニズムによると考えられる別の現象と共変化し

ているなら，文脈変数によってその行動の違いを説明することは難しいだろう。

種を超えた学習現象の類似性について考えるときには，さらなる問題が生じる。類似性は，心理学的，神経生物学的，神経化学的，分子生物学的，といったさまざまなレベルでの分析において特徴づけることができる。ホモロジーであるためには，分析のレベルがどのようなものでも，2つの異なる種において観察された学習現象が同じメカニズムによるものである必要がある。したがって，類似した状況下で見られる2つの異なる種の特定の学習現象は，もしそれが同じ独立変数（例えば，訓練でのパラメータ，神経生物学的構造，神経化学的システム，細胞－分子過程，など）によって変化するなら，ホモロジーなメカニズムに基づいているのであろう。近縁種の比較では，形質的な類似性の源が同じなのでホモロジーが観察される可能性は高くなる。

ある学習現象は，2つの異なる種を超えて類似しているかもしれないが，類似した環境状況下で

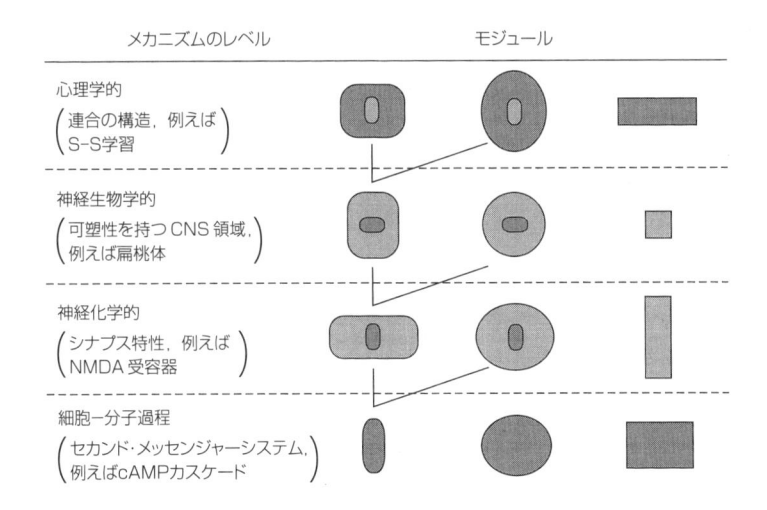

図14-1　学習メカニズムのいくつかのレベルを示した図。それぞれの幾何学的な形態は，別々のモジュール（機能単位）を表している。あるレベルで与えられたモジュールは，次のレベルでは1つかそれ以上のモジュールに含まれる可能性がある。例えば，あるセカンド・メッセンジャー・カスケード（例えば，環状アデノシン一リン酸）は，異なる神経伝達物質系（例えばNMDA受容器）に応答する細胞でも活性化するだろう。次に，同じ神経伝達物質と細胞－分子のシステムは，異なる心理学的過程（S-S連合，注意など）を担う別々の脳領域での学習に貢献するかもしれない。種を超えた学習現象の類似性は，同じモジュールが行動を制御しているときにホモロジーであると見なされ，少なくとも1つのレベルでもモジュールが異なっていればホモプラシーな関係であると見なされるだろう。

類似した行動を生じさせる異なるメカニズムの作用に起因しているのかもしれない。ホモプラシーによって生じる特性の類似性は，一般的に比較的遠い種間で比較が行なわれたときに見られることがある。しかし，図14-1に示したように，メカニズムのレベルは階層的に積み重なっているということに注意してほしい。分析のレベルは，分子生物学的（例えば，セカンド・メッセンジャー・システム），神経化学的（例えば，神経伝達物質システム），神経生物学的（例えば，中枢神経系領域の可塑性），心理学的（例えば，連合の構造）なものに区別することができる。そのことは，ある特定の細胞-分子モジュールが，別々の神経生物学的領域で，異なった神経伝達物質の作用によって活動する可能性がある，ということを意味している。異なる種において類似の現象を生じさせる発現機序の機構が，いくつかのレベルで異なっていれば，ホモプラシーな関係にあるといわれるだろう。しかし，一般に脳のメカニズムは保守的なので，特に細胞-分子のレベルでは，収斂した現象がいくつかのホモロジーな関係にあるモジュールを共有しているかもしれない。例えば，2つの異なる種において観察された類似の学習現象は，神経伝達物質システムこそ異なるかもしれないが，シナプス可塑性は同じ細胞-分子過程を共有している可能性がある。

比較研究法を学習の研究に適用するための手段としてよく知られている手続きには，訓練でのパラメータ，脳の切除，刺激，薬物投与，を系統的に操作することなどがある。異なる種の条件づけで生じる細胞過程の種類を特定するために，今後ますます分子生物学的手法が使用されるようになるだろう。

2. 比較学習

2.a. 食物嫌悪条件づけ いくつかの実験結果から，種に特有な生態学上の問題を解決するために，学習のメカニズムに，適応的な特殊化が生じた可能性が示唆されている。動物界すべてに同じ学習過程が作用しているかどうかに関して，長らく学習に対する**生態学的な観点**と，**普遍過程の観点**は対局にあると見なされてきた。生態学的な観点にとっての鍵となる発見は，パブロフ型条件づけにおけるCSとUSの間の相互作用に関連したものと（本節），効果の法則の普遍性に関連したもの（→次の2.b.）である。それらの発見に対する他の可能性の主なものは，それらの違いは文脈変数における種や状況の違い（例えば，感覚-知覚，動機づけ，運動の違い）によって説明されるというものである。

味覚性のCSや聴覚性CSの後に，胃腸内の不快を生じさせるUS（例えば，X線の照射や塩化リチウムなどの毒物の注射）か，末梢に痛みを与えるUS（例えば，電気ショック）を提示すれば，選択的な学習が生じる（Garcia & Koelling 1966）。ラットは，味覚と塩化リチウムの対提示の後には，その味覚を拒否するようになるが，聴覚と塩化リチウムを対提示しても，その聴覚CSに対してほとんど何も変化が生じない。それに対して，視聴覚-ショックの対提示の後に，ラットはその視聴覚CSに反応するが，味覚とショックの対提示の後に，その味覚を拒否することはほとんどない。それに加えて，味覚嫌悪学習は，1時間もの長い対提示の間隔があったとしても，わずか1回の対提示で学習が成立する。ハトでの実験からも，同様のCS-USの相互作用が証明されている。ハトには，視聴覚の複合刺激のCSと，食物かショックのいずれかが対提示され，ショックがUSであったときには，ハトは複合刺激の構成要素である聴覚刺激に強く反応したが，食物がUSであったときには，視覚の要素刺激により強く反応した（Shapiro et al. 1980）。これらの結果は，それらのCSとUSのいずれもが条件づけを成立させることができるが，特定のCS-USの組み合わせは，他のものよりも効果的に作用することを示している。これらの刺激と強化子の相互作用は，**選択的連合**と呼ばれ，訓練で用いるパラメー

タが適切である限りは，いかなる CS をどのような US とでも連合させることが可能であるとの，古典的な**等可能性**の概念を否定している。それに加えて，長い遅延時間があっても食物嫌悪が獲得されることは，CS と US の間で時間的な接近が重要であるとの古典的な考えと一致しない。

　選択的連合と長い遅延による学習は，学習に適応的な特殊化が生じていることを反映しており，普遍的原理の適用には限界があることを示している，と解釈された。この考えは，学習実験での結果が，ある種の動物にとっての自然な行動とどの程度一致しているかを示した研究からも支持されている。例えばラットは，主に味覚と嗅覚の手がかりに基づいて採食行動を行なうので，比較的すばやく食物-嫌悪関係を学習する。それに対して，コリンウズラ（Colinus virginianus）は，主に視覚手がかりに基づいて食物を見つけるので，視覚的な CS（植物性食物着色剤によって青く着色された水）と薬物によって誘発される気分不快を連合させることを簡単に学習する（Wilcoxon et al. 1971）。ラットとコリンウズラのような遠い関係にある種間で比較することの問題の 1 つは，彼らはその生態だけでなく系統発生においても異なっているということである。生態学的な圧力によって学習のメカニズムに進化上の分岐が生じたかどうかを調べるための理想的な研究方法は，まったく異なる環境に適応してしまった近縁種を比較することである（Domjan & Galef 1983）。

　選択的な連合と長い遅延による学習は，常に新奇な食物を食べてみようとする動物の食傾向に関する一般的な適応メカニズムとみなすことができる。あらゆるものを食べようとする傾向があれば，最初に食べたときから体調が悪くなるまでにかなりの時間的な遅延があったときでも，動物は急速かつ選択的にその食物の味への嫌悪を発達させる（そうすれば，その毒物を大量に摂取することを避けられる）。もしそのことができないならば，有毒な食物を何度も食べてしまうだろう。この仮説は，例えば「特定のものしか食べない-何でも食べる」，という次元において採食の選好が異なる齧歯類の種において検証できる。ある齧歯類は，あらゆるものを食べるが，ほんの限られたものし

か食べない齧歯動物もいる。このような事例にうまく当てはまる例は，カンガルーネズミの 1 属である Dipodomys（例えば，D. merriami）から得られている。この種の動物は，穀物，種，植物性の資材など，多くの物を食べるが，それとは対照的に，別の種である D. microps（Dipodomys microps（グレートベースンカンガルーラット））が食べるものは，ほとんどアカザ科の植物（例えばハマアカザ）の葉に限られている。食物の選好は異なるが，同じ属に含まれる同所種であり（いずれも，カリフォルニアのオーウェンス渓谷に生息している），かつ身体の大きさや形態が似かよっており，さらにはほぼまったく同じ条件の実験室で飼育できる。これらの 2 種のカンガルーネズミの食物嫌悪の発達が，ある研究で比較された。食物嫌悪条件づけの成績が，どれほど多くの種類のものを食べるかということの適応を反映しているはずである。つまり，D. merriami（何でも食べる）は，D. microps（特定のものしか食べない）よりも，早く学習するはずである。実際，新奇な食物であるヒマワリの種（CS）を塩化リチウム（US）と対提示したところ，何でも食べる D. merriami のほうが，特定のものしか食べない D. microps よりも強い嫌悪を示した（Daly et al. 1982）。

　しかし前節で指摘したように，種間の直接比較が前提としている，文脈要因を等しくできた，という仮定が誤っているかもしれない。例えば，いま紹介した実験では，それらの種は，食物嫌悪学習の強さだけでなく，CS であるヒマワリの種に対する最初の反応も異なっていた。嫌悪が弱かった D. microps は，最初の試行で，ヒマワリの種をより多く食べた。これらのカンガルーネズミの 2 種のうち，より広く食べるほうの D. merriami が，より強く食物嫌悪を示すのは当然であろう。というのも，より幅広く食べる種ほど，新しい食物を食べるのを躊躇するからだ。これは**新奇恐怖**として知られる現象である。D. merriami があまり新奇恐怖を示さない，別の新奇な食物（小麦）を与えたときには，食物嫌悪は示さず，特定のものしか食べない D. microps との間に差はなかった。したがって，急速な食物嫌悪条件づけは，特殊化し

た学習メカニズというより，むしろ新奇恐怖による無条件性の反応から生じた結果であろう。

　食物嫌悪条件づけにおいて選択的な連合を示した最初の研究では，ラットはサッカリン溶液を飲んだ直後に電気ショックが与えられ，その溶液に対して嫌悪を示さなかった。この特定のCSとUSの組み合わせで学習が生じなかったことの意味が，サッカリンとショックの間に5，30，210秒の遅延を入れた研究によって調べられた（Krane & Wagner 1975）。5秒の遅延では嫌悪は生じなかったが，CS－US間隔が30秒か210秒のときには，ショックと対にされたサッカリンに対して，かなりの嫌悪が発達した。したがって，味覚溶液が摂取後の結果と連合するには，そのUSが気分不快であるか末梢性の痛みであるかということではなく，かなり長いCS－US間隔を必要とするようである。なぜこの状況では長い遅延が効果的なのか，ということに対する1つの理由として，味覚溶液の刺激痕跡は，視聴覚刺激のそれに比べて減衰が遅いということが考えられる。**刺激痕跡**とは，刺激が末梢の受容器をもはや活性させなくなった後にも残る，刺激の内的な表象のことである。味覚刺激を用いた場合に短いCS－US間隔で条件づけが弱くなるのは，そのUSとCSの痕跡との間に，逆行連合が発達したことによって順向連合が相殺されたためであると説明される。この逆行連合は，そのCSに対する制止条件づけを獲得させることになる。CS－US間隔が比較的長いときには，順向連合のほうが勝っているので，その味覚のCSに対して嫌悪が発達する。同じように，最初の結果は視聴覚刺激が気分不快とほとんど連合しないことを示していたが，その後の研究から，実際にはそのような連合は成立することが示された。ある実験で，ラットは最初の訓練段階で，視聴覚の点で特徴のある新奇な環境におかれ，塩化リチウムの注射を受けた。第2段階で，ラットは同じ環境でサッカリンと塩化リチウムの対提示を受けた。最後にこれらのラットは，訓練の最初の段階で確立された文脈と塩化リチウムの連合によって，サッカリンと塩化リチウムの連合がブロッキングされたことが証明された。このブロッキング効果の他にも，食物嫌悪条件づけは，他の条件づけの状況で知られる多くの特性を示したので，少なくとも部分的には，この学習は一般的な学習過程に基づいていると見なされる（Domjan 1980; Logue 1979）。この研究が意味することの1つは，自然選択は，情報を獲得する過程を変化させずに，文脈要因（新奇恐怖，刺激痕跡の変化など）を調整することによって，特定の行動の過程をうまく適応させるということである。

2．b．　失敗行動　条件づけの等可能性は，反応と強化の随伴性を操作する道具的条件づけの状況にも適用可能であると，伝統的に仮定されてきた。したがって，どのような反応でも，それがいかに任意のものであろうと，道具的な強化随伴性の影響を受けると仮定されていた。いくつかのデータが示唆しているのは，ある反応は他のものよりも道具的な強化に敏感であり，別の反応は強化を続けた後には実際に悪化してしまうこともあり，さらに別の反応は強化に対してまったく敏感ではないということである。

　商業広告で用いるための動物の訓練をする会社を経営していたブレランドとブレランド（Breland & Breland 1961）は，正の強化が特定の行動の頻度を増加させることに失敗したいくつかの事例をあげている。ある状況では，ブタがおもちゃのコインを口でくわえ，少し歩いて，おもちゃの銀行にそのコインを落とすことが訓練された。一連の行動は，一般的な食物強化の手続きで形成された。最初，ブタはまったくふつうにその系列的な行動を遂行し，コインを銀行に入れた直後に食物強化を受けていた。しかし訓練が進むと，ブタはしだいにおもちゃのコインを口にくわえたまま，離すのを拒むようになり，すべての系列を遂行するまでにかなりの時間がかかるようになった。最終的に，ブタは当該の道具的反応を遂行しなくなったので，多くの強化の機会を失った。**失敗行動**という用語は，道具的強化に比較的鈍感であり，そのためソーンダイクの効果の法則に抵触する反応を表すために用いられてきた。

　いくつかの学習現象は，同じように効果の法則に抵触しているように思われる。例えばラットは，

正の強化では簡単にレバー押し反応が条件づけられるのに、同じ反応でショックの回避を学習することは困難である（Bolles 1970）。同じように、シェトルワース（Shettleworth, 1978）は、罰によってゴールデンハムスター（*Mesocricetus auratus*）の顔洗い行動を抑制できるが、立ち上がり行動は実質的に増加させてしまうことを示した。ボールズ（Bolles 1970）は、例えば電気ショックや食物などの生物学的に強力な事象の提示は、その特定の事象を処理するように進化した、あらかじめ統合された一連の行動を活性化させると主張した。これらの反応は、**行動システム**として知られるものを構成している。図14-2に、ラットの防御システムを図示した。

ラットが電気ショックを処理するときには、訓練の行なわれた環境手がかりに対して恐怖反応が条件づけられ、防御行動システムが活性化される。この場合、電気ショックは捕食者の代理と見なされ、防御行動は**種に特有な防御反応（SSDR）**のレパートリーの一部であると仮定される。もし道具的な回避反応がラットのSSDRと一致していればすばやく獲得されるが、道具的反応とSSDRが一致しないときには、かなりの干渉があるだろ

う。例えば、ラットに恐怖が誘発されれば、典型的には凍結反応を示す（例えば、隅でかがんだまま動かない）。凍結反応はレバー押し行動と干渉する反応なので獲得が遅れる。それに対して、ラットにショックの提示を防ぐために凍結反応を要求すれば、その回避条件づけの獲得は非常に早い。同じように、上述のブタの例では、おもちゃのコイン（CS）と食物（US）の偶発的な対提示が、ブタがそのコインを離そうとしないことを説明するかもしれない。動物は、しばしばあるCSを食物の代わりとして扱うのである。

おもしろいことに、ラットはショックの信号に対しては受動的な凍結反応を行なうが、概してショックを受けた直後には、攻撃行動（例えば、防御的攻撃）などのさまざまな積極的な防御反応を示す。この凍結反応から防御的攻撃への転換に対する1つの解釈は、ラットの行動は捕食の危急性の程度に依存しているとの考えである（Blanchard 1997）。野生のラットをネコに曝した実験では、捕食者が1m以上離れているときには、凍結反応が最も多かった。学習実験では、これはその動物がショックそのものというより、ショックの信号に曝された状況に該当する。ラッ

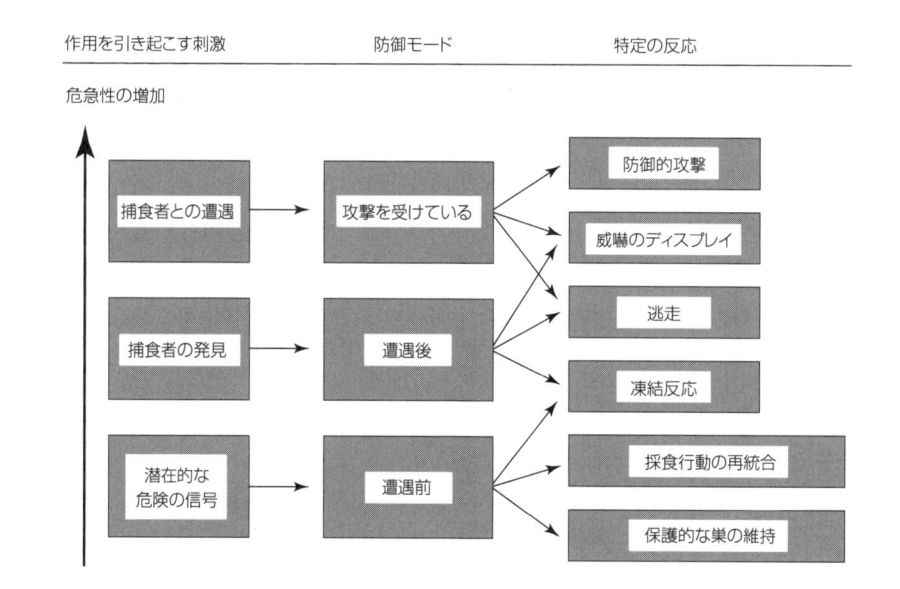

図14-2 ラットの防御的な行動システム。この図では、3つのレベルが示されている。作用を引き起こす刺激、防御モード、特定の反応（Fanselow 1994に基づく）

トと捕食者の間の距離が0.5 m以下になったときに，凍結反応は防御的攻撃に取って替わった。状況のありようによっても，積極的な反応と受動的な反応のどちらが観察されるかが決まることもある。捕食者がいても脱出経路が存在するという状況ならば，捕食者がどれだけ近くにいても，ほぼ確実に逃走反応が誘発される。

したがって失敗行動とは，実験者によって計画された道具的随伴性で要求しているものと，特定の強化子を処理するように設計された行動システムの活性化の間に矛盾が生じた結果であるように思われる。そのため，このようなシステムの構成要素は，特定の行動を誘発する能力を獲得するパブロフ型の信号制御下にあるのかもしれない。失敗行動は，パブロフ型の反応が当該の道具的反応の表出と競合するような状況において生じる。それに対して，パブロフ型の反応と道具的反応が一致しているときにはすばやい獲得が得られる。したがって失敗行動は，適応的な学習過程というよりは，条件づけの訓練で誘発される反応がたまたま相互作用した（すなわち，文脈要因）ということに依存しているようである。

2. c. 空間学習 食物嫌悪と失敗行動についての研究は，適応の重要性に関する枠組みを与えてきたが，それらの研究では種間の顕在的な比較はほとんど行なわなかった。すでに指摘したように，学習の生態学的観点の中心となる考えは，学習メカニズムに選択圧によって特殊化した進化上の分岐が生じたとするものである。特殊化したメカニズムは，原則として，異なる生態学的状況に適応した近縁種の学習能力を系統的に比較することによって検出される。そのような比較のアプローチによって，食物蓄積行動を示す燕雀類の鳥類が，空間学習に特殊化したメカニズムを進化させたかどうかを確かめられる（→食物貯蔵行動の詳細な記述として，第4章，3.g., 81-82頁参照）。

猛禽類（タカやフクロウ），キツツキ，燕雀類を含む，鳥類のいくつかの目の種のトリは，さまざまな程度の食物貯蔵行動を進化させた。ハシブトガラ（*Parus palustris*）やハイイロホシガラス（*Nucifraga colombiana*）などの燕雀類の種での実験は，食物貯蔵行動は空間学習の能力に基づいていることを示唆している。1羽のトリが，数千個の食物を貯蔵することもあり，ときにはその場所は，食物を見つけた場所からかなり離れていることもある。例えば，冬季のように相対的に食物が不足する期間には，ホシガラスはほとんどの食物を彼らの食物貯蔵庫から得ており，それらの食物（例えば，種，木の実，エビやカニ）は，空間的な情報に基づいて掘り返される。ここでの問題は，ハシブトガラとホシガラスの食物貯蔵行動は，貯蔵しない近縁種には存在しない特殊化した学習メカニズムの結果であるのか，ということである。

空間学習課題において，シジュウカラ科の貯蔵する種としない種を比較したいくつかの実験は，記憶課題での遂行に影響を及ぼす変数への感受性に違いがないことを示した。ある実験では，ハシブトガラ（貯食性）とシジュウカラ（*P. major*, 非貯食性）は，色と形が異なる刺激を使った，いわゆる**遅延見本合わせ課題**（DMTS）で訓練された（Healy & Krebs 1992a）。この遅延見本合わせ課題では，見本刺激が一定の時間提示され，その後，遅延間隔をはさんで，動物に2つのテスト刺激が提示される。これらのテスト刺激は，その位置か，見た目，あるいは両方が見本刺激と一致している。見本刺激と一致したテスト刺激を選択すれば，食物で強化される。正しく選択できるということは，遅延間隔を超えて見本刺激を記憶している，ということを反映している。この実験では，100の刺激のセットが用いられたが，それらは1日に20しか使用されなかったので，5セッションごとに繰り返して使用されたことになる。ここでの重要な変数は，見本刺激を提示してからテスト刺激を提示するまでの時間的な遅延の長さであった。ここでは，30秒，5分，15分間であった。正答率は驚くほど高く，いずれの遅延時間でも偶然に正答する確率よりも有意に高かったが，貯食性と非貯食性の種の成績に違いはなかった。すなわち，遅延見本合わせ課題で測定する限りでは，食物を貯蔵する習慣が記憶の成績の高さと相関するという証拠は得られなかった。

いくぶん肯定的な結果は，部分的にしか食べられない食物を，隠したところから探す訓練を受け

たハシブトガラとアオガラ（*P. caeruleus*，非貯食性）の比較から得られている（Healy & Krebs 1992b）。訓練の後で30分間の遅延間隔が挿入され残った食物を見つける2回目の機会である最終テストが行なわれた。この課題で，貯食性の種は非貯食性の種よりも誤答が少なかったが，それでも貯食性の種は食物を見つけるのに平均しておよそ2回も必要で，非貯食性の種は約3回必要であった。これらの違いは，あまり際だっているとは思えない。さらに別の実験は，空間手がかりの相対的な目立ちやすさに知覚的な違いがあることを指摘している（Brodbeck 1994）。貯食性のアメリカコガラ（*P. atricapillus*）と非貯食性のユキヒメドリ（*Junco hyemalis*）は，空間情報と色の複合刺激に基づいて食物の位置を探す訓練を受けた。それに続くテスト試行で，その動物は空間か色のどちらかが異なる刺激に曝された。このように複合刺激の要素を分離させたところ，貯食性の種は色よりも先に空間的な位置に基づいて反応するが，非貯食性の種は空間と色のどちらにも偏りがないことが示された。

ハイイロホシガラスも，さまざまな空間的，非空間的な課題でテストされている。彼らは冬季でもあまり食物貯蔵に依存せずに生存できるので，膨大な量の食物を貯蔵するといわれる他のカラス科の鳥類とその行動が比較されてきた（Olson 1991）。遅延非見本合わせといわれる空間課題での正答とは，先に提示されていた見本刺激とは違うほうのものである（つまり，遅延見本合わせ課題の逆）。この課題においてハイイロホシガラスは，さまざまな遅延の範囲で，（ニシ）アメリカカケス（*Aphelocoma coerulescens*）やハト（*Columba livia*）よりも高い成績で遂行した。しかし，貯食性のアメリカカケスの成績は，非貯食性のハトと同じレベルであった。さらに，カラス科の4種の異なる貯食性の鳥類での比較は，いくつかの空間課題で成績が大きく異なることを示した（例えば Kamil et al. 1994）。そのため，少なくともいくつかの空間課題では，貯食性の種間では遂行が大きく異なるかもしれないが，貯食性種と非貯食性種の間では差がないようである。

ハイイロホシガラスを，やはり貯食性のマツカケス（*Gymnorhinus cyanocephalus*）と比較した実験は，空間課題における種差を説明するかもしれない潜在的に重要な文脈変数の1つについての手がかりを与えている。マツカケスは種子を貯蔵し再びそれを見つける課題において，ハイイロホシガラスよりも有意に高い水準で遂行したが，この正答率の違いは，テストされたエリア内のすぐ近くに貯蔵してしまうマツカケスの傾向にあるのかもしれない（Balda & Kamil 1989）。その実験の結果からは，空間学習メカニズムは分岐していることが正しいように思われる。しかし，少なくとも部分的には，食物貯蔵の問題に対する進化上の解決策として，感覚－知覚的なバイアスを生じさせたか，一般的な目的のための学習メカニズムに付随する反応方略を使用することで達成している可能性は残っている。

おそらく，食物を貯蔵する燕雀類の鳥類の空間学習の能力が分岐的に進化したということの最も良い証拠は，行動ではなくむしろ神経生物学的なものであろう。**海馬体**は，さまざまな脊椎動物の空間学習に関係していることが知られている。例えば，大きな繁殖テリトリーを維持する一夫多妻の種であるハタネズミ（*Microtus* 属）のオスは，明らかに小さいテリトリーを持つ一夫一婦の近縁種に比べて，海馬が比較的大きく，空間学習能力も優れている（Sherry et al. 1992）。硬骨魚類の終脳の外側部に位置する対応した領域を損傷すれば，視覚の弁別課題は維持されるが，空間学習課題に関する行動だけが選択的に障害を受ける（Salas et al. 1996）。したがって海馬は，燕雀類の鳥類においても食物貯蔵行動に最も関与していそうな領域であり，前述したように（→第4章，3.g.，81-82頁参照），貯食性種の海馬体は，非貯食性種のそれに比べて相対的に大きい。燕雀類の鳥類の13科の種を対象とした研究で，3種の貯食性種（アメリカコガラ，*P. atricapillas*；アオカケス，*Cyanocitta cristata*；ネアカゴジュウカラ，*Sitta canadensis*）は，10の異なる科の非貯食性種に比べて，身体と終脳の大きさに対する海馬のサイズは大きかった（Sherry et al. 1989）。シジュウカラ科（Paridae）の種の中でも，食物貯蔵行動の程度は，身体や終脳ではなく海馬の大きさと正の相関

があった（Healy & Krebs 1996）。

2. d． 比較の方法論に対する別の観点　（これまでの 2.a.-2.c. で記述した）食物嫌悪，失敗行動，空間学習の能力の研究は，適応の重要性とともに，行動の可塑性はさまざまな方法で生じる可能性があることをはっきりと示している。自然選択は，特定の生態学的な問題解決のために行動を調整する学習のメカニズムの他に，感覚-知覚的，動機づけ，運動的過程にも影響を及ぼしている可能性がある。適応的な行動は，しばしば（学習というより）文脈的な要因が進化のなかで変化することによって達成されているようである。この事実は，学習メカニズムを変更するには，発達上の制約がかなり厳格である可能性を示唆している。文脈的な要因を調整することの長所は，必要とされる遺伝的変化が比較的限られた形質的効果しか持たない，ということである。例えば，空間手がかりに対する知覚的なバイアスは，視覚系にしか影響を及ぼさない。それに対して，神経可塑性のメカニズムを変える遺伝的変化は，特にそれがもし細胞-分子のモジュールにまで影響を及ぼすならば，潜在的にさまざまな行動システムに影響し，それが不適応な効果を生じさせるかもしれない。

　いくつかの学習過程が普遍性を持っているので，進化的な分岐の例を見つけだすためには，かなり遠い関係にある種の比較を必要とするかもしれない。2つの種の共通の祖先を遡るほど，学習過程が分岐したメカニズムに立脚している可能性がある。そのような比較は，特定の種の分類上の状態によって，その動物が利用できる学習技能は決まっているとの仮説に立脚している。特定の分類群（例えば，目，綱，門）にいる動物たちは，（彼らの生活様式とは独立に）一連の共通した過程を共有しており，別の分類群に存在する特定の過程を欠いているかもしれない。もしそれが，多くの異なるニッチに共通した環境に対して適応的であるならば，例えば因果関係の検出のように（Dickinson 1980），特定の生態学的な条件を超えて共通した学習メカニズムが存在しているかもしれない。分岐した学習メカニズムは，ある種の動物の学習技能が，他の種のそれらよりも生物学的に優れているということを意味しているのではない。それは，単に適応的な行動が，異なる形式の可塑性を含んでいるか，あるいは，ある種には行動的な可塑性がまったく含まれない，ということだけである。

　そのことの生物学的な例は，体温調節に見られるだろう。すべての脊椎動物は，さまざまな体温調節メカニズムを有している（例えば，日光浴行動-つまり，寒い環境で日光を浴びること）。このような共通した過程に加えて，鳥類と哺乳類は，内温性（環境変動とは独立に，体内の環境を比較的一定に保つために熱を起こす代謝能力）を進化させた。内温性は，鳥類と哺乳類のように，種が異なることによって生態学的な条件が異なるほど大きな違いがあるわけではなく，むしろこれは，それぞれの分類群のすべてのメンバーに共通した適応である。さらに，例えば爬虫類が内温性を有していないということで，鳥類と哺乳類のほうがより優れた適応をしている，というのは間違いであり，むしろ，体温調節の問題は，異なる種では異なる方法で解決されている，ということである。以下の 2.e.-2.g. では，学習過程で考えられる巨視的な進化上の移行について取り扱う。

2. e． 注意と学習　複合刺激に曝されたことがあれば，その複合刺激の特定の要素が，動物の行動を制御するように変化することがある。構成要素のいずれもが，生物学上の重要な事象に対する信号として等しい効果を持つかもしれないが，その複合刺激のなかでも，特定の要素刺激が，他の要素刺激を排他的に作用し，動物の行動を制御することもある。そのような刺激性制御の選択性は，**注意**の過程を表している。条件づけの手続きによって，特定の刺激に対する注意を強めたり遮断することができる。

　注意の減退は，**潜在制止**（→基本的な実験計画の記述として，図 11-6，322 頁参照）として知られる現象の原因となっているかもしれない。簡単にいえば，潜在制止とは CS だけが繰り返し提示された後に（第1段階），CS-US の獲得（第2段階）が遅れることをいう。この手続きの単純

さにもかかわらず，潜在制止の種を超えた普遍性は，限られているようだ。例えば，この効果は硬骨魚類では生じないことが示唆されている。キンギョ（Carassius auratus）を用いた一連の実験で，獅々見（Shishimi 1985）は刺激の種類（視覚刺激と聴覚刺激），強化子（電気ショックと食物），先行提示の試行数（0から160試行まで），および随伴性（古典的条件づけによるものと道具的条件づけによるもの）を，系統的に操作したが，いずれによっても潜在制止の明確な証拠は得られなかった。いくつかの実験で，ある刺激（点滅する赤い刺激，R）の先行提示は，先行提示を受けない群よりも条件づけが遅れたが，別の刺激（持続的な白い光，W）の先行提示を受けた群との間で違いはなかった。一般的に哺乳類の実験では，訓練の最初の段階で先行提示された刺激に対してのみ潜在制止が生じる。

哺乳類では，あるCSの先行提示は，そのCSが条件制止のパラダイムでの負の刺激として用いられたときにも（つまり，A+/AB−で，Bは先行提示されたそのCSを表している），その条件づけを遅らせる。この結果は重要である。なぜなら，それはこの効果には（潜在「制止」という名によって示唆されるように）制止の条件づけを含んでおらず，むしろ条件づけの状況でCSが果たす役割とは独立に，CSの処理に作用する注意が欠如していることを示唆しているからである（Rescorla 1971）。しかしキンギョでは，強化を伴わない先行提示は，条件制止の訓練の結果に影響を及ぼさない。図14-3に示したように，R（負の刺激として作用する，点滅する赤い光）が先行提示されているかどうかにかかわらず，キンギョは速やかにW+/WR−の弁別を獲得した。この実験ではキンギョは，視覚刺激（白い光と赤い光）がCSで，間仕切りの上を泳いで渡ることがCRであるシャトル箱事態において古典的条件づけの訓練を受けた。弁別の成績は同じように良かったが，先行提示を受けたキンギョの遂行は，先行提示を受けていないキンギョよりも概して低いことに注目してもらいたい。このグループ間の違いは，特定の刺激に対する注意に変化が生じたというよりも，先行提示の効果がこの状況での刺激全般に対するキンギョの反応性を減退させたことを示唆している。

ある場合には，強化を伴わないCSの先行提示は，潜在制止効果とある意味で逆になり，以降のCS−USの条件づけを実質的に促進することがある。ある実験（Morin et al. 1990）で，タイヘイヨウサケ（Salmo salar）は特定の嗅覚刺激（L−システインを水に溶かしたもの）を20試行提示され，翌日にその嗅覚刺激（CS）と電気ショック（US）の対提示を20試行受けた。CRとして，CS提示中の心拍数の変化が測定された。先行提示は，CS−USの対提示訓練の獲得をはっきり促進させた。このような，逆転した潜在制止効果は，比較的少数の先行提示試行を受けた10日齢の

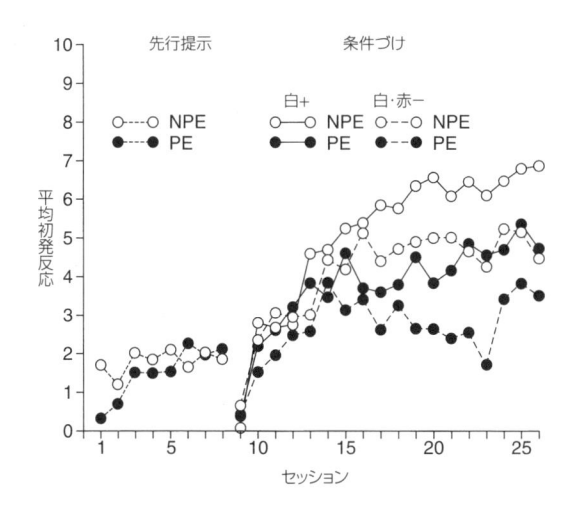

図14-3 キンギョに刺激を非強化で先行提示した後の弁別学習（Shishimi 1985）。黒丸はその刺激に対して非強化の先行提示を受けた動物（PE）の，白丸は先行提示を受けなかった統制条件の動物の遂行（NPE）を表している。PEのキンギョは全体的にNPEの統制条件のレベルよりも遂行が低いが，弁別はどちらの条件でも同じ割合で発達しているので，潜在制止が生じていたとはいえない。

ラットにおいても観察されている（→図11-6-(b), 322頁参照。比較と発達のデータが類似した興味深い結果が提供されている）。

硬骨魚類では，注意の過程に依存すると考えられる他の効果はどうだろうか？ある群の動物が，複合刺激による視覚弁別の訓練を受けたとしよう。その複合刺激の要素は，色（赤，Rか，黄色，Y）と線（水平位，Hか，垂直線，V）である。訓練では，色が弁別に関連しており，線は無関係であるとしよう。以下のように4種類の試行ができる。RH+/RV+/YH－/YV－（正しい方略は，Rに反応し，Yには反応しないことで，HとVを無視することである）。ここでの問題は，次の弁別で，先には関連していた次元が引き続き関連している（**次元内転移**）か，あるいは先に無関係であった次元が今度は関連する次元となったときに（**次元外転移**），これらの動物はどのように学習するか，ということである。したがってそのグループは，2つの下位グループに分割され，新たな色（緑，Gか，青，B）と新たな線（スラッシュ，Sか，バックスラッシュ，B）を用いた弁別訓練を受ける。次元内転移の条件では，色は引き続いて関連次元である。つまり，GS+/GB+/BS－/BB－（Gに反応する）である。しかし，次元外転移の条件では，今度は線が関連するようになった。すなわち，GS+/BS+/GB－/BB－（Sに反応する）である。サルとラットの実験では，最初の訓練によって，視覚的な複合刺激の無関係な知覚的次元に対する注意が減退するので，次元内転移のほうが次元外転移よりも容易であることが示されている（Sutherland & Mackintosh 1971）。上の例では，最初の段階で線の向きに対する注意が減退したために，訓練の第2段階において斜線の傾きが関連するようになったときの獲得が遅くなった。興味深いことに，キンギョはこれらの複雑な転移課題を学習するが，転移が次元内であるか次元外であるかにかかわらず，同じ程度の遂行を示す（Couvillon et al. 1976）。

これらの結果は，連合学習における注意のモジュールは，硬骨魚類には利用できないメカニズムを含んでいる可能性を示唆している。潜在制止と次元転移の実験で観察された種間の行動上の違いは，学習過程に潜在する進化的な分岐と深く関連している可能性がある。おそらくこれらのメカニズムは，現生哺乳類の祖先で進化したために，他の種では利用できないのであろう。別の仮説では，それらの行動上の違いは，学習メカニズムの分岐というより，文脈要因における種間の違いを反映しているということを示唆している。例えば，サカナの実験での潜在制止の欠如は，先行提示訓練で不適切な条件を使用していたことに起因するのかもしれない。

2.f. 情動と学習 欲求性の事象（例えば食物や水）の信号に曝された哺乳類は，それらの事象に対して予期を発達させる。しかし信号が存在する状況で，報酬が与えられないか，以前よりも価値の低い報酬が与えられれば（質と量のいずれにおいても価値が下がれば），哺乳類は，嫌悪的や情動的とまとめて特徴づけられるさまざまな行動的，生理的反応を示す。このような報酬条件の変化は，**予期せぬ非強化**（その信号はより好ましい事象を信号していたので，「予期せぬ」となるのである）といわれ，それには2つの基本的な性質がある。すなわち，直後にさまざまな結果を生じさせる**一次フラストレーション**の状態を引き起こし，**予期的フラストレーション**の獲得源となる（Amsel 1992）。

一次フラストレーションが嫌悪的な性質を持っていることの証拠は，ラットが予期せぬ非強化を経験したときに，その状況から抜け出すための新たな反応をすばやく学習するという事実に見られる。例えば，ゴールボックスで2, 3粒の食物ペレットが与えられる訓練を受けたラットは，その後に食物の量が減らされるか，与えられなくなれば，壁を乗り超えて別の区画に飛び出すことを学習する（Daly 1974）。このような逃避学習は，その状況が嫌悪的であることを示している。予期せぬ非強化がもたらす情動的な結果は，ブタが食物を受けるために鼻でパネルを押す訓練を受けた後に，消去（すなわち，押しても強化されない）へ移行した実験においても示される。消去セッションは，同じ手続きを受けていたブタをペアにして行なわれた。これらの動物は，コルチコステロイ

ド・ホルモンのプラズマレベル（ストレスの適切な指標である）を増加させ，押す，噛む，争う，といった，相当量の攻撃行動を示した（Dantzer et al. 1980）。消去によって誘発される攻撃は，霊長類や齧歯類においても観察されている。

その他にもさまざまな訓練状況から，例えば多くの（またはより好ましい）報酬から，少ない（またはより好ましくない）報酬へと，予期せぬ変更を経験したラットや他の哺乳類は，少ないほうの報酬しか与えられたことのない統制条件の動物に比べて，減少したその報酬を明らかに拒否するようになるという証拠が得られている。**負の継時的対比効果（SNC）**と呼ばれるこの現象は，道具的な反応（例えば，迷路の走行）や，完了反応（例えば，甘い溶液を飲む）を用いた状況で，ヒトの乳児，サル，ラット，マウスやオポッサムなどで観察されてきた。図14-4-(a)は，複雑な迷路の訓練を受けたラットが，報酬が飼料用ふすま粉の団子からヒマワリの種へと低い価値のものに変更されたときの，道具的遂行の悪化を示している（Elliott 1928）。図14-4-(b)は，サッカロース溶液の濃度が32％から4％へと量的に変化された2種のキタオポッサムの完了行動においても，同様の悪化が生じることを示している（Papini et al. 1988）。齧歯類を用いたさらなる実験から，負の継時的対比効果がコルチコステロイド・ホルモンの高いプラズマレベルと相関しており（Flaherty et al. 1986），またジアゼパムなどの不安緩解薬を投与することによって，これを減じることが可能なことが示された（Mustaca et al. 2000）。

負の継時的対比効果は，少なくとも部分的には予期的フラストレーションが行動に抑制的な効果を与えることを反映している。報酬が低い価値へと変更された後では（いずれの群もヒマワリの種や，4％のサッカロース溶液のために行動する），訓練の条件は2群間でまったく等しいが，その同じ環境にある動物が，かつてそれよりも良い報酬条件を経験したことがあるならば，その遂行が悪化する。

これまでのところ，哺乳類以外の脊椎動物の実験で，負の継時的対比効果が検出されたことはない。図14-5は，それらの実験で対象とされた種の系統発生上の関係を樹状に表した図として，負の継時的対比効果の分布を示したものである。これらの実験では，強化子（食物か水），反応（走路の走行や泳行，ハトのキーつつき，摂取行動），試行間間隔を広くとる措置（例えば，1日1試行など）などの訓練条件を等しくしている。哺乳類だけが，分散試行による負の継時的対比効果を示している。この図ではそのことを，訓練のシフト後の段階において遂行が沈み込む図として表現している。他の脊椎動物でも報酬量の違いによって行動は敏感に変化するので，負の継時的対比効果が生じないことを，動物が報酬量の違いが知覚できないことに帰属させることはできない。それらの動物の行動は，シフトをしても対比と特徴づけられるような行動の落ち込みがなく，徐々に調整されるか，まったく変化しない。

例えば，キンギョ（*Carassius auratus*）を被験体とした実験をみてみよう（Lowes & Bitterman 1967）。キンギョは，出発区画から細長い水槽を泳いで，ゴールボックスで4匹か40匹のイトミミズが与えられる訓練を受けた。反応時間は，多い報酬を受けたグループのほうが早かったので，そこでの量の違いはこれらの動物の道具的行動にかなり影響することが示された。その後，40匹から4匹へと餌の量がシフトされたが，実質的に遂行の変化はなかった。これらの結果は，下等脊椎動物（例えばカメ，カエル，硬骨魚類）における実験での典型例である。

下等脊椎動物は，予期的フラストレーションに依存すると考えられる他の効果も示さないのだろうか？少なくとも他にも2つの学習現象が，下等脊椎動物を用いた分散試行での実験において検出できなかった。それは，**部分強化消去効果**（PREE，連続強化で訓練されるより，部分強化で訓練されたほうが消去抵抗が大きい）と，**強化量消去効果**（MREE，大報酬で獲得するよりも，小報酬で獲得した後のほうが，消去抵抗が高い）である。これらすべての効果（すなわちPREE, MREE, SNC）は，ラットの子どもでも現れないので（→表11-2，330頁参照），ここでも学習に関する比較と発達研究の興味深い類似が示され

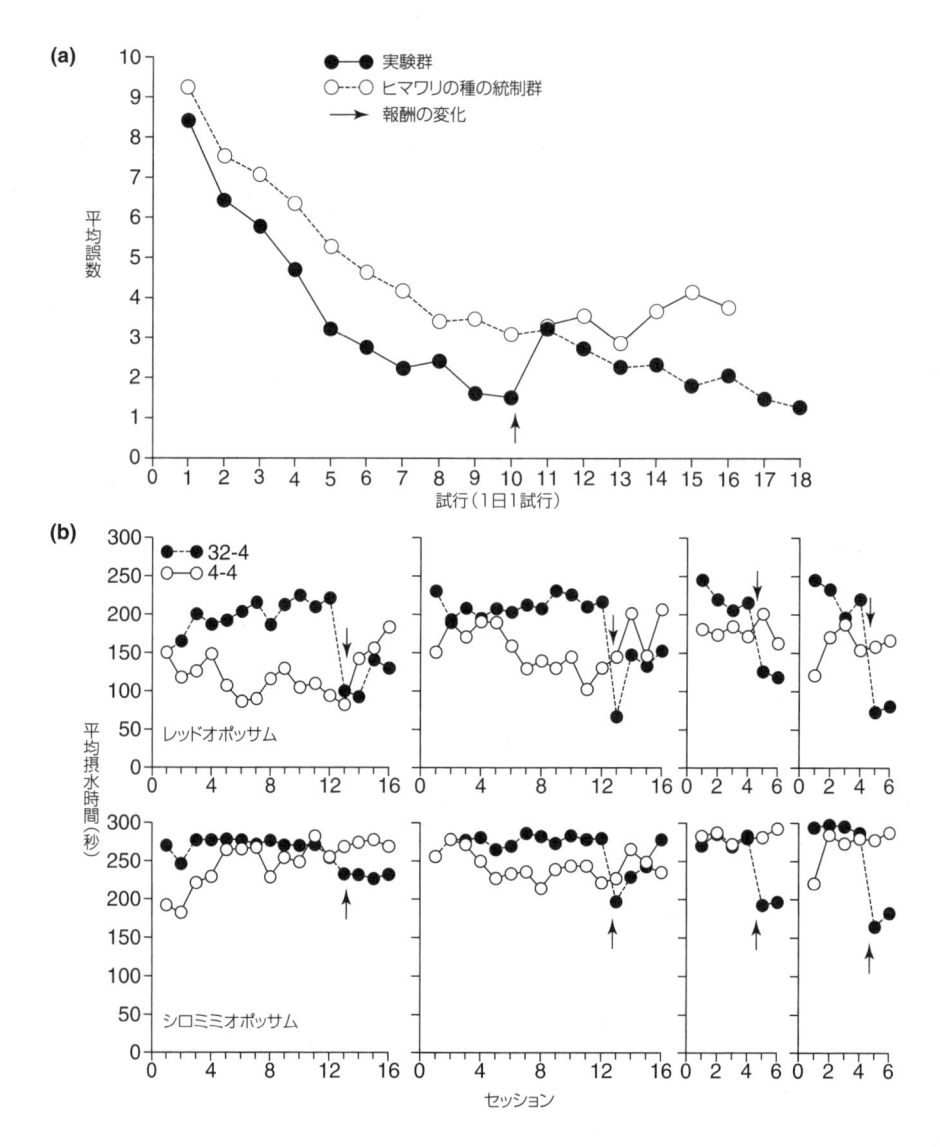

図14-4 負の継時的対比効果 ⒜1日に1試行，複雑な迷路を抜けると飼料用ふすま粉の団子（より好まれる）かヒマワリの種（あまり好まれない）が与えられる訓練を受けたラットにおける，この効果の最初の例。報酬が好ましいものから好ましくないものへシフトされると（矢印で示されている），エラーの数はシフトを受けない統制条件の動物より多くなり遂行が悪化した。
⒝2種の哺乳類の有袋類における完了行動での連続的な対比効果（Papini et al. 1988）。オポッサムは，日々のセッションで32%か4%のサッカロース溶液を飲むことができた。矢印は，32%の溶液が4%へシフトされたセッションを示している。完了性の対比効果は，シフトを受けた群がシフトを受けない群に比べて摂水していた時間が減少したことに見られる。

ている。さらに，ある手続きに曝すことで，成体のラットを哺乳類以外の脊椎動物や，子どものラットと同様の遂行を示すようにすることも可能である。例えば，不安緩解薬を投与したり，大脳辺縁系のある領域を切除すれば，負の継時的対比効果と部分強化消去効果は消失する（Feldon & Gray 1981; Franchina & Brown 1971）。これらの結果が示唆しているのは，負の継時的対比効果や部

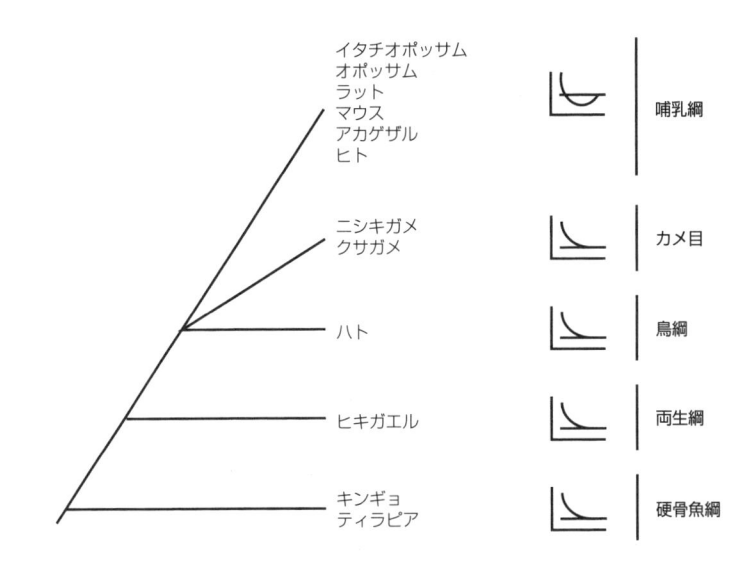

```
イタチオポッサム
オポッサム
ラット
マウス         ───┐
アカゲザル         │── 哺乳綱
ヒト           ───┘

ニシキガメ
クサガメ        ───── カメ目

ハト           ───── 鳥綱

ヒキガエル      ───── 両生綱

キンギョ
ティラピア      ───── 硬骨魚綱
```

図14-5 負の継時的対比効果について，体系的に研究されたいくつかの脊椎動物の綱での種間の分類上の関係を示した系統発生的な樹状図。この現象は哺乳類でしか生じない（参考として，Papini 1997）。

分強化消去効果などに潜在するメカニズムは，予期せぬ非強化への情動的な反応に関する情報を獲得することにかかわっており，これは哺乳類の系族で進化したために，哺乳類以外の脊椎動物には存在しないという可能性である。しかし，下等脊椎動物やラットの子ども，不安緩解薬を投与されたラットにおいてこれらの効果が存在しないということに対して，ここでも未確認の文脈要因が関与している可能性が考えられる。

2. g. 問題解決行動 2人の著名な比較心理学者，エドワード L. ソーンダイク（Edward L. Thorndike）［1874-1949］とヴォルフガング・ケーラー（Wolfgang Köhler）［1897-1967］の研究は，学習の性質について影響力のある論争を引き起こした。さまざまな種の動物に新たな技能を獲得させたソーンダイクの実験で，学習とは，今では道具的条件づけと呼ばれる試行錯誤過程の結果として徐々に進行するものであると，彼は考えるにいたった。例えば，掛け金を操作することによってのみドアを開けて外の食物にたどり着ける問題箱に入れられたネコでは，訓練試行が進行するにつれて，そのドアを開けるまでの時間がしだいに減少した。**学習の連続説**として知られるこの考えは，**洞察**と呼ばれる，動物が突然新たな技能を獲得する過程を示した実験と矛盾していた。ケーラー（Köhler 1925）は，ソーンダイクの問題箱の状況と同じように，比較的複雑な系列の反応によってわずかな食物が得られる状況において，チンパンジーを対象としたさまざまな実験を報告している。有名な実験では，ズルタン（Sultan）と名づけられたチンパンジーが，見慣れた小さな箱とともに，ケージの天井から，そのままでは届かない位置に果物がぶら下がっているのを見せられた。ズルタンの最初の行動は，彼がその箱に注意を払わなかったことを除けば，すべて果物を取ろうとする類の行動であった。この状況に2, 3セッション曝された後で，ズルタンはその箱に対してさまざまな行動を示した。それを投げたり，座ったり，また激しく攻撃したのである。次のセッションで，2, 3回果物に手を伸ばして取ろうとした後に，ズルタンは，箱のほうに向かい，それを掴んで，果物の下まで引きずって来て，その上に登って果物を手にした。

ズルタンの問題解決能力には目を見張るものがあるが，同じようなすばらしい遂行は，その動物

に膨大な訓練が与えられた後に得られる。もちろん，ケーラーの実験に参加したズルタンや他のチンパンジーも，その問題解決場面に含まれるすべての要素について膨大な訓練を受けた後になって，ようやく洞察行動を示したのである。

　今度はハトを被験体とした洞察現象について再び考えてみよう。エプシュティン（Epstein 1987）は，食物を強化子とした道具的条件づけにおける通常の反応形成（シェーピング）の手続きにしたがって，それぞれ異なる4つの反応を別々に訓練した。最初にハトは，ボール箱をつついて床に緑色の点で着色されたところまで移動させることが訓練された。2番目にハトは，囲いのドアを開けることを学習した。3番目にハトは，あらかじめ特定の位置に固定されたボール箱の上に登ることが教えられた。最後に，プラスチックのバナナが，届かない位置につり下げられ，それに向かってどのような動きでも行なえば食物で強化された。

重要なのは，どの反応がシェーピングされているときでも，その遂行に該当する対象（すなわち，動かせる箱，囲い，固定された箱，バナナ）は，そのセッションにしか存在しなかったことである。続くテストセッションで，可動する箱が囲いの中に入れられ，バナナはテスト装置の上方の，ハトが届かない位置につり下げられた。図14-6は，テストセッション中のハトの行動を示したものである。

　ハトの最初の反応は，バナナに向かって伸び上がることであった。これに続いて，囲いに近づき，そのドアが開くまでつついた。セッション開始からおよそ100秒目に，ハトは囲いの中にあったボール箱をバナナの方向に向かって押し始めた。箱が最初の場所とバナナの中間に来たときに，ハトはその上に乗り，バナナに向かって伸び出した。その後，ハトは再び箱を押して，その上に登って，プラスチックのバナナをつついた。すべての系列

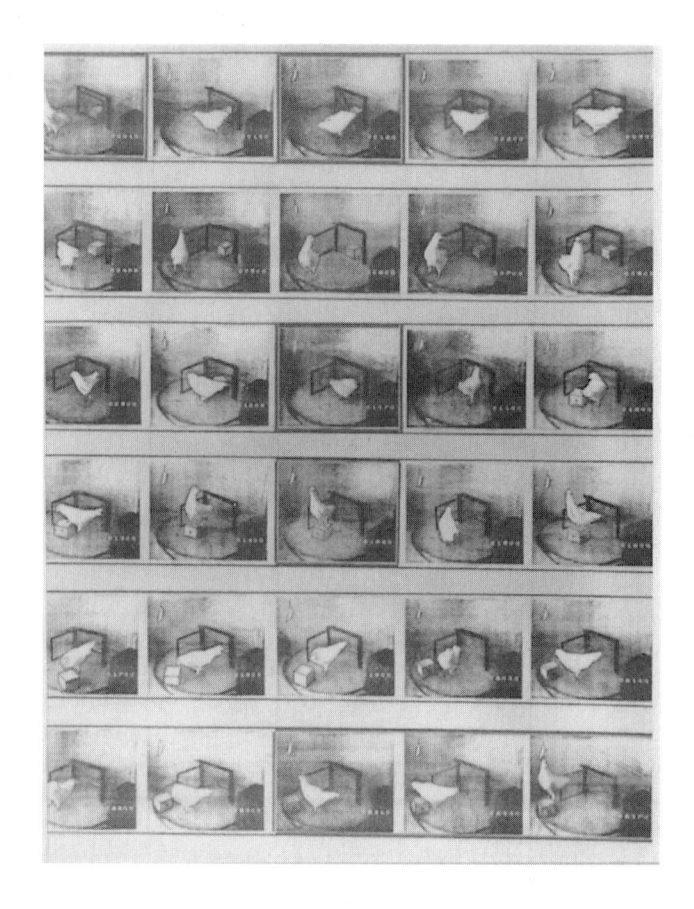

図14-6　すでに訓練された反応の自発的な相互結合（Epstein 1987）。詳細は本文を参照。

を終えるまでに237秒要した。この反応系列の個々の構成要素はバラバラに訓練されたが，テスト場面ではそれらが自発的に相互結合したようである。全体の過程は，ズルタンの洞察に富んだ問題解決行動を思い起こさせ，このような行動の能力は霊長類に限定されていると考える必要はないことを示唆している。

　動物がすでに獲得した情報を，新しい状況に転移させる能力を示すための多くの訓練パラダイムが開発されてきた。これらのパラダイムは，膨大な量の問題解決の訓練によって，これまでの実験よりもさらに系統的な方法で，新しい状況に適応できることを表している。**学習セット**のパラダイムでは，それぞれ一組の刺激が含まれる単純な弁別の系列で動物が訓練される。それぞれの弁別では，2つの刺激のうち一方を選べば食物で強化されるが，他方を選べば強化されない。例えば，A＋/B－の弁別に，C＋/D－，E＋/F－，などが続く。最初の弁別の解決は，試行錯誤の過程によって徐々に成し遂げられるのだが，最終的には，動物の行動は洞察に満ちているように見える。多くの類似した問題を解決した後に，X＋/Y－の弁別を行なう熟練した動物は，まるで**ウィン・ステイ／ルーズ・シフト法則**に従っているかのように振る舞う。つまり，(1)とにかく最初の試行ではランダムに2つの刺激のうちのどちらかを選び，その結果を確かめる（その選択が正答か誤答にしたがって食物が与えられたり与えられなかったりする）。そして，(2)もしその選択が正しければ次もその刺激を選び，その選択が間違っていれば別の刺激へとシフトする（Harlow 1949）。

　学習セットの比較研究は，文脈変数がこのパラダイムでの遂行を規定する重要な要因であることを示している。感覚－知覚的な要因は，特定の種が到達する遂行レベルにとって，特に重要な決定要素である。例えば，ラットが何百もの課題をこなした後だとしても，2次元の視覚刺激の弁別はあまり良くない。しかし，3次元の視覚刺激，空間的な位置，嗅覚刺激などを用いた弁別課題を行なったラットの学習セットの遂行は，霊長類などの研究で得られるものと同等である（→第8章，4.e.，241－245頁参照）。したがって，学習セットのパラダイムにおいて特定の種が持つ絶対的な遂行レベルというようなものは，存在しないようである。

　ランボー（Rumbaugh 1997）は，最初の課題から新しい課題へ転移させる能力を種間で比較する際に，文脈変数の関与を最小限にできると提案した。ある課題の遂行が先行経験によって影響されるどのような状況においても，**転移**は生じ得る。先行経験が，後続の学習を促進すること（正の転移）も，干渉すること（負の転移）もあり得る。例えば霊長類では，最初の弁別が同じような難易度で，操作的に等しい基準で獲得されたとしても，逆転学習において，原猿と新世界ザルでは負の転移が生じ，旧世界ザルや類人猿では正の転移が生じる（→図8－19，244頁参照）。ランボー（Rumbaugh 1997）は，これらの逆転学習の研究を発展させ，元々の弁別で用いられていた2つの刺激のうちの1つが，新たな刺激と置き換わるという，2つの付加的な条件を追加した難しい逆転条件を比較した。さまざまな種の霊長類の動物は，それぞれ最初にA＋/B－の弁別訓練を受け，続いて3つの異なる逆転課題を受けた。第1のセットの試行は，最初の課題を完全に逆転させたもので（すなわち，A－/B＋），第2のセットの試行は，先の正刺激が新たな刺激に置き換わったもので（すなわち，C＋/B－），第3のセットの試行は，先の負の刺激が新たな刺激に置き換わったもの（すなわち，A＋/D－）であった。ここで鍵となる結果は，原猿（キツネザル）やサル（リスザル，オナガザル，アカゲザル）では，最初の弁別を完全に逆転したもの（A－/B＋）が，新たな刺激を含む弁別（C＋/B－やA＋/D－）よりも困難であったが，類人猿（ゴリラとチンパンジー）では，その弁別は他のものと同じ程度の困難さでしかなかったことである。

　これらの結果に対する1つの解釈は，負の転移は，反応傾向の学習が（A＋刺激に対する）強化によってしだいに強まり，（B－刺激に対する）非強化によって弱まることを反映している，というものである。完全な逆転条件は，これらの反応傾向を徐々に逆転させることを要求し，したがって，逆転した遂行に対して比較的大きな負の転移

を与えることになる。この解釈によれば，原猿とサルはこの方法で弁別を学習している。それに対して，類人猿の弁別学習は，法則の獲得に基づいているように思われる。このような状況での法則学習は，最初の課題で獲得した，ウィン・ステイ／ルーズ・シフト法則と同じものが含まれるので，これら3つの弁別逆転（A−/B＋，C＋/B−，A＋/D−）に対する困難さは同程度になるだろう。さらに，いずれの動物もほぼ同じ率で最初の弁別の獲得基準に到達したので（連続する10試行のうち9試行の正答），おそらく文脈変数には大きな違いがなかったことが示唆される。

弁別学習に関するこれらの実験は，種間の学習過程における質的違い（例えば，類人猿はサルや原猿とは違う）を意味しているようだが，その判断は最初の分析で見られるほど単純ではない。獲得した連合構造は非常に複雑で，次の節で示されるように，予測するのが難しい現象を引き起こす。

3. 比較認知

3. a． 連合主義的観点と認知主義的観点 学習の連合主義的観点は，哲学の伝統の中にその根元がある。学習に関する実験的な研究の最初の10年間は，連合過程は単純なものだと考えられており，生理的メカニズムの候補としてもっともらしい神経過程さえ提案されていた。ソーンダイク（Thorndike 1911）は，学習には，刺激（S）条件とその条件下でうまくいった反応の間に連合が形成されることが含まれる，と提案した。いわゆるS−R連合とは，単に心理学的な性質としてだけでなく，「ある神経細胞によって生じた神経的な電位や制止が他の神経細胞へ伝導する，神経細胞間の結合」に基づくものと考えられた（Thorndike 1911, p. 247）。

このS−Rの立場に取って代わる考えは，問題を解決しようとする動物に見られる豊かな行動レパートリーを説明するには，S−R連合過程はあまりにも原始的で，単純で，機械的である，と見なす人々によって急速に発展させられた。その例の1つは，前節で議論したケーラーの洞察学習である。別の例は，アメリカの比較心理学者エドワードC. トールマン（Edward C. Tolman）［1886−1959］が発展させた，学習に関する影響力のある見解である。トールマンの研究室からは，いわゆるラットの認知能力を示すためにうまく計画された，さまざまな実験が編み出された。トールマン（Tolman 1932）の考えの中心には，S−R結合の学習ではなく，刺激間の連合であるS−S連合という用語で枠組みされる，認知的な予期の獲得があった。この立場によれば，特定の状況での強化子の出現は，その強化子の予期を形成させる。行動は，予期を獲得することによって導かれる。

鍵となる証拠は，先に記述した対比効果の実験（→図14−4−(a)参照）から提供されており，それはトールマンの研究室の学生であった，エリオット（Elliott 1928）によって行なわれたものである。この実験が意味していることは，単純なS−Rの説明が主張するように強化子は単に道具的反応を強めるだけでなく，動物が訓練中に獲得する連合構造の一部として，強化子は符号化されることも示唆している。報酬のパラメータ（例えば，質や量）をシフトさせた後に生じる道具的行動の悪化は，S−S連合によってラットはゴール箱でみつけるはずの強化子の種類を予期していたことを強く示唆している。トールマンの別の学生であるティンクルポー（Tinklepaugh 1928）は，より好ましいバナナ片から，食べはするがあまり好まないレタス片へと報酬の質をシフトしたサルの実験で同様の結果を得ている。図9−2（→254頁参照）に示したように，サルはそれぞれバナナやレタスの報酬を見つけることを予期しているときには，どちらも受け入れる。しかし，サルがバナナを予期していたときにはレタスを受けつけず，その場合にサルは探索行動を示し，実験者に対してしだいに攻撃的になった。おもしろいことに，この課題を遂行中のサルの前頭皮質の単一細胞の

記録をした研究から，その動物が特定の報酬を予期しているときに主として発火する神経細胞が存在することが示された（Watanabe 1996）。したがって，トールマンの予期の概念と細胞の間には相関があるように思われる。

1920年代から1950年代への数十年にわたるS－R論者とS－S論者の間の激しい論争は，一連の印象的で理論的，かつ実験的な展開を促した。この論争におけるトールマン以外の主要な人物は，クラークL. ハル（Clark L. Hull）［1884-1952］で，彼の理論的な努力は，トールマンの認知主義的観点に促された多くの新たな発見を，S－R原理によって説明することに捧げられた。ハル（Hull 1931）もまた，予期は**予期的ゴール反応**，つまり，強化子に向けられた非常に些細な類の反応（例えば，われわれがレストランでメニューの項目を見ているときに，食事を予期して唾液が出たり，飲み込むこと）と見なすことができると考えていた。ある場合には，これらの内的反応は，純粋刺激行為として定義された。つまりそれは，行動を導くもので，私たちが「目的，欲求，願望」と呼ぶものに相当する観念である（Hull 1931, p.505）。

この論争のピーク時に，S－RとS－S連合の構造は，互いに排他的に概念化された。実験は，これらの観点のいずれか一方を明確に支持するものであることが期待され，また学習はどちらか一方の原理に基づいていることが期待された。その後の研究から，連合の構造という観点からであったとしても，動物がみずからの経験を表象する方法は，これらの観点で考えられていたものよりもはるかに複雑であることが示された。そのことは，3つの例を示すことでよく理解できるだろう。最初に，表14-1で記述した実験（Holland 1981）で示されるように，食物嫌悪は直接CSとUSを対提示しなくても成立する，という可能性について考えてみよう。この実験の鍵となるグループは，第1段階で音（CS）が食物（US）の確実な信号になるまでそれらの対提示を受けたTT群である。訓練の第2段階で，今度はその音は，塩化リチウム注射の嫌悪的なUSと対にされた。ホランドは，その音は先の経験によって先の食物の内的

表14-1 食物嫌悪に媒介された表象

群	第1段階	第2段階	結果
TT	T→食物, L→非強化	T→LiCl, L→非強化	71*
TL	T→食物, L→非強化	L→非強化, L→LiCl	94
LT	L→非強化, T→食物	T→LiCl, L→非強化	91
BT	食物→T, L→非強化	T→LiCl, L→非強化	86

注：T（純音），L（光），LiCl（消化器官に不調を起こす塩化リチウム）
すべての動物が，TとL（CS）および食物とLiCl（US）に同じように曝されたが，これらの刺激の対提示が異なることに気づいてほしい。ラットが食べた食物ペレットの数は，テストの結果の欄に示されている。星印は，3つの統制群のラットが食べた量よりも，食べた数が有意に少なかったことを意味している。(Holland 1981, Experiment 1 より)

表象を活性化させるので，塩化リチウムは実際のその音だけでなく，食物の内的な表象とも対にされることになるだろうと考えた。その結果として，食物は嫌悪的になるはずである。この仮説を検証するために，ラットは音－塩化リチウムの対提示後に食物に曝され，予測通り，その群のラットたちは，表に示された3つの統制群に比べて顕著な嫌悪を示したのである。したがって，試行中にその構成要素が予期として存在しただけでも，明らかに連合が形成できるのである。

第2の実験は，外的な刺激が条件性弁別課題の解決に関連するのとまさに同じように，予期が行動を導くという考えを示唆している。**条件性弁別**とは，2つの反応選択肢がそれぞれの試行内に存在しており，それらのうちの1つは，ある刺激のもとでは正しいが，別の刺激のもとでは他方の選択肢が正しいというものである。トレイポルド（Trapold 1970）は，それぞれの正選択が異なる報酬結果を受けたときに，条件性弁別が促進されるかどうかを調べた。3群のラットは，2種類の異なる聴覚刺激（純音とクリック音），2種類の異なる反応（それぞれ右と左にある格納式レバーに対するもの），2種類の異なる報酬（乾燥した食物ペレットとサッカロース溶液）を用いた訓練を受けた。ここで問題となるグループは，図14-7-(a)に記述されているように，それぞれの刺激がいずれかの反応と連合しており，さらに異なる結果によって強化された。それぞれの刺激とそれらに対する独自の結果（純音－ペレット，クリック音－サッカロース）との間のS－S対提示が，独自の結果に対する予期を形成すると予想された。これらの異なる予期は，結果が常にペレットかサッカロースのいずれかでしかなかった統制

(a) 実験群の手続き

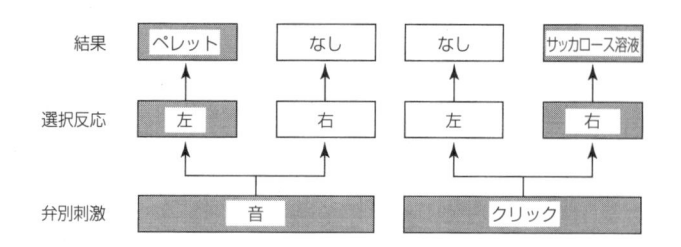

結果：ペレット／なし／なし／サッカロース溶液
選択反応：左／右／左／右
弁別刺激：音／クリック

(b) 結果分化効果

●——● 実験群
◉--◉ 食物の統制群
○--○ サッカロースの統制群

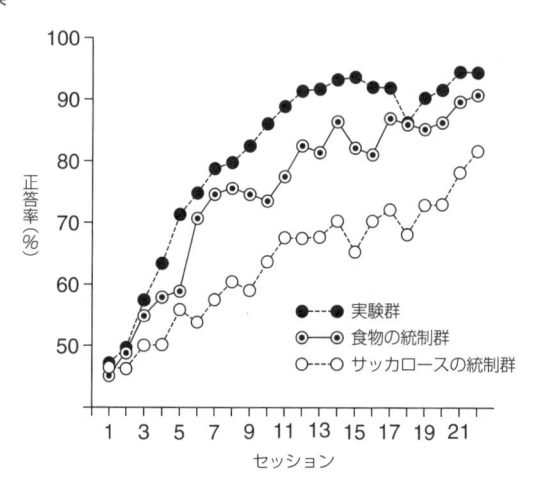

図 14-7 ラットの結果分化効果の実験（Trapold 1970）。 (a)実験群で用いられた手続き。それは，2つの条件刺激（純音，クリック音），2つの反応（右レバー，左レバー），2つの強化子（乾燥したペレット，サッカロース溶液）を含んだ，条件性弁別である。それぞれの正しい反応は，異なる結果を生じさせる。 (b)正答率は，この結果分化手続きによって促進されている。統制群は，どちらの正反応に対しても，常に乾燥ペレットかサッカロース溶液のいずれかの同じ結果を受ける。

群よりも，条件性弁別を容易にするはずであった。ここでの統制群は，純音とクリック音によって共通の予期が誘発されるので，その動物たちは，それぞれの試行で正しい反応を行なうのに必要な情報を検索するのが困難になるだろう。図 14-7-(b) に示されたように，結果はまさに予測通りであった。この，いわゆる**結果分化効果**は，ラットやハトや子どもを対象とした，欲求性と嫌悪性のさまざまな実験で確認されてきた。先の例と同様に，この効果は予期が刺激としての特性を持っていることを表している。

最後の例では，異なる技法を用いてはいるが類似の効果を得ている。その手続きは，共通の予期によって，それまで決して対にされたことのない刺激に反応の制御が転移する能力に基づいている。表 14-2 は，クルースら（Kruse et al. 1983）によって報告されたラットの実験計画を示している。訓練の最初の段階でラットは，純音（T）の信号によって右のレバー（R）を選択すればペレットで強化され，クリック音（C）の信号によって左のレバー（L）を選択すればサッカロース溶液で強化される条件性弁別の訓練を受けた。それぞれ

表 14-2 制御の転移実験

群	第 1 段階 道具的	第 2 段階 パブロフ型	制御の転移テスト
ペレット	T-R-ペレット/C-L-サッカロース	N-ペレット	N: R vs. L
サッカロース	T-R-ペレット/C-L-サッカロース	N-サッカロース	N: R vs. L

注：T（純音），C（クリック），R（右レバー），L（左レバー），N（ホワイトノイズの提示）。スラッシュは，それらの試行が同じセッションで提示されていたことを意味している。テスト段階で，さらなる条件づけが進行しないように消去の条件下で，ラットはどちらのレバーも押すことができる試行が与えられた。鍵となる結果は，パブロフ型条件づけのCSである（N）が，それと強化子を共有する反応を増加させたことである（すなわち，ペレット群でのRと，サッカロース群でのL）（Kruse et al. 1983）。

の試行で，弁別刺激（TかC）が提示されてから2，3秒後に両方のレバー（RとL）が実験箱に挿入されて，ラットがそれらのうちのどちらかを選ぶまで提示された。ここでの2群の違いは，第2段階でホワイトノイズ（N）と対提示されるパブロフ型のUSだけであった。この第2段階では，反応レバーは利用できず，報酬を得るための特定の反応は要求されなかった。最終的な制御の転移テストで，2本のレバーとも利用できる状況になり，かつ，さらなる条件づけの進行をさけるために消去の条件において，パブロフ型条件づけのCSが提示された。テスト試行の74％において，ラットは第1段階において第2段階と同じ強化子で対提示されていたレバーを選んだ（すなわち，ペレット群ではRを，サッカロース群ではLを選んだ）。したがって，選択の遂行は，最初の訓練で形成された弁別刺激か，あるいは，それとは独立に形成されたパブロフ型条件づけのCSによって活性化される予期に媒介されるのである。

これらの例は，連合過程にトールマンの予期の考えを取り入れる必要があるを示している。しかし，このことはS-R連合が学習行動の理解とは無関係であることを意味しているのだろうか？いくつかの証拠によって，S-R連合も行動の変化に関与することが示唆されている。例えば，訓練の最初の段階で使用される強化子が，その後に価値が下げられる（例えば，動物がそれを拒否するようになるまで，その食物を塩化リチウムと対にする）欲求性の実験において，強化子に特異的な予期が，どの程度遂行に影響を及ぼすかが調べられている。一般的にそのような実験では，パブロフ型と道具的課題のいずれにおいても，先に（今では価値が低くされた）強化子と対にされた刺激

の力が，著しく消失することが示されている。しかし，反応水準はゼロよりもかなり高いことや，ある場合にはまったく変化しないこともある。そのことは，パブロフ型のCSや道具的反応と連合した欲求性の強化子が嫌悪的になったときでさえも，その刺激が反応を誘発する力を残しているということを示している。考えられる解釈としては，潜在的な連合構造に含まれるS-R連合には，強化子そのものについての情報が符号化されないので，そのS-R連合は強化子低価値化手続きに影響されないのであろう。

これらの例で示された技法は，パブロフ型と道具的訓練の状況で形成されたさまざまな連合を検出するのに，とても役立つ（Colwill & Rescorla 1986; Trapold & Overmier 1972）。潜在制止（→図4-3, 76頁参照）や感性予備条件づけ（→図13-2, 383頁参照）といった他のよく知られた学習現象も，このリストの例に含まれなければならない。これらの例から導き出される主たる結論は，より高次の認知過程を含めたあらゆる議論において，学習の連合主義的観点を単純化しすぎないように注意しなければならないということである。
認知とは，文字通り「知っている」ことを意味し，それは伝統的に，知覚すること，学習すること，記憶すること，考えること，判断すること，などの過程と考えられてきた。従来，認知過程の研究の背後に仮定されてきたのは，トールマンによって示唆されたような種類のものでさえ，連合的な過程に還元することはできないということである。以下の節で明らかになるが，概念形成，数的能力，言語などの高次の認知過程を示すために計画された実験では，連合過程は文脈変数として扱われている。

3.b. 概念学習 これまでに記述した，動物の弁別学習能力を調べた実験のほとんどは，ほんの少数の刺激しか用いられていなかった。例えば，単純な A＋/B－弁別では，動物は問題を解決するために 2 つの刺激だけを処理すればよい。A と B が個々の刺激でなく，刺激のセットであるなら，どうなるだろうか？動物は，比較的大きいセットの刺激を正しくカテゴリーに分類することが学習できるだろうか？当然のことながら，そのようなカテゴリー化は，ヒトの概念使用の根底をなしている。われわれが，新しい刺激をあるカテゴリーの事例として正しく分類するときに（すなわち，これはギリシア神殿の写真であるとか），われわれは概念を使用している（つまり，「ギリシア神殿」の概念を持っている）。**概念**とは，知覚的（例えば「花」や「歌」），機能的（例えば「車」や「家具」），抽象的（例えば，「同一性」や「～より大きい」）といった，いくつかの特徴を共有する一連の対象などの，関連する複数事例のカテゴリーのことである。

ハーンシュティンとラブランド（Herrnstein & Loveland 1964）は，ハトに「人間」の概念を教えるという，独創的な試みを初めて行なった。それ以来，視覚的な概念の獲得を研究した実験のほとんどは，そのすばらしい視覚優位性を利用するためにハトを対象として行なわれてきた。ハトは，一方には人間を含み他方にはそれを含まない，膨大なセットのスライドに曝された。スライドは，感覚的な特徴をできるだけ共有しないように選ばれた。例えば，一部のスライドでは人間がはっきり映っているのに，他のものでは背景や写真の端のほうにしか映っておらず，カラーの写真や，白黒の写真があり，そして，写真には子どもや大人，男性や女性，衣服をちゃんと着ている人や裸の人，1 人であったり集団が映っていることもあった。その写真のセットには，可能な限りの多くのバリエーションが含まれていた。人間の映ったスライドをつつけば食物で強化されたが，人間が映っていないスライドをつつけば強化されなかった。ハトは，提示されたスライドに人間が含まれているときには高い率でそれをつつき，これらの 2 つのセットを分類することを学習した。ハトが個々のスライドを強化随伴性で学習したという可能性を排除するために，転移テストで新たなセットのスライドが導入された。ハトは，新しい刺激に対しても難なく正しいカテゴリー化を転移させた。

膨大な量のスライドを分類するハトのこの能力は，さまざまな対象へと拡張され，あるものはハトが学習するのに本来自然なカテゴリーであったが（例えば，「樹木」），明らかにハトにとっては任意のなもの（例えば，「サカナ」）もあった。カテゴリー化の能力は，ハトがその自然史においてどの程度その刺激を処理できるように準備されているかとは独立に，さまざまな刺激セットに適用できるようである。ハトがカテゴリー化する能力に疑問の余地はないが，そのような行動が概念の発達に基づいているかについては議論の余地がある。例えば，実験者が細心の注意を払ったにもかかわらず，一連の写真にわずかな知覚的な共通性があれば，訓練中はハトはそれに基づいて弁別し，転移テストでは新たな事例に対して般化させることが可能だろう。実際，これら 2 つの過程（つまり，カテゴリーを超えての弁別と，当該カテゴリー内での般化）は，人間の言語文脈において使用される概念の基本的な要素である。われわれは，「椅子」と「テーブル」を区別するが，それらのカテゴリーには多くの種類の対象が含まれており，そのカテゴリーの対象の大部分のものと刺激の特徴をほとんど共有しないとしても弁別することができる。（例えば，ほとんどのテーブルには足があるが，切り株もテーブルと分類することができる）。

一般的に般化の概念は，物理的な類似性にもとづいて，訓練刺激から他の刺激へ制御が転移することに対して用いられる。例えば，緑の光が提示されたときの反応が強化された動物は，波長が周波数帯のどちらの方向にでも緑から離れるほど，反応の強度は弱くなる。これは，緑の波長を頂点とした釣り鐘状の反応強度の分布（すなわち，**般化勾配**）を生じさせる。視覚刺激を含む，カテゴリー化と新しい刺激への転移を示したいくつかの実験は，この種の般化過程に基づいているのかもしれない。例えば，ハーンシュティンとラブランドによるハトで使われたものと同様の手続きで訓

練されたオマキザル（*Cebus apella*）は,「人間」と「人間以外」のスライドを弁別することを学習し, 新たな事例に対してもうまく転移させた（D'Amato & Van Sant 1988）。しかしエラーの分析から, サルは赤みがかった彩色の部分を有したスライドに反応する傾向があり, それは人間を映した刺激に共通した特徴であることがわかった。これらの実験の目的は, ヒト以外の動物が抽象概念を使うことを示すことなので, 刺激性制御や般化などの要因は文脈変数であると見なされる。

たとえ刺激が視覚的に異なっているとしても, 特定のカテゴリーの構成要素間の般化は, 共通の反応を共有することで媒介されるかもしれない。ハル（Hull 1943）は, これを**二次的般化**と呼んだ。つまり一連の連合間に共通する要素に帰属される般化のことである。動物は, 物理的な類似を越えて般化させることができるのだろうか？関連する刺激がまったく異なる場合でさえも, 共通の反応があるカテゴリーの形成を生じさせるという証拠がある（Wasserman et al. 1992）。これは, 3段階の訓練から構成される複雑な実験である。ハトは第1段階で, スライドに「人間」か「車」が含まれるときにある反応（R1）を選ぶことを, また「花」か「椅子」を含むスライドが提示されたときには別の反応（R2）をすることを学習した。第2段階で, ハトがそれぞれのカテゴリーのうち1つの要素はそのまま保留されたが, 他方の要素が提示されたときには, ハトは2つの新しい反応, R3かR4を選ぶことを学習した。例えば, 人間－R3－食物（車は保留）と, 花－R4－食物（椅子は保留）である。どちらの段階でも, 誤反応は強化されなかった。第3段階で, 第2段階で保留された2つの刺激（例えば車と椅子）が再び導入されたが, 今度はR3とR4だけが選択できた。すなわち,（第1段階で提示された）刺激と（第2段階で利用できた）反応の選択肢は, 直接的には訓練されていなかった。その結果, ハトが車の試行ではR3を, 椅子の試行ではR4を選ぶ傾向があることが示された。最初にこれらのスライドについて学習した第1段階では, ハトはこれらの反応を利用できなかったので, それらの反応は第2段階で獲得した経験を反映しているはずである。これらの結果の解釈の1つは, 第1段階で行なわれた訓練が, R1とR2というそれぞれに共通する反応に基づいて,［人間＋車］という1つのカテゴリーと,［花＋椅子］という別のカテゴリーを形成した, と考えるものである。そして, テストでの「車」スライドの提示は,「人間」スライドの提示と等しく, それゆえ, R3の選択が適切な反応であった。同じように,「椅子」スライドの提示は「花」スライドの提示と等しく, それゆえ, R4を誘発した。

これまで記述したような種類の課題を解くときに, ハトは物理的な類似性か, 他の共通する要素のいずれかに基づいて刺激間の般化をさせていた。しかし動物は, 例えば**同異概念**などの抽象的な概念を学習できるのだろうか？動物に, 対象が同一であるか異なっているに関する非常に多くの刺激セットを与え, それらが同一のときには一方の選択肢を, 異なっているときには他方の選択肢を選ぶと強化するとしよう。ある実験では, 2頭のアカゲザル（*Macaca mulatta*）が, 比較的単純な手続きを用いて, 音が同じか異なっているかをカテゴリー化する訓練を受けた（Wright et al. 1990）。音の例として, 以下のようなものがあった。それは, ドアの呼び鈴, カッコウ時計, サイレン, 自動車のエンジン音, 電話の受信音, サルの鳴き声, メトロノーム, コヨーテの遠吠え, オンドリの鳴き声, などであった。音は継時的に提示され, サルは音が同じもののときにはあるキーを, 音が異なるときには, 別のキーを押すことを学習した。音が同一であったときの正反応にはバナナ・ペレットが, 音が異なるときの正反応にはオレンジジュースが提示された。ときどき挿入された新しい刺激による転移試行での成績は, 訓練刺激とほぼ同じくらいで, どちらの場合も正答率は75％以上であった。

抽象的な概念を証明しようとする試みは, 上述したものと同様の手続きを用いて, さまざまな種（例えば, 霊長類, イルカ, ハト）で, 視覚や聴覚刺激を用いて行なわれてきた。この章ですでに述べたように, 分析の対象としている現象に文脈変数がどの程度寄与しているかは, 異なるアプローチによって得られた事実がどの程度似ている

かによって正しく評価できる。概念学習の研究における抽象的な概念の証拠の1つは，非常に特殊な被験体であるヨウム（*Psittacus erithacus*）のアレックス（Alex）を，長期間にわたって対象としてきた研究から得られている。同異概念を報告した研究（Pepperberg 1987）より前に，アレックスは英語の音声言語を使って，80もの異なる対象を同定したり，要求，拒否，コメントをする訓練を受けていた。例えばアレックスは，「ここに来て」や，Xという対象がまさにその場で適切なときに，「私は，Xが欲しい」と正しく言える。同異課題の訓練はかなり複雑な手続きを含むので，そこから重要な特徴をまとめて述べる（訓練手続きの全容については，Pepperberg 1987 を参照）。

訓練の試行では，アレックスには2つの対象が提示され，訓練者が「何が同じ？」や「何が違う？」と尋ねる。対象は，色（赤，緑，青），形（三角形，四角形），材質（皮，木）が異なっている場合があった。正しい反応は，対象が同じか異なる次元の名前で，実際のその刺激の名前ではなかった。例えば，「赤い木の三角定規」と「青い木の三角定規」が提示され，「何が，違っている？」と尋ねられれば，正しい反応は「色」であった。正反応への報酬は，訓練者からの賞賛と，対象と関われることであった。正反応は，アレックスの声を聞くことができるが，提示された実際の刺激を見ることのできない観察者によって記録された。さらに，刺激を提示する訓練者は，同異課題の内容を知らされていなかった。これらの予防措置は，複雑な課題で動物を訓練した初期の評判の悪い試み（→第1章，3.，10-14頁の賢い馬のハンス（Hans）の例を参照）で生じたような手がかり効果を避けるために必要とされた。同異課題のテストは，他の課題に関連した訓練試行の間に挿入され，それにはよく知っているものや新奇な対象が含まれた。図14-8は，その結果を示している。「同じ」と「異なる」に関する課題における，既知のものと新奇な対象に対する正反応が対角線に，誤反応が対角線以外のところに並べられている。新奇な刺激の場合でも，アレックスはテスト試行の75％以上で正しく答えた。

プローブ試行と呼ばれる，さらに別の種類のテスト試行で，3つの属性のうち2つまでが同じである2つの対象が見せられ，アレックスは同異を判断するように求められた。例えば，アレックスの前には「黄色い木の三角形」と「青い木の三角形」があり，「何が同じ？」と尋ねられた。この質問には正しい反応が2つあった。「材質」と

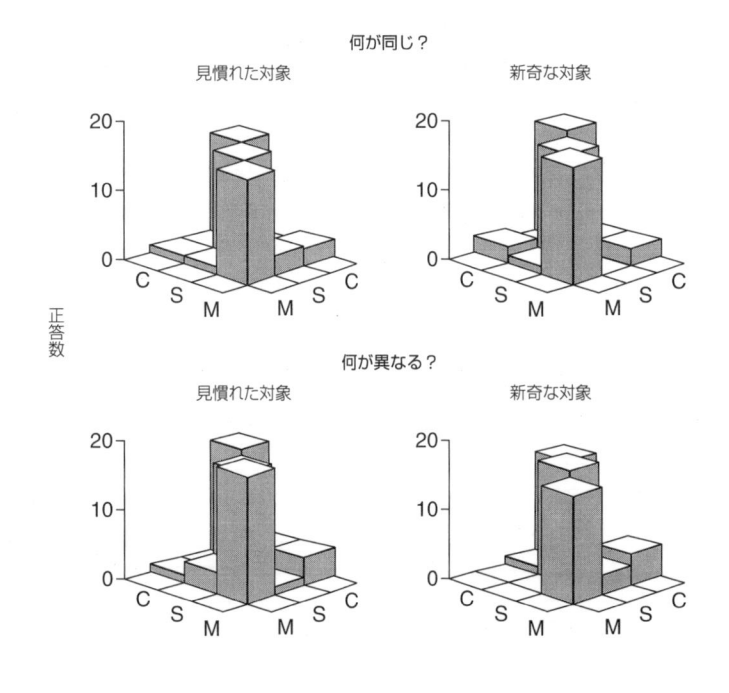

図14-8　アレックスによる同異概念の獲得（Pepperberg 1987）。対象は，色（C），形（S），材質（M）において同じであるか異なっていた。テストでの2つの質問は，「何が同じ？」と「何が違う？」であり，その問いは既知のものと新奇な対象のいずれに対しても与えられた。正しく答えた反応が，対角線に描かれている。

「形」である。もしアレックスが言葉による問いではなく，刺激の物理的な属性に対して反応していたならば，それまでの訓練から「色」という誤った反応が導かれることに気づいただろうか。色だけが唯一異なる属性だからであり，すべての訓練試行には1つの属性だけが異なる刺激の対を含んでいたからである。しかし，この例では，「何が同じ」との問いに対して，「材質」と「形」の両方が正解であることで，その問題に対処している。さらに，このようにプローブ試行の正反応が曖昧であることによって，訓練者から与えられるかもしれない手がかり効果はさらに弱くなった。プローブ試行での遂行はみごとなもので，全体としてアレックスは試行の90％で正しく答えた。さらに，答えは「同じ」と「異なる」課題や，色，形，材質の課題のいずれもで同じように高い成績を示した。

かつては，霊長類にだけ特殊な領域であると考えられていた抽象的な概念は，今では鳥類でも同じように証明されているようである。鳥類と哺乳類の系統は，進化的には遠い関係にあるが，多くの生物学的な特徴が収斂を示しているので（例えば，脳の相対的な大きさ，覚醒－睡眠のサイクル，親の養育パターン，など），概念学習に潜在するメカニズムに，さらなるホモプラシーの証拠を見つけたとしても驚くことではない。

3．c． 計数と数の概念 数は，抽象概念の別の事例を提供している。数値演算の中心となる性質の1つは，物理的な対象とは独立していることである。特定の量を表す数は，われわれがそれらの数で行なう操作（例えば加算）と同様に，特定の実体とは分離しており，微積分学の授業を取る学生が知っているように，現実世界のほとんどいかなる場面にでも適用可能で，物理的な実体と特に関係がない場合にでも獲得され得る。人々の数学的な技能に違いがあるのは確かだが，ほとんどすべての健康な大人は，最低限の基本的な量的操作を獲得できる。同じような技能を，他の種も利用できるのだろうか？

数的な問題を解決する量についての技能は，数概念を欠いた動物でさえも獲得できる（Davis & Pérusse 1988）。動物が数概念を用いて問題を解決することを証明するのが目的であるなら，このような量についての技能は，文脈要因とみなされる。例えば動物が，種類の異なる対象を含んだ試行において，特定の量を他の量から区別する（2－/4＋，4＋/8－，1－/4＋）訓練を受けたとしよう。対象は，おはじき，レーズン，鉛筆，などであった。このような課題での正しい遂行（すなわち，4つの対象を含む選択肢の選択）は，「4」の概念を使用することだけでなく，通常4つの対象によって構成される視覚刺激に反応することによっても達成できる。この2番目のやり方を選択すれば，何の概念の使用も要求せずに，単に多くの4つの対象のセットに共通する視覚的な関連にだけ注目すればよいだろう。したがって，後者はより倹約的な過程である。同じように，刺激を処理するのに要する時間，刺激が提示される時間的なリズム，その課題における他の多くの知覚的な側面が，概念を必要としないでその課題を解くために用いられるかもしれない。他の種類の比較研究と同じように，ヒト以外の動物が数概念を使用する，と問題なく結論づけられる前に，そのような文脈要因を排除する必要がある。

数概念の使用には，少なくとも2つのレベルの操作が存在する。より低次のレベルは，動物がある事象の生起回数を数えたり，数的な性質に従って一連の事象を並べることである。**計数**は次のようなときに行なわれる。それは，動物が(1)要素の数が異なる対象の集まりに対して異なる標識やラベルを割り当てるとき（例えば「1，2」など），(2)その標識を数えられる要素とは独立に使うとき（例えば，4つのおはじき，4冊の本，四方点），(3)序列能力を示すとき（例えば，「3」は常に「4」より小さく，「2」より大きい）である。標識は，ヒトの言語では単語や数であるかもしれないが，コミュニケーションに象徴的なシステムを欠く種では，非言語的な標識を使用することも考えられる。それよりも高次の数的能力は，生活体が，数の操作的な性質を利用するものである（例えば加算や減算）。計数が可能な動物は，例えば3＋3と8－2が，共に等しく6であるということを理解するために，6つの反応ができるだ

ろうか？　このような証拠は，数概念を備えていると主張するためには，どの動物にでも要求されるものである。

動物の計数能力は，さまざまな手続きを用いて研究されてきた。ブルークラーとダーリンプル－オルフォード（Breukelaar & Dalrymple-Alford 1998）による一連の実験は，信号の持続時間の計時を対象としてはいるものの，文脈要因の役割を評価するためのあるアプローチを示している。ラットは，利用可能な2つの反応と2つの条件刺激が存在する，計数と計時が混在した条件性弁別の訓練を受けた。刺激のうちの一方は，2秒間持続する2つのパルスで，他方は8秒間持続する8つのパルスであった。ある信号のもとでは反応R1が正答であったが，別の信号のもとでは反応R2が正しかった。ラットは，正しい反応に対して食物ペレットで強化された。ラットは計数と計時のどちらででもこの条件性弁別を解くことができたが，どちらの次元がこの弁別行動を制御していたかを確認するために，テスト試行が挿入された。第1のテスト試行では，持続時間は4秒に固定されたが（訓練刺激に対して中間の値），パルスの数は2つか8つであった。第2のテスト試行では，計数は4つのパルスに固定されたが，信号の持続時間は2秒から8秒までの1秒間隔のいずれかであった。ラットの行動は計時によって制御されており，計数によって制御されている証拠はなかった。したがって，数と持続時間が混在するときには，ラットは信号の持続時間を優先して反応する。

もしあらゆる持続時間の手がかりが排除されればどうなるだろうか？これは，すべての刺激が全体として同じ持続時間で，かつ2つか8つの事象を含んだ，次の段階の訓練で行なわれた。さらに，最も重要なことは，試行でのそれぞれのパルスの持続時間はランダムに変えられた。計時の変数に関していえば，これはそれぞれの試行で独自の刺激を作り出した。最後のテスト段階では，事象の数が異なり，そしてそのため，全体の持続時間も異なる独自の刺激を作り出すために，同様の手続きが用いられた。その結果，行動を制御していたのは，事象の数（計数）と持続時間（計時）

の両方であることが示唆された。したがって，ラットは計数も可能なようだが，時間的な手がかりが利用できるならば計時に頼る傾向がある。計数が（これらの結果が示唆するように）最後の手段として使用されるか，あるいはおそらく採餌の文脈などでふつうに遂行されるかは，まだ完全には解決されていない。

アカゲザル（*Macaca mulatta*）は序列の能力も示す。つまり，彼らが訓練で遭遇した刺激の特定の数的な順序に従って反応することが可能で（上昇系列，1→2→3→4と，下降系列，4→3→2→1の両方），そして後には，元々のセットの範囲を越えた数（例えば，5-6-7-8-9や9-8-7-6-5）にまで適切な順序（上昇系列や下降系列）を転移させることができるのである。これらの研究では（Brannon & Terrace 2000），訓練刺激は，1, 2, 3, 4，までで要素の数が異なっていた。要素は，幾何学的な形であり，例えば円や正方形や楕円や長方形であった。刺激は慎重に，大きさ，形，対象の色，背景色についての釣り合いがとられた。さらに，モニター上での4つの刺激の位置と，それぞれの刺激での要素の位置は，試行間でランダムにされた。これらの予防措置は，数ではない文脈要因を用いて問題を解決する潜在的な可能性を排除するために必要とされた。どの試行でも，それぞれの刺激は1, 2, 3, 4個の要素を含んでおり，4つの刺激はコンピュータモニター上に提示された。2頭の動物は，要素の数に従って上昇系列（1→2→3→4）で刺激を触ると食物ペレットで強化され，3頭目のサルは，下降系列（4→3→2→1）で刺激を触ると強化された。サルは，上昇系列と下降系列の反応を発達させ，ときおり行なわれる強化されないテスト試行において，この能力を難なく新しい刺激に転移させた。これらのサルは，序数とは関係のない，一連の写真に特定の系列で反応することをすでに学習していたので（例えば，ネコ→バラ→リンゴ→カブトムシ），著者たちが述べているように，このこと自体は特に驚くことではない。

しかし，訓練の次の段階で，これらのサルに刺激対が与えられ，序数に従って（先の訓練によって上昇系列か下降系列かが決まった），反応する

ことが求められた。この段階では，新しい刺激は，5, 6, 7, 8, 9個の要素を含んでおり，その数はサルが先に訓練されていた範囲を超えていた。2つの既知の刺激が含まれる試行では，上昇系列か下降系列のルールに従って強化されたが，2つのうち両方かどちらかの刺激が新奇である試行では反応は強化されなかった。この手続きを用いて，3頭のうち2頭のサル（両方とも上昇系列で訓練を受けた）は，例えば，5→6, 6→8, 7→9のように2つの新たな刺激を含んだ試行で正の転移を示した。下降系列で訓練されたサルの成績は，チャンスレベルであった。これらの結果は，最初の戦略としての計数仮説に一致していることに気づいただろうか。つまり計数は，動物が自発的，一般的に使用するものなのである。さらに，正答であるすべての刺激に対して強化が与えられた次の段階での選択の遂行は，刺激間の数的距離を反映していた。例えば，その試行が6と7の要素を含んでいるときには（つまり，数的距離は1），1と9の要素を含んだ試行（つまり，数的距離は8）よりも正答率が低く，反応時間は遅かった。この現象はヒトを被験者とした同様の実験でも知られており，刺激の数的性質によって行動が制御されていたことの確固たる証拠である。

序数の能力は，いま述べたサルで用いられるのと同様の手続きを用いて，チンパンジー（*Pan troglodytes*）でも示されてきた。しかし，アラビア数字を割り当てることで対象を数える訓練を受けたチンパンジーは，少なくとも基本的な形式での**加算**も行なう。ある実験では，シバ（Sheba）と名づけられたチンパンジーは，図14-9に示されたように，実験室の3つの異なる場所を巡回するように訓練された（Boysen & Berntson 1989）。最初の課題でシバは，3つのうち2つの場所でオレンジが隠されているのを見つけた。その課題でシバは，オレンジの合計の数を加え（彼女は，0-4までの数字の認識を訓練されていたので，最高でも4であった），テストの場所にあ

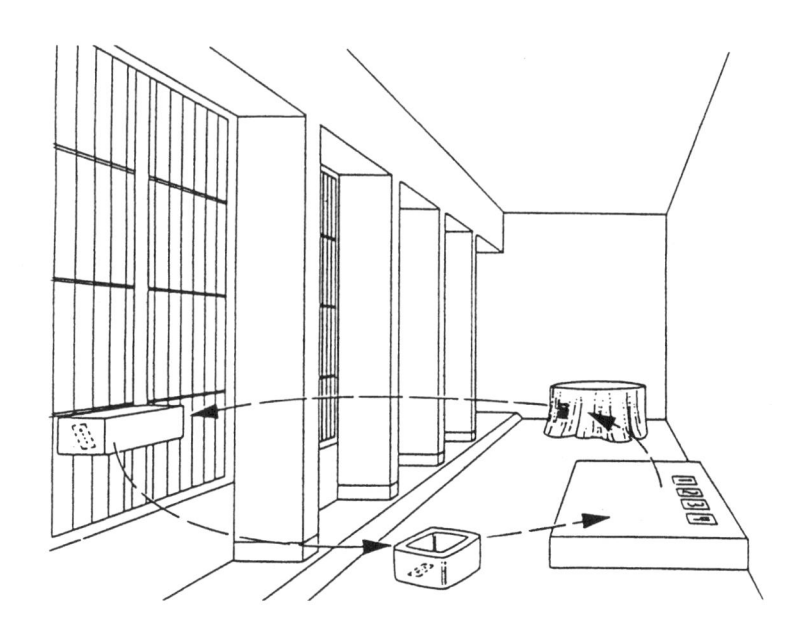

図14-9 チンパンジーのシバによる加算（Boysen & Berntson 1989）。 この実験状況には3つの場所があり，シバはカードを選ぶ前に探索することが訓練された。最初のテストでは，3つのうち2つに，異なる数のオレンジがあり，正答はオレンジの合計に対応したアラビア数字を示すことであった。この図で示された状況は，オレンジがアラビア数字の書かれたプラスチックカードに取り替えられたもので，シバはそれらの数字を合計したものに対応するカードを指し示すことが求められた。シバは，どちらの課題でも最初のセッションからチャンスレベル以上の遂行を示した。

る適切なアラビア数字を示すことが求められた。実験者の最初の意図は，この課題でシバを訓練することであったが，最初のセッションからチャンスレベルよりもはるかに高い水準を示し，実験者たちを驚かせた。次の段階で，オレンジは0から4までのアラビア数字に置き替えられた。前と同じように，3つのうち2つの場所にカードがあり，シバの課題は3つの場所を訪れて，それらの場所に隠されていた2つの数の合計に対応したアラビア数字を選ぶことであった。これらの試行でシバの遂行を記録していた実験者は，彼女の後ろにおり，選択過程に介入できないようになっていた。さらに，それぞれの場所にある数字は，別の実験者によって置かれた。この二重盲検手続きは，手がかりを与える機会をかなり減少させた。再びシバは，最初のセッションからチャンスレベル以上の水準で，別々の場所で見た2つの数の合計に対応する数字を選んだ。正しい合計が，1，2，3，4のいずれであるかによらず，遂行はチャンスレベルより高かった。全体として，シバは試行の81%において正しく答えたのであった！

　この節で検討される実験は，少なくともヒト以外の数種の霊長類も数の概念を有していることを示唆している。文脈要因が関与する可能性がわずかでもあるため，概念的でない情報源に基づいて問題を解決する可能性をさらに引き下げるための巧妙なテスト法が開発されてきた。計数や数的能力の他の側面が，採餌場面や社会的文脈などにおいて動物に日常的に使用されるかどうかは，まだ不明である。また，そのような技能を顕在化させるために，概念的でない方略を使えない手続きの計画が必要かどうかも不明である。特に驚くべきことは，問題解決行動（例えばアカゲザルによる序数課題や，シバによる加算）が「自然」に現れることである。この現象は，結果的に特定の目的で訓練された以上の行動的技能を導き出す，獲得した情報を統合する**生成過程**が存在することを示唆している（Rumbaugh et al. 1996）。

3．d．　言語の生成　おそらく，ヒトとヒト以外の動物の行動で最もはっきりとした違いは，前者では言語が存在するのに，後者では言語に類するものが見当たらないことである。それゆえ，当然のことながら，学者たちは何世紀にもわたって，ヒト以外の動物に言語を教える可能性を探求してきた。フランスの哲学者ジュリアン・ドゥ・ラ・メトリ（Julien de La Mettrie）［1709-1751］は，きちんと教育されたチンパンジーなら人間の言語を学習できるかもしれないと最初に推測し（→第1章，2.，5-10頁参照）。さらに現代になって，おそらく最初にこの可能性に取り組んだのは，アメリカの比較心理学者ロバート M. ヤーキズ（Robert M. Yerkes）［1876-1956］であった。彼はウィリアム・ファーンズ（William Furnes）と協力して，1910年代にチンパンジーとオランウータンに話すことを教えようとした。この試みは多少の成功をみた。例えば，オランウータンは「カップ」と「パパ」など，2，3の認識可能な単語を発声した。類似の単語の発声は，1940年代に人類学者のキース・ヘイズ（Keith Hayes）とキャッシー・ヘイズ（Cathy Hayes）夫妻の家で育てられたチンパンジーのヴィッキー（Viki）によっても生成された。これらや同様の試みによって，おそらくは声道の構造のために，類人猿は話し言葉に必要な音声の豊かなレパートリーを表出するのが困難なのだろうということが示唆された（→図9-13，276頁参照）。

　その後の，類人猿に話し言葉を教えることが行なわれなくなった間に，新たな世代の比較心理学者が，ヒト以外の動物における言語獲得の研究への新しいアプローチを展開した。これらの研究の命題の1つは，音声の生成とは関係のない行動を用いることによって，言語技能を発見できるという仮説であった。類人猿が示す豊かなレパートリーのジェスチャーに感銘を受けたヤーキズ（Yerkes 1916）は，まさに聴覚障害者が使うように，手指を使うことでチンパンジーにコミュニケーションすることを教えられるだろうと示唆した。1960年代に，アラン・ガードナー（Allen Gardner）とベアトリス・ガードナー（Beatrix Gardner）が，ワショー（Washoe）と名づけられたチンパンジーにアメリカ手話言語の単純なものを教えたのを皮切りに，比較心理学者は，チンパ

ンジー（Pan troglodytes），ボノボ（Pan paniscus），ゴリラ（Gorilla gorilla），オランウータン（Pongo pygmaeus），イルカ（Tursiops truncatus），アシカ（Zalophus californianus）や，ヨウム（Psittacus erithacus）にさえ，言語技能を教えるさまざまな訓練手続きを開発した。ヒトと動物相互のコミュニケーションは，英語，ジェスチャー，磁気板に置かれるプラスチック片，特別に設計されたキーボードから操作されるコンピュータ制御のシンボルなど，さまざまな手段に媒介されている。いくつかの研究では，**言語の生成**，つまりシンボル（単語や図形文字と呼ばれる任意の幾何学的なシンボル）を用いて統語的に適切な文字列を作成することが強調された。別の研究では，言語訓練を受けた動物が，話し言葉，ジェスチャー，図形文字などの象徴的な方法で提示された命令に正しく従えるかどうか，という**言語理解**（→次の3.e.参照）に関連した研究が行なわれている（Hillix & Rumbaugh 1998）。

初期の研究の試みでは，言語の生成が強調された。チンパンジーのワショー（Gardner & Gardner 1969）やニム（Nim）（Terrace 1979），ココ（Koko）と名づけられたゴリラ（Patterson 1990），オランウータンのシャンテック（Chantek）（Miles 1983）などを含むプロジェクトでは，特定の対象（例えばリンゴ，ボール）や行動（例えば，くすぐる，与える）に言及する，比較的多くのサイン（手話）のレパートリーを獲得できる能力が示された。ワショーは，そのようなサインを約130もおぼえ，適切な文脈で使用し，その使用は特定の系列に従うと報告されている。同様の成功例は，ココとシャンテックでも得られている。系列的な構造は，それはヒトの言語の主要な特徴である**統語法**の存在を示唆するために重要である。例えば英語では，名詞の前に形容詞が来るのは正しいが（例えば，「すばらしい日」），その逆では意味をなさない（例えば「日すばらしい」）。系列的な規則には多様性があるかもしれないが，ヒトの言語には常にシンボルの順序において系列的な制約が含まれる。さらに文の中の単語の順序は，その文がひっくり返されると，その意味が変わってしまうものを伝えることもある。例えば，「ロムルスが，レムスを殺した」は，「レムスが，ロムルスを殺した」とは逆の意味を伝える。

手話を行なう類人猿は，ある程度一貫した順序でサインを使用すると報告されており，これは彼らが言語的な性質の基本となるものを獲得していたことを示唆している。テラスら（Terrace et al. 1979）は，言語訓練を受けた類人猿は言語を使用しているのではなく，ちょうど道具的条件づけの状況で行なわれるように，さまざまな報酬を得るために，単に適切な行為を実行しているだけだと主張し，論争に火をつけた。彼らの主張が基盤としていた証拠は，厳格な道具的訓練を受けた彼ら自身のチンパンジーであるニムと，正しい行為を行なっても食物強化が与えられないこともある，比較的構造的でない形式のワショーの訓練セッションでのビデオテープの再分析であった。テラスらは，そのチンパンジーたちによって生成されたサインの多くは，ほんの少し前に訓練者によって行なわれた同じサインに対応しており，サインの生成には模倣が作用していることが示唆されると記述している。さらにこれらのチンパンジーは，意味のない繰り返しを含む長いサインの列を生成した。例えば，「あなたは，リンゴを食べたい？」との問いに対する答えは，「リンゴ食べたい食べたいリンゴ食べたいリンゴ急いでリンゴ急いで急いで」という形式であった。さらに，明確な言語的熟達を示す，眼を見張るべき多くの事例に対しても，彼らは別の解釈を与えた。例えば，ワショーは湖でカモが泳いでいるのを見て，「水」と「トリ」のサインを生成したと報告されていた。「カモ」のサインが無かったので，最初は，これは新しい対象に言及するために既知の単語を結合する（例えば，「空飛ぶ円盤」），言語の重要な性質である創造性の証拠だと考えられた。テラスらは，ワショーは単によく知っている2つの対象である，水とトリのサインをしただけであって，この例に創造性を仮定する必要はないと主張した。

プレマック（Premack 1976）は，チンパンジーが操作可能で，磁気板に置くことのできるプラスチック片を用いた別の方法を使用した。このプロジェクトには4個体のチンパンジーが参加した。サラ（Sarah）と名づけられたメスのチンパン

ジーは，最も集中的に研究に参加した。プラスチック片は，形，色，大きさ，肌理などで大きく異なり，あるものはまったく任意の形であったが，文字そのものもあった。それぞれのプラスチック片は英語の単語と関連しており，対象，行為，「同異」のような抽象的な概念を参照していた。構文をシミュレーションした，一連の明確な系列上の制約にしたがって，プラスチック片は垂直に配置された文字列として置かれた。この手続きは，手話言語の方法よりも，少なくとも2つの点で優れていた。第1に，動物によって生成された文は，手のジェスチャーに比べて，記録可能で，より客観的で簡単に分析できるという，方法論上の重要な利点があった。第2に，動物はプラスチック片を持続的に見ることができたので，文を構成する際の短期記憶の負荷が軽減した。それに対して，意味のあるサインは，文の最初のサインをおぼえている必要があり，記憶に大きな負荷がかかった。

このプラスチック片の手続きを用いて，チンパンジーはしだいにより複雑な課題へと訓練されていった。およそ130のプラスチック片のレパートリーがあったので，サラのこの多様な語彙によって，命名，疑問文の使用，対象の分類などの，多種多様な課題を計画することができた。プレマックのチンパンジーは，2語，3語，4語の文を含んだ命令を理解するように訓練された。例えば，リンゴが見せられたときには，彼らは「リンゴを与えて下さい」に対応するよう，プラスチック片をボード上に並べることが求められた。それに続いて，チンパンジーは2つの異なる名前からそれに対応したプラスチック片を正しく選び，文の最後に並べなければならなかった（「リンゴを与えて下さいサラに」）。そして最後に，「デビー（Debbie）はリンゴを与えて下さいサラに」という要請文を作るために訓練者の名前と一致したプラスチック片が加えられた。文が2語であるときには，遂行は非常に高く，テスト試行で90%以上正しく反応した。しかし4語文になると，正しい反応はすぐに75%以下に低下した。エラーには，正しくないプラスチック片の選択だけでなく，不適切な順序でプラスチック片を並べた場合も含まれていた（例えば，「与えて下さいデビーリンゴをサラに」）。十分に訓練することで4語文の遂行はある程度改善されたが，不思議なことに，チンパンジーは訓練を続けることを拒否した。

「因果律」の概念をサラに教えるために，一連の試行による概念学習の課題も訓練された。図14-10は，因果律を調べるために計画された3種類のテスト試行を示している。それぞれの例で，一番上の行が，対象→原因→結果の系列（左から右へ）を表現している。2種類の課題があった。1つの種類では（図14-10-(a)），特定の効果を生じさせる道具を答える課題であり，サラは3つの対象の例（花瓶，鉛筆，ナイフ）から，それを選ぶことが求められた。サラは，異なる対象（例えば，リンゴ，クッキー，タオルなど）や異なる行為（例えば，切る，洗う，描くなど）を含んだ12の課題が与えられ，それらのテストのうち9つで正しい例を選んだ。もう1つの種類では（図14-10-(b)），疑問符は結果のところに置かれており，サラは与えられた対象と原因である要素に対して適切な結果を選ぶことが求められた。サラは，この形式のテストにおいても，12の課題のうち8つで正しく答えた。最後に，道具（例えばナイフ）はその道具が行なう行為（例えば，切る）に対応したプラスチック片に置き換えられた（図14-10-(c)）。さらに道具もプラスチック片に置き換えられ，サラはそこから正しい選択肢を選ばなければならなかった。サラは，この種のテストでも11のうち10で正しく答えた。同様の結果は，同じ条件でテストされた第2のチンパンジーのピオニー（Peony）でも得られているが，これらの課題のいくつかだけで訓練を受けたさらに別の2個体のチンパンジー・エリザベス（Elizabeth）とウォールナット（Walnut）の正答率はいくぶん低かった。

これらの結果は，2つの驚くべき特徴を示している。すなわち，それらは，対象とプラスチック片の間の直接的な連合によって説明されるものをはるかに超えた水準の抽象性を持っていることを示唆している。そのことの1つに，行為そのもの（例えば，切る）は，これらのテストにはまっ

図14-10 チンパンジーのサラにおける因果律概念（Premack 1976）。(a)あるテストでは，左側には対象の全体が，右側には半分に切られたその対象が提示された。サラは，3つの道具の中からこの結果を生じさせたものを選ぶことが求められた（この例では，正しい答えはナイフである）。(b)別のテストでは，結果が省略され，サラは3つの異なる対象から正しいものを選ばなければならなかった（この場合では，2つに分かれたリンゴ）。(c)最後に，道具（ナイフ）は対応した行為のシンボル（「切る」に対するシンボル）に置き換えられた。サラは，3つの行為のシンボルの例から，正しいシンボルを選ばなければならなかった。

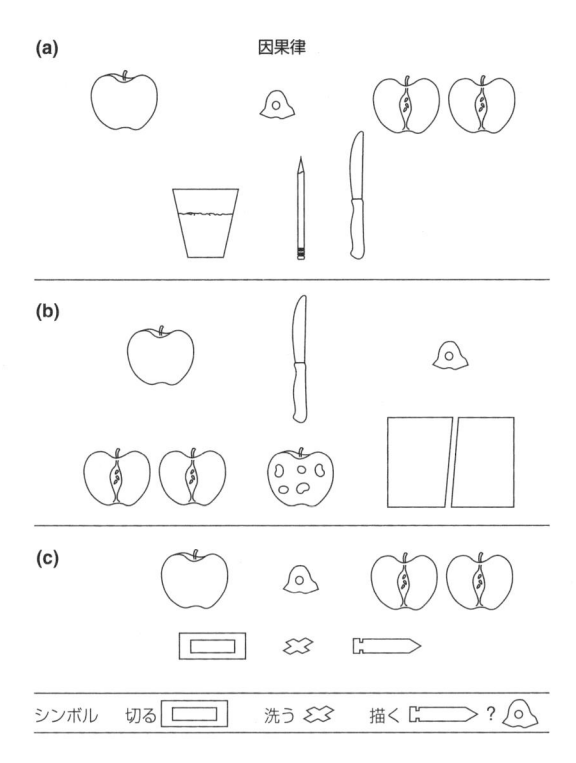

たく存在しておらず，静的な道具（例えば，ナイフ）によってのみ表象されていることがあげられる。サラは，見た対象を，その対象が使用されるであろう特定の方法と関連づけることができ（直接には見せられていないが），そのための適切な結果を選ぶことができた。これらの結果のもう1つの驚くべき特徴とは，テスト試行で正しい道具として選んだものの中には，サラが実際には経験したことのない行為が含まれていたことである。例えば，「スポンジ→?→半分のスポンジ」という文は，ナイフを選ぶと正解であるが，サラはそれまでに実際にナイフでスポンジが2つに切られているのを見たことがなかった。したがって，切るという行為を新たな問題に適用するには，その行為が先に学習された対象とは独立に表象されていなければならない。

さらに洗練されたものとして，図形文字（対象や行為をシンボル化した任意の幾何学的な模様）を使う手続きがある。図形文字は，キーボードにおけるキーとして提示された。チンパンジーは，「おねがい機械はリンゴを与えて下さい」というような英語の文に翻訳される文字列を構成するために，キーを押す訓練を受けた。言語の理解と生成を統合した興味深い研究で，シャーマン（Sherman）とオースティン（Austin）というチンパンジーは，最初に食物（例えば，リンゴ）と道具（例えば，レンチ）を共有することが訓練され，その後に彼らは特定の報酬を得るために協力しあわなければならない状況におかれた。そのような状況のなかで，このチンパンジーのうち1個体は，特定の食物を得るために，道具と食物の正しい図形文字を使って，他方の個体に適切な道具を要求することを学習した。得られた食物は共有された（Savage-Rumbaugh et al. 1978）。

プレマック（Premack 1976）によって使用された手続きは，実験者が言語的と定義した方法によって，動物に提示した問題を解決させようと意図したものであることに気づいただろうか。しかし，これらの訓練セッション中でのシンボル使用は，本質的にはコミュニケーション的ではなく，それゆえ言語の重要な性質を欠いていた。そのため，これらのチンパンジーの遂行は，それ自身は印象的であるが，依然としてより基礎的な過程によるものだと理解されるかもしれない。手話言語

の訓練手続きは，コミュニケーションの性質を有していたが，そのような訓練の結果を評価するのは困難である。特に，実験者が手がかりを与えている可能性を排除しきれない。この問題を回避するために，ワシ ョーを含めた手話言語の訓練を受けたチンパンジーの群に，ルーリス（Loulis）と名づけられた乳児のチンパンジーが入れられた（Fouts & Fouts 1989）。ルーリスは，他のチンパンジーとの相互作用からサインのレパートリーを獲得し（人間の訓練者はルーリスの前では決してサインをしなかった），そのことはいったん確立したそれらのジェスチャーが社会学習を通じて広がるということを示唆している。しかし，ルーリスの語彙の言語的な性質は，完全に調べられたわけではない。

3.e. 言語の理解
シャーマンとオースティンに用いられた図形文字は，他の類人猿にも適用された。そのようなプロジェクトの1つに予期せぬ結果があった。それはヒト以外の霊長類の言語能力に対するわれわれの理解にとって，驚くべき重要なことであることが判明した。このプロジェクトの新しい特徴は，言語研究において初めてボノボを対象としたことである。ボノボは，チンパンジーと非常に近縁な種で，最近になって異なる種であることが認められた。ボノボにとっての自然な環境は，チンパンジーよりも社会的で，コミュニケーションが頻繁に行なわれ，発声を多く使い，食物を共有し，他個体に対してとても寛容であるように思われる。図形文字の手続きで最初に訓練されたボノボは，野生で捕獲されたメスのマタータ（Matata）で，4年間の訓練でシンボルを使った学習はほとんど進展しなかった。マタータの訓練は，1980年に生まれた彼女の子ども，すなわちカンジ（Kanzi）と名づけられたオスの乳児がいる前で行なわれた。カンジは図形文字を操作するための訓練を特に受けたわけではないが，彼はすぐに適切な方法でシンボルを使用する能力を発揮した。さらに興味深いことに，カンジはヒトの幼児の言語獲得の最初の段階と同じように，音声英語の理解を示したので，彼を対象とした研究が集中的に行なわれるようになった。

カンジの訓練にはいくつかの独特な面があった。第1に，そしておそらく最もはっきりしていることは，カンジがボノボであるという事実である。第2に，カンジの訓練は非公式で自発的なものであった。特に図形文字や音声英語を教えようと意図されたわけではない。むしろ，カンジには図形文字と言葉を使う豊かな言語環境が日常の一部であり，その中で成長することでこれらの技能を獲得した。第3に，言語訓練プロジェクトに参加した他の類人猿や彼の母親マタータとは異なり，カンジは，生後の非常に早い時期から言語に曝されていた。カンジが図形文字と音声英語に曝されたときは，まだ母親と一緒にいる6カ月齢であったが，他のほとんどのチンパンジーは2.5歳かそれ以上になってから言語訓練が開始されていた。

最近では，カンジが経験したのと同じ（そしてヒトの乳児にも特徴的な）非公式な状況の訓練が，2個体のボノボと1個体のチンパンジーに与えられた。これらの動物も，非常に初期の年齢から訓練を始め，言語理解においてかなりの進歩を示し，一般に2.5歳以降から訓練が開始されるチンパンジーが獲得するよりも高いと思われる熟達水準を示した。これらの発見は，おそらくボノボとチンパンジーの種差は，言語へ曝されはじめる年齢と訓練環境の種類ほどには重要ではないことを示唆している。発達中の脳にはかなりの神経可塑性があるために，あるいは，コミュニケーションの機能に関連した学習にとって重要な時期が存在するために，発達初期に曝されることが有効だという可能性はある。実質的な発達を遂げている脳では，そのような可塑性はより強い制約があるのかもしれない（→第10章，3.d.，304-305頁参照）。

カンジが音声英語に対して理解を最初に示したのは，およそ2歳であった。カンジが母親と分離されてからは（2歳6カ月），彼はコミュニケーションするために自発的に図形文字を使いはじめた。一般的なヒトの幼児と同じように，カンジが図形文字の使用に熟練するようになる前に，言語理解が現れた（つまり，理解は生成に先行する）。さらに，特定の単語の理解は，常にその語に対応した図形文字を獲得する前に起こった。カ

ンジの一日では，さまざまな種類の食物や対象が予期した場所で見つけられる，実験室を取り囲む50エーカーの土地を散歩するのが日課になっていた。これらの小旅行の間は，世話人がカンジと共におり，話したり，可能なときには図形文字を指し示したり，機会があれば他の者とかかわることで，非公式な訓練を行なった。かかわりを持とうとする動機を高めておくために，活動はカンジが関心を持っているものを中心に組まれた。

8歳のときに，カンジは言語理解の系統的なテストを受け，彼の遂行は，1歳半から2歳の間の人間の女の子のアリア（Alia）と比べられた。テスト中には，賢い馬のハンス効果を避けるための注意が払われた。例えば，刺激（音声英語での文）を与える訓練者は，片面透明ガラスで実験参加者の部屋から分離された部屋にいた。実験参加者の視界から訓練者を除くことは，あらゆる種類の視覚的な手がかりを防いだ。課題に第3の参加者が必要とされたとき（例えば実験参加者が特定の人に特定の対象を与えるよういわれたとき）は，この参加者には言語的な要求を覆い隠し，その参加者にとって，実験参加者が何をするように要求されたのかがわからないように騒がしい音楽が流されたヘッドフォンを装着していた。最後に，さまざまな訓練者が，カンジとアリアを数カ月にわたってテストしたが，テストの期間，それぞれの訓練者は，他の訓練者によって行なわれた類似のテストの結果を知らされなかった。それぞれの実験参加者に，およそ400の盲検試行が与えられた。

一般的な手続きは，要請された行動を実験参加者が正しく実行したかどうかにかかわらず，口頭で要請をし，記録を取ることであった。カンジもアリアも正しく答えたからといって特に強化されたわけではないが，テストセッション中は部屋に食物，おもちゃ，他の対象などが常にあり，自由に使うことができた。表14-3に示したように，数種類の文が与えられたが，その結果はいくつかの点で興味深い。第1に，これらのテストでのカンジとアリアの能力は完璧なものではなかったが，全体的に高い水準で，実験参加者間で似通っていた。得点が全体的に類似していることに基づけば，カンジの英語の理解能力は，2歳のヒト幼児とほぼ同等であると結論づけたくなる。それは

表14-3 カンジとアリアの言語理解のテストで用いられた文の種類

種類	記述 「例」	正答率（盲検試行のみ）	
		カンジ	アリア
1A	対象Xを移動可能な対象Yに置く・入れる 「ボールを松葉の上に置きなさい」	63	73
1B	対象Xを移動不可能な対象Yに置く・入れる 「氷を便器に入れなさい」	77	71
2A	対象Xを生物Aに渡しなさい（見せなさい） 「ライターをローズ（Rose）に見せなさい」	78	84
2B	対象Xと対象Yを生物Aに渡しなさい 「エンドウ豆とサツマイモをケリー（Kelly）に渡しなさい」	37	57
2C	行為Aを生物Aにしなさい 「ローズを抱きしめなさい」	91	91
2D	対象Yと生物Aに行為Aを行なう 「おもちゃのヘビとローズを捕まえなさい」	76	61
3	対象Yで対象Xを行為Aする 「ナイフでサツマイモを切りなさい」	82	63
4	情報を伝達する 「びっくりするようなものが皿洗い機に隠れている」	67	83
5A	対象Xを位置Yに連れて行きなさい 「ヘビを外へ連れ出しなさい」	78	71
5B	位置Yへ行って，対象Xを取りなさい 「冷蔵庫へ行ってバナナを取りなさい」	82	45
5C	位置Yに行ってそこにある対象Xを取りなさい 「電子レンジのところに行って，そこに入ってるニンジンを取り出しなさい」	77	52
6	被行為者Yに対して生物Aが行為Aをしているふりをさせなさい 「ヘビにイヌを噛ませなさい」	67	56
7	他の種類の文すべて	78	33

注：Savage-Rumbaugh et al.（1993）の例と結果

実に見事なものである。第3に，カンジによる正しい反応のいくつかは，文中の語順をとても正しく使っていたことを示している。例えばカンジは，「対象Yの中に対象Xを置く」と，「対象Xの中に対象Yを置く」という対照的な文で高い成績を示したので，彼が単に文で使用される単語に反応していたのではなく，語順に反応していたことを示している。第4に，4種類の文で実際に生じたが（2B，5B，5C，7），実験参加者間で正答率に違いがあったときには（例えば，20%以上の違い），概してカンジのほうがアリアより成績が良かった。

　カンジとアリアのコミュニケーション行動の主な違いは，どの程度彼らが会話をしたがるかであるように思われる。例えば，告知文（第4番目）で，アリアはテスト中によく口頭で意見を述べた。例えばその文が，「アリアは，お母さんを追いかけるつもりです」であるならば，アリアは「私を追いかけて，私を追いかけて」と答え，何らかのコミュニケーションを行なっていたことを示しているが，カンジにはそのようなことは観察されなかった。このことが，ヒトの言語に比較的独自な性質であると判断されるかもしれないが，言語環境に曝されたカンジや他の類人猿は，最終的には会話である程度のやりとりを示す可能性もあるだろう。いずれにしても，少なくとも言語のある側面は，類人猿の能力の範囲内に十分備わっているようである。

　ある程度の言語理解は，霊長類以外のさまざまな種においても観察されてきた。実験者が多数の文を作り出す，比較的少ない組み合わせのジェスチャーによる人工的なジェスチャー言語を用いることで，イルカも言語理解を示す。アケ（Ake）と名づけられたイルカにおける典型的なテストの状況では（Herman et al. 1993），テレビモニターに提示されたジェスチャーの系列が，その動物に対して，プールにある特定の対象にある行為を遂行することを要求した。相補的な文に正しく反応することによって，文の系列的な性質に対して理解を示していることが証明された。例えばアケは，「**あなたの左に**フリスビーを，**あなたの右に**輪を持って来なさい」と求められたときに正しく遂行し，「**あなたの右に**フリスビーを，**あなたの左に**輪を持って来なさい」という相補的な文においても正しく遂行した。同じように，アケはその文で「フリスビー」と「輪」を交換した場合でも正しく行為を遂行した。いくつかの試行では，イルカは特定の要求が実行できるように，彼らの環境を再配置することが報告されている。例えば，輪をくぐって泳ぐように求められたイルカはプールの底にあった輪を持ち上げ，続いて要求されたように，その中を泳いでくぐり抜けた。類似の遂行は，同じようにジェスチャーの指示に対して，さまざまな行為を遂行することが訓練されたカリフォルニアアシカでも報告されている。例えば，「水，白い小さいビンを取ってくる」という文の要求が出された，ロッキー（Rocky）という名のメスのアシカは，白い小ビンをとって，水流の中にそれを置いた。アケと同様に，正しい反応をすればロッキーには報酬の魚が与えられた。

　すでに述べたように（→ 3.b. 参照）抽象概念を獲得したヨウムのアレックスは，英語理解と音声英語の生成の両方とも可能であることが証明されているので，さらに興味深い。彼は1977年の約13カ月齢のときから発声の訓練を始め，最終的には，非常に多くの色（「緑」「バラ」「青」など），形（フットボールのような形状の対象に「2つの角がある」，三角形に対しては「3つの角がある」），材質（「コルク」「木材」「石」など），さまざまな対象（「鍵」「カップ」「トラック」など）に対する単語を獲得し，「色」「形」「材質」などの抽象的な概念をラベル化した。アレックスの語彙は，およそ100語に達した。ある実験では，2つから7つの対象（試行により異なった）が盆の上に乗せられ，アレックスに可能な4種類の問いのうち1つが質問された（Pepperberg 1993）。問題のうちの2つは，対象の色の属性に関するもので，「Xは，何色ですか？」や「A色なのは，どの対象ですか？」であった。他の2つの問題は，対象の形に関するもので，「Xは，どんな形をしていますか？」や「Bの形をしているのは，どの対象ですか？」であった。いつものように，賢い馬のハンス効果を避けるために，十分な予防措置が取られた。アレックスの全体の成

績は，色の問題では 80% で，形の問題では 89% であった。

　カンジ，アケ，ロッキー，アレックスや他の同じような訓練を受けた動物によって示される，これらの一見言語的な遂行は，それでもなお非言語的な認知過程の複雑な操作を反映していると考えることは可能だろうか？これは，現時点で明確に答えられる問いでなく，実際にかなりの論争がある。訓練手続きが類似しているにもかかわらず，これらの種で使用される実験の実施要項や，その動物たちの暮らしにおける言語的な題材が果たすものに重要な違いがある。サベージ-ランボー（Savage-Rumbaugh 1993）は，さまざまな相違点を指摘しており，それには，カンジに対して行なっている言語的なかかわりが，かなり多くの種類の結果を生じさせることなどが含まれていた。それに対してアケとロッキーでは，あらゆる課題を遂行しても，魚の報酬を受けとることが唯一の結果であった。これらの海洋哺乳類が，類人猿で行なわれるものと同様の条件で訓練されれば，おそらくさらにすばらしい認知能力を示すだろう。さらに，変則的な構文の文を含んだテストにおけるロッキーの遂行から，文の理解は条件性弁別の獲得という非言語的な用語で説明され得るかもしれないと，ギジナーとシュスターマン（Gisiner & Schusterman 1992）は述べている（図 14-7-(a) 参照）。ロッキーに使用される人工的なジェスチャー言語では，対象（O）に言及するサインと行為（A）に言及するサインは，O→A の系列で結合されるだけである。O と A のサインが与えられたときに，ロッキーは異なる反応を遂行するように訓練された。例えば，訓練者がある対象（例えば「ビン」）のサインをしたときに，ロッキーは訓練者の側にいたままプールを視覚的に探し回った。それに対して，ある行為（例えば，「取ってきなさい」）のサインは，ロッキーに文が終わるまで（これは，訓練者が片足を水につけることで知らされた）訓練者のほうを向いたままでいることを要求した。A→O という逆の系列の文が与えられたときには，ロッキーは先に探索反応を示すか（O には適切だが，A には不適切），プールを探索せずに訓練者の近くにとどまった。いくつかの変則的な文は，反応を誘発するのに十分な情報を含んでいたという事実にもかかわらず，ロッキーはこれらの試行で訓練者の近くにとどまる傾向があった。すなわち，刺激条件が変更されたときに，ロッキーには，ほとんど転移の証拠が見られなかった。これと同じような説明が，他の言語訓練を受けた動物にも拡張し得るかについては議論が残る。

　これまでの節で述べた概念形成，数的能力，言語などのヒト以外の動物の高次な認知能力の研究は，自己認識，あざむき，その他の類似のトピックの研究と同様に，種を超えてのダーウィン的な**心の連続性**の問題を生じさせる（→第 1 章，3.，10-14 頁参照）。すなわち，ヒトの心理において最も特徴的な性質の一部は，われわれの種に独自ではなく他の種にも共有されている，ということを示している。心の連続性が指しているのは，より高次な認知過程のいくつかの基本的なメカニズムは，ヒトとヒト以外の少なくとも数種の動物には共有されているという考えであり，別の言い方をすれば，潜在的なメカニズムにはある程度のホモロジーがあるという考えである。類似した行動が，本当にホモロジーなメカニズムに基づいていることを証明するためには，まだまだなさねばならないことがあることがある（図 14-1 参照）。例えば，概念（視覚的，抽象的，数的，言語的）の獲得のような心理的な能力が，細胞分子生物学的及び神経化学的な過程で実現されているかについては，ほとんど何もわかっていない。神経生物学のレベルでは，脳損傷に苦しむ患者の研究から，人間の言語は，ほとんどの人では左半球に局在していることが知られているが，それを最初に示したのは 19 世紀の神経学者ポール・ブローカ（Paul Broca）［1824-1880］とカール・ウェルニッケ（Carl Wernicke）［1848-1905］である。言語訓練を受けたヒト以外の被験体でも，同様の証拠があるだろうか？図形文字の手続きで訓練された 2 個体のチンパンジー，シャーマンとオースティンは，既知の図形文字が，左視野よりも右視野に瞬間提示されたときのほうが早く反応した。このような非対称性は，なじみの少ない図形文字では観察されない（Hopkins & Morris 1993）。こ

の結果が，言語訓練を受けたチンパンジーとヒトとで，左右の機能分化過程がホモロジーであることを意味するかどうかには別にしても，心の連続性の最終的なテストに関連するのは，このような種類のデータである。

4. 複雑さ

複雑さを厳密に測定するのは難しいかもしれないが，概念上のレベルで考えるときには，比較的はっきりした意味を持っている。多くの異なった部分や過程が区別され，それらの部分間に関係性や相互接続が確立されるような現象は，一般的に複雑であるといわれる。ヒトの社会や行動そして脳は，まさに複雑さの典型的な例であり，専門分野としての比較心理学は，そのような複雑さの，進化上および発達上の起源を説明する理論を提供することが期待されている。その結果，比較心理学者は，学習，問題解決，概念形成，言語などの複雑な種類の行動を研究するため，さまざまな手続きや概念を発展させてきた。しかし，自然界における複雑さの問題を考えるときには，多少の注意が必要である。

第1に，システムと機能の複雑さは，進化や発達の過程における必然の結果ではない。例えば，体サイズを増やす傾向（通常，複雑さを代表するとみなされる；Bonner 1988）は，あらゆる進化上の系統で見られるが，体サイズを縮小させる傾向も見られる。哺乳類の脊柱などの特定の形質の量的研究は，複雑さと単純さに向かう傾向が，同じ率で起こる傾向があることを示している（Mc-Shea 1993）。複雑さは進化上の必然の結果ではないが，複雑さの増加はある形質の進化を特徴づける。例えば，同じセットの尺度では，哺乳類の脊柱は，爬虫類や魚類に比べてはるかに複雑である（McShea 1996）。

第2に，複雑さ（および，単純さ）は，種全体を特徴づけるために用いるべきでなく（例えば，ヒトはトカゲよりも複雑である），分類群を超えたホモロジーな形質を特徴づけるためにだけ用いるべきである（例えば，哺乳類の歯列は，爬虫類の歯列より複雑である）。進化がモザイク的な性質で生じるために，どのような生活体も，特殊化の率や方向が異なって進化してきた，混在した形質を持ち合わせている。そのような形質のあるものは，複雑さを増したかもしれないが，他のものは単純化したり減少し，進化的に停滞しているものさえあるだろう。例えばヒトでは，一般に言語の進化を支えるために新皮質が複雑さを増したと考えられているが，盲腸，耳の筋肉，歯の親知らずは痕跡をとどめる程度か形質が単純化しており，ヒトは霊長類の四足歩行から二足歩行する四肢に進化したのに，われわれの手足の指の数は変わらぬままである。

第3に，構造と機能における複雑さは，自然選択に直接起因している。しかし，特定の構造や機能を，程度の異なる複雑さに規定する対立遺伝子は，その影響がいかに間接的であるとしても，包括適応度に寄与する程度は異なり，それゆえ集団内で広がるかもしれないし，あるいは消滅してしまうかもしれない。この過程の結果として，種の複雑さが異なるのかもしれない。しかし，特定の構造が，あるBという種よりもAという種のほうがより複雑であるという事実をもって，A種はその環境においてB種よりもうまく適応しているということを意味しない。適応は進化の主な推進力であり，複雑さは適応過程の潜在的な結果の1つとしてみなすべきだろう。

第4に，複雑な行動が存在することは，必ずしもその潜在過程が複雑であることを意味しない。実際，真の科学的な挑戦とは，比較的単純な仮定という制約の範囲内で，できるだけ多くの複雑な行動を説明することである。行動に対する説明は，可能な限り単純な過程に基づくべきであるとしたモーガン（Morgan）の公準を，比較心理学者たちは忠実に守ってきた。科学者が，複雑な心理学的過程に対する強い証拠を得て，行動的な能力を区別する明確な基準を発展させようともがき苦し

むときに，倹約性にこだわることは，創造性と注意深い実験的研究にとっての大いなる推進力となる（Thomas 1980）。

複雑さに関して述べた上の4つの点は，本書で述べている比較心理学の主要なテーマの，行動の進化と発達における研究動向を概念化する一般的な枠組みを提供している。第2章で議論したように，真核生物を造るために必要なDNAの量は，原核生物のバクテリアに必要とされるものよりも多い。まず真核生物の進化があり，それに続いて，その子孫（動物を含めた）は，より大きいゲノムとともに形質の複雑さを増やした。しかし，C値パラドックスは，われわれの漸進的な進化に対する単純な考えに警告を与えている。形質の複雑さが非常に異なる動物種を超えて，DNAを構成する材料の量には広範な重複がある。第5章において，昆虫と高次な脊椎動物の社会は複雑であり，単純な様式の組織から進化したと取り扱われた。他の要因の中でも，親類関係と互恵主義は，社会的な進化において主要な役割を果たして来たと考えられる。第6章では，カンブリア紀の化石で知られている系統種のほとんどは，比較的突然の出現とともに複雑さへの移行があった，という記念碑的な例が，動物界の歴史から示されている。同じような適応放散は，現代の哺乳類の目のほとんどが現れた第三紀初期の哺乳類の放散のように，特定の系統で何度も生じた。

第7章は，無脊椎動物を含めた研究に焦点を当てることよって，単純な神経系と行動を扱っている。左右対称な動物の生痕化石は，ベンディアン紀とカンブリア紀の境界を超えて，行動の複雑さが増したことの明確な証拠を提供している。さらに，現存する無脊椎動物の神経系の単純さは，非常に訴求力があり便利である。比較的少ない構成要素（例えば，センチュウ C.elegans は302個の神経細胞しかない！）による神経系は，ある種の可塑性を含めた単純な行動の出力を，細胞や分子レベルで分析するときには理想的である。これらの単純なシステムが作用する仕組みについての知見は，より高次な脊椎動物のさらに複雑なシステムの作用を理解することに役立つ。

第8章で示したように，脊椎動物の神経系は，無脊椎動物の神経系で見られるのと同じ構成素材である神経細胞を使って，多様な行動機能を支える複雑なネットワークを進化させた。安定性と目新しさの両方の特徴が，脊椎動物の神経系の進化において結合された。単純なものから，比較的雑な神経系へと感覚システムが移行することが，無顎類あるいは下顎のない魚類で見られている。ちょうど社会的な昆虫が，無脊椎動物での行動の複雑さの頂点を代表しているように，第9章で記述した霊長類は，神経と行動の複雑さにおいて脊椎動物の1つの頂点となっている。霊長類の歴史は，相対的な脳のサイズが増加したことに関するいくつかのエピソードで特徴づけられる。霊長類は，ほとんどの哺乳類よりも大きい脳を持っており，そしてヒト科はヒト科以外の種よりもさらに大きな脳を持っている。初期のヒト *Homo spp.* における，道具製作の証拠，言語，文化，世界規模での移動の出現は，行動的な複雑さの驚くべき証拠といえる。これらは，生物学的な複雑さの主たる例としても際だっている。

複雑さへの移行の多くの例は，発達的な過程と関連して記述された。動物の中でも主要な移行は，最も初期の左右相称動物や三胚葉性の動物における中胚葉の出現であり，それは多様な形態の身体の出現を可能にした。第10章では，脊椎動物の脳の発達におけるホルモンと経験の役割を概観したが，第11章と12章では，特に哺乳類や鳥類での，成体の行動に多大な影響を及ぼす初期学習と，霊長類の道具使用のような複雑な行動の出現について論議した。神経系と行動は，機構間の複雑な組み合わせのコアクションによって，後成的な発達を特徴づける。

最後に，第14章では，鳥類の食物貯蔵行動における複雑な行動の進化と，それが海馬体の拡大に相関していることや（2.c.），哺乳類の道具的行動の注意および情動的な出力（2.e. と 2.f.），類人猿は法則学習に依存する傾向があること（2.g.），抽象概念や数的能力および言語的なコミュニケーションの獲得が集中的に訓練された少数の動物では，より高次の認知能力が存在すること（3.）の証拠が示された。

20世紀における莫大な進歩にもかかわらず，

比較心理学の現状に対する適切な評価は，おそらく，われわれはまだ表面をひっかいたに過ぎないという結論に落ち着くだろう。行動の進化と発達についてのわれわれの理解は，まだ発展途上にある。今や比較心理学の進歩は，進化・発達生物学，神経科学，生態学，古生物学やその他の領域の基本的な原理に接することが可能な，新たな世代の研究者にかかっている。

グロッサリー

ISI 効果（ISI effect） 刺激間間隔（ISI）が短ければ短いほど，馴化するのが早くなる効果。

愛着（attachment） 個体認識，愛着対象への選好，愛着対象との分離に対する嫌悪的反応を含む母と子の絆。

あざむき（deception） 競争相手（となる可能性のある個体）に食物や他の資源に関して虚偽の情報を与えること。あざむきは，意図が存在することを示唆するが，意図の存在は動物行動研究においては難しい問題である。

亜社会性（subsocial） 子の世話を行ない世代の重なりがみられるような昆虫のカテゴリー。

アシュレアン技法（Acheulean technology） 後期のヒト科（例えばホモ・エルガスター）を特徴づける一連の石器。両側が加工されており，ハンドアックス，ピック，クリーバーを含む。

遊び行動（play behavior） エネルギーは消費するが，直後には明確な機能のない社会的相互作用。

アフリカ単一起源説（out-of-Africa hypothesis） ホモ・サピエンスはアフリカ南部にいた単一の個体群に起源をもち，その子孫がアフリカ北部，ヨーロッパ，中東から世界の各地域へ拡がったとする説。

アポトーシス（apoptosis） ニューロンの選択的な死。

アルファ反応（alpha responses） CSによって誘発される反応。CRが誘発されるシステムと同じ効果器システムにもとづく。

安定化選択（stabilizing selection） ある形質について極端なものは排除されるような選択。

アンテナペディア・ミュータント（antennapedia mutant） 第6ホメオティック遺伝子が突然変異したショウジョウバエのミュータント。この遺伝子は触角の代わりに1対の足を生じさせるため，antennapedia と呼ばれる。

鋳型（template） 鳥類が発達初期すなわち感覚学習期に獲得した成鳥のさえずりの聴覚記憶。

異時性（ヘテロクロニー）（heterochrony） 発生速度の進化的変化，及び，祖先の種に対して子孫の種で特性が出現する相対的時間の進化的変化。

一次強化子（primary reinforcers） →強化子を参照。

一次フラストレーション（primary frustration） →フラストレーションを参照。

位置偏向（position habit） 視覚課題において，試行ごとに刺激の左右の位置がランダムに変化するのに（赤い光と青い光など），どちらかの位置（右や左）に偏向して反応する傾向。位置偏向は，一般的には問題解決（正しい選択肢への反応）に先行する。

一妻制（monogyny） 一夫一妻制と一妻多夫制の両方の配偶システムを指す用語。

一妻多夫制（polyandry） メスが生殖のためのオスを得るために競争する配偶システム。

一致指数（consistency index） 分岐分析における尺度の1つ。多くの形質を分析したときに得られる，可能な最小の樹長と実際に得た樹長（すなわち，多くの形質変化が分岐図に表されると仮定して）との当てはまりのよさで示す。

一夫一妻制（monogamy） 比較的長期間（1回の繁殖期あるいはそれ以上の期間）にわたって特定のオスとメスとの間に維持される生殖関係。

一夫多妻制（polygyny） オスが生殖のためのメスを得るために競争する配偶システム。

一夫多妻制の閾（polygyny threshold）　メスが一夫多妻制を選択する傾向を決める生息場所の特徴。

遺伝コード（genetic code）　1つの決まったアミノ酸に転写されるDNA分子内の3つの塩基の配列。3つの塩基の組はコドンと呼ばれる。アミノ酸はタンパク質を構成する要素である。現在知られている限りではすべての動物は同じ遺伝コードを使っている（→表2-1参照）。

遺伝子（gene）　1つのタンパク質を符号化しているDNAの一部分。

遺伝子型（genotype）　生物のDNAに含まれている遺伝情報。

遺伝子ノックアウト（gene knockout）　ある特定の遺伝子の働きを阻止する手法。そのような「沈黙した」遺伝子を持つ動物では特定の表現型としての産物（例えば，特定の神経伝達物質のレセプター）が発現しない。

遺伝的同化（genetic assimilation）　環境の圧力に応じて特定の表現型を生み出す能力が選択されること。その環境と独立した表現型が最終的に発達する結果となる。

遺伝的恒常性（genetic homeostasis）　特定の形質についての高い系と低い系は，通常，人為選択によって比較的速く作ることができる。選択基準を緩和して自由に交配すると，形質の分布は親集団に特有の値へと回帰する傾向がある。このような回帰は，遺伝的恒常性を反映していると言われる。

遺伝的浮動（genetic drift）　生物集団における対立遺伝子の頻度のランダムな（あるいは非選択的な）変化。遺伝的浮動は有性生殖をする比較的小さな生物集団で特に重要な意味を持つ。

遺伝率（h^2）（heritability（h^2））　人為選択の有効性の測度。遺伝率は，親世代と子世代との特性の差（遺伝獲得量，G）と，親集団の特性の分布と均衡化のために選択された下位集団の分布との差（選択差，S）の比。すなわち，$h^2 = G/S$。遺伝率が選択交配の数世代後に推定される時，これを実現遺伝率と呼ぶ。

移動運動（locomotion）　脚を用いた移動のこと。

命か食事かの原理（life-dinner principle）　捕食者―被食者関係における動機づけの非対称性。捕食者は食事を求めて行動しているが，被食者はその生命がかかっている。この非対称性が両者に働く選択圧の強さの違いを示す。

意味（meaning）　ヒトの言語における語義の内容。

咽頭段階（pharyngula stage）　脊索類のフィロタイプ期。この時期に，脊索類の体の基本体制に関する4つの基本的特徴（鰓裂，脊索，尾，背側神経索）が初めて観察される。

隠蔽（crypticity）　体表面の見かけを背景の環境に合わせることのできる能力。

隠蔽（overshadowing）　複合CSの要素の一方が強くなるほど，その複合刺激の他方の要素の条件づけが阻害される。

ウィン・ステイ／ルーズ・シフト方略（win-stay / lose-shift strategy）　A+/B-を解決するのに有効な反応方略。学習セットの実験などで観察される。

ウエスト―ヒップ比（WHR）（waist-to-hip ratio：WHR）　ヒップの長さをウエストの長さで割った値。WHRは女性の適応度を男性が評価する目安であるとする考え方がある。

ウェルニッケ失語（Wernicke's aphasia）　側頭葉の損傷による言語理解の障害。

氏と育ちの二分法（nature-nurture dichotomy）　行動の起源に関する相反的見解。当初は行動をはっきりとカテゴリー分けするという意図があり，氏はおそらく固定され遺伝的に決定される本能的反応であると言われるのに対し，育ちは個体の経験に始まる獲得された行動と言われる。現在では，両者はある連続体の両極であり，行動は遺伝要因と非遺伝要因の複雑な相互作用から生じると考えられている。このような両要因の相互作用の結果と考えられる見方は後成説として知られている。

腕渡り（brachiation）　手と腕を用いて，木の枝から枝へ移動すること。

運動優位説（motor primacy theory）　発達中の動物は，感覚フィードバックがなくても，まず運動から生じるとの主張。

鋭敏化（sensitization）　ある反応の強度が，

比較的強い刺激を繰り返し提示することによって高まること。一般に，短期の鋭敏化効果は非連合的学習の例であると考えられるが，長期におよぶ鋭敏化の性質はよく分かっていない。

鋭敏化された母親行動（sensitized maternal behavior） 子どもからの感覚刺激によって，母親以外の個体に引き起こされる母親行動。

栄養交換（trophallaxis） 哺乳類においては，母子間の刺激交換を，昆虫においては，個体間の食物交換を指す。

エクソン・シャッフリング（exon shuffling） イントロンの交差によって生じる遺伝子間でのエクソンの複製と交換。

エクソンとイントロン（exons and introns） DNA分子はエクソンと呼ばれる情報を持つ部分と，イントロンと呼ばれる情報を持たない部分から構成されている。DNA配列のすべてがRNAに転写されるが，その後スプライシングという過程でイントロンは削除されメッセンジャーRNAができる。

エコロケーション（echolocation） 音を発しそのエコーによって環境内の対象の位置を追跡すること。

餌ねだり反応（begging responses） 晩成性の鳥類に典型的に見られる反応。親鳥が巣に到着するやいなや，ヒナたちは口を大きく開け，親鳥から食物を得ようとする。

S-R連合とS-S連合（S-R and S-S associations） 連合学習現象を説明するための仮説的な媒介変数。S-R連合は刺激と反応の内的表象間の結合を含む。その主な特徴は，刺激が反応を選択することにある。一方その主な問題点は，それが強化子（そもそも連合を生じさせる事象）についての知識を除外していることにある。S-S連合は刺激の内的表象間の結合を含む。その主な特徴は，予期形成に連合による説明を与えることであるが，その主な問題点は，反応選択を説明しないことにある。

エソロジー，動物行動学（ethology） 生物学の一分野で，行動の研究を主たる対象として位置づける分野。

エディアカラ動物相（Ediacaran fauna） 南オーストラリアのエディアカラの丘で最初に発見された化石群集。現在は，世界的に分布をしていることが知られている。最古のエディアカラ化石は，約5億5500万年前のものと推定される。いくつかの化石の位置づけについては論争中であるが，あるものは現生のクラゲやウミユリと同じ刺胞動物に対応すると考えられている。

NMDA（N-methyl-D-aspartate） 学習に関与する神経伝達物質の1つ。

エピソード記憶（episodic memory） 特有のエピソードや出来事についての記憶。

エピソード文化（episodic culture） エピソード記憶の文脈をグループのメンバーで分かちあう能力とその目的のために発達した手段。

延滞（または順向）条件づけ（delay (or forward) conditioning） CSがUSの前に提示される古典的条件づけにおける基本的な手続き。

尾（tail） 泳ぎに使用される肛門の後ろにある構造。脊索類の体の基本体制を定義する4つの特徴の1つ。

横断的研究法（cross-sectional design） 年齢の異なった独立の動物群が，年齢の関数として行動を変化させるかを見極めるために特定の条件で観察される，発達的研究の一方法。

奥行き知覚（depth perception） 環境において，その動物自身と対象物との間の距離の視覚的判断。

オス間闘争（male-male competition） 性選択の一面。一夫多妻制の種のオス同士での競争的行動。多夫一妻制の種ではメス間闘争が見られる場合がある。

親子間コンフリクト（parent-offspring conflict） 利害の違いによって生じる対立。親は子を独立させふたたび生殖を始められるように最低限の投資だけをする必要があるが，子は親からできる限りの世話を受けようとする。

親としての投資（parental investment） 親が他の子への投資を犠牲にして特定の子の適応度に対して何らかの寄与をすること。

親としての養育（parental (paternal, maternal, or biparental) care） 種によっては父親のみ（paternal care），あるいは母親（maternal care）のみが子への投資を行なう場合がある。その他の種では両親が子の世話をする。

親への刻印づけ（filial imprinting） ヒナが自分の母親を認識するようになる学習過程。

オルドワン技法（Oldwan technology） 初期のヒト属を特徴づける一連の石器。ハンマーストーン，チョッパー，スクレイパーを含む。

温熱希求行動（heat-seeking behavior） 幼い鳥類や哺乳類での熱を調節するための主たるメカニズム。熱源へ接近すること（通常は母親）。

外温性（ectothermy） 環境温度の変動に伴って動物の体温が変化すること。外温性は，下等脊椎動物特有のものである。

外群（outgroup） 分岐分析における対象のクレード（単系統）の外にあって最も近縁である群のこと。

開口運動（mouthing） 口による対象の探索。

概日リズムと概年リズム（circadian and circannual rhythms） 約24時間（概日リズム）あるいは約1年（概年リズム）の長さを持つ行動や生理の周期。

外套（pallium） 脊椎動物の終脳の内側，背側，外側部位にある構造。

外套下部（subpallium） 脊椎動物の終脳腹側部にある構造。

概念（concept） 互いに関連する事物のカテゴリー。

外胚葉（ectoderm） 胚葉の外表層で，すべての動物にある。

海馬体（hippocampal formation） 脊椎動物の終脳に位置する構造であり，空間学習をはじめさまざまな機能に関与するとされている。

回避条件づけ，能動的回避と受動的回避（avoidance conditioning, active and passive） 能動的回避学習課題では，嫌悪性の一次強化子（ショックなど）に対する信号（音など）を停止させるために，動物はある反応をしなければならない。受動的回避学習課題では，動物は嫌悪性の一次強化子と対提示された場所を回避することを学習しなければならない。回避反応はまた，一次強化子の提示も防ぐ。

カウンターバランス（counterbalance） 学習実験において事象そのものではなく，事象間の連合が観察される行動変化の原因であることを示すために計画される手続き。例えば，A＋/B－の形の分化条件づけの課題で，刺激のカウンターバランスは，半数の動物にA＋/B－の課題を与え，残りの半数にはB＋/A－を与えることによって行なわれる。両方の条件で弁別が生じれば，それを個々の刺激AとBが行動に対して特別な影響を持っているとすることはできない。弁別はそれぞれの刺激と強化子との関係によるものと考えることができる。

化学刻印づけ（chemical imprinting） 生活体が発達初期の時期を過した場所に存在する化学的な手がかりに基づいて，その場所への選好を形成すること。

化学シナプスと電気シナプス（synapse（chemical or electrical）） シナプスとは，ニューロン間の情報伝達が行なわれるところである。ニューロンはシナプスで物理的に接触しているのではなく，シナプスはむしろニューロン間の間隙である。ニューロン間の情報伝達は，主として（常にではない）シナプス前ニューロンからシナプス後ニューロンへの一方向性である。化学シナプスでは，連絡はシナプス前ニューロンからの神経伝達物質の放出とシナプス後ニューロンにある神経伝達物質受容体の活性化によって媒介される。電気シナプスでは，活動電位がシナプスを通ってごくわずかな遅延か，あるいは遅延なしに伝わる。

化学的親和性仮説（chemoaffinity hypothesis） ニューロンの成長円錐のアメーバ様運動が，標的ニューロンが放出する物質の分子的勾配によって導かれるという理論。

核（nucleus） 中枢神経系において，比較的はっきりした解剖学的境界を持つ細胞集団。

学習（連合学習と非連合学習）（learning（associative and nonassociative）） 経験の結果としての情報の獲得，保持，検索の過程を指す。これらの過程は中枢神経系で生起する。2つあるいはそれ以上の事象が時間的・空間的に近接して起きる場合に，それを反復して経験することにより生起するのが連合学習である。一方，単一事象を繰り返して提示した場合に，それに対して生活体

が自らの反応を変化させていくのが非連合学習である。

学習現象とメカニズム（learning phenomena and mechanisms） 実証的な結果（現象）は，潜在する過程（メカニズム）によって説明される。

学習―遂行の二分法（learning-performance dichotomy） 学習は遂行や行動と同じであると見なしてはならない。このことは，学習の失敗であると推定される例を扱うときには特に重要である。行動の欠如は学習の欠如を意味するのではない。

学習性無力感（learned helplessness） 逃避不可能な嫌悪性の強化子を経験することで，後にその強化子から逃避可能や回避可能である他の状況での獲得を阻害する。

学習セット（learning sets） 弁別の連続的な獲得のこと（例えば，A+/B－にC+/D－，E+/F－が続く。文字は刺激を意味している）。

学習の生態学的観点（ecological view of learning） 学習過程は特定の動物種レベルでの適応であるとする考え方。

学習の普遍過程説（general-process view of learning） 動物界すべてにおいて同じ学習過程が働いているとする考え方。

学習の連続説（continuity view of learning） 連合学習は漸進的に進行するとの考え（試行錯誤学習など）。

学習ミュータント（learning mutants） 学習過程に影響する突然変異を持つ動物。

獲得（acquisition） 経験を通じて，情報を得ること。

獲得形質の遺伝説（inheritance of acquired traits） 19世紀初頭にラマルクが主張した説で，ある身体部分の使用・不使用が世代間に継承される程度を決定するという考え方である。ラマルク流の考え方は，20世紀の初めまで残っていたが，やがて現代のいわゆる総合説にとって代わった。総合説では，遺伝情報が遺伝子型から表現型へと一方向にしか伝わらないとする。つまり表現型において転換が起こったとしても，それが子孫に継承される遺伝子情報にはならないことを意味する。

過形成（hypermorphosis） 過成進化の例。性成熟の開始は，祖先よりも子孫の方が遅れる。

加算（addition） 数概念の獲得の後にできあがる数量を足し合わせる能力。

加算法（summation test） 制止条件づけのテスト。推定上の制止CSが，それとは別に訓練された興奮子と複合刺激として提示される。興奮子単独よりもその複合刺激への反応強度が弱くなれば，制止条件づけが起こったと考えられる。

過成進化（peramorphosis） 異時性の例。子孫の種の発生には，祖先になかった特徴が加わっている。

可塑性（plasticity） 活性化の程度に基づいたあるシナプスの順応性。

可塑的なさえずり（plastic song） ヒナのとき，すなわち感覚学習期に聞いたさえずりのシラブルを生成するようになったもの。

家畜化（domestication） 動植物の原種の形質を改良するための育種法。動物では，イヌ，ネコ，ウシなど，植物ではコメ，トウモロコシなどが対象となる。

活動電位（action potential（AP）） 一定の速度と振幅でニューロンの軸索を伝わっていく，全か無かの電気化学的電位。

活動電位幅の延長（spike broadening） ある種のニューロンで，活動電位が生じた後，カリウムイオンの流出がゆっくりと減少し，神経伝達物質が放出される時間が延長すること。活動電位幅の延長は，鋭敏化のいくつかの例を説明するメカニズムとして提案されてきた。

下等脊椎動物（lower vertebrates） 分類学上の用語で，魚類，両生類，爬虫類のさまざまな綱を指す。

過分極（hyperpolarization） シナプス後ニューロンの細胞内に，静止電位のときよりもより負に変化させる活動電位を生じること。

体の基本体制（バウプラン）（body plan, Bauplan） 特定の分類群に属する種すべてに共通する，一組の基本的な相同構造特性。

感覚運動学習期（sensorimotor learning phase） 鳥類の発声学習過程において，個体が発声し始める時期。さえずりは，不完全なさえずり，可塑的

なさえずり，結晶化したさえずりという一連の相を経て発達する。

感覚運動的知能（sensorimotor intelligence） ピアジェの理論による知能発達の4段階。反射の出現，対象の探索行動，到達反応，対象の永続性からなる。

感覚学習期（sensory learning phase） 鳥類の発声学習過程において，ヒナが種特異的なさえずりを聞いて獲得する時期。この時期にはヒナはまだ発声しない。

感覚順応（sensory adaptation） 刺激が繰り返されることによって，感覚受容器は刺激に対する反応を減少させたり停止させたりさえする。

環境の豊富化（environmental enrichment） 多様な対象を有する初期環境へさらすこと。それが同種の動物の場合もある。

観察者（observer） 社会的学習の場面において，ある状況下に対して行動する同種個体を観察することから情報を得る動物。

環状アデノシンーリン酸（cAMP）（cyclic adenosine monophosphate） ニューロンを含む種々の細胞の細胞質中にあるセカンド・メッセンジャー・システム。活性化されると，cAMP生産は究極的には核内での遺伝子転写を導き，したがって，シナプスの膜受容体密度に影響を及ぼす。cAMP経路は，連合学習を含む種々の機能に関係している。

換歯様式（tooth replacement pattern） 爬虫類の換歯は何度も起こるが，哺乳類の換歯は，乳歯から永久歯への1回しかない。この違いは，獣弓類—哺乳類系統にある化石を同定する際の手がかりとなる。

感性予備条件づけ（sensory preconditioning） 2つの中性な刺激の対提示（光→音）に続いて，2番目の刺激を古典的条件づけすれば（音→食物），最初の刺激がCRを誘発する能力を獲得する。

間接適応度（indirect fitness） 直接適応度を犠牲にして，遺伝的に関係のある個体の適応度に寄与するような形質は，高い間接適応度を持つといわれる。

完全な非対提示手続き（explicitly unpaired procedure） CSとUSが一貫して時間的に接近しないようにして提示される，頻繁に用いられる非連合的要因の統制条件。

間脳（diencephalon） 終脳（より前方にある）と中脳（より後方にある）の間に位置する，脊椎動物中枢神経系の構造の部分。

機械論（mechanicism） 生物学の考え方の1つで，行動を含む生活体の機能は，身体各部の要素の作用結果として生起するという説。機械論と反対の立場は生気論といわれるが，生物学や心理学関連の分野では機械論が優勢となっていった。

器官形成（organogenesis） 器官と呼ばれる，機能的に分化した構造の形成。

利き手（handedness） 対象の操作時に一方の手を優先的に使用すること。

儀式化（ritualizations） 定型化した，顕著で明瞭なディスプレイ。

疑似条件づけ（pseudoconditioning） 本来はUSによって誘発されていた反応が，非連合的にCSへの反応へと転移すること。

偽手術統制群（sham-operated controls） 脳損傷を生じさせる実験での統制群。偽手術個体は，脳に損傷を加えられる個体とまったく同じ処置（例えば，麻酔，開頭など）を施されるが，脳組織に損傷は加えられない。

寄生（parasitism） 種の異なる動物の共生関係で，一方のみが利益を得て，他方が損害を被るもの。

帰巣行動（homing behavior） 離れた場所で放されたときに巣に戻る，ある種の動物（例えば，デンショバト）の能力。

擬体腔動物（pseudocoelomates） 真体腔に似た体内の空所を持つが，中胚葉を欠くさまざまな動物門の総称。

機能局在（functional localization） 相対的に特殊な機能が脳領域へ配置されること。

機能前組織化（prefunctional organization） たとえ経験がなくても適切な文脈（例えば摂食）に置かれると現れる行動パターン。

機能的乖離（functional disconnection） 馴化訓練の結果として生じるシナプスの効力の減少。

キメラ動物（chimeric animals） 2個体以上

の動物からのDNA断片を持つように作られた動物。

脚屈曲反射（leg-flexion reflex） 足の皮膚や腱に刺激を与えて脚の屈曲を引き起こす反射のこと。

逆行条件づけ（backward conditioning） CSに先行してUSが提示される古典的条件づけの事態。

キャラバン行動（caravaning behavior） トガリネズミ科の食虫哺乳類で見られる母と子の身体的な結びつき。出産後の一定期間，母親は自分の体や他の子どもの体毛を歯で噛んでつかまるように子どもを刺激する。この結果，母親と子どもは一列になって行進する。

究極要因（ultimate causes） ティンバーゲン（1963）が提唱した原因分析レベルのうち，適応的意義と系統発生史をまとめて指す場合に使う。これらを究極要因と呼ぶのは，適応的意義と系統発生史は現生生物の祖先生物に作用したと考えられるからである。

丘体系視床（collothalamus） 上丘と下丘からの求心性入力によって特徴づけられる視床核（間脳）の領域。

救難音声（distress calls） 嫌悪刺激によって引き起こされる音声。特に，若齢個体によるものを指す。

休眠状態（diapause） 胚発生が一時的に停止する状態のこと。

強化子（reinforcers） 動機づけに関して意味のある事象。先行する訓練がほとんど必要ないもの（一次強化子）と条件づけの経験によるもの（二次強化子）がある。

強化スケジュール（schedules of reinforcement） 道具的反応と強化子との間に設定される随伴性のさまざまな形態。

強化遅延勾配（delay of reinforcement gradient） 道具的反応と強化子までの時間的間隔が長くなるほど，その反応の獲得が遅くなる。

強化量消去効果（MREE）（magnitude of reinforcement extinction effect（MREE）） 小さい強化子で訓練を受けた動物のほうが，大きい強化子で訓練を受けた動物よりも消去中の行動抵抗が大きいこと。

共進化（coevolution） 種間関係（例えば，顕花植物と授粉者，捕食者と被食者）の進化。共進化システムの要素それぞれが関係を促進したり阻害したりする適応を進化させる。

共生（symbiosis） 種の異なる動物の間の関係。双方が利益を得る場合（相利共生）や一方が利益を得て他方が損害を被る（寄生）場合がある。

競争排除（competitive exclusion） 分岐進化に至るような資源の利用法の特殊化。

共適応（coadaptation） 特定の表現型をコントロールしている対立遺伝子は，自然選択の作用によってクラスターとなって結びつき始めると考えられる。遺伝子クラスターのこの共適応は人為選択実験によって妨害され，その結果，選択圧が緩和されると，その形質は遺伝的ホメオスタシスを示す傾向にある。

協同（cooperation） 1個体では達成し得ない利益を得るために2個体以上の動物が力を合わせること。

恐怖（fear） 嫌悪性の一次強化子が関わる条件づけの事態における行動変化を説明するために仮定される媒介変数。

恐怖条件づけ（fear conditioning） 信号（例えば，音）と痛みの事象（例えば，電気ショック）の対提示を受けた生活体が，古典的条件づけを受ける状況。恐怖条件づけは，たいてい凍結反応によって測定される。

恐怖状態（fearfulness） 恐怖によって引き起こされるさまざまな行動を示す傾向（例えば，持続的不動など）。

恐怖反応（fear reaction） 刻印づけの状況で見られる，社会経験を剥奪されたヒナ鳥が動く物体から遠ざかろうとする傾向。

共有派生形質（synapomorphy） 2ないしそれ以上の系統だけが共有する派生形質。

極性（polarity） 分岐分析における分類群全体にわたる形質変化の方向性のこと。

巨大化（giantism） 異時性の例。子孫の種の形態は祖先の種と同じだが，体の大きさは大きい。

巨大ニューロン（giant neurons） ニューロンの電気的特性を理解するためのモデルとして提

供されている非常に大きなニューロンのこと（例えば，イカの巨大軸索）。

近縁度（r）（coefficient of relatedness） 2つの個体が共有する遺伝子の割合。

近交弱勢（inbreeding depression） 近親交配が，世代を越えて特定の形質の発現に有害な効果を及ぼすこと。

近接要因（proximate causes） ティンバーゲン（1963）が分類した4つの原因分析レベルのうち，メカニズムと発達という2つの分析レベルを指して近接要因と呼ぶ。これら2つは，観察対象となっている生活体に作用している過程が直接的であることから近接要因という。

筋疲労（musclular fatigue） 繰り返し刺激された後の筋肉の疲弊状態で，反応することができなくなる。

菌類界（Fungi） 吸収によって栄養素を得る多細胞真核生物を含む界。例えば，キノコ。

空間学習（spatial learning） 環境の特徴となる要素（例えば，ランドマーク）に関する情報を獲得すること。

グループによる養育（group care） ある種の動物で見られる，集団内の複数の個体によって行なわれる子の世話。

グルーミング（grooming） 身づくろいをすること。ある動物が別の個体をグルーミングするとき，アログルーミング（allogrooming）という用語が使われる。霊長類では，グルーミング行動は社会的結合を形成したり強めたりする機能も持つと考えられる。

クレード（clade） 単系統群のこと。

クローン種（clonal species） 無性生殖の結果としてすべての個体が遺伝的に同一である種。

群選択説（group selection view） ほとんどの動物において，社会的行動は，重要な資源の使い過ぎを避けて種を生存させることに向けられているとする考え方。

警戒音声（alarm calls） ある個体が発したとき受け手に捕食者に対する防衛行動を引き起こす音声。

警告色（aposematic coloration） ある種の動物に見られる鮮やかな体色や明瞭なパターン。

警戒物質（alarm substance） 防衛行動を引き起こす物質（例えば，フェロモン）。

経験則（rules of thumb） 自然選択は，最適な行動を生じるメカニズムの進化に対して有利に働くが，最適化される通貨は直接測られているとは限らない。間接的に評価される変数もある。例えば，ある溶液のカロリー分はその甘みによって間接的に推定できるだろう。

計時（timing） 事象の持続時間を推定する能力。

形質（trait） 生物の表現型を構成する形態（例えば，キリンの首の長さ）あるいは機能（パンダがサトウキビの葉を消化する能力）の特徴。

形質置換（character displacement） 自然選択は資源利用を最適化するような解剖学的，生理学的特殊化の進化に有利に働く。同じ資源をめぐって争いが起こる時，競争排除により，相同な特徴が分化し隔絶した表現型が進化したり，さらには種分化が起こる。

形質の類似性（character similarity） 1つの分類群に属する種の間での形態的，機能的特徴の類似度のこと。系統分類や系統史を発展させる上で主要な情報源となる。

計数（counting） 数的標識をいくつかの対象のセットに割り当て，その同じ標識を数えられる対象とは独立に使用し，それらの標識に序列特性を割り当てる能力。

形態型（morphotype） クレードの共通の祖先を典型的に表していると仮定される特徴のセット。

形態形成（morphogenesis） 動物の一般的な形状の発生。

系統樹（phylogenetic trees） 祖先と子孫の分類群の系統発生的関係を樹形になぞらえた図。共通の祖先は樹幹に表現され，分岐した子孫は枝に表現される。系統樹を描くにあたっては，多様な情報源（例えば，DNA配列やタンパク質の構造，形態学的類似性など）を利用する。

系統的変化法による統制（control by systematic variation） 異なる種における学習実験での訓練変数の操作法を指す。この方法によって，異なる種の動物がこのような変数とその行動の間にど

の程度の等しさで機能的秩序が示されるかを評価できる。

系統発生（phylogeny） 分類群の起源。

系統発生史（phylogenetic history） 特定の系統または特定の形質（例えばある行動など）についての進化史を指す。ティンバーゲン（1963）が分類した4つの原因分析のうちの1つ。

血縁認識（kin recognition） 血縁関係のある個体を他の同種個体から見分ける能力。

血縁理論（kinship theory） 利他的行動が進化する確率は，利他的行動を行なう者とその受け手が共有する遺伝子の数に直接に関係するという考え方。

結果分化効果（differential outcome effects） A→R+/A→L−とB→L+/B→R−の形態の条件性弁別。AとBは異なる刺激で，RとLは異なる反応。それぞれの刺激―反応系列が別々の強化子や結果で対提示されれば（A→R+の後では「+」は食物ペレットだが，B→L+の時にはサッカロース溶液など），獲得は促進される。

結晶化したさえずり（crystallized songs） 発声学習過程の結果である，成鳥のさえずり。

嫌悪刺激と嫌悪性の強化子（aversive stimuli and reinforcers） 嫌悪刺激とは，後退反応を誘発する事象である。嫌悪性の強化子とは，ある反応の直後にそれが除去されることで道具的学習を維持させる事象である。

限界値定理（MVT）（marginal value theorem (MVT)） 適応的機能モデルの1つであり，採餌に関する判断のいくつかに影響する要因について予測をする。このモデルは動物が環境内にパッチ状に分布する食物資源の分布について知識を持つことを仮定し，1つのパッチを放棄するという判断はそのパッチで餌を獲得できる（環境全体に対する）相対的スピードとパッチ間を移動することのコストに影響を受けることを予測する。

原核生物（prokaryote） 生物を5つの界（kingdom）に分ける分類法では，原核生物はモネラ界（Monera）として分類される。すべてのバクテリアを含み，真核生物とは，サイズの小さいこと，膜に囲まれた核が存在しないことによって区別される。原核生物には多細胞に進化したものはない。

原口（blastopores） 原腸胚期の間に，外胚葉から細胞が陥入する場所。

言語の生成と理解（language comprehension and production） 言語の理解とはシンボルの形式で提示された命令に正しく従う能力をいう。言語の生成には，シンボルを統語法的に正しい文に作りあげることが含まれる。

検索と検索の失敗（retrieval and retrieval failure） 検索は，すでに獲得した情報を再活性化させる記憶過程。忘却の事例の多くが，獲得の失敗ではなく検索の失敗に基づくものであることが示されてきた。

原始形質（plesiomorphy） 原始的な形質（分岐分析において，派生形質，共有派生形質と対置される用語）。

原生生物（原生生物界）（Protista (or Protozoa)） 単細胞の真核生物のすべてを含む界。

原腸胚期（gastrula stage） 胞胚期に続く胚発生の段階であり，内腔を形成する細胞の陥入を特徴とする。

コアクション（共働）（coactions） 新たな特性を生じさせる発達中の動物に存在する成分間の相互作用。水平方向のコアクションは特定のレベル内（例えば，細胞―分子レベル）で生じ，垂直方向のコアクションはレベルを越えて（例えば，行動―形態学的レベル）で生じる。

効果の法則（law of effect） うまくいった行動は強められ，うまくいかなった行動は弱められるという主張。

攻撃行動（aggressive behavior） 潜在的あるいは実際に有害な同種他個体間の反発的相互作用。

攻撃的擬態（aggressive mimicry） 待ち受け捕食者が示す隠蔽擬態。

後口動物（deuterostomes） 門の1つ。肛門が原口の近くないしは後方に形成されるという特徴をもつ。すなわち，原腸胚期にその箇所の細胞が陥入する。

高次発声中枢（HVC）（higher vocal center (HVC)） 鳥類の発声学習に関与する終脳の領域。

後成説（epigenesis） 生体の構造や機能は遺伝的要因と非遺伝的要因の複雑な相互作用の結果として生じるとする発達観。

構造遺伝子と調節遺伝子（structural and regulatory genes） 構造遺伝子は細胞分裂や組織の発達，表現型の形成に関わるタンパク質を作るために必要な情報を持つ DNA 配列からなる。調節遺伝子は転写のタイミングを変えて他の遺伝子を調節するタンパク質を作る。

後転移（postdisplacement） 幼形進化の例。ある特性の発生速度と性成熟の開始は子孫と祖先で同じだが，その特性の発生開始は子孫の種で遅れる。

後頭顆（occipital condyle） 頭骨の第一頚椎と関節する部分。ヒト科では，その相対的な位置から直立二足歩行の程度が示される。

行動圏（home ranges） 動物がその中で資源を求めるが，積極的に防衛はしない領域。

行動システム（behavior systems） 特定の資源を扱うために設計された反応（食物を処理するための採餌行動など）はシステムとして統合されていると見なす立場。

行動主義（behaviorism） 心理学の研究法の 1 つで，研究対象として行動に重きをおく。刺激と反応のような，客観的に測定し操作できる観察可能な事象が中心となる。

高等脊椎動物（higher vertebrates） 分類学上の用語で，鳥類と哺乳類とを指す。

行動による新表現型（behavioral neophenotypes） 以前に現れていなかった遺伝子を表出させる行動（例えば，栄養物の選好）が変化する結果として，新たな表現型特性が発達すること。

後頭皮質（occipital cortex） 後頭葉の新皮質。視覚に関与する。

交尾行動（copulatory behavior） 雌雄の性的交渉。

興奮性／抑制性シナプス後電位（excitatory and inhibitory postsynaptic potential（EPSP and IPSP）） シナプス前ニューロンからの神経伝達物質の放出によって，シナプス後ニューロンに誘導される脱分極性（興奮性）あるいは（抑制性）の段階的電位。

興奮性の増大（increased excitability） いくつかのニューロンが示す，カルシウム・チャネルが開いたままの時間を長くして，シナプスに放出される神経伝達物質の総量を増加させる能力のこと。興奮性増大は，脱馴化のいくつかの例でその基礎をなす機構として提案された。

興奮条件づけと制止条件づけ（excitatory and inhibitory conditioning） CS は US の提示（興奮）か省略（制止）を予期する能力を獲得する。

コープの法則（Cope's law） 系統は，体の大きさの増加という種の進化をたどる傾向があるという仮説。

ゴール・トラッキング反応とサイン・トラッキング反応（goal- and sign-tracking responses） 先に US が提示された場所か（ゴール・トラッキング），CS が提示された場所（サイン・トラッキング）に向けられた CR。

互恵性／互恵行動（reciprocity）または互恵的利他行動（reciprocal altruism） ある動物（実行者）が別の動物（受益者）に何らかの利益を与え，後に実行者と受益者の役割が入れ替わるとき互恵行動が成立する。互恵行動について重要なことは両者が遺伝的に近縁ではないことである。

心の連続性（mental continuity） ダーウィンの考え方であり，ヒトに特有と見られる属性（例えば想像力，言語，道徳的判断など）も，ヒト以外の動物にも原基的な形で見られるとする説。ダーウィンは，生物の性質が徐々に変化するという漸進進化説を唱えたが，それを心的側面に適用したもの。

五指性の手（pentadactyl hand） 指が 5 本ある手のこと。四肢動物の基本的形質の 1 つ。

個体認識（individual recognition） ある個体を他の同種個体から見分ける能力。

個体発生（ontogeny） 発生中の個体の起源。

個体発生的適応（ontogenetic adaptations） 発達中の動物が，性成熟を遂げるまで生存し発達するために存在する形質。

個体発生的ニッチ（ontogenetic niches） 発達中の動物が生存しなければならない環境（卵や子宮）。

**固定的活動パターン（FAP）（fixed action pattern（FAP））　草創期のエソロジスト（ローレンツやティンバーゲン）によって提唱された概念の1つで，生得的反応を指し，いったん開始されると外部刺激の関与がなくても完結するまで続けられる反応である。このような反応パターンは同一種内の個体間で共通して見られ，かつ個体レベルで見ても一貫して所定の反応となる。しかしこれらの反応パターンも，元来考えられていたよりも実際には多用な活動形態があることから，今では定型的活動パターン（Modal action pattern）と呼ばれている。

古典的（またはパブロフ型）条件づけ（classical (or Pavlovian) conditioning）　時間的あるいは空間的に接近して生起する2つ以上の刺激が提示されたときに起こる連合学習の一例。

古典的条件づけに基づく刻印づけの理論（classical conditioning theory of imprinting）　もとは中性的な特徴が刻印づけの刺激として有効になるのは，それが同じ刺激のもともと目立つ特徴（例えば，運動）と随伴性を持つためだとする考え方。

子に対する母親の刻印づけ（maternal imprinting）　出産後すぐに，母親の子どもに対する愛着が確立すること。

コミュニケーション（communication）　受け手（通常は同種他個体）が解読し解釈できるメッセージを媒体に符号化して放出すること。メッセージにはにおいや，発声，視覚刺激などが用いられる。

痕跡条件づけ（trace conditioning）　CSとUSの間に時間的ギャップのある古典的条件づけの状況。

再活性化の手続き（reactivation treatment）　そうしなければ忘却してしまうことを，以前に経験した状況に動物を曝すことで軽減すること。

最終共通路（final common path）　脊髄運動神経を指す。これが究極的に末梢の筋肉を刺激し行動を生じさせることを示す用語。

最適採餌理論（optimal foraging models）　動物の採餌行動は，究極的には包括適応度と正の相関を持つなんらかの通貨に関しての最適化（例えば，エネルギー摂取量の最大化，時間的遅延の最小化など）に基づくという仮定から展開されるタイプのモデル。

細胞分化（cellular differentiation）　細胞が形態において分岐し，特定の機能に向けて特殊化すること。

鰓裂（gill slits）　脊索類の呼吸器系の一部。脊索類の体の基本体制を定義する4つの特徴のうちの1つ。

さえずり（songs）　鳴鳥が生成する音声出力。

さえずり行動（singing behavior）　鳴鳥の発声行動。

さえずりへの隔離効果（isolate song effect）　社会的隔離を受けて養育されたオスのコウウチョウのさえずりが通常のもの以上の有効性を持つこと。

雑種強勢（ヘテローシス）（heterosis, hybrid vigor）　ヘテロ接合の個体がホモ接合のものより高い適応度を示す状態。

左右相称（bilateral symmetry）　生物の構造に前後方向の軸があり，対をなす体の部分があること。例えば，ヒト。

左右の機能分化（lateralization）　左右の半球における新皮質の同等の領域が，それぞれの半球に依存した異なった機能をもつこと。

三胚葉（性）動物（triploblastic animals）　3つの胚葉，すなわち外胚葉，内胚葉，中胚葉を持つすべての左右相称動物。

サンプリング（sampling）　採餌状況において，資源の分布に関する情報の収集に充てられる時間。

CS-US間隔（CS-US interval）　CSの提示開始とUSの提示開始までの時間。古典的条件づけの状況ではCRの強さを決める重要な決定因。

C値パラドックス（C-value paradox）　さまざまな動物種において遺伝型の塩基対の数（C値）がその動物の表現型の複雑さの程度とは相関がないように見えること。

視蓋（optic tectum）　中脳の背側にある構造で，視覚において重要な役割を果たす部位。

子宮内での位置（intrauterine position）　哺乳類ではいくつかの胚が子宮内で同時に発達し，胚の位置と，発達中の胚に隣接する胚の性別がさ

まざまな発達過程に影響することがある。

歯隙（diastema） 下顎の切歯と犬歯の間にある隙間。典型的なヒト科では存在しない。

刺激感応性（irritability） 生活体の基本的な特質の1つで，刺激に対して敏感に反応する様を指す。ラマルクによると，神経系をもたない生活体はこの特質を示すが，これらの生活体は自発的に運動を起こすことはできないとされる。

刺激強度（stimulus intensity） 馴化は刺激の強度が大きいほど弱いという逆の関係がある。しかし，他の種類の学習においては，獲得は刺激の強さや大きさに直接影響を受けるのがふつうである。

刺激痕跡（stimulus trace） 刺激が停止した後もしばらく続く外的刺激の表象。痕跡は，一般に時間が経過すれば自発的に減衰すると仮定される。

刺激—反応習慣（stimulus-response habits） ある特定の刺激や状況に直面したときに，決まったやり方で反応する獲得された傾向。

次元内転移と次元外転移（intradimensional and extradimensional transfer） 2つの異なる次元からなる要素を持った複合刺激の弁別（線の傾きと色など）は，ある次元が関連しており他方の次元を無視するように配置される（例えば，傾きに反応し，色を無視する）。この弁別がいったん獲得されれば，異なる要素刺激を持った同じ次元の新しい弁別が与えられる（つまり，最初のものとは異なる傾きや色など）。この新しい弁別では，関連次元は，以前の関連次元と同じもの（次元内転移）であったり，以前は無関連だったものであったりする（次元外転移）。

資源防衛型一夫多妻制（resource-defense polygyny） オス同士が，何らかの資源を求めて活発に競争し防衛する形式の一夫多妻制。

試行錯誤学習（trial-and-error learning） 道具的条件づけの別の呼び方。

指向性優性（directional dominance） 人為選択の研究で，ある方向（例えばH系）への選択反応が別の方向（例えばL系）よりも良いこと。指向性優性は，特定方向への変化を妨げる特性に変異性が欠如していることの反映かもしれない。

自己認識（self-recognition） 自己を他個体から区別して同定する能力。

視床下部—下垂体—副腎系（hypothalamo-pictuitary-adrenal axis） ホルモンの働きを通じて結び付けられている，情動を喚起するような事態に対する生体の反応に関与する構造。

自然選択（natural selection） 自然選択は3つの場合に生起する。1つは，集団内の個体にある形質の表現型において変異があるとき，2つ目は，今とは別の形質のほうが明らかに繁殖を促進するとき，3つ目は，選択にかかる形質がそれなりの遺伝的な条件を満たしているときである。

自然の階梯（scala naturae） アリストテレスの発案になる考え方で，生物は最も単純なものから，最も複雑なものまで，1つの次元で序列化できるとする。ヒトはこの階梯の頂点に位置づけられる。

自然発生説（spontaneous generation） 古代の哲学者（例えばルクレティウスなど）によって主張された哲学信念であり，生命体は湿った土や腐朽した生物から直接に発すると考えられた。

持続性不動（tonic immobility） 獲物となる動物が捕食者と接触した時に見せる受動的な対捕食者行動。動きが完全に止まる（例えば，オポッサムの死んだふりなど）。

失敗行動（misbehavior） 正の強化とやや拮抗する反応。

シドマン型回避訓練（Sidman avoidance training） もし動物が回避反応を遂行しなければ一定の頻度でショックが提示される訓練状況。もし反応をすれば，ショックを一定時間回避できる。適当な頻度で反応を遂行することですべてのショックを回避することができる。

地鳴き（calls） 比較的単純な発声。

シナプス発生（synaptogenesis） 神経系の発達過程において，神経細胞間でシナプスの結合が確立されること。

自発的回復（spontaneous recovery） 馴化や消去の実験において，測定されていた反応の強度が減少した後で，休息時間を入れると反応が回復すること。

刺胞（nematocyst） 刺胞動物（例えば，クラゲ）に見られる螺旋状に巻いた構造で，これが餌動物を捕まえるために放出される。

姉妹群（sister groups） 直接の共通祖先を持つ分類群。

社会的学習（social learning） 同種個体との接触によって情報を獲得すること。

社会的強化（social reinforcement） 動機づけに関して重要な事象（つまり強化子）が同種個体の存在，あるいはそれと交渉を持つ機会であるような状況について学習する能力。

社会的促進（social enhancement） ある動物の摂食行動は，他の動物が同じ場所で食物を探す行動を促す場合がある。

収益性（profitability） 最適採餌理論では収益性は最大化されるエネルギーや栄養や他の通貨の量と，餌を処理するために費やされる時間とエネルギーの比として定義される。

集合音声（assembly calls） 子どもの接近行動を引き起こす，母親による発声。

縦断的研究法（longitudinal design） 一群の動物を発達段階の異なる段階で繰り返し観察する発達研究の一手法。

集団のボトルネック（効果）（population bottleneck） 遺伝的浮動によって対立遺伝子の喪失をまねくほど集団サイズが激減すること。

終端反応と中間反応（terminal and interim responses） 強化間間隔の後半（終端）か初期（中間）に出現のピークが来る傾向のある反応。

終端付加の原理（principle of terminal addition） 祖先にはない発生段階が付け加わることによって子孫が進化するというヘッケルの考え。

終脳（telencephalon） 脊椎動物の中枢神経系の最も前の部分。

皺脳（構造）（gyrencephalic） 脳回の存在によって特徴づけられる哺乳類の新皮質構造のこと。

周辺オス（satellite male） 別のオスの性的交渉に忍び込む目立たないオス。

収斂（convergence） 異なる最初の形質から独立的に進化して，種を超えて類似した形質になること。ホモプラシーの一例。

樹上生活（arboreal life） 多くの霊長類に特徴的な樹上に生息する生活様式。

受精，体外受精と体内受精（fertilization, external and internal） 精子と卵が一緒になって接合子を形成すること。水棲の種ではオスとメスが生殖細胞をオスとメスが生殖細胞を放出し，水中で受精が行なわれる場合がある（体外受精）。その他の種では特別な器官と交尾行動が進化しており，受精がメスの体内で起こるようになっている（体内受精）。

種に典型的な行動パターン（species-typical behavioral patterns） ある1つの種のほとんどの個体に見られる行動パターン。

種に特有な防御反応（SSDR）（species-specific defense response（SSDR）） 嫌悪刺激の提示によって現れる機能的にあらかじめ体制化された行動。

種の認識（species recognition） 同種個体を認識する能力。

種分化，異所的種分化と同所的種分化（speciation, allopatric and sympatric） 新しい種の進化。種分化には2つの主なシナリオがある。異所的種分化ではもとは互いに交雑していた集団が何世代にも渡って地理的に隔離され，生殖的隔離にいたるというもの。島や，湖，山脈，また大陸の移動などが異所的種分化を導く地理的障壁の例として考えられる。同所的種分化は同じ場所に棲息する集団の間に生殖的隔離が生じることである。種の認識や資源の探索に影響を及ぼす突然変異やその他の要因によって同所的種分化が起こる。

馴化（habituation） 刺激が繰り返し提示された結果生じる，刺激に対する反応の減少のこと。この効果の短期間のものは，非連合学習の例と見なされている。長期馴化は，馴化する刺激と訓練の時に存在した文脈手がかりの間の連合学習を含んでいるのかもしれない。

馴化の馴化（habituation of habituation） 反応の馴化後の休憩期間は反応の自発的回復を生じさせる。しかし，もし何回かそのような休憩期間が導入されると，反応回復は減少する。

馴化の般化（generalization of habituation） 馴化した刺激と与えられた刺激の類似性の程度に直接比例して，馴化がその刺激に転移すること。

瞬膜反応（nictitating membrane response）
四足動物の多くの種が持っている第2の瞼は瞬膜と呼ばれ，目を閉じたときに受動的に閉じられる。この反応はパブロフ型手続きを用いて条件づけられる。

生涯戦略（life-history strategy） 複数の形質に起こる進化による変化。例えば，体の大きさを増大させる選択は，生殖行動，寿命，社会的行動などさまざまな変化を引き起こす。

生涯繁殖成功（lifetime reproductive success（LRS）） 生物の一生を通じて測定される直接適応度（ダーウィン適応度）。

消去（extinction） 手続きであり（獲得訓練後に連続的な非強化），学習現象である（強化から連続的な非強化へのシフト後に反応強度が減少する）。

条件性弁別（conditional discriminations） 例えば，ある刺激Aのもとでは，ある反応Rが正答で，別の反応Lは誤答であるが，別の刺激Bのもとでは，逆の配置である弁別。略号の記述では，A→R+/A→L−，B→L+/B→R−。

条件性無痛（conditioned analgesia） 痛みを伴う事象（例えば，電気ショック）の差し迫った提示を予告する刺激（例えば，音）が，動物の痛みの閾値を上げて，鎮痛性の反応を誘発する。

条件性免疫調節（conditioned immunomodulation） 免疫反応を調節する（促進と抑制）条件づけ過程の能力。

条件性抑制（conditioned suppression） ある複雑な訓練状況。動物はある種の欲求性の課題で訓練を受ける（チューブから水を飲むなど）。次に，水が提示されない間，動物はCSと嫌悪性のUSのパブロフ型対提示（音—ショック対提示など）を受ける。最後に，動物は欲求性の課題が再び与えられ，そのCSが提示される。欲求性の反応を抑制する程度（例えば，摂水の抑制）が，そのCSの連合強度を反映している。

小進化（microevolution） 分類学でいう種や属の水準で生ずる進化のこと。

情動性（emotionality） テストの状況下で動物が示す情動的な傾向。学習成績に基づいた人為選択実験では，研究者は，一般的学習能力よりも訓練条件によって妨害される傾向が変化する事を見出すことが多い。

小脳（cerebellum） 脳幹の背側にあり，しかも大脳半球の後ろに位置する構造体。小脳は皮質と皮質下核をもち，感覚処理（例えば，電気受容器）と運動制御（例えば，動きの微調整）を含む広くいろいろな機能と関係している。

情報センター（information center） 餌の入手可能性について複数の個体間で情報を共有すること。

省略随伴性（omission contingency） ある道具的反応と欲求性強化子の省略による随伴性。強化子はターゲットの反応が生じなかったときに提示される。（反応すれば提示されない）。

植物界（Plantae） 光合成によって栄養分を獲得する多細胞真核生物を含む界。例えば，藻類や植物。

食物音声（food calls） 食物源の質についての情報を伝える発声。

食物選択（diet selection） 動物がどの食物を採り，どれを採らずにおくかを決定する能力。

食物認知（food recognition） 適切な食物を同定する能力。

自律神経系（ANS）（autonomic nervous system） 逃避行動と関連した変化（例えば，心拍数の増加）を担っている交感神経枝と，一般的にこれらの交感神経枝と反対の作用（例えば，心拍数の減少）をもつ副交感神経枝を含む末梢神経系の一部。

シルヴィウス溝（Sylvian sulcus） 前頭葉と頭頂葉から側頭葉を分ける溝。

司令ニューロン（command neuron） 1つの行動パターンを活性化する機能を担う小さな神経ネットワーク，あるいは1つのユニット。

人為選択（artificial selection） 家畜化，動植物の生産，あるいは科学的研究の目的で，人間が行なう動植物の選択交配。

進化（evolution） 重要な概念であるが，定義は多岐にわたる。簡潔に言えば生物変化の原因のこと。多少厳密に言えば，進化は，変化を生み出す過程（例えば自然選択や遺伝的浮動）と変化を限定する進化のパターン（例えば系統発生史）

との相互作用の結果生起するとされる。

進化階層群，グレード（grade） 独自に進化した分類群であるが，保有する形質が似ているために同等の階層に位置づけられる生物群を指す。哺乳類と鳥類は高等脊椎動物として，同一の進化階層群に分類される。これは，分岐し独自に進化したものの，いくつかの形質が類似している（例えば共に内温性など）ためである。

真核生物（eukaryotes） 生物を5つの界（kingdom）に分ける分類法では，真核生物は単細胞の原生生物（例，アメーバ）と多細胞の植物，菌類と動物を含む。原核生物とは，生物体の大きさと，細胞内にDNA分子を含む染色体を収容している膜に囲まれた核が存在すること，および細胞質内の細胞小器官によって区別される。

進化速度（evolutionary rate） 1つの進化系統における表現型の変化速度の測度（単位をダーウィンと呼ぶ）。進化速度は，自然環境と人為選択実験の両方において，また現存の系統と同様，化石の系統でも評価される。

進化的惰性（evolutionary inertia） 祖先に適応的であった特徴が子孫にも存在していること。

進化的に安定な戦略（evolutionarily stable strategies） 集団内の動物がとりうる適応度の等しい複数の代替戦略。

進化の過程（evolutionary processes） 集団における進化的変化を決める法則。自然選択，遺伝的浮動，アロメトリーなどが含まれる。遺伝的過程は新奇なものや変化を生み出す進化の革新的な力と見なすことができるだろう。

進化のパターン（evolutionary patterns） 祖先から子孫に繋がる特定の系統の歴史。系統発生のパターンは生物集団の歴史を背景としてどの形質が変化を受けうるかを決めている保守的な力と見なすことができるだろう。

新奇恐怖（neophobia） 新奇な刺激や環境に対処するときの無条件性の忌避。

神経化学系（neurochemical systems） 脊椎動物の中枢神経系で，特定の神経伝達物質を使う経路。

神経索（nerve cord） 発達した脊索類の中枢神経系で，消化器官に対して背側にある。脊索類の体の基本体制を定義する4つの特徴の1つ。

神経節（ganglion） 無脊椎動物の中枢神経系に相当するニューロン集団。

神経伝達物質（neurotransmitter） 活動電位が来ることにより軸索末端で放出される化学物質のこと。神経伝達物質はシナプスで拡散し，シナプス後ニューロンの膜に到達し，そこで特異的受容体を活性化する。そのような活性化は，シナプス後ニューロンにゆるやかな電位を引き起こす。

神経胚期（neurula stage） 中胚葉が分化し胚が背腹軸を発生させる脊椎動物の発生段階。

神経発生（neurogenesis） 新しい神経細胞の生成。

神経分節（neuromeres） 脊椎動物の胚発生中にはっきりしてくる中枢神経系の区分。

信号刺激（sign stimulus） 草創期のエソロジストであるローレンツやティンバーゲンによって提唱された概念の1つであり，特定の行動パターンを解発させる感覚源を指す。例えば求愛行動に際しては，特定の運動が，相手の特定の反応様式での応答を導く。信号刺激は完結した布置を構成する刺激要素である（例えばメスのヨーロッパコマドリは赤い羽根のどんな部分にも反応する）。

真社会性（eusociality） 動物社会に見られるパターンの1つで，子の世話，世代の重なりが見られ，非生殖カーストが存在する。

心身二元論（mind-body dualism） デカルトの考え方で，感覚刺激によって引き起こされた主観的・精神的経験（例えば燃え盛る炎に手を触れたときに起こる熱いという感覚）は，脳過程の関与で説明するのは適切でなく，身体に備わったこのようなメカニズムは，行動と反射を仮定するだけで十分であるという説。

伸展反応（stretching response） ラットの胎児によって示される反応。身体の背側屈曲や後肢の伸長を伴う。

真にランダムな統制（truly random control） CSとUSがたがいに独立に提示される古典的条件づけの状況。この状況ではしばしば対提示も起こりうる。

新皮質比率（neocortex ratio） 新皮質の体積

を脳の残りの部位の体積で割ったもの。

心理学（psychology） 広い意味での行動を研究する学問分野の1つ。社会行動や社会集団の特質の研究から，単純な運動動作の生理学的基礎の研究までが対象となる。

髄鞘形成（myelinization） ミエリン細胞によって軸索が部分的に覆われる発達過程。髄鞘形成は活動電位の速度の主要な決定因である。

随伴性低下効果（contingency-degradation effect） 通常のCS−US対提示の他に無信号のUSを提示することによってCSへの反応が阻害されること。

水路づけ（canalization） 特定の形質が環境圧と比較的独立に発生する範囲。

数概念（number concept） 生物が特定のセットの対象をその量的性質の観点から捉える抽象的概念。数的概念の獲得は，それらの数にもとづいた数学的操作（足し算）を遂行する能力も生み出すだろう。

ズータイプ（zootypes） きわめてよく維持されている一組の調節遺伝子。これは，すべての動物の発生中に，身体部分の同一性を決定する。

スキャロップ（scallop） 固定間隔スケジュールで観察される反応の分布パターン。強化後，反応はしばらく止まるが，その後次の間隔の終わりまで徐々にもしくは急激に反応が起こる。

図と地の弁別（figure-background discrimination） 刺激を検出する能力。刺激と背景とが何らかの知覚次元（例えば，色やパターン）で異なるほど増大する。

生気論（vitalism） 生物学の考え方の1つであり，「エラン・ヴィタル（生命躍動源）」といわれる力が生命体に浸透し，変異と適応，および生殖を担うとされる。18−19世紀の生物学者は，これら3つの機能が生命の基本的特徴を構成すると考えた。生気論に対立する考え方を機械論という。

性行動過剰（hypersexuality） 異なる種の動物も含んで，いろいろな相手と性的に結合しようとする傾向のこと。

生痕化石（fossil traces） 動物の残した足痕などが化石化したもの。生痕化石から，その生痕を残した動物の形態学的，行動的特徴を推定することができる。

精子間競争（sperm competition） メスが複数のオスと交尾するとき，精子は受精のために競争することになる。

静止電位（resting potential） 電気化学的によって決まる，刺激されていない状態のニューロンの電位。

生殖隔離（reproductive isolation） 集団間で遺伝子流動が起こらない状態。生殖隔離は種分化の基本要素である。

生成過程（generative process） 特に訓練されたわけではない行動的技能が出現する，すでに獲得した情報の統合。

性成熟（sexual maturity） 動物が生殖可能となる発達段階。

性選択（sexual selection） 性的特徴の進化に関係する自然選択の特別なケース。

生態学的ニッチ（ecological niche） 動物集団の生命を維持するために必要な要因の集合。物理的要因（温度など），生物学的要因（食物資源など），行動的要因（一日の活動パターンなど）を含む。

成長円錐（growth cones） 脊椎動物のニューロンの軸索の先端部。成長円錐は神経系の発達過程では目標となる領域に向かってアメーバのような運動をする。

性的強化（sexual reinforcement） 性交を受容する同種個体（あるいは，同種個体の模型）への接近は，条件づけを成立させる食物や水と同じように強化子として作用する。

性的刻印づけ（sexual imprinting） 種によっては，初期の社会的経験が成体になってからの種の認識に影響を及ぼすことがある。

性的二型（sexual dimorphism） 1つの種の中に見られる，形態的（例えば，体の大きさ），機能的（例えば，行動）な性差。

正の強化（positive reinforcement） 道具的反応と，その反応を強めさせる欲求性の強化子との間の随伴性。

生物学的知能（biological intelligence） 感覚―知覚情報に基づき，環境の内的表象を展開させ

ることができる動物の能力。

生物発生原則（biogenetic law） ヘッケルの一般概念。これによれば，個体発生は系統発生を繰り返す。

制約条件（constraints） 最適採餌モデルにおいて，制約とは動物の採餌に関する判断を制限するような条件を言う。例えば，採餌中の動物も捕食者に注意を払うために時間と労力を必要とし，摂食そのものに充てる時間を割かなければならない場合がある。

セカンド・メッセンジャー・システム（second-messenger system） DNAの転写を引き起こす，特定の刺激パターンによって活性化されるニューロン内の細胞—分子過程。

脊索（notochord） 背側にある硬い棒状のもので身体を支える。脊索類の体の基本体制を定義する4つの特徴のうちの1つ。

脊髄（spinal cord） 脊椎動物の脊柱の中にある円筒状の神経組織。脊髄反射として知られているように，求心性の感覚インパルスと遠心性の運動インパルスの処理に関係している中枢神経系の一部である。

脊髄標本（spinal preparation） 脊髄を中枢神経系から切り離すために，脊髄上部で切断する外科的処置。

脊椎動物（vertebrates） 動物の門あるいは亜門（分類学者によって異なる）をなす動物。特に，脳を包蔵する前端の頭蓋が特徴である。

接近（contiguity） 時間や空間的に近く生起する事象を指す連合学習の基本的な決定因。

接合体（zygote） 受精卵。

舌骨（hyoid bone） 会話に重要な部分である喉頭の筋を支える骨。

接触による快（contact comfort） 特に霊長類において，愛着の発達のために重要な情報を提供する個体間の接触。

セロトニン（serotonin） 概日リズム，攻撃行動，衝動性などを含む種々の行動に（哺乳類において）関係していると考えられている神経伝達物質。

前口動物（protostomes） いくつかの動物門の総称。原腸胚期に細胞が陥入する原口ないしはその近傍に口が形成される。

潜在学習（latent learning） 結果的に環境の空間的特徴についての知識の獲得につながる探索行動。このような知識は，獲得してただちに用いられるのではないが，環境が変化したとき（例えば，食物が入手可能になったとき）に有効になる。

潜在馴化（below-zero habituation） 馴化は特定の反応の完全な除去を含んでいる（換言すれば，0回の出現）。刺激が馴化後にも付加的に提示され続けると，それ以上の変化は生じないが，まるで反応が0回より下に落ちたかのように，反応の回復がより低いレベルを示す（例えば，自発的回復が減少する）ようになるだろう。

潜在制止（latent inhibition） 強化を伴わずにある刺激を先行提示した後に，その刺激が強化子と対提示されたときには条件づけが遅滞する学習現象。

前障（claustrum） 島葉の下方に位置し，霊長類に特有なニューロンの板状の領域。その機能はほとんど分かっていない。

前進進化（anagenesis） 分岐を伴わない単一の系統内における種分化。

全数体（二倍体），半数体（一倍体），全倍数性，半倍数性（diploid，haploid，diplodiploidy，haplodiploidy） 有性生殖を行なう動物では，生殖細胞は染色体を1組だけ持ち半数体（あるいは一倍体）と呼ばれる。対照的に体細胞は対をなす相同な染色体を含み全数体（あるいは二倍体）である。受精の過程で半数体の精子と卵の細胞が結合し全数体の染色体数が回復される。この体細胞における染色体の重複は全倍数性と呼ばれる（つまり，ヒトの生殖のように全数体の親から子ができる）。昆虫の種の中には（例えば，アリのように），オスは女王の産んだ未受精卵から直接産まれ，メスは受精卵から産まれるというものがある。したがって，オスは半数体であり（体をつくるすべての細胞は1組の染色体だけを含む），メスは全数体である。このシステムは半倍数性決定といわれる。

選択的連合（selective associations） 連合が容易に形成されるように，あらかじめ機能的に統合された特定の刺激の組み合わせ。

前適応（preadaptation） 1つの機能のために進化した形質が，別の機能を持つようになること。例えば，鳥類の羽は体温調節のための構造として進化したかもしれないが，後に求愛ディスプレイに重要なものとなった。

前転移（predisplacement） 過成進化の例。特定の形質の発生開始が，子孫では祖先よりも早い。

前頭皮質（frontal cortex） 前頭葉の新皮質。運動調節，計画性，期待形成に関係する。

相関形質（correlated traits） それ自身が積極的な選択圧にさらされているわけではなく，選択圧を受ける他の形質と遺伝的に関係を持つために進化する形質。

創始者効果（founder effect） 生物集団のごく一部が他から隔離され遺伝的浮動によって大きな遺伝的変化が生じること。この効果は新しい種の進化に先行してよく起こると考えられる。

桑実胚期（morula stage） 胞胚形成を特徴とする卵割に続く発生段階。

早熟（progenesis） 幼形進化の例。発生の開始と発生速度は子孫と祖先で同じだが，性成熟は子孫の種の方が早熟である。

走性（taxes） 草創期のエソロジスト（例えばローレンツやティンバーゲン）によって提唱された概念で，持続的な感覚フィードバックのもとで生起する運動を指す。例えば，虫が光源に向かって飛ぶ場合には，その虫が正の走光性を有するという。

早成性の子（precocial young） 発達的にかなり成熟した状態で生まれる動物の子ども

創造説（creationism） 聖書にかかれている説であり，すべての種は神の手により，同時にしかも個別独立的に造られたとする。

相対成長（アロメトリー成長）（allometric growth） 個々の器官の大きさと身体の大きさの間にある，いくつかの種の標本から計算された正の相関のこと。この関係は次の相対成長式によって記述される。$E=aS^b$。ここで，Eは器官の大きさ（この場合には，脳の大きさ），Sは身体の大きさ，a, bは分析から得られるパラメーター。$b=1$ならば，器官は等（尺）成長（アイソメトリック成長）を示す。つまり，身体の各ユニットの大きさの増加に応じて身体も大きくなる。$b>1$のときに正の相対成長を生じ，$b<1$のときには負の相対成長が生じる。

走地性（geotaxis） 地面の方へ（正の走地性）あるいは地面から離れる方へ（負の走地性）と，重力に関して定位する傾向。

相当量（proper mass） 特定の機能にかかわる神経組織の総量がその動物の生活におけるその機能の重要性と関係しているということ。

相利共生（mutualism） 異なる種の動物が互いに利益を与えるような共生関係。

側系統群（paraphyletic group） その子孫のすべてを含んでいない分類群のこと。例えば，爬虫綱は鳥類と哺乳類を含まない。

促進（accerelation） 過成進化の例。特定の形質の発達速度が，祖先よりも子孫のほうが速い。

側頭窓（temporal fenestrae） 有羊膜類（爬虫類，鳥類，哺乳類）にみられる頭蓋の開口部。

側頭皮質（temporal cortex） 側頭葉の新皮質。ヒトでは言語理解を含む聴覚に重要な役割を果たす。

側頭平面（planum temporale） 半球の非対称性を示すシルヴィウス溝の内側に位置する側頭皮質の領域。ヒトとチンパンジーでは左半球のほうが大きい。聴覚に関与する。

側抑制（lateral inhibition） 軸索の副側路をもつニューロンが隣接するニューロンを抑制する。

ダーウィン適応度（直接適応度）（Darwinian (or direct) fitness） 生物が産み出す子の数を最大化するのに寄与する形質は高いダーウィン適応度を持つと言われる。

退行（regression） 葛藤状態においてより若い時期に特徴的な行動が現れること。

大後頭孔（foramen magnum） 脊髄が頭蓋腔内に入るための開口部。ヒト科では，この大後頭孔の相対的な位置が，直立二足歩行の程度を知る手がかりとなる。

体腔動物（coelomates） 門の1つ。体腔と呼ばれる体内の空所の存在によって特徴づけられる（例えば，節足動物や脊索動物）。この体腔によって，より大きな内臓器官やより強力な筋肉の

進化が可能となった。

胎児（fetus） 体が成長し内的システムが機能を始めている誕生前の哺乳類。

対象同士の組み合わせ（object-object combination） ある対象を使って別の対象を変容させること。

対象の永続性（object permanence） 視覚野から一時的にある対象が消えてしまっても，その対象に注意を持続させる能力。

対象の探索行動（object investigation） 動物による対象への能動的な接近と探索。

対処可能性（controllability） 環境における事象が自身の行動の制御下にあるとの動物の予期について言及した，1つの心理学的特質。

大進化（macroevolution） 分類学でいう種や属以上の水準で生ずる進化のこと。

代替生殖戦略（alternative mating strategies） 同じ種のオスが示す複数の異なる生殖行動。代替戦略は異なる表現型による場合もあるが，他のオスの行動によって違う行動をとる場合もある。

大脳皮質（cerebral cortex） 爬虫類，鳥類，哺乳類の終脳細胞体外側の層状構造を指す。3つのタイプが認識されている。古皮質は有羊膜類の海馬体を含む。旧皮質は3つの細胞層からなり，有羊膜類で見られる。新皮質は6層構造をつくり，哺乳類にだけ明らかに見られる。

体部位再現的構造（somatotopic organization） 感覚器官（例えば，網膜）から，その投射を受ける中枢神経系の構造（例えば，視床の外側膝状体）への順序だったマッピング。

大陸移動（continental drift） 固いプレート上の大陸塊が移動すること。プレートは，地球の表面からおよそ100kmの深さにあるマントルと呼ばれる溶岩層の上にある。大陸塊はゆっくりと移動しつつ位置を変えお互いに衝突し，陸塊の分布を変える。

対立遺伝子（alleles） 集団内の異なる動物が持つ種類の異なる相同遺伝子（相同な染色体の同じ位置を占める遺伝子）。

大量絶滅（mass extinction） 化石記録にある多くの系統が，地質学的に比較的短い期間で消滅すること。

托卵（brood parasitism） 鳥類のいくつかの種には，メスが他の種の巣に卵を産みつけるものがある。この卵は養い親となる鳥が孵化させヒナを世話する。

多型性（polymorphisms） 1つの生物集団に複数の表現型が安定して共存していること。

多系統群（polyphyletic group） 異なった祖先に由来する分類群。

多細胞生物（multicellular organisms） 形態学的にも機能的にも異なる細胞型をもつ生物のこと。真核生物のみが多細胞性を進化させた。すなわち，動物，植物，菌類。

多シナプス反射（polysynaptic reflex） 感覚ニューロン，運動ニューロン，介在ニューロンを含む反射弓。

多重因果性（multicausality） 行動のうち大半の事象は，多くの要因が相互に関連しあった結果として生起するという考え方。例えば，行動には環境刺激，ホルモン，遺伝子の作用，神経活動などが交絡して影響を及ぼす。このようなときに，行動が多くの要因の複合性により引き起こされたという。

多地域進化説（multiregional evolution hypothesis） 古代型人類の個体群が世界のいくつかの地域でそれぞれホモ・サピエンスに進化したとする説。

脱馴化（dishabituation） 新奇で比較的強い刺激の提示後に馴化した反応が復活すること。

脱馴化の馴化（habituation of dishabituation） 反応が何度も繰り返し脱馴化されるときに，反応回復の程度が減少する傾向があること。

脱制止（disinhibition） 条件反応の消去後に，新奇で比較的強い刺激を提示すると次にCSが提示されたときに，その反応が再出現することがある。

脱分極（depolarization） ニューロンの静止膜電位の変化で，細胞外に対して細胞内の負または正の電位が減少すること。

多夫多妻制（polygynandry） 複数のオスとメスが個々の生殖能力を共有する配偶システム。

タブラ・ラサ（tabula rasa） 「消してきれいにした石板」の意味。18-19世紀のイギリス及

びフランスの哲学者は，ヒトは誕生時の心が，何もかかれていない石板みたいなものだと想定し，外からの感覚事象が，連合過程によって，この石板の上に経験の内容を刻印すると考えた。

多面発現（pleiotropy） 1つの遺伝子が複数の形質の発達に影響を持つこと。

段階的電位（graded potential） 刺激に比例して誘発されるニューロンの電気化学的電位の変化のこと。

単系統群（monophyletic group） 共通の祖先から生じた1つの系統群。

単語（words） 言語における意思伝達の象徴的単位。

単細胞生物（unicellular organisms） 単一の細胞からなる生物のこと。細菌（原核生物）と原生生物（真核生物）とを含む。

探索行動（exploratory behavior） 環境に関する情報を獲得することになる行動。情報はすぐに使われる場合もあり，後に状況が変化した時に有効になる場合もある。後者の効果は潜在学習として知られている。

探索像（search image） 捕食者が最近捕まえた餌に集中することを可能にする内的表象。

単シナプス反射（monosynaptic reflex） 2つのニューロンと1つのシナプス（感覚─運動シナプス）で構成される反射弓。

単純系アプローチ（simple systems approach） 細胞レベルでの行動の基礎を理解するために，比較的単純な行動と単純な神経回路を選んで研究するという研究方略。

単純最節約（simple parsimony） 考えうる分岐図の中から1つを選ぶときの選び方。最良の分岐図は形質の変化に関する仮定の数が最少のものである，という前提に基づく。

断続平衡説（punctuated equilibria） 地質学的には比較的短期間の，表現形が変化する期間と，長期にわたる停滞期との交代によって特徴づけられる進化の様式。

遅延反応課題（delayed response task） 信号の提示と，報酬を得るための反応ができるまでに時間間隔が挿入される課題。

遅滞法（retardation test） 制止条件づけのテスト法。制止CSと推定される刺激がUSと対提示される。獲得が相対的に遅れることから制止の存在が推測される。

遅延見本合わせ（DMTS）（delayed matching to sample（DMTS）） 短期記憶を測定するために計画された課題。見本刺激の提示に続いて保持間隔があり，その後2つ以上の選択刺激が提示される。見本と対応した刺激を選択すれば強化される。

知覚学習（perceptual learning） 単に刺激が提示されるだけで情報を獲得すること。

注意（attention） 一度に提示されたあらゆる刺激のなかから一部にのみ選択的に注目する能力。

中心窩（fovea） 鋭敏な視覚イメージの形成を可能にする錐体が高度に集中した網膜上の部位。その存在は昼行性であることを示し，欠如は夜行性であることを示唆する。

中心溝（central sulcus） 前頭葉と頭頂葉を分ける溝。

中枢神経系と末梢神経系（central and peripheral nervous system） 中枢神経系（CNS）には，神経節（無脊椎動物）や，脳および脊髄（脊椎動物）にある神経組織が含まれる。身体の末梢側にある受容体，器官，筋肉とCNSを繋ぐ神経のセットである末梢神経系と区別される。

中枢パターン発生回路（central pattern generator（CPG）） それぞれ個々の構成要素からの感覚フィードバックを中継することなしに，一連の体制化された行動を制御する神経ネットワーク。

中脳（mesencephalon） 間脳（より前方）と菱脳（より後方）の間にある脊椎動物の中枢神経系の部分。

中胚葉（mesoderm） 胚葉の中間層で，左右相称の構造を持つすべての動物にある。

中立説（neutral theory） DNA配列に見られる分子の変異のほとんどは基本的に中立的，すなわち自然選択とは無関係であるとする考え方。

超音波発声（ultrasonic vocalizations） ある種の動物が発する，人の聴覚閾を超える周波数の音響信号。

超正常刺激（supernormal stimulus） ローレ

ンツやティンバーゲンといった草創期のエソロジストが提案した概念。ある動物種にとって典型的な刺激に比べ大きかったり，ある特徴が突出して目立つ刺激に対して偏好を示す場合に使う。例えば，自分の卵よりもはるかに大きい卵を好んで抱く鳥類がいる。

跳躍ディスプレイ（stotting display）　捕食者に脅かされた時にアフリカのガゼルが示す行動。四肢をすべて伸ばし空中に飛び上がる。

直立二足歩行（bipedality）　後肢による運動様式。霊長類ではヒト科に特有である。

貯食行動（food-hoarding behavior）　食物を実際に消費するまで見つけた場所とは異なる場所に貯蔵すること。

貯蔵（storage）　獲得した情報をある程度永続的な神経的な記録へ変換すること。

追従反応（following reaction）　刻印づけの事態において，ニワトリのヒナが母親（または刻印づけの対象）を追従する傾向。

DNA－DNAハイブリッド形成（DNA-DNA hybridization）　分類学上の目あるいは科における系統発生を研究するために用いられる技法の1つ。

DNAフィンガープリンティング（DNA fingerprinting）　同じ集団の個体間の遺伝的近縁性の判定に用いられる技法の1つ。

定位反応（orienting response）　刺激源に最大限に接触するために姿勢を調節する能力。

定型的活動パターン（MAP）（modal-action pattern（MAP））　連続的に体制化された行動で，いったん活性化されると，多かれ少なかれ直線的にその行動が進行する。MAPは種典型的行動といわれる。

ディザリング行動（dithering behavior）　複数の種の個体に対して求愛行動や社会行動を行うこと。

DNA（デオキシリボ核酸）（deoxyribonucleic acid）　タンパク質を作るのに必要な情報を符号化しているヌクレオチド（アデニン，チアミン，グアニン，シトシン）の配列。動物ではDNA分子は細胞核内の染色体の中にある。

手がかり妥当性効果（cue-validity effect）　AB＋とA＋の試行をセッション内で混在させると，Bへの条件づけが阻害される。

適応（adaptation）　自然選択によって進化した形質。

適応主義（adaptationism）　生物は自然選択によって進化した形質の集まりであるとする考え方。

適応地形（adaptive landscape）　山と谷で示す種分化の隠喩。集団は自然選択によって山に引き上げられて，特殊化した形質を持つようになると考える。その山を下ることは非適応的変化を表す。そのような移動は，遺伝的浮動のような非選択的要因によって生ずるものと考えられる。

適応的意義（adaptive significance）　個体の包括適応度に対して，特定の形質がどれだけ寄与しているかの程度を指す。ティンバーゲン（1963）が分類した行動研究のための4つの分析レベルの1つ。

適応放散（adaptive radiation）　地質学的に短い期間に，爆発的に分類学上の多様性が生ずること。

転移（正の転移と負の転移）（transfer (positive and negative)）　ある課題での学習が，それに続く課題での学習を促進したり（正の転移），干渉したりする（負の転移）。

転位行動（displacement）　ある文脈（例えば，求愛）に見られる行動が別の文脈（例えば，摂食）で行なわれる行動に類似すること。ディスプレイ行動の進化には1つの文脈から他の文脈への転位行動が関係しているようである。

転移指数（transfer index（TI））　弁別逆転課題の事態で，最初のA＋/B－の弁別学習における過剰訓練が，逆転弁別B＋/A－の獲得を促進する（正の転移）か，妨害する（負の転移）かを評価するために使用される指標。

電気シナプス（electrical synapse）　神経伝達物質を放出せずに，シナプス前ニューロンからシナプス後ニューロンへ，直接的に電気化学的電位を渡すシナプスのこと。

同異概念（same/different concept）　知覚的に異なった刺激対と，知覚的に同じ刺激対とを区別する訓練は，このような違いを新たな事例に適

用する概念的能力を動物に与える可能性がある。

頭蓋底屈曲（basicranial flexure）　ヒト科の頭蓋骨底部における数ヶ所の方向転移。発声器官の運動を支配する筋群の付着を可能にしている。

等可能性（equipotentiality）　学習の普遍的過程の立場が行なう仮定で，どのような刺激や反応も，いかなる強化子と同じように連合させることができるとのもの。

道具使用（tool use and manufacturing）　多くの動物はある目的を達成する（例えば，手の届かないところになる食物をとろうとしたり，同種個体の攻撃を防ぐなど）ための手段としてさまざまな物を利用する。場合によっては，目的のためにその物を選び，適当な形に加工する場合もある。このような物を道具と呼ぶ。

道具セット（tool kit）　1つの種に特徴的な道具のセット。

道具的（あるいはオペラント）条件づけ（instrumental (or operant) conditioning）　連合学習の1つであり，時間的に接近して生起する反応と強化子の間の随伴性を経験することに基づくもの。

凍結反応（freezing response）　遂行中の行動を止めさせる刺激に曝された動物に引き起こされる，不動状態。凍結は，たいてい恐怖を引き起こす刺激によって誘発される。

統語法/文法（syntax or grammar）　言語の系列的構造についての規則。

洞察（insight）　問題を突然解決すること。

等質化による統制（control by equation）　異なる種に対して等しい訓練状況を与えて，すべての文脈変数を等しくしたので，遂行を種間で直接比較できるという仮定。この仮定は一般的に実証することは不可能である。

同時条件づけ（simultaneous conditioning）　CSとUSの提示に時間的重なりのある古典的条件づけの状況。

同所的分布（sympatric distributions）　異なる種の集団が同じ生殖場所に共存し分布の重なりを持つこと。

逃走・闘争反応（flight-fight reaction）　能動的な対捕食者行動。逃走反応から闘争反応への移行は捕食者との距離による。動物は捕食者が比較的遠くにいる場合には逃走する傾向があるが，捕食者と対面する状況では積極的な防衛をする。

頭頂皮質（parietal cortex）　頭頂葉の新皮質。体性感覚や空間的な学習と記憶に関与する。

逃避条件づけ（escape conditioning）　動物が嫌悪性の一次刺激（電気ショックなど）を停止することができる反応の獲得。

動物界（後生動物）（Animalia (or Metazoa)）　栄養分を食物摂取で獲得する多細胞真核生物を含む界。

ドーパミン（dopamine）　強化や薬物嗜癖など哺乳類のさまざまな行動プロセスに関係している神経伝達物質。

独立組合せ（independent assortment）　減数分裂（半数体の生殖細胞を形成する細胞分裂）の過程で，ある染色体上の対立遺伝子の対は他の染色体上の遺伝子とは独立に分かれていく。その結果，生殖細胞の染色体は両親から受け継いだものがモザイクのようになっている。

突顎（prognathism）　顎の前方への突出。類人猿やアウストラロピテクス類を含む多くの哺乳類に典型的である。

突進行動（darting behavior）　交尾場面でのメスの齧歯類の行動。メスは走ってオスの前で止まり，ロードーシスと呼ばれる交尾姿勢をとる。

突然変異（mutation）　複製の誤りや放射線や化学物質の影響によってDNA分子の塩基配列に起こるランダムな変化。

トリボスフェニック型大臼歯（tribosphenic molar）　大臼歯の1つ。大きな3つの咬頭といくつかの付属物，そして鋭い稜のある隆線を持つ。真獣類（現生の有袋類と有胎盤類の祖先）において，最初に現れた。

内温性（endothermy）　体温を一定に保つ能力。内温性は高等脊椎動物の特徴である。

内群（ingroup）　分岐分析における対象のクレード（単系統）内の1組の系統のこと。

内胚葉（endoderm）　胚葉の最も内側の層で，すべての動物にある。

なわばり（territory）　そこに棲む動物が積極的に防衛する環境の範囲。防衛は直接的攻撃ある

いは儀式化された攻撃による。

においづけ（scent marking） なわばり内の異なる地点ににおいを付けておくこと。

二過程説（two-process theory） 行動を古典的条件づけと道具的条件づけの過程の複合として説明するすべての理論を指す。

二次強化子（secondary reinforcers） →強化子を参照。

二次刻印づけ（secondary imprinting） 2つ目の愛着が発達すること。

二次条件づけ（second-order conditioning） 2つの比較的中性な刺激を対提示（光→音）するとき、後の刺激が先に強化子と対提示されていれば（音→食物）、最初の刺激（光）に対する条件づけを成立させる場合がある。

二次性徴（secondary sexual characters） 生殖に関わる形質（体の大きさ、羽毛の飾り、毛皮の色など）。これらは生殖器のような一次性徴と区別される。

二次的般化（secondary generalization） 共通した反応に基づく連合間の般化の1つ。

二重性的刻印づけ（double sexual imprinting） 2つ以上の種に対する性的刻印づけ。

二胚葉（性）動物（diploblastic animals） 外胚葉と内胚葉と呼ばれる2つの細胞層構成をもつ動物。刺胞動物と有櫛動物が二胚葉動物の門である。

ニューロン主義（neuron doctrine） ニューロンと呼ばれる個別の細胞が、シナプスと呼ばれる小さな間隙を通ってお互いにコミュニケーションを取ることで、神経ネットワークが形成されるとする学説。

認知（cognition） 知ることの能力。認知は心理学の一領域として、知覚、学習、記憶、思考、判断、などの過程と伝統的に関連が深い。

認知地図（cognitive map） 動物が効率的に場所を移動するのに役立つ、環境の空間的特徴の内的表象。

脳（brain） 中枢神経系先端の膨大部分。脊椎動物では、脳のサイズ（重量あるいは容積）は化石の頭蓋骨から推定できる場合があり、これは脳進化の理解に重要な資料となる。

脳化（encephalization） 相対成長に帰属させられるものではなく、脳の相対的大きさの増加に向かう進化的傾向のこと。

脳回欠損（構造）（lissencephalic） 脳回がないことによって特徴づけられる、哺乳類新皮質に関連するもの。

脳化指数（EQ）（encephalization quotient：EQ） 脳の相対的大きさの測度。特定の種の脳の大きさを、その種が属する分類群の平均的大きさで割ったもの。平均的な脳の大きさは相対成長測定の公式から導かれる。

脳幹（brainstem） 延髄、橋、被蓋を含む脊椎動物の菱脳の一部。

脳室系（ventricular system） 脊椎動物の中枢神経系にある一連の空洞で、脳脊髄液で満たされている。神経組織を支え、頭部の衝撃的な動きに対して神経組織を守る緩衝作用をもつ。また、いろいろな化学物質を移動させる。

把握（prehension） 対象に対して腕を到達させる運動と、その対象を掴むために手を握る運動。

把握力（grasping） 対向性のある母指を持った手足に関係する、物をつかむこと（例えば腕渡り）への適応。

バージェス頁岩の動物相（Burgess Shale fauna） 約5億2000万年前のカンブリア紀中期の化石動物相で、カナダのバージェス頁岩で最初に発見された。現在は、そのような化石層が世界的に分布することが知られている。現存するいくつかの門に属すると考えられる標本が、同定され明らかになった。

ハーディ・ワインベルクの均衡（Hardy-Weinberg equilibrium） 突然変異がない、遺伝子の移動がない、集団が十分に大きい、交配がランダムに行なわれる、対立遺伝子の生存能力が等しい、という条件を満たす動物集団においては、対立遺伝子の頻度は世代を経ても変化しない。

胚（embryo） 発生中の動物。その中では、成体に特徴的な構造が形成されている。

媒介変数（intervening variables） 独立変数（例えば刺激条件）と従属変数（例えば行動）の機能的関係を説明するための仮説的変数。

胚幹細胞（ES）（embryonic stem cells）　桑実胚期の胚から得られる未分化な細胞。

配偶者防衛型一夫多妻制（mate-defense polygyny）　オスがメスを他のオスに奪われることのないように積極的に防衛する形式の一夫多妻制。

バイソラックスミュータント（bithorax mutant）　2対の翅の発生を特徴とするキイロショウジョウバエ（*Drosophila*）のミュータント。

派生形質（apomorphy）　派生的な形質。

罰（punishment）　道具的反応と嫌悪性強化子との間の随伴性。

発声学習（vocal learning）　特定の聴覚学習に依存した発声行動。

発声行動（vocal behavior）　発声に基づくコミュニケーション。

発達（development）　卵の受精から死にわたる個々の動物の個体発生的プロセス。

発達的制約（developmental constraints）　同時に発達している形質のなかのあるものの発達が他の形質によって制限されること。

発達要因（developmental causes）　個体の生涯において特定の行動が出現するさまざまな過程を指す。この概念は行動研究に際してティンバーゲン（1963）が分類した4つの分析レベルのうちの1つである。

母親行動（maternal behavior）　子に向けられる，母親による養育行動。

母親要因（maternal factors）　卵の形成と胚の発生中に貢献する，母親の身体から出される物質。

母と子の絆（mother-infant bond）　母親と子どもの感情的な結びつき。特に哺乳類で重要である。

パラログ遺伝子（paralogous genes）　複製された遺伝子の集合。例えば，脊椎動物のホメオティック遺伝子は2度に渡って複製され，4つのパラログ遺伝子の組からなる。

般化（generalization）　同じような刺激に対して反応する傾向。反応強度はテスト刺激が訓練刺激から異なるほど減少し，これが般化勾配になる。

反射弓（reflex arc）　ある特定の刺激からの求心性の情報を提供する感覚的要素と，末梢の筋や特定の器官を活性化する運動的要素を含む行動の単位。単シナプス反射（感覚—運動の直接結合）と多シナプス反射（感覚，運動，介在ニューロンからなる）が区別される。

反射鎖（reflex chain）　1つの反応系列を，その各要素からの感覚フィードバックに基づいて制御をする神経ネットワーク。

晩成性の子（altricial young）　目は閉じて運動能力がほとんど無い状態で生まれる動物の子。

ハンディキャップ原理（handicap principle）　生存に不利な身体の飾りや行動は，その個体の適応度が高いことを示すとする考え方。

反転（reversal）　遠く離れた祖先に存在した特徴が，子孫種において進化すること。ホモプラシーの一例。

反応閾（response threshold）　条件づけ訓練の漸進的な変化に対応する，行動の急激な変化を説明するための仮説的な媒介変数。

反応規範（norm of reaction）　遺伝子型の情報の発現は非遺伝的要因の調節を受ける。

反応形成（シェーピング）（shaping）　道具的強化によって，ターゲット反応へと漸進的に接近させることで，特定の形態のターゲット反応を形成すること。

反発行動（agonistic behavior）　積極的防衛の状況で活発になるさまざまな行動。攻撃的反応や，威嚇ディスプレイ，服従行動などを含む。

反復DNA（repetitive DNA）　同じ配列を持つDNAの部分。

ハンマーと台石の道具（hammer-anvil tools）　2つの比較的堅い対象の組み合わせ。食物を内包した品目（ナッツや骨）を壊すために使われ，1つは叩くために，他方は土台として使用する。

比較心理学（comparative psychology）　進化的および発達的視点から行動を研究する分野。実験心理学と進化生物学を取り入れ，19世紀に生まれた複合領域の学問分野。

被験対象間要因計画と被験対象内要因計画（between-group and within-group design）　被験対象が，その実験で1つだけの条件に割り当てられるか（被験対象間要因計画），その実験

でのすべての条件でテストされるか（被験対象内要因計画）に関する計画法。

皮質（cortex）　脳の外側にある薄層。通常，明瞭ないくつかの細胞体の層を含む。

表現型（phenotype）　ある生物を特徴づける形質の集まり。表現型は遺伝的要因と非遺伝的要因の間のさまざまな複雑な相互作用の結果として発達する。

表現型可塑性（phenotypic plasticity）　発達の間に，異なる表現型が，異なる環境にさらされた同種の動物によって表出されること。

費用対効果分析（cost-benefit analysis）　最適採餌モデルをはじめとした行動への適応的機能からのアプローチにおいて一般に用いられるアプローチで，適応は繁殖に関する利益と損失のトレードオフとして進化するという考え方。

非連続的進化（quantum evolution）　大進化は急速に，かつ相対的に小さな集団で起こるという仮説。

敏感期（sensitive periods）　動物の初期発達において，経験の対象に特に強く影響を受ける時期。

敏感期のある/ない可塑性（age-dependent or age-independent plasticity）　鳥類の発声学習は種によって，敏感期の間にのみ起こるもの（敏感期のある可塑性）と，生涯を通じて行なわれるもの（敏感期のない可塑性）とがある。

頻度依存選択（frequency-dependent selection）　ある表現型の適応度は，現在の集団内でのその表現型の頻度に依存することがある。

フィロタイプ期（phylotypic stages）　ある門に特有な特徴が発生の過程において初めて出現する段階。

風味（食物）嫌悪学習（flavor- or food-aversion learning）　風味（例えば，サッカリン溶液）あるいはある種の食物を，動物に吐き気や胃の不快感を引き起こし中毒症状を生じるもの（例えば，X線照射，塩化リチウム）とパブロフ型の対提示をする。その後，動物は中毒と対にされた風味や食物を拒否する。

フェノグラム（phenogram）　分類群内での形質の総合的類似度に基づいた系統発生を表した図。

フォン・ベーアの定理（von Baer's theorem）　個体発生の比較的初期に発達する形質は，一般的で原始的な傾向がある一方，比較的遅く発達する形質は派生的な形質であるということが多いという考え。

孵化前の経験（embryonic experience）　胚発生の時期に生じ，個体に影響を及ぼす出来事。

不完全なさえずり（subsong）　鳥類が感覚運動学習期の初期段階に行なう発声。

復元（renewal）　消去を行なった文脈以外に移した後に，CRが再出現すること。

複合条件づけ（compound conditioning）　複合的な手がかりの個々の要素の条件づけ。

複雑さ（complexity）　1つのシステムであっても多様な要素から成り立ち，それらの要素が相互作用している状態または特質を指す。

腹側高線条体の中間部と内側部（intermediate-medial hyperstriatum ventrale，IMHV）　鳥類の学習に関与する終脳の領域。

父性の不確実さ（paternal uncertainty）　メスが他のオスの子ではなく自分自身の子を育てていると父親が確信できる程度。

復活（reinstatement）　条件反応の消去後に，信号無しでUSを提示すると，次にCSが提示されたときに反応が再出現することがよくみられる。

不妊カースト（sterile castes）　卵や幼体の世話をし，餌を集め，巣を守る，生殖を行なわない個体。

負の強化（negative reinforcement）　道具的反応と嫌悪性強化の除去（逃避条件づけ）や嫌悪性強化子の信号の除去（回避条件づけ）の随伴性。

負の継時的対比効果（SNC）（successive negative contrast（SNC））　欲求性強化子の量や質が低下した後に見られる行動の悪化。遂行は，道具的行動（直線走路の走行速度など）や完了行動（セッションでの摂水量など）などで測定される。

部分強化消去効果（PREE）（partial reinforcement extinction effect（PREE））　連続強化より，部分強化で訓練を受けたほうが，消去中の行動抵抗が強い。

フラストレーション（frustration） 予期せぬ非強化などの事態での行動を説明するための仮説的な媒介変数。一次フラストレーションは，予期せぬ非強化後の反応を，予期的フラストレーションとはその反応が条件づけられたものをいう。

ブローカ失語（Broca's aphasia） 前頭葉の損傷による発声の障害。

ブロッキング（blocking） 先に行なわれたある要素刺激による条件づけが（A+），続く AB+ 複合刺激条件づけの際に，後で付加された要素 B の条件づけを阻害（ブロック）すること。

文化（culture） 1個体かせいぜい 2～3 個体によって獲得あるいは発達した，多少なりとも標準化された一連の行動が，その集団の他のメンバーに広まり，社会的学習によって世代を超えて伝わるもの。

分化条件づけ（differential conditioning） A+/B− の形態の古典的条件づけの状況。

分岐（divergence） 共通祖先に由来した分類群の分裂を表す進化上の結果。分岐進化の結果，相同形質は違ったものとなる。

分岐進化（cladogenesis） 分岐による種分化。

分岐図（クラドグラム）（cladogram） あるクレード内の系統関係の分岐に関する共有派生形質（派生形質の共有）に基づいた仮説。

分散試行効果（trial spacing effect） 試行が比較的長い間隔で区切られていると条件づけの獲得が早くなる。

分子時計（molecular clock） DNA 分子における変化の蓄積（例えば突然変異）は，特定の進化上の出来事の年代を判定する時間尺度として利用できる。この場合に重要なのは，その DNA の変化は時間的に一定の割合で生ずるという仮定にある。

分節（segmentation） 前後軸において，特定のユニットの反復を特徴とする体の組織化のパターン。

分節された胚帯段階（segmented germ band stage） 節足動物のフィロタイプ期。この時期に，節足動物の体の基本体制の顕著な形質（頭部，胸部，腹部の分節）が初めて観察される。

分断性選択（disruptive selection） ある形質について平均的なものに対して不利に働く選択。極端な表現型が中間的なものより高い適応度を持つ。分断性選択によって多型性が進化し維持される。

分配連合強度（shared associative strength） 複合刺激の要素は競合して一定量の連合強度を分け合うとする学習原理。1つの刺激要素がより強度を獲得するほど，他の要素が獲得できる強度は減少する。

文脈条件づけ（contextual conditioning） 訓練が行なわれる状況に常に存在する静的な手がかりに対する条件づけ。

文脈変数（contextual variables） 学習の比較分析では，文脈変数は学習と独立して行動に影響する非学習性の要因であり，感覚─知覚，動機づけ，および運動要因を含む。認知現象の分析では，連合学習の過程が文脈変数としてよく取り扱われる。文脈変数に基づいた説明は乏しいと考えられるので，種を越えた行動の差異が，異なる学習や認知過程にあると結論づける前に排除されねばならない。

分離の法則（law of segregation） メンデルが述べた，ある形質を支配する対立遺伝子対は生殖細胞（精子と卵子）が作られる時に互いに分離し，その効果を失うことなく受精によって対が回復されるということ。当時一般的であった，遺伝は一種の混合であるという考え方に対抗してメンデルはこの法則を仮定した。分離の法則によってメンデルは F_1 で失われたように見える劣性の形質が F_2 で現れることを説明できた。

分類群（taxon） 分類学的分析における単位。

平行進化（parallelism） 種を超えての形態の類似性は，類似する原始的形態から独立的に進化した。ホモプラシーの一例。

ベイトマンの原理（Bateman's principle） オスとメスとでは，子への投資と繁殖成功が逆の関係になっていること。

ベイツ型擬態（Batesian mimicry） 毒を持たない種が毒を持つ種をモデルとすることにより体色が収斂しているような擬態。

**ヘテロシナプス促通（heterosynaptic facilitation)　軸索―軸索シナプスを経由して，シナプス前ニューロンの興奮性を第3のニューロンが修飾する結果として生じる，シナプスを通る伝達の促通のこと。ヘテロシナプス促通は，脱馴化のいくつかの例で，その基礎をなす機構として提案されてきた。

ヘテロ接合（heterozygous）　全数性の生物で，ヘテロ接合は1つの遺伝子座を優性と劣性の対立遺伝子が占めるときに起こる。

ヘルパー（helpers）　自身の生殖を遅らせ他の個体の子を育てるために時間を割く性的に成熟した個体。通常ヘルパーは遺伝的関係のある個体の養育に関与する。

辺縁系（limbic system）　行動の理解に関連した多くの機能（学習，記憶，情動，動機づけなど）を含んでいることが知られている，終脳の中心部にある核や領域の集合体。

変態（metamorphosis）　発達中の動物における形態的，機能的再統合のことで，先の個体発生的ニッチに適していた適応を除外し，新たな環境に必要な形質を誘発させる。

変動係数（CV）（coefficient of variation（CV））　平均の大きさから独立した変動性の測度（CV＝標準偏差／平均）。

弁別逆転（discrimination reversal）　A＋/B−の弁別を獲得した後で，反対のB＋/A−の弁別訓練をする課題。

包括適応度（inclusive fitness）　直接適応度（ダーウィン適応度）と間接適応度の和。

忘却（forgetting）　先に獲得した情報を思い出せなくなること。

方言（dialect）　社会的学習によって維持される，さえずり（鳥類）や言語（ヒト）の地理的変異。

方向性選択（directional selection）　世代を超えて，ある形質の集団平均が増加（あるいは減少）していくような選択。

放射相称（radial symmetry）　1つないしはそれ以上の中心軸を持つ体構造。例えば，クラゲ。

放出因子（releasing factors）　下垂体からのホルモンの放出を促す視床下部ホルモン。

膨出と外翻（evagination and eversion）　終脳発達の分岐したパターン。膨出では，終脳は中心線に向かって閉じていき，側脳室を形成する。これはサメや四足動物に典型的である。外翻では，終脳は外側に折畳まれる。これは硬骨魚類に典型である，終脳の各領域の分布の仕方は，終脳が膨出によって発達するのか，外翻によって発達するのかによって異なっている。

胞胚期（blastula stage）　胚発生の1段階。受精のすぐ後に生ずる段階で，卵割腔ができることが特徴である。

保持間隔（retention interval）　獲得訓練や刺激の提示から，その訓練課題や刺激の保持（あるいは忘却）をテストするまでの時間間隔。

歩哨行動（sentinel behavior）　なわばりをパトロールし捕食者を見つけると警戒音を出すこと。

補償反応（compensatory response）　ある刺激によって誘発された生理学的反応と拮抗する，条件性あるいは無条件性の反応。

捕食者―被食者システム（predator-prey systems）　共進化の代表例。自然選択は獲物を見つけ，捕まえ，消費するためにより効果的な手段の進化に有利に働くが，それはまた，獲物になる被食者の種が対抗的形質を進化させる選択圧を生じることになる。

ホメオティック遺伝子/Hox遺伝子（homeotic（or Hox）genes）　動物の体のさまざまな体節の同一性をコントロールする調節遺伝子。

ホモシナプス抑制（homosynaptic depression）　シナプスの興奮性減少のこと。ホモシナプス抑制は，短期馴化のいくつかの例でその基礎をなす機構として提案されてきた。

ホモ接合（homozygous）　全数性の生物で，1つの遺伝子座を2つの同じ優性あるいは劣性の遺伝子が占めること。

ホモプラシー（成因的相同）（homoplasy）　独立に進化した種を超えての形質の類似性。平行進化，収斂，反転はホモプラシーの3つの代表例。

ホモロジー（相同）（homology）　共通の祖先を持つことによる，遺伝子型（DNA配列）あるいは表現型（形態あるいは機能）の類似。

ポリジーン遺伝（polygeny）　多くの遺伝子

が1つの形質に関与すること。

ホルモン（hormones） 腺で合成され，血液中に分泌されて身体中広範に分布するタンパク質。ホルモンはさまざまな方法で，神経細胞を含む細胞全般に影響を及ぼす。

ホルモンの活性化効果，器官形成効果（activating and organazing effects of hormones） ホルモンは，比較的速い一過性の効果を細胞に及ぼす。一方でまた，特に初期の発生段階の間に作用する時，組織の器官形成に影響する場合がある。

本能（instincts） 従来この概念は，経験とは独立に生起し，特定種内では個体間に共通に見られ，かつ特定の機能を有する行動であるとされてきた。しかし現代では，本能行動は種に特有の反応でありながら，遺伝要因と非遺伝要因との複雑な相互作用の結果生じる行動であると考えられている。

マーキング刺激（marking stimulus） 強化遅延の状況において，反応の直後と，強化子が提示される直前に再び提示される刺激。

マウンティング（mounting） オスが前肢を上げてメスに後ろから近づきメスの体躯をつかむ行動。その後，陰茎をメスの膣に挿入し射精が行なわれる。

待ち受け捕食者（sit-and-wait predators） 消極的な行動によって獲物を捕まえる捕食者。このタイプの捕食者の多くが，隠蔽や獲物をひき寄せるために驚くほどの特殊化を進化させている。

末梢反射弓（peripheral reflex arc） 完全に末梢レベルで構成される反射弓で，中枢神経系から分離されても機能することができる。

回り道課題（detour task） 見えるがすぐには手に入れられない報酬を手にするために，一時的に遠回りすることを動物が学習する課題。

身かわし行動（dodging behavior） 自分がとった餌を同種個体から守るための行動

ミトコンドリア DNA（mitochondrial DNA） ミトコンドリア（細胞小器官）にあるDNA。ミトコンドリアDNAの配列分析を利用して，分類学上の亜種のレベルにおける系統発生を調べることができる。

ミュラー型擬態（Mullerian mimicry） 毒を持ち食べられない種の間で体色が収斂すること。

ムステリアン技法（Mousterian technology） ネアンデルタール人と現生人類に特徴的な一連の石器。多様な石器を含む。

無性生殖（asexual reproduction） 減数分裂や受精の過程を経ずに新しい個体が産出されること。無性生殖の例として，出芽（ヒドラのように一部が成長して起こる繁殖）や単為生殖（一部のトカゲのように未受精卵によって繁殖する）が挙げられる。

無脊椎動物（invertebrates） 脊椎動物以外のすべての動物のこと。

無体腔動物（acoelomates） 器官を備えた内部の体腔を欠く三胚葉動物のこと。例えば，プラナリア。

迷歯（labyrinthine tooth） 歯の構造において，エナメル質が褶曲している特徴を持つ。総鰭類や初期の四肢動物に代表される。

迷信行動（superstitious behavior） 強化子によって偶発的に強められた行動。

メカニズム（mechanism） 特定の行動の生起に関する原因過程を指す。例えば神経系の働きによってある行動を説明できる場合には，それがメカニズムである。行動研究における原因分析のためティンバーゲンは4つの原因レベルを設定したが，そのうちの1つ。

メスの選好性（female choice） 一夫多妻制の種のメスが積極的に交尾相手を選択すること。多夫一妻制の種ではオスの選好性が見られる場合がある。

目と手の協応（eye-hand coordination） 対象に器用に手を伸ばし，それを操作すること。

メンデル遺伝学（Mendelian genetics） 1つあるいは少数の遺伝子に支配される形質は，メンデルがエンドウで使った手続きと同じ手続きで研究できる。その手続きには，雑種形成，戻し交雑，表現型分布の量的分析が含まれる。

毛帯系視床（lemnothalamus） 毛帯系からの求心性線維の受容によって特徴づけられる視床核（間脳）の領域。

網様体（reticular formation） 脊椎動物の活動周期の調節に関わる脳幹の領域。網様体のさま

ざまな核にあるニューロンは，いくつかの重要な神経化学系の起点となっている。

モーガンの公準（Morgan's canon） 節約の法則として知られる。この公準では，行動能力の説明にあたっては可能な限り単純なメカニズムに基づくべきであるという考え方。

モザイク進化（mosaic evolution） 異なる特性は異なる速度で進化するかもしれない。これは，進化がある程度独立であることを説明している。

模写（mimesis） 演技者が見たままに出来事を再演する能力。

模写文化（mimetic culture） 模写を通じて，グループのメンバーに出来事を伝える能力。

持ち帰り採餌（central place foraging） 動物が食物を見つけたり捕まえたりした場所とは別の場所（巣穴など）へ運ぶ採餌形態。

モネラ界（Monera） すべての細菌を含む界。

モビング（mobbing） 捕食者の存在によって引き起こされる対捕食者行動。モビングをする間，捕食される可能性のある動物は捕食者に対して攻撃的に振る舞う。

門（phylum） 独特な体の基本体制を示す動物の単一系統群。

夜間のニッチ（nocturnal niche） 生態学的ニッチのことで，おそらく現生の哺乳類の祖先が開拓した。

US先行提示効果（US-preexposure effect） 信号されないUSを先行呈示すれば，後の条件づけは遅れる。

有性生殖（sexual reproduction） オスとメスからの生殖細胞の結びつきによって新しい個体が作られること。

有羊膜卵（amniotic eggs） 有羊膜類（すなわち，爬虫類，鳥類，哺乳類）の重要な共有派生形質。有羊膜卵には胚に卵黄を備え，乾燥を防ぐための羊膜と尿膜の2種類の膜をもつ。

優劣関係（dominance） 社会集団において比較的厳格な順序に従って資源が利用できるという場合がある（つつきの順序と呼ばれることもある）。

床効果と天井効果（floor and ceiling effects） 最小値（床）や最大値（天井）が決まっている尺度（0と1の間の値を取る反応確率など）が，それらの限界に到達することで行動の変化を測定できなくなったときに測定精度が失われること。

幼形進化（paedomorphosis） 異時性の例。子孫の種の発生が，祖先の種の初期段階に相当する時期で止まる。

幼形成熟（ネオテニー）（neoteny） 幼形進化の例。子孫と祖先は発生の開始が同じだが，子孫は発達速度が遅く性成熟の出現も遅れる。

幼児期健忘（infantile amnesia） 生まれて間もない頃に生起した事象を思い出せないこと。

要素間連合（within-compound association） 複合刺激内の要素刺激間で成立した連合。

ヨークト・コントロール（master-yoked procedure） 環境条件に関して1組の動物の条件を同じにする統制手続き。マスターの動物には自身の行動で刺激の制御を与えるが，他方の動物（ヨークト）にはそれを与えない。

予期せぬ非強化（surprising nonreward） 欲求性強化子が対提示されていた状況において，強化子を完全に，あるいは部分的に省略すること。

予期的ゴール反応（anticipatory goal responses） 強化子に接したときに，ゴール箱で示される反応と同じ反応が先行して生じる。このような反応は，もしその反応が内的に概念化されるなら，その強化子に対する予期と解釈することができるだろう。

予期的フラストレーション（anticipatory frustration） →フラストレーションを参照。

予期特異的ニューロン（expectancy-specific neurons） 動物が特有の出来事が次に起こると予想した際に活動する前頭葉のニューロン。

予期比率（C/T）（expectancy ratio（C/T）） サイクル（つまり，強化間隔）を試行（つまり，CSの持続時間）で割った比率。獲得率は，この比率の大きさに反比例する。

余剰皮質ニューロン指数（Nc）（index of extra-cortical neurons（Nc）） 体に関係するもの（感覚や運動の情報）以外の情報処理にかかわる皮質ニューロン数の推定値。

欲求性の行動と完了行動（appetitive-consummatory behavior） 両者とも本能行

動の構成因。摂食や摂水反応は相対的に固定しており，紋切り型であるが，探索行動や定位行動のような欲求性の行動は可塑的かつ複雑な行動である。

欲求性の刺激と強化子（appetitive stimuli and reinforcers） 欲求性の刺激とは，接近反応を誘発する事象である。欲求性の強化子とは，それがある反応の直後に提示されることで道具的学習を維持する事象である。

卵割（cleavage） 接合体の最初の細胞分裂。

リーダーシップ（leadership） 社会をつくる種において，ある個体が集団の他のメンバーに対して特定の位置を占めようとする傾向。リーダーシップは資源の利用の優先順を規定することがある。

利己的遺伝子説（selfish gene view） 自然選択は個々の遺伝子のレベルで働くという考え方。

リコンビナント近交系（recombinant inbred strains） 異なる近交系の交雑から得られた個体を，兄妹交配することによって得られた動物の系。

離散試行訓練とフリーオペラント訓練手続き（discrete-trial and free-operant procedures） 反応する機会が一定期間に限られているか（離散試行），いつでも可能な（フリーオペラント）条件づけ手続き。

利他行動（altruism） 2個体の間で一方が損失を被るような行動を行ない，他方がそれによって利益を得るような，社会的相互作用。損失と利益は究極的には包括適応度として測られる。

離乳（weaning） 哺乳類において，幼い動物が摂食のために母親から独立する時期。

RNA（リボ核酸）（ribonucleic acid） DNAの情報は細胞核内でRNAに転写される。このメッセンジャーRNAと呼ばれるRNA分子は核から細胞質へ出てタンパク質をつくる鋳型となる。RNA分子はアデニン，チミン，グアニンとウラシルという塩基からなる。

リボソームRNA（rRNA）（ribosomal RNA） リボソームRNAの配列分析によれば，その変化速度は非常に遅い。この配列分析は，遠く離れた分類群（例えば門）についての系統発生を研究するのに用いられている。

量作用（mass action） 脳損傷が，ある特定の機能に影響をおよぼす程度は，その場所よりも，その損傷の大きさに依存するということ。

両耳聴（binaural audition） ある刺激源の位置を同定するために両耳に到達した聴覚情報を比較すること。

両手の器用さ（bimanual dexterity） 対象の操作を行なうときにその手を独立に使用すること。

菱脳（rhombencephalon） 脊椎動物の中枢神経系の中脳と脊髄の間にある部位。小脳と脳幹を含む。

臨界期（critical period） ローレンツやティンバーゲンら，初期のころのエソロジストが用いた概念で，学習が特定の期間内に生起するようあらかじめプログラムされている場合を指す。しかし，その期間の開始と終了はもともと考えられていたよりも可変的であったために，今では「敏感期」という用語が広く使われている。

隣接的雌雄同体（sequential hermaphroditism） いくつかの魚類の種に見られる，メスが環境条件によってオスへと変わる現象。

レック型一夫多妻制（lek polygyny） オスがレックと呼ばれる，それ自体は価値のない求愛場所の一部を防衛する形式の一夫多妻制。

連合（coalitions） 互いに助け合う，血縁関係のない個体の集団。

連合皮質（association cortex） 感覚機能や運動機能と一次的に関係していない哺乳類の新皮質の領域。

連続逆転課題（successive reversal learning） A+/B−弁別の獲得後に，動物がB+/A−の逆転訓練を基準まで受けると，また弁別が逆転され，それがさらに繰り返されていく。何度も逆転を繰り返すと獲得が漸進的に改善するかどうかが，最も注目される点である。

連続強化と部分強化（continuous and partial reinforcement） すべてのCSや反応が強化子と対提示される（連続強化），あるいはCSや反応のうちのいくつかが強化子と対提示される（部分強化）条件づけ手続き。

ロードーシス（lordosis） 齧歯類のメスが示

す交尾姿勢。背をそらし，生殖器部分を突き出す。

矮性（dwarfism）　異時性の例。子孫の種の形態は祖先の種の形態と同じだが，体の大きさが小さい。

ワイピング反応（wiping response）　ラットの胎児に見られる反応。鼻に向かって，片方か両方の腕を近づける。通常強い嗅覚成分を持った溶液によって誘発される。

渡りの衝動（restless response）　鳥かごに入れられた渡りドリが示す，渡りの方向定位を反映する行動。

渡りの方向定位（migratory orientation）　渡りドリが行なう最初の方向定位。

ワン・ゼロ・サンプリング（one-zero sampling）　一定の時間間隔に特定の行動が，出現したか（1），しなかったか（0），を決定することからなる観察手続き。

引用文献

第1章 序論

Aristotle (1965). *Historia animalium.* Books I–III. Translated by A. L. Peck. Cambridge, MA: Harvard University Press.

Aristotle (1991). *Historia animalium.* Books VII–X. Translated by D. M. Balme. Cambridge, MA: Harvard University Press.

Avers, C. J. (1989). *Process and pattern in evolution.* New York: Oxford University Press.

Azara, F. de (1934). Antología. In E. Alvarez López (Ed.), *Félix de Azara.* Madrid: Aguilar.

Bandres, J., & Llavona, R. (1992). Minds and machines in renaissance Spain: Gomez Pereira's theory of animal behavior. *Journal of the History of the Behavioral Sciences,* **28,** 158–168.

Boakes, R. (1984). *From Darwin to behaviourism. Psychology and the minds of animals.* Cambridge, UK: Cambridge University Press.

Cadwallader, T. C. (1984). Neglected aspects of the evolution of American comparative and animal psychology. In G. Greenberg & E. Tobach (Eds.), *Behavioral evolution and integrative levels* (pp. 15–48). Hillsdale, NJ: Erlbaum.

Craig, W. (1918). Appetites and aversions as constituents of instincts. *Biological Review,* **34,** 91–107.

Darwin, C. (1859/1993). *The origin of species.* New York: Random House.

Darwin, C. (1871/1981). *The descent of man and selection in relation to sex.* Princeton, NJ: Princeton University Press.

Darwin, C. (1872/1965). *The expression of the emotions in man and animals.* Chicago: University of Chicago Press.

Darwin, C. (1881/1982). *The formation of vegetable mould, through the action of worms, with observations of their habits.* Chicago: University of Chicago Press.

Descartes, R. (1664/1985). *Treatise on man.* In *The philosophical writings of Descartes.* Translated by J. Cottingham, R. Stoothoff, & D. Murdoch (Vol. 1, pp. 99–108). Cambridge, UK: Cambridge University Press.

Evans, H. E. (1962). The evolution of prey-carrying mechanisms in wasps. *Evolution,* **16,** 468–483.

Gottlieb, G. (1992). *Individual development and evolution. The genesis of novel behavior.* New York: Oxford University Press.

Hartley, D. (1664/1966). *Observations on man, his frame, his duty, and his expectations.* Gainsville, FL: Scholars' Facsimiles & Reprints.

Jacob, F. (1973). *The logic of life. A history of heredity.* Translated by B. E. Spillmann. Princeton, NJ: Princeton University Press.

James, W. (1890). *The principles of psychology.* New York: Holt.

Kuo, Z. Y. (1921). Giving up instincts in psychology. *Journal of Philosophy,* **18,** 645–664.

Kuo, Z. Y. (1932). Ontogeny of embryonic behavior in Aves. IV. The influence of embryonic movements upon the behavior after hatching. *Journal of Comparative Psychology,* **14,** 109–122.

Lamarck, J. B. (1809/1984). *Zoological philosophy.* Translated by H. Elliot. Chicago, IL: University of Chicago Press.

Lehrman, D. S. (1953). A critique of Konrad Lorenz's theory of instinctive behavior. *Quarterly Review of Biology,* **28,** 337–363.

Lorenz, K. (1941). Comparative studies of the motor patterns of Anatinae. In R. Martin (Ed. and translator), *Studies in animal and human behavior* (Vol. 2, 1971). Cambridge, MA: Harvard University Press.

Lorenz, K. (1965). *Evolution and modification of behavior.* Chicago, IL: University of Chicago Press.

Lorenz, K., & Tinbergen, N. (1938). Taxis und instinkthandlung in der Eirollbewegung der Graugans. I. *Zeitschrift fur Tierpsychologie,* **2,** 1–29.

Lucretius Caro, T. (1943). *De rerum natura.* Translated by W. H. D. Rouse. Cambridge, MA: Harvard University Press.

Macphail, E. M. (1982). *Brain and intelligence in vertebrates.* Oxford, UK: Clarendon Press.

Mettrie, J. O. de la (1748/1953). *Man a machine.* La Salle, IL: Open Court.

Morgan, C. L. (1894). *An introduction to comparative psychology.* London: Scott.

Pfungst, O. (1908/1965). *Clever Hans: The horse of Mr. von Osten.* New York: Holt.

Popper, K. S., & Eccles, J. C. (1977). *The self and its brain.* Berlin: Springer.

Romanes, G. C. (1882). *Animal intelligence.* London: Kegan, Paul, Trench.

Sarton, G. (1952). *A history of science. Ancient science through the golden age of Greece.* Cambridge, MA: Harvard University Press.

Spalding, D. A. (1873/1954). Instinct; with original observations on young animals. In J. B. S. Haldane (Ed.), Introducing Douglas Spalding. *British Journal of Animal Behaviour,* **2,** 1–11.

Stahl, W. H. (1962). *Roman science. Origins, development, and influence to later Middle Ages.* Madison, WI: University of Wisconsin Press.
Thorndike, E. L. (1898). Animal intelligence: an experimental study of the associative processes in animals. *Psychological Review,* **2,** 1–109.
Thorndike, E. L. (1911). *Animal intelligence.* New York: Macmillan.
Tinbergen, N. (1950). The hierarchical organization of nervous mechanisms underlying instinctive behaviour. *Symposium of the Society for Experimental Biology,* **4,** 305–312.
Tinbergen, N. (1960). *The Herring gull's world. A study of the social behavior of birds.* New York: Basic Books.
Tinbergen, N. (1963). On aims and methods of ethology. *Zeitschrift für Tierpsychologie,* **20,** 410–433.
Watson, J. B. (1913). Psychology as the behaviorist views it. *Psychological Review,* **20,** 158–177.
Watson, J. B. (1924). *Behaviorism.* New York: Norton.
Wyles, J. S., Kunkel, J. G., Wilson, A. C. (1983). Birds, behavior, and anatomical evolution. *Proceedings of the National Academy of Sciences* (USA), **80,** 4394–4397.

第2章　生物学的進化

Bishop, J. A., & Cook, L. M. (1980). Industrial melanism and the urban environment. *Advances in Ecological Research,* **11,** 373–404.
Bygott, J. D., Bertram, B. C. R., & Hanby, C. R. (1979). Male lions in large coalitions gain reproductive advantages. *Nature,* **282,** 839–841.
Curtis, H., & Barnes, N. S. (1989). *Biology* (5th ed.). New York: Worth.
Dawkins, R. (1976). *The selfish gene.* Oxford, UK: Oxford University Press.
Dawkins, R. (1982). *The extended phenotype.* Oxford, UK: Oxford University Press.
Eisenberg, J. F. (1981). *The mammalian radiations. An analysis of trends in evolution, adaptation, and behaviour.* London: Athlone Press.
Fitch, W. M., & Margoliash, E. (1967). Construction of phylogenetic trees. *Science,* **155,** 279–284.
Gould, S. J., & Lewontin, R. C. (1979). The spandrels of San Marco and the Panglossian paradigm: A critique of the adaptationist programme. *Proceedings of the Royal Society,* London B, **205,** 581–598.
Grant, P. R. (1986). *Ecology and evolution of Darwin's finches.* Princeton, NJ: Princeton University Press.
Gross, M. R. (1985). Disruptive selection for alternative life histories in salmon. *Nature,* **313,** 47–48.
Haeckel, E. (1879). *The evolution of man: A popular exposition of the principal points of human ontogeny and phylogeny.* New York: Appleton & Century.
Hamilton, W. D. (1964). The genetical evolution of social behavior, I and II. *Journal of Theoretical Biology,* **7,** 1–52.
Hrdy, S. B. (1977). Infanticide as a primate reproductive strategy. *American Scientist,* **65,** 40–49.
Jacob, F. (1977). Evolution and tinkering. *Science,* **196,** 1161.
Kimura, M. (1983). *The neutral theory of molecular evolution.* Cambridge, UK: Cambridge University Press.
King, M. C., & Wilson, A. C. (1975). Evolution at two levels: molecular similarities and biological differences between humans and chimpanzees. *Science,* **188,** 107–116.
Langman, R. E. (1989). *The immune system.* San Diego, CA: Academic Press.
Lewontin, R. C. (1978). Adaptation. *Scientific American,* **239,** 156–169.
Lively, C. M. (1987). Evidence from a New Zealand snail for the maintenance of sex by parasitism. *Nature,* **328,** 519–521.
Mayor, A. (2000). *The first fossil hunters. Paleontology in Greek and Roman times.* Princeton, NJ: Princeton University Press.
Mock, D. W., & Ploger, B. J. (1987). Parental manipulation of optimal hatch asynchrony in cattle egrets: An experimental study. *Animal Behaviour,* **35,** 150–160.
Packer, C., Herbst, L., Pusey, A. E., Bygott, J. D., Hanby, J. P., Cairns, S. J., & Mulder, M. B. (1988). Reproductive success of lions. In T. H. Clutton-Brock (Ed.), *Reproductive success* (pp. 363–383). Chicago, IL: University of Chicago Press.
Raff, R. A., & Kaufman, T. C. (1983). *Embryos, genes, and evolution.* Bloomington, IN: Indiana University Press.
Roth, G., Nishikawa, K. C., & Wake, D. B. (1997). Genome size, secondary simplification, and the evolution of the brain in salamanders. *Brain, Behavior, & Evolution,* **50,** 50–59.
Sibley, C. G., & Ahlquist, J. E. (1990). *Phylogeny and classification of birds. A study in molecular evolution.* New Haven, CT: Yale University Press.
Spencer, H. (1855). *Principles of psychology.* London: Longman.
Stearns, S. C. (1992). *The evolution of life histories.* Oxford, UK: Oxford University Press.
Williams, G. C. (1966). *Adaptation and natural selection.* Princeton, NJ: Princeton University Press.
Wu, C.-I., & Li, W.-H. (1985). Evidence for higher rates of nucleotide substitution in rodents than in man. *Proceedings of the National Academy of Sciences* (USA), **82,** 1741–1745.
Wynne-Edwards, V. C. (1962). *Animal dispersion in relation to social behaviour.* Edinburgh: Oliver & Boyd.
Wynne-Edwards, V. C. (1963). Intergroup selection in the evolution of social systems. *Nature,* **200,** 623–626.

第3章 遺伝子と行動

Brunner, D., & Hen, R. (1997). Insights into the neurobiology of impulsive behavior from serotonin receptor knockout mice. *Annals of the New York Academy of Sciences,* **836,** 81–105.

Brush, F. R., Baron, S., Froehlich, J. C., Ison, J. R., Pellegrino, L. J., Phillips, D. S., Sakellaris, P. C., & Williams, V. N. (1985). Genetic differences in avoidance learning by *Rattus norvegicus:* Escape/avoidance responding, sensitivity to electric shock, discrimination learning, and open-field behavior. *Journal of Comparative Psychology,* **99,** 60–73.

Brush, F. R., Del Paine, S. N., Pellegrino, L. J., Rykaszewski, I. M., Dess, N. K., & Collins, P. Y. (1988). CER suppression, passive avoidance learning, and stress-induced suppression of drinking in the Syracuse high- and low-avoidance strains of rats (*Rattus norvegicus*). *Journal of Comparative Psychology,* **102,** 337–349.

Brush, F. R., Froehlich, J. C., & Sakellaris, P. C. (1979). Genetic selection for avoidance behavior in the rat. *Behavior Genetics,* **9,** 309–316.

Cedar, H., Kandel, E. R., & Schwartz, J. H. (1972). Cyclic adenosine monophosphate in the nervous system of *Aplysia californica.* I. Increased synthesis in response to synaptic stimulation. *Journal of General Physiology,* **60,** 558–569.

Darwin, C. (1859/1993). *The origin of species.* New York: Random House.

Dobzhansky, T. (1970). *Genetics of the evolutionary process.* New York: Columbia University Press.

Dudai, Y. (1988). Neurogenetic dissection of learning and short-term memory in *Drosophila. Annual Review of Neuroscience,* **11,** 537–563.

Dunlap, J. C. (1996). Genetic and molecular analysis of circadian rhythms. *Annual Review of Genetics,* **30,** 579–601.

Flaherty, C. F., & Rowan, G. A. (1989). Rats selected to differ in avoidance performance also differ in response to novelty stress, in glycemic conditioning, and in reward contrast. *Behavioral & Neural Biology,* **51,** 145–164.

Gibbs, H. L., & Grant, P. R. (1987). Oscillating selection on Darwin's finches. *Nature,* **327,** 511–513.

Gingerich, P. D. (1983). Rates of evolution: Effects of time and temporal scaling. *Science,* **222,** 159–161.

Haldane, J. B. S. (1949). Suggestions as to quantitative measurements of rates of evolution. *Evolution,* **3,** 51–56.

Hall, J. C. (1995). Tripping along the trail to the molecular mechanisms of biological clocks. *Trends in Neuroscience,* **18,** 230–240.

Hewitt, J. K., Fulker, D. W., & Hewitt, C. A. (1983). Genetic architecture of olfactory discriminative avoidance conditioning in *Drosophila melanogaster. Journal of Comparative Psychology,* **97,** 52–58.

Huang, Y.-Y., & Kandel, E. R. (1994). Recruitment of long-lasting and protein kinase A-dependent long-term potentiation in the CA1 region of hippocampus requires repeated tetanization. *Learning & Memory,* **1,** 74–82.

Iso, H., & Shimai, S. (1991). Running-wheel avoidance learning in mice (*Mus musculus*): Evidence of contingency learning and differences among inbred strains. *Journal of Comparative Psychology,* **105,** 190–202.

Kvist, B. (1984). Strain differences in open field activity after learning in mice. *Scandinavian Journal of Psychology,* **25,** 370–380.

Lofdahl, K. L., Hu, D., Ehrman, L., Hirsch, J., & Skoog, L. (1992). Incipient reproductive isolation and evolution in laboratory *Drosophila melanogaster* selected for geotaxis. *Animal Behaviour,* **44,** 783–786.

Losos, J. B., Warheit, K. I., & Schoener, T. W. (1997). Adaptive differentiation following experimental island colonization in *Anolis* lizards. *Nature,* **387,** 70–73.

Mariath, H. A. (1985). Operant conditioning in *Drosophila melanogaster* wild-type and learning mutants with defects in the cyclic AMP metabolism. *Journal of Insect Physiology,* **31,** 779–787.

Mihalek, R. M., Jones, C. J., & Tully, T. (1997). The *Drosophila* mutation *turnip* has pleiotropic behavioral effects and does not specifically affect learning. *Learning & Memory,* **3,** 425–444.

Nestler, E. J., & Greengard, P. (1994). Protein phosphorylation and the regulation of neuronal function. In G. J. Siegel, B. W. Agranoff, R. W. Albers, & P. B. Molinoff (Eds.), *Basic neurochemistry* 5th ed., pp. 449–474). New York: Raven Press.

Oliverio, A., Eleftheriou, B. E., & Bailey, D. W. (1973). A gene influencing active avoidance performance in mice. *Physiology & Behavior,* **11,** 497–501.

Reznick, D. N., Shaw, F. H., Rodd, F. H., & Shaw, R. G. (1997). Evaluation of the rate of evolution in natural populations of guppies (*Poecilia reticulata*). *Science,* **275,** 1934–1937.

Ricker, J. P., & Hirsch, J. (1985). Evolution of an instinct under long-term divergent selection for geotaxis in domesticated populations of *Drosophila melanogaster. Journal of Comparative Psychology,* **99,** 380–390.

Ricker, J. P., & Hirsch, J. (1988). Reversal of genetic homeostasis in laboratory populations of *Drosophila melanogaster* under long-term selection for geotaxis and estimates of gene correlates: Evolution of behavior-genetic systems. *Journal of Comparative Psychology,* **102,** 203–214.

Rothenbuhler, W. C. (1964). Behavior genetics of nest cleaning in honeybees. IV. Responses of F_1 and backcross generations to disease-killed brood. *American Zoologist,* **4,** 111–123.

Roubertoux, P. L. (1992). Courtship behavior in the male guppy (*Poecilia reticulata*): A genetic analysis. *International Journal of Comparative Psychology,* **5,** 145–163.

Searle, L. V. (1949). The organization of hereditary maze-brightness and maze-dullness. *Genetic Psychology Monographs,* **39,** 279–325.

Shearman, L. P., Sriram, S., Weaver, D. R., Maywood, E. S., Chaves, I., Zheng, B., Kume, K., Lee, C. C., van der Horst, G. T. J., Hastings, M. H., & Reppert, S. M. (2000). Interacting molecular loops in the mammalian circadian clock. *Science,* **288,** 1013–1019.

Steiner, H., Fuchs, S., & Accili, D. (1997). D3 dopamine receptor-deficient mouse: Evidence for reduced anxiety. *Physiology & Behavior*, **63**, 137–141.

Tryon, R. C. (1934). Individual differences. In F. A. Moss (Ed.), *Comparative psychology* (pp. 409–445). Englewood Cliffs, NJ: Prentice-Hall.

Tully, T., & Quinn, W. G. (1985). Classical conditioning and retention in normal and mutant *Drosophila melanogaster*. *Journal of Comparative Physiology*, **157**, 263–277.

Vitaterna, M. H., King, D. P., Chang, A.-M., Kornhauser, J. M., Lowrey, P. L., McDonald, J. D., Dover, W. F., Pinto, L. H., Turek, F. W., & Takahashi, J. S. (1994). Mutagenesis and mapping of a mouse gene, *Clock*, essential for circadian behavior. *Science*, **264**, 719–725.

von Kluge, S., & Brush, F. R. (1992). Conditioned taste and taste-potentiated odor aversions in the Syracuse high- and low-avoidance (SHA/Bru and SLA/Bru) strains of rats (*Rattus norvegicus*). *Journal of Comparative Psychology*, **106**, 248–253.

Wen, J. Y. M., Kumar, N., Morrison, G., Rambaldini, G., Runciman, S., Rousseau, J., & van der Kooy, D. (1997). Mutations that prevent associative learning in *C. elegans*. *Behavioral Neuroscience*, **111**, 354–268.

Zawistowski, S., & Hirsch, J. (1984). Conditioned discrimination in the blowfly, *Phormia regina*: Controls and bidirectional selection. *Animal Learning & Behavior*, **12**, 402–408.

第 4 章　捕食者と被食者

Barnett, S. A. (1975). *The rat*. Chicago: Chicago University Press.

Beck, B. B. (1980). *Animal tool behavior: The use and manufacture of tools by animals*. New York: Garland Press.

Blanchard, R. J., Flannelly, K. J., & Blanchard, D. C. (1986). Defensive behaviors of laboratory and wild *Rattus norvegicus*. *Journal of Comparative Psychology*, **100**, 101–107.

Bolen, R. H., & Green, S. M. (1997). Use of olfactory cues in foraging by owl monkeys (*Aotus nancymai*) and capuchin monkeys (*Cebus apella*). *Journal of Comparative Psychology*, **111**, 152–158.

Brodbeck, D. R. (1994). Memory for spatial and local cues: A comparison of a storing and a nonstoring species. *Animal Learning & Behavior*, **22**, 119–133.

Brodbeck, D. R., & Shettleworth, S. J. (1995). Matching location and color of a compound stimulus: Comparison of a food–storing and a nonstoring bird species. *Journal of Experimental Psychology: Animal Behavior Processes*, **21**, 64–77.

Caraco, T. (1981). Risk sensitivity and foraging groups. *Ecology*, **62**, 527–531.

Caro, T. M. (1986). The functions of stotting in Thomson's gazelles: Some tests of the predictions. *Animal Behaviour*, **34**, 663–684.

Charnov, E. L. (1976). Optimal foraging: The marginal value theorem. *Theoretical Population Biology*, **9**, 129–136.

Coleman, S. L., & Mellgren, R. L. (1997). Social enhancement and interference of food finding in zebra finches (*Taeniopygia guttata*). *Journal of Comparative Psychology*, **111**, 242–250.

Connell, J. H. (1961). The influence of interspecific competition and other factors on the distribution of the barnacle *Chthamalus stellatus*. *Ecology*, **42**, 710–723.

Curio, E., Ernest, U., & Vieth, W. (1978). Cultural transmission of enemy recognition: One function of mobbing. *Science*, **202**, 899–901.

Curtis, H., & Barnes, N. S. (1989). *Biology* (5th ed.). New York: Worth.

Darwin, C. (1859/1993). *The origin of species*. New York: Random House.

Dawkins, R., & Krebs, J. R. (1979). Arms race between and within species. *Proceedings of the Royal Society of London*, **B205**, 489–511.

Diamond, J. M. (1973). Distributional ecology of New Guinea birds. *Science*, **179**, 759–769.

Eisenberg, J. F. (1981). *The mammalian radiations*. Chicago: Chicago University Press.

Fisher, J., & Hinde, R. A. (1949). The opening of milk bottles by birds. *British Birds*, **42**, 347–357.

Galef, B. G. Jr. (1986). Social interaction modifies learned aversions, sodium appetite, and both palatability and handling-time induced dietary preferences in rats (*R. norvegicus*). *Journal of Comparative Psychology*, **100**, 432–439.

Galef, B. G. Jr. (1990). An adaptationist perspective on social learning, social feeding, and social foraging in Norway rats. In D. A. Dewsbury (Ed.), *Contemporary issues in comparative psychology* (pp. 55–79). Sunderland: Sinauer.

Galef, B. G. Jr., Iliffe, C. P., & Whiskin, E. E. (1994). Social influences on rats' (*Rattus norvegicus*) preferences for flavored foods, scented nest materials, and odors associated with harborage sites: Are flavored foods special? *Journal of Comparative Psychology*, **108**, 266–273.

Galef, B. G. Jr., Marczinski, C. A., Murray, K. A., & Whiskin, E. E. (2001). Food stealing by young Norway rats (*Rattus norvegicus*). *Journal of Comparative Psychology*, **115**, 16–21.

Gartner, J. V. Jr., Crabtree, R. E., & Sulak, K. J. (1997). Feeding at depth. In D. J. Randall & A. P. Farrell (Eds.), *Deep-sea fishes* (pp. 115–193). New York: Academic Press.

Gilbert, L. E. (1971). Butterfly-plant coevolution: Has *Passiflora adenopoda* won the selectional race with heliconiine butterflies? *Science*, **172**, 585–586.

Goodall, J. (1986). *The chimpanzees of Gombe*. Cambridge: Harvard University Press.

Grant, P. R. (1986). *Ecology and evolution of Darwin's finches*. Princeton: Princeton University Press.

Griffin, D. R. (1958). *Listening in the dark. The acoustic orientation of bats and men*. New Haven: Yale University Press.

Hall, K., & Schaller, G. (1964). Tool-using behavior of the California sea otter. *Journal of Mammalogy*, **45**, 287–298.

Hamilton, W. D. (1964). The genetical evolution of social behavior, I and II. *Journal of Theoretical Biol-*

ogy, **7,** 1–52.
Hauser, M. D. (1993). Ontogeny of foraging behavior in wild vervet monkeys (*Cercopithecus aethiops*): Social interactions and survival. *Journal of Comparative Psychology,* **107,** 276–282.
Heinrich, B., & Marzluff, J. (1995). Why ravens share. *American Scientist,* **83,** 342–355.
Hikami, K., Hasegawa, Y., & Matsuzawa, T. (1990). Social transmission of food preferences in Japanese monkeys (*Macaca fuscata*) after mere exposure or aversion training. *Journal of Comparative Psychology,* **104,** 233–237.
Hunt, G. R. (1996). Manufacture and use of hook-tools by New Caledonian crows. *Nature,* **379,** 249–251.
Inoue-Nakamura, N., & Matsuzawa, T. (1997). Development of stone tool use by wild chimpanzees (*Pan troglodytes*). *Journal of Comparative Psychology,* **111,** 159–173.
Isack, H. A., & Reyer, H.-U. (1989). Honeyguides and honey gatherers: Interspecific communication in a symbiotic relationship. *Science,* **243,** 1343–1346.
Janzen, D. H. (1966). Coevolution of mutualism between ants and acacias in Central America. *Evolution,* **20,** 249–275.
Jones, R. B., Mills, A. D., & Faure, J.-M. (1991). Genetic and experiential manipulations of fear-related behavior in Japanese quail chicks (*Coturnix coturnix japonica*). *Journal of Comparative Psychology,* **105,** 15–24.
Kamil, A. C., & Balda, R. P. (1985). Cache recovery and spatial memory in Clark's nutcrackers (*Nucifraga columbiana*). *Journal of Experimental Psychology: Animal Behavior Processes,* **11,** 95–111.
Kaufman, J. D., Burghardt, G. M., & Phillips, J. A. (1994). Density-dependent foraging strategy of a large carnivorous lizard, the savanna monitor (*Varanus albigularis*). *Journal of Comparative Psychology,* **108,** 381–384.
Kohler, W. (1927). *The mentality of apes.* London: Routledge & Kegan Paul.
Krebs, J. R., Erichsen, J. T., Webber, M. I., & Charnov, E. L. (1977). Optimal prey selection in the great tit, *Parus major. Animal Behaviour,* **25,** 30–38.
Krebs, J. R., Kacelnik, A., & Taylor, P. (1978). Test of optimal sampling by foraging great tits. *Nature,* **275,** 27–31.
Krebs, J. R., Ryan, J., & Charnov, E. L. (1974). Hunting by expectation or optimal foraging? A study of patch use by chickadees. *Animal Behaviour,* **22,** 953–964.
Langley, W. M. (1987). Specializations in the predatory behavior of grasshopper mice (*Onychomys leucogaster* and *O. torridus*): A comparison with the golden hamster (*Mesocricetus auratus*). *Journal of Comparative Psychology,* **101,** 322–327.
Losey, J. E., Ives, A. R., Harmon, J., Ballantyne, F., & Brown, C. (1997). A polymorphism maintained by opposite patterns of parasitism and predation. *Nature,* **388,** 269–272.
McQuoid, L. M., & Galef, B. G. Jr. (1992). Social influences on feeding site selection by Burmese fowl (*Gallus gallus*). *Journal of Comparative Psychology,* **106,** 137–141.
Menzel, E. W. Jr. (1973). Leadership and communication in young chimpanzees. In E. W. Menzel, Jr. (Ed.), *Precultural primate behavior* (pp. 192–225).

Basel: Karger.
Owen, D. (1980). *Camouflage and mimicry.* Chicago, IL: Chicago University Press.
Phelps, M. R., & Roberts, W. A. (1989). Central-place foraging by *Rattus norvegicus* on the radial maze. *Journal of Comparative Psychology,* **103,** 326–338.
Pierotti, R., & Annett, C. (1987). Reproductive consequences of dietary specialization and switching in an ecological generalist. In A. C. Kamil, J. R. Krebs, & H. R. Pulliam (Eds.), *Foraging behavior* (pp. 417–442). New York: Plenum.
Pietriewicz, A. T., & Kamil, A. C. (1979). Search image formation in the blue jay (*Cyanocitta cristata*). *Science,* **204,** 1332–1333.
Pietsch, T. W., & Grobecker, D. B. (1978). The compleat angler: Aggressive mimicry in an antennariid anglerfish. *Science,* **201,** 369–370.
Redhead, E., & Tyler, P. A. (1988). An experimental analysis of optimal foraging behaviour in patchy environments. *Quarterly Journal of Experimental Psychology,* **40B,** 83–102.
Renner, M. J. (1988). Learning during exploration: The role of behavioral topography during exploration in determining subsequent adaptive behavior. *International Journal of Comparative Psychology,* **2,** 43–56.
Roeder, K. D. (1967). *Nerve cells and insect behavior.* Cambridge, MA: Harvard University Press.
Roeder, K. D., & Treat, A. E. (1961). The detection and evasion of bats by moths. *American Scientist,* **49,** 135–148.
Schluter, D., Price, T. D., & Grant, P. R. (1985). Ecological character displacement in Darwin's finches. *Science,* **227,** 1056–1059.
Schwenk, K. (1994). Why snakes have forked tongues. *Science,* **263,** 1573–1577.
Seyfarth, R. M., Cheney, D. L., & Marler, P. (1980). Monkey responses to three different alarm calls: Evidence for predator classification and semantic communication. *Science,* **210,** 801–803.
Sherman, P. W. (1985). Alarm calls of Belding's ground squirrels to aerial predators: Nepotism or self-preservation? *Behavioral Ecology & Sociobiology,* **17,** 313–323.
Sherry, D. F., & Galef, B. G. Jr. (1984). Cultural transmission without imitation: Milk bottle opening by birds. *Animal Behaviour,* **32,** 937–938.
Sherry, D. F., Jacobs, L. F., & Gaulin, S. J. C. (1992). Spatial memory and adaptive specialization of the hippocampus. *Trends in Neuroscience,* **15,** 298–303.
Sherry, D. F., Vaccarino, A. L., Buckenham, K., & Herz, R. S. (1989). The hippocampal complex of food-storing birds. *Brain, Behavior, and Evolution,* **34,** 308–317.
Shettleworth, S. J. (1989). Animals foraging in the lab: Problems and promises. *Journal of Experimental Psychology: Animal Behavior Processes,* **15,** 81–87.
Stephan, H., Frahm, H., & Baron, G. (1981). New and revised data on volumes of brain structures in insectivores and primates. *Folia Primatologica,* **35,** 1–29.
Suboski, M. D., Bain, S., Carty, A. E., McQuoid, L. M., Seelen, M. I., & Seifert, M. (1990). Alarm reaction in acquisition and social transmission of simulated-predator recognition by zebra danio fish

(*Brachydanio rerio*). *Journal of Comparative Psychology*, **104,** 101–112.
Suga, N. (1990). Biosonar and neural computation in bats. *Scientific American*, **262** (June), 60–68.
Suzuki, S., Kuroda, S., & Nishihara, T. (1995). Tool-set for termite-fishing by chimpanzees in the Ndoki forest, Congo. *Behaviour*, **132,** 219–235.
Tolman, E. C., & Honzik, C. H. (1930). Introduction and removal of reward and maze performance in rats. *University of California Publications in Psychology*, **4,** 257–275.
Vander Wall, S. B. (1990). *Food hoarding in animals*. Chicago: Chicago University Press.
Vander Wall, S. B., & Smith, K. G. (1987). Cache-protecting behavior of food-hoarding animals. In A. C. Kamil, J. R. Krebs, & H. R. Pullian (Eds.), *Foraging behavior* (pp. 611–644). New York: Plenum.
Visalberghi, E., Fragaszy, D. M., & Savage-Rumbaugh, S. (1995). Performance in a tool-using task by common chimpanzees (*Pan troglodytes*), bonobos (*Pan paniscus*), an orangutan (*Pongo pygmaeus*), and capuchin monkeys (*Cebus apella*). *Journal of Comparative Psychology*, **109,** 52–60.
Ward, P., & Zahavi, A. (1973). The importance of certain assemblages of birds as "information-centers" for food-finding. *Ibis*, **115,** 517–534.
Westergaard, G. C., & Fragaszy, D. M. (1987). The manufacture and use of tools by capuchin monkeys (*Cebus apella*). *Journal of Comparative Psychology*, **101,** 159–168.
Whishaw, I. Q., & Tomie, J.-A. (1987). Food wresting and dodging: Strategies used by rats (*Rattus norvegicus*) for obtaining and protecting food from conspecifics. *Journal of Comparative Psychology*, **101,** 202–209.
Yoerg, S. I. (1991). Social feeding reverses learned flavor aversions in spotted hyenas (*Crocuta crocuta*). *Journal of Comparative Psychology*, **105,** 185–189.
Yoerg, S. I., & Kamil, A. C. (1988). Diet choices of blue jays (*Cyanocitta cristata*) as a function of time spent foraging. *Journal of Comparative Psychology*, **102,** 230–235.

第5章　生殖行動と社会的行動

Alexander, R. D., Noonan, K. M., & Crespi, B. J. (1991). The evolution of eusociality. In P. W. Sherman, J. U. M. Jarvis, & R. D. Alexander (Eds.), *The biology of the naked mole-rat* (pp. 3–44). Princeton: Princeton University Press.
Aoki, S. (1977). *Colophina clematis* (Homoptera, Pemphigidae), an aphid species with "soldiers." *Kontyû*, **45,** 276–282.
Baker, R. R., & Bellis, M. A. (1993). Human sperm competition: Ejaculate manipulation by females and a function for the female orgasm. *Animal Behaviour*, **46,** 887–909.
Bateman, A. J. (1948). Intra-sexual selection in *Drosophila*. *Heredity*, **2,** 349–368.
Bateson, P. (1983). Optimal outbreeding. In P. Bateson (Ed.), *Mate choice* (pp. 257–277). Cambridge, UK: Cambridge University Press.
Bednarz, J. C. (1988). Cooperative hunting in Harris' hawks (*Parabuteo unicinctus*). *Science*, **239,** 1525–1527.
Betzig, L. (1992). Roman polygyny. *Ethology and Sociobiology*, **12,** 309–349.
Boesch, C. (1994). Cooperative hunting in wild chimpanzees. *Animal Behaviour*, **48,** 653–667.
Borgia, G. (1985). Bower quality, number of decorations and mating success of male satin bowerbirds (*Ptilonorhynchus violaceus*): An experimental analysis. *Animal Behaviour*, **33,** 266–271.
Boysen, S. T., & Berntson, G. G. (1989). Conspecific recognition in the chimpanzee (*Pan troglodytes*): Cardiac responses to significant others. *Journal of Comparative Psychology*, **103,** 215–220.
Brown, S. D., & Dooling, R. J. (1992). Perception of conspecific faces by budgerigars (*Melopsittacus undulatus*): I. Natural faces. *Journal of Comparative Psychology*, **106,** 203–216.
Brown, S. D., & Dooling, R. J. (1993). Perception of conspecific faces by budgerigars (*Melopsittacus undulatus*): II. Synthetic models. *Journal of Comparative Psychology*, **107,** 48–60.
Campagna, C., Le Boeuf, B. J., & Cappozzo, H. L. (1988). Group raids: A mating strategy of male southern sea lions. *Behaviour*, **105,** 224–249.
Clutton-Brock, T. H., Guinness, F. E., & Albon, S. D. (1982). *Red deer: Behavior and ecology of two sexes*. Chicago, IL: University of Chicago Press.
Crespi, B. J. (1992). Eusociality in Australian gall thrips. *Nature*, **359,** 724–726.
Crews, D., & Moore, M. C. (1986). Evolution of mechanisms controlling mating behavior. *Science*, **231,** 121–125.
Curry, R. L., & Grant, P. R. (1990). Galapagos mockingbirds: Territorial cooperative breeding in a climatically variable environment. In P. B. Stacey & W. D. Koenig (Eds.), *Cooperative breeding in birds: Long-term studies of ecology and behavior* (pp. 291–331). Cambridge, UK: Cambridge University Press.
D'Amato, F. R. (1988). Effects of male social status on reproductive success and on behavior in mice (*Mus musculus*). *Journal of Comparative Psychology*, **102,** 146–151.
Darwin, C. (1871). *The descent of man, and selection in relation to sex*. London: Murray.
Davies, N. B. (1992). *Dunnock behaviour and social evolution*. Oxford: Oxford University Press.
de Veer, M., & van den Bos, R. (1999). A critical review of methodology and interpretation of mirror self-recognition research in nonhuman primates. *Animal Behaviour*, **58,** 459–468.
Dewsbury, D. A. (1975). Diversity and adaptation in rodent copulatory behavior. *Science*, **190,** 947–954.
Dewsbury, D. A. (1981). Social dominance, copulatory behavior, and differential reproduction in deer mice (*Peromyscus maniculatus*). *Journal of Comparative & Physiological Psychology*, **95,** 880–895.
Dewsbury, D. A. (1988). Kinship, familiarity, aggression, and dominance in deer mice (*Peromyscus maniculatus*) in seminatural enclosures. *Journal of Comparative Psychology*, **102,** 124–128.
Domjan, M., Blesbois, E., & Williams, J. (1998). The

adaptive significance of sexual conditioning: Pavlovian control of sperm release. *Psychological Science,* **9,** 411–415.

Dufy, J. E. (1996). Eusociality in a coral-reef shrimp. *Nature,* **381,** 512–514.

Duffy, J. E., Morrison, C. L., & Ríos, R. (2000). Multiple origins of eusociality among sponge-dwelling shrimps *(Synalpheus). Evolution,* **54,** 503–516.

Eisenberg, J. F. (1991). *The mammalian radiations.* Chicago: Chicago University Press.

Emlen, S. T., & Oring, L. W. (1977). Ecology, sexual selection, and the evolution of mating systems. *Science,* **197,** 215–223.

Epple, G. (1978). Reproductive and social behavior of marmosets with special reference to captive breeding. *Primates in Medicine,* **10,** 50–62.

Everitt, B. J., Fray, P., Kostarczyk, E., Taylor, S., & Stacey, P. (1987). Studies of instrumental behavior with sexual reinforcement in male rats (*Rattus norvegicus*): I. Control by brief visual stimuli paired with a receptive female. *Journal of Comparative Psychology,* **101,** 395–406.

Fredrickson, W. T., & Sackett, G. P. (1984). Kin preferences in primates (*Macaca nemestrina*): Relatedness or familiarity? *Journal of Comparative Psychology,* **98,** 29–34.

Gallup, G. G. Jr. (1970). Chimpanzees: Self-recognition. *Science,* **167,** 86–87.

Grammer, K., & Thornhill, R. (1994). Human (*Homo sapiens*) facial attractiveness and sexual selection: The role of symmetry and averageness. *Journal of Comparative Psychology,* **108,** 233–242.

Gubernick, D. J., & Alberts, J. R. (1987). The biparental care system of the California mouse, *Peromyscus californicus. Journal of Comparative Psychology,* **101,** 169–177.

Gutiérrez, G., & Domjan, M. (1996). Learning and male-male sexual competition in Japanese quail (*Coturnix japonica*). *Journal of Comparative Psychology,* **110,** 170–175.

Gross, M. R. (1985). Disruptive selection for alternative life histories in salmon. *Nature,* **313,** 47–48.

Haley, M. P., Deutsch, C. J., & Le Boeuf, B. J. (1994). Size, dominance, and copulatory success in male northern elephant seals, *Mirounga angustirostris. Animal Behaviour,* **48,** 1249–1260.

Hamilton, W. D. (1964). The genetical evolution of social behaviour. I, II. *Journal of Theoretical Biology,* **7,** 1–52.

Hartung, J. (1982). Polygyny and inheritance of wealth. *Current Anthropology,* **23,** 1–12.

Hölldobler, B., & Wilson, E. O. (1990). *The ants.* Cambridge: Harvard University Press.

Hollis, K. L. (1982). Pavlovian conditioning of signal-centered action patterns and autonomic behavior: A biological analysis of function. *Advances in the Study of Behavior,* **12,** 1–64.

Hollis, K. L., Dumas, M. J., Singh, P., & Fackelman, P. (1995). Pavlovian conditioning of aggressive behavior in blue gourami fish (*Trichogaster trichopterus*): Winners become winners and losers stay losers. *Journal of Comparative Psychology,* **109,** 123–133.

Hollis, K. L., Pharr, V. L., Dumas, M. J., Britton, G. B., & Field, J. (1997). Classical conditioning provides paternity advantage for territorial male blue gouramis (*Trichogaster trichopterus*). *Journal of Comparative Psychology,* **111,** 219–225.

Holmes, W. G., & Sherman, P. W. (1982). The ontogeny of kin recognition in two species of ground squirrels. *American Zoologist,* **22,** 491–517.

Huxley, J. S. (1923). Courtship activities in the red-throated diver, *Colymbus stellatus pontopp;* together with a discussion of the evolution of courtship in birds. *Journal of the Linnean Society of London,* **35,** 253–292.

Jones, G. P. (1981). Spawning-site choice by female *Pseudolabrus celidotus* (Pisces: Labridae) and its influence on the mating system. *Behavioral Ecology & Sociobiology,* **8,** 129–142.

Keating, C. F., Mazur, A., & Segall, M. H. (1981). A cross-cultural exploration of physiognomic traits of dominance and happiness. *Ethology & Sociobiology,* **2,** 41–48.

Kruijt, J. P., & de Vos, G. J. (1988). Individual variation in reproductive success in male black grouse, *Tetrao tetrix.* In T. H. Clutton-Brock (Ed.), *Reproductive success* (pp. 279–290). Chicago, IL: Chicago University Press.

Le Boeuf, B. J. (1974). Male-male competition and reproductive success in elephant seals. *American Zoologist,* **14,** 163–176.

Maynard Smith, J. (1982). *Evolution and the theory of games.* Cambridge: Cambridge University Press.

McDonald, D. B., & Potts, W. K. (1994). Cooperative display and relatedness among males in a lek-mating bird. *Science,* **266,** 1030–1032.

Møller, A. P. (1992). Female swallow preference for symmetrical male sexual ornaments. *Nature,* **357,** 238–240.

Morris, D. (1956). The feather postures of birds and the problem of the origin of social signals. *Behaviour,* **9,** 6–113.

Murdock, G. P. (1967). *Ethnographic atlas.* Pittsburg, PA: University of Pittsburg Press.

Orians, G. H. (1969). On the evolution of mating systems in birds and mammals. *American Naturalist,* **103,** 589–603.

Oring, L. W. (1985). Avian polyandry. *Current Ornithology,* **3,** 309–351.

Oring, L. W., Colwell, M. A., & Reed, J. M. (1991). Lifetime reproductive success in the spotted sandpiper (*Actitis macularia*): Sex differences and variance components. *Behavioral Ecology & Sociobiology,* **28,** 425–432.

Packer, C., Herbst, L., Pusey, A. E., Bygott, J. D., Hanby, J. P., Cairns, S. J., & Mulder, M. B. (1988). Reproductive success of lions. In T. H. Clutton-Brock (Ed.), *Reproductive success* (pp. 363–383). Chicago: Chicago University Press.

Perrill, S. A., Gerhardt, H. C., & Daniel, R. (1982). Mating strategy shifts in male green treefrogs (*Hyla cinerea*): An experimental study. *Animal Behaviour,* **30,** 43–48.

Petrie, M., Halliday, T., & Sanders, C. (1991). Peahens prefer peacocks with elaborate trains. *Animal Behaviour,* **41,** 323–331.

Pryce, C. R., Döbeli, M., & Martin, R. D. (1993). Effects of sex steroids on maternal motivation in the common marmoset (*Callithrix jacchus*): Development and application of an operant system with maternal reinforcement. *Journal of Comparative Psychology,* **107,** 99–115.

Rashotte, M. E., & Amsel, A. (1968). Transfer of slow-response rituals to the extinction of a continuously rewarded response. *Journal of Comparative & Physiological Psychology*, **66**, 432–443.

Reeve, H. K., Westneat, D. F., Noon, W. A., Sherman, P. W., & Aquadro, C. F. (1990). DNA "fingerprinting" reveals high levels of inbreeding in colonies of the eusocial naked mole-rat. *Proceedings of the National Academy of Sciences*, (USA), **87**, 2496–2500.

Robinson, S. R., & Smotherman, W. P. (1991). Fetal learning: Implications for the development of kin recognition. In P. G. Hepper (Ed.), *Kin recognition* (pp. 308–334). Cambridge, UK: Cambridge University Press.

Ronca, A. E., Lamkin, C. A., & Alberts, J. R. (1993). Maternal contributions to sensory experience in the fetal and newborn rat (*Rattus norvegicus*). *Journal of Comparative Psychology*, **107**, 61–74.

Savage, A., Ziegler, T. E., & Snowdon, C. T. (1988). Sociosexual development, pairbond formation, and mechanisms of fertility suppression in female cotton-top tamarins (*Saguinus oedipus*). *American Journal of Primatology*, **14**, 345–359.

Scott, J. P. (1958). *Animal behavior*. Chicago: Chicago University Press.

Sherman, P. W. (1977). Nepotism and the evolution of alarm calls. *Science*, **197**, 1246–1253.

Sherry, D. F., Jacobs, L. F., & Gaulin, S. J. C. (1992). Spatial memory and adaptive specialization of the hippocampus. *Trends in Neuroscience*, **15**, 298–303.

Singh, D. (1993). Adaptive significance of female physical attractiveness: Role of the waist-to-hip ratio. *Journal of Personality & Social Psychology*, **65**, 293–307.

Snowdon, C. T. (1990). Mechanisms maintaining monogamy in monkeys. In D. A. Dewsbury (Ed.), *Contemporary issues in comparative psychology* (pp. 225–251). Sunderland, MA: Sinauer.

Stern, D. L., & Foster, W. A. (1996). The evolution of soldiers in aphids. *Biological Reviews*, **71**, 27–79.

Swartz, K. B., & Evans, S. (1991). Not all chimpanzees (*Pan troglodytes*) show self-recognition. *Primates*, **32**, 583–496.

Taborsky, M. (1984). Broodcare helpers in the cichlid fish *Lamprologus brichardi*: Their costs and benefits. *Animal Behaviour*, **32**, 1236–1252.

Thompson, T., & Sturm, T. (1965). Classical conditioning of aggressive display in Siamese fighting fish. *Journal of the Experimental Analysis of Behavior*, **8**, 397–403.

Thorne, B. L. (1997). Evolution of eusociality in termites. *Annual Review of Ecology & Systematics*, **28**, 27–54.

Tinbergen, N. (1951). *The study of instinct*. Oxford, UK: Oxford University Press.

Towsend, D. S., Stewart, M. M., & Pough, F. H. (1984). Male parental care and its adaptive significance in a neotropical frog. *Animal Behaviour*, **32**, 421–431.

Trivers, R. L. (1971). The evolution of reciprocal altruism. *Quarterly Review of Biology*, **46**, 35–57.

Trivers, R. L. (1972). Parental investment and sexual selection. In B. Campbell (Ed.), *Sexual selection and the descent of man 1871–1971* (pp. 136–179). Chicago, IL: Aldine.

Trivers, R. L. (1974). Parent-offspring conflict. *American Zoologist*, **14**, 249–264.

Vallortigara, G., Cailotto, M., & Zanforlin, M. (1990). Sex differences in social reinstatement motivation of the domestic chick (*Gallus gallus*) revealed by runway tests with social and nonsocial reinforcement. *Journal of Comparative Psychology*, **104**, 361–367.

Wade, J., & Crews, D. (1997). Biopsychology of lizard reproductive behavior. In G. Greenberg & M. Haraway (Eds.), *Comparative psychology. A handbook* (pp. 348–354). New York: Garland.

Warner, R. R. (1975). The adaptive significance of sequential hermaphroditism in animals. *American Naturalist*, **109**, 61–86.

Westneat, D. F., Sherman, P. W., & Morton, M. L. (1990). The ecology and evolution of extra-pair copulations. *Current Ornithology*, **7**, 331–369.

White, N. R., & Barfield, R. J. (1987). Role of the ultrasonic vocalization of the female rat (*Rattus norvegicus*) in sexual behavior. *Journal of Comparative Psychology*, **101**, 73–81.

White, N. R., & Barfield, R. J. (1990). Effects of male pre-ejaculatory vocalizations on female receptive behavior in the rat (*Rattus norvegicus*). *Journal of Comparative Psychology*, **104**, 140–146.

Wilcox, R. M., & Johnston, J. E. (1995). Scent countermarks: Specialized mechanisms of perception and response to individual odors in golden hamsters (*Mesocricetus auratus*). *Journal of Comparative Psychology*, **109**, 349–356.

Wilkinson, G. (1984). Reciprocal food sharing in vampire bats. *Nature*, **308**, 181–184.

Williams, T. D. (1995). *The penguins*. Oxford, UK: Oxford University Press.

Wimberger, P. H. (1988). Food suplement effects on breeding time and harem size in the red-winged blackbird (*Agelaius phoeniceus*). *Auk*, **105**, 799–802.

Woolfenden, G. E., & Fitzpatrick, J. W. (1997). Florida scrub jays: A synopsis after 18 years of study. In P. B. Stacy & W. D. Koenig (Eds.), *Cooperative breeding in birds: Long-term studies of ecology and behavior* (pp. 241–266). Cambridge: Cambridge University Press.

Wyles, J. S., Kunkel, J. G., & Wilson, A. C. (1983). Birds, behavior, and anatomical evolution. *Proceedings of the National Academy of Sciences*, (USA), **80**, 4394–4397.

Yanes, R. M. F., & Castro Vázquez, A. (1990). An unusual pattern of copulatory behavior in a South American cricetid rodent: Akodon molinae. *Journal of Comparative Psychology*, **104**, 263–267.

Yeager, C. P., & Burghardt, G. M. (1991). Effect of food competition on aggregation: Evidence for social recognition in the plains garter snake (*Thamnophis radix*). *Journal of Comparative Psychology*, **105**, 380–386.

Yunes, R. M. F., & Castro-Vázquez, A. (1990). An unusual pattern of copulatory behavior in a South American cricetid rodent: Akodon molinae. *Journal of Comparative Psychology*, **104**, 263–267.

Young, L. J., Winslow, J. T., Nilsen, R., & Insel, T. R. (1997). Species differences in V1a receptor gene expression in monogamous and nonmonogamous voles: Behavioral consequences. *Behavioral Neu-*

roscience, **111,** 599–605.
Zahavi, A., & Zahavi, A. (1997). *The handicap principle. A missing piece of Darwin's puzzle*. New York: Oxford University Press.

第6章　動物の起源と進化

Benton, M. J. (1990a). *Vertebrate paleontology*. London: Unwin Hyman.
Benton, M. J. (1990b). Phylogeny of the major tetrapod groups: Morphological data and divergence dates. *Journal of Molecular Evolution,* **30,** 409–424.
Benton, M. J. (1995). Diversification and extinction in the history of life. *Science,* **268,** 52–58.
Benton, M. J., Wills, M. A., & Hitchin, R. (2000). Quality of the fossil record through time. *Nature,* **403,** 534–537.
Briggs, D. E. G., Erwin, D. H., & Collier, F. J. (1994). *The fossils of the Burgess Shale*. Washington: Smithsonian Institution Press.
Chen, J.-Y., Huang, D.-Y., & Li, C.-W. (1999). An early Cambrian craniate-like chordate. *Nature,* **402,** 518–522.
Chiappe, L. M. (1995). The first 85 million years of avian evolution. *Nature,* **378,** 349–355.
Coates, M. I., & Clack, J. A. (1991. Fish-like gills and breathing in the earliest known tetrapod. *Nature,* **352,** 234–236.
Cooper, A., & Penny, D. (1997). Mass survival of birds across the Cretaceous-Tertiary boundary: Molecular evidence. *Science,* **275,** 1109–1113.
Cracraft, J. (1986). The origin and early diversification of birds. *Paleobiology,* **12,** 383–399.
Dobzhansky, T. (1937). *Genetics and the origin of species*. New York: Columbia University Press.
Doolittle, R. F., Feng, D.-F., Tsang, S., Cho, G., & Little, E. (1996). Determining divergence times of the major kingdoms of living organisms with a protein clock. *Science,* **271,** 470–477.
Estes, R., & Reig, O. A. (1973). The early fossil record of frogs: A review of the evidence. In J. Vial (Ed.), *Evolutionary biology of the anurans* (pp. 11–63). Columbia: University of Missouri Press.
Fedonkin, M. A., & Runnegar, B. (1992). Proterozoic metazoan trace fossils. In J. W. Schopf & C. Klein (Eds.), *The proterozoic biosphere* (pp. 389–395). Cambridge, UK: Cambridge University Press.
Forey, P., & Janvier, P. (1994). Evolution of the early vertebrates. *American Scientist,* **82,** 554–565.
Fricke, H., Hissmann, K., Schauer, J., Erdmann, M., Moosa, M. K., & Plante, R. (2000). Biogeography of the Indonesian coelacanths. *Nature,* **403,** 38.
Gauthier, J., Kluge, A. G., & Rowe, T. (1988). Amniote phylogeny and the importance of fossils. *Cladistics,* **4,** 105–209.
Gardiner, B. G. (1982). Tetrapod classification. *Zoological Journal of the Linnean Society,* **74,** 207–232.
Gorr, T., & Klinschmidt, T. (1993). Evolutionary relationships of the coelacanth. *American Scientist,* **81,** 72–82.
Gould, S. J., & Eldredge, N. (1977). Punctuated equilibria: The tempo and mode of evolution reconsidered. *Paleobiology,* **3,** 115–151.
Grant, P. R. (1998). *Evolution on islands*. Oxford: Oxford University Press.
Higashi, M., Takimoto, G., & Yamamura, N. (1999). Sympatric speciation by sexual selection. *Nature,* **402,** 523–526.
Horner, J. R. (1982). Evidence for colonial nesting and "site fidelity" among ornithischian dinosaurs. *Nature,* **297,** 675–676.
Jerison, H. J. (1973). *Evolution of the brain and intelligence*. New York: Academic Press.
Kemp, T. S. (1988). Haemothermia or Archosauria? The interrelations of mammals, birds, and crocodiles. *Zoological Journal of the Linnean Society,* **92,** 67–104.
Kennedy, M., Spencer, H. G., & Gray, R. D. (1996). Hop, step, and gape: Do the social displays of the Pelecaniformes reflect phylogeny? *Animal Behaviour,* **51,** 273–291.
Knoll, A. H., & Carroll, S. B. (1999). Early animal evolution: Emerging views from comparative biology and geology. *Science,* **284,** 2129–2137.
Lee, M. S. Y. (1996). Correlated progression and the origin of turtles. *Nature,* **379,** 812–815.
Li, C.-W., Chen, J.-Y., & Hua, T.-E. (1998). Precambrian sponges with cellular structures. *Science,* **279,** 879–882.
Lillegraven, J. A., Kielan-Jaworowska, Z., & Clemens, W. A. (1979). *Mesozoic mammals. The first two-thirds of mammalian history*. Berkeley: University of California Press.
Maddison, W. P., Donoghue, M. J., & Maddison, D. R. (1984). Outgroup analysis and parsimony. *Systematic Zoology,* **33,** 83–103.
Marshall, L. G. (1988). Land mammals and the Great American Interchange. *American Scientist,* **76,** 380–388.
Martin, M. W., Grazhdankin, D. V., Bowring, S. A., Evans, D. A. D., Fedonkin, M. A., & Kirschvink, J. L. (2000). Age of neoproterozoic bilaterian body and trace fossils, White Sea, Russia: Implications for metazoan evolution. *Science,* **288,** 841–845.
Maynard Smith, J., & Szathmary, E. (1995). *The major transitions in evolution*. Oxford: Freeman.
Miller, G. H., Magee, J. W., Johnson, B. J., Fogel, M. L., Spooner, N. A., McCulloch, M. T., & Ayliffe, L. K. (1999). Pleistocene extinction of *Genyornis newtoni*: Human impact on Australian megafauna. *Science,* **283,** 205–208.
Padian, K., & Chiappe, L. M. (1998). The origin of birds and their flight. *Scientific American*, February, 28–37.
Raff, R. A. (1996). *The shape of life*. Chicago: University of Chicago Press.
Romer, A. S. (1966). *Vertebrate paleontology*. (3rd ed.). Chicago: University of Chicago Press.
Rougier, G. W., de la Fuente, M. S., & Arcucci, A. B. (1995). Late Triassic turtles from South America. *Science,* **268,** 855–858.
Ruiz-Trillo, I., Riutort, M., Littlewood, D. T. J., Herniou, E. A., & Baguñà, J. (1999). Acoel flat-

worms: Earliest extant bilaterian metazoans, not members of Platyhelminthes. *Science, 283,* 1919–1923.
Seilacher, A., Bose, P. K., & Pfluger, F. (1998). Triploblastic animals more than 1 billion years ago: Trace fossil evidence from India. *Science, 282,* 80–83.
Sibly, C. G., & Ahlquist, J. E. (1990). *Phylogeny and classification of birds: A study in molecular evolution.* New Haven: Yale University Press.
Simpson, G. G. (1944). *Tempo and mode in evolution.* New York: Columbia University Press.
Smith, A. G., Smith, D. G., & Funnell, B. M. (1994). *Atlas of Mesozoic and Cenozoic coastlines.* Cambridge: Cambridge University Press.
Stanley, S. M., & Yang, X. (1994). A double mass extinction at the end of the Paleozoic era. *Science,* **266,** 1340–1344.
Valentine, J. W. (1995). Late Precambrian bilaterians: Grades and clades. In W. M. Fitch & F. J. Ayala (Eds.), *Tempo and mode in evolution* (pp. 87–107). Washington: National Academy Press.
Whittaker, R. H. (1969). New concepts of kingdoms of organisms. *Science,* **163,** 150–159.
Wray, G. A., Levinton, J. S., & Shapiro, L. H. (1996). Molecuiar evidence for deep precambrian divergences among metazoan phyla. *Science,* **274,** 568–573.
Xiao, S., Zhang, Y., & Knoll, A. H. (1998). Three-dimensional preservation of algae and animal embryos in a neoproterozoic phosphorite. *Nature,* **391,** 553–558.
Young, J. Z. (1981). *The life of vertebrates* (3rd ed.). Oxford: Oxford University Press.

第 7 章　単純な神経系と行動

Anderson, P. A. V. (1985). Physiology of a bidirectional, excitatory chemical synapse. *Journal of Neurophysiology,* **53,** 821–835.
Bailey, C. H., & Chen, M. (1988). Long-term memory in *Aplysia* modulates the total number of varicosities of single identified sensory neurons. *Proceedings of the National Academy of Sciences* (USA), **85,** 2373–2377.
Barlow, G. W. (1977). Modal action patterns. In T. A. Sebeok (Ed.), *How animals communicate* (pp. 98–134). Bloomington: Indiana University Press.
Braha, O., Dale, N., Hochner, B., Klein, M., Abrams, T. W., & Kandel, E. R. (1990). Second messengers involved in the two processes of presynaptic facilitation that contribute to sensitization and dishabituation in *Aplysia* sensory neurons. *Proceedings of the National Academy of Sciences* (USA), **87,** 2040–2044.
Brunelli, M., Castellucci, V. F., & Kandel, E. R. (1976). Synaptic facilitation and behavioral sensitization in *Aplysia*: Possible role of serotonin and cyclic AMP. *Science,* **194,** 1178–1181.
Brunner, D., & Maldonado, H. (1988). Habituation in the crab *Chasmagnathus granulatus*: Effect of morphine and naloxone. *Journal of Comparative Physiology A,* **162,** 687–694.
Carew, T. J., Castellucci, V. F., & Kandel, E. R. (1971). An analysis of dishabituation and sensitization of the gill-withdrawal reflex in *Aplysia*. *International Journal of Neuroscience,* **2,** 79–98.
Carew, T. J., Castellucci, V. F., & Kandel, E. R. (1979). Sensitization in *Aplysia*: Restoration of transmission in synapses inactivated by long-term habituation. *Science,* **205,** 417–419.
Carew, T. J., Pinsker, H. M., & Kandel, E. R. (1972). LTH of a defensive withdrawal response reflex in *Aplysia*. *Science,* **175,** 451–454.
Castellucci, V. F., Carew, T. J., & Kandel, E. R. (1978). Cellular analysis of long-term habituation of the gill-withdrawal reflex of *Aplysia californica*. *Science,* **202,** 1306–1308.
Castellucci, V. F., & Kandel, E. R. (1974). A quantal analysis of the synaptic depression underlying habituation of the gill-withdrawal reflex in *Aplysia*. *Proceedings of the National Academy of Sciences* (USA), **71,** 5004–5008.
Castellucci, V. F., & Kandel, E. R. (1976). Presynaptic facilitation as a mechanism for behavioral sensitization in *Aplysia*. *Science,* **194,** 1176–1178.
Crimes, T. P. (1992). The record of trace fossils across the Proterozoic-Cambrian boundary. In J. H. Lipps & P. W. Signor (Eds.), *Origin and early evolution of the Metazoa* (pp. 177–202). New York: Plenum.
Frost, W. N., Brandon, C. L., & Mongeluzi, D. L. (1998). Sensitization of the *Tritonia* escape swim. *Neurobiology of Learning & Memory,* **69,** 126–135.
Frost, W. N., Brown, G. D., & Getting, P. A. (1996). Parametric features of habituation of swim cycle number in the marine mollusc *Tritonia diomedia*. *Neurobiology of Learning & Memory,* **65,** 125–134.
Glanzman, D. L., Kandel, E. R., & Schacher, S. (1990). Target–dependent structural changes accompanying long-term synaptic facilitation in *Aplysia* neurons. *Science,* **249,** 799–802.
Haralson, S. J., & Haralson, J. V. (1988). Habituation in the sea anemone, *Anthopleura elegantissima*: Spatial discrimination. *International Journal of Comparative Psychology,* **1,** 245–253.
Hochner, B., Klein, M., Schacher, S., & Kandel, E. R. (1986). Additional component in the cellular mechanism of presynaptic facilitation contributes to behavioral dishabituation in *Aplysia*. *Proceedings of the National Academy of Sciences* (USA), **83,** 8794–8798.
Huber, R., & Kravitz, E. A. (1995). A quantitative analysis of agonistic behavior in juvenile American lobsters (*Homarus americanus* L.). *Brain, Behavior & Evolution,* **46,** 72–83.
Johnson, M. C., & Wuensch, K. L. (1994). An investigation of habituation in the jellyfish *Aurelia aurita*. *Behavioral & Neural Biology,* **61,** 54–59.
Kandel, E. R. (1976). *Cellular basis of behavior.* San Francisco: Freeman.
Kandel, E. R. (1979). *Behavioral biology of* Aplysia. *A contribution to the comparative study of opistobranch molluscs.* San Francisco: Freeman.
Kristan, W. B. Jr., & Calabrese, R. L. (1976). Rhythmic swimming activity in neurons of the isolated

nerve cord of the leech. *Journal of Experimental Biology,* **65,** 643–668.
Kupferman, I., & Weiss, K. R. (1978). The command neuron concept. *Behavioral & Brain Sciences,* **1,** 3–10.
Logan, C. (1975). Topographic changes in responding during habituation to waterstream stimulation in sea anemones (*Anthopleura elegantissima*). *Journal of Comparative & Physiological Psychology,* **89,** 105–117.
Logan, C., & Beck, H. (1978). Long-term retention of habituation in the absence of a central nervous system. *Journal of Comparative & Physiological Psychology,* **92,** 928–934.
Marcus, E. A., Nolen, T. G., Rankin, C. H., & Carew, T. J. (1988). Behavioral dissociation of dishabituation, sensitization, and inhibition in *Aplysia*. *Science,* **241,** 210–213.
Mather, J. A. (1986). Sand digging in *Sepia officinalis*: Assessment of a cephalopod mollusc's "fixed" behavior pattern. *Journal of Comparative Psychology,* **100,** 315–320.
Meech, R. W. (1989). The electrophysiology of swimming in the jellyfish *Aglantha digitale*. In P. A. V. Anderson (Ed.), *Evolution of the first nervous systems* (pp. 281–298). New York: Plenum Press.
Montarolo, P. G., Goelet, P., Castellucci, V. F., Morgan, J., Kandel, E. R., & Schacher, S. (1986). A critical period for macromolecular synthesis in long-term heterosynaptic facilitation in *Aplysia*. *Science,* **234,** 1249–1254.
Nielsen, C. (1995). *Animal evolution. Interrelationships of the living phyla.* Oxford: Oxford University Press.
Osorio, D., Bacon, J. P., & Whitington, P. M. (1997). The evolution of arthropod nervous systems. *American Scientist,* **85,** 244–253.
Pedreira, M. E., Romano, A., Tomsic, D., Lozada, M., & Maldonado, H. (1998). Massed and spaced training build up different components of long-term habituation in the crab *Chasmagnathus*. *Animal Learning & Behavior,* **26,** 34–45.
Perrins, R., & Weiss, K. R. (1996). A cerebral central pattern generator in *Aplysia* and its connections with buccal feeding circuitry. *Journal of Neuroscience,* **16,** 7030–7045.
Pinsker, H. M., Hening, W. A., Carew, T. J., & Kandel, E. R. (1973). Long-term sensitization of a defensive withdrawal reflex in *Aplysia*. *Science,* **182,** 1039–1042.
Rushforth, N., Burnett, A., & Maynard, R. (1963). Behavior in *Hydra*. Contraction responses of *Hydra pirardi* to mechanical and light stimuli. *Science,* **139,** 760–761.
Sossin, W. S., Sacktor, T. C., & Schwartz, J. H. (1994). Persistent activation of protein kinase C during the development of long-term facilitation in *Aplysia*. *Learning & Memory,* **1,** 189–202.
Spencer, A. N. (1989). Chemical and electrical synaptic transmission in the Cnidaria. In P. A. V. Anderson (Ed.), *Evolution of the first nervous systems* (pp. 33–53). New York: Plenum Press.
Thompson, R. F., & Spencer, W. A. (1966). Habituation: A model phenomenon for the study of neuronal substrates of behavior. *Psychological Review,* **73,** 16–43.
Walters, E. T. (1991). A functional, cellular, and evolutionary model of nociceptive plasticity in *Aplysia*. *Biological Bulletin,* **180,** 241–251.
White, J. E., Southgate, E., Thompson, J. N., & Brenner, S. (1986). The structure of the nervous system of the nematode *Caenorhabditis elegans*. *Philosophical Transactions of the Royal Society of London B314,* 1–340.
Wicks, S. R., & Rankin, C. H. (1997). Effects of tap withdrawal response habituation on other withdrawal behaviors: The localization of habituation in the nematode *Caenorhabditis elegans*. *Behavioral Neuroscience,* **111,** 342–353.
Willmer, P. (1990). *Invertebrate relationships. Patterns in animal evolution.* Cambridge: Cambridge University Press.
Willows, A. O. D., & Hoyle, G. (1969). Neuronal network triggering a fixed-action pattern. *Science,* **166,** 1549–1551.
Wine, J. J., & Krasne, F. B. (1982). The cellular organization of crayfish escape behavior. In D. E. Bliss, H. Atwood, & D. Sandeman (Eds.), *The biology of Crustacea.* (Vol. IV): *Neural integration.* New York: Academic Press.
Wright, W. G. (1998). Evolution of nonassociative learning: Behavior analysis of a phylogenetic lesion. *Neurobiology of Learning & Memory,* **69,** 326–337.
Wright W. G., Kirschman, D., Rozen, D., & Maynard, D. (1996). Phylogenetic analysis of learning—related neuromodulation in molluscan mechanosensory neurons. *Evolution,* **50,** 2248–2263.

第8章　脊椎動物の脳と行動の進化

Aboitiz, F. (1996). Does bigger mean better? Evolutionary determinants of brain size and structure. *Brain, Behavior & Evolution,* **47,** 225–245.
Armstrong, E. (1990). Brain, bodies, and metabolism. *Brain, Behavior & Evolution,* **36,** 166–176.
Bauchot, R., Randall, J., Ridet, J.-M., & Bauchot, M.-L. (1989). Encephalization in tropical teleost fishes and comparison with their mode of life. *Journal für Hirnforschung,* **30,** 645–669.
Bingman, V., & Yates, G. (1992). Hippocampal lesions impair navigational learning in experienced homing pigeons. *Behavioral Neuroscience,* **106,** 229–232.
Bouton, M. E., & Bolles, R. C. (1980). Conditioned fear assessed by freezing and by the suppression of three different baselines. *Animal Learning & Behavior,* **8,** 429–434.
Broglio, C. (1997). Implicacion de diferentes areas telencefalicas en el aprendizaje y la memoria espacial en el carpin dorado (*Carassius auratus*). Unpublished doctoral dissertation, University of Sevilla, Spain.
Butler, A. B. (1994). The evolution of the dorsal pallium in the telencephalon of amniotes: Cladistic analysis and a new hypothesis. *Brain Research Re-*

views, **19,** 66–101.

Butler, A. B. (1995). The dorsal thalamus of jawed vertebrates: A comparative viewpoint. *Brain, Behavior & Evolution, **46,*** 209–223.

Butler, A. B., & Hodos, W. (1996). *Comparative vertebrate neuroanatomy. Evolution and adaptation.* New York: Wiley-Liss.

Chen, L., Bao, S., & Thompson, R. F. (1999). Bilateral lesions of the interpositus nucleus completely prevent eyeblink conditioning in Purkinje cell-degeneration mutant mice. *Behavioral Neuroscience,* **113,** 204–210.

de Bruin, J. P. C. (1980). Telencephalon and behavior in teleost fish. A neuroethological approach. In S. O. E. Ebbesson (Ed.), *Comparative neurology of the telencephalon* (pp. 175–201). New York: Plenum.

Downer, J. L. de C. (1961). Changes in visual gnostic functions and emotional behaviour following unilateral temporal pole damage in the "split-brain" monkey. *Nature,* **191,** 50–51.

Eisenberg, J. F. (1981). *The mammalian radiations.* Chicago: Chicago University Press.

Eisenberg, J. F., & Wilson, D. E. (1978). Relative brain size and feeding strategies in the Chiroptera. *Evolution,* **32,** 740–751.

Elias, M. F. (1969). Differences in spatial discrimination reversal learning for mice genetically selected for high brain weight and unselected controls. *Perceptual & Motor Skills,* **28,** 707–712.

Elias, M. F. (1970). Spatial discrimination reversal learning for mice genetically selected for differing brain size: A supplementary report. *Perceptual & Motor Skills,* **30,** 239–245.

Ewert, J.-P. (1997). Neural correlates of key stimulus and releasing mechanism: A case study and two concepts. *Trends in Neuroscience,* **20,** 332–339.

Farel, P. B., Glanzman, D. L., & Thompson, R. F. (1973). Habituation of a monosynaptic resonse in the vertebrate central nervous system: Lateral column–motoneuron pathway in isolated frog spinal cord. *Journal of Neurophysiology,* **36,** 1117–1130.

Fetcho, J. R. (1991). Spinal network of the Mauthner cell. *Brain, Behavior & Evolution,* **37,** 298–316.

Forey, P., & Janvier, P. (1993). Agnathans and the origin of jawed vertebrates. *Nature,* **361,** 129–134.

Forey, P., & Janvier, P. (1994). Evolution of early vertebrates. *American Scientist,* **82,** 554–565.

Frazer, A., & Hensler, J. G. (1994). Serotonin. In G. J. Siegel, B. W. Agranoff, R. W. Albers, & P. B. Molinoff (Eds.), *Basic neurochemistry* (pp. 283–308). New York: Raven.

Fuller, J. L., & Geils, H. D. (1972). Brain growth in mice selected for high and low brain weight. *Developmental Psychobiology,* **5,** 307–318.

Gonzalez-Lima, F., & Scheich, H. (1986). Neural substrates for tone-conditioned bradycardia demonstrated with 2-deoxyglucose. II. Auditory cortex plasticity. *Behavioral Brain Research,* **20,** 281–293.

Gormezano, I., Kehoe, E. J., & Marshall, B. S. (1983). Twenty years of classical conditioning research with the rabbit. *Progress in Psychobiology and Physiological Psychology,* **10,** 197–275.

Grau, J. W., Salinas, J. A., Illich, P. A., & Meagher, M. W. (1990). Associative learning and memory for an antinociceptive response in the spinalized rat. *Behavioral Neuroscience,* **104,** 489–494.

Grau, J. W., Barstrow, D. G., & Joynes, R. L. (1998). Instrumental learning within the spinal cord: I. Behavioral properties. *Behavioral Neuroscience,* **112,** 1366–1386.

Groves, P. M., & Thompson, R. F. (1970). Habituation: A dual-process theory. *Psychological Review,* **77,** 419–450.

Hainsworth, F. R., Overmier, J. B., & Snowden, C. T. (1967). Specific and permanent deficits in instrumental avoidance responding following forebrain ablation in the goldfish. *Journal of Comparative & Physiological Psychology,* **63,** 111–116.

Harlow, H. (1949). The formation of learning sets. *Psychological Review,* **56,** 51–65.

Harvey, P. H., & Krebs, J. R. (1990). Comparing brains. *Science,* **249,** 140–146.

Jerison, H. J. (1973). *Evolution of the brain and intelligence.* New York: Academic Press.

Jerison, H. J. (1982). Allometry, brain size, cortical surface, and convolutedness. In E. Armstrong & D. Falk (Eds.), *Primate brain evolution. Methods and concepts* (pp. 77–84). New York: Plenum.

Johnson, J. I. Jr. (1977). Central nervous system of marsupials. In D. Hunsaker II (Ed.), *The biology of marsupials* (pp. 157–278). New York: Academic Press.

Jürgens, U. (1990). Vocal communication in primates. In R. P. Kesner & D. S. Olton (Eds.), *Neurobiology of comparative cognition* (pp. 51–76). Hillsdale: Erlbaum.

Kay, H., & Oldfield-Box, H. (1965). A study of learning-sets in rats with an apparatus using 3-dimensional shapes. *Animal Behaviour,* **13,** 19–24.

Kielan-Jaworowska, Z. (1986). Brain evolution in Mesozoic mammals. In K. M. Flanagan & J. A. Lilligraven (Eds.), *Vertebrates, phylogeny, and philosophy* (pp. 21–34). Laramie: University of Wyoming Press.

Kramer, B. (1996). *Electroreception and communication in fishes.* Stuttgart: Fisher.

Lande, R. (1979). Quantitative genetic analysis of multivariate evolution, applied to brain:body size allometry. *Evolution,* **33,** 402–416.

Lashley, K. S. (1929). *Brain mechanisms and intelligence.* Chicago: University of Chicago Press.

LeDoux, J. E. (1995). Emotion: Clues from the brain. *Annual Review of Psychology,* **46,** 209–235.

Mace, G. M., Harvey, P. H., & Clutton-Brock, T. H. (1980). Is brain size an ecological variable? *Trends in Neuroscience,* **3,** 193–196.

Martin, R. D. (1981). Relative brain size and basal metabolic rate in terrestrial vertebrates. *Nature,* **293,** 57–60.

McCormick, D. A., Guyer, P. E., & Thompson, R. F. (1982). Superior cerebellar peduncle lesions selectively abolish the ipsilateral classically conditioned nictitating membrane/eyelid response of the rabbit. *Brain Research,* **244,** 347–350.

McCormick, D. A., & Thompson, R. F. (1984). Neuronal responses of the rabbit cerebellum during acquisition and performance of a classically conditioned nictitating membrane-eyelid response. *Journal of Neuroscience,* **4,** 2811–2822.

Mishkin, M., Malamut, B., & Bachevalier, J. (1984). Memories and habits: Two neural systems. In J. L.

McGaugh & N. M. Weinberger (Eds.), *Neurobiology of learning and memory* (pp. 68–88). New York: Guilford.

Montagnese, C. M., Krebs, J. R., Székely, A. D., & Csillag, A. (1993). A subpopulation of large calbindin-like immunopositive neurones is present in the hippocampal formation in food-storing but not in non-storing species of bird. *Brain Research*, **614**, 291–300.

Morris, R. G., Garrud, M., Rawlins, J. N. P., & O'Keefe, J. (1982). Place navigation impaired in rats with hippocampal lesions. *Nature*, **297**, 681–683.

Nelson, D. O., & Prosser, C. L. (1981). Intracellular recordings from thermosensitive preoptic neurons. *Science*, **213**, 787–789.

Nielsen, C. (1995). *Animal evolution. Interrelationships of the living phyla*. Oxford: Oxford University Press.

Nieuwenhuys, R., ten Donkelaar, H. J., & Nicholson, C. (1998). *The central nervous system of vertebrates*. (Vols. 1–3). Berlin, Germany: Springer.

Northcutt, R. G. (1977). Elasmobranch central nervous system organization and its possible evolutionary significance. *American Zoologist*, **17**, 411–429.

Northcutt, R. G. (1984). Evolution of the vertebrate central nervous system: Patterns and processes. *American Zoologist*, **24**, 701–716.

Northcutt, R. G. (1985). Brain phylogeny. Speculations on pattern and cause. In M. J. Cohen & F. S. Strumwasser (Eds.), *Comparative neurobiology. Modes of communication in the nervous system* (pp. 351–378). New York: Wiley.

Northcutt, R. G. (1995). The forebrain of gnathostomes: In search of a morphotype. *Brain, Behavior, & Evolution*, **46**, 275–318.

Northcutt, R. G., & Kaas, J. H. (1995). The emergence and evolution of mammalian neocortex. *Trends in Neuroscience*, **18**, 373–379.

Overmier, J. B., & Papini, M. R. (1986). Factors modulating the effects of teleost telencephalon ablation on retention, relearning, and extinction of instrumental avoidance behavior. *Behavioral Neuroscience*, **100**, 190–199.

Platel, R. (1979). Brain weight–body weight relationships. In C. Gans, R. G. Northcutt, & P. Ulinski (Eds.), *Biology of the reptilia* (Vol. 9, pp. 147–171). London: Academic Press.

Pollard, H. B., Dhariwal, K., Adeyemo, O. M., Markey, C. J., Caohuy, H., Levine, M., Markey, S., & Youdim, M. B. H. (1992). A Parkinsonian syndrome induced in the goldfish by the neurotoxin MPTP. *Federation Proceedings of the American Society of Experimental Biology*, **6**, 3108–3116.

Rehkämper, G., Schuchmann, K. L., Schleicher, A., & Zilles, K. (1991). Encephalization in hummingbirds (Trochilidae). *Brain, Behavior, & Evolution*, **37**, 85–91.

Reichling, D. B., Kwiat, G. C., & Basbaum, A. I. (1988). Anatomy, physiology, and pharmacology of the periaqueductal gray contribution to antinociceptive controls. In H. L. Fields & J. M. Besson (Eds.), *Progress in brain research*, (Vol. 77, pp. 31–46). Amsterdam: Elsevier.

Riddell, W. I., & Corl, K. G. (1977). Comparative investigation of the relationship between cerebral indices and learning abilities. *Brain, Behavior, & Evolution*, **14**, 385–398.

Riska, B., & Atchley, W. R. (1985). Genetics of growth predict patterns of brain-size evolution. *Science*, **229**, 668–671.

Roderick, T. H., Wimer, R. E., Wimer, C. C., & Schwartzkroin, P. A. (1973). Genetic and phenotypic variation in weight of brain and spinal cord between inbred strains of mice. *Brain Research*, **64**, 345–353.

Rosvold, H. E., Mirsky, A. F., & Pribram, K. H. (1954). Influence of amygdalectomy on social behavior in monkeys. *Journal of Comparative & Physiological Psychology*, **47**, 173–178.

Roth, G., Blanke, J., & Wake, D. B. (1994). Cell size predicts morphological complexity in the brains of frogs and salamanders. *Proceedings of the National Academy of Sciences*, (USA) **91**, 4796–4800.

Rumbaugh, D. M., & Pate, J. L. (1984). The evolution of cognition in primates: A comparative perspective. In H. L. Roitblat, T. G. Bever, & H. S. Terrace (Eds.), *Animal cognition* (pp. 569–587). Hillsdale: Erlbaum.

Salas, C., Broglio, C., Rodriguez, F., Lopez, J. C., Portavella, M., & Torres, B. (1996). Telencephalic ablation in goldfish impairs performance in a "spatial constancy" problem but not in a cued one. *Behavioural Brain Research*, **79**, 193–200.

Sherry, D. F., & Vaccarino, A. L. (1989). Hippocampus and memory for food caches in black-capped chickadees. *Behavioral Neuroscience*, **103**, 308–318.

Slotnick, B. M., & Katz, H. M. (1974). Olfactory learning-set formation in rats. *Science*, **185**, 796–798.

Stephan, H., Baron, G., & Frahm, H. D. (1991). *Comparative brain research in mammals*. Vol. 1. Insectivora. New York: Springer-Verlag.

Striedter, G. F. (1997). The telencephalon of tetrapods in evolution. *Brain, Behavior & Evolution*, **49**, 179–213.

Thiessen, D., & Villarreal, R. (1998). Allometry and comparative psychology. Technique and theory. In G. Greenberg & M. M. Haraway (Eds.), *Comparative psychology. A handbook* (pp. 51–65). New York: Garland.

Thompson, R. F. (1986). The neurobiology of learning and memory. *Science*, **233**, 941–947.

Willerman, L., Schultz, R., Rutledge, J. N., & Bigler, E. D. (1991). *In vivo* brain size and intelligence. *Intelligence*, **15**, 223–228.

Wimer, C., Roderick, T. H., & Wimer, R. E. (1969). Supplementary report: Behavioral differences in mice genetically selected for brain weight. *Psychological Reports*, **25**, 363–368.

Zeldin, R. K., & Olton, D. S. (1986). Rats acquire spatial learning sets. *Journal of Experimental Psychology: Animal Behavior Processes*, **12**, 412–419.

第9章 脳，行動と霊長類の進化

Andrews, P. (1985). Improved timing of hominoid evolution with a DNA clock. *Nature, 314,* 498–499.

Arensburg, B., Tillier, A.-M., Vandermeersch, B., Duday, H., Schepartz, L. A., & Rak, Y. (1989). A middle Paleolithic human hyoid bone. *Nature, 338,* 758–760.

Asfaw, B., White, T., Lovejoy, O., Latimer, B., Simpson, S., & Suwa, G. (1999). Australopithecus garhi: A new species of early hominid from Ethiopia. *Science, 284,* 629–635.

Benton, M. J. (1990). *Vertebrate paleontology.* London: Unwin Hyman.

Caplan, D., Lecours, A. R., & Smith, A. (Eds.) (1984). *Biological perspectives on language.* Cambridge: MIT Press.

Cartmill, M. (1992). Non-human primates. In S. Jones, R. Martin, & D. Pilbeam (Eds.), *Cambridge encyclopedia of human evolution* (pp. 24–32). Cambridge: Cambridge University Press.

Clayton, N. S., & Dickinson, A. (1998). Episodic-like memory during cache recovery by scrub jays. *Nature, 395,* 272–274.

Conroy, G. C., Weber, G. W., Seidler, H., Tobias, P. V., Kane, A., & Brunsden, B. (1998). Endocranial capacity in an early hominid cranium from Sterkfontein, South Africa. *Science, 280,* 1730–1731.

de Heinzelin, J., Clark, J. D., White, T., Hart, W., Renne, P., WoldeGabriel, G., Beyene, Y., & Vrba, E. (1999). Environment and behavior of 2.5-million-year-old Bouri hominids. *Science, 284,* 625–629.

Donald, M. (1991). *Origins of the modern mind.* Cambridge: Harvard University Press.

Dunbar, R. I. M. (1993). Coevolution of neocortical size, group size, and language in humans. *Behavioral and Brain Sciences, 16,* 681–735.

Eisenberg, J. F. (1981). *The mammalian radiations.* Chicago: University of Chicago Press.

Friedrich, F. J. (1990). Frameworks for the study of human spatial impairments. In R. P. Kesner & D. S. Olton (Eds.), *Neurobiology of comparative cognition* (pp. 317–337). Hillsdale: Erlbaum.

Gabunia, L., & Vekua, A. (1995). A Plio-Pleistocene hominid from Dmanisi, East Georgia, Caucasus. *Nature, 373,* 509–512.

Gannon, P. J., Holloway, R. L., Broadfield, D. C., & Braun, A. R. (1998). Asymmetry of chimpanzee planum temporale: Humanlike pattern of Wernicke's brain language area homolog. *Science, 279,* 220–222.

Gebo, D. L., Dagosto, M., Beard, K. C., Qi, T., & Wang, J. (2000). The oldest known anthropoid postcranial fossils and the early evolution of higher primates. *Nature, 404,* 276–278.

Gowlett, J. A. J. (1992). Tools—The Palaeolithic record. In S. Jones, R. Martin, & D. Pilbeam (Eds.), *Cambridge encyclopedia of human evolution* (pp. 350–360). Cambridge: Cambridge University Press.

Haile-Selassie, Y. (2001). Late Miocene Hominids from the Middle Awash, Ethiopia. *Nature, 412,* 178–181.

Hayes, C. (1951). *The ape in our home.* London: Gollanez.

Jerison, H. J. (1973). *Evolution of the brain and intelligence.* New York: Academic Press.

Johanson, D., & Edgar, B. (1996). *From Lucy to language.* New York: Simon & Shuster.

Kay, R. F., Ross, C., & Williams, B. A. (1997). Anthropoid origins. *Science, 275,* 797–804.

Kelly, J. (1992). Evolution of apes. In S. Jones, R. Martin, & D. Pilbeam (Eds.), *Cambridge encyclopedia of human evolution* (pp. 223–230). Cambridge: Cambridge University Press.

Kimbel, W. H., Johanson, D. C., & Rak, Y. (1994). The first skull and other new discoveries of Australopithecus afarensis at Hadar, Ethiopia. *Nature, 368,* 449–451.

King, M. C., & Wilson, A. C. (1975). Evolution at two levels: Molecular similarities and biological differences between humans and chimpanzees. *Science, 188,* 107–116.

Krings, M., Stone, A., Schmitz, R. W., Krainitzki, H., Stoneking, M., & Pääbo, S. (1997). Neanderthal DNA sequences and the origin of modern humans. *Cell, 90,* 19–30.

Leakey, M. G., Faibel, C. S., McDougall, I., & Walker, A. C. (1995). New four-million-year-old species from Kanapoi and Allia Bay, Kenya. *Nature, 376,* 565–571.

Leakey, M. G., Spoor, F., Brown, F. H., Gathogo, P. N., Kiarie, C., Leakey, L. N., & McDougall, I. (2001). New hominin genus from eastern Africa shows diverse middle Pliocene lineages. *Nature, 410,* 433–440.

Lieberman, P. (1992). Human speech and language. In S. Jones, R. Martin, & D. Pilbeam (Eds.), *Cambridge encyclopedia of human evolution* (pp. 134–137). Cambridge: Cambridge University Press.

Martin, R. (1981). Relative brain size and basal metabolic rate in terrestrial vertebrates. *Nature, 293,* 57–60.

Martin, R. (1992). Classification of primates. In S. Jones, R. Martin, & D. Pilbeam (Eds.), *Cambridge encyclopedia of human evolution* (pp. 20–21). Cambridge: Cambridge University Press.

McHenry, H. M. (1995). Tempo and mode in human evolution. In W. M. Fitch & F. J. Ayala (Eds.), *Tempo and mode in evolution* (pp. 169–186). Washington: National Academy Press.

Nathans, J., Thomas, D., & Hogness, D. S. (1986). Molecular genetics of human color vision: The genes encoding blue, green, and red pigments. *Science, 232,* 193–202.

Pinker, S. (1995). Facts about human language relevant to its evolution. In J.-P. Changeux & J. Chavaillon (Eds.), *Origins of the human brain* (pp. 262–283). Oxford: Clarendon Press.

Rilling, J. K., & Insel, T. R. (1998). Evolution of the cerebellum in primates: Differences in relative volume among monkeys, apes and humans. *Brain, Behavior & Evolution, 52,* 308–314.

Sawaguchi, T. (1988). Correlations of cerebral indices for "extra" cortical parts and ecological variables in primates. *Brain, Behavior & Evolution, 32,* 129–140.

Sawaguchi, T. (1989). Relationships between cerebral indices for "extra" cortical parts and ecological categories in anthropoids. *Brain, Behavior, & Evo-*

lution, **34,** 281–293.
Schlaug, G., Jänke, L., Huang, Y., & Steinmetz, H. (1995). In vivo evidence of structural brain asymmetry in musicians. *Science,* **267,** 699–701.
Sibly, C. G., & Ahlquist, J. E. (1987). DNA hybridization evidence of hominid phylogeny. *Journal of Molecular Evolution,* **26,** 99–121.
Simons, E. (1992). The fossil history of primates. In S. Jones, R. Martin, & D. Pilbeam (Eds.), *Cambridge encyclopedia of human evolution* (pp. 199–208). Cambridge: Cambridge University Press.
Stringer, C. B. (1992). Evolution of early humans. In S. Jones, R. Martin, & D. Pilbeam (Eds.), *Cambridge encyclopedia of human evolution* (pp. 241–251). Cambridge: Cambridge University Press.
Stringer, C. B., & Gamble, C. (1993). *In search of the Neanderthals. Solving the puzzle of human origins.* New York: Thames and Hudson.
Takahata, N., & Satta, Y. (1997). Evolution of the primate lineage leading to modern humans: Phylogenetic and demographic inferences from DNA sequences. *Proceedings of the National Academy of Sciences* (USA), **94,** 4811–4815.
Thorne, A. G., & Wolpoff, M. H. (1992). The multiregional evolution of humans. *Scientific American,* **266,** 76–83.
Tinklepaugh, O. L. (1928). An experimental study of representative factors in monkeys. *Journal of Comparative Psychology,* **8,** 197–236.
Tobias, P. V. (1995). The brain of the first hominids. In J.-P. Changeux & J. Chavaillon (Eds.), *Origins of the human brain* (pp. 61–81). Oxford: Clarendon Press.
Vandermeersch, B. (1995). The first modern men. In J.-P. Changeux & J. Chavaillon (Eds.), *Origins of the human brain* (pp. 3–10). Oxford: Clarendon Press.
Watanabe, M. (1996). Reward expectancy in primate prefrontal neurons. *Nature,* **382,** 629–632.

第10章　発達と進化

Arnold, A. P., & Breedlove, S. M. (1985). Organizational and activational effects of sex steroids on brain and behavior: A reanalysis. *Hormones & Behavior,* **19,** 469–498.
Baldwin, J. M. (1902). *Development and evolution.* New York: Macmillan.
Barnes, C. A. (1991). Memory changes with age: Neurobiological correlates. In J. L. Martinez, Jr. & R. P. Kesner (Eds.), *Learning and memory. A biological view.* (2nd ed., pp. 259–296). San Diego: Academic Press.
Black, J. E., & Greenough, W. T. (1991). Developmental approaches to the memory process. In J. L. Martinez, Jr. & R. P. Kesner (Eds.), *Learning and memory. A biological view.* (2nd ed., pp. 61–91). San Diego: Academic Press.
Brusca, R. C., & Brusca, G. J. (1990). *Invertebrates.* Sunderland: Sinauer.
Carpecchi, M. R. (1997). The role of Hox genes in hindbrain development. In W. M. Cowan, T. M. Jessell, & S. L. Zipursky (Eds.), *Molecular and cellular approaches to neural development* (pp. 334–355). New York: Oxford University Press.
Clayton, N. S., & Krebs, J. R. (1994). Hippocampal growth and attrition in birds affected by experience. *Proceedings of the National Academy of Sciences* (USA), **91,** 7410–7414.
Deacon, T. W. (1994). The human brain. In S. Jones, R. Martin, & D. Pilbeam (Eds.), *The Cambridge encyclopedia of human evolution* (pp. 115–123). Cambridge: Cambridge University Press.
Finlay, B. L., & Darlington, R. B. (1995). Lined regularities in the development and evolution of mammalian brains. *Science,* **268,** 1578–1584.
Garstand, W. (1922). The theory of recapitulation: A critical re-statement of the biogenetic law. *Journal of the Linnean Society of London, Zoology,* **35,** 81–101.
Garstand, W. (1928). The morphology of the Tunicata, and its bearing on the phylogeny of the Chordata. *Quarterly Journal of Microscopical Science,* **75,** 51–187.
Gerhart, J., & Kirschner, M. (1997). *Cells, embryos, and evolution.* Malden: Blackwell Science.
Goodman, C. S., & Tessier-Lavigne, M. (1997). Molecular mechanisms of axon guidance and target recognition. In W. M. Cowan, T. M. Jessell, & S. L. Zipursky (Eds.), *Molecular and cellular approaches to neural development* (pp. 108–178). New York: Oxford University Press.
Goy, R. W., & McEwen, B. S. (1980). *Sexual differentiation of the brain.* Cambridge: MIT Press.
Gould, S. J. (1977). *Ontogeny and phylogeny.* Cambridge: Harvard University Press.
Gottlieb, G. (1992). *Individual development and evolution. The genesis of novel behavior.* Oxford: Oxford University Press.
Gurney, M., & Konishi, M. (1980). Hormone-induced sexual differentiation of brain and behavior in zebra finches. *Science,* **208,** 1380–1382.
James, F. C. (1983). Environmental component of morphological differentiation in birds. *Science,* **221,** 184–186.
Kaufman, T. C., Seeger, M. A., & Olsen, G. (1990). Molecular and genetic organization of the *Antennapedia* gene complex of *Drosophila melanogaster. Advances in Genetics,* **27,** 309–362.
King, M. C., & Wilson, A. C. (1975). Evolution at two levels: Molecular similarities and biological differences between humans and chimpanzees. *Science,* **188,** 107–116.
Krech, D., Rosenzweig, M. R., & Bennett, E. L. (1962). Relations between brain chemistry and problem-solving among rats raised in enriched and impoverished environments. *Journal of Comparative & Physiological Psychology,* **55,** 801–807.
Levi-Montalcini, R. (1987). The nerve growth factor 35 years later. *Science,* **237,** 1154–1162.
Matsuda, R. (1987). *Animal evolution in changing environments with special reference to abnormal metamorphosis.* New York: Wiley & Sons.
McKinney, M. L., & Schoch, R. M. (1985). Titanothere allometry, heterochrony, and biomechanics: Revising an evolutionary classic. *Evolution,* **39,**

1352–1363.
McNamara, K. J. (1986). A guide to the nomenclature of heterochrony. *Journal of Paleontology*, **60**, 4–13.
Merimee, T. J., Zapf, J., Hewlet, B., & Cavalli-Sforza, L. L. (1987). Insulin-like growth factors in pygmies: The role of puberty in determining final stature. *New England Journal of Medicine*, **316**, 906–911.
Meyer, A. (1987). Phenotypic plasticity and heterochrony in *Cichlasoma managuense* (Pisces, Cichlidae) and their implications for speciation in cichlid fishes. *Evolution*, **41**, 1357–1369.
Morey, D. F. (1994). The early evolution of the domestic dog. *American Scientist*, **82**, 336–347.
Nielsen, C. (1995). *Animal evolution. Interrelationships of the living phyla.* Oxford: Oxford University Press.
Nottebohm, F., & Arnold, A. P. (1976). Sexual dimorphism in vocal control areas of the songbird brain. *Science*, **194**, 211–213.
Raff, R. A., & Kaufman, T. C. (1983). *Embryos, genes, and evolution.* Bloomington: Indiana University Press.
Renner, M. J., & Rosenzweig, M. R. (1987). *Enriched and impoverished environments: Effects on brain and behavior.* New York: Springer-Verlag.
Sanes, J. R., & Scheller, R. H. (1997). Synapse formation: A molecular perspective. In W. M. Cowan, T. M. Jessell, & S. L. Zipursky (Eds.), *Molecular and cellular approaches to neural development* (pp. 179–219). New York: Oxford University Press.
Saunders, J. W. (1970). *Patterns and principles of animal development.* New York: Macmillan.
Scott, J. P., & Fuller, J. L. (1965). *Genetics and the social behavior of the dog.* Chicago: University of Chicago Press.
Sperry, R. W. (1963). Chemoaffinity in the orderly growth of nerve fiber patterns and connections. *Proceedings of the National Academy of Sciences USA*, **50**, 703–710.
Slack, J. M. W., Holland, P. W. H., & Graham, C. F. (1993). The zootype and the phylotypic stage. *Nature*, **361**, 490–492.
Toran-Allerand, C. D. (1995). Developmental interactions of estrogens with neurotrophins and their receptors. In P. E. Micevych & R. P. Hammer, Jr. (Eds.), *Neurobiological effects of sex steroid hormones* (pp. 391–411). Cambridge: Cambridge University Press.
Trut, L. N. (1999). Early canid domestication: The farm-fox experiment. *American Scientist*, **87**, 160–169.
Vidal, F. (1994). *Piaget before Piaget.* Cambridge: Harvard University Press.
Waddington, C. H. (1959). Canalization of development and genetic assimilation of acquired characters. *Nature*, **183**, 1654–1655.
Weiss, P. (1959). Cellular dynamics. *Review of Modern Physics*, **31**, 11–20.

第 11 章　初期の学習と行動

Alloway, T. M. (1972). Retention of learning through metamorphosis in the grain beetle (*Tenebrio molitor*). *American Zoologist*, **12**, 471–477.
Amsel, A. (1992). *Frustration theory. An analysis of dispositional learning and memory.* Cambridge: Cambridge University Press.
Bekoff, A., & Kauer, J. A. (1982). Neural control of hatching: Role of neck position in turning on hatching leg movements in post-hatching chicks. *Journal of Comparative Physiology*, **145**, 497–504.
Campbell, B. A., & Campbell, E. H. (1962). Retention and extinction of learned fear in infant and adult rats. *Journal of Comparative & Physiological Psychology*, **55**, 1–8.
Campbell, B. A., Misanin, J. R., White, B. C., & Lytle, L. D. (1974). Species differences in ontogeny of memory: Indirect support for neural maturation as a determinant of forgetting. *Journal of Comparative & Physiological Psychology*, **87**, 193–202.
Caubet, Y., Jaisson, P., & Lenoir, A. (1992). Preimaginal induction of adult behaviour in insects. *Quarterly Journal of Experimental Psychology*, **44B**, 165–178.
Cheatle, M. D., & Rudy, J. W. (1979). Ontogeny of second-order odor-aversion conditioning in neonatal rats. *Journal of Experimental Psychology: Animal Behavior Processes*, **5**, 142–151.
Chen, J.-S., Gross, K., & Amsel, A. (1981). Ontogeny of successive negative contrast and its dissociation from other paradoxical reward effects in preweanling rats. *Journal of Comparative & Physiological Psychology*, **95**, 146–159.
Connolly, K., & Dalgleish, M. (1989). The emergence of a tool-using skill in infancy. *Developmental Psychology*, **25**, 894–912.
Coulter, X., Collier, A. C., & Campbell, B. A. (1976). Long-term retention of early Pavlovian fear conditioning in infant rats. *Journal of Experimental Psychology: Animal Behavior Processes*, **2**, 48–56.
DeCasper, A. J., & Fifer, W. P. (1980). On human bonding: Newborns prefer their mothers' voices. *Science*, **208**, 1174–1176.
Diaz-Granados, J. L., Greene, P. L., & Amsel, A. (1992). Memory-based learning in preweanling and adult rats after infantile X-irradiation-induced hippocampal granule-cell hypoplasia. *Behavioral Neuroscience*, **106**, 940–946.
Eisenberg, J. F. (1981). *The mammalian radiations.* Chicago: Chicago University Press.
Emlen, S. T. (1970). Celestial rotation: Its importance in the development of migratory orientation. *Science*, **170**, 1198–1201.
Fifer, W. P., & Moon, C. (1988). Auditory experience in the fetus. In W. P. Smotherman & S. R. Robinson (Eds.), *Behavior of the fetus* (pp. 175–188). Caldwell: Telford Press.
Gazit, I., & Terkel, J. (1998). Chronological development of behavior in the blind mole rat (*Spalax ehrenbergi*). *International Journal of Comparative Psychology*, **11**, 1–16.
Gemberling, G. A., & Domjan, M. (1982). Selective associations in one-day-old rats: Taste-toxicosis and texture-shock aversion learning. *Journal of Comparative & Physiological Psychology*, **96**, 105–113.
Gottlieb, G. (1976). Conceptions of prenatal develop-

ment: Behavioral embryology. *Psychological Review, 83,* 215–234.
Gottlieb, G. (1991). Experiential canalization of behavioral development: Results. *Developmental Psychology, 27,* 35–39.
Groves, P. M., & Thompson, R. F. (1970). Habituation: A dual-process theory. *Psychological Review, 77,* 419–450.
Hamburger, V., Wenger, E., & Oppenheim, R. (1966). Motility in the chick embryo in the absence of sensory input. *Journal of Experimental Zoology, 162,* 133–160.
Heaton, M. B. (1978). Development of problem-solving abilities in the neonatal Peking duck. *Journal of Comparative & Physiological Psychology, 92,* 246–254.
Hepper, P. G., & Waldman, B. (1992). Embryonic olfactory learning in frogs. *Quarterly Journal of Experimental Psychology, 44B,* 179–197.
Hershkowitz, M., & Samuel, D. (1973). The retention of learning during metamorphosis of the crested newt (*Triturus cristatus*). *Animal Behaviour, 21,* 83–85.
Hoffman, H., & Spear, N. E. (1989). Facilitation and impairment of conditioning in the preweanling rat after prior exposure to the conditioned stimulus. *Animal Learning & Behavior, 17,* 63–69.
Hogan, J. A. (1973). Development of food recognition in young chicks: I. Maturation and nutrition. *Journal of Comparative & Physiological Psychology, 83,* 355–366.
Inoue-Nakamura, N., & Matsuzawa, T. (1997). Development of stone tool use by wild chimpanzees (*Pan troglodytes*). *Journal of Comparative Psychology, 111,* 159–173.
Johanson, I. B., & Hall, W. G. (1979). Appetitive learning in 1-day-old rat pups. *Science, 205,* 419–421.
Johanson, I. B., Hall, W. G., & Polefrone, J. M. (1984). Appetitive conditioning in neonatal rats: Conditioned ingestive responding to stimuli paired with oral infusions of milk. *Developmental Psychobiology, 17,* 357–381.
Kelly, J. B., Judge, P. W., & Fraser, I. H. (1987). Development of the auditory orientation response in the albino rat (*Rattus norvegicus*). *Journal of Comparative Psychology, 101,* 60–66.
Lecanuet, J.-P., Granier-Deferre, C., Jacquet, A.-I., & Busnel, M.-C. (1992). Decelerative cardiac responsiveness to acoustical stimulation in the near term fetus. *Quarterly Journal of Experimental Psychology, 44B,* 279–303.
Lubow, R. E. (1989). *Latent inhibition and conditioned attention theory.* Cambridge: Cambridge University Press.
Mast, V. K., Fagen, J. W., Rovee-Collier, C. K., & Sullivan, M. W. (1980). Immediate and long-term memory for reinforcement context: The development of learned expectancies in early infancy. *Child Development, 51,* 700–707.
McGrew, W. C. (1992). *Chimpanzee material culture. Implications for human evolution.* Cambridge: Cambridge University Press.
Miller, J. S., Jagielo, J. A., & Spear, N. E. (1991). Differential effectiveness of various prior-cuing treatments in the reactivation and maintenance of memory. *Journal of Experimental Psychology: Animal Behavior Processes, 17,* 249–258.
Molina, J. C., & Chotro, M. G. (1991). Association between chemosensory stimuli and cesarean delivery in rat fetuses: Neonatal presentation of similar stimuli increases motor activity. *Behavioral & Neural Biology, 55,* 42–60.
Potì, P., & Spinozzi, G. (1994). Early sensorimotor development in chimpanzees (*Pan troglodytes*). *Journal of Comparative Psychology, 108,* 93–103.
Renner, M. J., Bennett, A. J., & White, J. C. (1992). Age and sex as factors influencing spontaneous exploration and object investigation by preadult rats (*Rattus norvegicus*). *Journal of Comparative Psychology, 106,* 217–227.
Robinson, S. R., Arnold, H. M., Spear, N. E., & Smotherman, W. P. (1993). Experience with milk and an artificial nipple promotes conditioned opioid activity in the rat fetus. *Developmental Psychobiology, 26,* 375–387.
Ronca, A. E., Lamkin, C. A., & Alberts, J. R. (1993). Maternal contributions to sensory experience in the fetal and newborn rat (*Rattus norvegicus*). *Journal of Comparative Psychology, 107,* 61–74.
Seltzer, C., Forsythe, C., & Ward, J. P. (1990). Multiple measures of motor lateralization in human primates (*Homo sapiens*). *Journal of Comparative Psychology, 104,* 159–166.
Sheingold, K., & Tenney, Y. J. (1982). Memory for a salient childhood event. In U. Neisser (Ed.), *Memory observed. Remembering in natural contexts* (pp. 201–212). San Francisco: Freeman.
Smotherman, W. P., & Robinson, S. R. (1987). Prenatal expression of species-typical action patterns in the rat fetus (*Rattus norvegicus*). *Journal of Comparative Psychology, 101,* 190–196.
Smotherman, W. P., & Robinson, S. R. (1991). Conditioned activation of fetal behavior. *Physiology & Behavior, 50,* 73–77.
Stehouwer, D. J., & Campbell, B. A. (1978). Habituation of the forelimb-withdrawal response in neonatal rats. *Journal of Experimental Psychology: Animal Behavior Processes, 4,* 104–119.
Tolman, E. C. (1938). The determiners of behavior at the choice point. *Psychological Review, 45,* 1–41.
Tyndale-Biscoe, H. (1973). *Life of marsupials.* New York: Elsevier.
van der Meer, A. L. H., van der Weel, F. R., & Lee, D. N. (1995). The functional significance of arm movements in neonates. *Science, 267,* 693–695.
vom Saal, F., & Bronson, F. (1980). Sexual characteristics of adult female mice are correlated with their blood testosterone levels during prenatal development. *Science, 208,* 597–599.
von Hofsten, C. (1982). Eye-hand coordination in newborns. *Developmental Psychology, 18,* 450–461.
Waldman, B. (1981). Sibling recognition in toad tadpoles: The role of experience. *Zeitschrift für Tierpsychologie, 56,* 341–358.
Ward, J. P. (1995). Laterality in African and Malagasy prosimians. In L. Alterman, G. A. Doyle, & M. K. Izard (Eds.), *Creatures of the dark: The nocturnal prosimians* (pp. 293–309). New York: Plenum Press.
Ward, J. P., Milliken, G. W., Dodson, D. L., Stafford, D. K., & Wallace, M. (1990). Handedness as a function of sex and age in a large population of Lemur. *Journal of Comparative Psychology, 104,* 167–173.

Wasserman, E. A., Hunter, N. B., Gutowski, K. A., & Bader, S. A. (1975). Autoshaping chicks with heat reinforcement: The role of stimulus-reinforcer and response-reinforcer relations. *Journal of Experimental Psychology: Animal Behavior Processes,* **104,** 158–169.

第12章　発達初期の社会的学習と社会的行動

Ainsworth, M. D. S. (1972). Attachment and dependency: A comparison. In J. L. Gewirtz (Ed.), *Attachment and dependency* (pp. 97–137). Washington: Winston & Sons.

Bailey, M. T., & Coe, C. L. (1999). Maternal separation disrupts the integrity of the intestinal microflora in infant rhesus monkeys. *Developmental Psychobiology,* **35,** 146–155.

Baptista, L. F., & Petrinovich, L. (1984). Social interaction, sensitive phases, and the song template hypothesis in the white-crowned sparrow. *Animal Behaviour,* **32,** 172–181.

Bolhuis, J. J., & Honey, R. C. (1994). Within-event learning during filial imprinting. *Journal of Experimental Psychology: Animal Behavior Processes,* **20,** 240–248.

Bolhuis, J. J., Johnson, M., Horn, G., & Bateson, P. P. G. (1989). Long-lasting effects of IMHV lesions on social preferences in domestic fowl. *Behavioral Neuroscience,* **103,** 438–441.

Bottjer, S. W., Miesner, E. A., & Arnold, A. P. (1984). Forebrain lesions disrupt development but not maintenance of song in passerine birds. *Science,* **224,** 901–903.

Brenowitz, E. A., & Arnold, A. P. (1986). Interspecific comparisons of the size of neural song control regions and song complexity in duetting birds: Evolutionary implications. *Journal of Neuroscience,* **6,** 2875–2879.

Brock, J., Wolf, A., & Braun, K. (1996). Influence of the N-methyl-D-aspartate receptor antagonist DL-2-amino-5-phosphonovaleric acid on auditory filial imprinting in the domestic chick. *Neurobiology of Learning & Memory,* **65,** 177–188.

Cairns, R. B., & Johnson, D. L. (1965). The development of interspecies social attachments. *Psychonomic Science,* **2,** 337–338.

Capitanio, J. P. (1985). Early experience and social processes in rhesus macaques (*Macaca mulatta*): II. Complex social interaction. *Journal of Comparative Psychology,* **99,** 133–144.

Cheney, D. L., & Seyfarth, R. M. (1980). Vocal recognition in free-ranging vervet monkeys. *Animal Behavior,* **28,** 362–367.

Coe, C. L., Mendoza, S. P., Smotherman, W. P., & Levine, S. (1978). Mother-infant attachment in the squirrel monkey: Adrenal response to separation. *Behavioral Biology,* **22,** 256–263.

Crews, D., & Moore, M. C. (1986). Evolution of mechanisms controlling mating behavior. *Science,* **231,** 121–125.

DePaulo, P., & Hoffman, H. S. (1981). Reinforcement by an imprinting stimulus versus water on simple schedules in ducklings. *Journal of the Experimental Analysis of Behavior,* **36,** 151–169.

Dooling, R. J., Gephart, B. F., Price, P. H., McHale, C., & Brauth, S. E. (1987). Effects of deafening on the contact call of the budgerigar (*Melopsittacus undulatus*). *Animal Behaviour,* **35,** 1264–1266.

Eiserer, L. A. (1980a). Development of filial attachment to static visual features of an imprinting object. *Animal Learning & Behavior,* **8,** 159–166.

Eiserer, L. A. (1980b). Long-term potential for imprinting in ducks and chickens. *Journal of the Experimental Analysis of Behavior,* **33,** 383–395.

Eiserer, L. A., & Swope, R. L. (1980). Acquisition of behavioral control by static visual features of an imprinting object: Species generality. *Animal Learning & Behavior,* **8,** 481–484.

Freeberg, T. M., King, A. P., & West, M. J. (1995). Social malleability in cowbirds (*Molothrus ater artemisiae*): Species and mate recognition in the first 2 years of life. *Journal of Comparative Psychology,* **109,** 357–367.

Goldman, S., & Nottebohm, F. (1983). Neuronal production, migration and differentiation in a vocal control nucleus of the adult female canary brain. *Proceedings of the National Academy of Sciences,* (USA), **80,** 2390–2394.

Gottlieb, G. (1978). Development of species identification in ducklings: IV. Change in species-specific perception caused by auditory deprivation. *Journal of Comparative & Physiological Psychology,* **92,** 375–387.

Gottlieb, G. (1981). Roles of early experience in species-specific perceptual development. In R. N. Aslin, J. R. Alberts, & M. R. Petersen (Eds.), *Development of perception* (Vol. 1, pp. 5–44). New York: Academic Press.

Gottlieb, G. (1985). Development of species identification in ducklings: XI. Embryonic critical period for species-typical perception in the hatchling. *Animal Behaviour,* **33,** 225–233.

Grassman, M. (1993). Chemosensory orientation behavior in juvenile sea turtles. *Brain, Behavior, & Evolution,* **41,** 224–228.

Grassman, M., Owens, D. W., McVey, J. P., & Marquez, R. (1984). Olfactory-based orientation in artificially imprinted sea turtles. *Science,* **224,** 83–84.

Gray, P., & Chesley, S. (1984). Development of maternal behavior in nulliparous rats (*Rattus norvegicus*): Effects of sex and early maternal experience. *Journal of Comparative Psychology,* **98,** 91–99.

Gubernick, D. J. (1981). Maternal "imprinting" or maternal "labelling" in goats? *Animal Behavior,* **28,** 124–129.

Gubernick, D. J., Jones, K. C., & Klopfer, P. H. (1979). Maternal "imprinting" in goats? *Animal Behaviour,* **27,** 314–315.

Harlow, H. F. (1971). *Learning to love.* San Francisco: Albion Press.

Harlow, H. F., & Suomi, S. J. (1971). Social recovery by isolation-reared monkeys. *Proceedings of the National Academy of Sciences, USA,* **68,** 1534–1538.

Harlow, H., & Zimmermann, R. R. (1959). Affectional responses in the infant monkey. *Science,* **130,** 421–432.

Hasler, A. D., & Scholz, A. T. (1983). *Olfactory imprinting and homing in salmon.* Berlin, Germany: Springer-Verlag.

Hauser, M. D. (1989). Ontogenetic changes in the comprehension and production of vervet monkey (*Cercopithecus aethiops*) vocalizations. *Journal of Comparative Psychology,* **103,** 149–158.

Heaton, J. T., & Brauth, S. E. (1999). Effects of deafening on the development of nestling and juvenile vocalizations in budgerigars (*Melopsittacus undulatus*). *Journal of Comparative Psychology,* **113,** 314–320.

Hofer, M. E. (1975). Infant separation responses and the maternal role. *Biological Psychiatry,* **10,** 149–153.

Hoffman, H. S. (1987). Imprinting and the critical period for social attachments: Some laboratory investigations. In M. H. Bornstein (Ed.), *Sensitive periods in development* (pp. 99–121). Hillsdale, NJ: Erlbaum.

Hoffman, H. S., Eiserer, L. A., & Singer, D. (1972). Acquisition of behavioral control by a stationary imprinting stimulus. *Psychonomic Science,* **26,** 146–148.

Hoffman, H. S., & Ratner, A. M. (1973). A reinforcement model of imprinting: Implications for socialization in monkeys and men. *Psychological Review,* **80,** 527–544.

Hoffman, H. S., Schiff, D., Adams, J., & Searle, J. (1966). Enhanced distress vocalization through selective reinforcement. *Science,* **151,** 352–354.

Hoffman, H. S., Stratton, J. W., & Newby, V. (1969a). Punishment by response-contingent withdrawal of an imprinting stimulus. *Science,* **163,** 702–704.

Hoffman, H. S., Stratton, J. W., & Newby, V. (1969b). The control of feeding behavior by an imprinted stimulus. *Journal of the Experimental Analysis of Behavior,* **12,** 847–860.

Horn, G. (1985). *Memory, imprinting, and the brain.* Oxford, UK: Clarendon Press.

Horn, G. (1991). Cerebral function and behaviour investigated through a study of filial imprinting. In P. Bateson (Ed.), *The development and integration of behaviour. Essays in honour of Robert Hinde* (pp. 121–148). Cambridge, UK: Cambridge University Press.

Horn, G., Bradley, P., & McCabe, B. J. (1985). Changes in the structure of synapses associated with learning. *Journal of Neuroscience,* **5,** 3161–3168.

Immelmann, K. (1972). Sexual and other long-term aspects of imprinting in birds and other species. *Advances in the Study of Behavior,* **4,** 147–174.

Insel, T. R. (1992). Oxytocin: A neuropeptide for affiliation—evidence from behavioral, autoradiographic, and comparative studies. *Psychoneuroendocrinology,* **17,** 3–35.

Jin, H., & Clayton, D. F. (1997). Localized changes in immediate-early gene regulation during sensory and motor learning in zebra finches. *Neuron,* **19,** 1049-1059.

Johnson, M. H., & Horn, G. (1988). Development of filial preferences in dark-reared chicks. *Animal Behaviour,* **36,** 675–683.

Jones, A. E., ten Cate, C., & Slater, P. J. B. (1996). Early experience and plasticity of song in adult male zebra finches (*Taeniopygia guttata*). *Journal of Comparative Psychology,* **110,** 354–369.

Junco, F. (1993). Acquisition of a filial preference in an altricial bird without food reinforcement. *Animal Behaviour,* **46,** 1237–1239.

Junco, F. (1988). Filial imprinting in an altricial bird: The blackbird (*Turdus merula*). *Behaviour,* **106,** 25–42.

Kaplan, J., & Russell, M. (1974). Olfactory recognition in the infant squirrel monkey. *Developmental Psychobiology,* **7,** 15–19.

Kendrick, K. M., Levy, F., & Keverne, E. G. (1992). Changes in the sensory processing of olfactory signals induced by birth in sheep. *Science,* **256,** 833–836.

King, A. P., & West, M. J. (1983). Epigenesis of cowbird song: A joint endeavor of males and females. *Nature,* **305,** 704–706.

Kling, A., Lloyd, R., Tachiki, K., Prince, H., Klimenko, V., & Korneva, E. (1992). Effects of social separation on immune function and brain neurotransmitters in cebus monkey (*C. apella*). *Annals of the New York Academy of Sciences,* **650,** 257–261.

Konishi, M. (1963). The role of auditory feedback in the vocal behaviour of the domestic fowl. *Zeitschrift für Tierpsychologie,* **20,** 349–367.

Konishi, M. (1964). Effects of deafening on song development in two species of juncos. *Condor,* **66,** 85–102.

Konishi, M. (1965). The role of auditory feedback in the control of vocalization in the white-crowned sparrow. *Zeitschrift für Tierpsychologie,* **22,** 770–783.

Kroodsma, D. E. (1984). Songs of the alder flycatcher (*Empidonax alnorum*) and willow flycatcher (*Empidonax traillii*) are innate. *Auk,* **101,** 13–24.

Leon, M. (1975). Dietary control of maternal pheromone in the lactating rat. *Physiology & Behavior,* **14,** 311–319.

Lorenz, K. Z. (1937). The companion in the bird's world. *Auk,* **54,** 245–273.

Marler, P. (1970). A comparative approach to vocal learning: Song development in white-crowned sparrows. *Journal of Comparative & Physiological Psychology Monograph,* **71**(No. 2, Part 2), 1–25.

Marler, P. (1987). Sensitive periods and the roles of specific and general sensory stimulation in birdsong learning. In J. P. Rauschecker & P. Marler (Eds.), *Imprinting and cortical plasticity* (pp. 99–135). New York: Wiley & Sons.

Marler, P. (1991). Differences in behavioural development in closely related species: birdsong. In P. Bateson (Ed.), *The development and integration of behaviour. Essays in honour of Robert Hinde* (pp. 41–70). Cambridge, U.K.: Cambridge University Press.

Marler, P., Dufty, A., & Pickert, R. (1986). Vocal communication in the domestic chicken: I. Does a sender communicate information about the quality of a food referent to a receiver? *Animal Behaviour,* **34,** 188–193.

Marler, P., & Tamura, M. (1964). Culturally transmitted patterns of vocal behavior in sparrows. *Science,* **146,** 1483–1486.

Mason, W. A. (1960). The effects of social restriction on the behavior of rhesus monkeys: I. Free social behavior. *Journal of Comparative & Physiological Psychology,* **53,** 582–589.

Mateo, J. M. (1996). The development of alarm-call response behaviour in free-living juvenile Belding's ground squirrels. *Animal Behaviour*, **52**, 489–505.

McCabe, B. J., & Horn, G. (1988). Learning and memory: Regional changes in N-methyl-D-aspartate receptors in the chick brain after imprinting. *Proceedings of the National Academy of Sciences, USA*, **85**, 2849–2853.

McCabe, B. J., Horn, G., & Bateson, P. P. G. (1981). Effects of restricted lesions of the chick forebrain on the acquisition of filial preferences during imprinting. *Brain Research*, **205**, 29–37.

McCabe, B. J., Cipolla-Neto, J., Horn, G., & Bateson, P. P. G. (1982). Amnesic effects of bilateral lesions placed in the hyperstriatum ventral of the chick after imprinting. *Experimental Brain Research*, **48**, 13–21.

Mello, C. V., Vicario, D. S., & Clayton, D. F. (1992). Song presentation induces gene expression in the songbird forebrain. *Proceedings of the National Academy of Sciences, U.S.A.*, **89**, 6818–6822.

Moffatt, C. A., & Hogan, J. A. (1992). Ontogeny of chick responses to maternal food calls in the Burmese red junglefowl (*Gallus gallus spadiceus*). *Journal of Comparative Psychology*, **106**, 92–96.

Moltz, H., & Stettner, L. J. (1961). The influence of patterned light deprivation on the critical period for imprinting. *Journal of Comparative & Physiological Psychology*, **54**, 279–283.

Morin, P.-P., Dodson, J. J., & Doré, F. Y. (1989). Cardiac responses to a natural odorant as evidence of a sensitive period for olfactory imprinting in young Atlantic salmon, *Salmo salar*. *Canadian Journal of Fisheries and Aquatic Sciences*, **46**, 122–130.

Nottebohm, F. (1969). The song of the chingolo, *Zonotrichia capensis*, in Argentina: Description and evaluation of a system of dialects. *Condor*, **71**, 299–315.

Nottebohm, F. (1981). A brain for all seasons: Cyclical anatomical changes in song-control nuclei of the canary brain. *Science*, **214**, 1368–1370.

Nottebohm, F., & Arnold, A. P. (1976). Sexual dimorphism in vocal control areas of the songbird brain. *Science*, **194**, 211–213.

Nottebohm, F., Nottebohm, M. E., Crane, L. A., & Wingfield, J. C. (1987). Seasonal changes in gonadal hormone levels of adult male canaries and their relation to song. *Behavioral & Neural Biology*, **47**, 197–211.

Panksepp, J., Vilberg, T., Bean, N. J., Coh, D. H., & Kastin, A. J. (1978). Reduction of distress vocalizations in chicks by opiate-like peptides. *Brain Research Bulletin*, **3**, 663–667.

Peterson, N. (1960). Control of behavior by presentation of an imprinted stimulus. *Science*, **132**, 1395–1396.

Petrinovich, L. (1974). Individual recognition of pup vocalization by northern elephant seal mothers. *Zeitschrift für Tierpsychologie*, **34**, 308–312.

Petrinovich, L., & Baptista, L. F. (1984). Song dialects, mate selection, and breeding success in white-crowned sparrows. *Animal Behaviour*, **32**, 1078–1088.

Polan, H. J., & Hofer, M. A. (1999). Maternally directed orienting behaviors of newborn rats. *Developmental Psychobiology*, **34**, 269–279.

Ratner, A. M. (1976). Modification of duckling's filial behavior by aversive stimulation. *Journal of Experimental Psychology: Animal Behavior Processes*, **2**, 266–284.

Rosenblatt, J. S., & Siegel, H. I. (1980). Maternal behavior in the laboratory rat. In R. W. Bell & W. P. Smotherman (Eds.), *Maternal influences and early behavior* (pp. 155–199). New York: Spectrum Publications.

Sackett, G. P. (1967). Some persistent effects of different rearing conditions on preadult social behavior of monkeys. *Journal of Comparative & Physiological Psychology*, **64**, 363–365.

Salzen, E. A., & Meyer, C. C. (1968). Reversibility of imprinting. *Journal of Comparative & Physiological Psychology*, **66**, 269–275.

Scott, J. P., & Fuller, J. L. (1965). *Genetics and the social behavior of the dog*. Chicago: University of Chicago Press.

Seyfarth, R. M., & Cheney, D. L. (1986). Vocal development in vervet monkeys. *Animal Behaviour*, **34**, 1640–1658.

Sibley, C. G., & Ahlquist, J. E. (1990). *Phylogeny and classification of birds: A study in molecular evolution*. New Haven: Yale University Press.

Smith, J. C., & Sales, G. D. (1980). Ultrasonic behavior and mother-infant interactions in rodents. In R. W. Bell & W. P. Smotherman (Eds.), *Maternal influences and early behavior* (pp. 105–133). New York: Spectrum Publications.

Smotherman, W. P., Wiener, S. G., Mendoza, S. P., & Levine, S. (1977). Maternal pituitary-adrenal responsiveness as a function of differential treatment of rat pups. *Developmental Psychobiology*, **10**, 113–122.

Spalding, D. A. (1873/1954). Instinct; with original observations on young animals. In J. B. S. Haldane (Ed.), Introducing Douglas Spalding. *British Journal of Animal Behaviour*, **2**, 1–11.

Stern, J. M., & Johnson, S. K. (1989). Perioral somatosensory determinants of nursing behavior in Norway rats (*Rattus norvegicus*). *Journal of Comparative Psychology*, **103**, 269–280.

ten Cate, C. (1986). Sexual preferences in zebra finch (*Taeniopygia guttata*) males raised by two species (*Lonchura striata* and *Taeniopygia guttata*): I. A case of double imprinting. *Journal of Comparative Psychology*, **100**, 3, 248–252.

Tsuji, K., & Ishikawa, T. (1984). Some observations of the caravaning behavior in the musk shrew (*Suncus murinus*). *Behaviour*, **90**, 167–183.

Tsuji, K., Matsuo, T., & Ishikawa, T. (1986). Developmental changes in the caravaning behaviour of the house musk shrew (*Suncus murinus*). *Behaviour*, **99**, 117–138.

Tubaro, P. L., Segura, E. T., & Handford, P. (1993). Geographic variation in the song of the rufous-collared sparrow in eastern Argentina. *Condor*, **95**, 588–595.

Vidal, J.-M. (1980). The relations between filial and sexual imprinting in the domestic fowl: Effects of age and social experience. *Animal Behaviour*, **28**, 880–891.

West, M. J., & King, A. P. (1988). Female visual displays affect the development of male song in the cowbird. *Nature*, **334**, 244–246.

West, M. J., King, A. P., & Eastzer, D. H. (1981). The

cowbird: Reflections on development from an unlikely source. *American Scientist,* **69,** 56–66.

Wiesner, B. P., & Sheard, N. M. (1933). *Maternal behavior in the rat.* London: Oliver & Boyd.

第13章 一般的な学習過程

Abramson, C. I., & Buckbee, D. A. (1995). Pseudoconditioning in earthworms (*Lumbricus terrestris*): Support for nonassociative explanations of classical conditioning phenomena through an olfactory paradigm. *Journal of Comparative Psychology,* **109,** 390–397.

Abramson, C. I., & Feinman, R. D. (1988). Classical conditioning of the eye withdrawal reflex in the gree crab. *Journal of Neuroscience,* **8,** 2907–2912.

Abramson, C. I., & Feinman, D. A. (1990). Lever-press conditioning in the crab. *Physiology & Behavior,* **48,** 267–272.

Ader, R., & Cohen, N. (1982). Behaviorally conditioned immunosuppression and murine systemic lupus erythematosus. *Science,* **215,** 1534–1536.

Akins, C. K., Domjan, M., & Gutiérrez, G. (1994). Topography of sexually conditioned behavior in male Japanese quail (*Coturnix japonica*) depends on the CS-US interval. *Journal of Experimental Psychology: Animal Behavior Processes,* **20,** 199–209.

Antonitis, J. J. (1951). Response variability in the white rat during conditioning, extinction, and reconditioning. *Journal of Experimental Psychology,* **42,** 273–281.

Azrin, N. H., & Holz, W. C. (1966). Punishment. In W. K. Honig (Ed.), *Operant behavior: Areas of research and application* (pp. 380–447). New York: Appleton-Century-Crofts.

Balleine, B., & Job, R. F. S. (1991). Reconsideration of the role of competing responses in demonstrations of the interference effect (learned helplessness). *Journal of Experimental Psychology: Animal Behavior Processes,* **17,** 270–280.

Bitterman, M. E. (1988). Vertebrate-invertebrate comparisons. In H. J. Jerison & I. Jerison (Eds.), *Intelligence and evolutionary biology* (pp. 251–275). Berlin: Springer-Verlag.

Bitterman, M. E. (1996). Comparative analysis of learning in honeybees. *Animal Learning & Behavior,* **24,** 123–141.

Bouton, M. E. (1984). Differential control by context in the inflation and reinstatement paradigms. *Journal of Experimental Psychology: Animal Behavior Processes,* **10,** 56–74.

Bouton, M. E., & Bolles, R. C. (1979). Contextual control of the extinction of conditioned fear. *Learning & Motivation,* **10,** 445–466.

Carew, T. J., Hawkins, R. D., & Kandel, E. R. (1983). Differential classical conditioning of a defensive withdrawal reflex in *Aplysia californica*. *Science,* **219,** 397–400.

Church, R. M. (1969). Response suppression. In B. A. Campbell & R. M. Church (Eds.), *Punishment and aversive behavior* (pp. 111–156). New York: Appleton-Century-Crofts.

Colwill, R. M., Goodrum, K., & Martin, A. (1997). Pavlovian appetitive discriminative conditioning in *Aplysia californica*. *Animal Learning & Behavior,* **25,** 268–276.

Couvillon, P. A., & Bitterman, M. E. (1982). Compound conditioning in honeybees. *Journal of Comparative & Physiological Psychology,* **96,** 192–199.

Davidson, T. L., Flynn, F. W., & Jarrard, L. E. (1992). Potency of food deprivation intensity cues as discriminative stimuli. *Journal of Experimental Psychology: Animal Behavior Processes,* **18,** 174–181.

Delamater, A. R. (1997). Selective reinstatement of stimulus-outcome associations. *Animal Learning & Behavior,* **25,** 400-412.

Dickinson, A. (1980). *Contemporary animal learning theory.* Cambridge: Cambridge University Press.

Domjan, M. (1998). Going wild in the laboratory. Learning about species typical cues. *Psychology of Learning & Motivation,* **38,** 155–186.

Farley, J., Reasoner, H., & Janssen, M. (1997). Potentiation of phototactic suppression in *Hermissenda* by a chemosensory stimulus during compound conditioning. *Behavioral Neuroscience,* **111,** 320–341.

Ferster, C. B., & Skinner, B. F. (1957). *Schedules of reinforcement.* New York: Appleton-Century-Crofts.

Fiorito, G., von Planta, C., & Scotto, P. (1990). Problem-solving ability of *Octopus vulgaris* Lamarck (Mollusca, Cephalopoda). *Behavioral & Neural Biology,* **53,** 217–230.

Gauci, M., Husband, A. J., Saxarra, H., & King, M. G. (1994). Pavlovian conditioning of nasal tryptase release in human subjects with allergic rhinitis. *Physiology & Behavior,* **55,** 823–825.

Gibbon, J., & Balsam, P. D. (1981). Spreading association in time. In C. M. Locurto, H. S. Terrace, & J. Gibbon (Eds.), *Autoshaping and conditioning theory* (pp. 219–253). New York: Academic Press.

Gibbon, J., Baldock, M. D., Locurto, C. M., Gold, L., & Terrace, H. S. (1977). Trial and intertrial durations in autoshaping. *Journal of Experimental Psychology: Animal Behavior Processes,* **3,** 264–284.

Gormezano, I. (1966). Classical conditioning. In J. B. Sidowski (Ed.), *Experimental methods and instrumentation in psychology* (pp. 385–420). New York: McGraw-Hill.

Grice, G. R. (1948). The relation of secondary reinforcement to delayed reward in visual discrimination learning. *Journal of Experimental Psychology,* **38,** 1–16.

Holland, P. C. (1979). Differential effects of omission contingencies on various components of Pavlovian appetitive conditioned responding in rats. *Journal of Experimental Psychology: Animal Behavior Processes,* **5,** 178–193.

Holland, P. C. (1999). Overshadowing and blocking as acquisition deficits: No recovery after extinction of overshadowing or blocking cues. *Quarterly Journal of Experimental Psychology,* **52B,** 307–333.

Kamin, L. J. (1956). The effects of termination of the CS and avoidance of the US on avoidance learning. *Journal of Comparative & Physiological Psychology,* **49,** 420–424.

Kamin, L. J. (1957). The gradient of delay of sencondary reward in avoidance learning. *Journal of Comparative & Physiological Psychology,* **50,** 445–449.

Kandel, E., & Abel, T. (1995). Neuropeptides, adenylyl cyclase, and memory storage. *Science,* **268,** 825–826.

Kaufman, M. A., & Bolles, R. C. (1981). A nonassociative aspect of overshadowing. *Bulletin of the Psychonomic Society,* **18,** 318–320.

Köksal, F., Domjan, M., & Weisman, G. (1994). Blocking of the sexual conditioning of differentially effective conditioned stimulus objects. *Animal Learning & Behavior,* **22,** 103–111.

Krank, M. D., & MacQueen, G. M. (1988). Conditioned compensatory responses elicited by environmental signals for cyclophosphamide-induced suppression of antibody production in mice. *Psychobiology,* **16,** 229–235.

Lejeune, H., & Wearden, J. H. (1991). The comparative psychology of fixed-interval responding: Some quantitative analyses. *Learning & Motivation,* **22,** 84–111.

Lieberman, D. A., McIntosh, D. C., & Thomas, G. V. (1979). Learning when reward is delayed: A marking hypothesis. *Journal of Experimental Psychology: Animal Behavior Processes,* **5,** 224–242.

Lubow, R. E., Rifkin, B., & Alek, M. (1976). The context effect: The relationship between stimulus preexposure and environmental preexposure determines subsequent learning. *Journal of Experimental Psychology: Animal Behavior Processes,* **2,** 38–47.

MacQueen, G., Marshall, J., Perdue, M., Siegel, S., & Bienenstock, J. (1989). Pavlovian conditioning of rat mucosal mast cells to secrete rat mast cell protease II. *Science,* **243,** 83–85.

Macphail, E. M. (1982). *Brain and intelligence in vertebrates.* Oxford: Oxford University Press.

Maier, S. F., & Jackson, R. L. (1979). Learned helplessness: All of us were right (and wrong): Inescapable shock has multiple effects. *Psychology of Learning & Motivation,* **13,** 155–218.

Matzel, L. D., Held, F. P., & Miller, R. R. (1988). Information and expression of simultaneous and backward associations: Implications for contiguity theory. *Learning & Motivation,* **19,** 317–344.

McAllister, W. R., McAllister, D. E., Weldin, G. H., & Cohen, J. M. (1974). Intertrial interval effects in classically conditioning fear to a discrete conditioned stimulus and to situational cues. *Journal of Comparative & Physiological Psychology,* **87,** 582–590.

McCain, G., Dyleski, K., & McElvain, G. (1971). Reward magnitude and instrumental responses: Consistent reward. *Psychonomic Monograph Supplements,* **3,** No. 16 (Whole No. 48).

Miller, S., & Konorski, J. (1928). Sur une forme particuliere des reflexes conditionnels. *Compte Rendu Hebdomadaire des Seances et Memoires de la Societe de Biologie,* **99,** 1151–1157.

Morrison, G. E., Wen, J. Y. M., Runciman, S., & van der Kooy, D. (1999). Olfactory associative learning in *Caenorhabditis elegans* is impaired in *lrn-1* and *lrn-2* mutants. *Behavioral Neuroscience,* **113,** 358–367.

Mowrer, O. H. (1947). On the dual nature of learning—a reinterpretation of "conditioning" and "problem-solving." *Harvard Educational Review,* **17,** 102–148.

Mustaca, A. E., Gabelli, F., Papini, M. R., & Balsam, P. D. (1991). The effects of varying the interreinforcement interval on appetitive contextual conditioning. *Animal Learning & Behavior,* **19,** 125–138.

Olds, J., & Milner, P. (1954). Positive reinforcement produced by electrical stimulation of septal area and other regions of the rat brain. *Journal of Comparative & Physiological Psychology,* **47,** 419–427.

Overmier, J. B., & Papini, M. R. (1986). Factors modulating the effects of teleost telencephalon ablation on retention, relearning, and extinction of instrumental avoidance behavior. *Behavioral Neuroscience,* **100,** 190–199.

Overmier, J. B., & Seligman, M. E. P. (1967). Effects of inescapable shock upon subsequent escape and avoidance learning. *Journal of Comparative & Physiological Psychology,* **63,** 23–33.

Page, S., & Neuringer, A. (1985). Variability is an operant. *Journal of Experimental Psychology: Animal Behavior Processes,* **11,** 429–452.

Papini, M. R., & Bitterman, M. E. (1990). The role of contingency in classical conditioning. *Psychological Review,* **97,** 396–403.

Papini, M. R., & Bitterman, M. E. (1991). Appetitive conditioning in *Octopus cyanea. Journal of Comparative Psychology,* **105,** 107–114.

Papini, M. R., & Bitterman, M. E. (1993). The two-test strategy in the study of inhibitory conditioning. *Journal of Experimental Psychology: Animal Behavior Processes,* **19,** 342–352.

Pavlov, I. P. (1927). *Conditioned reflexes.* Oxford: Oxford University Press.

Pearce, J. M., & Kaye, H. (1985). Strength of the orienting response during inhibitory conditioning. *Journal of Experimental Psychology: Animal Behavior Processes,* **11,** 405–420.

Pryor, K. W., Haag, R., & O'Reilly, J. (1969). The creative porpoise: Training for novel behavior. *Journal of the Experimental Analysis of Behavior,* **12,** 653–661.

Purdy, J. E., Roberts, A. C., & Garcia, C. A. (1999). Sign tracking in cuttlefish (*Sepia officinalis*). *Journal of Comparative Psychology,* **113,** 443–449.

Rescorla, R. A. (1968). Probability of shock in the presence and absence of the CS in fear conditioning. *Journal of Comparative & Physiological Psychology,* **66,** 1–5.

Rescorla, R. A. (1980). *Pavlovian second-order conditioning: Studies in associative learning.* Hillsdale: Erlbaum.

Rescorla, R. A. (1988). Behavioral studies of Pavlovian conditioning. *Annual Review of Neuroscience,* **11,** 329–352.

Rescorla, R. A. (1997). Spontaneous recovery after Pavlovian conditioning with multiple outcomes. *Animal Learning & Behavior,* **25,** 99–107.

Rescorla, R. A., & Wagner, A. R. (1972). A theory of Pavlovian conditioning: Variations in the effectiveness of reinforcement and nonreinforcement. In A. H. Black & W. F. Prokasy (Eds.), *Classical*

conditioning II (pp. 64–99). New York: Appleton-Century-Crofts.
Riley, A. L. (1997). Drug discrimination learning: Assessment of opioid receptor pharmacology. In M. E. Bouton & M. S. Fanselow (Eds.), *Learning, motivation, and cognition. The functional behaviorism of Robert C. Bolles* (pp. 225–254). Washington: American Psychological Association.
Sahley, C. L., & Ready, D. F. (198). Associative learning modifies two behaviors in the leech, *Hirudo medicinalis. Journal of Neuroscience,* **8,** 4612–4620.
Sahley, C. L., Rudy, J. W., & Gelperin, A. (1981). An analysis of associative learning in a terrestrial mollusc. I. Higher-order conditioning, blocking, and a transient US preexposure effect. *Journal of Comparative Physiology-A,* **144,** 1–8.
Schneiderman, N. (1972). Response system divergencies in aversive classical conditioning. In A. H. Black and W. F. Prokasy (Eds.), *Classical conditioning, II: Current research and theory* (pp. 341–376). New York: Appleton-Century-Crofts.
Sheffield, F. D. (1965). Relations between classical conditioning and instrumental learning. In W. F. Prokasy (Ed.), *Classical conditioning: A symposium* (pp. 302–322). New York: Appleton-Century-Crofts.
Sidman, M. (1953). Avoidance conditioning with brief shock and no exteroceptive warning signal. *Science,* **118,** 157–158.
Siegel, S. (1999). Drug anticipation and drug addiction. *Addiction,* **94,** 1113–1124.
Siegel, S., Hinson, R. E., & Krank, M. D. (1978). The role of predrug signals in morphine analgesic tolerance: Support for a Pavlovian conditioning model of tolerance. *Journal of Experimental Psychology: Animal Behavior Processes,* **4,** 188–196.
Siegel, S., Hinson, R. E., Krank, M. D., & McCully, J. (1982). Heroin "overdose" death: The contribution of drug-associated environmental cues. *Science,* **216,** 436–437.
Skinner, B. F. (1935). The generic nature of the concepts of stimulus and response. *Journal of General Psychology,* **12,** 40–65.
Skinner, B. F. (1938). *The behavior of organisms.* New York: Appleton-Century.
Skinner, B. F. (1948). "Superstition" in the pigeon. *Journal of Experimental Psychology,* **38,** 168–172.
Spence, K. W. (1945). An experimental test of continuity and non-continuity theories of discrimination learning. *Journal of Experimental Psychology,* **35,** 253–266.
Spence, K. W. (1956). *Behavior theory and conditioning.* New Haven: Yale University Press.
Staddon, J. E. R., & Simmelhag, V. L. (1971). The "superstition" experiment: A reexamination of its implications for the principles of adaptive behavior. *Psychological Review,* **78,** 3–43.
Stamps, J. (1998). Territoriality. In G. Greenberg & M. Haraway (Eds.), *Comparative psychology: A handbook* (pp. 761–770). New York: Garland.
Thompson, R., & McConnell, J. V. (1955). Classical conditioning in the planarian *Dugesia dorotocephala. Journal of Comparative and Physiological Psychology,* **48,** 65–68.
Thorndike, E. L. (1911). *Animal intelligence.* New York: MacMillan.
Timberlake, W., & Lucas, G. A. (1985). The basis of superstitious behavior: Chance contingency, stimulus substitution, or appetitive behavior? *Journal of the Experimental Analysis of Behavior,* **44,** 279–299.
Tolman, E. C., & Honzik, C. H. (1930). Introduction and removal of reward and maze performance in rats. *University of California Publications in Psychology,* **4,** 257–275.
Tomie, A. (1976). Retardation of autoshaping: Control by contextual stimuli. *Science,* **192,** 1244–1246.
Ungless, M. A. (1998). A Pavlovian analysis of food-attraction conditioning in the snail *Helix aspersa. Animal Learning & Behavior,* **26,** 15–19.
Wagner, A. R. (1969). Stimulus selection and the "modified continuity theory." *Psychology of Learning & Motivation,* **3,** 1–41.
Wasserman, E. A., Franklin, S. R., & Hearst, E. (1974). Pavlovian appetitive contingencies and approach versus withdrawal to conditioned stimuli in pigeons. *Journal of Comparative & Physiological Psychology,* **86,** 616–627.
Wen, J. Y. M., Kumar, N., Morrison, G., Rambaldini, G., Runciman, S., Rousseau, J., van der Kooy, D. (1997). Mutations that prevent learning in *C. elegans. Behavioral Neuroscience,* **111,** 354–368.
Williams, B. A. (1991). Marking and bridging versus conditioned reinforcement. *Animal Learning & Behavior,* **19,** 264–269.
Williams, J. L., & Lierle, D. M. (1986). Effects of stress controllability, immunization, and therapy on the subsequent defeat of colony intruders. *Animal Learning & Behavior,* **14,** 305–314
Williams, J. L., & Lierle, D. M. (1988). Effects of repeated defeat by a dominant conspecific on subsequent pain sensitivity, open-field activity, and escape learning. *Animal Learning & Behavior,* **16,** 477–485.
Zener, K. (1937). The significance of behavior accompanying conditioned salivary secretion for theories of the conditioned response. *American Journal of Psychology,* **50,** 384–403.

第14章 比較学習と比較認知

Amsel, A. (1992). *Frustration theory.* Cambridge: Cambridge University Press.
Balda, R. P., & Kamil, A. C. (1989). A comparative study of cache recovery by three corvid species. *Animal Behaviour,* **38,** 486–495.
Batson, J. D., & Best, P. J. (1979). Drug-preexposure effects in flavor-aversion learning: Associative interference by conditioned environmental stimuli. *Journal of Experimental Psychology: Animal Behavior Processes,* **5,** 273–283.
Bitterman, M. E. (1975). The comparative analysis of learning. *Science,* **188,** 699–709.
Blanchard, D. C. (1997). Stimulus, environmental, and pharmacological control of defensive behaviors. In M. E. Bouton & M. S. Fanselow (Eds.), *Learning, motivation, and cognition. The functional be-

haviorism of Robert C. Bolles (pp. 283–303). Washington: American Psychological Association.

Bolles, R. C. (1970). Species-specific defense reactions and avoidance learning. *Psychological Review*, **77**, 32–48.

Bonner, J. T. (1988). *The evolution of complexity by means of natural selection*. Princeton: Princeton University Press.

Boysen, S. T., & Berntson, G. G. (1989). Numerical competence in a chimpanzee (*Pan troglodytes*). *Journal of Comparative Psychology*, **103**, 23–31.

Brannon, E. M., & Terrace, H. S. (2000). Representation of the numerosities 1–9 by rhesus macaques (*Macaca mulatta*). *Journal of Experimental Psychology: Animal Behavior Processes*, **26**, 31–49.

Breland, K., & Breland, M. (1961). The misbehavior of organisms. *American Psychologist*, **16**, 681–684.

Breukelaar, J. W. C., & Dalrymple-Alford, J. C. (1998). Timing ability and numerical competence in rats. *Journal of Experimental Psychology: Animal Behavior Processes*, **24**, 84–97.

Brodbeck, D. R. (1994). Memory for spatial and local cues: A comparison of a storing and a nonstoring species. *Animal Learning & Behavior*, **22**, 119–133.

Colwill, R. M., & Rescorla, R. A. (1986). Associative structures in instrumental learning. *Psychology of Learning & Motivation*, **20**, 55–104.

Couvillon, P. A., Tennant, W. A., & Bitterman, M. E. (1976). Intradimensional vs. extradimensional transfer in the discriminative learning of goldfish and pigeons. *Animal Learning & Behavior*, **4**, 197–203.

Daly, H. B. (1974). Reinforcing properties of escape from frustration aroused in various learning situations. *Psychology of Learning & Motivation*, **8**, 187–231.

Daly, M., Rauschenberger, J., & Behrends, P. (1982). Food-aversion learning in kangaroo rats: A specialist-generalist comparison. *Animal Learning & Behavior*, **10**, 314–320.

D'Amato, M. R., & Van Sant, P. (1988). The person concept in monkeys (*Cebus apella*). *Journal of Experimental Psychology: Animal Behavior Processes*, **14**, 43–55.

Dantzer, R., Arnone, M., & Mormade, P. (1980). Effects of frustration on behaviour and plasma corticosteroid levels in pigs. *Physiology & Behavior*, **24**, 1–4.

Davis, H., & Pérusse, R. (1988). Numerical competence in animals: Definitional issues, current evidence, and a new research agenda. *Behavioral & Brain Sciences*, **11**, 561–615.

Dickinson, A. (1980). *Contemporary animal learning theory*. Cambridge: Cambridge University Press.

Domjan, M. (1980). Ingestional aversion learning: Unique and general processes. In J. S. Rosenblatt, R. A. Hinde, C. Beer, & M. C. Busnel (Eds.), *Advances in the study of behavior* (Vol. 11, pp. 276–330). New York: Academic Press.

Domjan, M., & Galef, B. G. Jr. (1983). Biological constraints on instrumental and classical conditioning: Retrospect and prospect. *Animal Learning & Behavior*, **11**, 151–161.

Elliott, M. H. (1928). The effect of change of reward on the maze performance of rats. *University of California Publications in Psychology*, **4**, 19–30.

Epstein, R. (1987). The spontaneous interconnection of four repertoires of behavior in a pigeon (*Columba livia*). *Journal of Comparative Psychology*, **101**, 197–201.

Fanselow, M. S. (1994). Neural organization of the defensive behavior system responsible for fear. *Psychonomic Bulletin & Review*, **1**, 429–438.

Feldon, J., & Gray, J. A. (1981). The partial reinforcement extinction effect after treatment with chlordiazepoxide. *Psychopharmacology*, **73**, 269–275.

Flaherty, C. F., Becker, H. C., & Pohorecky, L. (1985). Correlation of corticosterone elevation and negative contrast varies as a function of postshift day. *Animal Learning & Behavior*, **13**, 309–314.

Fouts, R. S., & Fouts, D. H. (1989). Loulis in conversation with the cross-fostered chimpanzees. In R. A. Gardner, B. T. Gardner, & T. E. Van Cantfort (Eds.), *Teaching Sign Language to Chimpanzees* (pp. 293–307). Albany: State University of New York Press.

Franchina, J. J., & Brown, T. S. (1971). Reward magnitude shift effects in rats with hippocampal lesions. *Journal of Comparative & Physiological Psychology*, **76**, 365–370.

Garcia, J., & Koelling, R. A. (1966). Relation of cue to consequence in avoidance learning. *Psychonomic Science*, **4**, 123–124.

Gardner, R. A., & Gardner, B. T. (1969). Teaching sign language to a chimpanzee. *Science*, **165**, 664–672.

Gisiner, R., & Schusterman, R. J. (1992). Sequence, syntax, and semantics: Responses of a language-trained sea lion (*Zalophus californianus*) to novel sign combinations. *Journal of Comparative Psychology*, **106**, 78–91.

Harlow, H. (1949). The formation of learning sets. *Psychological Review*, **56**, 51–65.

Healy, S. D., & Krebs, J. R. (1992a). Delayed-matching-to-sample by marsh tits and great tits. *Quarterly Journal of Experimental Psychology*, **45B**, 33–47.

Healy, S. D., & Krebs, J. R. (1992b). Comparing spatial memory in two species of tit: Recalling a single positive location. *Animal Learning & Behavior*, **20**, 121–126.

Healy, S. D., & Krebs, J. R. (1996). Food storing and the hippocampus in Paridae. *Brain, Behavior & Evolution*, **47**, 195–199.

Herman, L. M., Pack, A. A., & Morrel-Samuels, P. (1993). Representational and conceptual skills of dolphins. In H. L. Roitblat, L. M. Herman, & P. E. Nachtigall (Eds.), *Language and communication: Comparative perspectives* (pp. 403–442). Hillsdale: Erlbaum.

Herrnstein, R. J., & Loveland, D. H. (1964). Complex visual concept in the pigeon. *Science*, **146**, 549–551.

Hillix, W. A., & Rumbaugh, D. M. (1998). Language in animals. In G. Greenberg & M. Haraway (Eds.), *Comparative psychology. A handbook* (pp. 837–848). New York: Garland.

Holland, P. C. (1981). Acquisition of representation-mediated conditioned food-aversions. *Learning & Motivation*, **12**, 1–18.

Hopkins, W. D., & Morris, R. D. (1993). Hemispheric priming as a technique in the study of lateralized cognitive processes in chimpanzees: Some recent findings. In H. L. Roitblat, L. M. Herman, & P. E. Nachtigall (Eds.), *Language and communication: Comparative perspectives* (pp. 291–309). Hillsdale: Erlbaum.

Hull, C. L. (1931). Goal attraction and directing ideas conceived as habit phenomena. *Psychological Review,* **38,** 487–506.

Hull, C. L. (1943). *Principles of behavior.* New York: Appleton-Century-Crofts.

Kamil, A. C., Balda, R. P., & Olson, D. J. (1994). Performance of four seed-caching corvid species in the radial-arm maze analog. *Journal of Comparative Psychology,* **108,** 385–393.

Köhler, W. (1925). *The mentality of apes.* London: Routledge & Kegan Paul.

Krane, R. V., & Wagner, A. R. (1975). Taste aversion learning with delayed shock US: Implications for the "generality of the laws of learning." *Journal of Comparative & Physiological Psychology,* **88,** 882–889.

Kruse, J. M., Overmier, J. B., Konz, W. A., & Rokke, E. (1983). Pavlovian conditioning stimulus effects upon instrumental choice behavior are reinforcer specific. *Learning & Motivation,* **14,** 165–181.

Logue, A. W. (1979). Taste aversion and the generality of the laws of learning. *Psychological Bulletin,* **86,** 276–296.

Lowes, G., & Bitterman, M. E. (1967). Reward and learning in the goldfish. *Science,* **157,** 455–457.

McShea, D. W. (1993). Evolutionary change in the morphological complexity of the mammalian vertebral column. *Evolution,* **47,** 730–740.

McShea, D. W. (1996). Metazoan complexity and evolution: Is there a trend? *Evolution,* **50,** 477–492.

Miles, H. L. W. (1990). The cognitive foundations for reference in a signing orangutan. In S. T. Parker & K. R. Gibson (Eds.), *Language and intelligence in monkeys and apes: Comparative developmental perspectives* (pp. 511–539). Cambridge: Cambridge University Press.

Morin, P.-P., Dodson, J. J., & Doré, F. Y. (1990). Facilitative effect of preexposure on heart-rate conditioning to an olfactory cue in Atlantic salmon (*Salmo salar*). *Journal of Comparative Psychology,* **104,** 340–344.

Mustaca, A. E., Bentosela, M., & Papini, M. R. (2000). Consummatory successive negative contrast in mice. *Learning & Motivation,* **31.**

Olson, D. J. (1991). Species differences in spatial memory among Clark's nutcrackers, scrub jays, and pigeons. *Journal of Experimental Psychology: Animal Behavior Processes,* **17,** 363–376.

Papini, M. R. (1997). Role of reinforcement in spaced-trial operant learning in pigeons (*Columba livia*). *Journal of Comparative Psychology,* **111,** 275–285.

Papini, M. R., Mustaca, A. E., & Bitterman, M. E. (1988). Successive negative contrast in the consummatory responding of didelphid marsupials. *Animal Learning & Behavior,* **16,** 53–57.

Patterson, F. L. (1990). Language acquisition by a lowland gorilla: Koko's first ten years of vocabulary development. *Word,* **41,** 97–143.

Pepperberg, I. M. (1987). Acquisition of the same/different concept by an African Grey parrot (*Psittacus erithacus*): Learning with respect to categories of color, shape, and material. *Animal Learning & Behavior,* **15,** 423–432.

Pepperberg, I. M. (1993). Cognition and communication in an African Grey parrot (*Psittacus erithacus*): Studies on a nonhuman, nonprimate, nonmammalian subject. In H. L. Roitblat, L. M. Herman, & P. E. Nachtigall (Eds.), *Language and communication: Comparative perspectives* (pp. 221–248). Hillsdale: Erlbaum.

Premack, D. (1976). *Intelligence in ape and man.* Hillsdale: Erlbaum.

Rescorla, R. A. (1971). Summation and retardation tests of latent inhibition. *Journal of Comparative & Physiological Psychology,* **75,** 77–81.

Rumbaugh, D. M., Washburn, D. A., & Hillix, W. A. (1996). Respondents, operants, and emergents: Toward an integrated perspective on behavior. In K. Pribram & J. King (Eds), *Learning as a self-organizing process* (pp. 57–73). Hillsdale: Erlbaum.

Salas, C., Broglio, C., Rodriguez, F., Lopez, J. C., Portavella, M., & Torres, B. (1996). Telencephalic ablation in goldfish impairs performance in a spatial constancy problem but not in a cued one. *Behavioural Brain Research,* **79,** 193–200.

Savage-Rumbaugh, E. S. (1993). Language learnability in man, ape, and dolphin. In H. L. Roitblat, L. M. Herman, & P. E. Nachtigall (Eds.), *Language and communication: Comparative perspectives* (pp. 457–484). Hillsdale: Erlbaum.

Savage-Rumbaugh, E. S., Murphy, J., Sevcik, R. A., Brakke, K. E., Williams, S. L., & Rumbaugh, D. M. (1993). Language comprehension in ape and child. *Monographs of the Society for Research in Child Development,* **58**(3–4), Serial No. 233.

Savage-Rumbaugh, E. S., Rumbaugh, D. M., & Boysen, S. (1978). Symbolic communication between two chimpanzees (*Pan troglodytes*). *Science,* **201,** 641–644.

Schusterman, R. J., & Krieger, K. (1984). California sea lions are capable of semantic comprehension. *Psychological Record,* **34,** 3–23.

Shapiro, K. L., Jacobs, W. J., & LoLordo, V. M. (1980). Stimulus-reinforcer interactions in Pavlovian conditioning of pigeons: Implications for selective associations. *Animal Learning & Behavior,* **8,** 586–594.

Sherry, D. F., Jacobs, L. F., & Gaulin, S. J. C. (1992). Spatial memory and adaptive specialization of the hippocampus. *Trends in Neuroscience,* **15,** 298–303.

Sherry, D. F., Vaccarino, A. L., Buckenham, K., & Herz, R. S. (1989). The hippocampal complex of food-storing birds. *Brain, Behavior & Evolution,* **34,** 308–317.

Shettleworth, S. J. (1978). Reinforcement and the organization of behavior in golden hamsters: Punishment of three action patterns. *Learning & Motivation,* **9,** 99–123.

Shishimi, A. (1985). Latent inhibition experiments with goldfish (*Carassius auratus*). *Journal of Comparative Psychology,* **99,** 316–327.

Sutherland, N. S., & Mackintosh, N. J. (1971). *Mechanisms of animal discrimination learning.* New York: Academic Press.

Terrace, H. S. (1979). *Nim.* New York: Knopf.

Terrace, H. S., Petitto, L. A., Sanders, R. J., & Bever, T. G. (1979). Can an ape create a sentence? *Science,* **206,** 891–902.

Thomas, R. K. (1980). Evolution of intelligence: An approach to its assessments. *Brain, Behavior, & Evolution,* **17,** 454–472.

Thorndike, E. L. (1911). *Animal intelligence*. New York: Macmillan.

Tinklepaugh, O. L. (1928). An experimental study of representative factors in monkeys. *Journal of Comparative Psychology*, **8,** 197–236.

Tolman, E. C. (1932). *Purposive behavior in animals and men*. New York: Irvington.

Trapold, M. A. (1970). Are expectancies based upon different positive reinforcing events discriminably different? *Learning & Motivation*, **1,** 129–140.

Trapold, M. A., & Overmier, J. B. (1972). The second learning process in instrumental learning. In A. H. Black & W. F. Prokasy (Eds.), *Classical conditioning. II. Current research and theory* (pp. 427–452). New York: Appleton-Century-Crofts.

Wasserman, E. A., DeVolder, C. L., & Coppage, D. J. (1992). Non-similarity-based conceptualization in pigeons via secondary or mediated generalization. *Psychological Science*, **3,** 374–379.

Watanabe, M. (1996). Reward expectancy in primate prefrontal neurons. *Nature*, **382,** 629–632.

Wilcoxon, H. C., Dragoin, W. B., & Kral, P. A. (1971). Illness-induced aversions in rat and quail: Relative salience of visual and gustatory cues. *Science*, **171,** 826–828.

Wright, A. A., Shyan, M. R., & Jitsumori, M. (1990). Auditory same/different concept learning by monkeys. *Animal Learning & Behavior*, **18,** 287–294.

Yerkes, R. M. (1916). *The mental life of monkeys and apes*. New York: Holt.

人名索引

A

Abel, T. *411*
Aboitiz, F. *245*
Abramson, C. I. *407, 409*
Ader, R. *404*
Aesop *22, 86*
Ahlquist, J. E. *40, 148, 150, 159, 160, 260, 366*
Ainsworth, M. D. S. *358*
Akins, C. K. *403*
Alberts, J. R. *119*
Alexander, R. D. *125, 126*
Alexander, the Great *8, 135*
Alistotle *29*
Alloway, T. M. *316*
Amsel, A. *121, 330, 424*
Anaximandros *3, 22*
Anderson, P. A. V. *176, 177*
Andrews, P. *260*
Annet, C. *69, 70*
Antonitis, J. J. *395*
Aoki, S. *127*
Arensburg, B. *275*
Aristotle *4, 5, 11, 14, 19, 22, 135*
Armstrong, E. *239*
Arnold, A. P. *306, 307, 373*
Asfaw, B. *264*
Atchley, W. R. *239*
Avers, C. J. *8*
Azara, F. de *8, 23*
Azrin, N. H. *395*

B

Bailey, C. H. *202*
Bailey, M. T. *359*
Baker, R. R. *118*
Balda, R. P. *81, 421*
Baldwin, J. *23*
Baldwin, J. M. *289*
Balsam, P. D. *386*
Bandrés, J. *5*
Baptista, L. F. *368, 370*
Barfield, R. J. *117*
Barlow, G. W. *185, 187*
Barnes, C. A. *306*
Barnes, N. S. *30, 84*
Barnett, S. A. *74*
Bateman, A. J. *106*
Bateson, P. *102*
Bauchot, R. *238, 239*
Beach, F. A. *24, 305*
Bechterev, V. *23*
Beck, H. *179*
Bednarz, J. C. *129*
Bekhterev, V. *398, 399*
Bekoff, A. *313*
Belleine, B. *401*
Bellis, M. A. *118*
Benton, M. J. *144, 150, 157, 162, 247, 254*
Berntson, G. G. *98, 439*
Betzig, L. *103*
Bingman, V. *229*
Bishop, J. A. *45*
Bitterman, M. E. *382, 391, 409, 410, 414, 425*
Black, J. E. *305*
Blanchard, D. C. *419*
Blanchard, R. J. *91*
Boakes, R. *7, 13*
Boesch, C. *129, 130*
Bolen, R. H. *76*
Bolhuis, J. J. *346, 348, 355*
Bolles, R. C. *231, 389, 390, 419*
Bonner, J. T. *448*
Borgia, G. *105*
Bottjer, S. W. *373*
Bouton, M. E. *231, 390*
Boysen, S. T. *98, 439*
Braha, O. *199, 200*
Brannon, E. M. *438*
Brauth, S. E. *366*
Breedlove, S. M. *306*

Breland, K. *418*
Breland, M. *418*
Brenowitz, E. A. *373*
Breukelaar, J. W. C. *438*
Briggs, D. E. G. *146*
Broca, P. *447*
Brock, J. *351*
Brodbeck, D. R. *81, 421*
Brodman, K. *23, 234*
Broglio, C. *230*
Bronson, F. *316*
Brown, S. D. *98*
Brown, T. *7, 23*
Brown, T. S. *426*
Brunelli, M. *199, 200*
Brunner, D. *64, 194, 195*
Brusca, G. J. *294*
Brusca, R. C. *294*
Brush, F. R. *59*
Buckbee, D. A *407*
Buffon, G. L. L. *22, 29*
Burghardt, G. M. *98*
Butler, A. B. *209–211, 223, 231, 233*
Bygott, J. D. *43*

C

Cadwallander, T. C. *11*
Cairns, R. B. *355*
Cajal, S. R. y *23, 214, 301*
Calabrese, R. L. *190*
Campagna, C. *110*
Campbell, B. A. *320, 321, 331–333*
Campbell, E. H. *331, 332*
Capecchi, M. R. *300*
Capitanio, J. P. *362*
Caplan, D. *277*
Caraco, T. *70*
Carew, T. J. *195, 198, 199, 408*
Caro, T. L. *4*
Caro, T. M. *90*
Carroll, S. B. *139*

Castellucci, V. F.   *197, 199*
Castro-Vázquez, A.   *117*
Caubet, Y.   *316*
Cedar, H.   *62*
Charnov, E. L.   *70, 72*
Cheatle, M. D.   *325, 326*
Chen, J. -S.   *327, 329, 330*
Chen, J. -Y.   *150*
Chen, L.   *220*
Chen, M.   *202*
Cheney, D. L.   *358, 374*
Chesley, S.   *357*
Chiappe, L. M.   *150*
Chotro, M. G.   *312, 313*
Church, R. M.   *395*
Clack, J. A.   *150*
Clayton, D. F.   *373*
Clayton, N. S.   *274, 304*
Clutton-Brock, T. H.   *104–106*
Coates, M. I.   *150*
Coe, C. L.   *359*
Cohen, N.   *404*
Coleman, S. L.   *79*
Colwill, R. M.   *408, 433*
Condillac, E.   *7, 22*
Connell, J. H.   *68*
Connolly, K.   *339*
Conroy, G. C.   *267*
Cook, J. A. L.   *120*
Cook, L. M.   *45*
Cooper, A.   *150*
Corl, K. G.   *242, 243*
Coulter, X.   *327, 328*
Couvillon, P. A.   *409, 424*
Cracraft, J.   *150*
Craig, W.   *17, 24*
Crespi, B. J.   *126*
Crews, D.   *96, 117, 340*
Crimes, T. P.   *179, 180*
Curio, E.   *92*
Curry, R. L.   *102*
Curtis, H.   *30, 84*
Cuvier, G.   *23, 29, 31*

D ─────────────────●
D'Amato, F. R.   *104*
D'Amato, M. R.   *435*
Dalgleish, M.   *339*
Dalrymple-Alford, J. C.   *438*
Daly, H. B.   *424*
Daly, M.   *417*
Dantzer, R.   *425*

Darlington, R. B.   *303, 304*
Darwin, C.   *1, 8, 10–17, 23, 30, 32, 33, 42, 47, 49, 52, 67, 103, 105, 167, 375*
Davidson, T. L.   *402*
Davies, N. B.   *108, 109, 118–120*
Davis, H.   *437*
Dawkins, R.   *47, 86*
de Bruin, J. P. C.   *226*
de Heinzelin, J.   *266*
de Vos, G. J.   *104*
Deacon, T. W.   *295*
DeCasper, A. J.   *324*
Delamater, A. R.   *389, 390*
Democritus   *4, 22*
DePaulo, P.   *345*
Descartes, R.   *1, 6, 8, 14, 22*
Desmoulins, A.   *23, 226*
Dewsbury, D. A.   *104, 112, 117*
Diamond, J. M.   *68*
Diaz-Granados, J. L.   *330*
Dickinson, A.   *274, 397, 410, 422*
Diodorus, S.   *123*
Dobzhansky, T.   *56, 166*
Domjan, A.   *417*
Domjan, J.   *403*
Domjan, M.   *100, 101, 323, 418*
Donald, M.   *274, 275*
Dooling, R. J.   *98, 366*
Doolittle, R. F.   *148*
Downer, J.L.de C.   *230*
Dudai, Y.   *62*
Dunbar, R. I. M.   *273, 274*
Dunlap, J. C.   *60, 61*

E ─────────────────●
Eccles, J. C.   *6*
Edgar, B.   *263, 264, 266, 268*
Eisenberg, J. F.   *46, 90, 118, 239, 242, 245, 250, 310*
Eiserer, L. A.   *342, 344*
Eldredge, N.   *167*
Elias, M. F.   *245*
Elliott, M. H.   *425, 430*
Emlen, S. T.   *108, 335*
Empedocles   *3, 22*
Epicurus   *4, 22*
Epple, G.   *107*
Epstein, R.   *428*
Estes, R.   *150*
Evans, H. E.   *20*
Evans, S.   *99*
Everitt, B. J.   *99*

Ewert, J. -P.   *218*

F ─────────────────●
Fanselow, M. S.   *419*
Farley, J.   *408*
Fedonkin, M. A.   *144*
Feinman, R. D.   *409*
Feldon, J.   *426*
Ferel, P. B.   *214*
Ferguson, W.   *317*
Ferster, C. B.   *396*
Fetcho, J. R.   *214*
Fifer, W. P.   *312, 324*
Finlay, B. L.   *303, 304*
Fiorito, G.   *407*
Fisher, J.   *79*
Fitch, W. M.   *28*
Fitzpatrick, J. W.   *122, 123*
Flaherty, C. F.   *59, 425*
Flourens, P.   *13, 23, 226*
Forey, P.   *150, 207, 208*
Foster, W. A.   *127, 128*
Fouts, D. H.   *444*
Fouts, R. S.   *444*
Fragaszy, D. M.   *83*
Franchina, J. J.   *426*
Frazer, A.   *221*
Frederickson, W. T.   *102*
Freeberg, T. M.   *355*
Fricke, H.   *153*
Friedrich, F. J.   *253*
Frost, W. M.   *198*
Fuller, J. L.   *237, 298, 354*
Furnes, W.   *440*

G ─────────────────●
Gabunia, L.   *268*
Galef, B. G. Jr.   *77, 79, 80, 417*
Gallup, G. G. Jr.   *98*
Galton, F.   *23, 288*
Galvani, L.   *7, 23*
Ganble, C.   *270*
Gannon, P. J.   *276*
Garcia, J.   *416*
Gardiner, B. G.   *168*
Gardner, B. T.   *440, 441*
Gardner, R. A.   *440, 441*
Garstang, W.   *24, 280, 281, 293, 294*
Gartner, J. V. Jr.   *75*
Gauci, M.   *404*
Gauthier, J.   *150*
Gazit, I.   *317*

Gebo, D. L. *255, 257*
Geils, H. D. *237*
Gemberling, G. A. *323*
Gerhart, J. *284*
Gibbon, J. *386*
Gibbs, H. *64*
Gilbert, L. E. *85*
Gingerich, P. D. *66*
Gisiner, R. *447*
Glanzman, D. L. *202*
Goldman, S. *373*
Golgi, C. *214*
Gonzalez-Lima, F. *235*
Goodall, J. *82*
Goodman, C. S. *302*
Gormezano, I. *219, 381*
Gorr, T. *150*
Gottlieb, G. *9, 19, 288, 291, 311, 312, 346, 365*
Gould, S. J. *45, 46, 167, 292*
Gowlett, J. A. J. *266*
Goy, R. W. *307*
Grammer, K. *115*
Grant, P. R. *30, 36, 64, 82, 102*
Grassman, M. *353*
Grau, J. W. *214, 216*
Gray, J. A. *426*
Gray, P. *357*
Green, S. M. *76*
Greengard, P. *62, 63*
Greenough, W. T. *305*
Grice, G. R. *397*
Griffin, D. R. *86*
Grobecker, D. B. *75*
Gross, M. R. *44, 109*
Groves, P. M. *214, 321*
Gubernick, D. J. *119, 353*
Gutiérrez, G. *100, 101*

H

Haeckel, E. *23, 28, 29, 135, 291–293*
Hainsworth, F. R. *226*
Haldane, J. B. S. *65*
Haley, M. P. *104*
Hall, J. C. *60*
Hall, K. *82*
Hall, M. *7, 23*
Hall, W. G. *324*
Hamburger, V. *311*
Hamilton, W. D. *24, 42, 93, 125*
Haralson, J. V. *178*
Haralson, S. J. *178*

Hardy, G. H. *34*
Harlow, H. *243, 359, 360, 429*
Harlow, H. F. *24, 362*
Hartley, D. *7, 22*
Hartung, J. *103*
Harvey, P. H. *239*
Hasler, A. D. *353*
Hauser, M. D. *374*
Hayes, C. *272, 440*
Hayes, K. *440*
Healy, S. D. *420–422*
Heaton, J. T. *366*
Heaton, M. B. *334, 335*
Hebb, D. O. *24, 305*
Heinrich, B. *79*
Heinroth, O. *15, 24*
Hen, R. *64*
Hensler, J. G. *221*
Hepper, P. G. *316*
Herman, L. M. *446*
Herrick, C. L. *13*
Herrnstein, R. J. *434*
Hershkowitz, M. *316*
Hewitt, J. K. *55*
Hikami, K. *81*
Hillix, W. A. *441*
Hinde, R. A. *79*
Hirsch, J. *52, 53, 56, 57*
Hochner, B. *201*
Hodos, W. *209–211, 231*
Hofer, M. A. *357*
Hofer, M. E. *358*
Hoffman, H. *322, 323*
Hoffman, H. S. *345–349*
Hogan, J. A. *334, 365*
Holland, P. C. *380, 381, 389, 431*
Hölldobler, B. *125, 126*
Hollis, K. L. *100, 101*
Holmes, W. G. *102*
Holz, W. C. *395*
Honey, R. C. *346, 348*
Honzik, C. H. *76, 84, 377*
Hopkins, W. D. *447*
Horn, G. *343, 349, 351*
Horner, J. R. *150*
Hoyle, G. *185*
Huang, Y.-Y. *62*
Huber, R. *187, 188*
Hull, C. L. *24, 431, 435*
Hume, D. *7, 22*
Hunt, G. R. *82*
Huxley, J. S. *20, 24, 112, 113*

I

Immelmann, K. *355*
Inoue-Nakamura, N. *82, 337, 338*
Insel, T. R. *250, 356*
Ishikawa, T. *354*
Iso, H. *59*

J

Jackson, R. L. *400*
Jacob, F. *8, 47*
James, F. C. *290*
James, W. *16, 23*
Janvier, P. *150, 207, 208*
Janzen, D. H. *83*
Jennings, H. S. *13, 23*
Jerison, H. J. *161, 234, 236, 238–242, 248, 250*
Jin, H. *373*
Job, R. F. S. *401*
Johanson, D. *263, 264, 266, 268*
Johanson, I. B. *324*
Johnson, D. L. *355*
Johnson, J. I. Jr. *231*
Johnson, M. C. *178*
Johnson, M. H. *343*
Johnson, S. K. *357*
Johnston, J. E. *112*
Jones, A. H. *368*
Jones, R. B. *91*
Julius Caesar *134*
Junco, F. *352*
Jürgens, U. *217*

K

Kaas, J. H. *234*
Kamil, A. C. *74, 77, 78, 81, 421*
Kamin, L. J. *387, 400*
Kandel, E. R. *62, 182–184, 197, 199, 203, 204, 411*
Katz, H. M. *243*
Kauer, J. A. *313*
Kaufman, J. D. *72*
Kaufman, M. A. *389*
Kaufman, T. C. *39, 287, 292*
Kay, H. *243*
Kay, R. F. *257*
Kaye, H. *391, 392*
Keating, C. F. *115*
Kelly, J. *258*
Kelly, J. B. *320*
Kemp, T. S. *150, 168*
Kendrick, K. M. *358*

Kennedy, M. *171, 172*
Kielan-Jaworowska, Z. *234*
Kimbel, W. H. *264*
Kimura, M. *40*
King, A. P. *359, 371, 372*
King, M. C. *38, 260, 289*
Kirschner, M. *284*
Kleinschmidt, T. *153*
Klinschmidt, T. *150*
Knoll, A. H. *139*
Koelling, R. A. *416*
Köhler, W. *24, 82, 427*
Köksal, F. *403*
Konishi, M. *364, 366*
Konorski, J. *379*
Kramer, B. *241*
Krane, R. V. *418*
Krank, M. D. *404*
Krasne, F. B. *189*
Kravits, E. A. *187, 188*
Krebs, J. R. *71–73, 86, 239, 304, 420–422*
Krech, D. *305*
Krings, M. *269*
Kristan, W. B. Jr. *190*
Kroodsma, D. E. *366*
Kruijt, J. P. *104*
Kruse, J. M. *432, 433*
Kuo, Z. Y. *18, 19, 24, 288*
Kvist, B. *59*

L

La Mettrie, Julien de *7, 22, 272, 440*
Lamarck, J. B. *8–11, 14, 19, 23*
Lande, R. *237*
Langman, R. E. *37*
Lashley, K. S. *24, 236*
Le Boeuf, B. J. *110*
Leakey, M. G. *264, 266*
Lecanuet, J. -P. *315*
LeDoux, J. E. *231, 232*
Lee, M. S. Y. *150*
Lehrman, D. S. *19, 24, 288*
Lejeune, H. *397*
Leon, M. *358*
Leucipus *4, 22*
Levi-Montalcini, R. *303*
Lewontin, R. C. *45, 46*
Li, C. -W. *144*
Li, W. -H. *40*
Lieberman, D. A. *398*
Lieberman, P. *275, 276*
Lierle, D. M. *401*

Lillegraven, J. A. *150*
Linnaeus, C. *22, 29, 135, 136*
Lively, C. M. *41*
Llavona, R. *5*
Locke, J. *7, 22*
Loeb, J. *13, 23*
Lofdahl, K. L. *57, 58*
Logan, C. *178, 179*
Logue, A. W. *418*
Lorenz, K. *15–19, 24, 288*
Lorenz, K. Z. *341*
Losey, J. E. *87, 88*
Losos, J. B. *65*
Loveland, D. H. *434*
Lowes, G. *425*
Lubow, R. E. *323, 385*
Lucas, G. A. *398*
Lucretius Caro, T. *1, 4, 22*

M

Mace, G. M. *245*
Mackintosh, N. J. *424*
Macphail, E. M. *6, 406*
MacQueen, G. M. *404*
Maddison, W. P. *171*
Magendi, F. *7, 23*
Maier, S. F. *400*
Maldonado, H. *194, 195*
Marcus, E. A. *195*
Margoliash, E. *28*
Mariath, H. A. *62*
Marler, P. *365–370*
Marshall, L. G. *164*
Martin, M. W. *144*
Martin, R. *248, 267*
Martin, R. D. *239, 240*
Marzluff, J. *79*
Mason, W. A. *361*
Mast, V. K. *327*
Mather, J. A. *185–187*
Matsuda, R. *291*
Matsuzawa, T. *82, 83, 337, 338*
Matzel, L. D. *382, 383*
Maynard Smith, J. *109, 140*
Mayor, A. *31*
McAllister, W. R. *385, 400*
McCabe, B. J. *350, 351*
McCain, G. *393*
McConnell, J. V. *406*
McCormick, D. A. *219*
McDonald, D. B. *114*
McEwen, B. S. *307*

McGrew, W. C. *337*
McHenry, H. M. *267*
McKinney, M. L. *296, 297*
McNamara, K. J. *292*
McQuoid, L. M. *79*
McShea, D. W. *448*
Meech, R. W. *178*
Mellgren, R. L. *79*
Mello, C. V. *373*
Mendel, G. *17, 23, 32–34*
Menzel, E. W. Jr. *79*
Merimee, T. J. *292*
Meyer, A. *297*
Meyer, C. C. *344*
Miles, H. L. W. *441*
Miller, G. H. *159*
Miller, J. S. *333*
Miller, S. *379*
Milner, P. *394*
Mishkin, M. *229*
Moffatt, C. A. *365*
Morgan, C. L. *375*
Molina, J. C. *312, 313*
Møller, A. P. *107*
Moltz, H. *344*
Montagnese, C. M. *241*
Montarolo, P. G. *201, 202*
Moon, C. *312*
Moore, M. C. *96, 340*
Morey, D. F. *297*
Morgan, C. L. *12, 23, 448*
Morin, P. -P. *353, 423*
Morris, D. *113*
Morris, R. D. *447*
Morris, R. G. *229, 230*
Morrison, G. E. *406*
Mowrer, O. H. *399*
Murdock, G. P. *103*
Mustaca, A. E. *386, 425*
Muzio, R. *225*

N

Nathans, J. *252*
Nelson, D. O. *222*
Nestler, E. J. *62, 63*
Neuringer, A. *395*
Nielsen, C. *175, 176, 181, 205, 283*
Nieuwenhuys, R. *212*
Northcutt, R. G. *208, 226, 227, 234, 239, 241*
Nottebohm, F. *307, 370, 372, 373*

O

Oldfield-Box, H.   *243*
Olds, J.   *394*
Oliverio, A.   *51*
Olson, D. J.   *421*
Olton, D. S.   *243*
Orians, G. H.   *107*
Oring, L. W.   *106, 108*
Osorio, D.   *181*
Overmier, J. B.   *226, 399, 400, 433*
Owen, D.   *89*

P

Packer, C.   *43, 119*
Padian, K.   *150*
Page, S.   *395*
Panksepp, J.   *346*
Papini, M. R.   *226, 382, 391, 399, 425–427*
Pate, J. L.   *243, 244*
Patterson, F. L.   *441*
Pavlov, I. P.   *13, 23, 325, 378, 382, 387, 389, 390, 404, 406*
Pérusse, R.   *437*
Pearce, J. M.   *391, 392*
Pedreira, M. E.   *195*
Penny, D.   *150*
Pepperberg, I. M.   *436, 446*
Pereira, G.   *1, 5, 6, 8, 22*
Perill, S. A.   *110*
Perrins, R.   *190, 191*
Peterson, N.   *344*
Petrie, M.   *104*
Petrinovich, L.   *358, 368, 370*
Pfungst, O.   *12*
Phelps, M. R.   *74*
Piaget, J.   *24, 290, 319*
Pierotti, R.   *69, 70*
Pietriewicz, A. T.   *77, 78*
Pietsch, T. W.   *75*
Pinsker, H. M.   *198, 201*
Platel, R.   *239*
Plutarch   *123*
Polan, H. J.   *357*
Pollard, H. B.   *229*
Popper, K. S.   *6*
Potì, P.   *319*
Potts, W. K.   *114*
Premack, D.   *441, 443*
Preyer, W.   *23, 311*
Prosser, C.L.   *222*
Pryce, C. R.   *99*
Pryor, K. W.   *395*

Plutarch   *123*
Purdy, J. E.   *407*

Q

Quinn, W. G.   *62*

R

Raff, R. A.   *39, 148, 292*
Rankin, C. H.   *196, 197*
Rashotte, M. E.   *121*
Ratner, A. M.   *346, 347*
Ready, D. F.   *407*
Redhead, E.   *71*
Reeve, H. K.   *127*
Rehkämper, G.   *245*
Reichling, D. B.   *217*
Reig, O. A.   *150*
Renner, M. J.   *76, 305, 319*
Rescorla, R. A.   *378, 384, 388–390, 423, 433*
Reznick, D. N.   *64*
Ricker, J. P.   *56, 57*
Riddell, W. I.   *242, 243*
Riley, A. L.   *402*
Rilling, J. K.   *250*
Ritska, B.   *239*
Roberts, W. A.   *74*
Robinson, D.   *3, 9, 21*
Robinson, S. R.   *102, 312, 314, 315*
Roderick, T. H.   *237*
Roeder, K. D.   *86, 87*
Romanes, G.   *12, 23, 375*
Romer, A. S.   *150*
Ronca, A. E.   *118, 119, 312*
Rosenblatt, J. S.   *356*
Rosenzweig, M. R.   *305*
Rosvold, H. E.   *230*
Roth, G.   *39, 241*
Rothenbuhler, W. C.   *50*
Roubertoux, P. L.   *52, 54*
Rougier, G. W.   *150*
Rowan, G. A.   *59*
Rudy, J. W.   *325, 326*
Ruiz-Trillo, I.   *148*
Rumbaugh, D. M.   *243, 244, 429, 440, 441*
Runnegar, B.   *144*
Rushforth, N.   *178*

S

Sackett, G. P.   *102, 362*
Sahley, C. L.   *407, 408*
Salas, C.   *230, 421*

Sales, G. D.   *357*
Salzen, E. A.   *344*
Samuel, D.   *316*
Sanes, J. R.   *302*
Sarton, G.   *5*
Satta, Y.   *260*
Saunders, J. W.   *300*
Savage, A.   *107*
Savege-Rumbaugh, E. S.   *443, 445, 447*
Sawaguchi, T.   *250, 251*
Schaller, G.   *82*
Scheich, H.   *235*
Scheller, R. H.   *302*
Schlaug, G.   *252*
Schneiderman, N.   *404*
Schneirla, T. C.   *19, 20, 24, 288*
Schoch, R. M.   *296, 297*
Schuluter, D.   *68*
Schusterman, R. J.   *447*
Schwenk, K.   *77*
Scott, J. P.   *24, 298, 354*
Searle, L. V.   *56*
Sechenov, I. M.   *7, 23*
Seilacher, A.   *144*
Seligman, M. E. P.   *400*
Seltzer, C.   *336*
Seyfarth, R. M.   *93, 358, 374*
Shapiro, K. L.   *416*
Sheard, N. M.   *357*
Shearman, L. P.   *61*
Sheffield, F. D.   *380*
Sheingold, K.   *330*
Sherman, P. W.   *93–95, 101, 102*
Sherrington, C. S.   *23, 214, 216*
Sherry, D. F.   *79, 82, 110, 229, 421*
Shettleworth, S. J.   *81, 419*
Shimai, S.   *59*
Shishimi, A.   *423*
Sholz, A. T.   *353*
Sibley, C. G.   *40, 260, 366*
Sibly, C. G.   *148, 150, 159, 160*
Sidman, M.   *399*
Siegel, H. I.   *356*
Siegel, S.   *405*
Simmelhag, V. L.   *398*
Simons, E.   *254, 256*
Simpson, G. G.   *167*
Singh, D.   *115, 116*
Skinner, B. F.   *24, 394, 396, 398*
Slack, J. M. W.   *286, 287*
Slotnick, B. M.   *243*
Smith, A. G.   *142*

Smith, J. C.   357
Smith, K. G.   85
Smotherman, W. P.   102, 312, 314, 315, 358
Snowdon, C. T.   107
Socrates   134
Sossin, W. S.   201
Spalding, D. A.   13, 18, 19, 23, 341
Spallanzani, L.   23, 85
Spear, N. E.   322, 323
Spence, K. W.   393, 398
Spencer, A. N.   178
Spencer, H.   11, 23, 42
Spencer, W. A.   192, 193
Sperry, R. W.   301
Spinozzi, G.   319
Staddon, J. E. R.   398
Stamps, J.   395
Stearns, S. C.   42
Stehouwer, D. J.   320, 321
Steiner, H.   64
Stephan, H.   246
Stern, D. L.   127, 128
Stern, J. M.   357
Stettner, L. J.   344
Sthal, W. H.   5
Striedter, G. F.   227, 228, 233
Stringer, C. B.   268, 270
Sturn, T.   100
Suboski, M. D.   91, 92
Suomi, S. J.   362
Sutherland, N. S.   424
Suzuki, S.   83
Swartz, K. B.   99
Swope, R. L.   342
Szathmary, E.   140

T
Taborsky, M.   122
Takahata, N.   260
Tamura, M.   369
ten Cate, C.   355
Tenney, Y. J.   330
Terkel, J.   317
Terrace, H. S.   438, 441
Tessier-Lavigne, M.   302
Thomas, R. K.   449
Thompson, R.   406
Thompson, R. F.   192, 193, 214, 219, 220, 321
Thompson, T.   100
Thorndike, E. L.   13, 17, 24, 379, 396, 404, 406, 418, 427, 430
Thorne, A. G.   271
Thorne, B. L.   127
Thornhill, R.   115
Thorpe, W. H.   24, 363
Timberlake, W.   398
Tinbergen, N.   17-20, 24, 25, 112, 113
Tinklepaugh, O. L.   253, 254, 430
Tobias, P. V.   267
Tolman, E. C.   24, 76, 84, 320, 377, 430, 431, 433
Tomie, J.-A.   79
Toran-Allerand, C. D.   307
Towsend, D. S.   119
Tracy, D. de   7, 23
Trapold, M. A.   431-433
Trivers, R. L.   105, 107, 121, 130
Trut, L. N.   298
Tryon, R. C.   55, 56
Tsuji, K.   354
Tubaro, P. L.   370
Tully, T.   62
Tyler, P. A.   71
Tyndale-Biscoe, H.   310, 311

U
Ungless, M. A.   408

V
Vaccarino, A. L.   229
Valentine, J. W.   145, 148, 149
Vallortigara, G.   99
Van Sant, P.   435
van der Meer, A. L. H.   336
Vandermeersch, B.   270
Vekua, A.   268
Vidal, F.   290
Vidal, J.-M.   355
Visalberghi, E.   83
Vitaterna, M. H.   61
Volta, A.   7, 23
vom Saal, F.   316
von Baer, K. E.   23, 28, 29, 209, 227, 284
von Frisch, K.   24, 409
von Helmholtz, H.   7, 23
von Hofsten, C.   336
von Kluge, S.   59
von Osten, H.   12

W
Waddington, C. H.   289, 290
Wade, J.   117
Wagner, A. R.   388, 418
Waldman, B.   316
Wall, V.   81, 85
Wallace, A.   8, 10, 11, 23
Walters, E. T.   204
Ward, J. P.   336
Ward, P.   79
Warner, R. R.   110
Wasserman, E. A.   333, 391, 435
Watanabe, M.   253, 431
Watson, J. B.   13, 14, 18, 24, 288
Wearden, J. H.   397
Weber, E. F. W.   7, 23
Weinberg, G.   34
Weinland, D.   11
Weinland, D. F.   23
Weismann, A.   17, 23
Weiss, K. R.   190, 191
Weiss, P.   287
Wen, J. Y. M.   62, 406
Wernicke, C.   447
West, M. J.   370-372
Westergaard, G. C.   83
Westneat, D. F.   107
Whishaw, I. Q.   79
White, J. E.   195
White, N. R.   117
Whitman, C.   15, 23
Whittaker, R. H.   137
Whytt, R.   7, 22
Wicks, S. R.   197
Wiesner, B. P.   357
Wilcox, R. M.   112
Wilcoxon, H. C.   417
Wilkinson, G.   131
Willerman, L.   245
Williams, G. C.   46
Williams, B. A.   398
Williams, J. L.   401
Williams, T. D.   112
Willmer, P.   175
Willows, A. O. D.   185
Wilson, A. C.   38, 260, 289
Wilson, D. E.   245
Wilson, E. O.   125, 126
Wimberger, P. H.   103
Wimer, C.   245
Wine, J. J.   189
Wolpoff, M. H.   271
Woolfenden, G. E.   122, 123
Wray, G. A.   148
Wright, A. A.   435

Wright, S. *167*
Wright, W. G. *202, 203*
Wu, C. -I. *40*
Wuensch, K. L. *178*
Wyles, J. S. *9, 97*
Wynne-Edwards, V. C. *47*

X

Xiao, S. *144, 145*

Y

Yates, G. *229*
Yeager, C. P. *98*
Yerkes, R. *13, 24*
Yerkes, R. M. *440*
Yoerg, S. I. *74, 80*
Young, L. J. *111*
Yunes, R. M. F. *117*

Z

Zahavi, A. *79*
Zahavi, A. *115*
Zahavi, A. *115*
Zawistowski, S. *52, 53*
Zeldin, R. K. *243*
Zener, K. *404*
Zimmermann, R. R. *359, 360*

欧語事項索引

A

abstract concepts（抽象概念） 435-437
accerelation（促進） 296
Acheulean technology（アシュレアン技法） 268
acoelomates（無体腔動物） 138
acquisition（獲得） 377, 382-386
action potentials（Aps）（活動電位） 177
activating effects（活性化効果） 306
active avoidance（能動的回避） 399
active avoidance learning（能動的回避学習） 51
adaptation（適応） 40, 46, 56, 57, 309
  coadaptation（共〜） 56, 57
  ontogenetic（個体発生的〜） 309
  preadaptations（前〜） 40, 46
adaptation（順応） 179
  sensory（感覚〜） 179
adaptationism（適応主義） 46
adaptive landscape（適応地形） 167
adaptive radiation（適応放散） 145, 162, 164
adaptive significance（適応的意義） 20
addition（加算） 439, 440
age-dependent plasticity（敏感期のある可塑性） 367, 368, 371
aggressive behavior（攻撃行動） 111, 230, 318
aggressive mimicry（攻撃的擬態） 89
agonistic behavior（反発行動） 112
Ake（アケ） 446, 447
alarm calls（警戒音声） 93-95, 373, 374
alarm substance（警戒物質） 91
alates（有翅虫） 127
Alex（parrot）（アレックス（オウム）） 436, 437, 446
Alia（アリア） 445, 446
alleles（対立遺伝子） 34
allometric growth（相対成長（アロメトリー成長）） 237-240
allopatric speciation（異所的種分化） 165, 263
alpha responses（アルファ反応） 381
alternative mating strategies（代替生殖戦略） 109, 110
altricial species（晩成性の種） 332, 335
altruism（利他行動） 93, 101, 130-132
  reciprocal（互恵的〜） 130-132
amniotic eggs（有羊膜卵） 155
amygdala（扁桃体） 231, 232

anatomy（解剖学） 29, 30
Animalia（動物界（後生動物）） 137
anthropoid primates（真猿類） 257, 258
anticipatory frustration（予期的フラストレーション） 327, 424, 425
anticipatory goal responses（予期的ゴール反応） 431
Antoniana Margarita（『アントニアーナ・マルガリータ』） 5
apomorphies（派生形質） 169
apoptosis（アポトーシス） 303
aposematic coloration（警告色） 89
appetitive behavior（欲求性の行動） 17
appetitive reinforcers（欲求性の強化子） 394
appetitive stimuli（欲求性の刺激） 315
arboreal life（樹上生活） 247
Archaean eon（始生代） 140
archaic humans（古代型人類） 268-270
artificial selection（人為選択） 52-56, 236, 237
asexual reproduction（無性生殖） 96
assembly calls（集合音声） 365
association cortex（連合皮質） 234, 235
associative learning（連合学習） 377-380, 401-412
  classical conditioning（古典的条件づけ） 377-379
  definition of（〜の定義） 377
  generality of（〜の普遍性） 401-412
  instrumental conditioning（道具的条件づけ） 377-379
attachment（愛着） 358-361
attention（注意） 320-401, 422-424
australopithecines（アウストラロピテクス類） 263-265
autonomic nervous system（自律神経系） 212
aversive reinforcers（嫌悪性の強化子） 394
aversive stimuli（嫌悪刺激） 315
avoidance conditioning（回避条件づけ） 396
avoidance learning（回避学習） 226, 398, 401
  passive（受動的〜） 245
axonal growth（軸索の成長） 301, 302

B

backward conditioning（逆行条件づけ） 382
basicranial flexure（頭蓋底屈曲） 275
Bateman's principle（ベイトマンの原理） 106
Batesian mimicry（ベイツ型擬態） 89, 90

Bauplan(バウプラン)　*138, 284*
beauty(美しさ)　*115*
begging responses(餌ねだり反応)　*352*
behavior(行動)(行動の特定のタイプも参照)　*66, 91–93, 181–246, 310–374*
　　aversively motivated(嫌悪的に動機づけられた～)　*58–60*
　　defensive(防衛～)　*91–93*
　　development of complex(複雑な～の発達)　*335–339*
　　genetics and(遺伝学と～)　*49–66*
　　neural plasticity and(神経の可塑性と～)　*191–202*
　　of infants(子どもの～)　*316–335*
　　prenatal/prehatching(出生前の／孵化前の～)　*310–316*
　　simple neural networks and(～と単純な神経ネットワーク)　*181–191*
　　social(社会的～)　*340–374*
　　specializations and the brain(～の特殊化と脳)　*245, 246*
　　vertebrate(脊椎動物の～)　*205–246*
behavior systems(行動システム)　*398*
behavioral mutants(行動ミュータント)　*60–64*
behavioral neophenotypes(行動による新表現型)　*290, 291*
behaviorism(行動主義)　*14, 18*
below-zero habituation(潜在馴化)　*192*
between-group designs(被験対象間要因計画)　*390*
bilateral animals(左右相称動物)　*179*
bilateral symmetry(左右相称)　*138*
bimanual dexterity(両手の器用さ)　*336*
binaural audition(両耳聴)　*320*
biogenetic law(生物発生原則)　*291, 292*
biogeography(生物地理学)　*30, 31*
biological intelligence(生物学的知能)　*241*
biparental care(両親による養育)　*119*
bipedal locomotion(直立二足歩行)　*250, 261, 263*
birds(鳥類)　*158, 159, 333–335, 363–373*
　　early learning of(～の初期学習)　*333–335*
　　evolution of(～の進化)　*158, 159*
　　vocal behavior of(～の発声行動)　*363–373*
bithorax mutant(バイソラックスミュータント)　*285*
blastopores(原口)　*282*
blastula stage(胞胚期)　*138, 282*
blocking(ブロッキング)　*387*
body plan(体の基本体制)　*138, 284*
brachiation(腕渡り)　*247, 248*
brain(脳)　*110, 111, 181, 182, 205–246, 303–308, 348–352, 372, 373*
　　agnathan(無顎動物の～)　*207, 208*
　　development of(～の発達)　*304, 305*
　　developmental constraints in(～の発達的制約)　*303, 304*
　　evolution and mating systems(配偶システムと～の進化)　*110, 111*
　　experience and(経験と～)　*304, 305*
　　hormones and(ホルモンと～)　*305–308*
　　imprinting mechanisms of(刻印づけの脳内メカニズム)　*348–352*
　　mechanisms in bird songs(鳥類のさえずりの脳内メカニズム)　*372, 373*
　　nervous system and(神経系と～)　*181, 182*
　　vertebrate(脊椎動物の～)　*205–246*
brain size(脳の大きさ)　*161, 235–248, 262*
　　hominid(ヒト科の～)　*262*
　　intelligence and(知能と～)　*241–246*
　　primate(霊長類の～)　*248*
brainstem(脳幹)　*216*
Broca's aphasia(ブローカ失語)　*276*
Broca's area(ブローカ野)　*276, 277*
brood parasitism(托卵)　*119, 120, 370–372*
Burgess Shale fauna(バージェス頁岩の動物相)　*146–148*

C

calls(地鳴き)　*364, 365*
Cambrian explosion(カンブリア爆発)　*145–147*
canalization(水路づけ)　*289, 290*
caravaning behavior(キャラバン行動)　*354*
ceiling effects(天井効果)　*393*
cellular differentiation(細胞分化)　*283, 303*
central nervous system(中枢神経系)　*181, 208–211*
central pattern generators(中枢パターン発生回路)　*189–191*
central place foraging(持ち帰り採餌)　*74, 75*
central sulcus(中心溝)　*252*
cerebellum(小脳)　*218–221*
cerebral cortex(大脳皮質)　*232–235, 252, 253*
character displacement(形質置換)　*68*
character similarity(形質の類似性)　*29, 136*
character stability(形質の安定性)　*209–211*
chemical imprinting(化学刻印づけ)　*352*
chemical synapses(化学シナプス)　*177, 209*
chemoaffinity hypothesis(化学的親和性仮説)　*301*
child sacrifice(子どもの犠牲／子どもの生け贄)　*123*
chimeric animals(キメラ動物)　*63*
circadian rhythms(概日リズム)　*60, 61, 220*
circannual rhythms(概年リズム)　*220*
clades(クレード)　*168*
cladistics(分岐学(クラディスティクス))　*168–173*
cladogenesis(分岐進化)　*271*
cladogram(分岐図(クラドグラム))　*169–173*
classical conditioning(古典的条件づけ)　*214, 313, 323, 377–392, 404*
　　distinguishing from instrumental(道具的との区別)　*379–381*
　　immune system and(免疫系と～)　*404*
claustrum(前障)　*252*
cleavage(卵割)　*281, 282*
Clever Hans(賢い馬のハンス)　*12*
clonal species(クローン種)　*127, 128*
Cnidarians(刺胞動物門)　*176–179*
coactions(コアクション(共働))　*288*

coadaptation（共適応）　56, 57
coalitions（連合）　131
coefficient of variation（変動係数（CV））　185
coefficients of relatedness（近縁度）　125
coelomates（体腔動物）　138
coevolution（共進化）　83
cognition, definition of（認知の定義）　433
cognitive maps（認知地図）　84
collateral lines of descent（祖先を共有する系統）　15
collothalamus（丘体系視床）　221
command neurons（司令ニューロン（コマンド・ニューロン））　188
communication（コミュニケーション）　111
comparative cognition（比較認知）　430–448
comparative cognition/learning（比較認知／比較学習）　413–450
　　methodology（方法論）　413–416
comparative psychology（比較心理学）　2–5
　　definition of（～の定義）　2, 3
　　history of（～の歴史）　2–5
compensatory responses（補償反応）　405
competition（競争）　67, 68
competitive exclusion（競争排除）　67
complexity（複雑さ）　2, 448–450
compound conditioning（複合条件づけ）　386–389
concept learning（概念学習）　434–437
concept of number（数の概念（数概念））　437–440
conditioned analgesia（条件性無痛）　215
conditioned immunomodulation（条件性免疫調節）　404
conditioned suppression（条件性抑制）　59, 327
consistency indexes（一致指数）　171
constraints（制約条件）　73–75
consummatory behavior（完了行動）　17
contact comfort（接触による快）　359
contextual conditioning（文脈条件づけ）　385
contextual variables（文脈変数）　59, 414
contiguity（接近）　377
continental drift（大陸移動）　140
contingency-degradation effect（随伴性低下効果）　385
continuity view of learning（学習の連続説）　427
continuous reinforcement（連続強化）　396
control by equation（等質化による統制）　414
control by systematic variation（系統的変化法による統制）　415
controllability（対処可能性）　400
convergence（収斂）　208
cooperation（協同）　79, 128–132
Cope's law（コープの法則）　296
copulatory behavior（交尾行動）　99, 116–118
cortex（皮質）　302
corticosterone（コルチコステロン）　358, 359
cost-benefit analysis（費用対効果分析）　69
counting（計数）　437–440
courtship displays（求愛ディスプレイ）　112–115

creationism（創造説）　5
critical periods（臨界期）　18, 19, 343
cross-sectional design（横断的研究法）　319
crypticity（隠蔽）　89
crystallized songs（結晶化したさえずり）　368
CS-US interval（CS-US 間隔）　384
cue-validity effect（手がかり妥当性効果）　388, 389
culture（文化）　337–339
C-value paradox（C 値のパラドックス）　38, 39
cyclic adenosine monophosphate (cAMP)（環状アデノシン一リン酸（cAMP））　62, 200

D

darting behavior（突進行動）　117
Darwinian fitness（ダーウィン適応度（直接適応度））　42, 46, 47
De Return Natura（*On the Nature of the Universe*）（Lucretius）（『宇宙論』（ルクレティウス））　4
deception（あざむき）　79
delay conditioning（延滞条件づけ）　378
delay of reinforcement gradient（強化遅延勾配）　397
delayed matching to sample (DMTS)（遅延見本合わせ (DMTS)）　420
delayed response tasks（遅延反応課題）　334
deoxyribonucleic acid（DNA）（デオキシリボ核酸（DNA））　27, 28, 36, 37, 39, 148
　　exons and introns（エキソンとイントロン）　36, 37
　　mitochondrial（ミトコンドリア～）　148
　　repetitive（反復～）　39
depolarizing action（脱分極作用）　177
depth perception（奥行き知覚）　248
detour tasks（回り道課題）　335
deuterostomes（後口動物）　140
development（発達）　280–308, 316–320
development（発生）　281–288
　　early（初期～）　281–288
　　infant behavioral（子どもの行動的～）　316–318
　　sensorimotor（感覚運動系の～）　318–320
development（発達／発生）　288–301
　　evolution and（進化と～）　288–299
　　vertebrate nervous system（脊椎動物の神経系）　299–301
developmental constraints（発達的制約）　303, 304
developmental process（発達過程）　20
dialects（方言）　368–370
diapause（休眠状態）　118
diastema（歯隙）　262
diencephalon（間脳）　221–223
diet selection（食物選択）　72, 73
differential conditioning（分化条件づけ）　382
differential-outcome effects（結果分化効果）　432
diploblastic structure（二胚葉（性）動物の体制）　138, 283
diplodiploidy（全倍数性）　124, 126–128
diploid（全数体）　33

diploidy（全数性） 40, 41
direct fitness（直接適応度） 42, 43
directional dominance（指向性優性） 55
directional selection（方向性選択） 44
discrete-trial training（離散試行訓練） 396, 399
discrimination reversal tasks（弁別逆転課題） 243, 244
dishabituation（脱馴化） 179, 193, 198-201
　　habituation of（～の馴化） 193
　　short-term sensitization and（短期鋭敏化と～） 198-201
disinhibition（脱制止） 389
displacement（転位行動） 114
disruptive selection（分断性選択） 44
distress calls（救難音声） 345
distress vocalizations（救難発声） 357
dithering behavior（ディザリング行動） 355
divergence（分岐） 138, 208
diversity, patterns of（多様性のパターン） 164-168
DNA fingerprinting（DNA フィンガープリンティング） 148
DNA-DNA hybridization（DNA ハイブリッド形成） 148, 159
dodging behavior（身かわし行動） 79
domestication（家畜化） 8, 297, 298
dominance（優劣関係） 112
dopamine（ドーパミン） 64
dualism（二元論） 6
dwarfism（矮性） 292

E

echolocation（エコロケーション） 86
ecological niches（生態学的ニッチ） 68
ecology（エコロジー） 297-299
ectoderms（外胚葉） 138, 282
ectothermy（外温性） 157, 357
Ediacaran fauna（エディアカラ動物相） 144
electrical synapses（電気シナプス） 178
embryogenisis（胚発生） 281, 282
embryology（発生学） 28, 29, 299-301
　　neuro-（神経～） 299-301
embryonic experience（孵化前の経験） 346
embryonic stem cells（ES）（胚幹細胞（ES）） 63
embryos（胚） 281, 282
emotionality（情動性） 56
emotions（情動） 325-330, 424-427
encephalization（脳化） 238, 240, 241
encephalization quotients（脳化指数（EQ）） 90, 241-246, 250
endocrine system（内分泌系） 306
endoderms（内胚葉） 138, 282
endothermy（内温性） 157, 357
environmental enrichment（環境の豊富化） 305
epigenesis（後成説） 19, 288
episodic culture（エピソード文化） 275
episodic memory（エピソード記憶） 274
equipotentiality（等可能性） 417

escape conditioning（逃避条件づけ） 396
escape learning（逃避学習） 226, 398-401
ethology（エソロジー（動物行動学）） 15, 16
eukaryotes（真核生物） 27, 137
eusociality（真社会性） 124
evagination（膨出） 224
eversion（外翻） 224
evolution（進化） 8-17, 26-31, 40-42, 65, 66, 166, 167, 254-258, 288-299
　　development and（発達と～） 288-299
　　development of theory of（～論の発展） 8-10
　　evidence for（～の証拠） 26-31
　　macro- and micro-（大～と小～） 166, 167
　　natural selection in（～における自然選択） 10-14
　　neutral theory of molecular（分子進化の中立説） 40
　　of instincts（本能の～） 14-17
　　primate（霊長類の～） 254-258
　　quantum（非連続的～） 167
　　rates of（～速度） 65, 66
　　sexual reproduction in（有性生殖の～） 40-42
evolution of amphibians（両生類の進化） 151-154
evolutionarily stable strategies（進化的に安定な戦略） 109, 129
evolutionary grades（進化階層群（グレード）） 168
evolutionary inertia（進化的惰性） 264
evolutionary patterns（進化のパターン） 26
evolutionary processes（進化の過程） 26
evolutionary rate（進化速度） 65, 66
excitability（興奮性） 200, 202
excitatory conditioning（興奮条件づけ） 381
excitatory postsynaptic potential（EPSP）（興奮性シナプス後電位） 177
exons（エキソン） 36, 37
expectancy ratio（予期比率（C/T）） 386
expectancy-specific neurons（予期特異的ニューロン） 253
experience（経験） 304, 305, 315, 316, 346, 361-363
　　and social behavior（～と社会的行動） 361-363
　　early（初期～） 315, 316
　　embryonic（孵化前の～） 346
experimenter bias（実験者による先入観） 12
explicitly unpaired procedure（完全な非対提示手続き） 382
exploratory behavior（探索行動） 75, 76
external fertilization（体外受精） 116
extinction（消去） 389-392
extradimensional transfer（次元外転移） 424
eye-hand coordination（目と手の協応） 335

F

fear conditioning（恐怖条件づけ） 231, 232, 327
fear reaction（恐怖反応） 341
fearfulness（恐怖状態） 91
female choice（メスの選好性） 103, 105
fertilization（受精） 281, 282

fight-flight reactions（闘争・逃走反応）　90
figure-background discrimination（図と地の弁別）　89
filial imprinting（親への刻印づけ）　341-343
final common path（最終共通路）　216
fish（魚類）　151-154, 225, 226
  evolution of（〜の進化）　151-154
  telencephalon of（〜の終脳）　225, 226
five-kingdom system（五界分類）　136, 137
fixed action patterns (FAPs)（固定的活動パターン）　16
flavor aversion（風味嫌悪）　59
floor effects（床効果）　393
following reaction（追従反応）　341
food aversion learning（食物嫌悪条件づけ）　80, 81
food calls（食物音声）　365
food recognition（食物認知）　333
food-aversion conditioning（食物嫌悪条件づけ）　416-418
food-hoarding behavior（貯食行動）　81, 82
foramen magnum（大後頭孔）　261
forgetting（忘却）　331
forward conditioning（順向条件づけ）　378
fossil traces（生痕化石）　179-181
fossilization（化石化）　142-144
  Precambrian（先カンブリア）　144
fossilized traces（生痕化石）　144
founder effects（創始者効果）　36
fovea（中心窩）　257
free-operant training（フリーオペラント訓練）　396, 399
freezing response（凍結反応）　231, 232
frequency-dependent selection（頻度依存選択）　87-89
frontal cortex（前頭皮質）　253
frontal organs（前頭器官）　220
frustration（フラストレーション）　327, 424, 425
functional disconnection（機能的乖離）　198
functional localization（機能局在）　236
Fungi（菌類界）　137

G

gain（遺伝獲得量）　54
ganglia（神経節）　181
gastrula stage（原腸胚期）　140, 282
gender differences（性差）　307
generality（普遍性）　401-412
  of associative learning（連合学習の〜）　401-412
generalization（般化）　179, 192, 391, 392, 434, 435
  of habituation（馴化の〜）　179, 192
generalization gradient（般化勾配）　434
generative process（生成過程）　440
genes（遺伝子）　33, 37, 38, 60, 61, 63, 64
  clock（clock）　61
  period（period, per）　60
  selective knockout of（〜の選択的ノックアウト）　63, 64
  structural and regulatory（構造〜と調節〜）　37, 38

  timeless（timeless, tim）　60
genetic assimilation（遺伝的同化）　288-290
genetic code（遺伝コード）　27, 28
genetic drift（遺伝的浮動）　36
genetic homeostasis（遺伝的恒常性）　56
genetics（遺伝学）　8, 17-19, 26-28, 33-42, 49-65
  behavior and（行動と〜）　49-66
  heritability（遺伝率）　53, 54
  inheritance of acquired traits and（獲得形質の遺伝説と〜）　8
  Mendelian（メンデル〜）　33, 34
  Mendelian（メンデルの〜）　50-52
  molecular（分子〜）　26-28
  nature vs. nurture and（氏か育ちかと〜）　17-19
  of aversively motivated behavior（嫌悪的に動機づけられた行動の〜）　58-60
  origin and preservation of variability（遺伝的変異性の起源と維持）　33-42
  quantitative（量的〜）　52-60
genotypes（遺伝子型）　31, 32
geology（地質学）　140-144
  fossilization（化石化）　142-144
  geological periods（地質年代）　140-142
geotaxis（走地性）　56, 57
giant neurons（巨大ニューロン）　182
giantism（巨大化）　292
gill slits（鰓裂）　205
giving-up time (GUT)（見切り時間）　70, 71
goal-tracking（ゴール・トラッキング）　391
graded potentials（段階的電位）　177
grades（進化階層群（グレード））　19
grammar（文法）　272
grasping（把握力）　247
grasping hands（把握可能な手）　335
Great American Interchange（アメリカ大陸間大交流）　164, 165
group care（グループによる養育）　119
group selection（群選択）　15
group selection view（群選択説）　47
gyrencephalic structure（皺脳（構造））　234

H

habituation（馴化）　178, 179, 191, 195, 214, 315, 320-400
  fetal learning and（胎児の学習と〜）　315
  generalization of（〜の般化）　179
  infant（子どもの〜）　320-401
  long-term（長期〜）　195
  of habituation（馴化の〜）　192
  short-term（短期〜）　195
Haemothermia hypothesis（恒温動物仮説）　168
hammer-anvil tools（ハンマーと台石の道具）　337
handedness（利き手）　336
handicap principle（ハンディキャップ原理）　115
haplodiploidy（半倍数性）　124-126

haploid(半数体)　33
Hardy-Weinberg equilibrium(ハーディ・ワインベルク均衡)　34, 35
heat-seeking behavior(温熱希求行動)　333
helpers(ヘルパー)　121-123
heritability (h2)(遺伝率(h2))　53, 54
heterochrony(異時性(ヘテロクロニー))　291-293, 297-299
heterosis(雑種強勢(ヘテローシス))　41, 55
heterosynaptic facilitation(ヘテロシナプス性促通)　199
heterozygous(ヘテロ接合)　34
higher vocal center(高次発声中枢)　372
hippocampal formation(海馬体)　82, 329, 330, 421
hippocampus(海馬)　252
Historia Animalium(『動物史』)　4
home ranges(行動圏)　111
homeotic genes(ホメオティック遺伝子／Hox 遺伝子)　285-287, 299-301
homing behavior(帰巣行動)　229
hominidae(ヒト科)　261-263
hominids(ヒト科(の動物))　259-263
homology(ホモロジー(相同))　27, 29, 30, 208, 410, 413
homoplasy(ホモプラシー(成因的相同))　208, 410, 413
homosynaptic depression(ホモシナプス抑制)　197
homozygous(ホモ接合)　34
hormones(ホルモン)　305-308, 356
　　brain development and(脳の発達と～)　305-308
hybrid vigor(雑種強勢)　55
hyoid bone(舌骨)　275
hypermorphosis(過形成)　296
hyperpolarization(過分極)　181
hypersexuality(性行動過剰)　230
hypothalamo-pictuitary-adrenal axis(視床下部 - 下垂体 - 副腎系)　359
hypothalamus(視床下部)　222

I
immune system(免疫系)　404
immunocompetence(免疫適格)　115
imprinting(刻印づけ)　18, 341-356
　　chemical(化学～)　352
　　maternal(子に対する母親の～)　353, 354
　　secondary(二次～)　344
　　sexual(性的～)　354-356
inbreeding depression(近交弱勢)　55, 101
inclusive fitness(包括適応度)　42
independent assortment(独立組合せ)　41
index of extra cortical neurons(余剰皮質ニューロン指数)　250
indirect fitness(間接適応度)　42, 93, 94, 101
individual recognition(個体認識)　97, 98, 131, 358
infantile amnesia(幼児期健忘)　330-333
information centers(情報センター)　79
ingroups(内群)　149

inheritance of acquired traits(獲得形質の遺伝説)　8
inhibitory conditioning(制止条件づけ)　382, 389-392
insight(洞察)　427
instincts(本能)　5
instrumental conditioning(道具的条件づけ)　216, 323, 345, 377-380, 392-401
　　distinguishing from classical(古典的との区別)　379-381
instrumental contingencies(道具的随伴性)　394-396
intelligence(知能)　241-245, 319
　　brain size and(脳の大きさと～)　241-245
　　sensorimotor(感覚運動的～)　319
interim responses(中間反応)　398
intermediate and medial part of the hyperstriatum ventrale (IMHV)(線条体上部の中間部と内側部)　349, 350
intermittent reinforcement(間欠強化)　396
internal fertilization(体内受精)　116
intervening variables(媒介変数)　320, 325
intradimensional transfer(次元内転移)　424
intrauterine position(子宮内での位置)　316
introns(イントロン)　36, 37
invertebrates(無脊椎動物)　140, 174-181, 406-409
　　conditioning of(～の条件づけ)　406-409
irritability(刺激感応性)　9
ISI effect(ISI 効果)　192
isolate song effect(さえずりへの隔離効果)　370, 371
isolation experiments(隔離実験)　19
isometric growth(等成長(アイソメトリック成長))　239

K
Kanzi(カンジ)　444-447
kin recognition(血縁認識)　101, 102, 316
kingdom classification(界分類)　136, 137
kinship(血縁関係)　81, 93
　　social interaction and(社会的相互作用と～)　81
　　theory(血縁理論)　93

L
labyrinthine tooth structure(迷歯状構造)　153
language(言語)　272-277, 373, 374, 440-448
　　comprehension by nonhumans(ヒト以外の動物における～の理解)　444-448
language production(言語の生成)　440
　　by nonhumans(ヒト以外の動物における～)　440-444
latent inhibition(潜在制止)　320-323, 385, 422, 423
latent learning(潜在学習)　76, 354
lateral inhibition(側抑制)　217
lateralization(左右の機能分化)　276, 336
law of effect(効果の法則)　379
law of segregation(分離の法則)　34
leadership(リーダーシップ)　98
learned helplessness(学習性無力感)　400
learning(学習)　6, 51, 58, 59, 61-63, 76, 80, 81, 178, 191-204, 309

　　　　-450
　　definition of（〜の定義）　178
　active avoidance（能動的回避）　51
　associative（連合〜）　377-381, 401-412
　associative vs. cognitive views of（〜に対する連合主義的観点と認知主義的観点）　430-433
　attention and（注意と〜）　422-424
　avoidance（回避）　58, 59
　classical conditioning（古典的条件づけ）　381-392
　comparative（比較〜）　413-450
　early（初期の〜）　309-339
　emotion and（情動と〜）　325-330, 424-427
　fetal（胎児の〜）　314, 315
　general processes of（〜の一般的過程）　375-412
　in imprinting（刻印づけにおける〜）　346-348
　instrumental conditioning（道具的条件づけ）　392-401
　latent（潜在〜）　76
　mechanisms in molluscs（軟体動物における〜メカニズム）　202-204
　mutants（〜ミュータント）　61-63
　neural plasticity and（神経の可塑性と〜）　191-202
　of infants（子どもの〜）　316-335
　social（社会的〜）　80-81, 340-374
　spatial（空間〜）　81
　vocal, in birds（鳥類における発声〜）　365-367
　vs. performance（〜と遂行）　392, 393
learning mechanisms（学習メカニズム）　411
learning-performance dichotomy（学習−遂行の二分法）　192, 377, 414
learning phenomena（学習現象）　411
learning sets（学習セット）　242, 429
lek polygyny（レック型一夫多妻制）　104, 105, 114
lemnothalamus（毛帯系視床）　221
levels of analysis（分析のレベル）　19-21
life-dinner principle（命か食事かの原理）　86
life-history strategy（生涯戦略）　45
lifetime reproductive success (LRS)（生涯繁殖成功(LRS)）　42, 43
limbic system（辺縁系）　229-232
lissencephalic structure（脳回欠損(構造)）　234
locomotion（移動運動）　154
locomotion（移動様式）　247, 250, 261, 263
　　bipedal（直立二足歩行の〜）　247, 250, 261, 263
longitudinal design（縦断的研究法）　319
lordosis（ロードーシス）　117, 307
Loulis（ルーリス）　444

M

macroevolution（大進化）　166, 167
magnitude of reinforcement extinction effect（強化量消去効果）　425
male-male competition（オス間闘争）　103, 105
mammals（哺乳類）　159-163, 310, 311, 356-358, 373, 374

evolution of（〜の進化）　159-163
mother-infant bond in（〜における母子の絆）　356-358
prenatal development of（〜の出生前の発達）　310, 311
vocal learning in（〜における発声学習）　373, 374
manual dexterity（手の器用さ）　335-337
marginal value theorem (MVT)（限界値定理）　70
marking stimuli（マーキング刺激）　398
mass action principle（量作用原理）　236
mass extinction（大量絶滅）　157, 158
master-yoked design（マスター・ヨークト・デザイン）　324, 345, 400
master-yoked procedure（ヨークト・コントロール）　216, 380
Matata（マタータ）　444
mate-defense polygyny（配偶者防衛型一夫多妻制）　103
maternal behaviors（母親行動）　356
maternal care（母親としての養育）　118
maternal factors（母親要因）　316
maternal imprinting（子に対する母親の刻印づけ）　353
meanings（意味）　272
mechanicism（機械論）　8
mechanisms（メカニズム）　20
memory（記憶）　274, 330-333
　　episodic（エピソード〜）　274
　　infantile amnesia and（幼児期健忘と〜）　330-333
Mendelian genetics（メンデル遺伝学）　33, 34, 50-52
Mendelian inheritance（メンデル遺伝）　33, 34, 50-52
mental continuity（心の連続性）　10-14, 447
mesencephalon（中脳）　216-218
mesoderm（中胚葉）　138, 283
metamorphosis（変態）　309
microevolution（小進化）　166, 167
migratory orientation（渡りの方向定位）　335
mimesis（模写）　275
mimetic culture（模写文化）　275
mind-body dualism（心身二元論）　6
misbehavior（失敗行動）　418-420
mitochondrial DNA（ミトコンドリア DNA）　148
mobbing（モビング）　91, 92
modal action patterns（定型的活動パターン）　185-188, 194, 195
　　habituation of（〜の馴化）　194, 195
molecular clock（分子時計）　28, 147, 148
molecular genetics（分子遺伝学）　26-28
Monera（モネラ界）　137
monogamy（一夫一妻制）　102, 103, 106, 107
monogyny（一妻制）　251
monophyletic classes（単系統の綱）　168, 169
monophyletic group（単系統群）　150
monosynaptic reflexes（単シナプス反射）　184
Morgan's canon of parsimony（モーガンの公準(節約の法則)）　12
morphogenesis（形態形成）　283
morphotypes（形態型）　226, 227
morula stage（桑実胚期）　282

mosaic evolution（モザイク進化） *292*
mother-infant bond（母と子の絆） *356*
motor primacy theory（運動優位説） *311, 312*
mounting [behavior]（マウンティング（行動）） *117*
Mousterian technology（ムステリアン技法） *269*
mouthing（開口運動） *319*
Mullerian mimicry（ミュラー型擬態） *89*
multicausality（多重因果性） *2*
multicellular organisms（多細胞生物） *137*
multiregional evolution hypothesis（多地域進化説） *271*
muscular fatigue（筋疲労） *179*
mutations（突然変異） *34, 38*
mutualism（相利共生） *83–85*
myelinization（髄鞘形成） *331*

N

natural selection（自然選択） *10–15, 32, 33, 42–48, 52, 64, 65*
 behavior and（行動と〜） *64, 65*
 Darwinian（ダーウィン流の〜） *42*
 direct fitness（直接適応度） *42–48*
 diversity and（多様性と〜） *44*
 logic of（〜の論理） *32, 33*
 units of（〜の単位） *47, 48*
 vs. artificial selection（〜 対 人為選択） *52, 53*
nature vs. nurture（氏か育ちか（遺伝か環境か）） *17–19, 287, 288, 363*
nature-nurture dichotomy（氏と育ちの二分法） *288*
negative allometry（負の相対成長） *239*
negative reinforcement（負の強化） *395*
negative transfer（負の転移） *83, 243*
nematocysts（刺胞） *176*
neocortex ratio（新皮質比率） *273, 274*
neophenotypes（新表現型） *290, 291*
neophobia（新奇恐怖） *417*
neoteny（幼形成熟（ネオテニー）） *294*
nerve cords（神経索） *205*
nervous system（神経系） *8–10, 174–204, 207–223, 299–301*
 development of vertebrate（脊椎動物の発生） *299–301*
 evolution of（〜の進化） *8–10*
  neural properties（神経特性） *181*
  plasticity of（〜の可塑性） *191*
  vertebrate（脊椎動物の〜） *207–223*
neurochemical systems（神経化学システム） *209*
neuroembryology（神経発生学） *299–301*
neurogenesis（神経発生） *373*
neuromeres（神経分節） *299*
neuromodulators（神経修飾物質） *209*
neuron doctrine（ニューロン主義） *214*
neuronal aggregations（ニューロンの集合） *302–304*
neurotransmitters（神経伝達物質） *177, 199, 209, 210*
neurula stage（神経胚期） *283*
neutral theory（中立説） *40*

niches（ニッチ） *68, 161, 309*
 echological（生態学的〜） *68*
 nocturnal（夜間の〜） *161*
 ontogenetic（個体発生的〜） *309*
nictitating membrane response（瞬膜反応） *219*
nocturnal niche（夜間のニッチ） *161*
norm of reaction（反応規範） *32*
notochord（脊索） *205*
nucleotides（ヌクレオチド） *27*
nucleus（核） *302*

O

object investigation（対象の探索行動） *319*
object-object combinations（対象同士の組み合わせ） *320*
object permanence（対象の永続性） *319, 320*
Observations on Man, His Frame, His Duty, and His Expectations（『人間と，その身体，義務，及期待に関する観察』） *7*
occipital condyle（後頭顆） *261*
occipital cortex（後頭皮質） *252*
Oldowan technology（オルドワン技法） *266*
omission contingencies（省略随伴性） *380, 381*
omission training（省略訓練） *345, 395*
one-zero sampling（ワン・ゼロ・サンプリング） *187*
ontogenetic adaptations（個体発生的適応） *309*
ontogenetic character precedence（個体発生上の形質順序） *209*
ontogenetic niches（個体発生的ニッチ） *309*
ontogeny（個体発生） *280*
operant conditioning（オペラント条件づけ）（道具的条件づけも参照） *323*
optic tectum（視蓋） *216, 217*
optimal foraging theory（最適採餌理論） *69–75*
organizing effects（器官形成効果） *307*
organogenesis（器官形成） *283*
orienting response（定位反応） *320*
outgroups（外群） *149, 169*
out-of-Africa hypothesis（アフリカ単一起源説） *270*
overshadowing（隠蔽） *387, 388*

P

paedomorphosis（幼形進化） *293–295*
paleontology（古生物学） *31*
pallium（外套） *224*
parallelism（平行進化） *208*
paraphyletic group（側系統群） *168*
parasitism（寄生） *83–85, 120, 370–372*
 brood（托卵） *119, 370–372*
parasympathetic nervous system（副交感神経枝） *213*
parental care（親としての養育） *118–123, 248*
parental investment（親としての投資） *105, 106*
parent-offspring conflict（親子間コンフリクト） *121*
parietal cortex（頭頂皮質） *253*
parsimony（節約（の法則）） *12*

Morgan's canon of(〜のモーガンの公準) 12
parsimony(節約法) 170
    simple(単純最〜) 170
parthenogenesis(単為生殖) 96
partial reinforcement(部分強化) 396
partial reinforcement extinction effect(部分強化消去効果) 425, 426
passive avoidance(受動的回避) 59, 399
passive avoidance learning(受動的回避学習) 245
paternal care(父親としての養育) 118
paternal uncertainty(父性の不確実さ) 107
pentadactyl hand(五指性の手) 153
peramorphosis(過成進化) 295–297
perceptual learning(知覚学習) 344
peripheral nervous system(末梢神経系) 181
peripheral reflex arcs(末梢反射弓) 185
Phanerozoic eon(顕生代) 140
pharyngula stage(咽頭段階) 284
phenogram(フェノグラム) 168
phenotypes(表現型) 31, 32, 52–54, 290, 291
    heritability in(〜の遺伝率) 52–54
    neophenotypes(新〜) 290, 291
phenotypic plasticity(表現型可塑性) 65
phyla(門) 137–140, 174–181
    animal(動物〜) 137–140
    invertebrate(無脊椎動物〜) 174–181
phylogenetic history(系統発生史) 20
phylogenetic trees(系統樹) 27, 28, 138, 139
phylogeny(系統発生) 26, 147–149, 280
    molecular(分子) 147–149
phylotypic stages(フィロタイプ期) 28, 29, 284
Plantae(植物界) 137
planum temporale(側頭平面) 252, 276
plastic synapses(可塑的シナプス) 204
plasticity(可塑性) 191–202, 214, 367, 368, 371
    age-dependent(敏感期のある〜) 367, 368, 371
    behavior and neural(行動と神経の〜) 191–202
    neural(神経の〜) 214
play behavior(遊び行動) 318
pleiotropy(多面発現) 32, 237
plesiadapiforms(プレシアダピス類) 254–257
plesiomorphies(原始形質) 169
polarity(極性) 171
polyandry(一妻多夫制) 103
polygynandry(多夫多妻制) 103
polygyny(一夫多妻制) 103–106, 251
    and sexual selection(〜と性選択) 105, 106
polygyny threshold(一夫多妻制の閾) 108
polymorphisms(多型性) 35, 44
polyphyletic group(多系統群) 168
polysynaptic reflexes(多シナプス反射) 184
population bottlenecks(集団のボトルネック(効果)) 36

Porifera(海綿動物門) 176
position habit(位置偏向) 393
positive allometry(正の相対成長) 239
positive reinforcement(正の強化) 394
positive transfer(正の転移) 83, 243
postdisplacement(後転移) 294
preadaptations(前適応) 40, 46
Precambrian fossils(先カンブリア紀の化石) 144
precocial species(早成性の種) 332–335
predator-prey systems(捕食者‐被食者システム) 85–95
predators and prey(捕食者と被食者) 67–95
predisplacement(前転移) 296
prefunctionally organized(機能前組織化) 365
prehension(把握) 336
prenatal/prehatching behavior(出生前の／孵化前の行動) 310–316
preoptic area(視索前野) 222
primary frustration(一次フラストレーション) 424
primary reinforcers(一次強化子) 99, 325
primates(霊長類) 247–277, 361–363
    characteristics of(〜の特徴) 247, 248
    early experience and social behavior of(〜の初期経験と社会的行動) 361–363
    evolution(進化) 254–258
    hominids(ヒト科) 259–263
principal components analysis(主成分分析) 187
principle of terminal addition(終端付加の原理) 292
problem-solving behavior(問題解決行動) 427–430
profitability(収益性) 72, 73
progenesis(早熟) 295
prognathism(突顎) 266
prokaryotes(原核生物) 27, 137
proper mass principle(相当量の原理) 236
Proterozoic eon(原生代) 140
Protista(原生生物界(原生動物)) 137
protostomes(前口動物) 140
proximate causes(近接要因) 20
pseudocoelomates(擬体腔動物) 138
pseudoconditioning(疑似条件づけ) 381, 407
psychology(心理学) 2
    definition of(〜の定義) 2
punctuated equilibria(断続平衡説) 167
punishment(罰) 395
Purkinje cells(プルキンエ細胞) 218–220

Q
quantum evolution(非連続的進化) 167

R
radial symmetry(放射相称) 138
reactivation treatment(再活性化の手続き) 333
realized heritability(実現遺伝率) 54

reciprocity（互恵性／互恵行動）128-132
recombinant inbred strains（リコンビナント近交系）51, 52
reflex arcs（反射弓）182
reflex chains（反射鎖）189
reflexes（反射）6, 7, 182-185, 194, 195
 habituation of（〜の馴化）194, 195
 nervous system and（神経系と〜）182-185
regression（退行）121
regulatory genes（調節遺伝子）37, 38
reinforcement（強化）379
reinforcers（強化子）379
reinstatement（復活）389
releasing factors（放出因子（リリーシング・ファクター））223
renewal（復元）390
repetitive DNA（反復 DNA）39
reproduction（繁殖／生殖）69, 70, 354-363
 early learning and behavior（〜に影響する初期学習・行動）354-363
 foraging and success in（採餌と〜成功）69, 70
reproduction（生殖）96-132
 asexual（無性〜）96
 behavior patterns in（〜行動のパターン）111-118
 mating systems（配偶システム）102-111
reproductive isolation（生殖隔離）57
reptiles, evolution of（爬虫類の進化）155-158
resource-defense polygyny（資源防衛型一夫多妻制）103
response threshold（反応閾）393
resting potential（静止電位）176
retardation test（遅滞法）391
retention intervals（保持間隔）327
reticular formation（網様体）210
retinas（網膜）217, 218
retrieval failure（検索の失敗）333, 377
reversal（反転）208, 252
rhombencephalon（菱脳）216-218
ribonucleic acid（RNA）（リボ核酸（RNA））27, 148
ribosomal RNA（リボソーム RNA(rRNA)）148
ritualizations（儀式化）112
Rocky（ロッキー）446, 447
rules of thumb（経験則）71

S

same/different concept（同異概念）435
sampling（サンプリング）72
Sarah（chimpanzee）（サラ（チンパンジー））441-443
satellite males（周辺オス）110
scala naturae（自然の階梯）4
scallop（スキャロップ）345
scent marking（においづけ）107, 111
schedules of reinforcement（強化スケジュール）396, 397
search images（探索像）77
secondary generalization（二次的般化）435

secondary imprinting（二次刻印づけ）344
secondary reinforcers（二次強化子）99, 325, 378
secondary sexual characters（二次性徴）105
second-messenger systems（セカンド・メッセンジャー・システム）411
second-order conditioning（二次条件づけ）325, 326, 378
segmentation（分節）299
segmented germ band stage（分節された胚帯段階）284
selection differential (S)（選択差(S)）54
selective associations（選択的連合）416, 417
selfish gene view（利己的遺伝子説）47
self-recognition（自己認識）98
sensitive periods（敏感期）298, 343, 344
sensitization（鋭敏化）198-201, 321, 381
 definition of（〜の定義）198
 dishabituation and short-term（脱馴化と短期〜）198-201
 in infants（子どもにおける〜）321
 long-term（長期〜）201
sensitized maternal behavior（鋭敏化された母親行動）357
sensorimotor development（感覚運動系の発達）318-320
sensorimotor intelligence（感覚運動的知能）319
sensorimotor learning phase（感覚運動学習期）368
sensory adaptation（感覚順応）179
sensory learning phase（感覚学習期）367
sensory preconditioning（感性予備条件づけ）383
sensory systems（感覚系）312-314
sentinel behavior（歩哨行動）122
sequential analysis（系列分析）187, 188
sequential hermaphroditism（隣接的雌雄同体）110
serotonin（セロトニン）64, 199
serotoninergic system（セロトニン系）213
sexual dimorphism（性的二型）258
sexual imprinting（性的刻印づけ）18, 354-356
 double（二重〜）355
sexual maturity（性成熟）292
sexual reinforcement（性的強化）403
sexual reproduction（有性生殖）40-42, 96, 97
sexual selection（性選択）105, 106
sham-operated controls（偽手術統制群）351
shaping（反応形成（シェーピング））395
shared associative strength（分配連合強度）388
Sheba（chimpanzee）（シバ（チンパンジー））439, 440
Sidman avoidance training（シドマン型回避訓練）399
sign stimulus（信号刺激）16
sign-tracking（サイン・トラッキング）391
simple systems approach（単純系アプローチ）182
simultaneous conditioning（同時条件づけ）382
singing behavior（さえずり行動）307, 367-370
sister groups（姉妹群）149
sit-and-wait predators（待ち受け捕食者）75
situational generality（状況の普遍性）401-406
social enhancement（社会的促進）79, 80

social interactions(社会的相互作用) 77-81, 96-132
  complex animal societies(複雑な動物社会) 123-132
  feeding behavior and(摂食行動と〜) 77-81
  mechanisms underlying(〜のメカニズム) 97-102
  sexual reproduction and(有性生殖と〜) 96-132
social learning(社会的学習) 80, 81, 340-374
social reinforcement(社会的強化) 99-101
  reproductive success and(繁殖成功と〜) 100, 101
somatotopic organization(体部位再現的構造) 217
songs(さえずり) 365-372
spatial learning(空間学習) 81, 229, 420-422
specialized searches(特化した探索) 76, 77
speciation(種分化) 56-58, 65, 66, 164-166
  allopatric(異所的〜) 165
  rates of(〜の速度) 65, 66
  sympatric(同所的〜) 164, 165
species recognition(種の認識) 102, 113
species-specific defense response(SSDR)(種に特有な防御反応(SSDR)) 419
species-typical behavioral patterns(種に典型的な行動パターン) 312
sperm competition(精子間競争) 117, 118
spike broadening(活動電位幅の延長) 200, 202
spinal cord(脊髄) 211-216
spinal preparation(脊髄標本) 213
spontaneous generation(自然発生説) 4
spontaneous movements(自発的身体運動) 311, 312
spontaneous recovery(自発的回復) 179, 389
S-R associations(S-R連合) 430
S-S associations(S-S連合) 430
stabilizing selection(安定化選択) 44
sterile castes(不妊カースト) 124
stimulus generalization(刺激般化) 89
stimulus intensity(刺激強度) 192
stimulus trace(刺激痕跡) 418
stimulus-response habits(刺激-反応習慣) 229
storage(貯蔵) 377
stotting displays(跳躍ディスプレイ) 90
stretching response(伸張反応) 312
striatum(線条体) 228, 229
structural genes(構造遺伝子) 37, 38
subpallium(外套下部) 224
subsociality(亜社会性) 124
successive negative contrast(負の継時的対比効果) 59, 327, 329
successive negative contrast(SNC)(負の継時的対比効果(SNC)) 425-427
successive reversal tasks(連続逆転課題) 334
summation test(加算法) 391
supernormal stimuli(超正常刺激) 16
superstitious behavior(迷信行動) 398
surprising nonrewards(予期せぬ非強化) 327, 330, 424
Sylvian sulcus(シルヴィウス溝) 252

symbiosis(共生) 83-85
sympathetic nervous system(交感神経枝) 213
sympatric distributions(同所的分布) 68
sympatric speciation(同所的種分化) 164, 165
synapomorphies(共有派生形質) 169, 205
synapses(シナプス) 301, 302
synaptogenesis(シナプス発生) 331
syntax(統語法) 272

T

tabula rasa(タブラ・ラサ) 7
tails(尾) 205
taxes(走性) 16
taxon(分類単位) 135, 136
taxonomy(分類(学)) 248-250
telencephalon(終脳) 223-235
templates(鋳型) 368
temporal contiguity(時間的接近) 384
temporal cortex(側頭皮質) 252
temporal fenestrae(側頭窓) 155, 156
terminal responses(終端反応) 398
territorial aggression(なわばり防衛性攻撃) 111
territorial behavior(なわばり行動) 111, 112
territories(なわばり) 111
thalamus(視床) 221-223
time allocation(時間配分) 70, 71
timing processes(計時過程) 397
tonic immobility(持続性不動) 90, 91
tool use(道具使用) 82, 83, 337-339
  and manufacture for foraging(採餌のための〜と道具製作) 82, 83
toolkits(道具セット) 83
tooth replacement(換歯) 159
trace conditioning(痕跡条件づけ) 382
traits(形質) 31, 32, 45-46
  contributing to survival(生存に寄与する〜) 45, 46
  correlated(相関〜) 45, 46
transfer(転移) 429
transfer index(転移指数) 243
travel time(移動時間) 71, 72
trial-spacing effect(分散試行効果) 384
tribosphenic molars(トリボスフェニック型大臼歯) 161
triploblasts(三胚葉(性)動物) 138, 283
trophallaxis(栄養交換) 356
truly random control(真にランダムな統制) 382
two-process theory(二過程説) 399

U

ultimate and proximal causality(究極と近接の因果性) 20, 21
ultimate causes(究極要因) 20
ultrasonic vocalizations(超音波発声) 117
unicellular organisms(単細胞生物) 137

US-preexposure effect（US 先行提示効果） *385*

V

ventricular system（脳室系） *210, 211*
vertebrates（脊椎動物） *140, 150, 205-246*
    brain and behavior evolution of（～の脳と行動の進化） *205-246*
    early evolution of（～の初期進化） *150*
    higher（高等～） *150*
    innovations of（～の革新的な進化） *205-208*
    lower（下等～） *150*
    neurology of（～の神経学） *208-223*
Viki (chimpanzee)（ヴィッキー（チンパンジー）） *440*
vision（視覚） *217, 218*
    color（色覚） *252*
vitalism（生気論） *8*
vocal behavior（発声行動） *363-374*
von Baer's theorem（フォン・ベーアの定理） *209*

W

waist-to-hip ratio (WHR)（ウエスト－ヒップ比） *115, 116*
Washoe（ワショー） *440, 441*
weaning（離乳） *318*
Wernicke's aphasia（ウェルニッケ失語） *276, 277*
Wernicke's area（ウェルニッケ野） *276, 277*
win-stay/lose-shift rule（ウィン・ステイ／ルーズ・シフト法則） *429, 430*
win-stay/lose-shift strategy（ウィン・ステイ／ルーズ・シフト方略） *243*
wiping response（ワイピング反応） *312*
within-compound associations（要素間連合） *348*
within-group designs（被験対象内要因計画） *389*

Z

zoogeographic regions（動物地理区） *164*
zootypes（ズータイプ） *284-287*
zygotes（接合体） *280*

日本語事項索引

あ

ISI 効果（ISI effect） *192*
愛着（attachment） *358-361*
アウストラロピテクス類（australopithecines） *263-265*
アケ（Ake） *446, 447*
あざむき（deception） *79*
亜社会性（subsociality） *124*
アシュレアン技法（Acheulean technology） *268*
遊び行動（play behavior） *318*
アフリカ単一起源説（out-of-Africa hypothesis） *270*
アポトーシス（apoptosis） *303*
アメリカ大陸間大交流（Great American Interchange） *164, 165*
アリア（Alia） *445, 446*
アルファ反応（alpha responses） *381*
アレックス（オウム）（Alex (parrot)） *436, 437, 446*
安定化選択（stabilizing selection） *44*
『アントニアーナ・マルガリータ』（*Antoniana Margarita*） *5*

い

鋳型（templates） *368*
異時性（ヘテロクロニー）（heterochrony） *291-293, 297-299*
異所的種分化（allopatric speciation） *165, 263*
一次強化子（primary reinforcers） *99, 325*
一次フラストレーション（primary frustration） *424*
位置偏向（position habit） *393*
一妻制（monogyny） *251*
一妻多夫制（polyandry） *103*
一致指数（consistency indexes） *171*
一夫一妻制（monogamy） *102, 103, 106, 107*
一夫多妻制（polygyny） *103-106, 251*
　　〜と性選択（and sexual selection） *105, 106*
一夫多妻制の閾（polygyny threshold） *108*
遺伝学（genetics） *8, 17-19, 26-28, 33-42, 49-66*
　　遺伝的変異性の起源と維持（origin and preservation of variability） *33-42*
　　遺伝率（heritability） *53, 54*
　　氏か育ちかと〜（nature vs. nurture and） *17-19*
　　獲得形質の遺伝説と〜（inheritance of acquired traits and） *8*
　　嫌悪的に動機づけられた行動の〜（of aversively motivated behavior） *58-60*
　　行動と〜（behavior and） *49-66*
　　分子〜（molecular） *26-28*
　　メンデル〜（Mendelian） *33, 34, 50-52*
　　量的〜（quantitative） *52-60*
遺伝獲得量（gain） *54*
遺伝コード（genetic code） *27, 28*
遺伝子（genes） *33, 37, 38, 60, 61, 63, 64*
　　clock（*clock*） *61*
　　timeless（*timeless, tim*） *60*
　　period（*period, per*） *60*
　　〜の選択的ノックアウト（selective knockout of） *63, 64*
　　構造〜と調節〜（structural and regulatory） *37, 38*
遺伝子型（genotypes） *31, 32*
遺伝的恒常性（genetic homeostasis） *56*
遺伝的同化（genetic assimilation） *288-290*
遺伝的浮動（genetic drift） *36*
遺伝率（h2）（heritability (h2)） *53, 54*
移動運動（locomotion） *154*
移動時間（travel time） *71, 72*
移動様式（locomotion） *247, 250, 261, 263*
　　直立二足歩行の〜（bipedal） *247, 250, 261, 263*
命か食事かの原理（life-dinner principle） *86*
意味（meanings） *272*
咽頭段階（pharyngula stage） *284*
イントロン（introns） *36, 37*
隠蔽（crypticity） *89*
隠蔽（overshadowing） *387, 388*

う

ヴィッキー（チンパンジー）（Viki (chimpanzee)） *440*
ウィン・ステイ／ルーズ・シフト法則（win-stay/lose-shift rule） *429, 430*
ウィン・ステイ／ルーズ・シフト方略（win-stay/lose-shift strategy） *243*
ウエスト・ヒップ比（waist-to-hip ratio (WHR)） *115, 116*
ウェルニッケ失語（Wernicke's aphasia） *276, 277*
ウェルニッケ野（Wernicke's area） *276, 277*
氏か育ちか（遺伝か環境か）（nature vs. nurture） *17-19, 287, 288, 363*
氏と育ちの二分法（nature-nurture dichotomy） *288*
『宇宙論』（ルクレティウス）（*De Return Natura* (*On the Nature of the Universe*) (Lucretius)） *4*

美しさ(beauty)　115
腕渡り(brachiation)　247, 248
運動優位説(motor primacy theory)　311, 312

え

鋭敏化(sensitization)　321, 198–201, 381
　　〜の定義(definition of)　198
　　子どもにおける〜(in infants)　321
　　脱馴化と短期〜(dishabituation and short-term)　198–201
　　長期〜(long-term)　201
鋭敏化された母親行動(sensitized maternal behavior)　357
栄養交換(trophallaxis)　356
エキソン(exons)　36, 37
エコロケーション(echolocation)　86
エコロジー(ecology)　297–299
餌ねだり反応(begging responses)　352
S-R連合(S-R associations)　430
S-S連合(S-S associations)　430
エソロジー(動物行動学)(ethology)　15, 16
エディアカラ動物相(Ediacaran fauna)　144
エピソード記憶(episodic memory)　274
エピソード文化(episodic culture)　275
延滞条件づけ(delay conditioning)　378

お

尾(tails)　205
横断的研究法(cross-sectional design)　319
奥行き知覚(depth perception)　248
オス間闘争(male-male competition)　103, 105
オペラント条件づけ(operant conditioning)(道具的条件づけも参照)　323
親子間コンフリクト(parent-offspring conflict)　121
親としての投資(parental investment)　105, 106
親としての養育(parental care)　118–123, 248
親への刻印づけ(filial imprinting)　341–343
オルドワン技法(Oldowan technology)　266
温熱希求行動(heat-seeking behavior)　333

か

外温性(ectothermy)　157, 357
外群(outgroups)　149, 169
開口運動(mouthing)　319
概日リズム(circadian rhythms)　60, 61, 220
外套(pallium)　224
外套下部(subpallium)　224
概念学習(concept learning)　434–437
概年リズム(circannual rhythms)　220
海馬(hippocampus)　252
外胚葉(ectoderms)　138, 282
海馬体(hippocampal formation)　82, 330, 421
回避学習(avoidance learning)　226, 245, 398–401
　　受動的〜(passive)　245

回避条件づけ(avoidance conditioning)　396
界分類(kingdom classification)　136, 137
解剖学(anatomy)　29, 30
外翻(eversion)　224
海綿動物門(Porifera)　176
化学刻印づけ(chemical imprinting)　352
化学シナプス(chemical synapses)　177, 209
化学的親和性仮説(chemoaffinity hypothesis)　301
核(nucleus)　302
学習(learning)　6, 51, 58, 59, 61–63, 76, 80, 81, 178, 191–204, 309–450
　　回避(avoidance)　58, 59
　　古典的条件づけ(classical conditioning)　381–392
　　道具的条件づけ(instrumental conditioning)　392–401
　　能動的回避(active avoidance)　51
　　空間〜(spatial)　81
　　〜と遂行(vs. performance)　392, 393
　　〜に対する連合主義的観点と認知主義的観点(associative vs. cognitive views of)　430–433
　　〜の一般的過程(general processes of)　375–412
　　〜の定義(definition of)　178
　　〜ミュータント(mutants)　61–63
　　刻印づけにおける〜(in imprinting)　346–348
　　子どもの〜(of infants)　316–335
　　社会的〜(social)　80, 81, 340–374
　　情動と〜(emotion and)　325–330, 424–427
　　初期の〜(early)　309–339
　　神経の可塑性と〜(neural plasticity and)　191–202
　　潜在〜(latent)　76
　　胎児の〜(fetal)　314, 315
　　注意と〜(attention and)　422–424
　　鳥類における発声〜(vocal, in birds)　365–367
　　軟体動物における〜メカニズム(mechanisms in molluscs)　202–204
　　比較〜(comparative)　413–450
　　連合〜(associative)　377–381, 401–412
学習現象(learning phenomena)　411
学習－遂行の二分法(learning-performance dichotomy)　192, 377, 414
学習性無力感(learned helplessness)　400
学習セット(learning sets)　242, 429
学習の連続説(continuity view of learning)　427
学習メカニズム(learning mechanisms)　411
獲得(acquisition)　377, 382–386
獲得形質の遺伝説(inheritance of acquired traits)　8
隔離実験(isolation experiments)　19
過形成(hypermorphosis)　296
加算(addition)　439, 440
加算法(summation test)　391
賢い馬のハンス(Clever Hans)　12
数の概念(すうがいねん)(concept of number)　437–440
過成進化(peramorphosis)　295–297

化石化(fossilization)　142-144
　　　先カンブリア(Precambrian)　144
可塑性(plasticity)　191-202, 214, 367, 368, 371
　　　行動と神経の〜(behavior and neural)　191-202
　　　神経の〜(neural)　214
　　　敏感期のある〜(age-dependent)　367, 368, 371
可塑的シナプス(plastic synapses)　204
家畜化(domestication)　8, 297, 298
活性化効果(activating effects)　306
活動電位(action potentials (Aps))　177
活動電位幅の延長(spike broadening)　200, 202
過分極(hyperpolarization)　181
体の基本体制(body plan)　138, 284
感覚運動学習期(sensorimotor learning phase)　368
感覚運動系の発達(sensorimotor development)　318-320
感覚運動的知能(sensorimotor intelligence)　319
感覚学習期(sensory learning phase)　367
感覚系(sensory systems)　312-314
感覚順応(sensory adaptation)　179
環境の豊富化(environmental enrichment)　305
間欠強化(intermittent reinforcement)　396
換歯(tooth replacement)　159
カンジ(Kanzi)　444-447
環状アデノシン一リン酸(cAMP)(cyclic adenosine monophosphate (cAMP))　62, 200
感性予備条件づけ(sensory preconditioning)　383
間接適応度(indirect fitness)　42, 93, 94, 101
完全な非対提示手続き(explicitly unpaired procedure)　382
間脳(diencephalon)　221-223
カンブリア爆発(Cambrian explosion)　145-147
完了行動(consummatory behavior)　17

き

記憶(memory)　274, 330-333
　　　エピソード〜(episodic)　274
　　　幼児期健忘と〜(infantile amnesia and)　330-333
機械論(mechanicism)　8
器官形成(organogenesis)　283
器官形成効果(organizing effects)　307
利き手(handedness)　336
儀式化(ritualizations)　112
疑似条件づけ(pseudoconditioning)　381, 407
偽手術統制群(sham-operated controls)　351
寄生(parasitism)　83-85, 120, 370-372
　　　托卵(brood)　119, 370-372
帰巣行動(homing behavior)　229
擬体腔動物(pseudocoelomates)　138
機能局在(functional localization)　236
機能前組織化(prefunctionally organized)　365
機能的乖離(functional disconnection)　198
キメラ動物(chimeric animals)　63
逆行条件づけ(backward conditioning)　382

キャラバン行動(caravaning behavior)　354
求愛ディスプレイ(courtship displays)　112-115
究極と近接の因果性(ultimate and proximal causality)　20, 21
究極要因(ultimate causes)　20
丘体系視床(collothalamus)　221
救難音声(distress calls)　345
救難発声(distress vocalizations)　357
休眠状態(diapause)　118
強化(reinforcement)　379
強化子(reinforcers)　379
強化スケジュール(schedules of reinforcement)　396, 397
強化遅延勾配(delay of reinforcement gradient)　397
強化量消去効果(magnitude of reinforcement extinction effect)　425
共進化(coevolution)　83
共生(symbiosis)　83-85
競争(competition)　67, 68
競争排除(competitive exclusion)　67
共適応(coadaptation)　56, 57
協同(cooperation)　79, 128-132
恐怖条件づけ(fear conditioning)　231, 232, 327
恐怖状態(fearfulness)　91
恐怖反応(fear reaction)　341
共有派生形質(synapomorphies)　169, 205
極性(polarity)　171
巨大化(giantism)　292
巨大ニューロン(giant neurons)　182
魚類(fish)　151-154, 225, 226
　　　〜の終脳(telencephalon of)　225, 226
　　　〜の進化(evolution of)　151-154
近縁度(coefficients of relatedness)　125
近交弱勢(inbreeding depression)　55, 101
近接要因(proximate causes)　20
筋疲労(muscular fatigue)　179
菌類界(Fungi)　137

く

空間学習(spatial learning)　81, 229, 420-422
グループによる養育(group care)　119
クレード(clades)　168
クローン種(clonal species)　127, 128
群選択(group selection)　15
群選択説(group selection view)　47

け

警戒音声(alarm calls)　93-95, 373, 374
警戒物質(alarm substance)　91
経験(experience)　304, 305, 315, 316, 346, 361-363
　　　〜と社会的行動(and social behavior)　361-363
　　　初期〜(early)　315, 316
　　　孵化前の〜(embryonic)　346
経験則(rules of thumb)　71

警告色(aposematic coloration) 89
計時過程(timing processes) 397
形質(traits) 31, 32, 45, 46
　　生存に寄与する〜(contributing to survival) 45, 46
　　　　相関〜(correlated) 45, 46
形質置換(character displacement) 68
形質の安定性(character stability) 209-211
形質の類似性(character similarity) 29, 136
計数(counting) 437-440
形態型(morphotypes) 226, 227
形態形成(morphogenesis) 283
系統樹(phylogenetic trees) 27, 28, 138, 139
系統的変化法による統制(control by systematic variation) 415
系統発生(phylogeny) 26, 147-149, 280
　　分子(molecular) 147-149
系統発生史(phylogenetic history) 20
系列分析(sequential analysis) 187, 188
血縁関係(kinship) 81, 93
　　血縁理論(theory) 93
　　社会的相互作用と〜(social interaction and) 81
血縁認識(kin recognition) 101, 102, 316
結果分化効果(differential-outcome effects) 432
結晶化したさえずり(crystallized songs) 368
嫌悪刺激(aversive stimuli) 315
嫌悪性の強化子(aversive reinforcers) 394
限界値定理(marginal value theorem(MVT)) 70
原核生物(prokaryotes) 27, 137
言語(language) 272-277, 373, 374, 440-448
　　ヒト以外の動物における〜の理解(comprehension by nonhumans) 444-448
原口(blastopores) 282
言語の生成(language production) 440
　　ヒト以外の動物における〜(by nonhumans) 440-444
検索の失敗(retrieval failure) 333, 377
原始形質(plesiomorphies) 169
原生生物界(原生動物)(Protista) 137
顕生代(Phanerozoic eon) 140
原生代(Proterozoic eon) 140
原腸胚期(gastrula stage) 140, 282

こ ─────────────

コアクション(共働)(coactions) 288
恒温動物仮説(Haemothermia hypothesis) 168
効果の法則(law of effect) 379
交感神経枝(sympathetic nervous system) 213
攻撃行動(aggressive behavior) 111, 230, 318
攻撃的擬態(aggressive mimicry) 89
後口動物(deuterostomes) 140
高次発声中枢(higher vocal center) 372
後成説(epigenesis) 19, 288
構造遺伝子(structural genes) 37, 38
後転移(postdisplacement) 294

行動(behavior)(行動の特定のタイプも参照) 49-66, 91-93, 181-374
　　〜の特殊化と脳(specializations and the brain) 245, 246
　　遺伝学と〜(genetics and) 49-66
　　嫌悪に動機づけられた〜(aversively motivated) 58-60
　　子どもの〜(of infants) 316-335
　　社会的〜(social) 340-374
　　出生前の／孵化前の〜(prenatal/prehatching) 310-316
　　神経の可塑性と〜(neural plasticity and) 191-202
　　脊椎動物の〜(vertebrate) 205-246
　　〜と単純な神経ネットワーク(simple neural networks and) 181-191
　　複雑な〜の発達(development of complex) 335-339
　　防衛〜(defensive) 91-93
後頭顆(occipital condyle) 261
行動圏(home ranges) 111
行動システム(behavior systems) 398
行動主義(behaviorism) 14, 18
行動による新表現型(behavioral neophenotypes) 290, 291
後頭皮質(occipital cortex) 252
行動ミュータント(behavioral mutants) 60-64
交尾行動(copulatory behavior) 99, 116-118
興奮条件づけ(excitatory conditioning) 381
興奮性(excitability) 200, 202
興奮性シナプス後電位(excitatory postsynaptic potential(EPSP)) 177
コープの法則(Cope's law) 296
ゴール・トラッキング(goal-tracking) 391
五界分類(five-kingdom system) 136, 137
刻印づけ(imprinting) 18, 341-356
　　化学〜(chemical) 352
　　子に対する母親の〜(maternal) 353, 354
　　性的〜(sexual) 354-356
　　二次〜(secondary) 344
互恵性／互恵行動(reciprocity) 128-132
心の連続性(mental continuity) 10-14, 447
五指性の手(pentadactyl hand) 153
古生物学(paleontology) 31
古代型人類(archaic humans) 268-270
個体認識(individual recognition) 97, 98, 131, 358
個体発生(ontogeny) 280
個体発生上の形質順序(ontogenetic character precedence) 209
個体発生的適応(ontogenetic adaptations) 309
個体発生的ニッチ(ontogenetic niches) 309
固定的活動パターン(fixed action patterns(FAPs)) 16
古典的条件づけ(classical conditioning) 214, 313, 323, 377-392, 404
　　道具的との区別(distinguishing from instrumental) 379-381
　　免疫系と〜(immune system and) 404
子どもの犠牲／子どもの生け贄(child sacrifice) 123
子に対する母親の刻印づけ(maternal imprinting) 353
コミュニケーション(communication) 111

コルチコステロン(corticosterone) 358, 359
痕跡条件づけ(trace conditioning) 382

さ

再活性化の手続き(reactivation treatment) 333
最終共通路(final common path) 216
最適採餌理論(optimal foraging theory) 69-75
細胞分化(cellular differentiation) 283, 303
鰓裂(gill slits) 205
サイン・トラッキング(sign-tracking) 391
さえずり(songs) 365-372
さえずり行動(singing behavior) 307, 367-370
さえずりへの隔離効果(isolate song effect) 370, 371
雑種強勢(hybrid vigor) 55
雑種強勢(ヘテローシス)(heterosis) 41, 55
左右相称(bilateral symmetry) 138
左右相称動物(bilateral animals) 179
左右の機能分化(lateralization) 276, 336
サラ(チンパンジー)(Sarah (chimpanzee)) 441-443
三胚葉(性)動物(triploblasts) 138, 283
サンプリング(sampling) 72

し

CS-US間隔(CS-US interval) 384
C値のパラドックス(C-value paradox) 38, 39
視蓋(optic tectum) 216, 217
視覚(vision) 217, 218, 252
色覚(color) 252
時間的接近(temporal contiguity) 384
時間配分(time allocation) 70, 71
子宮内での位置(intrauterine position) 316
軸索の成長(axonal growth) 301, 302
歯隙(diastema) 262
刺激感応性(irritability) 9
刺激強度(stimulus intensity) 192
刺激痕跡(stimulus trace) 418
刺激般化(stimulus generalization) 89
刺激-反応習慣(stimulus-response habits) 229
次元外転移(extradimensional transfer) 424
次元内転移(intradimensional transfer) 424
資源防衛型一夫多妻制(resource-defense polygyny) 103
指向性優性(directional dominance) 55
自己認識(self-recognition) 98
視索前野(preoptic area) 222
視床(thalamus) 221-223
視床下部(hypothalamus) 222
視床下部-下垂体-副腎系(hypothalamo-pictuitary-adrenal axis) 359
始生代(Archaean eon) 140
自然選択(natural selection) 10-15, 32, 33, 42-48, 52, 64, 65
直接適応度(direct fitness) 42-48
～対人為選択(vs. artificial selection) 52, 53
～の単位(units of) 47, 48
～の論理(logic of) 32, 33
行動と～(behavior and) 64, 65
ダーウィン流の～(Darwinian) 42
多様性と～(diversity and) 44
自然の階梯(scala naturae) 4
自然発生説(spontaneous generation) 4
持続性不動(tonic immobility) 90, 91
実現遺伝率(realized heritability) 54
実験者による先入観(experimenter bias) 12
失敗行動(misbehavior) 418-420
シドマン型回避訓練(Sidman avoidance training) 399
地鳴き(calls) 364, 365
シナプス(synapses) 301, 302
シナプス発生(synaptogenesis) 331
シバ(チンパンジー)(Sheba (chimpanzee)) 439, 440
自発的回復(spontaneous recovery) 179, 389
自発的身体運動(spontaneous movements) 311, 312
刺胞(nematocysts) 176
刺胞動物門(Cnidarians) 176-179
姉妹群(sister groups) 149
社会的学習(social learning) 80, 81, 340-374
社会的強化(social reinforcement) 99-101
繁殖成功と～(reproductive success and) 100, 101
社会的相互作用(social interactions) 77-81, 96-132
複雑な動物社会(complex animal societies) 123-132
～のメカニズム(mechanisms underlying) 97-102
摂食行動と～(feeding behavior and) 77-81
有性生殖と～(sexual reproduction and) 96-132
社会的促進(social enhancement) 79, 80
収益性(profitability) 72, 73
集合音声(assembly calls) 365
縦断的研究法(longitudinal design) 319
集団のボトルネック(効果)(population bottlenecks) 36
終端反応(terminal responses) 398
終端付加の原理(principle of terminal addition) 292
終脳(telencephalon) 223-235
皺脳(構造)(gyrencephalic structure) 234
周辺オス(satellite males) 110
収斂(convergence) 208
樹上生活(arboreal life) 247
受精(fertilization) 281, 282
主成分分析(principal components analysis) 187
出生前の／孵化前の行動(prenatal/prehatching behavior) 310-316
受動的回避(passive avoidance) 59, 399
受動的回避学習(passive avoidance learning) 245
種に典型的な行動パターン(species-typical behavioral patterns) 312
種に特有な防御反応(SSDR)(species-specific defense response (SSDR)) 419
種の認識(species recognition) 102, 113

種分化（speciation） 56–58, 65, 66, 164–166
　　～の速度（rates of） 65, 66
　　異所的～（allopatric） 165
　　同所的～（sympatric） 164, 165
馴化（habituation） 178, 179, 191–195, 214, 315, 320–400
　　子どもの～（infant） 320–401
　　～の般化（generalization of） 179
　　馴化の～（of habituation） 192
　　胎児の学習と～（fetal learning and） 315
　　短期～（short-term） 195
　　長期～（long-term） 195
順向条件づけ（forward conditioning） 378
順応（adaptation） 179
　　感覚～（sensory） 179
瞬膜反応（nictitating membrane response） 219
生涯戦略（life-history strategy） 45
生涯繁殖成功（LRS）（lifetime reproductive success（LRS）） 42, 43
消去（extinction） 389–392
状況の普遍性（situational generality） 401–406
条件性無痛（conditioned analgesia） 215
条件性免疫調節（conditioned immunomodulation） 404
条件性抑制（conditioned suppression） 59, 327
小進化（microevolution） 166, 167
情動（emotions） 325–330, 424–427
情動性（emotionality） 56
小脳（cerebellum） 218–221
情報センター（information centers） 79
省略訓練（omission training） 345, 395
省略随伴性（omission contingencies） 380, 381
植物界（Plantae） 137
食物音声（food calls） 365
食物嫌悪条件づけ（food aversion learning） 80, 81
食物嫌悪条件づけ（food-aversion conditioning） 416–418
食物選択（diet selection） 72, 73
食物認知（food recognition） 333
自律神経系（autonomic nervous system） 212
シルヴィウス溝（Sylvian sulcus） 252
司令ニューロン（コマンド・ニューロン）（command neurons） 188
人為選択（artificial selection） 52–56, 236, 237
真猿類（anthropoid primates） 257, 258
進化（evolution） 8–17, 26–31, 40–42, 65, 66, 166, 167, 254–258, 288–299
　　分子進化の中立説（neutral theory of molecular） 40
　　～における自然選択（natural selection in） 10–14
　　～の証拠（evidence for） 26–31
　　～速度（rates of） 65, 66
　　～論の発展（development of theory of） 8–10
　　大～と小～（macro- and micro-） 166, 167
　　発達と～（development and） 288–299
　　非連続的～（quantum） 167
　　本能の～（of instincts） 14–17

　　有性生殖の～（sexual reproduction in） 40–42
　　霊長類の～（primate） 254–258
進化階層群（グレード）（grades, evolutionary grades） 19, 168
真核生物（eukaryotes） 27, 137
進化速度（evolutionary rate） 65, 66
進化的惰性（evolutionary inertia） 264
進化的に安定な戦略（evolutionarily stable strategies） 109, 129
進化の過程（evolutionary processes） 26
進化のパターン（evolutionary patterns） 26
新奇恐怖（neophobia） 417
神経化学システム（neurochemical systems） 209
神経系（nervous system） 8–10, 174–204, 207–223, 299–301
　　神経特性（neural properties） 181
　　脊椎動物の発生（development of vertebrate） 299–301
　　～の可塑性（plasticity of） 191
　　～の進化（evolution of） 8–10
　　脊椎動物の～（vertebrate） 207–223
神経索（nerve cords） 205
神経修飾物質（neuromodulators） 209
神経節（ganglia） 181
神経伝達物質（neurotransmitters） 177, 199, 209, 210
神経胚期（neurula stage） 283, 283
神経発生（neurogenesis） 373
神経発生学（neuroembryology） 299–301
神経分節（neuromeres） 299
信号刺激（sign stimulus） 16
真社会性（eusociality） 124
心身二元論（mind-body dualism） 6
伸張反応（stretching response） 312
真にランダムな統制（truly random control） 382
新皮質比率（neocortex ratio） 273, 274
新表現型（neophenotypes） 290, 291
心理学（psychology） 2
　　～の定義（definition of） 2

す

髄鞘形成（myelinization） 331
随伴性低下効果（contingency-degradation effect） 385
水路づけ（canalization） 289, 290
ズータイプ（zootypes） 284–287
頭蓋底屈曲（basicranial flexure） 275
スキャロップ（scallop） 345
図と地の弁別（figure-background discrimination） 89

せ

生気論（vitalism） 8
性行動過剰（hypersexuality） 230
生痕化石（fossilized traces） 144
生痕化石（fossil traces） 179–181
性差（gender differences） 307
精子間競争（sperm competition） 117, 118
制止条件づけ（inhibitory conditioning） 382, 389–392

静止電位(resting potential) 176
生殖(reproduction) 96-132
 配偶システム(mating systems) 102-111
 ～行動のパターン(behavior patterns in) 111-118
 無性～(asexual) 96
生殖隔離(reproductive isolation) 57
生成過程(generative process) 440
性成熟(sexual maturity) 292
性選択(sexual selection) 105, 106
生態学的ニッチ(ecological niches) 68
性的強化(sexual reinforcement) 403
性的刻印づけ(sexual imprinting) 18, 354-356
 二重～(double) 355
性的二型(sexual dimorphism) 258
正の強化(positive reinforcement) 394
正の相対成長(positive allometry) 239
正の転移(positive transfer) 83, 243
生物学的知能(biological intelligence) 241
生物地理学(biogeography) 30, 31
生物発生原則(biogenetic law) 291, 292
制約条件(constraints) 73-75
セカンド・メッセンジャー・システム(second-messenger systems) 411
脊索(notochord) 205
脊髄(spinal cord) 211-216
脊髄標本(spinal preparation) 213
脊椎動物(vertebrates) 140, 150, 205-246
 ～の革新的な進化(innovations of) 205-208
 ～の初期進化(early evolution of) 150
 ～の神経学(neurology of) 208-223
 ～の脳と行動の進化(brain and behavior evolution of) 205-246
 下等～(lower) 150
 高等～(higher) 150
接近(contiguity) 377
接合体(zygotes) 280
舌骨(hyoid bone) 275
接触による快(contact comfort) 359
節約(の法則)(parsimony) 12
 ～のモーガンの公準(Morgan's canon of) 12
節約法(parsimony) 170
 単純最～(simple) 170
セロトニン(serotonin) 64, 199
セロトニン系(serotoninergic system) 213
先カンブリア紀の化石(Precambrian fossils) 144
前口動物(protostomes) 140
潜在学習(latent learning) 76, 354
潜在馴化(below-zero habituation) 192
潜在制止(latent inhibition) 320-323, 385, 422, 423
前障(claustrum) 252
線条体(striatum) 228, 229
線条体上部の中間部と内側部(intermediate and medial part of the hyperstriatum ventrale (IMHV)) 349, 350
全数性(diploidy) 40, 41
全数体(diploid) 33
選択差(S)(selection differential (S)) 54
選択的連合(selective associations) 416, 417
前適応(preadaptations) 40, 46
前転移(predisplacement) 296
前頭器官(frontal organs) 220
前頭皮質(frontal cortex) 253
全倍数性(diplodiploidy) 124-128

そ

創始者効果(founder effects) 36
桑実胚期(morula stage) 282
早熟(progenesis) 295
走性(taxes) 16
早成性の種(precocial species) 332-335
創造説(creationism) 5
相対成長(アロメトリー成長)(allometric growth) 237-240
走地性(geotaxis) 56, 57
相当量の原理(proper mass principle) 236
相利共生(mutualism) 83-85
側系統群(paraphyletic group) 168
促進(acceleration) 296
側頭窓(temporal fenestrae) 155, 156
側頭皮質(temporal cortex) 252
側頭平面(planum temporale) 252, 276
側抑制(lateral inhibition) 217
祖先を共有する系統(collateral lines of descent) 15

た

ダーウィン適応度(直接適応度)(Darwinian fitness) 42, 46, 47
体外受精(external fertilization) 116
退行(regression) 121
大後頭孔(foramen magnum) 261
体腔動物(coelomates) 138
対象同士の組み合わせ(object-object combinations) 320
対象の永続性(object permanence) 319, 320
対象の探索行動(object investigation) 319
対処可能性(controllability) 400
大進化(macroevolution) 166, 167
代替生殖戦略(alternative mating strategies) 109, 110
体内受精(internal fertilization) 116
大脳皮質(cerebral cortex) 232-235, 252, 253
体部位再現的構造(somatotopic organization) 217
大陸移動(continental drift) 140
対立遺伝子(alleles) 34
大量絶滅(mass extinction) 157, 158
托卵(brood parasitism) 119, 120, 370-372
多型性(polymorphisms) 35, 44
多系統群(polyphyletic group) 168
多細胞生物(multicellular organisms) 137

多シナプス反射(polysynaptic reflexes)　184
多重因果性(multicausality)　2
多地域進化説(multiregional evolution hypothesis)　271
脱馴化(dishabituation)　179, 193, 198–201
　　　～の馴化(habituation of)　193
　　　短期鋭敏化と～(short-term sensitization and)　198–201
脱制止(disinhibition)　389
脱分極作用(depolarizing action)　177
多夫多妻制(polygynandry)　103
タブラ・ラサ(tabula rasa)　7
多面発現(pleiotropy)　32, 237
多様性のパターン(diversity, patterns of)　164–168
単為生殖(parthenogenesis)　96
段階的電位(graded potentials)　177
単系統群(monophyletic group)　150
単系統の綱(monophyletic classes)　168, 169
単細胞生物(unicellular organisms)　137
探索行動(exploratory behavior)　75, 76
探索像(search images)　77
単シナプス反射(monosynaptic reflexes)　184
単純系アプローチ(simple systems approach)　182
断続平衡説(punctuated equilibria)　167

ち

遅延反応課題(delayed response tasks)　334
遅延見本合わせ(DMTS)(delayed matching to sample (DMTS))　420
知覚学習(perceptual learning)　344
地質学(geology)　140–144
　　　化石化(fossilization)　142–144
　　　地質年代(geological periods)　140–142
遅滞法(retardation test)　391
父親としての養育(paternal care)　118
知能(intelligence)　241–245, 319
　　　感覚運動的～(sensorimotor)　319
　　　脳の大きさと～(brain size and)　241–245
注意(attention)　320–401, 422–424
中間反応(interim responses)　398
抽象概念(abstract concepts)　435–437
中心窩(fovea)　257
中心溝(central sulcus)　252
中枢神経系(central nervous system)　181, 208–211
中枢パターン発生回路(central pattern generators)　189–191
中脳(mesencephalon)　216–218
中胚葉(mesoderm)　138, 283
中立説(neutral theory)　40
超音波発声(ultrasonic vocalizations)　117
超正常刺激(supernormal stimuli)　16
調節遺伝子(regulatory genes)　37, 38
跳躍ディスプレイ(stotting displays)　90
鳥類(birds)　158, 159, 333–335, 363–373
　　　～の初期学習(early learning of)　333–335
　　　～の進化(evolution of)　158, 159
　　　～の発声行動(vocal behavior of)　363–373
直接適応度(direct fitness)　42, 43
直立二足歩行(bipedal locomotion)　250, 261, 263
貯食行動(food-hoarding behavior)　81, 82
貯蔵(storage)　377

つ

追従反応(following reaction)　341

て

DNAハイブリッド形成(DNA-DNA hybridization)　148, 159
DNAフィンガープリンティング(DNA fingerprinting)　148
定位反応(orienting response)　320
定型的活動パターン(modal action patterns)　185–188, 194, 195
　　　～の馴化(habituation of)　194, 195
ディザリング行動(dithering behavior)　355
デオキシリボ核酸(DNA)(deoxyribonucleic acid (DNA))　27, 28, 36, 37, 39, 148
　　　エキソンとイントロン(exons and introns)　36, 37
　　　反復～(repetitive)　39
　　　ミトコンドリア～(mitochondrial)　148
手がかり妥当性効果(cue-validity effect)　388, 389
適応(adaptation)　40, 46, 56, 57, 309
　　　共～(coadaptation)　56, 57
　　　個体発生的～(ontogenetic)　309
　　　前～(preadaptations)　40, 46
適応主義(adaptationism)　46
適応地形(adaptive landscape)　167
適応的意義(adaptive significance)　20
適応放散(adaptive radiation)　145, 162, 164
手の器用さ(manual dexterity)　335–337
転移(transfer)　429
転位行動(displacement)　114
転移指数(transfer index)　243
電気シナプス(electrical synapses)　178
天井効果(ceiling effects)　393

と

同異概念(same/different concept)　435
等可能性(equipotentiality)　417
道具使用(tool use)　82, 83, 337–339
　　　採餌のための～と道具製作(and manufacture for foraging)　82, 83
道具セット(toolkits)　83
道具的条件づけ(instrumental conditioning)　216, 323, 345, 377–380, 392–401
　　　古典的との区別(distinguishing from classical)　379–381
道具的随伴性(instrumental contingencies)　394–396
凍結反応(freezing response)　231, 232
統語法(syntax)　272
洞察(insight)　427

同時条件づけ(simultaneous conditioning) 382
等質化による統制(control by equation) 414
同所的種分化(sympatric speciation) 164, 165
同所的分布(sympatric distributions) 68
等成長(アイソメトリック成長)(isometric growth) 239
闘争・逃走反応(fight-flight reactions) 90
頭頂皮質(parietal cortex) 253
逃避学習(escape learning) 226, 398–401
逃避条件づけ(escape conditioning) 396
動物界(後生動物)(Animalia) 137
『動物誌』(Historia Animalium) 4
動物地理区(zoogeographic regions) 164
ドーパミン(dopamine) 64
独立組合せ(independent assortment) 41
突顎(prognathism) 266
特化した探索(specialized searches) 76, 77
突進行動(darting behavior) 117
突然変異(mutations) 34, 38
トリボスフェニック型大臼歯(tribosphenic molars) 161

な

内温性(endothermy) 157, 357
内群(ingroups) 149
内胚葉(endoderms) 138, 282
内分泌系(endocrine system) 306
なわばり(territories) 111
なわばり行動(territorial behavior) 111, 112
なわばり防衛性攻撃(territorial aggression) 111

に

においづけ(scent marking) 107, 111
二過程説(two-process theory) 399
二元論(dualism) 6
二次強化子(secondary reinforcers) 99, 325, 378
二次刻印づけ(secondary imprinting) 344
二次条件づけ(second-order conditioning) 325, 326, 378
二次性徴(secondary sexual characters) 105
二次的般化(secondary generalization) 435
ニッチ(niches) 68, 161, 309
　　個体発生的～(ontogenetic) 309
　　生態学的～(echological) 68
　　夜間の～(nocturnal) 161
二胚葉(性)動物の体制(diploblastic structure) 138, 283
ニューロン主義(neuron doctrine) 214
ニューロンの集合(neuronal aggregations) 302–304
『人間と,その身体,義務,及び期待に関する観察』(Observations on Man, His Frame, His Duty, and His Expectations) 7
認知地図(cognitive maps) 84
認知の定義(cognition, definition of) 433

ぬ

ヌクレオチド(nucleotides) 27

の

脳(brain) 110, 111, 181, 182, 205–246, 303–308, 348–352, 372, 373
　　刻印づけの脳内メカニズム(imprinting mechanisms of) 348–352
　　鳥類のさえずりの脳内メカニズム(mechanisms in bird songs) 372, 373
　　～の発達(development of) 304, 305
　　～の発達的制約(developmental constraints in) 303, 304
　　経験と～(experience and) 304, 305
　　神経系と～(nervous system and) 181, 182
　　脊椎動物の～(vertebrate) 205–246
　　配偶システムと～の進化(evolution and mating systems) 110, 111
　　ホルモンと～(hormones and) 305–308
　　無顎動物の～(agnathan) 207, 208
脳化(encephalization) 238, 240, 241
脳回欠損(構造)(lissencephalic structure) 234
脳化指数(EQ)(encephalization quotients) 90, 241–246, 250
脳幹(brainstem) 216
脳室系(ventricular system) 210, 211
能動的回避(active avoidance) 399
能動的回避学習(active avoidance learning) 51
脳の大きさ(brain size) 161, 235–246, 248, 262
　　知能と～(intelligence and) 241–246
　　ヒト科の～(hominid) 262
　　霊長類の～(primate) 248

は

把握(prehension) 336
把握可能な手(grasping hands) 335
把握力(grasping) 247
バージェス頁岩の動物相(Burgess Shale fauna) 146–148
ハーディ・ワインベルク均衡(Hardy-Weinberg equilibrium) 34, 35
胚(embryos) 281, 282
媒介変数(intervening variables) 320, 325
胚幹細胞(ES)(embryonic stem cells(ES)) 63
配偶者防衛型一夫多妻制(mate-defense polygyny) 103
バイソラックスミュータント(bithorax mutant) 285
胚発生(embryogenisis) 281, 282
バウプラン(Bauplan) 138, 284
派生形質(apomorphies) 169
爬虫類の進化(reptiles, evolution of) 155–158
罰(punishment) 395
発生(development) 281–288
　　初期～(early) 281–288
発生学(embryology) 28, 29, 299–301
　　神経～(neuro-) 299–301
発声行動(vocal behavior) 363–374
発達(development) 280–308, 316–320
　　感覚運動系の～(sensorimotor) 318–320

子どもの行動〜(infant behavioral)　316–318
発達過程(developmental process)　20
発達的制約(developmental constraints)　303, 304
発達／発生(development)　288–301
　　　脊椎動物の神経系(vertebrate nervous system)　299–301
　　　進化と〜(evolution and)　288–299
母親行動(maternal behaviors)　356
母親としての養育(maternal care)　118
母親要因(maternal factors)　316
母と子の絆(mother-infant bond)　356
般化(generalization)　179, 192, 391, 392, 434, 435
　　　馴化の〜(of habituation)　179, 192
般化勾配(generalization gradient)　434
反射(reflexes)　6, 7, 182–185, 194, 195
　　　〜の馴化(habituation of)　194, 195
　　　神経系と〜(nervous system and)　182–185
反射弓(reflex arcs)　182
反射鎖(reflex chains)　189
繁殖／生殖(reproduction)　69, 70, 354–363
　　　〜に影響する初期学習・行動(early learning and behavior)　354–363
　　　採餌と〜成功(foraging and success in)　69, 70
半数体(haploid)　33
晩成性の種(altricial species)　332, 335
ハンディキャップ原理(handicap principle)　115
反転(reversal)　208, 252
反応閾(response threshold)　393
反応規範(norm of reaction)　32
反応形成(シェーピング)(shaping)　395
半倍数性(haplodiploidy)　124–126
反発行動(agonistic behavior)　112
反復DNA(repetitive DNA)　39
ハンマーと台石の道具(hammer-anvil tools)　337

ひ

比較心理学(comparative psychology)　2–5
　　　〜の定義(definition of)　2, 3
　　　〜の歴史(history of)　2–5
比較認知(comparative cognition)　430–448
比較認知／比較学習(comparative cognition/learning)　413–450
　　　方法論(methodology)　413–416
被験対象間要因計画(between-group designs)　390
被験対象内要因計画(within-group designs)　389
皮質(cortex)　302
ヒト科(の動物)(hominids)　259–263
ヒト科(hominidae)　261–263
表現型(phenotypes)　31, 32, 52–54, 290, 291
　　　〜の遺伝率(heritability in)　52–54
　　　新〜(neophenotypes)　290, 291
表現型可塑性(phenotypic plasticity)　65
費用対効果分析(cost-benefit analysis)　69
非連続的進化(quantum evolution)　167

敏感期(sensitive periods)　298, 343, 344
敏感期のある可塑性(age-dependent plasticity)　367, 368, 371
頻度依存選択(frequency-dependent selection)　87–89

ふ

フィロタイプ期(phylotypic stages)　28, 29, 284
風味嫌悪(flavor aversion)　59
フェノグラム(phenogram)　168
フォン・ベーアの定理(von Baer's theorem)　209
孵化前の経験(embryonic experience)　346
復元(renewal)　390
副交感神経枝(parasympathetic nervous system)　213
複合条件づけ(compound conditioning)　386–389
複雑さ(complexity)　2, 448–450
父性の不確実さ(paternal uncertainty)　107
復活(reinstatement)　389
不妊カースト(sterile castes)　124
負の強化(negative reinforcement)　395
負の継時的対比効果(SNC)(successive negative contrast(SNC))　59, 327, 329, 425–427
負の相対成長(negative allometry)　239
負の転移(negative transfer)　83, 243
部分強化(partial reinforcement)　396
部分強化消去効果(partial reinforcement extinction effect)　425, 426
普遍性(generality)　401–412
　　　連合学習の〜(of associative learning)　401–412
フラストレーション(frustration)　327, 424, 425
フリーオペラント訓練(free-operant training)　396, 399
プルキンエ細胞(Purkinje cells)　218–220
プレシアダピス類(plesiadapiforms)　254–257
ブローカ失語(Broca's aphasia)　276
ブローカ野(Broca's area)　276, 277
ブロッキング(blocking)　387
文化(culture)　337–339
分化条件づけ(differential conditioning)　382
分岐(divergence)　138, 208
分岐学(クラディスティクス)(cladistics)　169–173
分岐進化(cladogenesis)　271
分岐図(クラドグラム)(cladogram)　169–173
分散試行効果(trial-spacing effect)　384
分子遺伝学(molecular genetics)　26–28
分子時計(molecular clock)　28, 147, 148
分析のレベル(levels of analysis)　19–21
分節(segmentation)　299
分節された胚帯段階(segmented germ band stage)　284
分断性選択(disruptive selection)　44
分配連合強度(shared associative strength)　388
文法(grammar)　272
文脈条件づけ(contextual conditioning)　385
文脈変数(contextual variables)　59, 414
分離の法則(law of segregation)　34

分類(学)(taxonomy) 248-250
分類単位(taxon) 135, 136

へ

平行進化(parallelism) 208
ベイツ型擬態(Batesian mimicry) 89, 90
ベイトマンの原理(Bateman's principle) 106
ヘテロシナプス性促通(heterosynaptic facilitation) 199
ヘテロ接合(heterozygous) 34
ヘルパー(helpers) 121-123
辺縁系(limbic system) 229-232
変態(metamorphosis) 309
変動係数(CV)(coefficient of variation) 185
扁桃体(amygdala) 231, 232
弁別逆転課題(discrimination reversal tasks) 243, 244

ほ

包括適応度(inclusive fitness) 42
忘却(forgetting) 331
方言(dialects) 368-370
方向性選択(directional selection) 44
放射相称(radial symmetry) 138
膨出(evagination) 224
放出因子(リリーシング・ファクター)(releasing factors) 223
胞胚期(blastula stage) 138, 282
保持間隔(retention intervals) 327
歩哨行動(sentinel behavior) 122
補償反応(compensatory responses) 405
捕食者と被食者(predators and prey) 67-95
捕食者－被食者システム(predator-prey systems) 85-95
哺乳類(mammals) 159-163, 310, 311, 356-358, 373, 374
　　〜の出生前の発達(prenatal development of) 310, 311
　　〜における発声学習(vocal learning in) 373, 374
　　〜における母子の絆(mother-infant bond in) 356-358
　　〜の進化(evolution of) 159-163
ホメオティック遺伝子／Hox遺伝子(homeotic genes) 285-287, 299-301
ホモシナプス抑制(homosynaptic depression) 197
ホモ接合(homozygous) 34
ホモプラシー(成因的相同)(homoplasy) 208, 410, 413
ホモロジー(相同)(homology) 27-30, 208, 410, 413
ホルモン(hormones) 305-308, 356
　　脳の発達と〜(brain development and) 305-308
本能(instincts) 5

ま

マーキング刺激(marking stimuli) 398
マウンティング(行動)(mounting [behavior]) 117
マスター・ヨークト・デザイン(master-yoked design) 324, 345, 400
マタータ(Matata) 444
待ち受け捕食者(sit-and-wait predators) 75

末梢神経系(peripheral nervous system) 181
末梢反射弓(peripheral reflex arcs) 185
回り道課題(detour tasks) 335

み

身かわし行動(dodging behavior) 79
見切り時間(giving-up time (GUT)) 70, 71
ミトコンドリアDNA(mitochondrial DNA) 148
ミュラー型擬態(Mullerian mimicry) 89

む

ムステリアン技法(Mousterian technology) 269
無性生殖(asexual reproduction) 96
無脊椎動物(invertebrates) 140, 174-181, 406-409
　　〜の条件づけ(conditioning of) 406-409
無体腔動物(acoelomates) 138

め

迷歯状構造(labyrinthine tooth structure) 153
迷信行動(superstitious behavior) 398
メカニズム(mechanisms) 20
メスの選好性(female choice) 103, 105
目と手の協応(eye-hand coordination) 335
免疫系(immune system) 404
免疫適格(immunocompetence) 115
メンデル遺伝(Mendelian inheritance) 33, 34, 50-52
メンデル遺伝学(Mendelian genetics) 33, 34, 50-52

も

毛帯系視床(lemnothalamus) 221
網膜(retinas) 217, 218
網様体(reticular formation) 210
モーガンの公準(節約の法則)(Morgan's canon of parsimony) 12
モザイク進化(mosaic evolution) 292
模写(mimesis) 275
模写文化(mimetic culture) 275
持ち帰り採餌(central place foraging) 74, 75
モネラ界(Monera) 137
モビング(mobbing) 91, 92
門(phyla) 137-140
　　動物〜(animal) 137-140
　　無脊椎動物〜(invertebrate) 174-181
問題解決行動(problem-solving behavior) 427-430

や

夜間のニッチ(nocturnal niche) 161

ゆ

US先行提示効果(US-preexposure effect) 385
有翅虫(alates) 127
有性生殖(sexual reproduction) 40-42, 96, 97
有羊膜卵(amniotic eggs) 155

優劣関係(dominance) 112
床効果(floor effects) 393

よ
幼形進化(paedomorphosis) 293-295
幼形成熟(ネオテニー)(neoteny) 294
幼児期健忘(infantile amnesia) 330-333
要素間連合(within-compound associations) 348
ヨークト・コントロール(master-yoked procedure) 216, 380
予期せぬ非強化(surprising nonrewards) 327, 330, 424
予期的ゴール反応(anticipatory goal responses) 431
予期的フラストレーション(anticipatory frustration) 327, 424, 425
予期特異的ニューロン(expectancy-specific neurons) 253
予期比率(C/T)(expectancy ratio) 386
余剰皮質ニューロン指数(index of extra cortical neurons) 250
欲求性の強化子(appetitive reinforcers) 394
欲求性の行動(appetitive behavior) 17
欲求性の刺激(appetitive stimuli) 315

ら
卵割(cleavage) 281, 282

り
リーダーシップ(leadership) 98
利己的遺伝子説(selfish gene view) 47
リコンビナント近交系(recombinant inbred strains) 51, 52
離散試行訓練(discrete-trial training) 396, 399
利他行動(altruism) 93, 101, 130-132
　　　互恵的〜(reciprocal) 130-132
離乳(weaning) 318
リボ核酸(RNA)(ribonucleic acid (RNA)) 27, 148
リボソーム RNA(rRNA)(ribosomal RNA) 148
量作用原理(mass action principle) 236
両耳聴(binaural audition) 320
両親による養育(biparantal care) 119
両生類の進化(evolution of amphibians) 151-154

両手の器用さ(bimanual dexterity) 336
菱脳(rhombencephalon) 216-218
臨界期(critical periods) 18, 19, 343
隣接的雌雄同体(sequential hermaphroditism) 110

る
ルーリス(Loulis) 444

れ
霊長類(primates) 247-277, 361-363
　　進化(evolution) 254-258
　　ヒト科(hominids) 259-263
　　〜の初期経験と社会的行動(early experience and social behavior of) 361-363
　　〜の特徴(characteristics of) 247, 248
レック型一夫多妻制(lek polygyny) 104, 105, 114
連合(coalitions) 131
連合学習(associative learning) 377-380, 401-412
　　古典的条件づけ(classical conditioning) 377-379
　　道具的条件づけ(instrumental conditioning) 377-379
　　〜の定義(definition of) 377
　　〜の普遍性(generality of) 401-412
連合皮質(association cortex) 234, 235
連続逆転課題(successive reversal tasks) 334
連続強化(continuous reinforcement) 396

ろ
ロードーシス(lordosis) 117, 307
ロッキー(Rocky) 446, 447

わ
矮性(dwarfism) 292
ワイピング反応(wiping response) 312
ワショー(Washoe) 440, 441
渡りの方向定位(migratory orientation) 335
ワン・ゼロ・サンプリング(one-zero sampling) 187

種索引

A

Acanthostega 155
Acinonyx jubatus 90
Acrocephalus scirpaceus 120
Acromyrmex 125
Actitis macularia 106
Acyrthosiphon pisum 87, 88
Aegyptopithecus 257
Agelaius phoeniceus 103, 290
Aglantha digitale 178
Akodon molinae 117
Allops 297
Ambystoma mexicanum 294
Ammophila 82
Anas platyrhynchos 334, 344, 365
Anas rubripes tristis 344
Anolis sagrei 65
Anthopleura elegantissima 179
Aotus 249
Aotus nancymai 76
Aphelocoma coerulescens 421, 274
Aphelocoma coerulescens coerulescens 122
Aphidius ervi 88
Apis mellifera 409
Aplysia californica 62, 182, 183, 190, 194, 195, 197, 198, 200, 201, 214, 407
Archaeopteryx lithographica 31, 158, 240
Ardipithecus ramidus 263
Artemia salina 297
Atta 125
Aurelia 283
Aurelia aurita 179
Australopithecus 261
Australopithecus aethiopicus 264
Australopithecus afarensis 264-266
Australopithecus africanus 264, 267
Australopithecus anamensis 263, 264
Australopithecus boisei 264
Australopithecus garhi 264
Australopithecus robustus 264

B

Balaenoptera musculus 311
Betta splendens 100, 226
Biston betularia 45
Brachiostoma 150, 283
Brachydanio rerio 91, 92
Brontops 297
Bufo americanus 316
Bufo arenarum 225
Bufo bufo 217
Bulla 202, 203
Burgessochaeta 146

C

Cactospiza pallida 82
Caenorhabditis elegans 62, 138, 182, 195, 196, 287, 406
Callithrix jacchus 99
Canis lupus 297
Capra hircus 353, 355
Carassius auratus 226, 230, 399, 423, 425
Carcharodon 152
Carcinus maenas 409
Cavia porcellus 353
Cebus apella 76, 83, 359, 435
Cercopithecus 249
Cercopithecus aethiops 81, 92, 93, 374
Cervus elaphus 104, 106
Chasmagnathus granulatus 194, 195
Chiroxiphia linearis 114
Chthamalus stellatus 68
Cichlasoma managuense 297
Cnemidophorus uniparens 96, 117, 340
Coccinella septempunctata 88
Colobus 129
Colomys goslingi 77
Columba livia 229, 378, 395, 421
Columba palumbus 85
Corvus corax 79
Corvus moneduloides 82
Coturnix japonica 91, 100, 101, 403
Crocodylus palustris 119
Crocuta crocuta 80
Cuculus canorus 119
Cyanea capillata 176, 177
Cyanocitta cristata 74, 77, 421
Cynocephalus 254

D

Danaus plexippus 89
Daubentonia madagascariensis 82, 248
Desmodus rotundus 131
Didelphis virginiana 90
Dimetrodon 155
Diplodocus 157
Dipodomys merriami 417
Dipodomys microps 417
Dolabrifera 202, 203
Drosophila 165, 289, 291
Drosophila melanogaster 38, 54, 56-58, 60, 62, 285, 286
Drosophila pseudoobscura 316
Ducula 68

E

Elaphe obsoleta 166
Eleutherodactylus coqui 119
Enhydra lutris 82
Erythrocebus 249
Escherichia coli 38
Eudimorphodon 157
Eupomatus 283
Eusthenopteron 154

F

Formica polyctena 316
Fringilla coelebs 363

G

Gallus gallus 79, 99, 333, 343, 344, 365
Gallus gallus spadiceus 365

Garrulus glandarius 85
Gasterosteus aculeatus 112, 113, 226
Gazella thomsoni 90
Genyornis newtoni 159
Geospiza fortis 30, 64, 68
Geospiza fuliginosa 68
Gigantopithecus 258
Gnathonemus petersii 241
Gorilla 249
Gorilla gorilla 262, 441
Gymnorhinus cyanocephalus 421

H

Haikouella 150
Heliconius 85
Helix aspersa 408
Hermissenda crassicornis 407, 408
Herrerasaurus 157
Hirudo medicinalis 189, 407
Hirundo rustica 107
Homarus americanus 187, 188
Homo 249, 261, 265
Homo ergaster 267
Homo erectus 262, 267, 270
Homo habilis 266
Homo heidelbergensis 268
Homo neanderthalensis 269, 270, 275
Homo rudolfensis 266
Homo sapiens 38, 103, 135, 260, 262, 269, 275
Hydra pirardi 179
Hyla cinerea 110
Hylobates 247, 249

I

Iberomesornis 159
Ichthyostega 154
Indicator indicator 84

J

Junco 366
Junco hyemalis 421

K

Kenyanthropus platyops 264

L

Lamprologus brichardi 122
Larus argentatus 69
Latimeria chalumnae 153
Latimeria menadoensis 153

Lemur 336
Lemur catta 92
Lepidochelys kempi 352
Limax maximum 408
Limnaea 290
Lonchura striata 355
Louisella 146
Lumbricus terrestris 407
Lycaon pictus 90

M

Macaca 249
Macaca fuscata 81, 253
Macaca mulatta 230, 359, 435, 438
Megalia rufa 118
Melopsittacus undulatus 98, 366
Melospiza georgiana 367
Melospiza melodia 367
Mesocricetus auratus 77, 112, 419
Microtus 421
Microtus montanus 110
Microtus pennsylvanicus 110
Microtus pinetorum 110
Mimosa pudica 136
Mirounga angustirostris 104, 109
Molothrus ater 355, 370, 371
Morganucodon 160
Motacila alba 120
Mungos mungo 82
Mus musculus 51, 58, 104, 220, 316
Myotis lucifugus 85

N

Neophron percnopterus 82
Nesomimus parvulus 102
Nisusia 146
Notharctus 255
Nucifraga colombiana 81, 420

O

Octopus vulgaris 407
Oecophylla 126
Olenoides 147, 148
Onychomys leucogaster 77
Oncorhynchus kisutch 109
Oryctolagus cuniculus 219, 388
Otaria byronia 110
Ottoia 146

P

Pan 249
Pan paniscus 83, 273, 441

Pan troglodytes 79, 83, 98, 129, 260, 262, 273, 319, 337, 439, 441
Panthera leo 43, 119
Papio 249
Papio anubis 121
Parabuteu unicinctus 129
Paranthropus 261
Parus atricapillus 71, 79, 81, 229, 421
Parus caeruleus 421
Parus major 73, 420
Parus palustris 304, 420
Parus 79
Passerina cyanea 335
Passiflora 85
Pavo cristatus 104
Peromyscus californicus 119
Peromyscus maniculatus 104, 112
Phormia regina 52
Physalaemus nattereri 89
Pikaia 147, 148, 150
Plesiadapis 255
Poecilia reticulata 52, 64
Poephila guttata 307
Polyergus rufescens 125
Polyorchis penicillatus 178
Pongo 249
Pongo pygmaeus 83, 441
Procambarus clarkii 188
Proconsul 258
Protarchaeopteryx 158
Protopterus annectens 227
Prunella modularis 108, 109, 119
Pseudolabrus celidotus 103
Pseudomyrmex 83
Psittacus erithacus 436, 441
Pteranodon 157
Pteronotus parnelli 86
Ptilinopus 68
Ptilonorhynchus violaceus 105
Purgatorius 254, 259
Pycnopodia helianthoides 198
Pygoscelis adeliae 112

Q

Quetzalcoatlus 157

R

Rana catesbeiana 214
Rana temporaria 316
Rattus norvegicus 59, 71, 74, 80, 99, 117, 118, 121, 229, 305, 319, 356, 380
Rhea americana 119

Rivulus hartii 65

S

Saguinus oedipus 107
Salmo salar 423
Schistosoma 84
Semibalanus balanoides 68
Sepia officinalis 185, 407
Serinus canaria 355, 372
Sinornis 159
Sitta canadensis 421
Sivapithecus 258
Smilodon 163
Spalax ehrenbergi 317
Spermophilus beldingi 93, 95, 102, 374
Sphenodon punctatus 156, 164
Steno bredanensis 395
Suncus etruscus 311
Suncus murinus 354
Synalpheus regalis 126

T

Taenia pisiformis 85
Taeniopygia guttata 79, 355, 368
Tamiasciurus hudsonicus 85
Tarsius bancanus 248
Tenebrio molitor 316
Tetreo tetrix 104
Thalassoma bifasciatum 110
Thamnophis radix 97
Thaumatichthys axeli 75
Thylacosmilus 163
Tolypeutes mataco 90
Trichogaster trichopterus 100, 101
Trichosurus vulpecula 311
Tritonia diomedia 185, 194, 198
Triturus cristatus 316
Turdus merula 92, 352
Tursiops truncatus 441
Tyrannosaurus rex 45, 157

U

Uca longisignalis 187
Uca pugnax 187
Uca rapax 187
Uca speciosa 187
Uca virens 187
Ursus arctos 85

V

Varanus albigularis 72
Vauxia 146
Vulpes vulpes 298

Y

Yunnanozoon 150

Z

Zalambdalestes 161
Zalophus californianus 441
Zonotrichia capensis 364, 369
Zonotrichia leucophrys 366, 367, 369

[原著者紹介]

マウリシオ　R．パピーニ（Mauricio R. Papini）

1952年アルゼンチン・ブエノスアイレスに生まれる。ブエノスアイレス大学卒業後，母校で研究職に従事。1980年代前半から米国での研究生活を開始。1985年に心理学での博士号取得（アルゼンチン）。ハワイ大学でPD Fellowとして在籍後，テキサス・クリスチャン大学（TCU）にて教鞭を執り，現在に至る。同大学助教授，准教授を経て，2000年から教授。この間，ミネソタ大学においてBruce Overmier教授，ハワイ大学においてM. E. Bittermann教授に師事。学習心理学，比較心理学，生理心理学に関する一流学術雑誌掲載の論文は多数に及ぶ。特に条件づけ理論に関しては，精緻な論客として米国の学会で広く知られている。

1997年には日本学術振興会の招聘研究員として来日，各地の大学で講演。比較心理学領域の論文・著書も多く，2002年発行の大冊テキストである本書「比較心理学」は好評を博している。国際学術雑誌の編集委員を歴任しており，2000年から2005年まで *International Journal of Comparative Psychology* の編集長を務めた。現在は *Learning & Motivation* などの編集委員を務めている。

温厚でフレンドリーな人柄から世界中に知己が多い。大の日本贔屓である。

[翻訳者紹介]　（＊印は編集委員）

石田　雅人（いしだ　まさと）＊［序文，第1章］
　1975年　広島大学大学院教育学研究科博士課程（学習心理学）退学
　現　在　大阪教育大学教育学部　教授・文学博士
　主　著　Ishida, M.（1986）Partial reinforcement delayed extinction effect after regularly alternating reward training. *Animal Learning & Behavior*, 14, 293-300.
　　　　　Ishida, M. & Papini, M. R.（1997）Massed-trial overtraining effects on extinction and reversal performance in turtles（*Geoclemys reevesii*）. *Quarterly Journal of Experimental Psychology*, 50 B, 1-16.
　　　　　石田雅人（2003）カメの起源に関する新知見とその比較心理学的意義　大阪教育大学紀要（第Ⅳ部門），51(2), 299-307.

山下　博志（やました　ひろし）＊［第2章，第4章，第5章，第7章］
　1991年　ニューヨーク市立大学大学院　修了
　現　在　大阪学院大学情報学部　助教授・Ph. D.
　主　著　『認知発達と生得性』（共訳）共立出版　1998
　　　　　『マキャベリ的知性と心の理論の進化論』（共訳）ナカニシヤ出版　2004

児玉　典子（こだま　のりこ）＊［第3章，第10章］
　1978年　筑波大学大学院心理学研究科単位取得退学
　現　在　滋賀大学教育学部　教授・教育学博士
　主　著　『子別れの心理学：新しい親子関係像の提唱』（共著）福村出版　1995
　　　　　児玉典子（1995）マウスの父親の養育メカニズム『動物心理学研究』，45,
　　　　　　87-93.
　　　　　Kodama, N. (2002) Effects of odor and taste of amniotic fluid and mother's milk
　　　　　　on body movements in newborn mice. *Developmental Psychobiology*, 41,
　　　　　　310.

藤　　健一（ふじ　けんいち）［第6章］
　1974年　中京大学大学院文学研究科心理学専攻修士課程修了
　現　在　立命館大学文学部　教授
　主　著　藤　健一（1995）キンギョのオペラント条件づけ『動物心理学研究』，45,
　　　　　　51-65.
　　　　　『心理学概説』（共著）培風館　1997
　　　　　藤　健一（2002）野外における野生のハトのオペラント条件づけ『動物心
　　　　　　理学研究』，52, 9-14.

坂田　省吾（さかた　しょうご）［第7章，第8章］
　1982年　広島大学大学院環境科学研究科環境科学専攻修士課程修了
　現　在　広島大学総合科学部　助教授・医学博士
　主　著　『心理学のための実験マニュアル』（共著）北大路書房　1993
　　　　　『心の科学』（共著）北大路書房　2003

中野　良彦（なかの　よしひこ）［第9章］
　1989年　大阪大学大学院人間科学研究科単位取得退学
　現　在　大阪大学大学院人間科学研究科　助教授
　主　著　『人間行動学講座第2巻　食べる：食行動の心理学』」（共著）朝倉書店
　　　　　　1996
　　　　　『歩行の進化と老化』（共著）てらぺいあ　2002

川合　伸幸（かわい　のぶゆき）＊［第11章，第13章，第14章］
　1995年　関西学院大学文学研究科博士課程後期課程単位取得退学
　現　在　名古屋大学大学院情報科学研究科　助教授・博士（心理学）
　主　著　Kawai, N. & Matsuzawa, T. (2000) Numerical memory span in a chimpanzee.
　　　　　　Nature, 403, 39-40.
　　　　　『心の進化』（共著）岩波書店　2000
　　　　　『新版心理学がわかる。』（共著）朝日新聞社　2000

大芝　宣昭（おおしば　のぶあき）［第12章1，2節］
　1996年　大阪大学大学院人間科学研究科博士後期課程修了
　現　在　梅花女子大学現代人間学部心理学科　専任講師・博士（人間科学）
　主　著　Ohshiba, N. (1997) Memorization of serial items by Japanese monkeys, a chim-
　　　　　　panzee, and humans. *Japanese Psychological Research*, 39 (3), 236-252.
　　　　　『サルとヒトのエソロジー』（共著）培風館　1998
　　　　　大芝宣昭（1998）ハトと霊長類の系列学習『心理学評論』，41 (4), 411-412.

北口　勝也（きたぐち　かつや）［第12章3節］
　1996年　関西学院大学大学院文学研究科博士課程後期課程単位取得退学
　現　在　武庫川女子大学文学部教育学科　講師・博士（心理学）
　主　著　『学習心理学における古典的条件づけの理論』（共著）培風館　2003

パピーニの比較心理学　行動の進化と発達

| 2005年8月25日　初版第1刷印刷 | 定価はカバーに表示 |
| 2005年9月5日　初版第1刷発行 | してあります。 |

著　者　　M. R. パピーニ
訳　者　　比較心理学研究会
発行者　　小　森　公　明
発行所　　㈱北大路書房
　　　　〒603-8303　京都市北区紫野十二坊町12-8
　　　　　　　　電　話（075）431-0361㈹
　　　　　　　　F A X（075）431-9393
　　　　　　　　振　替　01050-4-2083

Ⓒ2005　検印省略　落丁・乱丁本はお取り替えいたします
　　　　　　　印刷・製本／亜細亜印刷㈱
ISBN4-7628-2469-0　　Printed in Japan